제2판

2nd Edition
Volume 2

주해친족법

제2권

편집대표 윤진수

박영사

제2판 머리말

주해친족법 초판이 2015년 처음 나온 지 10년이 지나 제2판을 출간하게 되었다. 초판은 그때까지의 친족법에 대한 연구 결과를 집대성한 것으로서 상당한 호평을 받았다. 그러나 10년 동안 제·개정된 법령이 많고, 많은 판례가 집적되었을 뿐만 아니라 학문적인 연구 결과도 쌓여 있으므로 개정판이 절실히 요청되었다. 그리하여 몇 년 전부터 개정 작업을 서둘렀으나, 여러 가지 사정으로 이제야 제2판이 나오게 되었다.

집필의 기본 방침은 초판과 마찬가지이다. 다만 집필진에 다소 변경이 있었는데, 초판에 참여하였던 권재문 교수 대신 이봉민 판사가 새 집필자가 되었고, 김수정 교수가 현소혜 교수와 함께 공동집필자가 되었다.

끝으로 주해친족법 제2판의 발간을 쾌히 수락하여 주신 박영사 안종만 회장님과 안상준 대표님, 여러 가지 사무를 처리하여 주신 조성호 이사님, 교정을 훌륭하게 마쳐 주신 장유나 차장님과 윤혜경 대리님께 감사의 뜻을 표한다.

2025년 2월

편집대표 **윤진수**

머리말

종전에는 친족법과 상속법 분야에 관하여는 민법의 다른 분야에 비하여 판례도 많지 않았고, 연구의 절대량도 부족하였다. 그러나 근래에는 친족법과 상속법에 관하여 많은 판례가 나오고 있고, 연구도 늘어나고 있다. 뿐만 아니라 이에 관하여는 여러 차례 법률의 개정이 이루어져서 중요한 변화가 있었고, 헤이그 아동탈취협약에도 가입하였다. 이는 과거에는 가족문제를 둘러싼 분쟁이 많지 않았는데, 사회가 변화함에 따라 분쟁이 늘어남으로 인하여 생기는 자연스러운 현상이다. 그리하여 이처럼 크게 변화된 친족법과 상속법의 상황을 쉽게 파악할 수 있는 주석서가 필요하게 되었다. 전에도 주석서가 있기는 하였으나, 이제는 또 다른 스타일의 주석서가 나와야 할 시점이라고 판단된다. 주해친족법은 이러한 필요에 부응하기 위하여 발간되었다. 현재의 계획으로는 우선 주해친족법을 내고, 이어서 주해상속법을 내려고 한다.

이 책은 민법의 친족편 외에도 입양에 관하여 민법의 특별법이라고 할 수 있는 입양특례법과, 근래 국제적인 교류가 늘어남에 따라 많이 문제되고 있는 국제친족법을 같이 다루고 있다. 특히 입양특례법과 국제친족법에 관하여는 아직 본격적인 주석서가 없어서, 이 책이 최초의 주석서가 된다.

그 집필방침으로는 국내의 학설과 판례는 되도록 빠짐없이 다루려고 하였고, 외국에서의 논의도 필요한 경우에는 소개하였다. 그러나 장황한 학설상의 논의는 되도록 줄이고, 어디까지나 실무에 도움이 될 수 있는 내용을 담으려고 하였다. 집필자의 개인적인 견해도 여러 군데 개진하였으나, 객관성을 잃지 않으려고 노력하였다.

이 책의 집필자들로서는 이 책이 연구자는 물론 법관이나 변호사뿐만 아니라 그 외에도 가족법 관계 업무에 종사하는 실무자들에게 많은 참고가 될 것을 희망한다. 그러나 아직 내용이 잘못되었거나 부족한 부분이 많을 것으로 생각된다. 이러한 부분은 앞으로 판을 거듭하면서 고쳐 나가려고 한다.

끝으로 주해친족법의 발간을 쾌히 수락하여 주신 박영사 안종만 회장님과 여러 가지 사무를 처리하여 주신 조성호 이사님, 교정을 훌륭하게 마쳐 주신 문선미 대리님께 감사의 뜻을 표한다.

2015년 4월

편집대표 **윤진수**

친족편 집필자

김수정(金水晶)　명지대학교 사회과학대학 부교수

석광현(石光現)　전 서울대학교 법학전문대학원 교수

윤진수(尹眞秀)　서울대학교 법학전문대학원 명예교수

이동진(李東珍)　서울대학교 법학전문대학원 교수

이봉민(李鳳敏)　서울고등법원 고법판사

최준규(崔竣圭)　서울대학교 법학전문대학원 교수

현소혜(玄昭惠)　성균관대학교 법학전문대학원 부교수

(가나다순, 현직은 2025년 2월 1일 기준)

친족편 집필 내용

범례

1. 집필요령

가. 해당 조문의 모든 쟁점에 관하여 빠짐없이 망라적으로 서술하되, 판례와 실무를 중시하고, 학설에 관하여 지나치게 세세한 언급 또는 논평은 삼간다. 필요한 경우에는 구체적인 실무 현황에 관하여도 언급한다.

나. 해당 조문의 연혁, 비교법적 검토(외국에서의 논의 포함)는 필요한 최소한으로 줄이고, 우리 법상 해석론을 중심으로 간결하게 서술함을 원칙으로 한다. 과거의 법은 지금까지도 문제가 되거나 지금의 법 상태를 이해하기 위하여 필요한 경우를 중심으로 다룬다. 각 해당 부분의 주석에서 관련된 민법 부칙도 함께 다룬다.

다. 쟁점에 대하여 학계 및 실무계에서 견해가 나뉘는 경우 각 견해의 요지를 서술하고, 각주에서 각각의 견해를 지지하는 국내의 교과서와 논문의 해당 면수를 표시한다. 집필자 자신의 개인적 견해를 지나치게 강조하는 것은 삼가기로 한다.

라. 외국에서 우리나라와 동일한 쟁점에 관하여 논의가 있고, 우리의 논의에 참고가 되는 경우에는 이를 간략하게 소개하되, 우리 법상 해석론으로 수용될 수 있는지를 검토하여 명기한다.

마. 우리나라의 판례는 중요 하급심 판결을 포함하여 가능한 한 광범위하게 반영함을 원칙으로 하되, 판례는 선고일자 및 사건번호를 기재하여 요지로 인용하고 원문 그대로 장황하게 인용하는 것은 가급적 삼가기로 한다.

바. 관련 판례에 대한 평석이 있는 경우 매우 중요한 몇몇 판례를 제외하고는 평석의 요지만을 설명하고, 평석의 상세한 내용은 각주에서 그 평석의 출처를 표시하여 이를 통하여 필요한 사람으로 하여금 찾아볼 수 있게 한다.

사. 한자는 독자층을 고려하여 각 항목의 제목이나 내용 중 중요 단어, 한자로 표기하지 아니하면 의미 전달에 문제가 생기는 경우 등에 제한적으로 사용하고 가급적 괄호 안에 병기하며, 한글 사용을 원칙으로 한다.

2. 범례(안)

가. 조문은 원문 그대로 인용함을 원칙으로 한다. 한자가 포함되어 있는 경우에도 같다.

나. 조문별 주석내용은 I. 1. 가. (1), (가), 1), 가)의 순으로 배열한다. 주석내용 중 집필자의 판단에 따라 "보론"과 같은 항목이 들어가야 하는 경우에도 같다. 복수의 조문의 주석이 서로 관련되어 있는 경우에도 원칙적으로 개별 조문별로 주석하되, 해당 부분에서 앞 또는 뒤의 조문의 주석내용을, 「§○○ 註釋 I. 3. 나. (2) 참조」와 같이 지시하는 것으로 갈음할 수 있다. 그러나 집필자가 여러 조문을 한 번에 주석하는 것이 적절하다고 판단한 경우에는 그러하지 아니하다.

특정한 조문의 주석에 해당하지 아니하는 경우에는 관련 조문의 앞, 뒤에 「[前註] 제목」, 「[後註] 제목」으로 넣는다.

다. 각 절의 제목 또는 각 조문의 앞에 「참고문헌: ○○○○○, ○○○○○. …」의 형태로 권두의 참고문헌 약어표에 기재되어 있지 아니한 참고문헌으로서 당해 절 또는 조문에서 인용될 참고문헌을 일괄적으로 적고, 이후 이들 문헌을 「저자명(연도), 면수」, 「저자명(연도a), 면수」(같은 연도에 발간된 문헌이 여럿인 경우)로 간략히 인용한다. 필요한 때에는 한 절 또는 한 조문의 주석을 둘 이상으로 나누어 별도의 참고문헌 목록을 붙일 수도 있다. 권두 참고문헌 목록과 각 절 또는 조문 참고문헌 목록에 없는 문헌은 아래 문헌 인용방법에 따라 정식으로 인용하고, 그 뒤에 「저자(주 ○), 면수」와 같이 앞의 주를 지시하는 방법으로 인용한다.

라. 각주번호는 조문별로 새로 붙이되, 하나의 조문의 주석 내에서 새로 시작하지는 아니한다. 같은 조문의 앞, 뒤의 각주를 인용할 때에는 「저자(주 ○)」으로 인용한다.

마. 법령의 인용

(1) 법령의 명칭 인용은 원문 그대로 하되, 원문이 한자로 되어 있는 경우에도 한글로 표기함을 원칙으로 한다. 원문이 띄어쓰기가 되어 있는 등으로 구분해두지 아니하면 혼동의 우려가 있을 때에는 따옴표(" ")로 인용한다. 다만, 집필자의 판단에 따라 법령약어표의 약어를 사용하거나(이때에는 한자를 씀을 원칙으로 한다), 당해 조문의 주석에서만 사용하는 약어를 만들어 쓸 수 있다. 이때에는 「(이하 "…"라고 한다)」의 형식으로 인용한다.

민법은 법명을 적지 아니하고 인용함을 원칙으로 한다.

(2) 과거의 법령을 인용할 때에는 법명 앞에 "舊" 또는 "구"를 붙이고, 법명 뒤에 괄호를 열어 "(연. 월. 일. 개정전)"으로 인용한다.

(3) 조문의 일부를 인용하는 경우에는 「부칙 § 3-2 Ⅲ ii 가. 본문」(부칙 제3조의 2 제3항 제2호 가.목 본문)의 형식으로 한다.

(4) 다만, 판결, 논문 등을 원문 그대로 인용하는 경우에는 위 (2), (3)을 적용하지 아니하고, 그 원문에 표기된 대로 한다.

(5) 대법원 예규, 선례는, 「등기예규/호적예규/재일/재민/재판예규/호적선례 제○호」 등으로 표기한다. 제목은 필요에 따라 적을 수도 있고, 적지 않을 수도 있다. 다만, 가족관계등록예규와 가족관계등록선례는 각 등록예규, 등록선례로 표기한다.

(6) 외국법령은 한글로 국가명을 붙인 뒤 한 칸 띄우고, 법명을 생략 없이 적는다. 법명은 통용되는 한글 번역어를 적고 괄호 안에 원어를 병기하나, 각국 민법(스위스채무법 포함)은 원어를 병기하지 아니하고 "독일 민법", "오스트리아 민법", "스위스 채무법" 등으로 적는다.

원어를 병기하기 곤란하거나 통용되는 번역어가 없는 경우에는 원어만 적고, 국가명은 적절한 방법으로 표시하며, 그 후 같은 조문의 주해에서 같은 법이 반복되는 경우에는 번역어 또는 약어로 인용한다. 이처럼 외국어 표기로 인용하는 경우에는 (3) 대신에 그 나라에서 통용되는 표기방법을 따를 수 있다.

이때 붙일 국가명은 다음과 같다.

<다음>

미국, 영국, 캐나다, 오스트레일리아, 뉴질랜드, 독일, 오스트리아, 스위스, 프랑스, 벨기에, 룩셈부르크, 이탈리아, 스페인, 네덜란드, 스웨덴, 튀르키예, 일본, 중국, 대만

예: 독일 민법 제2289조.

독일의 등록된 생활동반자법(Lebenspartnerschaftsgesetz; LPartG) § 1

독일의 Wohn- und Betreuungsvertragsgesetz(WBVG).

WBVG § 2 I.

바. 판례인용 및 출처의 약어표기

(1) 우리나라 판례

정식으로 전부 인용한다.

예: 서울중앙지방법원 2011. 5. 6. 선고 2007가합49582 판결.
대법원 2012. 6. 7.자 2012므768 결정.

<다음>

대법원판례집 29권 2집, 민사편 226면 → 집29－2, 민226
판례공보(법원공보), 1982년, 66면 → 공1982, 66
각급법원(제1, 2심) 판례공보 제18호(2005. 2. 10), 215면 → 각공2005, 215
고등법원판례집 1976년 민사편 제3권 85면 → 고집1976민3, 85
하급심판결집 2002년 제1권, 287면 → 하집2002－1, 287
判例總覽, 第11卷 2號, 1042－2면 → 총람11－2, 1042－2
法律新聞 第1656號, 10면 → 신문1656, 10

* 대법원 종합법률정보 등에서 검색할 수 있는 판례는 원칙적으로 출처를 표기하지 아니한다. 미공간 판례로서 위의 방법으로만 검색할 수 있는 판례는 출처 표기를 하지 아니한다. 위 약호 이외의 문헌으로 인용하는 판례의 출처 표기는 아래 문헌 인용방법에 따라 적절하게 표시한다.

사건번호가 복수인 경우에는 가장 대표적인 것 하나만 적고, 칸을 띄우지 아니한 채 바로 뒤에 "등"을 붙일 수 있다.

(2) 외국판례

외국판례를 인용할 때에는 각 그 나라의 표기방법(출처 표기 포함)에 따르되, 일본의 판례는 앞에 "日"을 붙이고, 서기연도를 표시한 후 괄호 안에 다음과 같이 축약한 연호를 표기한다.

<다음>

明治 → 明, 大正 → 大, 昭和 → 昭, 平成 → 平

* 메이지 원년은 1868년, 다이쇼 원년은 1912년, 쇼와 원년은 1926년, 헤이세이 원년은 1989년이므로 가령 쇼와 50년은 1975년이 된다.

예: 日最判 1974(昭 49). 4. 26. 民集28－3, 503.

사. 참고문헌 및 논문 인용

(1) 참고문헌 약어표에 있는 국내 교과서를 인용하는 경우에는,
「저자명(한자로 되어 있는 경우에는 한글), 면수」
로 한다. "제○판", "면", "쪽", "p" 등은 따로 표시하지 아니한다.

예: 김주수·김상용, 450.

참고문헌 약어표에 기재된 교과서의 구판을 인용하는 경우에는 저자명 뒤 괄호

안에 "(○판, 출간연도)"를 덧붙인다.

예: 김주수·김상용(제8판, 2006), 347.

(2) 국내 저서를 인용하는 경우에는,

「저자명(한자로 되어 있는 경우에도 한글화함을 원칙으로 한다), 제목(출간연도), 면수」로 한다. "면", "쪽", "p" 등은 따로 표시하지 아니한다. 부제도 원칙적으로 생략한다. 그러나 참고문헌 약어표에 기재된 저서를 인용하는 경우는 저자명 뒤에 참고문헌 약어표에 기재된 약호를 적고, 출간연도를 따로 적지 아니한다.

예: 법원공무원교육원 간, 2024 가족관계등록실무(2024), 120면. → 등록실무, 120.

양현아, 한국 가족법 읽기. 전통, 식민지성, 젠더의 교차로에서, 창비(2011), 300면. → 양현아, 한국 가족법 읽기(2011), 300.

권재문, 親生子關係의 決定基準, 景仁文化社(2011), 200면~201면. → 권재문, 친생자관계, 200－201.

(3) 국내 논문을 인용하는 경우에는 다음의 구분에 따른다.

<다음>

출처가 정기간행물인 경우에는

「저자명(한자로 되어 있는 경우에는 한자), "논문제목", 간행물 명/약호 권수－호수(발간연도), 면수」의 순으로 표기한다. "제", "권", "호"의 표시는 생략하고 숫자로만 적되, 통권으로 적는 것이 편한 경우에는 통권으로 적을 수 있다. 대법원판례해설의 논문제목이 너무 길 때에는 적절히 생략 또는 축약할 수 있다. 그 이외의 논문의 부제(副題)도 같다.

출처가 기념논문집인 경우에는,

「저자명(한자로 되어 있는 경우에는 한자), "논문제목", ○○○화갑기념/○○○정년기념(출간연도), 면수」

의 순으로 표기한다.

편집자와 논문집 고유의 제목은 적지 아니한다.

출처가 그 이외의 논문집인 경우에는

「저자명(한자로 되어 있는 경우에는 한자), "논문제목", 논문집제목(출간연도), 면수」의 순으로 표기한다. 이때에는 기타 저서와 같이 부제를 생략하고, 특별히 필요한 경우가 아닌 한 논문집의 편집자도 생략한다.

어느 경우든 "면", "쪽", "p" 등은 따로 표시하지 아니한다.

예: 郭東憲, "相續의 根據와 그 機能", 경북대학교 法學論考 제11집(1995), 15면 이하.

→ 곽동헌, "상속의 근거와 그 기능", 경북대 법학논고 11(1995), 15 이하.

尹眞秀, "相續回復請求權의 性質과 그 除斥期間의 起算點", 金容俊 憲法裁判所長華甲紀念論文集 刊行委員會 編, 金容俊 憲法裁判所長華甲紀念 裁判의 한 길, 博英社(1998), 478면. → 윤진수, "상속회복청구권의 성질과 그 제척기간의 기산점", 김용준화갑기념(1998), 478.

尹眞秀, "婚姻의 自由", 民法論攷IV. 親族法, 博英社(2009), 176면 이하. → 윤진수, "혼인의 자유", 민법논고[IV](2009), 176 이하.

이화숙, "약혼예물 수수의 법적 성질 및 혼인해소의 경우 그 소유권의 귀속관계", 김상용·문흥안·민유숙·신영호·윤진수·이경희·이은정·이화숙·전경근·최금숙·최진섭·한웅길, 가족법 판례해설, 세창출판사(2009), 11면 이하 → 이화숙, "약혼예물 수수의 법적 성질 및 혼인해소의 경우 그 소유권의 귀속관계", 가족법 판례해설, 11 이하.

(4) 외국 교과서·저서·논문을 인용할 때에는 각 그 나라에서 통용되는 방법에 의한다. 저자의 姓 이외에 이름까지 적을 필요가 없다고 판단되는 경우에는 이름을 생략하거나 대문자로 그 첫 글자만 적는다. 약호도 그 나라에서 통용되는 것이면 쓸 수 있다. 인터넷자료는 앞서 본 문헌인용방식 그대로 하되, 출처 대신에 뒤에 「<http://…> (최종방문: 연. 월. 일.)」을 덧붙이는 것으로 한다.

어느 경우이든 "면", "쪽", "p" 등은 따로 표시하지 아니하나, Rdnr., n° 등으로 특정 하는 경우에는 Rdnr., n°을 표시한다. ff.나 et s.는 쓸 수 있다.

예: Margaret F. Brinig, "Contracting around No-Fault Divorce", in F. H. Buckley ed., The Fall and Rise of Freedom of Contract, 1999, Durham and London: Duke University Press, pp. 275-279. = Brining, "Contracting around No-Fault Divorce", The Fall and Rise of Freedom of Contract (1999), 275-279.

Margaret F. Brinig and Steve M. Crafton, "Marriage and Opportunism", The Journal of Legal Studies, Vol. 23, 1994, pp. 869ff. → Brinig and Crafton, "Marriage and Opportunism", 23 J. Leg. Stud. 869 ff. (1994).

Finger, Anmerkung zu BGH Urteil von 10. 11. 1982, JZ 1983, 608.

Dieter Schwab, Familienrecht, 13., neu bearbeitete Aufl., München: Verlag C.H. Beck, 2005, S. 43. → Schwab, Familienrecht (2005), 43.

Rainer Frank, Erbrecht, 3. Aufl., München: Verlag C.H. Beck, 2005, Rdnr. 77. → Frank, Erbrecht (2005), Rdnr. 77.

Alain Bénabent, Droit civil. Droit de la famille, Paris: Montchrestien, 2010, pp. 199 et

s. → Bénabent, Droit civil. Droit de la famille (2010), 199 et s.

Christian Jubault, Droit civil. Les successions. Les libéralités, 2e édition, Paris: Montchrestien, 2010, n° 300-312. → Jubault, Droit civil. Les successions. Les lib-éralités (2010), n° 300-312.

(5) 국내의 주석서는 다음과 같이 인용한다.

<다음>

郭潤直 編輯代表 民法注解[XII], 博英社(1992), 214면(池元林 執筆部分). → 구 주해XII, 214(지원림).

註釋民法[債權總則(1)], 第3版 韓國司法行政學會(2000), 390면(李銀榮 執筆部分). → 주석채총(1)(3판), 390(이은영).

독일법권의 주석서는 「MünchKomm/집필자 姓, ○. Aufl., 연도, § 1657, Rdnr. 5」와 같이 인용한다.

(6) 같은 조문의 주석 중 이미 인용한 문헌을 다시 인용할 때에는 「저자명(주 ○), 면수」의 형식으로 인용함을 원칙으로 한다.

3. 법령약호표

다음의 법령은 다음 약호에 의하여 인용할 수 있다. 다음 약호의 시행령, 시행규칙 등은 (아래에 해당 약호가 없더라도) 약호 뒤에 "令", "規"를 붙여 인용할 수 있다.

<다음>

가사소송법 ······ 家訴
가사소송규칙 ······ 家訴規
가사재판, 가사조정 및 협의이혼 절차의 상담에 관한 예규 ······ 상담예규
가족관계의 등록 등에 관한 법률 家登
가족관계의 등록 등에 관한 규칙家登規
국적법 ······ 國籍
국제사법 ······ 國私
민사 및 가사소송의 사물관할에 관한 규칙 ······ 사물관할규칙
민법(필요한 경우에 한함) ······ 民
민사소송법 ······ 民訴
민사소송규칙 ······ 民訴規
민사조정법 ······ 民調
민사집행법 ······ 民執
법원조직법 ······ 法組
비송사건절차법 ······ 非訟
상가건물임대차보호법 ······ 商賃
상속세 및 증여세법 ······ 相贈
소득세법 ······ 所得
소송촉진등에관한 특례법 ······ 訴促
신탁법 ······ 信託
인사소송법(폐) ······ 人訴

주택임대차보호법 ························· 住賃
채무자회생 및 파산에 관한
법률 ································· 債務回生
헌법 ··· 憲

형법 ··· 刑
형사소송법 ······································ 刑訴
호적법(폐) ······································· 戶籍

§ 779 ① i : 민법 제779조 제1항 제1호
§ 842-2 : 민법 제842조의2
家訴 § 2 ① i 가. : 가사소송법 제2조 제1항 제1호 가목
* 국제친족법, 국제상속법에서는 민법 앞에 "民"을 붙여 인용하고 국제사법 앞의 "國私"를 생략한다.

4. 집필항목 및 집필자

가. 친족

<table>
<tr><th>분담부분</th><th>집필자</th></tr>
<tr><td>총설</td><td>윤진수</td></tr>
<tr><td>총칙(767－777)</td><td rowspan="2">최준규</td></tr>
<tr><td>가족의 범위와 자의 성과 본(778－799)</td></tr>
<tr><td>약혼(800－806)</td><td rowspan="3">윤진수</td></tr>
<tr><td>혼인의 성립(807－814), 사실혼</td></tr>
<tr><td>혼인의 무효와 취소(815－825)</td></tr>
<tr><td>혼인의 효력(826－833)</td><td rowspan="2">이동진</td></tr>
<tr><td>이혼(834－843)</td></tr>
<tr><td>친생자(844－865)</td><td>이봉민</td></tr>
<tr><td>양자(866－908의8), 입양특례법</td><td>현소혜</td></tr>
<tr><td>친권(909－927)</td><td>이봉민</td></tr>
<tr><td>후견(928－959의20)</td><td>현소혜, 김수정</td></tr>
<tr><td>부양(974－979)</td><td>최준규</td></tr>
<tr><td>국제친족법</td><td>석광현</td></tr>
</table>

나. 상속

분담부분	집필자
총설	윤진수
총칙(997-999)	
상속인(1000-1004)	
상속의 효력(1005-1018)	이봉민
상속의 승인 및 포기(1019-1044)	이동진
재산분리(1045-1052)	
상속인의 부존재(1053-1059)	
유언(1060-1111)	현소혜
유류분(1112-1118)	최준규
남북 사이의 가족관계 및 상속에 관한 특례법	이동진
국제상속법	장준혁

5. 참고문헌 약호표

다음 참고문헌은 약호로 인용할 수 있다.

＜교과서·체계서류＞

고정명, 韓國家族法: 親族相續法, 教文社(1983) → 고정명

고정명·조은희, 친족·상속법, 제주대학교출판부(2011) → 고정명·조은희

郭潤直, 相續法[民法講義IV], 改訂版, 博英社(2004) → 곽윤직, 상속법

권대우 외, (로스쿨) 가족법, 세창출판사(2010) → 권대우 외

권재문, 민법강의: 친족상속법, 박영사(2023) → 권재문

김민중 외, 로스쿨 가족법, 청림출판(2007) → 김민중 외

김연·박정기·김인유, 국제사법, 제4판, 법문사(2022) → 김연 외, 국제사법

金容漢, 親族相續法論, 補訂版, 2003 → 김용한

김용한·조명래, 전정판 국제사법, 정일출판사(1998) → 김용한 외, 국제사법

김주수·김상용, 친족·상속법 -가족법-, 제19판, 法文社(2023) → 김주수·김상용

金辰, 新國際私法, 法文社(1962) → 김진, 국제사법

김현선·정기웅, 친족·상속·가사실무, 박영사(2007) → 김현선·정기웅

박동섭·양경승, 친족상속법, 제5판, 박영사(2020) → 박동섭·양경승

박동섭, 가사소송실무 1, 2, 법률문화원(2022) → 박동섭, 가사소송(1), (2)

박동섭, 주석 가사소송법, 3정판, 박영사(2003) → 박동섭, 주석

朴秉濠, 家族法, 韓國放送通信大學教 出版部(1999) → 박병호

박종찬, 친족상속법, 진원사(2019) → 박종찬

박정기·김연, 가족법: 친족상속법, 탑북스(2013) → 박정기·김연

박희호·이동건, 친족상속법, 2020 → 박희호·이동건

裵慶淑·崔錦淑, 親族相續法講義: 家族財産法, 改訂增補版(2006) → 배경숙·최금숙

백성기, 친족상속법, 제3판, 진원사(2015) → 백성기

법무부, 국제사법 해설, 법무부(2001) → 법무부, 해설

서희원, 국제사법강의, 일조각(1998) → 서희원, 국제사법

석광현, 국제사법 해설, 박영사(2013) → 석광현, 해설

석광현, 국제민사소송법: 국제사법(절차편), 박영사(2012) → 석광현, 국제민소

석광현, 국제재판관할법, 박영사(2022) → 석광현, 관할법

소성규, 가족법, 2판, 동방문화사(2014) → 소성규

송덕수, 친족상속법, 제7판, 박영사(2024) → 송덕수

신영호·김상훈·정구태, 로스쿨 가족법강의, 제4판, 세창출판사(2023) → 신영호·김상훈·정구태

신창선·윤남순, 신국제사법, 제2판, fides(2016) → 신창선·윤남순, 국제사법

신창섭, 국제사법, 제5판, 세창출판사(2022) → 신창섭, 국제사법

안춘수, 국제사법, 2판, 법문사(2023) → 안춘수, 국제사법

양수산, 친족상속법: 가족법, 한국외국어대학교출판부(1998) → 양수산

양형우, 친족상속법, 제15판, 정독(마인드탭(MindTap)(2024) → 양형우

吳始暎, 親族相續法, 제2판, 학현사(2011) → 오시영

윤대성, 가족법강의, 전정판, 한국학술정보(2013) → 윤대성

윤종진, 개정 현대 국제사법, 한올출판사(2003) → 윤종진, 국제사법

윤진수, 친족상속법 강의, 제5판, 박영사(2023) → 윤진수

이경희·윤부찬, 가족법, 10정판, 法元社(2021) → 이경희·윤부찬

이영규, (새로운)가족법 강의, 제4전정판, 大明出版社(2008) → 이영규

이호정, 국제사법, 경문사(1983) → 이호정, 국제사법

이희배, (判例·參考·整理)親族·相續法 要解: 家族法, 第一法規(1995) → 이희배

林正平, 現代家族法, 法律文化比較學會(2003) → 임정평

鄭光鉉, 新親族相續法要論, 修正增補4版, 法文社(1961) → 정광현, 요론

조승현·김재완, 친족상속법, 한국방송통신대학교출판문화원(2017) → 조승현·김재완

千宗淑, (新)韓國家族法論: 親族·相續法, 東民出版社(1997) → 천종숙

崔錦淑, 로스쿨 親族法(1), (2), 第一法規(2010) → 최금숙, 친족(1), (2)

최문기, 가족법상의 권리와 의무, 박영사(2019) → 최문기

최흥섭, 한국 국제사법 - 법적용법을 중심으로, 한국학술정보(2019) → 최흥섭

한복룡, 家族法講義, 제2개정판, 충남대학교출판부(2012) → 한복룡

한복룡, 국제사법, 수정판, 충남대학교출판문화원(2013) → 한복룡, 국제사법

한봉희·백승흠, 가족법, 정독(2024) → 한봉희·백승흠

한삼인·김상헌, 친족상속법, 제2판, 화산미디어(2018) → 한삼인·김상헌

黃山德·金容漢, 新國際私法, 第9版, 博英社(1977) → 황산덕 외, 국제사법

＜판례교재류＞

金疇洙 編著, (註釋)判例 家族法, 三英社(1978) → 김주수, 판례

이희배, (註釋)家族法判例研究, 三知院(2007) → 이희배, 판례

김상용·문흥안·민유숙·신영호·윤진수·이경희·이은정·이화숙·전경근·최금숙·최진섭·한웅길, 가족법 판례해설, 세창출판사(2009) → 가족법 판례해설

* 해당 부분 제목과 집필자 표기

＜연구서·논문집류＞

권재문, 親生子關係의 決定基準, 景仁文化社(2011) → 권재문, 친생자관계

金相瑢, 家族法研究 I, II, III, IV → 김상용, 연구[I], [II], [III], [IV]

김상훈, 미국상속법, 세창출판사(2012) → 김상훈, 미국상속법

金疇洙, 婚姻法研究: 婚姻 및 離婚의 自由와 관련하여, 法文社(1969) → 김주수, 혼인

문숙자, 조선시대 재산상속과 가족, 경인문화사(2004) → 문숙자

박동섭, 유류분 청구의 이론과 실무, 법률정보센터(2011) → 박동섭, 유류분

석광현, 국제재판관할에 관한 연구 — 민사 및 상사사건에서의 국제재판관할의 기초이론과 일반관할을 중심으로 —, 서울대학교출판부(2001) → 석광현, 관할연구

申榮鎬, 공동상속론, 나남출판사(1997) → 신영호, 공동상속

申榮鎬, 가족관계등록법, 세창출판사(2009) → 신영호, 등록

양현아, 한국 가족법 읽기 - 전통, 식민지성, 젠더의 교차로에서, 창비(2011) → 양현아

윤진수, 民法論攷 I, II, III, IV, V, VI, VII, VIII → 윤진수, 민법논고[I], [II], [III], [IV], [V], [VI], [VII], [VIII]

윤진수·현소혜, 2013년 개정민법 해설, 법무부 민법개정총서(5)(2014) → 윤진수·현소혜, 2013년개정민법

李庚熙, 遺留分制度, 三知院(1995) → 이경희, 유류분

李光信, 우리나라 民法上의 姓氏制度 硏究, 法文社(1973) → 이광신, 성씨

이화숙, 비교부부재산관계법, 세창출판사(2000) → 이화숙, 부부재산관계

李和淑, (2005년)改正家族法 해설 및 평가, 세창출판사(2005) → 이화숙, 2005년개정가족법

이화숙, 가족, 사회와 가족법, 세창출판사(2012) → 이화숙, 가족법

李凞培, 民法上의 扶養法理: 私的 扶養法理의 三原論的 二元論, 三英社(1989) → 이희배, 부양

임채웅, 상속법연구, 박영사(2011) → 임채웅, 상속법연구

鄭光鉉, 姓氏論考: 朝鮮家族法論考, 東光堂(1940) → 정광현, 성씨

鄭光鉉, 韓國家族法硏究, 서울大學校出版部(1967) → 정광현, 연구

鄭肯植, 韓國近代法史攷, 博英社(2002) → 정긍식, 근대법사고

정동호, 한국가족법의 개변맥락, 세창출판사(2014), 정동호, 한국가족법

천종숙, 裁判上 離婚에 관한 硏究, 敎文社(1975) → 천종숙, 이혼

崔鎭涉, 離婚과 子女, 三知院(1994) → 최진섭, 이혼과 자녀

현소혜, 유언의 해석, 景仁文化社(2010) → 현소혜, 유언

* 논문집은 해당 논문의 제목 이외에 가급적 초출(初出)을 표기

<주석서류>

金疇洙 編, 註釋相續法(上), (下), 韓國司法行政學會(1996) → 주석상속(1996)(상), (하)

민유숙 편집대표, 주석 민법 친족1, 2, 제6판, 韓國司法行政學會(2020) → 주석친족(1), (2)

민유숙 편집대표, 주석 민법 상속, 제5판, 韓國司法行政學會(2020) → 주석상속

郭潤直 編輯代表 民法注解[I]~[XIX], 博英社 → 주해[권호], 면수(분담집필자)

양창수 편집대표, 민법주해 [1]－[Ⅳ], 제2판, 박영사 → 주해 2판, [권호], 면수(분담집필자)

<기타>

법원공무원교육원 편, 2024 가족관계등록실무, 2024 → 법원공무원교육원 등록실무

법원행정처 편, 법원실무제요 가사[1], 2021 → 제요[1]

법원행정처 편, 법원실무제요 가사[2], 2021 → 제요[2]

법원행정처 편, 가족관계등록실무 [Ⅰ], 2018 → 법원행정처 등록실무 [Ⅰ]

법원행정처 편, 가족관계등록실무 [Ⅱ], 2018 → 법원행정처 등록실무 [Ⅱ]

법원행정처 편, 상속등기실무, 2012 → 상속등기실무

법원행정처 편, 성년후견해설, 2013 → 성년후견해설

법원공무원교육원 편, 2016 국제가족관계등록 → 국제가족관계등록

법무부 편, 2013년 개정민법자료집(상), 2012 → 2013년 개정자료집

6. 기타

가. 쉼표의 위치는 따옴표 뒤로 통일하기로 함. → "유언의 해석", 가족법연구

나. 판례 및 법령은 2024. 8. 11.자를 기준으로 함.

다. 개정이므로, 참고문헌을 신판으로 업데이트하고 법령과 판례의 추가, 변경(외국법을 소개한 경우는 외국법 포함) 및 새로운 문헌을 반영하는 것을 원칙으로 함.

차 례

[제 2 권 차례]

第 4 章　父母와 子

第5章 後見

第 7 章 扶養

第 8 章

第 9 章 國際親族法

[제 1 권 차례]

친족법 총설

第 1 章 總則

第 2 章 家族의 範圍와 子의 姓과 本

第3章 婚姻

第 4 章 父母와 子

입양특례법

*『주해친족법』1권과 2권의 본문 페이지는 연결됩니다(2권은 1157면에서 시작합니다). 판례색인과 사항색인의 내용은 1, 2권 모두 동일합니다(단, 1권과 2권의 페이지 서체를 달리하여 1권에 나오는 색인과 2권에 나오는 색인을 구분하였습니다).

第 3 節 親權

[前註]

▌**참고문헌**: 곽동헌(1998), "이혼후의 친자관계", 아세아여성법학 1; 권재문(2013), "친권자의 공백 상황에 대처하기 위한 법정대리인의 결정", 가족법연구 27-1; 김명숙(2009), "자의 복리와 친권, 자의 권리", 안암법학 28; 김명숙(2021), "2020년 가족법 중요판례평석", 인권과 정의 496; 김상용(2008), "「친권자동부활론」에 대한 비판적 고찰", 중앙대 법학논문집 32; 김은아(2009), "친권의 본질과 행사상의 문제", 한양대 법학논총 26-2; 서정우(1987), "이혼당사자간의 자의 인도청구에 관한 시론", 民判 9; 양수산(1996), "친권자와 친권행사자", 가족법연구 10; 엄경천(2016), "친권의 본질에 관한 검토", 가족법연구 30-1; 윤부찬(2010), "친권 및 면접교섭의 변경사유로서 미성년자의 거소변경", 가족법연구 24-1; 윤용섭(1996), "친권과 후견", 民判 18; 윤혜란(2012), "친권에 관한 비교법적 고찰", 가족법연구 26-2; 이은정(2007), "비친권자의 양육권", 가족법연구 21-1; 이은정(2013), "친권 제한의 유연화", 가족법연구 27-1; 이종길(2015), "이혼에 있어 친권 및 양육책임문제에 대한 새로운 접근", 가족법연구 29-3; 이준일(2012), "친권포기각서의 위헌성", 헌법논총 22; 이호철(2019), "이혼과 자녀 양육에 관한 문제", 부산판례연구 30; 이희배(2001), "단독친권행사자가 사망한 경우, 생존친의 친권 행사권능의 부활여부와 친권상실의 사유", 이희배 정년; 전보성(2016), "친권자 지정·변경에 관한 판례의 최근 경향", 民判 38; 제철웅(2006), "친권과 자녀의 권리의 충돌과 그 조정방향", 아세아여성법학 9; 조인선(2019), "친권상실선고심판청구에 대한 친권의 일부 제한 심판 사례", 2018년 가족법 주요 판례 10선; 최진섭(1989), "친생부모간의 자의 인도청구", 가족법연구 3; 최진섭(1996), "친권상실에 관한 비교법적 연구", 가족법연구 10; 최효섭(1991), "친권행사에서의 이해상반행위", 사법연구자료 18

Ⅰ. 친권의 의의

친권은 미성년자를 보호하고 교양하기 위하여 부모에게 인정되는 권리와 의무의 총칭이다.[1] 역사적으로 친권은 가장의 지배권을 의미하였으나, 현재에 이르러 친권은 자녀의 복리를 위한 부모의 권리이자 의무라고 보는 것이 통설이다.[2] 친권은 누구에게도 방해받지 않고 자유롭게 자녀를 보호·교양할 수 있다는 점에서 권리라고 볼 수도 있으나,[3] 자녀의 복리 실현을 위한 의무로서의 성격이 더 강하다고 볼 수 있다.[4] 판례도 친권은 자녀의 복리를 확보하기 위한 부모의 권리이자 의무의 성격을 갖는다고 하였다.[5] 학설 중에는 친권이란 부모의 미성년 자녀에 대한 양육책임과 관련된 권리와 의무, 책임과 임무를 총체적으로 지칭하는 것으로서 '권한'이라고 보는 것이 더 적절하다는 견해도 있다.[6] 우리 민법은 친권의 사퇴나 포기를 허용하지 않는다.[7]

2005. 3. 31. 개정 전 §909 ①은 "미성년자인 자는 부모의 친권에 복종한다."고 규정하고, ⑤은 "양자는 양부모의 친권에 복종한다."라고 규정하였으나, 2005. 3. 31. 개정으로 "복종"이라는 표현을 삭제하고, 현행 §909에서는 친권자가 누구인지만 규정하는 것으로 개정되었다. 또한 2005. 3. 31. 개정으로 친권을 행사함에 있어서는 자녀의 복리를 우선적으로 고려해야 한다는 §912(현행 §912 ①)가 신설되었다. 이러한 개정은 모두 친권이 지배권이라기보다는 자녀의 복리를 위한 부모의 권리·의무라는 이념이 반영된 것이라고 할 수 있다.[8]

Ⅱ. 자녀의 복리 원칙

자녀의 복리는 부모와 미성년 자녀 사이의 관계를 지배하는 최고의 이념이다.[9] §912는 친권자가 친권을 행사할 때와 가정법원이 친권자를 지정할 때 우선적으로 자녀의 복리를 고려해야 한다고 정하고 있다.

자녀의 복리 원칙에 대한 자세한 내용은 §912 주석 참조.

---

1) 신영호·김상훈·정구태, 206; 윤용섭(1996), 553; 윤진수, 251; 윤혜란(2012), 66; 조인선(2019), 70; 김명숙(2009), 99; 곽동헌(1998), 56; 주석친족(2), 358(이은정).

2) 김주수·김상용, 427; 박동섭·양경승, 402; 박희호·이동건, 160-161; 신영호·김상훈·정구태, 206; 최효섭(1991), 69; 윤혜란(2012), 66; 최진섭(1996), 379; 김명숙(2009), 99; 김은아(2009), 253; 주석친족(2), 359(이은정).

3) 신영호·김상훈·정구태, 206; 윤용섭(1996), 553; 윤혜란(2012), 66; 김명숙(2009), 80.

4) 윤진수, 251; 윤용섭(1996), 553; 최효섭(1991), 69; 윤혜란(2012), 66-67; 양수산(1996), 331; 친권은 부모로서 의무를 다하는 권리라고 표현되기도 한다. 곽동헌(1998), 56.

5) 대법원 1993. 3. 4.자 93스3 결정; 대법원 2012. 4. 13. 선고 2011므4719 판결 등.

6) 엄경천(2016), 152-159.

7) 박동섭·양경승, 440; 송덕수, 244; 윤진수, 283; 이준일(2012), 181.

8) 윤혜란(2012), 66 참조.

9) 이동진(2016), 83 참조.

Ⅲ. 친권보유자와 친권행사자의 구별 문제

종래에는 부모 중 일방이 친권행사자로 지정되더라도 타방은 친권은 상실하는 것은 아니고 여전히 친권을 보유하지만 그 친권 행사가 정지될 뿐이라고 해석하는 견해가 많았다.[10] 이는 1990. 1. 13. 개정 민법 §909 ④에서 혼인외 자녀가 인지된 경우와 부모가 이혼한 경우 "친권을 행사할 자"를 정해야 한다고 규정하였기 때문이었다. 위 조항으로 인해 친권자의 개념과 친권행사자의 개념이 법률상 구분되게 되었다는 지적도 있었다.[11] 이러한 사고에 기초하여 이혼한 부모 중 일방이 친권행사자로 지정된 후 사망하였다면 타방 부모가 당연히 친권을 행사하게 된다고 해석하는 견해가 많았다(이에 대해서는 §909-2 주석 참조). 그러나 2005. 3. 31. 개정 민법 §909 ④에서 위와 같은 경우 친권자를 정해야 한다고 개정되었기 때문에 친권행사가 정지되었을 뿐 여전히 친권을 보유한다는 주장의 실정법적 근거는 없어졌다.[12]

이에 대해 현행법에서도 부모 일방이 친권을 행사할 수 없을 때에 관한 §909 ③, 친권대행에 관한 §910와 같이 친권행사자는 아니지만 친권보유자라고 볼 수 있는 경우가 있다는 점을 지적하면서, 친권보유자는 '우선적으로' 친권자가 될 수 있는 지위에 있는 자로 파악할 수 있고, 이렇게 보면 친권자가 아닌 부모의 지위를 일관성 있게 설명할 수 있다는 실익이 있다는 견해도 있다.[13]

Ⅳ. 친권과 양육권

양육은 부모가 미성년 자녀를 부양하는 것을 말한다.[14] 친권자는 §909에 따라 결정되지만, 부부가 이혼할 경우 §837에 따라 양육자가 정해지므로, 친권은 있으나 양육권은 없는 부모, 반대로 양육권은 있으나 친권은 없는 부모가 있을 수 있다.[15] 판례는 친권과 양육권이 항상 같은 사람에게 돌아가야 하는 것은 아니므로 재판상 이혼의 경우 양육권은 부모 중 일방에, 친권은 다른 일방에 귀속되는 것으로 정할 수 있다고 하였다.[16] 그러나 이에 대해서는 친권 없는 양육은 자녀의 복리를 해칠 우려

10) 윤용섭(1996), 562-563; 양수산(1996), 335-336; 곽동헌(1998), 61; 2005. 3. 31. 민법 개정 이후의 문헌으로 김은아(2009), 254; 주석친족(2), 359(이은정)도 참조.

11) 이희배(2001), 1095.

12) 김상용(2008), 47 참조.

13) 권재문(2013), 143; 주해친족(초판, 2권), 996-997(권재문).

14) 박희호·이동건, 179; 윤진수, 260.

15) 김주수·김상용, 432; 이은정(2007), 167; 이호철(2019), 125; 곽동헌(1998), 63; 전보성(2016), 1279; 주석친족(2), 378(이은정) 참조.

16) 대법원 2012. 4. 13. 선고 2011므4719 판결.

가 있으므로, 적어도 양육자에게는 특별한 사정이 없는 한 친권이 있어야 한다는 비판이 있다.[17]

그런데 여기서 말하는 양육권이 구체적으로 어떠한 의미인지 따져볼 필요가 있다. 학설 중에는 양육권이라는 개념을 인정하는 것은 법률적 근거가 없다는 비판도 있고,[18] 양육권은 친권자로부터 양육에 관한 권한을 위임받은 것이라고 해석하는 견해도 있다.[19] 양육권자와 친권자가 달라져도 친권자의 친권은 제한되지 않고, 일상적인 양육사항은 양육권자가 단독으로 정하지만 자녀의 복리에 본질적으로 중요한 의미를 가지는 양육사항은 친권자와 양육권자가 합의해야 한다는 견해도 있다.[20] 반면 양육권과 친권이 충돌하는 경우에는 자녀에게 더 영향을 미치는 양육권이 우선한다는 견해도 있다.[21] 1990. 1. 13. 개정 전에는 이혼한 모는 친권자가 될 수 없었으나(구 §909 ⑤), 양육자는 될 수 있었다(구 §837). 이 때문에 양육권은 친권과 무관한 것이라는 주장도 있었다.[22] 그러나 현행법에서는 모가 이혼하였다고 하여 친권자가 될 수 없다는 제한은 없어졌다.

친권(§913)의 내용 중에는 양육에 관한 사항도 당연히 포함되는 점(§945 i 등 참조), §909-2에 따라 가정법원이 친권자를 지정할 때 양육의사와 양육능력 등을 고려하는 점(§909-2 ④, ⑥ 등)을 아울러 생각해 보면, 현행법 아래에서는 양육권도 결국 친권의 내용 중 일부라고 보는 것이 타당하다.[23] 과거의 판례 중에는 양육자로 지정된 자는 자녀의 양육, 교육에 필요한 거소지정, 부당하게 자를 억류하는 자에 대한 인도청구 등을 할 수 있다고 판시한 것도 있는데,[24] 이것도 양육권이 친권의 내용 중 하나라고 보아야 이해될 수 있다. 이러한 양육권에는 친권 중 자녀의 신상에 관한 권리, 예를 들어 거소지정권, 징계권, 자녀 인도청구권 등이 포함될 수 있다.[25] 따라서 양육권이 없는 친권자는 제한된 범위에서만 친권을 행사할 수 있다고 보아야 한다.[26] 양육권을 제외한 나머지 친권의 범위가 반드시 명확한 것은 아니나,[27] 그 범위는 개별 사건에

17) 윤진수, 254; 같은 취지, 엄경천(2016), 164-165; 주석친족(2), 378(이은정).
18) 엄경천(2016), 162.
19) 이은정(2007), 178; 이호철(2019), 122.
20) 김명숙(2021), 32.
21) 박희호·이동건, 161.
22) 서정우(1987), 173; 현행법 아래에서도 양육권은 친권과 무관한 것이라는 취지의 견해로는 윤부찬(2010), 5-7.
23) 같은 취지, 이은정(2013), 221; 전보성(2016), 1280; 제요[2], 1511.
24) 대법원 1985. 2. 26. 선고 84므86 판결.
25) 이은정(2013), 221; 같은 취지, 이종길(2015), 455; 주해친족(초판, 1권), 1047, 1051(권재문).
26) 이은정(2013), 221; 이호철(2019), 121; 같은 취지, 윤용섭(1996), 563-564; 최진섭(1989), 11, 14; 곽동헌(1998), 67; 결과에 있어 같은 취지, 엄경천(2016), 162.

서 구체적으로 따져야 할 문제라고 생각된다. 다만 현실에서는 양육권이 공시되지 아니하여 양육권자가 사실상 친권을 행사하기 어렵다는 문제점이 지적되고 있다.[28)]

그 밖에 친권과 양육권에 관한 자세한 내용은 §837 주석 참조.

Ⅴ. 친권의 내용

1. 개요

친권은 자녀의 신분에 관한 사항과 재산에 관한 사항으로 대별하여 설명하는 것이 대체적이다.[29)] 아래에서는 친권의 대강의 내용을 분류하고, 구체적인 내용은 개별 조문의 주석에서 살펴본다.

2. 신분에 관한 친권

자녀의 신분 또는 신상에 관한 친권의 본질적 내용은 자녀를 보호·교양할 권리·의무이다(§913). 보호·교양 의무에는 자의 거소를 지정하여 그 장소에 거주시킬 수 있는 거소지정권(§914)이 포함된다.

신분에 관한 행위는 당사자의 진의가 중요하므로 원칙적으로 친권자가 미성년 자녀를 대리할 수 없다.[30)] 그러나 법률 규정에서 개별적으로 친권자로 하여금 미성년자의 신분 또는 신상에 관한 행위를 할 수 있도록 허용하는 경우가 있다. 이에 대해서는 §911 주석 참조.

3. 재산에 관한 친권

재산에 관한 친권에는 크게 재산관리권(§916)과 법률행위에 대한 대리권(§920)·동의권(§5)이 있다. 또한 친권자는 미성년자에게 특정한 영업에 관하여 허락할 수 있다(§8).

친권자의 재산관리권과 법정대리권이 제한되는 경우는 제3자가 자녀에게 무상으로 재산을 수여한 경우(§918)와 이해상반행위에 해당하는 경우(§921) 등이 있다.

---

27) 이를 지적하는 것으로, 이은정(2007), 180－182.
28) 이은정(2013), 221.
29) 김주수·김상용, 444; 송덕수, 222; 제철웅(2006), 123.
30) 김주수·김상용, 450; 박동섭·양경승, 418; 주석친족(2), 396(이은정); 같은 취지, 송덕수, 223.

Ⅵ. 친권의 상실, 제한·정지

1. 개요

친권은 자녀의 복리를 위한 친권자의 권리이자 의무이므로, 부모가 자녀의 복리를 저해할 때에는 국가가 개입해야 한다.31) 친권자의 친권 행사가 자녀의 복리를 위태롭게 할 때에는 친권 자체를 박탈하거나 제한할 필요가 있다. 이에 따라 민법은 친권의 상실, 일시 정지, 일부 제한 등의 제도를 두고 있다. 아래에서는 제도의 대강을 기술하고, 구체적인 내용은 개별 조문의 주석에서 살펴본다.

2. 친권의 상실

친권의 상실 제도에는 친권 그 자체를 상실시키는 것(§925)과 친권 중 대리권·재산관리권만 상실시키는 것(§925)이 있다. 친권자 자신의 대리권·재산관리권 사퇴(§927)도 있다.

3. 친권의 일시 정지·일부 제한 등

2014. 10. 15. 개정으로 친권의 일시 정지(§924), 일부 제한 제도(§924-2)와 친권자의 동의를 갈음하는 재판(§922-2) 제도가 신설되었다.

Ⅶ. 친권의 소멸

1. 친권의 절대적 소멸

자녀가 사망한 때, 자녀가 성년이 된 때, 자녀가 혼인한 때(§826-2) 친권은 소멸한다.32)

2. 친권의 상대적 소멸

친권의 상대적 소멸이란 어느 친권자의 친권이 소멸하지만 다른 사람이 친권자가 되거나 후견이 개시되는 경우라고 할 수 있다.33)

친권자가 사망하면 사망한 친권자의 친권은 소멸한다. 자녀가 다른 사람의 양자가

31) 김주수·김상용, 466; 조인선(2019), 70; 최진섭(1996), 380.

32) 김주수·김상용, 464-465; 박동섭·양경승, 429-430; 송덕수, 235; 신영호·김상훈·정구태, 223; 윤용섭(1996), 579 참조.

33) 이하 김주수·김상용, 465-466; 송덕수, 235-236; 신영호·김상훈·정구태, 223; 윤용섭(1996), 579 참조.

되면 친생부모의 친권은 소멸한다(§909 ① 후문). 임의인지, 협의이혼, 혼인취소, 재판상 이혼, 강제인지의 경우 부모 중 일방이 단독 친권자로 정해지면(§909 ④, ⑤) 다른 일방의 친권은 소멸하고, 정해진 친권자가 다른 일방으로 변경되면(§909 ⑥)에 종전 친권자의 친권은 소멸한다. 입양이 무효 또는 취소되거나 파양된 경우에 양부모의 친권은 소멸한다.

학설은 친권자가 법률상 이유로 친권을 행사할 수 없게 된 때에도 친권이 소멸한다고 본다.[34] 예를 들어, 친권자가 친권상실 선고(§924)를 받으면 친권이 소멸하고, 친권자가 일부 제한 선고(§924-2), 대리권·재산관리권 상실 선고를 받은 경우(§925), 친권자가 대리권·재산관리권을 사퇴한 경우(§927)에도 친권 중 일부가 소멸하였다고 볼 수 있다. 친권자에게 성년후견이 개시된 경우에도 친권이 소멸하였다고 설명된다.[35]

34) 박동섭·양경승, 430; 신영호·김상훈·정구태, 223; 윤용섭(1996), 579.
35) 김주수·김상용, 465; 송덕수, 235.

第 1 款 總則

第 909 條 (親權者)

① 부모는 미성년자인 자의 친권자가 된다. 양자의 경우에는 양부모(養父母)가 친권자가 된다.

② 親權은 父母가 婚姻중인 때에는 父母가 共同으로 이를 행사한다. 그러나 父母의 의견이 一致하지 아니하는 경우에는 當事者의 請求에 의하여 家庭法院이 이를 정한다.

③ 父母의 一方이 親權을 행사할 수 없을 때에는 다른 一方이 이를 행사한다.

④ 婚姻外의 子가 認知된 경우와 父母가 이혼하는 경우에는 父母의 協議로 친권자를 정하여야 하고, 協議할 수 없거나 協議가 이루어지지 아니하는 경우에는 가정법원은 직권으로 또는 당사자의 청구에 따라 친권자를 지정하여야 한다. 다만, 부모의 협의가 자(子)의 복리에 반하는 경우에는 가정법원은 보정을 명하거나 직권으로 친권자를 정한다.

⑤ 가정법원은 혼인의 취소, 재판상 이혼 또는 인지청구의 소의 경우에는 직권으로 친권자를 정한다.

⑥ 가정법원은 자의 복리를 위하여 필요하다고 인정되는 경우에는 자의 4촌 이내의 친족의 청구에 의하여 정하여진 친권자를 다른 일방으로 변경할 수 있다.

■ **참고문헌:** 곽동헌(1998), "이혼후의 친자관계", 아세아여성법학1; 권재문(2013), "친권자의 공백 상황에 대처하기 위한 법정대리인의 결정", 가족법연구 27-1; 김명숙(2021), "2020년 가족법 중요판례평석", 인권과 정의 496; 김상용(2002), "이혼 후의 공동친권", 가족법연구 Ⅰ; 김상용(2008), "「친권 자동부활론」에 대한 비판적 고찰", 중앙대 법학논문집 32; 김윤정(2018), "판례 분석을 통해 본 친권자 및 양육자 지정 실무", 서울가정법원 가사재판연구 Ⅲ; 김은아(2009), "친권의 본질과 행사상의 문제", 한양대 법학논총 26-2; 서정우(1990), "개정민법의 몇가지 문제점", 사법행정 31-6; 양수산(1996), "친권자와 친권행사자", 가족법연구 10; 엄경천(2016), "이혼시 친권자 공동지정과 친권 일부 제한", 가족법

연구 30−2; 윤용섭(1996), "친권과 후견", 民判 18; 윤진수(2009), "헌법이 가족법의 변화에 미친 영향", 민법논고[Ⅳ]' 윤혜란(2012), "친권에 관한 비교법적 고찰", 가족법연구 26−2; 이동진(2016), "부모의 자녀에 대한 친권행사와 국가의 통제", 가족법연구 30−3; 이명환(2000), "우리 가족법상의 친권제도에 관한 고찰", 계명법학4; 이종길(2015), "이혼에 있어 친권 및 양육책임문제에 대한 새로운 접근", 가족법연구 29−3; 이호철(2019), "이혼과 자녀 양육에 관한 문제", 부산판례연구 30; 조은희(2012), "이혼시 친권자 및 양육자 지정과 자의 복리", 외법논집 36−2

Ⅰ. 본조의 취지

본조는 친권자의 결정기준과 그 방법, 친권자가 복수인 경우 친권 행사 방법을 규정하는 조항이다. 친권에 따르는 자녀는 미성년 자녀이다. 미성년인지 여부는 사실심 변론종결시를 기준으로 판단한다.[1] 그 미성년 자녀가 혼인중 자녀인지 혼인외 자녀인지는 묻지 않는다.[2]

Ⅱ. 친권의 귀속과 행사 방법

1. 부모가 혼인중인 때

가. 친권공동행사의 원칙

부모가 혼인중인 경우 부모가 친권자가 되고(본조 ① 전문), 부모는 친권을 공동으로 행사하여야 한다(본조 ② 본문, 친권공동행사의 원칙[3]). 여기서 부모는 법적 의미의 부모를 의미한다.[4] 모는 출산에 의해 당연히 자녀의 모가 되지만, 부는 친생추정을 받거나 인지를 해야 부가 될 수 있다.[5] 따라서 혼인외 자녀에 대해 인지를 한 바 없는 부는 친권자가 될 수 없다.[6] 한편 여기서 '혼인중인 경우'에 사실혼인 경우도 포함된다는 견해가 있으나,[7] 부가 혼인외 자녀를 인지하기 전에는 부자관계가 성립하지 않고, 혼인외 자녀가 인지된 경우에는 본조 ④이 적용되므로, 여기의 혼인중인 경우는 법률혼인 경우를 의미한다고 해석해야 한다.[8]

1) 대법원 2002. 1. 25. 선고 2001므1995 판결.
2) 송덕수, 213; 주석친족(2), 363(이은정).
3) 김주수·김상용, 428; 박동섭·양경승, 412; 신영호·김상훈·정구태, 208; 윤진수, 252.
4) 주석친족(2), 364(이은정).
5) 주해친족(초판, 2권), 1003(권재문).
6) 대법원 1982. 4. 13. 선고 81므85 판결.
7) 윤용섭(1996), 557.
8) 같은 취지, 주석친족(2), 364, 주1(이은정).

1977. 12. 31. 민법 개정 전 본조는 친권자는 원칙적으로 부(父)이고, 부가 없거나 친권을 행사할 수 없는 때에야 그 가(家)에 있는 모(母)가 친권을 행사한다고 규정하였다.[9] 1977. 12. 31. 개정으로 친권은 부모가 공동으로 행사해야 한다고 개정되어 현재에 이르고 있다.[10]

본조 ②의 친권을 공동으로 행사한다는 의미에 관하여는 견해가 대립한다. 반드시 행위 자체를 부모 공동 명의로 해야 하는 것은 아니고 부모의 공동 의사에 기인한 것이면 되므로 부모 중 일방만 친권을 행사하더라도 다른 일방의 동의가 있으면 유효하다는 견해가 다수이다.[11] 이에 대하여 친권 행사가 과연 부모 공동의사에 기인한 것인지 확정하기 어려운 점 등을 이유로 부모가 반드시 공동 명의로 친권을 행사해야 한다는 견해가 있다.[12] 후자의 견해에 의하더라도 부모 일방이 타방에게 친권 행사 실행을 위임할 수 있고,[13] 친권자 일방이 단독으로 친권을 행사한 것에 대해 다른 일방이 적법하게 추인하면 유효하다고 한다.[14] 어느 견해에 의하든지 부모 일방이 다른 일방의 의사에 반하여 단독 명의로 친권을 행사하는 것은 무효이다(친권공동행사의 원칙을 위반한 경우의 효력에 대해 자세한 내용은 아래 라. 참조). 반면 상대방은 부모 중 일방에게만 의사를 표시해도 효력이 있다고 해석된다.[15]

나. 친권공동행사의 원칙을 위반한 경우

(1) 부모 일방이 단독 명의로 친권을 행사한 경우

친권 공동 행사의 의미에 관한 견해 대립에도 불구하고, 부모 일방이 다른 일방의 동의 없이 단독 명의로 친권을 행사한 경우에는 효력이 없다는 점은 이론이 없다. 따라서 부모 일방이 다른 일방의 동의 없이 단독으로 자녀를 대리한 경우에는 무권대리로서 무효이고, 부모 일방이 다른 일방의 동의 없이 단독으로 미성년자인 자녀의 법률행위에 동의를 하여도 그 동의는 무효이므로 그 자녀의 법률행위는 취소할 수 있다(§5②).[16]

다만 이러한 경우라도 상대방이 선의·무과실이면 §126의 표현대리 등에 의해 보호

9) 이는 친권을 아버지의 자녀에 대한 지배권으로 보는 시각이 반영된 것이었다. 김주수·김상용, 427.
10) 1977년 가족법 개정의 배경에 관한 설명으로 윤진수(2009), 11-13 참조.
11) 김주수·김상용, 428; 박동섭·양경승, 412; 박종찬, 174-175; 신영호·김상훈·정구태, 208; 이경희·윤부찬, 245; 한삼인·김상헌, 196; 윤혜란(2012), 67; 양수산(1996), 337; 이명환(2000), 28; 김은아(2009), 258.
12) 윤진수, 252; 송덕수, 214; 윤용섭(1996), 555-556; 박희호·이동건, 162는 부모의 친권 행사는 원칙적으로 공동 명의가 아니어도 되지만, 자녀를 대리하거나 자녀의 법률행위에 동의하는 경우에는 공동 명의가 필요하다고 하는데, 이러한 견해도 실질적으로는 앞의 견해와 같은 취지라고 이해된다.
13) 윤용섭(1996), 556.
14) 송덕수, 215; 윤용섭(1996), 556.
15) 윤용섭(1996), 556.
16) 김주수·김상용, 429; 박동섭·양경승, 412-413; 이경희·윤부찬, 245; 주석친족(2), 367(이은정).

받을 수 있는지에 관하여, 일반적인 무권대리와 같다는 이유로 이를 긍정하는 견해와[17] 적법한 대리행위가 성립하였다고 볼 수 없다는 이유로 부정하는 견해가 대립한다.[18]

(2) 부모 일방이 공동 명의로 친권을 행사한 경우

친권공동행사의 원칙에 의하면 부모 일방이 다른 일방의 동의 없이 공동 명의로 친권을 행사한 경우에도 효력이 없는 것이 원칙이나, §920-2는 거래 안전을 위하여 이러한 친권 행사는 유효하되 다만 상대방이 악의인 경우에는 효력이 없다고 정하고 있다. 자세한 내용은 §920-2 주석 참조.

나. 부모의 의견이 일치하지 않는 경우

본조 ② 단서는 공동친권자인 부모의 의견이 일치하지 않으면 당사자의 청구에 의하여 가정법원이 정한다고 규정하고 있다. 자녀의 복리를 위해 친권 행사가 사실상 불가능한 상황을 방치할 수 없으므로 가정법원이 후견적으로 개입하도록 한 것이다.[19] 실무상으로는 대체로 부모가 혼인중이기는 하지만 사실상 혼인이 파탄된 상태인 경우에 본조 ② 단서에 따른 청구 사건이 제기되고 있다.[20]

1990. 1. 13. 민법 개정 전에는 친권은 부모가 공동으로 행사하지만 부모의 의견이 일치하지 않으면 부가 친권을 행사한다고 규정하였다. 그러다가 1990. 1. 13. 민법 개정으로 현행과 같이 친권을 공동으로 행사하는 부모의 의견이 일치하지 않으면 당사자의 청구로 가정법원이 이를 정한다고 개정되어 현재에 이르고 있다.[21]

본조 ② 단서에 따른 '친권 행사 방법의 결정' 청구는 라류 가사비송사건이다[家訴 §2 ① 2. 가. 13)]. 청구인은 법률상 혼인중인 배우자 중 일방이다.[22] 라류 가사비송사건은 일반적으로는 상대방 없는 비송사건이지만,[23] 이 결정 청구 사건에는 청구인이 아닌 친권자를 절차에 참가하게 하여야 한다(家訴規 §64). 조정전치주의(家訴 §50)는 적용되지 않는다. 토지관할은 ① 부부가 같은 가정법원의 관할 구역 내에 보통재판적이 있을 때에는 그 가정법원, ② 부부가 마지막으로 같은 주소지를 가졌던 가정법원의 관할 구역 내에 부부 중 어느 한쪽의 보통재판적이 있을 때에는 그 가정법원, ③ 위 어느 경우에도 해당되지 않으면 상대방의 보통재판적이 있는 곳의 가정법원에 전속관할이다(家訴 §44 ① iii, §22 i-iii). 사물관할은 단독판사에게 속한다(사물관할규칙 §3 참조).

17) 김주수·김상용, 429.
18) 이경희·윤부찬, 246.
19) 제요[2], 996; 이동진(2016), 125; 주석친족(2), 368(이은정).
20) 제요[2], 997.
21) 1990년 가족법 개정의 배경에 관한 설명으로 윤진수(2009), 13-15 참조.
22) 주석친족(2), 368(이은정).
23) 대법원 2022. 3. 31.자 2021스3 결정 등.

여기서 가정법원이 정하는 내용이 무엇인지에 관하여, 일시적으로 포괄적인 단독 친권행사자를 정할 수 있다는 견해도 있을 수 있으나, 개개의 친권 행사방법만을 정할 수 있다는 견해가 대체적이다.[24] 본조 ② 단서에 따른 '친권 행사 방법의 결정'을 라류 비송사건으로 정하고 있는 것[家訴 §2 ① 2. 가. 13)]은 가정법원이 친권 행사방법만 정한다는 것을 전제로 한 것이라는 점 등을 이유로 든다.[25] 이에 따르면 가정법원은 특정 사안의 친권 행사 방법을 정할 수 있을 뿐 포괄적인 친권행사 방법을 정할 수는 없다.[26]

구체적인 친권 행사 방법의 결정은 법원이 무엇이 자녀의 최선의 복리에 부합하는지를 탐구하여 결정하여야 한다.[27] 다만 여러 대안 중 자녀의 최선의 복리에 가장 잘 부합하는 것이 분명하지 않다면 법원은 그 한도 내에서 구체적인 친권 행사 방법을 결정할 수 있는 재량을 가진다.[28]

청구를 기각한 심판에 대해서는 청구인이 즉시항고할 수 있다(家訴規 §27). 참가인은 불복할 수 없다고 해석된다.[29] 청구를 인용한 심판에 대해서는 불복할 수 없으므로, 심판의 고지로 효력이 발생한다(家訴 §40 본문).

다. 부모 일방이 친권을 행사할 수 없는 경우

부모 일방이 친권을 행사할 수 없는 때에는 다른 일방이 친권을 행사한다(본조 ③).

부모 일방이 친권을 행사할 수 없는 경우에는 장기 부재, 심신상실과 같은 사실상 사유와 친권상실 또는 일시 정지 선고(§924), 친권 일부 제한 선고(§924-2) 등과 같이 법률적 사유를 모두 포함한다.[30] 판례 중에는 부모 중 일방이 도피한 경우 본조 ③에 따라 친권을 행사할 수 없는 경우에 해당한다고 한 것이 있다.[31] 부모 일방이 사망한 경우에도 여기에 해당한다는 견해도 있으나,[32] 본조가 예정하고 있는 것은 부모가 모두 생존하고 있음을 전제로 한 것이므로, 부모 중 일방이 사망한 경우에는 본조 ③이 적용되는 것은 아니고, 생존친이 당연히 친권자가 된다고 해석하는 것이 타

24) 윤진수, 252; 윤용섭(1996), 559; 김은아(2009), 259; 주석친족(2), 369(이은정); 다만 이와 같이 보게 되면 별로 실효적이지 않은 규정이 된다는 입법론상 비판이 있다. 서정우(1990), 25.
25) 윤진수, 252.
26) 윤진수, 252; 제요[2], 998; 다만 일시적으로 특정 사안에 관하여 단독 친권행사자를 정할 수 있다는 견해가 있다. 윤용섭(1996), 559 참조.
27) 이동진(2016), 125; 제요[2], 998.
28) 이동진(2016), 125; 제요[2], 998.
29) 제요[2], 999; 주석친족(2), 369(이은정).
30) 김주수·김상용, 429; 박동섭·양경승, 405; 박종찬, 166; 송덕수, 216; 신영호·김상훈·정구태, 209; 윤용섭(1996), 559; 윤진수, 253; 윤혜란(2012), 67; 이명환(2000), 29; 주석친족(2), 372(이은정).
31) 대법원 2000. 4. 11. 선고 2000다3095 판결.
32) 박동섭·양경승, 405; 박희호·이동건, 162-163.

당하다.[33] 다만 결론에서 차이는 없다.[34]

친권자에게 성년후견이 개시되면 가정법원이 특별히 허용하지 않은 이상 친권을 행사할 수 없다고 해석하는 것이 대체적이다.[35] 이 경우 성년후견인도 친권자의 친권을 대행할 수 없다고 해석된다.[36] 반면 친권자에게 한정후견이 개시되어도 가정법원이 특별히 행위능력을 금지하지 않은 이상 친권자가 친권을 행사할 수 있다고 보아야 한다.[37]

부모 일방이 친권을 행사할 수 없다고 하여 친권이 상실되거나 제한되는 것은 아니고 다만 타방에게 친권을 단독 행사할 수 있는 권한을 부여하는 것이다. 따라서 부모 일방이 친권을 행사할 수 없었던 사유가 해소된 경우에는 부모가 다시 공동으로 친권을 행사한다고 해석된다.[38]

2. 부모가 혼인중이 아니거나 아니게 된 경우의 친권자의 지정

가. 개요

부모가 혼인중이 아니거나 아니게 된 경우에는 부모가 공동으로 친권을 행사하는 것이 사실상 곤란하므로, 본조는 협의 또는 가정법원의 심판에 의하여 친권자를 별도로 정하도록 하고 있다(본조 ④ 또는 ⑤).[39]

1990. 1. 13. 개정 전에는 부모가 이혼한 후에는 모가 자녀의 친권자가 되지 못한다고 규정하였다. 그러나 1990. 1. 13. 개정으로 이러한 규정은 삭제하였고, 개정 부칙 §9에서 구법에 의하여 개시된 친권에 관하여도 개정법 시행일(1991. 1. 1.)부터 이 법의 규정을 적용한다고 규정함으로써 이혼한 모가 친권을 상실하여 후견이 개시되어도 개정법 시행일부터는 모의 친권이 부활되었다.[40]

나. 임의인지, 협의이혼의 경우(본조 ④)

(1) 서

혼인외 자녀가 인지된 경우 또는 부모가 이혼하는 경우에는 우선 부모의 협의로 친권자를 정하여야 하고, 협의할 수 없거나 협의가 이루어지지 아니하면 가정법원은 직권 또는 당사자의 청구에 따라 친권자를 지정하여야 한다(본조 ④ 본문).

33) 송덕수, 216−217; 김상용(2008), 47.
34) 한삼인·김상헌, 196.
35) 김주수·김상용, 429, 443; 송덕수, 221; 윤진수, 253; 이와 달리 피성년후견인도 친권을 행사할 수 있다는 견해로 박희호·이동건, 163.
36) 주해친족(초판, 2권), 1015, 1029(권재문).
37) 김주수·김상용, 429−430, 443; 박희호·이동건, 163; 송덕수, 216, 221; 윤진수, 253; 이와 달리 피한정후견인은 친권자가 될 수 없다는 견해로 박동섭·양경승, 410−411; 이경희·윤부찬, 251.
38) 주석친족(2), 372(이은정); 주해친족(초판, 2권), 1015−1016(권재문).
39) 윤진수, 253; 곽동헌(1998), 59 참조.
40) 대법원 1994. 4. 29. 선고 94다1302 판결.

본조 ④ 본문의 이혼은 협의이혼을 의미한다.[41] 협의상 이혼 절차에서 친권자가 정해지지 않으면 협의이혼이 되지 않는다.[42] 친권자결정에 관한 협의서 또는 가정법원의 심판 정본이 제출되지 않으면 협의이혼의사확인 신청에 대해 불확인 결정이 되기 때문이다(이에 대해 자세한 내용은 §836, §836-2 주석 참조).[43] 이 경우 친권자 지정 협의도 부모의 협의이혼이 성립하여야 효력을 발생한다.[44]

본조 ④ 본문의 인지는 임의인지를 말한다. 혼인외 자녀는 출생과 동시에 모자관계가 성립하나, 부자관계는 인지가 된 이후에야 출생시로 소급하여 성립하므로, 별도로 친권자를 정할 필요가 생긴다. 부가 인지하기 전에는 생모가 단독 친권자이다.[45] 부의 인지 이후 친권자 지정 협의가 있으면 그 즉시 효력을 발생한다.[46] 부가 태아를 인지하는 경우(§858)에도 본조 ④가 적용된다.[47]

혼인외 자녀의 친권자인 모가 사망한 이후 부가 인지를 하면 부가 당연히 친권자가 된다는 견해가 있다.[48] 한편 부의 인지 전 친권자였던 모가 사망하여 후견이 개시되었다면 §909-2 ⑥을 유추적용하여 가정법원이 후견 종료 여부를 결정하고 친권자를 새로 지정해야 한다는 견해가 있고,[49] 본조 ④을 유추적용하여 부가 후견인과 협의하여 친권자 지정 또는 후견 유지를 선택하도록 하고 협의가 성립하지 않으면 재판으로 이를 결정하도록 해야 한다는 견해도[50] 있다.[51]

부모의 협의나 가정법원의 심판에 의해 친권자가 정해지기 전에는 부모가 공동으로 친권을 행사하여야 한다고 보아야 한다.[52]

(2) 부모 협의에 의한 친권자 지정

부모는 우선 협의에 의해 친권자를 정해야 한다(본조 ④ 본문). 부모의 협의로 친권자를 정하는 것이 원칙적으로 자녀의 복리에 가장 부합하는 것이라고 보기 때문이다. 부모의 협의가 자녀의 복리에 반하는 경우에는 가정법원은 보정을 명하거나 직권으로 친권자를 정한다(본조 ④ 단서). 이에 따라 가정법원은 부모의 협의 내용이 자녀의

41) 김주수·김상용, 430.
42) 김주수·김상용, 432.
43) 예규 제525호 §12; 법원행정처 등록실무[Ⅱ], 24.
44) 김은아(2009), 262; 주해친족(초판, 2권), 1007(권재문).
45) 김은아(2009), 255-256; 주석친족(2), 373(이은정).
46) 주해친족(초판, 2권), 1007(권재문).
47) 주해친족(초판, 2권), 1005(권재문).
48) 권재문(2013), 127.
49) 윤진수·현소혜, 2013년개정민법, 184, 191.
50) 주해친족(초판, 2권), 1021(권재문).
51) 이경희·윤부찬, 247은 이러한 경우를 규율하는 규정이 없으므로 입법으로 보완해야 한다고 한다.
52) 박동섭·양경승, 406; 윤용섭(1996), 560-561; 윤진수, 253; 이명환(2000), 30.

복리에 부합하는지 실질적으로 심사하게 된다.[53]

이와 같이 임의인지와 협의이혼의 경우 친권자 지정은 1차적으로 부모의 협의에 의해 이루어지고, 가정법원에 의한 친권자 지정은 보충적으로 이루어진다.[54] 부모는 누구보다 가정 현실 상황을 잘 파악하고 있으므로 자녀 문제에 대해 우선적으로 책임을 부담하기 때문이다.[55] 부모가 협의한 사항에 대한 법원의 개입은 자녀의 복리를 위하여 불가피하다고 판단되는 예외적인 상황에만 인정되어야 한다는 견해도 있다.[56]

부모의 협의에 의해 부모가 공동으로 친권자가 된다고 정할 수도 있다.[57] 친권자 지정 협의에 조건이나 기한을 붙일 수 있는지에 관하여 견해가 대립한다. 이를 긍정하면 친권자의 변경을 법원의 재판에 의하도록 하는 본조 ⑥의 취지에 반하기 때문에 허용되지 않는다는 견해와,[58] 불확정기한과 조건을 붙일 수는 없지만 확정기한은 붙일 수 있다는 견해가[59] 있다. 전자의 견해에 의하면 조건이나 기한을 붙인 친권자 지정 협의는 그 전부가 무효라고 한다.[60] 후자의 견해에 의하면, 협의에 의해 친권자를 정하면서 자녀의 특정 연령까지는 부가 친권자가 되고, 그 후 성년이 될 때까지는 모가 친권자가 된다는 방식으로 정하는 것도 유효하고 한다.[61] 그러나 양육의 계속성(continuity of care) 원칙이라는 측면에서 이러한 내용의 협의가 자녀의 복리에 부합하는지 의문이다.

부모가 본조 ④에 따라 협의에 의해 친권자를 정한 때에는 1개월 이내에 그 사실을 가족관계등록관서에 신고하여야 한다(家登 §79 ①). 임의인지 신고를 할 때 친권자 지정 협의가 이미 되었다면 인지신고서에 그 내용을 기재하여야 한다(家登 §55 ① v).

그 밖에 협의상 이혼 절차에 관한 자세한 내용은 §836-2 주석 참조.

(3) 가정법원의 친권자 지정

부모가 협의할 수 없거나 협의가 이루어지지 않으면 가정법원이 당사자의 청구 또는 직권에 의하여 친권자를 정한다(본조 ④ 본문).

여기서 가정법원이 '직권으로' 친권자를 정할 수 있다고 한 부분에 대해서는 입법상 오류라는 비판이 있다.[62] 협의가 이루어지지 않으면 당사자가 친권자 지정 심판을

53) 김주수·김상용, 430 참조.
54) 이동진(2016), 84.
55) 조은희(2012), 99-100.
56) 조은희(2012), 103.
57) 김주수·김상용, 440; 윤용섭(1996), 561; 곽동헌(1998), 63; 조은희(2012), 101; 주석친족(2), 373(이은정); 제요[2], 1511; 같은 취지, 박동섭·양경승, 406.
58) 주해친족(초판, 2권), 1006(권재문); 곽동헌(1998), 61.
59) 윤용섭(1996), 561-562.
60) 주해친족(초판, 2권), 1006(권재문).
61) 윤용섭(1996), 561-562.

청구하면 충분하다는 점, 협의이혼 절차에서 친권자 지정 결정을 하는 것이 가능한지 의문이라는 점, 임의인지 절차에서 법원이 직권으로 개입하여 친권자를 정할 여지가 없는 점 등을 이유로 든다. 이에 대해 자녀의 복리를 위해 법원이 직권으로 친권자를 정할 필요가 있는 경우도 있고, 다만 절차법적 개선이 필요하다는 평가도 있다.[63)]

본조 ④에 따른 친권자 지정 심판은 마류 비송사건으로[家訴 §2 ① ii 나. 5)], 조정전치주의가 적용된다(家訴 §50). 토지관할은 상대방의 보통재판적(주소지 등)이 있는 곳 관할 가정법원이고(家訴 §46), 사물관할은 단독판사에게 속한다(사물관할규칙 §3 참조). 부모 일방이 다른 일방을 상대로 청구하여야 한다(家訴規 §99①). 자녀가 13세 이상인 때에는 가정법원은 그 심판에 앞서 특별한 사정이 없는 한 자녀의 의견을 들어야 한다(家訴規 §100). 실무상 자녀의 의견 청취는 가사조사관의 대면조사를 통해 이루어지는 것이 일반적이다.[64)] 친권자 지정 심판에 대해서는 청구인과 상대방이 즉시항고할 수 있다(家訴規 §94①). 친권자 지정 심판은 즉시항고할 수 있는 심판이므로 확정되어야 효력이 있다(家訴 §40 단서).

기타 가정법원의 친권자 지정 판단 기준 등에 대해서는 아래 마. 참조.

다. 혼인취소, 재판상 이혼, 강제인지의 경우(본조 ⑤)

가정법원은 혼인취소, 재판상 이혼, 인지청구(강제인지)의 경우에는 직권으로 친권자를 정한다(본조 ⑤). 인지와 협의상 이혼의 경우에는 먼저 부모의 협의로 친권자를 정하도록 한 것과 차이가 있다. 이러한 경우 당사자로 하여금 1차적으로 협의에 의해 친권자를 정하도록 하는 것은 기대하기 어려울 것이다. 이에 따라 법원이 곧바로 개입하여 직권으로 친권자를 정하도록 한 것이다.[65)] 이는 국가의 후견적 임무를 강조한 것이다.[66)] 따라서 재판상 이혼의 경우에 친권자를 정함에 있어서 이혼 당사자의 청구가 있어야 하는 것은 아니다.[67)]

다만 부부에게 혼인취소나 재판상 이혼 청구가 있는 경우에는 가정법원은 그 청구 인용을 대비하여 미리 친권자로 지정될 사람에 관하여 협의하도록 권고하여야 한다(家訴 §25① i). 재판상 이혼 판결에서 자녀에 대한 친권자를 정하지 않았다면 이는 재판의 누락에 해당한다는 것이 판례이다.[68)]

62) 김주수·김상용, 430-431, 440; 이경희·윤부찬, 247.
63) 주해친족(초판, 2권), 1006-1007, 1008-1009(권재문).
64) 제요[1], 271.
65) 주해친족(초판, 2권), 1005, 1009(권재문).
66) 박동섭·양경승, 407.
67) 대법원 2009. 12. 24. 선고 2009므2130 판결.
68) 대법원 2015. 6. 23. 선고 2013므2397 판결. 이 판결 취지는 혼인 취소, 인지청구 인용 판결에도 그대로 적용될 것이다. 이 판결에 대하여 일부 판결이 허용되는 경우가 아니라 재판의 누락이 아니라 판단

기타 가정법원의 친권자 지정 판단 기준 등에 대해서는 아래 마. 참조.

라. 혼인무효의 경우

혼인무효를 청구한 경우에 대해서는 본조가 규정하고 있지 않다. 판례는 혼인이 무효인 경우에도 부가 그 혼인 상대방과 사이에 태어난 자녀를 친생자로 출생신고한 경우 인지의 효력이 있다고 하였다.[69] 따라서 이러한 경우 혼인이 무효이지만 부자관계가 성립할 수 있다. 家訴 §25 ②, ①은 가정법원은 혼인무효 청구의 경우 남편과 부자관계가 존속되는 미성년 자녀가 있다면 그 청구가 인용될 경우를 대비하여 미리 친권자로 지정될 사람에 관하여 협의하도록 권고하여야 한다고 규정하고 있다. 이에 따라 혼인무효 청구의 경우에도 혼인취소의 경우와 동일하게 가정법원이 직권으로 친권자를 정해야 한다고 해석된다.[70] 다만 혼인무효에 따라 부자관계가 성립할 수 없는 경우에는 모가 친권자가 될 뿐 가정법원이 별도로 친권자를 정할 수 없다.[71] 다만 부가 그 자녀를 인지한 경우에는 본조 ④에 따라 친권자를 정해야 할 것이다.

마. 가정법원의 친권자 지정 기준

가정법원이 친권자를 지정할 때에는 자녀의 복리를 우선적으로 고려하여야 하고, 이를 위하여 관련 분야의 전문가나 사회복지기관으로부터 자문을 받을 수 있다 (§912 ②). 판례는 법원이 친권자를 정할 때에는 자녀의 성별, 연령, 부모의 애정과 양육의사 및 경제적 능력, 부모와 자녀 사이의 친밀도, 자녀의 의사 등 모든 요소를 종합적으로 고려하여 자녀의 성장과 복지에 가장 도움이 되고 적합한 방향으로 판단해야 한다고 하였다.[72]

판례는 법원이 부부 공동에게 친권이 귀속되는 것으로도 정할 수 있다고 하였다.[73] 사회구조의 변화 등으로 인해 이혼 후의 공동친권은 자녀의 복리를 위해 여러 긍정적인 면이 있다고 분석되고 있다.[74] 이러한 점을 고려하여 특별한 사정이 없는 한 부모를 공동친권자로 지정하는 것이 바람직하다는 견해도 있고,[75] 이와 달리 우리 사회의 현실을 고려하면 친권은 이혼한 부모 중 일방에게만 귀속되는 것이 타당하다는 견해도[76] 있다. 실무상으로는 여러 사정을 고려하여 이혼한 부모를 공동친권자로

누락으로 보아야 한다는 비판으로 엄경천(2016), 157.

69) 대법원 1971. 11. 15. 선고 71다1983 판결.

70) 김주수·김상용, 441; 송덕수, 218.

71) 같은 취지, 주해친족(초판, 2권), 1010(권재문).

72) 대법원 2008. 5. 8. 선고 2008므380 판결; 대법원 2009. 4. 9. 선고 2008므3105, 3112 판결; 대법원 2010. 5. 13. 선고 2009므1458, 1465 판결; 대법원 2012. 4. 13. 선고 2011므4665 판결; 대법원 2012. 4. 13. 선고 2011므4719 판결; 대법원 2019. 11. 28. 선고 2015다225776 판결 등.

73) 대법원 2012. 4. 13. 선고 2011므4719 판결; 대법원 2012. 6. 28. 선고 2012므486등 판결.

74) 자세한 내용은 김상용(2002), 201 이하; 주석친족(2), 377(이은정) 참조.

75) 엄경천(2016), 161; 같은 취지, 주해친족(초판, 2권), 998-1000(권재문).

지정하는 경우도 있고,[77] 공동친권자로 지정하면서도 그중 1인의 친권을 제한하는 사례도 있으나,[78] 부모 중 1인을 친권자로 지정하는 경우가 다수이다.[79] 개별 사안에서 이혼 후 부모를 공동친권자로 지정함으로써 자녀의 복리에 실제로 긍정적인 효과가 발생할 것인지 여부는 신중하게 판단되어야 할 것이다.[80]

친권자 지정 심판 또는 판결이 확정되면 가정법원은 지체 없이 가족관계등록 사무를 처리하는 사람에게 가족관계등록부에 등록할 것을 촉탁하여야 한다(家訴 §9, 家訴規 §5① ii). 이와 별도로 청구인 또는 친권자로 정해진 사람은 재판확정일부터 1개월 이내에 그 내용을 신고하여야 한다(家登 §79② i, §58). 이는 보고적 신고이다.

양육자 지정에 관한 기준에 대해서는 §837 주석 참조.

3. 양자의 친권자

양자는 양부모가 공동 친권자가 된다(본조 ① 후문). 비록 친생부모가 생존해 있더라도 친생부모는 친권을 가지지 못하고 양부모가 친권을 가진다.[81] 일반 양자뿐만 아니라 친양자의 경우에도 마찬가지인데,[82] 친양자의 경우에는 친생부모와의 친족관계도 소멸한다(§908-3 ②).

양자의 친권자에도 본조 ②~⑥이 그대로 적용된다.[83] 양부모가 혼인중인 때에는 양부모가 공동으로 친권을 행사하여야 하고, 의견이 일치하지 않으면 당사자의 청구에 의하여 가정법원이 친권행사 방법을 정한다(본조 ②). 양부모의 일방이 친권을 행사할 수 없는 때에는 다른 일방이 친권을 행사한다(본조 ③). 양부모가 협의상 이혼하는 경우에는 협의로 친권자를 정해야 하고, 협의할 수 없거나 이루어지지 않으면 가정법원이 정한다(본조 ④). 양부모가 재판상 이혼하거나 혼인이 취소된 경우는 경우에는 가정법원이 직권으로 친권자를 정한다(본조 ⑤). 가정법원이 복리를 위하여 필요하다고 인정하면 친권자를 다른 일방으로 변경할 수 있다(본조 ⑥).

부부 일방이 타방 배우자의 자녀를 입양한 경우에 양친과 친생친이 공동으로 친권자가 된다고 해석하는 것이 대체적이다.[84] 본조 ① 후문은 양친과 친생친이 혼인하

76) 윤용섭(1996), 561; 이종길(2015), 453; 같은 취지, 김은아(2009), 263-264.
77) 이호철(2019), 124 참조.
78) 주석친족(2), 378-379(이은정) 참조.
79) 김윤정(2018), 430 이하 참조.
80) 제요[2], 1516; 김명숙(2021), 496.
81) 주석친족(2), 364(이은정).
82) 송덕수, 217.
83) 김주수·김상용, 442; 송덕수, 217; 신영호·김상훈·정구태, 212; 이경희·윤부찬, 249.
84) 김주수·김상용, 442; 박종찬, 167; 송덕수, 217; 신영호·김상훈·정구태, 212; 이경희·윤부찬, 249;

지 않은 경우를 전제하므로, 이러한 경우에는 본조 ① 후문이 적용되지 않고, 양친만 친권을 가지고 친생친은 친권을 가지지 않는다고 볼 수 없기 때문이다. 가족관계등록 실무도 같은 취지이다.[85] 이 경우 양친과 친생친 중 어느 일방이 사망하면 다른 일방이 단독친권자가 된다고 해석된다.[86]

양친과 친생친이 공동친권자가 된 후 이혼하였을 경우, 본조 ① 후문에 따라 양친이 친권자가 되는 것이 아니라, 협의이혼인 경우에는 본조 ④에 따라, 재판상 이혼인 경우에는 본조 ⑤에 따라 친권자를 정해야 한다고 해석하는 것이 대체적이다.[87] 양친과 친생친이 공동친권자가 된 후 입양 취소 또는 파양이 되면 친생친이 단독 친권자가 된다고 해석된다.[88]

양친이 친생친과 혼인한 경우에는 친생친의 친권이 부활하여 양친과 친생친이 공동친권자가 된다고 해석된다.[89] 이 경우 양친과 친생친이 이혼하였다면 본조 ① 후문에 따라 양친만 친권자가 된다는 견해도 있으나,[90] 본조 ④ 또는 ⑤에 따라 친권자를 정해야 한다고 해석해야 할 것이다.[91]

4. 친권자의 변경(본조 ⑥)

가. 가정법원의 심판에 의한 친권자 변경

가정법원은 자녀의 복리를 위하여 필요하다고 인정되는 경우에는 자녀의 4촌 이내의 친족의 청구에 의하여, 정해진 친권자를 다른 일방으로 변경할 수 있다(본조 ⑥).

여기서 친권자가 정해진 경우라 함은 본조 ④, ⑤에 따라 협의이혼, 재판상 이혼, 임의인지, 강제인지 등의 경우에 협의 또는 심판에 의해 친권자가 정해진 경우를 말한다.[92] 친권자가 협의 또는 심판에 의해 정해진 이후의 친권자의 변경은 가정법원의 심판으로 해야 하고, 협의로 친권자를 변경할 수는 없다.[93] 등록예규는 본조 ④, ⑤에 따라 친권자가 지정된 경우 협의에 의한 친권자변경신고를 수리해서는 안 된다고 정하고 있다.[94] 친권자를 부모 중 다른 일방으로 변경할 수도 있고,[95] 단독 친권자를 공동 친

윤용섭(1996), 558; 주석친족(2), 364－365(이은정).

85) 호적선례 제1－226호.

86) 이경희·윤부찬, 2496; 주석친족(2), 365(이은정).

87) 김주수·김상용, 442; 송덕수, 217; 이경희·윤부찬, 249; 같은 취지, 윤용섭(1996), 562; 주석친족(2), 365(이은정).

88) 김주수·김상용, 443; 송덕수, 217; 이경희·윤부찬, 249; 같은 취지, 신영호·김상훈·정구태, 212.

89) 윤용섭(1996), 558; 같은 취지, 주해친족(초판, 2권), 1003－1004(권재문).

90) 윤용섭(1996), 562.

91) 주해친족(초판, 2권), 1004(권재문).

92) 송덕수, 218－219.

93) 박종찬, 168; 송덕수, 219; 신영호·김상훈·정구태, 213; 윤진수, 254.

권자로 변경할 수도 있다.[96)]

2005. 3. 31. 개정 전에는 당사자의 협의로도 친권자를 변경할 수 있었으나, 2005. 3. 31. 개정 후에는 당사자의 협의만으로 친권자를 변경할 수 없도록 하였다. 친권자의 변경은 자녀의 복리에 많은 영향을 미치므로 국가가 개입하도록 한 것이다.[97)] 가정법원은 자녀의 복리를 기준으로 친권자 변경이 필요한지 여부를 판단해야 한다.[98)] 다만 부모의 협의 내용은 가정법원이 고려하는 판단 요소 중 하나는 될 수 있다.[99)]

판례는 친권자 변경 청구권을 포기하거나 제한하는 내용의 약정은 民 §103의 선량한 풍속 기타 사회질서에 반하는 것이어서 무효라고 하였다.[100)] 그러한 내용의 조정이 성립하여도 무효이다.[101)]

나. 친권자 변경 심판 절차

청구에 의하여 친권자 변경 절차가 개시된다. 가정법원이 직권으로 친권자를 변경할 수 없다.[102)]

본조 ⑥은 청구권자를 자녀의 4촌 이내의 친족으로 정하고 있다. 미성년 자녀에게는 청구권이 없다. 부모 일방은 다른 일방을 상대로 청구할 수 있다(家訴規 §99 ①). 친권자로 정해지지 않은 부모 일방뿐만 아니라 친권자로 정해진 부모 일방도 다른 일방을 상대로 청구할 수 있다.[103)] 또한 자녀의 4촌 이내의 다른 친족은 친권자로 정해진 부모 일방을 상대로 청구할 수 있다.[104)] 자녀가 13세 이상인 때에는 가정법원은 그 심판에 앞서 특별한 사정이 없는 한 자녀의 의견을 들어야 한다(家訴規 §100).

친권자 변경 심판은 마류 비송사건으로[家訴 §2 ① ii 나. 5)], 조정전치주의가 적용된다(家訴 §50). 협의에 의한 친권자 변경은 허용되지 않으나, 친권자를 변경하는 내용의 조정은 유효하다.[105)] 토지관할은 상대방의 보통재판적(주소지 등)이 있는 곳의 관할 가정법원이고(家訴 §46), 사물관할은 단독판사에게 속한다(사물관할규칙 §3 참조).

친권자를 변경할 것인지 여부는 자녀의 복리가 기준이 되어야 한다.[106)] 단독 친

---

94) 등록예규 제374호(친권자의 지정 또는 변경에 관한 가족관계등록사무 처리지침) §12.
95) 송덕수, 219; 박동섭·양경승, 407.
96) 주석친족(2), 381(이은정).
97) 김주수·김상용, 441; 이경희·윤부찬, 251; 주석친족(2), 379(이은정).
98) 주석친족(2), 381(이은정).
99) 제요[2], 1518.
100) 대법원 2019. 11. 28. 선고 2015다225776 판결.
101) 제요[2], 1519.
102) 이에 대한 입법론상 비판으로 주해친족(초판, 2권), 1011(권재문).
103) 김주수·김상용, 441 참조.
104) 제요[2], 1518.
105) 제요[2], 1518; 주석친족(2), 380(이은정).
106) 제요[2], 1519.

권자를 공동 친권자로 변경할 수도 있고, 그 반대도 가능하다.[107] 친권자 변경에 횟수 제한도 없으나,[108] 친권자를 너무 자주 변경하는 것은 자녀의 복리에 반할 수 있다는 점을 유념해야 한다.[109]

친권자 변경 심판에 대해서는 청구인과 상대방이 즉시항고할 수 있다(家訴規 §94①). 친권자 변경 심판은 즉시항고할 수 있는 심판이므로 확정되어야 효력이 있다(家訴 §40 단서).

친권자 변경 심판이 확정되면 가정법원은 지체 없이 가족관계등록 사무를 처리하는 사람에게 가족관계등록부에 등록할 것을 촉탁하여야 한다(家訴 §9, 家訴規 §5①ii). 이와 별도로 청구인 또는 친권자로 정해진 사람은 재판확정일부터 1개월 이내에 그 내용을 신고하여야 한다(家登 §79 ② i, §58). 이는 보고적 신고이다.

107) 김주수·김상용, 441; 제요[2], 1520.
108) 김주수·김상용, 442; 박동섭·양경승, 408; 송덕수, 219.
109) 박동섭·양경승, 408; 제요[2], 1520; 주석친족(2), 382(이은정).

第 909 條의2 (친권자의 지정 등)

① 제909조제4항부터 제6항까지의 규정에 따라 단독 친권자로 정하여진 부모의 일방이 사망한 경우 생존하는 부 또는 모, 미성년자, 미성년자의 친족은 그 사실을 안 날부터 1개월, 사망한 날부터 6개월 내에 가정법원에 생존하는 부 또는 모를 친권자로 지정할 것을 청구할 수 있다.

② 입양이 취소되거나 파양된 경우 또는 양부모가 모두 사망한 경우 친생부모 일방 또는 쌍방, 미성년자, 미성년자의 친족은 그 사실을 안 날부터 1개월, 입양이 취소되거나 파양된 날 또는 양부모가 모두 사망한 날부터 6개월 내에 가정법원에 친생부모 일방 또는 쌍방을 친권자로 지정할 것을 청구할 수 있다. 다만, 친양자의 양부모가 사망한 경우에는 그러하지 아니하다.

③ 제1항 또는 제2항의 기간 내에 친권자 지정의 청구가 없을 때에는 가정법원은 직권으로 또는 미성년자, 미성년자의 친족, 이해관계인, 검사, 지방자치단체의 장의 청구에 의하여 미성년후견인을 선임할 수 있다. 이 경우 생존하는 부 또는 모, 친생부모 일방 또는 쌍방의 소재를 모르거나 그가 정당한 사유 없이 소환에 응하지 아니하는 경우를 제외하고 그에게 의견을 진술할 기회를 주어야 한다.

④ 가정법원은 제1항 또는 제2항에 따른 친권자 지정 청구나 제3항에 따른 후견인 선임 청구가 생존하는 부 또는 모, 친생부모 일방 또는 쌍방의 양육의사 및 양육능력, 청구 동기, 미성년자의 의사, 그 밖의 사정을 고려하여 미성년자의 복리를 위하여 적절하지 아니하다고 인정하면 청구를 기각할 수 있다. 이 경우 가정법원은 직권으로 미성년후견인을 선임하거나 생존하는 부 또는 모, 친생부모 일방 또는 쌍방을 친권자로 지정하여야 한다.

⑤ 가정법원은 다음 각 호의 어느 하나에 해당하는 경우에 직권으로 또는 미성년자, 미성년자의 친족, 이해관계인, 검사, 지방자치단체의 장의 청구에 의하여 제1항부터 제4항까지의 규정에 따라 친권자가 지정되거나 미성년후견인이 선임될 때까지 그 임무를 대행할 사람을 선임할 수 있다. 이 경우 그 임무를 대행할 사람에 대하여는 제25조 및 제954조를 준용한다.

1. 단독 친권자가 사망한 경우

2. 입양이 취소되거나 파양된 경우
3. 양부모가 모두 사망한 경우

⑥ 가정법원은 제3항 또는 제4항에 따라 미성년후견인이 선임된 경우라도 미성년후견인 선임 후 양육상황이나 양육능력의 변동, 미성년자의 의사, 그 밖의 사정을 고려하여 미성년자의 복리를 위하여 필요하면 생존하는 부 또는 모, 친생부모 일방 또는 쌍방, 미성년자의 청구에 의하여 후견을 종료하고 생존하는 부 또는 모, 친생부모 일방 또는 쌍방을 친권자로 지정할 수 있다.

▮참고문헌: 곽동헌(1998), "이혼후의 친자관계", 아세아여성법학1; 권재문(2013), "친권자의 공백 상황에 대처하기 위한 법정대리인의 결정", 가족법연구 27-1; 김상용(1996), "이혼모에 대한 친권상실사유", 판례월보 313; 김상용(2008), "「친권 자동부활론」에 대한 비판적 고찰", 중앙대 법학논문집 32; 김상용(2014), "2011년 가족법의 개정 동향", 가족법연구 Ⅳ; 김은아(2009), "친권의 본질과 행사상의 문제", 한양대 법학논총 26-2; 양수산(1996), "친권자와 친권행사자", 가족법연구 10; 윤용섭(1996), "친권과 후견", 民判 18; 윤혜란(2012), "친권에 관한 비교법적 고찰", 가족법연구 26-2; 이희배(2001), "단독친권행사자가 사망한 경우, 생존친의 친권 행사권능의 부활여부와 친권상실의 사유", 이희배 정년

Ⅰ. 서

1. 개요

본조는 부모 중 일방이 단독 친권자로 지정된 후 사망한 경우, 입양이 취소되거나 파양된 경우, 양부모가 모두 사망한 경우 친권의 귀속을 정하는 조항이다. 이러한 경우에는 부모 중 다른 일방 또는 친생부모의 친권이 자동으로 부활하는 것이 아니라, 가정법원이 직권 또는 일정한 자의 청구에 의해 친권자를 지정하거나 미성년후견인을 선임하도록 하였다.

2. 본조의 신설 취지

본조는 2011. 5. 19. 신설되어 2013. 7. 1.부터 시행되었다. 본조가 신설되기 전에 학설은 단독 친권자로 정해진 부모 일방이 사망한 경우에 생존친의 친권이 자동으로 부활한다는 견해가 다수였고,[1] 본조 신설 전 실무도 생존친의 친권이 자동으로 부활한다는 입장에 있었다.[2] 그러나 이러한 경우 생존친의 친권이 자동으로 부활한다고 보는 것은 자녀의 복리 차원에서 문제가 있었다. 생존친이 친권자로 적합하지 않은 경우에도 자동적으로 친권자가 되었기 때문이다.[3] 이에 따라 다수설과 종전 실무의 태도에 반대하면서, 이러한 경우에는 일단 후견이 개시되어 친권자가 유언으로 후견인을 지정하지 않는 한 생존친이 후견인이 되고 다만 친권자를 생존친으로 변경해 달라고 청구할 수 있다고 보아야 한다는 견해도 있었다.[4]

이 문제는 결국 본조에 의해 입법으로 해결되었다.[5] 즉 본조는 단독 친권자인 부모 일방이 사망한 경우에 가정법원의 심리를 거쳐 친권자를 지정하거나 후견이 개시되도록 함으로써 부적격의 생존친이 당연히 친권자가 되는 것을 방지하고, 생존친은 반드시 가정법원의 심리를 거쳐야 친권자가 될 수 있도록 한 것이다.[6] 또한 본조

---

1) 조대현, "개정민법상의 친권자 새로운 이론정립 시급하다", 신문2000, 14; 윤용섭(1996), 563, 582; 양수산(1996), 341; 이희배(2001), 1110; 김은아(2009), 265－266.

2) 호적예규 제449－1호 §10 및 등록예규 §10.; 하급심 재판례로서 서울고등법원 1996. 7. 16.자 95브8 결정; 기타 종래 실무에 대한 설명으로 윤진수, 254; 윤진수·현소혜, 2013년개정민법, 178; 김상용(2008), 43－44 참조; 한편 학설은 대체로 대법원 1994. 4. 29. 선고 94다1302 판결이 단독 친권자의 사망으로 다른 일방의 친권이 자동으로 부활한다는 취지를 판시한 것이라고 소개한다. 그러나 위 판결은 1990. 1. 13. 개정 전 §909⑤가 부모의 이혼한 후 모가 자녀의 친권자가 되지 못한다고 규정한 것을 삭제하고, 법 시행일 이후에는 개정 부칙 §9에 의해 모의 친권이 부활된다는 취지의 판결이므로 적절한 설명인지 의문이다.

3) 김주수·김상용, 433－434; 송덕수, 219; 김상용(2008), 51－55; 김상용(2014), 78.

4) 김상용(1996), 13－14; 김상용(2008), 49－51.

5) 본조의 신설 경과에 관한 자세한 설명은 윤진수·현소혜, 2013년개정민법, 180－182 참조.

6) 윤진수·현소혜, 2013년개정민법, 185; 김주수·김상용, 435; 권재문(2013), 119; 윤혜란(2012), 68; 김상용(2014), 102; 대법원 2017. 5. 2.자 2016스107 결정도 참조.

는 단독 친권자인 부모 일방이 사망한 경우뿐만 아니라 입양이 취소되거나 파양된 경우, 양부모가 모두 사망한 경우에도 같은 취지로 규정하고 있다.

본조의 신설로 친권은 자녀의 보호와 양육을 위한 부모의 의무라는 점, 자녀의 보호를 위해 필요한 경우 국가가 적극적으로 후견적 역할을 해야 한다는 점을 분명히 했다는 평가가 있다.[7] 또한 본조의 신설은 현대 친권법의 보편적 경향과 같이 부모 중심에서 자녀의 복리를 우선적으로 고려하는 방향으로 전환되고 있음을 보여준다는 평가도 있다.[8]

3. 본조의 적용 범위

단독 친권자였던 부모 일방이 유언으로 미성년후견인을 지정(§931 ①)하였다면, 본조는 적용되지 않는다.[9] 그러나 가정법원은 미성년후견인이 지정되었더라도 청구에 의하여 후견을 종료하고 생존하는 부 또는 모를 친권자로 지정할 수 있다(§931 ②).

Ⅱ. 본조의 내용

1. 단독 친권자인 부모 일방이 사망한 경우 친권자 지정 청구(본조 ①)

본조 ①은 §909 ④~⑥에 따라 단독 친권자로 정해진 부모 일방이 사망한 경우에 적용된다.[10] §909 ④~⑥에 따라 단독 친권자로 정해진 경우라 함은 임의인지, 협의상·재판상이혼, 혼인 취소, 강제인지 등의 경우에 부모 일방이 단독 친권자로 정해지거나, 이미 정하여진 친권자를 가정법원의 심판으로 다른 일방으로 변경된 경우를 말한다. 본조 ①은 부모 중 일방만 친권자로 정해진 경우에 적용되고, 부모가 공동친권자로 지정된 경우에는 적용되지 않는다.[11]

이 경우 생존한 타방 부모, 미성년자, 미성년자의 친족은 그 사망 사실을 안 날로부터 1개월, 사망한 날로부터 6개월 내에 가정법원에 생존한 부 또는 모를 친권자로 지정할 것을 청구할 수 있다(본조 ①). 본조 ③의 후견인 선임 청구권자와 달리, 이해관계인, 검사, 지방자치단체의 장은 청구권자가 아니고 가정법원이 직권으로 친권자를 지정할 수도 없다.[12] 여기서 친족은 §777가 규정하는 8촌 이내의 혈족과 4촌 이

7) 김주수·김상용, 440.
8) 김상용(2014), 91.
9) 윤진수·현소혜, 2013년개정민법, 184.
10) 윤진수·현소혜, 2013년개정민법, 183.
11) 윤진수·현소혜, 2013년개정민법, 184; 주석친족(2), 387(이은정).
12) 권재문(2013), 133 참조.

내의 인척을 의미한다고 해석된다.[13)]

판례는 본조 전체의 해석상 본조 ①에서 정한 기간이 지난 다음 친권자 지정 청구를 한 경우에도 가정법원은 미성년자의 복리를 위하여 필요하다면 생존하는 부 또는 모를 친권자로 지정할 수 있다고 하였다.[14)]

본조 ①은 단독 친권자가 아닌 타방 부 또는 모를 친권자로 지정할 것인지에 관한 것이므로, 단독 친권자가 사망하였을 때 타방 부 또는 모 역시 이미 사망한 상태라면 본조 ①은 적용되지 않는다.[15)] 이러한 경우에는 미성년후견이 개시된다(§928).

2. 입양이 취소되거나 파양된 경우, 양부모가 모두 사망한 경우 친권자 지정 청구 (본조 ②)

입양이 취소되거나 파양된 경우 또는 양부모가 모두 사망한 경우에도 단독 친권자인 부모 일방이 사망한 경우와 같은 문제가 있다. 양자가 파양된 경우 본조 신설 전 실무는 친생부모의 친권이 부활한다는 입장이었고,[16)] 같은 취지의 견해도 있었다.[17)] 그러나 친생부모가 친권을 행사하는 것이 자녀의 복리에 적합하지 않은 경우가 있다.[18)] 이에 본조 ②는 이러한 경우에도 가정법원이 친권자를 지정하거나 미성년후견인을 선임하도록 하고 있다.

즉 입양이 취소되거나 파양된 경우 또는 양부모가 모두 사망한 경우 친생부모 일방 또는 쌍방, 미성년자, 미성년자의 친족은 그 사실을 안 날부터 1개월, 그 사유가 있었던 날부터 6개월 내에 가정법원에 친생부모 일방 또는 쌍방을 친권자로 지정할 것을 청구할 수 있다(본조 ② 본문). 본조 ③의 후견인 선임 청구권자와 달리, 이해관계인, 검사, 지방자치단체의 장은 청구권자가 아니고 가정법원이 직권으로 친권자를 지정할 수도 없다.[19)]

일반양자이든지 친양자이든지를 묻지 않고 입양이 취소되거나 파양이 되면 친권자 지정 청구를 할 수 있다.[20)] 일반 양자의 경우에는 친생부모와 친족관계가 소멸하지 않고, 친양자 입양이 취소되거나 파양되면 입양 전 친족관계가 부활(§908-7 ①)하기 때문이다.[21)] 여기서 본조 ②가 적용되려면 양부모가 입양의 취소와 파양을 반드시

13) 윤진수·현소혜, 2013년개정민법, 185.
14) 대법원 2017. 5. 2.자 2016스107 결정.
15) 주해친족(초판, 2권), 1020(권재문).
16) 호적선례 200512-2호.
17) 윤용섭(1996), 557-558.
18) 김주수·김상용, 436.
19) 권재문(2013), 133 참조.
20) 김주수·김상용, 435-436.

공동으로 해야 한다는 견해도 있으나,[22] 본조 ②이 양부모가 반드시 공동으로 입양의 취소와 파양을 할 것을 예정한 것은 아니다.[23]

반면 일반양자의 양부모가 모두 사망하면 친권자 지정 청구를 할 수 있으나, 친양자의 양부모가 모두 사망한 경우에는 친권자 지정 청구를 할 수 없다(본조 ② 단서). 친양자의 경우에는 친생부모와의 친족관계가 소멸하므로(§908-3 ②), 친양자의 양부모가 사망하였다고 해서 친생부모의 친권이 부활한다고 볼 여지가 없기 때문이다.[24] 친양자의 양부모가 모두 사망하면 미성년후견이 개시된다(§928).[25] 예를 들어 남편이 아내의 친생자를 친양자로 입양한 후 사망하였고, 그 후 친생모가 사망한 경우에는 친생부는 자녀와 친족관계가 소멸한 상태이므로 본조 ② 단서에 따라 친권자 지정 청구를 할 수는 없다고 해석해야 한다.[26]

본조 전체의 해석상 본조 ②에서 정한 기간이 지난 다음 친권자 지정 청구를 한 경우에도 가정법원은 친생부모 일방 또는 쌍방을 친권자로 지정할 수 있다고 보아야 할 것이다.

본조 ②은 양부모가 아닌 친생부모를 다시 친권자로 지정할 것인지에 관한 것이므로, 본조 ②의 사유가 발생하였을 당시 친생부모 모두 이미 사망한 상태라면 본조 ②은 적용되지 않는다. 이러한 경우에는 미성년후견이 개시된다(§928).

3. 친권자 지정 청구가 없는 경우의 미성년후견인 선임(본조 ③)

본조 ①, ②에서 정한 기간 내에 친권자 지정 청구가 없는 경우에는 가정법원은 직권으로 또는 미성년자, 미성년자의 친족, 이해관계인, 검사, 지방자치단체의 장의 청구에 의하여 미성년후견인을 선임할 수 있다(본조 ③ 전문). 따라서 미성년후견인은 본조 ①, ②에서 정한 기간, 즉 친권자 지정 청구기간이 이 지난 다음에서야 선임될 수 있다. 다만 실무는 친권자 지정 청구기간이 지나지 않은 채 미성년후견임 선임 청구를 하더라도 절차를 진행하다 보면 그 기간이 경과하므로 그대로 절차를 진행하고 있다.[27]

본조 ③의 미성년후견임 선임 청구권자는 본조 ①, ②의 친권자 청구권자보다 넓다.[28] 생존하는 부 또는 모, 양자의 친생부모도 미성년자의 친족에 해당하므로 여기

21) 김주수·김상용, 435-436.
22) 권재문(2013), 121-123.
23) 윤진수·현소혜, 2013년개정민법, 186, 주 17.
24) 윤진수·현소혜, 2013년개정민법, 186; 김주수·김상용, 436.
25) 윤진수·현소혜, 2013년개정민법, 186; 김주수·김상용, 436; 박동섭·양경승, 409; 박희호·이동건, 164; 송덕수, 221; 권재문(2013), 121; 김상용(2014), 102.
26) 같은 취지, 윤진수·현소혜, 2013년개정민법, 186-187.
27) 제요[2], 1333-1334.
28) 윤진수·현소혜, 2013년개정민법, 188.

의 청구권자에 포함된다고 해석된다.[29] 청구인 중 이해관계인은 미성년자를 직접 보호하는 위탁부모, 가정위탁지원센터의 장, 아동복지시설의 장 등이 해당될 수 있다는 견해가 있는데,[30] 이들 뿐만 아니라 미성년 자녀와 재산적 법률행위를 하려는 사람도 여기에 해당될 것이다.[31]

누구를 미성년후견인으로 선임할지 여부는 가정법원이 직권으로 재량에 의하여 판단하여야 한다.[32] 다만 후견인 결격사유(§937)가 없어야 한다. 실무상으로는 생존친의 양육의사 및 양육능력, 현재 양육상황, 청구 경위와 동기, 미성년자의 의사, 관계인들의 의사를 종합적으로 고려하여 미성년자의 복리를 위하여 가장 적합한 사람을 미성년후견인으로 선임한다.[33]

4. 가정법원의 재량 판단(본조 ④)

가정법원은 친권자 지정 청구(본조 ①, ②)나 후견인 선임 청구(본조 ③)가 생존하는 부 또는 모, 친생부모 일방 또는 쌍방의 양육의사 및 양육능력, 청구 동기, 미성년자의 의사, 그 밖의 사정을 고려하여 미성년자의 복리를 위하여 적절하지 아니하다고 인정하면 청구를 기각할 수 있다(본조 ④ 전문). 이 경우 가정법원은 직권으로 미성년후견인을 선임하거나 생존하는 부 또는 모, 친생부모 일방 또는 쌍방을 친권자로 지정하여야 한다(본조 ④ 후문). 따라서 가정법원은 친권자 지정 청구가 있어도 미성년후견인을 선임할 수 있고, 반대로 후견인 선임 청구가 있어도 친권자를 지정할 수 있다. 또한 친생부모 일방이 친권자 지정 청구를 한 경우에도 가정법원은 이를 기각하면서 다른 일방을 친권자로 지정할 수 있다.[34]

특정 사람을 후견인으로 선임해 달라고 청구하였으나, 가정법원이 다른 사람을 후견인으로 선임하였다고 하더라도 후견인 선임 청구를 기각한 것이 아니므로, 친권자를 지정할 필요가 없다.[35]

5. 임무대행자 선임(본조 ⑤)

본조 ①~③에 따라 친권자가 지정되거나 미성년후견인이 선임될 때까지 미성년

29) 윤진수·현소혜, 2013년개정민법, 188.
30) 김주수·김상용, 437; 김상용(2014), 103.
31) 주해친족(초판, 2권), 1024(권재문) 참조.
32) 윤진수·현소혜, 2013년개정민법, 189.
33) 제요[2], 1336−1337.
34) 김주수·김상용, 438.
35) 윤진수·현소혜, 2013년개정민법, 190.

자인 자녀에게는 법정대리인이 없는 공백 상태가 발생할 수 있으므로 이를 방지하기 위하여 본조 ⑤은 가정법원이 임시로 법정대리인 임무를 대행할 사람을 선임할 수 있도록 하였다.[36)]

즉 가정법원은 단독 친권자가 사망한 경우, 입양이 취소되거나 파양된 경우, 양부모가 모두 사망한 경우에 직권으로 또는 미성년자, 미성년자의 친족, 이해관계인, 검사, 지방자치단체의 장의 청구에 의하여 친권자 지정 또는 미성년후견인 선임이 이루어질 때까지 그 임무를 대행할 사람을 선임할 수 있다(본조 ⑤ 전문). 여기의 이해관계인의 예로는 미성년 자녀를 실제 보호하는 아동보호시설의 장을 들 수 있다.[37)] 임무대행자의 자격에는 제한이 없으므로 친권자 지정 청구인 또는 후견인 선임 청구인도 임무대행자로 선임될 수 있다.[38)]

임무대행자는 보존행위, 물건이나 권리의 성질을 변하지 아니하는 범위 내의 이용 또는 개량 행위를 넘는 행위를 할 때에는 법원의 허가를 받아야 한다(본조 ⑤ 후문, §25의 준용). 또한 가정법원은 직권 또는 미성년자, 후견감독인, 친족, 그 밖의 이해관계인, 검사, 지방자치단체의 장의 청구에 의하여 미성년자의 재산상황을 조사하고, 임무대행자에게 재산관리 등 임무 수행에 관하여 필요한 처분을 명할 수 있다(본조 ⑤ 후문, §954의 준용).

후견인의 사임에 관한 규정(§939)과 후견인에 대한 보수에 관한 규정(§955)은 여기의 임무대행자에 준용하도록 규정하고 있지는 않다.[39)]

6. 미성년후견 종료 및 친권자 지정(본조 ⑥)

가정법원은 미성년후견인이 선임된 후에도 양육 상황이나 양육능력의 변동, 미성년자의 의사, 그 밖의 사정을 고려하여 미성년자의 복리를 위하여 필요하면 생존하는 부 또는 모, 친생부모 일방 또는 쌍방, 미성년자의 청구에 의하여 후견을 종료하고 생존하는 부 또는 모나 친생부모 일방 또는 쌍방을 친권자로 지정할 수 있다(본조 ⑥). 미성년후견인이 선임된 후라도 자녀의 복리를 위하여 친생부모에게 다시 친권자가 될 수 있는 기회를 부여하는 취지이다.[40)]

본조 ③의 후견인 선임 청구권자와 달리, 이해관계인, 검사, 지방자치단체의 장은 청구권자가 아니고 가정법원이 직권으로 후견을 종료하고 친권자를 지정할 수도

36) 김주수·김상용, 438－439; 권재문(2013), 126; 김상용(2014), 80.
37) 주석친족(2), 392(이은정).
38) 같은 취지, 권재문(2013), 131－132.
39) 윤진수·현소혜, 2013년개정민법, 190; 이것이 입법의 불비라는 견해는 권재문(2013), 131.
40) 김상용(2014), 80－81, 106; 제요[2], 1014; 주석친족(2), 393(이은정).

없다.[41] 본조 ⑥에 따라 친권자 지정 심판이 확정되면 기존의 후견은 종료된다.[42]

본조 ⑥에서 정하고 있지는 않으나, 이 경우 미성년후견인에게 의견을 진술할 기회를 주어야 한다는 지적이 있다.[43]

Ⅲ. 심판 절차

1. 친권자 지정 심판

본조 ①, ②에 따른 친권자 지정 심판은 라류 비송사건이다[家訴 §2 ① ii 가. 13)−2]. 협의이혼, 임의인지(§909 ④)에 따른 친권자 지정 심판이 마류 비송사건인 것과 구분된다. 토지관할은 미성년자 자녀 주소지 관할 가정법원이고(家訴 §44 ① v), 사물관할은 단독판사에게 속한다(사물관할규칙 §3 참조).

가정법원이 친권자를 지정함에 있어서는 자녀의 복리를 우선적으로 고려하여야 하고, 이를 위하여 가정법원은 관련 분야의 전문가나 사회복지기관으로부터 자문을 받을 수 있다(§912). 미성년자가 13세 이상인 때에는 미성년자의 의견을 들을 수 없거나 미성년자의 의견을 듣는 것이 오히려 미성년자의 복지를 해할만한 특별한 사정이 없는 한 그 미성년자의 의견을 들어야 한다(家訴規 §65−2, §65 ④).

친권자를 지정한 심판에 대해서는 미성년자, 미성년자의 부모와 친족이 즉시항고할 수 있다(家訴規 §67 ① iv). 친권자 지정 심판은 즉시항고할 수 있는 심판이므로 확정되어야 효력이 있다(家訴 §40 단서).

친권자 지정 심판이 확정되면 가정법원은 지체 없이 가족관계등록 사무를 처리하는 사람에게 가족관계등록부에 등록할 것을 촉탁하여야 한다(家訴 §9, 家訴規 §5 ① ii). 이와 별도로 청구인 또는 친권자로 정해진 사람은 재판확정일부터 1개월 이내에 그 내용을 신고하여야 한다(家登 §79 ② ii, §58). 이는 보고적 신고이다.

2. 미성년후견인 선임 심판

본조 ③에 따른 미성년후견인 선임 심판은 라류 비송사건이다[家訴 §2 ① ii 가. 13)−2]. 토지관할은 미성년자 자녀 주소지 관할 가정법원이고(家訴 §44 ① i −2), 사물관할은 단독판사에게 속한다(사물관할규칙 §3 참조).

가정법원이 미성년후견인을 선임할 때에는 생존하는 부 또는 모, 친생부모의 일

41) 권재문(2013), 133 참조.
42) 김주수·김상용, 439; 주석친족(2), 393(이은정).
43) 윤진수·현소혜, 2013년개정민법, 191.

방 또는 쌍방에게 그 소재를 모르거나 정당한 사유 없이 소환에 응하지 않는 경우를 제외하고 의견을 진술할 기회를 주어야 한다(본조 ③ 후문). 이는 자녀의 복리를 위하여 미성년후견인 선임에 신중을 기하고 부모의 의사를 반영할 수 있도록 하기 위함이다.[44] 여기서 생존하는 부 또는 모란 단독 친권자인 부모 일방이 사망한 경우의 생존친을 의미하고, 친생부모의 일방 또는 쌍방이란 입양이 취소 또는 파양된 경우 또는 일반 양자의 양부모가 사망한 경우를 의미한다.[45]

가정법원은 그 미성년자가 13세 이상인 때에는 미성년자의 의견을 들을 수 없거나 미성년자의 의견을 듣는 것이 오히려 미성년자의 복지를 해할만한 특별한 사정이 없는 한 그 미성년자의 의견을 들어야 한다(家訴規 §65 ④). 실무에서는 미성년자를 기일에 출석시켜 심문하거나 가사조사관을 통해 청취한다.[46] 미성년후견인 후보자의 의견도 들어야 한다(家訴規 §65 ①).

미성년후견인 선임 심판에 대해서는 미성년자, 미성년자의 부모와 친족, 이해관계인, 검사, 지방자치단체의 장이 즉시항고할 수 있다(家訴規 §67 ① i). 즉시항고할 수 있는 심판이므로 확정되어야 효력이 있다(家訴 §40 단서). 미성년후견인 선임 청구를 기각한 심판에 대해서는 청구인이 즉시항고할 수 있다(家訴規 §27).[47]

미성년후견인 선임 심판이 확정되면 가정법원은 지체 없이 가족관계등록 사무를 처리하는 사람에게 가족관계등록부에 등록할 것을 촉탁하여야 한다(家訴 §9, 家訴規 §5 ①iii). 이와 별도로 미성년후견인은 취임일부터 1개월 이내에 미성년후견 개시 신고를 하여야 한다(家登 §80①). 이는 보고적 신고이다.

3. 임무대행자 선임 심판

본조 ⑤에 의한 임무대행자 선임 심판은 라류 비송사건이다[家訴 §2 ① ii 가. 13)-2]. 토지관할은 미성년자 자녀 주소지 관할 가정법원이고(家訴 §44 ① v), 사물관할은 단독판사에게 속한다(사물관할규칙 §3 참조).

임무대행자 선임 심판은 즉시항고할 수 없으므로 심판의 고지로 효력이 발생한다(家訴 §40 본문). 반면 임무대행자 선임 청구를 기각한 심판은 청구인이 즉시항고할 수 있다(家訴規 제27).[48]

임무대행자 선임 심판이 있으면 가정법원은 지체 없이 가족관계등록 사무를 처

44) 윤진수·현소혜, 2013년개정민법, 188; 주석친족(2), 390(이은정).
45) 김주수·김상용, 437.
46) 제요[2], 1334.
47) 제요[2], 1339.
48) 제요[2], 1013.

리하는 사람에게 가족관계등록부에 등록할 것을 촉탁하여야 한다(家訴 §9, 家訴規 §5 ① ii-3). 이와 별도로 청구인 또는 임무대행자로 선임된 사람은 1개월 이내에 그 내용을 신고하여야 한다(家登 §79 ② ii, §58). 이는 보고적 신고이다.

4. 미성년후견 종료 및 친권자 지정 심판

본조 ⑥에 의한 미성년후견 종료 및 친권자 지정 심판은 라류 비송사건이다[家訴 §2 ① ii 가. 13)-3]. 토지관할은 미성년자 자녀 주소지 관할 가정법원이고(家訴 §44 ① v), 사물관할은 단독판사에게 속한다(사물관할규칙 §3 참조).

자녀가 13세 이상인 때에는 가정법원은 그 심판에 앞서 특별한 사정이 없는 한 자녀의 의견을 들어야 한다(家訴規 §65-2, §65 ④). 실무상 자녀의 의견 청취는 가사조사관의 대면조사를 통해 이루어지는 것이 일반적이다.[49]

미성년후견 종료 및 친권자 지정 심판에 대해서는 미성년자, 미성년자의 부모와 친족, 미성년후견인이 즉시항고할 수 있다(家訴規 §67 ① v). 즉시항고할 수 있는 심판이므로 확정되어야 효력이 있다(家訴 §40 단서). 청구를 기각한 심판에 대해서는 청구인이 즉시항고할 수 있다(家訴規 §27).[50]

미성년후견 종료 및 친권자 지정 심판이 확정되면 가정법원은 지체 없이 가족관계등록 사무를 처리하는 사람에게 가족관계등록부에 등록할 것을 촉탁하여야 한다(家訴 §9, 家訴規 §5 ① ii-2). 이와 별도로 청구인 또는 친권자로 정해진 사람은 재판확정일부터 1개월 이내에 그 내용을 신고하여야 한다(家登 §79 ② ii, §58). 이는 보고적 신고이다. 미성년후견인은 미성년후견 종료신고를 1개월 이내에 하여야 한다(家登 §83 ①).

---

49) 제요[1], 271.
50) 제요[2], 1016.

第 910 條 (子의 親權의 代行)

親權者는 그 親權에 따르는 자에 갈음하여 그 子에 對한 親權을 行使한다.

▮참고문헌: 김상용(2014), "2011년 가족법의 개정 동향", 가족법연구 Ⅳ; 엄경천(2016), "친권의 본질에 관한 검토", 가족법연구 30−1; 윤용섭(1996), "친권과 후견", 民判 18; 조은희(2018), "미성년 미혼모와 그 자에 대한 권리보호", 법과정책 24−2

Ⅰ. 본조의 취지

본조는 친권자가 자녀의 친권을 대신 행사한다는 규정이다. 이를 '친권의 대행'이라 한다. 미성년 자녀는 친권을 보유하지만 친권을 행사할 수는 없고, 그의 친권자가 미성년 자녀의 친권을 행사하는 것이다.[1]

Ⅱ. 본조의 적용범위

미성년자인 자녀가 혼인하면 성년이 되어 부모의 친권에 따르지 않으므로(§826−2), 이때에는 본조가 적용되지 않는다는 것이 통설이다.[2] 따라서 미성년자인 자녀가 혼인하지 않은 상태에서 자녀를 둔 경우에만 본조가 적용되고, 미성년자의 친권자가 그 미성년자의 혼인외 자녀에 대하여 친권을 행사한다.[3] 미성년 자녀가 유효하게 혼인한 후 그 혼인이 해소되더라도 성년의제 효력은 유지된다는 것이 통설이므로(§826−2 주석 참조), 이 경우에도 본조가 적용되지 않는다.

1) 김상용(2014), 89.
2) 김주수·김상용, 454; 박동섭·양경승, 423; 박희호·이동건, 167; 송덕수, 224; 윤진수, 255; 엄경천(2016), 160; 주석친족(2), 394(이은정).
3) 이에 대해서는 혼인외 자녀에 대한 차별로 여지가 있다는 지적이 있다. 주해친족(초판, 2권), 1030(권재문).

미성년자인 미혼모가 자녀를 출산한 경우 미성년자인 생부가 혼인외 자녀를 인지하면 어떻게 되는가? 이 경우 모의 친권자와 부의 친권자 모두 그 혼인외 자녀에 대하여 친권을 대행할 수 있으므로 그들 사이에 의견이 일치하지 않으면 §909 ② 단서를 유추적용하여 당사자의 청구에 의하여 가정법원이 친권 행사방법을 정해야 한다는 견해가 있다.[4] 그러나 혼인외 자녀가 인지된 경우이므로 §909 ④이 적용되어 당사자의 협의로 친권자를 먼저 정해야 하고, 협의가 이루어지지 않으면 가정법원이 친권자를 정해야 할 것이다.[5] 이에 따라 친권자로 정해진 미성년 자녀의 친권자가 미성년 자녀의 친권을 대행하게 될 것이다.

부모 모두가 미성년자이어야 본조가 적용되고, 부모 중 한 사람이 성년자이면 그가 단독 친권자가 된다는 견해가 있다.[6] 그러나 이 경우 부모가 혼인중이라면 본조가 적용되지 않으므로 부모가 공동으로 친권을 행사하게 된다. 부모가 혼인하지 않았다면 혼인외 자녀일 것이므로 부가 인지를 해야 부자관계가 성립하고 부의 인지에 따라 §909④이 적용되어 당사자의 협의 또는 가정법원의 심판에 의하여 친권자를 정해야 한다고 해석함이 타당하다고 생각된다.

혼인한 적 없는 미성년 부모 중 일방에게는 친권자가 있고, 다른 일방에게는 친권자 없이 미성년후견인이 있는 경우에는 어떠한가? 이 경우에도 §909 ④을 유추적용하여 당사자의 협의 또는 가정법원의 심판에 의하여 친권자를 정해야 한다는 견해가 있다.[7]

Ⅲ. 친권대행의 법률관계

미성년자는 자신의 혼인외 자녀에 대해 친권을 행사할 수 없고, 미성년자의 친권자가 그 친권을 대행한다. 이 경우 미성년자인 자녀 스스로 친권을 행사하면 무효이다. 따라서 미성년자가 혼인외 자녀를 대리하면 무권대리가 된다.[8]

미성년자의 친권자인 부모가 공동으로 친권을 대행하고, 부모의 의견이 일치하지 않으면 당사자의 청구에 의하여 가정법원이 이를 정한다(§909 ②).[9]

친권대행자는 미성년자의 자녀에 대한 법정감독의무자이므로,[10] 책임능력 없는

4) 김주수·김상용, 454, 주 33; 같은 취지, 조은희(2018), 372.
5) 같은 취지, 주해친족(초판, 1권), 1031(권재문).
6) 주석친족(2), 394(이은정); 주해친족(초판, 2권), 1030(권재문).
7) 주해친족(초판, 1권), 1031(권재문).
8) 김주수·김상용, 454; 박동섭·양경승, 423; 주석친족(2), 395(이은정).
9) 주해친족(초판, 1권), 1032(권재문).
10) 주석민법, 채권각칙8, 제5판, 242(김승표).

미성년자의 자녀가 다른 사람에게 손해를 가한 때에는 그 손해를 배상할 책임이 있다(§755 ①).

친권대행자가 자녀를 복대리인으로 선임할 수 있는지에 관하여, §122의 규정상 이를 허용하지 않을 이유가 없다는 견해가 있다.[11)]

Ⅳ. 관련 문제

1. 친권대행자 또는 미성년 부모가 사망한 경우

친권대행자가 사망하면 자녀에 대해 후견이 개시되고, 미성년후견인이 미성년자의 친권을 대행한다(§948 ①). 자녀를 둔 미성년자가 사망하면 친권이 소멸하므로 친권의 대행도 종료하고 미성년자의 자녀에 대해 후견이 개시된다고 해석된다.[12)]

2. 대행권의 상실, 일시 정지, 일부 제한

친권자가 자녀의 친권 대행권을 행사하는 것이 곤란하거나 부적당한 사유가 있어 자녀의 복리를 해치거나 해칠 우려가 있는 경우에는 친권의 일부 제한 선고(§924－2)에 의하여 대행권 행사가 제한될 수 있다. 친권자가 자녀의 친권 대행권을 남용하면 §924 또는 §924－2의 유추적용에 의해 대행권의 상실 또는 일시 정지, 일부 제한 사유가 된다는 견해가 있다.[13)] 그러나 친권 대행권만의 상실은 친권의 일부 제한일 뿐이고, 친권 대행권만의 일시 정지는 친권 중 일부를 일시 정지하는 것이라고 생각된다.

3. 대행권의 사퇴가 가능한지 여부

친권자가 §927 ①에 따라 친권대행권만을 사퇴할 수 있다는 견해가 있다.[14)] 그러나 친권대행권이 대리권·재산관리권에 한정되는 것은 아니므로 친권대행권만의 사퇴는 인정되기 어렵다고 생각된다. 다만 친권대행자가 대리권·재산관리권에 관한 대행권을 사퇴하는 것은 허용될 것이다.[15)]

11) 윤용섭(1996), 575.
12) 김주수·김상용, 454; 윤용섭(1996), 574; 주석친족(2), 395(이은정).
13) 김주수·김상용, 454; 주석친족(2), 395(이은정).; 같은 취지, 박동섭·양경승, 423.
14) 박동섭·양경승, 423.
15) 조은희(2018), 372－373.

第911條 (未成年者인 子의 法定代理人)

親權을 行使하는 父 또는 母는 未成年者인 子의 法定代理人이 된다.

Ⅰ. 본조의 취지

본조는 친권을 행사하는 부 또는 모가 미성년 자녀의 법정대리인이 된다는 규정이다.

Ⅱ. 친권자의 법정대리인으로서의 권한

친권자가 법정대리인으로서 가지는 권한을 일별하면 다음과 같다.

1. 재산적 행위에 관한 권한

친권자의 재산적 행위에 관한 권한으로 ① 미성년자의 법률행위에 대한 동의(§5 ①), ② 법정대리인 동의 없는 미성년자의 법률행위에 대한 취소(§5 ②), ③ 범위를 정한 재산 처분의 허락(§6), ④ 위 동의·허락의 취소(§7), ⑤ 영업의 허락과 취소(§8), ⑥ 복대리인 선임(§122), ⑦ 취소할 수 있는 미성년자의 법률행위에 대한 추인(§144), ⑧ 미성년자 특유재산 관리(§916), ⑨ 미성년자의 재산에 관한 법률행위 대리(§920), ⑩ 미성년자의 상속권 침해에 대한 상속회복청구권(§999 ①) 등이 있다.

2. 신분적 행위에 관한 권한

친권자의 신분행위에 관한 권한으로, ① 혼인 연령(§807) 위반 혼인, 미성년자의 동의 없는 혼인(§808)에 대한 취소청구(§817), ② 강제인지 청구(§863), ③ 13세 이상 미성년자 입양 동의(§869 ①) 및 ④ 13세 미만 미성년자 입양 대락(§869 ②), ⑤ 입양능력(§866) 없는 미성년자의 입양에 대한 취소청구(§885), ⑥ 13세 이상 미성년자에 대한 법정대리인 동의 없는 입양에 대한 취소청구(§886), ⑦ 13세 미만 미성년자의 입양 대락 후 파양 청구(§906 ①), ⑧ 13세 이상 친양자 입양에 대한 동의(§908－2 ⅳ), ⑨ 13세 미만 친양자 입양 대락(§908－2 ① ⅴ), ⑩ 혼인무효·이혼무효의 소 제기(家訴 §23), ⑪ 인지무효의 소 제기(家訴 §28, §23 준용), ⑫ 입양무효·파양무효의 소 제기(家訴 §31, §23 준용) 등이 있다.

학설 중에는 위와 같은 신분행위에 관한 권한이 미성년자를 대리하는 것이라는 취지로 설명하는 경우가 많으나,[1] 친권자는 고유의 자격으로 위와 같은 권한을 직접 행사하는 것이라고 보아야 한다.

3. 상속의 승인, 한정승인, 포기

상속의 승인, 한정승인, 포기가 재산적 행위인지 신분적 행위인지에 관한 논의[2]와 무관하게 상속인이 미성년자인 경우 상속개시 있음을 안 날은 친권자의 인식을 기준으로 한다는 §1020의 규율 등을 고려하면, 친권자는 미성년자를 대리하여 상속의 승인, 한정승인, 포기를 할 수 있다는 데에 이론이 없다.[3]

4. 비교 - 부모로서 행사하는 권한

친권자로서 행사하는 권한이 아니라 부모로서 행사하는 권한에는 다음과 같은 것이 있다.[4] ① 만 18세 이상 미성년자의 약혼 또는 혼인 동의(§801, §808 ①), ② 미성년자의 입양에 대한 동의(§870 ①), ③ 13세 이상의 미성년자의 파양 청구에 대한 동의(§906 ②), ④ 친양자 입양에 대한 동의(§908－2 ① ⅲ) 등이다.

Ⅲ. 선의·악의, 고의·과실의 기준

선의, 악의 등 미성년자의 인식은 법정대리인의 인식을 기준으로 한다.

예를 들어 불법행위로 인해 미성년자가 가지는 손해배상청구권은 법정대리인이 그 손해 및 가해자를 알아야 3년의 단기소멸시효가 진행된다(§766 ①). 여기서 법정대리인은 친권자 또는 후견인을 말하는데, 친권자가 부모 쌍방이라면 그중 일방이 손해

---

1) 김주수·김상용, 450; 박동섭·양경승, 418; 송덕수, 223－224; 이경희·윤부찬, 255－256.

2) 대법원 2011. 6. 9. 선고 2011다29307 판결은 상속의 포기는 재산에 영향을 미치는 바가 없지 않지만 순전한 재산법적 행위는 아니고 인적 결단으로서의 성질을 가진다고 판시하였다.

3) 김주수·김상용, 450; 박동섭·양경승, 418; 송덕수, 224; 신영호·김상훈·정구태, 216; 이경희·윤부찬, 256; 주석친족(2), 450(이은정).

4) 김주수·김상용, 450; 박동섭·양경승, 418; 송덕수, 224 참조.

및 가해자를 알면 충분하다는 것이 통설이다.[5] 다만 미성년자가 성폭력, 성추행, 성희롱, 그 밖의 성적 침해를 당한 경우에 이로 인한 손해배상청구권의 소멸시효는 그가 성년이 될 때까지는 진행되지 아니한다(§766 ③).

상속인은 상속개시 있음을 안 날로부터 3월 내에 단순승인, 한정승인 또는 포기를 할 수 있는데(§1019 ① 본문), 위 기간은 미성년 자녀가 상속인인 경우에는 친권자가 상속이 개시된 것을 안 날부터 기산한다(§1020). 대법원 2020. 11. 19. 선고 2019다232918 전원합의체 판결은 §1019 ③의 특별한정승인에서 상속채무 초과사실을 중대한 과실 없이 알지 못하였는지 및 상속채무 초과사실을 안 날이 언제인지를 판단할 때에는 법정대리인의 인식을 기준으로 삼아야 한다고 하였다.

채무자인 미성년자의 법정대리인이 미성년자를 위하여 이행하는 경우 법정대리인의 고의, 과실은 미성년자의 고의·과실로 본다(§391).

Ⅳ. 의사표시 수령 등

미성년자가 의사표시를 받으면 의사표시자는 그 의사표시로써 대항할 수 없으나, 법정대리인이 그 의사표시가 도달한 사실을 안 후에는 대항할 수 있다(§112). 미성년자가 한 취소할 수 있는 법률행위의 상대방은 1개월 이상의 기간을 정하여 법정대리인에게 추인할 것인지 여부의 확답을 촉구할 수 있고, 법정대리인이 그 기간 내에 확답을 발송하지 않으면 추인한 것으로 본다(§15 ②).

Ⅴ. 시효의 정지

소멸시효 기간 만료 6개월 내에 미성년자에게 법정대리인인 친권자가 없으면 미성년자가 성년이 되거나 법정대리인인 후견인이 선임된 때부터 6개월 내에는 미성년자가 가지는 권리에 대한 시효는 완성되지 않는다(§179). §179는 제한능력자를 보호하기 위한 것이므로 제한능력자가 가지는 권리에 대해서만 적용되고, 제한능력자에 대한 권리에 대해서는 적용되지 않는다는 것이 대체적인 견해이다.[6]

재산을 관리하는 아버지, 어머니에 대한 미성년자의 권리는 미성년자가 성년이 되거나 다른 법정대리인이 취임한 때부터 6개월 내에는 소멸시효가 완성되지 않는다(§180 ①).

5) 주석민법, 채권각칙8, 제5판, 695(이원).
6) 주석민법, 총칙3, 제5판, 1025(전원열).

第 912 條 (친권 행사와 친권자 지정의 기준)

① 친권을 행사함에 있어서는 자의 복리를 우선적으로 고려하여야 한다.

② 가정법원이 친권자를 지정함에 있어서는 자(子)의 복리를 우선적으로 고려하여야 한다. 이를 위하여 가정법원은 관련 분야의 전문가나 사회복지기관으로부터 자문을 받을 수 있다.

▌참고문헌: 곽동헌(1998), “이혼후의 친자관계”, 아세아여성법학 1; 권영준(2022), “2021년 민법 판례 동향”, 서울대 법학 63−1; 권재문(2013), “친권자의 공백 상황에 대처하기 위한 법정대리인의 결정”, 가족법연구 27−1; 김명숙(2009), “자의 복리와 친권, 자의 권리”, 안암법학 28; 김상용(2014), “2011년 가족법의 개정 동향”, 가족법연구 Ⅳ; 김유미(1997), “현행 친권상실선고제도의 문제점과 대응책”, 가족법연구 11; 윤진수(2009a), “아동권리협약과 한국가족법”, 민법논고[Ⅳ]; 윤진수(2009b), “영국 항소법원의 샴 쌍둥이 분리수술 사건 판결”, 민법논고[Ⅳ]; 이동진(2016), “부모의 자녀에 대한 친권행사와 국가의 통제”, 가족법연구 30−3; 이봉민(2012), “자녀에 대한 의료행위에 관한 친권남용 통제”, 법조 668; 이은정(2007), “비친권자의 양육권”, 가족법연구 21−1; 이현재(2003), “자의 최선의 이익”, 민사법연구 11−2; 전보성(2016), “친권자 지정·변경에 관한 판례의 최근 경향”, 民判 38; 정기상(2019), “아동의 자기결정권에 관한 헌법적 고찰”, 헌법재판연구 6−2; 제철웅(2006), “친권과 자녀의 권리의 충돌과 그 조정방향”, 아세아여성법학 9; 조은희(2012), “이혼시 친권자 및 양육자 지정과 자의 복리”, 외법논집 36−2; 최진섭(1996), “친권상실에 관한 비교법적 연구”, 가족법연구 10; 최진섭(2007), “가정폭력과 친권”, 법조 56−9

Ⅰ. 본조의 취지

본조는 친권자가 친권을 행사할 때와 가정법원이 친권자를 지정할 때 우선적으로 자녀의 복리를 고려해야 한다는 점을 정한 규정이다. 이는 아동의 최선의 이익 원칙(the best interest of the child)을 반영한 것이다.[1)] 아동의 최선의 이익은 아동의 권리에 관한 협약(Convention on the Rights of the Child) 제3조 제1항에서 규정된 기본원칙으로서 아동에 관한 법적 결정에 있어 반드시 고려되어야 할 사항이다.[2)] 아동복지법 §2 ③은 아동에 관한 모든 활동에 있어서 아동의 이익이 최우선적으로 고려되어야 한다고 규정하고 있다.

1) 윤진수, 256; 윤진수·현소혜, 2013년개정민법, 191; 주석친족(2), 399(이은정).
2) 윤진수·현소혜, 2013년개정민법, 191; 윤진수(2009a), 317.

자녀의 양육과 관련된 모든 문제의 해결은 자녀의 복리를 가장 우선적으로 고려해야 한다는 원칙에 대해서는 이론이 없다.[3] 따라서 자녀의 복리 원칙은 친권자, 이해관계인은 물론 국가기관에 대해서도 공통적으로 적용되는 기본원리라고 할 수 있다.[4] 또한 자녀의 복리는 부모의 친권 행사가 자녀의 복리에 부합하지 않을 때 국가가 개입할 수 있는 헌법적 정당성을 부여하는 기능도 한다.[5]

본조는 일반조항으로서의 성격을 가진다.[6] 자녀의 복리는 자녀의 건전한 성장과 장래를 위해 고려할 사항을 총괄하는 개념이라는 해석이 있지만,[7] 자녀의 복리는 그 자체로 불확정적인 개념이기 때문이다.[8] 따라서 구체적으로 무엇이 자녀의 복리나 최선의 이익에 부합하는지는 쉽게 판단하기 어렵다. 이는 헌법상 기본권 보호의 차원에서 파악되어야 하는데,[9] 결국 개별 사안에서 여러 사정을 종합하여 규범적으로 판단되어야 한다.[10] 또한 문제 되는 유형에서 자녀의 복리 개념을 구체화하여 판단 기준을 정립할 필요가 있다.[11]

Ⅱ. 친권의 행사

본조 ①은 2005. 3. 31. 신설된 조항이다. 그러나 그 이전에도 학설과 판례에 의하여 자녀의 복리 원칙은 널리 인정되어 왔다.[12]

본조 ①은 친권자가 친권을 행사할 때 자녀의 복리를 우선적으로 고려하여야 한다고 정하고 있는데, 이는 자녀의 복리가 친권 행사의 기준이라는 원칙을 선언하였다는 의미를 갖는다.[13] 현재에 이르러 자녀의 복리는 부모와 미성년 자녀 사이의 관계를 지배하는 최고의 가치라는 점에 대해 이론이 없다.[14]

친권의 행사가 자녀의 복리에 부합하지 않는다는 이유로 국가가 개입하는 것은

---

3) 이현재(2003), 95−96 참조.
4) 권재문(2013), 123.
5) 이동진(2016), 118 참조; 같은 취지, 제철웅(2006), 135, 139.
6) 박동섭·양경승, 403; 같은 취지, 이동진(2016), 118, 140.
7) 전보성(2016), 1277.
8) 권영준(2022), 346; 전보성(2016), 1276; 윤진수(2009a), 317−318.; 미국법상 자녀의 최선의 이익에 관한 개념의 변천과 판단기준에 관한 자세한 내용으로 이현재(2003), 97 이하 참조.
9) 이동진(2016), 118 참조.
10) 제철웅(2006), 127−128; 정기상(2019), 171; 같은 취지, 이현재(2003), 196−199 등; 많은 경우 아동의 최선의 이익이 어떤 것인가를 확정할 수 있다는 것이 사실이라는 지적으로 윤진수(2009a), 318.
11) 권영준(2022), 346; 전보성(2016), 1276−1277 참조.
12) 주석친족(2), 360(이은정) 참조.
13) 김주수·김상용, 445; 박동섭·양경승, 412; 김상용(2014), 106.
14) 이동진(2016), 83 참조.

부모의 친권 행사의 자율성과 긴장·갈등 관계에 있으므로, 양자의 이익을 균형 있게 조화시켜야 한다.[15] 1차적으로는 친권의 자율적 행사가 우선하고, 국가의 개입은 보충적으로 이루어져야 한다.[16] 친권자의 친권 행사가 국가가 기대하는 자녀의 복리에 미치지 못한다고 하여 친권자의 자율성을 쉽게 부정할 수는 없다.[17] 한편 부모는 자녀를 보호·교양함에 있어 자녀의 복리를 우선적으로 고려할 것이라고 기대할 수는 있지만 부모의 의사 결정이 항상 자녀의 최선의 이익에 부합한다고 단정할 수 없다.[18] 특히 자녀의 생명과 관련된 문제에 있어서는 부모가 자녀의 생명을 좌우할 권한을 가질 수는 없으므로 국가의 적절한 개입이 요구된다.[19]

친권자가 친권을 행사할 때에는 자녀의 의사를 존중하여야 한다.[20] 양육의 주된 목적은 자녀의 자율 신장에 있어야 하므로 친권자는 자녀의 의견을 청취하고 가급적 자녀의 동의를 얻도록 노력해야 한다.[21] 특히 어느 정도 판단 능력이 있는 자녀에 대해서는 그 의사를 더욱 존중해야 한다.[22] 친권자가 이러한 노력을 게을리 하여 자녀와 의견이 대립할 경우 국가가 친권 행사에 개입할 수 있는 범위는 더 커진다고 볼 수 있다.[23] 아동의 권리에 관한 협약(Convention on the Rights of the Child) 제12조 제1항도 자신의 견해를 형성할 능력이 있는 아동에 대하여 자신의 견해를 자유롭게 표시할 권리를 보장하고, 아동의 견해에 대해 그 연령과 성숙도에 따라 정당한 비중이 부여되어야 한다고 규정하고 있다.[24]

대법원 2022. 11. 24.자 2020스616 전원합의체 결정은 미성년 자녀를 둔 성전환의 성별정정 허가 여부를 판단할 때 성전환자의 기본권 보호와 미성년 자녀의 복리가 조화를 이룰 수 있도록 여러 사정을 종합적으로 고려하여 실질적으로 판단하여야 한다고 하여, 성전환자에게 미성년 자녀가 있다면 성별정정이 허용될 수 없다는 취지의 종래 전원합의체 결정[25]을 변경하였다. 이에 대해 자세한 내용은 제3장 혼인 前註 참조.

15) 이에 대한 자세한 분석은 이동진(2016), 121 이하 참조.
16) 제철웅(2006), 122, 136; 이동진(2016), 122–123; 이봉민(2012), 250–251; 곽동헌(1998), 57; 같은 취지, 최진섭(1996), 380; 정기상(2019), 168; 김유미(1997), 340, 343; 김명숙(2009), 84, 109; 이은정(2007), 175; 조은희(2012), 98–99; 이경희·윤부찬, 268.
17) 이동진(2016), 122–123; 김유미(1997), 340; 이봉민(2012), 251.
18) 이봉민(2012), 251.
19) 윤진수(2009b), 452.
20) 윤진수, 256.
21) 제철웅(2006), 133.
22) 정기상(2019), 174.
23) 이동진(2016), 130, 135–137 참조.
24) 이 규정은 아동의 자기결정권뿐만 아니라 아동에게 영향을 미칠 결정을 함에 있어서 아동 자신이 참여할 수 있어야 함을 의미한다. 윤진수(2009a), 320.
25) 대법원 2011. 9. 2.자 2009스117 전원합의체 결정.

한편 판례 중에는 친권자가 자녀의 복리를 우선적으로 고려하여 친권을 행사하여야 하므로, 국적취득에 관하여 신뢰보호의 원칙을 판단할 때 친권자가 친권을 적절하게 행사하지 않은 귀책사유를 자녀의 귀책사유로 고려하여서는 안 된다고 한 것이 있다.[26)]

Ⅲ. 가정법원의 친권자 지정

본조 ②는 2011. 5. 19. 신설된 조항으로, 가정법원이 친권자를 지정할 때 자녀의 복리를 우선적으로 고려하여야 한다고 정한다. 본조 ②의 신설 전부터 판례는 법원이 친권자를 정할 때에는 자녀의 성별, 연령, 부모의 애정과 양육의사 및 경제적 능력, 부모와 자녀 사이의 친밀도, 자녀의 의사 등 모든 요소를 종합적으로 고려하여 자녀의 성장과 복지에 가장 도움이 되고 적합한 방향으로 판단해야 한다고 하였는데,[27)] 본조 ②은 이를 명확히 하였다.

친권자가 자녀의 복리를 고려하여 친권을 행사하여야 하는 한편(본조 ①), 국가도 자녀의 복리라는 관점에서 미성년 자녀를 보호해야 하는데,[28)] 본조 ②은 이러한 이념을 반영하고 있다고 볼 수 있다. 예를 들어 가정폭력 가해자는 원칙적으로 친권자로 지정되어서는 안 될 것인데,[29)] 이는 친권자를 지정할 때 자녀의 복리를 고려해야 하기 때문이라고 볼 수 있다.

가정법원은 이를 위하여 관련 분야의 전문가나 사회복지기관으로부터 자문을 받을 수 있다(본조 ② 후문). 이 규정이 없더라도 가정법원은 당연히 자문을 받을 수 있으므로, 본조 ② 후문은 주의적 규정이다.[30)] 다만 본조 ② 후문은 입법의 체계상 민법이 아니라 절차법에 규정하는 것이 바람직하다는 의견이 있다.[31)]

家訴 §58 ②은 자녀의 친권을 행사할 사람의 지정과 변경, 양육 방법의 결정 등 미성년자인 자녀의 이해에 직접적인 관련이 있는 사항을 조정할 때에는 미성년자인 자녀의 복지를 우선적으로 고려하여야 한다고 규정하고 있다.

26) 대법원 2024. 3. 12. 선고 2022두60011 판결.
27) 대법원 2010. 5. 13. 선고 2009므1458, 1465 판결; 대법원 2012. 4. 13. 선고 2011므4719 판결; 대법원 2019. 11. 28. 선고 2015다225776 판결 등.
28) 이동진(2016), 140.
29) 최진섭(2007), 200.
30) 윤진수·현소혜, 2013년개정민법, 192.
31) 김주수·김상용, 445, 주 32; 김상용(2014), 107.

第 2 款　親權의 效力

第 913 條 (保護, 敎養의 權利義務)

親權者는 子를 保護하고 敎養할 權利義務가 있다.

▌참고문헌: 강해룡(2012), "양육비청구권과 소멸시효", 신문 3999, 13; 강현중(1981), "미성숙 자녀의 양육과 부양", 사법논집 12; 곽동헌(1998), "이혼후의 친자관계", 아세아여성법학 1; 곽민희(2019), "혼인관계의 파탄에 따른 자녀인도청구의 실무상 쟁점", 민사법의 이론과 실무 22－3; 곽민희(2024), "자녀인도의 강제집행과 실무", 민사법의 이론과 실무 27－1; 권영준(2023), "2022년 민법 판례 동향", 서울대 법학 64－1; 권재문(2014), "친권의 제한·정지 제도 도입을 위한 검토사항", 가족법연구 28－1; 권재문(2020), "국제적 아동탈취의 민사적 측면에 관한 협약에 근거한 반환재판의 강제집행", 국제사법연구 26－1; 김나래(2022), "비양육친의 미성년자 불법행위에 대한 감독자책임", 전남대 법학논총 42－3; 김명숙(2009), "자의 복리와 친권, 자의 권리", 안암법학 28; 김명숙(2021), "2020년 가족법 중요판례평석", 인권과 정의 496; 김운호(2002), "미성년 자녀의 인도를 구하는 청구에 관한 고찰", 서울가정법원 실무연구Ⅷ; 김주수(1995), "과거의 부양료상환청구", 판례월보 303; 김형석(2005), "강제이행", 서울대 법학 46－4; 김형석(2007), "양육비청구권을 자동채권으로 하는 상계", 가족법연구 21－3; 문형식(1987), "친자관계를 중심으로 한 부양료청구와 구상(상)", 대한변호사협회지 130; 박병호·김유미(1994), "과거의 양육비 구상", 서울대 법학 35－3·4; 박삼봉(1998), "부모의 자녀 양육의무와 과거의 양육비 상환청구", 김용준 화갑; 서정우(1987), "이혼당사자간의 자의 인도청구에 관한 시론", 民判 9; 안영하(2018), "부모의 징계권과 아동학대", 성균관법학 30－4; 엄경천(2022), "민법 제923조 친권 소멸 후 자녀 재산에 대한 관리의 계산과 민법 제974조 직계혈족 및 그 배우자간 부양의무", 신문 5043, 12; 오종근(2019), "부부간 부양청구권과 양육비청구권", 民判 41; 윤용섭(1996), "친권과 후견", 民判 18; 윤진수(2009), "아동권리협약과 한국가족법", 민법논고[Ⅳ]; 윤진수·현소혜(2015), "부모의 자녀 치료거부 문제 해결을 위한 입법론", 민법논고[Ⅶ]; 이경희(2014), "자에 대한 부모의 부양의무의 법적 근거", 연세대 법학연구 24－1; 이노홍(2015), "아동의 권리와 가정내 아동체벌금지에 관한 헌법적 고찰", 홍익법학 16－1; 이동진(2012), "부모 일방의 타방에 대한 과거의 양육비 상환청구와 소멸시효", 가족법연구 26－2; 이동진(2016), "부모의 자녀에 대한 친권행사와 국가의 통제", 가족법연구 30－3; 이명환(2000), "우리 가족법상의 친권제도에 관한 고찰", 계명법학 4; 이봉민(2012), "자녀에 대한 의료행위에 관한 친권남용 통제", 법조 668; 이수영

(2012), "과거 양육비 청구권의 소멸시효", 민사재판의 제문제 21; 이주윤(2021), "양육권을 갖는 미성년후견인의 양육비심판 청구인적격 인정 여부", 대법원판례해설 127; 이지영(2023), "미성년자의 불법행위에 대한 비양육친의 감독의무자책임", 民判 45; 이호철(2019), "이혼과 자녀 양육에 관한 문제", 부산판례연구 30; 임종효(2011), "양육비청구권에 관한 기초 이론 및실무상 쟁점", 사법논집 51; 전병서(2018), "자의 인도청구의 집행방법에 관한 연구", 법조 729; 정지원(2014), "가사사건과 강제집행", 가정법원 50주년 기념논문집; 제철웅(2006), "친권과 자녀의 권리의 충돌과 그 조정방향", 아세아여성법학 9; 최진섭(1989), "친생부모간의 자의 인도청구", 가족법연구 3; 최행식(1994), "자의 양육 및 부양과 과거의 부양료", 가족법연구 8

Ⅰ. 본조의 취지

본조는 친권자가 자녀를 보호하고 교양할 권리와 의무가 있다는 규정이다. 자녀를 보호하고 교양하는 것은 친권의 가장 기본적이며 본질적인 내용이다.[1] 본조에 근거하여 친권자는 미성년 자녀에 대해 신상에 관한 포괄적인 결정권을 갖는다고 해석된다.[2] 따라서 친권자는 자녀를 보호하고 교양하는 구체적인 방법에 관하여 재량을 가진다.[3]

Ⅱ. 친권의 구체적 내용

1. 보호·교양

보호는 보살피고 돌보는 것이고, 교양은 가르치고 기르는 것이다. 결국 자녀를 보호·교양한다는 것은 자녀를 신체적·정신적으로 건강하게 양육한다는 의미라고 할 수 있다.[4] 보호와 교양은 개념상 구별될 수는 있지만 양자를 구별할 실익은 없다.[5] 이러한 보호·교양에는 생명·신체에 대한 보호, 의식주의 제공뿐만 아니라 심리적·정서적인 보살핌도 포함된다.[6] 판례 중에는 친권자의 양육의무는 단순히 비용을 부담하는 것에 그치지 않고 자녀의 복리를 위한 실질적 보호·교양의무를 의미하고, 부부 중 일방이 양육의무를 소홀히 하여 다른 일방이 전적으로 자녀를 양육하는 것은 이혼 유책사유가 될 수 있다는 취지의 것이 있다.[7]

1) 김주수·김상용, 445−446; 박동섭·양경승, 414; 신영호·김상훈·정구태, 214; 윤진수, 255; 윤용섭(1996), 565; 김명숙(2009), 101.
2) 김주수·김상용, 444; 같은 취지, 주석친족(2), 402(이은정).
3) 윤용섭(1996), 566; 김명숙(2009), 101 참조.
4) 윤진수·현소혜(2015), 239; 주석친족(2), 403(이은정).
5) 주해친족(초판, 1권), 1039(권재문).
6) 제철웅(2006), 129−130; 권재문(2014), 32 참조.
7) 대법원 2022. 5. 26. 선고 2021므15480 판결.

이러한 자녀에 대한 보호·교양에는 자녀의 의료행위에 대한 동의권도 포함된다.[8] 자녀에 대한 의료행위의 위험이 거의 없고 자녀에게 이익이 있는데도 부모가 종교상 이유 등을 이유로 그 의료행위에 대한 동의를 거절하는 등 친권을 부당하게 행사하면 친권상실·제한 등의 사유가 될 수 있다.[9]

2. 교육

친권자는 자녀의 학교·종교 등의 교육에 대한 권리도 가진다.[10] 헌법재판소는 부모의 자녀에 대한 교육권은 헌법에 명문으로 규정되어 있지 않지만 憲 §36 ①, §10, §37 ① 등에서 나오는 기본권이고, 교육 목적을 달성하게 적합한 교육수단을 선택할 권리를 포함한다고 하면서,[11] 부모의 자녀에 대한 교육권은 자녀의 보호와 인격발현을 위하여 부여되는 기본권이라고 판시하였다.[12] 한편 친권자가 자녀에 대해 종교 교육에 관하여 권리를 가지는 것은 자녀가 친권자와 같은 종교적 환경에서 성장할 수 있는 이익이 있기 때문이라고 볼 수 있다.[13] 독일의 '종교적 자녀교육에 관한 법률(RelKErzG)'의 규율 내용을 참조하여, 1차적으로 자녀의 종교 교육은 친권자의 자유로운 합의로 결정하되 자녀가 어느 정도 나이가 들면 미성년자라 하더라도 종교 선택의 자유를 가져야 한다는 지적이 있다.[14]

한편 친권자는 자녀에 대해 의무교육[15]을 시킬 의무가 있다(헌법 §31 ②, 초·중등교육법 §13). 친권자가 자녀에 대해 의무 교육조차 시키지 않는 등 교육에 관한 친권을 부당하게 행사하면 친권상실·제한 등의 사유가 될 수 있다.[16]

3. 감독

친권자의 보호·교양 의무에는 미성년자가 타인에게 손해를 가하지 않도록 감독할 의무도 있다.[17] 판례는 친권자는 미성년자가 타인에게 불법행위를 하지 않도록 지도와 조언을 할 의무를 부담한다고 하였다.[18]

---

8) 김주수·김상용, 446; 이동진(2016), 131.
9) 자세한 분석은 이동진(2016), 131−140 참조.
10) 윤진수, 256; 윤용섭(1996), 566.
11) 헌법재판소 2000. 4. 27. 선고 98헌가16등 결정, 헌법재판소 2009. 4. 30. 선고 2005헌마514 결정 등.
12) 헌법재판소 2000. 4. 27. 선고 98헌가16등 결정.
13) 이봉민(2012), 262 참조.
14) 윤진수, 256.
15) 현행법상으로는 6년의 초등교육과 3년의 중등교육이다(교육기본법 §8).
16) 자세한 분석은 이동진(2016), 128−131 참조.
17) 주석민법, 채권각칙8, 제5판, 247(김승표).
18) 대법원 1992. 5. 22. 선고 91다37690 판결; 대법원 1999. 7. 13. 선고 99다19957 판결 등.

친권자는 책임능력이 없는 미성년자가 타인에게 손해를 가한 경우 법정감독의무자로서 감독의무를 게을리하지 않은 경우를 제외하고 손해배상책임을 진다(§755 ① 본문).[19] 미성년자가 책임능력이 있어 손해배상책임을 지는 경우에도 판례는 친권자가 감독의무자로서 의무 위반과 그 손해가 상당인과관계가 있으면 일반 불법행위에 의한 손해배상책임을 부담한다고 하였다.[20]

대법원 2022. 4. 14. 선고 2020다240021 판결은 이혼으로 인해 부모 일방이 친권자와 양육자로 지정된 경우 친권자과 양육권이 없는 다른 일방은 부모라 하더라도 원칙적으로 미성년 자녀에 대한 감독의무를 부담하지 않고, 다만 공동 양육자에 준하여 자녀를 보호·감독하고 있었거나, 면접교섭 등을 통해 자녀의 불법행위를 구체적으로 예견할 수 있는 상황에서 지도, 조언, 양육친에 대한 고지 등의 적절한 조치를 취하지 않은 경우 등에는 예외적으로 감독의무를 부담한다고 하였다.[21]

부모가 이혼하면서 양육자와 친권자가 서로 다른 사람으로 분리된 경우에는 양육자가 1차적인 감독의무자이다.[22] 이 경우 친권자는 원칙적으로 감독의무가 없다는 견해도 있으나,[23] 친권자로서 권리·의무를 부담하는 이상 감독의무를도 부담한다고 봄이 타당할 것이다.[24]

4. 거소지정권

§914 주석 참조.

5. 징계

2021. 1. 26. 개정 전 §915는 친권자가 자녀에게 필요한 징계를 할 수 있고, 법원의 허가를 얻어 자녀를 감화 또는 교정기관에 위탁할 수 있다고 규정하고 있었다.

종래 판례는 친권자의 자녀에 대한 폭행·협박 등의 행위도 친권자로서의 징계권의 범위에 속한다면 위법성이 조각될 수 있다고 하였고,[25] 다만 정당한 징계권 범위

19) 판례는 이 손해배상책임은 위험책임의 성질을 가진다고 하였다. 대법원 1984. 7. 10. 선고 84다카474 판결.
20) 대법원 1994. 2. 8. 선고 93다13605 전원합의체 판결 등.
21) 이 판결에 대한 평석으로 이지영(2023), 389 이하 참조; 이 판결에 찬성하는 견해로 권영준(2023), 530-533; 엄경천, "친권자가 아닌 부모의 미성년자 불법행위에 대한 감독의무자 책임", 신문(2022. 7. 11.자); 이 판결에 반대하는 취지의 견해로 김나래(2022), 352 이하(이 문헌에는 친권자 및 양육자가 아닌 부모의 면접교섭권, 경제적 책임이 감독자책임의 근거가 될 수 있다고 한다).
22) 주석민법, 채권각칙8, 제5판, 242(김승표).
23) 주석민법, 채권각칙8, 제5판, 242(김승표).
24) 권영준(2023), 530 참조.
25) 대법원 1986. 7. 8. 선고 84도2922 판결.

를 넘는 경우에는 범죄가 성립할 수 있다고 하였다.[26] 이와 같은 취지에서 자녀에 대한 체벌은 최소한의 범위 내에서만 허용된다는 견해도 있었으나,[27] 근래에는 징계의 수단으로서 자녀에 대한 체벌은 허용되지 않는다는 견해가 유력하다.[28] 자녀에 대한 모욕적 언사도 허용되지 않는다는 지적도 있다.[29] 아동의 권리에 관한 협약 §19 ①은 국가는 아동이 부모의 양육을 받는 동안 모든 형태의 신체적·정신적 폭력, 상해나 학대 등으로부터 아동을 보호하기 위한 조치를 취해야 한다고 규정하고 있다. 가정을 비롯하여 모든 영역에서 아동에 대한 체벌을 법률로 금지하는 나라가 늘어나고 있다.[30]

이러한 흐름 속에서 구 §915는 자녀에 대한 체벌 또는 신체적 학대의 근거가 될 수 있다는 지적에 따라 2021. 1. 26. 개정으로 삭제되었다.[31]

그러나 §915가 삭제되었다 해도 체벌이 아니라 적당한 범위 내에서의 시청·게임 등 금지, 외출 제한, 용돈 삭감 등은 징계의 일종으로서 친권의 범위에 속한다는 견해가 있다.[32] 일반적으로 허용될 수 있는 징계 또는 훈육의 방법은 시대와 문화적 배경에 따라 매우 달라지므로,[33] 친권자의 특정 징계 행위가 적법한지 여부는 자녀의 복리를 기준으로 개별 사안에서 여러 사정을 고려하여 판단되어야 할 것이다.

6. 타인과의 교류

자녀 교양의 한 방법으로 친권자는 자녀의 교류 범위와 방법을 정할 수 있다.[34] 친권자는 스스로의 가치 판단에 따라 자녀가 제3자와 교류할 수 있는 범위를 1차적으로 재량에 따라 정할 수 있다.[35]

7. 면접교섭권

면접교섭권도 친권의 일종이라는 견해도 있으나,[36] 면접교섭권은 이혼 등으로

---

26) 대법원 1969. 2. 4. 선고 68도1793 판결; 대법원 2002. 2. 8. 선고 2001도6468 판결; 같은 취지, 대법원 1997. 8. 26. 선고 97도1695 판결.
27) 윤용섭(1996), 568.
28) 김주수·김상용, 447; 윤진수, 257; 제철웅(2006), 134; 윤진수(2009), 340; 안영하(2018), 200－203; 주석친족(2), 417(이은정); 같은 취지, 이희배(2001), 151－153.
29) 제철웅(2006), 132.
30) 이희배(2001), 132－136 참조.
31) 김주수·김상용, 447; 윤진수, 257; 종래 §915를 삭제해야 한다는 입법론으로는 주해친족(초판, 1권), 1051(권재문).
32) 김주수·김상용, 447.
33) 안영하(2018), 199－200.
34) 윤진수, 256; 제철웅(2006), 131.
35) 안영하(2018), 207, 주 60 참조.
36) 박동섭·양경승, 411－412, 414; 이명환(2000), 37; 주석친족(2), 358(이은정).

자녀를 양육하지 않는 부모의 권리이고, 자녀의 권리이이기도 하며(§837-2 ①), 조부모의 권리(§837-2②)이기도 한 점 등을 고려하면 친권의 하나라기보다는 부모와 자식 사이의 관계에서 당연히 발생하는 권리[37] 또는 실정법상의 권리[38]라고 이해함이 타당하다. 그 밖에 면접교섭권의 법적 성질에 관해서는 §837-2 주석 참조.

Ⅲ. 자녀 인도 청구

1. 개요

친권자는 자녀를 보호·교양하기 위하여 자녀를 위법·부당하게 억류하는 사람에 대하여 인도청구권을 행사할 수 있다.[39] 자녀 인도 청구권의 법적 성질은 방해배제청구권이라는 것이 종래의 이해이다.[40]

자녀가 자신의 자유의사에 기하여 거주하는 경우에는 인도청구가 허용되지 않는다는 견해가 있다.[41] 이러한 경우에는 제3자가 친권을 방해하는 것이 아니기 때문이라는 점 등을 이유로 든다.[42] 다만 자녀가 자유의사에 따라 거주하고 있는지 여부는 신중하게 판단해야 한다고 지적한다.[43] 이에 대하여 자녀의 자유의사에 기한 거주라고 해도 그것이 자녀의 복리에 대하여 부정적인 영향이 미칠 것이라고 판단되면 인도청구를 허용해야 한다는 견해도 있다.[44] 어느 쪽이든지 결과에 있어 큰 차이가 있다고 보이지 않는다.

판례는 자녀 인도청구가 친권남용인 경우에는 허용되지 않는다고 하였다.[45]

2. 제3자를 상대로 한 자녀 인도 청구

이혼으로 인한 양육에 관한 처분으로 자녀 인도를 구하는 것이 아니라 양육과

---

37) 윤진수, 156.

38) 주석친족(1), 270(임종효).

39) 김주수·김상용, 448; 박동섭·양경승, 416-417; 박희호·이동건, 166; 송덕수, 222; 윤진수, 257; 김명숙(2009), 105.; 자녀 인도 청구권은 §914의 거소지정권으로부터 도출된다는 견해도 있다. 제철웅(2006), 124, 주 18; 같은 취지, 윤용섭(1996), 567; 이경희·윤부찬, 253.

40) 신영호·김상훈·정구태, 215; 박동섭·양경승, 417, 주1; 이경희·윤부찬, 254; 최진섭(1989), 10, 주 6, 26; 서정우(1987), 170; 윤용섭(1996), 569; 정지원(2014), 91; 주석친족(2), 404(이은정); 제요[2], 1494; 기타 종래 학설에 대한 설명으로 곽민희(2019), 45 참조; 이는 일본 최고재판소의 입장이기도 하다. 日最判 1963(昭38). 9. 17.(民集 17-8, 968)

41) 윤진수, 258; 윤용섭(1996), 567; 김운호(2002), 180.

42) 윤용섭(1996), 567.

43) 윤진수, 258; 같은 취지, 김운호(2002), 181-182.

44) 김주수·김상용, 448; 주석친족(2), 405(이은정).

45) 대법원 1979. 7. 10. 선고 79므5 판결; 그 외에 대법원 1970. 11. 30. 선고 70므28 판결도 친권남용이라고 판시하지는 않았으나 같은 취지로 이해할 수 있다.

무관한 제3자를 상대로 자녀 인도를 청구할 때에는 민사소송에 의해야 한다는 것이 대체적인 견해이자,[46] 실무의 태도이다.[47] 민사소송에 의해 자녀 인도를 청구할 수 있는 경우에는 그 보전처분으로서 임시의 지위를 정하기 위한 가처분(民執 300②)을 통해서도 자녀의 인도를 청구할 수 있다.

3. 이혼 등에 따른 양육에 관한 처분으로서 유아 인도 청구

자녀의 인도 청구는 보통 이혼한 부모 사이에서 문제가 된다.[48] 부부가 이혼할 때 협의나 심판에 의하여 양육자를 결정해야 하는데(§837, §843), 이때 §837의 양육에 관한 처분으로서 유아(자녀) 인도 심판을 청구할 수 있다.[49] 혼인의 취소(§824－2, §837 준용) 또는 인지(§864－2, §837 준용)를 원인으로 양육자를 결정하는 경우에도 마찬가지이다.

어느 정도 연령에 도달한 미성년자는 독립한 인격의 주체이어서 신체의 자유가 보장되어야 한다는 등의 이유로 인도 청구는 어린 나이의 자녀인 유아만을 대상으로 할 수 있다는 것이 종래의 통설과 실무의 이해이다.[50] 하급심 중에도 이러한 이해를 따라 중학생 이상의 자녀에 대한 인도 청구는 허용될 수 없다고 한 예가 많다.[51]

이에 따라 실무상 §837의 양육에 관한 처분으로서의 자녀 인도 청구는 '유아' 인도 심판이라고 지칭하고 있다. 家訴 §42 ①, ③에서 유아 인도를 명한 심판 또는 판결에 가집행을 해야 한다고 규정하고 있고, §64 ① ii에서 유아 인도 의무에 관하여 이행명령을 할 수 있다고 규정하고 있는 점도 고려하는 것으로 보인다.[52] 그런데 어느 정도의 나이여야 유아라고 할 수 있는지는 명확하지 않다. 의사능력이 없는 자녀가 유아라는 설명도 있으나,[53] 재판예규 제917－2호는 의사능력 있는 유아가 자신의 인도를 거부할 때 집행할 수 없다고 규정할 뿐 의사능력 있는 유아를 아예 집행대상에서 제외하고 있지는 않다.

46) 송덕수, 222; 신영호·김상훈·정구태, 215; 김명숙(2009), 105; 정지원(2014), 88; 김운호(2002), 171－172; 곽민희(2024), 47.

47) 제요[2], 1495.

48) 윤진수, 257.

49) 제요[2], 1494; 곽민희(2024), 45－46.

50) 신영호·김상훈·정구태, 215; 이경희·윤부찬, 254－256; 정지원(2014), 87－88; 전병서(2018), 100－101; 곽민희(2019), 43; 주석친족(2), 406(이은정); 법원실무제요, 민사집행[Ⅳ], 686－687 참조.

51) 서울고등법원 1995. 6. 15. 선고 94르2008 판결(만 14세 중학생 자녀의 경우), 서울가정법원 2012. 3. 9. 선고 2010느단1778 판결(만 12세의 중학교 1학년 자녀의 경우), 창원지방법원 진주지원 2012. 12. 28. 선고 2011드합119 판결(만 13세, 만 14세 자녀의 경우), 부산가정법원 2014. 10. 29. 선고 2013드단11535 판결(중학교 3학생 자녀의 경우), 창원지방법원 2014. 12. 19. 선고 2014느단5795 판결(만 13세의 중학생 자녀의 경우), 광주가정법원 2020. 7. 24.자 2019느단3448 심판(만 17세의 고등학생 자녀의 경우); 인천가정법원 2022. 4. 20.자 2022즈기10100 결정(만 16세의 고등학생 자녀의 경우).

52) 제요[2], 1494 참조.

53) 박동섭·양경승, 417.

생각건대, §837의 양육에 관한 처분으로서 자녀의 인도를 구할 필요성은 비단 유아에 한정되지 않는 점,[54] 家訴規 §99 ③은 유아 인도가 아니라 자녀의 인도를 청구할 수 있다고 규정하고 있는 점, 家訴規 §100는 자녀가 13세 이상인 경우에도 인도청구의 대상이 될 수 있음을 전제로 하고 있는 점 등을 고려하면, 적어도 §837의 양육에 관한 처분으로 자녀의 인도를 청구할 때에는 그 자녀가 반드시 유아여야 한다고 볼 수 없다. 다만 이러한 자녀 인도를 명한 심판 또는 판결의 강제집행 방법이 무엇인지는 이와 별개의 문제이다(이 문제는 아래에서 살펴본다).

§837의 양육에 관한 처분으로서 자녀 인도 청구는 마류 비송사건으로[家訴 §2 ① ii 나. 3)], 조정전치주의가 적용된다(家訴 §50). 토지관할은 상대방 보통재판적(주소지 등)이 있는 곳 관할 가정법원이고(家訴 §46), 사물관할은 단독판사에게 속한다(사물관할규칙 §3 참조). 유아 인도 청구를 인용한 심판에 대해서는 상대방이, 기각한 심판에 대해서는 청구인이 즉시항고할 수 있다(家訴規 §94 ①). 유아 인도를 명한 심판은 즉시항고할 수 있는 심판이므로 확정되어야 효력이 있다(家訴 §40 단서).

자녀 인도 청구는 부모 중 일방이 다른 일방을 상대로 청구하는 것이 원칙이고(家訴規 §99 ①), 부모가 아닌 제3자가 자녀를 양육하고 있으면 그 제3자를 공동 상대방으로 하여 자녀의 인도를 청구할 수 있다(家訴規 §99 ③). 제3자를 공동 상대방으로 하여 자녀 인도를 청구하는 경우에는 민사소송법 중 공동소송에 관한 규정이 준용되므로(家訴 §47), 상대방인 부모 일방과 제3자 중 1인의 주소지가 있는 곳의 가정법원에 청구할 수 있다(民訴 §25). 자녀가 13세 이상인 때에는 가정법원은 그 심판에 앞서 특별한 사정이 없는 한 자녀의 의견을 들어야 한다(家訴規 §100). 실무상 자녀의 의견 청취는 가사조사관의 대면조사를 통해 이루어지는 것이 일반적이다.[55]

판례 중에는 이혼 후 친권자인 부모 일방이 비친권자인 타방을 상대로 자녀의 인도를 청구하였다면 그 타방은 특별한 사정이 없는 한 인도를 거절할 수 없다고 한 것이 있다.[56]

§837는 이혼을 하려는 경우 또는 양육자를 변경하려는 경우를 전제로 한 조항이지만, 이미 이혼이 완료되어 양육자로 지정된 부모 일방이 이혼 후 양육자로 지정되지 못한 다른 일방을 상대로 자녀 인도를 청구할 때에도 §837가 적용 또는 유추적용된다고 볼 수 있다.[57] 따라서 이러한 자녀 인도 청구 사건도 마류 비송사건이 된

54) 같은 취지, 김운호(2002), 169.

55) 제요[1], 271.

56) 대법원 1986. 3. 11. 선고 86므2 판결(다만 이 판결은 이혼 후 모가 친권자가 될 수 없었던 시절의 판결이다).

57) 김운호(2002), 173-174; 같은 취지, 제요[2], 1405.

다.[58] 양육자로 지정되지 못한 부모 일방이 양육자의 변경을 청구하면서 이에 부수하여 다른 일방을 상대로 자녀의 인도를 청구하는 경우에도 마찬가지로 보아야 한다.[59]

한편 학설 중에는 별거 중이거나 사실상 이혼 상태인 부부 사이에 자녀 인도를 청구하는 경우에도 §837를 유추적용하여 양육에 관한 처분인 비송사건으로 처리해야 한다는 견해가 있다.[60] 그러나 이러한 경우에는 부모가 공동으로 친권을 행사하므로 §909 ② 단서에 따라 자녀의 거소에 관한 부모의 의견이 일치하지 않은 때로 보아 당사자의 청구에 의해 가정법원이 자녀의 거소를 정하도록 해야 할 것이다.[61]

친권자 또는 양육권자인 부모 일방이 다른 일방을 상대로 하는 것이 아니라 양육권이 없는 제3자, 예컨대 다른 일방의 부모(자녀의 조부모)를 상대로 자녀 인도를 청구하는 경우에도 가정법원의 관할인 심판 사건이라는 견해도 있으나,[62] 심판 사건으로 볼 법률적 근거는 찾기 어렵고, 이러한 청구는 민사소송에 의해야 할 것이다.[63]

판례는 양육에 관한 처분으로서 유아 인도를 청구하지 않고 양육자 결정 등 다른 항목에 대해서만 심판을 청구한 경우에도 직권으로 다른 항목에 대해서 심판할 수 있다는 취지이다.[64] 판례는 친권자·양육자를 자기로 변경·지정해 달라는 본심판청구에 대해 상대방이 기존 양육자 지위에서 유아 인도를 구하는 반심판청구를 한 사안에서, 본심판청구를 인용할 경우에 이와 양립되기 어려운 반심판청구는 기각해야 한다고 하였다.[65]

§837의 양육에 관한 처분으로서 자녀 인도 심판을 청구할 수 있는 경우에는 사전처분(家訴 §62) 또는 가처분(家訴 §63)에 의해서도 자녀의 인도를 구할 수 있다.[66] 다만 양육에 관한 현상을 변경하는 사전처분은 자녀의 복리를 우선적으로 고려하여 사건 해결을 위하여 특히 필요하다고 인정되는 경우에 한정되어야 한다는 것이 판례이다.[67]

기타 유아 인도 청구에 관한 내용은 §837 주석 참조. 국제적으로부터 불법 탈취된 아동의 반환 청구에 대해서는 제9장 국제친족법 국제사법 §72 後註 헤이그아동탈취협약 참조.

58) 결과에 있어 같은 취지, 곽민희(2019), 58-59.
59) 결과에 있어 같은 취지, 곽민희(2019), 58-60.
60) 곽민희(2019), 56-57; 같은 취지, 최진섭(1989), 12; 서정우(1987), 179.
61) 김운호(2002), 174-175; 제요[2], 1495-1496; 결과에서 같은 취지, 윤용섭(1996), 570.
62) 곽민희(2019), 61-63.
63) 같은 취지, 김운호(2002), 175-177; 제요[2], 1495.
64) 대법원 2010. 2. 25.자 2009스113 결정.
65) 대법원 2006. 4. 17.자 2005스18, 19 결정.
66) 김주수·김상용, 448, 주 26; 정지원(2014), 90; 곽민희(2019), 50; 김운호(2002), 186 참조.
67) 대법원 2008. 11. 24.자 2008스104 결정.

4. 강제집행

가. 가사소송법상 이행명령

가사사건에서 유아의 인도 의무를 명하는 판결, 심판 등 집행권원이 성립하였는데 당사자가 유아 인도 의무를 이행하지 않으면 가정법원은 이행명령을 할 수 있고, 이에 따르지 않으면 과태료나 감치에 처할 수 있다(家訴 §64 ① ii, §67, §68). 판례는 확정되지는 않았으나 유아 인도를 명한 가집행선고부 심판에 대해서도 이행명령을 할 수 있다고 하였다.[68] 이러한 이행명령은 간접강제의 일종이라고 볼 수 있다.[69] 판례는 이행명령은 민사집행법에 따른 강제집행과 다르지 않으므로, 판결, 심판 등 집행권원에서 명한 의무의 내용을 변경하거나 새로운 의무를 창설할 수는 없다고 하였다.[70]

유아가 아닌 미성년 자녀의 인도를 명하는 판결, 심판 등 집행권원이 성립한 경우에도 이행명령을 할 수 있는가? 家訴 §64 ① ii에서 '유아의 인도 의무'라고 규정하고 있는 이상 유아가 아닌 자녀에 대해서는 적용이 없다고 해석하는 것이 그 문언에 부합한다.[71] 실무도 이러한 입장이다.[72]

이러한 이행명령은 가사사건에 관한 판결, 심판 등 집행권원이 성립하는 경우에 적용되므로, 민사소송에 의해 유아 인도를 명하는 판결 등 집행권원이 성립하는 경우에는 적용될 수 없다.[73] 따라서 민사소송에 따라 자녀 인도를 명한 집행권원은 민사집행법에 따른 집행방법에 따라 집행해야 한다.

나. 민사집행법상 집행방법

자녀 인도를 명한 집행권원에 대하여, 실무는 가사소송법 이행명령(家訴 §64)이 가능한 경우에도 그와 병존하여 민사집행법상의 간접강제(民執 §261)도 가능하다는 입장이다.[74]

최근 일본 최고재판소는 자녀 인도 심판으로 그 인도를 명령받은 자는 자녀의

68) 대법원 2020. 5. 28.자 2020으508 결정.

69) 박동섭·양경승, 417; 송덕수, 223; 전병서(2018), 104; 김운호(2002), 187; 대법원 2017. 11. 20.자 2017으519 결정도 참조; 다만 일반 간접강제 배상금이 채권자에게 귀속되는 것(대법원 2014. 7. 24. 선고 2012다49933 판결 등)과 달리 이행명령 위반에 따른 과태료는 국가에 귀속되므로 이러한 점에서는 일반 간접강제와 차이가 있다. 김형석(2005), 244, 주 8 참조.

70) 대법원 2016. 2. 11.자 2015으26 결정.

71) 참고로, 2018. 3. 2. 국회에 제출된 가사소송법 개정안에는, 인도 청구의 대상을 유아에서 미성년 자녀로 확대하는 내용의 개정이 있었으나, 국회 임기만료로 폐기되었다. 개정안의 자세한 내용은 전병서(2018), 122 이하 참조; 이러한 입법론에 찬성하는 취지의 견해로는 곽민희(2024), 80, 82.

72) 가사비송재판실무편람(2008), 130–131.

73) 송덕수, 222 참조.

74) 법원실무제요, 민사집행[Ⅳ], 687.

연령 및 발달 정도 및 그 밖의 사정을 기초로 자녀의 심신에 유해한 영향을 미치지 않도록 배려하면서 합리적으로 필요하다고 생각되는 행위를 함으로써 자녀의 인도를 실현시켜야 하고, 이는 자녀가 인도되는 것을 원하지 않는 경우에도 다르지 않는다고 하면서, 자녀의 인도를 명하는 심판에서 해당 자녀가 인도되기를 거절하는 의사를 표명하는 것은 곧바로 그 심판을 집행권원으로 하여 간접강제 결정을 하는 것을 방해할 이유가 되지 않는다고 하였다.[75] 다만 일본 최고재판소 2019. 4. 26. 결정[76]은 만 9세의 자녀가 인도되기를 거절한 사안에서 채무자가 자녀의 심신에 유해한 영향을 미치지 않도록 배려하면서 합리적으로 필요하다고 생각되는 행위를 구체적으로 상정하기 곤란하기 때문에 이러한 경우 간접강제는 가혹한 집행으로서 그 간접강제 신청은 권리남용에 해당한다는 이유로 간접강제를 명한 원심 결정을 파기하고 간접강제 신청을 각하하였다. 반면 일본 최고재판소 2022. 11. 30. 결정[77]은 만 8세의 자녀가 인도거절 의사를 표명한 사안에서 그것만으로 간접강제 결정을 방해할 사유가 되지 않는다는 이유로, 간접강제 신청이 권리남용에 해당한다는 원심 결정을 파기하고 원심 결정에 대한 항고를 기각하였다. 위 2019년 결정 사안에서는 자녀의 인도 거절로 직접강제가 집행불능된 적이 있고, 자녀에 대한 인신보호청구 사건의 심문기일에서 자녀가 인도 거절 의사를 명확하게 표시했다는 사정이 있으나, 위 2022년 결정 사안에서는 그러한 사정이 없었다는 차이가 있다. 그러나 위 2022년 결정의 재판관 우가 가츠야(宇賀克也)의 보충의견에서는 위와 같은 차이가 간접강제 신청의 권리남용 해당 여부를 좌우하는 것은 아니고, 간접강제 신청이 권리남용에 해당하려면 채무자가 자녀를 인도하기 위한 최대한의 노력을 다했어야 할 것이 필요하다고 하였다.

한편 유아 인도를 명하는 집행권원은 직접강제에 의해 집행할 수 있다는 것이 실무이다. 재판예규 제917−2호[78]는 유아 인도를 명한 재판은 유체동산 인도청구권 집행절차(民執 §257)에 준하여 집행관이 강제로 유아를 채권자에게 인도할 수 있으나, 집행관은 세심한 주의로 인도(人道)에 어긋남이 없도록 해야 하고, 다만 의사능력이 있는 유아가 인도를 거부하는 때에는 집행할 수 없다고 규정하고 있다. 하급심 중에는 만 6세의 유아가 인도 집행을 거부함에 따라 집행관이 집행불능으로 처리하자 그 집행에 관한 이의를 신청한 데 대하여 위 재판예규를 근거로 이의신청을 기각한 재판례가 있다.[79] 다만 2024. 1. 1. 제정되어 2024. 4. 1. 시행된 재판예규 제1869호[80]는

75) 日最判 2019(平31). 4. 26.(民集261, 247), 日最判 2022(令4). 11. 30(民集269, 71).
76) 日最判 2019(平31). 4. 26.(民集261, 247).
77) 日最判 2022(令4). 11. 30(民集269, 71).
78) 유아인도를 명하는 재판의 집행절차(재특 82−1).
79) 서울중앙지방법원 2013. 2. 5.자 2013타기273 결정(이에 대한 특별항고는 대법원 2013. 5. 6.자 2013그

'헤이그 국제아동탈취협약 이행에 관한 법률' §12의 아동반환 인용심판 등에 따라 아동 인도 집행을 하는 데 있어서 유체동산 인도청구권 집행절차(民執 §257)가 준용되지만(§2 ①), 위 재판예규 제917-2호는 적용되지 않고(§2 ②), 집행관 등은 아동 인도 집행 시 아동의 심신에 유해한 영향을 미치지 않도록 배려하여야 하고, 아동의 복리를 위하여 세심한 주의를 기울이며, 아동의 자유와 안전에 유의하여야 하며(§3), 집행보조자로 아동 관련 전문가가 참여할 수 있다(§4 ②, §5)고 규정하고 있다.

이상의 내용은 §837의 양육에 관한 처분으로서 유아 인도를 명한 경우는 물론이고 일반 민사소송에 의해 유아 인도를 명한 판결 등 집행권원이 성립한 경우에도 적용된다고 보아야 할 것이다.

유아가 아닌 미성년 자녀의 인도를 명하는 집행권원에 대해서도 직접강제에 의한 집행이 가능한가? 이에 대해서는 직접강제는 할 수 없다는 견해와[81] 간접강제가 원칙지만 예외적으로 직접강제도 허용된다는 견해가[82] 대립한다. 법률상 자녀의 인도를 명하는 집행권원에 대해 직접강제가 금지된다고 볼 근거는 부족해 보이나, 현재의 집행실무상으로는 직접강제로 실효적인 집행을 기대하기 어려운 경우가 많을 것이다.[83] 학설 중에는 미성년 자녀 인도 청구는 그 성질이 방해배제청구권으로 부작위청구권이므로 대체집행이 적절하다는 견해[84]도 있고, 집행의 실효성을 위하여 간접강제, 대체집행뿐만 아니라 직접강제도 가능하다는 견해도[85] 있다.

일반적인 민사집행법상 간접강제는 직접강제 또는 대체집행 등 다른 강제집행방법이 없는 경우에 최후의 수단으로 인정된다고 해석(간접강제의 보충성)하는 것이 종래의 통설이다.[86] 판례는 간접강제의 대상이 되는 채무는 부작위채무나 부대체적 작위채무에 한정되고, 특정물 인도 채무는 직접강제로 집행(民執 §257)해야 하며 그 직접강제가 실효를 거두지 못하였다고 해서 간접강제의 대상이 되지는 않는다고 하였다.[87] 그러나 이러한 간접강제의 적용범위를 제한하는 해석론(간접강제의 보충성)에 비판적인 견해도 유력하다.[88] 그런데 자녀 인도의무의 집행은 오히려 간접강제가 주된 집행이

61 결정으로 심리불속행기각)

80) 헤이그 국제아동탈취협약에 따른 아동반환청구 사건의 집행에 관한 예규.

81) 박동섭·양경승, 417.

82) 김운호(2002), 185; 같은 취지, 송덕수, 223.

83) 대법원 2021. 9. 30. 선고 2021므12320, 12337 판결에서도 방론이지만 자녀의 인도 청구의 강제집행(직접강제)은 사실상 불가능하다고 지적하고 있다.

84) 전병서(2018), 108.

85) 권재문(2020), 298.

86) 종래의 통설에 대한 설명으로, 주석민사집행법(VI), 4판, 4, 98(황진구)

87) 대법원 2012. 1. 27.자 2010마1850 결정.

88) 김형석(2005), 271 이하.

고 직접강제는 보충적인 집행이 된다는 점에서,[89] 여기에는 간접강제의 보충성 법리는 적용되지 않는다고 보아야 할 것이다.

Ⅳ. 양육비 지급

1. 개요

친권자는 자녀를 양육할 의무가 있으나, 양육비 부담 의무는 친권의 귀속과 관계없이 부모가 부담한다는 것이 대체적인 견해이다.[90] 학설은 대체로 자녀에 대한 양육비용도 혼인공동생활에 필요한 비용으로서 §833에 따라 부부가 공동으로 부담해야 한다고 설명한다.[91] 이에 대한 자세한 내용은 §833 주석 참조.

전통적인 이론에 따르면 부양의무는 생활유지(維持)의무와 생활부조(扶助)의무로 구분되는데, 생활유지의무는 자기 자신과 마찬가지로 부양할 의무이고(한 조각의 빵이라도 갈라 먹어야 한다고 표현된다), 생활부조의무는 자신의 여력이 있을 때 비로소 부양의무가 인정되는 것이다.[92] 이러한 구분에 따르면 부모의 미성년 자녀에 대한 부양의무는 생활유지의무에 속한다.[93]

부모의 양육비 지급의무의 근거에 대해서는 견해가 대립한다. 양육비 부담 의무는 친권의 귀속과 관계없이 부담한다는 점, 친권이 상실·일시정지된 경우에도 부모의 자녀에 대한 그 밖의 권리와 의무는 변경되지 않는 점(§925-3) 등을 이유로 부모와 자녀 사이의 관계 자체에서 유래하는 의무라고 보는 견해가 종래 다수설이다.[94] 판례도 부모의 양육비 부담의무는 누가 친권자, 양육권자인지에 관계없이 친자관계의 본질로부터 발생하는 의무라고 하였다.[95] 이와 달리 학설상 친권자의 보호·교양의무에 관한 본조가 양육비 지급의무의 근거라는 취지의 견해도 있고,[96] 직계혈족간 부양의무를 규정한 §974 i 이 근거라는 취지의 견해도 있으며,[97] 본조와 §974 i 모두 근거

89) 법원실무제요, 민사집행[Ⅳ], 687; 권재문(2020), 288.
90) 김주수·김상용, 449; 신영호·김상훈·정구태, 214.
91) 박동섭·양경승, 415; 박종찬, 172; 신영호·김상훈·정구태, 214; 이경희·윤부찬, 252; 윤용섭(1996), 566; 이명환(2000), 35; 최행식(1994), 401; 이호철(2019), 155; 김명숙(2021), 35, 주 25; 주석친족(2), 408(이은정).
92) 이러한 전통적 이론에 대한 비판적인 견해로는 이경희(2014), 208; 임종효(2011), 233-234.
93) 박희호·이동건, 180; 윤진수, 260; 최행식(1994), 396-397; 강현중(1981), 39-40, 46.
94) 윤진수, 260; 이호철(2019), 154; 곽동헌(1998), 69; 강현중(1981), 45-46; 이주윤(2021), 293; 김명숙(2021), 35; 같은 취지, 박삼봉(1998), 467.
95) 대법원 1994. 5. 13.자 92스21 전원합의체 결정; 대법원 2023. 10. 31.자 2023스643 결정.
96) 박동섭·양경승, 415; 오종근(2019), 750-751; 주석친족(2), 409(이은정).
97) 윤용섭(1996), 566; 엄경천(2022), 12; 임종효(2011), 246; 같은 취지, 이동진(2012), 142.

가 된다는 견해도[98] 최근 유력하다.

학설과 실무는 대체로 양육비청구권은 양육친이 비양육친을 상대로 청구하는 권리라는 의미로 한정하고, 부양료청구권은 자녀가 부모를 상대로 청구하는 권리라는 의미로 한정하고 있다.[99] 이러한 양육친의 비양육친에 대한 양육비청구권의 성질에 관하여 양육친의 고유한 권리라는 견해도 있으나,[100] 양육친이 자신의 이름으로 자녀의 부양청구권을 대신 행사하는 것이라는 견해가[101] 더 유력하다. 한편 과거의 양육비에 대한 양육비청구권의 실질은 구상이라는 지적이 있다.[102]

더 자세한 내용은 제7장 부양 前註 및 §837 주석 참조.

2. 미성년 자녀의 부모에 대한 부양료청구

미성년 자녀는 법정대리인의 동의나 대리 없이도 직접 부모에게 부양료를 청구할 수 있다는 것이 판례이다.[103] 그러나 과거 인사소송법에서는 제한 범위 내에서 의사능력 있는 미성년자의 소송능력을 인정하였으나, 현행 가사소송법은 미성년자의 소송능력을 별도로 인정하지 않으므로,[104] 미성년 자녀가 부양료를 청구하는 소를 제기하려면 특별대리인(民訴 §62)이 선임되어야 할 것이다.

판례는 미성년자는 부모로부터 부양받을 권리가 있기 때문에 불법행위로 사망한 미성년자의 일실이익을 산정할 때 미성년자가 성년에 이를 때까지의 생활비는 일실이익에서 공제하지 않는다고 하였다.[105]

3. 양육친의 비양육친에 대한 양육비 청구

가. 서

판례는 양육친의 타방에 대한 양육비청구권은 협의 또는 심판에 의하여 구체적인 내용과 범위가 확정되기 전에는 추상적 청구권에 불과하고, 협의나 심판에 의해 비로소 구체적 지급청구권이 발생한다고 한다.[106]

한편 판례는 양육권이 없는 부모가 임의로 자녀를 양육한 경우 상대방에 대한

98) 이경희(2014), 208－214.
99) 예를 들어 이호철(2019), 153; 오종근(2019), 751 등; 이러한 명명에 비판적인 견해로 임종효(2011), 219－229.
100) 이호철(2019), 158; 오종근(2019), 754－755.
101) 김형석(2007), 262 및 주 58; 이동진(2012), 139; 임종효(2011), 251－255; 이주윤(2021), 294－295.
102) 이동진(2012), 135－143; 오종근(2019), 754－755.
103) 대법원 1972. 7. 11. 선고 72므5 판결.
104) 김시철(2003), "친족상속법에 관련된 헌법재판소 결정평석(1997－1998)", 재판자료102(하), 535.
105) 대법원 1970. 2. 23. 선고 69다1388 판결; 대법원 1971. 3. 23. 선고 70다3007 판결.
106) 대법원 2006. 7. 4. 선고 2006므751 판결; 이에 대한 비판적인 견해로 오종근(2019), 143－144.

관계에서는 위법한 양육이므로 상대방에게 양육비를 청구할 수 없다고 하였다.[107)]

나. 과거의 양육비청구권

종래 판례는 부모 자녀를 양육하게 된 일방이 타방을 상대로 과거와 장래의 양육비를 직접 청구할 수 없다고 하였으나,[108)] 대법원 1994. 5. 13.자 92스21 전원합의체 결정은 자녀를 양육하는 부모 일방이 타방을 상대로 현재 및 장래의 양육비뿐만 아니라 과거의 양육비도 청구할 수 있다고 하여 판례를 변경하였다. 다만 위 전원합의체 결정은 과거의 양육비를 산정할 때에는 이행청구 이후의 양육비와 동일한 기준에서 정할 필요는 없고, 부모 일방의 양육 경위와 양육비 액수, 상대방의 인식 여부와 시기, 양육비의 성질, 재산 상황, 경제적 능력, 부담의 형평성 등 여러 사정을 고려하여 적절하다고 인정되는 분담 범위를 정할 수 있다고 하였다.[109)] 학설은 대체로 이러한 판례의 태도에 찬성한다.[110)]

다. 양육비청구권을 자동채권으로 한 상계

판례는 양육비청구권이 협의 또는 심판에 의하여 확정되기 전에는 이를 자동채권으로 상계할 수 없지만, 협의 또는 심판에 의해 확정된 후에는 이미 이행기가 도달한 후의 양육비채권을 자동채권으로 하여 상계할 수 있다고 하였다.[111)] 이에 대해 현실적으로 양육이 수행된 이상 과거의 양육비 청구권은 구상의 실질을 가진다는 등의 이유로 판례에 찬성하는 견해도 있으나,[112)] 양육비청구권은 자녀의 권리를 대신 행사하는 것이므로 이를 자동채권으로 상계하는 것은 부당하다는 비판이[113)] 있다. 자세한 내용은 §979 주석 참조.

라. 양육비청구권의 소멸시효

판례는 양육비청구권이 협의 또는 심판에 의하여 확정되기 전에는 행사할 수 있는 재산권에 해당하지 않으므로 과거의 양육비에 관한 권리는 소멸시효가 진행되지 않는다고 하였다.[114)] 이러한 판례에 찬성하는 견해도 있으나,[115)] 당사자가 협의하거

107) 대법원 2006. 4. 17.자 2005스18, 19 결정; 같은 취지, 대법원 1992. 1. 21. 선고 91므689 판결.

108) 대법원 1967. 1. 31. 선고 66므40 판결; 대법원 1976. 6. 22. 선고 75므17, 18 판결; 대법원 1985. 6. 11. 선고 84다카1536 판결; 대법원 1986. 3. 25. 선고 86므17 판결 등; 종래 이에 대한 비판으로는 문형식(1987), 49−53 참조.

109) 이에 따르는 후속 판례로 대법원 2018. 12. 28.자 2015스471 결정; 대법원 2023. 10. 31.자 2023스643 결정 등.

110) 박삼봉(1998), 469−473; 최행식(1994), 406 이하; 박병호·김유미(1994), 207 이하; 김주수(1995), 11 이하; 곽동헌(1998), 71.; 결론에서 찬성하는 취지의 견해로 오종근(2019), 759.

111) 대법원 2006. 7. 4. 선고 2006므751 판결.

112) 김형석(2007), 266−269.

113) 윤진수, 263; 임종효(2011), 261.

114) 대법원 2011. 7. 29.자 2008스67 결정.

115) 이수영(2012), 538−541

나 심판을 청구하는 데 아무런 법률상 장애가 없다면 양육비청구권의 소멸시효가 진행한다고 보아야 한다는 비판이[116] 유력하였다. 자세한 내용은 §977 주석 참조. 최근 대법원 2024. 7. 18.자 2018스724 전원합의체 결정은 협의 또는 심판이 없더라도 자녀가 성년이 되었다면 자녀에 대한 과거의 양육비 청구권의 소멸시효는 자녀가 성년이 된 때부터 진행한다고 하여 이러한 한도에서 종래 판례를 변경하였다.

마. 양육비청구권의 상속

하급심 결정 중에는 혼인외 자녀의 생모가 생부를 상대로 과거의 양육비를 청구한 심판계속 중 생부가 사망한 사안에서, 협의 또는 심판에 의해 확정되지 않은 과거의 양육비청구권은 상속의 대상이 될 수 없다는 이유로 소송종료선언을 한 것이 있다.[117] 이에 대해서는 양육비를 재판상 청구한 이후에는 상대방이 사망하였다고 하여 상속을 인정하지 않는 것은 부당하다는 비판이 있다.[118]

바. 기타

법원이 양육비를 정할 때의 산정기준에 관하여, 서울가정법원은 2012. 5. 31. 양육비 산정기준을 제정·공표하였고, 이후 몇 차례 개정이 있었는데, 이에 대해서는 §837, §977 주석 참조. 양육비 지급의무의 이행 확보에 대해서는 §836-2 주석 참조.

---

116) 윤진수, 264; 이동진(2012), 143-151; 이호철(2019), 166-169; 오종근(2019), 761-763; 같은 취지, 강해룡(2012), 13; 임종효(2011), 286.

117) 서울가정법원 2018. 1. 22.자 2016브30088 결정.

118) 윤진수, 264.

第 914 條 (居所指定權)

子는 親權者의 指定한 場所에 居住하여야 한다.

▮참고문헌: 윤부찬(2010), "친권 및 면접교섭의 변경사유로서 미성년자의 거소변경", 가족법연구 24−1; 윤용섭(1996), "친권과 후견"; 이은정(2013), "친권 제한의 유연화", 가족법연구 27−1; 이종길(2015), "이혼에 있어 친권 및 양육책임문제에 대한 새로운 접근", 가족법연구 29−3; 전보성(2016), "친권자 지정·변경에 관한 판례의 최근 경향", 民判 38

Ⅰ. 본조의 취지

본조는 친권의 내용 중 거소지정권을 정한 조항이다. 친권자의 거소지정권은 자녀의 보호·교양(§913)을 위한 필수적 권리이자 보호·교양에 부수되는 권리라고 할 수 있다.[1)]

Ⅱ. 거소지정권의 내용

본조에 의하면 자녀는 친권자가 지정한 장소에 거주하여야 한다. 이에 따라 친권자는 자녀의 거소를 변경할 수 있다.[2)]

친권자와 양육자가 분리된 경우, 거소지정권은 친권에 속하므로 양육자가 거소를 변경하려면 친권자의 동의를 받아야 한다는 견해도 있으나,[3)] 양육권에는 거소지정권이 포함된다는 것이 대체적인 견해이다.[4)]

거소는 자녀의 보호·교양의 목적을 달성하는 데 적당한 곳이어야 한다.[5)] 친권은

1) 김주수·김상용, 446; 송덕수, 223; 신영호·김상훈·정구태, 214; 윤용섭(1996), 565; 윤부찬(2010), 5; 주석친족(2), 410(이은정).
2) 윤부찬(2010), 23 참조.
3) 윤부찬(2010), 5−6.
4) 이은정(2013), 221; 같은 취지, 이종길(2015), 455; 전보성(2016), 1278, 주 14; 주해친족(초판, 1권), 1047, 1051(권재문).
5) 주석친족(2), 411(이은정).

자녀의 복리를 위해서 행사되어야 하므로 친권자는 자녀의 보호·교양을 위하여 거소지정권을 행사하여야 하고, 자녀의 보호·교양에 부적당한 장소를 자녀의 거소로 지정하면 친권상실, 일시 정지, 일부 제한 사유가 될 수 있다.[6] 친권자의 거소 지정 내용이 친권 남용에 이르러 자녀의 복리에 반하면 자녀는 이를 따를 의무가 없다고 해석하는 견해도 있다.[7]

거소지정권도 친권의 내용으로서 부부가 공동으로 행사하는 것이 원칙이므로, 자녀의 거소에 관하여 부모의 의견이 일치하지 않으면 부모 중 일방의 청구에 의하여 가정법원이 정해야 한다(§909 ②).

거소지정은 자녀에 대한 지시므로 그 대상은 의사능력이 있는 자녀에 한정된다는 견해도 있으나,[8] 거소지정권의 대상을 그와 같이 한정할 필요는 없다고 생각된다.

부모가 자녀를 상대로 지정한 장소에 거주하는 것을 청구하여 설령 그러한 내용의 판결이 내려지더라도 강제집행은 할 수 없다는 것이 대체적인 견해이다.[9]

Ⅲ. 미성년자 약취죄

판례는 친권자라 하더라도 다른 보호감독자의 감호권을 침해하거나 자신의 감호권을 남용하여 미성년자 본인의 이익을 침해하는 경우에는 미성년자 약취·유인죄의 주체가 될 수 있다고 하였다.[10] 이에 따라 외조부가 양육하던 자녀를 본인의 의사에 반하여 강제로 데리고 간 후 자녀를 속여 고아원 등에 데리고 가는 등의 행위를 한 부에 대하여 미성년자 약취·유인죄가 성립한다고 하였다.[11]

그런데 대법원 2013. 6. 20. 선고 2010도14328 전원합의체 판결은 부모가 미성년의 자녀와 동거하면서 자녀를 함께 양육해 오던 중 부모 일방이 폭행·협박 또는 불법적인 사실상 힘을 행사하지 않고 자녀를 데리고 나와 다른 곳에서 자녀를 보호·양육해 왔다면, 특별한 사정이 없는 한 미성년자 약취죄가 성립하지 않는다고 하면서, 베트남 국적의 피고인(모)이 남편의 의사에 반하여 생후 약 13개월 된 자녀를 주거지에서 데리고 나와 베트남에 함께 입국한 사안에서 미성년자 약취죄가 성립하지 않는

6) 송덕수, 223; 주석친족(2), 410(이은정).
7) 주해친족(초판, 1권), 1049(권재문).
8) 윤용섭(1996), 567; 주석친족(2), 410-411(이은정); 주해친족(초판, 1권), 1047(권재문).
9) 김주수·김상용, 446-447; 송덕수, 223; 박동섭·양경승, 416; 박종찬, 172; 윤용섭(1996), 568; 주석친족(2), 411(이은정).
10) 대법원 2008. 1. 31. 선고 2007도8011 판결.
11) 대법원 2008. 1. 31. 선고 2007도8011 판결.

다고 하였다. 이 판결에 대해서는 부모가 공동으로 양육하던 유아를 그 일방이 해외로 데리고 나갔다면 사실상의 힘으로 유아를 자신 또는 제3자의 사실상 지배하에 옮긴 것이므로 약취에 해당한다는 비판이 있다.[12)]

반면 대법원 2021. 9. 9. 선고 2019도16421 판결은 대한민국 국적의 피고인(모)은 프랑스 국적의 남편과 그 사이의 자녀와 함께 프랑스에서 거주하다가 혼자 대한민국으로 귀국하였는데, 남편과 이혼 소송 중 면접교섭을 위해 자녀를 국내로 데려온 후 면접교섭 기간이 종료하였음에도 자녀를 데려다주지 않고 남편과 연락을 두절한 후 한국 법원의 유아인도명령에도 불응한 사안에서, 피고인의 위와 같은 행위는 미성년자 약취죄에 해당한다고 하였다.

더 자세한 내용은 §837 주석 補論 참조.

12) 윤진수, 257.

第915條 削除〈2021. 1. 26.〉

第 916 條 (子의 特有財産과 그 管理)

子가 自己의 名義로 取得한 財産은 그 特有財産으로 하고 法定代理人인 親權者가 이를 管理한다.

참고문헌: 윤용섭(1996), "친권과 후견", 民判 18; 이명환(2000), "우리 가족법상의 친권제도에 관한 고찰", 계명법학 4

Ⅰ. 본조의 취지

본조는 자녀의 특유재산에 대한 친권자의 관리권을 정한 규정이다. 친권자의 법정대리권(§920 본문)도 본조의 재산관리권에서 파생되는 것이므로, 본조는 자녀의 재산에 대한 친권 행시에 관한 일반적 근서소항이라고 보는 견해가 있다.[1]

Ⅱ. 미성년 자녀의 특유재산

미성년 자녀가 자기 명의로 취득한 재산은 자녀의 특유재산이 된다. 예를 들어 미성년 자녀도 상속·유증·증여 등에 의해 재산을 취득할 수 있고, 자신의 근로의 대가로 재산을 취득할 수도 있으며,[2] 보험금을 수령할 수도 있다. 자녀의 특유재산이 되는지 여부는 권리변동의 일반요건에 따라 판단해야 하므로, 예를 들어 부동산이라면 자녀 명의로 등기가 마쳐져야 한다.[3]

1) 주해친족(초판, 1권), 1054(권재문).
2) 주석친족(2), 418(이은정)
3) 주해친족(초판, 1권), 1055(권재문).

Ⅲ. 친권자의 재산관리권

1. 개요

본조에 의하면 자녀의 특유재산은 법정대리인인 친권자가 관리한다. 친권자의 재산관리의 대상은 자녀가 보유하는 재산적 가치 있는 이익의 전부이므로 장차 자녀에게 귀속될 수 있는 것도 포함된다.[4)]

2. 재산관리권의 내용

본조에서 재산의 관리란 원칙적으로 보존행위와 이용·개량을 목적으로 하는 행위를 말하는데, 관리의 목적을 달성하기 위한 범위 내의 처분행위도 포함된다는 것이 통설이다.[5)] 이러한 처분행위에는 예를 들어 변질 우려가 있는 물건의 처분, 가치 하락이 예상되는 주식의 처분 등이 있다.[6)] 이러한 관리행위에는 사실행위와 법률행위가 포함된다.[7)]

미성년자라는 독자적으로 임금을 청구할 수 있으므로(근로기준법 §68), 판례는 미성년자라도 독자적으로 임금을 청구하는 소송을 제기할 수 있다는 취지이다.[8)] 반면 친권자는 자녀의 임금을 대신하여 수령할 수는 없다고 해석된다.[9)]

§919는 위임종료시의 §691, §692만 친권자의 재산관리에 준용하나, 위임에 관한 다른 조항도 유추적용될 수 있다. 판례도 친권자의 재산관리 권한이 소멸한 때에는 위임에 관한 §683, §684가 유추적용되므로, 친권자는 자녀 또는 그 법정대리인에게 계산 결과를 보고하고, 자녀에게 귀속되어야 할 재산을 인도하거나 이전할 의무가 있다고 하였다.[10)]

3. 재산관리권의 제한

친권자가 범위를 정하여 처분을 허락한 재산(§6), 미성년자의 영업을 허락한 경우 영업 관련 재산(§8)은 친권자의 관리 대상이 아니라고 해석된다.[11)] 무상으로 자녀

---

4) 주해친족(초판, 1권), 1055(권재문).

5) 김주수·김상용, 451; 박동섭·양경승, 419; 박희호·이동건, 167; 신영호·김상훈·정구태, 216; 윤용섭(1996), 571; 윤진수, 269; 이경희·윤부찬, 256–257; 이명환(2000), 39–40; 주석친족(2), 418(이은정).

6) 윤진수, 269; 김주수·김상용, 451; 윤용섭(1996), 571.

7) 新注民(25), 131(中川淳); 주해친족(초판, 1권), 1056(권재문) 참조.; 이와 달리 친권자는 사실행위만 할 수 있고 법률행위는 자녀를 대리하여 할 수 있을 뿐이라는 견해도 있다. 박희호·이동건, 167.

8) 대법원 1981. 8. 25. 선고 80다3149 판결.

9) 김주수·김상용, 451; 신영호·김상훈·정구태, 219; 윤진수, 269–270; 주석친족(2), 418(이은정); 근로기준법 주해Ⅲ(제2판), 382(김민기·오승이).

10) 대법원 2022. 11. 17. 선고 2018다294179 판결.

11) 송덕수, 224; 신영호·김상훈·정구태, 218; 이경희·윤부찬, 257; 윤용섭(1996), 571; 주석친족(2), 419

에게 재산을 수여한 제3자가 친권자의 관리에 반대하는 의사를 표시한 때에는 친권자는 그 재산을 관리하지 못한다(§918).

(이은정).

第 917 條 削除

第 918 條 (第三者가 無償으로 子에게 授與한 財産의 管理)

① 無償으로 子에게 財産을 授與한 第三者가 親權者의 管理에 反對하는 意思를 表示한 때에는 親權者는 그 財産을 管理하지 못한다.

② 前項의 境遇에 第三者가 그 財産管理人을 指定하지 아니한 때에는 法院은 財産의 授與를 받은 子 또는 第777條의 規定에 依한 親族의 請求에 依하여 管理人을 選任한다.

③ 第三者의 指定한 管理人의 權限이 消滅하거나 管理人을 改任할 必要있는 境遇에 第三者가 다시 管理人을 指定하지 아니한 때에도 前項과 같다.

④ 第24條第1項, 第2項, 第4項, 第25條 前段 및 第26條第1項, 第2項의 規定은 前2項의 境遇에 準用한다.

참고문헌: 윤용섭(1996), "친권과 후견", 民判 18; 이명환(2000), "우리 가족법상의 친권제도에 관한 고찰", 계명법학 4

Ⅰ. 본조의 취지

본조는 제3자가 무상으로 자녀에게 수여한 재산에 관하여 친권자의 재산관리권이 제한된다고 정한 규정이다.

제3자가 미성년자에게 재산을 증여하고자 하지만 친권자의 관리를 배제하려는 의사를 가졌다면 그 의사를 존중할 필요가 있고, 제3자의 의사를 존중하는 것이 자녀에게도 이익이 될 수 있으며,[1] 또 한편 친권자 때문에 미성년 자녀가 무상으로 재산을 취득할 기회를 잃어버리는 것을 방지하기 위하여 친권자의 재산관리권을 제한한 것이다.[2]

1) 김주수·김상용, 454.
2) 주석친족(2), 421(이은정).

Ⅱ. 적용 요건

제3자가 자녀에게 무상으로 재산을 수여하면서 친권자의 관리에 반대하는 의사를 표시하여야 한다. 제3자는 친권자와 미성년 자녀 이외의 사람을 의미한다.[3] 여기서 무상의 재산 수여에는 증여와 유증이 있다.[4] 미성년 자녀에게 재산적 이익이 귀속되지만 반대급부를 부담해야 하는 경우는 포함되지 않는다.[5] 부담부 증여나 유증에 대해서도 본조가 적용되지 않는다.[6]

제3자가 친권자인 부모 중 어느 한쪽의 재산관리만 반대할 수도 있다.[7] 공동친권자인 부모 일방이 자녀에게 재산을 증여하면서 다른 일방의 관리권을 배제할 수도 있는지에 관하여 견해가 대립한다. 공동친권자 일방도 제3자라는 점에서 이를 긍정하는 견해가 있고,[8] 이러한 경우에는 공동친권자 사이에 의견이 일치하지 않는 경우이므로 §909 ② 단서에 따라 당사자의 청구에 의하여 가정법원이 정해야 한다는 이유로 이를 부정하는 견해가 있다.[9]

제3자의 친권자 관리 배제 의사는 반드시 친권자에게 표시할 필요는 없고,[10] 미성년 자녀에게 표시할 수도 있다.[11]

친권자 관리 배제 의사에 기한을 붙일 수도 있으므로 일정한 기간 동안만 친권자의 재산관리권을 제한하는 의사를 표시할 수도 있다.[12] 한편 현재에는 친권자가 아니지만 장래에 친권을 취득할 수 있는 사람의 관리권을 배제하는 의사를 표시할 수도 있다는 견해가 있는데,[13] 사적자치의 원칙을 고려하면 그러한 배제의 의사표시도 가능하다고 보아야 할 것이다. 거래안전 등을 이유로 관리 배제 의사에 조건을 붙일 수 없다는 견해도 있으나,[14] 사적자치의 원칙 등을 고려할 때 조건을 붙일 수 없다고 단정할 것은 아니다.

제3자의 친권자 관리 반대의 의사는 무상의 재산 수여 당시에 함께해야 한다는

---

3) 김주수·김상용, 454.
4) 김주수·김상용, 454-455.
5) 주석친족(2), 422(이은정)
6) 주해친족(초판, 1권), 1062(권재문).
7) 이경희·윤부찬, 258; 제요[2], 1018.
8) 김주수·김상용, 454-455, 주 34.
9) 주해친족(초판, 2권), 1061(권재문).
10) 김주수·김상용, 455; 주석친족(2), 423(이은정).
11) 박동섭·양경승, 420; 제요[2], 1018.
12) 주석친족(2), 423(이은정).
13) 김주수·김상용, 455.
14) 주해친족(초판, 1권), 1062(권재문).

것이 종래의 통설적 견해이다.[15] 이러한 취지의 하급심 판결도 있다.[16] 그러나 본조의 문언과 취지, 사적자치의 원칙 등을 고려하면 그와 같이 제한 해석해야 할 필요가 있는지 의문이다.[17]

제3자가 친권자의 관리 반대 의사를 철회할 수 있는지에 관하여 본조에 정함이 없으나, 사적자치의 원칙상 이를 부정할 이유는 없다. 따라서 재산을 무상으로 수여한 제3자가 친권자의 관리 반대 의사를 철회하면 친권자의 재산관리권이 회복된다.[18]

Ⅲ. 적용 효과

1. 재산에 관한 친권(관리권·대리권·동의권) 상실

본조의 요건이 갖추어지면 친권자는 미성년자가 제3자로부터 수여받은 재산을 관리하지 못한다(본조 ①). 친권자는 그 재산에 대한 관리권뿐만 아니라 대리권·동의권도 상실한다고 해석된다.[19] 이 경우 친권자가 자녀를 대리하여 해당 재산에 대해 법률행위를 하더라도 무권대리에 해당한다.[20]

본조의 요건이 갖추어지더라도 그 재산으로 인하여 자녀에게 손해배상의무가 발생할 우려가 있는 경우에는 그러한 사태를 방지하기 위한 친권자의 재산관리가 허용된다는 견해가 있다.[21] 그러나 본조 ②에 따라 재산관리인이 지정되어 있다면 친권자의 재산관리권이 인정될 여지는 없을 것이고, 재산관리인이 지정되지 않았다 하더라도 친권자는 본조 ②에 따른 재산관리인의 선임을 청구할 수 있을 뿐이라고 생각된다.

2. 재산관리인의 선임 등

1차적으로는 무상으로 재산을 수여하여 제3자가 재산관리인을 지정할 수 있다(본조 ②). 제3자는 자기 자신을 관리인으로 지정할 수도 있다.[22] 공동친권자 중 일방이 단독친권자로 정해진 경우에(§909 ④, ⑤), 제3자는 다른 일방을 관리인으로 지정할 수도 있을 것이다.[23] 제3자의 관리인 지정은 미성년자에 대한 재산 수여 이후 나중에

15) 이경희·윤부찬, 258; 윤용섭(1996), 571, 주 55; 이명환(2000), 43−44; 제요[2], 1018.
16) 서울고등법원 2012. 5. 10. 선고 2011나47222 판결; 서울고등법원 2012. 5. 10. 선고 2011나47215 판결.
17) 같은 취지, 주해친족(초판, 2권), 1063(권재문).
18) 주석친족(2), 428(이은정).
19) 김주수·김상용, 455; 박동섭·양경승, 420, 421; 윤진수, 270.
20) 김주수·김상용, 455; 주석친족(2), 424(이은정).
21) 주해친족(초판, 1권), 1055(권재문).
22) 김주수·김상용, 455; 박동섭·양경승, 420; 주석친족(2), 424(이은정); 제요[2], 1018.
23) 같은 취지, 주해친족(초판, 1권), 1064−1065(권재문).

별도로 해도 무방하다.[24]

제3자가 관리인을 지정하지 않으면 법원은 미성년자 또는 친족의 청구에 의하여 재산관리인을 선임할 수 있다(본조 ②). 미성년자가 의사능력이 있다면 직접 청구할 수 있다는 견해도 있으나,[25] 과거 인사소송법에서 제한 범위 내에서 의사능력 있는 미성년자의 소송능력을 인정한 것과 달리 현행 가사소송법은 미성년자의 소송능력을 별도로 인정하지 않으므로,[26] 미성년 자녀가 청구하려면 특별대리인(民訴 §62)이 선임되어야 할 것이다. 재산관리권에서 배제되는 친권자도 미성년자의 친족의 지위에서 재산관리인 선임 청구를 할 수 있다.[27]

제3자가 지정한 재산관리인의 권한이 소멸하거나, 지정·선임된 관리임을 개임할 필요가 있는 경우에는 제3자가 우선 재산관리인을 선임하고, 그 지정이 없으면 법원이 미성년자 또는 친족의 청구에 의하여 재산관리인을 선임할 수 있다(본조 ③). 그러나 가정법원은 언제든지 선임한 재산관리인을 개임할 수 있고(家訴規 §69, §42 ①), 가정법원이 선임한 재산관리인이 사임하고자 할 때에는 가정법원에 사유를 신고하여야 하며, 가정법원은 다시 재산관리인을 선임하여야 한다(家訴規 §69, §42 ②).

재산관리인 선임과 개임 청구는 라류 비송사건이다[家訴 §2 ① ii 가. 15)]. 토지관할은 미성년자 자녀 주소지 관할 가정법원이고(家訴 §44 ① v), 사물관할은 단독판사에게 속한다(사물관할규칙 §3 참조). 가정법원은 재산관리인을 선임하거나 개임할 경우 이해관계인의 의견을 들을 수 있다(家訴規 §41 ①). 재산관리인 선임 청구를 기각한 심판에 대해서는 청구인이 즉시항고할 수 있다(家訴規 §27). 재산관리인 선임 심판에 대해서는 불복할 수 없으므로, 심판의 고지로 효력이 발생한다(家訴 §40 본문). 재산관리인을 개임하는 심판에 대해서는 재산관리인이 즉시항고할 수 있다(家訴規 §69, §51의 준용).

3. 재산관리인의 직무와 권한

재산관리인에 대해서는 부재자 재산관리에 관한 규정이 준용된다(본조 ④). 재산관리인은 선량한 관리자의 주의의무를 진다고 해석된다.[28] 또한 재산관리인이 무상수여된 재산에 관한 법률행위를 할 때에는 미성년 자녀의 법정대리인이 된다.[29]

법원이 선임한 재산관리인은 관리할 재산목록을 작성하여야 하고, 법원은 그 재

24) 김주수·김상용, 455; 주석친족(2), 424(이은정).
25) 주석친족(2), 425(이은정).
26) 김시철(2003), "친족상속법에 관련된 헌법재판소 결정평석(1997-1998)", 재판자료102(하), 535.
27) 제요[2], 1018; 주석친족(2), 425(이은정).
28) 김주수·김상용, 455; 주석친족(2), 424(이은정).
29) 주해친족(초판, 1권), 1066(권재문).

산관리인에 대해 미성년자의 재산을 보존하기 위해 필요한 처분을 명할 수 있다(본조 ④, §24 ①, ②의 준용). 이해관계인이나 검사의 청구가 있는 때에는 법원은 제3자가 정한 재산관리인에게 위와 같은 재산목록의 작성과 재산 보존을 위해 필요한 처분을 명할 수 있다(본조 ④, §24 ③의 준용). 이 경우 비용은 미성년자의 재산에서 지급한다(본조 ④, §24 ④의 준용). 가정법원은 선임한 재산관리인에게 재산상황의 보고 및 관리의 계산을 명할 수 있다(家訴規 §44 ①).

법원이 선임한 재산관리인이 보존행위, 물건이나 권리의 성질을 변하지 아니하는 범위 내의 이용 또는 개량 행위를 넘는 행위를 할 때에는 법원의 허가를 받아야 한다(본조 ④, §25 전단의 준용). 가정법원의 허가를 범위를 넘는 재산관리인의 처분행위는 무효이다.[30)]

법원은 그 선임한 재산관리인으로 하여금 재산 관리 및 반환에 관하여 상당한 담보를 제공하게 할 수 있다(본조 ④, §26 ①의 준용). 가정법원은 재산관리인이 제공한 담보의 증감·변경 또는 면제를 명할 수 있다(家訴規 §45). 가정법원은 재산관리인의 담보제공방법으로 저당권 설정을 명할 수도 있다(家訴規 §46).

가정법원은 선임한 재산관리인에 대하여 미성년자의 재산으로 상당한 보수를 지급할 수 있다(본조 ④, §26 ②의 준용).

30) 대법원 1976. 12. 21.자 75마551 결정.

第 919 條 (委任에 關한 規定의 準用)

第691條, 第692條의 規定은 前3條의 財産管理에 準用한다.

▌참고문헌: 윤용섭(1996), "친권과 후견", 民判 18

Ⅰ. 본조의 취지

본조는 위임종료시 수임인의 긴급처리권에 관한 §691와 위임종료의 대항요건에 관한 §692를 친권자의 재산관리권(§916)이 소멸한 때와 §918의 관리인의 재산관리권이 소멸한 때 준용한다는 규정이다. 이는 미성년 자녀의 재산관리에 만전을 기함과 동시에 친권자 또는 재산관리인의 법률행위 상대방을 보호하기 위한 것이다.[1]

본조는 전3조의 재산관리에 준용한다고 규정하고 있으나, 전3조 중 미성년자의 처의 재산관리에 관한 §917는 1990. 1. 13. 삭제되었으므로, 위 2가지 경우에 준용된다.

Ⅱ. §691의 준용

친권자의 재산관리권이 소멸하거나 §918의 관리인의 재산관리권이 소멸한 경우에 급박한 사정이 있는 때에는 친권자 또는 관리인, 그 상속인이나 법정대리인은 미성년 자녀, 그 상속인이나 법정대리인이 위임사무를 처리할 수 있을 때까지 그 사무처리를 계속하여야 하고, 이 경우 재산관리권이 존속하는 것과 동일한 효력이 있다. 여기서 급박한 사정이란 미성년 자녀의 권리가 시효소멸이 임박한 경우와 같이 재산관리권을 계속 행사하지 않으면 미성년 자녀에게 불이익이 되는 경우를 말한다.[2]

1) 주해친족(초판, 1권), 1067(권재문).
2) 주석민법, 채권각칙4, 제5판, 293(김형두) 참조.

Ⅲ. §692의 준용

친권의 종료 또는 관리인의 재산관리권의 종료는 이를 상대방에게 통지하거나 상대방이 이를 안 때가 아니면 상대방에게 대항하지 못한다. 여기서 친권의 종료는 절대적으로 종료한 경우뿐만 아니라 상대적으로 소멸한 경우도 포함된다고 할 것이다. 여기서 상대방이 누구인지에 관하여, 친권자와 미성년자 자녀가 각각 상대방이 된다고 해석된다.[3] 상대방에게 친권 또는 재산관리권의 종료를 대항하지 못할 뿐 상대방이 친권 또는 재산관리권의 종료를 주장하는 것은 무방하다.[4]

3) 윤용섭(1996), 579; 일본의 통설도 이와 같으나, 일본의 학설 중에는 여기의 상대방의 의미에 관하여, 친권자 또는 재산관리인이 미성년 자녀의 대리인으로서 법률행위를 한 경우에 재산관리인과 자녀의 특유재산에 관하여 법률행위를 한 상대방을 의미한다는 견해가 있다. 新注民(25), 168−169(中川淳) 참조.
4) 주석민법, 채권각칙4, 제5판, 300(김형두) 참조.

第 920 條 (子의 財産에 關한 親權者의 代理權)

法定代理人인 親權者는 子의 財産에 關한 法律行爲에 對하여 그 子를 代理한다. 그러나 그 子의 行爲를 目的으로 하는 債務를 負擔할 境遇에는 本人의 同意를 얻어야 한다.

▮**참고문헌:** 김은아(2019), "대리권남용의 법적처리에 관한 연구", 비교사법 26−4; 김은아(2020), "미성년자녀의 재산에 대한 친권자의 대리권 행사범위와 그 한계", 가족법연구 34−3; 배성호(2004), "이해상반행위와 대리권남용", 저스티스 77; 서종희(2019), "대리권(친권)남용과 선의의 제3자 보호", 외법논집 43−3; 윤진수(2009), "친권자와 자녀 사이의 이해상반행위 및 친권자의 대리권 남용", 민법논고[Ⅳ]; 이균용(1994), "제3자의 채무를 담보하기 위한 물상보증행위와 이해상반행위 등", 民判 16

Ⅰ. 서

본조는 친권자에게 자녀의 재산에 관한 법률행위에 대하여 대리권이 있음을 정한 규정이다. 자녀의 의사와 무관하게 친권자에게 대리권이 인정되는 법정대리권이다.[1] 친권자의 법정대리권은 §916의 재산관리권에서 파생되는 것이라는 견해가 있다.[2]

재산에 관한 법률행위와 달리 신분에 관한 행위는 당사자의 진의가 중요하므로 다른 법률 규정이 없는 한 친권자가 미성년 자녀를 대리할 수 없다는 것이 통설이다.[3]

Ⅱ. 친권자의 법정대리권

1. 내용

친권자는 미성년자인 자녀의 재산에 관한 법률행위에 대하여 자녀를 대리한다(본

1) 주석친족(2), 432(이은정)
2) 주해친족(초판, 1권), 1070(권재문).
3) 김주수·김상용, 450; 박동섭·양경승, 418, 421; 김은아(2020), 34; 주석친족(2), 432(이은정); 같은 취지, 송덕수, 223.

조 본문). 여기서 재산에 관한 법률행위는 자녀가 보유한 재산에 관한 법률행위뿐만 아니라 자녀의 재산에 영향을 미치는 일체의 법률행위도 포함한다는 것이 대체적인 견해이다.[4] 따라서 친권자의 대리권은 자녀의 행위를 목적으로 하는 채무를 부담하는 경우(본조 단서)와 이해상반행위(§921) 등을 제외하고는 그 내용과 범위에 제한이 없다.[5] 따라서 친권자는 자녀의 재산에 관한 법률행위의 내용을 자유롭게 결정할 수 있다.[6]

판례 중에는 미성년자는 법정대리인의 대리 없이 직접 경매절차에서 경락인이 될 수 없다고 한 것이 있다.[7]

2. 대리권의 제한

친권자의 대리행위가 자녀의 행위를 목적으로 하는 채무를 부담할 경우에는 자녀의 동의를 얻어야 한다(본조 단서). 자녀의 자유를 지키기 위해 친권자의 대리권에 제한을 가한 것이다.[8] 따라서 친권자가 자녀의 동의 없이 자녀를 대리하여 자녀의 행위를 목적으로 하는 채무에 관한 법률행위를 하면 무권대리가 된다.[9] 이후 미성년자가 추인하면 유효한 대리행위가 될 수 있다.[10]

이 경우 자녀의 동의는 없었지만 상대방이 자녀의 동의가 있었다고 믿을 만한 정당한 이유가 있다면 §126의 표현대리가 성립하는지에 관하여, 이를 긍정하는 견해와[11] 자녀 보호 필요성 등을 이유로 이를 부정하는 견해가[12] 대립한다.

친권자는 미성년자인 자녀를 대리하여 근로계약을 체결할 수 없다(근로기준법 §67 ①). 이는 미성년자를 보호하기 위한 것이다.[13] 다만 미성년자가 직접 근로계약을 체결하더라도 친권자의 동의는 얻어야 한다는 것이 대체적인 견해이다.[14] 근로기준법 §66도 이를 전제로 한 규정이다. 친권자가 자녀를 대리하여 근로계약을 체결한 경우의 효과에 관하여, 무효가 되는 것은 아니고 자녀나 친권자가 근로계약을 해지할 수 있다는 견해가 있으나,[15] 이를 위반한 경우 형사처벌이 되는 점(근로기준법 §114 i) 등

4) 김주수·김상용, 452; 박동섭·양경승, 421; 신영호·김상훈·정구태, 218; 이균용(1994), 262.
5) 이균용(1994), 262.
6) 주해친족(초판, 1권), 1071(권재문).
7) 대법원 1969. 11. 19.자 69마989 결정.
8) 김주수·김상용, 452; 박동섭·양경승, 421.
9) 김주수·김상용, 452; 송덕수, 228; 주석친족(2), 434(이은정).
10) 주해친족(초판, 1권), 1072(권재문).
11) 김주수·김상용, 452; 주석친족(2), 434(이은정).
12) 송덕수, 228.
13) 윤진수, 271.
14) 송덕수, 228; 신영호·김상훈·정구태, 219; 근로기준법 주해Ⅲ(제2판), 377－378(김민기·오승이); 이와 달리 근로기준법 §66를 근거로 18세 미만의 미성년자의 근로계약에 대해서만 친권자의 동의가 필요하다는 견해도 있다. 박동섭·양경승, 421.

을 고려할 때 무효로 보는 것이 타당하다.[16] 친권자는 자녀의 임금을 대신하여 수령할 수도 없다고 해석된다.[17]

또한 친권자가 미성년자에게 범위를 정하여 재산의 처분을 허락한 경우(§6)와 특정한 영업을 허락한 경우(§8 ①)에도 친권자에게 대리권이 없다고 해석된다.[18]

3. 대리의 방식

판례는 친권자는 법정대리인으로서 미성년자의 승낙을 받을 필요 없이 법정대리인 명의로 법률행위를 할 수 있음은 물론 미성년자 본인 이름으로 법률행위를 하여도 미성년자에게 대하여 법률행위의 효과가 발생한다고 판시한 바 있다.[19]

또한 판례는 미성년자의 법정대리인의 법률행위는 미성년자를 위하여 한 행위로 추정된다고 하였다.[20] 이는 법정대리인인 친권자가 미성년자를 대리한다는 표시를 하지 않고 미성년자의 재산에 관하여 법률행위를 하더라도 이는 미성년자를 대리하여 한 것으로 추정된다는 취지로 이해된다.

4. 대리권의 남용

판례는 친권자의 대리권 남용 행위를 상대방이 알았거나 알 수 있었을 때에는 친권자의 대리 행위가 무효라고 한다. 즉 친권자의 대리행위가 객관적으로 보아 미성년자에게 경제적 손실만 초래하는 반면 친권자나 제3자에게 경제적 이익을 가져오며 상대방이 이를 알았거나 알 수 있었을 때에는 비진의 의사표시에 관한 §107 ① 단서를 유추적용하여 그 효과가 자녀에게 미치지 않는다고 하였다.[21] 이는 종래 일반의 임의대리나 법인의 대표행위에 관한 대리권·대표권 남용에 관한 법리를 친권자의 법정대리권에게도 그대로 적용한 것이라고 할 수 있다.[22] 학설도 임의대리와 법정대리를 구분할 필요 없이 대리권 남용에 같은 법리가 적용된다는 것이 다수이다.[23]

판례는 친권 행사 여부는 친권자의 재량에 맡겨진 것이므로 친권자가 자녀를 대

---

15) 김주수·김상용, 453; 주석친족(2), 434(이은정).
16) 근로기준법 주해Ⅲ(제2판), 378(김민기·오승이).
17) 윤진수, 269−270; 김주수·김상용, 451; 신영호·김상훈·정구태, 219; 주석친족(2), 434(이은정); 근로기준법 주해Ⅲ(제2판), 382(김민기·오승이).
18) 송덕수, 226−227; 박동섭·양경승, 421; 신영호·김상훈·정구태, 218; 주석친족(2), 432(이은정).
19) 대법원 1962. 9. 20. 선고 62다333 판결.
20) 대법원 1962. 12. 27. 선고 62다815 판결; 대법원 1994. 4. 29. 선고 94다1302 판결.
21) 대법원 2011. 12. 22. 선고 2011다64669 판결; 대법원 2018. 4. 26. 선고 2016다3201 판결 등; 같은 취지, 대법원 1964. 9. 8. 선고 64다177 판결.
22) 이균용(1994), 275; 김은아(2019), 319 참조.
23) 윤진수(2009), 406; 배성호(2004), 84−85; 김은아(2019), 321; 김은아(2020), 42; 서종희(2019), 12.

리하여 자녀의 재산을 처분하였다 해도 자녀의 이익을 무시하고 자기 또는 제3자의 이익을 도모할 목적 아래에서 이루어졌다는 사정이 없는 한 대리권 남용이라고 단정할 수 없다고 하였다.[24] 이러한 취지에 의하면 대리권 남용의 주장·증명책임은 이를 주장하는 자에게 있다고 할 것이다.[25] 이에 대해서는 거래안전을 해치지 않는 한도 내에서 미성년자인 자녀를 보호하기 위해서는, 친권자의 행위가 객관적으로 자녀에게 경제적 손실만을 주고 자신이나 제3자에게 경제적 이익을 주는 행위는 일단 대리권 남용으로 추정하고, 그것이 대리권 남용이 아니라는 특별한 사정은 이를 주장하는 자가 증명해야 한다는 비판이 있다.[26]

판례가 친권자의 대리권 남용 행위로 인정한 예로는, 친권자가 자녀 소유 부동산을 친족인 제3자에게 증여한 경우[27], 친권자가 자녀의 재산을 염가에 매도한 경우[28] 등이 있다. 반면 판례는 친권자가 자신의 오빠의 채무를 담보하기 위하여 자녀 소유의 부동산에 근저당권을 설정하고, 상대방도 이를 알고 있었다고 해도 친권을 남용한 행위가 아니라고 하였다.[29] 이에 대해서는 담보 설정은 자녀에게만 불이익한 행위이므로 친권의 남용으로 보아야 한다는 비판이 있다.[30]

한편 판례는 대리권 남용으로 외형상 형성된 법률관계를 기초로 하여 새로운 법률상 이해관계를 맺은 선의의 제3자에 대하여는 §107 ②을 유추적용하여 누구도 대항할 수 없고, 제3자가 악의라는 점에 대한 주장·증명책임은 그 무효를 주장하는 자에게 있다고 하였다.[31]

---

24) 대법원 2009. 1. 30. 선고 2008다73731 판결.
25) 이균용(1994), 281-282.
26) 윤진수(2009), 412-416, 421.
27) 대법원 1981. 10. 13. 선고 81다649 판결; 대법원 1997. 1. 24. 선고 96다43928 판결.
28) 대법원 2011. 12. 22. 선고 2011다64669 판결.
29) 대법원 1991. 11. 26. 선고 91다32466 판결.
30) 김주수·김상용, 476; 윤진수, 275.
31) 대법원 2018. 4. 26. 선고 2016다3201 판결. 이 판결에 대한 비판적 평석으로는 서종희(2019) 참조.

第 920 條의2 (共同親權者의 一方이 共同名義로 한 행위의 效力)

父母가 共同으로 親權을 행사하는 경우 父母의 一方이 共同名義로 子를 代理하거나 子의 法律行爲에 同意한 때에는 다른 一方의 意思에 반하는 때에도 그 效力이 있다. 그러나 相對方이 惡意인 때에는 그러하지 아니한다.

▮**참고문헌:** 서정우(1990), "개정민법의 몇가지 문제점", 사법행정 31-6; 오종근(1997), "민법 제920조의2(공동친권자의 일방이 공동명의로 한 행위의 효력)에 대한 검토", 가족법연구 11; 윤용섭(1996), "친권과 후견", 民判 18; 이명환(2000), "우리 가족법상의 친권제도에 관한 고찰", 계명법학 4

Ⅰ. 본조의 취지

친권공동행사의 원칙을 위반한 친권 행사는 원칙적으로 효력이 없다고 보아야 하나, 본조는 공동친권자 일방이 공동 명의로 자녀를 대리하거나 자녀의 법률행위에 동의한 때에는 다른 일방의 의사에 반한 경우에도 유효하다는 예외를 규정하였다. 이는 부모 공동 명의의 친권 행사에 대한 상대방의 신뢰를 보호하고 거래의 안전을 보호하기 위한 것이다.[1)]

Ⅱ. 적용 요건

1. 부모가 공동으로 친권을 행사하여야 하는 경우일 것

부모가 공동으로 친권을 행사하여야 하는 경우이어야 한다. 대표적으로 부모가 혼인중인 경우가 있다(§909 ② 본문). 다만 부모가 혼인중이더라도 부모 일방이 친권을 행사할 수 없는 때에는 다른 일방이 이를 단독으로 행사하므로(§909 ③), 이 경우에는

1) 김주수·김상용, 429; 송덕수, 215; 박동섭·양경승, 413; 윤진수, 252; 오종근(1997), 311-312; 윤용섭(1996), 557.

본조가 적용되지 않는다. 또한 이혼 등으로 부모 중 일방이 단독친권자로 지정된 경우(§909 ④, ⑤)에도 본조가 적용되지 않는다.[2)]

부모가 혼인중이 아니지만 공동친권자로 지정된 경우에도 본조가 적용되는지 문제된다. 예를 들어 이혼 후 부모가 공동으로 친권자로 지정된 경우가 있다. 본조의 문언상 이러한 경우에도 본조가 적용되어야 할 것이다.[3)]

2. 부모의 일방이 부부 공동 명의로 자녀를 대리하거나 자녀의 법률행위에 동의하였을 것

부모 중 일방이 공동 명의로 자녀를 대리하거나 자녀의 법률행위에 동의해야 한다. 부모 일방이 단독 명의로 친권을 행사하는 경우에는 본조의 적용이 없고, 이 경우 다른 일방의 동의가 없다면 상대방이 선의라도 유효한 친권 행사가 될 수 없다.[4)]

본조는 상대방의 신뢰를 보호하기 위한 것이므로 부모 중 일방이 한 대리 또는 동의 행위는 상대방 있는 법률행위에 관한 것이어야 하고, 상대방 없는 법률행위에는 본조가 적용되지 않는다.[5)]

신분행위에도 본조가 적용되지 않는다.[6)] 예를 들어 부모 일방이 다른 일방의 의사에 반하여 공동명의로 입양 대락을 하였다고 해도 이는 무효이다.[7)] 이에 대해서는 §869 주석 참조.

소송행위에도 본조가 적용되지 않는다.[8)] 일본 최고재판소도 소송행위에 관해서는 본조에 대응하는 일본 민법 §825가 적용되지 않는다고 하였다.[9)]

3. 부모 중 다른 일방의 의사에 반할 것

부모 중 일방이 공동 명의로 친권을 행사하는 것이 다른 일방의 의사에 반해야 한다. 부모 중 일방이 다른 일방으로부터 대리권을 부여받지 않았음에도 공동 명의로 친권을 행사하는 것이 여기에 해당한다.[10)] 부모 중 일방이 공동 명의로 친권을 행사하는 것에 대해 다른 일방의 동의가 있으면 그 친권 행사는 유효하다.[11)] 부모 중 일

---

2) 주석친족(2), (이은정), 435-436.
3) 윤용섭(1996), 557.
4) 송덕수, 216; 오종근(1997), 312; 주석친족(2), 436(이은정).
5) 오종근(1997), 314; 주석친족(2), 436(이은정).
6) 주석친족(2), 436(이은정).
7) 주석친족(2), 436(이은정).
8) 오종근(1997), 314.
9) 日最判 1982(昭57). 11. 26.(民集 35-11, 2296)
10) 오종근(1997), 313.

방의 친권 행사 내용이 다른 일방의 의사에 반할 것까지 요구하는 것은 아니라는 견해가 있으나,[12] 그 친권 행사 내용이 다른 일방의 의사에 반하지 않는다면 대체로 다른 일방의 동의가 있다고 볼 수 있을 것이다.

친권 행사에 관하여 부모의 의견이 일치하지 아니하여 가정법원이 이를 정한 경우(§909 ② 단서), 친권자 일방이 그에 반하여 공동 명의로 친권을 행사한 경우에는 본조가 적용되지 않는다고 해석된다.[13]

4. 상대방이 악의가 아닐 것

상대방이 악의가 아니어야 한다. 여기서 악의란 부모 중 일방의 다른 일방의 의사에 반하여 공동 명의로 친권을 행사한다는 사실을 알고 있다는 의미이다.[14]

본조 단서는 상대방이 악의인 경우만을 규정하고 있지만, 본조의 목적은 거래 안전을 위한 것이므로, 상대방은 선의일 뿐만 아니라 무과실이어야 한다는 견해가 있다.[15] 그러나 본조 단서의 문언상 선의이나 과실이 있는 경우를 악의와 동일시하기는 어렵다.[16] 다만 중과실은 고의에 가까운 정도의 주의를 결여한 것이므로, 상대방에게 중과실이 있는 경우에는 본조 단서에 규정하는 악의가 있는 경우와 동일하게 취급할 수 있을 것이다.[17]

상대방의 악의는 무효를 주장하는 자가 주장·증명하여야 한다.[18] 악의 여부는 친권자의 대리행위 또는 미성년자가 친권자의 동의를 받고 법률행위를 한 때를 기준으로 판단해야 한다.[19]

Ⅲ. 적용 효과

본조 요건이 갖추어지면 부모 중 일방이 공동 명의로 자녀를 대리한 행위 또는 자녀의 법률행위에 대해 동의한 것은 모두 유효하다. 상대방이 악의인 경우에는 무권대리 또는 무효인 동의가 되나,[20] 부모 중 다른 일방이 추인하면 그 대리행위 또는

11) 오종근(1997), 325.
12) 오종근(1997), 313.
13) 주해친족(초판, 1권), 1074-1075(권재문).
14) 오종근(1997), 320.
15) 김주수·김상용, 429; 이경희·윤부찬, 246; 이명환(2000), 28; 주석친족(2), 367-368, 436(이은정); 주해친족(초판, 1권), 1078(권재문).
16) 송덕수, 216; 오종근(1997), 321.
17) 윤용섭(1996), 557.
18) 송덕수, 216; 신영호·김상훈·정구태, 209; 오종근(1997), 322.
19) 오종근(1997), 322.

동의는 유효가 될 수 있다.[21]

본조의 취지는 거래 안전을 위한 것이므로, 상대방이 무효를 주장하는 것은 무방하다는 견해가 있으나,[22] 본조의 문언에서 "상대방에게 무효임을 대항할 수 없다."라고 규정하지 않고 단순히 "효력이 있다."라고 규정하고 있다는 점에서 의문이다.

Ⅳ. 입법론상 비판

본조에 대해서는 입법론상 비판이 많다. 우선 본조에 의해 일반 표현대리보다 상대방을 더 보호할 필요성이 있는지 의문이라는 비판이 있다.[23] 일반 표현대리에서는 상대방이 선의·무과실이어야 보호를 받는 것에 비해 본조에 의하면 상대방은 과실이 있어도 선의인 한 보호를 받을 수 있기 때문이다. 또한 본조는 미성년자의 보호를 거래 안전에 우선시키는 민법의 기본 원칙에 위배될 수 있는 점, 본조에 의해 친권공동행사의 원칙의 실효성이 크게 없어졌다는 점 등의 이유로 비판하는 견해가 있다.[24]

20) 오종근(1997), 323-324; 주석친족(2), 437(이은정).
21) 오종근(1997), 323-324; 주석친족(2), 437(이은정).
22) 오종근(1997), 324.
23) 윤진수, 252.
24) 오종근(1997), 330-332; 이경희·윤부찬, 246; 같은 취지, 박동섭·양경승, 413; 서정우(1990), 25.

第 921 條 (親權者와 그 子間 또는 數人의 子間의 利害相反行爲)

① 法定代理人인 親權者와 그 子사이에 利害相反되는 行爲를 함에는 親權者는 法院에 그 子의 特別代理人의 選任을 請求하여야 한다.

② 法定代理人인 親權者가 그 親權에 따르는 數人의 子 사이에 利害相反되는 行爲를 함에는 法院에 그 子 一方의 特別代理人의 選任을 請求하여야 한다.

▌참고문헌: 김성수(2003), "자의 공유재산의 담보제공과 이해상반행위", 가족법연구 17-2; 김유미(1991), "민법 제921조의 이해상반행위에 관한 몇가지 문제", 박병호 화갑; 김은아(2020), "미성년자녀의 재산에 대한 친권자의 대리권 행사범위와 그 한계", 가족법연구 34-3; 김형석(2015), "후견인의 이해상반행위 금지", 일감법학 32; 류봉근(2015), "친권자의 이행상반행위의 범위에 관하여", 광주지방법원 재판실무연구; 배성호(2004), "이해상반행위와 대리권남용", 저스티스 77; 백경희(2015), "재산적 효력에 관한 친권 제한 제도에 관한 고찰", 입법과 정책 7-1; 서종희(2019), "대리권(친권)남용과 선의의 제3자 보호", 외법논집 43-3; 윤용섭(1996), "친권과 후견", 民判18; 윤장원(2003), "민법 제921조 소정의 이행상반행위 해당 여부", 부산판례연구 14; 윤진수(2009), "친권자와 자녀 사이의 이해상반행위 및 친권자의 대리권 남용", 민법논고[Ⅳ]; 윤혜란(2012), "친권에 관한 비교법적 고찰", 가족법연구 26-2; 이균용(1994), "제3자의 채무를 담보하기 위한 물상보증행위와 이해상반행위 등", 民判 16; 이명환(2000), "우리 가족법상의 친권제도에 관한 고찰", 계명법학 4; 제철웅(2006), "친권과 자녀의 권리의 충돌과 그 조정방향", 아세아여성법학 9; 지원림(2012), "상속재산의 협의분할과 이해상반", 民判 34; 최효섭(1991), "친권행사에서의 이해상반행위", 사법연구자료 18

Ⅰ. 본조의 취지

본조는 이해상반행위에 대해서는 친권자의 대리권이 제한되고 특별대리인이 선임되어야 함을 정한 규정이다. 이해상반행위에 대해서는 친권자의 공정한 친권 행사를 기대하기 어렵기 때문에 자녀의 이익을 보호하기 위해 친권을 제한한 것이다.[1] 본조는 후견인에 대해서도 준용된다(§949-3).

이러한 친권자의 이해상반행위에 대한 제한은 민법총칙상 대리인의 자기계약·쌍방대리 금지(§124) 취지와 유사하나, 적용범위는 그와 일치하지 않는다.[2] 반드시 이해가 상반되는 당사자가 모두 계약 당사자가 될 필요는 없고, 부모 일방의 차용금 채무를 담보하기 위하여 자녀 소유의 부동산에 저당권을 설정하는 경우와 같이 부모 일방에게는 이익이 되고 자녀에게는 불이익이 되는 경우도 이해상반행위에 해당한다는 것이 통설[3], 판례[4]이다. 이러한 점에서는 본조의 이해상반행위의 범위가 자기계약·쌍방대리(§124)보다 넓다. 반면 부모와 자녀의 이해가 상반되더라도 부모가 자녀에게 이익만을 주는 행위는 본조의 이해상반행위에 해당하지 않는다는 것이 통설,[5] 판례[6]이다. 이러한 점에서는 본조의 이해상반행위의 범위가 자기계약·쌍방대리(§124)보다 좁다. 따라서 본조는 §124의 특칙으로 이해되고, 본조는 §124에 우선하여 적용되어야 한다는 지적이 있다.[7]

Ⅱ. 이해상반행위

1. 의의

본조가 정하는 이해상반행위에는 두 가지가 있다. 친권자와 자녀 사이에 이해가 상반되는 행위(본조 ①)와 친권에 따르는 복수의 자녀 사이에 이해가 상반되는 행위(본조 ②)이다.

판례는 본조 ①의 이해상반행위에는 친권자와 자녀가 당사자가 되는 법률행위뿐만 아니라 친권자가 자신의 채무의 담보로 자녀 소유 부동산에 저당권을 설정하는 행위와 같이 친권자를 위해서는 이익이 되고 미성년자를 위해서는 불이익되는 경우도 포함된다고 하였다.[8] 반면 판례는 미성년자에게 불이익만 주는 행위라도 친권자에게

1) 김주수·김상용, 457; 송덕수, 228-229; 이균용(1994), 263; 최효섭(1991), 71.

2) 윤진수, 272; 윤진수(2009), 390; 이균용(1994), 263-264; 배성호(2004), 72-73; 윤장원(2003), 407; 최효섭(1991), 71-72; 백경희(2015), 310, 주11.

3) 송덕수, 229; 윤진수, 272; 윤진수(2009), 390; 이균용(1994), 264; 배성호(2004), 73; 김성수(2003), 92; 김유미(1991), 518; 최효섭(1991), 73; 백경희(2015), 310, 주11; 주석친족(2), 439(이은정).

4) 대법원 1971. 7. 27. 선고 71다1113 판결; 대법원 1976. 3. 9. 선고 75다2340 판결.

5) 윤진수(2009), 390; 박동섭·양경승, 424; 이균용(1994), 263-264; 배성호(2004), 72-73; 윤장원(2003), 407; 김유미(1991), 514; 최효섭(1991), 72, 73; 윤혜란(2012), 69; 백경희(2015), 310, 주11; 윤용섭(1996), ; 576; 같은 취지, 지원림(2012), 626, 주 16; 주석친족(2), 439(이은정).

6) 대법원 1981. 10. 13. 선고 81다649 판결.

7) 주해친족(초판, 1권), 1083(권재문); 이균용(1994), 264.

8) 대법원 1971. 7. 27. 선고 71다1113 판결.

이익이 없다면 이해상반행위라고 볼 수 없다는 취지이다.[9)]

판례는 본조 ②의 이해상반행위에는 자녀 상호간의 법률행위뿐만 아니라 자녀 일방의 채무를 담보하기 위하여 다른 자녀 소유의 부동산에 저당권을 설정하는 경우와 같이 자녀 일방에게는 이익이 되고 다른 자녀에게는 불이익이 되는 경우도 포함된다고 한다.[10)] 반면 판례는 본조 ②의 이해상반행위에 해당하기 위해서는 이해가 상반되는 당사자가 모두 친권자의 친권에 따르는 미성년자여야 하고, 성년인 자녀와 미성년자인 자녀 사이에 이해상반이 되는 경우는 본조 ②의 이해상반행위에 해당하지 않는다고 하였다.[11)]

이해상반행위는 계약은 물론 단독행위일 수도 있고,[12)] 소송행위일 수도 있다.[13)]

2. 이해상반 판단기준

가. 학설

(1) 형식적 판단설[14)]

법률행위의 동기나 실질적 결과에 관계없이 법률행위 자체 내지 외형으로 보아 자녀에게 불이익이 되는지 여부를 판단해야 한다는 견해이다. 행위의 동기는 외형상 나타나지 않는 것이 보통이므로 실질적 판단설에 따르면 상대방이 전혀 알 수 없는 사정으로 법률행위가 무효가 될 수 있으므로 거래의 안전을 해칠 수 있다는 점, 상대방이 미성년자와 거래를 꺼리게 될 경우 오히려 미성년자에게 불이익한 결과가 될 수 있는 점, 이해상반행위이면 1차적으로 특별대리인을 선임해야 하므로 그 특별대리인을 선임하는 법원이 알 수 있는 명확한 사정에 의해 이해상반행위인지 여부를 판단해야 한다는 점 등을 이유로 든다.

학설에서는 형식적 판단설이 기본적으로 타당하고, 그로 인한 자녀의 보호 문제는 대리권 남용 이론에 의해 보완해야 한다는 견해가 다수이다.[15)]

(2) 실질적 판단설[16)]

법률행위의 형식 여하를 불문하고 동기, 결과 등을 고려하여 실질적으로 이해상

---

9) 대법원 1996. 11. 22. 선고 96다10270 판결 등.

10) 대법원 1976. 3. 9. 선고 75다2340 판결.

11) 대법원 1976. 3. 9. 선고 75다2340 판결; 대법원 1976. 6. 8. 선고 75다2345 판결; 대법원 1989. 9. 12. 선고 88다카28044 판결.

12) 송덕수, 229; 윤진수, 272; 윤진수(2009), 290; 이균용(1994), 265; 배성호(2004), 73; 윤장원(2003), 408.

13) 김주수·김상용, 458; 박동섭·양경승, 424; 주석친족(2), 441(이은정).

14) 송덕수, 230; 이경희·윤부찬, 262; 한삼인·김상헌, 203−204; 지원림(2012), 627−628; 이명환(2000), 46−47; 김은아(2020), 40.

15) 윤진수, 274; 배성호(2004), 79−83; 윤장원(2003), 411−413; 서종희(2019), 15.

16) 김형석(2015), 19−23; 김유미(1991), 517−518; 류봉근(2015), 285−286; 최효섭(1991), 93.

반 여부를 판단해야 한다는 견해이다. 이해상반행위를 제한하는 것은 자녀의 불이익을 기초로 친권자가 실질적인 이익을 얻는 것을 방지하고자 함에 있는 점, 실질적 판단설에 의해야 미성년자인 자녀를 충분히 보호할 수 있는 점, 형식적 판단설에 의하면 실질적으로 자녀에게 불리하고 친권자에게 이익이 되는 행위라도 이해상반행위 아닌 형식을 꾸미기만 하면 본조의 제한을 피할 수 있어 부당하다는 점 등을 이유로 든다. 학설 중에는 친권자와 자녀 사이에 이해가 상반되는 경우뿐만 아니라 실질적으로 친권자의 근친과 미성년자 사이에 이해가 상반되는 경우도 이행상반행위라고 보아야 한다는 견해도 있다.[17)]

(3) 실질관계를 고려한 형식적 판단설[18)]

1차적으로 법률행위의 외형을 기준으로 객관적으로 이해상반 여부를 판단해야 하지만, 그 행위의 실질관계를 외형적으로 볼 때 자녀의 이익을 침해할 우려가 있는 경우에는 이행상반행위로 인정할 수 있다는 견해이다. 예를 들어 친권자가 자녀 단독 소유 재산에 담보를 설정하는 경우에는 형식적 판단설에 따라 이해상반행위가 아니지만, 친권자와 자녀 공유 재산에 저당권을 설정하는 행위는 그 저당권 실행에 따라 친권자와 자녀 사이에 구상관계가 생기므로 외형상으로도 이해가 대립하게 되어 이해상반행위가 될 수 있다고 한다.

이에 대해서는 자녀 단독 소유 재산에 담보를 설정하는 행위가 친권자와 자녀 공유 재산에 담보를 설정하는 행위보다 자녀에게 더 불리한데도 전자는 이해상반행위가 아니고 후자는 이해상반행위라고 보는 것은 균형에 맞지 않는다는 비판과[19)] '외부에서 객관적으로 고려할 때 실질적으로 자녀에게 발생할 수 있는 불이익'이라는 기준이 명확한 기준이 아니라는 비판이[20)] 있다.

나. 판례

종래 판례의 주류는 이해상반행위란 행위의 객관적 성질상 이해의 대립이 생길 우려가 있는 행위를 의미하고 행위의 결과 실제로 이해의 대립이 생겼는가의 여부는 묻지 않는다고 판시하여 형식적 판단설을 따랐다.[21)]

그런데 대법원 2002. 1. 11. 선고 2001다65960 판결은 친권자가 자신이 연대보증

17) 김유미(1991), 520-521.
18) 이균용(1994), 278-280; 윤용섭(1996), 576-577.
19) 윤진수, 274; 윤진수(2009), 399-400; 배성호(2004), 80-81.
20) 윤진수(2009), 401; 김형석(2015), 15-16.
21) 대법원 1993. 4. 13. 선고 92다54524 판결; 대법원 1994. 9. 9. 선고 94다6680 판결; 대법원 1996. 11. 22. 선고 96다10270 판결 등; 다만 대법원 1964. 8. 31. 선고 63다547 판결은 친권자가 자녀 소유의 부동산을 제3자 앞으로 소유권이전등기를 마친 것을 이해상반행위라고 하였는데, 이는 실질적 판단설에 따른 것이라고 볼 여지가 있다. 윤진수(2009), 392-393; 이균용(1994), 267, 주 22 참조.

한 채무를 담보하기 위하여 자신과 자녀의 공유 토지에 근저당권을 설정한 것은 친권자와 자녀 사이의 이해 충돌이 외형상 객관적으로 당연히 예상된다는 이유로 이해상반행위에 해당한다고 하였는데, 이는 실질관계를 고려한 형식적 판단설에 가깝다고 평가하는 것이 대체적이다.[22] 학설 중에는 위 판결 법리는 친권자가 제3자의 채무를 담보하기 위하여 자기와 자녀 공유의 부동산에 담보를 설정하는 경우에도 적용되어야 한다는 견해도 있다.[23] 그러나 위 판결 사안은 친권자가 자신이 연대보증한 채무를 담보하기 위한 것이었던 것이고, 이에 반해 판례 중에는 오로지 제3자의 채무를 담보하기 위하여 친권자가 자기와 자녀 공유의 부동산에 담보 설정하는 행위는 이해상반행위가 아니라고 한 것[24]이 있다.[25] 이러한 점에서 위 판결은 오히려 형식적 판단설로 보다 잘 설명할 수 있다는 지적도 있다.[26]

3. 구체적 검토 - 판례를 중심으로

가. 이해상반행위에 해당하는 경우

(1) 상속재산분할협의

판례는 자녀와 동순위의 공동상속인인 친권자가 자녀를 대리하여 상속재산분할협의를 하는 것은 이해상반행위라고 하면서,[27] 상속재산분할협의에 참여할 미성년자가 복수인인 경우에는 미성년자 각자마다 특별대리인을 선임해야 한다고 하였다.[28] 나아가 판례는 친권자가 복수의 미성년자를 대리하여 한 상속재산분할협의는 무효이고,[29] 1인의 특별대리인이 복수의 미성년자를 대리하여 한 상속재산분할협의도 무효라고 하였다.[30] 한편 판례는 부(父)의 사망으로 인한 1차 상속 개시 후 그 공동상속인 중 딸이 사망하여 2차 상속이 개시되었는데, 딸의 공동상속인으로 배우자 甲과 그 미성년 자녀들 乙 등이 있었던 사안에서, 甲이 乙 등의 법정대리인으로 참여한 상속재산 분할협의는 무효이고, 그 무효 범위는 1, 2차 상속 전체이지 2차 상속에 관한 분할협의에 한정되는 것은 아니라고 하였다.[31]

22) 윤진수, 274; 윤진수(2009), 420-421; 윤장원(2003), 419; 김성수(2003), 106; 주석친족(2), 443-444 (이은정).
23) 김성수(2003), 107-108.
24) 대법원 1996. 11. 22. 선고 96다10270 판결.
25) 이러한 점을 지적하는 것으로 송덕수, 231.
26) 김형석(2015), 18.
27) 대법원 1987. 3. 10. 선고 85므80 판결; 대법원 1993. 3. 9. 선고 92다18481 판결.
28) 대법원 1993. 4. 13. 선고 92다54524 판결.
29) 대법원 2001. 6. 29. 선고 2001다28299 판결; 대법원 2011. 3. 10. 선고 2007다17482 판결.
30) 대법원 1994. 9. 9. 선고 94다6680 판결.
31) 대법원 2011. 3. 10. 선고 2007다17482 판결[이 판결에 대한 비판적 평석으로는 지원림(2012) 참조].;

이와 다른 경우로서 상속포기를 하는 등으로 상속권이 없는 친권자가 미성년 자녀를 위하여 상속재산분할협의를 하는 것은 이해상반행위가 아니라는 것이 등기실무이다.[32]

(2) 친권자의 채무에 관한 담보제공

판례는 친권자가 자신의 채무를 담보하기 위하여 자녀를 대리하여 자녀 소유의 부동산에 저당권을 설정하는 행위는 이해상반행위에 해당한다고 하였다.[33] 또한 판례는 친권자들이 친권자 일방의 임대차보증금반환채무에 대한 담보로 자녀 소유의 건물에 전세권을 설정한 것은 그 친권자 일방과 자녀 사이의 이해상반행위라고 하였다.[34] 판례는 친권자가 자신이 연대한 보증한 채무를 담보하기 위해 자신과 자녀의 공유인 부동산에 저당권을 설정한 것도 이해상반행위라고 하였다.[35]

(3) 자녀를 상대로 한 소송 제기

판례는 양모가 미성년자인 양자를 상대로 명의신탁 해지를 이유로 소유권이전등기 청구소송을 제기하는 것은 이해상반행위라고 하였다.[36] 다만 실무는 소송행위 또는 비송행위가 이해상반행위인 경우 그 당해 사건에서 특별대리인 선임을 신청하는 경우에는 民訴 §62에 따른 특별대리인 선임 신청 사건으로 보아 처리하고 있다.[37]

(4) 미성년자 소유 재산의 취득

판례는 친권자가 자녀 소유의 부동산을 제3자에게 명의신탁한 후 자기 앞으로 소유권이전등기를 마친 것은 이해상반행위라고 하였다.[38]

(5) 공유물분할

미성년자 자녀 2인의 공유 부동산에 관하여 공유물분할계약을 하는 것은 이해상반행위이므로, 그중 1인에 관한 특별대리인의 선임이 필요하다는 것이 실무이다.[39] 최근 판례는 공유물분할 절차는 공유자들 사이에 이해 대립이 생길 우려가 있으므로 친권자와 수인의 미성년자가 공유물분할 청구의 공동피고가 된 사안에서 미성년자마다 특별대리인을 선임해야 한다고 하였다.[40]

같은 취지, 대법원 2016. 2. 18. 선고 2015다51920 판결.
32) 등기예규 제1088호 2. 다. (6), (7).
33) 대법원 1971. 7. 27. 선고 71다1113 판결.
34) 대법원 2001. 8. 24. 선고 2001다7735 판결.
35) 대법원 2002. 1. 11. 선고 2001다65960 판결.
36) 대법원 1991. 4. 12. 선고 90다17491 판결.
37) 제요[2], 1031; 주석친족(2), 451(이은정).
38) 대법원 2013. 1. 24. 선고 2010두27189 판결.
39) 등기예규 제1088호 2. 나. (4).
40) 대법원 2024. 7. 11. 선고 2023다301941 판결.

나. 이해상반행위에 해당하지 않는 경우

(1) 증여

판례는 친권자가 부동산을 매수하여 자녀에게 증여하는 행위는 미성년자인 자녀에게 이익만 주는 행위이므로 이해상반행위에 해당하지 않는다고 하였다.[41)]

(2) 명의신탁

판례는 친권자가 부동산을 미성년자에게 명의신탁하는 행위는 이해상반행위에 해당하지 않는다고 하였다.[42)]

(3) 제3자의 채무에 관한 담보제공

판례는 친권자가 성년 자녀의 채무를 담보하기 위하여 미성년자인 자녀 소유의 부동산에 저당권을 설정하는 행위는 이해상반행위에 해당하지 않는다고 하였고,[43)] 친권자가 자신의 오빠의 채무를 담보하기 위한 자녀 소유의 부동산에 근저당권을 설정하는 행위는 이해상반행위에 해당하지 않는다고 하였다.[44)] 또한 판례는 친권자가 자신이 대표이사로 있는 회사의 채무를 담보하기 위하여 자신과 자녀 공유 부동산에 근저당권을 설정한 행위는 이해상반행위가 아니라고 하였다.[45)]

(4) 상속포기

판례는 친권자가 자신을 비롯하여 미성년자인 자녀를 대리하여 상속을 포기함으로써 성년인 자녀가 단독상속인이 되도록 하였다 해도 이해상반행위가 아니라고 하였다.[46)] 가사비송 실무도 같은 취지이다.[47)] 이에 대해서는 그러한 상속포기가 이해상반행위가 아니라 하더라도 대리권 남용으로서 무효라고 보아야 한다는 견해도 있으나,[48)] 상속포기는 상대방 없는 단독행위이므로 대리권 남용 법리를 적용하기 어렵다는 견해도 있다.[49)]

한편 위와 다른 경우로서 학설은 친권자가 미성년자를 대리하여 상속을 포기하고 자신이 단독상속인이 되는 것은 이해상반행위에 해당한다고 본다.[50)] 가사비송실무도 친권자와 미성년 자녀가 공동상속인인 경우 미성년 자녀가 상속포기 신고를 하

41) 대법원 1981. 10. 13. 선고 81다649 판결. 나아가 위 판결은 이 경우 자기계약이지만 유효하다고 하였다.
42) 대법원 1998. 4. 10. 선고 97다4005 판결. 다만 이 판결 사안은 '부동산 실권리자명의 등기에 관한 법률'이 제정되기 전의 사안이다.
43) 대법원 1976. 3. 9. 선고 75다2340 판결.
44) 대법원 1991. 11. 26. 선고 91다32466 판결. 이 판결에 대한 비판적 평석으로는 이균용(1994) 참조.
45) 대법원 1996. 11. 22. 선고 96다10270 판결.
46) 대법원 1989. 9. 12. 선고 88다카28044 판결.
47) 상속포기의 신고에 관한 예규(재판예규 제907호) §2② 단서.
48) 윤진수(2009), 418-420.
49) 김형석(2015), 19.
50) 윤진수, 272; 김주수·김상용, 458; 같은 취지, 주석친족(2), 450(이은정).

기 위해서는 본조의 특별대리인을 선임하여야 한다고 한다.[51] 그러나 이에 대해서는 형식적 판단설을 일관하면 상속포기는 상대방 없는 단독행위이므로 이해상반성을 부정할 수밖에 없다는 견해도 있다.[52]

Ⅲ. 특별대리인

1. 선임 대상

특별대리인은 이해가 상반되는 특정 법률행위에 관하여 개별적으로 선임되어야 한다.[53]

가. 본조①의 경우

친권자와 미성년 자녀 사이에 이해가 대립하는 경우 미성년 자녀를 위한 특별대리인이 선임되어야 한다.

나. 본조 ②의 경우

복수의 미성년 자녀 사이에 이해가 대립하는 경우에는 원칙적으로 이해상반행위로 불이익을 입는 미성년 자녀에게만 특별대리인을 선임하면 된다는 것이 판례의 취지이다.[54] 판례와 같은 취지로 해석하는 견해도 있고,[55] 등기 실무도 같은 취지이다.[56]

이에 대해서는 이익을 주고 싶은 미성년 자녀에 대해서는 특별대리인을 선임하고, 다른 미성년 자녀를 대리하여 그에게 불이익하게 대리하는 것을 막아야 한다는 이유로, 모든 미성년 자녀에 대하여 특별대리인을 선임해야 한다는 견해도 있다.[57]

한편 판례는 공동상속인인 친권자와 복수의 미성년 자녀 사이에 상속재산분할협의를 하는 경우 그 미성년자 각자마다 특별대리인을 선임해야 한다고 한다.[58] 이는 친권자가 복수의 미성년 자녀 모두와 이해상반이 있기 때문이다. 이와 다른 경우로서 친권자가 공동상속인이 아니고 미성년 자녀만 상속재산 분할협의에 참여하는 경우에는 미성년 자녀 중 1인은 친권자가 대리하고, 나머지 자녀에 대해서만 특별대리인을 선임하면 된다는 견해가 있다.[59]

---

51) 상속포기의 신고에 관한 예규(재판예규 제907호) §2 ② 본문.
52) 김형석(2015), 18.
53) 대법원 1996. 4. 9. 선고 96다1139 판결.
54) 대법원 1976. 3. 9. 선고 75다2340 판결.
55) 신영호·김상훈·정구태, 220-221.
56) 등기예규 제1088호 2. 나. (4)
57) 윤용섭(1996), 578.
58) 대법원 1993. 4. 13. 선고 92다54524 판결; 대법원 1994. 9. 9. 선고 94다6680 판결; 대법원 2001. 6. 29. 선고 2001다28299 판결; 대법원 2011. 3. 10. 선고 2007다17482 판결 등.
59) 송덕수, 234.

2. 특별대리인 선임 청구 사건

본조의 문언에 의하면 특별대리인은 청구가 있어야 선임될 수 있고, 법원이 직권으로 선임할 수 없다.[60] 본조는 특별대리인 선임 청구권자를 친권자로 정하고 있다. 부모가 공동으로 친권을 행사하는 경우에도 일방이 단독으로 청구할 수 있다.[61] 실무는 미성년 자녀의 친족, 그 밖의 이해관계인에게도 청구권 적격을 인정하고 있으나,[62] 법률적 근거가 있는지 의문이다. 이에 대해 미성년후견인 선임 청구에 관한 §932 ①을 유추적용하여 "미성년자, 친족, 이해관계인, 검사, 지방자치단체의 장"에게 청구권 적격을 인정할 수 있다는 견해도 있으나,[63] §932 ①을 유추적용하게 되면 법원이 직권으로 특별대리인을 선임할 수도 있게 된다는 점, 미성년후견인과 본조의 특별대리인은 지위, 역할 등에서 상당한 차이가 있다는 점에서 의문이다.

본조의 특별대리인 선임 청구 사건은 라류 가사비송사건이다[家訴 §2 ① ii 가. 16)]. 토지관할은 미성년자 자녀 주소지 관할 가정법원이고(家訴 §44 ① v), 사물관할은 단독판사에게 속한다(사물관할규칙 §3 참조).

특별대리인의 자격에 특별한 제한은 없고,[64] 누구를 특별대리인으로 선임할 것인지는 원칙적으로 가정법원의 재량이다.[65] 그러나 본조의 취지를 고려할 때 자녀의 이익을 충분히 보호할 수 있도록 특별대리인을 누구로 선임할지 신중하게 판단해야 할 것이다. 가정법원은 본조에 따라 특별대리인을 선임할 때 특별대리인의 대리권 행사에 관하여 필요한 제한을 가할 수 있고(家訴規 §68), 언제든지 특별대리인을 개임할 수 있다(家訴規 §68-2).

이해상반행위에 해당하지 않으면 특별대리인 선임 청구를 기각한다.[66] 그런데 실무는 이해상반행위인지 분명하지 않으면 가급적 특별대리인 선임 청구를 인용하고 있다.[67] 선임된 특별대리인의 대리행위는 후에 이해상반행위가 아닌 것으로 판명되어도 무권대리라고 보지 않는 것이 실무의 입장이다.[68]

판례는 특별대리인 선임 심판에서 특별대리인이 처리할 법률행위를 특정하여 주문에 표시해야 하고, 특별대리인에게 포괄적 권한을 부여하는 심판을 할 수 없다고

60) 주해친족(초판, 1권), 1099(권재문).
61) 주석친족(2), 452(이은정).
62) 제요[2], 1032; 기타 주석친족(2), 452(이은정)도 참조.
63) 주해친족(초판, 1권), 1100(권재문).
64) 박동섭·양경승, 428.
65) 제요[2], 1032; 주석친족(2), 452(이은정).
66) 제요[2], 1033; 주석친족(2), 453(이은정).
67) 제요[2], 1025.
68) 제요[2], 1025.

하였다.[69] 또한 판례는 특별대리인 선임 심판의 주문에서 특별대리인이 처리할 법률행위를 기재하지 않고 단지 특별대리인을 선임한다는 내용만 기재되어도 특별대리인의 권한은 해당 사건 선임신청서에 신청원인으로 적시한 특정 법률행위에 한정되고, 다른 법률행위에 대해서는 권한이 없다고 하였다.[70]

특별대리인 선임 청구를 기각한 심판에 대해서는 청구인이 즉시항고할 수 있다(家訴規 §27). 특별대리인 선임 심판에 대해서는 불복할 수 없으므로, 심판의 고지로 효력이 발생한다(家訴 §40 본문).

3. 특별대리인의 지위

특별대리인은 미성년 자녀에 대하여 선량한 관리자로서 주의의무를 부담한다.[71] 특별대리인의 보수청구권, 비용상환청구권 등은 위임에 관한 §686, §688 등이 유추적용된다.[72]

4. 특별대리인 선임 후 친권이 소멸한 경우

본조에 따라 특별대리인이 선임된 경우에도, 원래 친권자의 친권이 소멸하면 특별대리인의 권한도 소멸한다고 해석하는 견해가 있다.[73] 생각건대, 미성년 자녀가 성년이 되면 스스로 법률행위를 할 수 있고, 미성년 자녀의 새로운 법정대리인이 미성년 자녀와 이해상반이 없으면 그 새로운 법정대리인이 미성년 자녀를 대리할 수 있으므로, 특별대리인의 권한은 소멸한다고 보아도 무방하다. 그러나 새로운 법정대리인도 미성년 자녀와 이해상반 관계에 있으면 이미 선임되어 있는 특별대리인의 권한이 소멸된다고 볼 필요는 없을 것이다.

Ⅳ. 특별대리인 선임을 하지 않은 이해상반행위의 효과

이해상반행위를 특별대리인에 의하지 않고 하면 무효라는 것이 통설,[74] 판례[75]

69) 대법원 1996. 4. 9. 선고 96다1139 판결.
70) 대법원 1996. 4. 9. 선고 96다1139 판결.
71) 주석친족(2), 457(이은정).
72) 주해친족(초판, 1권), 1103(권재문).
73) 주해친족(초판, 1권), 1104(권재문).
74) 윤진수(2009), 389－390; 박동섭·양경승, 428; 박희호·이동건, 171; 이균용(1994), 273; 김성수(2003), 111; 주석친족(2), 454(이은정).
75) 대법원 1962. 9. 20. 선고 62다333 판결; 대법원 1964. 8. 31. 선고 63다547 판결; 대법원 1986. 1. 21. 선고 84다카681 판결; 대법원 1994. 9. 9. 선고 94다6680 판결; 대법원 2013. 1. 24. 선고 2010두27189 판결 등.

이다. 따라서 친권자가 이해상반행위에 관하여 특별대리인을 선임하지 않고 자녀를 대리하면 무권대리로서 무효이다.76) 자녀가 이해상반행위에 대하여 동의하였다고 하더라도 마찬가지이다.77) 친권자가 스스로 이해상반행위를 한 후 무효를 주장하더라도 그 자체만으로 신의칙 위반이라고 할 수 없다.78)

다만 이러한 경우에도 자녀가 성년이 되어 추인한 경우에는 이해상반행위도 유효하게 된다는 것이 대체적인 견해이다.79) 판례도 미성년 자녀가 성년이 되어 추인하면 유효하다는 취지이다.80) 특별대리인이 추인할 수 있는지에 대하여, 특별대리인에 대한 사회 일반의 신뢰성이 낮다는 이유로 이를 부정하는 견해도 있으나,81) 특별대리인도 추인할 수 있다고 보는 것이 대체적인 견해이다.82)

판례는 자녀가 부동산을 친권자에게 증여하는 행위는 이해상반행위이지만, 일단 그 증여를 원인으로 등기가 마쳐진 이상 등기의 추정력에 의해 적법한 절차를 거친 것으로 추정된다고 하였다.83) 이는 그 증여에 특별대리인 선임 심판에 따라 적법한 권한을 가진 특별대리인에 의한 대리에 의해 등기가 마쳐진 사실이 추정한다는 취지로 이해된다.

한편 특별대리인을 선임하지 않고 한 이해상반행위에도 표현대리가 인정될 수 있는지에 관하여 견해가 대립한다. 이 경우에는 이해상반행위에 친권자가 개입하는 이상 표현대리 법리가 적용될 수 없다는 견해와,84) 이행상반행위의 판단기준에 관하여 실질적 판단설에 따른다면 거래 안전을 위하여 표현대리 법리가 적용될 수 있다는 견해가85) 있다.

76) 김주수·김상용, 462; 박희호·이동건, 171; 박종찬, 177; 송덕수, 232; 윤진수, 275; 이균용(1994), 273; 배성호(2004), 72; 김성수(2003), 112; 최효섭(1991), 88.

77) 김주수·김상용, 458.

78) 주석친족(2), 454−455(이은정).

79) 김주수·김상용, 462; 박동섭·양경승, 428; 박종찬, 177; 송덕수, 232; 이균용(1994), 273; 지원림(2012), 628; 배성호(2004), 72; 윤장원(2003), 417−418; 김성수(2003), 112; 윤용섭(1996), 578; 주석친족(2), 455(이은정).

80) 대법원 1962. 9. 20. 선고 62다333 판결; 같은 취지, 대법원 1964. 8. 31. 선고 63다547 판결; 대법원 1993. 4. 13. 선고 92다54524 판결; 대법원 2011. 3. 10. 선고 2007다17482 판결 등.

81) 김주수·김상용, 462.

82) 송덕수, 232; 지원림(2012), 628; 윤장원(2003), 418; 주석친족(2), 455(이은정).

83) 대법원 2002. 2. 5. 선고 2001다72029 판결; 대법원 2004. 11. 25. 선고 2004다35557 판결.

84) 제철웅(2006), 125−126; 주해친족(초판, 1권), 1105(권재문).

85) 주석친족(2), 456(이은정).

V. 본조의 적용범위

1. 자녀가 친권자의 동의를 받아 이해상반행위를 하는 경우

자녀가 친권자의 동의를 받아 이해상반행위를 할 수 있는가? 친권자의 동의권도 대리권과 마찬가지로 자녀의 복리에 적합하게 행사하여야 한다는 점 등을 이유로 본조를 유추적용하여 본조의 이해상반행위와 같이 취급하여 친권자의 동의를 무효로 보아야 한다는 것이 대체적이다.[86] 이에 따르면 자녀가 친권자의 동의를 받아 이해상반행위에 해당하는 법률행위를 한 경우 그 법률행위는 취소할 수 있다고 보아야 할 것이다.[87] 일본 대심원도 자녀가 친권자와 이해가 상반하는 행위를 하는 데 대하여 친권자가 동의하는 것 역시 이행상반행위에 해당한다고 하였다.[88]

2. 부모 중 일방에 관해서만 이해가 상반되는 경우

이 경우 이해상반이 없는 다른 부모 일방이 자녀를 대리하면 된다는 견해와 특별대리인만 자녀를 대리해야 한다는 견해도 상정할 수 있으나, 특별대리인과 이해상빈이 없는 다른 부모 일방이 공동으로 친권을 행사해야 한다는 견해가 통설이고,[89] 등기 실무도 이와 같다.[90] 일본 최고재판소의 입장도 이와 같다.[91]

가사비송 실무에서는 특별대리인만 자녀를 대리해야 한다는 입장에 따라 특별대리인 선임 청구를 받아들이고 있다고 하지만,[92] 특별대리인 선임 청구를 인용하는 심판을 한다고 해서 특별대리인만 자녀를 대리해야 한다는 재판을 한 것이라고 볼 수는 없다.

3. 특별대리인과 자녀의 이해가 상반하는 경우

특별대리인과 자녀의 이해가 상반되는 경우에도 본조가 유추적용되는지 문제된

86) 김주수·김상용, 463; 박동섭·양경승, 425; 송덕수, 233; 윤진수, 275; 이균용(1994), 273; 배성호(2004), 72; 윤장원(2003), 407; 최효섭(1991), 72; 주석친족(2), 442(이은정).

87) 김주수·김상용, 463; 박동섭·양경승, 428; 신영호·김상훈·정구태, 222; 이균용(1994), 273; 윤장원(2003), 418; 최효섭(1991), 88−89; 윤용섭(1996), 578; 다만 송덕수, 233은 이러한 미성년 자녀의 법률행위도 무권대리라고 하고, 이경희·윤부찬, 263은 이러한 미성년 자녀의 법률행위도 무효가 된다는 취지이다.

88) 日大判 1934(昭9). 5. 22. 大審院民事判例集 13−1131.

89) 김주수·김상용, 463; 박동섭·양경승, 424, 428; 신영호·김상훈·정구태, 220; 윤장원(2003), 417; 최효섭(1991), 87; 윤용섭(1996), 578; 이명환(2000), 46.

90) 등기예규 제1088호 2. 가. (2).

91) 日最判 1960(昭35). 2. 25.(民集 14−2, 279)

92) 제요[2], 1024; 주석친족(2), 441(이은정).

다. 학설상으로는 이를 긍정하는 견해가 있다.[93] 이 경우 특별대리인의 대리권은 소멸한다고 해석하는 견해도 있다.[94] 일본 최고재판소는 특별대리인이 자녀의 이해와 상반되는 경우에도 이해상반행위에 해당한다고 하였다.[95]

93) 박동섭·양경승, 428.
94) 주해친족(초판, 1권), 1104(권재문).
95) 日最判 1982(昭57). 11. 26.(民集36－11, 2296)

第 922 條 (親權者의 注意義務)

親權者가 그 子에 對한 法律行爲의 代理權 또는 財産管理權을 行使함에는 自己의 財産에 關한 行爲와 同一한 注意를 하여야 한다.

■ **참고문헌:** 윤용섭(1996), "친권과 후견", 民判 18; 제철웅(2006), "친권과 자녀의 권리의 충돌과 그 조정방향", 아세아여성법학 9

Ⅰ. 서

본조는 자녀에 대하여 대리권·재산관리권을 행사하는 친권자의 주의의무를 정한 조항이다. 본조는 위임에서 수임인의 선관주의의무를 규정한 §681의 유추적용을 배제하는 특칙이라는 평가가 있다.[1]

Ⅱ. 친권자의 주의의무

본조에 의하면 친권자는 자녀에 대한 법률행위를 대리하거나 자녀의 특유재산을 관리할 때 자기의 재산에 관한 행위와 동일한 주의를 하여야 한다. 후견인이 피후견인에 대하여 선량한 관리자의 주의의무를 부담하는 것(§956, §681)에 비하면 친권자의 주의의무는 경감된 것이다.[2]

§921의 특별대리인에는 본조가 적용되지 않고, 그 특별대리인은 선량한 관리자로서 주의의무를 부담한다.[3]

친권자가 위와 같은 주의의무를 위반하여 자녀의 재산을 부적절하게 관리하면 대리권·재산관리권 상실(§925) 원인이 되고, 위와 같은 주의의무를 위반하여 자녀에

1) 주해친족(초판, 1권), 1108(권재문).
2) 김주수·김상용, 451; 박동섭·양경승, 419; 박종찬, 173; 송덕수, 224; 윤진수, 270; 주석친족(2), 419, 457(이은정).
3) 주석친족(2), 457(이은정).

게 손해를 끼치면 손해배상책임을 부담할 수 있다.[4] 자녀가 친권자를 상대로 본조의 주의의무 위반을 이유로 손해배상청구를 할 경우 친권자가 주의의무를 다하였다는 사실을 증명해야 한다는 견해도 있으나,[5] 친권자의 주의의무 위반 여부는 주장하는 자가 증명해야 할 것이다.

4) 김주수·김상용, 451; 박동섭·양경승, 419; 박종찬, 174; 송덕수, 225; 제철웅(2006), 126; 윤용섭(1996), 572; 주석친족(2), 419, 458(이은정).

5) 주석친족(2), 458(이은정).

第 922 條의2 (친권자의 동의를 갈음하는 재판)

가정법원은 친권자의 동의가 필요한 행위에 대하여 친권자가 정당한 이유 없이 동의하지 아니함으로써 자녀의 생명, 신체 또는 재산에 중대한 손해가 발생할 위험이 있는 경우에는 자녀, 자녀의 친족, 검사 또는 지방자치단체의 장의 청구에 의하여 친권자의 동의를 갈음하는 재판을 할 수 있다.

▮**참고문헌:** 박주영(2015), "개정 민법상 친권제한제도의 평가 및 향후 과제", 성균관법학 27-3; 백경희·김자영(2014), "친권의 제한제도에 관한 개정 민법의 검토", 부산대 법학연구 55-4; 백경희(2015), "재산적 효력에 관한 친권 제한 제도에 관한 고찰", 입법과 정책 7-1; 엄경천(2016), "친권의 본질에 관한 검토", 가족법연구 30-1; 윤진수·현소혜(2015), "부모의 자녀 치료거부 문제 해결을 위한 입법론", 민법논고[Ⅶ]; 이봉민(2012), "자녀에 대한 의료행위에 관한 친권남용 통제", 법조 668; 이은정(2019), "피해아동의 분리보호와 친권의 제한", 가족법연구 33-2

Ⅰ. 서

1. 개요

본조는 2014. 10. 15. 신설된 조항으로서 친권자의 동의를 갈음하는 재판을 할 수 있다는 규정이다. 자녀의 생명, 신체뿐만 아니라 재산에 재산에 중대한 손해가 발생할 위험이 있는 경우에도 본조가 적용된다.

2. 본조의 신설 취지

본조는 자녀에게 수혈이 필요한데도 부모가 종교적인 신념을 이유로 이를 거부하는 경우와 같이 부모가 정당한 이유 없이 자녀의 복리를 위해 필요한 행위를 하지 않거나 거부하는 경우에 대처하기 위해 신설되었다.[1] 이는 자녀의 복리를 위하여 필요 최소한의 범위에서 부모의 친권을 제한하기 위한 것이다.[2]

종래 판례 중에는 부모가 종교적 신념을 이유로 자녀에 대한 수혈에 대한 동의를 거부함으로써 자녀가 사망한 사안에서 유기치사죄가 성립한다는 것이 있고,[3] 아동복지법 §71 ① ii, §17 vi는 자신의 보호·감독을 받는 아동에 대해 기본적 보호·양육·치료 및 교육을 소홀히 하는 방임행위를 형사처벌하고 있다. 그러나 이러한 사후적인 대처만으로는 자녀의 복리에 충분하지 않다.[4]

이러한 경우 자녀에 대한 치료가 이루어지도록 하기 위해 친권상실 선고에 의해 친권을 전면적으로 상실시키는 것은 실효성도 없고 자녀의 복리를 위해서도 적당하지 않다.[5] 본조 신설 전 하급심 중에는 부모가 종교적 신념을 이유로 신생아 자녀의 생명 보호를 위해 필수적인 수술에 필요한 수혈을 거부한 사안에서 담당 병원이 신청한 임시지위 가처분 신청을 인용하면서 부모들에 대해 수혈 방해 금지를 명한 것이 있었다.[6] 그러나 이에 대해서는 병원 측의 부모에 대한 피보전권리를 인정할 수 있는지 의문이라는 등의 비판이 있었다.[7]

이러한 문제점을 해결하기 위하여 친권자의 동의를 갈음한 재판(§922-2) 제도가 도입되었다.[8] 같은 취지에서 친권의 일시 정지(§924), 친권의 일부 제한(§924-2) 제도도 도입되었다.

Ⅱ. 적용 요건

1. 친권자의 동의가 필요한 행위에 대하여 친권자가 정당한 이유 없이 동의하지 않을 것

예를 들어 자녀에 대한 의료행위와 같이 친권자의 동의가 필요한 경우이어야 한다. 친권자가 아니라 부모의 지위에서 동의권을 행사하는 경우는 여기에 해당하지 않는다.[9] 부모의 지위에서 동의권을 행사하는 경우에는 만 18세 이상 미성년자의 약혼 또는 혼인

1) 윤진수, 277; 박주영(2015), 130-131.
2) 윤진수, 278; 이은정(2019), 292.
3) 대법원 1980. 9. 24. 선고 79도1387 판결.
4) 윤진수, 277; 윤진수·현소혜(2015), 242.
5) 윤진수·현소혜(2015), 244-246.
6) 서울동부지방법원 2010. 10. 21.자 2010카합2341 결정. 이 결정에 대한 평석으로 이봉민(2012) 참조.
7) 윤진수·현소혜(2015), 250-252.
8) 윤진수, 277-278; 백경희·김자영(2014), 181-182; 백경희(2015), 312, 321.
9) 주석친족(2), 460(이은정).

동의(§801, §808 ①), 미성년자의 입양에 대한 동의(§870 ①), 13세 이상의 미성년자의 파양 청구에 대한 동의(§906 ②), 친양자 입양에 대한 동의(§908-2 ① iii) 등이 있다.

정당한 이유가 있는지 여부는 자녀의 복리를 기준으로 판단해야 한다.[10] 예를 들어 친권자는 자녀의 생명을 위한 필수불가결에 치료에 대해서는 동의할 의무가 있다고 보아야 하고,[11] 그러한 치료에 동의하지 않는다면 원칙적으로 정당한 이유가 없다고 보아야 한다. 친권자가 적극적으로 동의를 거부하는 경우뿐만 아니라 소재불명 등으로 동의할 수 없는 경우도 여기에 포함된다고 해석된다.[12] 친권자의 소재불명 등은 친권의 일부 제한(§924-2) 사유가 되는데, 친권자의 동의를 갈음하는 재판은 친권의 일부 제한보다 더 가벼운 친권 제한 조치이기 때문이다.[13]

친권자의 자녀에 대한 치료거부가 자녀의 복리에 반하는지 여부는 개별 사건에서, ① 자녀의 질환 및 상태, ② 치료의 필요성 및 긴급성, ③ 친권자의 치료거부 이유, ④ 친권자가 원하는 대체의료행위의 가능성 또는 대체의료행위를 실시할 수 있는 병원으로의 전원가능성, ⑤ 의사의 친권자에 대한 설명 유무 및 정도 등을 종합해서 판단해야 할 것이다.[14]

2. 자녀의 생명, 신체 또는 재산에 중대한 손해가 발생할 위험이 있을 것

자녀의 생명, 신체 또는 재산에 중대한 손해가 발생할 위험이 있어야 한다. 자녀의 생명, 신체에 중대한 손해가 발생할 위험이 있는 경우에는 예를 들어 치료를 하지 않으면 사망하거나 중대한 장애를 입을 우려가 있는데도 치료에 대한 동의를 하지 않는 경우뿐만 아니라 치료를 하지 않아도 사망하거나 중대한 장애를 초래하지는 않지만 치료를 하면 신체적 기능을 더욱 좋게 할 수 있는데도 치료에 대한 동의를 하지 않는 경우도 포함된다.[15]

여기서 말하는 자녀의 '재산'은 §916에서 규정하는 자녀의 특유재산을 말한다.[16] 친권자의 동의 거부에 따라 특유재산이 감소되는 경우뿐만 아니라 특유재산을 증가시킬 기회가 상실되는 것도 본조에서 말하는 '손해'에 해당할 수 있다.[17]

본조의 적용 요건으로 손해의 '중대성'을 요구하는 것은 친권자의 동의 거부에

10) 신영호·김상훈·정구태, 220; 제요[2], 1522; 주석친족(2), 460(이은정).
11) 이봉민(2012), 260.
12) 제요[2], 1522.
13) 주석친족(2), 460(이은정).
14) 이봉민(2012), 256.
15) 권재문(2014), 44 참조.
16) 주해친족(초판, 1권), 1113(권재문).
17) 주해친족(초판, 1권), 1113(권재문).

대한 국가의 개입을 필요 최소한으로만 인정하기 위한 것이다.[18] 다만 본조의 요건으로 손해의 '중대성'을 요구하는 것에는 다음과 같은 입법론상 비판이 있다.[19] 즉 친권의 일시 정지, 일부 제한, 대리권·재산관리권의 상실에서는 손해의 '중대성'이 요구되지 않는데, 본조의 동의를 갈음하는 재판으로 인해 자녀의 복리를 충분히 보호할 수 없는 경우에만 할 수 있는 점(§925-2)에서 체계적으로 타당하지 않다는 것이다.

Ⅲ. 친권자의 동의를 갈음하는 심판 청구

1. 개요

입법 과정에서 당사자의 청구 없이도 가정법원이 직권으로 친권자의 동의를 갈음한 재판을 하도록 할 것인지 논의되었으나 결국 직권에 의한 재판은 규정하지 않는 것으로 정해졌다.[20]

2. 당사자

청구인은 자녀, 자녀의 친족, 검사 또는 지방자치단체의 장이 청구인이다(본조). 다만 자녀는 미성년자로서 소송능력이 없으므로 특별대리인(民訴 §62)이 선임되어야 실제로 청구할 수 있다. 여기서 친족이란 §777의 친족을 의미한다.[21] 상대방은 친권자이다(家訴規 §101 ①).

3. 심리절차

친권자의 동의를 갈음하는 재판 사건은 마류 비송사건으로[家訴 §2 ① ii 나. 6)], 조정전치주의가 적용된다(家訴 §50). 토지관할은 상대방의 보통재판적(주소지 등)이 있는 곳 관할 가정법원이고(家訴 §46), 사물관할은 단독판사에게 속한다(사물관할규칙 §3 참조).

친권자의 동의를 갈음하는 심판이 청구된 경우 가정법원은 직권 또는 당사자의 신청에 의해 사전처분으로 감호와 양육을 위한 적당한 처분을 할 수 있다(家訴 §62 ①). 이 경우 사전처분으로 친권의 일부 또는 전부를 정지할 수 있는지 의문이 있을 수 있으나, 사전처분 제도의 취지상 가능하다고 해석해야 한다. 家訴規 §102도 이를 전제로 한 규정이다. 이 경우 가정법원이 사전처분(家訴 §62)으로 친권자의 친권, 대리권, 재산

18) 주해친족(초판, 1권), 1114(권재문).
19) 백경희(2015), 322-323.
20) 권재문(2014), 45.
21) 엄경천(2016), 150, 주 16.

관리권을 전부 또는 일부 정지한 경우에는 심판확정시까지 그 권한을 대행할 자를 지정하여야 한다(家訴規 §102 ①). 사전처분에 대해서는 즉시항고할 수 있다(家訴 §62 ④).

친권자의 동의를 갈음하는 재판으로 자녀의 복리를 충분히 보호할 수 있으면 친권상실선고(§924)를 할 수 없다(§925-2 ②). 이에 대해서는 §925-2 주석 참조.

청구를 기각한 심판에 대해서는 청구인이 즉시항고할 수 있다(家訴規 §94 ①). 청구를 인용한 심판, 즉 친권자의 동의를 갈음하는 심판에 대해서는 상대방 또는 자녀의 친족, 검사 또는 지방자치단체의 장이 즉시항고할 수 있다(家訴規 §103). 즉시항고기간은 14일인데(家訴 §43 ⑤), 심판을 고지받지 않는 자녀의 친족 등의 즉시항고기간은 당사자인 청구인 또는 상대방에게 심판이 최후로 고지된 때부터 진행한다(家訴規 §94 ③). 친권자의 동의를 갈음하는 심판은 즉시항고할 수 있는 심판이므로 확정되어야 효력이 있다(家訴 §40 단서).

4. 효과

친권자의 동의를 갈음하는 재판이 확정되면, 친권자의 동의가 있는 것으로 간주된다.[22] 의사의 진술을 명하는 확정판결(民執 §263 ①)과 같이 별도의 집행절차가 필요없다.

동의를 갈음하는 재판의 범위에 관련하여, 상당한 기간 내에 여러 번의 치료행위가 예정되어 있는 경우에는 그에 대한 일련의 동의를 갈음하는 재판을 할 수 있다고 해석해야 한다.[23]

22) 신영호·김상훈·정구태, 220.
23) 주해친족(초판, 1권), 1117(권재문).

第 923 條 (財産管理의 計算)

① 法定代理人인 親權者의 權限이 消滅한 때에는 그 子의 財産에 對한 管理의 計算을 하여야 한다.

② 前項의 境遇에 그 子의 財産으로부터 收取한 果實은 그 子의 養育, 財産管理의 費用과 相計한 것으로 본다. 그러나 無償으로 子에게 財産을 授與한 第三者가 反對의 意思를 表示한 때에는 그 財産에 關하여는 그러하지 아니하다.

▌참고문헌: 문형식(1987), "친자관계를 중심으로 한 부양료청구와 구상(상)", 대한변호사협회지130; 엄경천(2022), "민법 제923조 친권 소멸 후 자녀 재산에 대한 관리의 계산과 민법 제974조 직계혈족 및 그 배우자간 부양의무", 신문 5043, 12; 윤용섭(1996), "친권과 후견", 民判 18; 이경희(2014), "자에 대한 부모의 부양의무의 법적 근거", 연세대 법학연구 24−1; 이명환(2000), "우리 가족법상의 친권제도에 관한 고찰", 계명법학 4; 이봉민(2023), "친권자의 미성년 자녀에 대한 계산의무와 반환의무" 대법원판례해설 133; 임종효(2011), "양육비청구권에 관한 기초 이론 및실무상 쟁점", 사법논집 51; 최준규(2023), "자녀의 친권자에 대한 특유재산반환청구권과 정산청구권", 가족법연구 37−3

Ⅰ. 본조의 취지

본조는 친권자의 재산 관리 권한이 소멸한 경우 친권자의 계산 의무와 정산 방법을 정한 규정이다.

후견감독인은 언제든지 후견인에게 그 임무 수행에 관한 보고와 재산목록의 제출을 요구할 수 있고 피후견인의 재산상황을 조사할 수 있는 것(§953)과 달리, 본조 ①에 의하면 친권자는 친권이 소멸할 때 재산 관리의 계산을 하는 것으로 충분하다. 이러한 점에서 친권자의 책임은 후견인보다 경감되어 있다고 볼 수 있다.[1]

1) 주석친족(2), 463(이은정).

또한 본조 ②는 원칙적으로 자녀의 특유재산으로부터 발생한 과실은 자녀의 양육 및 재산관리비용과 상계한 것으로 간주한다고 규정하고 있다.

Ⅱ. 계산 의무(본조 ①)

1. 적용 요건

법정대리인인 친권자의 권한이 소멸한 경우이다. 예를 들면 자녀가 성년이 된 경우와 같이 친권이 절대적으로 소멸한 경우뿐만 아니라, 친권자에게 친권상실 선고 심판이 확정된 경우, 친권자가 다른 사람으로 변경된 경우와 같이 친권이 상대적으로 소멸한 경우도 포함된다.[2)]

본조 ①의 반대 해석상 친권자가 친권을 행사하는 동안에는 계산 의무가 없다.[3)]

2. 적용 효과

친권자는 그 권한이 소멸하면 자녀의 재산에 대한 관리의 계산을 하여야 한다(본조 ①).

부모가 친권을 공동으로 행사하는 경우 자녀가 성년이 된 경우와 같이 친권이 모두 소멸하면, 친권자인 부모 모두 계산의무를 부담한다.[4)] 그러나 부모 중 일방이 계산의무를 이행하면 다른 일방의 계산의무는 소멸한다.[5)] 반면 부모 중 일방에게만 친권상실 선고 심판이 확정된 경우에는 다른 일방이 친권을 행사하므로, 친권이 상실된 부모 일방만 계산의무를 부담한다고 보아야 할 것이다.

여기서 '관리의 계산'이란 자녀의 재산을 관리하던 기간의 그 재산에 관한 수입과 지출을 명확히 결산하여 자녀에게 귀속되어야 할 재산과 그 액수를 확정하는 것을 말한다.[6)] 종래 학설에서는 본조 ①의 계산 의무에 그 계산 결과를 보고할 의무까지 포함된다고 설명하는 것이 보통이다.[7)] 그러나 상법 §755 ③, 債務回生 §365 ① 등에서 '계산의 보고의무'를 규정하고 있는 것과 달리 본조 ①의 문언상으로는 '계산의무'만 규정하고 있기 때문에 계산 의무와 계산 결과의 보고 의무는 개념적으로는 구분된

---

2) 윤진수, 270; 주석친족(2), 464(이은정).
3) 주해친족(초판, 1권), 1119(권재문).
4) 주석친족(2), 463(이은정).
5) 주석친족(2), 463(이은정); 일본의 학설도 이와 같이 본다. 新注民(25), 162(中川淳).
6) 대법원 2022. 11. 17. 선고 2018다294179 판결 참조; 윤진수, 170; 신영호·김상훈·정구태, 217도 참조.
7) 김주수·김상용, 456; 주석친족(2), 464(이은정); 일본의 통설도 이와 같이 설명한다. 新注民(25), 162(中川淳).

다고 볼 수 있다.[8] 다만 친권자의 권한이 소멸한 경우 위임에 있어 수임인의 보고의무에 관한 §683가 유추적용되어 친권자는 그 계산 결과를 보고할 의무가 있다고 해석되므로,[9] 결과에 있어서 차이는 없다.

또한 친권자의 권한이 소멸한 경우 위임에 있어 수임인의 취득물 등 인도·이전의무에 관한 §684가 유추적용되므로, 친권자는 자녀에게 귀속되어야 할 재산이나 금액이 있다면 이를 인도·이전하거나 지급할 의무를 부담한다. 친권자의 이러한 의무는 계산의 종료 여부와 무관하게 부담하는 의무라고 해석해야 한다.

대법원 2022. 11. 17. 선고 2018다294179 판결은 친권자의 재산 관리 권한이 소멸한 때에는 위임에 관한 §683, §684가 유추적용되므로, 친권자는 자녀 또는 그 법정대리인에게 위와 같은 계산 결과를 보고하고, 자녀에게 귀속되어야 할 재산을 인도하거나 이전할 의무가 있다고 하였고, 친권자가 자녀에게 지급되어야 할 돈을 자녀 대신 수령한 경우 그 재산 관리 권한이 소멸하면 그 돈 중 재산 관리 권한 소멸 시까지 정당하게 지출한 부분을 공제한 나머지를 자녀 또는 그 법정대리인에게 반환할 의무가 있다고 하였다. 또한 위 대법원 판결은 위와 같은 반환의무는 본조 ①의 계산의무 이행 여부를 불문하고 재산 관리 권한이 소멸한 때 발생하고, 이에 대응하는 자녀의 친권자에 대한 위와 같은 반환청구권은 재산적 권리로서 일신전속적인 권리라고 볼 수 없으므로, 자녀의 채권자가 그 반환청구권을 압류할 수 있다고 하였다.[10] 이 판결에 대한 판례해설에 의하면, 친권 종료 시 친권자의 자녀에 대한 특유재산 반환청구권과 본조 ①에 따른 계산청구권은 구분되어야 하고, 특유재산 반환청구권은 계산이 없더라도 친권 종료 시 발생하며, 계산청구권은 자녀의 일신전속적인 권리이나 특유재산 반환청구권은 일신전속적인 권리가 아니라고 한다.[11] 이에 대해 자녀의 특유재산 반환청구권은 일신전속적인 권리가 아니고 계산청구권은 일신전속적인 권리이지만, 계산의 결과로 발생하는 권리(협의의 정산청구권)도 일신전속적인 권리로 보아야 한다는 비판이 있다.[12] 양 견해의 차이는 자녀의 특유재산 반환청구권을 어떻게 이해하는지에 달려 있다. 그런데 후자의 견해와 같이 계산을 하여야만 그제야 발생하는 권리가 있는지는 의문이다.

본조 ①에 명문 규정은 없으나 본조에 대응하는 일본 민법 §828를 참조하여 친

8) 이봉민(2023), 142.
9) 이봉민(2023), 133-134, 142.
10) 이에 대해 찬성하는 견해로 엄경천(2022), 12(다만 구체적인 결론에 대해서는 비판적인 의견이다).
11) 이봉민(2023), 142-143, 144, 145 이하; 이 문헌 154에서는 본조 ①의 계산청구권은 일종의 정보제공청구권에 가깝다고 한다.
12) 최준규(2023), 371, 373-376, 383 이하.

권자는 친권의 권한이 소멸하면 "지체 없이" 관리 계산을 해야 한다고 해석하는 것이 대체적이다.[13] 후견인은 임무가 종료한 때 1개월 내에 계산의무를 부담하는 것(§957 ①)을 감안하면, 친권자는 적어도 친권의 권한 소멸 후 1개월이 지나기 전에 관리 계산을 해야 한다는 견해가 있다.[14]

Ⅲ. 과실(수익)과 양육, 재산관리 비용의 상계 간주(본조 ②)

1. 상계 간주

친권자가 자녀의 재산으로부터 수취한 과실은 자녀의 양육, 재산관리의 비용과 상계한 것으로 간주한다(본조 ② 본문).[15] 이는 자력이 있는 미성년 자녀는 1차적으로 자신이 양육비용을 부담해야 한다는 점을 전제한 것이라는 견해가 있다.[16] 본조 ② 본문의 문언에 따라, 친권자에게 자녀의 특유재산 과실을 자녀 양육, 재산관리 비용으로 사용할 수 있는 권한이 부여되고 그 과실 소비에 대한 계산의무가 면제된다고 해석할 수 있다.[17]

나반 자녀에게 부상으로 재산을 수여한 제3자가 반대의 의사를 표시한 때에는 위와 같이 상계 간주가 되지 않으므로(본조 ② 단서), 친권자는 그 과실을 포함하여 계산할 의무가 있다. 본조 ② 단서는 제3자가 무상으로 자녀에게 재산을 수여하면서 친권자의 관리에 반대하는 의사를 표시하지는 않았으나, 과실을 양육·재산관리 비용과 상계하는 것을 반대하는 의사를 표시한 경우에 적용된다. 제3자의 상계 간주 반대의 의사는 재산을 수여할 때 하여야 한다는 견해도 있으나,[18] 본조 ② 단서의 문언과 사적 자치의 원칙을 고려할 때, 그와 같이 제한 해석해야 할 필요가 있는지 의문이다. 제3자가 자녀에게 무상으로 재산을 수여한 이후에 상계 간주 반대의 의사를 표시한 때에는 그 의사표시를 한 이후에 발생한 과실에 대해서만 계산의무를 부담한다고 볼 수 있다.

자녀의 재산 자체를 자녀의 양육비용으로 사용할 수 있는가? 최근 판례는 친권자는 자녀의 특유재산을 자신을 위하여 임의로 사용할 수 없음은 물론 원칙적으로 자

13) 박동섭·양경승, 420; 최준규(2023), 372.
14) 주석친족(2), 464(이은정).
15) 이 규정 중 양육비까지 상계한 것으로 간주하는 것에 대한 입법론상 비판으로는 이경희(2014), 220.
16) 문형식(1987), 44−45; 같은 취지, 주해친족(초판, 2권), 1120(권재문).
17) 최준규(2023), 377−378.; 더 나아가 이 문헌에서는 친권자가 설령 자녀의 특유재산 과실을 개인적 용도로 소비하였다고 하더라도 자녀가 친권자에게 손해배상청구나 부당이득반환청구를 할 수 없다고 해석할 수 있다고 한다.
18) 주석친족(2), 465(이은정).

녀의 통상적 양육비용으로도 사용할 수 없고, 다만 친권자가 자력이 없어 자녀를 부양하거나 생활을 영위하기 곤란한 경우, 통상적 범위를 넘는 현저한 양육비용이 필요한 경우 등과 같이 정당한 사유가 있는 경우에 한하여 자녀의 특유재산을 그와 같은 목적으로 사용할 수 있다고 하였다.[19] 종전 판례 중에도 친권자가 자력으로 생활을 영위할 수 없다면 자녀의 재산을 처분하여 자신의 채무와 생계유지를 위하여 사용하였다 해도 자녀의 재산을 부당하게 관리했다고 볼 수 없다는 것이 있었다.[20] 종래 통설도 최근 판례와 같은 취지로 해석하였다.[21] 이에 대해 위와 같은 최근 판례의 판시에는 동의하면서도 해당 사안에서 친권자의 자녀 특유재산 원본 사용의 정당성은 더욱 엄격하게 따져야 한다는 취지의 비판적인 견해도 있다.[22]

2. 친권자의 수익권 인정 여부

본조 ② 본문을 근거로 친권자가 자녀의 특유재산에 관하여 수익권을 가지는지에 관하여 견해가 대립한다. 전통적인 견해는 친권자에게는 자녀의 특유재산에 대한 수익권이 있다고 한다.[23] 이에 대해 근래의 다수설은 친권자의 수익권을 부정하여 양육, 재산관리 비용을 초과한 수익은 자녀에게 반환해야 한다고 한다.[24] 이에 따르면 본조 ② 본문은 자녀의 특유재산의 과실(수익)과 양육·재산관리비용의 액수가 대등한 것으로 추정한다는 취지라고 해석한다.[25] 다수설과 같은 취지이면서도 수익과 비용을 정확하게 계산하는 것은 실제로 불가능하므로 수익과 비용 사이에 현저한 불균형이 없는 한 상계 간주를 인정해도 된다는 견해도 있다.[26]

---

19) 대법원 2022. 11. 17. 선고 2018다294179 판결.

20) 대법원 1962. 9. 20. 선고 62다287 판결.

21) 김주수·김상용, 451-452; 이명환(2000), 41; 주석친족(2), 465(이은정); 같은 취지(임종효), 2011, 263-264.

22) 최준규(2023), 377-382.

23) 박희호·이동건, 168; 송덕수, 226(다만 송덕수 교수는 이 문헌에서도 입법론으로는 양육·재산 관리 비용을 초과하는 수익은 자녀에게 반환해야 하는 것으로 개정해야 한다고 주장한다); 같은 취지, 주석친족(2), 464(이은정).

24) 박동섭·양경승, 419-420; 이경희·윤부찬, 257; 윤진수, 270; 윤용섭(1996), 572; 이명환(2000), 40-41; 이경희(2014), 219-220; 최준규(2023), 377-378, 주 23; 이러한 견해가 현재 일본의 통설이기도 하다. 新注民(25), 164(中川淳); 逐条ガイド 親族法: 民法725条~881条(2020), 348(佐々木健); 我妻榮 등, 民法3: 親族法·相続法(2020), 174-175 등.

25) 윤용섭(1996), 572-573.

26) 김주수·김상용, 451.

第 3 款　친권의 상실, 일시 정지 및 일부 제한

第 924 條 (친권의 상실 또는 일시 정지의 선고)

① 가정법원은 부 또는 모가 친권을 남용하여 자녀의 복리를 현저히 해치거나 해칠 우려가 있는 경우에는 자녀, 자녀의 친족, 검사 또는 지방자치단체의 장의 청구에 의하여 그 친권의 상실 또는 일시 정지를 선고할 수 있다.

② 가정법원은 친권의 일시 정지를 선고할 때에는 자녀의 상태, 양육상황, 그 밖의 사정을 고려하여 그 기간을 정하여야 한다. 이 경우 그 기간은 2년을 넘을 수 없다.

③ 가정법원은 자녀의 복리를 위하여 친권의 일시 정지 기간의 연장이 필요하다고 인정하는 경우에는 자녀, 자녀의 친족, 검사, 지방자치단체의 장, 미성년후견인 또는 미성년후견감독인의 청구에 의하여 2년의 범위에서 그 기간을 한 차례만 연장할 수 있다.

▮참고문헌: 권재문(2014), "친권의 제한·정지 제도 도입을 위한 검토사항", 가족법연구 28-1; 권정희(1995), "친권의 상실선고", 가족법연구 9; 김상용(2002), "친권상실선고제도의 문제점", 가족법연구 I; 김상용(2014), "2011년 가족법의 개정 동향", 가족법연구 Ⅳ; 김상용(2019), "아동학대방지와 피해아동보호를 위한 친권법의 개정", 가족법연구 V; 김유미(1997), "현행 친권상실선고제도의 문제점과 대응책", 가족법연구 11; 박주영(2010), "독일과 프랑스의 친권제한제도에 관한 고찰", 안암법학33; 박주영(2015), "개정 민법상 친권제한제도의 평가 및 향후 과제", 성균관법학 27-3; 백경희·김자영(2014), "친권의 제한제도에 관한 개정 민법의 검토", 부산대 법학연구 55-4; 백경희(2015), "재산적 효력에 관한 친권 제한 제도에 관한 고찰", 입법과 정책 7-1; 송현경(2003), "친권상실에 관한 소고", 재판자료 101(상); 안영하(2018), "부모의 징계권과 아동학대", 성균관법학 30-4; 윤혜란(2012), "친권에 관한 비교법적 고찰", 가족법연구 26-2; 이은정(2013), "친권 제한의 유연화", 가족법연구 27-1; 이은정

(2019), "피해아동의 분리 보호와 친권의 제한", 가족법연구 33－2; 이현재(2009), "친권상실선고절차에 있어서 자의 당사자 적격과 소송능력", 전남대 법학논총 29－1; 정현수(2013), "친권의 제한제도에 관한 일고", 전북대 법학연구 40; 제철웅(2006), "친권과 자녀의 권리의 충돌과 그 조정방향", 아세아여성법학 9; 조인선(2019), "친권상실선고심판청구에 대한 친권의 일부 제한 심판 사례", 2018년 가족법 주요 판례 10선; 최진섭(1996), "친권상실에 관한 비교법적 연구", 가족법연구 10

Ⅰ. 서

1. 본조의 취지

본조는 친권자가 친권을 남용하였거나 남용의 우려가 있는 경우 친권의 상실 또는 일시 정지 선고를 할 수 있다는 규정이다. 친권은 자녀의 복리를 확보하기 위한 부모의 권리이자 의무이다. 그런데 부모가 자녀의 복리를 저해할 때에는 국가가 개입하여 필요한 조치를 취해야 한다.[1] 그러한 개입 조치 중 하나가 본조에서 규정하는 친권상실 및 친권의 일시 정지 제도이다. 그중에서 친권상실 제도는 국가가 후견적으로 개입하는 가장 강력한 수단이다.[2] 과거에는 친권상실 제도가 의무를 위반한 친권자에 대한 제재 또는 징계의 의미로 이해되었으나,[3] 현재에는 친권자에게 제재를 가하기 위한 것이 아니라 자녀의 복리를 위한 제도로 이해되고 있다.[4]

2. 입법 연혁

가. 친권상실 사유의 축소

2014. 10. 15. 개정 전에는 "현저한 비행 기타 친권을 행사시킬 수 없는 중대한 사유"도 친권상실 선고 요건으로 규정되어 있었다. 종래 학설은 여기의 '현저한 비행'은 성적인 방종, 방탕에 의한 재산 낭비 등 직접적으로 자녀에게 불이익을 주지는 않아도 자녀에게 나쁜 영향을 주는 경우라고 해석하였다.[5] 그러나 판례는 친권자의 비행이 자녀에게 악영향을 줄 여지가 있어도 친권자를 대신하여 다른 사람이 친권자나 후견인이 되는 것이 자녀의 복리를 위하여 낫다고 인정되지 않으면 친권상실을 인정해서는 안 된다는 이유로 친권자인 모의 상간남이 부를 살해한 사안에서 친권자가 자

1) 김주수·김상용, 466; 조인선(2019), 70; 최진섭(1996), 380.
2) 김주수·김상용, 466; 주석친족(2), 468(이은정).
3) 이에 대한 설명으로 김유미(1997), 334 참조.
4) 이경희·윤부찬, 267; 윤혜란(2012), 70.
5) 윤진수, 279.

녀에 대한 양육과 보호를 소홀히 하였다고 볼 수 없으므로 친권자의 비행을 이유로 친권상실을 인정해서는 안 된다고 하였다.[6] 학설 중에는 친권자의 현저한 비행을 친권상실의 원인으로 규정하는 것은 바람직하지 않다는 견해도 있었다.[7]

위와 같은 판례 취지 등을 고려하여 2014. 10. 14. 개정으로 친권자의 "현저한 비행 기타 친권을 행사시킬 수 없는 중대한 사유"는 친권상실 사유에서 제외되었다.[8] 이와 같이 '현저한 비행'을 친권상실 사유에서 제외한 것은 타당하다는 평가가[9] 있는 반면 개정법은 친권상실 사유를 대안 없이 축소하였다는 비판도 있다.[10]

한편 혼인외 출생자가 인지가 되면 부의 배우자와 법정혈족(적모서자) 관계가 인정되었던 시절의 판례 중에는 적모가 배우자와 오래 전부터 별거하여 해당 자녀를 전혀 양육할 것으로 보이지 않는다는 이유로 적모가 친권자로서 친권을 행사할 수 없는 중대한 사유가 있어 친권상실 선고를 한 원심을 수긍한 것이 있다.[11] 1990. 1. 13. 개정으로 적모서자의 법정혈족 관계는 소멸되었으므로, 위 판례는 선례로서 의미가 크지 않다는 지적이 있다.[12]

다만 아동복지법 §18 ①상 친권상실 사유에는 친권자의 "현저한 비행 그 밖에 친권을 행사할 수 없는 중대한 사유"가 포함되어 있다(이에 대해서는 後註 특별법상 친권상실, 제한과 정지 참조).

나. 친권상실 요건의 추가

2014. 10. 15. 개정으로 친권상실 요건으로 '자녀의 복리를 현저히 해치거나 해칠 우려가 있는 경우'를 추가하였다. 친권상실 판단에서도 자녀의 복리가 판단 기준이 됨을 명확히 한 것이다.[13] 개정 전에도 학설 중에는 명문의 규정이 없더라도 친권상실의 요건으로서 자녀에 대한 복리를 고려해야 한다는 지적이 있었다.[14]

다. 친권의 일시 정지 제도 도입

2014. 10. 15. 개정 전에는 친권상실 제도만 있었으나, 2014. 10. 15. 개정으로 친권의 일시 정지 제도가 도입되었다. 기존의 친권상실 제도만으로는 자녀의 복리를 충실히 보장하는 데 미흡하다는 지적이 많았다.[15] 예를 들어 부모가 자녀에 대한 수혈

---

6) 대법원 1993. 3. 4.자 93스3 결정.
7) 최진섭(1996), 384.
8) 윤진수, 279－280.
9) 박주영(2015), 140
10) 김주수·김상용, 467; 김상용(2019), 124－127.
11) 대법원 1979. 9. 11. 선고 79므34 판결.
12) 제철웅(2006), 124－125.
13) 권재문(2014), 42.
14) 최진섭(1996), 383, 385; 김상용(2019), 121은 개정법은 당연한 것을 규정한 것이라고 한다.
15) 최진섭(1996), 405; 김상용(2002), 242－244, 247－248; 송현경(2003), 518－519; 제철웅(2006), 136; 박

을 거부하는 경우 자녀에 대한 치료가 이루어지도록 하기 위해 친권을 전면적으로 상실시키는 것은 오히려 자녀의 복리를 위하여 적당하지 않다. 또한 자녀의 의료행위에 대해 친권자가 부당하게 동의하지 않는 경우에 친권자의 동의를 갈음하는 재판(§922-2)을 받더라도, 친권자가 의료계약을 해지하거나 자녀에 대한 거소지정권, 인도청구권 등을 주장하면서 자녀에 대한 치료 시도를 무력화시킬 우려가 있으므로, 그러한 경우에는 친권의 일시 정지도 필요하다.[16] 이에 2014. 10. 15. 개정으로 친권의 일시 정지 제도를 도입한 것이다.[17] 같은 취지에서 친권의 일부 제한(§924-2), 친권자의 동의를 갈음한 재판(§922-2) 제도도 도입되었다.

친권의 일시 정지는 친권 행사를 일정 기간 정지시켜 자녀를 보호하면서도 친권 회복에 대한 불확실성을 제거하여 친자관계를 다시 회복하도록 할 목적을 둔 제도라고 할 수 있다.[18]

Ⅱ. 친권상실 또는 일시 정지의 요건

1. 친권의 남용

친권의 남용이란 친권을 자녀의 복리에 반하게 부당하게 행사하는 것을 말한다.[19] 자녀의 복리 실현에 현저히 반하는 방식으로 친권을 행사하는 적극적 남용은 물론 친권을 적절히 행사하지 않는 소극적 남용도 있을 수 있다.[20] 친권남용에는 예를 들어 자녀의 이익을 해하면서 자기나 제3자의 이익을 도모하는 경우, 이해상반행위를 하는 경우, 자녀를 신체적·정신적으로 학대하는 경우, 필수적 의료행위에 대한 동의나 취학을 거부하는 경우, 보호·양육 등을 방임하는 경우, 자녀의 비행을 방임하는 경우, 자녀가 제3자에 의해 부당하게 억류된 상태를 방임하는 경우, 배우자 또는 제3자의 학대를 방임하는 경우 등이 있다.[21] 아동복지법에 금지하는 아동학대 행위(§17)는 모두 친권남용에 해당할 것이다.[22] 친권남용인지 여부는 구체적 사건에서 자

주영(2010), 145-147; 윤혜란(2012), 76-77; 이은정(2013), 219-220; 정현수(2013), 266-268; 권재문(2014), 32-33; 백경희(2015), 306-307; 박주영(2015), 129-130 등.

16) 주석친족(2), 482(이은정).

17) 윤진수, 284; 백경희·김자영(2014), 181-182; 백경희(2015), 313, 321; 박주영(2015), 130-131; 이은정(2019), 292.

18) 박주영(2015), 133; 백경희·김자영(2014), 198; 정현수(2013), 272.

19) 윤진수, 279; 송덕수, 236.

20) 윤진수, 279; 김주수·김상용, 468; 최진섭(1996), 381; 백경희(2015), 308; 송현경(2003), 495-496; 김유미(1997), 335; 주석친족(2), 469(이은정); 제요[2], 1526.

21) 윤진수, 279; 김주수·김상용, 468-469; 송덕수, 236; 최진섭(1996), 381; 김유미(1997), 336 참조.

22) 같은 취지, 김상용(2014), 114.

녀의 복리를 기준으로 사회통념에 따라 구체적·개별적으로 판단해야 한다.[23]

친권남용이 인정되기 위해 친권자의 고의·과실이 요구되는지에 관하여, 이를 긍정하는 견해도 있으나,[24] 친권상실 등 제도의 취지와 자녀의 복리 등을 고려하면 이를 부정하는 견해가[25] 타당하다.

판례상 친권상실 사유로서 친권남용이 인정된 예로는 친권자인 부가 이혼 후 자녀를 전혀 양육하지 않은 상태에서 자녀 소유 재산을 처분하려고 한 경우,[26] 친권자인 적모가 자녀를 전혀 양육하지 않고, 자녀가 상속받은 재산을 제3자와 통모하여 허위판결을 통해 제3자 앞으로 소유권이전등기를 마친 경우,[27] 친권자인 모가 집을 나가 따로 살면서 자녀를 전혀 양육하지 않고 부가 교통사고로 사망하였음에도 장례문제에 전혀 신경 쓰지 않고 부의 교통사고 보상금을 수령하여 전부 소비하는 등 자녀의 부양에 전혀 노력하지 않은 경우[28] 등이 있다. 반면 친권상실 사유로서 친권남용이 인정되지 않은 예로는 생계를 유지하기 위해 타인과 결혼한 경우,[29] 궁박한 상태에서 자녀 양육을 위해 미성년 자녀 소유 재산을 처분한 경우[30] 등이 있다.

2. 자녀의 복리를 현저히 해치거나 해칠 우려

친권남용이 있다고 하여 바로 친권상실 또는 일시 정지의 요건이 구비되는 것은 아니고 친권남용으로 인해 자녀의 복리를 현저히 해치거나 해칠 우려가 있어야 한다. 이에 따라 친권상실 또는 일시 정지 여부에 대한 판단은 자녀의 복리에 더욱 조점을 두게 되었다는 평가가 있다.[31]

자녀의 복리를 해치거나 해칠 우려의 '현저성'을 요구한다는 점에서 친권의 상실 또는 일시정지의 요건은 친권의 일부 제한(§924-2)의 요건과는 다르다.

3. 입법론

본조에서 정하는 친권상실과 친권의 일시 정지의 요건은 적어도 법문언상으로는

23) 박동섭·양경승, 431; 신영호·김상훈·정구태, 224; 윤혜란(2012), 70; 권정희(1995), 296.
24) 김주수·김상용, 468; 권정희(1995), 280; 주석친족(2), 470(이은정); 제요[2], 1527.
25) 최진섭(1996), 385; 같은 취지, 김유미(1997), 341-342.
26) 대법원 1968. 9. 17. 선고 68므27 판결. 이 판결에서는 현저한 비행 또는 친권을 행사할 수 없는 중대한 사유가 있다고 하였으나, 친권남용도 인정된다고 할 것이다.
27) 대법원 1968. 12. 6. 선고 68므39 판결. 이 판결에서는 현저한 비행 또는 친권을 행사할 수 없는 중대한 사유가 있다고 하였으나, 친권남용도 인정된다고 할 것이다.
28) 대법원 1991. 12. 10. 선고 91므641 판결.
29) 대법원 1963. 9. 12. 선고 63다197 판결; 대법원 1963. 9. 12. 선고 63다218 판결.
30) 대법원 1963. 8. 31. 선고 63다363 판결.
31) 박주영(2015), 134.

동일하다. 이에 대해 친권남용은 아니라 하더라도 친권자가 정신적·신체적 장애 등으로 친권을 행사할 수 없는 경우에는 친권상실은 아니더라도 친권의 일시 정지를 선고할 필요가 있는 경우도 있다는 점에서 양자의 요건을 문언상 동일하게 정한 것은 적당하지 않다는 비판이 있다.[32)]

Ⅲ. 친권상실 또는 일시 정지 선고 심판청구

1. 개요

친권상실 또는 일시 정지는 청구에 의하여 선고한다. 가정법원이 직권으로 친권상실 또는 일시 정지 선고를 할 수는 없다.[33)] 친권상실 등 청구를 포기하는 내용의 계약은 공서양속에 위반되어 무효라는 것이 판례이다.[34)]

2. 당사자

자녀, 자녀의 친족, 검사 또는 지방자치단체의 장이 청구인이다(본조 ①). 2014. 10. 15. 개정으로 자녀와 지방자치단체의 장이 청구인에 추가되었다.[35)] 다만 자녀는 미성년자로서 소송능력이 없으므로 특별대리인(民訴 §62)이 선임되어야 실제로 청구할 수 있다.[36)] 상대방은 친권자이다(家訴規 §101 ①).

3. 심리절차

본조의 친권상실 또는 일시 정지 선고 심판 사건은 마류 비송사건이다[家訴 §2 ① ii 나. 7)]. 조정전치주의가 적용된다(家訴 §50). 당사자가 임의로 처분할 수 없는 사항에 대해서 조정이 성립하여도 재판상 화해와 동일한 효력이 없으므로(家訴 §59 ② 단서), 친권을 상실한다거나 친권을 일시 정지한다는 내용의 조정이 성립하여도 효력이 없다.[37)] 여기서 조정할 수 있는 내용은 친권 행사의 적정성을 확보하기 위한 간접적이고 우회적인 사항에 한정된다.[38)] 친권남용 사유를 치유하여 자녀의 복리를 도모할 수 있는 사항에 대한 조정은 가능할 것이다.[39)] 토지관할은 상대방의 보통재판적(주소지 등)이 있는

32) 박주영(2015), 141-142.
33) 다만 법원이 직권으로 개입할 수 있도록 해야 한다는 견해로 김상용(2002), 244-246.
34) 대법원 1977. 6. 7. 선고 76므34 판결.
35) 신영호·김상훈·정구태, 224; 김상용(2019), 135 참조.
36) 김상용(2019), 138 참조; 이에 대해 비판적인 분석으로 이현재(2009), 135 이하 참조.
37) 송덕수, 236, 240; 박동섭·양경승, 434, 436; 신영호·김상훈·정구태, 225; 송현경(2003), 503.
38) 송현경(2003), 503; 제요[2], 1530.
39) 신영호·김상훈·정구태, 225.

곳 관할 가정법원이고(家訴 §46), 사물관할은 단독판사에게 속한다(사물관할규칙 §3 참조). 부모 모두를 상대로 청구하는 경우에는 민사소송법 중 공동소송에 관한 규정이 준용되므로(家訴 §47), 부모 중 1인의 주소지가 있는 곳의 가정법원에 청구할 수 있다(民訴 §25).

친권상실 또는 일시 정지 심판이 청구된 경우 가정법원은 직권 또는 당사자의 신청에 의해 사전처분으로 감호와 양육을 위한 적당한 처분을 할 수 있다(家訴 §62 ①). 여기의 사전처분에는 친권행사의 정지가 포함된다.[40] 가정법원이 사전처분(家訴 §62)으로 친권자의 친권, 대리권, 재산관리권을 전부 또는 일부 정지한 경우에는 심판확정시까지 그 권한을 대행할 자를 지정하여야 한다(家訴規 §102 ①). 친권대행자는 법원의 허가가 없는 한 친권자의 통상적인 업무범위를 넘는 행위를 할 수 없다.[41] 사전처분에 대해서는 즉시항고할 수 있다(家訴 §62 ④).

친권상실 또는 일시 정지 선고 청구를 기각한 심판에 대해서는 청구인이 즉시항고할 수 있다(家訴規 §94 ①). 청구를 인용한 심판, 즉 친권상실 또는 일시 정지 선고 심판에 대해서는 상대방 또는 자녀의 친족, 검사 또는 지방자치단체의 장이 즉시항고할 수 있다(家訴規 §103). 즉시항고기간은 14일인데(家訴 §43 ⑤), 심판을 고지받지 않는 자녀의 친족 등의 즉시항고기간은 당사자인 청구인 또는 상대방에게 심판이 최후로 고지된 때부터 진행한다(家訴規 §94 ③).[42] 친권상실 또는 일시 정지 선고 심판은 즉시항고할 수 있는 심판이므로 확정되어야 효력이 있다(家訴 §40 단서).

친권상실 또는 일시 정지 선고의 심판이 확정되면 가정법원은 지체 없이 가족관계등록 사무를 처리하는 사람에게 가족관계등록부에 등록할 것을 촉탁하여야 한다(家訴 §9, 家訴規 §5 ① i, i-2). 이와 별도로 그 청구인은 재판확정일부터 1개월 이내에 그 내용을 신고하여야 한다(家登 §79 ② iii, §58). 이는 보조적 신고이다.[43] 친권상실 또는 일시 정지에 관한 가족관계등록부의 기재는 법원의 촉탁 또는 신고에 의해 이루어진다.[44] 친권상실 또는 일시 정지 선고에 의해 미성년후견이 개시된 경우에는 미성년후견인은 취임일부터 1개월 이내에 미성년후견 개시 신고를 하여야 한다(家登 §80 ①).

4. 심리·판단

가. 친권상실

친권상실 선고는 친권의 일시 정지, 일부 제한(§924-2), 대리권·재산관리권의 상

40) 제요[2], 1530; 주석친족(2), 477(이은정).
41) 제요[2], 1531; 주석친족(2), 477(이은정).
42) 제요[2], 1534, 1539.
43) 송덕수, 237; 주석친족(2), 485(이은정).
44) 법원행정처 등록실무[Ⅱ], 97-99.

실(§925) 등에 의해서는 자녀의 복리를 충분히 보호할 수 없는 경우에만 할 수 있다(§925-2 ①). 이에 대해서는 §925-2 주석 참조.

친권상실은 친권에 개입하는 가장 강력한 수단이므로 부모의 친권을 상실시킬 경우와 유지시킬 경우 각각 자녀의 복리에 얼마나 도움이 되는지를 신중하게 비교·형량할 필요가 있다.[45] 부모가 공동으로 친권을 행사하는 경우 친권상실 여부는 각각 개별적으로 판단해야 한다.[46] 자녀가 2인 이상 있는데 그중 1인에 대해서만 친권상실 사유가 있으면 그 해당 자녀에 대한 친권상실 선고만 할 수 있다.[47]

판례는 친권상실 청구가 있어도 친권상실 사유에는 해당하지 않지만 자녀의 복리를 위하여 친권의 일부 제한이 필요하다고 볼 경우 청구취지에 구속되지 않고 친권의 일부 제한을 선고할 수 있다고 하였다.[48] 자세한 내용은 §925-2 주석 참조.

나. 친권의 일시 정지

동의를 갈음하는 재판(§922-2) 등에 의해 자녀의 복리를 충분히 보호할 수 있으면 친권의 일시 정지를 선고해서는 안 된다(§925-2 ①). 이에 대해서는 §925-2 주석 참조.

친권의 일부만 일시 정지시킬 수 있는지에 대해서는 본조가 명확히 규정하고 있지는 않다. 이에 대해서는 친권의 일부 상실이 허용되지 않는 이상 친권의 일부 일시 정지도 허용되지 않는다는 견해도 있으나,[49] 친권의 일부만 일시 정지할 수 있다는 견해가 다수이다.[50] 친권 일시 정지 제도의 취지상 친권의 일부를 일시 정지하는 것만으로도 충분히 자녀의 복리를 보호할 수 있다면 이를 허용하지 않을 이유가 없다고 생각된다. 입법 과정에도 친권 일부의 일시 정지도 당연히 가능하다고 해석할 수 있으므로, 이를 따로 명시하지 않기로 하였다고 한다.[51]

친권의 일시 정지 기간은 가정법원이 자녀의 상태, 양육상황, 그 밖의 사정을 고려하여 정하는데(본조 ② 전문), 일시 정지 기간은 2년을 넘을 수 없다(본조 ② 후문). 친권의 정지 기간은 친권 일시 정지 원인이 소멸될 때까지 필요한 기간으로 정해져야 할 것이다.[52]

가정법원이 자녀의 복리를 위하여 처음에 정한 친권 일시 정지 기간의 연장이

45) 윤혜란(2012), 70; 조인선(2019), 70-71; 제요[2], 1526; 주석친족(2), 468(이은정).
46) 신영호·김상훈·정구태, 225; 주석친족(2), 475(이은정).
47) 김주수·김상용, 475; 조인선(2019), 72; 주석친족(2), 479(이은정); 제요[2], 1532.
48) 대법원 2018. 5. 25.자 2018스520 결정.
49) 김주수·김상용, 478, 주 68.
50) 박동섭·양경승, 436; 송덕수, 241; 신영호·김상훈·정구태, 226; 윤진수, 284; 이경희·윤부찬, 274; 안영하(2018), 213; 같은 취지, 박주영(2015), 133.
51) 권재문(2014), 38.
52) 박주영(2015), 142.

필요하다고 인정하는 경우에는 자녀, 자녀의 친족, 검사, 지방자치단체의 장, 미성년후견인 또는 미성년후견감독인의 청구에 의하여 한 차례 연장할 수 있으나, 그 추가 정지 기간도 2년을 넘을 수 없다(본조 ③). 가정법원이 직권으로 친권의 일시 정지 기간을 연장할 수는 없다.[53]

한편 2년 내의 기간으로 친권 정지를 한 후 1회 연장하여 추가 2년 내의 기간으로 친권 정지가 되어 총 4년의 친권 정지 기간이 만료되었더라도, 친권을 다시 정시시킬 필요가 있으면 청구에 의하여 다시 친권을 일시 정지시킬 수 있다고 해석된다.[54] 이러한 해석이 입법 과정에서의 의견이기도 하다.[55]

친권의 일시 정지 연장 청구 사건은 마류 비송사건 절차에 의하여 심리·재판한다(家訴規 §2 ① ⅳ, ③). 청구권자는 자녀, 자녀의 친족, 검사, 지방자치단체의 장, 미성년후견인 또는 미성년후견감독인이고(본조 ③), 상대방은 친권이 일시 정지된 친권자이다(家訴規 §101 ①).

Ⅳ. 효과

1. 친권상실

친권상실 선고 심판이 확정되면 친권자의 일체의 친권이 상실된다(형성효).[56] 부모 중 일방의 친권이 상실되면 다른 일방이 단독으로 친권을 행사하게 되고, 부모가 모두의 친권이 상실되는 등으로 친권자가 아무도 없게 되면 미성년후견이 개시된다(§928).[57] 부모 중 일방이 단독친권자로 지정되었다가 친권이 상실되면 다른 부모가 당연히 친권자가 되는 것이 아니라 법원이 심리 후 그를 친권자로 지정하거나 후견인을 선임할 수 있다(§927-2).

친권상실 선고에 의해 후견이 개시되는 경우 가정법원은 직권으로 미성년후견인을 선임한다(§932 ②). 친권이 상실되어도 부모의 자녀에 대한 그 밖의 권리·의무는 변경되지 않는다(§925-3).

2. 친권의 일시 정지

친권의 일시 정지 선고 심판이 확정되면 친권자는 그 기간 동안 친권을 행사할

53) 송덕수, 240.
54) 주석친족(2), 483(이은정); 제요[2], 1541.
55) 권재문(2014), 40-41.
56) 김주수·김상용, 474-475; 송덕수, 239; 신영호·김상훈·정구태, 226; 윤진수, 280.
57) 김주수·김상용, 475; 송덕수, 239; 신영호·김상훈·정구태, 226; 윤진수, 280.

수 없다.[58] 부모 중 일방만 친권이 정지되면 그 기간 동안 다른 일방이 단독으로 친권을 행사하고, 부모 모두의 친권이 정지되는 등으로 친권자가 아무도 없게 되면 미성년후견이 개시된다(§928).[59] 부모 중 일방이 단독친권자로 지정되었다가 친권이 일시 정지되면 다른 부모가 당연히 친권자가 되는 것이 아니라 법원이 심리 후 친권 정지 기간 동안 그를 친권자로 지정하거나 후견인을 선임할 수 있다(§927-2).

친권의 일시 정지에 의해 후견이 개시되는 경우 가정법원은 직권으로 미성년후견인을 선임한다(§932 ②). 친권이 일시 정지되어도 부모의 자녀에 대한 그 밖의 권리·의무는 변경되지 않는다(§925-3).

친권의 일시 정지 기간이 경과하면 친권자는 다시 친권을 행사할 수 있고, 별도로 실권회복 선고를 받을 필요는 없다.[60]

58) 김주수·김상용, 478; 제요[2], 1539.
59) 김주수·김상용, 478; 제요[2], 1539.
60) 김주수·김상용, 477; 박주영(2015), 133; 주석친족(2), 482(이은정); 제요[2], 1537.

第 924 條의2 (친권의 일부 제한의 선고)

가정법원은 거소의 지정이나 그 밖의 신상에 관한 결정 등 특정한 사항에 관하여 친권자가 친권을 행사하는 것이 곤란하거나 부적당한 사유가 있어 자녀의 복리를 해치거나 해칠 우려가 있는 경우에는 자녀, 자녀의 친족, 검사 또는 지방자치단체의 장의 청구에 의하여 구체적인 범위를 정하여 친권의 일부 제한을 선고할 수 있다.

참고문헌: 권재문(2014), "친권의 제한·정지 제도 도입을 위한 검토사항", 가족법연구 28−1; 김상용(2002), "친권상실선고제도의 문제점", 가족법연구 I; 김상용(2019), "아동학대방지와 피해아동보호를 위한 친권법의 개정", 가족법연구 V; 박주영(2010), "독일과 프랑스의 친권제한제도에 관한 고찰", 안암법학 33; 박주영(2015), "개정 민법상 친권제한제도의 평가 및 향후 과제", 성균관법학 27−3; 백경희·김자영(2014), "친권의 제한제도에 관한 개정 민법의 검토", 부산대 법학연구 55−4; 백경희(2015), "재산적 효력에 관한 친권 제한 제도에 관한 고찰", 입법과 정책 7−1; 송현경(2003), "친권상실에 관한 소고", 재판자료101(상); 엄경천(2016), "이혼시 친권자 공동지정과 친권 일부 제한", 가족법연구 30−2; 윤진수·현소혜(2015), "부모의 자녀 치료거부 문제 해결을 위한 입법론", 민법논고[Ⅶ]; 윤혜란(2012), "친권에 관한 비교법적 고찰", 가족법연구 26−2; 이은정(2013), "친권 제한의 유연화", 가족법연구 27−1; 이은정(2019), "피해아동의 분리 보호와 친권의 제한", 가족법연구 33−2; 정현수(2013), "친권의 제한제도에 관한 일고", 전북대 법학연구 40; 제철웅(2006), "친권과 자녀의 권리의 충돌과 그 조정방향", 아세아여성법학 9; 최진섭(1996), "친권상실에 관한 비교법적 연구", 가족법연구 10

Ⅰ. 서

1. 개요

본조는 친권의 일부 제한 선고에 관한 규정이다. 친권의 일부 제한은 친권자가 다하지 못한 양육책임을 보완하기 위한 것이다.[1)]

1) 정현수(2013), 269.

2. 본조의 신설 취지

본조는 2014. 10. 15. 신설되었다. 기존의 친권상실 및 대리권·재산관리권 상실 제도만으로는 자녀의 복리를 충실히 보장하는 데 미흡하다는 지적이 많았다.[2] 예를 들어 부모가 종교적인 이유에서 자녀의 수혈을 거부하는 경우 자녀에 대한 치료를 이루어지도록 하기 위해 전면적인 친권상실 선고를 하는 것은 오히려 자녀의 복리를 위해서도 적당하지 않다.

이에 따라 2014. 10. 15. 개정으로 본조의 친권의 일부 제한 제도를 새로 도입하였다.[3] 예를 들어 자녀의 의료행위에 대한 친권자가 부당하게 동의하지 않는 경우에 친권자의 동의를 갈음하는 재판(§922-2)을 받더라도, 친권자가 의료계약을 해지하거나 자녀에 대한 거소지정권, 인도청구권 등을 주장하면서 자녀에 대한 치료 시도를 무력화시킬 우려가 있으므로, 그러한 경우에는 친권자에 대한 일부 제한이 필요한 것이다.[4] 같은 취지에서 친권의 일부 정지(§924) 제도도 도입되었다.

Ⅱ. 친권의 일부 제한 요건

1. 거소의 지정이나 그 밖의 신상에 관한 결정 등 특정한 사항에 관한 것일 것

신상에 관한 사항에 대해서만 본조가 적용될 수 있고, 재산관리에 관한 사항에 대해서는 §925에 따라 대리권·재산관리권 상실 선고가 이루어져야 한다는 견해가 있다.[5] 그러나 재산관리에 관한 사항에 대해서도 대리권·재산관리권 상실이 아니라 친권 일부를 제한하는 조치도 필요한 점을 고려하면, 반드시 신상에 관한 사항에 한해서 본조가 적용된다고 해석하기는 어렵다. 본조의 친권 일부 제한 선고보다 약한 조치인 친권자의 동의를 갈음하는 재판(§922-2)은 자녀의 재산에 중대한 손해가 발생할 위험이 있는 경우에도 할 수 있다는 점도 고려해야 할 것이다.

여기서 그 밖의 신상에 관한 결정에는 본조에서 규정하는 거소지정 외에도 교육이나 학습에 관한 내용, 자녀의 일상생활에 필요한 양육권, 법률행위 동의권, 여권 발급이나 통장 개설에 대한 동의권 등이 포함될 수 있다.[6]

---

2) 최진섭(1996), 405; 김상용(2002), 242-244, 247-248; 제철웅(2006), 136; 박주영(2010), 145-147; 윤혜란(2012), 76-77; 이은정(2013), 219-220; 정현수(2013), 266-268; 권재문(2014), 32-33; 백경희(2015), 306-307; 박주영(2015), 129-130 등.

3) 윤진수, 284; 백경희·김자영(2014), 181-182; 백경희(2015), 314, 321; 박주영(2015), 130-131; 이은정(2019), 292.

4) 윤진수·현소혜(2015), 270.

5) 주석친족(2), 487(이은정); 주해친족(초판, 1권), 1140(권재문).

6) 이은정(2019), 311-312.

2. 친권자의 친권 행사가 곤란하거나 부적당한 사유가 있을 것

친권 행사가 곤란한 경우란 객관적으로 친권을 행사할 수 없는 사정이 있는 때라고 해석된다.7) 친권자의 고의·과실은 요구되지 않는다는 것이 대체적인 견해이다.8) 친권 행사가 곤란하거나 부적당한 사유에는 예를 들어 친권자가 자녀를 학대·유기한 경우, 자녀의 치료를 위해 필요한 의료행위를 거부하는 경우는 물론 친권자가 소재불명인 때, 의식불명·정신상 장애 등으로 자녀를 양육하기 어려운 때 등이 있을 수 있다.9)

이혼 후 공동친권자로 지정되었으나 자녀를 직접 양육하지 않은 부 또는 모에게는 친권의 일부를 행사하기 곤란한 경우에 해당한다고 보아 친권의 일부를 제한할 수 있다는 견해도 있다.10) 그러나 이혼 후 부모가 공동친권자로 지정된 경우에 그것이 자녀의 복리를 적당하지 않다면 §909 ⑥에 따라 친권자 변경을 해야 할 것이지 본조를 적용하여 어느 일방의 친권을 제한할 문제는 아니라고 생각된다.

3. 자녀의 복리를 해치거나 해칠 우려가 있을 것

자녀의 복리를 해치거나 해칠 우려가 있어야 친권의 일부 제한 선고를 할 수 있다. 다만 친권의 상실 또는 일시 정지 선고(§924)와 달리 본조에서는 자녀의 복리를 해치거나 해칠 우려의 '현저성'을 요구하지는 않는다.

친권 행사가 곤란하거나 부적당한 사유가 있더라도 친권을 일부라도 제한하는 것이 자녀의 복리에 반한다면 친권 일부 제한 선고를 해서는 안 된다.11)

Ⅲ. 친권 일부 제한 선고 절차

1. 개요

친권의 일부 제한 선고는 청구에 의하여 이루어진다. 가정법원이 직권으로 친권 일부 제한 선고를 할 수는 없다.12)

---

7) 김주수·김상용, 481; 김상용(2019), 124; 정현수(2013), 270; 주석친족(2), 487(이은정); 제요[2], 1543.
8) 김주수·김상용, 481; 김상용(2019), 124; 정현수(2013), 270; 주석친족(2), 487(이은정); 제요[2], 1543.
9) 김상용(2019), 124; 정현수(2013), 270; 주석친족(2), 487(이은정) 참조.
10) 김주수·김상용, 481−482.
11) 안영하(2018), 215.
12) 다만 법원이 직권으로 개입할 수 있도록 해야 한다는 견해로 김상용(2002), 244−246.

2. 당사자

자녀, 자녀의 친족, 검사 또는 지방자치단체의 장이 청구인이다(본조). 다만 자녀는 미성년자로서 소송능력이 없으므로 특별대리인(民訴 §62)이 선임되어야 실제로 청구할 수 있다.[13] 상대방은 친권자이다(家訴規 §101 ①).

3. 심리절차

본조의 친권 제한 선고 사건은 마류 비송사건이다[家訴 §2 ① ii 나. 7)]. 조정전치주의가 적용된다(家訴 §50). 당사자가 임의로 처분할 수 없는 사항에 대해서 조정이 성립하여도 재판상 화해와 동일한 효력이 없다(家訴 §59 ② 단서). 그런데 친권을 제한하는 내용의 조정이 유효하다는 견해도 있고,[14] 이에 따르는 실무례도 있다.[15] 그러나 친권 상실 또는 일시 정지 등과 같은 내용의 조정은 무효라고 하면서 유독 친권을 제한하는 내용의 조정은 유효하다고 보기는 어렵다고 생각된다.[16] 토지관할은 상대방의 보통재판적(주소지 등)이 있는 곳 관할 가정법원이고(家訴 §46), 사물관할은 단독판사에게 속한다(사물관할규칙 §3 참조). 부모 모두를 상대로 청구하는 경우에는 민사소송법 중 공동소송에 관한 규정이 준용되므로(家訴 §47), 부모 중 1인의 주소지가 있는 곳의 가정법원에 청구할 수 있다(民訴 §25).

친권의 일부 제한 심판이 청구된 경우 가정법원은 직권 또는 당사자의 신청에 의해 사전처분으로 감호와 양육을 위한 적당한 처분을 할 수 있다(家訴 §62 ①). 여기의 사전처분에는 친권행사의 정지가 포함된다. 가정법원이 사전처분(家訴 §62)으로 친권자의 친권, 대리권, 재산관리권을 전부 또는 일부 정지한 경우에는 심판확정시까지 그 권한을 대행할 자를 지정하여야 한다(家訴規 §102 ①). 친권대행자는 법원의 허가가 없는 한 친권자의 통상적인 업무범위를 넘는 행위를 할 수 없다. 사전처분에 대해서는 즉시항고할 수 있다(家訴 §62 ④).

친권의 일부 제한 청구를 기각한 심판에 대해서는 청구인이 즉시항고할 수 있다(家訴規 §94 ①). 청구를 인용한 심판, 즉 친권의 일부 제한 심판에 대해서는 상대방 또는 자녀의 친족, 검사 또는 지방자치단체의 장이 즉시항고할 수 있다(家訴規 §103). 즉시항고기간은 14일인데(家訴 §43 ⑤), 심판을 고지받지 않는 자녀의 친족 등의 즉시항고기간은 당사자인 청구인 또는 상대방에게 심판이 최후로 고지된 때부터 진행한다

13) 김상용(2019), 138 참조.

14) 엄경천(2016), 163; 주석친족(2), 489(이은정).

15) 실무례에 대해서는 제요[2], 1544−1545 참조; 조정에 의한 친권 제한의 가족관계등록부 등재에 관한 실무례 소개로는 엄경천(2016), 164; 주석친족(2), 491, 주 7(이은정) 참조.

16) 같은 취지, 박동섭·양경승, 437.

(家訴規 §94 ③).[17] 친권의 일부 제한 심판은 즉시항고할 수 있는 심판이므로 확정되어야 효력이 있다(家訴 §40 단서).

친권의 일부 제한 심판이 확정되면 가정법원은 지체 없이 가족관계등록 사무를 처리하는 사람에게 가족관계등록부에 등록할 것을 촉탁하여야 한다(家訴 §9, 家訴規 §5 ① i -2). 이와 별도로 그 청구인은 재판확정일부터 1개월 이내에 그 내용을 신고하여야 한다(家登 §79 ② iii, §58). 이는 보고적 신고이다. 친권 일부 제한에 관한 가족관계등록부의 기재는 법원의 촉탁 또는 신고에 의해 이루어진다.[18] 친권의 일부 제한 선고에 의해 미성년후견이 개시된 경우에는 미성년후견인은 취임일부터 1개월 이내에 미성년후견 개시 신고를 하여야 한다(家登 §80 ①).

4. 심리·판단

동의를 갈음하는 재판(§922-2) 등에 의해 자녀의 복리를 충분히 보호할 수 있는 경우에는 친권의 일부 제한 선고를 할 수 없다(§925-2 ②). 이에 대해서는 §925-2 주석 참조.

친권의 일부 제한 선고는 구체적인 범위를 정하여 해야 한다(본조). 제한되는 친권의 내용이 무엇인지 명확하게 선고해야 친권 행사 범위에 관한 불필요한 분쟁을 막을 수 있다.[19] 하급심 중에는 친권 중 양육에 관한 권한을 정지한다는 취지에서 보호·교양권, 거소지정권, 징계권, 기타 양육과 관련된 권한을 제한한 심판례가 많다.[20] 그 외에도 지속적 치료가 필요한 자녀를 방임한 친권자에 대하여 친권 중 의료행위에 대한 동의권 행사를 제한한 심판례,[21] 특정 사건에 관한 손해배상청구 및 그 민·형사상 합의에 대한 대리권을 제한한 심판례[22]가 있다.

판례는 친권상실 청구가 있어도 친권상실 사유에는 해당하지 않지만 자녀의 복리를 위하여 친권의 일부 제한이 필요하다고 볼 경우 청구취지에 구속되지 않고 친권의 일부 제한을 선고할 수 있다고 하면서, 친권 중 양육에 관한 권한으로서 보호·교양권, 거소지정권, 징계권, 기타 양육과 관련된 권한을 제한한 원심을 수긍한 바 있다.[23]

17) 제요[2], 1546.
18) 법원행정처 등록실무[Ⅱ], 97-99.
19) 박주영(2015), 144-145.
20) 광주가정법원 2020. 3. 9.자 2019느단3640 심판, 대전가정법원 2020. 12. 9.자 2019느단10257 심판, 청주지방법원 2021. 2. 8.자 2020느단10242 심판.
21) 춘천지방법원 원주지원 2016. 9. 23.자 2016느합5002 심판; 광주가정법원 2019. 4. 29.자 2018느단3487 심판.
22) 인천가정법원 2020. 7. 14.자 2020느단10608 심판.
23) 대법원 2018. 5. 25.자 2018스520 결정.

한편 하급심 중에는 친권 상실 사유에는 해당하지 않지만 친권 제한 사유는 충분히 인정된다는 이유로 친권 상실 청구를 기각하면서 친권 중 보호·교양권, 거소지정권, 징계권, 기타 양육에 관련된 권한, 법률행위대리권 및 재산관리권을 제한하는 심판을 하는 경우도 있는데,[24] 이러한 심판은 실질적으로 친권 상실 선고와 다를 바 없다.

Ⅳ. 친권 일부 제한의 효과

친권 일부 제한을 선고한 심판이 확정되어야 친권이 제한된다(형성효). 공동친권자 중 부모 일방의 친권이 제한되면 그 제한 범위에서는 다른 일방이 단독으로 친권을 행사하고, 쌍방의 친권 행사가 동일 범위에서 제한되면 그 범위에서 미성년후견이 개시된다(§928).[25] 이에 따라 미성년후견이 개시되면 법원은 직권으로 미성년후견인을 선임한다(§932 ②). 친권의 일부 제한에 기간을 두지 않으므로, 친권이 제한된 친권자가 친권을 회복하려면 실권회복 선고(§926)를 받아야 한다.[26]

친권의 일부 제한에 기간에 관한 내용이 없는 점을 고려하면 친권의 일부 제한은 실질적으로는 일부 상실과 같다는 지적이 있다.[27]

판례는 부모의 친권 중 양육권만 제한되어 미성년후견인이 양육권을 행사하도록 결정된 경우 §837를 유추적용하여 미성년후견인은 비양육친을 상대로 양육비심판[家訴 §2 ① ii 나. 3)]을 청구할 수 있다고 하였다.[28]

24) 청주지방법원 충주지원 2021. 11. 18.자 2020느단5155 심판; 춘천지방법원 원주지원 2022. 11. 16.자 2022느단2207 심판; 전주지방법원 군산지원 2022. 2. 8.자 2021느단126 심판; 수원가정법원 성남지원 2021. 10. 6.자 2020느단1044 심판 등.

25) 김주수·김상용, 482; 제요[2], 1546.

26) 김주수·김상용, 482.

27) 김주수·김상용, 480.

28) 대법원 2021. 5. 27.자 2019스621 결정. 이 결정에 대한 판례해설로 이주윤(2021), "양육권을 갖는 미성년후견인의 양육비심판 청구인적격 인정 여부", 대법원판례해설127 참조.

第 925 條 (대리권, 재산관리권 상실의 선고)

가정법원은 법정대리인인 친권자가 부적당한 관리로 인하여 자녀의 재산을 위태롭게 한 경우에는 자녀의 친족, 검사 또는 지방자치단체의 장의 청구에 의하여 그 법률행위의 대리권과 재산관리권의 상실을 선고할 수 있다.

참고문헌: 백경희(2015), "재산적 효력에 관한 친권 제한 제도에 관한 고찰", 입법과 정책 7-1

Ⅰ. 서

본조는 친권자의 친권 중 대리권과 재산관리권의 상실 선고를 정한 규정이다. 대리권·재산관리권의 상실은 친권의 일부 상실이라고 할 수 있다.[1)]

Ⅱ. 적용 요건

친권자가 ① 자녀의 재산에 대해 부적당한 관리를 하여 ② 자녀의 재산을 위태롭게 하여야 한다. 친권자의 부적당한 관리에는 적극적인 행위뿐만 아니라 필요한 조치를 취하지 아니하는 소극적인 행위도 포함된다.[2)] 예를 들어 자녀의 재산을 투기사업에 투자하거나 낭비 기타 소홀히 관리하는 경우가 있다.[3)]

판례는 친권자가 자력으로 생활을 할 수 없어 생계유지를 위하여 자녀의 재산을 처분하였다면 이는 자녀의 재산을 부적당하게 관리하여 자녀의 재산을 위태롭게 하였다고 볼 수는 없다고 하였다.[4)]

---

1) 김주수·김상용, 484; 이경희·윤부찬, 270; 백경희(2015), 309; 주석친족(2), 497(이은정).
2) 주석친족(2), 495(이은정); 제요[2], 1549.
3) 윤진수, 282; 김주수·김상용, 484; 제요[2], 1548-1549.
4) 대법원 1962. 9. 20. 선고 62다287 판결.

친권상실 사유와 재산관리권 상실 사유는 기본적으로 동일하고 다만 부당성의 정도에서 친권상실 사유가 더 클 뿐이라고 할 수 있다.[5]

Ⅲ. 대리권·재산관리권의 상실 선고 절차

1. 당사자

청구인은 자녀의 친족, 검사 또는 지방자치단체의 장이다(본조). 자녀는 청구권자에서 제외되어 있다.[6] 이에 대해 자녀가 친권의 전부 상실을 청구할 수 있는데도(§924), 친권의 일부 상실에 해당하는 대리권·재산관리권 상실을 청구할 수 없다는 것은 균형이 맞지 않는다는 입법론상 비판이 있다.[7] 상대방은 친권자이다(家訴規 §101 ①).

대리권·재산관리권 상실 청구를 포기하는 내용의 계약은 공서양속에 위반되어 무효라는 것이 판례이다.[8]

2. 심리절차

대리권·재산관리권 상실 선고 청구는 마류 비송사건이다[家訴 §2 ① ii 나. 7]]. 조정전치주의가 적용된다(家訴 §50). 당사자가 임의로 처분할 수 없는 사항에 대해서 조정이 성립하여도 재판상 화해와 동일한 효력이 없으므로(家訴 §59 ② 단서), 대리권·재산관리권을 상실한다는 내용의 조정이 성립하여도 효력이 없다.[9] 토지관할은 상대방의 보통재판적(주소지 등)이 있는 곳 관할 가정법원이고(家訴 §46), 사물관할은 단독판사에게 속한다(사물관할규칙 §3 참조).

대리권·재산관리권 상실 심판이 청구된 경우 가정법원은 직권 또는 당사자의 신청에 의해 사전처분으로 감호와 양육을 위한 적당한 처분을 할 수 있다(家訴 §62 ①). 이 경우 가정법원이 사전처분(家訴 §62)으로 친권자의 친권, 대리권, 재산관리권을 전부 또는 일부 정지한 경우에는 심판확정시까지 그 권한을 대행할 자를 지정하여야 한다(家訴規 §102 ①). 사전처분에 대해서는 즉시항고할 수 있다(家訴 §62 ④).

대리권·재산관리권 상실 선고 청구를 기각한 심판에 대해서는 청구인이 즉시항고할 수 있다(家訴規 §94 ①). 청구를 인용한 심판, 즉 대리권·재산관리권 상실 선고 심

5) 윤진수, 283 참조.
6) 박동섭·양경승, 438; 신영호·김상훈·정구태, 228; 윤진수, 282; 백경희(2015), 315.
7) 김주수·김상용, 484; 백경희(2015), 323; 주석친족(2), 496(이은정); 입법론에서 나아가 해석론으로 자녀도 여기의 청구권자에 포함된다는 견해로 박희호·이동건, 177.
8) 대법원 1977. 6. 7. 선고 76므34 판결.
9) 박동섭·양경승, 438; 송덕수, 243; 제요[2], 1550.

판에 대해서는 상대방 또는 자녀의 친족, 검사 또는 지방자치단체의 장이 즉시항고할 수 있다(家訴規 §103). 즉시항고기간은 14일인데(家訴 §43 ⑤), 심판을 고지받지 않는 자녀의 친족 등의 즉시항고기간은 당사자인 청구인 또는 상대방에게 심판이 최후로 고지된 때부터 진행한다(家訴規 §94 ③).10) 대리권·재산관리권 상실 선고 심판은 즉시항고할 수 있는 심판이므로 확정되어야 효력이 있다(家訴 §40 단서).

대리권·재산관리권 상실 선고 심판이 확정되면 가정법원은 지체 없이 가족관계등록 사무를 처리하는 사람에게 가족관계등록부에 등록할 것을 촉탁하여야 한다(家訴 §9, 家訴規 §5 ① ⅰ). 이와 별도로 그 청구인은 재판확정일부터 1개월 이내에 그 내용을 신고하여야 한다(家登 §79 ② ⅳ, §58). 이는 보고적 신고이다. 대리권·재산관리권 상실에 관한 가족관계등록부의 기재는 법원의 촉탁 또는 신고에 의해 이루어진다.11) 대리권·재산관리권 상실 선고에 의해 미성년후견이 개시된 경우에는 미성년후견인은 취임일부터 1개월 이내에 미성년후견 개시 신고를 하여야 한다(家登 §80 ①).

Ⅳ. 대리권·재산관리권 상실 효과

대리권·재산관리권 상실 심판이 확정되면 친권자는 친권 중 대리권·재산관리권을 상실한다(형성효).12) 대리권·재산관리권을 상실한 친권자는 유언으로 미성년후견인을 지정할 수도 없다(§931 ① 단서).

부모 중 다른 일방에게 대리권·재산관리권이 있으면 그 다른 일방이 단독으로 대리권·재산관리권을 행사하게 되고, 부모 쌍방이 대리권·재산관리권을 상실하는 등으로 다른 친권자가 없게 되면 그 부분에 관하여 후견이 개시된다(§928).13) 후견이 개시되면 법원은 직권으로 미성년후견인을 선임한다(§932 ②). 그러나 친권 중 신분에 관한 사항은 종전의 친권자가 여전히 친권을 행사할 수 있다.14)

10) 제요[2], 1534, 1551.
11) 법원행정처 등록실무[Ⅱ], 97-99.
12) 김주수·김상용, 485; 윤진수, 283.
13) 김주수·김상용, 485; 송덕수, 243; 윤진수, 283.
14) 김주수·김상용, 485; 박동섭·양경승, 438; 송덕수, 243; 윤진수, 283.

第925條의2 (친권 상실 선고 등의 판단 기준)

① 제924조에 따른 친권 상실의 선고는 같은 조에 따른 친권의 일시 정지, 제924조의2에 따른 친권의 일부 제한, 제925조에 따른 대리권·재산관리권의 상실 선고 또는 그 밖의 다른 조치에 의해서는 자녀의 복리를 충분히 보호할 수 없는 경우에만 할 수 있다.

② 제924조에 따른 친권의 일시 정지, 제924조의2에 따른 친권의 일부 제한 또는 제925조에 따른 대리권·재산관리권의 상실 선고는 제922조의2에 따른 동의를 갈음하는 재판 또는 그 밖의 다른 조치에 의해서는 자녀의 복리를 충분히 보호할 수 없는 경우에만 할 수 있다.

참고문헌: 권재문(2014), "친권의 제한·정지 제도 도입을 위한 검토사항", 가족법연구 28-1

Ⅰ. 본조의 취지

본조는 친권 제한 제도의 보충성을 규정한 것이다.[1] 여기서 보충성은 친권상실 등 친권 제한 조치는 그보다 약한 친권 제한 조치에 의해 자녀의 복리를 보호할 수 있으면 할 수 없다는 것이다. 이는 친권에 대한 제한은 필요·최소한에 그쳐야 한다는 비례의 원칙에 입각한 것이다.[2] 비례의 원칙을 위반한 친권의 제한은 자녀의 복리에 반할 수 있다.[3]

본조가 각종 친권 제한 제도에 관하여 보충성을 규정하고 있기는 하지만, 이것이 친권 제한 정도가 약한 조치를 실제로 먼저 하고 그 이후에야 친권 제한 정도가 더 강한 조치를 할 수 있다는 의미는 아니다.[4]

1) 송덕수, 239; 윤진수, 280.
2) 김주수·김상용, 487; 윤진수, 280.
3) 김주수·김상용, 487.
4) 김주수·김상용, 487; 권재문(2014), 38-39; 주석친족(2), 501(이은정).

Ⅱ. 친권 상실의 보충성

친권상실 선고는 친권의 일시 정지(§924), 일부 제한(§924-2), 대리권·재산관리권 상실(§925) 또는 그 밖의 다른 조치에 의해서 자녀의 복리를 충분히 보호할 수 없는 경우에만 할 수 있다(본조 ①). 여기서 규정하는 '그 밖의 다른 조치'에는 친권자의 동의를 갈음하는 재판(§922-2)이 있다.

Ⅲ. 친권 일시 정지, 일부 제한, 대리권·재산관리권 상실의 보충성

친권 일시 정지, 일부 제한, 대리권·재산관리권 상실 선고는 친권자의 동의를 갈음하는 재판(§922-2) 또는 그 밖의 다른 조치에 의해 자녀의 복리를 충분히 보호할 수 없는 경우에만 할 수 있다. 여기서 규정하는 '그 밖의 다른 조치'가 무엇인지 본조에서 명확하게 규정하고 있지는 않으나, 예를 들어 아동학대범죄가 있는 경우 「아동학대범죄의 처벌 등에 관한 특례법」상 피해아동보호명령으로서 피해아동의 주거지 등으로부터 퇴거 등 격리(§47 ① i), 접근 제한(§47 ① ii), 전기통신 이용 접근 제한(§47 ① iii),[5] 「아동복지법」상 보호조치(§15)[6] 등을 들 수 있다.

Ⅳ. 친권 일시 정지, 일부 제한, 대리권·재산관리권 상실 사이의 관계

친권의 일시 정지 선고(§924)와 일부 제한 선고(§924-2), 그리고 대리권·재산관리권 상실(§925) 사이의 관계에 대하여는 본조에 정함이 없다. 이들 사이에 우선 관계는 없고, 가정법원이 어느 것이 적절한지 개별적으로 판단할 문제라는 것이 대체적인 견해이다.[7] 이러한 점은 입법 과정에서도 같은 취지로 논의되어 본조에서 이들 사이의 관계에 관하여 따로 명시하지 않기로 하였다고 한다.[8]

Ⅴ. 청구취지와 심판

판례는 친권 상실 청구가 있어도 친권 상실사유에는 해당하지 않지만 자녀의 복

5) 김주수·김상용, 488; 주석친족(2), 502(이은정).
6) 주해친족(초판, 1권), 1150(권재문).
7) 송덕수, 241; 신영호·김상훈·정구태, 227; 윤진수, 284-285; 주석친족(2), 501, 주1(이은정).
8) 권재문(2014), 37.

리를 위하여 친권의 일부 제한이 필요하다고 볼 경우 청구취지에 구속되지 않고 친권의 일부 제한을 선고할 수 있다고 하였다.[9] 이러한 판례의 취지를 고려하면, 친권 상실 청구가 있더라도 친권의 일시 정지 또는 대리권·재산관리권만의 상실선고를 할 수도 있다고 보아야 한다.[10]

반대로 친권의 일부 제한, 일시 정지, 대리권·재산관리권 상실 청구만 한 경우 법원이 친권 상실의 선고를 할 수 있는지에 관해서는 긍정하는 견해와[11] 부정하는 견해가[12] 대립하고, 하급심 실무례 중에는 긍정한 사례가 있다.[13] 자녀의 복리 우선, 가정법원의 재량, 비송사건의 특징 등을 고려하면, 긍정하는 것이 타당하지 않을까 생각된다.

9) 대법원 2018. 5. 25.자 2018스520 결정.
10) 김주수·김상용, 474; 윤진수, 280.
11) 윤진수, 280; 주석친족(2), 478(이은정).
12) 김주수·김상용, 474; 조인선(2019), 72; 같은 취지, 신영호·김상훈·정구태, 225.
13) 수원지방법원 2018. 12. 7.자 2017느단2719등 심판; 기타 제요[2], 1531－1532 참조.

第 925 條의3 (부모의 권리와 의무)

제924조와 제924조의2, 제925조에 따라 친권의 상실, 일시 정지, 일부 제한 또는 대리권과 재산관리권의 상실이 선고된 경우에도 부모의 자녀에 대한 그 밖의 권리와 의무는 변경되지 아니한다.

참고문헌: 권재문(2014), "친권의 제한·정지 제도 도입을 위한 검토사항", 가족법연구 28-1' 엄경천(2016), "친권의 본질에 관한 검토", 가족법연구 30-1

Ⅰ. 본조의 취지

본조는 친권의 상실, 일시 정지, 일부 제한·대리권·재산관리권 상실 선고가 있어도 부모의 자녀에 대한 그 밖의 권리·의무는 변경되지 않는다는 점을 정한 규정이다. 이는 부모가 친권자로서의 권리가 제한되었을 수는 있어도 부모로서의 권리·의무는 유지된다는 취지이다.[1] 이는 당연한 법리를 주위적으로 규정한 것이라고 할 수 있다.[2]

Ⅱ. 본조의 내용

친권의 상실 또는 일시 정지·일부 제한 등이 되어도 부모와 자녀 관계는 존속하므로, 거기서 발생하는 권리·의무는 영향이 없다.[3] 예를 들어 부모의 자녀에 대한 부양의무는 그대로 존속하고,[4] 부모와 자녀 사이의 상속관계도 그대로 존속한다.[5] 친권의 일부가 제한된 경우에 친권자가 나머지 친권을 행사할 수 있음은 물론이다.[6]

1) 권재문(2014), 48-49.
2) 주석친족(2), 505(이은정).
3) 김주수·김상용, 488; 이에 대해 자세한 분석은 엄경천(2016), 149-150 참조.
4) 김주수·김상용, 488; 송덕수, 239; 윤진수, 280; 주석친족(2), 479, 505(이은정); 제요[2], 1532.
5) 김주수·김상용, 488; 송덕수, 239; 주석친족(2), 479, 505(이은정); 제요[2], 1532.
6) 주석친족(2), 505(이은정).

친권자로서가 아니라 부모로서 행사하는 권한이 있다. 그중 친권을 상실한 부모는 미성년자 입양에 대한 동의권과 친양자 입양에 대한 동의권을 행사할 수 없음이 규정상 명백하다(§870 ① ii, §908-2 ① iii 단서).

그러나 친권을 상실한 부모가 만 18세 이상 미성년자의 약혼 또는 혼인에 대한 동의권(§801, §808 ①)을 행사할 수 있는지, 13세 이상의 미성년자의 파양 청구에 대한 동의권(§906 ②)을 행사할 수 있는지에 대해서는 긍정설과[7] 부정설이[8] 대립한다. 자녀의 복리를 고려할 때 친권을 상실한 부모는 위와 같은 동의권을 행사할 수 없도록 함이 타당하나, 민법 규정의 문언상으로는 그와 같이 제한 해석할 근거가 부족하다고 생각된다.

---

7) 박동섭·양경승, 435; 송덕수, 239; 이경희·윤부찬, 270; 김주수·김상용, 96-97(다만 이 문헌에서는 입법론으로는 친권을 상실한 부모는 동의권을 행사할 수 없도록 해야 한다고 한다).

8) 양수산, 193.

第 926 條 (실권 회복의 선고)

가정법원은 제924조, 제924조의2 또는 제925조에 따른 선고의 원인이 소멸된 경우에는 본인, 자녀, 자녀의 친족, 검사 또는 지방자치단체의 장의 청구에 의하여 실권(失權)의 회복을 선고할 수 있다.

■ **참고문헌:** 권재문(2014), "친권의 제한·정지 제도 도입을 위한 검토사항", 가족법연구 28-1

Ⅰ. 본조의 취지

본조는 친권상실, 일시 정지, 일부 제한, 대리권·재산관리권 상실 사유가 소멸한 경우 친권 회복에 관한 규정이다. 친권의 상실 등은 종국적인 것이 아니고 자녀의 복리를 위해서는 친권이 회복될 수 있다.

Ⅱ. 실권 회복의 요건

친권상실, 일시 정지(§924), 친권의 일부 제한(§924-2), 대리권·재산관리권 상실(§925)의 원인이 소멸하여야 한다. 이는 단순히 현재 그 원인이 소멸하였다는 것뿐만 아니라 향후에도 그러한 원인이 발생하지 않을 것이라고 인정되는 경우를 의미한다고 해석된다.[1)]

친권이 일시 정지된 경우 그 정지 기간이 지나면 별도로 회복 선고 심판이 없더라도 친권자가 친권을 행사할 수 있으나, 그 정지 기간이 지나기 전이라도 일시 정지 사유가 소멸하면 친권자는 실권 회복 선고를 받을 수 있다.[2)]

본조에 명문으로 규정되지는 않았지만, 친권상실 등 원인이 소멸하여도 친권자

1) 이경희·윤부찬, 272-273; 주석친족(2), 507-508(이은정).
2) 김주수·김상용, 489; 주석친족(2), 508(이은정); 제요[2], 1553.

가 친권을 회복하도록 하는 것이 자녀의 복리에 부합하여야 실권 회복 선고를 할 수 있다고 해석해야 한다.[3] 자녀가 이미 성년이 된 경우에는 회복될 친권이 소멸하였으므로 실권 회복 선고를 할 수 없다.[4]

Ⅲ. 실권 회복 선고 절차

1. 당사자

청구인은 친권이 제한된 친권자 본인, 자녀, 자녀의 친족, 검사 또는 지방자치단체의 장이다(본조). 2014. 10. 15. 개정으로 청구권자에 자녀, 검사와 지방자치단체의 장이 추가되었다.[5] 상대방은 청구 당시 친권 또는 친권의 일부, 대리권·재산관리권을 행사하거나 이를 대행하고 있는 자이다(家訴規 §101 ②). 예를 들면 부부가 공동으로 친권을 행사하다가 일방의 친권이 상실되거나 일부 제한 등이 되면 그 다른 일방이 상대방이 되고, 친권상실 등에 따라 미성년후견이 개시된 경우에는 미성년후견인이 상대방이 된다.[6] 상대방으로 될 자가 없는 경우에는 검사를 상대로 청구할 수 있다는 것이 실무이다.[7]

2. 심리 절차

실권 회복 청구 사건은 마류 비송사건이다[家訴 §2 ① ii 나. 7)]. 조정전치주의가 적용된다(家訴 §50). 당사자가 임의로 처분할 수 없는 사항에 대해서 조정이 성립하여도 재판상 화해와 동일한 효력이 없으므로(家訴 §59 ② 단서), 실권을 회복한다는 내용의 조정이 성립하여도 효력이 없다.[8] 토지관할은 상대방의 보통재판적(주소지 등)이 있는 곳 관할 가정법원이고(家訴 §46), 사물관할은 단독판사에게 속한다(사물관할규칙 §3 참조).

실권 회복 선고 청구를 기각한 심판에 대해서는 청구인이 즉시항고할 수 있다(家訴規 §94 ①). 청구를 인용한 심판, 즉 실권 회복 선고 심판에 대해서는 상대방 또는 자녀의 친족, 검사 또는 지방자치단체의 장이 즉시항고할 수 있다(家訴規 §103). 즉시항고기간은 14일인데(家訴 §43 ⑤), 심판을 고지받지 않는 자녀의 친족 등의 즉시항고기간

3) 제요[2], 1554; 주석친족(2), 508(이은정).
4) 주석친족(2), 508(이은정).
5) 권재문(2014), 45−46 참조.
6) 주석친족(2), 509(이은정).
7) 제요[2], 1554; 주석친족(2), 508−509(이은정).
8) 박동섭·양경승, 439; 송덕수, 244; 주석친족(2), 509(이은정).

은 당사자인 청구인 또는 상대방에게 심판이 최후로 고지된 때부터 진행한다(家訴規 §94 ③). 실권 회복 선고 심판은 즉시항고할 수 있는 심판이므로 확정되어야 효력이 있다(家訴 §40 단서).

실권 회복 선고 심판이 확정되면 가정법원은 지체 없이 가족관계등록 사무를 처리하는 사람에게 가족관계등록부에 등록할 것을 촉탁하여야 한다(家訴 §9, 家訴規 §5 ① i, i-2). 이와 별도로 그 청구인은 재판확정일부터 1개월 이내에 그 내용을 신고하여야 한다(家登 §79 ② iii, iv, §58). 이는 보고적 신고이다. 실권 회복에 관한 가족관계등록부의 기재는 법원의 촉탁 또는 신고에 의해 이루어진다.[9)]

3. 심리·판단

상실된 친권 전체의 회복을 청구하더라도 심리 결과 자녀의 복리를 위해서 상실된 친권 중 일부만 회복시키는 것이 적절하면 그 일부만 회복시키는 내용의 심판도 할 수 있다.[10)]

Ⅳ. 실권 회복의 효과

실권 회복 선고 심판이 확정되면 친권을 상실하였던 친권자가 친권을 회복한다. 친권의 상실 또는 제한에 따라 미성년후견이 개시되었던 경우 후견은 종료한다.[11)]

다만 부모 중 일방이 단독 친권자로 지정되었던 경우 단독 친권자가 친권 상실 등의 선고를 받은 후 다른 일방이 다시 단독 친권자로 정해졌다면, 종전 단독 친권자가 실권 회복 선고를 받았다고 하더라도 바로 친권을 회복하는 것은 아니고 가정법원의 심리를 거쳐 새로 친권자 지정을 받아야 한다(§927-2 ②). 이에 대해서는 §927-2 주석 참조.

9) 법원행정처 등록실무[Ⅱ], 99-100.
10) 주석친족(2), 509(이은정); 제요[2], 1555.
11) 김주수·김상용, 489; 송덕수, 244; 주석친족(2), 511(이은정); 제요[2], 1557.

第 927 條 (代理權, 管理權의 辭退와 回復)

① 法定代理人인 親權者는 正當한 事由가 있는 때에는 法院의 許可를 얻어 그 法律行爲의 代理權과 財産管理權을 辭退할 수 있다.

② 前項의 事由가 消滅한 때에는 그 親權者는 法院의 許可를 얻어 辭退한 權利를 回復할 수 있다.

Ⅰ. 본조의 취지

본조는 친권자의 대리권·재산관리권 사퇴와 회복에 관한 규정이다. 민법은 친권 전체의 사퇴나 포기는 인정하지 않는다.[1] 자녀의 신분 또는 신상에 관한 친권도 사퇴할 수 없다.[2] 친권자의 대리권·재산관리권 사퇴에 법원의 허가를 받도록 한 것은 친권자가 함부로 대리권·재산관리권을 사퇴하거나 친권자의 진의에 의하지 않은 사퇴를 막기 위해서이다.[3]

Ⅱ. 대리권·재산관리권 사퇴

1. 요건

친권자는 정당한 사유가 있는 경우 법원의 허가를 받아 대리권과 재산관리권을 사퇴할 수 있다(본조 ①). 정당한 사유가 있는지 여부는 구체적 사안에서 자녀의 복리에 비추어 판단되어야 한다.[4] 예를 들어 질병, 복역·해외거주 등 장기 부재 등으로 자녀의 재산을 관리할 수 없는 경우 정당한 사유를 인정할 수 있다.[5]

1) 박동섭·양경승, 440; 송덕수, 244; 윤진수, 283.
2) 송덕수, 244; 주석친족(2), 514(이은정).
3) 주석친족(2), 514(이은정); 제요[2], 1037.
4) 주해친족(초판, 1권), 1159(권재문).
5) 김주수·김상용, 489−490; 박동섭·양경승, 440; 윤진수, 283 참조.

2. 절차

대리권·재산관리권 사퇴 허가 사건은 라류 비송사건이다[家訴 §2 ① ii 가. 17)]. 토지관할은 미성년자 자녀 주소지 관할 가정법원이고(家訴 §44 ① v), 사물관할은 단독판사에게 속한다(사물관할규칙 §3 참조).

청구권자는 친권자에 한정된다. 청구기각 심판에 대해서는 청구인이 즉시항고할 수 있다(家訴規 §27). 사퇴 허가 심판에 대해서는 불복할 수 없으므로, 심판의 고지로 효력이 발생한다(家訴 §40 본문).

친권자의 대리권·재산관리권 사퇴 허가 심판이 있으면 가정법원은 지체 없이 가족관계등록 사무를 처리하는 사람에게 그 뜻을 통지하여야 한다(家訴規 §7 ① iv). 이와 별도로 그 청구인은 1개월 이내에 그 내용을 신고하여야 한다(家登 §79 ② iv, §58). 이는 보고적 신고이다.[6] 대리권·재산관리권 사퇴에 관한 가족관계등록부의 기재는 촉탁 또는 신고에 의해 이루어진다.[7]

3. 효과

친권자 일방이 대리권과 재산관리권을 사퇴하면 다른 일방이 단독으로 그 대리권과 재산관리권을 행사하고, 친권자가 없으면 후견이 개시된다(§928).[8]

Ⅲ. 대리권·재산관리권 회복

1. 요건

대리권·재산관리권 사퇴 사유가 소멸하면 사퇴한 친권자가 가정법원의 허가를 받아 사퇴한 권리를 회복할 수 있다(본조 ②).

2. 절차

대리권·재산관리권 사퇴 회복 허가 사건은 라류 비송사건이다[家訴 §2 ① ii 가. 17)]. 토지관할은 미성년자 자녀 주소지 관할 가정법원이고(家訴 §44 ① v), 사물관할은 단독판사에게 속한다(사물관할규칙 §3 참조).

청구권자는 대리권·재산관리권을 사퇴하였던 친권자이다. 청구기각 심판에 대해서는 청구인이 즉시항고할 수 있다(家訴規 §27). 사퇴 회복 허가 심판에 대해서는 불

6) 주석친족(2), 516(이은정).
7) 법원행정처 등록실무[Ⅱ], 97-99.
8) 김주수·김상용, 490; 박동섭·양경승, 440.

복할 수 없으므로, 심판의 고지로 효력이 발생한다(家訴 §40 본문).

친권자의 대리권·재산관리권 사퇴 회복 허가 심판이 있으면 가정법원은 지체 없이 가족관계등록 사무를 처리하는 사람에게 그 뜻을 통지하여야 한다(家訴規 §7 ① iv). 이와 별도로 그 청구인은 1개월 이내에 그 내용을 신고하여야 한다(家登 §79 ② iv, §58). 이는 보고적 신고이다.[9] 대리권·재산관리권 사퇴 회복에 관한 가족관계등록부의 기재는 촉탁 또는 신고에 의해 이루어진다.[10]

3. 효과

대리권·재산관리권 사퇴 회복 허가 심판이 확정되면 친권자는 다시 대리권·재산관리권을 행사할 수 있고, 후견이 개시되었다면 후견은 종료된다.[11]

9) 주석친족(2), 519(이은정).
10) 법원행정처 등록실무[Ⅱ], 99−100.
11) 김주수·김상용, 490; 주석친족(2), 518(이은정).

第 927 條의2 (친권의 상실, 일시 정지 또는 일부 제한과 친권자의 지정 등)

① 제909조제4항부터 제6항까지의 규정에 따라 단독 친권자가 된 부 또는 모, 양부모(친양자의 양부모를 제외한다) 쌍방에게 다음 각 호의 어느 하나에 해당하는 사유가 있는 경우에는 제909조의2제1항 및 제3항부터 제5항까지의 규정을 준용한다. 다만, 제1호의3·제2호 및 제3호의 경우 새로 정하여진 친권자 또는 미성년후견인의 임무는 제한된 친권의 범위에 속하는 행위에 한정된다.

1. 제924조에 따른 친권상실의 선고가 있는 경우

1의2. 제924조에 따른 친권 일시 정지의 선고가 있는 경우

1의3. 제924조의2에 따른 친권 일부 제한의 선고가 있는 경우

2. 제925조에 따른 대리권과 재산관리권 상실의 선고가 있는 경우

3. 제927조제1항에 따라 대리권과 재산관리권을 사퇴한 경우

4. 소재불명 등 친권을 행사할 수 없는 중대한 사유가 있는 경우

② 가정법원은 제1항에 따라 친권자가 지정되거나 미성년후견인이 선임된 후 단독 친권자이었던 부 또는 모, 양부모 일방 또는 쌍방에게 다음 각 호의 어느 하나에 해당하는 사유가 있는 경우에는 그 부모 일방 또는 쌍방, 미성년자, 미성년자의 친족의 청구에 의하여 친권자를 새로 지정할 수 있다.

1. 제926조에 따라 실권의 회복이 선고된 경우

2. 제927조제2항에 따라 사퇴한 권리를 회복한 경우

3. 소재불명이던 부 또는 모가 발견되는 등 친권을 행사할 수 있게 된 경우

▌**참고문헌:** 권재문(2013), "친권자의 공백 상황에 대처하기 위한 법정대리인의 결정", 가족법연구 27－1; 김상용(2014), "2011년 가족법의 개정 동향", 가족법연구 Ⅳ; 김상용(2019), "위탁아동의 친권과 후견 보호의 공백에 처한 아동들", 가족법연구 Ⅴ

Ⅰ. 서

1. 본조의 취지

본조는 단독 친권자 등이 친권상실 선고 등에 의해 친권을 행사할 수 없게 된 경우 친권자를 새로 정하기 위한 규정이다. 본조는 단독 친권자 등이 친권상실 선고 등을 받은 경우에도 단독 친권자가 사망한 경우에 관한 §909-2 ①, ③~⑤을 준용하여 친권자 지정 청구에 의해 가정법원이 친권자를 지정하고 친권자 지정 청구가 없는 경우 가정법원이 미성년후견인을 선임하도록 하였다.

한편 본조는 위와 같은 사유로 친권자가 지정되거나 미성년후견인이 선임된 이후에는 종래의 단독 친권자가 실권 회복 선고 등으로 다시 친권을 행사할 수 있게 되었다 하더라도 친권이 당연히 부활하는 것은 아니고 가정법원이 새로 친권자를 지정하도록 하였다.

2. 본조의 신설 취지

본조는 2011. 5. 19. 신설되어 2013. 7. 1.부터 시행되었다. 본조가 신설된 취지는 §909-2와 동일하다. 본조 신설 전 실무에 의하면 이혼 등으로 단독 친권자가 사망한 경우뿐만 아니라 친권상실 선고를 받은 경우에도 다른 일방의 친권이 부활한다고 보았다.[1] 그러나 이러한 실무는 생존친이 친권자로 적합하지 않은 경우에도 자동적으로 친권자가 되는 것은 자녀의 복리에 부합하지 않는다는 문제가 있었다.[2] 이 문제는 본조에 의해 입법적으로 해결되었다. 이는 가정법원이 심리를 거쳐 친권자를 지정하거나 미성년후견임을 선임하도록 함으로써 친권이 없었던 부적격의 부 또는 모가 당연히 친권자가 되는 것을 방지한 것이다.[3]

---

1) 등록예규 제286호 §10.; 종래 실무에 대한 설명으로 윤진수·현소혜, 2013년개정민법; 주석친족(2), 523(이은정) 참조.

2) 김상용(2014), 81-82

3) 김주수·김상용, 490-491; 윤진수·현소혜, 2013년개정민법, 193.

Ⅱ. 본조 ①의 규율 내용

1. 단독 친권자가 친권을 행사할 수 없게 된 경우

가. 적용 요건

(1) § 909 ④~⑥에 의해 단독 친권자가 정해졌을 것

부모의 협의·재판상 이혼, 혼인의 취소, 혼인외 자녀에 대한 임의인지, 강제인지 등의 사유로 단독 친권자가 정해진 경우이어야 한다. 임의인지, 협의이혼의 경우에는 부모의 협의로 친권자를 정하고, 협의할 수 없거나 협의가 되지 않은 경우에 가정법원이 친권자를 정한다(§909 ④). 혼인 취소, 재판상 이혼, 강제인지의 경우에는 가정법원이 친권자를 정한다(§909 ⑤). 가정법원은 자녀의 복리를 위하여 필요하다고 인정하면 일단 정해진 단독 친권자를 다른 일방으로 변경할 수도 있다(§909 ⑥).

하급심 중에는 모의 인적사항은 불분명하고 부는 인적사항이 확인되지만 자녀를 전혀 양육하지 않는 사안에서, 이 경우 본조 ① ⅳ를 유추적용할 수 없다는 이유로 가정위탁모의 미성년후견인 선임 청구를 기각한 사례가 있다.[4] 학설 중에는 단독 친권자 외에 다방 부모가 생존해 있었는지 여부에 따라 결론이 달라지는 것은 부당하다는 등의 이유로 위와 같은 경우 본조 ①을 적용할 수 있다는 견해도 있다.[5] 그러나 위와 같은 경우에는 §909 ④~⑥에 의해 단독 친권자가 정해진 것이 아니므로, 본조 ①을 적용할 수는 없다고 할 것이다. 실무는 이러한 경우 대체로 친권상실 또는 친권의 일부 제한 선고 등을 먼저 거친 다음에야 미성년후견이 개시된다고 보고 있다.[6] 그러나 사실상의 이유로 친권자가 없는 경우에도 §928의 미성년후견개시 사유가 된다는 것이 통설이므로(§928 주석 참조),[7] 위와 같은 경우에는 §928에 의해 미성년후견이 개시된다고 보아야 할 것이다.[8]

(2) 단독 친권자가 친권을 행사할 수 없는 사유가 발생하였을 것

㈎ 친권상실 선고 등이 있는 경우(본조 ① ⅰ~ⅲ)

단독 친권자가 친권상실, 일시 정지, 일부 제한, 대리권·재산관리권 상실 선고를 받거나 대리권·재산관리권을 사퇴함으로써 친권의 전부 또는 일부를 행사할 수 없는

4) 대구가정법원 2017. 5. 29.자 2016브1037 결정(이에 대한 재항고는 대법원 2017. 9. 26.자 2017스561 결정으로 심리불속행기각).
5) 김상용(2019), 177.
6) 제요[2], 1005, 1327. 다만 예외적으로 본조 ① ⅳ를 유추적용하여 미성년후견인 선임을 하는 실무례도 있다고 한다.
7) 김주수·김상용, 506; 송덕수, 247; 박동섭·양경승, 447; 윤진수, 288.
8) 결과에서 같은 취지, 김상용(2019), 177.

사유가 발생하여야 한다. 이는 법률상 사유로 친권을 행사할 수 없는 사유이다.

(나) 소재불명 등 친권을 행사할 수 없는 중대한 사유가 있는 경우(본조 ① ⅳ)

단독 친권자가 소재불명 등 친권을 행사할 수 없는 중대한 사유가 있는 경우에도 가정법원은 새로 친권자를 지정하거나 미성년후견인을 선임한다. 이는 단독 친권자가 사실적인 사유로 친권을 행사할 수 없는 경우에도 친권상실 등에 준하여 봄으로써 자녀의 보호 공백을 메우기 위한 것이다.[9] 여기서 친권을 행사할 수 없는 중대한 사유란 친권자가 사실상인 사유로 친권을 행사할 수 없게 된 모든 경우를 의미한다.[10]

본조 ① ⅳ는 소재불명 등 친권을 행사할 수 없는 중대한 사유가 발생하면 친권이 소멸한 것으로 의제하는 것이라는 견해가 있다.[11] 그러나 단독 친권자의 소재를 알 수 없다고 하여 친권이 소멸하였다고 간주하기는 어렵다고 생각되고, 타방 부모가 다시 친권자로 지정된 때 비로소 종전 단독 친권자의 친권이 소멸한다고 보아야 한다.

(3) 타방 부모가 생존해 있을 것

단독 친권자가 아닌 타방 부모가 생존해 있어야 한다. 본조 ①에서 이러한 요건을 명확하게 규정한 것은 아니지만, 본조 ①의 취지가 단독 친권자가 아닌 타방 부모를 다시 친권자로 지정할 것인지에 관한 것이므로 타방 부모가 이미 사망하였다면 본조 ①은 적용될 여지가 없다. 단독 친권자에게 본조 ① 각호의 사유가 발생하였을 당시 타방 부모가 이미 사망한 경우에는 미성년후견이 개시된다고 보아야 한다(§928).

하급심 중에는 이혼 후 부모 일방이 단독 친권자로 정해진 다음 다른 부모 일방이 사망한 사안에서 단독 친권자가 사실상 친권을 행사할 수 없는 중대한 사유가 있다는 이유로 본조 ① ⅳ, §909－2 ③을 적용하여 미성년후견인 선임 청구를 인용한 심판례가 있다.[12] 그러나 부모 일방이 단독 친권자로 정해진 후 다른 부모 일방이 사망한 경우는 본조 ①이 규율하는 상황이 아니므로, 위와 같은 경우에는 §924－2에 따라 친권을 일부 제한한 후 미성년후견인을 선임해야 할 것으로 생각된다.

나. 적용 효과

(1) 친권자 지정 청구

단독 친권자가 아닌 부 또는 모, 미성년자, 미성년자의 친족은 단독 친권자가 친권을 행사할 수 없는 사실을 안 날부터 1개월, 그 사실이 발생한 날부터 6개월 내에 가정법원에 생존하는 부 또는 모를 친권자로 지정할 것을 청구할 수 있다(본조 ①, §909－2 ① 준용).

---

9) 권재문(2013), 122.
10) 권재문(2013), 122－123; 주석친족(2), 530(이은정).
11) 김주수·김상용, 496; 김상용(2019), 179; 김상용(2014), 110; 주석친족(2), 528(이은정).
12) 제주지방법원 2015. 6. 3.자 2014느단513 심판.

여기서 친권을 행사할 수 없는 사실이라 함은 친권상실 등의 선고나 대리권·재산관리권 사퇴 허가가 있는 경우에는 그 심판의 확정을 말하고,[13] 그 외에는 기타 소재불명 등 친권을 행사할 수 없는 중대한 사유가 있는 객관적 사실의 발생을 의미한다.[14] 따라서 청구인이 그 심판확정이나 그 사실의 발생을 안 날부터 1개월 또는 그 심판확정일 또는 그 발생일부터 6개월 내에 친권자 지정을 청구해야 한다.

단독 친권자의 친권 일부 제한 선고, 대리권·재산관리권 상실 선고, 대리권·재산관리권 사퇴로 인해 새로 친권자가 지정된 경우에 그 친권자는 단독 친권자에게 제한된 친권의 범위에서만 친권을 행사할 수 있다(본조 ① 단서). 이에 따라 친권 중 일부가 단독 친권자에게 나머지가 새로 지정된 친권자에게 나뉘어 귀속한다.[15] 이를 일종의 공동 친권이라고 설명하는 견해도 있으나,[16] 친권 중 일부는 부모 일방이 단독으로 행사하고, 나머지는 타방이 단독으로 행사하는 상황이라는 점에서 친권을 공동으로 행사하여야 한다는 엄밀한 의미의 공동 친권과는 전혀 다른 상황이다. 다만 구체적으로 어떠한 친권이 누구에게 분속된 것인지에 관하여 분쟁이 생길 수 있다는 점을 고려하여 친권 일부에 대해서만 새로이 단독 친권자를 지정하는 것은 신중할 필요가 있다.[17]

(2) 미성년후견인 선임

친권자 지정 청구를 해야 하는 기간 내에 지정 청구가 없는 경우에는 가정법원은 직권으로 또는 미성년자, 미성년자의 친족, 이해관계인, 검사, 지방자치단체의 장의 청구에 의하여 미성년후견인을 선임할 수 있다(본조 ①, §909-2 ③ 전문 준용). 이 경우 생존하는 부 또는 모의 소재를 모르거나 그가 정당한 사유 없이 소환에 응하지 아니하는 경우를 제외하고 그에게 의견을 진술할 기회를 주어야 한다(본조 ①, §909-2 ③ 후문 준용).

단독 친권자의 친권 일부 제한 선고, 대리권·재산관리권 상실 선고, 대리권·재산관리권 사퇴로 인해 미성년후견인이 선임된 경우에 그 미성년후견인은 단독 친권자에게 제한된 친권의 범위에서만 임무를 수행할 수 있다(본조 ① 단서).

(3) 가정법원의 재량 판단

가정법원은 친권자 지정 청구나 후견인 선임 청구가 친권자가 아닌 부 또는 모의 양육의사 및 양육능력, 청구 동기, 미성년자의 의사, 그 밖의 사정을 고려하여 미성년자의 복리를 위하여 적절하지 아니하다고 인정하면 청구를 기각할 수 있고, 이

13) 김주수·김상용, 491 참조.
14) 김주수·김상용, 491, 496 참조.
15) 김주수·김상용, 494, 495; 김상용(2014), 109; 주석친족(2), 526-527(이은정).
16) 김주수·김상용, 494; 주석친족(2), 526(이은정).
17) 같은 취지, 주석친족(2), 526(이은정).

경우 가정법원은 직권으로 미성년후견인을 선임하거나 친권자 아닌 부 또는 모를 친권자로 지정하여야 한다(본조 ①, §909-2 ④ 준용). 따라서 가정법원은 친권자 지정 청구가 있어도 미성년후견인을 선임할 수 있고, 반대로 후견인 선임 청구가 있어도 친권자를 지정할 수 있다.

(4) 임무대행자 선임

본조에 따라 친권자가 지정되거나 미성년후견인이 선임될 때까지 가정법원은 직권으로 또는 미성년자, 미성년자의 친족, 이해관계인, 검사, 지방자치단체의 장의 청구에 의하여 제1항부터 제4항까지의 규정에 따라 친권자가 지정되거나 미성년후견인이 선임될 때까지 그 임무를 대행할 사람을 선임할 수 있다(본조 ①, §909-2 ⑤ 본문 준용).

임무대행자는 보존행위, 물건이나 권리의 성질을 변하지 아니하는 범위 내의 이용 또는 개량 행위를 넘는 행위를 할 때에는 법원의 허가를 받아야 한다(§25의 준용). 또한 가정법원은 직권 또는 미성년자, 후견감독인, 친족, 그 밖의 이해관계인, 검사, 지방자치단체의 장의 청구에 의하여 미성년자의 재산상황을 조사하고, 임무대행자에게 재산관리 등 임무 수행에 관하여 필요한 처분을 명할 수 있다(§954의 준용).

다. 절차

본조 ①에 따른 친권자 지정 심판, 미성년후견인 선임 심판, 임무대행자 선임 심판은 모두 라류 비송사건이다[家訴 §2 ① ii 가. 13)-2]. 그 각각의 절차는 §909-2에서 규정하고 있는 절차와 동일하다. 이에 대해 자세한 내용은 §909-2 주석 해당 부분 참조.

2. 양부모 쌍방이 친권을 행사할 수 없게 된 경우

본조 ①에 의하면 친양자의 양부모에게 본조 ① 각호의 사유가 발생하더라도 본조 ①의 적용 범위에서 제외하고 있다. 따라서 친양자의 양부모가 모두 친권상실 선고를 받았다면 §932 ①에 의해 미성년후견이 개시된다.

일반 양자의 양부모 쌍방에게 본조 ① 각호의 사유가 발생하여 친권을 행사할 수 없게 된 경우에 대해서는 해석상 주의할 점이 있다.

본조 ① 본문의 문언에 따르면 양부모에게 본조 ① 각호의 사유가 발생한 경우 §909-2 ①, ③, ④, ⑤이 준용된다고 규정하고 있다. 그러나 §909-2 ②는 준용 범위에서 제외하고 있으므로, 양부모 쌍방에게 본조 ① 각호의 사유가 발생하여 친권을 행사할 수 없게 된 경우에도 친생부모가 친권자 지정 청구를 할 수는 없고, 미성년후견이 개시된다고 해석하는 것이 대체적인 견해이다.[18] 다만 이 경우 미성년후견이 개

18) 윤진수·현소혜, 2013년개정민법, 193-194; 김주수·김상용, 497; 송덕수, 245; 주석친족(2), 531(이은정).

시되는 근거에 관하여 §909-2 ③ 전문이 적용된다는 견해와[19] §932 ①, ②가 적용된다는 견해가[20] 대립하나, 어느 견해에 따르더라도 가정법원이 직권으로 또는 미성년자, 미성년자의 친족, 이해관계인, 검사, 지방자치단체의 장의 청구에 의해 미성년후견인을 선임한다는 점은 동일하다.

§909-2 ①은 그 문언상 §909 ④-⑥에 따라 단독 친권자로 정해진 부모 일방이 사망한 경우에 적용되는 것이므로, 양부모 쌍방이 친권을 행사할 수 없게 된 경우에 준용될 여지가 없다. 그렇다면 본조 ①에서 "양부모 쌍방에게 친권을 행사할 수 없는 사유가 발생한 경우"를 규율하고 있는 의미는 무엇인가?

우선 양부모 쌍방에게 본조 ② 각호의 사유가 발생하여 친권을 행사할 수 없게 된 경우 §909-2 ③ 후문이 준용되므로 미성년후견인을 선임할 때 친생부모 일방 또는 쌍방의 소재를 모르거나 그가 정당한 사유 없이 소환에 응하지 아니하는 경우를 제외하고 친생부모에게 의견을 진술할 기회를 주어야 한다.[21]

또한 이 경우 §909-2 ⑤이 준용되므로, 미성년후견인이 선임될 때까지 가정법원은 직권으로 또는 미성년자, 미성년자의 친족, 이해관계인, 검사, 지방자치단체의 장의 청구에 의하여 그 임무를 대행할 사람을 선임할 수 있다.[22] 임무대행자는 보존행위, 물건이나 권리의 성질을 변하지 아니하는 범위 내의 이용 또는 개량 행위를 넘는 행위를 할 때에는 법원의 허가를 받아야 한다(§25의 준용). 또한 가정법원은 직권 또는 미성년자, 후견감독인, 친족, 그 밖의 이해관계인, 검사, 지방자치단체의 장의 청구에 의하여 미성년자의 재산상황을 조사하고, 임무대행자에게 재산관리 등 임무수행에 관하여 필요한 처분을 명할 수 있다(§954의 준용).

이러한 점이 본조 ①에서 양부모 쌍방에게 친권을 행사할 수 없는 사유가 발생한 경우를 규율하고 있는 점 중 하나이다.

그런데 §909-2 ④도 준용되는지에 대해서는 논란이 있다. 즉 양부모 쌍방이 친권을 행사할 수 없게 된 경우 §909-2 ④이 준용되어 가정법원이 자녀의 복리를 위하여 후견인 선임 청구를 기각하고 생존부모 일방 또는 쌍방을 친권자로 지정할 수 있는지가 문제된다. 부정설은 본조 ① 본문의 문언과 달리 §909-2 ④은 준용될 수 없으므로 가정법원이 후견인 선임 청구를 기각하고 생존부모 일방 또는 쌍방을 친권자로 지정할 수는 없다고 해석하는 견해가 있다.[23] 생존부모를 친권자로 지정하게 되면

19) §928 주석(현소혜) 참조.
20) 김주수·김상용, 497; 제요[2], 1007.
21) 김주수·김상용, 497; 김상용(2014), 111; 주석친족(2), 532(이은정); 제요[2], 1007.
22) 김상용(2014), 111-112.
23) 김주수·김상용, 497-498; 윤진수·현소혜, 2013년개정민법, 193.

양부모가 친권자가 된다는 것(§909 ① 후문)과 모순된다는 점, 이 경우 생존부모가 친권자가 되려면 그에 앞서 파양을 해야 한다는 점 등을 이유로 든다.[24] 그러나 이 경우 가정법원의 심판에 의하여 친권자를 지정하는 것이 양부모가 친권자가 된다는 정한 §909 ① 후문과 모순된다고 보기는 어렵다. §902－2 ②이 준용되지 않아 친생부모 친권자 지정 청구를 할 수 없다고 하더라도, §902－2 ④은 가정법원이 직권으로 친생부모를 친권자로 정하는 것이므로, §902－2 ②을 준용 규정에서 제외하는 것과 모순되는 것도 아니다. 또한 본조 ①은 친양자의 양부모가 친권을 행사할 수 없는 경우를 적용범위에서 제외하고 있는데 이러한 경우에는 친생부모의 친권이 부활할 여지가 없기 때문에 그와 같이 규정한 것이다. §902－2 ④을 준용하고 있는 본조 ①의 문언에 부합하게 이 경우 가정법원은 후견인 선임 청구를 기각하고 직권으로 친생부모 일방 또는 쌍방을 친권자로 지정할 수도 있다고 해석함이 타당하다고 생각된다.[25]

Ⅲ. 본조 ②의 내용

1. 개요

단독 친권자 또는 양부모 쌍방에게 친권을 행사할 수 없는 사유가 발생하여 본조 ①에 따라 친권자가 지정되거나 미성년후견인이 선임된 이후 종래의 단독친권자 또는 양부모 쌍방에게 친권 행사의 장애사유가 해소된 경우 가정법원은 청구에 의하여 친권자를 새로 지정할 수 있다(본조 ②).

2. 적용 요건

종전 단독 친권자 또는 양부모에게 실권 회복 선고(본조 ② ⅰ), 사퇴한 대리권·재산관리권 회복 선고(본조 ② ⅱ), 소재불명 후 발견 등 친권을 행사할 수 있게 된 경우(본조 ② ⅲ) 등 친권 행사 장애사유가 해소되어야 한다. 실권 회복 선고(본조 ② ⅰ), 사퇴한 대리권·재산관리권 회복 선고(본조 ② ⅱ)는 법률상 장애사유의 해소이고, 소재불명 부 또는 모의 발견 등 친권을 행사할 수 있게 된 경우(본조 ② ⅲ)는 사실상 장애사유의 해소이다.[26]

이혼 등으로 단독 친권자가 된 사람이 친권의 일시 정지 선고를 받은 후 다른 부 또는 모가 본조 ①에 따라 새로이 단독 친권자로 지정된 경우 친권의 일시 정지 기간

24) 김주수·김상용, 498; 김상용(2014), 111.
25) 같은 취지, 주해친족(1판), 제2권, 1165(권재문).
26) 주석친족(2), 534(이은정).

이 경과한 경우에 대해서는 본조 ②에서 정함이 없다. 학설상 이러한 상황을 논하는 문헌은 찾기 어렵다. 이 경우 본조 ②에서 규율하는 경우가 아닌 이상 친권의 일시 정지 기간이 경과된 종전의 단독 친권자가 친권을 행사할 수 있고 본조 ①에 따라 새로 지정된 단독 친권자의 친권은 소멸한다는 견해, 종전의 단독 친권자와 본조 ①에 따라 새로 지정된 단독 친권자가 친권을 공동행사해야 한다는 견해 등이 있을 수 있다. 그러나 본조 ②의 취지는 종전의 단독 친권자의 친권 장애 사유가 해소되어도 바로 친권을 행사할 수 있도록 하지 않고 가정법원의 심판을 거치도록 하는 데 있는 점, 원래 단독 친권자가 되었던 것은 부부 공동으로 친권을 행사하는 것이 자녀의 복리에 적당하지 않기 때문인 점 등을 고려하면, 종전 단독 친권자에 대한 친권의 일시 정지 기간이 경과하였다고 하여 종전 단독 친권자가 바로 친권을 행사할 수 있는 것은 아니고 본조 ②을 유추적용하여 다시 친권자 지정 심판을 받도록 하는 것이 생각된다. 또한 이 경우 친권의 일시 정지 기간이 경과된 종전의 단독 친권자는 §909 ⑥에 따라 친권자 변경 심판을 청구할 수도 있을 것이다.

3. 적용 효과

친권 행사 제한 사유가 해소된 종전 친권자, 즉 단독 친권자이었던 부모 일방 또는 양부모 일방 또는 쌍방과, 미성년자, 미성년자의 친족의 청구에 의하여 가정법원이 친권자를 새로 시정할 수 있다.

본조 ①에 따라 다른 부모 일방이 단독 친권자로 지정되어 있었던 경우에는 친권 행사 장애사유가 해소된 종전 단독친권자이었던 부 또는 모를 새로운 단독 친권자로 지정할 수도 있고, 기존 친권자를 그대로 유지하면서 친권자를 추가하여 공동친권자로 지정할 수도 있다.[27]

본조 ①에 따라 미성년후견인이 지정되어 있었던 경우에는 어떠한가? 우선 사실상 장애사유가 해소된 경우, 즉 소재불명이었던 종전 단독 친권자 또는 양부모가 나타나는 등 다시 친권을 행사할 수 있게 된 경우에 그것만으로 바로 후견은 종료되는 것이 아니라 본조②에 따라 새로 친권자 지정 심판을 받아야 하고 그 친권자 지정 심판이 확정되면 별도의 후견종료 심판 없이 미성년후견은 종료한다는 데에 이론이 없다.[28] 본조 ②의 문리해석상으로도 그러하다.

그런데 법률상 장애사유가 해소된 경우, 예를 들어 친권상실 선고를 받았던 종전

27) 김주수·김상용, 500-501; 주석친족(2), 535, 536(이은정); 제요[2], 1043.
28) 김주수·김상용, 500-501; 김상용(2014), 113; 주석친족(2), 536, 537(이은정).

의 단독 친권자가 실권 회복 선고를 받으면 그 실권 회복 선고 심판의 확정만으로 종래 단독 친권자가 다시 친권을 행사할 수 있게 되고 당연히 후견은 종료되며 본조 ② 에 따른 별도의 친권자 지정 심판을 필요 없다는 견해가 있다.[29] 실권 회복 선고 심판을 받은 친권자가 다시 친권자 지정 심판을 받아야 한다면 이는 실권 회복 선고의 효력과 모순된다는 점 등을 이유로 든다. 그러나 이러한 해석은 본조 ②의 문리해석에 반한다. 본조 ②는 사실상 장애사유가 해소된 경우와 법률상 장애사유가 해소된 경우를 아무런 차이를 두고 있지 않다. 실권 회복 선고를 하였다는 것과 그 선고를 받은 친권자가 다시 친권을 행사하는 것이 적절한지 여부는 차원이 다른 문제이다. 이러한 점을 고려하면 종전의 단독 친권자가 실권 회복 선고를 받았다고 하더라도 본조 ②에 따라 별도의 친권자 지정 심판을 받아야 친권을 행사할 수 있다고 해석하는 것이 타당하다고 생각된다. 본조 ②에 따라 친권자가 다시 지정되면 별도의 후견종료 심판 없이 미성년후견은 종료된다.[30]

본조 ②에 따라 친권자를 새로 지정할 때에는 자녀의 복리를 기준으로 판단해야 한다. 그런데 학설 중에는 실권회복 절차에서 자녀의 복리가 고려되었음에도 재차 본조 ②에 따라 새로 친권자를 지정함으로써 자녀의 복리를 다시 고려하는 것은 중복된 심사라는 비판이 있다.[31] 그러나 단독 친권자가 상실하였던 자격을 회복하는 절차에서 자녀의 복리를 고려하는 것과 그로 인해 새로 친권자를 지정하는 절차에서 자녀의 복리를 고려하는 것은 서로 다른 차원의 문제이다.[32]

4. 절차

본조 ②에 따른 친권자 지정 심판은 라류 비송사건이다[家訴 §2 ① ii 가. 13)-2]. 토지관할은 미성년자 자녀 주소지 관할 가정법원이고(家訴 §44 ① v), 사물관할은 단독 판사에게 속한다(사물관할규칙 §3 참조).

본조 ②에 따라 친권자 지정 심판이 확정되면 가정법원은 지체 없이 가족관계등록 사무를 처리하는 사람에게 가족관계등록부에 등록할 것을 촉탁하여야 한다(家訴 §9, 家訴規 §5 ① ii). 이와 별도로 청구인 또는 친권자로 정해진 사람은 재판확정일부터 1개월 이내에 그 내용을 신고하여야 한다(家登 §79 ② ii, §58). 이는 보고적 신고이다. 미성년후견인은 1개월 이내에 미성년후견 종료 신고를 하여야 한다(家登 §83 ①).

29) 김주수·김상용, 499-501; 김상용(2014), 112, 113; 주석친족(2), 535, 536-537(이은정).
30) 제요[2], 1043.
31) 권재문(2013), 130.
32) 같은 취지, 제요[2], 1042.

[後註] 특별법상 친권의 상실, 제한, 정지

▮참고문헌: 김상용(2014), "2011년 가족법의 개정 동향", 가족법연구 Ⅳ; 김상용(2019), "아동학대방지와 피해아동보호를 위한 친권법의 개정", 가족법연구 Ⅴ; 백경희·김자영(2014), "친권의 제한제도에 관한 개정 민법의 검토", 부산대 법학연구 55-4; 이은정(2019), "피해아동의 분리 보호와 친권의 제한", 가족법연구 33-2; 이준일(2012), "친권포기각서의 위헌성", 헌법논총 22

Ⅰ. 개요

아래에서 소개하는 친권상실 또는 제한에 관한 규정은 민법의 특별법이라고 할 수 있다.[1] 즉 아래 개별 법령에서 정하는 친권상실 또는 제한은 민법상 친권 상실 또는 제한(§924, §924-2)과 요건이 다르므로 민법상 친권 상실 또는 제한 요건이 갖추어지지 않더라도 해당 법령에서 정하는 바에 따라 친권상실 또는 제한을 할 수 있다.[2]

Ⅱ. 가정폭력범죄의 처벌 등에 관한 특례법

「가정폭력범죄의 처벌 등에 관한 특례법」 §40 ① iii는 가정폭력범죄 사건에서 판사는 보호처분으로서 친권 행사의 제한을 할 수 있다고 규정하고 있다. 친권 행사 제한기간은 6개월을 초과할 수 없고(§41 전단). 법원은 보호처분 진행 중 1차례만 보호처분의 종류와 기간을 변경할 수 있는데, 그 경우 친권 행사 제한기간은 1년을 초과할 수 없다(§45 ①, ②). 친권 행사를 제한하는 경우 피해자를 다른 친권자나 친족 또는 적당한 시설로 인도할 수 있다(§40 ③). 친권 행사 제한 결정을 할 때에는 친권, 법률행

1) 백경희·김자영(2014), 201; 이은정(2019), 318.
2) 같은 취지, 주해친족(초판, 1권), 1151(권재문).

위 대리권 또는 재산관리권의 전부 또는 일부의 행사를 정지할 수 있다(가정보호심판규칙 §47 ①). 그 결정을 한 경우 법원은 지체 없이 가족관계등록사무를 관장하는 자에게 가족관계등록부 기록을 촉탁하여야 한다(가정보호심판규칙 §47 ②, ③).

한편 판사는 피해자보호명령으로서 가정폭력행위자인 친권자에 대한 친권행사의 제한 명령을 할 수 있다(§55-2 ① ⅳ). 피해자보호명령으로서 친권행사의 제한은 1년을 초과할 수 없고, 기간연장이 필요한 경우 2개월 단위로 연장할 수 있으나, 총 3년을 초과할 수는 없다(§55-3). 판사는 피해자보호명령에 앞서 임시보호명령으로서 친권행사 제한을 할 수 있다(§55-4 ①). 판례는 행위자의 행위가 가정폭력범죄에 해당하지 않는 경우에는 위 법에 따른 피해자보호명령을 발령할 수 없다고 하였다.[3)]

Ⅲ. 아동학대범죄의 처벌 등에 관한 특례법

1. 적용범위

아동학대범죄에 대해서는 「아동학대범죄의 처벌 등에 관한 특례법」이 우선 적용된다(§3).

2. 친권상실 선고

검사는 아동학대행위자인 친권자가 미성년 자녀에 대하여 아동학대중상해죄, 상습적으로 아동학대범죄를 한 특별한 사정이 없는 한 민법 §924의 친권상실의 선고를 청구하여야 한다(§9 ①). 모든 아동학대범죄가 아니라 아동학대중상해죄나 상습적으로 아동학대범죄를 한 경우에만 친권상실 사유가 된다. 가해자인 친권자와 피해자인 아동·청소년과의 관계, 범죄의 태양과 죄질 등을 고려하여 특별한 사정이 있다면 친권상실 선고를 청구하지 않을 수 있으나, 이러한 특별한 사정은 엄격하게 인정하여야 한다.[4)]

검사가 그 청구를 하지 않으면 특별시장·광역시장·특별자치시장·도지사·특별자치도지사 또는 시장·군수·구청장은 검사에게 그 청구를 하도록 요청할 수 있다(§9 ② 전문). 검사는 그 처리 결과를 그 지방자치단체의 장에게 통보하여야 하고(§9 ② 후문), 그 지방자치단체의 장이 처리 결과에 이의가 있으면 통보받은 날부터 30일 내에 직접 법원에 친권상실 선고를 청구할 수 있다(§9 ③).

3) 대법원 2024. 3. 29. 자 2024터2 결정.
4) 주석친족(2), 473(이은정); 제요[2], 1258.

「아동학대범죄의 처벌 등에 관한 특례법」에서는 민법 §924를 적용하고 있으므로, 이에 따른 친권상실 선고 청구 사건은 마류 가사비송사건에 해당한다[家訴 §2 ① ii 나. 7)].[5)]

3. 임시조치

판사는 아동학대행위자에 대한 임시조치로서 친권의 행사의 제한 또는 정지를 할 수 있다(§19 ① iv). 임시조치로 친권 행사가 제한 또는 정지된 경우 판사는 임시조치 기간 동안 시·도지사 또는 시장·군수·구청장, 아동권리보장원의 장, 아동보호전문기관의 장 및 가정위탁지원센터의 장으로 하여금 임시로 후견인의 임무를 수행하게 하거나 그 임무를 수행할 사람을 선임하여야 한다(§23 ①). 임시후견인의 권한은 피해아동 소유 재산의 보존과 피해아동 보호를 위한 범위로 제한된다고 해석된다.[6)]

4. 보호처분

판사는 보호처분으로서 친권 행사의 제한 또는 정지를 할 수 있다(§36 ① iii). 판사가 보호처분 사건에서 직권으로 친권의 제한 또는 정지를 명할 수 있다는 점에 특색이 있다.[7)] 이러한 보호처분을 하는 경우 피해아동을 아동학대행위자가 아닌 다른 친권자나 친족 또는 아동복지시설 등으로 인도할 수 있다(§36 ③). 보호처분으로서 친권의 행사 또는 정지는 1년을 초과할 수 없다(§37). 판사는 보호처분으로 친권 행사의 제한 또는 정지를 명하는 경우 보호처분 기간 동안 임시로 후견인 임무를 수행할 사람을 선임하여야 한다(§36 ④, §23).[8)]

5. 피해아동보호명령

판사는 피해아동보호명령으로 친권 행사의 제한 또는 정지를 할 수 있고(§47 ① vii), 친권자의 의사표시를 갈음하는 결정을 할 수 있다(§47 ① ix). 피해아동보호명령은 아동학대사건에 대하여 신속하게 아동을 보호하는 조치를 할 수 있도록 하는 데 취지가 있다.[9)] 피해아동보호명령은 판사가 직권으로도 할 수 있다는 데 특색이 있다.[10)]

5) 이은정(2019), 304.
6) 주석친족(2), 482(이은정).
7) 백경희·김자영(2014), 186.
8) 보호처분의 실태에 대해서는 이은정(2019), 304 참조.
9) 김상용(2019), 117–118; 피해아동보호명령 제정 경위에 대한 자세한 내용은 김상용(2019), 112–117 참조.
10) 김상용(2019), 117; 백경희·김자영(2014), 186 참조.

피해아동보호명령으로서 친권 행사의 제한 또는 정지는 1년을 초과할 수 없고, 다만 피해아동 보호를 위하여 연장이 필요하다고 인정되면 직권 또는 청구에 의한 결정으로 6개월 단위로 연장할 수 있으나, 연장기간은 피해아동이 성년에 도달하는 때를 초과할 수 없다(§51 ①, ③). 판사가 피해아동명령으로서 친권 행사의 제한 또는 정지를 한 경우 피해아동보호명령 기간 동안 임시로 후견인 임무를 수행할 사람을 선임하여야 한다(§47 ⑤, §23). 판사는 피해아동보호명령에 앞서 임시보호명령으로서 친권 행사의 제한 또는 정지, 친권자의 의사표시를 갈음하는 결정을 할 수 있다(§52 ①).[11]

Ⅳ. 아동·청소년의 성보호에 관한 법률

「아동·청소년의 성보호에 관한 법률」 §23①은 아동·청소년대상 성범죄 사건의 수사 검사는 친권자인 가해자가 미성년 자녀에 대해 아동·청소년대상 성범죄를 한 경우 특별한 사정이 없는 한 민법 §924의 친권상실 선고를 청구하여야 한다고 규정하고 있다. 가해자인 친권자와 피해자인 아동·청소년과의 관계, 범죄의 태양과 죄질 등을 고려하여 특별한 사정이 있다면 친권상실 선고를 청구하지 않을 수 있으나, 이러한 특별한 사정은 엄격하게 인정하여야 한다.[12]

아동권리보장원, 아동보호전문기관, 성폭력피해상담소, 성폭력피해자보호시설, 청소년상담복지센터, 청소년쉼터의 장은 검사에게 친권상실 청구를 하도록 요청할 수 있고(§23 ② 전문), 검사는 요청받은 날부터 30일 내에 해당 기관·시설 또는 단체의 장에게 그 처리 결과를 통보하여야 한다(§23 ② 후문). 그 처리 결과를 통보받은 기관·시설 또는 단체의 장은 이의가 있을 경우 통보받은 날부터 30일 내에 직접 민법 §924의 친권상실 선고를 청구할 수 있다.

법원이 가해자에게 민법 §924의 친권상실선고를 하는 경우 피해자인 아동·청소년을 다른 친권자 또는 친족에게 인도하거나 기관·시설 또는 단체에 인도하는 등의 보호조치를 결정할 수 있고, 이 경우 그 아동·청소년의 의견을 존중하여야 한다(§24).

---

11) 피해아동보호명령의 실태에 대해서는 이은정(2019), 295－296, 305 참조.
12) 주석친족(2), 472(이은정); 제요[2], 1257.

Ⅴ. 아동복지법[13]

아동복지법 §18 ①은 "시·도지사, 시장·군수·구청장 또는 검사는 아동의 친권자가 그 친권을 남용하거나 현저한 비행이나 아동학대, 그 밖에 친권을 행사할 수 없는 중대한 사유가 있는 것을 발견한 경우 아동의 복지를 위하여 필요하다고 인정할 때에는 법원에 친권행사의 제한 또는 친권상실의 선고를 청구하여야 한다."고 규정하고 있다. 아동복지시설의 장 및 「초·중등교육법」에 따른 학교의 장은 시·도지사, 시장·군수·구청장 또는 검사에게 친권행사의 제한 또는 친권상실의 선고를 청구하도록 요청할 수 있다(§18 ②). 시·도지사, 시장·군수·구청장 또는 검사는 친권상실의 선고 청구를 요청받은 경우 요청받은 날부터 30일 내에 청구 여부를 서면으로 알려야 하고(§18 ④), 그 처리결과를 통보받은 아동복지시설의 장 및 학교의 장은 그 처리결과에 대하여 이의가 있을 경우 통보받은 날부터 30일 내에 직접 법원에 친권행사의 제한 또는 친권상실의 선고를 청구할 수 있다(§18 ⑤).[14] 이러한 아동복지법상의 친권행사 제한 또는 친권상실 선고 청구 사건은 가사소송법상 라류 가사비송사건에 해당한다(家訴 §2 ②, ③).[15]

친권상실 또는 제한 사유로서 친권자가 친권을 행사할 수 없는 중대한 사유는 친권자의 소재불명, 의식불명 등으로 친권을 행사할 수 없는 상태가 장기간 지속되는 경우 등이 있다.[16] 친권을 행사할 수 없는 중대한 사유가 발생한 것에 친권자의 고의나 과실 유무는 묻지 않는다.[17] 친권상실 또는 제한 사유로서 아동학대는 신체적 학대뿐만 아니라 정서적 학대, 방임 등을 포함한다.[18]

Ⅵ. 기타

입양특례법 §22 ② 본문은 친권자가 입양기관의 장에게 양자로 될 아동을 인도한 경우 그 친권행사는 정지된다고 정하고 있다. 이러한 친권행사의 정지는 부모가 친권을 보유하고 있기는 하지만 이를 행사할 권한은 인정되지 않는 상태를 의미한다.[19] 이에 대한 자세한 내용은 입양특례법 §22 주석 참조.

13) 아동학대범죄의 처벌 등에 관한 특례법이 제정된 이후에는 아동복지법상의 친권행사 제한과 친권상실 선고 청구는 실무에서 거의 이용되지 않는다고 한다. 이은정(2019), 302
14) 아동복지법상 친권상실 또는 제한 청구권자의 확대 연혁에 대해서는 김상용(2014), 83-85 참조.
15) 이은정(2019), 301.
16) 김주수·김상용, 471.
17) 김주수·김상용, 471.
18) 김주수·김상용, 472.
19) 김상용(2014), 88-89; 종래 입양특례법령에서 친권포기각서를 제출하도록 한 것은 위헌이라는 지적도 있었다. 이준일(2012), 186 이하 참조.

第 5 章　後見

[前註]

▌참고문헌: 김나래(2019), "성년후견제도 활성화 방안에 관한 소고", 조선대학교 법학논총 26−3, 67−90; 김명엽(2010), "성년후견제도 도입을 위한 법무부 입법안의 개선에 관한 연구", 법과 정책 16−2, 21−45; 김상묵·조경신(2009), "성년후견제도의 도입 방안에 관한 고찰", 지역발전연구 8−2, 101−124; 김성숙(1998), "민법상 후견제도의 문제점−한정치산금치산제도를 중심으로−", 아세아여성법학 1, 173−194; 김성우(2018), "한국 후견재판에서의 의사결정지원", 가족법연구 32−3, 305−322; 박인환(2014b), "UN장애인권리협약과 성년후견 패러다임의 전환", 가족법연구 28−3, 171−220; 박인환(2021a), "공공후견 및 의사결정지원 촉진을 위한 입법과제", 법조 70−3, 43−86; 박인환(2021b), "사적자치의 원칙과 의사결정지원 제도화의 모색", 민사법학 95, 3−57; 박인환(2021c), "일본의 성년후견제도이용촉진법시행동향과 의사결정지원 가이드라인으로부터의 시사", 중앙법학 23−2, 49−103; 박진아·오호철(2022), "성년후견제도의 대안으로서 미국의 자기결정지원법리의 검토 − 미국 판례법, 제정법, 학설을 중심으로", 법이론실무연구 10−3, 33−59; 박태신(2008), "정신장애인의 자기결정권과 행위능력 −일본의 성년후견제도를 중심으로−", 안암법학 27, 133−183; 송호열(2004), "행위무능력제도와 후견제도의 문제점", 동아법학, 33−62; 신영호(1997), "고령화사회에 있어서의 후견제도", 가족법연구 11, 359−379; 오호철(2020), 일본의 "성년후견제도의 이용촉진에 관한 법률"과"성년후견제도이용촉진기본계획"의 검토, 법이론실무연구 8−3, 227−250; 우주형(2008), "장애성년후견제도 도입에 관한 소고", 중앙법학 10−4, 201−244; 윤태영·강주영(2023), "성년후견과 후견신탁의 조화 및 신탁의 활성화를 위한 법적 과제", 법조 72−1, 58−80; 위계찬(2024), "성년후견제도의 현황과 과제", 전북대학교 법학연구 74, 217−247; 이승길(2009), "현행 민법상 후견제도의 문제점과 성년후견제도의 도입에 관한 고찰", 중앙법학 11−2, 7−38; 이영규(2007), "행위무능력자제도에 대한 검토", 중앙법학 9−3, 319−351; 이은영(2001), "성년후견제도에 관한 입법제안", 한일법학 20, 19−64; 이정식(2010b), "성년 후견제도와 인간존엄성의 보장", 세계헌법연구 16−2, 335-366; 이지은(2022), "치매와 의사결정지원 − 미국의 의사결정지원법(Supported Decision−Making Law)의 검토를 중심으로", 숭실대 법학논총 54, 231−260; 조승현(2013), "성년후견제도에 대한 비판적 고찰 − 후견제도의 보완으로서 사회적 후견", 민주법학 52, 113−141; 장현옥(2000), "우리나라 후견제도의 문제점과 개선방안", 아세아여성법학 3, 149−171; 제철웅(2008), "성년후견제도의 개정방향", 민사법학 42, 111−149; 제철웅(2014a), "유엔 장애인권리협약의 관점에서 본 한국 성년후견제도의 현재와 미래", 가족법연구 28−2, 205−244; 제철웅(2019), "의사결정지원제도의 도입 방안", 후견과 신탁 2, 67−100; 제철웅(2023), "성년후견제도 시행 10년과 새로운 입법적 과제", 가족법연구 37−2, 63−104; 제철웅·박지원(2021), "아일랜드의 후견제도의 개혁 입법 − 지원의사결정법을 중심으로", 민사법학 95, 381−418; 제철웅·박현정(2020), "성년후견제도의 미래", 의생명과학과법 24, 51−87; 최현태(2010), "자기결정능력장애자 보호를 위한 성년후견제도에 대한 입법론적 고찰", 법학연구 39, 135−155; 홍춘의(2002), "후견제도 개혁의 과제", 가족법연구 16−2, 1−39

I. 성년후견제도의 의의

후견이란 미성년자 또는 요보호 성년과 같이 합리적인 의사결정능력이 부족하여 근대 민법이 예정하고 있는 자기결정·자기책임의 원리를 그대로 적용하는 것이 불평등한 결과를 야기할 우려가 있는 사람을 위해 타인이 그의 의사결정을 보조 내지 대신할 수 있도록 하는 제도라고 이해되어 왔다. 후견제도는 가부장제 사회에서 가장(pater familias)이 하던 역할을 국가가 대신 담당한다는 국부(國父)사상에 기초하고 있다.

우리나라의 구 관습상으로도 후견에 유사한 호후인(護後人) 제도[1]가 있었으나, 근대적 의미의 후견 제도는 1921. 12. 1. 조선민사령에 의해 비로소 등장하였다. 조선민사령에 의해 의용된 舊 일본 민법에 따라 미성년자와 금치산자를 위한 후견 제도와 준금치산자를 위한 보좌 제도가 도입되었기 때문이다. 당시 후견인과 보좌인은 일차적으로는 후견감독인, 이차적으로는 친족회와 법원의 감독을 받았다. 그러나 보좌 제도는 사실상 후견과 큰 차이가 없었으므로, 제정민법은 준금치산 제도에 갈음하여 한정치산 제도를 도입하는 한편, 기존의 보좌제도를 후견으로 일원화하고, 후견감독인 제도를 폐지하였다.[2]

그러나 舊 민법(2011. 3. 7. 개정 전)상 후견제도는 피후견인으로부터 행위능력을 전면적·포괄적으로 박탈하는 행위무능력 제도를 전제로 한다는 점에서 한계가 있었다. 이는 정신장애인의 자기결정권을 최대한 존중할 것을 요구하고 있는 「UN 장애인권리협약(The Convention on the Rights of Persons with Disabilities)」에 반하기 때문이다. 또한 당시의 후견은 호적 내지 가족관계등록부에 공시될 뿐만 아니라, 후견의 개시와 동시에 수많은 법령에 의해 자동적으로 각종의 자격이 박탈됨으로써 피후견인에게 낙인과 배제를 경험하게 한다는 점에서 보편화(normalization)의 이념을 실현하는데 적당하지 아니하였다.[3]

이에 2011. 3. 7.자 개정민법은 기존의 행위무능력 제도를 폐지하고, 필요한 범위 내에서 탄력적·일시적으로만 행위능력을 제한하는 이른바 '제한적 행위능력' 제도로 대체하는 한편, 이를 전제로 후견제도 역시 전면적으로 개혁하였다.[4] 요보호성년의 잔존능력을 최대한 인정하는 것을 전제로 반드시 필요한 경우에만(보충성) 최소한도의 범위 내에서(필요성) 후견이 개시되는 것을 원칙으로 하는 이른바 '성년후견제'를 채택

1) 신영호·김상훈·정구태, 232.
2) 양수산, 477-478 참조.
3) 윤진수·현소혜, 18, 21-22 참조.
4) 구체적인 입법경위에 대해 자세히는 백승흠(2011a), 5-10.

한 것이다. 또한 기존의 법정후견인 제도로는 부적절한 사람이 후견인으로 될 위험이 높다거나, 친족회에 의한 후견감독제도가 제대로 기능하지 못한다는 등 당시 후견제도에 대한 학계의 비판 역시 적극적으로 수용하였다.[5)]

그 결과 성년후견제도는 크게 다음의 세 가지 점에서 기존의 후견제도와 차이를 갖게 되었다. 첫째, 피후견인의 의사결정능력의 정도와 변동에 대응하여 후견을 탄력적이고 유연하게 운영한다.[6)] 둘째, 후견의 개시, 후견인의 선임·변경, 후견인의 권한 등 모든 부분에서 피후견인의 의사와 복리가 최대한 실현될 수 있도록 획일적 처리를 지양하고, 가정법원이 구체적인 사안에 가장 적절한 대응책을 마련하도록 한다.[7)] 셋째, 가정법원에 의해 선임된 후견인에 대한 신뢰를 바탕으로 기존의 친족회 제도를 폐지하고 후견감독기관을 임의기관으로 전환함으로써 사회적 비용을 절감한다.

따라서 현행 민법상 후견이란 사무처리 능력이 부족한 미성년자나 고령자, 정신장애인 등이 제3자에 의한 간섭이나 착취 등으로부터 자유로운 상태에서 스스로 자신의 의사를 충분히 실현시킬 수 있도록 조력 내지 지원하기 위한 제도를 말한다. 다만, 2013년 개정된 성년후견 제도에 대해서는 여전히 후견과 행위능력 개념을 연결시킨다는 점에서 한계가 있다는 비판[8)]이 제기되고 있다. 특히 최근에는 '대체의사결정제도'를 '의사결정 지원[9)]제도'로 변경해야 한다는 요구가 강해지고 있다.[10)] UN 장애인권리협약 제12조 제2항은 장애인도 동등한 법적 능력을 향유할 것을 보장하도록 규정하는데, 성년후견 및 한정후견이 개시되면 법률행위 능력이 제한되고, 성년후견 및 한정후견의 개시와 결격사유와 연계된다는 점, 장애인권리협약 제12조 제3항은 당사국에게 법적 능력을 제한하는 대신 그 행사를 지원할 의무가 있다고 규정한다. 우

5) 기존 후견제도의 문제점을 지적하면서 성년후견제도 도입을 주창한 견해로 신영호(1997), 359-379; 김성숙(1998), 173-193; 권순한(2000), 114-121; 장현옥(2000), 151-158, 166-169; 이은영(2001), 19-42; 홍춘의(2002), 4-12; 정남기(2003), 28-34; 송호열(2004), 35-60; 이영규(2007), 337-348; 박태신(2008), 136-140, 177-178; 우주형(2008), 202-212, 231-239; 김상묵·조경신(2009), 102-121; 이승길(2009), 9-17, 25-32; 이정식(2010b), 335-366; 최현태(2010), 140 등.

6) 김명엽(2010), 24-25; 제철웅(2008), 114.

7) 김명엽(2010), 23-24; 제철웅(2008), 140.

8) 조승현(2013), 113-141; 제철웅(2014a), 217-224, 233-236 등.

9) '의사결정지원'은, 자신의 인격의 실현과 전개를 위해 필요한 결정 과정에서 부족한 정보수집과 분석을 지원하는 것을 말한다. 제철웅(2019), 83.

10) 김나래(2019), 78; 김성우(2018), 320; 박인환(2014b), 207; 박인환(2021a), 75; 박인환(2021b), 37 이하; 박진아오호철(2022), 55; 위계찬(2024), 235; 제철웅(2023), 68. 그 외에도 현행 성년후견제도가 구조적으로 의사결정 지원이 아니라 의사결정 대행에 맞춰져 있다는 서술로 이지은(2022), 236. 일본이 장애인협약 제12조의 취지를 존중하기 위해 마련한 '의사결정지원에 입각한 후견사무가이드라인'(意思決定支援を踏まえた後見事務のガイドライン)'에 대한 소개로는 박인환(2021c), 80 이하 참고. 아일랜드의 의사결정지원제도로의 변화 과정과 특징에 관해서는 제철웅·박지원(2021), 385 이하 참고. 의사결정지원자의 효율적 업무 수행을 위한 전달체계에 대한 비교법적 연구로는 제철웅·박현정(2020), 51-83.

리나라의 후견제도 하에서 후견인은 민법 제956조, 제681조에 따라 선관주의의무를 부담하는데 선관주의의무는 제3자적 관점에서 본 본인의 이익이기 때문에 본인의 의사, 감정, 선호도를 반영하여 의사결정을 대리하거나 의사결정을 지원할 수 없어서, 의사결정을 지원하기 위한 수단으로 기능할 수 있는 제도적 장치가 없다는 점을 근거로 한다.[11] 이러한 논의가 학계 차원에 그친 것은 아니고, 2019년에 "후견 등 의사결정지원에 관한 기본법안"이 발의된 바 있으나 국회의원의 임기만료로 폐기되었다.[12]

새로운 성년후견제도는 그 이전의 행위무능력자제도보다 압도적으로 많이 활용되고 있다. 2013년까지 금치산 및 한정치산 선고를 받은 건수는 8년간 3,778건인데 비하여, 2020년까지의 법정후견 심판 건수는 41,901건으로 11배 이상이다. 그렇지만 새로운 후견제도의 이용은 대부분 성년후견에 집중되어 있으며, 자기결정권 존중의 취지에 더 잘 부합하는 특정후견이나 임의후견의 이용은 저조한 편이다.[13]

II. 후견의 체계

2011. 3. 7.자 개정민법은 미성년자와 요보호성년을 동일하게 취급하던 종래 민법의 태도를 포기하고, 후견 제도를 미성년후견과 성년자를 위한 후견[14]으로 대별하였다.[15] 성년자의 경우에는 자기결정권의 보장을 위해 필요성의 원칙에 따른 후견업무의 제한이 절실한데 반해, 미성년 아동의 경우에는 단순한 의사결정능력의 보조 또는 대리를 넘어서 포괄적인 보호와 교양(§913)이 필요하다는 점을 고려한 것이다. 즉 미성년후견은 성년후견과 달리 "친권의 연장 또는 보충"[16]으로서의 성격을 갖는다.

성년자를 위한 후견 제도는 다시 성년후견, 한정후견, 특정후견 및 임의후견으로 구별된다. 이 중 성년후견은 피성년후견인을 위한 포괄적 보호를 원칙으로 하는 반면, 한정후견과 특정후견은 보호를 필요로 하는 특정 범위 내에서만 개시된다는 점에서 차이가 있다. 이에 민법은 포괄적 보호 제도인 미성년후견과 성년후견을 묶어 제1절(§928 내지 §959)에서, 개별적 보호제도인 한정후견과 특정후견을 묶어 제2절(§959-2 내지 §959-13)에서 규정한다.

---

11) 제철웅(2023), 80-82.
12) 오호철(2020), 228. 법안의 주요 내용에 대해서는 김나래(2019), 78-80 참조.
13) 윤태영·강주영(2023), 60; 제철웅(2023), 66.
14) 이를 넓은 의미의 '성년후견'이라고 표현하는 문헌으로 김주수·김상용, 532; 박정기·김연, 329.
15) 이와 같은 편제의 단초를 찾아볼 수 있는 문헌으로 제철웅(2008), 143 참조.
16) 김현수(2014), 238.

한편 임의후견은 후견의 개시사유, 후견인·후견감독인의 선임과 임무 등 거의 모든 측면에서 성년후견·한정후견 또는 특정후견과 구별된다. 성년후견·한정후견 또는 특정후견이 필요한 사항을 미리 법률에서 정하거나 가정법원으로 하여금 정하도록 하고 있는 것에 비해, 임의후견은 이를 모두 당사자의 사적 자치에 맡기고, 법원에 의한 개입을 감독이 필요한 범위로 최소화하고 있기 때문이다. 이러한 측면에서 민법은 법정후견 제도인 성년후견·한정후견 또는 특정후견과는 달리 임의후견 제도를 제3절(§959-14 내지 §959-20)에서 별도로 규율한다.

II. 부칙

2011. 3. 7.자 개정민법은 2013. 7. 1.부터 시행되었다. 그러나 개정민법 시행 전 행위무능력 제도를 전제로 금치산 또는 한정치산의 선고를 받은 사람에 대해서는 종전의 규정이 그대로 적용된다(부칙 §2 ①). 금치산 또는 한정치산선고는, 기존의 금치산자 또는 한정치산자에 대하여 개정민법에 따라 성년후견·한정후견·특정후견이 개시되거나 임의후견감독인이 선임된 경우 또는 개정민법 시행일로부터 5년이 경과한 때에만 그 효력을 잃기 때문이다(부칙 §2 ②).

第1節　未成年後見과 成年後見

第928條 (미성년자에 대한 후견의 개시)

미성년자에게 친권자가 없거나 친권자가 제924조, 제924조의2, 제925조 또는 제927조제1항에 따라 친권의 전부 또는 일부를 행사할 수 없는 경우에는 미성년후견인을 두어야 한다.

참고문헌: 김갑동(1995), "후견에 관한 호적신고", 사법행정 36-11, 49; 김상용(2011), "2011년 가족법의 개정동향-친권·후견을 중심으로-", 법조 663, 5-86; 김상용(2016), "부모가 장기간 소재불명인 경우 미성년자녀에 대한 후견개시 여부에 대한 고찰", 중앙법학 18-4, 207-231; 김상용(2017), "위탁아동의 친권과 후견 - 보호의 공백에 처한 아동들", 중앙법학 66, 213-250; 김용한(1974), "후견", 사법행정 15-8, 62-65; 김형석(2014c), "성년후견·한정후견의 개시심판과 특정후견의 심판", 서울대 법학 55-1, 443-475; 남윤봉(2011), "민법 일부개정에 관한 고찰", 재산법연구 28-1, 47-49; 박상호·예철희(2010), "미성년자후견제도의 문제점과 개선방안", 법정리뷰 27-1, 285-311; 박명숙·제철웅(2018), "아동생활시설 미성년후견제도 실태에 대한 탐색적 연구", 한국사회복지교육 44, 1-27; 배인구(2013), "성년후견제도에 관한 연구 -시행과 관련된 이론적·실무적 쟁점을 중심으로", 고려대학교 대학원 석사학위논문; 신기현(1991), "미성년자에 대한 후견인", 법무사 388, 24-28; 양종찬(2020), "미성년후견인 선임청구 사건의 재판실무상 제문제", 중앙법학 22-2, 7-34; 양철진(1985), "미성년자의 후견인의 순위 -세칭 금당사건 판례를 중심으로". 사법논집 16, 321-341; 윤용섭(1996), "친권과 후견", 민사판례연구 18, 553-584; 윤우일(2020a), "가정위탁에서 후견제도 활용의 한계", 서울법학 28-1, 75-94; 윤우일(2020b), "미성년후견제도의 개선을 위한 제안", 아주법학 13-4, 38-52; 이근영(2020), "미성년후견제도의 문제점과 정립방향", 민사법의 이론과 실무 24-1, 1-47; 이진기(2012), "개정민법 규정으로 본 성년후견제도의 입법적 검토와 비판", 가족법연구 26-2, 85-120; 정현수(2017), "미성년후견제도의 개선을 위한 몇 가지 제언", 동북아법연구 10-3, 721-748; 제철웅·장영인(2016), "아동보호를 위한 미성년후견제도의 활용방안: 독일 청소년청의 후견, 보좌, 보조 역할수행의 시사점", 한양대학교 법학논총 33-2, 245-280; 제철웅·김원태·박명숙·안재진·장영인(2017), "보호대상아동 후견인제도 실태조사 및 개선방안"; 최현숙(2015), "미성년후견제도에 관한 연구", 법학연구 57, 269-290; 최현숙(2015), "미성년후견제도에 관한 연구", 법학연구 57, 269-290; 최효섭(1987), "후견의 개시와 호적신고", 사법행정 28-7, 108-114; 현소혜(2022), "위탁 아동을 위한 미성년후견 제도 개선 방안", 인권과 정의 509, 53-71

Ⅰ. 조문의 취지

본래 미성년자에 대해서는 친권자인 부모가 포괄적이고도 전면적인 보호·교양의 의무를 지고 있으며, 친권자의 지위에서 재산관리권 및 법정대리권 등을 행사한다. 그러므로 미성년자를 위한 후견은 친권 제도가 기능을 상실한 경우에만 보충적으로 등장한다. 본조는 이와 같은 전제 하에 미성년후견의 개시 원인 및 개시에 따른 효과를 정하는 조문이다.

본조는 2014. 10. 15.에 개정되었는데, 개정이유는 현재는 부모의 학대나 개인적 신념 등으로 자녀의 생명 · 신체 등에 위해가 발생하는 경우에도 자녀의 보호를 위하여 친권의 상실 선고 외에는 활용할 수 있는 제도가 없으나, 친권을 일정한 기간 동안 제한하거나 친권의 일부만을 제한하는 제도 등을 마련함으로써 구체적인 사안별로 자녀의 생명 등을 보호하기 위하여 필요 최소한도의 친권 제한 조치가 가능하도록 하려는 것이다.[1)]

미성년후견 개시 원인은 민법 외에도 규정되어 있으므로 이하에서는 구별하여 서술한다.

Ⅱ. 미성년후견 개시 원인

1. 민법상 미성년후견 개시 사유

가. 친권자가 없는 경우

(1) 법적으로 친권자가 없는 경우

㈎ 공동친권자가 모두 사망한 경우

1) 친생부모인 경우

공동친권자였던 부모가 모두 사망(실종선고된 경우를 포함한다)한 경우에는 더 이상 법률상 친권자가 존재하지 않으므로 미성년후견이 개시된다. 부모 중 일방의 사망 또는 친권상실선고로 인해 단독친권자로 된 사람이 사망한 경우도 같다. 반면 부모가 공동으로 친권을 행사하고 있던 중 일방만 사망하거나 친권상실선고를 받은 것만으로는 아직 미성년후견이 개시되지 않는다. 다른 일방이 여전히 친권을 가지고 있기 때문이다.

가정법원이 家訴 §62 ①에 따라 사전처분으로서 친권행사 정지처분을 한 경우에는

1) 최현숙(2015), 279.

법적으로 친권을 행사할 자가 없으나, 친권행사정지처분과 함께 친권을 대행할 사람을 지정하도록 되어 있으므로(家訴規 §102 ①), 아직 미성년후견이 개시될 여지가 없다.[2)]

2) 일반입양의 양부모인 경우

양부모 쌍방이 모두 사망한 경우 법적으로 친권자가 존재하지 않는 상황이므로 미성년후견이 개시됨이 원칙[3)]이다. 그러나 일반입양의 경우에는 양자와 친생부모 사이에 친자관계가 존속하고 있으므로, 미성년후견을 개시하기보다 친생부모의 친권을 부활시키는 것이 더 적절한 경우도 있다. 그렇다고 하여 양부모의 사망과 동시에 친생부모의 친권이 자동부활한다면, 소재불명 또는 아동학대 전력 등으로 인해 친권을 행사하기에 부적절한 사람이 친권자로 될 우려가 있으므로, 2011. 5. 19.자 개정 민법 §909-2 ② 내지 ④은 이러한 경우 일정한 기간 내에 친권자지정 청구가 없는 때 또는 친권자지정 청구를 기각한 때에만 미성년후견이 개시되도록 하였다.[4)]

3) 친양자의 양부모인 경우

친양자입양의 경우에는 친생부모와의 관계가 모두 단절되므로, 친양자의 양부모가 모두 사망하더라도 친생부모와의 관계가 부활하지 않는다. 따라서 친양자의 양부모가 사망한 때에는 바로 미성년후견이 개시된다(§909-2 ② 단서).

(나) 공동친권자가 모두 친권상실선고를 받은 경우

1) 친생부모인 경우

공동친권자인 친생부모가 모두 친권상실선고를 받은 경우에는 더 이상 법률상 친권자가 존재하지 않으므로, 미성년후견이 개시된다. 부모 중 일방의 사망 또는 친권상실선고로 인해 단독친권자로 된 사람이 친권상실선고를 받은 경우도 같다.

2) 일반입양의 양부모인 경우

양부모가 모두 친권상실선고를 받은 경우(§927-2 ① i)에는 §909-2 ②이 준용되지 않는다(§927-2 ①). 따라서 친권자지정 청구를 기다리지 않고, 바로 미성년후견이 개시된다.[5)] 이때 미성년후견인 선임 절차는 §909-2 ③에 따른다. 즉, 가정법원은 직권으로 또는 미성년자, 미성년자의 친족, 이해관계인, 검사, 지방자치단체의 장의 청구에 의해 미성년후견인을 선임한다.

다만, 가정법원이 동 조문에 따른 미성년후견인 선임청구를 기각하고, 친생부모를 친권자로 지정할 수 있는지 여부, 즉 입양에 대해서까지 §909-2 ④를 준용할 수

2) 같은 취지로 김주수·김상용, 507.
3) 舊 민법(2011. 3. 7. 개정 전)의 해석상 양부모 사망시 후견이 개시된다고 보았던 견해로 최효섭(1987), 109 참조.
4) 동 조문의 입법취지에 대해 자세히는 김상용(2011), 47-48.
5) 김상용(2011), 61.

있는지 여부에 대해서는 부정하는 견해[6]가 있다. 양부모에게 친권을 부여한 §909 ①과 모순된다는 것이다. 자세한 내용은 §927-2 주석 참조.

3) 친양자입양의 양부모인 경우

친양자입양의 경우에는 친생부모와의 관계가 모두 단절되므로, 친양자의 양부모가 모두 친권상실선고를 받더라도 친생부모와의 관계가 부활하지 않는다. 따라서 친양자의 양부모가 친권상실선고를 받은 때에는 바로 미성년후견이 개시된다. 이때에는 §909-2 ③ 내지 ⑤도 준용될 여지가 없다. §927-2 ①이 그 적용범위로부터 친양자의 양부모를 제외하고 있기 때문이다. 자세한 내용은 §927-2 주석 참조.

(다) 공동친권자가 모두 제한적 행위능력자인 경우

부모가 아직 미성년자인 경우 그 자녀에 대해 당연히 미성년후견이 개시되는 것은 아니다. 부모가 직접 친권을 행사하는 것은 법적으로 불가능하지만, §910 및 §948에 따라 그 친권을 대행하는 사람이 있기 때문이다.[7]

친권자가 성년후견개시심판을 받은 경우에는 미성년후견이 개시된다는 것이 다수의 견해이다.[8] 종전의 금치산선고에 준하여 해석하는 것이다.[9] 친권자가 한정후견개시심판을 받은 경우에도 미성년후견이 개시된다는 견해[10]가 다수이다.

(라) 단독친권자가 사망하거나 친권상실선고를 받았고, 생존친이 있는 경우

§909 ④ 내지 ⑥에 따라 혼인의 취소, 협의상 이혼, 재판상 이혼, 인지 또는 재판상 인지로 인해 단독친권자로 정해진 자가 사망한 경우(§909-2 ①) 또는 그가 친권상실선고를 받은 경우(§927-2 ① i) 미성년후견이 개시되는가. 舊 민법(2011. 5. 19. 개정 전)상으로는 생존친의 친권이 부활한다는 견해와 바로 후견이 개시된다는 견해가 대립하고 있었으나, 현행 민법에 따르면 일정한 기간 내에 친권자 지정 청구가 없었거나 그 청구가 기각되어 미성년후견인이 선임된 때 비로소 미성년후견이 개시된다(§909-2 및 §927-2). 관련하여 친권자 지정 청구를 할 수 있는 기간이 경과되지 않았는데도 미성년후견인 선임청구를 할 수 있는지 문제된다. 이러한 청구는 각하해야 한다는 견해도 있으나, 미성년보호의 공백상태를 최소화하기 위해 임시후견인 지정 등 사

6) 김상용(2011), 62-63.

7) 권순한, 238; 김주수·김상용, 507; 박동섭·양경승, 447; 박정기·김연, 330; 양수산, 479; 양형우, 170; 김갑동(1995), "후견에 관한 호적신고", 사법행정 36-11, 49; 신기현(1991), 25; 최효섭(1987), 110.

8) 김주수·김상용, 506; 박정기·김연, 330; 신영호·김상훈·정구태, 234; *조승현, 279.*

9) 친권자가 금치산선고를 받은 경우 후견이 개시된다는 견해로 권순한, 238; 양수산, 479; 김용한(1974), 63; 박상호·예철희(2010), 288; 신기현(1991), 25; 양철진(1985), 326; 윤용섭(1996), 581; 최효섭(1987), 110.

10) 박동섭·양경승, 447. 舊 민법(2011. 3. 7. 개정 전)의 해석상 친권자가 한정치산선고를 받은 때에도 미성년후견이 개시된다고 보았던 견해로 양수산, 479; 김용한(1974), 63; 박상호·예철희(2010), 288; 신기현(1991), 25; 양철진(1985), 326; 최효섭(1987), 110.

전처분을 할 필요가 있고, 또 절차를 진행하다 보면 6개월이 경과되는 경우가 대부분이므로, 친권자 지정 청구기간이 경과하기 전에 접수된 경우에도 그대로 절차를 진행하는 것이 실무이다.11)

(2) 사실상 친권 행사가 불가능한 경우

친권자가 존재하지만 사실상 친권 행사가 불가능한 경우에도 미성년후견이 개시될 수 있는지는 명확하지 않다. 다수설은 이를 긍정적으로 판단하지만,12) 현행법 하에서는 실제로는 사실상 친권자가 없는 경우 미성년후견 개시사유가 존재한다고 인정하는데 어려움이 있다. 그 이유는 우선 가족관계등록예규 제377호(2013. 6. 7. 시행)에 의해 기존의 "친권자나 선순위 법정후견인이 행방불명인 경우의 후견개시신고방법"에 관한 예규가 폐지되면서 친권자가 사실상 친권을 행사할 수 없다는 것만으로는 미성년후견개시 신고를 하는 것이 불가능하게 되었기 때문이다. 또한 §928 규정에 따르면 §924(친권의 상실 또는 일시 정지의 선고), §924−2(친권의 일부 제한의 선고), §925(대리권, 재산관리권 상실의 선고) 또는 §927 ①(대리권, 관리권의 사퇴)에 따라 친권의 전부 또는 일부를 행사할 수 없는 경우에 미성년후견을 개시하게 되는데, 이 규정의 해석상 민법이 규정한 법률상 장애사유가 발생한 경우가 아니라면 미성년후견의 개시를 인정하기 어렵다.13) §927−2 ① iv는 "소재불명 등 친권을 행사할 수 없는 중대한 사유가 있는 경우"를 미성년후견 개시사유로 규정하고 있지만 이 규정은 §928에 의해 지시되어 있지 않아서 해석론상 준용 여부에 관해 견해가 대립한다.14) 부정설을 따르는 경우 주로 문제가 되는 경우는, 친권자가 법률상 존재하지만 소재불명 등의 사유로 사실상 친권을 행사할 수 없어서 아동이 가정위탁된 경우, 위탁부모가 미성년후견인으로 선임되지 못해 아동을 위해 대리권이나 동의권을 행사할 자가 부존재하는 문제가 발생한다.15)

입법론으로는 친권자에게 소재불명 등 친권을 행사할 수 없는 중대한 사유가 있는 경우에도 미성년후견인을 선임하도록 적용범위를 확대하는 방안,16) 친권자가 친

11) 제요[2], 1334.

12) 과거 다수설 견해 상황에 대해서는 주해친족(초판, 1권), 1179.

13) 이근영(2020), 8; 현소혜(2022), 57.

14) 해석론상으로는 미성년후견이 개시될 수 없다는 견해로 이근영(2020), 8; 최현숙(2015), 279. 해석에 의해 §927−2 ① iv를 적용할 수 있음을 명시적으로 주장하는 견해로는 김상용(2016), 227−228; 김상용(2017), 232; 양종찬(2020), 25−26. §927−2 ① iv를 언급하지 않고 사실상 친권 행사가 불가능한 경우에도 미성년후견이 개시된다고 서술하는 견해로 송덕수, 247; 윤진수, 288. 박동섭·양경승, 447; 박정기·김연, 330; 신영호·김상훈·정구태, 234; 이경희·윤부찬, 281; 한봉희·백승흠, 325.

15) 위탁부모는 위탁된 아동의 법정대리인이 아니므로, 휴대폰 개설, 예금계좌 개설, 단수여권이 아닌 여권 발급에의 동의, 의료행위에 대한 동의 등을 할 수 없다. 김상용(2016), 212; 박명숙·제철웅(2018), 7; 윤우일(2020a), 79 참조.

권을 사실상 행사할 수 없고 아동이 가정위탁보호[17]를 받고 있는 경우에는 별도의 친권상실 재판을 거치지 않더라도 위탁부모를 미성년후견인으로 선임할 수 있도록 아동복지법을 개정하거나[18] 위탁부모가 법률규정에 따라 대리권을 행사할 수 있도록 일상양육대리권을 도입하는 방안[19] 등이 제시되고 있다.

법원 실무는 "§927-2 ① iv는 친권자 아닌 부 또는 모가 친권자로 지정될 수 있는 것을 전제로 한 것이고, 미성년자의 부 또는 모가 사망 등의 사유로 없고, 다른 부 또는 모가 미성년자의 유일한 친권자인 경우까지 위 규정을 유추적용하면 후견과 친권이 충돌할 염려가 있으므로, 친권상실 등의 절차를 거치지 않고 바로 미성년후견을 개시할 수 없다"고 한 사건[20]과 "친권자의 소재불명이 명백하여 친권을 행사할 수 없는 중대한 사유가 발생하였고, 이로 인해 미성년후견인이 선임되더라도 친권자의 친권과 충돌될 우려가 없음이 명백한 경우에는 §927-2 ① iv를 준용 또는 유추적용하여 미성년후견인을 선임할 수 있다"고 한 사건[21]이 모두 존재한다.

2. 친권의 전부 또는 일부를 행사할 수 없는 경우

가. 공동친권자 모두 친권의 전부 또는 일부를 행사할 수 없는 경우

공동친권자가 모두 친권의 일시 정지 선고(§924), 일부 제한 선고(§924-2), 대리권·재산관리권 상실 선고(§925) 또는 사퇴(§927 ①)로 인해 친권의 전부 또는 일부를 행사할 수 없을 때에 미성년후견이 개시된다. 공동친권자 중 일방에게 이러한 사정이 생긴 것만으로는 아직 미성년후견이 개시되지 않는다.

반면 일반입양을 한 양부모 쌍방에게 위 사유들이 발생한 경우에는 친권자 지정 청구 등을 기다리지 아니하고 바로 미성년후견이 개시된다. §927-2 ①은 §909-2 ②

16) 김상용(2016), 227; 윤우일(2020b), 44.

17) 보호대상아동의 보호를 위하여 성범죄, 가정폭력, 아동학대, 정신질환 등의 전력이 없는 보건복지부령으로 정하는 기준에 적합한 가정에 보호대상 아동을 일정 기간 위탁하는 것을 말한다(아동복지법 §3 vi). 상세한 내용은 윤우일(2020a), 77-80 참조.

18) 현행 아동복지법 §18 ①은 친권상실 사유를 "아동의 친권자가 그 친권을 남용하거나 현저한 비행이나 아동학대, 그 밖에 친권을 행사할 수 없는 중대한 사유가 있는 것을 발견한 경우"로 넓게 규정하고 있지만 청구권자가 시·도지사, 시장·군수·구청장 또는 검사로 제한되어 있어서, 위탁부모가 직접 친권상실 선고청구를 하기는 어렵다. 현소혜(2022), 60. 이와 유사한 관점에서 일본의 아동복지법 개정 내용을 소개하는 문헌으로 이근영(2020), 12.

19) 윤우일(2020a), 87; 현소혜(2022), 69.

20) 대구가정법원 2017. 5. 29. 선고 2016브1037 심판(대법원 2017. 9. 26. 선고 2017스561 결정에 의해 확정). 이 사건에 대해서는 김상용(2016), 213 이하; 김상용(2017), 230 참조. 위탁아동의 가족관계등록부에 부모에 대한 기록이 없다는 것을 근거로 친권자가 없다고 판단되면 친권상실선고를 거치지 않은 상태에서 바로 후견인을 선임한 판결로는 부산가정법원 2016. 10. 5. 선고 2016느단200267 심판(김상용(2017), 223 참조).

21) 서울가정법원 2017. 9. 25. 선고 2014느단30849 심판(주석친족(2), 555에서 재인용).

를 준용하지 않기 때문이다. 이때 미성년후견인 선임 절차는 §909－2 ③에 따른다. 다만, 동 조문에 따른 미성년후견인 선임청구를 기각하고, 친생부모를 친권자로 지정할 수 있는지 여부, 즉 입양에 대해서까지 §909－2 ④를 준용할 수 있는지 여부에 대해서는 부정하는 견해[22]가 있다. 친권이 양부모와 친생부모에게 분속되어 자녀의 복리를 해할 수 있다는 것이다.

친양자를 한 양부모 쌍방에게 위 사유들이 발생한 경우에도 바로 미성년후견이 개시되며, §909－2 ③ 내지 ⑤가 준용될 여지가 없다. 친양자입양에 의해 친생부모와의 관계가 단절되기 때문이다. §927－2 ① 역시 친양자의 양부모를 적용범위로부터 배제하고 있다.

나. 단독친권자가 친권의 전부 또는 일부를 행사할 수 없는 경우

(1) 단독친권자 외에 생존친이 없는 경우

단독친권자가 친권의 일시 정지 선고(§924)를 받은 경우 친권의 정지 기간 동안 친권자가 없는 것과 같은 상태가 되므로 후견이 개시된다. 일부 제한 선고(§924－2)를 받은 경우에는 친권이 제한된 범위에 한정해, 대리권 및 재산관리권을 상실했거나 사퇴한 경우 이 부분에 한정해 미성년후견이 개시된다.

(2) 단독친권자 외에 생존친이 있는 경우

혼인의 취소, 이혼, 인지로 인해 단독친권자로 정해진 부모의 일방이 친권의 일시 정지 선고나 친권 일부 제한의 선고를 받았거나 대리권 및 재산관리권을 상실했거나 사퇴한 경우, 생존친이 친권자로 지정(§927－2 ①)될 수 있으므로 당연히 후견이 개시되는 것이 아니며, 지정 청구가 없거나 기각되었을 때 미성년후견이 개시된다.

3. 민법 외의 미성년후견 제도

가. 시설미성년후견법[23]

보호시설에 있는 미성년자의 후견인 선임에 관해서는 특별법인「시설미성년후견법」이 규정한다.

국가나 지방자치단체가 설치·운영하는 보호시설에 있는 미성년자인 고아에 대하여는 별도로 미성년후견인을 선임하지 않고, 그 보호시설의 장이 당연히 후견인이 된다(동법 §3 ①).

---

22) 김상용(2011), 62－63.

23) 제철웅·장영인(2016), 263은 아동학대처벌법은 형사법적 보호로, 시설미성년후견법과 입양특례법은 행정적 보호로 분류한다.

미성년자인 고아가 국가 또는 지방자치단체 외의 자가 설치·운영하는 보호시설에 있는 경우 그 보호시설의 소재지를 관할하는 특별자치시장·시장·군수·구청장이 후견인을 지정한다(동법 §3 ②). 민법에서는 후견인이 선임되는 반면, 동법에 의하면 자치단체장에 의한 '지정'의 형식을 택함으로써, 현행 미성년후견제도의 정책에 부합하지 않는다는 비판을 받고 있다.[24)]

고아 아닌 미성년자가 보호시설에 있는 경우에도 본조 ①과 ②를 준용한다. 즉 당해 보호시설이 국가 또는 지방자치단체에 의해 설치·운영되는 경우에는 그 보호시설의 장이, 그 밖의 자에 의해 설치·운영되는 경우에는 특별자치시장·시장·군수·구청장이 후견인으로 지정한 사람이 후견인으로 지정된다. 다만 이때에는 관할법원의 허가를 받아야 한다(동법 §3 ③). 이 규정은 고아 아닌 미성년자의 부모가 친권상실 선고를 받았을 것을 요건으로 하지 않으므로 시설아동의 경우 친권과 동법에 의한 후견의 병존이 가능하다.[25)]

동법 §3에 따라 후견인이 된 사람의 직무에 관하여는「민법」의 후견인의 임무에 관한 규정을 준용한다(동법 §6). 이에 대해서는 2014. 10. 15. 민법개정으로 인해 친권의 일시 정지 또는 일부 제한이 가능하게 되었음에도 이러한 내용이 시설미성년후견법에 반영되지 않았다는 점, 또한 보호시설에 있는 미성년자를 위한 후견의 경우 미성년자에 대한 제3자 후견이라는 점과 피후견인인 아동의 불법행위에 대해 후견인이 民 §755의 불법행위책임을 부담하지 않도록 후견인의 권한 범위가 축소되는 것이 바람직하다는 비판이 제기되고 있다.[26)]

나. 아동복지법

「아동복지법」 §19 ①에 따르면 시·도지사 또는 시장·군수·구청장, 아동복지시설의 장 및 학교의 장도 친권자 또는 후견인 없는 아동의 복지를 위해 필요하다면 가정법원에 미성년후견인 선임을 청구할 수 있다. 후견인이 해당 아동을 학대하는 등 현저한 비행을 저지른 경우에는 시·도지사, 시장·군수·구청장, 아동복지시설의 장, 학교의 장 또는 검사는 후견인 변경을 법원에 청구하여야 한다(동법 §19 ②). 동조는 미성년후견인 선임 사유와 같은 실체적인 요건의 해석에 어떠한 영향을 미치는 것은 아니며,[27)] 입양특례법과 달리 보호대상 아동에 대한 친권을 정지시키는 규정도 존재하지 않는다. 이로 인해 예컨대 보호대상 아동이 아동복지시설에 거주하는 경우, 친권자의 거소지정권

24) 정현수(2017), 732–733.
25) 제철웅·김원태·박명숙·안재진·장영인(2017), 168; 현소혜(2022), 60.
26) 박명숙·제철웅(2018), 21; 제철웅(2016), 423.
27) 김주수·김상용, 512 각주 5)도 동 조문이 요구하고 있는 "그 복지를 위하여 필요하다고 인정할 때"라는 요건은 불필요하다고 서술한다.

이 정지되는지 여부가 불명확하여 친권자가 아동의 인도를 요구하면 아동시설의 장이 이를 거부하지 못하고 친권자에게 아동을 되돌려 보내는 문제가 발생하기도 한다.[28] 이 후견인 선임 및 변경 청구에 관한 사항은, 동법 §12에 의해 아동복지심의위원회의 심의 업무에도 속한다. 또한 동법 §19에 따라 후견인의 선임청구를 받은 법원은, 후견인이 없는 아동에 대하여 후견인을 선임하기 전까지 시·도지사, 시장·군수·구청장, 아동보호전문기관의 장, 가정위탁지원센터의 장 및 보장원의 장으로 하여금 임시로 그 아동의 후견인 역할을 하게 할 수 있으며 이 경우 해당 아동의 의견을 존중하여야 한다(동법 §20 ②).

수원지방법원 안양지원 2018느단100182은 동조 ①은 民 §923 ①와의 관계에서 특별법 관계에 있다는 전제 하에, 친권자 또는 후견인 없는 아동에 대해 시·도지사 등이 미성년후견인 선임청구를 할 수 있을 뿐이며, 당해 청구가 이루어질지 불확실한 상황에서 이해관계인(위탁부모로서 미성년후견인으로 선임해 달라고 청구한 자)이 民 §923 ①에 따라 미성년후견 선임청구를 할 수 없다는 전제 하에, 시·도지사 등이 아동복지법 §19 ①에 따른 미성년후견인 선임청구를 하지 않을 것이라는 의사 확인을 받은 후에야 비로소 民 §923 ①에 따라 미성년후견 선임을 하였다.[29]

다. 아동학대처벌법

「아동학대처벌법」 §19 ① iv는 아동학대범죄의 원활한 조사·심리 또는 피해아동등의 보호를 위하여 필요하다고 인정하는 경우 판사가 할 수 있는 임시조치로 '친권 또는 후견인 권한 행사의 제한 또는 정지'을 규정하고 있다. 그리고 이 임시조치로 인하여 피해아동등에게 친권을 행사하거나 후견인의 임무를 수행할 사람이 없는 경우 그 임시조치의 기간 동안 시·도지사 또는 시장·군수·구청장, 아동권리보장원의 장, 아동보호전문기관의 장 및 가정위탁지원센터의 장으로 하여금 임시로 후견인의 임무를 수행하게 하거나 그 임무를 수행할 사람을 선임하여야 한다(동법 §23 ①). 임시로 후견인의 임무를 수행하는 사람은 피해아동 등이 소유한 재산의 보존 및 피해아동 등의 보호를 위한 범위에서만 후견인의 임무를 수행할 수 있으며(동법 §23 ④), 民 §949가 준용되어 아동의 재산을 관리하고 그 재산에 관한 법률행위 대리권을 갖는다(동법 §23 ⑤).

또한 §36 ① iii은 판사가 심리의 결과 보호처분의 하나로 '피해아동에 대한 친권 또는 후견인 권한 행사의 제한 또는 정지'를 할 수 있다고 규정하고 있으며, §47 ①

28) 이근영(2020), 10.

29) 양종찬(2020), 17은 民 §923 ①와 아동복지법 §19 ①은 입법목적과 규정사항, 적용 범위를 달리하는 별개의 법률로서 일반법－특별법 관계에 있는 것이 아니라는 점에서 법원 판단을 비판한다.

vii 및 viii은 가정법원의 피해아동에 대한 보호명령의 하나로 '친권자인 아동학대행위자의 피해아동에 대한 친권 행사의 제한 또는 정지' 내지 '후견인인 아동학대행위자의 피해아동에 대한 후견인 권한의 제한 또는 정지'를 규정하는데, 이 경우 임시로 후견인의 임무를 수행할 사람의 선임에 대해서는 위의 §23를 준용하도록 규정하고 있다(§36 ④, §47⑤).

라. 보호소년법

소년원장은 미성년자인 보호소년[30]등이 친권자나 후견인이 없거나 있어도 그 권리를 행사할 수 없을 때에는 법원의 허가를 받아 그 보호소년등을 위하여 친권자나 후견인의 직무를 행사할 수 있다(동법 §23).

마. 입양특례법

입양기관의 장은 입양을 알선하기 위하여 보장시설의 장, 부모 등으로부터 양자될 아동을 인도 받은 날부터 입양이 완료될 때까지 그 아동의 후견인이 된다(「입양특례법」 §22 ① 본문). 당해 아동에 대해 법원이 이미 후견인을 둔 경우에는 동 조문이 적용되지 않으나(「입양특례법」 §22 ① 단서), 이러한 입양특례법의 태도에 대해서는 비판적인 견해가 있다.[31]

양자로 될 아동을 인도한 친권자의 친권은 당연히 정지된다(동조 ② 본문).

III. 미성년후견 개시의 효과

1. 미성년후견인의 선임

미성년후견 개시사유가 있는 때에는 미성년자를 위해 미성년후견인을 두어야 한다. 미성년후견인의 순위 및 선임방법 등에 대해서는 §931 내지 §932 주석 참조.

2. 미성년후견의 개시 시기

§931에 따른 지정후견인이 있는 경우에는 후견인 지정의 유언이 효력을 발생한 때, 즉 단독친권자가 사망한 때 미성년후견이 개시된 것으로 본다.[32] 반면 §931에 따른 지정후견인이 없는 경우에는 가정법원이 미성년후견인을 선임한 때 미성년후견이

30) 「소년법」 §32 ① vii부터 x까지의 규정에 따라 가정법원소년부 또는 지방법원소년부로부터 위탁되거나 송치된 소년을 말한다(보호소년법 §1-2 i).

31) 김상용(2011), 82-83는 아동이 입양기관에 인도된 이상 입양기관에서 아동의 보호와 양육을 책임지므로, 입양기관의 장이 후견인이 되는 것이 바람직하다고 본다.

32) 김주수·김상용, 508.

개시된 것으로 보는 수밖에 없을 것이다.[33)]

3. 공시

미성년후견의 개시 및 종료 등은 가족관계등록부를 통해 공시된다. 이를 위해 미성년후견인은 미성년후견이 개시된 때, 즉 자신의 취임일로부터 1개월 내에 후견개시 신고를 하여야 한다(가등 §80). §931에 따른 지정후견인인 경우에는 지정에 관한 유언서, 그 등본 또는 유언녹음을 기재한 서면을, §932에 따른 선임후견인인 경우에는 후견인 선임의 재판서 등본을 신고서에 첨부해야 한다(家登 §82).

이때 후견개시 신고는 보고적 신고이다. 舊 민법(2005. 3. 31. 개정 전)에 따른 것이기는 하지만, 대법원 1991. 4. 4.자 90스3 결정 역시 호적상 후견개시신고는 보고적 신고에 불과하다고 하면서, 순위에 따라 아직 법정후견인이 될 수 없는 사람이 후견개시신고를 하여 호적에 후견인인 것처럼 등재되었다 하더라도 후견인으로 취임한 것으로 볼 수 없다고 판시한 바 있다.

IV. 미성년후견과 성년후견간의 관계

미성년자에 대해 미성년후견 외에 성년자를 위한 후견을 개시할 수 있는지 여부에 대해서는 견해의 내립이 있다. 가령 미성년자에게 질병, 장애 그 밖의 사유로 인한 정신적 제약으로 사무를 처리할 능력이 지속적으로 결여되었거나 부족한 경우 친권 또는 미성년후견에 갈음하여 성년후견이나 한정후견·특정후견 개시심판을 받는 것이 가능한가.

긍정하는 견해[34)]는 미성년자에 대해서도 성년후견개시심판을 할 수 있다고 본다. 피성년후견인의 능력은 미성년자보다 좁으므로, 개시의 필요성이 인정된다는 것이다.

부정하는 견해[35)]는 미성년자에 대해서는 성년후견개시심판을 할 수 없다고 한다. 미성년후견은 포괄적 보호를 그 내용으로 하는 반면 성년후견이나 한정후견 등은 필요에 따른 탄력적 보호를 제공할 뿐이므로, 미성년자에 대해 성년후견 등을 개시하는 것은 미성년자 보호에 공백을 가져올 우려가 있다는 점, 미성년자에 대해서는 굳

33) 김주수·김상용, 508.

34) 곽윤직·김재형, 123; 배인구(2013), 22; 이진기(2012), 90-91.

35) 김주수·김상용, 535; 윤진수·현소혜, 28, 40; 한봉희·백승흠, 348 주16); 구상엽(2012), 57-58; 김형석(2014c), 448-449; 남윤봉(2011), 54.

이 성년후견이나 한정후견·특정후견을 개시하지 않더라도 충분한 보호를 제공할 수 있고, "성년후견"이라는 용어 자체가 보호의 대상으로부터 미성년자를 제외하고 있다는 점, 성년후견이 개시될 경우 친권 내지 미성년후견과의 관계, 특히 신상감호권한을 누가 갖는지가 불분명하다는 점, §14-3의 반대해석상 성년후견과 미성년후견 사이의 이행은 개정민법이 예정하는 바가 아니라는 점 등을 근거로 제시하고 있다.

절충설[36]은 미성년자에 대한 성년후견개시심판은 허용될 수 없지만, 한정후견개시심판은 가능하다고 한다. 피한정후견인은 원칙적으로 행위능력을 가진다는 점에서 포괄적 후견을 받는 미성년자와 성격이 다르며, "성년후견"이라는 용어상의 제약도 없기 때문이라고 한다. 동 견해는 미성년자에 대해 특정후견의 심판을 하는 것도 가능하다는 입장이다.

성년후견·한정후견 또는 특정후견 개시심판 청구권자에 미성년후견인 및 미성년후견감독인이 열거되고 있는 것에 비추어 볼 때 적어도 미성년자가 성년에 달함과 동시에 성년자를 위한 후견이 개시될 수 있도록 미리 성년후견 등의 개시심판을 청구하는 것은 허용될 수 있다고 보아야 할 것이다.[37] 보호의 공백을 막기 위함이다. 실무에서는 미성년자에 대한 성년후견개시청구가 있으면 성년후견을 즉시 개시하여 미성년자를 보호해야 할 특별한 사정이 없는 한, 원칙적으로 성년이 임박한 경우에 한하여 심리를 진행하되, 심판은 미성년자가 성년이 된 후에 하는 것이 일반적이다.[38]

---

36) 신영호·김상훈·정구태, 248, 255.

37) 김주수·김상용, 535; 신영호·김상훈·정구태, 248. 주석친족(2), 556은 긍정하더라도 성년후견인과 미성년후견인의 권한 병존으로 인해 복잡한 법적 문제가 발생할 가능성이 있으므로, 신중을 기해야 한다고 설명한다.

38) 김성우, 22-23.

第 929 條 (성년후견심판에 의한 후견의 개시)

가정법원의 성년후견개시심판이 있는 경우에는 그 심판을 받은 사람의 성년후견인을 두어야 한다.

▮참고문헌: 구상엽(2012), "개정민법상 성년후견제도에 대한 연구 －입법배경, 입법자의 의사 및 향후 과제를 중심으로－", 서울대학교 대학원 박사학위논문; 김소희·안경희(2021), "미국법상 피성년후견인의 선거권과 선거권 행사지원제도", 경희법학 56－1, 191－219; 김원태(2022), "가사비송절차에서의 처분권주의와 그 제한", 민사소송 26－2, 269－319; 오진숙(2021), "성년후견개시심판에서 처분권주의", 민사소송 25－3, 99－124; 김형석(2010), "민법 개정안에 따른 성년후견법제", 가족법연구 24－2, 111－166; 김형석(2014c), "성년후견·한정후견의 개시심판과 특정후견의 심판", 서울대 법학 55－1, 443－475; 박인환(2010), "새로운 성년후견제 도입을 위한 민법개정안의 검토", 가족법연구 24－1, 31－74; 박인환(2018), "피후견인의 차별금지와 결격조항정비의 과제", 가족법연구 32－2, 309－342; 박준모(2020), "피후견인에 대한 결격조항의 위헌성과 입법과제", 후견과 신탁 3－1, 5－37; 백승흠(2010a), "성년후견제도의 도입과 과제", 법학논총 27－1, 23－48; 신권철(2013), "성년후견제도의 쟁점과 과제", 사회보장법연구 2－2, 39－88; 신은주(2009), "우리나라에서 성년후견제도의 도입", 한국의료법학지 17－6, 29－59; 안경희(2021), "독일 선거법상 완전후견이 개시된 피성년후견인에 대한 선거권 부여 및 투표 지원 제도", 국민대학교 법학논총 33－3, 47－85; 안경희(2022), "독일법상 후견제도와 선거권 배제", 국민대학교 법학논총 35－1, 7－49; 윤일구(2012), "성년후견제도 도입에 따른 문제점과 과제", 법학논총 32－2, 173－204; 위수현(2023), "후견심판에 있어서 법원의 재량에 대한 고찰 －대법원 2021. 6. 10. 자 2020스596 결정에 대한 평석", 사법 66, 433－463; 이진기(2012), "개정민법 규정으로 본 성년후견제도의 입법적 검토와 비판", 가족법연구 26－2, 85－120; 이진수(2021), "성년후견심판의 행정법적 의의 －공무원의 임용결격사유 및 당연퇴직사유와의 관계를 중심으로", 사법 58－1, 79－105; 제철웅(2013), "성년후견법의 시행준비작업상의 몇 가지 이론적, 실천적 문제", 가족법연구 27－1, 1－40; 제철웅(2014a), "유엔 장애인권리협약의 관점에서 본 한국 성년후견제도의 현재와 미래", 가족법연구 28－2, 205－244; 제철웅(2018), "피성년후견 및 피한정후견을 이유로 한 결격조항의 폐지", 외법논집 42－2, 257－279; 제철웅(2022), "국가공무원법 제69조 제1호 중 제33조 제1호의 '피성년후견인'과 관련된 부분의 위헌성", 법조 71－3, 7－40; 제철웅(2023), "성년후견제도 시행 10년과 새로운 입법적 과제", 가족법연구 37－2, 63－104; 현소혜(2011), "성년후견제 도입에 따른 관계법령의 개선방안", 가족법연구 25－3,143－184; 현소혜(2013b), "법정후견의 유형과 활용방안", 성년후견 1, 59－84

I. 조문의 취지

성년후견의 개시 원인 및 개시의 효과를 정하는 조문이다. 미성년자와는 달리 성년자는 원칙적으로 타인에 의한 보호 내지 간섭을 필요로 하지 않는다. 모든 성인은 스스로 결정한 바에 따라 행위할 능력이 있다. 그럼에도 불구하고 질병, 장애, 노령, 그 밖의 사유로 인한 정신적 제약으로 사무를 처리할 능력이 지속적으로 결여된 사람에 대해서는 그의 재산관리와 일상생활의 영위 등을 위해 일정 정도 보호와 지원이 필요하다. 이에 §9는 위와 같은 경우 가정법원이 일정한 자의 청구에 기초하여 성년후견이 개시될 수 있도록 하는 한편, 성년후견이 개시된 때에는 그를 위해 반드시 성년후견인을 두도록 하였다(본조). 헌법재판소 2019. 12. 27. 선고 2018헌바161 전원재판부 결정은 성년후견개시의 요건이 명확성의 원칙에 위배될 정도로 지나치게 불명확한 개념이라고 보기는 어렵다고 판단한 바 있다.

II. 성년후견의 개시 원인

성년후견은 오로지 가정법원에 의한 성년후견개시심판이 있는 경우에만 개시된다. 성년후견개시심판은 질병, 장애, 노령, 그 밖의 사유로 인한 정신적 제약으로 사무를 처리할 능력이 지속적으로 결여된 경우 또는 후견계약이 등기되어 있음에도 불구하고 본인의 이익을 위해 특별히 필요한 경우에만 할 수 있다[§§9, 959－20 ①, 家訴 §2 ① ii 가. 1)]. 신체적 장애로 인해 사무처리능력이 결여된 경우에 관해서는 이를 이유로 성년후견을 개시할 수 있다는 견해[1)]와 개시할 수 없다는 견해[2)]가 대립한다.

일단 성년후견개시심판이 확정된 후에는 당연히 성년후견이 개시되며, 설령 개시심판에 어떠한 하자가 있다고 하더라도 그러하다. 성년후견개시심판의 효력은 즉시항고로만 다툴 수 있기 때문이다. 가령 한정후견 또는 특정후견으로 족했던 경우라도 일단 성년후견개시심판이 확정되었다면,[3)] §§11, 14－3 ② 및 959－20 ②에 따른 성년후견종료의 심판이 있기 전에는 성년후견에 따른 각종의 효과를 부인할 수 없다. 반면 성년후견의 실체적 요건을 갖춘 경우라도 실제로 심판을 받지 않은 때에는 성년

1) 박인환(2010), 43; 백승흠(2010a), 31; 신은주(2009), 34; 윤일구(2012), 183 등.
2) 윤진수·현소혜, 26; 구상엽(2012), 40－41; 김형석(2010), 125 등.
3) 성년후견개시심판 청구가 있었을 때 가정법원이 한정후견 또는 특정후견심판을 할 수 있는지 여부에 대해서는 긍정하는 견해와 부정하는 견해가 대립한다. 긍정하는 견해로는 곽윤직·김재형, 127－128; 윤진수·현소혜, 30－31; 김형석(2014c), 458; 윤일구(2012), 187; 이진기(2012), 102; 현소혜(2013b), 76. 부정하는 견해로는 구상엽(2012), 36; 배인구(2013), 29－30.

후견이 개시될 수 없다(§9 ①).

성년후견이나 한정후견에 관한 심판 절차는 가사비송사건으로서, 가정법원이 당사자의 주장에 구애받지 않고 후견적 입장에서 합목적적으로 결정할 수 있으므로, 한정후견의 개시를 청구한 사건에서 의사의 감정 결과 등에 비추어 성년후견 개시의 요건을 충족하고 본인도 성년후견의 개시를 희망한다면 법원이 성년후견을 개시할 수 있고, 성년후견 개시를 청구하고 있더라도 필요하다면 한정후견을 개시할 수 있다.[4] 이 판결에 대해, 특히 처분권주의와의 관계에서 학계의 견해는 다음과 같이 나눌 수 있다. 우선 해당 판결과 같이 성년후견·한정후견 개시 절차는 가사비송에 속하여 처분권주의가 적용되지 않으며 이렇게 해석하는 것이 장애인의 이익에 부합한다는 견해가 있다.[5] 또한 청구에 의해 개시하는 비송절차에서 청구의 제기와 관련해 처분권주의의 적용을 받는다고 이해하더라도 절차상 분쟁의 상대방이 없는 편면적 비송절차라는 점, 청구인이 청구에 의해 달성하고자 하는 법률효과는 성년후견이나 한정후견이라는 특정한 효과라기보다는 사건본인에게 민법상 성년후견제도의 보호를 부여하고자 하는 내용이라고 보아야 하기 때문에, 절차의 개시나 종료가 아닌 범위문제에 있어서는 분쟁의 대상을 고려하여 유연하게 판단할 수밖에 없다고 본다.[6] 다만 이 견해에 의하더라도 특정후견은 본인 의사에 반하여 개시될 수 없으므로 청구취지 변경이 필요하다.[7]

반면 청구된 것과 다른 유형의 후견개시 심판을 할 수 없다는 견해도 주장되고 있다. 우선 반대하는 견해들이 공통적으로 지적하는 바는 한정후견개시와 성년후견개시의 요건은 정도의 차이에 불과한 것이 아니라 각각 다른 사무처리 능력을 가진 본인을 상정한 것이므로 청구권자가 성년후견 심판의 개시를 청구한 사건에서 법원이 청구취지와 달리 한정후견을 개시할 수는 없다는 것이다. 그리고 그 배경이 되는 것은 성년후견제도는 종전의 행위무능력제도와는 달리 본인의 의사의 존중(자기결정권)과 필요성 및 보충성 등을 그 기본이념으로 하고 있어서 각 유형의 후견에서 본인의 잔존능력 존중 정도가 다르다는 점이다. 사건본인 및 관계인의 절차적 기본권이

4) 대법원 2021. 6. 10. 선고 2020스596 결정.

5) 윤진수, 299-300.

6) 김형석(2014c), 457-458. 다만 한정후견의 청구가 있었으나 가정법원이 성년후견개시의 심판을 할 때에는, 본인 기타 이해관계인에게 불의의 결과일 수 있으므로, 가정법원은 본인의 의사를 신중하게 고려해야 하고(제9조 제2항), 본인과 청구인에게 관련 가능성을 충분히 알려 청구를 취하할 기회를 부여하는 것이 바람직하다고 한다.

7) 제요[2], 1204; 신영호·김상훈·정구태, 248. 제요[2], 1283은, 특정후견 심판절차에서 성년후견이나 한정후견이 보다 적합한 것으로 판단되는 경우, 청구인에게 성년후견이나 한정후견으로의 청구취지 변경을 권유하고, 청구취지를 변경하지 않는 경우 청구를 기각해야 한다고 설명한다.

충분히 보장하기 위해서라도, 법원은 당사자의 청구와 다른 유형의 성년후견 개시 심판을 할 수 없고 반드시 가정법원이 청구취지 변경의 석명을 하고 청구의 변경을 기다려 재판해야 한다고 본다.[8)]

마지막으로 가사비송절차에 있어서 처분권주의가 적용된다고 볼 수 없으므로 처분권주의가 아닌 구체적 법률의 규정과 제도의 취지에 비추어 법원이 이와 같은 재량을 행사할 수 있는지를 판단하여야 하는데, 성년후견개시를 청구한 경우 한정후견개시를 구하는 의사가 포함되어 있다고 볼 것이므로 청구취지의 변경 없이도 한정후견개시 심판을 할 수 있다고 봄이 타당하지만, 반면 한정후견개시를 청구하였으나 성년후견개시를 하여야 한다고 판단되는 경우라면 법원이 당연히 성년후견개시 심판을 할 수 있는 것은 아니고 사건 본인의 의사를 확인하여야 한다는 견해도 있다.[9)]

III. 성년후견 개시의 효과

1. 실체적 효과

가. 성년후견인의 선임

가정법원은 성년후견개시심판을 하는 경우 그 심판을 받은 사람, 즉 피성년후견인을 위해 성년후견인을 두어야 한다. 헌법재판소 2019. 12. 27. 선고 2018헌바161 전원재판부 결정은, 성년후견인관련조항에 따라 선임된 성년후견인이 피성년후견인의 법률행위를 대리하고 신상에 관하여 결정할 수 있으며 재산을 관리하는 것이 피성년후견인의 자기결정권 및 일반적 행동자유권을 제한하는지 여부를 판단하였는데, 성년후견인관련조항들이 목적의 정당성과 수단의 적합성, 침해최소성, 법익균형성 등을 갖추고 있다는 점에서 기본권 침해를 부정하였다.

성년후견인 선임방법에 대해서는 §936 주석 참조.

나. 행위능력의 제한

성년후견이 개시되면 피성년후견인은 성년후견인의 대리에 의해 행위 해야 하며, 피성년후견인이 스스로 한 법률행위는 취소할 수 있다(§10 ①). 가정법원이 취소할 수 없는 피성년후견인의 법률행위의 범위를 정한 경우(§10 ②) 및 일용품의 구입 등 일상생활에 필요하고 그 대가가 과도하지 아니한 법률행위(§10 ④)는 그러하지 아니하다. 그렇지만 피성년후견인은 자신의 신상에 관해서 그의 상태가 허락하는 범위에서

8) 김성우, 51－52; 김원태(2022), 286; 오진숙(2021), 107.
9) 위수현(2023), 451－456.

단독으로 결정하는 것이 원칙이고 다만 피성년후견인이 의사결정을 할 수 없는 경우를 대비해 §938 ③은 "가정법원은 성년후견인이 피성년후견인의 신상에 관하여 결정할 수 있는 권한의 범위를 정할 수 있다"고 규정하고 있다.

다. 소멸시효 기간의 정지

소멸시효 기간만료 6개월 내에 피성년후견인에게 성년후견인이 없는 경우 그가 능력자가 되거나 성년후견인이 취임한 때로부터 6개월 내에 시효가 완성되지 않는다(§179). 성년후견인에 대한 피성년후견인의 권리도 같다(§180 ①).

라. 각종 결격사유

대리인에게 성년후견이 개시되면, 그의 대리권이 소멸한다(§127 ii). 위임계약의 수임인에게 성년후견이 개시되면, 위임계약이 종료한다(§690). 조합원에 대해 성년후견이 개시되면, 그는 조합으로부터 탈퇴한다(§717).

그 밖에 피성년후견인은 성년후견의 개시와 동시에 공인회계사법, 변호사법, 의료법, 약사법, 국가공무원법, 지방공무원법 등 200여개의 법률에 의해 각종의 공법상·직업상 자격을 박탈당하는 것으로 규정되어 있었다. 이러한 결격조항에 대해 일부 견해[10]는 보편화의 이념을 근거로 전면삭제를 주장하는 반면, 결격조항의 유형에 따라 삭제 또는 유지 여부를 달리 볼 필요가 있다는 견해[11]도 있다.

헌법재판소 2022. 12. 22. 선고 2020헌가8 전원재판부 결정은 피성년후견인인 국가공무원은 낭연퇴식한다고 정한 구 국가공무원법 제69조 제1호가 공무담임권을 침해한다고 판단하였다. 다수의견은, 현행 국가공무원법은 정신상의 장애로 직무를 감당할 수 없는 국가공무원에 대하여 곧바로 당연퇴직되는 대신 휴직을 통한 회복의 기회를 부여받을 수 있다는 점, 성년후견이 개시되지는 않았으나 동일한 정도의 정신적 장애가 발생한 국가공무원의 경우와 비교할 때 심판대상조항은 사익의 제한 정도가 과도하다는 점, 성년후견이 개시되었어도 정신적 제약을 극복하여 후견이 종료될 수 있고 이 경우 법원에서 성년후견 종료심판을 하고 있다는 사실에 비추어 보아도 사익의 제한 정도가 지나치게 가혹하다는 점 등을 고려해 심판대상조항이 과잉금지원칙

10) 구상엽(2012), 191－193; 신권철(2013), "성년후견제도의 쟁점과 과제", 사회보장법연구 2－2, 66－72; 제철웅(2013), 14－15. 제철웅(2014a), 232－233은 결격조항을 전면 폐지하는 한편, 그로 인해 피성년후견인이 본인 또는 제3자의 이익을 중대하게 침해할 소지가 있는 때에는 가정법원의 처분으로서 직무수행 등의 정지를 명할 필요가 있다고 주장한다. 제철웅(2018), 275－277은 결격조항이 삭제되더라도, 의사, 변호사,회계사, 법무사, 기타 위험 사업을 수행하는 사람에게 후견이 개시되었고 본인이 능력부족에도 불구하고 직무를 수행하려 하는 경우, 후견인이 휴직 또는 휴업을 대리하여 신청할 수 있기 때문에 직무수행 역량이 없는 본인이 전문직종의 사무를 수행하거나 위험성 있는 사업을 수행하는 일은 거의 없을 것이며, 설령 일어난다면 피해자는 피후견인만이 아니라 후견인에 대해서도 불법행위책임을 추궁할 수 있을 것이라고 서술한다.

11) 현소혜(2011), 166－180.

을 위반했다고 판단했다. 반면 반대의견은 성년후견의 개시는 절차적으로 법원이 객관적으로 판단해 이루어지며, 성년후견이 개시되었다는 것은 사건본인이 정신적 제약으로 인하여 사무를 처리할 능력이 지속적으로 결여되어 상당한 기간 내에 회복의 가능성이 거의 없다는 의미이므로, 설령 잔존능력이 있다 하더라도 국가공무원으로서 요구되는 직무수행능력이 충족되었다고 보기 어렵다는 점, 심판대상조항으로 인하여 입게 되는 공무원 개인의 불이익이 심판대상조항을 통해 추구하는 원활한 공무수행 확보 및 그에 대한 국민의 신뢰보호라는 공익보다 크다고 보기 어렵다는 점을 근거로 제시하였다.

이 헌법재판소 결정을 전후로, 성년후견선고를 받았다는 사실만으로 실질적 자격검증을 하지 않고 피후견인에 대해 각종 지위를 자동적으로 박탈시키는 법률 규정[12]들을 삭제해야 한다는 견해가 증가하고 있다.[13] 비교법적으로도 피후견인 결격조항은 우리나라와 일본 외에는 유래를 찾기 어려운 입법례인데,[14] 일본은 2019년에, 187개 법률에 산재해 있는 피후견인 결격조항을 개별적·실질적으로 각 영역·제도에 필요한 능력의 유무를 판단·심사하는 방식으로 전환하였다.[15] 독일은 후견개시와 선거권 배제를 연동시켰었으나, 연방헌법재판소가 2019년에 완전후견이 개시된 피성년후견인에게 선거권을 부여하지 않는 선거법이 보통선거 원칙과 장애인차별금지 원칙을 위반한다고 판단하였다.[16]

2. 성년후견의 개시 시기

성년후견은 성년후견개시심판이 확정된 때 개시된다. 성년후견개시심판에 대해서는 본인, 배우자, 4촌 이내의 친족, 미성년후견인, 미성년후견감독인, 한정후견인, 한정후견감독인, 특정후견인, 특정후견감독인, 검사 또는 지방자치단체의 장 등 §9 ①에서 정한 청구권자 및 §950-20 ①에서 정한 임의후견인과 임의후견감독인이 즉시항고할 수 있다(家訴規 §36 ① i 가목).

따라서 성년후견개시심판은 즉시항고기간이 도과한 때, 즉 당사자(家訴規 §25), 이

12) 국내의 피후견인 결격조항 현황에 대해서는 박준모(2020), 10 이하 참조.

13) 김소희·안경희(2021), 215; 박인환(2018), 318 이하; 박준모(2020), 12 이하; 제철웅(2022), 7 이하; 제철웅(2023), 73. 반면 독일과 일본은 행정청의 재량 판단에 따른 강제적 처분으로 퇴직을 명령할 수 있지만, 우리나라에서는 법원이 성년후견개시심판을 통해 객관적으로 해당 공무원의 상태를 확인하고 결정할 기회가 주어진다는 점에서 오히려 재직 중인 공무원에게는 공무담임권을 보장하는 방향으로 작용할 수 있다고 보는 견해로 이진수(2021), 100.

14) 박인환(2018), 318

15) 박준모(2020), 30.

16) 안경희(2021), 50; 안경희(2022), 11 이하 참조.

해관계인(家訴規 §25), 당해 심판에 의해 성년후견인이 될 자(家訴規 §35)가 심판을 고지받은 날부터 14일이 도과한 때에 비로소 확정된다(家訴 §40, 家訴規 §31).

3. 성년후견개시의 공시

성년후견의 개시 및 성년후견인 선임 등에 관한 사항은 후견등기부를 통해 공시된다. 따라서 가정법원은 성년후견개시심판이 확정된 때에는 지체없이 후견등기사무를 처리하는 사람에게 성년후견 개시심판 및 성년후견인 및 성년후견감독인 선임심판에 관한 사항, 취소할 수 없는 피성년후견인의 법률행위의 범위를 결정하는 심판에 관한 사항, 성년후견인이 피성년후견인의 신상에 관하여 결정할 수 있는 권한의 범위를 결정하는 심판에 관한 사항, 여러 명의 성년후견인 및 성년후견감독인을 정한 때에는 그 권한 행사를 결정하는 심판에 관한 사항을 후견등기부에 등기할 것을 촉탁하여야 한다(家訴 §9, 家訴規 §5-2 ① i). 성년자를 위한 후견의 공시방법에 대해 자세히는 §959-14 주석 참조.

第930條 (후견인의 수와 자격)

① 미성년후견인의 수(數)는 한 명으로 한다.

② 성년후견인은 피성년후견인의 신상과 재산에 관한 모든 사정을 고려하여 여러 명을 둘 수 있다.

③ 법인도 성년후견인이 될 수 있다.

■ **참고문헌:** 권순한(2000), "법정후견인제도", 아세아여성법학 3, 91－124; 권재문(2014b), "친족위탁에 대한 재평가와 친족위탁양육자 지원을 위한 후견제도의 활용 － 가정위탁보호 지원법(안) 발의를 계기로", 가족법연구 28－3, 267－298; 김명엽(2010), "성년후견제도 도입을 위한 법무부 입법안의 개선에 관한 연구", 법과 정책 16－2, 21－45; 김성숙(1998), "민법상 후견제도의 문제점－한정치산·금치산제도를 중심으로－", 아세아여성법학 1, 173－194; 김수정(2024), "친족성년후견인의 역할에 관한 비교법적 연구 － 근친의 법정대리권을 중심으로", 비교사법 31－2, 127－179; 김영진(2020), "미성년후견제도의 문제점과 정립방향", 민사법의 이론과 실무 24－1, 1－47; 김용한(1974), "후견", 사법행정 15－8, 62－65; 김은효(2011), "법인후견의 운용 등에 관한 소고", 법률신문 3970; 김현수(2014), "未成年後見制度의 改正方向에 關한 小考", 가족법연구 28－1, 233－262; 김현수·김원태(2012), "미국에서의 미성년후견인의 권한과 책임", 가족법연구 26－2, 163－190; 김형석(2010), "민법 개정안에 따른 성년후견법제", 가족법연구 24－2, 111－166; 김형석(2014b), "성년후견감독인", 성년후견 2, 79－110; 박상호·예철희(2010), "미성년자후견제도의 문제점과 개선방안", 법정리뷰 27－1, 285－311; 박인환(2010), "새로운 성년후견제 도입을 위한 민법개정안의 검토", 가족법연구 24－1, 31－74; 백승흠(2003), "현행 성년자보호를 위한 제도의 문제점과 대안으로서의 성년후견제도", 민사법학 24, 407－427; 백승흠(2010a), "성년후견제도의 도입과 과제", 법학논총 7－1, 23－48; 송호열(2006), "고령화사회에 비추어 본 행위무능력제도의 문제점과 후견제도의 확장", 재산법연구 23－2, 37－75; 신은주(2009), "우리나라에서 성년후견제도의 도입", 한국의료법학지 17－6, 29－59; 엄덕수(2010), "성년후견 법안, 그 쟁점과 입법방향", 법무사 516, 18－25; 윤우일(2020b), "미성년후견제도의 개선을 위한 제안", 아주법학 13－4, 38－52; 오호철(2016), "성년후견제도에 따른 현황과 개선과제", 법이론실무연구 4－1, 85－106; 이근영(2020), "미성년후견제도의 문제점과 정립방향", 민사법의 이론과 실무 24－1, 1－47; 이상희(2018), "현행 미성년후견제도의 문제점과 개선방안", 동아법학 81, 1－24; 이승길(2009), "현행 민법상 후견제도의 문제점과 성년후견제도의 도입에 관한 고찰", 중앙법학 11－2, 7－38; 이영규(2010), "성년후견법안의 검토 및 향후과제", 경남법학 26, 209－247; 이은영(2003), "성년후견제도의 개선방향", 외법논집 15, 51－80; 이정식(2010a), "민법상 후견제도의 법적 과제에 관한 고찰", 명지법학 9, 121－152; 이지은(2020), "공공후견과 후견법인의 역할", 숭실대학교 법학논총 47, 293－326; 이충은(2015), "일본의 미성년후견제도를 통한 우리나라에의 시사점", 법과 정책 21－1, 211－234; 임혜경(2009), "권리옹호 정책으로서 일본의 성년후견제도: 문제점과 시사점", 사회보장연구 25－1, 121－144; 장현옥(2000), "우리나라 후견제도의 문제점과 개선방안", 아세아여성법학 3, 149－171; 정남기(2003), "행위무능력제도와 고령자보호", 비교법학 3, 1－34; 정남휘(2009), "성인후견제도의 입법적 고찰", 법무사 506, 20－29; 정현수(2017), "미성

년후견제도의 개선을 위한 몇 가지 제언", 동북아법연구 10-3, 721-748; 제철웅(2011), "요보호성인의 인권존중의 관점에서 본 새로운 성년후견제도", 민사법학 56, 277-331; 최현숙(2015), "미성년후견제도에 관한 연구", 법학연구 57, 269-290; 홍윤선(2023a), "독일의 미성년후견 제도 - 2023년 개정 미성년후견법에 대한 소개를 중심으로", 비교사법 30-4, 69-100; 홍춘의(2002), "후견제도 개혁의 과제", 가족법연구 16-2, 1-39

I. 조문의 취지

후견인의 수와 자격을 정하기 위한 조문이다. 舊 민법(2011. 3. 7. 개정 전) §930는 후견인의 수를 1인으로 한정하였으며, 친족관계를 기초로 한 법정후견인의 순위로 인해 자연인만이 후견인이 될 수 있었다.[1] 그러나 성년후견제의 도입에 따라 성년후견인에게 기대되는 임무와 역할 등에 변화가 있었으므로, 이를 반영하여 미성년후견인과 성년후견인의 수와 자격을 달리 규정하였다.

II. 미성년후견인의 수와 자격

미성년후견인의 수는 한 명으로 한다(본조 ①). 미성년후견인은 단순히 재산관리 또는 법률행위의 대리를 통해 피후견인의 재산을 보존하거나 의사결정을 지원하기 위한 기관이 아니라, 친권자에 갈음하여 미성년자를 위해 충분한 보호와 교양을 제공하고 그의 원만한 성장을 돕기 위한 기관이므로, 미성년후견인과 미성년자 본인 간의 개인적인 접촉 및 인적 유대관계 형성이 중요한 의미를 갖는다는 점,[2] 미성년후견인을 복수로 할 경우 책임이 분산되어 사무가 지체된다는 점[3] 등이 근거로 제시되고 있다.

이에 대해서는 복수의 미성년후견인을 허용해야 한다는 입법론적 비판이 있다.[4] 친권도 공동으로 행사하는데 미성년후견만 단일후견인 제도를 유지할 이유가 없다는

1) 독일, 프랑스, 오스트리아, 스위스, 노르웨이 등에서는 성년후견인이 선임되지 않은 사람에게 일정한 재산 또는 신상사무 처리의 필요가 생겼을 때 가까운 친족이 당연히 대리권을 갖는 제도를 규정하고 있다. 이에 대해서는 김수정(2024), 131 이하 참조.

2) 백승흠(2010a), 33. 권재문(2014b), 290은 후견인이 자신의 권한의 일부를 타인에게 위임하는 것이 가능하기 때문에 굳이 여러 명의 후견인을 두어 법률관계를 복잡하게 만들 필요가 없다고 한다.

3) 김주수·김상용, 509; 박동섭·양경승, 448; 한봉희·백승흠, 327; 최효섭(1987), 111.

4) 김주수·김상용, 509; 이경희·윤부찬, 282; 권순한(2000), 102; 김용한(1974), 68; 김현수·김원태(2012), 186; 김현수(2014), 249-250; 박상호·예철희(2010), 290, 304; 김영진(2020), 214; 윤우일(2020b), 44; 이근영(2020), 16; 이상희(2018), 15; 이충은(2015), 228; 정현수(2017), 733; 최현숙(2015), 283.

점, 미성년후견의 경우에도 신상감호와 재산관리를 서로 다른 전문가가 담당하게 할 필요가 있다는 점, 외국의 입법례도 주로 복수의 미성년후견인을 허용한다는 점, 미성년자에 대한 신상감호를 담당하는 미성년후견인의 부담을 경감시킬 수 있다는 점 등을 근거로 제시한다. 日民 §840 ②는 "미성년후견인이 있는 경우에도 가정법원은 필요하다고 인정되는 때에는 미성년자, 그 친족 기타 이해관계인, 미성년후견인의 청구에 따라 또는 직권으로, 다시 미성년후견인을 선임할 수 있다"고 규정한다. 반면 獨民은 원래 재산관리에 어려움이 있는 등 특별한 사유가 있는 경우에는 여러 명의 미성년후견인을 선임할 수 있도록 하였지만, 2023년 개정에서 단독미성년후견을 원칙으로 하고, 다만 ① 혼인당사자들만이 공동미성년후견인으로 선임될 수 있고 ② 형제자매의 미성년후견인을 선임하는 경우, 각각 별도의 미성년후견인을 선임해야 하는 특별한 사유가 있지 않은 한, 공동으로 1인의 미성년후견인이 선임되어야 한다는 예외를 인정하고 있을 뿐이다(§1775).[5)]

또한 미성년후견인의 자격은 자연인으로 한정된다(본조 ③의 반대해석). 법인은 미성년자와 인적인 접촉이 불가능하여 아동과의 안정적·지속적 애착관계를 맺기 어렵기 때문이다.[6)] 그러나 미성년후견제도의 개선을 요구하는 입법론 대부분은 법인도 미성년후견인이 될 필요가 있음을 강조한다.[7)] 그 근거로는, 성년에 가까운 미성년자나 보호시설에 거주하는 미성년자의 경우 인적 접촉의 필요성이 크지 않고, 전문적인 지식이 부족한 일반 개인에게 후견을 일임하기보다는 전문적인 지식과 소양을 갖춘 법인으로부터 후견을 받을 수 있는 여지를 두는 것이 미성년자와 피성년후견인의 공평을 기하는 것이 될 것이며 특히 양육을 전담하는 양육자 외에 복수의 후견인을 두게 되는 경우 재산관리를 위한 후견인을 법인후견인으로 하게 된다면 미성년자의 후견의 중요한 내용이 되고 있는 신상감호의 효과를 높이는 결과를 얻을 수 있게 될 것이고, 미성년후견인의 자격을 법인에까지 확대하게 되면 법인의 사무 감사 제도를 활용한 감독권의 발동으로 최소한의 감독을 시행할 수 있으며, 미성년후견이 장기간 지속되어야 하는 경우 법인 소속의 직원들이 역할을 분담할 수 있으며 법인후견을 인정할 경우 법인명과 법인주소가 기재되므로 미성년후견인의 개인정보 보호는 물론 사생활의 보호 문제로부터도 자유로울 수 있다는 점 등이 제시되고 있다. 일본(日民 §840 ③)[8)]과 독일(獨民 §1791a ①)[9)]에서도 법인이 미성년후견인이 될 수 있다.

5) 홍윤선(2023a), 82.
6) 양형우, 181; 권재문(2014b), 290; 김형석(2010), 130-131.
7) 이경희·윤부찬, 283; 김영진(2020), 215; 김현수(2014), 253-254; 윤우일(2020b), 47; 이근영(2020), 18; 이상희(2018), 16; 이충은(2015), 228; 정현수(2017), 740; 최현숙(2015), 284.
8) 이충은(2015), 222 참조.

III. 성년후견인의 수와 자격

1. 성년후견인의 수

성년후견인은 피성년후견인의 신상과 재산에 관한 모든 사정을 고려하여 여러 명을 둘 수 있다(본조 ②). 성년후견인은 피성년후견인을 위해 재산관리 뿐만 아니라 신상에 관하여도 두루 대리권을 행사하여야 하고, 지속적인 면접·관찰을 통해 피성년후견인의 사무처리능력에 변동이 생긴 경우 그에 따라 보호의 범위를 재조정하며, 피성년후견인 본인의 의사를 최대한 존중하여 업무를 처리하여야 하는 등 舊 민법(2011. 3. 7. 개정 전)상 금치산자의 후견인에 비해 임무의 범위가 매우 넓다. 이에 2011. 3. 7.자 개정민법은 후견업무의 효율성을 도모하고, 권한남용의 위험을 방지하기 위해 복수의 후견인 제도를 허용하였다.[10] 복수의 성년후견감독인을 선임하면 피성년후견인으로서는 추가적인 지출이 있을 수 있으므로 피성년후견인의 의견을 고려할 필요가 있다.[11]

이때 복수로 선임된 성년후견인이 담당하는 임무의 범위가 법정되어 있는 것은 아니나.[12] 즉, 현행 민법은 일부 입법례와 같이 재산관리후견인과 신상감호후견인을 엄격하게 구별하지 않는다. 따라서 가정법원은 구체적인 사정에 따라 재산관리를 담당하는 성년후견인과 신상감호를 담당하는 성년후견인으로 나누어 선임하거나, 1명의 성년후견인이 재산관리와 신상감호를 모두 담당하되, 특정한 재산의 관리 또는 특정한 의료행위와 관련된 의사결정대행 권한만을 다른 성년후견인에게 맡기는 방식으로 복수의 성년후견인을 선임할 수도 있다.[13]

복수의 성년후견인을 선임할 것인지는 가정법원의 재량에 맡겨져 있으므로, 가정법원은 피성년후견인의 신상과 재산에 관한 모든 사정을 고려하여 복수 선임 여부를 판단할 수 있다. 가령 정신장애인에 대한 친권이 종료하여 종래의 친권자인 부모를 공동의 성년후견인으로 선임할 필요가 있는 경우, 피성년후견인을 직접 부양하며 돌보고 있는 근친에게 재산관리의 전문성이 없는 경우, 피성년후견인의 재산의 종류가 다양하여 재산의 유형별로 전문적인 관리가 필요한 경우, 피성년후견인의 건강상

9) 홍윤선(2023a), 77 참조.

10) 자료집, 270. 복수의 성년후견인 제도 도입을 주장 내지 찬성한 견해로 양수산, 481-482; 권순한(2000), 119; 김명엽(2010), 31; 김성숙(1998), 189; 백승흠(2003), 412; 송호열(2006), 63; 신은주(2009), 25, 35; 이승길(2009), 15-16; 이영규(2010), 236; 이정식(2010a), 140; 이은영(2003), 74; 임혜경(2009), 140; 장현옥(2000), 169; 정남기(2003), 33; 홍춘의(2002), 26.

11) 김형석(2014b), 85.

12) 개정 당시 직무범위를 법정할 필요가 없다는 견해를 피력한 문헌으로 엄덕수(2010), 21.

13) 윤진수·현소혜, 77; 한삼인·김상헌, 216; 김명엽(2010), 31-32.

태에 비추어 특정한 의료행위와 관련하여 보건복지 전문가에 의한 지속적이고도 전문적인 의사결정대행이 필요한 경우, 근친간에 피성년후견인의 재산관리나 거소지정 등을 둘러싼 대립이 치열하여 상호간의 견제를 통해 피성년후견인의 의사와 복리를 최대한 실현할 필요가 있는 경우 등에는 성년후견인을 복수로 선임하는 것이 유용할 것이다.[14]

성년후견인이 복수로 선임된 경우 권한행사방법에 대해서는 §949-2 주석 참조. 성년후견개시심판 후 성년후견인의 추가선임에 대해서는 §936 주석 참조.

2. 성년후견인의 자격

가. 자연인

자연인이라면, §937에서 정한 후견인 결격사유에 해당하지 않는 한, 성년후견인이 될 수 있다. 피성년후견인과 일정한 친족관계에 있어야 하는 것은 아니다.[15] 변호사, 법무사, 사회복지사와 같은 영리 목적의 직업적 후견인(전문적 후견인)[16] 또는 자원봉사자와 같은 시민후견인(명예직 후견인) 등 누구라도 후견인이 될 수 있다.

나. 법인

법인도 성년후견인이 될 수 있다. 舊 민법(2011. 3. 7. 개정 전)상의 해석으로도 법인을 후견인으로 선임하는 것이 가능하다는 견해[17]가 있었으나, 2011. 3. 7.자 개정민법은 이를 명문으로 규정하였다.[18] 성년후견 업무의 특성상 법인이 이를 담당하는 것이 더 유용한 사안이 적지 않기 때문이다. 가령 피성년후견인의 연령이 낮고 장래 그의 사무처리능력이 회복될 가능성이 높지 않아 장기간에 걸친 균질한 돌봄(care)이 필요한 경우가 그러하다. 개인 후견인은 그의 건강, 성정, 의지 그 밖의 우연한 사정에 의해 제공하는 후견업무의 질이 크게 달라질 수 있기 때문이다. 또한 법인이 후견인이 되면 후견인의 사망 등의 변동사유 없이 지속적인 후견업무가 가능하고, 법인 자체에서 후견활동을 하는 직원을 감독할 수 있으며, 친족후견인에서 종종 발생하는 재산횡령의 발생가능성이 낮아진다.[19] 우리 사회의 가족의 급속한 변화로 인하여 더욱 핵가족화가 되고 요보호를 해 줄 가족이나 친척이 없는 경우에 있어서 법인 후견인의 필

14) 보다 다양한 유형에 대해서는 박인환(2010), 48 참조.
15) 제철웅(2008), 114, 140.
16) 김명엽(2010), 42-43; 정남휘(2009), 27-28.
17) 김은효(2011), 14.
18) 법인에게 성년후견인 자격을 인정할 것을 주장 내지 찬성한 견해로 백승흠(2003), 411-412; 송호열(2006), 62-63; 신은주(2009), 25, 35; 이승길(2009), 13; 이영규(2010), 235; 이은영(2003), 74; 이정식(2010), 141; 장현옥(2000), 168; 홍춘의(2002), 27.
19) 김명엽(2010), 26-27; 오호철(2016), 93; 이지은(2020), 314 참조.

요성이 지속적으로 증가할 가능성이 높다.[20)]

피성년후견인의 재산이 각처에 흩어져 있어 전국적 규모의 법인이 이를 관리하는 것이 보다 효율적인 경우, 피성년후견인의 장애 유형과 심리상태에 대한 충분한 이해가 있어야만 본인과의 의사소통이 가능한 상황이어서 피성년후견인 본인과 친족들이 보다 전문적이고 신뢰할만한 후견인의 선임을 원하는 경우, 근친에 의한 간섭과 분쟁이 심한 경우, 후견업무를 무상으로 담당할만한 근친자를 찾기 어려운 경우 등에도 법인후견인을 선임할 필요가 있다.[21)]

다. 법인후견인의 보충성 여부

성년후견 역시 미성년후견과 마찬가지로 피성년후견인과의 인격적 접촉이 중요한 의미를 가진다는 점에서 법인후견인은 적절한 자연인후견인을 찾을 수 없는 경우 최후의 수단으로써만 선임될 수 있다는 견해가 있다.[22)] 그러나 법인이 성년후견인으로 선임된 경우라도 구체적인 후견업무를 수행하는 것은 당해 법인의 구성원(사단법인의 경우) 내지 피용자(재단법인의 경우)이므로, 피성년후견인과의 인격적 접촉이 배제되는 것은 아니다. 따라서 법인후견인을 보충적으로만 이용할 필요는 없을 것이다. 가정법원의 실무도 그러하다.[23)]

라. 법인의 자격

본조는 "법인도 성년후견인이 될 수 있다"고 규정하고 있을 뿐이므로, 사법인·공법인, 사단법인·재단법인, 영리법인·비영리법인을 묻지 않고 법인이라면 누구나 성년후견인이 될 수 있다.[24)] 이에 대해서는 파산 등의 가능성이 있는 영리법인보다 공익법인 또는 사회복지법인 등이 후견인에 더 적합하다는 견해[25)]와 민법상 사단법인으로 구성해야 한다는 견해,[26)] 전문국가기관을 설립하여 후견인이 되도록 해야 한다는 견해[27)] 등이 있다.

20) 법원행정처, 성년후견제도 해설, 2013, 45면 참조. 다만 법인의 내부사정에 따라 후견인 변경이 가능하여 피후견인과의 지속적 신뢰관계의 구축이 어렵다는 것, 후견사무처리의 의사결정이 법인 내부의 의사결정단계를 거치면서 후견사무처리가 지연될 우려가 있다는 것, 본인의 희망 기타 욕구나 선호를 반영하기에 불리하다는 것, 여러 단계의 결재과정을 거칠 경우 후견인의 책임성 약화될 수 있다는 것 등이 단점으로 지적된다. 이지은(2020), 315.

21) 해설, 41; 박인환(2010), 48; 정남휘(2009), 28-29.

22) 구상엽(2012), 77-78; 송호열(2003), 210; 제철웅(2011), 314. 獨民 §1818 ①도 이와 같은 태도이다. 독일법상 법인이 성년후견인으로 선임될 수 있는 요건에 대해 자세히 소개하고 있는 문헌으로 김현수(2014), 255 참조.

23) 주석친족 (2), 578; 김성우, 60.

24) 김은효(2011), 14; 박인환(2010), 48;

25) 해설, 41; 김판기(2011), 49-50.

26) 엄덕수(2010), 21.

27) 김주수·김상용, 506.

성년후견인이 될 수 있는 법인의 자격 등에 관한 특별법이 제정되지 않는 이상 법원이 각 사건마다 당해 법인의 사업 종류 및 내용, 본인과의 이해관계 유무 등을 심사하여 자격 유무를 개별적으로 판단하는 수밖에 없을 것이다.[28]

마. 법인의 업무수행

법인이 성년후견인으로 선임된 경우 그 구성원 또는 직원 중에서 업무수행자를 지정하여 그로 하여금 실제로 후견사무를 담당하도록 하여야 할 것이다.[29] 이때 업무수행자가 주어진 권한의 범위 내에서 법인의 이름으로 피성년후견인을 위한 대리행위를 하면 당해 행위의 효과는 피성년후견인에게 귀속된다. 법인은 필요한 경우 업무수행자를 교체할 수 있으며, 그 때마다 별도의 선임절차를 밟아야 하는 것은 아니다. 다만, 가정법원은 §954에 따른 감독처분의 일환으로 업무수행자 교체시 보고를 요구할 수 있을 것이다.

법원은 법인에 소속된 특정의 직원을 성년후견인으로 선임할 수도 있으나, 이때 그는 법인후견인이 아니라 자연인 후견인으로서의 지위를 가진다. 법인은 그를 지시·감독하고, 그의 행위에 대해 사용자책임 등을 부담할 뿐이다. 이에 대해서는 법인 자신은 성년후견인이 될 수 없고, 법인에서 선임하는 자가 성년후견인이 되어 직무를 수행할 뿐이라는 반대설[30]이 있다.

28) 김은효(2011), 14.
29) 해설, 41. 엄덕수(2010), 21 각주 9)는 이를 "후견수행자"라고 지칭하고 있다.
30) 백승흠(2003), 421.

第 931 條 (유언에 의한 미성년후견인의 지정 등)

① 미성년자에게 친권을 행사하는 부모는 유언으로 미성년후견인을 지정할 수 있다. 다만, 법률행위의 대리권과 재산관리권이 없는 친권자는 그러하지 아니하다.

② 가정법원은 제1항에 따라 미성년후견인이 지정된 경우라도 미성년자의 복리를 위하여 필요하면 생존하는 부 또는 모, 미성년자의 청구에 의하여 후견을 종료하고 생존하는 부 또는 모를 친권자로 지정할 수 있다.

참고문헌: 권순한(2000), "법정후견인제도", 아세아여성법학 3, 91–124; 김상용(2011), "2011년 가족법의 개정동향–친권·후견을 중심으로–", 법조 663, 5–86; 김용한(1974), "후견", 사법행정 15–8, 62–65; 김현수·김원태(2012), "미국에서의 미성년후견인의 권한과 책임", 가족법연구 26–2, 163–190; 신기현(1991), "미성년자에 대한 후견인", 법무사 388, 24–28

I. 조문의 취지

미성년후견은 친권을 연장 내지 보충하는 성격을 갖는다. 따라서 친권자가 친권을 행사할 수 없어 부득이 미성년후견이 개시되는 때라도 친권자의 자녀에 대한 의사가 최대한 관철될 수 있도록 할 필요가 있다. 통상의 경우라면, 그것이 미성년자의 복리에 부합하는 결과이기도 하다. 본조는 이와 같은 사정을 반영하여 미성년후견이 개시될 경우 미성년후견인 선임에 있어서 친권자의 의사를 최우선적으로 고려하되, 그로 말미암아 부당한 결과가 발생할 우려가 있는 때에는 이를 교정하기 위한 방책도 함께 마련하고 있다. 친권자에게 유언으로 미성년후견인을 선임할 권한을 부여하면서도 미성년자의 복리를 위해 필요한 경우 가정법원이 그 후견을 종료할 수 있도록 하고 있기 때문이다.

II. 유언에 의한 미성년후견인의 지정

1. 지정권자

가. 친권을 행사하는 부모일 것

유언으로 미성년후견인을 지정할 수 있는 사람은 미성년자에게 친권을 행사하는 부모이다. 따라서 부모라도 친권상실선고를 받은 사람은 미성년후견인을 지정할 수 없다. 본조 단서에 의해 법률행위의 대리권과 재산관리권이 없는 친권자는 지정권이 없는데, 그 외에 친권의 일시 정지 등의 이유로 친권을 행사할 수 없는 부모도 미성년후견인을 지정할 수 없다. 제한된 친권 부분에 관해 후견이 개시된 상황이기 때문이다.[1)]

한편 유언에 의한 미성년후견인의 지정은 친권을 행사하는 "부모"만이 할 수 있으므로, 현재 친권을 행사하고 있더라도 부모가 아니라면 유언에 의한 미성년자 지정 행위를 할 수 없다. 가령 친권대행자 등이 그러하다.

나. 단독친권자

단독친권자인 부모는 유언에 의해 미성년후견인을 지정할 수 있다.[2)] 특히 부모 중 일방의 사망 또는 친권상실선고로 인해 단독친권자가 된 사람뿐만 아니라, 혼인의 취소, 협의상 이혼, 재판상 이혼, 인지 또는 재판상 인지로 인해 단독친권자가 된 사람 역시 유언에 의해 미성년후견인을 지정할 수 있다.[3)] 단독친권자가 사망하더라도 생존친의 친권이 자동부활하지 않는 이상 미성년후견인을 미리 지정해 놓을 필요가 있기 때문이다. 다만, 후자의 경우에는 본조 ②에 따라 그 유언의 효력이 상실될 수 있다. III. 이하 참조.

다. 공동친권자

공동친권을 행사하는 부모는 유언에 의해 미성년후견인을 지정할 수 있는가. 부정하는 견해가 통설이다. 이러한 견해에 따르면 공동친권을 행사하는 부모 중 일방이 한 미성년후견인을 지정하는 내용의 유언은 아무런 효력이 없다.[4)]

이에 대해서는 반대하는 견해[5)]가 있다. 이러한 내용의 유언이라도 후견의 개시를 정지조건으로 하는 유언으로 유효하다는 것이다. 따라서 공동친권을 행사하는 부

---

1) 김주수·김상용, 509; 주석친족 (2), 580; 김성우, 208-209.

2) 김주수·김상용, 510; 양수산, 482-483. 김용한(1974), 64; 신기현(1991), 25는 이를 "최후로 친권을 행사하는 자"라고 표현하고 있다.

3) 김상용(2011), 16.

4) 김상용(2011), 16.

5) 권순한(2000), 95-97.

모 중 일방이 미성년후견인을 지정하는 내용의 유언을 하고 사망한 경우 생존친이 있는 동안에는 그 유언이 효력을 발생하지 않다가 생존친 사망에 의해 미성년후견이 개시됨과 동시에 발효된다고 본다. 미성년후견인 지정행위는 친권의 연장으로서의 성격을 갖는다는 점에서 공동친권자에 의한 일방적인 미성년후견인 지정 유언이라도, 그것이 다른 일방의 의사에 반하지 않는다면, §920 ③에 준하여 당해 유언의 효력을 인정할 수 있을 것이다.

문제는 공동친권을 행사하는 부모가 각자 미성년후견인 지정의 유언을 한 경우이다. 동일인을 미성년후견인으로 지정했다면 두 개의 유언이 모두 유효하다고 볼 것이나, 서로 다른 사람을 미성년후견인으로 지정했다면 공동친권자 사이에 의견이 일치하지 않은 것으로 보아 §909 ②에 준하여 법원이 미성년후견인을 선임하는 수밖에 없다. 사안에 따라서는 일방의 유언이 철회된 것으로 해석할 수도 있을 것이다.

舊 민법(2011. 3. 7. 개정 전)상 이 경우 법정후견인 순위에 관한 조문을 유추적용하여 지정후견인 간에 순위를 정하되, 공동친권자 중 일방이 먼저 사망하였다면 생존친의 지정행위가 우선적으로 효력을 갖는다는 견해[6]가 있었다. 법정후견인 제도는 폐지되었으나 家訴規 §2 ① i 에 미성년후견인 순위확인에 관한 심판규정이 잔존하고 있으므로, 여전히 유용하게 활용될 수 있는 견해이다. 이때 미성년후견인 순위확인의 소는 가류 가사소송사건의 절차에 따른다(家訴規 §2 ②).

라. 판단시기

유언으로 미성년후견인을 지정한 사람이 단독으로 친권을 행사하는 부모인지 여부는 유언 성립시가 아니라 유언의 효력발생시를 기준으로 결정하여야 한다.[7] 미성년후견인 지정행위는 유언의 효력발생시, 즉 친권자 사망시에 효력이 생기기 때문이다. 유언 성립 당시에는 공동친권자였거나, 친권이 없는 부모였더라도 유언이 효력을 발생할 당시 단독친권자로서의 지위를 가지고 있었다면, 당해 지정행위는 유효하다. 물론 유언 성립 시부터 효력발생 시까지 사이에 사정변경이 있었다면 당해 유언이 철회된 것으로 볼 수도 있을 것이다(§1108 이하 참조).

2. 지정의 방식

미성년후견인의 지정은 유언의 방식을 따라야 한다. 따라서 §1065 내지 §1070에 따른 유언의 방식을 갖추지 못한 미성년후견인의 지정행위는 무효이다.

---

6) 권순한(2000), 97.
7) 권순한(2000), 94.

3. 효력발생시기

유언에 의한 미성년후견인 지정은 유언이 효력을 발생한 때, 즉 유언자가 사망한 때로부터 효력이 생긴다(§1073 참조).[8] 유언자의 사망으로 친권자가 없게 됨과 동시에 미성년후견이 개시되며, 지정된 사람이 미성년후견인에 취임한다.

§909 ④ 내지 ⑥에 따라 혼인의 취소, 협의상 이혼, 재판상 이혼, 인지 또는 재판상 인지로 인해 단독친권자로 정해진 사람이 사망한 경우 등에는 일정한 기간 내에 친권자 지정 청구가 없었거나 그 청구가 기각되어 미성년후견인이 선임된 때에만 미성년후견이 개시됨이 원칙이나, 유언에 의한 미성년후견인 지정이 있었던 때에는 유언의 효력발생과 동시에 미성년후견이 개시되며, 미성년자의 복리를 위하여 필요한 경우 본조 ②에 따라 친권자지정심판을 할 수 있을 뿐이다. 즉 유언에 의한 미성년후견인 지정이 있었던 때에는 §909－2 ③ 및 ④가 적용되지 않는다.

유언에 의해 미성년후견인이 된 사람은 미성년후견이 개시된 날로부터 1개월 내에 지정에 관한 유언서, 그 등본 또는 유언녹음을 기재한 서면을 첨부하여 후견개시의 신고를 하여야 하나(가등 §80, 82), 이는 보고적 신고에 불과하며 신고를 해야만 미성년후견인으로서의 임무를 수행할 수 있는 것은 아니다.

4. 지정의 내용

두 명 이상의 사람을 미성년후견인으로 지정한 경우,[9] 법인을 미성년후견인으로 지정한 경우, 후견인 결격사유 있는 사람을 미성년후견인으로 지정한 경우 당해 지정행위는 무효이다. 강행규정인 §930 및 §937에 반하기 때문이다.

다만, 두 명 이상의 사람을 미성년후견인으로 지정하면서도 피지정자 사이에 순위를 정한 경우까지 이를 무효로 볼 것인지는 의문이다. 미국은 지정된 후견인이 임무를 수행하지 못할 경우에 대비하여 대체후견인(alternative guardian) 또는 승계후견인(successor guardian)을 지정하는 것을 허용하고 있다.[10]

III. 유언에 의한 미성년후견인 지정의 효력 상실

미성년자에게 친권을 행사하는 부모가 유언에 의해 미성년후견인을 지정해 놓았더라도, 지정 미성년후견인이 미성년자를 보호하기에 적절한 능력이나 자질을 갖추

8) 김주수·김상용, 508; 신영호·김상훈·정구태, 235.
9) 권순한, 241; 최효섭(1987), 111.
10) 김현수·김원태(2012), 167.

고 있지 못한 경우 또는 생존친이 미성년자를 보호하는 것이 더 적합한 경우 등에는 자녀의 복리를 위해 미성년후견을 종료하고 생존하는 부 또는 모를 친권자로 지정할 수 있다[본조 ②, 家訴 §2 ① ii 가. 17)-3]. 미성년자녀의 보호와 양육의 책임은 1차적으로 부모에게 있기 때문이다.[11]

동 항은 혼인의 취소, 협의상 이혼, 재판상 이혼, 인지 또는 재판상 인지로 인해 단독친권자로 정해진 사람이 유언에 의해 미성년후견인을 지정해 놓은 경우 및 그 밖에 이에 준하는 사정으로 인해 단독친권자 외에 생존친이 있는 경우에만 적용될 수 있다. 생존친이 없는 경우 유언에 의해 선임된 미성년후견인이 미성년자의 보호에 적절치 않은 사정이 있는 때에는 §940에 따라 지정 미성년후견인을 변경할 수 있을 뿐이다.

11) 김상용(2011), 16.

第932條 (미성년후견인의 선임)

① 가정법원은 제931조에 따라 지정된 미성년후견인이 없는 경우에는 직권으로 또는 미성년자, 친족, 이해관계인, 검사, 지방자치단체의 장의 청구에 의하여 미성년후견인을 선임한다. 미성년후견인이 없게 된 경우에도 또한 같다.

② 가정법원은 제924조, 제924조의2 및 제925조에 따른 친권의 상실, 일시 정지, 일부 제한의 선고 또는 법률행위의 대리권이나 재산관리권 상실의 선고에 따라 미성년후견인을 선임할 필요가 있는 경우에는 직권으로 미성년후견인을 선임한다.

③ 친권자가 대리권 및 재산관리권을 사퇴한 경우에는 지체 없이 가정법원에 미성년후견인의 선임을 청구하여야 한다.

참고문헌: 권순한(2000), "법정후견인제도", 아세아여성법학 3, 91－124; 권재문(2014a), "친권의 제한·정지 제도 도입을 위한 검토사항", 가족법연구 28－1, 31－60; 김상용(2009), "성년후견법안의 문제점", 신문 3787, 15; 김상용(2011), "2011년 가족법의 개정동향－친권·후견을 중심으로－", 법조 663, 5－86; 김성숙(1998), "민법상 후견제도의 문제점－한정치산금치산제도를 중심으로－", 아세아여성법학 1, 173－194; 김영진(2020), "미성년후견제도의 문제점과 정립방향", 민사법의 이론과 실무 24－1, 1－47; 김용한(1974), "후견", 사법행정 15－8, 62－65; 김현수(2014), "未成年後見制度의 改正方向에 關한 小考", 가족법연구 28－1, 233－262; 남윤봉(2011), "민법 일부개정에 관한 고찰", 재산법연구 28－1, 47－49; 박상호·예철희(2010), "미성년자후견제도의 문제점과 개선방안", 법정리뷰 27－1, 285－311; 백승흠(2003), "현행 성년자보호를 위한 제도의 문제점과 대안으로서의 성년후견제도", 민사법학 24, 407－427; 신기현(1991), "미성년자에 대한 후견인", 법무사 388, 24－28; 신은주(2009), "우리나라에서 성년후견제도의 도입", 한국의료법학지 17－6, 29－59; 양철진(1985), "미성년자의 후견인의 순위 －세칭 금당사건 판례를 중심으로", 사법논집 16, 321－341; 윤용섭(1996), "친권과 후견", 민사판례연구 18, 553－584; 윤우일(2020b), "미성년후견제도의 개선을 위한 제안", 아주법학 13－4, 38－52; 윤진수(2001),

"친족회의 동의를 얻지 않은 후견인의 법률행위에 대한 표현대리의 성립여부", 민사법학 19, 138-168; 이은영(2003), "성년후견제도의 개선방향", 외법논집 15, 51-80; 정현수(2017), "미성년후견제도의 개선을 위한 몇 가지 제언", 동북아법연구 10-3, 721-748; 제철웅(2016), "개정 미성년후견제도의 입법상의 문제점에 대한 반성-자기 폐쇄적 민법연구 실태의 반성을 겸하여", 전남대학교 법학논총 36-1, 397-428; 최병욱(1996), "법정후견인의 순위에 관한 재검토론", 이화여자대학교 법학논집 1-1, 57-64; 최현숙(2015), "미성년후견제도에 관한 연구", 법학연구 57, 269-290; 홍춘의(2002), "후견제도 개혁의 과제", 가족법연구 16-2, 1-39

I. 조문의 취지

舊 민법(2011. 3. 7. 개정 전)에 의하면, 친권자가 유언에 의해 후견인을 지정하지 않은 경우에는 미성년자의 직계혈족[1], 3촌 이내 방계혈족의 순위로 후견인이 되었고, 직계혈족 또는 방계혈족이 수인인 때에는 최근친을, 동순위자가 수인인 때에는 연장자를 선순위로 하였다(舊 민법 §932 및 §935 ①).[2]

그러나 이와 같은 획일적인 법정후견인 제도로는 피후견인 보호에 적절한 능력이나 의사를 갖춘 후견인이 임무를 수행할 것을 담보하기 어렵다. 그 결과 피후견인과 원거리에 거주하거나 소원한 관계에 있는 사람 또는 피후견인을 보살피기에 충분한 신체적·정신적 자질을 갖추지 못한 사람이 연장자라는 이유만으로 후견인이 되는 등 법정후견인이 자신의 임무를 제대로 수행할 수 없는 경우가 적지 않게 발생하였다. 사안에 따라서는 법정후견인이 그 임무수행을 게을리하거나 오히려 그 권한을 남용함으로서 피후견인의 복리를 해하는 경우도 있었다. 이에 법정후견인 제도를 폐지해야 한다는 견해[3]가 강력하게 대두되었다.

이러한 흐름에 발맞추어 2011. 3. 7.자 개정민법은 법정후견인 제도를 폐지하고, 선임후견인 제도를 채택하였다. 친권자가 유언에 의해 지정한 미성년후견인이 없을

1) 이때 직계혈족은 부계이거나 모계이거나 관계없다. 대법원 1982. 1. 19.자 81스25 등 결정; 대법원 2000. 11. 28. 선고 2000므612 판결 참조. 미성년자의 외조부모의 법정후견인 자격을 박탈하였던 호적예규 제700항은 위 판결에 의해 폐지되었다. 동 판결의 자세한 경위와 이에 대한 비판론을 개진하고 있는 문헌으로 양철진(1985), 328-337 참조.

2) 법정후견인의 취임은 후견개시사유의 발생과 동시에 당연히 이루어지고, 그 후견개시신고는 보고적 신고에 불과하므로, 설령 舊 민법 §932 및 §935 ①에서 정한 순위에 어긋나는 자가 후견개시신고를 하여 스스로 후견인으로 기재되었다고 할지라도, 그가 후견인으로 취임된 것으로 볼 수 없었다. 대법원 1991. 4. 4.자 90스3 결정 참조.

3) 권순한(2000), 100-104; 김상용(2011), 41; 김성숙(1998), 189-191; 김용한(1974), 68; 박상호·예철희(2010), 296-298, 302-303; 백승흠(2003), 412; 신은주(2009), 25; 양철진(1985), 337-340; 윤용섭(1996), 583; 윤진수(2001), 167-168; 이은영(2003), 57; 최병욱(1996), 57-64; 홍춘의(2002), 9 등.

경우 가정법원이 직접 미성년후견인을 선임하도록 한 것이다. 본조는 이와 같은 선임후견인 제도를 선언하는 한편, 구체적인 선임사유 및 선임절차 등을 규율하고 있다.

다만, 선임후견인 제도에 대해서는 실제로 적당한 후견인을 찾기 힘들다는 점, 직업적 후견인 또는 영리 목적의 후견법인이 활성화됨에 따라 자력이 부족한 피후견인을 위한 후견인을 구하는 것이 어려워 질 것이라는 점 등을 지적하는 비판이 있다.[4] 학설은 미성년후견인이 선임될 때까지 미성년자 보호가 공백상태에 놓이게 될 것을 우려하여 선임후견인 제도 대신 기존의 법정후견인 순위 및 운영방법을 일부 개선할 것을 제안하기도 하고,[5] 공익적 의미의 후견인 선임을 위한 인력을 확보할 수 있는 방안을 강조하기도 한다.[6]

II. 미성년후견인 선임 사유

1. 유언에 의해 지정된 미성년후견인이 없는 경우

친권자는 유언으로 미성년후견인을 지정할 수 있다(§931). 그럼에도 불구하고 친권자가 유언으로 미성년후견인을 지정하지 않은 상태에서 미성년후견이 개시되었다면, 가정법원은 미성년후견인을 선임하여야 한다(본조 ① 전문). 친권자의 사망 등으로 인해 미성년후견이 개시되었으나 미성년후견인을 지정하는 취지의 유언이 전혀 존재하지 않거나 방식흠결 등으로 인해 유언의 효력이 없는 경우와 유언이 있기는 하였으나 유언의 효력발생 당시 이미 지정된 미성년후견인이 사망하거나 결격사유 등으로 말미암아 후견인으로서의 직무를 수행할 수 없는 경우를 모두 포함한다.

가정법원이 본조에 의해 미성년후견인을 선임하였는데 뒤늦게 유언에 의한 지정후견인이 있었던 사실이 밝혀진다면, 선임후견인은 소급하여 후견인 자격을 상실한다.[7] 이때 거래의 상대방은 §125에 따른 표현대리의 성립을 주장할 수 있을 것이다.

혼인의 취소, 협의상 이혼, 재판상 이혼, 인지 또는 재판상 인지로 인해 단독친권자로 정해진 사람이 사망하였는데, 지정 미성년후견인이 없는 경우에는 §909－2가 우선적으로 적용되므로, 본조에 따른 미성년후견인 선임절차가 진행되지 않는다.

---

4) 김상용(2009), 신문 3787, 15.
5) 권순한(2000), 108－109; 최병욱(1996), 64.
6) 정현수(2017), 734.
7) 舊 민법(2011. 3. 7. 개정 전)상 해석론 중 유사한 취지로 박상호·예철희(2010), 292 참조.

2. 미성년후견인이 없게 된 경우

미성년후견인이 없게 된 경우 가정법원은 미성년후견인을 선임하여야 한다(§932 ① 후문). 이때 "미성년후견인"에는 §931에 의해 친권자가 유언으로 지정한 미성년후견인과 §932 ① 전문에 의해 법원이 선임한 미성년후견인이 모두 포함된다.

"미성년후견인이 없게 된 경우"란 기존에 미성년후견인의 직무를 수행하던 사람이 사망, 결격, 사임 그 밖의 사정으로 인해 더 이상 후견인으로서의 직무를 수행할 수 없게 된 경우를 말한다. 이때 "사망"에는 실종선고 또는 인정사망이 포함된다. 미성년후견인의 "결격"에 대해서는 §937 註釋 참조. "사임"에 대해서는 §939 주석 참조. "그 밖의 사정"은 사망·결격 또는 사임에 준하는 정도에 이르는 것으로서 법적으로 그 직무를 수행하는 것이 불가능한 것을 말한다. 따라서 장기외유나 질병과 같이 사실상 직무 수행이 불가능한 경우에 불과한 때에는 §940에 따라 후견인변경을 하여야 한다.

3. 친권상실선고 등이 있었던 경우

친권의 상실선고, 일시정지선고, 일부제한선고에 따라 미성년후견인을 선임할 필요가 있는 경우, 가령 단독친권자가 친권상실선고를 받아 미성년후견이 개시된 경우에 가정법원은 미성년후견인을 선임하여야 한다(본조 ②). 2014. 10. 15. 개정 이전 민법은 친권행사에 대한 국가개입을 최후의 수단으로 삼았기 때문에 미성년후견인 선임사유로 친권 상실과 대리권, 재산관리권의 상실만을 규정하였으나, 아동보호 환경의 변화를 감안하여 친권자가 있더라도 아동보호를 위해서 국가는 더 적극적으로 친권행사에 개입하기 위해 부적절한 친권행사의 정도에 비례하여 국가가 개입하는 것을 가능하게 한 것이다. 개정 민법은 비례성의 원칙에 따른 국가개입을 친권자의 의사표시에 갈음하는 결정, 친권의 일시정지, 친권의 일부제한으로 다양화한 것이다.[8)]

혼인의 취소, 협의상 이혼, 재판상 이혼, 인지 또는 재판상 인지로 인해 단독친권자로 정해진 사람이 친권상실선고를 받은 경우에는 §927-2 ①이 우선적으로 적용되므로, 본조에 따른 미성년후견인 선임절차가 진행되지 않는다.

8) 권재문(2014a), 35. 또한 제철웅(2016), 412은 관할이 다른 가사소송사건의 병합에 관해서는 家訴 §14 ②에 규정이 있지만, 관할이 다른 가사비송사건에 관해서는 병합 규정이 없어서 양자를 병합하여 같은 법원에서 결정하는 것이 가능하지 않을 것이며, 그 결과 아동보호의 신속성이 결여될 수 있다는 점이 문제된다고 서술한다. 그렇지만 친권의 일시정지 등 재판을 할 때에는 해당 법원이 직권으로 미성년후견인 선임을 할 수 있으므로 문제되지 않을 것이다.

4. 대리권 및 재산관리권 상실선고 또는 사퇴가 있었던 경우

대리권 및 재산관리권 상실선고에 따라 미성년후견인을 선임할 필요가 있는 경우에는 미성년후견인을 선임하여야 한다(본조 ②). 친권자가 대리권 및 재산관리권을 사퇴한 경우도 같다(본조 ③). 미성년자를 위해 대리권 및 재산관리권을 행사할 사람이 없어 미성년자의 복리를 해칠 우려가 있기 때문이다. 다른 친권자가 있는 경우에는 대리권 및 재산관리권 상실선고에도 불구하고 미성년후견인을 선임할 필요가 없다. 사퇴의 경우에는 본조 ③이 "미성년후견인을 선임할 필요"를 요구하고 있지 않으나, 상실선고의 경우와 같이 보아야 할 것이다.

친권상실선고의 경우와 마찬가지로 친권자에 의한 미성년후견인 지정의 유언이 있었는지 여부는 묻지 않는다. 혼인의 취소, 협의상 이혼, 재판상 이혼, 인지 또는 재판상 인지로 인해 단독친권자로 정해진 사람이 대리권 및 재산관리권 상실선고를 받거나 사퇴한 경우에는 §927-2 ①이 우선적으로 적용되므로, 본조에 따른 미성년후견인 선임절차가 진행되지 않는다.

친권자 사망의 경우와 달리, 이때 친권자는 유언으로 미성년후견인을 지정할 권한이 없다(§931 ① 단서). 따라서 가정법원이 미성년후견인을 선임함에 있어 이에 대한 친권자의 유언이 있었는지 여부를 묻지 않는다.

III. 미성년후견인 선임 절차

1. 유언에 의해 지정된 미성년후견인이 없거나, 미성년후견인이 없게 된 경우

가. 직권 또는 일정한 자에 의한 청구

유언에 의해 지정된 미성년후견인이 없거나 미성년후견인이 없게 된 경우, 가정법원은 직권 또는 미성년자, 친족, 이해관계인, 검사, 지방자치단체의 장의 청구에 의하여 미성년후견인을 선임한다(§932 ① 전문). 미성년후견인이 없게 된 경우에는 미성년후견감독인도 미성년후견인의 선임을 청구할 수 있다(§940-6 ①). 성년후견과 비교할 때, 개시청구를 할 수 있는 친족의 범위가 넓고 이해관계인도 심판청구권자로 포함되어 있다는 점에서 성년후견의 선임심판 청구권자보다 미성년후견인의 선임 심판청구권자의 범위가 더 넓을 뿐만 아니라 가정법원이 직권으로 선임절차를 개시할 수도 있다.[9] 다만 가사소송법이나 가사소송규칙이 직권에 의한 미성년후견인 선임심판절차 개시에 관한 상세한 내용이나 비용부담을 규정하지 않아서 문제이다.[10]

---

9) 제철웅(2016), 415.

미성년후견인의 선임을 청구할 수 있는 "이해관계인"이란, 미성년자의 재산관리에 관해 법률상 이해관계가 있는 사람, 가령 채권자, 채무자 등을 의미한다.[11] 견해에 따라서는 가정위탁지원센터의 장, 위탁부모[12] 등을 포함시키기도 한다. 아동복지법과의 관계를 고려할 때 아동복지전담기관장(시설의 장)은 이에 포함된다고 보기 어려울 것이나, 미성년자의 신상보호와 관련하여 법률상 이해관계가 있는 위탁부모 등은 포함될 수 있을 것이다.

나. 심리

가정법원은 미성년후견인 선임 심판을 하고자 할 때 미성년후견인이 될 사람의 의견을 들어야 한다(家訴規 §65 ①). 후견의 대상이 되는 미성년자가 13세 이상인 때에는 그 미성년자의 의견도 들어야 함이 원칙이나, 미성년자의 의견을 들을 수 없거나 미성년자의 의견을 듣는 것이 오히려 미성년자의 복리를 해할만한 특별한 사정이 있다고 인정되는 때에는 듣지 않아도 된다(家訴規 §65 ④).[13] 아동복지법에 따른 미성년후견인 선임청구가 있는 경우에는 해당 아동의 의견을 존중해야 한다(아동복지법 §19 ③).[14]

미성년자의 의견 존중 외에 미성년후견인의 선임기준에 관해 별다른 명문의 규정이 있는 것은 아니지만, 미성년자의 연령, 심신의 상태, 종교, 문화적 배경, 민족적 출신 등 미성년자의 '정체성', 미성년자의 재산상태, 미성년후견인의 직업 및 경력, 미성년자와 미성년후견인과의 이해관계 등을 고려하여 친권자를 대신해 미성년자를 보호·교양하기에 가장 적절한 자를 선임하여야 할 것이나.[15] 단, 후견인 결격사유에 해당하는 자는 선임할 수 없다. 후견인 결격사유에 대해서는 §937 註釋 참조.

다. 미성년후견인 선임심판

가정법원은 심판에 의해 미성년후견인을 선임한다. 라류 가사비송사건이다[家訴 §2 ① ii 가. 18)]. 미성년후견인 선임 심판은 피미성년후견인 주소지 가정법원의 전속관할이다. 다만 미성년후견인 선임심판이 확정된 이후 미성년후견감독인을 선임하고자 하는 경우에는 미성년후견인 선임심판을 한 가정법원이 관할한다(家訴 §44 ① i -2). 가정법원은 미성년후견인 선임심판과 함께 미성년후견인에 대하여 후견사무에 관하여 필요하다고 인정되는 사항을 지시할 수도 있다(家訴規 §65 ③).

---

10) 제철웅(2016), 416.

11) 신기현(1991), 26; 박정기·김연, 332; 신영호·김상훈·정구태, 235; 최문기, 352.

12) 주석친족 (2), 582; 김상용(2011), 49.

13) 이 가사소송규칙이 민법에 규정될 필요가 있다는 입법론으로 이근영(2020), 14.

14) 미성년자에게 후견이 개시되는 경우에도 미성년자의 연령이나 성숙도에 따라 의사능력이 충분하다고 판단되는 미성년자에게는 적극적으로 자신의 의사를 개진할 수 있는 기회를 보장해야 한다는 입법론으로 최현숙(2015), 286; 김영진(2020), 213.

15) 김현수(2014), 247-248.

미성년후견인 선임 심판은 당사자, 절차에 참가한 이해관계인 외에 당해 심판에 의해 미성년후견인이 될 자 및 미성년후견감독인이 될 자에게 고지하고, 사건본인에게 그 뜻을 통지하여야 한다(家訴規 §35).

라. 즉시항고

미성년후견인 선임심판에 대해서는 미성년자, 미성년자의 부모와 친족, 이해관계인, 검사, 지방자치단체의 장이 즉시항고 할 수 있다(家訴規 §67 ① i).

마. 가족관계등록 촉탁

미성년후견인 선임심판이 확정된 경우 가정법원은 지체없이 가족관계등록사무를 처리하는 사람에게 가족관계등록부에 등록할 것을 촉탁하여야 한다(家訴 §9 및 家訴規 §5 ① iii).

2. 친권상실, 일시 정지, 일부 제한의 선고, 대리권 및 재산관리권 상실선고가 있었던 경우

친권상실, 일시 정지, 일부 제한의 선고 또는 대리권 및 재산관리권 상실 선고를 하는 경우 가정법원은 직권으로 미성년후견인을 선임하여야 한다. 미성년자나 친족 등에 의한 미성년후견인의 청구가 있어야 하는 것은 아니다. 미성년후견인 선임을 위해 친권상실선고 등과 별도의 절차를 거치도록 할 경우 미성년자의 보호에 공백이 발생할 우려가 있기 때문이다.

3. 대리권 및 재산관리권을 사퇴한 경우

친권자가 대리권 및 재산관리권을 사퇴한 경우 가정법원은 친권자의 청구에 의해 미성년후견인을 선임하여야 한다. 이때 "사퇴"의 개념을 널리 친권자가 대리권 및 재산관리권을 행사할 수 없는 경우에까지 확대해야 한다고 보는 견해[16]가 있으나, 본조 ②과의 관계에 대한 오해에서 비롯된 것으로 보인다.

대리권 및 재산관리권의 사퇴는 가정법원의 허가를 받아야만 가능하나(§927), 별도의 청구가 없는 이상 가정법원이 대리권 및 재산관리권 사퇴 허가시 직권으로 미성년후견인을 선임할 수 있는 것은 아니다. 심판의 성격이 전혀 다를 뿐만 아니라, 관계자들의 존재 및 소재파악의 어려움으로 인한 절차지연 등의 문제가 있기 때문이다.[17]

---

16) 남윤봉(2011), 59.

17) 자료집, 287－289, 291－292. 친권자가 후견인 선임청구 없이 사퇴허가 신청만 하면 직권 선임의 근거 조항이 없으므로 사퇴허가 청구를 기각하거나, 설명하여 후견인 선임 청구를 하도록 해야 한다는 서술로 권재문, 249.

그러나 가정법원이 직권으로 개입할 수 없는 상황에서 미성년후견인의 선임을 청구하는 사람이 아무도 없다면 자녀의 보호에 공백이 발생할 우려가 있다. 따라서 친권자가 대리권 및 재산관리권을 사퇴한 경우에는 지체없이 가정법원에 미성년후견인의 선임을 청구하도록 하였다(§932 ③). 친족 기타 이해관계인에 의한 청구를 요건으로 하였던 舊 민법(2011. 3. 7. 개정 전) §936에 대한 비판[18]을 수용한 것이다. 친권자가 미성년후견인의 선임청구를 하지 않는다고 하여 어떠한 제재가 있는 것은 아니다.

친권자가 선임청구를 하지 않는 경우에는 가정법원이 직권으로 또는 미성년자, 친족, 이해관계인, 검사, 지방자치단체의 장의 청구에 의하여 미성년후견인을 선임할 수 있다고 보아야 할 것이다(§932 ①의 유추적용).[19]

그 밖의 선임절차는 본조 III. 1. 나.와 같다.

4. 기타

§909-2 ③ 또는 ④, §927-2 ①에 따른 미성년후견인 선임 절차에 대해서는 §909-2 및 §927-2 주석 참조.

IV. 사전처분

가사소송규칙에 별도의 규정은 없으나, 가정법원은 아직 미성년후견인을 선임하기 전이라도 필요한 경우라면 직권 또는 당사자의 신청에 의해 家訴 §62 ①에 따른 사전처분으로서 임시후견인을 선임할 수 있다(家訴規 §32 ④ 참조). 이때 선임된 임시후견인에 대해서는 미성년후견인에 관한 규정이 준용된다고 보아야 할 것이다. 이 임시후견인에 대해서는 청구인 또는 사건본인의 재산 중에서 각 상당한 보수를 지급할 것을 명할 수 있다(家訴規 §32 ⑥).

한편 아동복지법 §19 ①에 따라 후견인을 선임하는 경우 가정법원은 시·도지사, 시장·군수·구청장 및 아동복지전담기관의 장으로 하여금 임시로 그 아동의 후견인 역할을 하게 할 수 있다(아동복지법 §20 ①). 이 역시 家訴 §62 ①에 따른 일종의 사전처분으로서의 성격을 갖는다.[20]

---

18) 홍춘의(2002), 9.
19) 윤진수·현소혜, 82; 박희호·이동건, 186.
20) 김상용(2011), 22.

第936條 (성년후견인의 선임)

① 제929조에 따른 성년후견인은 가정법원이 직권으로 선임한다.

② 가정법원은 성년후견인이 사망, 결격, 그 밖의 사유로 없게 된 경우에도 직권으로 또는 피성년후견인, 친족, 이해관계인, 검사, 지방자치단체의 장의 청구에 의하여 성년후견인을 선임한다.

③ 가정법원은 성년후견인이 선임된 경우에도 필요하다고 인정하면 직권으로 또는 제2항의 청구권자나 성년후견인의 청구에 의하여 추가로 성년후견인을 선임할 수 있다.

④ 가정법원이 성년후견인을 선임할 때에는 피성년후견인의 의사를 존중하여야 하며, 그 밖에 피성년후견인의 건강, 생활관계, 재산상황, 성년후견인이 될 사람의 직업과 경험, 피성년후견인과의 이해관계의 유무(법인이 성년후견인이 될 때에는 사업의 종류와 내용, 법인이나 그 대표자와 피성년후견인 사이의 이해관계의 유무를 말한다) 등의 사정도 고려하여야 한다.

▮ **참고문헌:** 구상엽(2012), "개정민법상 성년후견제도에 대한 연구 -입법배경, 입법자의 의사 및 향후 과제를 중심으로-", 서울대학교 대학원 박사학위논문; 구상엽(2013), "성년후견제도 입법과정에서의 주요쟁점 및 향후과제", 민사법학 65, 671-713; 권순한(2000), "법정후견인제도", 아세아여성법학 3, 91-124; 김성숙(1998), "민법상 후견제도의 문제점-한정치산금치산제도를 중심으로-", 아세아여성법학 1, 173-194; 김원태(2011a), "성년후견 등 심판절차에 관한 가사소송법 정비 방안에 대한 관견", 재산법연구 28-2, 265-301; 김원태(2011b), "미국 뉴욕 주의 성년후견 심판절차", 가족법연구 25-3, 185-214; 남윤봉(2008), "고령화 사회에서의 성년후견에 관한 연구", 법과 정책연구 8-2, 705-731; 배인구(2013), "성년후견제도에 관한 연구 -시행과 관련된 이론적·실무적 쟁점을 중심으로", 고려대학교 대학원 석사학위논문; 백승흠(2003), "현행 성년자보호를 위한 제도의 문제점과 대안으로서의 성년후견제도", 민사법학 24, 407-427; 백승흠(2008a). "성년후견제도와 그 입법에 관한 몇 가지 고찰", 법학논집 30-1, 69-95; 백승흠(2011c), "독일의 후견·성년후견제도의 개혁에 관한 소고", 한·독사회과학논총 21-4, 161-192; 송호열(2003), "성년후견법제화의 기본원칙과 방향", 동아법학 33, 181-216; 송호열(2006), "고령화사회에 비추어 본 행위무능력제도의 문제점과 후견제도의 확장", 재산법연구 23-2, 37-75; 신은주(2009), "우리나라에서 성년후견제도의 도입", 한국의료법학지 17-6, 29-59; 엄덕수(2010), "성년후견 법안, 그 쟁점과 입법방향", 법무사 516, 18-25; 윤부찬(2000), "노인후견과 요양시설

에 거주하는 노인의 사적자치", 아세아여성법학 3, 173－196; 윤일구(2012), "성년후견제도 도입에 따른 문제점과 과제", 법학논총 32－2, 173－204; 이승길(2009), "현행 민법상 후견제도의 문제점과 성년후견제도의 도입에 관한 고찰", 중앙법학 11－2, 7－38; 이정식(2010a), "민법상 후견제도의 법적 과제에 관한 고찰", 명지법학 9, 121－152; 이재경(2012), "성년후견제도에 있어서 정신질환자에 대한 의료행위와 후견인의 동의권에 관한 연구", 가족법연구 26－3, 419－438; 장현옥(2000), "우리나라 후견제도의 문제점과 개선방안", 아세아여성법학 3, 149－171; 정남기(2003), "행위무능력제도와 고령자보호", 비교법학 3, 1－34; 제철웅(2008), "성년후견제도의 개정방향", 민사법학 42, 111－149; 제철웅·박주영(2007), "성년후견제도의 도입논의와 영국의 정신능력법의 시사점", 가족법연구 21－3, 275－310; 홍춘의(2002), "후견제도 개혁의 과제", 가족법연구 16－2, 1－39

I. 조문의 취지

舊 민법(2011. 3. 7. 개정 전)에 의하면, 한정치산 또는 금치산 선고를 받은 경우 한정치산자 또는 금치산자에게 배우자가 있는 때에는 배우자가, 배우자가 없거나 배우자도 금치산 또는 한정치산 선고를 받은 때에는 직계혈족, 3촌 이내 방계혈족의 순위로 후견인이 되었고, 직계혈족 또는 방계혈족이 수인인 때에는 최근친을, 동순위자가 수인인 때에는 연장자를 선순위로 하였다(舊 민법 §933 내지 §935).

위와 같은 획일적인 법정후견인 제도에 의해 후견인의 부적절·부도덕과 같은 여러 가지 문제점이 노정되었음은 미성년후견의 경우와 같다.[1] §932 주석 참조. 특히 배우자를 1순위 법정후견인으로 한 결과 사실상 이혼 상태인 배우자가 후견인으로 되거나, 배우자 역시 질병·노령·정신적 장애 등으로 인해 후견업무를 제대로 수행할 수 없는 경우가 빈발하였다. 이에 2011. 3. 7.자 개정민법은 성년후견에 있어서도 법정후견인 제도를 폐지하고, 가정법원이 직접 성년후견인을 선임하도록 하는 선임후견인 제도로 전환하였다.[2] 본조는 이와 같은 선임후견인 제도를 선언하는 한편, 구체적인 선임사유 및 선임절차 등을 규율하고 있다.

한편 미성년자는 피성년후견인이 될 수 없으므로(§928 주석 참조), 피성년후견인에게는 친권자가 존재하지 않는다. 따라서 친권자가 유언에 의해 성년후견인을 지정하는 것은 허용될 수 없다. 그 결과 성년후견인은 오로지 가정법원의 심판에 의해서만 선임될 수 있다. 이에 대해서는 피성년후견인 본인, 부모 기타 가족에 의한 성년후견

1) 자료집, 272.

2) 이에 찬성하는 견해로 양수산, 482; 권순한(2000). 118－119; 송호열(2006), 59－62; 엄덕수(2010), 22; 장현옥(2000), 168; 정남기(2003), 31－33; 홍춘의(2002), 25; 외 다수.

인 지정을 허용해야 한다는 입법론적 비판이 있다.[3)]

II. 성년후견인의 선임사유 및 절차

1. 성년후견개시심판이 있는 경우

가. 선임사유

§9에 따른 성년후견개시심판이 있는 경우 가정법원은 성년후견인을 선임하여야 한다(본조 ①). 성년후견개시심판이 선고되었음에도 불구하고 성년후견인이 선임되지 않을 경우 피성년후견인의 제한된 행위능력을 보충할 기관에 흠결이 생기기 때문이다.

나. 선임절차

(1) 직권에 의한 개시

성년후견개시심판이 있는 경우 가정법원은 직권으로 성년후견인을 선임한다. 성년후견의 개시 자체에 일정한 자에 의한 청구가 필요한 것과 달리, 성년후견인의 선임은 청구를 요하지 않는다.[4)] 청구의 흠결로 인해 피후견인 보호에 공백이 생길 우려가 있다는 舊 민법(2011. 3. 7. 개정 전)상의 비판[5)]을 수용한 것이다.

(2) 심리

이때 가정법원은 피성년후견인과 성년후견인이 될 사람의 진술을 들어야 한다(家訴 §45-3 ① iii). 절차참여권 보장을 위한 특칙이다. 피성년후견인은 절차의 당사자라고는 할 수 없으나, 성년후견사건의 경우 피성년후견인이 될 사람의 의사를 존중할 것이 요구될 뿐만 아니라(본조 ④), 재판부가 피성년후견인에 관한 구체적인 인상을 획득하는 것이 중요한 의미를 가지므로, 법관이 피성년후견인이 될 사람을 대면하여 가급적 직접 심문하는 것이 바람직하다.[6)] 주변인이 진술이나 서면 내용을 조작하여 사건본인의 의사를 왜곡할 우려가 있기 때문이다.[7)]

(3) 성년후견인 선임심판

가정법원은 성년후견개시심판과 동시에 성년후견인 선임심판을 한다[家訴 §2 ① ii 가. 18)]. 따라서 성년후견인 선임심판은 성년후견개시심판을 하는 법원, 즉 피성년후견

---

3) 제철웅·박주영(2007), 278; 제철웅(2008), 113-114, 139.

4) 해설, 37.

5) 김성숙(1998), 191; 백승흠(2003), 413; 송호열(2006), 62; 이승길(2009), 14-15; 이정식(2010a), 141; 홍춘의(2002), 9, 25 등.

6) 이러한 규정의 도입을 주장한 문헌으로 김원태(2011a), 283-289; 김원태(2011b), 208; 배인구(2013), 26 참조.

7) 해설, 15.

인이 될 자의 주소지 관할법원의 전속관할에 속한다. 이때 가정법원은 성년후견인에게 그 후견사무에 관하여 필요하다고 인정되는 사항을 지시할 수 있다(家訴規 §38-2).

성년후견인선임심판은 당사자(家訴規 §25)와 절차에 참가한 이해관계인(家訴規 §25) 및 성년후견인과 성년후견감독인이 될 자(家訴規 §35 ①)에게 고지하고, 사건본인인 피성년후견인될 자에게는 그 뜻을 통지하여야 한다(家訴規 §35 ②). 절차참여권의 보장이라는 측면에서는 피성년후견인이 될 자에게도 이를 고지해야 함이 원칙이나, 피성년후견인에게 의사능력이 없는 등 고지 자체가 불가능한 경우에는 심판의 확정이 불가능해질 우려가 있으므로 후견 업무의 지연을 막기 위해 고지 대신 통지하도록 한 것이다.[8)]

(4) 즉시항고

성년후견개시심판과 동시에 성년후견인 선임심판이 내려진 경우 그 선임심판에 대해서는 독립하여 불복할 수 없다. 성년후견인 선임심판에 대해 이의가 있는 사람은 성년후견개시심판 자체에 대해 즉시항고를 할 수 있을 뿐이다. 성년후견개시심판에 대해 즉시항고가 있었다면 이와 함께 이루어진 성년후견인선임심판 역시 확정되지 않고, 항고심 판단범위에 들어간다. 성년후견이 개시되었으나 성년후견인이 없어 업무의 공백이 발생하는 것을 막기 위함이다.[9)]

이때 성년후견개시심판에 대해 즉시항고를 할 수 있는 사람은 §9 ①에 따른 성년후견개시심판 청구권자 및 §959-20 ①에 따른 임의후견인 및 임의후견감독인뿐이다(家訴規 §36 ① i). 성년후견인으로 선임된 자에게는 즉시항고권이 없다. 피성년후견인이 된 자는 즉시항고를 청구할 수 있으나, 그는 심판을 고지 받지 않으므로 다른 청구인이 최후로 심판을 고지받은 날부터 즉시항고 기간이 진행한다(家訴規 §31). 이에 대해서는 피성년후견인의 즉시항고기간은 성년후견인이 이를 고지받은 때부터 진행하도록 해야 한다는 이견이 있다.[10)]

(5) 후견등기의 촉탁

성년후견개시심판 및 성년후견인 선임심판이 확정된 경우 가정법원은 지체 없이 후견등기 사무를 처리하는 사람에게 성년후견의 개시 및 성년후견인 선임 심판에 관한 사항을 후견등기부에 등기할 것을 촉탁하여야 한다(家訴 §9, 家訴規 §5-2 ① i 가목 및 나목).

8) 해설, 20. 이에 반해 피성년후견인이 될 자에게도 고지하는 조문을 마련해야 한다고 보았던 견해로 김원태(2011a), 292.

9) 해설, 20; 배인구(2013), 92.

10) 김원태(2011a), 295.

2. 성년후견인이 없게 된 경우

가. 선임사유

본조 ①에 의해 선임된 성년후견인이 사망, 결격, 그 밖의 사유로 없게 된 경우 가정법원은 성년후견인을 선임한다(본조 ②). 이를 성년후견인의 '재선임'이라고 한다. 피성년후견인의 제한된 행위능력을 보충할 기관을 적시에 마련함으로써 요보호성년의 보호에 만전을 기하기 위함이다.

이때 "사망, 결격, 그 밖의 사유로 없게 된 때"란 성년후견인이 법적으로 그 직무를 더 이상 수행할 수 없게 된 경우를 말하며, 사실상 직무를 수행할 수 없는 경우를 의미하는 것은 아니다. 가령 장기외유 또는 질병 등의 사유가 있을 때에는 사안에 따라 §940에 의한 후견인의 변경을 청구할 수 있을 뿐이다.[11] 자세한 내용은 §932 註釋 참조.

나. 선임절차

(1) 직권 또는 일정한 자에 의한 청구

성년후견인이 없게 된 때 가정법원은 직권으로 또는 피성년후견인, 친족, 이해관계인, 검사, 지방자치단체의 장의 청구에 의해 성년후견인을 선임한다(본조 ②). 성년후견감독인 역시 새로운 성년후견인의 선임을 청구할 수 있다(§940-6 ① 후문). 성년후견개시심판 당시 성년후견인을 선임하는 경우와 달리 성년후견인이 없게 된 때에는 가정법원이 그러한 사정을 알 수 없는 경우도 있으므로, 일정한 자의 청구에 의한 선임을 허용하였다.

(2) 심리

이때 가정법원은 피성년후견인과 성년후견인이 될 사람의 진술을 들어야 한다(家訴 §45-3 ① iii). 특히 피성년후견인의 경우 가급적 직접 심문의 방법을 택해야 함은 본조 ①의 경우와 같다.

(3) 선임심판

성년후견인이 없게 된 때 가정법원은 새로운 성년후견인을 선임한다[본조 ②, 家訴 §2 ① ii 가. 18)]. 성년후견인을 재선임하는 심판은 후견개시 등의 심판을 한 가정법원의 전속관할이다(家訴 §44 ① i-2). 과거에는 성년후견에 관한 심판은 서로 관련이 있고 판단자료도 공통되므로, 되도록 같은 법원이 지속적으로 관할하는 것이 바람직하다는 이유로, 성년후견개시심판을 한 가정법원의 관할로 하는 것이 타당하다는 입법론적 주장[12]이 있었다. 이후 입법자는 피성년후견인의 방어권 보장을 위해 관할권을

---

11) 윤진수·현소혜, 85.

12) 김원태(2011a), 272-273; 김원태(2011b), 206; 배인구(2013), 23.

피성년후견인 주소지 관할법원으로 변경할 수 있도록 하였다(家訴 §44 ②).

재선임 사유가 있는 때에는 반드시 성년후견인을 선임해야 한다. 다만, 성년후견인에게 결격사유가 있어 재선임을 할 때에는 종전의 성년후견인에게 여전히 그 자격이 있는 것과 같은 외관이 창출될 우려가 있으므로, 후견인변경 절차를 거쳐야 한다는 견해[13]가 있다.

재선임심판시 당사자와 절차에 참가한 이해관계인, 성년후견인이 될 자에게 고지하고, 피성년후견인에게 통지해야 함은 본조 ①의 경우와 같다(家訴規 §35 ②).

(4) 즉시항고 및 등기촉탁

성년후견인 재선임심판에 대해서는 즉시항고가 허용되지 않는다. 따라서 가정법원은 그 심판이 효력을 발생함과 동시에 지체없이 후견등기 사무를 처리하는 사람에게 성년후견인 추가선임 심판에 관한 사항을 후견등기부에 등기할 것을 촉탁하여야 할 것이다(家訴 §9, 家訴規 §5-2 ① i 나목).

3. 성년후견인의 추가선임

가. 선임사유

가정법원은 성년후견인이 선임된 경우에도 필요하다고 인정하면 성년후견인을 추가로 선임할 수 있다(본조 ③). 추가선임의 필요성이 인정되는 경우에 대해서는 §930 주석 참조. 성년후견인이 추가로 선임된 경우 권한행사방법에 대해서는 §949-2 주석 참조.

나. 선임절차

가정법원은 직권으로 또는 일정한 자의 청구에 의해 성년후견인을 추가로 선임할 수 있다. 추가선임을 청구할 수 있는 자는 피성년후견인, 친족, 이해관계인, 검사, 지방자치단체의 장 및 성년후견인이다(본조 ③). 성년후견감독인 역시 이해관계인으로써 추가선임을 청구할 수 있다는 견해[14]가 있다. 그 밖의 선임절차는 재선임의 경우와 같다.

다. 선임심판

가정법원은 필요하다고 인정할 경우 성년후견인을 추가선임할 수 있다[본조 ③, 家訴 §2 ① ii 가. 18)]. 재선임의 경우와 달리 추가선임을 할 것인지 여부는 가정법원의 재량이다.[15] 그 밖에 관할법원, 고지 및 통지의 범위, 즉시항고, 등기촉탁 등에 관한 규율은 재선임의 경우와 같다.

---

13) 해설, 46.
14) 윤진수·현소혜, 85.
15) 해설, 45.

III. 성년후견인 선임 기준

1. 피성년후견인의 의사

가정법원은 성년후견인을 선임할 때 피성년후견인의 의사를 존중하여야 한다(본조 ④). 성년후견제도는 요보호성년의 자기결정권을 최대한 보장하는 것을 기본이념으로 삼고 있기 때문이다. 존중되어야 하는 피성년후견인의 "의사"에는 특정인에 대한 선호와 불호가 모두 포함된다.[16]

이때 피성년후견인의 의사를 "존중"한다는 것은, 가정법원이 피성년후견인의 의사에 반드시 구속되는 것은 아니지만, 피성년후견인의 의사를 존중하는 것이 그의 복리를 해할 것이라는 명백하고도 현존하는 위험이 존재하지 않는 한, 그의 의사에 반하는 사람을 함부로 성년후견인으로 선임하여서는 안 된다는 것을 의미한다. §9 ②에서 피성년후견인의 의사를 "고려"하는 정도만 요구하고 있는 것과는 규범의 층위가 다르다.[17]

가정법원이 피성년후견인의 의사를 정확하게 파악하기 위해 그의 진술을 직접 들어야 함은 위에서 서술한 바와 같다(家訴 §45-3 ① iii).[18] 심리 당시 피성년후견인이 정신질환 등으로 인해 그 의사를 스스로 밝힐 수 없는 때라도 발병 전에 미리 성년후견인의 선임에 관해 의견을 피력한 바가 있다면, 그러한 의사가 추후에 변경되었을 개연성이 없는 한, 이를 최대한 존중해야 할 것이다.[19] 이러한 사정을 파악하기 위해 피성년후견인 본인뿐만 아니라, 주변인의 의견도 널리 청취할 필요가 있다.

2. 그 밖의 사정

가정법원은 성년후견인을 선임할 때 피성년후견인의 의사 외에 그의 건강, 생활관계, 재산상황, 성년후견인이 될 사람의 직업과 경험, 피성년후견인과의 이해관계 유무 등의 사정도 고려하여야 한다(본조 ④).

이 중 "건강"과 관련해서는 향후 기대되는 여명, 장애의 정도와 일상 활동의 가능성, 의료적 치료의 필요성과 가능성을, "생활관계"와 관련해서는 실질적 부양관계, 기존 생활관계의 존중, 생활상태의 개선을, "재산상황"과 관련해서는 기존 재산의 관리처분, 향후 재산의 변동 가능성, 후견인의 보수 등의 지급가능성을, "성년후견인이

16) 윤진수·현소혜, 85; 해설, 43.
17) 같은 취지로 해설, 42; 구상엽(2012), 81; 이재경(2012), 425.
18) 청문규정 마련을 주장했던 견해로 백승흠(2011c), "독일의 후견·성년후견제도의 개혁에 관한 소고", 한·독사회과학논총 21-4, 178-179; 윤부찬(2000), 190 참조.
19) 이재경(2012), 424-425 참조.

될 사람의 직업과 경험"과 관련해서는 자격증 뿐만 아니라, 성년후견인 양성교육의 이수여부, 양성교육의 내용, 후견업무의 경험 등을 고려해야 한다는 견해가 있다.[20]

가령 피성년후견인의 건강상태가 좋지 않아 간병·치료 그 밖의 신상감호가 절실하거나 자력이 부족하여 후견인에 대한 보수를 지급할 여력이 없는 때에는 그와 친밀한 인적 관계를 유지하고 있는 친족이나 시민후견인을, 피성년후견인의 노동능력이나 자산상태, 부양관계 등을 고려할 때 국가에 의한 사회보장급여가 절실한 경우에는 이와 관련된 지원이 가능한 사회복지사나 직업적 후견인을, 재산의 종류와 가액이 상당하여 전문적인 자산관리가 필요한 경우에는 변호사나 회계사, 후견법인 등 전문가 후견인을 성년후견인으로 선임할 수 있을 것이다.

성년후견인과 피성년후견인 간의 관계도 중요하다. 가정법원은 양자간의 개인적인 친밀도, 평상시의 연락빈도, 부양관계, 채권채무관계, 생활상태의 개선 가능성, 성년후견인의 전문성과 공정성, 후견업무를 수행할만한 시간적 여유와 자발적 의사 유무 등을 고려하여 성년후견인을 선임하여야 할 것이다.

성년후견인이 될 사람 사이에 어떠한 우선순위가 있는 것은 아니다. 이와 관련하여서는 성년후견인이 자연인인 경우 피성년후견인의 친족을 우선적으로 성년후견인으로 선임해야 한다는 견해,[21] 가족의 비효율성·비전문성·정신적 피로로 인한 학대의 위험 등을 이유로 사회복지전문가 또는 전문기관을 우선적으로 선임해야 한다는 견해[22], 독일민법 §1791a(개정후 獨民 §1818 ①)와 같이 자연인을 원칙으로 하되, 부득이한 경우에만 법인을 후견인으로 선임해야 한다는 견해[23] 등이 주장된 바 있으나, 개별사안에 따라 달리 보는 수밖에 없을 것이다.[24]

성년후견인이 법인인 경우에는 사업의 종류와 내용, 법인이나 그 대표자와 피성년후견인 사이의 이해관계 유무를 고려하여야 한다(본조 ④). 피성년후견인이 입소 중인 사회복지법인의 대표 또는 시설장을 성년후견인으로 선임하는 경우 특히 중요한 의미를 갖는다.[25] 법인이나 그 대표자와는 이해관계의 충돌이 존재하지 않더라도 법인 소속 직원과 이해관계가 충돌하는 경우에는 어떠한가. 법인 소속의 모든 직원과의 관계를 고려할 필요는 없을 것[26]이나, 적어도 실제 당해 피성년후견인을 담당하는 직

20) 해설, 43.
21) 남윤봉(2008), 23. 신상감호를 담당하는 성년후견인에 대해 유사한 입장으로 송호열(2003), 210.
22) 제철웅(2008), 140.
23) 백승흠(2008a), 83; 배인구(2013), 37; 송호열(2006), 69.
24) 윤진수·현소혜, 86; 윤일구(2012), 194; 이재경(2012), 426.
25) 같은 취지로 송호열(2003), 210; 신은주(2009), 35-36.
26) 해설, 44.

원과 이해관계가 충돌할 우려가 있을 때에는 성년후견감독인의 선임 등을 통해 담당자가 적절하게 배정될 수 있도록 사정을 고려하여야 할 것이다.

Ⅳ. 사전처분

가정법원은 아직 성년후견인을 선임하기 전이라도 직권 또는 당사자의 신청에 의해 家訴 §62 ①에 따른 사전처분으로서 임시후견인을 선임할 수 있다(家訴規 §32 ④). 급박한 경우에는 재판장이나 조정장은 단독으로 이 사전처분을 할 수 있다(家訴 §62 ③). 가정법원은 상당하다고 인정할 때에는 임시후견인에게 사건본인의 신상보호 또는 재산관리에 필요한 명령을 할 수 있고, 그 선임한 임시후견인을 해임하거나 개임할 수도 있다(家訴規 §32 ③). 임시후견인 선임처분은 그 선임된 자에게 고지하여야 하고, 사건본인에게 그 뜻을 통지하여야 한다(家訴規 §32 ③).

이렇게 사전처분으로써 선임된 임시후견인에 대해서는 한정후견인에 관한 규정을 준용한다(家訴規 §32 ④). 아직 사건본인에 대한 의사의 감정 등이 없는 상태에서 임시후견인에게 성년후견인에 준하는 포괄적 권한을 부여할 경우 사건본인의 행위능력을 지나치게 제한할 염려가 있기 때문이다.[27] 그럼에도 불구하고 임시후견인 제도는 피후견인의 자기결정권을 침해할 우려가 있으므로, 임시후견인 선임의 필요성이 있을 때에는 특정후견 제도를 이용하는 것이 바람직하다는 비판[28]이 있다. 실무에서도 사건본인 재산의 보전과 관리, 신상보호를 위해 필수적이고 잠정적인 사무로 권한의 범위를 한정한다.[29] 대법원 2022. 12. 1. 선고 2022다261237 판결은, 임시후견인에 대해서는 한정후견인에 관한 규정을 준용한다는 점과 한정후견의 경우 가정법원이 피한정후견인에 대하여 한정후견인의 동의를 받아야 하는 행위를 정할 수 있다는 점, 피성년후견인 또는 피한정후견인은 의사능력이 있는 한 성년후견인 또는 한정후견인의 동의 없이도 유언을 할 수 있다(民 §1062)는 점을 고려해, 사전처분으로 임시후견인이 선임된 경우, 사건본인은 의사능력이 있는 한 임시후견인의 동의가 없이도 유언을 할 수 있다고 보아야 하고, 아직 성년후견이 개시되기 전이라면 의사가 유언서에 심신 회복 상태를 부기하고 서명날인하도록 요구한 民§ 1063 ②은 적용되지 않는다고

27) 해설, 157; 배인구(2013), 88-89. 윤진수, 300은 한정후견인에 관한 규정을 준용하는 것을 긍정하면서도 이러한 내용을 법률이 아닌 가사소송규칙에 정하는 것에 의문을 표한다.

28) 구상엽(2013), 702-703.

29) 김성우, 92. 주로 사건본인의 친족 등에 의해 일실된 재산에 대한 보전소송 제기, 사건본인이 당사자가 되어 계속되고 있는 소송에 대한 추인 및 수권행위, 사건본인의 치료행위나 정신병원 등에의 강제격리에 관한 동의 권한 등이 포함된다.

판단하였다.

임시후견인 선임의 사전처분이 확정되면 그 결정내용과 같은 법률관계가 임시로 형성되고, 이와 같은 형성력은 대세적 효력을 가지며, 그 효력이 형성력을 갖기 위해 별도의 집행행위나 공시를 필요로 하는 것은 아니라는 것이 판례의 태도이다.[30] 그러나 "후견등기에 관한 법률" §27 및 "후견등기에 관한 규칙" §51 ②에 따르면 임시후견인 선임에 관한 사항은 등기되어야 하며, 이때 등기는 가정법원의 촉탁에 의해 이루어진다(家訴 §9, 家訴規 §5-2 ① v 나목).

30) 舊 민법(2011. 3. 7. 개정 전)상 한정치산자의 후견인에 관해 같은 취지인 것으로 대법원 2009. 7. 23. 선고 2008다78996 판결 참조.

第937條 (후견인의 결격사유) 다음 각 호의 어느 하나에 해당하는 자는 후견인이 되지 못한다.

1. 미성년자
2. 피성년후견인, 피한정후견인, 피특정후견인, 피임의후견인
3. 회생절차개시결정 또는 파산선고를 받은 자
4. 자격정지 이상의 형의 선고를 받고 그 형기(刑期) 중에 있는 사람
5. 법원에서 해임된 법정대리인
6. 법원에서 해임된 성년후견인, 한정후견인, 특정후견인, 임의후견인과 그 감독인
7. 행방이 불분명한 사람
8. 피후견인을 상대로 소송을 하였거나 하고 있는 사람
9. 제8호에서 정한 사람의 배우자와 직계혈족. 다만, 피후견인의 직계비속은 제외한다.

▮**참고문헌:** 구상엽(2012), "개정민법상 성년후견제도에 대한 연구 －입법배경, 입법자의 의사 및 향후 과제를 중심으로－", 서울대학교 대학원 박사학위논문; 김용한(1974), "후견", 사법행정 15－8, 62－65; 김형석(2014b), "성년후견감독인", 성년후견 2, 79－110; 양창수(2005), "민법 친족편 중 제5장 후견 등에 대한 법전편찬위원회 심의자료의 소개", 서울대학교 법학 46－2, 418－441; 윤용섭(1996), "친권과 후견", 민사판례연구 18, 553－584

I. 조문의 취지

후견인 결격사유를 정하는 조문이다. 이때 후견인이라 함은 미성년후견인과 성년후견인을 모두 의미한다.

II. 결격사유

1. 미성년자

미성년자, 즉 만 19세에 달하지 않은 사람은 후견인이 될 수 없다(본조 i). 미성년자 스스로 친권 또는 후견에 복속하고 있는 상태에서 타인을 위해 후견인이 되는 것은 적절하지 않기 때문이다. 그러나 §826-2에 의해 성년으로 의제되는 미성년자는 후견인이 될 수 있다.[1)]

2. 피성년후견인, 피한정후견인, 피특정후견인, 피임의후견인

피성년후견인, 피한정후견인, 피특정후견인, 피임의후견인은 후견인이 될 수 없다(본조 ii). 위 각 사람은 질병, 노령, 장애 그 밖의 사유로 인해 사무처리능력이 지속적으로 결여되거나 부족한 상태이므로, 타인을 위해 사무를 처리하는 후견업무를 보도록 하는 것이 적절하지 않기 때문이다. 이 중 피특정후견인이나 피임의후견인에 대해서는 그들의 행위능력에 아무런 제한이 없음에도 불구하고 이를 일률적으로 후견인결격사유로 정하는 것은 성년후견제의 근본취지에 반한다는 비판이 있다.[2)]

성년후견, 한정후견, 특정후견 및 임의후견이 이미 종료된 경우에는 더 이상 결격사유에 해당하지 않는다.[3)]

3. 회생절차개시결정 또는 파산선고를 받은 자

채무자회생 및 파산에 관한 법률 §49에 따른 회생절차개시결정 또는 같은 법 §305에 따른 파산선고를 받은 사람은 후견인이 될 수 없다(본조 iii). 같은 법 §596에 따른 개인회생절차개시결정을 받은 사람의 경우에도 마찬가지이다. 파산으로 인해 자기 재산에 대한 재산관리권을 상실한 사람 또는 회생절차개시결정에 의한 변제계

1) 권순한, 242; 김주수·김상용, 513; 박동섭·양경승, 453; 양수산, 485; 이경희·윤부찬, 284; 김형석(2014b), 87.
2) 구상엽(2012), 78-79.
3) 김형석(2014b), 87.

획에 따른 변제를 수행하기에 급급한 사람이 후견업무를 보도록 하는 것은 후견제도의 취지에 어긋나기 때문이다.[4)]

동 조문은 자연인뿐만 아니라, 법인에 대해서도 적용된다.[5)] "회생절차개시결정 또는 파산선고를 받은 사람"이 아니라, "회생절차개시결정 또는 파산선고를 받은 자"라고 규정하고 있기 때문이다.

파산자가 복권된 경우, 회생절차가 종결된 경우 또는 개인회생 중인 자가 면책결정을 받은 경우에는 더 이상 결격사유에 해당하지 않는다.[6)]

4. 자격정지 이상의 형의 선고를 받고 그 형기 중에 있는 사람

자격정지 이상의 형을 선고받고 그 형기 중에 있는 사람은 후견인이 될 수 없다(본조 iv). 사형, 징역, 금고, 자격상실 및 자격정지 형을 선고받은 사람이 이에 해당한다(형 §41, §50).

동 호는 자연인에게만 적용되므로, 법인의 대표자가 자격정지 이상의 형의 선고를 받고 그 형기 중에 있는 것만으로는 당해 법인이 후견인 결격사유에 해당한다고 볼 수 없다.[7)]

형집행이 종료된 후에는 더 이상 후견인 결격사유에 해당하지 않는다.

5. 법원에서 해임된 법정대리인

법원에서 해임된 법정대리인은 후견인이 될 수 없다(본조 v).

친권상실(§924), 대리권 및 재산관리권의 상실선고(§925)를 받은 자, 후견인이었다가 변경된 자(§940), 유언집행자였다가 해임당한 자(§1106) 등이 이에 해당한다. 친권의 일부제한(§924-2)이나 일시 정지(§924)도 후견인 결격사유에 해당한다는 견해가 있다.[8)] 법정대리의 대상자와 성년후견의 대상자가 동일해야 하는 것은 아니므로, 예를 들어 A에 대해 친권상실을 선고받은 자는 B의 성년후견인도 될 수 없다.[9)]

법원이 선임한 부재자재산관리인, 상속재산관리인의 경우 이 직무로부터 해임된 경력이 있는 사람도 결격자에 해당하는지 문제될 수 있다. 가정법원은 재산관리인에 특별한 문제가 없더라도 합목적적인 고려에 따라 "언제든지 그 선임한 재산관리인을

4) 자료집, 309.
5) 해설, 49; 김형석(2014b), 88.
6) 김형석(2014b), 88.
7) 이에 대한 판단을 유보하고 있는 문헌으로 해설, 49.
8) 주석친족 (2), 604.
9) 제요[2], 1196.

개입할 수 있기"(家訴規 §42 ①) 때문에, 해임의 사실이 반드시 후견인에 부적절하다는 사정을 지시하지는 않을 수 있기 때문이다. 그러나 개별사안에서 이들의 해임이 합목적적인 고려에 의한 것인지 아니면 부정행위나 부적절함으로 인한 것인지를 명확히 판단하기 어렵다는 점에서, 해임된 부재자의 재산관리인이나 상속재산관리인도 결격이라고 해석해야 할 것이다.[10]

성년후견인, 가정법원으로부터 대리권을 수여받은 한정후견인 및 특정후견인 역시 피후견인의 법정대리인으로서의 지위를 가지므로 이에 포섭된다고 볼 여지가 있으나, 본조 vi에 특칙이 있으므로 제외된다.

6. 법원에서 해임된 성년후견인, 한정후견인, 특정후견인, 임의후견인과 그 감독인

법원에서 해임된 성년후견인, 한정후견인, 특정후견인·임의후견인은 후견인이 될 수 없다(본조 vi). 이 중 성년후견인과 가정법원으로부터 대리권을 수여받은 한정후견인·특정후견인은 본조 v에도 포섭될 수 있으나, 동 호가 특칙으로 우선적용된다.

한편 동 호는 법원에서 해임된 후견인이 법정대리인일 것을 요구하고 있지 않으므로, 가정법원으로부터 별도의 대리권을 수여받지 않은 한정후견인 및 특정후견인 역시 법원에서 해임되었다면 결격사유에 해당한다.[11] 임의후견인도 본인의 법정대리인이라고는 할 수 없지만, §959-17 ②에 따라 법원에 의해 해임된 때에는 결격사유에 해당한다.

법원에서 해임된 성년후견감독인, 한정후견감독인, 특정후견감독인 및 임의후견감독인 역시 후견인이 될 수 없다(본조 vi). 미성년후견감독인이 해임된 경우에 대해서는 별도의 규정이 없으나, 결격사유에 해당하는 것으로 보아야 할 것이다(본조 vi의 유추적용).

이때 해임된 후견인 또는 후견감독인은 자연인·법인을 불문한다. 반드시 후견사건이 문제되고 있는 특정인의 후견인 또는 후견감독인이었어야 하는 것은 아니다.

성년후견인, 한정후견인, 특정후견인과 그 감독인 및 임의후견감독인에 대해서는 별도의 해임 규정이 마련되어 있지 않지만, §940에 의해 변경되었다면 법원에서 해임된 경우에 해당한다고 볼 것이다. 대법원 2021. 2. 4.자 2020스647 결정 역시, 민법이 임의후견과 달리 법정후견의 경우에는 해임에 관하여 별다른 규정을 두고 있지 않아서, 성년후견인의 변경은 기존 성년후견인의 해임 및 새로운 성년후견인의 선임

10) 김형석(2014b), 88.
11) 자료집, 317.

이라는 법적 성격을 갖는다고 판단하였다.

다만, 후견인변경이라도 현저한 비행이 있거나 그 임무에 관하여 부정행위 기타 후견인의 임무를 담당할 수 없는 사유가 있어서 변경된 경우에만 후견인 결격사유에 해당한다고 보아야 한다. 그 이유에 대해서는 위 5. 나. 註釋 참조. 이에 대해서는 개임 사유를 묻지 않고 언제나 결격사유로 보아야 한다는 반대설[12]이 있다.

7. 행방이 불분명한 사람

행방이 불분명한 사람은 후견인이 될 수 없다(본조 vii). 주소지나 거소지에 살고 있지 않아 소재를 파악할 수 없는 경우가 이에 해당한다. 이런 사람은 피후견인을 위해 사무를 적절하게 처리할 것으로 기대하기 어렵기 때문이다. 행방불명과 동시에 후견인 결격사유를 충족하며, 사후에 행방이 밝혀졌더라도 당연히 후견인의 지위가 회복되는 것은 아니다.[13]

본 호는 자연인에게만 적용되므로, 법인의 대표자가 행방불명인 사실은 당해 법인의 후견인 결격사유에 해당하지 않는다.

8. 피후견인을 상대로 소송을 하였거나 하고 있는 사람

피후견인을 상대로 소송을 하였거나 하고 있는 자는 후견인이 될 수 없다(본조 viii). 피후견인과 이해관계가 대립하고 있음이 객관적으로 명백한 이상 공정하게 사무를 처리할 것으로 기대하기 어렵기 때문이다. 반면 피후견인의 배우자나 직계혈족을 상대로 소송을 하였거나 하고 있는 것만으로는 아직 결격사유에 해당하지 않는다.[14]

이때 "소송을 하였거나 하고 있는 자"에 법인이 포함되는지 여부에 대해서는 논란이 있을 수 있으나, 포함된다고 볼 것이다.[15] 한편 본 호에서 말하는 배우자란 법률상 배우자만을 의미한다.[16]

피후견인을 상대로 소송을 한다는 것에는, 스스로 원고가 되어 피후견인을 상대로 소송을 하는 경우뿐만 아니라, 피고로서 응소하는 경우도 포함된다.[17] 당해 소송이 재산관계 소송인지 신분관계 소송인지도 묻지 않는다.[18] 강제집행절차나 증거보

12) 김형석(2014b), 89.
13) 김용한(1974), 65.
14) 송덕수, 252.
15) 해설, 50 참조.
16) 김형석(2014b), 90.
17) 박동섭·양경승, 454; 양수산, 486; 한봉희·백승흠, 330; 해설, 50; 김용한(1974), 65; 김형석(2014b), 90.
18) 김형석(2014b), 90.

전절차, 집행보전절차, 마류 가사비송사건과 같이 대심적 구조를 갖는 쟁송은 널리 이에 포함된다고 보아야 할 것이다.[19] 반면 라류 가사비송사건처럼 대심적 구조가 아닌 때에는 이에 해당하지 않는다.

후견인결격사유에 해당하기 위해서는 피후견인과 실질적으로 이해관계가 대립하고 있어야 하며, 형식적으로 원·피고 관계에 있다는 이유만으로 당연히 후견인 결격사유에 해당하는 것은 아니다.[20]

9. 피후견인을 상대로 소송을 하였거나 하고 있는 사람의 배우자와 직계혈족 (다만 피후견인의 직계비속은 제외)

2016. 12. 20. 개정 전에는 제8호의 규정이 "피후견인을 상대로 소송을 하였거나 하고 있는 자 또는 그 배우자와 직계혈족"라고 규정되어 있어서, 사건본인의 배우자가 사건본인을 상대로 소송을 하였거나 하고 있는 경우에는, 사건본인과 그 배우자 사이에서 태어난 자녀들은 모두 후견인이 될 수 없었다. 이처럼 구체적 타당성이 없는 경우를 배제하기 위해 제8호에서 "배우자와 직계비속"을 제외하고 제9호를 신설하였다.[21] 예를 들어 부부였던 A와 B 사이에서 A가 B를 상대로 이혼소송을 하여 혼인이 해소된 이후 B가 성년후견개시심판을 받았다면, A와 B 사이에서 출생한 직계비속 C는 B의 성년후견인이 될 수 있다.[22]

10. 기타

위에 열거한 1. 내지 8.의 사유에 해당하지 않는 한 후견인 결격사유가 있다고 볼 수 없다. 외국인은 후견인이 될 수 없다는 견해[23]가 있으나, 외국인을 후견인결격사유로 규정하고 있었던 가등예규 제184호는 가등예규 제321호에 의해 2010. 6. 8. 폐지되었다.[24]

또한 제정 민법 초안 당시에는 "병질 기타 사유로 인하여 후견의 임무를 담당할 수 없는 자"가 후견인 결격사유로 열거되어 있었으나 국회 제출시 삭제되었다.[25] 따라서 본조 vi에서 정하고 있는 행방불명을 제외하면, 사실상 후견인의 직무를 담당할

19) 김형석(2014b), 90. 이해상반성이 있다고 볼 여지는 있으나, 제8호의 문리해석상 후견인 결격사유가 아닌 것처럼 규정되어 있어 문제의 소지가 있다는 견해로 권재문, 255.
20) 양수산, 486; 한봉희·백승흠, 330; 김용한(1974), 65; 김형석(2014b), 90-91.
21) 주석친족 (2), 606; 제요[2], 1197; 김성우, 37.
22) 김주수·김상용, 515.
23) 양수산, 486.
24) 위 예규를 폐지할 것을 주장했던 견해로 윤용섭(1996), 583-584.
25) 양창수(2005), 430.

수 없다는 사유만으로는 아직 후견인 결격사유에 해당하지 않는다.

III. 결격의 효과

후견인 결격사유에 해당하는 사람은 미성년후견인 또는 성년후견인이 될 수 없다. 따라서 친권자가 유언에 의해 후견인 결격자를 미성년후견인으로 지정한 경우 그 유언은 효력이 없고, 가정법원이 후견인 결격자를 미성년후견인 또는 성년후견인으로 선임한 경우 그 선임심판은 무효라는 견해[26]와 따로 법원의 심판이 있어야 후견인 지위가 상실된다는 견해[27]가 대립하고 있다. 서울고등법원 2017. 6. 30.자 2015브358 결정도 "가정법원은 미성년후견인 선임이 필요하게 된 이유, 미성년자녀의 나이, 재산 상태, 선임가능한 후견인 후보자, 그 후보자와 미성년자녀의 관계 등 여러 사정을 종합하여 미성년후견인의 임무수행과 필수불가결한 사항에 관한 것이 아닌 한 후견인 후보자에게 존재하는 결격사유로 인하여 미성년자녀의 복지에 저해될 경우에만 미성년후견인에서 배제할 수 있다고 보아야 할 것이다"라고 판시하였다.[28]

후견인 결격사유는 후견 개시시부터 종료시까지 계속 소극적 요건으로 기능한다. 따라서 후견 개시 당시에는 결격사유가 없었더라도, 그 종료 전에 결격사유가 발생한 경우에는 더 이상 후견인이 될 수 없으므로, "후견인이 없게 된 때"에 해당하는 것으로 보아 새롭게 미성년후견인 또는 성년후견인을 선임하여야 한다(§932 ① 후문, §936 ②).

26) 권순한, 242; 김주수·김상용, 513; 박동섭·양경승, 454; 신영호·김상훈·정구태, 237; 이경희·부찬, 284. 법원이 결격자임을 간과하고 후견인으로 선임할 가능성이 있으며, 특히 제7호 사유는 법원에서 사실조회를 통해 확인할 수 없는 사유이므로 제7호 사유로 인한 결격자가 후견인으로 선임될 가능성을 배제할 수 없다는 점에서, 결격자를 후견인으로 선임한 경우의 효과에 대해서는 명문 규정이 부존재하는 것은 입법의 불비라는 견해로 권재문, 255.

27) 김성우, 56; 윤진수, 290.

28) 주석친족 (2), 607.

第 938 條 (후견인의 대리권 등)

① 후견인은 피후견인의 법정대리인이 된다.

② 가정법원은 성년후견인이 제1항에 따라 가지는 법정대리권의 범위를 정할 수 있다.

③ 가정법원은 성년후견인이 피성년후견인의 신상에 관하여 결정할 수 있는 권한의 범위를 정할 수 있다.

④ 제2항 및 제3항에 따른 법정대리인의 권한의 범위가 적절하지 아니하게 된 경우에 가정법원은 본인, 배우자, 4촌 이내의 친족, 성년후견인, 성년후견감독인, 검사 또는 지방자치단체의 장의 청구에 의하여 그 범위를 변경할 수 있다.

▌참고문헌: 구상엽(2012), "개정민법상 성년후견제도에 대한 연구 —입법배경, 입법자의 의사 및 향후 과제를 중심으로—", 서울대학교 대학원 박사학위논문; 김도훈(2014), "성년후견제도 도입에 따른 민사소송법상 소송능력에 관한 소고", 법학연구 22−1, 117−137; 김보람(2020), "프랑스 민법상 피보호성년자의 신상보호", 경북대학교 법학논고 68, 203−237; 김상훈(2014), "성년후견제도의 도입과 민사소송법상의 소송능력 등, 강원법학 41, 253−278; 김성숙(1998), "민법상 후견제도의 문제점−한정치산금치산제도를 중심으로—", 아세아여성법학 1, 173−194; 김성우(2024), "2023년 분야별 중요판례분석 (7) 가족법", 법률신문; 김원태(2011a), "성년후견 등 심판절차에 관한 가사소송법 정비 방안에 대한 관견", 재산법연구 28−2, 265−301; 김형석(2010), "민법 개정안에 따른 성년후견법제", 가족법연구 24−2, 111−166; 김형석(2013), "피성년후견인과 피한정후견인의 소송능력", 가족법연구 27−1, 41−84; 김형석(2014a), "피후견인의 신상결정과 그 대행", 가족법연구 28−2, 245−274; 박인환(2011), "새로운 성년후견제도에 있어서 신상보호 —신상결정의 대행과 그 한계—", 가족법연구 25−2, 147−198; 배인구(2013), "성년후견제도에 관한 연구 -시행과 관련된 이론적·실무적 쟁점을 중심으로", 고려대학교 대학원 석사학위논문; 신권철(2014), "혼인 및 이혼절차에서의 능력과 후견", 민사소송 18−1, 313−357; 장석천(2011), "개정민법에 있어서 성년후견과 의료행위 동의권", 재산법연구 28−3, 1−21;정선주(2014), "행위능력제도의 변화에 따른 소송능력의 재검토", 민사소송 18−1, 41−87; 정현수(2017), "미성년후견제도의 개선을 위한 몇 가지 제언", 동북아법연구 10−3, 721−748; 제철웅(2011), "요보호성인의 인권존중의 관점에서 본 새로운 성년후견제도", 민사법학 56, 277−331; 제철웅(2013), "성년후견법의 시행 준비작업상의 몇 가지 이론적, 실천적 문제", 가족법연구 27−1, 1−40; 지원림(2005), "친권자·후견인의 대리권과 임의대리의 비교", 가족법연구 19−1, 349−383; 현소혜(2018), "피성년후견인의 가족관계에 관한 의사결정 자유의 보장", 가족법연구 32−3, 231−254

I. 조문의 취지

미성년후견인과 성년후견인이 피후견인을 위해 행사할 수 있는 권한, 특히 대리권과 그 범위를 정하기 위한 조문이다. 舊 민법(2011. 3. 7. 개정 전) §938는 "후견인은 피후견인의 법정대리인이 된다"고 규정하고 있었을 뿐이나, 성년후견제도의 도입과 함께 피성년후견인의 자기결정권을 최대한 존중하기 위해 성년후견인의 권한을 필요한 범위 내에서 탄력적으로 조정할 필요가 있으므로, 성년후견인의 권한범위에 관한 특칙이 신설되었다. 본조에서 서술하는 것 외에 대리권에 관해서는 §949 주석도 참조하라.

II. 미성년후견인의 권한

1. 대리권

미성년후견인은 미성년자의 법정대리인이 된다.[1] 본조 ①에서 정한 "후견인"에는 성년후견인과 미성년후견인이 모두 포함되기 때문이다. 이때 미성년후견인이 행사하는 대리권은 포괄적·획일적 성격을 갖는다. 미성년후견인은 친권자에 갈음하는 기관인 만큼, 친권자와 동일한 정도의 권한을 인정한 것이다. 따라서 친권자 또는 가정법원이 미성년후견인의 대리권을 박탈 또는 일부 제한하는 것은 허용되지 않는다. 단 아동학대범죄의 처벌 등에 관한 특례법 §19, §36 및 §47은 후견인의 권한 제한 조치를 예정하고 있다. 또한 民 §954에 근거해 가정법원이 미성년후견인의 대리권 행사에 제한을 두거나 허가사항을 정하게 되면 그 범위 내에서 미성년후견인의 대리권이 제한된다.[2]

미성년후견인은 법정대리인으로써 미성년자를 위해 모든 재산법적 법률행위를 대리할 수 있다. 단, 미성년후견인에 의한 권한남용을 방지하기 위해 대리권을 제한하는 조문이 일부 마련되어 있다. §949, §949-3 및 §950 주석 참조.

미성년후견인은 미성년자의 소송행위도 대리할 수 있음이 원칙(民訴 §55 ① 본문)이다. 미성년후견감독인이 있는 경우라면 소송행위를 하는데 후견감독인의 동의가 필요하다(民 §950 ① v). 미성년자가 독립하여 법률행위를 할 수 있는 경우에는 미성년자에게 소송능력이 인정된다(民訴 §55 ① 단서 i). 이때에는 미성년자에게 소송능력이 인

1) 이 규정은 미성년후견인의 자격이 될 수 있는 최소한만을 규정한 것일 뿐, 미성년후견인의 선임에 있어서 더 구체적인 기준이 설정되어야 한다는 비판으로 정현수(2017), 734.

2) 주석친족 (2), 611.

정되기 때문이다(民訴 §51). 권리만을 얻거나 의무만을 면하는 행위 등이 이에 해당한다(民 §5 ①). 미성년자가 당사자인 경우, 그 친족, 이해관계인(미성년자를 상대로 소송행위를 하려는 사람을 포함), 지방자치단체의 장 또는 검사는 ① 법정대리인이 없거나 법정대리인에게 소송에 관한 대리권이 없는 경우, ② 법정대리인이 사실상 또는 법률상 장애로 대리권을 행사할 수 없는 경우, ③ 법정대리인의 불성실하거나 미숙한 대리권 행사로 소송절차의 진행이 현저하게 방해받는 경우에는 소송절차가 지연됨으로써 손해를 볼 염려가 있다는 것을 소명하여 수소법원에 특별대리인을 선임하여 주도록 신청할 수 있다(民訴 §62 ①).

가족법상 법률행위는 미성년후견인이 대리할 수 없음이 원칙[3]이나, 양자될 사람이 13세 미만인 경우에는 입양 및 친양자입양 승낙 의사표시를 대리할 수 있다(§869 ②, §908-2 ① v).

법정대리에 대해서도 현명에 관한 §114가 적용됨이 원칙이지만, 미성년후견인이 미성년자 재산에 관한 처분행위를 한 경우 그 행위는 미성년자를 위하여 한 행위로 추정되므로, 따로 현명을 하지 않더라도 미성년자에 대해 효과가 발생한다.[4]

2. 신상보호권한

미성년후견인의 미성년자에 대한 신상보호 권한에 대해서는 §945 주석 참조.

3. 동의권

미성년후견인은 법정대리인으로써 미성년자의 법률행위에 대한 동의권을 행사할 수 있다(§5 ①). 약혼(§801), 혼인(§808 ①), 입양(§869 ①), 친양자입양(§908-2 ① iv) 등 가족법상 법률행위에 대해서는 명문의 규정이 있는 경우 동의권을 행사할 수 있다.

III. 성년후견인의 권한

1. 대리권

성년후견인은 언제나 피성년후견인의 법정대리인이 된다(본조 ①). 가정법원으로부터 별도의 대리권 수여심판을 받지 않더라도 성년후견인으로 선임됨과 동시에 법정대리인의 지위를 취득한다는 점에서 한정후견인 또는 특정후견인과 차이가 있다.

---

3) 지원림(2005), 358.
4) 대법원 1994. 4. 29. 선고 94다1302 판결.

가. 대리권의 범위

성년후견의 경우에는 원칙적으로 성년후견인에게 재산사무를 포괄하는 대리권이 부여되지만 가정법원이 이를 감축할 수 있다.[5] 구체적인 대리권 범위는 이하와 같다.

(1) 재산법적 법률행위

성년후견인은 피성년후견인의 모든 재산법적 법률행위를 대리할 수 있다.

일용품의 구입 등 일상생활에 필요하고 그 대가가 과도하지 않은 법률행위에 대해서는 피성년후견인의 행위능력이 제한되지 않지만(§10 ④), 그렇다고 하여 일상적 법률행위에 대해 당연히 성년후견인의 대리권이 배제되는 것은 아니다.[6] 성년후견인의 대리에 의하지 않으면, 일상적 법률행위를 하는 것이 불가능한 상태의 피성년후견인도 있을 수 있기 때문이다. 따라서 일상적 법률행위의 경우라도 본조 ②에 따른 대리권 범위 결정의 심판이 없는 한 성년후견인에게 대리권이 인정된다고 할 것이다. 이에 대해서는 자기결정권 보장을 이유로 반대하는 견해[7]가 있다.

(2) 소송행위

(가) 성년후견인의 소송대리권

1) 성년후견의 경우

성년후견인은 소송행위도 대리할 수 있다.[8] 民訴 §51에 따라 소송능력은 민법에 따르므로 피성년후견인의 소송능력은 제한된다. 만일 소 제기 이후 성년후견이 개시되어 피성년후견인이 소송능력을 상실했다면 소송절차는 중단되나, 성년후견인이 법정대리인으로 소송절차를 수계하게 된다(民訴 §235). 이러한 경우 소송절차에서 당사자는 여전히 피성년후견인이고, 성년후견인은 피성년후견인의 법정대리인으로서 소송절차를 수계하는 것이지 당사자적격을 가지게 되는 것은 아니다.[9]

2016. 2. 3. 민사소송법 개정 전부터 §10 ②에 따라 가정법원이 취소할 수 없는 피성년후견인의 법률행위의 범위를 정한 경우나 §10 ④에서 정한 일용품의 구입 등 일상생활에 필요하고 그 대가가 과도하지 아니한 법률행위와 관련된 소송행위는 피성년후견인에게도 소송능력이 인정된다는 긍정설[10]과 소송능력을 인정해서는 안 된다는 부정설[11]이 대립하고 있었다. 2016. 2. 3. 법 개정으로 인해 §10 ②의 경우에는

---

5) 김형석(2010), 144.
6) 윤진수·현소혜, 90; 배인구(2013), 34.
7) 구상엽(2012), 73.
8) 이시윤, 152; 윤진수·현소혜, 90; 김도훈(2014), 122; 김원태(2011a), 276; 김형석(2013), 62; 정선주(2014), 63.
9) 대법원 2017. 6. 19. 선고 2017다212569 판결.
10) 이시윤, 152; 김형석(2013), 63-65; 김상훈(2014), 265-268.

피성년후견인이 단독으로 소송행위를 할 수 있다는 것이 명확해졌다(民訴 §55 ① 단서 ii). 법 개정에서 포함되지 않은 §10 ④에 대해서는 견해의 대립이 있으나, 민사소송법 개정이 이를 배제하는 입법적 결단이라고 보아야 할 것이다.[12)]

다만, 성년후견인이 피성년후견인을 대리하여 소송행위를 할 때에는 §950 ① v에 따라 후견감독인의 동의를 받아야 한다. §950 주석 참조.

2) 한정후견의 경우

피한정후견인은 한정후견이 개시되더라도 한정후견인 혼자서 유효한 행위를 할 수 있으므로 원칙적으로 소송능력이 있다. 다만 피한정후견인은 한정후견인의 동의가 필요한 행위에 관하여는 대리권 있는 한정후견인에 의해서만 소송행위를 할 수 있다(民訴 §55 ②).

만일 피한정후견인의 소송행위가 동의권 유보대상이 되었다면, 피한정후견인은 한정후견인의 동의가 없는 한 소송능력이 없다고 보아야 한다. 이렇게 소송능력이 제한되는 경우, 피한정후견인은 한정후견인의 동의를 받으면 소송능력을 회복하여 유효하게 소송행위를 할 수 있다. 물론 한정후견인이 소송행위에 대해 동의를 할 때에는 후견감독인이 있으면 그 동의를 받아야 한다(民 §959-6, §950 ①). 또한 피한정후견인과 한정후견인의 이익이 상반하는 경우에는, 후견감독인이 있으면 그가 피한정후견인의 소송행위에 동의할 수 있으며(民 §959-5 ②, §940-6 ③), 그렇지 않으면 특별대리인을 선임해서 동의를 받아야 한다(民 §959-6, §949-3, §921).[13)]

3) 특정후견의 경우

피특정후견인은 특정후견심판이 있어도 소송능력에 제한이 없지만,[14)] 특정후견인에게 소송사무 후원을 위한 대리권이 부여되는 것은 가능하다.

(나) 특별대리인

피한정후견인 또는 피성년후견인이 당사자인 경우, 그 친족, 이해관계인(피한정후견인 또는 피성년후견인을 상대로 소송행위를 하려는 사람을 포함), 대리권 없는 성년후견인, 대리권 없는 한정후견인, 지방자치단체의 장 또는 검사는 ① 법정대리인이 없거나 법정대리인에게 소송에 관한 대리권이 없는 경우, ② 법정대리인이 사실상 또는 법률상 장애로 대리권을 행사할 수 없는 경우, ③ 법정대리인의 불성실하거나 미숙한 대리권

11) 호문혁, 253; 김도훈(2014), 122-123; 정선주(2014), 64-65.
12) 주석친족 (2), 574; 김성우, 86.
13) 김형석(2013), 72.
14) 김성우, 87.

행사로 소송절차의 진행이 현저하게 방해받는 경우에는 소송절차가 지연됨으로써 손해를 볼 염려가 있다는 것을 소명하여 수소법원에 특별대리인을 선임하여 주도록 신청할 수 있다(民訴 §62 ①). 이 경우 특별대리인은 대리권 있는 후견인과 같은 권한이 있으며(民訴 §62 ①), 특별대리인의 대리권의 범위에서 법정대리인의 권한은 정지된다(民訴 §62 ③).

(3) 가족법상 법률행위

가족법상 법률행위는 일신전속적 성격을 가지므로, 피성년후견인에게 의사능력이 있는 한 스스로 하는 것이 원칙이다. 물론 피성년후견인이 가족법상 법률행위를 스스로 하기 위해서는 의사능력이 있어야 한다. 의사능력이 있는지 여부를 심사함에 있어서 그 심사기준은, 여타의 재산법적 계약 기타 법률행위에 있어서의 그것과 다르며, 이를 심사할 때 가장 유념해야 할 점은 아무리 계약에 의해 성립하는 가족관계라고 하더라도, 가족은 '계약관계'이기 전에 본질상 '제도'라는 점이다. 혼인이나 입양 등의 행위에 수반되는 각종의 법률효과는 당사자가 그 법률효과 자체를 적극적으로 의욕하였기 때문에 발생하는 것이 아니다.[15)]

다만 본조 ③에 따라 성년후견인이 가정법원으로부터 피성년후견인을 위해 의사결정을 대행할 수 있는 권한, 즉 피성년후견인에게 의사능력이 결여되어 있는 경우에는 대리권을, 피성년후견인에게 의사능력이 부족한 경우에는 동의권을 부여받은 경우에 한하여 §802 등 관련 개별 조문에서 규정하고 있는 가족법상 법률행위에 관한 동의권을 행사할 수 있다고 보아야 할 것이다. 피성년후견인의 가족법상 법률행위에 대한 의사결정의 자유를 보호하기 위해 위 각 개별 조문들상의 "성년후견인의 동의를 받아"라는 문언은 "피성년후견인에게 의사능력이 부족한 경우에는 본조 ③에 따라 가정법원으로부터 피성년후견인의 신상에 관해 결정할 수 있는 권한을 부여받은 성년후견인의 동의를 받아"라는 의미로 축소해석할 필요가 있다. 만약 성년후견인이 가정법원으로부터 이러한 권한을 부여받지 못한 경우에는 원칙으로 돌아가 피성년후견인은 §947-2 ①에 따라 성년후견인의 동의 없이 자유롭게 가족법상 법률행위를 할 수 있으며, 이러한 의미에서 본조 ③의 신상결정대행권한수여심판은 피성년후견인의 가족법상 법률행위에 대해서는 동의유보심판과 동일한 기능을 수행하게 된다.[16)] 성년후견인의 신상결정대행권한 범위를 다투고자 하는 사람은 성년후견개시심판에 대해 즉시항고를 할 수 있을 뿐이며, 신상결정대행권한의 범위를 결정한 심판 자체에 대해

15) 현소혜(2018), 249.
16) 현소혜(2018), 246-247.

서는 별도로 즉시항고를 할 수 없다.[17)]

성년후견인은 개별 법률의 규정에 따라 법정대리인 자격에서 소송행위를 수행할 수도 있다. 혼인취소의 소(§817), 인지청구의 소(§863), §873 ① 위반을 이유로 하는 입양취소의 소(§887)가 이에 해당한다. 친생부인의 소 역시 성년후견인이 대신 제기할 수 있으나, 이때에는 성년후견감독인의 동의를 받아야 하며, 성년후견감독인이 없거나 동의할 수 없을 때에는 가정법원에 그 동의를 갈음하는 허가를 청구할 수 있다(§848 ①). 다만, 이와 같은 가족법상 법률행위에 대한 소송대리는 성년후견인이 가정법원으로부터 그에 관한 권한을 부여받은 때에만 가능하다고 보아야 할 것이며(§938 ② 및 ④의 준용), 입법론적으로는 이러한 소송대리에 앞서 가정법원의 허가를 받을 것을 요구할 필요가 있다는 견해[18)]가 있다. 혼인 또는 이혼과 같은 행위는 피성년후견인의 진정한 의사가 가장 중요하기 때문이라고 한다.

한편 위에서 서술한 것처럼 피성년후견인이 동의 없이 혼인한 경우, 법정대리인인 성년후견인은 그 혼인취소의 취소권자이지만(§808 ②, §817) 이혼의 경우에는 이러한 규정이 없음에도 불구하고, 舊 민법(2011. 3. 7. 개정 전) 하에서 의식불명의 식물상태와 같은 의사무능력 상태에 있는 금치산자의 후견인이 재판상 이혼청구를 제기하는 것을 허용하는 대법원 판결들이 있었다.[19)] 이 판결들은, 舊 민법 하에서 무능력자는 법정대리인의 동의를 얻어 소송행위를 할 수 있도록 규정하고 있으나, 이와 같이 법정대리인의 동의를 얻어 소송행위를 할 수 있는 자는 적어도 의사능력은 있어야 하므로 이 사건과 같이 의사능력이 없는 금치산자는 법정대리인이나 친족회의 동의를 얻어서도 스스로 소송행위를 할 수 없는 것이고 따라서 법정대리인이 대리하지 않는 한 소송을 할 수 없는 경우에는 법정대리인의 대리를 인정하여야 한다는 점[20)]을 고려한 것으로 보인다.

반면 교통사고의 피해자가 그 사고로 인해 의식불명 상태에 빠진 후 그에 대해 성년후견이 개시되었는데 성년후견인이 된 피해자의 배우자가 합의금을 수령한 후에 처벌불원의사를 표시한 사안에서, 대법원 다수의견은 반의사불벌죄에서 성년후견인은 명문의 규정이 없는 한 의사무능력자인 피해자를 대리하여 피고인 또는 피의자에

---

17) 주석친족 (2), 615,

18) 신권철(2014), 351－352.

19) 대법원 2010. 4. 8. 선고 2009므3652 판결; 대법원 2010. 4. 29. 선고 2009므639 판결.

20) 대법원 1987. 11. 23.자 87스18 결정. 단 이 판결은 후견인이 재판상 이혼청구를 대리한 것은 아니다. 그렇지만 2009므3652, 2009므639 판결에서는 이혼청구의 원고가 되려는 사람이 식물인간 상태에 있었는데 반해, 87스18 결정에서는 이혼청구의 원고가 되려는 사람의 배우자가 식물인간 상태에 있어서 원고가 특별대리인 선임을 청구한 경우이므로 사안이 같지 않다.

대하여 처벌을 희망하지 않는다는 의사를 결정하거나 처벌을 희망하는 의사표시를 철회하는 행위를 할 수 없다고 판시하였다.[21] 다수의견은 그 근거로 형사소송에 특유한 논점 외에도, 반의사불벌죄에서 피해자의 진실한 처벌불원의사가 확인되지 않음에도 성년후견인에 의한 처벌불원의사의 대리를 허용하는 것은 피해자가 아닌 피고인 또는 피의자의 이익·관점에 지나치게 경도된 것이며, 피해자 본인의 의사가 무엇보다 중요한 형사소송절차에서 반의사불벌죄에 대한 처벌불원의사에까지 성년후견인에게 대리를 허용하는 것은 피해자 보호를 비롯한 형사사법이 추구하는 보호적 기능의 구현과 무관할 뿐만 아니라 오히려 이에 역행한다고 볼 여지가 있다고 판시하였다. 반면 5인의 반대의견은, 예상하지 못한 사고로 인지능력을 상실한 피해자는 가해자에 대한 민사소송과 가해자를 피고인으로 하는 형사소송 등 여러 법률적 분쟁에 휘말리게 될 것인데 피해자를 대신하여 각 소송을 수행하는 성년후견인으로서는 민사와 형사를 통틀어 일체로 파악하여 총체적·전체적 관점에서 피해자의 최선의 이익을 추구하는 방향으로 해결책을 모색할 가능성이 높다는 점에서, 민사소송과 형사소송을 분리하여 파악하는 것은 타당하지 않다고 보았다. 즉 손해배상금을 수령하는 행위와 처벌불원서를 제출하는 행위는 밀접하게 결합되어 전체적으로 피해자를 법률분쟁으로부터 해방시키는 절차를 구성하는 것이며, 다수의견이 우려하는 피해자 복리와의 충돌, 피해자 의사의 무력화 등의 위험은 가정법원의 허가재판에 의해 통제될 것이라고 보았다.[22]

나. 대리권의 제한

(1) 법률의 규정에 의한 제한

성년후견인이 대리권을 남용할 위험이 있으므로, 이를 방지하기 위해 그의 대리권을 일부 제한하는 규정이 있다. §949, §949-3 및 §950 주석 참조.

(2) 가정법원의 심판에 의한 제한

가정법원은 성년후견인이 가지는 법정대리권의 범위를 정할 수 있다[본조 ②, 家訴 §2 ① ii 가. 18)-2]. 舊 민법(2011. 3. 7. 개정 전)상 금치산자와 달리 피성년후견인은 행위무능력자가 아니라 제한적 행위능력자이다. 피성년후견인은 그의 잔존능력이 남아 있는 한도 내에서 스스로 법률행위를 할 수 있어야 하며, 그것이 바로 성년후견제도의 근본이념이다. 따라서 2011. 3. 7.자 개정민법은 성년후견인에게 포괄적인 법정대

21) 대법원 2023. 7. 17. 선고 2021도11126 전원합의체 판결.

22) 김성우(2024), "2023년 분야별 중요판례분석 (7) 가족법", 법률신문은, 피해자 본인에게 보호되는 복리가 무엇인지, 그리고 가정법원의 심판에 의하여 정해지는 후견인의 권한 범위나 그 권한 행사에 대한 법원의 허가 등 감독기능 역시 성년후견제도의 본질과 법령에 따른 내재적인 한계를 넘어설 수 없는 점을 고려한다면, 다수의견에 찬성한다.

리권을 부여하면서도 피성년후견인의 자기결정권 존중을 위해 필요한 한도에서 성년후견인이 가지는 법정대리권의 범위를 제한할 수 있도록 하였다. 이러한 의미에서 성년후견인의 법정대리권은 포괄적·탄력적이다.

§10 ②에 따라 가정법원이 취소할 수 없는 피성년후견인의 법률행위의 범위를 정하는 경우 그와 연동하여 성년후견인의 법정대리권이 미치는 범위도 축소되는 것이 통상일 것[23]이나, 양자가 반드시 일치해야 하는 것은 아니다. 家訴 역시 이를 서로 별개의 심판으로 규율하고 있다[家訴 §2 ① ii 가. 1)의2 및 18)-2]. 가령 특정한 피성년후견인의 법률행위를 성년후견인이 취소할 수 없다는 취지의 심판을 하면서도, 피성년후견인의 사무처리의 편의를 위해 당해 법률행위에 관한 성년후견인의 법정대리권을 인정할 수도 있는 것이다.

이에 반해 가정법원이 피성년후견인의 법률행위를 취소할 수 없다고 결정한 범위 내에서 당연히 성년후견인의 대리권도 소멸한다고 보는 견해도 있다. 피성년후견인의 자기결정권을 그 근거로 제시한다.[24]

가정법원이 성년후견인의 법정대리권을 제한하는 심판을 한 경우 그 범위 내에서 성년후견인의 소송대리권도 제한된다. 이때에는 법정대리인이 없는 경우에 유추하여 民訴 §62에 따라 특별대리인을 선임하여야 할 것이다.[25]

성년후견인의 대리권의 범위를 결정하는 심판은 가정법원의 직권에 의해 성년후견개시심판과 동시에 이루어진다. 성년후견개시심판 당시 이러한 내용의 심판이 함께 선고되지 않았으나, 뒤늦게 성년후견인의 대리권을 제한할 필요가 있을 때에는 본조 ④에 따른 변경심판을 청구하여야 할 것이다.

가정법원이 이러한 심판을 할 때에는 피성년후견인(피성년후견인이 될 자를 포함한다)의 진술을 들어야 하며(家訴 §45-3 ① vii), 위 심판이 내려진 때 당사자와 절차에 참가한 이해관계인(家訴規 §25) 외에 성년후견인 및 성년후견감독인에게 고지하는 한편, 사건본인에게 그 뜻을 통지해야 한다(家訴規 §35).

성년후견인의 대리권의 범위를 결정하는 심판을 다투고자 하는 사람은 성년후견개시심판에 대해 즉시항고를 할 수 있을 뿐이며, 성년후견인의 대리권의 범위를 결정하는 심판 자체에 대해서는 별도로 즉시항고를 할 수 없다. 자세한 내용은 §936 주석 참조.

성년후견인의 법정대리권의 범위를 결정하는 심판이 확정된 때 가정법원은 지체

23) 배인구(2013), 34.
24) 구상엽(2012), 73.
25) 김형석(2013), 67.

없이 후견등기 사무를 처리하는 사람에게 후견등기부에 등기할 것을 촉탁하여야 한다(家訴 §9, 家訴規 §5-2 ① i 마목).

(3) 대리권 행사방법의 제한

학설 중에는 가정법원이 법정대리권의 범위뿐만 아니라, 그 행사방법을 정하는 내용의 심판도 할 수 있다는 견해[26]가 있다. 가령 피성년후견인의 의사를 존중하는 방식으로 법정대리권을 행사할 것을 명하는 심판을 할 수 있다는 것이다.

다. 효과

성년후견인이 대리권한을 넘는 대리행위를 한 경우 이는 무권대리로 무효이다.

2. 신상결정대행권한

가. 신상결정대행권한의 범위

법정대리인이라도 본인이 스스로 결정해야 하는 일신전속적 행위는 함부로 대리할 수 없다. 신상에 관한 사항이 그러하다. '신상'의 의미에 대해서는 §947-2 주석 참조. 신상에 관한 사항의 결정은 사실행위에 불과한 경우가 많으므로, 더구나 대리에 친하지 않다. 가령 피성년후견인이 거주할 주택에 대해 임대차계약을 체결하는 것은 법정대리인이 이를 대신할 수 있을 것이나, 임차목적물의 특정, 즉 주거지를 선택하는 것은 피성년후견인이 스스로 해야 함이 원칙이다.[27]

그러나 사안에 따라서는 신상에 관한 결정에 절실함에도 불구하고 피성년후견인이 의식불명·정신질환 등으로 인해 당장 필요한 결정을 할 수 없는 경우가 있다. 2011. 3. 7.자 개정민법은 이러한 경우에 대비하여 성년후견인에게 피성년후견인의 신상에 관한 의사결정을 대행할 권한을 부여하고 있다. 본조 ③은 "가정법원은 성년후견인이 피성년후견인의 신상에 관하여 결정할 수 있는 권한의 범위를 정할 수 있다"고 규정하고 있는 것이다. 다만, 본 조문의 성격에 대해서는 논란이 있다.

일부 견해는 성년후견인이 舊 민법(2011. 3. 7. 개정 전)상 금치산자의 후견인과 마찬가지로 피성년후견인에 대해 포괄적인 요양감호, 즉 신상보호 권한을 갖는다고 주장하거나, 이를 전제로 논의를 전개한다. §947를 근거로 제시할 수 있을 것이다. 자세한 내용은 §947 주석 참조. 이러한 견해에 따를 때 본조 ③은, 성년후견인이 법률상 당연히 가지고 있는 신상결정대행권한을 가정법원의 심판에 의해 일부 제한할 수 있

26) 제철웅(2011), 313.

27) 김형석(2010), 136; 박인환(2011), 164-165. 프랑스의 경우 신상영역에서 보호조치 수행자의 대리는 원칙적으로 허용되지 않는다. 피보호성년자가 분별 있는 결정을 할 수 없는 경우에는 원조의 형태로 신상보호 업무를 수행하며, 성년후견이 개시되고 난 뒤에 원조를 통한 보호가 부족하다고 판단될 경우에만 후견법원이 대리를 허용한다. 김보람(2020), 227.

도록 하는 제한규정으로서의 성격을 갖게 될 것이다.

반면 다수의 견해는 본조 ③을 가정법원의 심판에 의해 성년후견인에게 신상결정대행권한을 창설적으로 부여하기 위한 수권규정으로 이해한다.[28] 그러므로 성년후견인은 본조 ③에 의해 가정법원으로부터 피성년후견인의 신상에 관하여 결정할 수 있는 권한을 부여받은 경우 그 부여받은 권한의 범위 내에 한하여 보충적으로 의사결정을 대행할 수 있을 뿐이다. 입법자의 의사가 그 근거가 될 수 있을 것이다.[29]

어떠한 견해를 취하든 본조 ③ 및 家訴 §2 ① ii 가. 18)−2에 따라 가정법원으로부터 피성년후견인의 신상에 관하여 결정할 수 있는 권한을 부여받은 성년후견인이 그 범위 내에서 이를 대행할 수 있음은 명백하다.

이와 같이 신상에 관한 의사결정대행권한을 부여받은 성년후견인은 당해 신상과 관련된 재산관리 또는 계약체결 등에 대한 대리권도 함께 행사할 수 있음이 원칙이다.[30] 성년후견인의 포괄적 법정대리권을 제한하기 위해서는 본조 ②에 따른 가정법원의 심판이 필요하기 때문이다. 이에 대해서는 신상에 관한 의사결정대행권한에 대리권이 포함됨을 입법에 의해 명확히 할 필요가 있다는 지적[31]이 있다. 견해에 따라서는 신상, 특히 의료와 관련된 계약체결권한은 일신전속적이므로, 성년후견인의 법정대리권으로부터 이를 도출해낼 수 없고, §947상의 복리배려 및 의사존중의무 또는 §10 ④에 따른 일상생활에 필요한 법률행위로부터 그 근거를 찾아야 한다고 주장하기도 한다.[32]

나. 신상결정대행권한에 관한 심판의 절차

가정법원이 성년후견인이 피성년후견인의 신상에 관하여 결정할 수 있는 권한의 범위를 결정하는 심판을 할 때에는 피성년후견인(피성년후견인이 될 자를 포함한다)의 진술을 들어야 한다(家訴 §45−3 ① viii). 그 밖에 성년후견인이 피성년후견인을 대신하여 그의 신상에 관하여 결정할 수 있는 권한의 범위를 정하는 심판의 관할, 고지, 후견등기 촉탁 등의 절차는 성년후견인의 대리권을 제한하는 심판의 경우와 같다.

신상결정 대행권의 범위를 정하는 심판에 대해서는 별도의 불복절차가 마련되어 있지 않은 점도 대리권을 제한하는 심판의 경우와 동일하다. 따라서 이를 다투고자 하는 사람은 신상결정 대행권의 범위를 정하는 심판과 동시에 내려진 성년후견개시 심판 자체에 대해 즉시항고를 하거나, 신상결정 대행권의 범위를 변경하는 심판을 청

28) 김형석(2010), 137; 박인환(2011), 178; 배인구(2013), 46; 제철웅(2011), 286.
29) 자료집, 273, 310.
30) 김형석(2014a), 250.
31) 제철웅(2013), 21−23.
32) 장석천(2011), 5−7.

구할 수 있을 뿐이다. 이에 대해서는 당사자들의 불복의 이익, 사건본인의 의사나 이익, 성년후견개시심판과 신상결정 대행권 범위를 정하는 심판은 별개의 심판이라는 점 등을 근거로 비판하는 견해가 있다.[33]

3. 동의권

미성년후견인의 경우와 달리 성년후견인이 피성년후견인의 법률행위에 대해 포괄적으로 동의권을 행사할 수 있다는 명문의 규정은 없다. 따라서 성년후견인은 동의권을 갖지 않는다.[34] 오로지 대리에 의해 피성년후견인의 법률행위를 보충할 뿐이다. 이에 대해서는 반대하는 견해가 있다.[35]

가정법원이 성년후견인에게 동의권을 수여하는 내용의 심판을 하는 것은 허용되는가. 부정하는 견해[36]가 강력하다. 동의유보만으로는 피성년후견인의 보호에 미흡한 경우가 많고, 한정후견과의 경계가 불투명해질 수 있다는 것이다.

다만, 성년후견인이 법률의 규정에 의해 동의권을 행사해야 하는 경우가 있다. 약혼(§802), 혼인(§808 ③), 협의상 이혼(§835), 인지(§856), 입양(§873), 협의상 파양(§902) 등 가족법상 법률행위의 경우가 그러하다. 이에 관해서는 성년후견인이 법규정에 따라 당연히 가족법상 법률행위에 관한 동의권을 행사할 수 있다고 보는 견해[37]와 §947-2를 유추적용하여 가정법원의 허가를 받아 동의권을 행사하도록 해야 한다는 견해[38]가 대립한다. 후자의 견해는 가족법상의 법률행위 역시 피성년후견인의 신상에 관한 결정이라는 점을 강조한다. 자기결정권의 존중이라는 측면에서 가족법상 법률행위에 대한 성년후견인의 동의 조항 자체를 삭제할 필요가 있었다는 입법론적 비판도 있다.[39]

4. 권한의 변경

가정법원이 정한 성년후견인의 법정대리권의 범위 또는 피성년후견인의 신상에 관하여 결정할 수 있는 권한의 범위가 적절하지 않게 된 경우 가정법원은 그 범위를 변경할 수 있다[본조 ④, 家訴 §2 ① ii 가. 18)-2]. 변경의 내용은 기존에 수여된 권한의

33) 김형석(2014a), 251-252.
34) 김주수·김상용, 540
35) 舊 민법(2011. 3. 7. 개정 전)상 금치산자의 후견인에게 동의권을 인정해야 한다는 견해로 김성숙(1998), 184-185.
36) 구상엽(2012), 74.
37) 김주수·김상용, 537; 박동섭·양경승, 470.
38) 제철웅(2011), 323.
39) 제철웅(2011), 308-309.

범위를 확대하는 것일 수도 있고, 축소하는 것일 수도 있다.[40)]

다만, 변경을 위해서는 본인, 배우자, 4촌 이내의 친족, 성년후견인, 성년후견감독인, 검사 또는 지방자치단체의 장의 청구가 있어야 하며, 가정법원이 직권으로 변경심판을 할 수는 없다.

그 권한 범위의 변경심판은 후견개시 등의 심판을 한 가정법원(항고법원이 후견개시 등의 심판을 한 경우에는 그 제1심 법원인 가정법원)의 전속관할에 속하며(家訴 §44 ① i-2), 위 심판을 할 때에는 피성년후견인의 진술을 들어야 한다(家訴 §45-3 ① vii 및 viii). 당사자와 절차에 참여한 이해관계인, 성년후견인 및 성년후견감독인에게 이를 고지하고, 피성년후견인 본인에게 통지해야 함은 여타의 성년후견 관련 심판과 동일하다.

변경심판에 대해서는 별도로 즉시항고를 할 수 없으므로, 변경심판이 효력을 발생함과 동시에 가정법원은 지체없이 후견등기 사무를 처리하는 사람에게 후견등기부에 등기할 것을 촉탁하여야 한다(家訴 §9, 家訴規 §5-2 ① i 마목 및 바목).

---

40) 김형석(2014a), 253.

第 939 條 (후견인의 사임)

후견인은 정당한 사유가 있는 경우에는 가정법원의 허가를 받아 사임할 수 있다. 이 경우 그 후견인은 사임청구와 동시에 가정법원에 새로운 후견인의 선임을 청구하여야 한다.

▌참고문헌: 구상엽(2012), "개정민법상 성년후견제도에 대한 연구 －입법배경, 입법자의 의사 및 향후 과제를 중심으로－", 서울대학교 대학원 박사학위논문; 김형석(2014b), "성년후견감독인", 성년후견 2, 79－110

I. 후견인의 사임

후견인은 정당한 사유가 있는 경우 가정법원의 허가를 받아 사임할 수 있다(본조 전문). 이때 후견인에는 미성년후견인과 성년후견인이 모두 포함된다. 후견인의 지위는 권리이자 의무의 성격을 동시에 가지고 있기 때문에, 마음대로 사임할 수 없고 정당한 이유가 있을 때에만 사임할 수 있도록 한 것이다.[1]

가. 사임사유

"정당한 사유"란 객관적으로 후견인의 임무를 수행할 수 없는 사정이 있는 경우를 말한다.[2] 가령 후견인이 질병, 노령, 정신적 장애, 장기간의 해외 거주 등으로 인해 그 임무를 충실히 수행하기 어려운 경우 등이 이에 해당할 수 있을 것이다. 피후견인과의 불화, 과중한 업무부담, 후견기간의 장기화 등과 같은 주관적 사정을 고려하는 견해도 있다.[3]

나. 사임의 범위

후견인은 그 지위 자체를 사임할 수 있을 뿐이며, 후견인의 권한 중 일부(가령 대리권과 재산관리권 등)만을 사퇴하는 것은 불가능하다.[4] 일부만 사퇴하는 것은 성년후견

1) 박동섭, 가사소송 (2), 277.
2) 권순한, 242; 김주수·김상용, 515.
3) 해설, 46; 신영호·김상훈·정구태, 237.
4) 권순한, 242.

인 법정대리권의 범위 변경에 해당한다.[5)]

다. 절차

후견인의 사임은 라류 가사비송사건으로 가정법원의 허가를 받아야 한다(家訴 §2 ① ii 가. 19). 허가를 받지 않은 경우에는 사임이 허용되지 않지만, 사임허가청구를 기각하더라도 사실상 후견인이 임무를 태만히 하는 것을 방지할 방책은 없다. §940에 따라 후견인을 변경할 수 있을 뿐이다.

이때 허가심판의 관할은 후견개시 등의 심판을 한 가정법원(항고법원이 후견개시 등의 심판을 한 경우에는 그 제1심 법원인 가정법원)에 속한다(家訴 §44 ① i −2). 사임허가심판에 대해서는 별도의 진술청취규정이나 즉시항고 규정 등이 마련되어 있지 않다.[6)] 따라서 미성년후견인의 사임 허가 심판이 효력을 발생함과 동시에 가정법원은 지체없이 가족관계등록사무를 처리하는 사람에게 그 사임허가에 관한 사항을 가족관계등록부에 등록할 것을 촉탁하여야 한다(家訴 §9, 家訴規 §5 ① iii). 성년후견인의 사임 허가 심판이 효력을 발생한 때에는 가정법원은 지체없이 후견등기 사무를 처리하는 사람에게 그 사임허가심판에 관한 사항을 후견등기부에 등기할 것을 촉탁하여야 한다(家訴 §9, 家訴規 §5−2 ① i 다목).

II. 새로운 후견인의 선임 청구

미성년후견인 또는 성년후견인이 사임하였으나, 새로운 후견인이 선임되지 않는다면 피후견인의 보호에 공백이 발생할 우려가 있다. 따라서 기존의 후견인은 사임청구와 동시에 가정법원에 새로운 후견인의 선임을 청구하여야 한다(본조 후문). 다만 성년후견인이 복수로 선임되어 있는 경우 사임하지 않은 후견인에게 단독후견인으로서의 권한을 부여하여도 피성년후견인 보호에 충분한 경우, 새로운 후견인 선임 없이 사임허가만 하는 것이 실무례이다.[7)]

기존의 후견인이 사임을 청구하면서도 새로운 후견인의 선임을 청구하지 않은 경우에는 사임청구를 기각하여야 할 것[8)]이나, 사임이 부득이한 경우라면 일단 사임청구를 인용하고, §932 ① 후문 또는 §936 ②에 따라 직권으로 새로운 후견인을 선임

5) 제요[2], 1243.
6) 다만 김형석(2014b), 95는 성년후견감독인의 사임이 피성년후견인에 미치는 영향을 고려하기 위해 필요하다면 절차상 피성년후견인의 진술을 청취하는 것이 바람직하다고 한다.
7) 주석친족 (2), 618.
8) 구상엽(2012), 98 각주 210) 역시 후임 후견인이 선임되어야만 후견인의 사임청구를 인용할 수 있다는 입장이다.

할 수 있을 것이다.[9]

후견인의 사임청구가 기각된 경우에는 새로운 후견인의 선임청구 역시 기각되어야 할 것이나, 사안에 따라서는 §936 ③에 의해 가정법원이 직권으로 성년후견인을 추가선임하는 것도 가능하다.

---

9) 성년후견감독인의 사임에 관해 유사한 입장으로 김형석(2014b), 95-96.

第 940 條 (후견인의 변경)

가정법원은 피후견인의 복리를 위하여 후견인을 변경할 필요가 있다고 인정하면 직권으로 또는 피후견인, 친족, 후견감독인, 검사, 지방자치단체의 장의 청구에 의하여 후견인을 변경할 수 있다.

▮참고문헌: 구상엽(2012), "개정민법상 성년후견제도에 대한 연구 －입법배경, 입법자의 의사 및 향후 과제를 중심으로－", 서울대학교 대학원 박사학위논문; 김상용(2011), "2011년 가족법의 개정동향－친권·후견을 중심으로－", 법조 663, 5－86; 김원태(2011a), "성년후견 등 심판절차에 관한 가사소송법 정비 방안에 대한 관견", 재산법연구 28－2, 265－301; 김형석(2010), "민법 개정안에 따른 성년후견법제", 가족법연구 24－2, 111－166; 김형석(2014b), "성년후견감독인", 성년후견 2, 79－110; 백승흠(2006), "성년후견의 감독에 관한 고찰 －독일과 일본의 제도를 비교하여－", 가족법연구 20－2, 65－90; 양철진(1985), "미성년자의 후견인의 순위 －세칭 금당사건 판례를 중심으로". 사법논집 16, 321－341; 임대윤(2018), "보호시설에 있는 미성년자의 후견직무에 관한 법률에 관하여", 법률신문, 2018. 5. 8; 홍춘의(2002), "후견제도 개혁의 과제", 가족법연구 16－2, 1－39

I. 조문의 취지

가정법원은 피후견인의 복리를 위해 후견인을 변경할 필요가 있다고 인정하면 후견인을 변경할 수 있다. 이때 후견인에는 미성년후견인과 성년후견인, 지정후견인[1]과 선임후견인이 모두 포함된다.

舊 민법(2005. 3. 31. 개정 전)상으로는 후견인에게 현저한 비행이 있거나 그 임무에

1) 후견개시신고 전의 지정후견인에 대해서도 후견인변경청구가 가능하다는 견해로 김주수·김상용, 516.

관하여 부정행위 기타 후견인의 임무를 감당할 수 없는 사유가 있는 때 법원이 그를 해임할 수 있었을 뿐이다. 그리고 이때 "현저한 비행" 또는 "부정행위"는 매우 엄격하게 해석되어 왔다.

판례[2]는 "취소사유가 있는 친족회의 결의라도 취소되지 않고 존속하는 한 그 결의에 따라 가대를 매각한 후견인의 행위가 본조의 어느 후견인 해임사유에도 해당한다고 할 수 없다"고 하면서 "타인에게 대부한 그 대금의 일부가 회수하기 어렵게 되었다"는 것만으로는 부정행위라고 보지 않았던 것이다.[3] 게다가 현저한 비행 등이 있어 후견인을 해임하더라도, 舊 민법상 법정대리인 순위에 구속되어 여전히 후견인으로서의 자질과 능력이 부족한 사람이 새로운 후견인으로 될 가능성이 농후하였다.

이에 2005. 3. 31.자 개정민법은 후견인변경 사유를 피후견인의 복리를 위해 필요한 경우로 유연하게 수정하는 한편, 기존의 후견인을 해임할 때에는 법정후견인 순위에 얽매이지 아니하고 가장 적절한 자질과 능력을 갖춘 사람을 후견인으로 삼을 수 있도록 하였다.[4] 2011. 3. 7.자 개정에 의해 법정후견인 제도는 폐지되었으나, 친권자에 의해 지정된 미성년후견인 또는 법원에 의해 선임된 후견인이 피후견인의 복리실현에 적절하지 않을 때에는 여전히 그를 변경할 필요가 있으므로, 후견인 변경제도는 그대로 유지되었다.

II. 요건

후견인을 변경하기 위해서는 "피후견인의 복리를 위하여 후견인을 변경할 필요가 있다고 인정"되어야 한다. 이러한 사안은 크게 두 가지로 나누어 볼 수 있는데, 하나는 후견인에게 귀책사유가 있는 경우이고, 다른 하나는 그러한 사유가 없는 경우이다.

1. 후견인에게 귀책사유가 있는 경우

전자의 경우에 해당하는 것으로는 舊 민법(2005. 3. 31. 개정 전) §940에서 해임사유로 열거되어 왔던 사유, 즉 후견인에게 현저한 비행이 있거나 그 임무에 관하여 부정행위가 있었던 경우를 들 수 있다.[5] 이때 "현저한 비행"이란 피후견인의 보호·교양상

2) 대법원 1971. 2. 20.자 선고 71스2 결정
3) 舊 민법(2005. 3. 31. 개정 전)상 후견인 해임사유를, 후견인에 보다 적합한 사람이 존재할 때까지로 확대할 것을 주장하였던 견해로 양철진(1985), 339-340.
4) 위와 같은 개정경위에 대해 자세히는 한봉희(1998), "친권·후견제도의 개선", 고시계 43-9, 117-118 참조.
5) 김주수·김상용, 515; 박동섭·양경승, 454.

악영향을 끼칠 우려가 있는 행위를, "부정행위"란 선량한 관리자로서의 주의의무에 위반하여 피후견인의 재산상태를 악화시키거나 그 이익을 침해하는 행위를 말한다.[6]

비행이나 부정행위라고까지는 할 수 없더라도, 후견인이 피후견인의 재산관리 및 신상보호에 있어 그의 복리에 부합하는 방법으로 사무를 처리하지 않거나, 피후견인의 의사를 존중하지 않는 일이 반복되는 경우, 전문적 지식의 결여나 업무태만으로 인해 피후견인의 이익을 위태롭게 할 우려가 있는 경우 등도 전자의 사유에 해당할 수 있을 것이다.[7]

그러나 현재의 후견인에게 일부 부적절한 처사가 있었더라도 그 자가 피후견인을 위해 후견사무를 수행하기에 가장 적절한 사람으로 인정될 때에는 후견인변경청구를 기각할 수 있다. 舊 민법(2011. 3. 7. 개정 전)상 법정후견인 제도를 전제로 한 것이기는 하지만, 서울가정법원 2002. 1. 8.자 2001느단4264 심판(확정) 역시 미성년자의 최근친 방계혈족 중 자신보다 연장자가 있음에도 불구하고 자신이 미성년자의 법정후견인인 것처럼 행동하고 있었다는 것만으로는 해임사유에 해당하지 않는다고 판시한 바 있다. 대법원 2021. 2. 4.자 2020스647 결정은 '피성년후견인의 복리를 위하여 후견인을 변경할 필요가 있다고 인정되는 경우'는 성년후견인의 임무수행을 전체적으로 살펴보았을 때 선량한 관리자로서의 주의의무를 게을리하여 후견인으로서 그 임무를 수행하는 데 적당하지 않은 사유가 있는 경우로서 그 부적당한 점으로 피후견인의 복리에 영향이 있는 경우라고 봄이 상당하다고 하면서, 성년후견인의 임무에는 피성년후견인의 재산관리 임무와 신상보호 임무가 모두 포함되어 있고, 신상보호 임무 역시 재산관리 임무 못지않게 피성년후견인의 복리를 위하여 중요한 의미를 가지기 때문에, 특별한 사정이 없는 한 성년후견인 변경사유를 판단함에 있어서는 재산관리와 신상보호의 양 업무의 측면을 모두 고려하여야 한다고 보았다. 이러한 판시에 기초하여, 피성년후견인의 형이 성년후견인으로 선임된 사건에서 성년후견인이 피성년후견인의 재산을 횡령하고 있다는 피성년후견인 자녀의 주장에도 불구하고, 피성년후견인이 현재 뇌출혈로 거동이나 의사표시가 어려운 상태인 사정 등을 감안하여, 피성년후견인 명의의 재산 등을 둘러싸고 가족들 사이에 갈등이 계속되면 피성년후견인의 신상과 재산에 손해나 위험이 발생할 가능성이 높아진다는 등의 사유만을 내세워, 성년후견인 변경사유가 있다고 할 수는 없다고 판단한 바 있다.

6) 김선화(1997), "민법 제940조 규정에 의한 후견인의 해임", 실무연구 3, 51 참조.
7) 해설, 47; 김형석(2010), 133 등 참조.

2. 후견인에게 귀책사유가 없는 경우

후자에 해당하는 것으로는 후견인이 질병, 노령, 정신적 장애, 장기간의 해외거주 등으로 인해 그 임무를 충실히 수행하기 어려워진 경우, 피후견인과의 신뢰관계 파탄 등으로 인해 피후견인 본인이 후견인의 변경을 강하게 요구하고 있는 경우, 피후견인의 복리를 위해 후견인의 직무를 담당하기에 더 적합한 자가 나타난 경우(배우자, 직계혈족 등) 등이 있다.[8)]

3. 기타

후견인변경심판은 유언에 의해 유효하게 지정되거나 법원에 의해 적법하게 선임된 후견인을 해임하는 심판과 새로운 후견인을 선임하는 심판이 병합된 것이다. 따라서 실제 후견인이 아닌데도 후견인인 것처럼 가족관계등록부에 등록되어 있는 것만으로는 후견인변경심판의 대상이 될 수 없다.[9)] 가족관계등록 정정 절차를 거치는 것으로 족하다. 이에 반해 후견인결격사유가 재선임을 할 때에는 종전의 성년후견인에게 여전히 그 자격이 있는 것과 같은 외관을 제거하기 위해 후견인변경 절차를 거쳐야 한다는 견해[10)]가 있다.

민법상 미성년 후견인 선임청구에 의하지 아니하고 다른 법률에 따라 자동으로 후견인으로 취임하였거나(시설미성년후견법 §3 ②, 입양특례법 §22 등), 민법 이외 법률에 근거해 (아동복지법 §19) 미성년후견인으로 선임된 사람도 민법상 미성년후견인과 마찬가지로 민법 제940조에 근거한 후견인 변경이 허용될 수 있는지 문제된다. 법원 실무는 시설미성년후견법 §3 ②에 의해 시장 등이 지정한 후견인이 민법상 미성년후견인과 동일한 지위에 있다는 전제 하에, 동조에 의한 미성년후견인 변경청구를 인용한 바 있다.[11)]

III. 절차

1. 직권 또는 일정한 자에 의한 청구

후견인의 변경은 가정법원이 직권으로 또는 피후견인, 친족, 후견감독인, 검사, 지방자치단체의 장의 청구에 의해 할 수 있다. 舊 민법(2005. 3. 31. 개정 전)상으로는 피

---

8) 해설, 47; 백승흠(2006), 71 참조.

9) 舊 민법(2005. 3. 31. 개정 전)상 같은 취지의 판결로 대법원 1991. 4. 4.자 90스3 결정.

10) 해설, 46.

11) 수원지방법원 2018느단50818(양종찬(2020), 13 참조). '시설미성년후견법'에 의하여 취임하는 후견인은, 문언상의 표현에 불구하고 그 법적 성질은 원칙적으로 후견인이 아니라 후견인임무대행자로 파악해야 한다는 견해로 임대윤(2018).

후견인 또는 §777의 규정에 의한 친족에게만 청구권한을 부여하였던 것을 검사에게까지 확대하고, 가정법원이 직권으로도 할 수 있도록 하였다.[12] 2005. 3. 31.자 개정민법은 친권상실선고의 경우에 준하여 피후견인 본인에게 후견인변경 청구권을 인정하지 않았으나, 2011. 3. 7.자 개정에 의해 청구권자가 피후견인, 후견감독인 및 지방자치단체의 장까지 확대되었다.

2. 심리

가. 미성년후견인 변경의 경우

미성년후견인을 변경할 때에는 그 변경이 청구된 미성년후견인을 절차에 참가하게 해야 하고(家訴規 §65 ②), 새롭게 미성년후견인이 될 사람의 의견도 들어야 한다(家訴規 §65 ①). 미성년후견인 변경심판에 있어서 미성년자가 13세 이상인 때에는 그 미성년자의 의견을 들어야 하지만, 미성년자의 의견을 들을 수 없거나 그의 의견을 듣는 것이 오히려 미성년자의 복지를 해할만한 특별한 사정이 있다고 인정되는 때에는 듣지 않을 수 있다(家訴規 §65 ④). 미성년자 후견인 해임시 관계 당사자와 사건본인, 장래 후견인이 될 사람 등의 의견을 들어볼 것을 요구하였던 판례[13]의 태도를 반영한 것이다.

나. 성년후견인 변경의 경우

성년후견인을 변경할 때에는 피성년후견인과 변경이 청구된 성년후견인, 새롭게 성년후견인이 될 사람의 진술을 들어야 한다(家訴 §45-3 ① v).

다. 판단기준

가정법원이 후견인을 변경함에 있어 새로운 후견인이 피후견인의 4촌 이내 친족인지 여부 등을 고려할 필요는 없다. 舊 민법(2011. 3. 7. 개정 전)상 법정후견인은 일정범위 내의 근친 중에서 순위가 결정되었으므로, 변경될 후견인 역시 법정후견인 자격을 갖춘 자여야 하는지 여부에 대해 논란이 있었다. 이에 舊 민법 §940 ②은 법정후견인 순위에도 불구하고 4촌 이내의 친족 그 밖에 적합한 자를 후견인으로 선임할 수 있다고 규정하였다. 그러나 2011. 3. 7.자 개정민법에 의해 선임후견인 제도가 도입되었으므로, 가정법원은 §936 ④과 동일한 기준 하에 새로운 후견인을 선임하는 것으로 족하다.[14] 후견인 선임 기준에 대해 자세히는 §936 주석 참조.

다만, 후견인의 변경은 미성년자의 이익에 직결하는 것이므로, 이를 심리하는 법

---

12) 청구권자의 확대를 주장하였던 견해로 홍춘의(2002), 25.
13) 대법원 1992. 3. 25.자 91스11 결정.
14) 박동섭·양경승, 455; 자료집, 284.

원은 무엇이 피후견인의 이익에 가장 도움이 되는가를 신중히 판단하여야 하고 그와 같은 판단을 하기 위하여서는 사전에 직권에 의하여 충분한 증거조사를 함으로써 재산 기타 이해관계를 둘러싼 분쟁에서 피후견인이 불측의 피해를 입는 일이 없도록 법원의 후견적 임무를 다하여야 한다.[15)]

3. 후견인변경심판

가정법원은 피후견인의 복리를 위해 후견인을 변경할 필요가 있을 때 후견인변경심판을 할 수 있다(家訴 §2 ① ii 가. 18). 후견인변경심판은 후견개시 등의 심판을 한 가정법원(항고법원이 후견개시 등의 심판을 한 경우에는 그 제1심 법원인 가정법원)이며, 가정법원은 피후견인의 이익을 위하여 필요한 경우에는 직권 또는 후견인, 후견감독인, 피후견인, 피후견인의 배우자·4촌 이내의 친족, 검사, 지방자치단체의 장의 신청에 따른 결정으로 제1항제1호의2 단서의 관할 가정법원을 피후견인의 주소지의 가정법원으로 변경할 수 있다(家訴 §44 ① i-2 및 ②).

후견인변경심판은 청구인과 이해관계인 외에 당해 심판에 의해 변경의 대상이 되는 후견인과 새롭게 선임될 후견인, 후견감독인에게 고지하고, 사건본인에게 통지하여야 한다(家訴規 §35).

미성년후견인 변경심판에 대해서는 변경의 대상이 되는 미성년후견인만이, 성년후견인 변경심판에 대해서는 변경의 대상이 되는 성년후견인만이 즉시항고를 할 수 있다(家訴規 §36 ① i 나목, §67 ① ii). 변경의 대상이 되는 성년후견인 스스로가 심판의 효력을 다투지 않고 있는 이상, 다른 사람이 이를 다투더라도 별다른 실익이 없기 때문이다.[16)]

반면 미성년후견인 및 성년후견인 변경청구 기각 심판에 대해서는 청구인 외에 본조에서 정하고 있는 청구권자가 널리 즉시항고할 수 있다(家訴規 §36 ② ii, §67 ②).

미성년후견인 변경심판이 확정된 경우 가정법원은 지체없이 가족관계등록사무를 처리하는 사람에게 그 변경에 관한 사항을 가족관계등록부에 등록할 것을 촉탁하여야 한다(家訴 §9 및 家訴規 §5 ① iii). 성년후견인 변경심판이 확정된 경우 가정법원은 지체없이 후견등기 사무를 처리하는 사람에게 그 변경에 관한 사항을 후견등기부에 등기할 것을 촉탁하여야 한다(家訴 §9 및 家訴規 §5-2 ① i 나목).

15) 대법원 1992. 3. 25.자 91스11 결정.
16) 김원태(2011a), 294.

IV. 효력

후견인변경심판의 확정과 동시에 기존의 후견인은 일단 후견인의 지위를 상실하고, 새로운 후견인은 후견인의 지위를 취득한다. 즉 후견인변경심판은 후견인해임심판으로서의 성격과 후견인선임심판으로서의 성격을 겸유한다. 따라서 기존의 후견인이 후견인의 지위확인을 구하는 소를 제기한 경우라도 확인을 구하는 법률관계, 즉 후견인의 지위가 인정되지 않음을 이유로 위 확인청구를 기각하여야 할 것이지, 확인의 이익 없음을 이유로 각하할 것은 아니다.[17]

V. 사전처분

성년후견인 변경심판에 앞서 필요한 경우 가정법원은 직권 또는 당사자의 신청에 의해 가소 §62 ①에 따른 사전처분으로서 직무대행자를 선임할 수 있다(家訴規 §32 ①), 이때 직무대행자에 대해서는 성년후견인에 관한 규정을 준용함이 원칙이나(家訴規 §32 ①), 가정법원은 상당하다고 인정할 때 언제든지 직무대행자에게 사건본인의 신상보호 또는 재산관리에 필요한 명령을 할 수 있고, 그 선임한 직무대행자를 해임하거나 개임할 수 있다(家訴規 §32 ③). 위와 같은 직무대행자 선임처분은 그 선임된 자 및 해당 성년후견인에게 고지하여야 하고, 사건본인에게 그 뜻을 통지하여야 한다(家訴規 §32 ②).

미성년후견인 변경심판시 직무대행자 선임에 대해서는 명문의 규정이 없으나, 家訴 §62 ①에 의거하여 당연히 가능하다 할 것이다. 이때 미성년후견인의 직무대행자의 권한, 해임, 개임 등에 대해서는 家訴規 §32 ① 및 ③이 유추적용된다.

가정법원은, 미성년후견인의 임무수행을 정지하는 재판과 그 대행자를 선임하는 재판이 확정된 때에는 가족관계등록 사무를 처리하는 사람에게 가족관계등록부에 그 등록을, 성년후견인의 직무집행을 정지하는 재판과 그 직무대행자를 선임하는 재판이 확정된 때에는 후견등기 사무를 처리하는 사람에게 후견등기부에 그 등기를 할 것을 촉탁하여야 한다(家訴 §9, 家訴規 §5 ① iv, §5-2 ① v 가목).

---

17) 후견인해임심판에 관하여 같은 취지의 판결로 대법원 1982. 1. 26. 선고 81므45 판결.

VI. 특별법에 따른 후견인의 변경

1. 아동복지법상 후견인변경 제도

시·도지사 또는 시장·군수·구청장, 아동복지전담기관의 장, 아동복지시설의 장, 학교의 장 또는 검사는 후견인이 아동을 학대하는 등 현저한 비행을 저지른 경우 후견인 변경을 법원에 청구할 수 있다(「아동복지법」 §19 ②). 舊「아동복지법」(2011. 8. 4. 개정 전) §13가 후견인의 선임과 해임에 관한 규정만을 두고 있어 후견인 변경시 절차가 번잡하다는 비판을 수용하여 민법에 준하는 후견인변경제도를 도입한 것이다.[18] 이때 후견인변경 사유를 아동학대 등 현저한 비행이 있는 때로 한정한 것에 대해서는 입법론적으로 비판하는 견해[19]가 있다.

2. 아동·청소년의 성보호에 관한 법률상 후견인변경 제도

아동·청소년대상 성범죄 사건을 수사하는 검사는 그 사건의 가해자가 피해아동·청소년의 친권자나 후견인인 경우에 법원에 民 §924의 친권상실선고 또는 民 §940의 후견인 변경 결정을 청구하여야 한다. 다만, 친권상실선고 또는 후견인 변경 결정을 하여서는 아니 될 특별한 사정이 있는 경우에는 그러하지 아니하다(「아동·청소년의 성보호에 관한 법률」 §23 ①).

18) 김상용(2011), 20−21 참조.
19) 김상용(2011), 41 각주 39), 73−74.

第 940 條의2 (미성년후견감독인의 지정)

미성년후견인을 지정할 수 있는 사람은 유언으로 미성년후견감독인을 지정할 수 있다.

참고문헌: 권순한(2000), "법정후견인제도", 아세아여성법학 3, 91－124; 김명엽(2010), "성년후견제도 도입을 위한 법무부 입법안의 개선에 관한 연구", 법과 정책 16－2, 21－45; 박상호·예철희(2010), "미성년자후견제도의 문제점과 개선방안", 법정리뷰 27－1, 285－311; 백승흠(2006), "성년후견의 감독에 관한 고찰 －독일과 일본의 제도를 비교하여－", 가족법연구 20－2, 65－90; 송호열(2008), "성년후견감독법제에 관한 고찰", 재산법연구 25－1, 253－302; 신은주(2009), "우리나라에서 성년후견제도의 도입", 한국의료법학지 17－6, 29－59; 엄덕수(2010), "성년후견 법안, 그 쟁점과 입법방향", 법무사 516, 18－25; 이상욱(2002), "친족편 제1장 총칙·제6장 친족회의 개정필요성과 개정방향", 가족법연구 16－2, 41－76; 이승길(2009), "현행 민법상 후견제도의 문제점과 성년후견제도의 도입에 관한 고찰", 중앙법학 11－2, 7－38; 제철웅(2008), "성년후견제도의 개정방향", 민사법학 42, 111－149

I. 조문의 취지

미성년후견감독인 결정방법을 정하기 위한 조문이다.

舊 민법(2011. 3. 7. 개정 전)상 후견업무에 대한 감독은 친족회가 담당하였다. 그러나 2011. 3. 7.자 개정민법은 기존의 친족회 제도를 폐지하고, 후견감독기관을 후견감독인 중심의 개인감독 체계로 전환하였다.

이에 대해서는 개인감독 체계에 대한 불신을 이유로 반대하는 견해[1)]가 없지 않았다. 집단감독체제인 친족회 제도를 활용하는 것이 바람직하다는 것이다. 후견감독인도 결국 친족이 담당하게 될 가능성이 높다는 점, 친족회는 우리 사회의 미풍양속에 해당한다는 점 등을 근거로 드는 견해[2)]도 있다.

그러나 친족회는 피후견인의 친족들로 구성되므로 법정후견인과 친밀한 관계에 있을 가능성이 높다는 점, §950에 따른 동의기능 외에 정작 피후견인의 보호에는 무

1) 제철웅(2008), 141.
2) 김은효(2009), "민법(성년후견)일부 개정안에 대한 소론", 법률신문 3793, 7.

관심하여 후견인에 대한 실질적인 감독기능을 수행하지 못하는 경우가 비일비재하다는 점, 가정법원은 친족회 소집허가를 할 뿐 제대로 친족회가 소집되어 결의하였는지에 대해 감독하지 않는다는 점, 우리나라 고유의 친족적 협의체와는 거리가 있다는 점 등에서 많은 비판을 받아 왔으므로[3] 친족회 제도의 폐지는 부득이한 결과로 수인되었다.[4]

이에 따라 유언에 의해 친족회원을 지정할 수 있도록 하였던 본 조문은 유언에 의해 미성년후견감독인을 지정할 수 있도록 하는 내용으로 전환되었다.

II. 미성년후견감독인의 지정방법

미성년후견인을 지정할 수 있는 사람은 유언으로 미성년후견감독인을 지정할 수 있다(본조). 이때 "미성년후견인을 지정할 수 있는 사람"이란 미성년자에게 친권을 행사할 수 있는 부모를 말한다. 자세한 내용은 §931 주석 참조. 친권자에 갈음하여 자녀에 대한 보호와 교양을 담당하는 미성년후견 제도의 특성에 비추어 친권자의 의사를 최대한 존중하기 위함이다. 친권을 행사할 수 있는 부모가 미성년후견인을 지정하지 않으면서 오로지 미성년후견감독인만 지정할 수 있는가. 부정하는 견해[5]가 있으나, 의문이다.

후견감독인은 임의기관으로 하는 것이 원칙이다. 필수기관으로 할지에 대해서 입법과정에서 논란이 있었으나, 전문성과 윤리성의 의문이 없는 후견인에 대해서까지 필수적으로 후견감독인을 선임한다면 업무 처리가 지연될 수 있고, 피후견인의 경제적 부담을 가중시킬 수 있다는 이유로 임의기관으로 하기로 결정되었다. 다만 유언에 의해 미성년후견감독인이 지정된 경우에는 사실상 필수기관으로서의 성격을 갖는다. 따라서 유언에 의해 지정된 미성년후견감독인이 §940-5 및 §940-7에 의해 준용되는 §937에 따라 미성년후견감독인 결격사유에 해당하는 때에는 가정법원이 §940-3 ①에 따라 미성년후견감독인을 선임하여야 할 것이다.

3) 친족회 제도의 문제점을 지적하고 있는 문헌으로 권순한(2000), 104; 김명엽(2010), 33, 35; 박상호·예철희(2010), 300; 백승흠(2006), 66; 송호열(2008), 260; 신은주(2009), 26; 이상욱(2002), 63; 이승길(2009), 16-17 등.

4) 후견감독인 제도 도입에 찬성하는 견해로 백승흠(2006), 88; 송호열(2008), 296-297 등 참조. 법정성년후견의 경우에는 후견감독인 제도를 둘 필요가 없다는 견해로 엄덕수(2010), 21-22 참조.

5) 신영호·김상훈·정구태, 243.

第 940 條의3 (미성년후견감독인의 선임)

① 가정법원은 제940조의2에 따라 지정된 미성년후견감독인이 없는 경우에 필요하다고 인정하면 직권으로 또는 미성년자, 친족, 미성년후견인, 검사, 지방자치단체의 장의 청구에 의하여 미성년후견감독인을 선임할 수 있다.

② 가정법원은 미성년후견감독인이 사망, 결격, 그 밖의 사유로 없게 된 경우에는 직권으로 또는 미성년자, 친족, 미성년후견인, 검사, 지방자치단체의 장의 청구에 의하여 미성년후견감독인을 선임한다.

▌참고문헌: 김명엽(2010), "성년후견제도 도입을 위한 법무부 입법안의 개선에 관한 연구", 법과 정책 16−2, 21−45; 김상용(2009), "성년후견법안의 문제점", 신문 3787; 김영진(2020), "미성년후견제도의 문제점과 정립방향", 민사법의 이론과 실무 24−1, 1−47; 김형석(2014b), "성년후견감독인", 성년후견 2, 79−110; 박인환(2010), "새로운 성년후견제 도입을 위한 민법개정안의 검토", 가족법연구 24−1, 31−74; 윤우일(2020b), "미성년후견제도의 개선을 위한 제안", 아주법학 13−4, 38−52; 이근영(2020), "미성년후견제도의 문제점과 정립방향", 민사법의 이론과 실무 24−1, 1−47; 이진기(2012), "개정민법 규정으로 본 성년후견제도의 입법적 검토와 비판", 가족법연구 26−2, 85−120; 정현수(2017), "미성년후견제도의 개선을 위한 몇 가지 제언", 동북아법연구 10−3, 721−748

I. 조문의 취지

유언에 의해 지정된 미성년후견감독인이 없는 경우 미성년후견감독인 결정방법을 정하기 위한 조문이다. 舊 민법(2011. 3. 7. 개정 전)상 친족회가 필수기관이었던 것에 비해 미성년후견감독인은 임의기관이다. 본 조문은 이와 같은 전제 하에 미성년후견감독인이 임의기관임을 선언함과 동시에 가정법원이 미성년후견감독인을 선임할 수 있는 사유와 그 절차를 규정하고 있다. 미성년후견감독인의 자격과 선임기준 등에 대해서는 §940−7 주석 참조.

II. 선임사유

1. 지정 미성년후견감독인이 없고, 미성년후견감독인이 필요한 경우

가정법원은 §940-2에 따라 지정된 미성년후견감독인이 없는 경우, 즉 친권자가 유언으로 미성년후견감독인을 지정하지 않은 경우에 필요하다고 인정하면 미성년후견감독인을 선임할 수 있다(본조 ①). 이때 선임 여부에 대한 판단은 가정법원의 재량에 속한다. 미성년후견감독인이 "필요하다고 인정"할 수 있는 경우에 대해 자세히는 §940-4 주석 참조.

가정법원은 미성년후견인 선임 후에라도 필요하다고 인정하면 미성년후견감독인을 선임할 수 있다. 다시 말해서 미성년후견감독인의 선임은 반드시 미성년후견인 선임과 동시에 이루어져야 하는 것은 아니다.[1)]

2. 미성년후견감독인이 없게 된 경우

가정법원은 미성년후견감독인이 사망, 결격, 그 밖의 사유로 없게 된 경우 미성년후견감독인을 선임한다(본조 ②). 본래 미성년후견감독인은 임의기관이지만, 일단 미성년후견감독인을 선임한 후에는 간이하게 보충될 수 있도록 한 것이다. 이때 "미성년후견감독인"에는 친권자가 유언으로 지정한 미성년후견감독인과 가정법원이 선임한 미성년후견감독인이 모두 포함된다.

미성년후견감독인이 "사망, 결격, 그 밖의 사유로 없게 된 경우"란 일단 유효하게 지정 또는 선임되었으나, 후발적 사정으로 말미암아 미성년후견감독인이 없게 된 경우만을 의미한다. 따라서 유언의 효력발생 당시 또는 가정법원 심판 당시 이미 미성년후견감독인이 사망 또는 결격 등으로 인해 존재하지 않는 경우에는 §940-3 ①에 따라 미성년후견감독인을 새롭게 선임할 수 있을 뿐이다. "사망, 결격, 그 밖의 사유로 없게 된 경우"의 구체적인 의미에 대해서는 §932 주석 참조. 특히 "결격"에 대해서는 §937 및 §940-5 註釋도 참조하라.

본조 ②은 미성년후견감독인이 없게 된 경우 새로운 미성년후견감독인을 "선임한다"고 규정하고 있다. 이때 가정법원이 미성년후견감독인을 반드시 선임해야 하는지, 필요에 따라 선임하지 않을 수도 있는지에 대해서는 논란이 있을 수 있으나, 현재로서는 재량규정이라는 견해[2)]가 보일 뿐이다. 성년후견감독인과 관련된 동일한 논점

1) 윤진수·현소혜, 96.
2) 윤진수·현소혜, 96.

에 대한 견해 대립에 대해서는 §940-4 주석 참조.

III. 절차

가정법원은 직권으로 또는 미성년자, 친족, 미성년후견인, 검사 또는 지방자치단체의 장의 청구에 의하여 미성년후견감독인을 선임한다[본조 ① 및 ②, 家訴 §2 ① ii 가. 18)-3]. 미성년자도 선임청구를 할 수 있도록 규정한 것은 의사능력이 있음을 전제로 한 것이며, 피후견인의 복리를 보호하기 위해 특별히 허용한 것으로 해석된다.[3] 이해관계인에 불과한 자는 선임청구권이 없다. 가정법원은 미성년후견감독인 선임심판과 함께 미성년후견감독인에 대하여 후견감독사무에 관하여 필요하다고 인정되는 사항을 지시할 수도 있다(家訴規 §65 ③).

이때 가정법원은 미성년후견감독인이 될 사람의 의견을 들어야 한다(家訴規 §65 ①). 후견의 대상이 되는 미성년자가 13세 이상인 때에는 그 미성년자의 의견도 들어야 함이 원칙이나, 미성년자의 의견을 들을 수 없거나 미성년자의의견을 듣는 것이 오히려 미성년자의 복리를 해할만한 특별한 사정이 있다고 인정되는 때에는 듣지 않아도 된다(家訴規 §65 ④).

미성년후견감독인 선임심판은 당사자 및 절차에 참가한 이해관계인에게 고지해야 하지만, 사건본인에게까지 통지할 필요는 없다. 미성년후견감독인 선임심판에 대한 즉시항고 역시 허용되지 않는다. 미성년후견감독인 선임심판의 효력이 발생함과 동시에 가정법원은 지체없이 가족관계등록사무를 처리하는 사람에게 가족관계등록부에 등록할 것을 촉탁하여야 한다(家訴 §9, 家訴規 §5 ① iii).

3) 박동섭, 가사소송 (2), 290.

第 940 條의4 (성년후견감독인의 선임)

① 가정법원은 필요하다고 인정하면 직권으로 또는 피성년후견인, 친족, 성년후견인, 검사, 지방자치단체의 장의 청구에 의하여 성년후견감독인을 선임할 수 있다.

② 가정법원은 성년후견감독인이 사망, 결격, 그 밖의 사유로 없게 된 경우에는 직권으로 또는 피성년후견인, 친족, 성년후견인, 검사, 지방자치단체의 장의 청구에 의하여 성년후견감독인을 선임한다.

참고문헌: 김상용(2009), "성년후견법안의 문제점", 신문 3787, 15; 김상용(2011), "2011년 가족법의 개정동향－친권·후견을 중심으로－", 법조 663, 5－86; 김성욱(2014), "현행 성년후견제도와 관련한 몇 가지 민법규정의 타당성에 관한 재검토", 홍익법학 15－3, 255－272; 김은효(2015), "한국성년후견제도에 있어서의 후견감독인의 역할과 과제", 성년후견 3, 195－207; 김형석(2010), "민법 개정안에 따른 성년후견법제", 가족법연구 24－2, 111－166; 김형석(2014b), "성년후견감독인", 성년후견 2, 79－110; 박인환(2010), "새로운 성년후견제 도입을 위한 민법개정안의 검토", 가족법연구 24－1, 31－74; 박인환(2023b), "고령자 · 장애인을 위한 권익옹호 · 의사결정지원서비스 전달체계 구축의 필요성", 아주법학 17－2, 133－169; 백승흠(2006), "성년후견의 감독에 관한 고찰 －독일과 일본의 제도를 비교하여－", 가족법연구 20－2, 65－90; 이영규(2019), "후견감독" 한양대학교 법학논총 36－4, 393－422

I. 조문의 취지

성년후견감독인 결정방법을 정하기 위한 조문이다. 본 조문은 성년후견감독인이 임의기관임을 선언함과 동시에 가정법원이 성년후견감독인을 선임할 수 있는 사유와 그 절차를 규정하고 있다. 종전의 친족회를 폐지하고, 후견감독인 제도로 대체하게 된 배경에 대해서는 §940－3 주석 참조.

II. 선임사유

1. 성년후견감독인이 필요한 경우

가정법원은 필요하다고 인정하면 성년후견감독인을 선임할 수 있다(본조 ①). 미성년후견감독인의 경우와는 달리 유언에 의한 지정이 허용되지 아니하므로, 가정법원에 의한 선임은 성년후견감독인 선임의 유일한 방법이다.

성년후견감독인이 "필요하다고 인정"되는 사안으로는 피성년후견인에게 재산이 많거나 재산상황의 변동이 잦아 성년후견인의 재산관리에 대한 전문적인 조언이나 지도가 필요한 경우, 피성년후견인의 근친 사이에 성년후견인의 재산 관리를 둘러싸고 분쟁이 있는 경우, 성년후견인과 피성년후견인 사이에 이해가 상반되는 경우 등을 상정할 수 있을 것이다.[1)]

성년후견감독인을 선임할 것인지 여부는 법원의 재량에 속한다. 즉 성년후견감독인은 임의기관이다. 입법시에 성년후견에 감독기관이 없는 경우가 존재한다는 것을 비판하는 견해도 있었으나,[2)] 후견감독인에게는 보수가 지급되므로 그 선임은 비용부담을 수반하는 데다가(§940-7, §955), 전문화된 직업후견인에 의한 성년후견이 정착되는 경우에는 가정법원의 보조적 감독으로 충분할 것으로 예상된다는 점에서, 성년후견감독인은 가정법원이 감독의 필요를 판단하여 재량적으로 결정하도록 규정한 것이다. 성년후견감독인이 선임되지 않는 경우에도 관계인은 가정법원에 직권에 의한 감독을 촉구함으로써 성년후견인을 견제할 수 있을 것으로 기대되기도 하였다.[3)] 또한 "필요하다고 인정"되는 경우, 즉 성년후견 개시 당시 또는 개시 이후 피성년후견인의 복리에 대한 위험이 확인된 경우에는 반드시 성년후견감독인을 선임해야 하며, 피성년후견인이 성년후견감독인을 선임하고자 원한다면 그의 의사를 존중해야 하므로 그의 복리에 반한다는 사정이 없는 이상 가정법원은 성년후견감독인을 선임해야 할 것이다.[4)]

그렇지만 실제로는 성년후견감독인이 선임되는 경우는 드물고 대부분의 사건에 있어서 일상적 후견감독에 공백이 생기게 되었고, 이를 메우기 위하여 가정법원에서

---

1) 해설, 65.

2) 김상용(2009), 15; 김은효(2015), 200; 박인환(2010), 50.

3) 김형석(2010), 132.

4) 김형석(2014b), 83-84. 임의후견인의 권한남용의 가능성을 배제하기 위해서는 임의후견감독인의 선임을 후견계약의 효력발생요건으로 규정할 필요가 있지만, 다른 후견의 경우에는 법원이 당해 피후견인의 선임에 관여하여 가장 적합한 자를 선임할 수 있는 규정이 마련되어 있으므로, 감독기관이 필수적으로 요구되지 않더라도 후견기능이 적절히 작동할 수 있다는 견해로 김성욱(2014), 261.

는 성년후견개시청구 사건에서 청구를 인용하여 후견인을 선임하는 경우, 일반적으로 기본후견감독사건을 직권으로 개시한다.[5] 실증적 조사연구[6]에 따르면 후견감독사건의 누적적 증가에 따른 후견감독인력의 부족이 나타나고 있고 지역별 편차도 커서, 개별 사건에 대한 심도 있는 후견감독(지원)을 수행할 인력이 부족한 상황이라고 한다.[7] 후견감독인이 선임될 때에는 대체로 전문가후견인 후보자 명부에 등재된 사람 중에서 후견감독인이 선임되고, 지방자치단체의 장이 공공후견사업을 통해 특정후견심판을 청구하는 경우에는 그 지방자치단체가 후견감독인으로 선임되고 있다.[8]

성년후견감독인의 선임은 성년후견인 선임과 동시에 이루어져야 하는 것은 아니며, 성년후견인 선임 후에라도 필요한 경우라면 언제든지 선임할 수 있다.[9]

2. 성년후견감독인이 없게 된 경우

가정법원에 의해 선임된 성년후견감독인이 사망, 결격, 그 밖의 사유로 없게 된 경우 가정법원은 성년후견감독인을 선임한다(본조 ②). "사망, 결격, 그 밖의 사유로 없게 된 경우"의 구체적인 의미에 대해서는 §932 註釋 참조. 특히 "결격"에 대해서는 §940－5 주석도 참조하라.

이때 본조 ②은 성년후견감독인이 없게 된 경우 성년후견인을 "선임한다"고 규정하고 있다. 그 의미에 대해서는 이를 재량규정으로 보아 더 이상 성년후견감독인이 필요하지 않다고 인정될 때에는 성년후견감독인 선임 청구를 기각할 수 있다는 견해[10]와 기속규정으로 보아 필요성 여부를 심사하지 않고 반드시 선임해야 한다는 견해[11]가 대립한다.

---

5) 김성우, 153.
6) 대한변호사협회(연구책임자 송인규), 가정법원의 후견감독 시행방안에 관한 연구, 법원행정처 연구보고서, 2021. 3. 박인환(2023b), 144에서 재인용.
7) 이러한 점에서 일상적인 후견활동을 지원·관리하고 사회적 약자로서의 의사결정능력 장애인에게 후견서비스를 원활히 제공하기 위한 거점으로서, 중앙정부와 지방자치단체와의 협력하에 새롭게 공공후견서비스 전달체계 구축 필요성을 강조하는 견해로 박인환(2023b), 136, 149.
8) 김성우, 62,
9) 윤진수·현소혜, 97－98.
10) 윤진수·현소혜, 96.
11) 김형석(2014b), 84; 이영규(2019), 400.

III. 절차

1. 직권 또는 일정한 자에 의한 청구

가정법원은 또는 피성년후견인, 친족, 성년후견인, 검사 또는 지방자치단체의 장의 청구에 의하여 성년후견감독인을 선임할 수 있다[§940-4 ① 및 ②, 家訴 §2 ① ii 가. 18)-3]. 이때 친족이란 성년후견개시 또는 종료심판을 청구할 수 있는 4촌 이내 친족이 아니라, §777에서 정한 범위 내의 친족을 말한다.[12] 이해관계인에 불과한 자는 선임청구권이 없다. 피성년후견인 본인도 의사능력만 있으면 후견인의 동의 없이 선임청구를 할 수 있다.[13]

청구권자 중에 성년후견인이 포함되어 있기는 하지만, 직무의 성격상 스스로 자신을 감독할 자의 선임을 청구할 것으로 기대하기 어려우므로, 본조는 가정법원이 직권으로도 성년후견감독인을 선임할 수 있도록 하였다.[14]

2. 심리

성년후견감독인의 선임 심판을 하는 경우에는 피성년후견인(피성년후견인이 될 사람을 포함한다)과 성년후견감독인이 될 사람의 진술을 들어야 한다(家訴 §45-3 ① iv). 성년후견감독인의 선임에 앞서 성년후견인의 의견을 들어야 하는 것은 아니다.

성년후견감독인을 선임함에 있어 특별한 기준이 있는 것은 아니지만, 가급적 성년후견인과 성년후견감독인은 다른 영역에서 선임하는 것이 적절하다는 견해가 있다.[15] 가령 친족을 성년후견인으로 선임하였다면 성년후견감독인은 전문후견인으로, 후견법인을 성년후견인으로 선임하였다면 성년후견감독인은 친족 중에 선임하는 것이 바람직하다는 것이다.

성년후견감독인의 임무는 기본적으로 성년후견인의 후견사무집행을 감독하는 것이므로, 어떤 사람이 성년후견감독인으로서 적절한지 여부는 그러한 임무의 내용으로부터 판단되어야 한다. 예컨대 재산이 많고 법적인 분쟁이 빈번한 피성년후견인의 경우에는 변호사·법무사 등 관련된 능력을 가진 사람이 성년후견감독인으로 고려될 수 있다. 마찬가지로 직업적 성년후견인이 선임된 경우 성년후견감독인은 친족을 선임할 수도있고, 반대로 친족이 성년후견인으로 선임된 경우 성년후견감독인은 사회복지법

---

12) 윤진수·현소혜, 97.
13) 박동섭, 가사소송 (2), 290.
14) 백승흠(2006), 75-76.
15) 해설, 44.

인을 선임할 수도 있다. 또한 복수의 성년후견인이 서로 다른 분야의 권한을 분장받은 경우, 한 분야의 사무에 대해 성년후견인으로 선임된 사람을 다른 분야에 대해 성년후견감독인으로 선임하는 것, 예컨대 신상보호를 담당하는 성년후견인을 재산관리에 대한 성년후견감독인으로 선임하는 것도, 이를 금지하는 규정이 없는 이상 가능하다. 이렇게 함으로써 오히려 감독의 효율성을 높이고 비용을 낮출 수 있는 장점이 있다.[16)]

3. 심판

요건이 갖추어진 경우 가정법원은 성년후견감독인 선임심판을 한다. 성년후견감독인 선임심판 사건은 피후견인 주소지 가정법원이 관할하되, 성년후견·한정후견 개시의 심판, 특정후견의 심판, 미성년후견인·임의후견감독인 선임 심판이 각각 확정된 이후의 후견에 관한 사건은 후견개시 등의 심판을 한 가정법원(항고법원이 후견개시 등의 심판을 한 경우에는 그 제1심 법원인 가정법원)이 관할한다(家訴 §44 ① i-2). 이때 가정법원은 성년후견감독인에게 그 후견사무에 관하여 필요하다고 인정되는 사항을 지시할 수 있다(家訴規 §38-2).

성년후견감독인 선임심판은 당사자와 절차에 참가한 이해관계인(家訴規 §25), 성년후견인 및 성년후견감독인이 될 자에게 고지하여야 하고, 사건본인에게도 그 뜻을 통지하여야 한다(家訴規 §35).

4. 즉시항고

성년후견감독인 선임심판에 대해서만 불복할 수 있는 길은 마련되어 있지 않다. 이에 대해 불복을 원하는 사람은 성년후견감독인 선임심판과 동시에 이루어진 성년후견개시심판에 대해 즉시항고를 할 수 있을 뿐이다. 이에 대해서는 현실적으로 특정인을 성년후견감독인으로 선임한 결과에 대해 다툴 정당한 이익이 있다는 점을 근거로 입법적 개선을 요구하는 비판[17)]이 있다.

5. 등기촉탁

성년후견감독인 선임심판이 효력을 발생한 경우 가정법원은 지체없이 후견등기사무를 처리하는 사람에게 그 선임에 관한 사항을 후견등기부에 등기할 것을 촉탁하여야 한다(家訴 §9, 家訴規 §5-2 ① i 나목).

16) 김형석(2014b), 84-86.
17) 김형석(2014b), 93.

IV. 사전처분

家訴規 §32에 규정되어 있지는 않지만, 가정법원은 사건해결에 특히 필요하다고 인정될 경우 家訴 §62에 따른 사전처분의 일환으로서 임시성년후견감독인을 선임할 수 있다.[18] 이때 임시성년후견감독인은 성년후견감독인에 관한 규정 및 家訴規 §32 ②, ③, ⑥을 유추적용할 수 있다. 임시성년후견감독인 선임에 관한 사항을 후견등기부에 등기해야 한다는 견해[19]도 있으나, 관련 절차규정이 마련되어 있지 않다는 점에서 의문이다.

18) 김형석(2014b), 92.
19) 김형석(2014b), 92.

第 940 條의5 (후견감독인의 결격사유)

제779조에 따른 후견인의 가족은 후견감독인이 될 수 없다.

▮참고문헌: 김형석(2010), "민법 개정안에 따른 성년후견법제", 가족법연구 24−2, 111−166; 김형석(2014b), "성년후견감독인", 성년후견 2, 79−110; 이영규(2019), "후견감독" 한양대학교 법학논총 36−4, 393−422; 이은영(2003), "성년후견제도의 개선방향", 외법논집 15, 51−80

I. 본조의 취지

후견감독인의 결격사유를 정하는 조문이다. 이때 "후견감독인"이란 미성년후견감독인과 성년후견감독인을 모두 포함한다. 그러나 본조가 후견감독인에 관한 유일한 결격 조문인 것은 아니다. 후견감독인에 대해서는 후견인 결격사유에 관한 §937가 준용되기 때문이다. §940−7 주석 참조.

II. 후견인의 가족

§779에 따른 후견인의 가족은 후견감독인이 될 수 없다. 후견인과 가족관계에 있는 사람은 그 친밀성으로 인해 감독업무를 공정하게 수행하기 어렵다는 고려에 기초한 것이다.[1)]

"§779에 따른 후견인의 가족"이란 후견인의 배우자, 직계혈족, 형제자매 및 후견인과 생계를 같이하는 직계혈족의 배우자, 배우자의 직계혈족 및 배우자의 형제자매를 말한다. 사실혼 배우자는 문언상 이에 해당하지 않는다.[2)] 자세한 내용은 §779 주석 참조. §779에 따른 후견인의 가족에 해당하지 않는 경우에는 4촌 이내 친족과 같

1) 김형석(2010), 132; 해설, 65.

2) 김형석(2014b), 91. 반면 이영규(2019), 402는 가족을 후견감독인에서 배제하는 이유는 업무집행에서 공정성에 대한 우려 때문이라는 점을 고려하면 사실혼 배우자도 이러한 염려에서 벗어날 수 없으므로 사실혼 배우자 역시 가족에 포함시키는 것이 타당하다고 한다.

은 근친이라도 가족관계의 실정에 따라 후견감독인이 될 수 있다.3)

III. 후견인 본인

후견인 본인은 후견감독인이 될 수 있는가. 즉, 한 명이 후견인의 지위와 후견감독인의 지위를 겸할 수 있는가의 문제이다. 이해상반의 우려가 있으나, 후견감독의 대상이 되는 임무와 후견인으로서 스스로 담당하는 임무가 동일하지 않다면 가능하다고 본다. 가령 재산관리를 하는 성년후견인과 신상보호를 하는 성년후견인이 별도로 선임되어 있는 경우 신상보호를 하는 성년후견인이 재산관리를 감독하는 성년후견감독인이 되고, 재산관리를 하는 성년후견인이 신상보호를 감독하는 성년후견감독인이 되는 것은 허용될 수 있을 것이다.4)

3) 자료집, 337-341 참조.
4) 김형석(2014b), 85.

第940條의6 (후견감독인의 직무)

① 후견감독인은 후견인의 사무를 감독하며, 후견인이 없는 경우 지체 없이 가정법원에 후견인의 선임을 청구하여야 한다.

② 후견감독인은 피후견인의 신상이나 재산에 대하여 급박한 사정이 있는 경우 그의 보호를 위하여 필요한 행위 또는 처분을 할 수 있다.

③ 후견인과 피후견인 사이에 이해가 상반되는 행위에 관하여는 후견감독인이 피후견인을 대리한다.

▌참고문헌: 구상엽(2012), "개정민법상 성년후견제도에 대한 연구 －입법배경, 입법자의 의사 및 향후 과제를 중심으로－", 서울대학교 대학원 박사학위논문; 김형석(2010), "민법 개정안에 따른 성년후견법제", 가족법연구 24－2, 111－166; 김형석(2014b), "성년후견감독인", 성년후견 2, 79－110; 송호열(2008), "성년후견감독법제에 관한 고찰", 재산법연구 25－1, 253－302; 이영규(2019), "후견감독" 한양대학교 법학논총 36－4, 393－422; 현소혜(2012), "의료행위 동의권자의 결정 －성년후견제 시행에 대비하여－, 홍익법학 13－2, 177－213

I. 조문의 취지

후견감독인의 일반적 직무범위를 정하기 위한 조문이다. 이때 후견감독인에는 미성년후견감독인과 성년후견감독인이 모두 포함된다. 그러나 후견감독인의 직무가 본조에서 정하는 사항에 한정되는 것은 아니다. 후견감독인의 권한에 대해 규정하는 개별규정이 다수 존재하기 때문이다.

II. 사무감독권한

후견감독인은 후견인의 사무를 감독한다(본조 ① 전단). 후견감독인의 가장 기본적인 직무이다. 후견감독인은 임의기관이기는 하지만, 일단 선임된 후에는 상설기관으로서 미성년후견인 또는 성년후견인의 사무 전반에 대한 포괄적인 감독권을 갖는다.[1] 후견감독인은, 가정법원에 의한 별도의 심판이 없는 한, 재산관리 및 신상보호 전반에 걸쳐 후견사무의 적법성뿐만 아니라, 적절성도 감독할 수 있다.[2]

이때 후견감독인의 감독권은 권한인 동시에 의무이므로, 감독의무를 소홀히 한 때에는 후견감독인 변경사유가 될 수 있다(§940-7에 의한 §940의 준용). 이와 같은 사무감독을 위해 후견감독인은 후견인에게 보고 및 재산목록의 제출 등을 요구할 수 있고(§953 註釋 참조), 후견인에게 일반적인 지시권한도 행사할 수 있다.[3] 즉 후견감독인은 수시로 후견인으로부터 피후견인의 신상과 재산상황을 구두 또는 유선으로 보고받고, 피후견인의 예금계좌 등을 확인해 지출이 피후견인을 위해 이루어졌는지 여부, 불필요하거나 과도한 지출은 없는지, 피후견인의 재산 중 처분되거나 변동된 재산은 없는지, 처분된 재산이 있다면 처분의 목적과 대가가 적절한지 그 대금은 적정하게 보관되고 있는지, 피후견인의 건강이나 치료상황에 변화가 있는지, 피후견인이 요양원 등 시설에 입소해 있다면 후견인이 시설에 정기적으로 방문하고 있는지 등을 확인해야 한다.[4]

후견감독인은 위와 같이 일반적인 감독권 외에 재산조사 및 재산목록작성에 참여(§941 ②, §944)하거나, 후견인과 피후견인 사이의 채권·채무관계를 제시(§942 ①)받거나, 친권자가 정한 미성년자의 신분에 관한 사항 또는 영업에 관한 행위 등에 대해 동의권을 행사(§945 단서, §950 ①)하거나, 후견인이 피후견인에 대한 제3자의 권리를 양수하는데 동의권을 행사하거나(§951 ②), 후견사무종료시 관리계산에 참여(§957 ②)하는 등 개별사무별로 감독권한을 행사하기도 한다.

III. 후견인선임청구의무

후견감독인은 후견인이 없는 경우 지체 없이 가정법원에 후견인의 선임을 청구하여야 한다(본조 ① 후단).

"후견인이 없는 경우"에는 미성년후견의 개시 또는 성년후견개시심판에도 불구하고 §932 또는 §936에 의한 후견인의 선임이 이루어지지 않은 경우나 친권자가 유언에 의해 미성년후견인과 미성년후견감독인을 지정하였으나 지정된 미성년후견인이 이미 사망하였거나 결격사유 등이 있어 미성년후견인이 없게 된 경우와 같이 원시적

1) 윤진수·현소혜, 112.
2) 해설, 67; 김형석(2014b), 99.
3) 해설, 67.
4) 김성우, 148.

으로 후견인이 없는 경우와, 기존의 후견인에게 사망, 결격 그 밖에 이에 준하는 사유가 발생하여 후발적으로 후견인이 없게 된 경우가 모두 포함된다.

물론 가정법원은 직권으로 또는 일정한 자의 청구에 의해 후견인을 선임할 수도 있으나(§932 및 §936), 후견감독인은 가장 근거리에서 후견인의 유무를 확인할 수 있는 지위에 있는 사람이므로, 감독의무의 일환으로서 청구권한을 넘어 청구의무를 부여함으로써 피후견인의 보호에 공백이 발생하지 않도록 한 것이다. 후견감독인이 후견인선임청구 의무에 위반한 경우 손해배상책임을 질 수도 있다.[5]

반면 후견인이 사임한 경우에는 후견인 본인이 새로운 후견인 선임을 청구하도록 되어 있으므로(§939), 후견감독인에게는 이러한 의무가 없다.[6]

IV. 급박한 사무처리권한

후견감독인은 피후견인의 신상이나 재산에 대하여 급박한 사정이 있는 경우 그의 보호를 위하여 필요한 행위 또는 처분을 할 수 있다(본조 ②).

1. 요건

본래 피후견인의 보호를 위해 필요한 행위 또는 처분을 할 권한은 후견인에게 전속함이 원칙이다. 그러나 후견인이 장거리 여행, 연락두절 또는 질병 등으로 인해 그러한 권한을 직접 행사하기 힘든 상황에서 후견인이 직접 필요한 권한을 행사하거나 가정법원이 제954조에 따른 처분을 내리기를 기다릴 경우 피후견인의 신상이나 재산에 회복하기 어려운 손해가 발생할 우려가 있는 경우에는 후견감독인이 이를 대행할 수 있도록 한 것이다.

따라서 "피후견인의 신상이나 재산에 대하여 급박한 사정이 있는 경우"에 해당하기 위해서는 첫째, 당장 필요한 행위 또는 처분을 하지 않으면 그의 신상이나 재산에 회복하기 어려운 손해가 발생할 개연성이 높아야 하고,[7] 둘째, 후견인이 위와 같은 행위 또는 처분을 할 수 없는 상황이어야 한다. 가령 후견인이 단기로 해외여행을 하는 중 피후견인에게 응급의료상황이 발생하여 후견감독인이 급히 병원에 동행한 경우, 후견감독인은 「응급의료에 관한 법률」 §9 ②에 따라 "동행한 법정대리인" 자격에서 응급의료에 관한 설명을 듣고 동의 여부를 결정할 수 있다.[8]

5) 이영규(2019), 404.
6) 김형석(2014b), 100-101; 이영규(2019), 404.
7) 김형석(2014b), 101.

2. 권한의 범위

후견감독인이 동 조문에 의해 할 수 있는 행위 또는 처분의 범위는 후견인이 가지고 있는 권한의 범위 내로 제한된다.[9] 후견감독인은 후견인의 권한을 행사할 수 없는 경우 이를 대행할 뿐이기 때문이다.

또한 후견감독인은 피후견인의 신상이나 재산에 회복하기 어려운 손해가 발생하지 않도록 그 보호에 필요한 행위 또는 처분을 할 수 있을 뿐이다. 따라서 후견감독인의 행위 또는 처분은 응급한 수선, 보전처분, 시효중단, 계약의 해제 등 현상을 보존하거나 피해를 막기 위한 소극적인 것에 그쳐야 하며, 적극적으로 현상을 변경하거나 개량하는 행위는 극히 예외적으로만 허용될 수 있다.[10] 적극적인 조치가 필요한 경우라면 §940에 따른 후견인변경 등을 통해 후견인이 직접 그 권한을 행사할 수 있도록 할 수 있을 것이다. 권한행사의 한계에 대해서는 §940-7 주석 참조.

일단 권한 범위 내에 속한다면 후견감독인이 할 수 있는 행위 또는 처분은 법률행위인지 사실행위인지를 가리지 않는다. 사안에 따라 대리권 또는 동의권을 행사할 수 있을 것이다. 후견감독인이 법률행위 내지 준법률행위를 하는 경우, 그는 본조 ② 의 한도 내에서 피후견인을 대리할 법정대리권을 갖는다.[11]

3. 위반의 효과

후견감독인이 1.에서 서술한 요건을 갖추지 못하였음에도 불구하고 본조 ②에 따른 처분 기타 법률행위를 한 경우 또는 2.에서 서술한 권한의 범위를 벗어난 처분 기타 법률행위를 한 경우 당해 법률행위는 무권대리로 무효이다.[12] 사안에 따라서는 피후견인에 대해 손해배상책임을 질 수도 있을 것이다.

V. 특별대리인으로서의 지위

1. 대리권

후견인과 피후견인 사이에 이해가 상반되는 행위에 관하여는 후견감독인이 피후견인을 대리한다(본조 ③). 본래 이해상반행위를 하는 경우에는 후견인을 대신하여 행

8) 현소혜(2012), 194-195.
9) 구상엽(2012), 104; 김형석(2014b), 102; 윤진수·현소혜, 112; 해설, 67.
10) 같은 취지로 구상엽(2012), 104; 해설, 67.
11) 김형석(2010), 133.
12) 김형석(2014b), 102; 이영규(2019), 405.

위를 할 수 있는 특별대리인을 선임해야 함이 원칙이다(§921). 그러나 후견감독인이 선임되어 있는 경우에는 후견감독인이 특별대리인의 역할을 담당한다(§949-3 단서).[13] 이를 위해 본조 ③은 후견감독인에게 이해상반행위에 관한 법정대리권을 수여하였다.

이때 "후견인과 피후견인 사이에 이해가 상반되는 행위"의 의미에 대해서는 §921 및 §949-3 주석 참조. 후견인과 피후견인 사이에 직접 이해가 상반되는 것은 아니지만 후견인의 후견을 받는 피후견인이 수인인 경우, 그 피후견인 사이에 이해가 상반되는 행위를 할 때에도 피후견인을 위한 후견감독인이 선임되어 있다면 §940-6 ③이 유추적용 된다고 보아야 할 것이다.[14]

이해상반행위이기 때문에 성년후견감독인이 대리하는 경우이면서 §950의 후견감독인의 동의를 받아야 하는 행위를 하고자 하는 경우에는, 후견인이 §950 행위를 할 때 후견감독인이 없는 경우와 동일하게 다루어 단독으로[15] 그 행위를 할 수 있다고 해석하게 된다.[16]

2. 동의권

후견인과 피후견인 사이에 이해가 상반되는 행위 또는 후견인의 후견을 받는 피후견인이 수인인 경우 그 피후견인 사이에 이해가 상반되는 행위를 함에 있어서 미성년후견인이 동의권을 행사하고자 하는 경우에도 미성년후견감독인이 특별대리인에 갈음하여 동의권을 대신 행사할 수 있는가. 명문의 규정은 없으나, 한정후견감독인에게 동의권 대행을 허용하고 있는 §959-5 ② 2문을 유추적용하여 긍정함이 타당하다.[17] 성년후견인은 동의권이 없으므로(§938 주석 참조), 위와 같은 문제가 발생하지 않는다.

13) 송호열(2008), 297.
14) 윤진수·현소혜, 101.
15) 윤진수·현소혜, 132.
16) 이영규(2019), 407.
17) 윤진수·현소혜, 101; 이영규(2019), 407.

第 940 條의7 (위임 및 후견인 규정의 준용)

후견감독인에 대하여는 제681조, 제691조, 제692조, 제930조제2항·제3항, 제936조제3항·제4항, 제937조, 제939조, 제940조, 제947조의2제3항부터 제5항까지, 제949조의2, 제955조 및 제955조의2를 준용한다.

▮참고문헌: 구상엽(2012), "개정민법상 성년후견제도에 대한 연구 －입법배경, 입법자의 의사 및 향후 과제를 중심으로－", 서울대학교 대학원 박사학위논문; 김명엽(2010), "성년후견제도 도입을 위한 법무부 입법안의 개선에 관한 연구", 법과 정책 16－2, 21－45; 김형석(2010), "민법 개정안에 따른 성년후견법제", 가족법연구 24－2, 111－166; 김형석(2014b), "성년후견감독인", 성년후견 2, 79－110; 송호열(2008), "성년후견감독법제에 관한 고찰", 재산법연구 25－1, 253－302; 신은주(2009), "우리나라에서 성년후견제도의 도입", 한국의료법학지 17－6, 29－59; 오호철(2008), "일본의 성년후견제도와 우리나라의 성년후견법안의 비교", 비교사법 15－2, 295－335; 이영규(2019), "후견감독" 한양대학교 법학논총 36－4, 393－422; 이은영(2003), "성년후견제도의 개선방향", 외법논집 15, 51－80; 제철웅(2008), "성년후견제도의 개정방향", 민사법학 42, 111－149; 제철웅(2011), "요보호성인의 인권존중의 관점에서 본 새로운 성년후견제도", 현소혜(2012), "의료행위 동의권자의 결정 －성년후견제 시행에 대비하여－, 홍익법학 13－2, 177－213

Ⅰ. 후견감독인의 수임인으로서의 지위

후견감독인에 대해서는 위임에 관한 몇몇 규정이 준용된다.

첫째, 후견감독인은 그 감독업무의 본지에 따라 선량한 관리자의 주의로써 후견감독업무를 처리하여야 한다(§681 준용).

둘째, 후견감독이 종료된 경우라도 급박한 사정이 있는 때에는 피후견인, 그 상속인이나 법정대리인이 위임사무를 처리할 수 있을 때까지 그 사무의 처리를 계속하여야 한다(§691 준용). 이에 대해서는 후견감독 직무의 특성과 후견감독인의 전문성을 고려할 때 사망한 성년후견감독인의 상속인에게까지 사무처리의 계속을 요구하는 것은 부적절하다는 비판[1]이 있다. 동 견해는 새로운 성년후견감독인이 선임될 때까지 사전처분 등을 활용해 급박한 사정에 대처해야 한다고 주장한다.

셋째, 후견감독이 종료되었다는 사유는 이를 상대방에게 통지하거나 상대방이 이를 안 때가 아니면 이로써 상대방에게 대항하지 못한다(§692 준용). 후견감독의 법률관계가 어느 일방의 사정으로 종료한 때에 다른 상대방이 그 사정을 알지 못해 불이익을 받는 것을 방지하기 위한 규정이다.[2]

II. 후견감독인의 자격

후견감독인에 대해서는 성년후견인의 자격에 관한 규정이 준용된다.

첫째, 후견감독인은 여러 명을 둘 수 있다(§930 ② 준용). 이 경우 공동으로 또는 사무를 분장하여 그 권한을 행사하도록 할 수 있다(§949-2 준용). 이때 후견감독인은 미성년후견감독인과 성년후견감독인을 모두 포함한다.[3] 미성년후견감독인은 미성년후견인과 달리 피후견인과의 대면접촉 등이 중요한 의미를 갖지 않으므로, 1인의 자연인에 한정할 필요가 없고, 감독사무의 범위가 넓어 한 사람의 후견감독인으로는 충실한 감독이 어려운 경우가 있을 수 있기 때문이다.[4] 그러나 家訴는 여러 명의 미성년후견감독인이 선임되는 경우를 예정하고 있지 않다[家訴 §2 ① ii 가. 21)-3 참조].

둘째, 법인도 후견감독인이 될 수 있다(§930 ③ 준용). 성년후견감독인과 미성년후견감독인에 모두 적용된다. 오히려 후견감독인은 법인을 적극적으로 활용하는 것이 더 바람직하다는 견해도 있다.[5] 신뢰성이 높은 법인이 조직적으로 감독사무를 하는 것이 더 효과적이기 때문이다. 특히 성년후견인이 사회복지전문가 또는 전문기관인 경우에는 사회복지행정책임자(가령 보건복지부, 지방자치단체의 장)이 감독기능을 수행하는 것이 효율적일 것이다.[6]

셋째, 후견감독인에 대해서는 후견인 결격사유에 관한 규정이 준용된다(§937 준용). 따라서 §940-5 외에 §937에서 정한 사유에 해당하는 사람 역시 후견감독인이 될 수 없다. 자세한 내용은 §937 주석 참조.

---

1) 김형석(2014b), 108.
2) 이영규(2019), 409.
3) 김주수·김상용, 564; 윤진수·현소혜, 102.
4) 한삼인·김상헌, 225도 미성년후견감독인을 여러 명 둘 수 있는 것에 찬성한다.
5) 김명엽(2010), 36-37; 송호열(2008), 292; 제철웅(2011), 315-317. 다만 김형석(2014b), 86.
6) 같은 취지로 제철웅(2008), 140.

III. 후견감독인의 선임

후견감독인에 대해서는 성년후견인 선임에 관한 규정이 준용된다.

첫째, 가정법원은 후견감독인을 선임한 후라도 필요하다고 인정하면 추가로 후견감독인을 선임할 수 있다[§936 ③ 준용, 家訴 §2 ① ii 가. 18)−3]. 미성년후견감독인을 복수로 선임할 수 있다는 입장에서 본 조문은 성년후견감독인뿐만 아니라, 미성년후견감독인에게도 적용될 수 있다.

이때 후견감독인의 추가선임은 가정법원이 직권으로 또는 피후견인, 후견인, 친족, 이해관계인, 검사, 지방자치단체의 장의 청구에 의해 할 수 있다(§936 ③ 준용). 기존의 후견감독인은 "이해관계인"으로써 후견감독인의 추가선임을 청구할 수 있다.[7] 이에 대해서는 후견감독인은 본조에 의해 준용되는 §936 ③에 따라 당연히 추가선임 청구권자에 해당하며, 해석론상 오히려 후견인의 청구권한을 인정할 수 없다는 견해가 있다.[8]

둘째, 후견감독인을 선임할 때에는 피후견인의 의사를 존중하여야 하며, 그 밖에 피후견인의 건강, 생활관계, 재산상황, 후견감독인이 될 사람의 직업과 경험, 피후견인과의 이해관계 유무 등의 사정도 고려하여야 한다(§936 ④ 준용). 미성년후견감독인과 성년후견감독인 모두에 적용되는 규정이나, 미성년후견감독인의 선임에 있어서 피후견인의 의사는 성년후견감독인 선임의 경우에 비해 덜 중요하게 고려될 수밖에 없을 것이다.

그 밖에 자세한 내용은 §936 참조.

IV. 후견감독인의 사임 또는 변경

후견감독인에 대해서는 후견인 사임 또는 변경에 관한 규정이 준용된다. 미성년후견감독인과 성년후견감독인에 두루 적용되는 규정이다.

1. 후견감독인의 사임

후견감독인은 정당한 사유가 있는 경우 가정법원의 허가를 받아 사임할 수 있으나, 사임청구와 동시에 가정법원에 새로운 후견감독인의 선임을 청구하여야 한다[본

7) 윤진수·현소혜, 102−103; 김형석(2014b), 85.
8) 구상엽(2012), 103 각주 223). 동 견해도 입법론상으로는 '후견인'에게 청구권한이 인정되어야 한다는 입장이다.

조에 의한 §939 준용, 家訴 §2 ① ii 가. 19)]. 이때 정당한 사유의 의미에 대해서는 §939 주석 참조. 특히 성년후견감독인이 스스로 사임의 의사를 밝힌 경우 정당한 사유는 너그럽게 해석할 필요가 있다.[9)]

사임허가 심판에 대해 자세히는 §939 주석 참조. 특히 사임허가 심판에 대해서는 진술청취 규정이 누락되어 있으나, 성년후견감독인의 사임이 피성년후견인에게 미치는 영향을 고려할 때 피성년후견인의 진술을 청취하는 것이 바람직하다는 견해[10)]가 있다.

2. 후견감독인의 변경

가정법원은 피후견인의 복리를 위하여 후견감독인을 변경할 필요가 있다고 인정하면 직권으로 또는 일정한 자의 청구에 의해 후견감독인을 변경할 수 있다[§940 준용, 家訴 §2 ① ii 가. 18)-3]. 자세한 내용은 §940 주석 참조.

가. 청구권자

후견감독인의 변경을 청구할 수 있는 자는 피후견인, 친족, 후견감독인, 검사 및 지방자치단체의 장이다. 후견감독인은 복수의 후견감독인이 선임되어 있는 경우에 한해 다른 후견감독인의 변경을 청구할 수 있다.[11)] 미성년후견인 또는 성년후견인은 명문의 규정상 청구권한이 인정되지 않지만, 해석상 청구권한을 인정해야 한다는 견해[12)]와 감독기관의 우위를 담보하기 위해 청구권을 인정해서는 안 된다는 견해[13)]가 대립한다.

나. 심리 및 심판

성년후견감독인 변경심판을 하는 경우 가정법원은 피성년후견인과 그 변경이 청구된 성년후견감독인 및 성년후견감독인이 될 사람의 진술을 들어야 하며(家訴 §45-3 ① vi), 당사자와 절차에 참가한 이해관계인(家訴規 §25) 및 변경심판에 의해 임무가 개시될 성년후견감독인과 종료될 성년후견감독인에게 성년후견감독인 변경심판을 고지하고, 사건본인에게 그 뜻을 통지하여야 한다(家訴規 §35).

다. 즉시항고

후견감독인의 변경심판에 대해서는 변경의 대상이 되는 후견감독인이 이에 대해 즉시항고를 할 수 있다(家訴規 §36 ① i 나목, §67 ① ii). 성년후견감독인의 변경청구를

9) 김형석(2014b), 94.
10) 김형석(2014b), 95.
11) 김형석(2014b), 97.
12) 김주수·김상용, 567; 윤진수·현소혜, 103.
13) 김형석(2014b), 97.

기각하는 심판에 대해서는 §940에서 정하는 자, 즉 피성년후견인, 친족, 성년후견감독인, 검사, 지방자치단체의 장이 즉시항고를 할 수 있다(家訴規 §36 ② ii, §67 ②).

라. 가족관계등록 또는 후견등기의 촉탁

가정법원은 미성년후견감독인의 변경 또는 사임허가 심판이 있는 경우에는 가족관계등록 사무를 처리하는 사람에게 그 사항에 관한 등록을, 성년후견감독인의 변경 또는 사임허가 심판이 확정된 경우에는 후견등기 사무를 처리하는 사람에게 그 사항에 관한 등기를 촉탁하여야 한다(家訴 §9, 家訴規 §5 ① iii, §5-2 ① i 나목 및 다목).

마. 사전처분

성년후견감독인 변경심판에 앞서 필요한 경우 가정법원은 직권 또는 당사자의 신청에 의해 가소 §62 ①에 따른 사전처분으로서 직무대행자를 선임할 수 있다(家訴規 §32 ①). 이때 직무대행자에 대해서는 성년후견감독인에 관한 규정을 준용함이 원칙이나(家訴規 §32 ①), 가정법원은 상당하다고 인정할 때 언제든지 직무대행자에게 사건본인의 신상보호 또는 재산관리에 필요한 명령을 할 수 있고, 그 선임한 직무대행자를 해임하거나 개임할 수 있다(家訴規 §32 ③). 위와 같은 직무대행자 선임처분은 그 선임된 자 및 해당 성년후견감독인에게 고지하여야 하고, 사건본인에게 그 뜻을 통지하여야 한다(家訴規 §32 ②).

성년후견감독인의 권한범위를 변경하거나 그 직무집행의 전부 또는 일부를 정지하는 재판 및 그 직무대행자를 선임하는 재판이 확정된 때 가정법원은 지체없이 후견등기사무를 처리하는 사람에게 후견등기부에게 등기할 것을 촉탁하여야 한다(家訴 §9, 家訴規 §5-2 ① v 가목).

V. 후견감독인의 권한 제한

후견감독인에 대해서는 신상에 관한 결정 대행 권한의 한계 관련 규정이 준용된다. 신상에 관한 결정 대행 권한은 성년후견인에게만 부여되어 있고, 그 제한에 관한 규정 역시 성년후견인에 대해서만 적용된다. 미성년후견인의 신상에 관한 결정에 대한 제한은 §945가 별도로 규정하고 있기 때문이다. 따라서 이때 준용의 대상이 되는 후견감독인은 성년후견감독인에 한정된다고 보아야 할 것이다(§940-6 주석 참조).[14] 준용되는 내용은 다음과 같다.

14) 윤진수·현소혜, 103.

1. 의료행위 동의권

첫째, 성년후견감독인은 성년후견인에 갈음하여 피성년후견인의 신체를 침해하는 의료행위에 대해 동의권을 대행할 수 있으며(§947-2 ③ 준용), 그 직접적인 결과로 사망하거나 상당한 장애를 입을 위험이 있을 때에는 가정법원의 허가를 받아야 한다[§947-2 ④ 준용, 家訴 §2 ① ii 가. 21)]. 구체적인 내용은 §947-2 주석 참조.

다만, §947-2 ③은 §940-6 ②과의 관계에 비추어 볼 때 준용의 실익이 없다고 보아야 할 것이다. 성년후견감독인은 §940-6 ②에 따른 급박한 사정이 있는 때에만 성년후견인의 의료행위 동의권을 대행할 수 있는데, §947-2 ③의 준용에 의해 성년후견감독인에게 일반적인 의료행위 동의권 대행권한을 부여하는 것은 §940-6 ②을 무력화시키기 때문이다.[15] 2011년 민법 개정 당시 원안은 현행 §947-2 ③ 및 ④을 합쳐 ③ 한 개의 조문으로 구성하고 있었으므로, 후견감독인에 대해서도 ③의 규정을 준용하는 것으로 축조되어 있었다. 그러나 국회 심의 과정에서 원안 ③의 내용이 현행과 같이 ③과 ④으로 분리되었음에도 불구하고, §940-7에서는 §947-2 ③을 준용하는 내용이 별다른 심의 없이 통과되었다. 이와 같은 입법연혁에 비추어 볼 때 입법자의 의사는 §947-2 ③보다는 ④의 준용에 중점을 두고 있었음이 분명하다.

2. 거주 부동산의 처분

둘째, 성년후견감독인이 피성년후견인을 대리하여 피후견인이 거주하고 있는 건물 또는 그 대지에 대하여 매도, 임대, 전세권의 소멸, 그 밖에 이에 준하는 행위를 하는 경우 가정법원의 허가를 받아야 한다[§947-2 ⑤ 준용, 家訴 §2 ① ii 가. 21)-2]. 성년후견감독인이 §940-6 ② 또는 ③에 의해 위 각 행위에 대해 법정대리권을 갖는 경우에 한한다. 구체적인 내용은 §947-2 註釋 참조.

3. 기타

반면 성년후견인이 피성년후견인을 치료 등의 목적으로 정신병원이나 그 밖의 다른 장소에 격리하려는 경우 가정법원의 허가를 받도록 한 §947-2 ②은 성년후견감독인에게 준용되지 않는다. 성년후견감독인은 위와 같은 격리 권한 자체를 대행할 수 없기 때문이다.[16]

---

15) 윤진수·현소혜, 103-104.
16) 김형석(2014b), 103; 윤진수·현소혜, 104.

VI. 후견감독인의 보수와 비용

후견감독인에 대해서는 후견인의 보수와 비용지출에 관한 규정이 준용된다. 미성년후견감독인과 성년후견감독인에게 모두 적용되는 규정이다.

첫째, 가정법원은 후견감독인의 청구에 의해 피후견인의 재산상태 기타 사정을 참작하여 피후견인의 재산 중에서 상당한 보수를 후견감독인에게 수여할 수 있다 [§955 준용, 家訴 §2 ① ii 가. 23)].

둘째, 후견감독인이 그 감독사무를 수행하는데 필요한 비용 역시 피후견인의 재산 중에서 지출한다(§955-2 준용).

VII. 후견감독인의 직무 수행

그 밖에 후견인의 직무수행에 관한 §947가 후견감독인에게도 유추적용된다는 견해[17]가 있다. 이에 따르면 후견감독인은 그 감독사무를 처리함에 있어 피후견인의 복리에 부합하는 방법으로 사무를 처리하여야 하며, 그의 복리에 반하지 않는 한 피후견인의 의사를 존중할 의무가 있다.

후견감독인에게 임의후견감독인에 대한 §959-16 ①을 유추적용해야 한다는 견해[18]도 있다. 후견감독인의 적절한 업무수행을 담보하기 위해 감독사무에 관해 가정법원에 정기적으로 보고하도록 할 필요가 있기 때문이다.

17) 구상엽(2012), 105; 윤진수 · 현소혜, 104.
18) 오호철(2008), 327; 신은주(2009), 38.

第 941 條 (재산조사와 목록작성)

① 후견인은 지체 없이 피후견인의 재산을 조사하여 2개월 내에 그 목록을 작성하여야 한다. 다만, 정당한 사유가 있는 경우에는 법원의 허가를 받아 그 기간을 연장할 수 있다.

② 후견감독인이 있는 경우 제1항에 따른 재산조사와 목록작성은 후견감독인의 참여가 없으면 효력이 없다.

참고문헌: 백승흠(2006), "성년후견의 감독에 관한 고찰 —독일과 일본의 제도를 비교하여—", 가족법연구 20-2, 65-90

I. 후견인의 재산조사와 목록작성 의무

후견인은 그 임무가 개시됨과 동시에 지체없이 피후견인의 재산을 조사하여 2개월 내에 그 목록을 작성하여야 한다(본조 ① 본문).

1. 후견인

이때 후견인에는 미성년후견인과 성년후견인이 모두 포함된다. 미성년후견인과 성년후견인은 모두 후견 개시와 동시에 피후견인을 위한 포괄적 재산관리권 및 대리권을 갖기 때문이다. 재선임 또는 변경된 후견인도 같다. 추가선임된 후견인의 경우에는 의문의 여지가 있으나, 후견사무 종료시 정확한 관리계산을 위해서는 부득이 포함하는 수밖에 없을 것이다.

2. 재산

재산목록에는 부동산, 예·적금, 보험, 증권, 대여금채권, 임대차보증금반환채권, 현금, 차량, 귀금속 등 유체동산, 회원권 등의 기타 채권 등 적극재산과 부동산 담보·

신용·보험 대출금 채무, 임대차보증금반환채무, 차용금 채무 등 소극재산, 근로소득, 임대소득, 이자소득, 연금 및 사회보장수급권 등의 수입내역과 주거비, 의료비, 식비, 공과금, 용돈 등 정기지출과 비정기지출을 기재해야 한다.[1)]

3. 기간

재산조사 및 목록작성은 후견인선임심판을 고지받은 날로부터 2개월 내에 완료되어야 한다. 다만, 정당한 사유가 있는 경우에는 법원의 허가를 받아 그 기간을 연장할 수 있다[본조 ① 단서, 家訴 §2 ① ii 가. 20)]. 피후견인의 재산이 너무 많거나 복잡한 경우 또는 재산이 여러 곳에 산재해 있어서 2개월 내에 재산목록을 작성하는 것이 불가능한 경우라면 정당한 사유가 있다고 인정될 수 있을 것이다.[2)]

II. 후견감독인의 참여

1. 취지와 법적 성질

후견감독인이 선임되어 있는 경우라면 후견인이 재산조사와 목록작성을 함에 있어 후견감독인이 참여하여야 한다(본조 ②). 후견인의 재산에 대한 정확한 파악은 후견사무의 적정성을 담보하기 위한 최소한의 안전장치이기 때문이다. 후견감독인은 반드시 사전적 참여 형태로 이루어져야 하며, 후견인이 완료한 재산조사와 목록작성을 후견감독인이 사후에 추인 내지 승인하는 방식으로 이루어질 수 없다.[3)] 피후견인, 후견인과 후견감독인 간의 합의에 의해서도 이를 배제할 수 없는 강행규정이다.

2. 효력

후견감독인이 선임되어 있지 않은 경우에는 후견감독인 참여 없이 후견인이 단독으로 해도 무방하다. 재산조사 등을 위해 후견감독인의 선임을 청구할 필요는 없다. 그러나 후견감독인이 선임되어 있음에도 불구하고 그의 참여 없이 재산조사 및 목록작성을 한 경우 그 행위는 효력이 없다(본조 ②). 따라서 후견감독인 참여 하에 새롭게 재산조사 및 목록작성을 하기 전까지 후견인은 아직 그 재산에 관한 권한을 행사하지 못한다. 자세한 내용은 §943 주석 참조.

1) 김성우, 121.
2) 해설, 53.
3) 백승흠(2006), 79.

第942條 (후견인의 채권·채무의 제시)

① 후견인과 피후견인 사이에 채권·채무의 관계가 있고 후견감독인이 있는 경우에는 후견인은 재산목록의 작성을 완료하기 전에 그 내용을 후견감독인에게 제시하여야 한다.

② 후견인이 피후견인에 대한 채권이 있음을 알고도 제1항에 따른 제시를 게을리한 경우에는 그 채권을 포기한 것으로 본다.

후견인과 피후견인 사이에 채권·채무관계가 있고 후견감독인이 있는 경우 후견인은 재산목록의 작성을 완료하기 전에 그 내용을 후견감독인에게 제시하여야 한다(본조 ①). 이해상반의 가능성을 미리 예측하여 후견감독인이 §949-3 및 §940-6 ③에 따른 특별대리인 역할을 수행할 수 있도록 하는 등 후견사무의 적정성을 담보하기 위함이다.

이때 후견인이란 미성년후견인과 성년후견인을 모두 포함한다. 후견감독인이 선임되어 있지 않을 때에는 제시의무가 면제되나, 자신의 권리를 행사하고자 할 때에는 §949-3에 따른 특별대리인을 선임해야 할 것이다.

후견인이 피후견인에 대한 채권이 있음을 알고도 이를 후견감독인에게 제시하지 않은 경우에는 그 채권을 포기한 것으로 본다(본조 ②). 포기한 채권은 후견사무가 종료하더라도 부활하지 않는다.

第 943 條 (목록작성전의 권한)

후견인은 재산조사와 목록작성을 완료하기까지는 긴급 필요한 경우가 아니면 그 재산에 관한 권한을 행사하지 못한다. 그러나 이로써 선의의 제삼자에게 대항하지 못한다.

후견인은 재산조사와 목록작성을 완료하기까지는 그 재산에 관한 권한을 행사하지 못한다(본조 본문). 이때 후견인이란 미성년후견인과 성년후견인을 모두 포함한다. 후견인은 §941에 따라 2개월 내에 재산조사와 목록작성을 완료해야 하지만, 2개월이 경과된 후라도 그것이 완료되지 않았다면, 아직 재산에 관한 권한을 행사할 수 없다. 후견인의 재산에 대한 정확한 파악이 이루어지기 전에 재산에 대한 처분이 가능하다면, 후견사무의 적정성을 확보하기 어렵기 때문이다.

다만, 재산조사와 목록작성을 완료하기 전이라도 긴급 필요한 경우라면 그 권한을 행사할 수 있다. 이때 "긴급 필요한 경우"란 재산목록의 작성 전에 이를 하지 않으면 피후견인의 신상 또는 재산에 관하여 후일 이를 회복하기 어려운 불이익을 가져올 가능성이 있는 경우를 의미한다.[1] 가령 소멸시효의 중단, 채권의 보전을 위한 채무자 재산의 압류나 채권자대위, 긴급을 요하는 가옥의 수선 등이 이에 해당한다.[2]

아직 재산조사와 목록작성이 완료되지 아니하였고, 긴급 필요한 경우가 아님에도 불구하고 후견인이 그 재산에 관한 권한을 행사한 경우, 당해 법률행위는 무권대리에 해당하여 무효이다.[3] 판례의 태도도 같다.[4]

그러나 그것이 무효임을 선의의 제3자에게 대항하지 못한다는 점에서 일반적인 무권대리의 효과와는 차이가 있다(본조 단서). 거래의 상대방을 보호하기 위함이다.

1) 대법원 1997. 11. 28. 선고 97도1368 판결. 박동섭·양경승, 456도 같은 취지이다.
2) 박동섭·양경승, 456; 양형우, 172.
3) 박동섭·양경승, 456; 소성규, 186; 한봉희·백승흠, 333.
4) 대법원 1997. 11. 28. 선고 97도1368 판결.

第944條 (피후견인이 취득한 포괄적 재산의 조사등)

전3조의 규정은 후견인의 취임후에 피후견인이 포괄적 재산을 취득한 경우에 준용한다.

후견인이 취임한 후 피후견인이 포괄적 재산을 취득한 경우 §941 내지 §943조이 준용된다(본조).

"피후견인이 포괄적 재산을 취득한 경우"란 상속 또는 포괄적 유증과 같이 타인의 권리의무를 포괄적으로 승계받은 경우 등을 말한다.

이때 §941 내지 §943조이 준용되므로, 후견인은 새롭게 피후견인의 재산을 조사하여 2월내에 그 목록을 작성하여야 하며(§941), 피후견인이 취득한 포괄적 재산 중에 후견인과의 사이에 채권, 채무의 관계가 성립하는 때에는 이를 후견감독인에게 제시하여야 한다(§942). 또한 재산조사와 목록작성을 완료하기까지는 긴급 필요한 경우가 아니면 후견인이 새로 취득한 포괄적 재산에 관한 권한을 행사하지 못한다(§943).

第 945 條 (미성년자의 신분에 관한 후견인의 권리 · 의무)

미성년후견인은 제913조 및 제914조에서 규정한 사항에 관하여는 친권자와 동일한 권리와 의무가 있다. 다만, 다음 각 호의 어느 하나에 해당하는 경우에는 미성년후견감독인이 있으면 그의 동의를 받아야 한다.

1. 친권자가 정한 교육방법, 양육방법 또는 거소를 변경하는 경우
2. (삭제)
3. 친권자가 허락한 영업을 취소하거나 제한하는 경우

▮ **참고문헌:** 김혁돈·이재호(2019), "미성년자의 연명의료중단에 관한 소고", 동아법학 82, 371-403; 안병하(2014), "미성년자 감독자의 책임구조-민법 제755조의 개정논의에 부쳐", 연세대학교 법학연구 24-1, 101-129; 엄주희(2018), "미성년자 연명의료 결정에 관한 소고미국에서의 논의를 중심으로", 숭실대학교 법학논총 41, 121-144; 윤우일(2020a), "가정위탁에서 후견제도 활용의 한계", 서울법학 28-1, 75-94; 장민(2019), "친권자와 미성년후견인의 감독자책임" 충남대학교 법학연구 30-3, 113-148; 홍윤선(2023b), "미성년자의 불법행위에 대한 부모의 감독의무자책임 - 대법원 2022. 4. 14. 선고 2020다240021 판결의 검토에 기초하여", 법과정책연구 23-3, 295-323

I. 조문의 취지

미성년후견인은 미성년자의 신분(신상)에 관하여 친권자와 동일한 권리의무를 갖는다(본조 본문). 미성년후견의 특성상 미성년자를 위해 친권에 준하는 포괄적인 보호를 제공할 필요가 있기 때문이다. 이러한 측면을 강조하여 미성년후견과 친권 제도를 일원화하자는 견해[1]도 없지 않으나, 현행 민법은 여전히 미성년후견을 친권이 기능

1) 이러한 견해의 단초를 보여주는 문헌으로 김용한(1963), "영법상의 미성년자후견 -친권·후견통일방책에의 시사로서-", 법조 12-7, 43-54.

할 수 없을 때 이를 보충하기 위한 제도로 이해하고 있다. 따라서 미성년후견인이 친권자의 의사에 반하는 행위를 하거나 미성년자의 자유를 직접적으로 침해하는 행위를 할 때에는 일정한 제한이 가능하다(본조 단서). 미성년후견인에 대한 감독 장치 중 하나이다.

II. 신분에 관한 미성년후견인의 권리의무

1. 친권자와 동일한 권리

미성년후견인은 친권자와 마찬가지로 미성년자를 보호하고 교양할 권리(§913), 거소를 지정할 권한(§914)을 가진다. 구체적인 내용에 대해서는 §913-§914 註釋 참조.

2. 신분행위에 대한 대리권과 동의권

미성년후견인은 미성년자의 법정대리인이 되므로(§938), 미성년자의 신분행위와 관련된 각종의 대리권과 동의권을 행사한다.

가. 대리권

미성년후견인은 미성년자의 법정대리인 자격에서 혼인적령을 위반한 혼인(§817, 807), 부모 또는 미성년후견인의 동의를 받지 않은 미성년자의 혼인(§817, 808), 미성년자가 양부모가 된 입양(§885, 866), 법정대리인의 동의를 받지 않은 13세 이상의 미성년자 입양(§886, 869 ①) 및 법정대리인이 소재불명이 아님에도 불구하고 그의 동의 또는 승낙 없이 한 미성년자의 입양(§886, 869 ③ ii)의 취소를 청구할 수 있고, 인지청구의 소(§863)를 제기하거나, 재판상 파양(§906)을 청구할 수 있다. 그 밖에 혼인무효 및 이혼무효의 소(家訴 §23), 인지무효의 소(家訴 §28), 입양무효 및 파양무효의 소(家訴 §31) 역시 제기할 수 있다.

나. 동의권

미성년후견인은 법률의 규정에 따라 미성년자의 약혼(§810), 혼인(§808 ①)에 대해 동의권을, 법정대리인 자격에서 미성년자의 입양(§869 ①, ②) 또는 친양자입양(§908-2 ① iv, v)에 대한 승낙 또는 동의권을 행사한다. 반면 미성년후견인은 미성년자의 임의인지 또는 협의이혼에 대해서는 동의권이 없다. 의사능력이 있는 한, 미성년자가 단독으로 할 수 있기 때문이다.

3. 미성년후견인의 의무

미성년후견인은 친권자와 마찬가지로 미성년자를 보호하고 교양할 의무를 진다(§913). 그러나 미성년자의 보호·교양에 필요한 사무를 처리할 의무에 불과하며, 그 비용을 부담할 의무까지 포함하는 것은 아니다. 따라서 미성년자의 보호·교양을 위해 소비한 비용에 대해서는 미성년자의 부모 그 밖의 친족에 대해 지급을 청구할 수 있다.[2] 미성년자에 대한 부양의무자 및 부양의 범위에 대해서는 §974 주석 참조.

III. 미성년후견인에 대한 감독

미성년후견인이 미성년자의 신분(신상)에 관하여 친권자와 동일한 권리를 갖는다고 하더라도, 다음과 같은 점에서 일정한 제한을 받는다. 종전에는 피후견인을 감화 또는 교정기관에 위탁할 때에도 미성년후견감독인의 동의를 받도록 규정되어 있었지만(동조 2.), 친권자가 법원의 허가를 얻어 감화 또는 교정기관에 위탁할 수 있다고 규정했던 §915가 2021년 삭제되면서 이 규정도 삭제되었다.[3]

1. 친권자가 정한 교육방법, 양육방법 또는 거소의 변경

미성년후견인이 친권자가 정한 교육방법, 양육방법 또는 거소를 변경하는 경우에는 미성년후견감독인의 동의를 받아야 한다(본조 단서 i). 미성년후견감독인이 선임되어 있지 않은 때에는 동의를 요하지 않는다.

2. 친권자가 허락한 영업의 취소 또는 제한

셋째, 친권자가 허락한 영업을 취소하거나 제한하는 경우에는 미성년후견감독인의 동의를 받아야 한다(본조 단서 iii). 미성년후견감독인이 선임되어 있지 않은 때에는 동의를 요하지 않는다.

3. 기타

일부 견해는 미성년후견인이 §913에 따른 보호교양권에 근거하여 미성년자에 대한 의료행위 동의권을 행사할 수 있다고 주장한다.[4] 家訴 역시 이러한 전제 하에 미성년후견인이 미성년자를 위해 의료행위에 동의할 때에는 §947-2 ④에 따른 가정법

2) 김주수·김상용, 520; 송덕수, 258; 신영호·김상훈·정구태, 240; 이은영(2003), 15-16.
3) 윤진수, 292; 이경희·윤부찬, 288.
4) 김천수(1995), "환자의 친권자·후견인의 동의권", 민법학논총: 곽윤직 화갑기념, 457-458.

원의 허가를 받아야 하는 것을 전제로 이때 피미성년후견인의 진술을 들어야 한다거나(家訴 §45-3 ① ix), 허가시 가정법원은 미성년후견인·미성년후견감독인에 대하여 미성년자의 교육과 신상보호 및 재산관리에 관하여 필요하다고 인정되는 사항을 지시할 수 있다(家訴規 §66 ① ii)는 등의 절차규정을 마련하고 있다. 미성년자가 거주하는 건물이나 그 대지에 대한 매도 등의 경우에도 동일하다(家訴 §45-3 ① xii 및 家訴規 §66 ① iii).

또한 家訴는 피미성년후견인에 대한 의료행위 동의에 대한 허가 및 피미성년후견인이 거주하는 건물 또는 그 대지에 대한 매도 등에 대한 허가심판에 대해서는 미성년자, 미성년자의 부모와 친족, 미성년후견인, 미성년후견감독인, 검사, 지방자치단체의 장이 즉시항고를 할 수 있다고 규정한다(家訴規 §67 ① iii). 결국 현행 家訴의 태도에 따르면 미성년후견인이 의료행위 동의권 또는 거주용 부동산의 처분 등의 행위를 할 때에는 성년후견인과 동일하게 가정법원의 감독을 받는 결과가 될 것이다.

피성년후견인의 경우와 달리, 미성년후견인이 연명의료에서 어떤 역할을 할지는 논의되지 않는다. 연명의료결정법 §18 ① i가, 환자의 의사를 확인할 수 없고 환자가 의사표현을 할 수 없는 의학적 상태인 경우 연명의료중단 등 결정권이 미성년자인 환자의 법정대리인에게 있다고 하면서도 그 법정대리인을 친권자에 한정하고 있기 때문이다. 국내의 논의도 미성년자의 자기결정권이 부모의 의견과 충돌하는 경우, 전자를 어떻게 보장할 것인지에 맞추어져 있다.[5)]

4. 감독자책임

본조에 의해 미성년후견인은 미성년을 보호·교양할 의무를 친권자와 동일하게 부담한다. 이를 §755의 감독자책임의 근거로 파악하는 것이 일반적이다.[6)] 반면 책임무능력인 미성년자를 보호·교양하는 일이 법적으로나 경제적으로 절대 쉬운 일이 아님에도 불구하고 피후견인의 복리를 위하여 후견 임무를 수행하고 있는 후견인에게 친권자와 동일한 감독의무를 부과하여 친권자와 동일한 정도의 감독자책임을 지우는 것은 미성년후견제도가 시행되는 취지에 부합하지 않는다는 이유로, 감독의무를 후견 임무와 관련된 범위의 한도 내에서만 인정해야 한다는 견해도 주장되고 있다.[7)]

---

5) 김혁돈·이재호(2019), 393-394; 엄주희(2018), 19-20

6) 안병하(2014), 122; 홍윤선(2023b), 316.

7) 장민(2019), 137-138. 후견인인지 여부와 상관없이 위탁부모도 감독자로서 책임을 부담할 수 있는데, 이로 인해 가정위탁제도가 위축될 것을 우려하여 역시 책임제한이 필요하다는 견해로 윤우일(2020a), 89.

第 946 條 (친권 중 일부에 한정된 후견)

미성년자의 친권자가 제924조의2, 제925조 또는 제927조제1항에 따라 친권 중 일부에 한정하여 행사할 수 없는 경우에 미성년후견인의 임무는 제한된 친권의 범위에 속하는 행위에 한정된다.

▌참고문헌: 최효섭(1987), "후견의 개시와 호적신고", 사법행정 28-7, 108-114

미성년자의 친권자가 법률행위 대리권과 재산관리권의 상실선고를 받거나(§925), 법원의 허가를 얻어 법률행위 대리권과 재산권을 사퇴한 경우(§927 ①)에는 미성년후견인의 임무는 미성년자의 재산에 관한 행위에 한정된다. 또한 가정법원이 구체적인 범위를 정하여 친권의 일부 제한을 선고한 경우(§924-2) 친권이 제한된 범위에서 미성년후견인이 후견인으로서의 임무를 수행한다.

본조에 따라 선임된 미성년후견인이라도, 친권자가 사망하는 등 미성년자의 신분에 관한 임무를 수행할 사람이 없어진 때에는 그 임무의 범위가 잔존 친권 범위로 확대된다고 보는 견해[1]가 있다. 법정후견인 제도를 전제로 한 舊 민법(2011. 3. 7. 개정 전)상으로는 타당한 견해이나, 개정민법 하에서도 이러한 태도가 관철될 수 있을지는 의문이다.

현재로서는 기존의 미성년후견인이 이러한 임무를 수행하기에 적절하지 않다고 판단될 때에는 §940에 따라 후견인변경을 청구하는 것이 바람직할 것이다. 반면 §936 ③에 따른 후견인의 추가선임은 청구할 수 없다. 복수의 미성년후견인은 허용되지 않기 때문이다. §930 주석 참조.

1) 김주수·김상용, 527; 최효섭(1987), 110.

第947條 (피성년후견인의 복리와 의사존중)

성년후견인은 피성년후견인의 재산관리와 신상보호를 할 때 여러 사정을 고려하여 그의 복리에 부합하는 방법으로 사무를 처리하여야 한다. 이 경우 성년후견인은 피성년후견인의 복리에 반하지 아니하면 피성년후견인의 의사를 존중하여야 한다.

▮참고문헌: 고명식(2017), "고령자의 불법행위에 대한 손해배상책임 - 책임무능력자에 대한 감독자책임을 중심으로", 재산법연구 34-2, 141-162; 고철웅(2020), "치매고령자의 불법행위와 감독자책임 법리에 관한 소고", 민사법학 91, 171-214; 김상묵·조경신(2009), "성년후견제도의 도입 방안에 관한 고찰", 지역발전연구 8-2, 101-124; 김형석(2014c), "성년후견·한정후견의 개시심판과 특정후견의 심판", 서울대 법학 55-1, 443-475; 박인환(2011), "새로운 성년후견제도에 있어서 신상보호 -신상결정의 대행과 그 한계-", 가족법연구 25-2, 147-198; 박인환(2016), "정신장애인의 인권과 지역사회통합의 관점에서 본 2016년 정신건강증진법의 평가와 과제", 의료법학 17-1, 209-279; 배인구(2013), "성년후견제도에 관한 연구 -시행과 관련된 이론적·실무적 쟁점을 중심으로", 고려대학교 대학원 석사학위논문; 백승흠(2003), "현행 성년자보호를 위한 제도의 문제점과 대안으로서의 성년후견제도", 민사법학 24, 407-427; 백승흠(2004), "후견인의 요양·감호의무에 관한 고찰 -개정전 일본 민법의 해석론과 성년후견을 중심으로", 가족법연구 18-2, 149-176; 백승흠(2015), "정신보건법상 보호자제도와 민법상 감독자책임에 관한 검토", 재산법연구 31-4, 283-307; 송영민(2023), "성년후견제도와 민법 제947조의 기능", 원광법학 39-3, 49-69; 송호열(2003), "성년후견법제화의 기본원칙과 방향", 동아법학 33, 181-216; 송호열(2006), "고령화사회에 비추어 본 행위무능력제도의 문제점과 후견제도의 확장", 재산법연구 23-2, 37-75; 신권철(2023), "정신질환자 보호의무자 제도 폐지와 그 대안", 사회보장법연구 12-2, 43-95; 안경희(2023), "2023년 시행 독일 성년후견법의 규정 체계와 주요 개정 내용", 국민대학교 법학논총 36-1, 47-86; 오호철(2014), "성년후견인의 제3자에 대한 책임 - 일본 나고야지방재판소 平成25年(2013년)8月9日判決과 관련하여", 법학연구 56, 119-140; 오호철(2023), "독일 개정 성년후견법의 주요 내용", 법이론실무연구 11-1, 421-439; 이재경(2019), "성년책임무능력자의 불법행위에 대한 감독자책임 - 감독의무를 중심으로", 동아법학 83, 187-216; 이재경(2022), "정신질환자의 불법행위에 대한 구 정신보건법상 보호의무자의 감독자책임", 전북대학교 법학연구 69, 310-327; 전광백·김성연(2021), "의사결정을 할 수 없는 미성년 발달장애인의 성년후견", 연세대학교 법학연구 31-3, 405-440; 정다영(2022), "정신질환자 보호의무자의 감독의무 위반으로 인한 손해배상책임", 의료법학 23-4, 133-170; 제철웅(2008), "성년후견제도의 개정방향", 민사법학 42, 111-149; 제철웅(2011), "요보호성인의 인권존중의 관점에서 본 새로운 성년후견제도", 민사법학 56, 277-331; 제철웅(2012), "성년후견인의 민법 제755조의 책임-그 정당성에 대한 비판적 검토", 법조 61-7, 5-53; 최성경(2017), "성년 책임무능력자의 감독자의 책임 - 일본 최고재판소 2016년 3월 1일 판결(JR 東海事件)을 중심으로", 아주법학 11-1, 61-87; 1홍춘의(2002), "후견제도 개혁의 과제", 가족법연구 16-2, 1-39

I. 조문의 취지

성년후견인의 사무처리에 관한 일반조항이다. 본조에서 정하고 있는 성년후견인의 의무는 두 가지 측면에서 舊 민법(2011. 3. 7. 개정 전)상 금치산자의 후견인과 차이가 있다. 그 중 하나는 성년후견인이 재산관리 사무뿐만 아니라, 신상보호 사무도 담당함을 명백히 하였다는 점[1]이며, 다른 하나는 성년후견인에게 수임인으로써의 선관주의의무 외에 복리배려의무와 의사존중의무라는 고유한 사무처리기준을 제시하고 있다는 점이다.

II. 사무의 범위

성년후견인은 피성년후견인의 재산관리와 신상보호 사무를 담당한다.

1. 재산관리사무

성년후견인은 피성년후견인의 재산을 관리한다(§949). 자세한 내용은 §949 주석 참조.

2. 신상보호사무

가. 신상보호의 개념

"신상보호"란 피성년후견인이 의식주 등 일상생활의 영위, 치료나 요양 등과 같은 일신상의 사무(신상)와 관련하여 각종의 행위를 함에 있어 그것을 지원하기 위해 각종의 법률적 조언이나 의사결정의 대행, 경우에 따라서는 법률행위의 대리를 해 주는 것을 내용으로 하는 사무이다.[2] "신상"의 구체적인 의미에 대해서는 §947-2 주석 참조.

나. 신상보호의 범위

舊 민법(2011. 3. 7. 개정 전) §947 ①은 "禁治産者의 後見人은 禁治産者의 療養, 監護에 日常의 注意를 懈怠하지 아니하여야 한다."고 규정하고 있었을 뿐이므로, 후견인이 금치산자의 일상생활 전반에 대해 주의의무를 부담하는 것인지 또는 舊 민법 §947 ②와의 관계상 감금치료와 관련된 부분에 한하여 주의의무를 부담할 뿐인지, 더

1) 법개정 당시 성년후견에서의 신상보호 확대를 주장하였던 견해로 김상묵·조경신(2009), 117-118; 백승흠(2003), 412; 송호열(2006), 52-56; 제철웅(2008), 138 등.

2) 윤진수·현소혜, 109.

나아가 법률효과를 수반하지 않는 개호노동과 같은 사실행위까지 포함하는 것인지 여부 등을 둘러싸고 논란이 있었다.[3)]

일부 견해는 사실상의 감호행위까지 포함하는 넓은 의미로 해석[4)]한 반면, 재산관리를 중심으로 하는 선관주의의무의 내용을 구체화하는 조문에 불과하다는 견해[5)]도 있었기 때문이다. 후자의 견해에 따르면, 동 조문은 후견인이 재산관리를 통해 얻은 수익이 금치산자 요양·감호에 우선적으로 사용되도록 선관주의의무를 다해야 한다는 취지의 주의규정일 뿐, 후견인에게 요양감호의무라는 독립한 의무를 과하는 조문은 아니라고 한다.

그러나 실제로 후견제도를 이용하는 수범자들 사이에는 재산관리보다 신상보호에 관한 수요가 팽배해 있었으므로, 성년후견제를 도입함에 있어서도 신상에 관한 규정을 정비해야 한다는 주장이 있었다. 이러한 주장은 다시 두 가지 견해로 나누어진다. 하나는 개호를 비롯한 사실행위까지 성년후견인의 직무범위로 삼는 것은 그에게 지나치게 큰 권한과 부담을 주고, 개호노동의무를 강제할 염려가 있으므로, 신상보호와 관련된 의사결정대행으로 그 직무를 한정해야 한다는 입장[6)]이고, 다른 하나는 성년후견인의 직무범위를 의사결정대행으로 한정하더라도 상시적으로 피성년후견인의 건강·환경·희망 등을 파악해야 하는 업무의 성격상 그를 위해 무상 또는 유상으로 개호서비스를 제공해줄 자를 찾을 수 없을 때에는 성년후견인이 일시적으로라도 사실행위를 하지 않을 수 없으므로 요양감호행위 자체를 후견인의 임무에 포함시켜야 한다는 입장[7)]이 그것이다.

이러한 배경 하에 2011. 3. 7.자 개정민법은 성년후견인이 신상보호 사무를 담당할 수 있음을 명시하였다. 이로써 후견인의 선관주의의무가 오로지 재산관리에만 미친다거나, 재산관리시 그로부터 나온 수익이 피후견인의 요양·감호를 위해 사용될 수 있도록 주의의무를 다해야 할 뿐이라는 견해는 근거를 상실하게 되었다.[8)] 신상에 관한 후견이 강화되었다고 볼 수 있을 것이다. 다만, 개정 민법 하에서 성년후견인이 신상보호사무를 담당한다고 하여, 그가 피성년후견인의 요양감호를 위해 식사보조 등

3) 舊 민법(2011. 3. 7. 개정 전)상 신상보호사무의 법적 성격에 대한 자세한 논의를 찾아볼 수 있는 문헌으로 송호열(2003), 192−193 참조.
4) 홍춘의(2002), 28−29. 다만, 동 견해도 입법론으로서는 이러한 해석에 반대하면서 의사결정대행의 측면을 강조한다.
5) 박인환(2011), 162−163; 백승흠(2004), 156−159. 다만, 동 견해도 입법론으로서는 이러한 해석에 반대하면서 사실상의 감호 측면을 강조한다.
6) 홍춘의(2002), 31.
7) 백승흠(2004), 162−166, 171−172.
8) 윤진수·현소혜, 109.

수발을 제공하는 개호인과 같은 역할을 담당하는 것은 아니라는 것이 통설이다.[9] 성년후견인의 역할은 사실행위를 통해 피성년후견인에게 직접적인 신상에 관한 서비스를 제공하는 데 있는 것이 아니라, 그와 같은 서비스를 제공받을 수 있도록 각종의 개호계약, 의료계약 또는 시설입소계약 등을 대신 체결하고, 서비스를 제공받음에 있어서 피성년후견인에게 부당한 처우가 발생하지 않도록 이를 감독 내지 감시하며, 경우에 따라 이의를 신청하고, 계약의 내용이나 당사자를 변경하거나, 피성년후견인에게 필요한 각종의 사회복지급여를 대신 신청하는 등 포괄적인 지원을 제공하는데 있다고 본다. 성년후견제도는 근본적으로 의사결정대행제도로서의 성격을 가지고 있을 뿐만 아니라, 이와 같이 해석하지 않을 경우 후견비용이 과다해질 우려가 있다는 점, 후견인에게 부양의무자에 준하는 지위를 인정할 수는 없다는 점 등을 근거로 제시한다.

더 나아가 신상보호의무를 수행하는 성년후견인이 §755에 따른 감독자책임을 지는지 여부에 대해서 예전부터 의문이 제기되어 왔다. 성년후견인에게 감독자책임을 인정하는 것을 해석론 및 정책적으로 반대하는 견해에서는, 성년후견인이 구 정신보건법 §21 ②에 따른 보호의무자로서의 지위를 갖는다고 하더라도 이는 같은 법에 따라 정신장애인에게 치료를 받게 할 의무일 뿐 그를 감독할 의무는 아니라는 점, 요보호성년자의 잔존능력과 자기결정권을 최대한 존중할 것을 요구하는 UN 장애인권리협약 정신을 고려한다면 성년후견인이 피후견인에 관한 일상적이고 포괄적인 감독의무를 부담하는 것으로 해석할 수 없다는 점, 이미 성년에 이른 정신장애인의 보호의무를 전적으로 부양의무자에게 부과하는 것은 개인에게 지나친 부담을 주는 것으로서 보호의무의 경감을 위해 정신장애인을 강제입원시키고 입원을 장기화하는 것을 촉진하는 결과를 초래한다는 점, 정신질환자의 제3자에 대한 불법행위를 예측하는 것은 전문의에게도 곤란한 것인데 성년후견인이 이를 예측해 적절한 감독행위를 하는 것은 거의 불가능하고 그럼에도 불구하고 감독의무를 일률적으로 인정한다면 성년후견인이 되는 것을 회피하는 위축 효과가 발생할 수 있다는 점 등을 논거로 제시한다.[10]

한편 舊 정신보건법 §21 ①은 정신질환자의 민법상의 부양의무자 또는 후견인은

9) 해설, 58; 구상엽(2012), 93-95; 김형석(2014c), 447; 박인환(2011), 174-176; 배인구(2013), 45; 제철웅(2011), 286-289; 제철웅(2012), 38.

10) 고명식(2017), 149-150; 고철웅(2020), 190 이하; 박인환(2016), 249; 백승흠(2015), 303; 오호철(2014), 135-136; 이재경(2019), 197; 제철웅(2012), 36-46. 입법론으로서는 성년후견인이나 보호의무자의 감독의무에 대해 부정적이지만 해석론상 인정할 수밖에 없다는 견해로 최성경(2017), 81; 고철웅(2020), 199. 民 §938 ③과의 관계상 모든 후견인이 아니라 가정법원이 신상에 관한 결정을 부여한 후견인만 이에 해당한다는 견해로 박인환(2016), 250. 성년후견인도 民 §755의 책임을 부담할 수 있지만, 그가 피성년후견인의 불법행위를 예견할 수 없었던 경우에는 §755 ① 단서에 의해 면책을 허용해야 한다는 견해로 윤진수, 304.

정신질환자의 보호의무자가 된다고 규정하고 §22 ②는 보호의무자는 보호하고 있는 정신질환자가 자신이나 다른 사람을 해치지 아니하도록 유의해야 한다고 규정하고 있었다. 보호의무자 제도는 정신질환자에 대한 보호의 권한과 책임을 부양의무자에게 부과한다는 점에서 많은 비판을 받아왔지만 현행 정신건강복지법 §39 ①와 §40 ③에서 유지되었으며, 다만 보호의무자의 순위가 후견인 또는 부양의무자로 바뀌었을 뿐이다.[11] 순위가 변경된 것은, 민법상 부양의무자를, 가정법원이 본인 보호를 위해 적합한 자로 선임한 후견인보다 우선하는 규정에 대한 비판을 수용한 결과이다.[12]

그리고 舊 정신보건법 §21 ①과 §22 ②에 대해 대법원 2021. 7. 29. 선고 2018다228486 판결[13]은, 법규정의 문언과 체계 등에 비추어 보면, 부양의무자 등은 피보호자인 정신질환자에 대한 법률상 감독의무를 부담하므로 그 의무 위반으로 타인에게 손해를 가하는 경우에 이를 배상할 책임이 있다고 인정하였다. 다만 대법원은, 이러한 감독의무는 정신질환자의 행동을 전적으로 통제하고 그 행동으로 인한 모든 결과를 방지해야 하는 일반적인 의무가 아니라 구 정신보건법 등 관련 법령의 취지, 신의성실의 원칙, 형평의 원칙 등을 종합적으로 고려하여 합리적으로 제한된 범위에서의 의무라고 해석하였다. 구체적으로 부양의무자 등이 피보호자인 정신질환자에 관한 감독의무를 위반하였는지는 여부는, 정신질환자의 생활이나 심신의 상태 등과 함께 친족 관계와 동거 여부, 일상적인 접촉 정도, 정신질환자의 재산관리 관여 상황 등 정신질환자와의 관계, 정신질환자가 과거에도 타인에게 위해를 가하는 행동을 한 적이 있는지 여부와 그 내용, 정신질환자의 상태에 대응하는 보호와 치료 상황 등 모든 사정을 종합적으로 고려하여, 피보호자인 정신질환자가 타인을 위해할 가능성이 있다는 구체적인 위험을 인지하였는데도 대비를 하지 않은 경우와 같이 부양의무자 등에게 정신질환자의 행위에 관해서 책임을 묻는 것이 타당한 객관적 상황이 인정되는지 여부에 따라 개별적으로 판단하였다. 그리고 이 판결에 따르면, 감독의무가 인정되는 경우 정신질환자가 책임능력이 없다면 民 §755 ①에 따라, 책임능력이 있는 경우라도 손해가 감독의무자의 감독의무 위반과 인과관계가 있으면 감독의무자는 일반불법행위자로서 §750에 따라 그 손해를 배상할 책임을 부담하게 된다.

11) 반면 일본은 1999년 정신보건복지법 개정으로 자상타해방지의무를 폐지하였으며, 2013년에는 보호자 제도를 폐지하였다. 고철웅(2020), 181; 백승흠(2015), 285; 신권철(2023), 54; 최성경(2017), 76-80.

12) 박인환(2016), 248-249. 다만 입원과정에서 가족이 후견인이 있는지 여부를 알리지 않으면 정신의료기관이나 입원심사기관에서는 이를 확인할 방법이 없고, 2인 이상의 동의로 보호입원이 되므로 후견인과 다른 가족이 함께 보호입원을 신청해야 하는 것이어서 후견인을 선순위로 규정한 것으로 인한 영향력은 제한적이다. 신권철(2023), 59.

13) 이 판결이 선고되기 전에도 하급심에서 유사한 사례에서 보호의무자에게 손해배상책임이 인정되어 왔다. 상세한 내용은 고철웅(2020), 195-197; 신권철(2023), 74 참조.

이 판결에 대해서는 다양한 각도에서 비판이 제기되고 있다. 民 §755의 감독책임과 §750의 감독책임을 동일하게 이해할 수 없으며, 가해자가 책임능력이 있다면 감독자는 구체적 상황에서 감독의무를 게을리하였을 때에만 §750의 불법행위책임을 부담해야 한다는 견해,[14] 가해자에게 책임능력이 인정되는 이상 §755에 의해서든 §750에 의해서든 감독자책임을 인정하기 어렵다는 견해,[15] 이러한 대법원의 판결은 정신질환자 가족에게 사실상 연대책임을 감수할 것을 요구하고 결과적으로 보호의무자가 해당 정신질환자를 입원시키도록 강요한다는 비판[16] 등이다.

다. 성년후견인의 직무 범위

신상에 관하여는 피성년후견인이 단독으로 결정하는 것이 원칙이다(§947-2). 따라서 본조에도 불구하고 성년후견인이 피성년후견인을 위해 포괄적인 신상보호의무를 지는 것은 아니다.[17] 성년후견인은 피성년후견인이 스스로 결정할 수 없는 경우에 한하여, 그리고 §938 ③에 따라 가정법원으로부터 피성년후견인의 신상에 관하여 결정할 수 있는 권한을 수여받은 범위 내에서만 신상보호권한을 갖는다. 이를 둘러싼 논란은 §938 註釋 참조.

III. 복리배려의무와 의사존중의무

1. 복리배려의무

성년후견인은 피성년후견인의 재산관리와 신상보호를 할 때 여러 사정을 고려하여 피성년후견인의 복리에 부합하는 방법으로 사무를 처리하여야 한다(본조 전문).

이때 복리배려의무는 선량한 관리자로서의 주의의무와는 차이가 있다. 舊 민법(2011. 3. 7. 개정 전)상 금치산자의 후견인은 재산관리사무에 중점을 두고 있었으므로, 선량한 관리자의 주의의무를 다함으로써 재산상의 손해를 피하는 것만으로 그 의무

---

14) 정다영(2022), 165.

15) 이재경(2022), 323-324. 다만 이 견해는 성인인 정신질환자 본인의 책임과 감독자로서 아버지의 책임을 동시에 인정한 것을 비판한 것이며, 사안의 구체적인 사실관계에 비추어 아버지에게 감독자책임을 인정할 수 있다고 보았다. 또한 이 판결이 선고되기 이전이지만 이재경(2019), 205-206은 미성년자에 대한 감독이 교육 혹은 교양을 통해 이루어지는 것과 달리, 정신질환자인 성년자에 대한 감독은 교육이나 교양으로 가능하지 않고, 그들에 대한 감독은 질환을 치료하거나 그가 타해행위를 하지 못하도록 행동을 제약하는 방법으로 이루어질 수 밖에 없는데, 정신질환자의 자기결정권 때문에 잠재적 위험만으로 그에게 치료를 강제할 수는 없어서, 결과적으로 정신질환을 앓고 있는 자가 불법행위로 타인에게 손해를 가하는 것을 특정인의 일반적이고 포괄적인 감독을 통해 예방하는 것은 불가능하다는 점을 지적하고 있다.

16) 신권철(2023), 75.

17) 김형석(2010), 137; 제철웅(2011), 286.

를 다한다고 볼 수 있었으나, 성년후견인은 피성년후견인의 재산관리와 신상보호 사무를 포괄적으로 담당할 뿐만 아니라, 피성년후견인의 자기결정권 존중을 통한 보편화의 이념 실현에 이바지하여야 하므로, 2011. 3. 7.자 개정민법은 선관주의의무보다 고양된 복리배려의무를 부과하였다(이견[18] 있음).

피성년후견인의 복리는 경제적·합리적 관점에서만 결정되는 것은 아니며, 그의 재산관계, 가족관계, 평소의 가치관과 희망·감정,[19] 인간다운 생활을 할 수 있기 위한 최소한의 조건 등을 종합적으로 판단하여야 한다. 가령 피성년후견인에게 다소간 경제적 손실을 가져올 수 있는 결정이라도, 그것이 본인의 행복과 안위에 더 이바지할 수 있다면 피성년후견인의 복리에 부합한다고 판단할 수도 있을 것이고,[20] 본인에게 객관적인 손해가 발생했더라도 본인의 주관적 의사가 확인된다면 후견인은 손해배상책임으로부터 면책된다.[21] 이와 관련하여 독일이 성년후견법을 개정(2023년 시행)하면서, 성년후견인이 (객관적) 복리에 따라 후견사무를 처리한다는 오해를 불러일으킬 수 있다는 점을 감안하여, 후견행사의 기준을 피성년후견인의 '복리'에서 '희망'으로 대체한 점도 눈여겨볼 만 하다(獨民 §1821 ②).[22]

2. 의사존중의무

성년후견인은 피성년후견인의 복리에 반하지 아니하면 피성년후견인의 의사를 존중하여야 한다(본조 후문). 피성년후견인의 자기결정권을 충분히 보장하기 위함이다.[23] 문언상으로는 복리배려의무가 의사존중의무보다 우선적 지위를 갖는 것으로 보인다.[24] 피성년후견인의 복리에 반하는 의사는 존중하지 않아도 되는 것으로 읽히기 때문이다. 그러나 피성년후견인의 복리 자체가 합리성 기준에 의해 결정되는 것이 아니라, 피성년후견인의 평소의 생활관계, 가치관, 그의 희망 등을 종합적으로 고려하여 결정되는 것인 이상, 원칙적으로는 피성년후견인의 의사에 부합하는 사무처리가 그의 복리에 부합하는 사무처리라고 추정할 수 있을 것이다.

따라서 피성년후견인의 생명 또는 신체에 중대한 위해를 가져오거나, 회복불가

18) 문성제(2009), "성년후견인의 의료행위에 대한 동의권과 법률상의 제문제", 한국의료법학회지 17-2, 6; 송호열(2012), "성년후견법제의 도입에 따른 의료행위와 동의권", 의생명과학과 법 7, 134는 동 조문이 피성년후견인의 신상결정을 위한 재산처분과 관련한 선관주의의무를 규정한 것이라고 본다.
19) 제철웅(2008), 137.
20) 구상엽(2012), 95-97; 박인환(2010), 51-52.
21) 송영민(2023), 65.
22) 안경희(2023), 67 이하; 오호철(2023), 430. 실제 본인의 의사보다 무엇이 본인의 복리에 부합하는지의 관점에서 파악해야 한다는 견해로는 전광백·김성연(2021), 417.
23) 성년후견에 있어서 자기결정권 보호를 강조하는 문헌으로 제철웅(2008), 113.
24) 위계찬(2024), 235.

능하여 피성년후견인의 생활을 위협할 정도의 재산상 손실을 야기할 수 있다는 등의 특별한 사정이 없는 한, 피성년후견인의 복리에 반한다는 이유로 그의 의사를 존중하지 않는 것은 허용될 수 없다.[25)]

성년후견인은 의사존중의무를 이행하기 위해 가급적 사무처리에 관한 피성년후견인의 의사를 직접 확인하여야 하며, 확인이 불가능한 경우라면 그의 가정적 의사를 탐구하여서라도 이를 충분히 실현할 필요가 있다. 이와 같은 의사확인을 위해 성년후견인은 피성년후견인을 수시로 방문하여 의견을 청취할 의무가 있다고 보는 견해[26)] 도 있다.

IV. 위반의 효과

성년후견인이 본조에서 정한 복리배려의무 및 의사존중의무에 위반하여 임의로 피성년후견인의 재산관리 또는 신상보호에 관한 사무를 처리한 경우 가정법원은 직권 또는 일정한 자의 청구에 의해 후견인을 변경할 수 있다(§940). 또한 가정법원은 성년후견인의 재산관리 등 후견임무 수행이 피성년후견인의 복리배려의무 및 의사존중의무에 부합하지 않을 때에는 직권으로 또는 일정한 자의 청구에 의해 직접 후견임무 수행에 관하여 필요한 처분을 명할 수도 있다(§954).

25) 윤진수·현소혜, 110.
26) 백승흠(2011a), 43-44.

第947條의2 (피성년후견인의 신상결정 등)

① 피성년후견인은 자신의 신상에 관하여 그의 상태가 허락하는 범위에서 단독으로 결정한다.

② 성년후견인이 피성년후견인을 치료 등의 목적으로 정신병원이나 그 밖의 다른 장소에 격리하려는 경우에는 가정법원의 허가를 받아야 한다.

③ 피성년후견인의 신체를 침해하는 의료행위에 대하여 피성년후견인이 동의할 수 없는 경우에는 성년후견인이 그를 대신하여 동의할 수 있다.

④ 제3항의 경우 피성년후견인이 의료행위의 직접적인 결과로 사망하거나 상당한 장애를 입을 위험이 있을 때에는 가정법원의 허가를 받아야 한다. 다만, 허가절차로 의료행위가 지체되어 피성년후견인의 생명에 위험을 초래하거나 심신상의 중대한 장애를 초래할 때에는 사후에 허가를 청구할 수 있다.

⑤ 성년후견인이 피성년후견인을 대리하여 피성년후견인이 거주하고 있는 건물 또는 그 대지에 대하여 매도, 임대, 전세권 설정, 저당권 설정, 임대차의 해지, 전세권의 소멸, 그 밖에 이에 준하는 행위를 하는 경우에는 가정법원의 허가를 받아야 한다.

참고문헌: 강요한/이경철/유승민(2011), "의료현장에서의 성년후견", 생명윤리정책연구 5-1, 27-49; 구상엽(2012), "개정민법상 성년후견제도에 대한 연구 -입법배경, 입법자의 의사 및 향후 과제를 중심으로-", 서울대학교 대학원 박사학위논문; 김미경(2015), "프랑스 민법상 성년후견제와 주거보호", 재산법연구 32-5, 345-366; 김민중(2009), "성년후견제도의 도입에 관한 논의에서 의료행위와 관련한 과제", 저스티스 112, 208-239; 김수정(2024), "친족성년후견인의 역할에 관한 비교법적 연구 - 근친의 법정대리권을 중심으로", 비교사법 31-2, 127-179; 김인숙(2012), "성년후견 관련기관과 그 역할", 법무사 2012-10, 12-15; 김천수(1995), "환자의 친권자·후견인의 동의권", 민법학논총: 곽윤직 화갑기념, 455-477; 김천수(2007), "성년후견과 의료행위의 결정", 가족법연구 21-1, 1-30; 김형석(2010), "민법개정안에 따른 성년후견법제", 가족법연구 24-2, 111-166; 김형석(2014a), "피후견인의 신상결정과 그 대행", 가족법연구 28-2, 245-274; 문상혁(2015), "장기이식 환자의 동의권에 관한 연구", 생명윤리정책연구 9-1, 1-32; 문상혁(2023), "연명의료결정법에서 무연고자 규정미비 등에 관한 법적 고찰", 의료법학, 24:4, 103-128; 문성제(2009), "성년후견인의 의료행위에 대한 동의권과 법률상의 제 문제", 한국의

료법학회지 17−2, 1−27; 박득배(2014), "후견계약의 체계와 과제", 법과 정책연구 14−4, 1581−1604; 박은영·이원복(2020), "성년후견과 잊혀질 권리에 관한 試論", 정보법학 24−1, 179−210; 박인환(2010), "새로운 성년후견제 도입을 위한 민법개정안의 검토", 가족법연구 24−1, 31−74; 박인환(2011), "새로운 성년후견제도에 있어서 신상보호 −신상결정의 대행과 그 한계−", 가족법연구 25−2, 147−198; 박호균(2012), "성년후견과 의료−개정 민법 제947조의2를 중심으로−", 의료법학 13−1, 125−153; 백승흠(2004), "후견인의 요양·감호의무에 관한 고찰 -개정전 일본 민법의 해석론과 성년후견을 중심으로", 가족법연구 18−2, 149−176; 백승흠(2011b), "민법개정안의 성년후견제도와 피후견인의 신상보호", 법학논고 35, 53−80; 송호열(2012), "성년후견법제의 도입에 따른 의료행위와 동의권", 의생명과학과 법 7, 123−150; 신권철(2010), "성년후견제도의 도입과 법원의 역할", 사법 14, 4−38; 신은주(2009), "우리나라에서 성년후견제도의 도입", 한국의료법학지 17−6, 29−59; 엄덕수(2010), "성년후견 법안, 그 쟁점과 입법방향", 법무사 516, 18−25; 안경희(2019), "독일민법상 사전의료지시의 구속력", 국민대학교 법학논총 32−1, 41−81; 오호철(2006), "일본의 성년후견제도의 개선 논의에 대한 동향", 비교사법 13−4, 427−466; 오호철(2007), "일본의 성년후견제도의 고찰", 법학연구 27, 563−593; 오호철(2010), "일본의 성년후견제도상 의료행위의 동의", 법학연구 39, 85−108; 윤일구(2015), "성년후견제도의 시행에 따른 문제점과 과제", 전남대 법학논총 35−2, 365−388; 위수현(2023), "후견심판에 있어서 법원의 재량에 대한 고찰 −대법원 2021. 6. 10. 자 2020스596 결정에 대한 평석", 사법 66, 433−463; 이영규(2019), "후견감독" 한양대학교 법학논총 36−4, 393−422; 이영규(2020), "피성년후견인의 의료행위에 대한 동의", 한양대학교 법학논총 37−4, 273−297; 이재경(2009), "의료분야에서 성년후견제도의 활용에 관한 연구", 성균관법학 21−3, 255−279; 이재경(2012), "성년후견제도에 있어서 정신질환자에 대한 의료행위와 후견인의 동의권에 관한 연구", 가족법연구 26−3, 419−438; 이지은(2012), "신상 결정 대행에 대한 법원의 감독−개정민법 제947조의2의 해석을 중심으로−", 비교사법 19−1, 173−212; 이지은(2017), "후견계약 공정증서양식에 관한 고찰", 가족법연구 31−3, 37−68; 장석천(2012), "연명치료 중단에 관한 의료행위에 있어서 성년후견인의 동의권", 법학연구 23−1, 211−230; 정구태(2017), "영미법계 성년후견제도에서의 피후견인의 신상보호", 인문사회21 8−1, 1037−1054; 정정일(2011), "민법의 동향과 전망", 경기법학논총 13, 45−72; 제철웅(2008), "성년후견제도의 개정방향", 민사법학 42, 111−149; 제철웅(2013), "성년후견법의 시행준비작업상의 몇 가지 이론적, 실천적 문제", 가족법연구 27−1, 1−40; 제철웅(2017a), "정신건강증진 및 정신질환자 복지서비스 지원에 관한 법률 제43조 및 민법 제947조의2 제2항에 의한 비자의입원의 상호관계", 가족법연구 31−1, 253−290; 제철웅(2021), "민법 제947조의2 제2항의 자유박탈조치의 개선 및 관련 사회보장법의 정비", 민사법학 94, 291−323; 제철웅·박주영(2007), "성년후견제도의 도입논의와 영국의 정신능력법의 시사점", 가족법연구 21−3, 275−310; 현소혜(2012), "의료행위 동의권자의 결정 −성년후견제 시행에 대비하여−, 홍익법학 13−2, 177−213; 현소혜(2018), "피성년후견인의 가족관계에 관한 의사결정 자유의 보장", 가족법연구 32−3, 231−254; 황영두(2011), "민법상 성년후견제도에 관한 고찰", 경성법학 20−2, 161−185

I. 조문의 취지

성년후견인은 §938 ③에 의해 가정법원으로부터 피성년후견인의 신상에 관하여 결정할 수 있는 권한을 수여받은 때에만 신상에 관한 결정을 대행할 수 있다. 신상에 관한 사항은 일신전속적 성격을 가지므로, 피성년후견인의 의사결정능력이 잔존 또는 회복되어 스스로 신상에 관해 결정할 수 있을 때에는 성년후견인이 이에 개입할 수 없도록 하는 것이 성년후견제의 보충성 원리에 부합하기 때문이다. 이와 같은 전

제 하에 본조는 신상에 관해 피성년후견인 단독결정의 원칙을 선언하였다.[1)]

또한 舊 민법(2011. 3. 7. 개정 전)상 금치산자의 후견인이 피후견인의 삶을 전방위적으로 지배하고, 그에 따라 피후견인의 신체·주거이전의 자유 등 사생활의 영역을 지나치게 침해하였던 것에 대한 반성적 고려로서 본조는 성년후견인이 신상에 관한 결정을 대행하는 경우라도 그것이 피성년후견인의 복리에 심각한 영향을 미칠 우려가 있는 때에는 가정법원이 개입하도록 하였다.

II. 피성년후견인 단독 결정의 원칙

피성년후견인은 자신의 신상에 관하여 그의 상태가 허락하는 범위에서 단독으로 결정한다(본조 ①).

이때 '신상'의 개념이 무엇인가에 대해 견해가 확립되어 있지 않다. 신상을 "한 사람의 몸이나 처신 또는 그의 주변에 관한 일이나 형편"과 같은 사전적 의미로 좁게 이해하는 견해[2)]도 있고, "어떤 사람의 개인적이고 사적인 신변에 관한 사항으로 법적으로는 널리 인격적 이익에 밀접하게 관련된 생활관계"라고 넓게 해석하는 견해도 있다.[3)] 정신장애인의 일반적 행동 자유권을 보다 확실하게 보장하고자 신상 개념을 민법에 도입한 입법자의 의사를 존중한다는 측면에서 보면 뒤의 견해가 타당하다고 본다. 따라서 신상에는 거주·이전·주거·면접교섭·의료적 조치 등과 같이 자신의 신체에 관한 통제가 문제되는 사항뿐만 아니라, 가족관계의 성립이나 해소 등과 같이 정신적 영역에서의 자율권 보장이 문제되는 사항들도 포함된다.[4)]

피성년후견인은 신상에 관하여 "단독으로 결정"할 수 있다. 신상에 관한 사항은 일신전속적 성격을 가지므로, 피성년후견인 외에 어느 누구도 함부로 개입할 수 없음이 원칙이다. 누구나 헌법 §10에 기초하여 자신의 인생관과 가치관, 정서와 감정, 취향과 기호, 오랜 생활 습관에 따라 스스로 자신의 삶을 형성해 나갈 자유가 있으므로, 타인이 이를 강제할 수 없다는 것이다.[5)] 따라서 피성년후견인이 이에 관한 결정을 내릴 때 성년후견인을 비롯하여 어떠한 제3자의 동의 또는 대리도 필요하지 않다.

물론 피성년후견인이 의식불명 등으로 인해 스스로 신상에 관한 결정을 내릴 수 없는 경우 가정법원은 §938 ③에 따라 성년후견인에게 신상에 관한 의사결정대행권

1) 입법취지에 대해서는 자료집, 394-402 참조.
2) 송덕수, 260.
3) 김주수·김상용(2018), 524; 윤진수, 302; 박인환(2011), 153.
4) 현소혜(2018), 246.
5) 박인환(2011), 168.

한을 부여할 수 있으나, 그 심판이 확정된 후에도 피성년후견인이 스스로 결정할 수 있는 상태로 회복된 때에는 피성년후견인이 단독으로 결정할 수 있다.[6] 따라서 피성년후견인의 결정과 배치되는 성년후견인의 의사결정대행행위는 아무런 효력을 갖지 못한다.

다만, 피성년후견인은 "그의 상태가 허락하는 범위" 내에서 단독으로 결정할 수 있을 뿐이다. 이때 "그의 상태가 허락하는 범위" 내란 의사능력 또는 행위능력 유무를 기준으로 결정되어야 하는 것은 아니다.[7] 합리적 인간을 전제로 하는 의사능력 개념과 달리, 신상에 관한 사항은 스스로 자신이 희망하는 바(주관적 선호도)를 결정할 수 있는 정도의 능력, 즉 의사결정능력만 있으면 스스로 판단할 수 있기 때문이다. 가령 자신이 거주할 임대차계약을 체결하는 등 재산법적 법률행위를 위해서는 적어도 의사능력이 요구되지만, 임차목적물의 특정, 즉 주거지의 선택과 같은 신상에 관한 결정은 의사결정능력이 있는 것으로 족하다.

이때 의사결정능력 유무의 판단기준으로는 당해 의사결정에 관련된 정보를 이해할 수 있는지 여부, 제공된 정보를 의사결정 시점까지 기억할 수 있는지 여부, 특정의 의사결정을 하기 위해 제공된 정보를 이용하거나 비교할 수 있는 능력이 있는지 여부, 특정의 의사결정을 타인에게 전달할 수 있는 능력이 있는지 여부 등이 제시되고 있다.[8]

피성년후견인이라도 의사결정능력이 있는 것으로 추정되므로, 성년후견인에 의한 의사결정 대행이 유효라고 주장하는 자가 피성년후견인에게 의사결정능력 없었음을 입증해야 할 것이다. 이에 대해서는 성년후견인의 결정을 다투는 자가 피성년후견인에게 결정능력 있음을 입증해야 한다는 반대설[9]이 있다.

III. 의사결정대행에 가정법원의 허가를 요하는 경우

본조 ② 내지 ⑤은 성년후견인이 피성년후견인의 신상에 관한 의사결정을 대행함에 있어 가정법원의 허가를 받아야 하는 경우를 열거하고 있다. 피성년후견인의 인간으로서의 존엄과 밀접한 관련이 있는 등 사안이 중대한 경우 성년후견인의 권한 남용에 의해 피성년후견인에게 회복할 수 없는 피해가 발생하는 일을 예방하기 위해 가

6) 해설, 25; 김형석(2014a), 253; 박인환(2011), 178.
7) 김형석(2014a), 248; 박인환(2011), 178-179; 신은주(2009), 37; 제철웅(2013), 30-31.
8) 제철웅(2013), 28-29.
9) 해설, 60; 박인환(2011), 179.

정법원에 의한 직접적인 감독이 가능하도록 한 것이다. 따라서 이때 가정법원의 허가는 성년후견감독인의 동의로 갈음할 수 없다.

1. 치료목적의 격리

가. 취지

성년후견인이 피성년후견인을 치료 등의 목적으로 정신병원이나 그 밖의 다른 장소에 격리하려는 경우에는 가정법원의 허가를 받아야 한다(본조 ②). 성년후견인이 §938 ③에 의해 이에 관한 의사결정대행권한, 거소지정권을 부여받은 경우라도 마찬가지이다. 치료 등의 목적을 가지고 있다고 하더라도 정신병원 그 밖의 장소에 격리하는 것은 사실상 사인에 의한 감금으로서의 성격을 가지므로, 성년후견인의 자의적 판단에 의한 인권침해를 방지하기 위해 가정법원의 개입을 요구한 것이다.[10] 일각에서는 이 규정은 가사비송 라류사건(家訴 §2 ① ii 가. 21)에 해당하여 법관에게 광범위한 재량권을 부여하면서도 자유박탈조치의 신청에 대한 판단기준에 관하여 아무런 규정도 두지 않아서, 장애를 이유로 한 자의적인 자유박탈이 가능하다고 비판하면서, 독립적이고 중립적인 국가기관 또는 사법기관의 관할 하에 본인의 의사결정지원을 위한 별도의 강화된 절차가 필요하다는 주장도 이루어지고 있다.[11]

나. 요건

(1) 치료 등의 목적

본조 ②은 성년후견인이 "치료 등의 목적"으로 피성년후견인을 격리하고자 할 때에만 적용된다.

이때 "치료 등의 목적"이란 피성년후견인의 건강상태에 비추어 이를 검사·치료하지 않으면 피성년후견인의 생명 또는 건강에 대한 구체적인 위험이 발생할 우려가 있는 경우 또는 피성년후견인의 정신장애 등으로 인해 자살이나 자신의 신체에 현저한 위험을 초래할 수 있는 자상의 위험이 있는 경우와 같이 당해 격리행위가 피성년후견인의 신체상태의 유지 또는 개선에 필요한 되는 경우로 한정된다.[12]

(2) 정신병원 그 밖의 장소

본조 ②이 적용되기 위해서는 성년후견인이 피성년후견인을 "정신병원 그 밖의 장소"에 격리하고자 해야 한다.

이때 "정신병원이나 그 밖의 장소에 격리"한다 함은 정신의료기관(「정신건강복지

10) 정신의료기관 등에의 강제입원이 수반하는 여러 문제점에 대해 자세히는 신권철(2010), 17-18 참조.
11) 제철웅(2021), 313.
12) 한삼인·김상헌, 220; 김형석(2014a), 254-255; 박인환(2011), 184.

법」 §3 v)에 입원하도록 하거나, 정신재활시설(「정신건강복지법」 §3 vii), 정신요양시설(「정신건강복지법」 §3 vi), 노인주거복지시설(「노인복지법」 §32), 노인요양시설(「노인복지법」 §34 ① i) 등에 입소시키는 것을 의미한다. 2011. 3. 7.자 개정에 의해 舊 민법(2011. 3. 7. 개정 전) §947 ① 중 사택감금 부분이 삭제되었으나, "그 밖의 장소"에 여전히 사택이 포함된다 할 것이다.

그러나 「감염병의 예방 및 관리에 관한 법률」 §42 ②에 따른 감염병환자의 격리는 이에 해당하지 않는다.[13] 일종의 공법상 수용에 해당하기 때문이다.

(3) 격리

"격리"라 함은 잠금장치 등으로 인해 공간이 폐쇄되어 있어 자유로운 이동이 불가능한 경우뿐만 아니라, 공간 자체는 개방되어 있더라도 관리인의 존재, 교통수단의 부재 등으로 인해 사실상 피성년후견인의 자유로운 출입이 불가능하게 관리되는 경우도 포함한다.[14]

장소적으로 격리하는 것은 아니지만, 사실상 격리와 유사한 효과를 가져오는 행위, 가령 피성년후견인을 침대나 의자에 결박하거나, 잠금장치·수면제 기타 약물을 이용하여 그의 신체적 자유를 제한하는 경우에도 동 규정을 유추적용해야 할 것이다.[15]

강제적 격리에 한정되는지에 대해서는 견해가 나뉜다. 본인이 자신의 신상에 관하여 결정할 수 있는 상태에서 임의로 강제 격리에 동의하였다면 애초에 후견인의 강제격리에 대한 신상 결정권의 대행과 이에 대한 가정법원의 허가는 문제되지 않는다는 견해[16]와 피성년후견인의 임의성을 가장하여 강제수용하려고 하는 등 악용할 위험이 크므로 실무에서는 쉽게 인정되기 어려울 것[17]이라는 견해가 대립하고 있다.

다. 가정법원의 허가

(1) 허가의 시기

성년후견인은 피성년후견인을 격리하려는 경우 가정법원으로부터 사전에 허가를 받아야 한다. 이는 강행규정이므로, 가정법원으로부터 사전에 허가를 받지 않은 채 피성년후견인을 정신병원이나 그 밖의 다른 장소에 격리하는 행위는 형법상 감금죄에 해당할 수 있다.

사후허가는 허용될 수 없다. 긴급을 요하는 경우에도 마찬가지이다. 긴급을 요하

13) 강요한/이경철/유승민(2011), 44-45; 송호열(2012), 142.
14) 김형석(2014a), 255.
15) 獨民 §1831 ②는 이러한 경우 후견법원의 허가를 받도록 하는 조문을 명시적으로 준용하고 있다.
16) 박인환(2011), 186.
17) 김성우, 109.

는 경우 사후허가를 허용하였던 舊 민법(2011. 3. 7. 개정 전) §947 ② 단서가 삭제되었기 때문이다. 민법 제정 당시와는 달리 현재의 의학수준과 의료설비 수준에 비추어 볼 때 법원의 사전허가 없이 긴급하게 격리시킬만한 정당한 이유도 없다.[18] 다만, 여전히 사후허가제도가 필요하다는 입법론적 비판[19]이 있다.

이미 정신병원이나 그 밖의 장소에 격리되어 있는 상태에서 성년후견개시심판이 내려진 경우, 성년후견인이 그 격리상태를 유지하기 위해서는 가정법원의 허가를 받아야 한다.[20] 이는 사후허가에 해당하지 않는다. 허가를 받지 않은 경우 당해 격리행위는 위법한 감금에 해당하므로, 피성년후견인인을 퇴소 내지 퇴원시켜야 할 것이다. 정신보건법이 정신건강복지법으로 전부개정된 후, 피후견인이 정신의료기관 등에 입원한 경우 입원 사실을 관할 가정 법원에 통지하도록 하는 규정이 신설되었으므로 후견사건의 처리에 관한 예규를 이에 맞게 개정하였다.[21] 입원적합성심사위원회로부터 피후견인이 정신의료기관 등에 입원한 사실 등이 관할 가정법원에 통지된 경우에 법원사무관등 또는 가사조사관은 즉시 이를 담당 판사에게 보고하여야 하고, 판사의 후견감독 조사명령에 따라 조사를 마친 때에는 후견감독 조사보고서를 작성하여 담당 판사에게 보고하여야 한다(후견사건의 처리에 관한 예규 §8 ②).

(2) 청구권자

가정법원에 본조 ②에 따른 허가를 청구해야 하는 사람은 가정법원으로부터 §938에 따라 치료 목적의 격리 내지 피성년후견인의 거소지정에 관한 권한을 부여받은 성년후견인이다.[22] 권한을 부여받은 성년후견인이 소재불명 또는 연락두절 등으로 인해 권한을 행사할 수 없는 경우 이로 인해 피후견인의 신상에 급박한 사정이 있다면 성년후견감독인이 그 권한을 대행할 수 있다. §940-6 주석 참조.

반면 치료목적의 격리에 관한 권한을 수여받은 성년후견인 자체가 존재하지 않는 경우에는 새롭게 성년후견인을 선임하여 §938에 따른 권한수여심판과 §947-2 ②에 따른 가정법원의 허가를 받도록 함이 원칙이다. 기존의 성년후견인에게 수여된 권한의 범위를 변경함으로써 동일한 목적을 달성할 수도 있을 것이다.

---

18) 김성우, 108; 김형석(2010), 138.

19) 김주수·김상용, 544. 다만 이 견해는 가정법원의 허가가 있기 전까지의 기간 동안 성년후견인이 피성년후견인을 도저히 감당할 수 없는 예외적인 경우까지 사전에 가정법원의 허가를 받도록 하는 것은 문제의 소지가 있다고 본다.

20) 김형석(2014a), 254.

21) 이영규(2019), 414.

22) 김형석(2014a), 255; 박인환(2011), 184.

(3) 허가심판

성년후견인은 피성년후견인을 치료 등의 목적으로 정신병원이나 그 밖의 다른 장소에 격리하려는 경우 가정법원의 허가를 받아야 한다[家訴 §2 ① ii 가. 21)]. 가정법원은 피성년후견인의 격리에 대한 허가심판을 하는 때에 성년후견인 또는 성년후견감독인에게 피성년후견인의 신상보호 또는 재산관리에 관하여 필요하다고 인정되는 사항을 지시할 수 있으며(家訴規 §38-3 ① i), 필요하다고 인정한 때에는 언제든지 그 허가 기타 지시를 취소하거나 변경할 수 있다(家訴規 §38-3 ②).

가정법원은 성년후견 개시 또는 한정후견 개시의 심판을 할 경우에는 피성년후견인이 될 사람이나 피한정후견인이 될 사람의 정신상태에 관하여 의사에게 감정을 시켜야 한다. 다만, 피성년후견인이 될 사람이나 피한정후견인이 될 사람의 정신상태를 판단할 만한 다른 충분한 자료가 있는 경우에는 그러하지 아니하다(家訴 §45-2 ①).[23] 이 규정의 의미에 대해 대법원은, 의사의 감정에 따라 정신적 제약으로 사무를 처리할 능력이 부족하거나 지속적으로 결여되었는지를 결정하라는 것이 아니라, 의학상으로 본 정신능력을 기초로 하여 성년후견이나 한정후견의 개시 요건이 충족되었는지 여부를 결정하라는 것으로 이해한다. 따라서 피성년후견인이나 피한정후견인이 될 사람의 정신상태를 판단할 만한 다른 충분한 자료, 예컨대 치매안심센터의 치매선별검사 등이 있는 경우 가정법원은 의사의 감정이 없더라도 성년후견이나 한정후견을 개시할 수 있다.[24] 이 판결 이전에는 사건 본인을 둘러싼 친족 등 이해관계인 사이의 다툼이 있는 경우에는 사건 본인의 정신적 제약 여부에 관하여도 다툼이 있을 가능성이 높기 때문에 감정절차를 진행해야 한다는 견해가 주장되었는데,[25] 대법원은 진단서[26] 외에 공신력 있는 의료기관이 작성한 자료가 있다면 감정절차를 거치지 않을 수 있다고 판단한 것이다.

성년후견인의 피성년후견인의 격리에 대한 허가심판을 하는 경우에는 피성년후견인(피성년후견인이 될 사람을 포함한다)의 진술을 들어야 한다(家訴 §45-3 ① viii).

허가심판은 당사자, 절차에 참가한 이해관계인(家訴規 §25) 외에 성년후견인 및 성년

23) 이처럼 원칙적으로 감정을 요구하는 것은 당사자에게 고통을 줄 우려가 많으므로, 후견개시 심판에서 피후견인이 될 자의 진술을 청취해야 한다는 家訴 §45-3을 적극 활용하는 등 대안이 필요하다는 의견으로 윤일구(2015), 371-372.

24) 대법원 2021. 6. 10.자 2020스596 결정.

25) 김성우, 40.

26) 진단서의 경우 사건 본인이 입원하고 있거나 치료를 받았던 곳에서 발급받는 경우가 많고, 그러한 경우 의사가 구체적인 검사 없이 청구인의 요구에 맞추어 문구를 기재할 여지가 있어서 당사자 사이의 다툼이 있어 사건 본인의 정신상태 판단에 객관성과 공정성이 요청되는 경우에까지 위와 같은 간단한 형식의 진단서만을 기초로 판단하는 것은 타당하지 않다. 위수현(2023), 458.

후견감독인에게 고지하여야 하며, 사건본인에게도 그 뜻을 통지하여야 한다(家訴規 §35).

이때 허가심판에 대해서는 피성년후견인, 친족, 성년후견인, 성년후견감독인, 검사 및 지방자치단체의 장이 즉시항고를 할 수 있다(家訴規 §36 ① i 다목). 기각심판에 대해서는 허가를 청구한 성년후견인이 즉시항고 할 수 있다.

라. 적용범위 : 「정신건강복지법」과의 관계

과거 정신보건법 하에서, 동법 §24의 보호의무자에 의한 입원 제도에 근거해 입원할 때에도 본조 ②에 따른 가정법원의 허가를 받아야 하는지 여부를 둘러싸고 논란이 있었다.[27] 정신보건법 §24에 대해 헌법재판소 2016. 9. 29. 선고 2014헌가9 전원재판부 결정[28]이 위헌 판단을 한 이후, 정신보건법이 정신건강복지법으로 개정되면서 보호의무자에 의한 입원이 §43에 규정되고 그 내용도 이하처럼 변경되었다. 동조에 따르면 보호의무자 2명 이상(보호의무자 간 입원등에 관하여 다툼이 있는 경우에는 제39조제2항의 순위에 따른 선순위자 2명 이상을 말하며, 보호의무자가 1명만 있는 경우에는 1명)의 신청이 있고 정신건강의학과전문의가 입원 등이 필요하다고 진단한 경우에만 해당 정신질환자를 입원등을 시킬 수 있지만, 필요성은 "정신질환자가 정신의료기관등에서 입원치료 또는 요양을 받을 만한 정도 또는 성질의 정신질환을 앓고 있"으며, "정신질환자 자신의 건강 또는 안전이나 다른 사람에게 해를 끼칠 위험이 있어 입원 등을 할 필요가 있는" 경우에만 인정된다(동조 ②). 그 결과 입원치료 또는 요양을 받을 만한 정도 또는 성질의 정신질환을 앓고 있지만, 자신의 건강 또는 안전이나 다른 사람에게 해를 끼칠 위험이 없는 사안에서는 §43 ②에 의한 입원은 가능하지 않다. 대신 이러한 경우에는 民 947-2 ②에 의한 비자의입원,[29] 즉 후견인이 가정법원의 허가를 얻어 본인을 대신해 동의하면 입원이 가능하다.[30]

---

27) 이에 대해서는 주해친족(초판, 1권), 1292면.

28) 현행 보호입원 제도가 입원치료·요양을 받을 정도의 정신질환이 어떤 것인지에 대해서는 구체적인 기준을 제시하지 않고 있는 점, 보호의무자 2인의 동의를 보호입원의 요건으로 하면서 보호의무자와 정신질환자 사이의 이해충돌을 적절히 예방하지 못하고 있는 점, 입원의 필요성이 인정되는지 여부에 대한 판단권한을 정신과전문의 1인에게 전적으로 부여함으로써 그의 자의적 판단 또는 권한의 남용 가능성을 배제하지 못하고 있는 점, 보호의무자 2인이 정신과전문의와 공모하거나, 그로부터 방조·용인을 받는 경우 보호입원 제도가 남용될 위험성은 더욱 커지는 점, 보호입원 제도로 말미암아 사설 응급이송단에 의한 정신질환자의 불법적 이송, 감금 또는 폭행과 같은 문제도 빈번하게 발생하고 있는 점, 보호입원 기간도 최초부터 6개월이라는 장기로 정해져 있고, 이 또한 계속적인 연장이 가능하여 보호입원이 치료의 목적보다는 격리의 목적으로 이용될 우려도 큰 점, 보호입원 절차에서 정신질환자의 권리를 보호할 수 있는 절차들을 마련하고 있지 않은 점, 기초정신보건심의회의 심사나 인신보호법상 구제청구만으로는 위법·부당한 보호입원에 대한 충분한 보호가 이루어지고 있다고 보기 어려운 점에서 동조가 침해의 최소성 원칙을 위반한다고 인정하였다.

29) 제철웅(2017a), 282는 정신건강복지법은 결과적으로 우리나라의 비자의입원을 공법상의 자유박탈적 조치로서의 비자의입원과 민법상의 비자의입원으로 구분하고, 사법적 심사의 절차도 각기 다른 경로를 밟도록 구조조정을 하는 것으로 귀결되었다고 평가한다. 이지은(2017), 46-47도 참조.

30) 반면 윤진수, 303은, 정신건강복지법 §43 ①에 의한 입원은 民 §947-2 ②의 특별규정으로 파악한다.

2. 의료행위

가. 의료행위 동의권의 대행

(1) 취지

피성년후견인의 신체를 침해하는 의료행위에 대하여 피성년후견인이 동의할 수 없는 경우에는 성년후견인이 그를 대신하여 동의할 수 있다(본조 ③).

일본은 성년후견제도 도입 당시 의료행위에 대한 동의권 행사는 법률행위가 아니라는 이유로 후견인에게 이를 대리할 수 있는 권한을 부여하지 않았다. 그 결과 의료현장에서 본인이 스스로 의료행위에 동의할 수 없을 때 누구로부터 동의를 받아야 하는지를 둘러싸고 혼선이 발생하였고, 법적으로도 후견인에게 의료행위 동의권을 부여해야 한다는 견해가 우세해졌다.[31)]

우리나라에서도 舊 민법(2011. 3. 7. 개정 전) §947의 해석상 후견인의 요양감호권으로부터 의료행위 동의권을 도출해낼 수 있다는 견해[32)]와 이에 반대하는 견해[33)]가 대립[34)]하고 있었으므로, 일본의 경험을 반추하여 의료행위 동의권 대행 제도를 명문으로 규정하였다.[35)] 의료행위 동의권이 없는 성년후견인이 의료계약 체결의 대리권을 갖는 것은 이론적으로 문제가 있으므로, 성년후견인에게 의료행위 동의권에 관한 권한을 별도로 부여할 필요가 있다는 견해[36)]도 있다.

물론 성년후견인이라면 누구나 포괄적으로 의료행위 동의권을 대행할 수 있는 것은 아니며, 이를 위해 §938 ③에 따라 가정법원으로부터 별도의 권한을 부여받아야 할 것이다.[37)] 舊 민법(2011. 3. 7. 개정 전)상 금치산자의 후견인에 대해서는 금치산자 본인에게 의사능력이 있는 경우라도 언제나 후견인에게 고유한 의료행위 동의권이 인정된다는 견해[38)]도 있었으나, 성년후견제 도입에 의해 이러한 주장은 근거를 상실하게 되었다.

31) 자세한 내용은 김민중(2009), 213-218; 오호철(2006), 447-450 참조.
32) 김천수(1995), 459; 이재경(2009), 260.
33) 백승흠(2004), 158.
34) 자세한 내용은 이재경(2012), 421 참조.
35) 성년후견인에게 의료행위의 동의를 대행할 수 있는 권한을 부여해야 한다는 주장으로 김민중(2009), 234; 오호철(2007), 589. 이에 반해 성년후견인에게 의료행위 동의권을 부여해서는 안 된다는 견해로 문성제(2009), 9.
36) 송호열(2012), 137; 오호철(2006), 457.
37) 해설, 62.
38) 김천수(1995), 470-471.

(2) 요건

㈎ **신체를 침해하는 의료행위일 것**

의료행위란 "의학적 전문지식을 기초로 하는 경험과 기능으로 진료, 검안, 처방, 투약 또는 외과적 시술을 시행하여 하는 질병의 예방 또는 치료행위 및 그 밖에 의료인이 행하지 아니하면 보건위생상 위해가 생길 우려가 있는 행위"[39]를 의미한다.

본조는 이러한 의료행위 중 특히 "신체를 침해하는 의료행위", 즉 침습적 의료행위만을 적용대상으로 삼고 있다. 따라서 삽입 등을 통해 신체 내부기관에 영향을 미치는 의료도구를 사용하지 않고 실시되는 촉진·시진·문진·혈압 또는 체온측정 등 진단행위는 이에 해당하지 않는다.[40] 반면 의약품의 투여는 그 독성으로 인해 환자의 신체에 침해를 가할 수도 있으므로, 사안에 따라 본조 소정의 의료행위에 해당할 수 있다.[41]

침습적 의료행위 중에서도 정신의료기관에 입원을 한 사람에 대한 전기충격요법·인슐린혼수요법·마취하최면요법·정신외과요법 등 특수치료행위에 관해서는 그 정신의료기관이 구성하는 협의체에서 결정하되, 본인 또는 보호의무자에게 특수치료에 관하여 필요한 정보를 제공하고, 본인의 동의를 받아야 하는데(정신건강복지법 §73), 이 역시 의료행위의 일종이므로 성년후견인의 동의가 필요하다는 견해[42]가 있다.

㈏ **환자 상태의 개선을 목적으로 하는 의료행위**

다수의 견해는 이를 더욱 좁혀 침습적 의료행위 중에서도 환자 상태의 개선을 목적으로 하는 의료행위만 본조의 적용대상이 된다고 본다.[43] 피후견인의 생명이나 건강에 발생할 수 있는 더 큰 위험을 피하기 위하여 생명이나 건강에 어느 정도의 위험성이 있는 의료행위가 불가피한 경우에만 성년후견인이 의료행위 동의권을 대행할 수 있다는 것이다.

이러한 견지에서 다수설은 연명의료나 장기적출 또는 불임시술 같이 환자 상태의 개선을 목적으로 하지 않는 경우는 동 조문의 적용범위로부터 배제된다고 주장한다.[44] 따라서 성년후견인이 이와 관련된 의사결정을 대행할 수 없으며, 가정법원 역시 성년후견인에게 이와 관련된 의사결정대행권한을 부여할 수 없다. 그러나 이에 대해서는 반대하는 견해도 없지 않다. 사안별로 살펴본다.

39) 대법원 2004. 10. 28. 선고 2004도3405 판결.
40) 이재경(2009), 264－265.
41) 김형석(2014a), 260; 이재경(2009), 265.
42) 이재경(2012), 433－434.
43) 윤진수·현소혜, 115; 한봉희·백승흠, 353; 김형석(2010), 140 등.
44) 윤진수·현소혜, 115; 김성우, 109; 김형석(2010), 140; 박득배(2014), 1596; 이영규(2020), 283; 이재경(2009), 276; 이지은(2017) 48; 정정일(2011), 57; 황영두(2011), 9. 특히 성년후견인에 의한 연명의료 중단이 허용되어서는 안 된다는 견해로 장석천(2012), 218－221.

1) 연명의료

원래 연명의료 또는 연명의료의 거부에 대해서는 본조 ④을 적용 내지 유추적용할 필요가 있다는 견해가 유력하였다.[45] 의료인에 의한 조치라면 널리 본조상의 '의료행위'에 포함된다고 해석할 수 있다는 점, 고령자의 자기결정권 내지 죽을 권리의 존중이라는 측면에서 보았을 때 연명의료 중단을 허용할 필요가 있다는 점, 후견인이 가정법원의 허가를 받아 연명의료의 중단을 요구할 수 있도록 舊 민법(2011. 3. 7. 개정 전) §947 ②을 유추적용해야 한다고 보았던 대법원 2009. 5. 21. 선고 2009다17417 판결의 별개의견 등을 근거로 제시하였다.

2017년부터 시행되고 있는 연명의료결정법은 연명의료계획서나 사전연명의료의향서가 작성되지 않은 경우, 성년인 환자가 의사를 표현할 수 없는 의학적 상태에 있다면 환자가족 2명 이상의 일치하는 진술이 있으면 담당의사와 해당 분야의 전문의 1명의 확인을 거쳐 이를 환자의 의사로 본다(§17). 연명의료계획서나, 사전연명의료의향서 또는 환자가족의 진술 등으로 환자의 의사를 확인할 수 없고, 환자가 자신의 의사를 표현할 수 없는 의학적 상태일 때에는 환자가족(배우자·1촌 이내의 직계 존비속, 이에 해당하는 사람이 없으면 2촌 이내의 직계 존비속, 이에 해당하는 사람이 없으면 형제자매) 전원의 합의로 연명의료중단등결정의 의사표시를 하고 담당의사와 해당 분야 전문의 1명이 확인한다(§18). 이처럼 후견인이나 법원이 관여를 인정하지 않고 있으며, 이 법은 다른 법률에 우선하여 적용되므로(§4), 예전의 해석은 불가능하다.[46]

2) 장기기증

장기적출은 환자상태의 개선을 목적으로 하는 행위가 아니므로, 성년후견인의 동의에 의해 장기를 적출하는 것은 허용되지 않는다는데 견해가 일치한다.[47]

「장기등이식에 관한 법률」 §22 ① 역시 살아 있는 사람의 장기 등은 본인이 동의한 경우에만 적출할 수 있다고 규정하고 있으며, 특히 정신질환자나 지적장애인의 경우에는 정신건강의학과전문의에 의해 본인이 동의 능력을 갖춘 것으로 인정받은 때에만 장기적출이 가능하다(동법 §11 ③ iii).[48] 따라서 후견인이 이를 대신할 수 없다.

45) 주석친족 (2), 661; 구상엽(2012), 207-209; 박인환(2010), 55; 박인환(2011), 191-192; 박호균(2012), 144-145. 입법론으로서 유사한 주장으로 김민중(2009), 235; 제철웅·박주영(2007), 306; 제철웅(2008), 114, 140 참조. 급속도로 증상이 악화되어 사망에 임박한 상태에 있는 환자의 연명의료중단등 결정을 가정법원에 허가를 받아야 한다고 하는 것은 의료현실에서는 괴리감을 가질 수 밖에 없다는 점을 지적하면서도, 신상에 대한 후견인의 개념은 연명의료결정과 관련하여 일부 적용 가능할 수 있다는 견해로 문상혁(2023), 116. 반면 이영규(2020), 285는 가정법원의 허가사항인 의료행위는 전술한 것처럼 환자상태의 개선을 목적으로 하는 의료행위로 보아 연명의료를 중단하는 경우에는 이에 해당하지 않는 것으로 해석하는 것이 타당하다고 한다.

46) 윤진수, 303.

47) 김성우, 109; 김천수(2007), 19; 배인구(2013), 50; 현소혜(2012), 191 각주 15).

다만, 입법론으로서는 성년후견인에게 장기기증 동의권한을 부여해야 한다는 견해[49]가 있다.

뇌사자와 사망한 자의 경우에는 본인이 뇌사 또는 사망하기 전에 장기 등의 적출에 동의하거나 반대한 사실이 확인되지 않는 경우라도 그 가족이나 유족의 동의에 의해 장기적출이 가능하나, 이때에도 후견인에게는 장기적출에 대한 동의권 대행 권한이 부여되어 있지 않다(「장기등 이식에 관한 법률」 §22 ③ ii).

3) 불임시술

불임시술도 환자상태의 개선을 목적으로 하는 행위에 해당하지 않으므로, 성년후견인의 동의에 기초하여 피성년후견인에게 불임시술을 하는 것은 허용될 수 없다. 獨民 §1830은 불임시술을 하지 않으면 임신할 개연성이 있고, 그 임신의 결과로 당해 임무의 생명이 위험하게 되거나 신체적·정신적 건강상태에 중대한 침해를 초래할 우려가 있는 등 엄격한 요건을 갖춘 경우에는 후견법원의 허가를 받아 불임시술을 할 수 있도록 규정하고 있으나, 우리 민법의 해석으로는 이러한 가능성조차 봉쇄된다고 할 것이다.

4) 인공임신중절 수술

인공임신중절 수술은 본인이 직접 동의해야 함이 원칙이나, 본인이 심신장애로 의사표시를 할 수 없을 때에는 그 친권자나 후견인의 동의로, 친권자나 후견인이 없을 때에는 부양의무자의 동의로 갈음할 수 있다(「모자보건법」 제14조 제3항). 따라서 성년후견인도 인공임신중절 수술에 대한 동의가 가능할 것이나, 적어도 §938 ③에 따라 가정법원으로부터 신상결정대행권한을 부여받아야 한다.

5) 임상실험

「생명윤리 및 안전에 관한 법률」 §16 역시 인간대상연구는 연구 대상자 본인의 동의를 받아야 함을 원칙으로 하면서도, 연구대상자에게 동의능력이 없거나 불완전한 경우에는 법정대리인, 법정대리인이 없는 경우에는 배우자, 직계존속, 직계비속의 순으로 동의할 수 있다고 규정한다. 따라서 성년후견인도 피성년후견인을 인간대상연구의 대상으로 삼는데 동의할 수 있으나, 적어도 §938 ③에 따라 가정법원으로부터 신상결정대행권한을 부여받아야 한다.

48) 문상혁(2015), 13은 정신의학과전문의의 질병에 대한 진단결과만을 가지고 정신질환자의 장기등의 기증에 대한 동의능력을 인정하는 것은 정신질환자 본인의 보호보다는 장기이식의 가능성에 더 큰 비중을 둔 것이라고 하면서, 후견인의 동의나 해당 정신건강의학과전문의 이외의 전문가의 검증이 요구된다고 한다.

49) 김민중(2009), 235.

(다) 피성년후견인이 동의할 수 없는 경우일 것

1) 판단의 주체와 기준

신체를 침해하는 의료행위에 대하여 "피성년후견인이 동의할 수 없는 경우"라 함은 피성년후견인이 자신의 신상에 관하여 단독으로 결정할만한 상태가 아닌 경우, 즉 의식불명 등으로 인해 의료행위 동의 여부를 결정할 만한 의사결정능력을 갖추지 못하고 있는 경우를 의미하며, 그에게 행위능력 또는 의사능력이 있는지 여부를 불문한다.[50] 의료행위에 대한 동의능력은 당해 의료적 처치의 종류, 의미, 결과를 인식하고 그에 따라 자신의 의사를 결정할 수 있는 능력을 갖추는 것으로 족하기 때문이다.[51]

동의 여부를 결정할 만한 의사결정능력이 있는지 여부는 당해 피성년후견인이 구체적인 의료적 처치의 종류, 의미 및 결과를 인식하고 그에 따라 자신의 의사를 결정할 능력이 있는지 여부에 따라 판단한다.[52] 동의능력 유무에 대한 일차적인 판단권한은 의사가 갖는다고 해야 할 것이다.[53]

2) 사전의료지시의 효력

의료행위 동의권 대행이 문제되는 시점에는 피성년후견인에게 동의능력이 없으나, 사전에 당해 의료행위에 대해 동의 여부에 관한 의사를 표시해 놓은 경우라면 성년후견인보다 피성년후견인의 의사가 우선적으로 존중되어야 할 것이다. 예전부터 피성년후견인 등의 사전적 동의가 유효할 수 있도록 사전의료지시 제도를 명문화하자는 견해[54]가 있었다. 이에 대해서는 아직 피성년후견인에 의한 사전의료지시의 진정성에 관한 신뢰를 확보하기 어렵다는 점을 들어 사전의료지시가 있더라도 성년후견인이 의료행위 동의권을 대행하되, 피성년후견인이 작성한 사전의료지시의 취지를 존중해야 한다는 이견이 있다.[55]

연명의료결정법은 사전연명의료의향서를 규정하고 있지만, 그 적용대상은 연명의료를 시행하지 않거나 중단하는 것 및 호스피스의 선택 및 이용에 관한 사항에 한

50) 강요한·이경철·유승민(2011), 32; 김민중(2009), 212; 박인환(2011), 187－188; 송호열(2012), 136; 장석천(2011), 8－9.

51) 박인환(2011), 188; 송호열(2012), 130.

52) 해설, 62－63; 김민중(2009), 212; 송호열(2012), 136.

53) 배인구(2013), 51; 장석천(2011), 10－11; 현소혜(2012), 195.

54) 송호열(2012), 145; 이은영(2009), "연명치료 중단의 입법화 방안에 관한 연구 －성년후견제도의 도입과 관련하여－", 의료법학 10－2, 234－241; 이인영(2008), "말기환자의 자기결정권 존중을 위한 입법제안", 한국의료법학회지 16－2, 197－204; 현소혜(2012), 183－190. 입법자료로서 독일의 사전의료지시서 제도를 상세히 소개하고 있는 문헌으로 김기영(2010), "사전의료지시서에 대한 독일의 입법적 규율과 의사결정방법 －2009년 7월 29일 후견법의 제3차 개정을 중심으로－", 인권과 정의 408, 7－23; 이재경(2011), "환자의 사전의료지시서에 관한 비교법적 연구", 비교사법 18－3, 855－870 참조.

55) 김형석(2014a), 258－259.

정된다(동법 §12 참조).[56] 사전연명의료의향서 작성에 관해 연명의료결정법은 성년후견인의 대행을 규정하지는 않으며, 등록기관이 작성자 본인에게 사전연명의료의향서 작성에 관하여 충분히 설명하고 그로부터 내용을 이해했음을 확인받아야 하므로(§12 ②, §17 ① ii), 피성년후견인 스스로 사전연명의료의향서를 작성했다면 환자 본인의 판단능력은 요구된다고 할 것이다.[57]

(3) 의료행위 동의권의 대행

㈎ 동의권의 대행

1) 성년후견인이 있는 경우

위와 같은 요건이 갖추어진 경우 성년후견인은 피성년후견인을 대신하여 신체를 침해하는 의료행위에 대해 동의할 수 있다. 다만, 성년후견인이 피성년후견인의 의료행위 동의권을 대행하기 위해서는 가정법원으로부터 §938 ③에 따라 권한을 부여받아야 한다.[58]

2) 성년후견인이 없는 경우

피성년후견인을 대신하여 의료행위 동의권을 대행할 성년후견인이 없는 경우에는 누가 의사결정을 대행하는가. 성년후견인이 소재불명 또는 연락두절 등으로 인해 동의권을 행사할 수 없는 경우 이로 인해 피후견인의 신상에 급박한 사정이 있다면 성년후견감독인이 의료행위 동의권을 대행할 수 있다.[59] §940-6 주석 참조.

반면 권한을 수여받은 성년후견인 자체가 존재하지 않는 경우 민법이 예정하고 있는 바에 따르면 성년후견인을 선임하여 §938 ③에 따른 권한수여심판을 받아 동의권을 대행하도록 하여야 할 것이다.[60]

3) 긴급한 경우

치료가 긴급히 요구되고 있음에도 불구하고, 성년후견인이 없다는 이유로 매번 ②와 같은 절차를 거치도록 하는 것은 지나치게 번잡하여 피성년후견인의 복리를 해할 위험이 있다.

따라서 일부 견해는 이러한 경우에 특정후견을 이용하도록 해야 한다고 주장한다.[61] 그러나 이에 대해서는 특정후견에는 신상보호에 관한 규정이 준용되고 있지 않

---

56) 안경희(2019), 70; 정구태(2017), 1040.

57) 안경희(2019), 70.

58) 김주수·김상용, 545; 김형석(2010), 138 각주 35); 정정일(2011), 55, 56; 현소혜(2012), 193.

59) 윤진수·현소혜, 114; 제철웅(2011), 317; 현소혜(2012), 194-195.

60) 독일, 오스트리아, 스위스 등에서는 환자 본인의 사전의료지시나 임의후견인, 법원이 선임한 성년후견인이 없는 경우 일정한 범위의 친족이 의료행위에 대한 동의를 대행하도록 규정하고 있으나, 제도에 대해 여러 가지 비판이 있다. 상세한 것은 김수정(2024), 173-174.

61) 구상엽(2012), 131.

으므로 특정후견인은 의료행위 동의권을 대행할 수 없다거나, 후견의 보충성 원칙에 비추어 볼 때 가급적 후견을 개시하지 않고 사태를 해결하는 것이 바람직하다는 비판이 있다.[62)]

또 다른 견해는 가사소송법상 사전처분을 활용할 것을 주장한다.[63)] 그러나 사전처분의 전제가 되는 본안심판이 무엇인지가 불명확하고, 실제로 사전처분이 내려질 때까지 상당한 시간이 소요되어 급박한 사정에 대처하기에는 적절치 않은 측면이 있다.

이러한 이유 때문에 입법론으로서 성년후견인 대신 일정한 범위 내의 친족에게 일차적으로 의료행위 동의권한을 부여해야 한다는 견해,[64)] 무연고자를 위해 2인 이상의 의료인의 동의에 의해 의료행위가 가능하도록 하는 성년후견 대체제도를 도입해야 한다는 견해[65)] 또는 지방자치단체장에 의한 동의가 가능하도록 하자는 견해[66)] 등도 주장된 바 있으나, 이 역시 동의권을 행사할 근친의 범위, 소집절차, 의사결정방법 등을 결정하는 데에 어려움이 있다.[67)]

결국 치료가 긴급한 경우에는 「응급의료에 관한 법률」 §9에 따라 의료행위에 대한 동의가 면제되는 경우가 많을 것이다.[68)] 특히 본인 또는 성년후견인으로부터 동의를 얻지 못하였으나 반드시 응급의료가 필요하다고 판단되어 「응급의료에 관한 법률 시행규칙」 §3 ③에 따라 의료인 1명의 동의를 얻어 응급의료를 한 경우에는 가정법원에 본조 ④ 단서에 따른 사후허가를 청구할 필요도 없다.[69)]

긴급피난이나 추정적 승낙의 법리를 활용하여 동의 없이 치료행위를 하는 것이 가능하다는 견해[70)]도 있다.

(나) 동의의 거부 또는 철회의 대행

성년후견인은 치료거부 또는 치료중단의 의사결정을 대행할 수 있는가. 견해가 대립한다.

일부 견해는 어떠한 경우에라도 소극적 안락사는 허용될 수 없다거나, 성년후견인의 대행권한은 환자의 질병 완화 내지 생명보호라는 범위 내에서만 유효하게 인정된다는 것을 전제로 성년후견인이 이미 행한 의료행위 동의의 의사표시를 철회하여

62) 현소혜(2012), 197 각주 30).
63) 김형석(2010), 138 각주 35); 정정일(2011), 56.
64) 박인환(2010), 54; 오호철(2010), 103－104; 현소혜(2012), 199－200. 이에 반해 친족에게 의료행위 동의권한을 부여하는데 반대하는 견해로 김천수(1995), 460.
65) 현소혜(2012), 200－202.
66) 오호철(2010), 103－104.
67) 김형석(2010), 139.
68) 윤진수·현소혜, 115.
69) 강요한·이경철·유승민(2011), 41－42; 김형석(2014a), 261; 송호열(2012), 141－142.
70) 정정일(2011), 56.

피성년후견인의 치료중단을 요구할 수는 없다고 주장한다.[71] 반면 일부 견해는 병상이 지속적이고, 본인에게 아직 의사결정능력이 남아 있을 때 스스로 의견을 표명한 바 있으며, 일정한 방식을 갖춘 때에는 치료중단 내지 치료거부가 가능하다고 본다.[72]

피성년후견인의 병증 진행 상황에 따라 치료를 거부하거나 중단하는 것이 오히려 피성년후견인의 복리에 도움이 되는 경우도 있으므로, 일률적으로 부정할 것은 아니다. 가령 피성년후견인의 건강상태가 악화되거나 체력이 약화된 결과 수술이나 항암치료 등을 강행하는 것이 더 큰 위험을 수반하는 경우 등이 그러하다.

나. 의료행위 동의권 대행에 대한 제한

(1) 취지

성년후견인이 본조 ③에 따라 피성년후견인을 대신하여 의료행위에 동의함에 있어, 피성년후견인이 의료행위의 직접적인 결과로 사망하거나 상당한 장애를 입을 위험이 있을 때에는 가정법원의 허가를 받아야 한다(본조 ④). 이른바 모험적 수술을 방지하기 위함이다.[73]

(2) 요건

㈎ 판단기준

가정법원의 허가를 받아야 하는 사안은 "의료행위의 직접적인 결과로 사망하거나 상당한 장애를 입을 위험이 있을 때"로 한정된다. 이러한 경우에 해당하는지 여부는 의료행위에 수반되는 위험, 당해 의료행위가 행해지는 단계, 그 의료행위와 함께 행해지게 될 처치의 종류, 당해 시술을 받게 될 환자 본인의 건강상태와 체질 등을 고려하여 종합적으로 판단하는 수밖에 없다.[74]

이는 결국 불명확성을 수반하게 되므로, 입법론으로서 가정법원의 동의가 필요한 의료행위의 유형을 법정화할 필요가 있다는 비판[75]이 있다. 견해에 따라서는 가정법원의 허가를 요하는 중대한 의료행위인지 성년후견인이 바로 동의할 수 있는 경미한 의료행위인지 여부를 심사할 수 있는 제3의 기관을 설립해야 한다고 주장하기도 한다.[76]

㈏ 의료행위의 직접적인 결과일 것

법문은 사망 또는 상당한 장애가 의료행위의 "직접적인 결과"일 것을 요구하고

71) 김천수(2007), 21; 문성제(2009), 7-8; 송호열(2012), 138.
72) 제철웅(2008), 140.
73) 김형석(2010), 139.
74) 이재경(2009), 264; 현소혜(2012), 205.
75) 박인환(2010), 53-54; 오호철(2010), 103; 정정일(2011), 57.
76) 김민중(2009), 234-235; 송호열(2012), 137-138, 144-145.

있으므로, 적어도 단순한 합병증으로 인한 사망의 위험만으로는 이에 해당하지 않는다는 것이 다수의 견해이다.[77] 반면 일부 견해는 합병증이라는 이유만으로 당연히 제외되는 것은 아니며, 의료행위에 필연적으로 중대한 장애나 사망을 초래하는 합병증이 수반되거나, 그러한 합병증이 수반될 가능성이 높은 경우에는 본조의 적용범위에 포섭된다고 주장한다.[78] 합병증을 제외할 경우 많은 경우 법원의 허가를 면제해 주는 결과를 초래한다는 것이다.

㈐ 의료행위의 직접적인 결과로 사망하거나 상당한 장애를 입을 위험이 존재할 것

또한 본 조문이 적용되기 위해서는 의료행위의 직접적인 결과로 "사망하거나 상당한 장애를 입을 위험"이 존재해야 한다. 이때 위험은 막연한 두려움의 정도를 넘어 객관적으로 발생 가능한 구체적인 위험의 정도에 이르러야 할 것이다.[79]

㈑ 동의의 거부 또는 철회

의료행위에 대한 동의의 거부 또는 철회로 인해 동일한 위험이 발생할 가능성이 있는 경우까지 동 조문을 확대 내지 유추적용해야 한다는 견해[80]도 있으나, 이때에는 사실상 가정법원의 허가를 강제할 수 있는 길이 없다.

㈒ 동의의 면제 가능성

일부 견해[81]는 동 조문으로 인해 법원의 업무가 과중하게 되는 것을 막기 위해 獨民 §1829 ④와 같이 성년후견인과 본인, 가족, 의료진 간에 의사가 일치하는 경우에는 가정법원의 허가 절차를 면제하는 제도를 도입하자고 주장하나, 이에 대해서는 신상에 관한 의사결정권한 대행 제도의 도입취지를 몰각시킬 수 있는 편의주의적 발상이라는 비판[82]이 있다.

(3) 가정법원의 허가

㈎ 청구권자

의료행위의 직접적인 결과로 피성년후견인이 사망하거나 상당한 장애를 입을 위험이 있는 유형의 의료행위에 동의하고자 하는 성년후견인은 가정법원에 허가를 청구하여야 한다.

이에 대해서는 청구권자의 범위를 피성년후견인 본인, 후견인이 아닌 가족 및 의사, 지방자치단체의 장에까지 확대해야 한다는 입법론적 견해가 있다.[83] 성년후견인

77) 윤진수·현소혜, 116; 자료집, 384, 433; 김형석(2010), 140 등.
78) 이재경(2009), 266.
79) 이재경(2009), 266－267.
80) 김형석(2014a), 262; 현소혜(2012), 205.
81) 박인환(2010), 54; 이재경(2012), 433.
82) 현소혜(2012), 206－207.

이 스스로 허가청구를 하지 않을 경우 가정법원에 의한 감독이 불가능해질 우려가 있기 때문이다.

청구권자가 확대되기 전까지는 성년후견감독인이 §940-6 ②에 따라 허가를 청구하거나, 성년후견인 변경심판을 청구한 후 사전처분으로 임시후견인을 선임하여 대처하도록 하는 수밖에 없을 것이다.[84)]

(나) 청구의 시기

성년후견인은 의료행위 동의권을 대행하기에 앞서 사전에 가정법원의 허가를 받아야 한다. 다만, 허가 절차로 의료행위가 지체되어 피성년후견인의 생명에 위험을 초래하거나 심신상의 중대한 장애를 초래할 때에는 사후에 허가를 청구할 수 있다(본조 ④ 단서). 치료행위의 경우 사전허가를 엄격하게 요구하는 것은 의료조치의 신속성을 저해할 우려가 있기 때문이다.[85)]

사후허가는 이미 행해진 의료행위를 추인하는 정도의 의미를 가질 뿐이므로, 과연 이러한 사후허가를 요구할 필요가 있는지에 대해 의문이 제기된 바 있으나,[86)] 적어도 계속적 의료행위에서 사후허가 청구의 기각은 위법한 의료행위의 제거를 가능하게 한다는 점, 사후에라도 허가를 받도록 함으로써 동의권 대행시 심리적 압박을 가할 수 있다는 점 등에서 실익을 갖는다.[87)]

(다) 판단기준

가정법원 허가의 대상이 되는 것은 의료행위 자체가 아니라 성년후견인에 의한 의료행위 동의권의 대행행위이다.[88)] 따라서 가정법원은 당해 의료행위 자체의 적절성 여부를 판단하는 것이 아니라, 성년후견인이 당해 의료행위 동의권을 대행하는 것이 피성년후견인의 추정적 의사에 부합하는지 여부를 심리하여 허가 여부를 결정하여야 한다.[89)]

(라) 허가심판

피성년후견인이 의료행위의 직접적인 결과로 사망하거나 상당한 장애를 입을 위험이 있을 때 성년후견인은 당해 의료행위 동의권 대행에 앞서 가정법원의 허가를 받아야 한다(家訴 §2 ① ii 가. 21).[90)] 이때 가정법원은 성년후견인 또는 성년후견감독인에

83) 이재경(2012), 433; 현소혜(2012), 205-206.
84) 김형석(2014a), 262.
85) 김형석(2010), 140.
86) 이재경(2009), 270.
87) 김형석(2010), 140; 현소혜(2012), 208.
88) 이재경(2012), 432-433.
89) 윤진수·현소혜, 116; 해설, 63; 김형석(2010), 139; 배인구(2013), 51; 이재경(2012), 431-433; 현소혜(2012), 207.

게 피성년후견인의 신상보호 또는 재산관리에 관하여 필요하다고 인정되는 사항을 지시할 수 있으며(家訴規 §38-3 ① i), 필요하다고 인정한 때에는 언제든지 그 허가 기타 지시를 취소하거나 변경할 수 있다(家訴規 §38-3 ②).

가정법원은 허가심판에 앞서 피성년후견인(피성년후견인이 될 사람을 포함한다)의 진술을 들어야 하며(家訴 §45-3 ① ix), 허가심판을 한 후에는 당사자, 절차에 참가한 이해관계인(家訴規 §25) 외에 성년후견인 및 성년후견감독인에게 고지하고, 사건본인에게도 그 뜻을 통지하여야 한다(家訴規 §35).

허가심판에 대해서는 피성년후견인, 친족, 성년후견인, 성년후견감독인, 검사 및 지방자치단체의 장이 즉시항고를 할 수 있다(家訴規 §36 ① i 다목).

3. 거주 부동산의 처분

가. 취지

성년후견인이 피성년후견인을 대리하여 피성년후견인이 거주하고 있는 건물 또는 그 대지에 대하여 매도, 임대, 전세권 설정, 저당권 설정, 임대차의 해지, 전세권의 소멸, 그 밖에 이에 준하는 행위를 하는 경우에는 가정법원의 허가를 받아야 한다(본조 ⑤). 신상에 관한 결정 대행에 해당하는 행위는 아니지만, 피성년후견의 주거환경에 미치는 영향이 심대하므로 성년후견인의 권한 행사에 일정한 제한을 가한 것이다.[91] 이에 대해서는 과도한 개입이라고 비판하는 견해가 있다.[92]

나. 요건

(1) 피성년후견인이 거주하고 있는 건물 또는 그 대지일 것

"피성년후견인이 거주하고 있는 건물 또는 그 대지"라 함은 처분 당시 피성년후견인이 실제로 거주하고 있는 건물 또는 대지만을 의미한다. 피성년후견인이 간헐적으로 거주하더라도, 생활의 본거지라고 볼 수 없는 경우(가령 별장)에는 이에 해당하지 않는다.[93] 현재 거주하고 있는 것은 아니지만, 장기입원 또는 시설거주 등의 사정으로 말미암아 일시적으로 거주지가 이전되었을 뿐 피성년후견인이 멀지 않은 장래에 그 건물이나 대지로 돌아와 거주할 가능성이 있다면, 이에 해당한다고 보아야 할 것이다.[94]

90) 이에 찬성하는 견해로 이재경(2009), 268-269.
91) 김형석(2010), 141.
92) 박인환(2010), 55.
93) 해설, 61; 배인구(2013), 48; 이지은(2012), 198.
94) 해설, 61; 김형석(2014a), 265; 배인구(2013), 48; 이지은(2012), 199.

(2) 매도, 임대, 전세권 설정, 저당권 설정, 임대차의 해지, 전세권의 소멸, 그 밖에 이에 준하는 행위일 것

"매도, 임대, 전세권 설정, 저당권 설정, 임대차의 해지, 전세권의 소멸, 그 밖에 이에 준하는 행위"에는 열거된 각 행위 외에 현재 당해 건물 또는 대지를 점유하고 있는 피성년후견인에게 인도의무 또는 퇴거의무를 발생시키거나 발생시킬 가능성이 있는 모든 종류의 처분이 포함된다. 증여, 교환, 사용대차, 사용대차의 해지, 가등기담보의 설정 등이 이에 해당한다.[95)]

입법론으로서는 거주용 부동산의 구입, 주택의 신축, 차지 및 차가계약의 체결 등 새로운 거주용 부동산의 취득이나 주택의 증개축·수선에 관한 도급계약의 체결과 같은 관리행위에 대해서도 가정법원의 허가를 받아야 한다는 견해,[96)] 또는 주거를 처분해야 할 필요성이나 피성년후견인에게 이익이 되는 경우 허가를 한다는 것과 같은 구체적 기준을 명문으로 정해야 한다는 견해[97)] 등이 있다.

다. 가정법원의 허가

(1) 시기

성년후견인이 위와 같은 행위를 하는 경우에는 가정법원으로부터 사전에 허가를 받아야 한다[家訴 §2 ① ii 가. 21)-2]. 성년후견인이 가정법원으로부터 허가를 받지 않고 피성년후견인 거주부동산을 처분한 경우 당해 처분은 무효이다.[98)] 이는 강행규정이기 때문이다. 따라서 가정법원의 허가가 없다면 피성년후견인이 추인하더라도 당해 처분이 유효로 되지 않는다.[99)] 사후허가는 허용되지 않는다.

거주용 부동산을 처분할 때 가정법원의 허가를 받도록 한 것은 피성년후견인의 정서적 측면을 존중하기 위한 것이므로, 가정법원은 당해 부동산을 처분하지 않고서는 피성년후견인에게 필요한 비용을 조달할 수 없는 등 구체적인 필요성이 있는 경우에만 허가심판을 하여야 할 것이며, 특히 당해 처분이 피성년후견인의 건강에 미칠 수 있는 잠재적 영향을 심각하게 고려할 필요가 있다.[100)]

가정법원은 피성년후견인이 거주하는 건물 또는 그 대지에 대한 매도 등에 대한 허가심판을 하는 때에 성년후견인 또는 성년후견감독인에게 피성년후견인의 신상보호 또는 재산관리에 관하여 필요하다고 인정되는 사항을 지시할 수 있으며(家訴規

95) 해설, 61; 김형석(2014a), 265; 배인구(2013), 48.
96) 송호열(2002), 284.
97) 김미경(2015), 361.
98) 박정기·김연, 346; 신영호·김상훈·정구태, 252; 윤진수·현소혜, 118; 해설, 61; 엄덕수(2010), 22.
99) 김형석(2014a), 267.
100) 해설, 61; 이지은(2012), 200-206; 배인구(2013), 49.

§38-3 ① i), 필요하다고 인정한 때에는 언제든지 그 허가 기타 지시를 취소하거나 변경할 수 있다(家訴規 §38-3 ②).

(2) 청구권자

허가를 청구할 수 있는 자는 가정법원으로부터 피성년후견인의 거주에 관한 신상결정 대행권한을 부여받은 성년후견인 뿐이다.[101]

(3) 심리

가정법원이 피성년후견인이 거주하는 건물이나 그 대지에 대한 매도 등에 대한 허가심판을 하는 경우에는 피성년후견인의 진술을 들어야 한다(家訴 §45-3 ① xii). 허가심판은 당사자, 절차에 참가한 이해관계인(家訴規 §25) 외에 성년후견인 및 성년후견감독인에게 고지하여야 하며, 사건본인에게도 그 뜻을 통지하여야 한다(家訴規 §35).

(4) 즉시항고

허가심판에 대해서는 피성년후견인, 친족, 성년후견인, 성년후견감독인, 검사 및 지방자치단체의 장이 즉시항고를 할 수 있다(家訴規 §36 ① i 다목).

라. 후견감독인의 동의

위 각 행위는 제950조 제1항 제4호 소정의 "부동산 또는 중요한 재산에 관한 권리의 득실변경을 목적으로 하는 행위"에 해당하므로, 가정법원의 허가를 받는 외에 후견감독인의 동의도 받아야 한다.[102] 제950조 주석 참조.

4. 유추적용의 가능성

그 밖에 성년후견인의 결정이 피성년후견인의 신체의 완전성, 거주·이전의 자유, 통신의 자유, 주거의 자유 및 사생활에 대한 중대한 침해[103]를 수반하는 때에도 본조 ② 내지 ⑤를 유추적용하여 가정법원의 허가를 받도록 할 필요가 있는가. 긍정설[104]과 부정설,[105] 원칙적으로는 유추적용이 허용될 수 없지만 피성년후견인의 신체의 완전성을 침해하는 행위 및 거주이전 및 주거의 자유와 관련된 중대한 사안에 대해서는 유추적용이 가능하다는 절충설[106]이 대립한다.

101) 김형석(2014a), 265-266.

102) 김인숙(2012), 13은 가정법원의 허가만 받으면 후견감독인의 동의는 필요하지 않다는 취지로 서술하고 있으나, 진지한 숙고의 결과인지는 의심스럽다.

103) 잊혀질 권리의 행사는 피성년후견인의 통신의 자유나 사생활에 '중대한 침해'를 수반하는 행위가 아니므로 긍정설 또는 부정설인지 여부에 관계없이 가정법원의 허가 없이 성년후견인이 피성년후견인의 잊혀질 권리를 행사할 수 있다. 박은영·이원복(2020), 202.

104) 김형석(2014a), 268; 박인환(2011), 192-193.

105) 구상엽(2012), 92-93.

106) 이지은(2012), 182, 188, 190-192, 207-208.

2011. 3. 7.자 개정 당시 국회에 제출된 정부안 §947-2 ⑤에는 "피성년후견인이 신상에 대하여 결정할 수 없는 경우에 성년후견인의 결정이 피성년후견인의 신체의 완전성, 거주·이전, 통신, 주거의 자유, 사생활에 대한 중대한 침해를 수반하는 때"에도 가정법원의 허가를 받도록 하는 일반규정[107]이 있었으나, 국회 심의를 거쳐 삭제되었다. 적용범위가 불분명하여 해석상 논란의 여지가 많기 때문이다.[108] 이러한 입법경과에 비추어 보면 가정법원의 허가를 요하는 사안은 본조에 열거된 사안으로 한정될 수밖에 없을 것이나, 입법론상으로는 비판이 제기되고 있다.[109]

107) 김형석(2010), 141 참조.
108) 윤진수·현소혜, 117; 박인환(2011), 180; 이지은(2012), 180 참조.
109) 구상엽(2012), 92-93; 백승흠(2011b), 76-77; 이지은(2012), 181-182.

第 948 條 (미성년자의 친권의 대행)

① 미성년후견인은 미성년자를 갈음하여 미성년자의 자녀에 대한 친권을 행사한다.

② 제1항의 친권행사에는 미성년후견인의 임무에 관한 규정을 준용한다.

미성년자는 아직 스스로 친권을 행사할 수 없다. 따라서 미성년자에게 자녀가 있을 때 그 자녀에 대한 친권은 미성년자의 친권자가 대신 행사하게 된다(§910). 이를 친권의 대행이라 한다. 그런데 미성년자를 갈음하여 친권을 대행할 친권자가 없거나, 있더라도 친권이 일시 정지 또는 일부 제한되었거나 법률행위 대리권과 재산관리권을 행사할 수 없어 미성년후견이 개시된 경우에는, 미성년후견인이 당해 미성년자의 친권을 대행하여야 한다(본조 ①). 미성년후견인은 미성년자의 신분에 관하여 친권자와 동일한 권리와 의무가 있기 때문이다(§945).

미성년후견인이 미성년자의 친권을 대행할 때에는 사실상 미성년자의 자녀에 대해서도 미성년후견을 하는 것과 마찬가지이기 때문에, 친권행사시 미성년후견인의 임무에 관한 규정이 준용된다(본조 ②). 따라서 미성년후견인은 피후견인 자녀의 재산에 관한 재산조사 및 목록작성의무(§941), 피후견인의 자녀와의 사이에 존재하는 채권·채무 제시의무(§942), 피후견인 자녀의 포괄적 재산 취득시 재산조사 및 목록작성, 채권·채무 제시의무(§944)를 부담한다. 또한 미성년후견인은 피후견인 자녀에 대한 보호·교양의 권리의무, 그에 대한 거소지정권(§945 본문), 재산관리권과 대리권(§949)을 갖는다.

다만, 미성년후견인이 미성년자의 자녀에 대해 친권을 대행함에 있어서도 미성년후견인으로서 의무를 수행할 때와 동일한 제한이 가해진다. 따라서 미성년자 자녀의 신분에 관한 각종의 권한을 행사함에 있어 이미 미성년자의 친권자가 정해 놓은 교육방법, 양육방법 또는 거소를 변경하는 경우, 미성년자의 자녀를 감화기관이나 교정기관에 위탁하는 경우 및 미성년자의 친권자가 허락한 영업을 취소하거나 제한하는 경우에는 미성년후견감독인의 동의를 받아야 한다(§945 단서). 재산관리권이나 대리권을 행사함에 있어서도 이해상반행위시 특별대리인 선임(§949-3), 일정한 행위시 후견감독인의 동의 및 동의에 갈음하는 심판(§950), 미성년자의 자녀에 대한 제3자의 권리 양수시 취소가능성(§951) 등 다양한 제한을 받게 된다.

후견사무의 감독이나 보수지급, 비용지출 등에 관한 규정(§953 내지 §956)이 미성년후견인에 의한 친권대행시에도 동일하게 적용된다.

第 949 條 (재산관리권과 대리권)

① 후견인은 피후견인의 재산을 관리하고 그 재산에 관한 법률행위에 대하여 피후견인을 대리한다.

② 제920조 단서의 규정은 전항의 법률행위에 준용한다.

■ **참고문헌:** 제철웅(2011), "요보호성인의 인권존중의 관점에서 본 새로운 성년후견제도", 민사법학 56, 277-331;

I. 조문의 취지

재산관리와 관련된 후견인의 권한을 정하기 위한 조문이다. 이때 후견인에는 미성년후견인과 성년후견인이 모두 포함된다.

II. 재산관리권

후견인은 피후견인의 재산을 관리할 권한을 갖는다(§949 ①).

이때 "재산을 관리"한다는 것은 "목적물의 보존 개량 또는 이용을 목적으로 하는 사실상 또는 법률상 행위"를 하는 것을 말한다는 것이 판례[1]의 태도이다. 미성년후견인의 재산관리권한에 대해서는 이를 보다 확대하여 처분행위까지 포함된다고 보아야 할 것이다.[2] 미성년후견인은 친권자에 준하는 포괄적 권한을 갖기 때문이다.

재산관리에 통상적으로 수반되는 사실행위도 당연히 이에 해당할 것이다.[3] 다만, 성년후견인의 재산관리권한에 대해서는 사실행위적 재산관리행위를 제외해야 한다는 견해가 있다.[4] 가령 피성년후견인 소유의 부동산에 관한 임대차계약의 체결은

1) 대법원 1965. 7. 6. 선고 65다919 판결.
2) 주석친족 (2), 674; 김주수·김상용, 521; 해설, 54.
3) 해설, 54.

성년후견인이 대리할 수 있으나, 당해 임대차 계약을 둘러싸고 행해지는 각종의 사실행위적 관리행위(임차인으로부터의 보고청취, 임차인에 대한 지시 등)는 피성년후견인이 직접 해야 한다는 것이다. 자기결정권의 존중이라는 성년후견제의 이념을 근거로 제시한다. 결국 이러한 견해에 따르면 성년후견인이 사실행위적 재산관리행위를 대신하기 위해서는 가정법원으로부터 §938 ③에 따라 관련 권한을 부여받아야 할 것이다.

어느 견해에 따르건 재산관리의 일환으로 소송행위를 할 때에는 반드시 피후견인의 명의로 대리하여야 할 것이며, 후견인 고유의 명의로 할 것은 아니다.[5]

III. 대리권

후견인은 재산에 관한 법률행위에 대하여 피후견인을 대리한다(본조 ①). 미성년후견인, 성년후견인 모두 §938 ①에 따라 법정대리인의 지위를 가지고 있으므로, 동 조문에 따라 특별히 대리권이 수여된 것은 아니다.

1. 대리권의 범위

미성년후견인의 경우에는 미성년후견인 소유의 재산에 포괄적으로 대리권이 미친다는 점에 의문이 없다. 다만, 제한적 행위능력 제도의 취지에 비추어 볼 때 설령 법정대리인이더라도 §10 ②, ④에 따라 피후견인에게 행위능력이 인정되는 범위 내에서는 그 재산에 관한 법률행위에 대해 대리권이 인정되지 않는다고 보아야 할 것이다.

후견인의 대리권에 대해 보다 자세히는 §938 주석 참조.

2. 대리권의 제한

가. 피후견인의 행위를 목적으로 하는 채무부담행위

미성년후견인이든 성년후견인이든, 피후견인의 행위를 목적으로 하는 채무를 부담하는 행위를 대리할 때에는 반드시 본인의 동의를 얻어야 한다(본조 ②에 따른 §920 단서의 준용). 특히 근로계약은 본인의 동의가 있더라도 후견인이 대리하여 체결할 수 없다(「근로기준법」 §67 ①). 단, 근로계약이 미성년자에게 불리하다고 인정하는 경우 미성년후견인은 이를 해지할 수 있다(「근로기준법」 §67 ②).

---

4) 제철웅(2011), 287－288.

5) 대법원 1965. 7. 6. 선고 65다919 판결.

나. 이해상반행위

후견인과 피후견인 또는 동일한 후견인으로부터 후견을 받고 있는 수인의 피후견인 사이에 이해상반행위를 할 때에는 후견인의 대리권이 제한되므로, 법원에 특별대리인의 선임을 청구하여야 한다(§949-3 본문에 따른 §921 준용). 후견감독인이 선임되어 있을 때에는 후견감독인이 대신 대리권을 행사한다(§949-3 단서). 자세한 내용은 §949-3 주석 참조.

다. 후견감독인의 동의를 필요로 하는 행위

후견인이 영업에 관한 행위 등 §950에서 열거된 행위를 대리하고자 할 때에는 후견감독인의 동의를 받아야 한다(§950). 자세한 내용은 §950 주석 참조.

라. 제3자가 후견인의 관리에 반대하는 의사를 표시한 경우

무상으로 미성년자에게 재산을 수여한 제3자가 후견인의 관리에 반대하는 의사를 표시한 경우 후견인은 그 재산을 관리하지 못한다(§956에 의한 §918의 준용).

IV. 동의권

미성년후견인은 미성년자의 법률행위에 대해 동의권을 갖는다(§5 ① 본문). 그러나 권리만을 얻거나 의무만을 면하는 행위에 대해서는 그러하지 아니하다(§5 ① 단서).

第 949 條의2 (성년후견인이 여러 명인 경우 권한의 행사 등)

① 가정법원은 직권으로 여러 명의 성년후견인이 공동으로 또는 사무를 분장하여 그 권한을 행사하도록 정할 수 있다.

② 가정법원은 직권으로 제1항에 따른 결정을 변경하거나 취소할 수 있다.

③ 여러 명의 성년후견인이 공동으로 권한을 행사하여야 하는 경우에 어느 성년후견인이 피성년후견인의 이익이 침해될 우려가 있음에도 법률행위의 대리 등 필요한 권한행사에 협력하지 아니할 때에는 가정법원은 피성년후견인, 성년후견인, 후견감독인 또는 이해관계인의 청구에 의하여 그 성년후견인의 의사표시를 갈음하는 재판을 할 수 있다.

▮ **참고문헌:** 구상엽(2012), "개정민법상 성년후견제도에 대한 연구 －입법배경, 입법자의 의사 및 향후 과제를 중심으로－", 서울대학교 대학원 박사학위논문; 김형석(2010), "민법 개정안에 따른 성년후견법제", 가족법연구 24－2, 111－166; 배인구(2013), "성년후견제도에 관한 연구 -시행과 관련된 이론적·실무적 쟁점을 중심으로", 고려대학교 대학원 석사학위논문

I. 조문의 취지

성년후견인은 여러 명을 둘 수 있다(§930 ②). 성년후견인을 한 명만 선임한 후라도 필요하다고 인정하면 후에 추가로 선임할 수도 있다(§936 ③). 본 조는 이와 같이 여러 명의 성년후견인이 있는 경우 각 성년후견인 간의 권한행사 방법을 정하는 한편, 여러 명의 성년후견인 중 일부의 권한 남용 내지 해태로 인한 피성년후견인의 불이익을 방지하기 위한 조문이다.

II. 권한행사 방법의 결정

여러 명의 성년후견인이 있는 경우 가정법원은 직권으로 권한행사 방법을 정할 수 있다[본조 ① 家訴 §2 ① ii 가. 21)-3].

1. 가정법원이 권한행사 방법을 정한 경우

가정법원이 이를 정할 때 특별히 정해진 기준이나 원칙이 있는 것은 아니다. 가정법원은 여러 명의 성년후견인이 공동으로 권한을 행사하도록 정할 수도 있고, 사무를 분장하여 각 성년후견인이 각자 자신이 담당한 사무의 권한만을 행사하도록 정할 수도 있다. 다만, 성년후견인 중 1인에 대해서는 재산관리를, 다른 1인에 대해서는 신상보호를 담당하게 하는 것은 후견인 사이의 의견 충돌로 인해 피후견인에게 피해를 입힐 우려가 있으므로, 신중해야 한다는 견해가 있다.[1)] 사안에 따라서는 성년후견인 전원이 단독으로 그 권한을 행사하도록 할 수도 있을 것이다.

가정법원은 직권으로 권한행사의 방법을 정하며, 일정한 자에 의한 청구는 필요하지 않다. 성년후견개시심판과 권한행사의 방법을 정하는 심판이 동시에 선고된 경우에는 앞의 심판에 대해 즉시항고함으로써 뒤의 심판에 대해서도 불복하는 것이 가능하나, 성년후견개시심판 후 별도로 권한행사의 방법을 정하는 심판이 내려진 경우에는 즉시항고가 허용되지 않는다.

실무에서는 성년후견개시 또는 성년후견인 추가선임심판을 할 때에 주문과 별지 후견목록에서 성년후견인들 사이의 권한분장을 정하고 있다. 특히 사건본인의 재산과 관련하여 친족 등 이해관계인 사이에 다툼이 있는 경우에 재산관리 사무를 위한 성년후견인으로 전문가를, 신상보호 사무를 위한 성년후견인으로 친족을 선임하는 형태로 복수의 성년후견인을 선임하기도 한다.[2)]

2. 가정법원이 권한행사 방법을 정하지 않은 경우

복수의 성년후견인을 선임할 때 가정법원은 반드시 그 사무분장 또는 권한행사 방법을 정해야 하는가. 견해가 대립한다.

다수의 견해는 반드시 정할 필요는 없다고 한다.[3)] 만약 가정법원이 여러 명의 성년후견인을 선임하면서도 그들 사이의 권한행사방법을 정하지 않았다면, 민법상

1) 구상엽(2012), 85 각주 183).
2) 제요[2], 1207.
3) 해설, 39.

일반원칙으로 돌아가 각자 피성년후견인을 대리할 수 있다는 것이다(§119).[4]

이에 반해 공동후견인 사이의 업무분장 및 책임을 명확히 할 필요가 있으므로, 가정법원이 이를 정하지 않는 것은 허용될 수 없다는 반대설[5]이 있다.

3. 권한행사방법의 변경 또는 취소

가정법원은 권한행사방법을 정한 후라도 언제든지 직권으로 그 결정을 변경하거나 취소할 수 있다[§949-2 ②, 家訴 §2 ① ii 가. 21)-3]. 그러나 피성년후견인, 성년후견인, 후견감독인 등은 그 결정의 변경 또는 취소를 청구할 권한이 없다. 제도 악용의 소지가 있기 때문이다.[6] 이에 대해 즉시항고 등도 허용되지 않는다.

III. 공동성년후견인의 권한해태

가정법원이 여러 명의 성년후견인으로 하여금 공동으로 권한을 행사하게 한 경우 어느 성년후견인이 피성년후견인의 이익이 침해될 우려가 있음에도 불구하고 법률행위의 대리 등 필요한 권한행사에 협력하지 아니할 때에는 가정법원은 그 성년후견인의 의사표시를 갈음하는 재판을 할 수 있다[본조 ③, 家訴 §2 ① ii 가. 21)-3].

성년후견인의 의사표시를 갈음하는 재판은 피성년후견인, 성년후견인, 후견감독인 또는 이해관계인의 청구에 의하여 할 수 있을 뿐이며, 직권으로 할 수 있는 것은 아니다. 이때 명문의 규정은 없으나, 한정후견인의 동의를 갈음하는 허가심판의 경우에 준하여 피성년후견인 및 성년후견인의 진술을 듣는 것이 바람직할 것이다.

IV. 공동성년후견인의 권한 유월

공동성년후견인이 가정법원에 의해 정해진 권한의 범위를 초과하여 대리행위를 하였다면, 이는 권한 없이 한 무권대리로서 무효이다. 다만, 거래 상대방의 보호를 위해 §126 소정의 표현대리 규정이 적용될 수 있을 것이다.[7]

---

4) 김주수·김상용, 538; 한봉희·백승흠, 348; 해설, 56; 김형석(2010), 130; 배인구(2013), 38.

5) 자료집, 393.

6) 자료집, 442.

7) 그러나 이경희·윤부찬, 299는, 성년후견등기사항증명서에는 "대리권 등 목록"이 등기사항증명서의 일부가 되므로, 이에 기록된 각 성년후견인의 대리권의 범위를 벗어나는 행위는 무권대리가 되며, 대리권의 범위가 명백히 등기에 의해 공시되는 한 권한을 넘은 표현대리가 성립할 여지가 없다고 서술한다.

第949條의3 (이해상반행위)

후견인에 대하여는 제921조를 준용한다. 다만, 후견감독인이 있는 경우에는 그러하지 아니하다.

■ **참고문헌:** 김형석(2014b), "성년후견감독인", 성년후견 2, 79-110; 김형석(2015), "후견인의 이해상반행위 금지", 일감법학 32, 3-26; 윤용섭(1996), "친권과 후견", 민사판례연구 18, 553-584; 이은영(2003), "성년후견제도의 개선방향", 외법논집 15, 51-80; 지원림(2005), "친권자·후견인의 대리권과 임의대리의 비교", 가족법연구 19-1, 349-383

I. 입법취지

후견인에 대해서는 이해상반행위에 관한 §921가 준용된다(§949-3). 舊 민법(2011. 3. 7. 개정 전)은 이러한 준용규정을 두고 있지 않았으나, 舊 家訴(2013. 4. 5. 개정 전) §2 ① ii 16)은 §921에 따른 특별대리인 선임 절차가 후견인과 피후견인, 여러 피후견인들 사이에 이해가 상반되는 경우까지 확대적용되는 것으로 규정하였다. 2011. 3. 7. 개정민법은 이와 같은 舊 家訴(2013. 4. 5. 개정 전)의 태도를 수용하여 후견에 있어서도 §921을 준용하는 명문의 규정을 마련하였다.

II. 적용범위

후견인과 피후견인 사이에 이해상반되는 행위를 하는 경우(§921 ①) 또는 그 후견인의 후견을 받는 수인의 피후견인 사이에 이해상반되는 행위를 하는 경우(§921 ②) 후견인은 그 피후견인 또는 피후견인 중 일방을 위해 특별대리인의 선임을 청구하여야 한다[家訴 §2 ① ii 가. 16)]. 이때 후견인에는 성년후견인과 미성년후견인이 모두 포함된다.

"이해상반되는 행위"의 의미에 대해서는 제921조 주석 참조. 다만 §921에서와 달리 실질적 판단설에 따라 이해상반을 판단해야 한다는 견해도 주장되고 있음을 주목할 필요가 있다. 이 견해는 실질적 판단설에 따르면 거래안전이 침해될 수 있다는 것은 긍정하면서도, §921는 자연적 애정관계에 기초해 법정대리권을 갖는 친권자를 전제로 한 것으로 친권자는 다소 이해상반의 소지가 있더라도 미성년자의 이익을 위해 대리행위를 할 가능성을 높게 평가할 여지가 있지만 후견인은 반드시 그렇지는 않다는 점, 후견인으로 하여금 그와 피후견인 사이에 실질적 이해상충의 가능성이 있다고 생각되면 일단 가정법원에 특별대리인 선임을 청구하도록 유인하는 것이 타당하다는 점을 중시한다.[1)]

III. 효과

특별대리인의 선임 청구를 해야 함에도 불구하고, 후견인이 이를 하지 않고 직접 이해상반행위를 한 경우 그 행위는 무권대리로서 무효이다.[2)] 다만, 후견감독인이 있는 경우에는 특별대리인의 선임을 청구할 필요가 없다(본조 단서). 특별대리인 대신 후견감독인이 피후견인을 대리하기 때문이다(§940-6 ③).

이해상반행위가 성년후견인의 대리권 행사 외에 법원의 허가를 받도록 규정되어 있는 경우, 특별대리인의 선임심판 외에 법원의 허가가 필요한지 문제될 수 있다. 특별대리인선임사건 심리에서 이해관계의 상반 여부를 넘어 피후견인의 복리나 적정한 후견감독에 대해 충분히 고려되기를 기대하기 어려우므로, 실무에서는 법원의 허가와 특별대리인 선임을 모두 요구한다.[3)]

IV. §950과의 관계

본조에 따른 이해상반행위가 §950 ① 각호에도 해당하는 경우에 대해서는 본조가 우선적용된다는 견해[4)]와 두 개의 조문이 중첩적으로 적용된다는 견해[5)]가 대립한다.

---

1) 김형석(2015), 21.
2) 舊法 하에서 후견인과 피후견인의 이익이 상반하는 행위에 관하여 후견감독인이 이를 대리하지 아니하고, 후견인이 스스로 행위한 경우 이는 무권대리 행위로서 본인의 추인이 없는 한 아무런 효력이 없다고 보았던 판결로 대법원 1981. 3. 24. 선고 81다18 판결 참조.
3) 김성우, 102.
4) 권순한, 249.
5) 박동섭·양경승, 460; 김형석(2014b), 104. 舊 민법(2011. 3. 7. 개정 전)의 해석상 이러한 입장을 취한 견해로 윤용섭(1996), 584; 이은영(2003), 13; 지원림(2005), 365. 다만 과거의 견해들은 이론적으로는 중첩적용설을 지지하면서도, 친족회의 구성이나 운영상 실익은 크지 않다고 지적한다.

§949-3 우선적용설에 따르면 특별대리인을 선임한 경우에는 후견감독인의 동의를 받을 필요가 없다. 반면 후견감독인의 동의를 받았더라도 특별대리인을 선임하지 않았다면, 당해 법률행위는 무효로 된다.

중첩적용설에 따르면 특별대리인 선임과 후견감독인의 동의가 모두 필요하므로, 앞의 요건을 흠결한 때에는 무효가 되고, 뒤의 요건을 흠결한 때에는 취소할 수 있는 법률행위가 된다. 이 견해는 특히 중첩적용을 통해 피후견인을 보다 잘 보호할 수 있다고 주장한다.

다만, 2011. 3. 7.자 개정민법에 따르면, 후견감독인이 있을 때에는 그가 특별대리인을 대신하여 피후견인을 대리하도록 하므로, 어느 설에 따르더라도 후견감독인의 동의는 그의 특별대리인으로서의 지위에 흡수될 것으로 보인다. 이에 대해서는 "중요한 대리행위를 감독하기 위해 가정법원이 성년후견감독인을 선임하였는데, 마침 이해상반을 이유로 그 자신이 대리행위를 한다는 사정" 때문에 §950 ①에 따른 규제를 받지 않는다는 것은 납득하기 어렵다는 이유로 §950 ②을 유추적용하여 가정법원으로부터 성년후견감독인의 동의에 갈음하는 허가를 받아야 한다고 해석하는 견해[6]가 있으나, §950 ②는 후견감독인이 동의를 하지 않는 경우에 관한 것이므로 후견감독인이 대리를 하지 않는 경우와 유사하다고 보기 어렵다.[7]

복수의 성년후견감독인이 선임되어 있는 경우라면, 그 중 1인이 특별대리인 자격으로 이해상반행위를 대리하고, 다른 1인이 §950 ①에 따른 동의권을 행사하면 될 것이다.[8]

6) 김형석(2014b), 104-105.
7) 윤진수, 294.
8) 김형석(2014b), 104.

第 950 條 (후견감독인의 동의를 필요로 하는 행위)

① 후견인이 피후견인을 대리하여 다음 각 호의 어느 하나에 해당하는 행위를 하거나 미성년자의 다음 각 호의 어느 하나에 해당하는 행위에 동의를 할 때는 후견감독인이 있으면 그의 동의를 받아야 한다.

1. 영업에 관한 행위
2. 금전을 빌리는 행위
3. 의무만을 부담하는 행위
4. 부동산 또는 중요한 재산에 관한 권리의 득실변경을 목적으로 하는 행위
5. 소송행위
6. 상속의 승인, 한정승인 또는 포기 및 상속재산의 분할에 관한 협의

② 후견감독인의 동의가 필요한 행위에 대하여 후견감독인이 피후견인의 이익이 침해될 우려가 있음에도 동의를 하지 아니하는 경우에는 가정법원은 후견인의 청구에 의하여 후견감독인의 동의를 갈음하는 허가를 할 수 있다.

③ 후견감독인의 동의가 필요한 법률행위를 후견인이 후견감독인의 동의 없이 하였을 때에는 피후견인 또는 후견감독인이 그 행위를 취소할 수 있다.

▮참고문헌: 김도훈(2014), "성년후견제도 도입에 따른 민사소송법상 소송능력에 관한 소고", 법학연구 22−1, 117−137; 김형석(2010), "민법 개정안에 따른 성년후견법제", 가족법연구 24−2, 111−166; 김형석(2013), "피성년후견인과 피한정후견인의 소송능력", 가족법연구 27−1, 41−84; 박종택(2007), "후견인 및 친족회에 대한 법원의 감독", 가사재판연구 1, 378−411; 백승흠(2010a), "성년후견제도의 도입과 과제", 법학논총 27−1, 23−48; 신기현(1991), "미성년자에 대한 후견인", 법무사 388, 24−28; 양창수(2005), "민법 친족편 중 제5장 후견 등에 대한 법전편찬위원회 심의자료의 소개", 서울대학교 법학 46−2, 418−441; 정선주(2014), "행위능력제도의 변화에 따른 소송능력의 재검토", 민사소송 18−1, 41−87; 지원림(2005), "친권자·후견인의 대리권과 임의대리의 비교", 가족법연구 19−1, 349−383

I. 조문의 취지

성년후견인 또는 미성년후견인은 피후견인을 위해 포괄적인 대리권과 동의권·재산관리권을 행사한다. 후견인에 의한 의사결정은 피후견인의 삶, 특히 재산관계에 지대한 영향을 미칠 수 있으며, 후견인의 부적절한 의사결정으로 인해 일단 손해가 발생한 후에는 이를 회복하기가 쉽지 않다. 따라서 후견인이 피후견인을 위해 하는 행위 중 피후견인에게 심각한 손해를 끼칠 위험이 있는 행위를 할 때에는 후견감독인으로부터 사전에 동의를 받도록 함으로써 후견인의 권한남용을 방지하고자 하는데 본조의 취지가 있다.

II. 후견감독인의 동의를 받아야 하는 행위

1. 후견감독인의 동의를 받아야 하는 행위의 유형

가. 대리 또는 동의

성년후견인 및 미성년후견인이 피후견인을 대리하여 본조 ① i 내지 vi에 열거된 각 행위를 하는 경우 또는 미성년자가 본조 ① i 내지 vi에 열거된 각 행위를 하는데 미성년후견인이 동의를 하고자 할 때에는 미성년후견감독인 또는 성년후견감독인의 동의를 받아야 한다(본조 ①).

나. 형식적 판단

후견감독인의 동의를 받아야 하는 행위인지 여부는 당해 행위가 본조 ① i 내지 vi에 열거된 각 행위인지를 형식적으로 판단하는 것으로 그치며, 당해 행위에 의해 실제로 피후견인에게 어떠한 불이익이 발생하거나, 후견인과 피후견인 사이에 이해가 상반되어야 하는 것은 아니다.

본조 ① i 내지 vi에 열거된 각 행위가 §949-3상의 이해상반행위에도 해당하는 경우에 관해서는 §949-3 주석 참조.

2. 후견감독인의 동의를 받아야 하는 행위의 범위

가. 영업에 관한 행위(본조 ① i)

후견인이 피후견인의 영업에 관한 행위를 대리하거나 이에 동의하고자 하는 경우에는 후견감독인의 동의를 받아야 한다. 이때 "영업"이란 널리 영리를 목적으로 하는 계속적이며 독립적인 업무를 말하는 것으로서 "영업에 관한 행위"란 이러한 영업과 직접적으로 관련 있는 또는 영업에 수반되는 법률행위를 말한다. §8 상의 "영업에 관하여"와 동일하게 해석하여야 할 것이다.[1] 舊 민법(2011. 2. 18. 개정 전)은 "영업을 하는 일"이라고 규정하고 있었으나, 영업 자체는 법률행위가 아니라는 이유로 위와 같이 개정되었다.[2]

나. 금전을 빌리는 행위(본조 ① ii)

후견인이 피후견인을 위해 금전을 빌리는 행위를 대리하거나 이에 동의하고자 하는 경우에는 후견감독인의 동의를 받아야 한다.

舊 민법(2011. 3. 7. 개정 전)은 "차재"라고 표현하고 있었으므로, 금전소비대차 외에 준소비대차, 어음채무의 부담 등도 널리 포함된다고 해석하는 견해가 있었다.[3] 그러나 2011. 3. 7.자 개정민법은 후견감독인의 동의를 얻어야 하는 행위를 금전차용행위로 한정하였다. 그것이 현실적으로 가장 중요하고 빈번하기 때문이다.[4]

다. 의무만을 부담하는 행위(본조 ① iii)

후견인이 피후견인을 위해 의무를 부담하는 행위를 대리하거나 이에 동의하고자 하는 경우에는 후견감독인의 동의를 받아야 한다. 이때 "의무만을 부담하는 행위"란 채무를 부담하면서 그 대가로 어떠한 권리도 취득하지 못하는 경우를 의미한다.[5] 보증, 증여, 담보제공계약, 채무인수, 연대채무의 부담, 어음발행 등이 이에 해당할 수 있다.

라. 부동산 또는 중요한 재산에 관한 권리의 득실변경을 목적으로 하는 행위(본조 ① iv)

후견인이 피후견인을 위해 부동산 또는 중요한 재산에 관한 권리의 득실변경을 목적으로 하는 행위를 대리하거나 이에 동의하고자 하는 경우에는 후견감독인의 동의를 받아야 한다. 이때 "부동산 또는 중요한 재산"에는 부동산, 고액의 동산뿐만 아니라, 저작권·특허권·상표권 등 무체재산권도 포함된다.[6]

부동산 또는 중요한 재산에 관한 "권리의 득실변경을 목적으로 하는 행위"에는 증여, 매매, 교환과 같이 직접적으로 당해 재산의 취득 또는 상실을 목적으로 하는 행위뿐만 아니라, 소비대차, 담보제공 등과 같이 간접적으로 권리를 상실할 가능성이 있는 경우도 모두 포함된다.[7] 그러나 당해 행위에 의해 직접적으로 권리의 득실변경이 발생하는 처분행위여야 하는 것은 아니며, 장래 득실변경이 발생할 것을 목적으로

1) 양수산, 493; 신기현(1991), 27.
2) 자료집, 390.
3) 주석 친족(3), 568; 신기현(1991), 27.
4) 김형석(2010), 134–135; 백승흠(2010a), 36 각주 17).
5) 김형석(2010), 135; 백승흠(2010a), 36 각주 17).
6) 김주수·김상용, 522; 박동섭·양경승, 460; 신기현(1991), 27.
7) 김주수·김상용, 522; 박동섭·양경승, 460; 양수산, 493; 신기현(1991), 27.

하는 의무부담행위 내지 채권행위인 것으로 족하다. 특정의 부동산에 관하여 장래 일체의 민·형사상 이의를 제기하지 않기로 하는 부제소합의를 하는 경우도 이에 포함된다.[8)]

이때 문제되는 부동산이 §947-2 ⑤의 적용범위에도 포섭되는 경우 후견감독인의 동의 외에 가정법원의 허가도 받아야 한다.

마. 소송행위(본조 ① v)

후견인이 피후견인을 대리하여 소송행위를 하고자 하는 경우에는 후견감독인의 동의를 받아야 한다. 본래 소송행위란 소송주체가 소송절차 내에서 하는 행위를 널리 일컫는 말이나,[9)] 본조에서 말하는 "소송행위"는 민사소송 또는 가사소송의 원고가 되어 소를 제기하는 경우로 한정된다는 것이 다수의 견해이다.[10)] 형사소송행위나 비송사건의 신청은 이에 포함되지 않는다.[11)]

이러한 정의에 따르면, 피후견인이 민사소송이나 가사소송의 피고가 된 때 후견인은 후견감독인의 동의 없이 바로 응소할 수 있다. 民訴 §56 ① 역시 "미성년후견인, 대리권 있는 성년후견인 또는 대리권 있는 한정후견인이 상대방의 소 또는 상소 제기에 관하여 소송행위를 하는 경우에는 그 후견감독인으로부터 특별한 권한을 받을 필요가 없다."고 규정한다.

이미 개시된 소송절차 내에서 증인 또는 감정인 등의 자격으로 법원에 출석하여 진술하는 것 역시 본조에서 말하는 소송행위에 포함되지 않는다.[12)] 소의 제기에 해당하지 않기 때문이다. 다만, 법정대리인이 소의 취하, 화해, 청구의 포기·인낙(認諾) 또는 제80조에 따른 탈퇴를 하기 위해서는 후견감독인으로부터 특별한 권한을 받아야 하고, 후견감독인이 없는 경우에는 가정법원으로부터 특별한 권한을 받아야 한다(民訴 §56 ②). 소송의 종료로 인해 피후견인의 이해관계에 큰 영향을 미치기 때문이다.[13)]

민사소송 또는 가사소송 중 상소는 어떠한가. 일부 견해[14)]는 심급별로 후견감독인의 동의를 받아야 한다고 서술한다. 단, 이때 동의는 심급별로 포괄적으로 이루어져야 한다. 절차의 안정을 도모하기 위함이다. 그러나 民訴 §56 ①의 문언에 비추어 보았을 때 심급마다 별도로 후견감독인의 동의를 받을 필요는 없을 것이다.[15)]

---

8) 대법원 1989. 10. 10. 선고 89다카1602 등 판결.
9) 이시윤, 373.
10) 김주수·김상용, 522; 박동섭·양경승, 460; 양수산, 493; 신기현(1991), 27.
11) 김주수·김상용, 522; 박동섭·양경승, 460.
12) 김주수·김상용, 522; 박동섭·양경승, 460.
13) 김형석(2013), 66-67.
14) 김형석(2013), 66.
15) 김주수·김상용, 522; 신기현(1991), 27.

바. 상속의 승인, 한정승인 또는 포기 및 상속재산의 분할에 관한 협의(본조 ① vi)

후견인이 피후견인을 위해 상속의 승인, 한정승인 또는 포기 및 상속재산의 분할에 관한 협의를 대리하거나 이에 동의하고자 하는 경우에는 후견감독인의 동의를 받아야 한다. 후견인이 다른 공동상속인과 통모할 경우 피후견인과 이해상반의 가능성이 높기 때문이다.[16] 민법 제정 당시 입법자는 상속의 승인 또는 포기를 의도적으로 본조의 규율대상으로부터 제외[17]하였으나, 舊 민법(2011. 3. 7. 개정 전)상으로도 후견인은 친족회의 동의를 받아 상속포기를 대리하도록 하는 것이 실무의 태도였다고 한다.[18]

§1019 ③에 따른 특별한정승인은 열거되어 있지 않으나, 역시 피후견인의 재산상황에 중대한 영향을 미치는 행위이므로, 본조 ① vi상의 한정승인에 포함된다고 보아야 할 것이다.

III. 후견감독인의 동의

1. 후견감독인의 동의

후견인이 본조 ① i 내지 vi에서 정한 행위를 대리하거나 이에 동의하고자 할 때에는 후견감독인의 동의를 받아야 한다.

후견감독인이 선임되어 있지 않을 때에는 그의 동의를 받을 필요가 없다.[19] 舊 민법(2011. 3. 7. 개정 전)상 후견감독기관인 친족회와 달리 후견감독인은 임의기관에 불과하기 때문이다. 다만, 동의를 받는 것이 적절한 경우라면 가정법원이 직권으로 후견감독인을 선임하여야 할 것이다. 民訴 §56의 입법취지에 비추어 볼 때 적어도 소송행위에 관해서는 후견감독인 선임을 강제하여 반드시 그의 동의를 받도록 해야 한다는 견해[20]도 있다.

2. 후견감독인의 동의를 갈음하는 허가

후견감독인이 선임되어 있으나, 피후견인의 이익이 침해될 우려가 있음에도 불구하고 그가 동의를 하지 아니하는 경우 가정법원은 후견인의 청구에 의하여 후견감독인의 동의를 갈음하는 허가를 할 수 있다[§950 ②, 家訴 §2 ① ii 가. 21)-4]. 후견감독인의 동의권한 남용으로부터 피후견인을 보호하기 위한 조문이다. 이때 허가청구권

16) 자료집, 388, 437.
17) 양창수(2005), "422 참조.
18) 박종택(2007), 392.
19) 권재문, 261; 백승흠(2010a), 36.
20) 김도훈(2014), 131-132; 정선주(2014), 83-84.

자를 후견인으로 한정한 것에 대해 비판적인 입장을 취하면서 피후견인에게도 청구 권한을 부여해야 한다는 견해가 있다.[21)]

이때 피후견인 또는 후견감독인의 진술을 듣도록 강제하는 규정은 없으나, 한정후견인의 동의를 갈음하는 심판을 할 때 피한정후견인과 한정후견인의 진술을 듣도록 한 규정을 유추적용하는 것이 바람직할 것이다.

Ⅳ. 위반의 효과

1. 효과

후견인이 후견감독인의 동의가 필요한 행위를 대리하거나 이에 동의하면서도 후견감독인의 동의를 받지 않은 경우 그 행위는 취소할 수 있다(본조 ③). 일부 견해[22)]는 후견인이 후견감독인의 동의를 받지 않고 동의행위를 한 경우에는 이를 취소할 수 있으나, 후견감독인의 동의 없이 대리행위를 한 경우에는 무효라고 보아야 한다고 주장하나, 양자 모두 취소할 수 있는 행위에 불과하다는 것이 통설이다.

이때 취소는 형성권의 성격을 가지며, 재판 외의 의사표시에 의해서도 가능하다.[23)] 가정법원에 별도의 소를 제기해야 하는 것은 아니다.

그것이 §146에서 정한 제척기간 내에 행사되어야 함은 물론이다. 즉, 취소권은 추인할 수 있는 날로부터 3년 내에, 법률행위를 한 날로부터 10년 내에 행사하여야 한다. 이때 "추인할 수 있는 날"이란 취소의 원인이 종료한 후를 의미하므로, 피후견인이 스스로 취소하고자 할 때에는 미성년자가 성년자가 되거나,[24)] 성년후견종료의 심판이 있는 등[25)] 피후견인이 능력자가 된 날부터 계산하여야 한다.[26)]

21) 윤진수·현소혜, 123.
22) 이경희·윤부찬, 291.
23) 대법원 1993. 7. 27. 선고 92다52795 판결; 대법원 1993. 9. 14. 선고 93다13162 판결.
24) 대법원 1989. 10. 10. 선고 89다카1602, 1619 판결.
25) 한정치산자의 후견인에 의한 친족회 동의 없는 부동산 처분행위에 관한 판결이기는 하지만, 같은 취지로 대법원 1997. 6. 27. 선고 97다3828 판결 참조.
26) 대법원 1979. 11. 27. 선고 79다396 판결도 참조. "친족회가 추인할 수 있는 날이란 친족회원이 매매사실을 안 날이 아니고 동인이 매매사실을 들은 후 지체없이 친족회 소집절차를 밟았더라면 친족회 소집이 가능한 날이라고 보아야 하며 또한 친족회가 실제로 소집된 날로 볼 것도 아니다." 개정법에 따르면 후견감독인이 취소 대상이 되는 행위가 있음을 알았으면 그 때부터 취소기간이 진행될 것이다. 윤진수, 293.

2. 적용범위

가. 소송행위

본조 ③은 "후견감독인의 동의가 필요한 법률행위"에 모두 적용된다고 규정하고 있으나, 실제 적용범위는 이 중 §950 ① i 내지 iv 및 vi에 한정된다.

본조 ① v에 해당하는 소송행위는 절차적 안정이 요구되므로, 후견감독인의 동의를 받지 않은 경우에는 바로 무효가 되며, 취소할 수 있는 것에 불과하다고 할 수 없다. 즉, 소송행위에 대해서는 본조 ③이 적용되지 않는다. 후견인의 소송행위에 친족회의 동의를 요구하였던 舊 민법(2011. 3. 7. 개정 전) §950에 대한 판례의 태도[27]도 이와 같다. 친족회의 동의를 얻지 않은 상태에서 후견인은 아직 소송능력이 없다는 것이다. 다만, 소송 중 후견감독인에 의한 추인이 있었다면 소송행위 당시로 소급하여 효력이 발생한다.[28]

나. 이해상반행위

본조 ①에 해당하는 행위가 §949-3상의 이해상반행위에도 해당하는 경우 양 조문간의 관계에 대해서는 §949-3 주석 참조.

3. 취소권자

본조 ③에 따른 취소권은 피후견인 또는 후견감독인이 행사할 수 있다(본조 ③). 이에 대해서는 후견인이 복수로 선임된 경우에 대비하여 공동후견인에게도 취소권한을 부여할 필요가 있다는 비판이 있다.[29]

동 조항에 따른 피후견인 또는 후견감독인의 취소권은 행사상의 일신전속권이므로 채권자대위권의 목적이 될 수 없다는 것이 판례[30]의 태도이나, 재산상의 법률행위라는 이유로 반대하는 견해[31]가 있다.

4. 제3자 보호

가. 확답을 촉구할 권리

§952 주석 참조.

---

27) 대법원 1962. 6. 21. 선고 4294민상1570 판결; 대법원 2001. 7. 27. 선고 2001다5937 판결.
28) 대법원 2001. 7. 27. 선고 2001다5937 판결.
29) 윤진수·현소혜, 124.
30) 2011. 3. 7. 개정 전의 사안에 관해 같은 취지의 판결로 대법원 1996. 5. 31. 선고 94다35985 판결.
31) 배경숙·최금숙, 384.

나. 표현대리

후견인이 후견감독인의 동의 없이 본조 ① i 내지 vi에서 정한 행위를 하였는데, 상대방은 후견감독인의 동의가 있다고 믿은 데에 정당한 사유가 있었다면 §126 소정의 권한을 넘는 표현대리 규정이 적용되어 본인인 피후견인에게 그 효력이 미친다는 것이 판례이다.[32] §126은 거래의 안전을 도모하여 거래 상대방의 이익을 보호하려는데 그 취지가 있으므로 법정대리에도 적용되기 때문이다.

이러한 판례의 태도에 대해서는 별다른 이의를 제기하지 않는 것이 다수의 견해[33]이나, §950 ① 위반행위에 §126을 적용해서는 안 된다는 견해[34]도 유력하다. 후자의 견해는, 동의를 받지 않은 후견인의 행위의 효과를 §126에 따라 피후견인에게 귀속시키는 것은 피후견인 측에 취소권을 부여한 §950 ③의 입법취지에 반하며, 제한능력자의 보호는 표현대리제도가 목적으로 하는 거래 안전의 보호보다 우월한 이념이고, 법정대리인 이상 후견인의 권한유월행위에 대해 피후견인 측에 어떠한 귀책사유도 존재하지 않는다는 점, 이때 후견인은 법정대리권을 가지고 있으므로 무권대리라고 볼 수도 없다는 점 등을 근거로 제시한다.

32) 한정치산자의 후견인에 의한 친족회 동의 없는 부동산 처분행위에 관한 판결이기는 하지만, 같은 취지로 대법원 1997. 6. 27. 선고 97다3828 판결 참조.

33) 김주수·김상용, 523; 박동섭·양경승, 461; 양형우, 175.

34) 송덕수, 264; 윤진수, 294; 이경희·윤부찬, 291; 윤진수(2001), 158−167; 지원림(2005), 373−374.

第 951 條 (피후견인의 재산 등의 양수에 대한 취소)

① 후견인이 피후견인에 대한 제3자의 권리를 양수(讓受)하는 경우에는 피후견인은 이를 취소할 수 있다.

② 제1항에 따른 권리의 양수의 경우 후견감독인이 있으면 후견인은 후견감독인의 동의를 받아야 하고, 후견감독인의 동의가 없는 경우에는 피후견인 또는 후견감독인이 이를 취소할 수 있다.

I. 조문의 취지

후견인이 피후견인에 대한 제3자의 권리를 양수할 경우 후견인과 피후견인 사이에 이해상반의 위험이 있다. 본조는 위와 같은 위험을 고려하여 후견인이 피후견인에 대한 제3자의 권리를 양수하는 것을 금지하는 것을 목적으로 한다. 후견인의 피후견인에 대한 채권·채무를 후견감독인에게 제시하도록 한 §942의 규범목적을 후견 개시 후에도 관철시키고자 하는 것이다. 이때 후견인에는 미성년후견인과 성년후견인이 포함된다.

II. 피후견인에게 후견감독인이 없는 경우

후견감독인이 없는 경우에는 후견인이 피후견인에 대한 제3자의 권리를 양수하더라도 이를 사전적으로 견제할 아무런 장치가 없다. 따라서 이러한 경우 피후견인은 후견인과 제3자 사이의 양도계약을 취소할 수 있다(본조 ①). 취소의 의사표시에 법정대리인에 의한 대리 또는 동의가 필요한 것은 아니다. 다만, 취소 당시 피후견인에게 의사능력은 있어야 한다.

취소시 제3자 보호에 관해서는 §952 주석 참조.

III. 피후견인에게 후견감독인이 있는 경우

피후견인에게 후견감독인이 있는 경우에는 후견인은 피후견인에 대한 제3자의 권리를 양수함에 있어 후견감독인의 동의를 받아야 한다(본조 ②). 사전적 견제장치이다. 만약 후견감독인의 동의 없이 이를 양수한 경우에는 피후견인 또는 후견감독인이 이를 취소할 수 있다(§951 ②).

취소시 제3자 보호에 관해서는 §952 주석 참조.

第 952 條 (상대방의 추인 여부 최고)

제950조 및 제951조의 경우에는 제15조를 준용한다.

참고문헌: 지원림(2005), "친권자·후견인의 대리권과 임의대리의 비교", 가족법연구 19-1, 349-383

§950 및 §951에 대해서는 §15가 준용된다(본조). 후견감독인의 동의 없이 §950 ① 각호에서 정한 행위를 한 경우 또는 후견감독인의 동의 없이 후견인이 피후견인에 대한 제3자의 권리를 양수한 경우 이를 취소한다면 후견인과 거래한 상대방에게 불측의 손해를 미칠 수 있기 때문이다. 따라서 후견인과 거래한 상대방은 1월 이상의 기간을 정하여 취소할 수 있는 행위의 추인 여부의 확답을 촉구할 수 있다(§15 ①).

이때 확답촉구의 상대방은 이를 수령할 능력과 그 촉구에 따라 추인 또는 거절의 의사표시를 할 수 있는 능력을 가지고 있어야 한다. 따라서 만약 피후견인이 능력자가 되었다면 본인을 상대로, 아직 능력자가 되지 않았다면 그의 법정대리인을 상대로 확답을 촉구하여야 할 것이다. 이때 법정대리인은 후견인을 말한다. 舊 민법(2011. 3. 7. 개정 전)의 해석상으로는 친족회가 추인권을 갖는다는 견해[1]도 있었다.

피후견인이 능력자가 된 후 확답을 촉구받았으나, 그 기간 내에 확답을 발송하지 않은 때에는 그 행위를 추인한 것으로 본다(§15 ① 2문). 반면 후견인이 추인의 의사표시를 하고자 할 때에는 §950 및 §951에 따른 후견감독인의 동의를 받아야 하며,[2] 정해진 기간 내에 후견감독인의 동의를 받은 확답을 발송하지 않은 때에는 당해 법률행위를 취소한 것으로 본다(§15 ③)

1) 지원림(2005), 378.
2) 대표적으로 곽윤직·김재형, 136.

第953條 (후견감독인의 후견사무의 감독)

후견감독인은 언제든지 후견인에게 그의 임무 수행에 관한 보고와 재산목록의 제출을 요구할 수 있고 피후견인의 재산상황을 조사할 수 있다.

참고문헌: 송호열(2008), "성년후견감독법제에 관한 고찰", 재산법연구 25-1, 253-302

후견감독인에 의한 후견사무 감독 방법을 정하는 조문이다. 후견감독인은 언제든지 후견인에게 그의 임무수행에 관한 보고와 재산목록의 제출을 요구할 수 있고, 피후견인의 재산상황을 조사할 수 있다(본조). 미성년후견감독인과 성년후견감독인에게 모두 적용된다.

감독의 횟수나 간격이 정해져 있는 것은 아니므로, 필요한 때에는 언제든지 할 수 있다. 보고나 제출요구, 조사의 범위가 정해져 있는 것도 아니다. 후견감독인은 피후견인의 재산에 관한 사무, 신상에 관한 사무 또는 이 중 특정한 사무를 지정하여 보고 등을 요구할 수도 있고, 사무 전반에 걸쳐 감독할 수도 있다.[1)]

그 밖에 후견감독인의 감독사무에 관해 자세히는 §940-6 주석 참조.

1) 친족회에 의한 감독에 대해 같은 취지로 송호열(2008), 255.

第 954 條 (가정법원의 후견사무에 관한 처분)

가정법원은 직권으로 또는 피후견인, 후견감독인, 제777조에 따른 친족, 그 밖의 이해관계인, 검사, 지방자치단체의 장의 청구에 의하여 피후견인의 재산상황을 조사하고, 후견인에게 재산관리 등 후견임무 수행에 관하여 필요한 처분을 명할 수 있다.

▮참고문헌: 권순한(2000), "법정후견인제도", 아세아여성법학 3, 91－124; 박종택(2007), "후견인 및 친족회에 대한 법원의 감독", 가사재판연구 1, 378－411; 배인구(2013), "성년후견제도에 관한 연구 -시행과 관련된 이론적·실무적 쟁점을 중심으로", 고려대학교 대학원 석사학위논문; 백승흠(2011c), "독일의 후견·성년후견제도의 개혁에 관한 소고", 한·독사회과학논총 21－4, 161－192; 송호열(2008), "성년후견감독법제에 관한 고찰", 재산법연구 25－1, 253－302; 제철웅(2011), "요보호성인의 인권존중의 관점에서 본 새로운 성년후견제도", 민사법학 56, 277－331

I. 조문의 취지

가정법원에 의한 일반적인 후견사무 감독에 관한 조문이다. 미성년후견과 성년후견에 모두 적용된다. 후견감독인에 의한 감독제도 대신 가정법원의 감독권한을 강화·집중해야 한다는 견해도 유력하다. 이에 대해서는 §940－4 주석 참조.

가정법원은 본조에 따른 감독 외에도 후견인의 선임(§936)과 변경(§940), 사임허가(§939), 후견감독인의 선임 등(§§940－3, 940－4), 후견인과 후견감독인의 보수수여(§955), 재산목록작성기간의 연장허가(§941 ①), 후견사무종료시 관리계산 기간의 연장허가(§957 ①), 성년후견인의 신상결정대행에 관한 각종의 허가(§947－2), 성년후견인이 여러 명인 경우 특정 성년후견인의 의사표시를 갈음하는 재판(§949－2 ③) 등 개별 사무별로 후견인을 감독할 수도 있다.

II. 가정법원의 처분 권한

가정법원은 피후견인의 재산상황을 조사하고, 후견인에게 재산관리 등 후견임무 수행에 관하여 필요한 처분을 명할 수 있다[본조, 家訴 §2 ① ii 가. 22)].

1. 재산상황의 조사

가정법원은 후견사무의 감독을 위해 피후견인의 재산상황을 조사할 수 있다. 이를 위해 가정법원은 전문성과 공정성을 갖추었다고 인정할 수 있는 사람 또는 법원의 사무관 등이나 가사조사관에게 성년후견사무의 실태 또는 피성년후견인의 재산상황을 조사하게 할 수 있다(家訴 §45−4 ①).

이러한 권한을 부여받은 사람은 그 업무처리를 위하여 가정법원의 허가를 얻어 성년후견인 또는 성년후견감독인에게 그 후견사무 또는 후견감독사무에 관한 자료의 제출을 요구하거나 제출한 자료에 대한 설명을 요구할 수 있고, 업무수행의 결과 성년후견인 또는 성년후견감독인을 변경할 필요가 있거나 본조에 따른 조사 또는 처분의 필요가 있다고 판단한 때에는 즉시 이를 가정법원에 보고하여야 한다(家訴規 §38−6).

2. 재산관리에 필요한 처분

가정법원이 후견사무의 감독을 위해 후견인에게 명할 수 있는 "재산관리 등 후견임무 수행에 관하여 필요한 처분"에는 등기·소멸시효의 중단·채권의 집행 등 보전행위뿐만 아니라, 매각·임대·저당권의 설정 등 피후견인의 적절한 재산관리를 위해 필요한 처분행위뿐만 아니라, 건물의 수선 등과 같은 사실행위도 포함된다.[1]

그 밖에 후견인의 권한을 일부 제한하는 내용의 처분을 할 수 있다는 견해[2]도 있다. 가령 일정한 법률행위에 대해 대리권을 행사하고자 할 때에는 가정법원의 허가를 받을 것을 요구하는 내용의 처분이 가능하다는 것이다.

동조에 의한 처분의 일환으로 가정법원은 전문성과 공정성을 갖추었다고 인정할 수 있는 사람 또는 법원의 사무관 등이나 가사조사관에게 임시로 재산관리를 하게 할 수 있다(家訴 §45−4 ①). 이러한 권한을 부여받은 사람은 그 업무처리를 위하여 가정법원의 허가를 얻어 성년후견인 또는 성년후견감독인에게 그 후견사무 또는 후견감독사무에 관한 자료의 제출을 요구하거나 제출한 자료에 대한 설명을 요구할 수 있고,

---

1) 해설, 69.
2) 권순한(2000), 109; 배인구(2013), 41.

업무수행의 결과 성년후견인 또는 성년후견감독인을 변경할 필요가 있거나 본조에 따른 조사 또는 처분의 필요가 있다고 판단한 때에는 즉시 이를 가정법원에 보고하여야 한다(家訴規 §38-6).

이때 임시로 재산관리를 하는 사람에 대해서는 수임인의 선관의무(§681), 수임인의 취득물 등의 인도·이전의무(§684), 수임인의 금전소비 책임(§685) 및 수임인의 비용상환청구권(§688)에 관한 규정이 준용된다(家訴 §45-4 ③).

그러나 임시후견인과 달리 家訴規상 임시의 재산관리인은 그 선임 및 권한범위 등이 후견등기부에 공시되지 않고, 기존 후견인과의 권한이 충돌될 우려가 있으므로, 신중을 기할 필요가 있다.

3. 신상에 관한 처분

가정법원이 후견인에게 명할 수 있는 "후견임무 수행에 관하여 필요한 처분"에는 신상에 관한 사항도 포함된다.[3] 따라서 피후견인의 교육·요양·간호 등에 관한 지시·감독도 가능하다.

가정법원은 후견감독사무의 일환으로 필요에 따라 신상에 관한 결정시 가정법원의 허가를 받을 것을 요구할 수도 있고[4], 獨民 §1815 ② iv와 같이 성년후견법원이 업무사항으로 명시적으로 명한 경우에 성년후견인이 피성년후견인의 면접교섭의 결정을 할 수도 있을 것이다.[5]

4. 기타

그 밖에 가정법원은 성년후견인의 업무로 인한 피성년후견인의 손해에 대해 담보를 제공하게 하거나 보험가입을 강제하는 처분, 성년후견인의 임기를 제한하여 일정기간이 도과하면 성년후견인을 변경하거나 재교육을 받도록 하는 처분 등을 할 수도 있다는 견해가 있다.

학자에 따라서는 가정법원에 피후견인의 의사결정능력 유무를 판단할 수 있는 권한을 부여해야 한다는 견해[6]도 있다.

---

3) 박종택(2007), 407-408; 송호열(2008), 261.
4) 해설, 70.
5) 이러한 의무 자체를 입법화할 것을 주장한 견해로 백승흠(2011c), 179 참조.
6) 제철웅(2011), 321-322.

III. 절차의 개시

가정법원은 피후견인, 후견감독인, §777에 따른 친족, 그 밖의 이해관계인, 검사, 지방자치단체의 장의 청구에 의해 위와 같은 감독사무를 개시할 수 있다. 또한 가정법원은, 舊 민법(2011. 2. 18. 개정 전) §954와 달리, "직권으로" 후견사무 감독을 개시할 수도 있다. 후견감독인이 임의기관으로 설계된 것에 대응하여 가정법원의 감독권한을 강화한 것이다.

第 955 條 (후견인에 대한 보수)

법원은 후견인의 청구에 의하여 피후견인의 재산상태 기타 사정을 참작하여 피후견인의 재산 중에서 상당한 보수를 후견인에게 수여할 수 있다.

▌참고문헌: 김대경(2010), "성년후견제의 입법을 위한 비교법적 고찰", 경희법학 45-1, 113-142; 김명엽(2010), "성년후견제도 도입을 위한 법무부 입법안의 개선에 관한 연구", 법과 정책 16-2, 21-45; 박상호·예철희(2010), "미성년자후견제도의 문제점과 개선방안", 법정리뷰 27-1, 285-311; 송호열(2008), "성년후견감독법제에 관한 고찰", 재산법연구 25-1, 253-302; 신권철(2013), "성년후견제도의 쟁점과 과제", 사회보장법연구 2-2, 39-88; 신은주(2009), "우리나라에서 성년후견제도의 도입", 한국의료법학지 17-6, 29-59; 엄덕수(2010), "성년후견 법안, 그 쟁점과 입법방향", 법무사 516, 18-25; 윤우일(2020b), "미성년후견제도의 개선을 위한 제안", 아주법학 13-4, 38-52; 오호철(2006), "일본의 성년후견제도의 개선 논의에 대한 동향", 비교사법 13-4, 427-466; 이근영(2020), "미성년후견제도의 문제점과 정립방향", 민사법의 이론과 실무 24-1, 1-47; 이상히(2018), "현행 미성년후견제도의 문제점과 개선방안", 동아법학 81, 1-24; 이영규(2010), "성년후견법안의 검토 및 향후과제", 경남법학 26, 209-247; 이영규(2011), "성년후견제의 올바른 시행과 정착을 위한 과제", 법무사 2011-4, 10-13; 이은영(2003), "성년후견제도의 개선방향", 외법논집 15, 51-80; 이정식(2010a), "민법상 후견제도의 법적 과제에 관한 고찰", 명지법학 9, 121-152; 이충은(2015), "일본의 미성년후견제도를 통한 우리나라에의 시사점", 법과 정책 21-1, 211-234; 제철웅(2011), "요보호성인의 인권존중의 관점에서 본 새로운 성년후견제도", 민사법학 56, 277-331; 최윤영(2012), "사회복지적 관점의 성년후견제 도입 의미와 과제", 한국사회복지교육 17, 97-121

I. 조문의 취지

후견인에 대한 보수지급방법 및 재원을 정하는 조문이다. 이때 후견인에는 미성년후견인과 성년후견인이 모두 포함된다.

II. 보수지급의 방법

보수를 지급받고자 하는 후견인은 법원에 보수지급을 청구하여야 한다(본조).

1. 보수의 액수

법원은 "피후견인의 재산상태 기타 사정을 참작"하여 상당한 보수를 후견인에게 수여할 수 있다. 후견인의 보수 수여심판은 가사소송법 라류 가사비송사건에 속한다[본조, 家訴 §2 ① ii 가. 23)].

법원이 참작해야 하는 "피후견인의 재산상태 기타의 사정"에는 후견인의 자력, 후견인이 수행한 사무의 내용, 후견인의 직업 및 전문성, 후견인과 피후견인 사이의 관계, 후견인이 법인인 경우에는 법인의 규모와 성격·활동 등이 포함될 수 있을 것이다.[1] 특히 후견인이 수행한 사무에 상응하는 보수액을 산정함에 있어서는 후견인이 피후견인의 사실상 개호행위 등을 위해 투입한 노동력이 아니라, 피후견인을 위한 의사결정대행사무를 중심으로 계산할 필요가 있다.[2]

2. 시기

보수청구의 시기에는 아무런 제한이 없다. 후견이 종료한 때 청구하는 것이 통상이겠으나, 후견이 장기화되는 경우에는 아직 임무수행 중에도 정기급으로 보수의 지급을 청구할 수 있다.[3] 후견인이 아직 보수청구를 하지 않은 상태에서 사망하였다면, 상속인이 보수지급을 청구할 수 있다.[4]

3. 보수의 재원

법원이 결정한 후견인의 보수는 피후견인의 재산 중에서 지급한다.

다만, 피후견인이 무자력이거나 전문적 후견인의 보수를 지급하기에 충분치 않을 때에는 정작 도움이 절실한 요보호성년에 대한 후견 제도의 이용이 기피될 우려가 있다. 일부 견해는 이러한 상황에 대비하여 국가 또는 지방자치단체에 의한 성년후견인 보수 지급 제도 도입[5]이나 현재는 성년후견에 한정된 공공후견의 지원대상을 미

1) 김명엽(2010), 40; 송호열(2008), 274.
2) 제철웅(2011), 287−288.
3) 박동섭·양경승, 459.
4) 박동섭·양경승, 459.
5) 가령 김대경(2010), 136; 박상호·예철희(2010), 299−300; 신권철(2013), 65−66; 신은주(2009), 30, 39−40; 엄덕수(2010), 22−23; 이영규(2010), 245; 이영규(2011), 13; 이정식(2010a), 145; 최윤영(2012), 114−115 등.

성년후견에까지 확대할 것[6]을 주장한다.

III. 보수 수여심판

가정법원은 후견인의 청구에 의해 II.1.에 의해 결정된 보수액을 후견인에게 수여하기로 하는 심판을 할 수 있다. 이때 본조는 "수여할 수 있다"고 규정하고 있을 뿐이므로, 보수 지급 여부는 가정법원의 재량에 속한다. 보수수여심판에 대한 즉시항고도 허용되지 않는다.

일부 견해는 본조의 문언을 근거로 후견사무는 무보수가 원칙이며, 보수는 예외적으로 지급받을 수 있을 뿐이라고 주장한다.[7] 이에 반해 무보수의 원칙은 전문가 후견인 양성에 방해가 되므로, 유상후견을 원칙으로 삼아야 한다는 견해도 있다.[8]

IV. 특별규정

1. 후견감독인

후견감독인에 대해서는 본조가 준용되므로, 후견감독인은 본조에 따라 가정법원에 보수의 수여를 청구할 수 있다(§940-7).

2. 가정법원의 명령에 의해 후견사무의 실태·재산상황의 조사 또는 임시로 재산관리를 하는 사람의 보수

家訴 §45-4 ①에 따라 가정법원으로부터 명령을 받아 성년후견사무의 실태 또는 피성년후견인의 재산상황을 조사하거나 임시로 재산관리를 하는 사람 중 법원사무관 등이나 가사조사관 같은 법원 소속 공무원이 아닌 사람에 대해서는 피성년후견인의 재산 중에서 상당한 보수를 지급할 수 있다(家訴 §45-4 ②).

3. 직무대행자의 보수

家訴規 §32 ①에 따라 후견인변경심판 등에 앞서 사전처분의 일환으로 선임된 직무대행자에 대해서는 사건본인의 재산 중에서 상당한 보수를 지급할 것을 명할 수 있다(家訴規 §32 ⑥).

6) 윤우일(2020b), 49; 이근영(2020), 28; 이상희(2018), 14; 이충은(2015), 230.
7) 오호철(2006), 456 등.
8) 이은영(2003), 75.

4. 임시후견인의 보수

家訴規 §32 ④에 따라 후견인선임심판 등에 앞서 사전처분의 일환으로 선임된 임시후견인에 대해서는 청구인 또는 사건본인의 재산 중에서 상당한 보수를 지급할 것을 명할 수 있다(家訴規 §32 ⑥).

第 955 條의2 (지출금액의 예정과 사무비용)

후견인이 후견사무를 수행하는 데 필요한 비용은 피후견인의 재산 중에서 지출한다.

참고문헌: 김명섭(2015), "취약계층을 위한 성년후견제도의 개선방향", 한양법학 26−1, 181−197; 신기현(1991), "미성년자에 대한 후견인", 법무사 388, 24−28; 오호철(2006), "일본의 성년후견제도의 개선 논의에 대한 동향", 비교사법 13−4, 427−466; 홍춘의(2002), "후견제도 개혁의 과제", 가족법연구 16−2, 1−39

I. 후견사무비용의 지출

후견인의 사무비용 지출에 관해 정하는 조문이다. 후견인이 후견사무를 수행하는데 필요한 비용은 피후견인의 재산 중에서 지출한다(본조). 舊 민법 제957조의 해석상으로도 후견비용은 피후견인의 재산으로부터 지출한다고 인정되어 왔으나, 후견비용의 처리를 둘러싼 불명확성과 분쟁의 소지를 제거하기 위해 2011. 2. 18.자 개정에 의해 이를 명문화하였다.[1]

이때 "후견사무를 수행하는 데 필요한 비용"에는 후견인의 보수는 포함되지 않는다. 이에 대해서는 §955가 별도로 규정하고 있기 때문이다. 후견인 보수와 달리 후견사무비용에 관해서는 家訴에 별도의 규정이 없어서, 가정법원의 수여심판이 필요한지 문제가 될 수 있다. 통상적인 후견사무 수행에 관해서는 법원 심판 없이도 피후견인의 재산에서 지급받을 수 있을 것이나, 그 한도를 넘는 비용에 대해서는 문제될 여지가 있다.[2]

후견사무비용이 피후견인의 재산으로부터 지출되는 것에 대응하여, 후견인에게는 재산관리에 따른 과실수취권 내지 수익권이 인정되지 않는다.[3]

1) 동 조문의 신설을 주장한 견해로 홍춘의(2002), 32−33; 오호철(2006), 455.
2) 주석친족 (2), 717.
3) 권순한, 451; 박동섭·양경승, 458; 신기현(1991), 27.

II. 지출금액의 예정

후견인은 매년 후견사무를 위해 지출할 비용을 미리 계획할 의무가 있다는 견해[4]가 있다. 부당한 지출의 방지를 통해 피후견인의 재산을 보호할 필요가 있다는 점, 본조의 표제가 이미 "지출금액의 예정"이라고 정하고 있다는 점 등을 근거로 들 수 있을 것이다.[5]

III. 후견절차비용

후견의 개시·종료, 후견인·후견감독인·특별대리인의 선임·재선임·추가선임 및 종료, 피후견인 및 후견인의 권한 범위 결정과 변경, 후견인 또는 후견감독인의 동의에 갈음하는 심판, 후견인 또는 후견감독인의 각종 행위에 대한 허가, 후견임무와 관련된 각종의 처분명령 등 후견 관련 사건의 절차에 소요되는 비용은 청구인이 부담하는 것이 원칙이나, 그 비용을 지출할 자금능력이 없거나 그 비용을 지출하면 생활에 현저한 지장이 있는 사람에 대하여는 그 사람의 신청에 따라 또는 직권으로 절차구조를 할 수 있다(家訴 §37-2 ①).[6]

4) 입법론으로 이러한 주장을 한 견해로 홍춘의(2002), 33 참조.

5) 해설, 53 참조.

6) 그 외에도 성년후견제도와 관련한 직접비용의 부담을 해결하기 위해서 성년후견인 선임을 위한 심사 및 감정 절차의 간소화 및 정형화가 요구된다는 견해로 김명섭(2015), 186 이하.

第 956 條 (위임과 친권의 규정의 준용)

제681조 및 제918조의 규정은 후견인에게 이를 준용한다.

▮참고문헌: 배인구(2013), "성년후견제도에 관한 연구 -시행과 관련된 이론적·실무적 쟁점을 중심으로", 고려대학교 대학원 석사학위논문

후견인의 사무처리와 관련된 준용규정이다. 본조에 따르면 §681 및 §918는 후견인에게 준용된다. 이때 후견인에는 미성년후견인과 성년후견인이 모두 포함된다.

따라서 후견인은 후견의 본지에 따라 선량한 관리자의 주의로써 후견사무를 처리하여야 한다(§681). 친권자의 주의의무가 자기 재산에 관한 행위와 동일한 정도로 경감되는 것과 차이가 있다(§922 참조). 본조에 의해 후견인은 수임인에 준하는 지위를 갖게 된다. 따라서 일본 최고재판소[1]의 태도와 같이 그가 후견사무를 처리함에 있어 배임·횡령 등을 한 때에는 친족상도례 규정이 적용되지 않는다고 보아야 한다는 견해[2]가 있다. 제주지방법원 2017. 11. 8. 선고 2017고단284 판결 역시 뇌병변장애를 가진 피해자의 형이 성년후견인으로 선임된 후, 피해자의 교통사고 보험금을 횡령해 부동산을 구입한 사건에서 친족이라 하더라도 후견인으로 임명된 경우 법률상 공적인 역할을 부여 받았으므로 피후견인의 재산 및 신상을 신의성실의 원칙에 맞게 관리해야 하고, 후견인이 한 피후견인의 재산관리상 불법행위 대해서는 친족상도례가 적용되지 않는다고 해석하였다. 헌법재판소가 2024년 6월 27일 2020헌마468에서 형법 제328조 제1항의 친족상도례 조항에 대해 헌법불합치 결정을 했으므로, 이후에는 피후견인의 직계혈족, 배우자, 동거 친족, 동거가족 또는 그 배우자가 성년후견인으로서 배임·횡령 등을 하더라도 형이 면제되지 않을 것이다.

또한 무상으로 미성년자 또는 피성년후견인에게 재산을 수여한 제3자가 후견인의 관리에 반대하는 의사를 표시한 때에는 후견인이 그 재산을 관리하지 못한다(§918 ①). 따라서 당해 재산은 제3자가 지정한 재산관리인 또는 제3자가 지정한 사람이 없을 때에는 법원이 선임한 재산관리인에 의해 관리된다[§918 ②, 家訴 §2 ① ii 가. 15)]. 법원은 이미 지정 또는 선임된 관리인을 개임할 수도 있다[§918 ③, 家訴 §2 ① ii 가. 15)]. 후견인의 재산관리권한이 제한된 재산에 관한 미성년자의 재산관리방법에 대해 자세히는 §918 주석 참조.

1) 平成 24. 10. 9. 最高裁判所 判決, (あ)第878号.

2) 배인구(2013), 44.

第957條 (후견사무의 종료와 관리의 계산)

① 후견인의 임무가 종료된 때에는 후견인 또는 그 상속인은 1개월 내에 피후견인의 재산에 관한 계산을 하여야 한다. 다만, 정당한 사유가 있는 경우에는 법원의 허가를 받아 그 기간을 연장할 수 있다.

② 제1항의 계산은 후견감독인이 있는 경우에는 그가 참여하지 아니하면 효력이 없다.

▮참고문헌: 김형석(2014c), "성년후견·한정후견의 개시심판과 특정후견의 심판", 서울대 법학 55-1, 443-475; 이영규(2010), "성년후견법안의 검토 및 향후과제", 경남법학 26, 209-247

I. 조문의 취지

후견사무 종료에 따른 후견인의 임무를 정하기 위한 조문이다. 미성년후견인과 성년후견인 모두에게 적용된다.

II. 후견인의 임무 종료

본조는 "후견인의 임무가 종료된 때" 적용된다. 이는 후견 자체가 종료된 때(절대적 종료) 및 당해 후견인의 임무만 종료된 때(상대적 종료)로 나누어 볼 수 있다. 절대적 종료는 다시 미성년후견의 종료와 성년후견의 종료로 나누어진다.

1. 절대적 종료

가. 미성년후견의 종료

미성년후견은 미성년자 보호의 필요성이 없어진 경우 또는 미성년자에게 친권자가 생긴 경우에 종료한다.

전자에 해당하는 것으로는 미성년자의 성년도달, 혼인에 따른 성년의제, 사망 등이 있다.

후자에 해당하는 사안은 상당히 다양하다. 친권상실선고, 친권의 일시 정지 또는 일부 제한, 법률행위 대리권과 재산관리권 상실선고에 대한 실권회복선고가 있었던 경우(§926), 법률행위 대리권과 재산관리권을 사퇴하였던 친권자가 이를 회복한 경우(§927), 미성년후견인의 지정·단독친권자 사망 또는 친권상실선고·입양의 취소 또는 파양·양부모의 사망·친생부모 소재불명 등으로 인해 미성년후견이 개시되었으나, 그 후 사정변경으로 인해 다시 친권자지정심판이 있었던 경우(§909-2 ⑥, §927-2 ②, §931 ②), 입양 또는 인지 등으로 인해 새로이 친권자가 생긴 경우 등이 이에 포함된다.

나. 성년후견의 종료

성년후견은 피성년후견인이 사망하거나, §§11, 14-3 ②, 959-20 ②에 따른 성년후견종료의 심판이 있는 때 종료한다[家訴 §2 ① ii 가. 1)]. 일정한 기간이 도과하면 바로 성년후견이 종료되도록 하는 기간제한 규정을 두자는 입법론적 제안[1]이 있었으나, 관철되지 아니하였다. 따라서 가정법원이 성년후견개시심판 당시 그 기간을 정한 경우에도 기간의 도과만으로는 성년후견이 종료될 수 없다.[2] 성년후견의 종료를 위해 반드시 의사의 감정 등을 거쳐야 하는 것도 아니다(家訴規 §38).

2. 상대적 종료

후견인이 사망하거나 사임(§939)·변경(§940)된 경우 당해 후견인의 임무가 종료되고, 새로운 후견인이 선임된다. 사임 또는 변경에 따른 상대적 종료에 대해서는 §939 및 §940 주석 참조. 후견인에게 §937에 따른 결격사유가 발생한 경우도 같다.

"배우자로서 후견인이 된 자가 혼인의 종료로 인하여 그 신분을 잃었을 때나 피후견인이 혼인한 때"를 상대적 종료사유로 열거하는 견해[3]가 있으나, 법정후견인제도가 폐지된 이상 혼인 또는 혼인의 종료만으로는 후견이 당연히 종료한다고 볼 수 없을 것이다.

1) 이영규(2010), 236.
2) 같은 취지로 김형석(2014c), 459.
3) 박정기·김연, 347; 양수산, 498.

III. 후견사무 종료에 따른 계산

후견인의 임무가 종료된 때 후견인 또는 그 상속인은 1개월 내에 피후견인의 재산에 관한 계산을 하여야 한다(본조 ① 본문). 관리의 계산은 후견인 임무 종료일부터 1개월 내에 이루어져야 하지만, 정당한 사유가 있는 경우에는 법원의 허가를 받아 그 기간을 연장할 수 있다[본조 ① 단서, 家訴 §2 ① ii 가. 24)].

후견인 임무 종료시 후견감독인이 있는 경우에는 후견감독인의 참여 하에 계산을 하여야 하며, 후견감독인이 참여하지 않은 때에는 효력이 없다(본조 ②).

계산이 완료된 후에는 지체없이 그 결과를 보고하여야 한다(§683의 유추적용).[4] 보고의 상대방은 본인인 피후견인이 되어야 함이 원칙이나, 피후견인이 아직 제한능력자인 경우에는 새로운 후견인에게, 미성년자가 친권을 따르게 된 때에는 친권자에게, 피후견인이 사망한 때에는 상속인에게 보고할 수 있다.[5]

IV. 후견종료의 신고 또는 등기

미성년후견인은 후견 종료의 사유가 발생한 때로부터 1개월 내에 미성년후견 종료의 신고를 하여야 한다(家登 §83 ① 본문). 보고적 신고이다.[6] 단, 미성년자가 성년에 달하여 후견이 종료된 경우에는 신고하지 않아도 된다(家登 §83 ① 단서). 가족관계등록공무원이 직권으로 후견종료사유를 기록하기 때문이다.

§§11, 14－3 ②, 959－20 ②에 따른 성년후견종료의 심판, §939에 따른 성년후견인 사임허가 심판 또는 §940에 따른 성년후견인 변경심판이 있는 때에는 심판의 확정과 동시에 가정법원이 후견등기부기록을 촉탁하여야 한다(家訴 §9, 家訴規 §5－2 ① i).

반면 피성년후견인의 사망 등 가정법원의 심판을 거치지 않고 성년후견이 종료한 때에는 성년후견인이 성년후견의 종료를 안 날로부터 3개월 내에 종료등기를 신청하여야 한다(후견등기법 §29 ①).

---

4) 박동섭·양경승, 477.
5) 같은 취지로 김주수·김상용, 529.
6) 박동섭, 가사소송 (2), 271.

第 958 條 (이자의 부가와 금전소비에 대한 책임)

① 후견인이 피후견인에게 지급할 금액이나 피후견인이 후견인에게 지급할 금액에는 계산종료의 날로부터 이자를 부가하여야 한다.

② 후견인이 자기를 위하여 피후견인의 금전을 소비한 때에는 그 소비한 날로부터 이자를 부가하고 피후견인에게 손해가 있으면 이를 배상하여야 한다.

후견사무 종료에 따른 후견인 또는 피후견인의 책임을 정하는 조문이다. 미성년후견인과 성년후견인에게 모두 적용된다.

후견사무 종료에 따른 계산 결과 후견인이 피후견인에게 지급할 금액 또는 피후견인이 후견인에게 지급할 금액이 있는 때에는 계산종료의 날로부터 이자를 부가하여야 한다(본조 ①).

이때 계산종료의 날이란 실제로 계산이 종료된 날을 의미하는 것이며, §957에 따른 후견인 임무 종료일부터 1개월이 경과한 날을 의미하는 것은 아니다.

후견사무 종료에 따른 계산 결과 후견인이 자기를 위하여 피후견인의 금전을 소비한 것이 밝혀진 때에는 그 소비한 날로부터 이자를 부가하고, 피후견인에게 손해가 있으면 이를 배상하여야 한다(본조 ②). 민법의 일반원칙에 따르면 당연한 규정이다. 다만, 후견인이 자기를 위하여 피후견인의 금전을 소비하여 피후견인에게 이를 반환할 의무가 있을 때 그 지급의무가 본조 ①에 따른 "후견인이 피후견인에게 지급할 금액"에 포함된 것으로 해석되어 계산종료일로부터 이자를 부가하는 일이 발생하지 않도록 이를 명백히 한 것에 불과하다.

第 959 條 (위임규정의 준용)

제691조, 제692조의 규정은 후견의 종료에 이를 준용한다.

▌참고문헌: 오호철(2006), "일본의 성년후견제도의 개선 논의에 대한 동향", 비교사법 13-4, 427-466; 오호철(2008), "일본의 성년후견제도와 우리나라의 성년후견법안의 비교", 비교사법 15-2, 295-335

후견사무 종료에 관한 준용규정이다. 이때 후견에는 미성년후견과 성년후견이 모두 포함된다.

본조에 따르면 위임사무 종료에 관한 §691와 §692는 후견 종료시 준용된다. 따라서 후견이 종료된 경우 급박한 사정이 있는 때에는 후견인, 그 상속인이나 법정대리인은 피후견인, 그 상속인이나 새로운 후견인이 위임사무를 처리할 수 있을 때까지 그 사무의 처리를 계속하여야 한다. 이때에는 후견이 존속하는 것과 동일한 효력이 있다(§691).

"급박한 사정"이란, 위임사무에 속하고 있던 위임인의 권리가 곧 시효로 소멸할 우려가 있을 때, 위임인이 중병 때문에 스스로 위임사무를 볼 수 없거나 새로운 수임인을 선임하기도 어려운 경우 등 종래 위임의 취지에 따라서 선처하지 않으면 위임인에게 불이익이 되는 경우를 말한다.[1)]

입법론으로서 급박하지 않은 사무라도 병원비의 지급, 장례의 처리 등 피후견인 사망에 따른 사후처리 사무를 후견인이 담당할 수 있도록 해야 한다는 견해[2)]가 있다. 다만, 이때 보수지급과 관련된 문제가 발생할 수 있을 것이다.[3)]

후견종료의 사무는 이를 상대방에게 통지하거나 상대방이 이를 안 때가 아니면 이로써 상대방에게 대항하지 못한다(§692). 가령 피성년후견인에 대해 성년후견종료 심판이 내려졌음에도 불구하고 피성년후견인이 성년후견인에게 이를 통지하지 않아 성년후견인이 이를 모르고 후견사무를 계속 수행하였다면 보수를 지급받을 수 있고, 그의 대리행위도 유효하다. 그러나 현행 家訴상 성년후견종료심판은 성년후견인에게도 고지하도록 되어 있으므로, 그다지 실익은 없다.

1) 주해(XV), 607.
2) 오호철(2006), 458-459.
3) 이 점을 지적하면서 대안을 제시하고 있는 문헌으로 오호철(2008), "일본의 성년후견제도와 우리나라의 성년후견법안의 비교", 비교사법 15-2, 324-325.

후견종료 후 후견인과 거래한 상대방은 §129상 표현대리의 성립을 주장할 수 있을 것이다. 성년후견종료심판이 후견등기부에 기록되었다는 사실은 표현대리 성립 여부에 큰 영향을 줄 수 없는데, 그 증명서의 발급 청구권자가 극히 제한되어 있고, 등기부 기록 여부에 따라 상대방의 귀책사유 판단이 달라진다면 누구나 피성년후견인에게 관련 증명서를 발급받아 올 것을 요구함으로써 사실상 낙인과 배제의 결과를 가져올 우려가 있기 때문이다.

第 2 節　限定後見과 特定後見

第 959 條의2 (한정후견의 개시)

가정법원의 한정후견개시의 심판이 있는 경우에는 그 심판을 받은 사람의 한정후견인을 두어야 한다.

▮참고문헌: 백승흠(2014), "포괄적 후견권의 제한과 성년후견제도 – 한정후견유형을 중심으로", 민사법의 이론과 실무 17–1, 33–62

I. 조문의 취지

한정후견의 개시 원인 및 개시의 효과를 정하는 조문이다. 성년자가 질병, 장래, 노령, 그 밖의 사유로 인한 정신적 제약으로 사무를 처리할 능력이 부족한 경우, 그의 재산관리와 신상 등에 대한 보호와 지원이 필요하다. §12는 이러한 경우에 대비하여 일정한 자의 청구에 의해 한정후견이 개시되도록 하는 한편, 한정후견이 개시된 때에는 그를 위해 반드시 한정후견인을 두도록 하였다(본조).[1]

한정후견개시심판이 선고되었음에도 불구하고 한정후견인이 선임되지 않을 경우 피한정후견인의 제한된 행위능력을 보충할 기관에 흠결이 생기기 때문이다. 그러나 성년후견의 경우와 달리 피한정후견인은 한정후견의 개시에도 불구하고 포괄적으로 그 행위능력이 제한되지 않는다는 점에서 한정후견개시심판시 한정후견인 선임을 강제할 필요가 있는지는 의문이다.

1) 한정후견제도의 의의에 대해 자세히는 백승흠(2014), "포괄적 후견권의 제한과 성년후견제도 –한정후견유형을 중심으로–", 민사법의 이론과 실무 17–1, 50–54 참조.

II. 한정후견의 개시 원인

한정후견은 오로지 가정법원에 의한 한정후견개시심판이 있는 경우에만 개시된다. 성년후견개시심판은 질병, 장애, 노령, 그 밖의 사유로 인한 정신적 제약으로 사무를 처리할 능력이 지속적으로 결여된 경우 또는 후견계약이 등기되어 있음에도 불구하고 본인의 이익을 위해 특별히 필요한 경우에만 할 수 있다[§§12 ①, 959-20 ①, 家訴 §2 ① ii 가. 1)-3]. 신체적 장애로 인해 사무처리능력이 결여된 경우에 관해서는 이를 이유로 한정후견을 개시할 수 있는지 여부에 대해서는 §929 주석 참조.

일단 한정후견개시심판이 확정된 후에는 당연히 한정후견이 개시되며, 설령 개시심판에 어떠한 하자가 있다고 하더라도 그러하다. 한정후견개시심판의 효력은 즉시항고로만 다툴 수 있기 때문이다. 가령 사무처리능력이 지속적으로 결여되어 있어 성년후견이 필요했던 경우라도 일단 한정후견개시심판이 확정되었다면 §§14, 14-3 ① 및 959-20 ②에 따른 한정후견종료의 심판이 있기 전에는 한정후견에 따른 각종의 효과를 부인할 수 없다. 반면 한정후견의 실체적 요건을 갖춘 경우라도 실제로 심판을 받지 않은 때에는 한정후견이 개시될 수 없다(§12 ①).

III. 한정후견 개시의 효과

1. 실체적 효과

가. 한정후견인의 선임

가정법원은 한정후견개시심판을 하는 경우 그 심판을 받은 사람, 즉 피한정후견인을 위해 한정후견인을 두어야 한다. 구체적인 한정후견인 선임방법에 대해서는 §959-3 주석 참조.

나. 행위능력의 제한

한정후견이 개시되더라도 당연히 피한정후견인의 행위능력이 제한되는 것은 아니다. 따라서 한정후견인은 피한정후견인을 함부로 대리할 수도 없고, 피한정후견인이 스스로 한 법률행위를 취소할 수도 없다.

다만, 가정법원이 §13 ①에 따라 피한정후견인이 한정후견인의 동의를 받아야 하는 행위의 범위를 정하는 심판(이른바 '동의유보심판')을 한 경우, 그의 동의 없이 한 피한정후견인의 법률행위는 한정후견인이 이를 취소할 수 있다(§13 ④). 그 결과 당해 심판에서 정한 범위 내에서 피한정후견인의 행위능력이 일부 제한된다. 이러한 심판에 대해서는 즉시항고를 할 수 없으므로, 한정후견개시심판 자체를 다투거나, §13 ② 에 따라 그 범위의 변경을 구하는 심판을 청구하는 수밖에 없다.

가정법원이 행위능력을 제한한 경우, 거래상대방이 이를 더 엄격하게 적용할 수 없다. 가정법원이 사건본인에 대한 한정후견을 개시하며 예금 이체·인출에 관하여 30일 합산 금액이 100만 원 이상인 경우에는 한정후견인의 동의를 받도록 행위능력을 제한하는 결정을 하였는데 우정사업본부가 100만 원 미만 거래의 경우 통장, 인감 등을 지참한 후 은행창구를 통해서만 100만 원 이상 300만 원 미만 거래의 경우에는 한정후견인의 동의서를 지참하더라도 단독으로 거래할 수 없고 한정후견인과 동행하여 은행창구를 통해서만 거래할 수 있도록 제한한 사안에서, 대법원은 본인의 의사와 잔존능력을 존중하여 가능한 최대한도로 정상적인 사회의 구성원으로 활동할 수 있도록 하는 성년후견제도의 이념적 기초, 피한정후견인의 행위능력 제한 범위는 후견개시심판문, 후견등기부를 통해서 공시되어 있기 때문에 우정사업본부 소속 직원 등은 위 문서로 피한정후견인의 행위능력 제한 범위를 쉽게 확인할 수 있는 점, 피한정후견인을 보호하기 위하여 어떤 조치나 제한이 필요한지는 후견사건을 담당하는 가정법원이 심리절차를 거쳐 판단하는 것이지 피한정후견인의 상태를 정확하게 알지 못하는 우정사업본부 등이 임의로 제한하는 것을 정당화할 근거를 찾을 수 없다는 전제하에, 위 제한 조치는 장애인차별금지법이 금지하고 있는 차별행위에 해당한다고 판단하였다.[2)]

피한정후견인의 자기결정권을 최대한 보장하고 한정후견인의 권한남용 또는 권한해태로부터 피한정후견인을 보호하기 위해, 피한정후견인의 이익이 침해될 염려가 있음에도 한정후견인이 동의를 하지 아니하는 때에는 피한정후견인이 가정법원에 한정후견인의 동의를 갈음하는 허가를 청구할 수 있도록 하였다[§13 ③, 家訴 §2 ① ii 가. 1-4)]. 피한정후견인이 일용품의 구입 등 일상생활에 필요하고 그 대가가 과도하지 아니한 법률행위를 단독으로 유효하게 할 수 있음은 물론이다(§13 ④ 단서).

또한 가정법원은 필요한 경우 한정후견인에게 대리권을 수여하는 심판을 할 수 있다(§959-4 ①). 이때 대리권 수여심판은 한정후견인의 사무처리의 편의를 도모하기 위한 것일 뿐, 피한정후견인의 행위능력을 제한하기 위한 것은 아니므로, 대리권 수여 범위 내에서도 피한정후견인은 여전히 완전한 행위능력을 보유한다. 자세한 내용은 §959-4 주석 참조.

2) 대법원 2023. 9. 27. 선고 2020다301308 판결.

다. 소멸시효 기간의 정지

피한정후견인의 행위능력이 제한되는 범위 내의 권리에 관하여 소멸시효 기간만료 6개월 내에 피한정후견인에게 한정후견인이 없다면, 그가 능력자가 되거나 한정후견인이 취임한 때로부터 6개월 내에 시효가 완성되지 않는다(§179). 한정후견인에 대한 피한정후견인의 권리도 같다(§180 ①).

라. 각종 결격사유

피한정후견인에 대해서는, 피성년후견인의 경우와 달리, 그 개시에도 불구하고 대리권의 소멸, 위임계약의 종료, 조합의 탈퇴 등의 효과가 결부되지 않는다(§§127, 690, 717). 그러나 여전히 피한정후견인은 한정후견의 개시와 동시에 공인회계사법, 변호사법, 의료법, 약사법, 국가공무원법, 지방공무원법 등 200여 개의 법률에 의해 각종의 공법상·직업상 자격을 박탈당한다. 이러한 결격조항을 둘러싼 논란에 대해 자세히는 §929 주석 참조.

2. 한정후견의 개시 시기

한정후견은 한정후견개시심판이 확정된 때 개시된다. 한정후견개시심판에 대해서는 본인, 배우자, 4촌 이내의 친족, 미성년후견인, 미성년후견감독인, 성년후견인, 성년후견감독인, 특정후견인, 특정후견감독인, 검사 또는 지방자치단체의 장 등 §12 ①에서 정한 청구권자 및 §950−20 ①에서 정한 임의후견인과 임의후견감독인이 즉시항고할 수 있다(家訴 §36 ① ii 가목).

따라서 한정후견개시심판은 즉시항고기간이 모두 도과한 때, 즉 당사자(家訴規 §25), 이해관계인(家訴規 §25) 및 당해 심판에 의해 한정후견인이 될 자(家訴規 §35)가 심판을 고지받은 날부터 14일이 도과함으로써 비로소 확정된다(家訴 §40, 家訴規 §31).

3. 한정후견개시의 공시

한정후견의 개시 및 한정후견인 선임 등에 관한 사항은 후견등기부를 통해 공시된다. 따라서 가정법원은 한정후견개시심판이 확정된 때에는 지체없이 후견등기사무를 처리하는 사람에게 한정후견 개시심판 및 한정후견인 및 한정후견감독인 선임심판에 관한 사항, 피한정후견인이 한정후견인의 동의를 받아야 하는 행위의 범위를 결정하는 심판에 관한 사항, 한정후견인에게 대리권을 수여하는 심판에 관한 사항, 한정후견인이 피한정후견인의 신상에 관하여 결정할 수 있는 권한의 범위를 결정하는 심판에 관한 사항, 여러 명의 한정후견인 및 한정후견감독인을 정한 때에는 그 권한

행사를 결정하는 심판에 관한 사항을 후견등기부에 등기할 것을 촉탁하여야 한다(家訴 §9, 家訴規 §5-2 ① ii). 성년자를 위한 후견의 공시방법에 대해 자세히는 §959-14 주석 참조.

第959條의3 (한정후견인의 선임 등)

① 제959조의2에 따른 한정후견인은 가정법원이 직권으로 선임한다.

② 한정후견인에 대하여는 제930조제2항·제3항, 제936조제2항부터 제4항까지, 제937조, 제939조, 제940조 및 제949조의3을 준용한다.

▮참고문헌: 김성숙(1998), "민법상 후견제도의 문제점－한정치산·금치산제도를 중심으로－", 아세아여성법학 1, 173－194; 백승흠(2003), "현행 성년자보호를 위한 제도의 문제점과 대안으로서의 성년후견제도", 민사법학 24, 407－427; 송호열(2006), "고령화사회에 비추어 본 행위무능력제도의 문제점과 후견제도의 확장", 재산법연구 23－2, 37－75; 이승길(2009), "현행 민법상 후견제도의 문제점과 성년후견제도의 도입에 관한 고찰", 중앙법학 11－2, 7－38; 이정식(2010a), "민법상 후견제도의 법적 과제에 관한 고찰", 명지법학 9, 121－152; 홍춘의(2002), "후견제도 개혁의 과제", 가족법연구 16－2, 1－39

I. 조문의 취지

한정후견개시 심판이 있는 경우 가정법원은 직권으로 한정후견인을 선임하여야 한다[본조 ①, 家訴 §2 ① ii 가. 18)]. 한정후견인에 관해서는 친권자 등에 의한 지정후견인, 舊 민법(2011. 3. 7. 개정 전)에서와 같은 법정후견인 제도가 적용될 여지없음을 선언하는 한편, 선임방법, 사임, 변경 등 한정후견인의 법적 지위 일반을 정하기 위한 조문이다. 선임후견인 제도의 취지에 대해서는 §932 주석 참조.

II. 선임사유

1. 한정후견개시심판

§12에 따른 한정후견개시심판이 있는 경우 가정법원은 한정후견인을 선임하여야 한다(§959−2).

2. 재선임

§959−2에 따라 선임된 한정후견인이 사망, 결격, 그 밖의 사유로 없게 된 경우 가정법원은 일정한 자의 청구 또는 직권으로 한정후견인을 선임한다(본조 ②에 의한 §936 ②의 준용). 자세한 내용은 §936 주석 참조.

3. 추가선임

§959−2 또는 본조 ②에 따라 한정후견인이 선임된 후에도 가정법원은 필요하다고 인정하면 직권으로 또는 일정한 자의 청구에 의해 추가로 한정후견인을 선임할 수 있다(본조 ②에 의한 §936 ③의 준용).

III. 한정후견인의 자격 및 선임기준

1. 자격

한정후견인에 대해서는 성년후견인의 자격과 수에 관한 규정이 준용된다(본조 ②에 의한 §930 ② 및 ③의 준용). 따라서 자연인뿐만 아니라 법인도 한정후견인이 될 수 있고, 한정후견인을 여러 명 둘 수도 있다. 자세한 내용은 §930 주석 참조.

2. 결격사유

한정후견인에 대해서는 미성년후견인 및 성년후견인의 결격사유에 관한 규정이 준용된다(본조 ②에 의한 §937의 준용). 따라서 §937 i 내지 viii에 해당하는 사람은 한정후견인이 될 수 없다. 자세한 내용은 §937 주석 참조.

3. 선임기준

가정법원은 한정후견인을 선임할 때에는 피한정후견인의 의사를 존중하여야 하며, 그 밖에 피한정후견인의 건강, 생활관계, 재산상황, 한정후견인이 될 사람의 직업과 경험, 피한정후견인과의 이해관계 유무(법인이 한정후견인이 될 때에는 사업의 종류와 내용, 법인이나 그 대표자와 피한정후견인 사이의 이해관계의 유무를 말한다) 등의 사정도 고려하여야 한다(본조 ②에 의한 §936 ④의 준용). 자세한 내용은 §936 주석 참조.

IV. 선임절차

1. 개시의 요건

가. 한정후견개시심판이 있는 경우

한정후견개시심판이 있는 경우 가정법원은 언제나 직권으로 한정후견인을 선임하도록 하고 있으므로, 별도의 청구는 필요하지 않다. 한정후견의 개시 자체에 일정한 자에 의한 청구가 필요한 것과 차이가 있다. 청구의 흠결로 인해 피후견인 보호에 공백이 생길 우려가 있다는 舊 민법(2011. 3. 7. 개정 전)상의 비판[1]을 수용한 것이다.

나. 재선임의 경우

§936 ②에 따른 한정후견인의 재선임은 가정법원의 직권 또는 피한정후견인, 친족, 이해관계인, 검사, 지방자치단체의 장의 청구에 의한다(본조 ②에 의한 §936 ②의 준용). 한정후견감독인 역시 새로운 한정후견인의 선임을 청구할 수 있다(§959-5 ②에 의한 §940-6 ① 후문의 준용). 한정후견개시심판 당시 한정후견인을 선임하는 경우와 달리 한정후견인이 없게 된 때에는 가정법원이 그러한 사정을 알 수 없는 경우도 있으므로, 일정한 자의 청구에 의한 선임을 허용하였다.

다. 추가선임의 경우

§936 ③에 따른 한정후견인의 추가선임은 가정법원의 직권 또는 피한정후견인, 한정후견인, 친족, 이해관계인, 검사, 지방자치단체의 장의 청구에 의한다(본조 ②에 의한 §936 ③의 준용). 한정후견감독인 역시 이해관계인으로써 추가선임을 청구할 수 있을 것이다.

2. 심리

한정후견인 선임심판을 하는 경우에는 피한정후견인(피한정후견인이 될 사람을 포함한다)과 한정후견인이 될 사람의 진술을 들어야 한다(家訴 §45-3 ① iii). 재선임이나 추가선임의 경우도 같다. 한정후견인 선임시 피한정후견인의 의사를 존중하여야 하기 때문이다(본조 ②에 의한 §936 ④의 준용).

---

1) 김성숙(1998), 191; 백승흠(2003), 413; 송호열(2006), 62; 이승길(2009), 14-15; 이정식(2010a), 141; 홍춘의(2002), 9, 25 등.

3. 한정후견인 선임심판

가정법원은 한정후견개시심판과 동시에 한정후견인 선임심판을 한다[家訴 §2 ① ii 가. 18)]. 따라서 한정후견인 선임심판은 한정후견개시심판을 하는 법원, 즉 피한정후견인될 자의 주소지 관할법원의 전속관할에 속한다. 재선임이나 추가선임의 경우에는 후견개시 등의 심판을 한 가정법원이 관할한다(家訴 §44 ① i-2).

한정후견인 선임심판시 가정법원은 한정후견인에게 그 후견사무에 관하여 필요하다고 인정되는 사항을 지시할 수 있다(家訴規 §38-2).

한정후견인선임심판은 당사자(家訴規 §25), 절차에 참가한 이해관계인(家訴規 §25), 한정후견인 및 한정후견감독인이 될 자(家訴規 §35 ①)에게 고지하고, 사건본인인 피한정후견인될 자에게는 그 뜻을 통지하여야 한다(家訴規 §35 ②).

4. 즉시항고

한정후견인 선임청구에 대한 즉시항고는 허용되지 않는다. 단, 한정후견 개시심판 자체를 다툼으로써 한정후견인 선임청구의 효력을 다툴 수는 있다. 한정후견개시심판에 대해 즉시항고를 할 수 있는 자는 §12 ①에서 정한 청구권자 및 §959-20 ①상의 임의후견인, 임의후견감독인이다(家訴規 §36 ① ii 가목).

5. 후견등기의 촉탁

한정후견인 선임 심판이 확정된 때 가정법원은 지체없이 후견등기 사무를 처리하는 사람에게 후견등기부에 등기할 것을 촉탁하여야 한다(家訴 §9, 家訴規 §5-2 ① ii 나목).

그 밖에 한정후견인 선임절차와 관련하여 자세한 내용은 §936 주석 참조.

V. 한정후견인의 사임 및 변경

1. 한정후견인의 사임

한정후견인의 사임에 관해서는 성년후견인의 사임에 관한 규정을 준용한다(본조 ②에 의한 §939의 준용). 따라서 한정후견인은 정당한 사유가 있는 경우 가정법원의 허가를 받아 사임할 수 있으며, 이때 한정후견인은 사임청구와 동시에 가정법원에 새로운 후견인의 선임을 청구하여야 한다.

가정법원의 한정후견인 사임허가 심판[家訴 §2 ① ii 가. 19)]에 대해 자세히는 §939 주석 참조.

2. 한정후견인의 변경

한정후견인의 변경에 관해서는 성년후견인 변경에 관한 규정을 준용한다(본조 ②에 의한 §940의 준용). 따라서 가정법원은 피후견인의 복리를 위하여 한정후견인을 변경할 필요가 있다고 인정하면 직권으로 또는 피후견인, 친족, 후견감독인, 검사, 지방자치단체의 장의 청구에 의하여 후견인을 변경할 수 있다.

구체적인 변경사유와 변경심판[家訴 §2 ① ii 가. 18)]에 대해 자세히는 §940 註釋 참조. 특히 한정후견인 변경심판을 하는 경우에는 피한정후견인과 그 변경이 청구된 한정후견인 및 한정후견인이 될 사람의 진술을 들어야 하며(家訴 §45-3 ① v), 한정후견인 변경심판에 대해서는 변경의 대상이 되는 한정후견인이, 한정후견인 변경청구 기각 심판에 대해서는 §959-3 ②에 의해 준용되는 §940에서 정한 자가 즉시항고할 수 있다(家訴規 §36 ① ii 나목 및 §36 ② iv).

VI. 한정후견인의 직위에 준하는 자

1. 특별대리인

한정후견인이 피한정후견인과 사이에 이해상반행위를 하는 경우 및 한정후견인이 한정후견에 따르는 수인의 피한정후견인 사이에 이해상반행위를 하는 경우에는 특별대리인의 선임을 청구하여야 한다(본조 ② 및 §959-6에 의한 §949-3 준용). 이때 특별대리인은 한정후견인을 대신하여 피한정후견인의 법률행위를 대리한다. 다만, 후견감독인이 있는 경우에는 그러하지 아니하다. 자세한 내용은 §949-3 주석 참조.

2. 임시후견인

가정법원은 아직 한정후견인을 선임하기 전이라도 직권 또는 당사자의 신청에 의해 가소 §62 ①에 따른 사전처분으로서 임시후견인을 선임할 수 있다(家訴規 §32 ④). 이때 선임된 임시후견인에 대해서는 한정후견인에 관한 규정이 준용된다(家訴規 §32 ④). 그 밖에 임시후견인 선임심판에 대해 자세히는 §936 주석 참조.

3. 직무대행자

한정후견인 변경심판에 앞서 필요한 경우 가정법원은 직권 또는 당사자의 신청에 의해 가소 §62 ①에 따른 사전처분으로서 직무대행자를 선임할 수 있다(家訴規 §32 ①). 이때 직무대행자에 대해서는 한정후견인에 관한 규정을 준용함이 원칙이다(家訴規 §32 ①). 그 밖에 직무대행자 선임심판에 대해 자세히는 §940 주석 참조.

第 959 條의4 (한정후견인의 대리권 등)

① 가정법원은 한정후견인에게 대리권을 수여하는 심판을 할 수 있다.

② 한정후견인의 대리권 등에 관하여는 제938조제3항 및 제4항을 준용한다.

▌참고문헌: 구상엽(2012), "개정민법상 성년후견제도에 대한 연구 −입법배경, 입법자의 의사 및 향후 과제를 중심으로−", 서울대학교 대학원 박사학위논문; 김도훈(2014), "성년후견제도 도입에 따른 민사소송법상 소송능력에 관한 소고", 법학연구 22−1, 117−137; 김원태(2011a), "성년후견 등 심판절차에 관한 가사소송법 정비 방안에 대한 관견", 재산법연구 28−2, 265−301; 김형석(2010), "민법 개정안에 따른 성년후견법제", 가족법연구 24−2, 111−166; 김형석(2013), "피성년후견인과 피한정후견인의 소송능력", 가족법연구 27−1, 41−84; 남윤봉(2011), "민법 일부개정에 관한 고찰", 재산법연구 28−1, 47−49; 박인환(2010), "새로운 성년후견제 도입을 위한 민법개정안의 검토", 가족법연구 24−1, 31−74; 배인구(2013), "성년후견제도에 관한 연구 -시행과 관련된 이론적·실무적 쟁점을 중심으로", 고려대학교 대학원 석사학위논문; 윤일구(2012), "성년후견제도 도입에 따른 문제점과 과제", 법학논총 32−2, 173−204; 제철웅(2011), "요보호성인의 인권존중의 관점에서 본 새로운 성년후견제도", 민사법학 56, 277−331

I. 조문의 취지

§959−6에 의해 준용되는 §949 ①에도 불구하고 한정후견인에게는 미성년후견인이나 성년후견인 또는 舊 민법(2011. 3. 7. 개정 전)상 한정치산자의 후견인과 달리 포괄적인 법률행위 대리권이 수여되지 않는다. 피한정후견인은 가정법원으로부터 동의유보심판을 받지 않는 한 행위능력이 제한되지 아니하므로, 한정후견인에게 언제나 포괄적인 권한을 인정할 필요가 없기 때문이다. 따라서 본조는 한정후견인이 필요한 범위 내에서만 탄력적으로 대리권을 행사할 수 있도록 가정법원에 일정한 범위 내에서 한정후견인에게 대리권을 수여하는 내용의 심판을 할 수 있는 권한을 부여하였다.[1)]

이에 대해서는 한정후견인 역시 당연히 대리권을 갖지만 일정한 경우 이를 제한

1) 김형석(2010), 120.

할 수 있을 뿐[2]이라거나, 포괄적 대리권을 가지되 그 개시를 위해 대리권수여심판이 필요할 뿐[3]이라는 비판이 있다. 대리권 없는 한정후견인이란 있을 수 없다는 것이다.

II. 대리권을 수여하는 심판

1. 대리권의 범위

가정법원은 피한정후견인의 의사와 사무처리능력 그 밖의 사정의 종합적으로 고려하여 한정후견인에게 수여할 대리권의 범위를 정할 수 있다.

가. 한정후견개시심판과의 관계

한정후견인에 대한 대리권수여심판은 언제나 한정후견개시심판과 동시에 행해져야 하는가. 부정[4]하는 견해는, 이를 동시에 해야 한다는 명문의 근거가 없다는 것을 논거로 한다. 이때 가정법원이 직권으로 대리권수여심판을 해야 하는 것인지, 일정한 자가 이를 청구할 수 있는지 여부에 대해서는 논란이 있을 수 있는데,[5] 현재로서는 §12 ①에 따른 한정후견개시심판의 청구권자 및 한정후견감독인이 이를 청구할 수 있다는 견해만이 보일 뿐이다.[6]

나. 재산관리권과의 관계

한정후견인은 대리권을 수여받은 범위 내에서 재산관리권도 행사할 수 있다는 견해[7]가 있다. §959-6에 의해 한정후견인에게 준용되는 §949 ①의 취지도 그러하다. 대리권수여심판과 동의유보심판이 중첩적으로 내려진 범위 내에서는 수긍할 만하나, 동의유보심판의 범위를 초과하는 경우에는 한정후견인에 의한 대리권보다 피한정후견인의 재산관리권이 우선한다고 보아야 할 것이므로, 이때에는 한정후견인의 재산관리권을 인정할 수 없다.

다. 동의유보심판과의 관계

이때 한정후견인에게 수여하는 대리권의 범위는 §13 ①에 따른 동의유보심판의 범위와 일치하여야 하는가. 즉 가정법원은 한정후견인에게 동의권이 인정되는 범위 내에서만 그에게 대리권을 수여할 수 있는가.

---

2) 남윤봉(2011), 59.
3) 신영호·김상훈·정구태, 258.
4) 신영호·김상훈·정구태, 258; 박인환(2010), 58-59.
5) 박인환(2010), 58-59.
6) 신영호·김상훈·정구태, 258
7) 신영호·김상훈·정구태, 257; 배인구(2013), 60.

다수설[8]의 태도는 부정적이다. 동의유보심판과 대리권수여심판은 원칙적으로 서로 별개의 심판이라는 것이다. 동의유보심판은 피한정후견인의 행위능력을 제한하기 위한 것인 반면, 대리권수여심판은 피한정후견인의 사무를 대리하여 처리할 수 있도록 편의를 제공하기 위한 것임을 이유로 제시한다. 다만, 사안에 따라서는 동의유보의 범위와 대리권 범위 간의 불일치로 인해 피한정후견인의 복리에 반하는 결과가 발생할 수도 있으므로, 이러한 경우에는 동의유보심판의 범위 내에 관련 대리권 수여의 의사표시가 함께 포함된 것으로 보아야 한다는 견해[9]가 있다(이설[10] 있음).

반면 양자의 범위를 일치시켜야 한다는 견해[11]도 있다. 동의유보심판의 범위와 대리권수여심판의 범위가 상이할 경우 §950에 따른 후견감독인의 개입이 불가능해질 우려가 있다거나, 한정후견인의 대리권을 폭넓게 인정할 경우 인권침해의 가능성이 있다는 점 등을 근거로 제시한다.

동의유보결정의 범위를 초과하여 대리권을 수여하는 것은 허용될 수 없으나, 동의유보결정보다 협소한 범위 내에서 대리권을 수여하는 것은 가능하다는 절충설[12]도 있다. 동의유보결정의 범위를 초과하는 대리권의 수여는 임의대리의 영역에 맡겨야 한다는 것이다.

라. 소송대리권과의 관계

2016년 民訴가 개정되기 전에는 피한정후견인의 소송능력에 대해 견해 대립이 있었으나, 개정된 民訴 §55 ②는 피한정후견인은 한정후견인의 동의가 필요한 행위에 관하여는 대리권 있는 한정후견인에 의해서만 소송행위를 할 수 있다고 규정하고 있으므로, 동의권 유보사항이 아닌 한[13] 피한정후견인은 원칙적으로 소송능력이 있다고 보아야 한다. 대리권 있는 한정후견인이 상대방의 소 또는 상소 제기에 관하여 소송행위를 하는 경우에는 그 후견감독인으로부터 특별한 권한을 받을 필요가 없지만, 소의 취하, 화해, 청구의 포기·인낙 또는 民訴 §80에 따른 탈퇴를 하기 위해서는 후견감독인으로부터 특별한 권한을 받아야 한다. 후견감독인이 없는 경우에는 가정법원으로부터 특별한 권한을 받아야 한다(民訴 §56).

---

8) 김주수·김상용, 555; 이경희·윤부찬, 310; 한봉희·백승흠, 355 각주 24); 해설, 84; 구상엽(2012), 119−120; 김형석(2010), 144−145; 배인구(2013), 60.

9) 김형석(2010), 145 각주 39).

10) 박인환, 59. 동 견해는 사후적 대리권 수여에 의해 이 문제를 해결해야 한다고 주장한다.

11) 윤일구(2012), 189−190; 제철웅(2011), 291.

12) 윤진수·현소혜, 132.

13) 2016년 법개정 전에, 피한정후견인에 대해 동의유보심판이 있었던 경우에도, 한정후견제도의 성격에 비추어 볼 때 피한정후견인이 동의유보심판을 받은 범위 내에 해당하는 법률행위와 관련된 소송행위를 할 때에도 한정후견인의 동의를 받아 스스로 할 수 있도록 함이 타당하므로 피한정후견인에게 제한적 소송능력을 인정해야 한다는 견해가 주장되었다. 김형석(2013), 69−70; 김원태(2011a), 276.

가정법원이 피한정후견인의 소송행위를 대상으로 동의유보심판을 할 수 있는지에 대해서는 견해가 대립한다. 부정설[14)]은 소송능력은 행위능력과 연동되는 개념이므로, 소송능력만을 별도로 제한할 수는 없다는 점, 한정후견인의 동의 여부에 따라 피한정후견인의 소송능력이 달라져서는 안 된다는 점, 동의의 범위를 화정하기 어렵다는 점 등을 근거로 실체법상 법률행위에 대해서만 동의유보심판이 가능하다고 본다. 반면 긍정설[15)]은 소송행위에 관한 개별적 또는 포괄적 동의유보심판이 가능하다고 주장한다. 외국의 입법례에 비추어 볼 때 이는 입법정책의 문제에 불과하다는 점, 우리 민법이나 민사소송법의 제반규정은 소송행위 자체에 제3자의 동의를 요구하는데 적대적이지 않다는 점, 실체법상 법률행위를 하기에 충분한 능력이 있는 사람이라도 소송행위까지 성공적으로 해낼 수 있으리라는 보장이 없다는 점 등을 근거로 제시한다.

2. 심판절차

가정법원은 한정후견개시심판과 동시에 직권으로 한정후견인에게 대리권을 수여하는 심판을 할 수 있다[본조 ①, 家訴 §2 ① ii 가. 24)-2]. 한정후견개시심판 후 별개의 심판으로 대리권을 수여할 때 일정한 자에 의한 청구가 필요 내지 가능한지 여부에 대해서는 위 1. 가. 참조. 한정후견개시심판 후 별개의 심판으로 대리권을 수여할 때에는 후견개시 등의 심판을 한 가정법원(항고법원이 후견개시 등의 심판을 한 경우에는 그 제1심 법원인 가정법원)이 관할한다(家訴 §44 ① i -2).

이때 가정법원은 피한정후견인(피한정후견인이 될 자를 포함한다)의 진술을 들어야 하며(家訴 §45-3 ① vii), 그 심판을 당사자와 절차에 참가한 이해관계인(家訴規 §25), 한정후견인 및 한정후견감독인에게 고지하는 한편, 사건본인에게 그 뜻을 통지하여야 한다(家訴規 §35).

그러나 대리권수여심판에 대하여 독립적으로 불복할 수 있는 길은 마련되어 있지 않다. 이를 다투고자 하는 사람은 그것과 함께 선고된 한정후견개시심판에 대해 즉시항고를 하거나, 그 변경에 관한 심판을 청구하는 수밖에 없다(본조 ②에 따른 §938 ④의 준용). 따라서 그 심판이 효력을 발생함과 동시에 가정법원은 지체없이 후견등기 사무를 처리하는 사람에게 후견등기부에 등기할 것을 촉탁하여야 한다(家訴 §9, 家訴規 §5-2 ① ii 마목).

14) 김도훈(2014), 128-129.
15) 해설, 84; 주해친족(초판, 2권), 758; 김형석(2013), 70-73.

III. 신상에 관하여 결정할 수 있는 권한의 범위를 정하는 심판

1. 신상에 관하여 결정할 수 있는 권한의 범위

가정법원은 한정후견인이 피한정후견인의 신상에 관하여 결정할 수 있는 권한의 범위를 정할 수 있다(본조 ②에 의한 §938 ③의 준용). 한정후견 사무에 신상보호업무를 포함시킴에 따라 그 사무처리에 필요한 절차규정을 완비한 것이다. 한정후견인의 신상보호의무에 대해 자세히는 §959-6 주석 참조. 신상결정대행권한의 범위 등에 대해 자세히는 §938 주석 참조.

2. 심판절차

가정법원은 한정후견개시심판과 동시에 또는 사후적으로 한정후견인이 피한정후견인의 신상에 관하여 결정할 수 있는 권한의 범위를 결정하는 심판을 할 수 있다[본조 ①, 家訴 §2 ① ii 가. 24)-2].

그 심판의 관할, 진술청취, 고지 및 즉시항고, 후견등기의 촉탁 등에 관한 사항은 모두 대리권수여심판과 동일하다(家訴 §45-3 ① viii 등 참조).

IV. 변경심판

한정후견인에게 대리권을 수여하는 심판을 한 후에라도 그 권한의 범위가 적절하지 않게 된 경우 가정법원은 본인, 배우자, 4촌 이내의 친족, 성년후견인, 성년후견감독인, 검사 또는 지방자치단체의 장의 청구에 의해 그 범위를 변경할 수 있다[본조 ②에 따른 §938 ④의 준용, 家訴 §2 ① ii 가. 24)-2]. 가령 §13 ②에 따라 동의유보심판의 범위가 변경된 경우, 한정후견인이 추가선임된 경우 등이 이에 해당할 수 있을 것이다.

그 진술청취, 고지 및 즉시항고, 후견등기의 촉탁 등에 관한 사항은 대리권수여심판과 동일하다(家訴 §45-3 ① vii 및 viii 등 참조). 심판의 관할은 후견개시 등의 심판을 한 가정법원(항고법원이 후견개시 등의 심판을 한 경우에는 그 제1심 법원인 가정법원)에 있다(家訴 §44 ① i -2).

第959條의5 (한정후견감독인)

① 가정법원은 필요하다고 인정하면 직권으로 또는 피한정후견인, 친족, 한정후견인, 검사, 지방자치단체의 장의 청구에 의하여 한정후견감독인을 선임할 수 있다.

② 한정후견감독인에 대하여는 제681조, 제691조, 제692조, 제930조제2항·제3항, 제936조제3항·제4항, 제937조, 제939조, 제940조, 제940조의3제2항, 제940조의5, 제940조의6, 제947조의2제3항부터 제5항까지, 제949조의2, 제955조 및 제955조의2를 준용한다. 이 경우 제940조의6제3항 중 "피후견인을 대리한다"는 "피한정후견인을 대리하거나 피한정후견인이 그 행위를 하는 데 동의한다"로 본다.

참고문헌: 구상엽(2012), "개정민법상 성년후견제도에 대한 연구 ―입법배경, 입법자의 의사 및 향후 과제를 중심으로―", 서울대학교 대학원 박사학위논문

I. 조문의 취지

한정후견감독인에 관한 사항을 규율하기 위한 조문이다. 본 조문은 한정후견감독인이 임의기관임을 선언함과 동시에 가정법원이 한정후견감독인을 선임할 수 있는 사유, 한정후견감독인의 자격, 사임과 변경, 권한의 범위 및 감독, 보수 등에 관해 규정하고 있다. 후견감독인 제도 일반에 대해서는 §940―2 및 §940―4 주석 참조.

II. 한정후견감독인의 선임

1. 선임사유

가. 필요하다고 인정하는 경우

가정법원은 필요하다고 인정하는 경우 한정후견감독인을 선임할 수 있다(본조 ①). 한정후견감독인의 필요하다고 인정할 수 있는 경우에 관해서는 §940-4 주석 참조.

나. 재선임

가정법원이 선임한 한정후견감독인이 사망, 결격, 그 밖의 사유로 없게 된 때에도 직권으로 또는 피한정후견인, 친족, 한정후견인, 검사, 지방자치단체의 장의 청구에 의해 한정후견감독인을 선임한다(본조 ② 1문에 의한 §940-3 ②의 준용). 이에 대해서는 성년후견감독인의 재선임에 관한 §940-4 ②을 준용했어야 했다는 지적[1])이 있으나, 어느 조문을 준용하더라도 실질적인 내용이 달라지는 것은 아니다. 재선임 사유에 대해 자세히는 §940-3 주석 참조.

다. 추가선임

가정법원은 한정후견감독인을 선임한 후에도 필요하다고 인정하면 직권으로 또는 피한정후견인, 한정후견인, 친족, 이해관계인, 검사, 지방자치단체의 장의 청구에 의해 추가로 한정후견감독인을 선임할 수 있다(본조 ② 1문에 의한 §936 ③의 준용). 추가선임 사유에 대해 자세히는 §936 註釋 참조. 추가선임 청구권자의 범위를 둘러싼 논란에 대해서는 §940-7 주석 참조.

2. 자격 및 선임기준

가. 한정후견감독인의 수와 자격

한정후견감독인에 대해서는 §930 ② 및 ③가 준용된다(본조 ② 1문). 따라서 한정후견감독인은 피한정후견인의 신상과 재산에 관한 모든 사정을 고려하여 여러 명을 둘 수 있고, 법인도 한정후견감독인이 될 수 있다. 자세한 내용은 §930 및 §940-7 주석 참조.

여러 명의 한정후견감독인을 둔 경우 가정법원은 직권으로 여러 명의 한정후견감독인이 공동으로 또는 사무를 분장하여 그 권한을 행사하도록 정할 수 있고, 그 결정을 변경 또는 취소할 수도 있다[본조 ② 1문에 따른 §949-2 ① 및 ②의 준용, 家訴 §2 ① ii 가. 21)-3]. 자세한 내용은 §949-2 주석 참조.

---

1) 구상엽(2012), 122.

여러 명의 한정후견감독인이 공동으로 권한을 행사하여야 하는 경우 어느 한정후견감독인이 피한정후견인의 이익이 침해될 우려가 있음에도 필요한 권한행사에 협력하지 않는 경우 가정법원은 피한정후견인, 한정후견인, 한정후견감독인 또는 이해관계인의 청구에 의하여 그 한정후견감독인의 의사표시를 갈음하는 재판을 할 수 있다(본조 ② 1문에 따른 §949-2 ③의 준용, 家訴 §2 ① ii 가. 21)-3). 자세한 내용은 §949-2 주석 참조.

나. 한정후견감독인의 결격사유

§937 i 내지 viii에 해당하는 사람 및 한정후견인의 가족은 한정후견감독인이 될 수 없다(본조 ② 1문에 의한 §937 및 §940-5의 준용). 자세한 내용은 §937 및 §940-5 주석 참조.

다. 한정후견감독인의 선임기준

가정법원은 한정후견감독인을 선임할 때에는 피한정후견인의 의사를 존중하여야 하며, 그 밖에 피한정후견인의 건강, 생활관계, 재산상황, 한정후견감독인이 될 사람의 직업과 경험, 피한정후견인과의 이해관계 유무(법인이 한정후견감독인이 될 때에는 사업의 종류와 내용, 법인이나 그 대표자와 피한정후견인 사이의 이해관계의 유무를 말한다) 등의 사정도 고려하여야 한다(본조 ② 1문에 의한 §936 ④의 준용). 자세한 내용은 §936 주석 참조.

3. 선임심판

가. 직권 또는 일정한 자에 의한 청구

가정법원은 직권으로 또는 피한정후견인, 친족, 한정후견인, 검사, 지방자치단체의 장의 청구에 의하여 한정후견감독인을 선임할 수 있다(본조 ①).

한정후견감독인의 재선임 또는 추가선임에 대해서는 1. 참조.

나. 심리

한정후견감독인의 선임 심판을 하는 경우에는 피한정후견인(피한정후견인이 될 사람을 포함한다)과 한정후견감독인이 될 사람의 진술을 들어야 한다(家訴 §45-3 ① iv). 한정후견감독인의 선임에 앞서 한정후견인의 의견을 들어야 하는 것은 아니다.

다. 선임심판

가정법원은 한정후견개시심판과 동시에 한정후견감독인 선임심판을 할 수 있다(家訴 §2 ① ii 가. 19). 한정후견이 개시된 후 사후적으로 선임심판을 할 수도 있다. 이 때 가정법원은 한정후견감독인에게 그 후견감독사무에 관하여 필요하다고 인정되는 사항을 지시할 수 있다(家訴規 §38-2).

한정후견감독인선임심판은 당사자(家訴規 §25), 절차에 참가한 이해관계인(家訴規 §25), 한정후견인 및 한정후견감독인이 될 자(家訴規 §35 ①)에게 고지하고, 사건본인인 피한정후견인될 자에게는 그 뜻을 통지하여야 한다(家訴規 §35 ②).

라. 즉시항고

한정후견감독인 선임청구에 대한 즉시항고는 허용되지 않는다. 단, 한정후견 개시심판 자체를 다툼으로써 한정후견감독인 선임청구의 효력을 다툴 수는 있다. 한정후견개시심판에 대해 즉시항고를 할 수 있는 자는 §12 ①에서 정한 청구권자 및 §959-20 ①상의 임의후견인, 임의후견감독인이다(家訴規 §36 ① ii 가목).

마. 후견등기의 촉탁

한정후견감독인 선임 심판이 확정된 때 가정법원은 지체없이 후견등기 사무를 처리하는 사람에게 후견등기부에 등기할 것을 촉탁하여야 한다(家訴 §9, 家訴規 §5-2 ① ii 나목).

바. 임시한정후견감독인의 선임

家訴規 §32에 규정되어 있지는 않지만, 가정법원은 사건해결에 특히 필요하다고 인정될 경우 家訴 §62에 따른 사전처분의 일환으로서 임시한정후견감독인을 선임할 수 있을 것이다.

그 밖에 한정후견감독인 선임절차와 관련하여 자세한 내용은 §940-4 註釋 참조.

III. 한정후견감독인의 직무

1. 사무감독권한

한정후견감독인은 한정후견인의 사무를 감독한다(본조 ②에 의한 §940-6 ① 전단의 준용). 이를 위해 한정후견감독인은 한정후견인에게 그 임무수행에 관한 보고와 재산목록의 제출을 요구하거나 피한정후견인의 재산상황을 조사할 수 있다(§959의6에 의한 §953의 준용). 자세한 내용은 §940-6 주석 참조.

한정후견감독인은 한정후견인이 피한정후견인을 대리하여 §950 ①에서 정한 행위를 하거나, 피한정후견인이 §950 ①에서 정한 행위를 하는데 동의를 할 때 이에 관해 동의할 권한을 갖는다(§959-6에 의한 §950의 준용). 자세한 내용은 §959-6 및 §950 주석 참조.

그러나 한정후견감독인은 그 감독사무의 수행을 위해 한정후견인의 재산목록작성에 참여하거나, 한정후견인의 피한정후견인에 대한 채권채무관계를 제시받는 등의 권한은 행사할 수 없다. 준용규정이 존재하지 않을 뿐만 아니라, 한정후견인 자신이 포괄적인 재산관리권을 가지고 있지 않아 재산목록작성 의무 등을 부담하지 않기 때문이다.

2. 한정후견인선임청구의무

한정후견감독인은 한정후견인이 없는 경우 지체 없이 가정법원에 한정후견인의 선임을 청구하여야 한다(본조 ② 1문에 의한 §940-6 ① 후단의 준용). 자세한 내용은 §940-6 주석 참조.

3. 급박한 사무처리권한

한정후견감독인은 피한정후견인의 신상이나 재산에 대하여 급박한 사정이 있는 경우 그의 보호를 위하여 필요한 행위 또는 처분을 할 수 있다(본조 ② 1문에 의한 §940-6 ②의 준용). 자세한 내용은 §940-6 주석 참조.

4. 특별대리인으로서의 지위

한정후견인과 피한정후견인 사이에 이해가 상반되는 행위에 관하여는 한정후견감독인이 한정후견인을 대리하거나 피한정후견인이 그 행위를 하는데 동의한다(본조 ② 1문에 의한 §940-6 ③의 준용 및 본조 ② 2문).

5. 수임인으로서의 지위

한정후견감독인은 위임계약의 수임인과 유사한 지위를 갖는다. 따라서 본조 ② 1문은 위임에 관한 몇몇 조문을 한정후견감독인에게 준용하고 있다.

첫째, 한정후견감독인은 그 감독업무의 본지에 따라 선량한 관리자의 주의로써 후견감독업무를 처리하여야 한다(§681 준용).

둘째, 후견감독이 종료된 경우라도 급박한 사정이 있는 때에는 피한정후견인, 그 상속인이나 법정대리인이 위임사무를 처리할 수 있을 때까지 그 사무의 처리를 계속하여야 한다(§691 준용). 그 의미에 대해 자세히는 §940-7 주석 참조.

셋째, 후견감독이 종료되었다는 사유는 이를 상대방에게 통지하거나 상대방이 이를 안 때가 아니면 이로써 상대방에게 대항하지 못한다(§692 준용).

6. 한정후견감독인의 권한 제한

한정후견감독인에 대해서는 신상에 관한 결정 대행 권한의 한계 관련 규정이 준용된다(본조 ② 1문에 따른 §947-2 ③ 내지 ⑤의 준용). 한정후견감독인은 급박한 사정이 있는 경우 한정후견인에 갈음하여 피한정후견인의 신상에 관하여 필요한 행위 또는 처분을 할 수 있는데(본조 ② 1문에 따른 §940-6 ②의 준용), 이로 말미암아 피한정후견인에게 회복할 수 없는 중대한 침해가 발생할 우려가 있기 때문이다.

가. 의료행위 동의권 행사와 법원의 허가

한정후견감독인은 한정후견인에 갈음하여 피한정후견인의 신체를 침해하는 의료행위에 대해 동의권을 대행할 수 있으며(§947-2 ③ 준용), 그 직접적인 결과로 사망하거나 상당한 장애를 입을 위험이 있을 때에는 가정법원의 허가를 받아야 한다[§947-2 ④ 준용, 家訴 §2 ① ii 가. 21)]. 구체적인 내용은 §940-7 및 §947-2 주석 참조.

나. 거주 부동산의 처분과 법원의 허가

한정후견감독인이 피한정후견인을 대리하여 피한정후견인이 거주하고 있는 건물 또는 그 대지에 대하여 매도, 임대, 전세권의 소멸, 그 밖에 이에 준하는 행위를 하는 경우 가정법원의 허가를 받아야 한다[§947-2 ⑤ 준용, 家訴 §2 ① ii 가. 21)-2]. 구체적인 내용은 §947-2 주석 참조.

다. 정신병원 등에의 격리

반면 한정후견감독인은 치료 등의 목적으로 피한정후견인을 정신병원이나 그 밖의 다른 장소에 격리할 수 없다. 가정법원의 허가를 받더라도 그러하다. §947-2 ②은 한정후견감독인에게 준용되지 않기 때문이다.

IV. 한정후견감독인의 사임 및 변경

1. 한정후견감독인의 사임

한정후견감독인은 정당한 사유가 있는 경우 가정법원의 허가를 받아 사임할 수 있다[본조 ② 1문에 의한 §939의 준용, 家訴 §2 ① ii 가. 19)].

그 밖에 한정후견감독인 사임에 관해 자세히는 §939 및 §940-7 주석 참조.

2. 한정후견감독인의 변경

가정법원은 피한정후견인의 복리를 위하여 한정후견감독인을 변경할 필요가 있다고 인정하면 직권으로 또는 피한정후견인, 친족, 한정후견인, 검사, 지방자치단체의 장의 청구에 의하여 후견인을 변경할 수 있다[본조 ② 1문에 의한 §940의 준용, 家訴 §2 ① ii 가. 19)].

이때 가정법원은 피한정후견인과 그 변경이 청구된 한정후견감독인 및 한정후견감독인이 될 사람의 진술을 들어야 한다(家訴 §45-3 ① vi). 한정후견감독인 변경심판에 대해서는 변경의 대상이 되는 한정후견감독인이, 기각심판에 대해서는 §959-5 ②에 의해 준용되는 §940에서 정한 자, 즉 한정후견감독인 변경청구권자가 즉시항고할 수 있다(家訴規 §36 ① ii 나목 및 ② iv).

그 밖에 한정후견감독인 변경사유 및 절차, 직무대행자 선임 등에 관해 자세히는 §940 및 §940-7 주석 참조.

V. 한정후견감독인의 보수와 비용

1. 한정후견감독인의 보수

가정법원은 한정후견감독인의 청구에 의하여 피한정후견인의 재산상태 기타 사정을 참작하여 피한정후견인의 재산 중에서 상당한 보수를 한정후견감독인에게 수여할 수 있다[본조 ② 1문에 의한 §955의 준용, 家訴 §2 ① ii 가. 23)]. 자세한 내용은 §955 주석 참조.

2. 사무비용의 지출

한정후견감독인이 한정후견사무를 수행하는데 필요한 비용은 피한정후견인의 재산 중에서 지출한다(본조 ② 1문에 의한 §955-2의 준용). 자세한 내용은 §955-2 주석 참조.

第 959 條의6 (한정후견사무)

한정후견의 사무에 관하여는 제681조, 제920조 단서, 제947조, 제947조의2, 제949조, 제949조의2, 제949조의3, 제950조부터 제955조까지 및 제955조의2를 준용한다.

참고문헌: 구상엽(2012), "개정민법상 성년후견제도에 대한 연구 −입법배경, 입법자의 의사 및 향후 과제를 중심으로 −", 서울대학교 대학원 박사학위논문; 김형석(2014a), "피후견인의 신상결정과 그 대행", 가족법연구 28−2, 245−274; 백승흠(2008b), "가족법 개정의 과제와 전망 −후견법의 개정을 중심으로−", 청주대학교 법학논집 30−2, 241−262; 이영규(2010), "성년후견법안의 검토 및 향후과제", 경남법학 26, 209−247; 이은영(2003), "성년후견제도의 개선방향", 외법논집 15, 51−80; 이정식(2010a), "민법상 후견제도의 법적 과제에 관한 고찰", 명지법학 9, 121−152; 정남기(2003), "행위무능력제도와 고령자보호", 비교법학 3, 1−34; 제철웅(2011), "요보호성인의 인권존중의 관점에서 본 새로운 성년후견제도", 민사법학 56, 277−331; 현소혜(2013a), "제한적 행위능력 제도와 거래의 안전", 서강법률논총 2−2, 31−63

I. 조문의 취지

한정후견인의 임무와 권한 범위, 그 제한 및 보수와 비용처리 등에 관해 일반적으로 정하기 위한 조문이다.

II. 한정후견인의 의무

1. 선관주의의무

한정후견인은 후견의 본지에 따라 선량한 관리자의 주의로써 그 사무를 처리하여야 한다(본조에 의한 §681의 준용). 그 구체적인 의미는 성년후견인의 경우와 같다. §956 주석 참조.

2. 복리배려와 의사존중의무

한정후견인은 피한정후견인의 재산관리와 신상보호를 할 때 여러 사정을 고려하여 그의 복리에 부합하는 방법으로 사무를 처리하여야 한다(본조에 의한 §947의 준용). 특히 한정후견인은 피한정후견인의 복리에 반하지 않는 한 피한정후견인의 의사를 최대한 존중하여야 한다. 자기결정권의 보장을 위함이다. 복리배려의무와 의사존중의무의 구체적인 의미 및 그 적용범위에 관해 자세히는 §947 주석 참조.

III. 한정후견인의 권한

1. 재산관리권과 대리권

한정후견인은 피한정후견인의 재산을 관리하고 그 재산에 관한 법률행위에 대하여 피후견인을 대리한다는 것이 본조에 의해 준용되는 §949 ①의 입장이다. 그러나 성년후견인이나 미성년후견인의 경우와 달리 한정후견인에게는 포괄적인 재산관리권 및 법률행위 대리권을 인정할 수 없다.[1] 한정후견인에 대해 일반적인 재산조사 및 재산목록 작성의무 등이 인정되지 않는 것을 보아도 이는 명백하다. 동 조문의 준용은 대리권수여심판을 받은 한정후견인이 그 한도 내에서 재산관리권도 함께 행사할 수 있음을 밝힌다는 점에서 의의가 있을 뿐이다.[2]

한정후견인은 §959-4 ①에 따라 가정법원으로부터 대리권을 수여받은 한도 내에서 대리권과 재산관리권을, §13 ①에 따라 동의유보심판을 받은 한도 내에서 재산관리권을 행사할 수 있을 뿐이다. §959-4 주석 참조.

---

1) §949를 한정후견에 준용한 것은 입법상 오류라는 견해로 구상엽(2012), 120; 현소혜(2013a), 35.
2) 제철웅(2011), 290.

2. 동의권

가. 재산법상 법률행위에 관한 동의권 및 취소권

한정후견인은 §13 ①에 따라 동의유보심판을 받은 한도 내에서, 피한정후견인의 재산법상 법률행위에 관해 동의권을 행사할 수 있다. 한정후견인의 동의가 필요한 법률행위를 그의 동의 없이 하였을 때에는 그 법률행위를 취소할 수 있다(§13 ④).

나. 가족법상 법률행위에 관한 동의권

피한정후견인은 가족법상 법률행위에 관해 완전한 행위능력을 갖는다.[3] 즉, 피한정후견인은 의사능력이 있는 한 약혼, 혼인, 협의상 이혼 등 가족법상 법률행위를 단독으로 유효하게 할 수 있다. 그러므로 한정후견인은 피한정후견인의 가족법상 법률행위에 대해 동의권을 행사할 수 없다.

3. 신상결정대행권한

舊 민법(2011. 3. 7. 개정 전)은 한정치산자의 후견인에게 신상결정대행 권한을 부여하지 않고 있었다. 이로 인해 한정치산자에게 정작 필요한 신상보호 서비스를 제공할 수 없었다는 이유로 많은 학자들이 한정후견인에게 신상보호와 관련된 권한과 의무를 부여해야 한다고 주장한 바 있다.[4] 이 때문에 2011. 3. 7.자 개정민법은 한정후견에 관하여 §938 ③, §947 및 §947－2를 준용함으로써 한정후견인에게도 피한정후견인의 신상에 관하여 대신 결정할 수 있는 권한을 부여하였다.

다만, 피한정후견인이라도 그의 상태가 허락하는 범위 내에서는 자신의 신상에 관하여 단독으로 결정하는 것이 원칙이므로(본조에 의한 §947－2 ①의 준용), 한정후견인은 피한정후견인이 스스로 신상에 관하여 결정할 수 없는 경우 가정법원으로부터 그 권한을 수여받은 범위 내에서만 신상결정을 대행할 수 있을 뿐이다(§959－4에 의한 §938 ③의 준용). 자세한 내용은 §938 및 §947－2 주석 참조.

신상결정대행권한을 행사함에 있어 일정한 법률행위 대리권이 필요한 경우 한정후견인은 §959－4 ①에 따라 가정법원으로부터 그에 관한 대리권을 수여받아야 한다.[5] 본조에 의한 §949 ①의 준용에도 불구하고, 한정후견인은 한정후견사무에 관한 포괄적인 대리권을 갖지 못하기 때문이다.

---

3) 대표적으로 김주수 · 김상용, 555; 해설, 83.
4) 백승흠(2008b), 247; 이영규(2010), 236; 이은영(2003), 14－15; 이정식(2010a), 137; 정남기(2003), 33 등.
5) 김형석(2014a), 250

4. 한정후견인이 여러 명인 경우

여러 명의 한정후견인을 둔 경우 가정법원은 직권으로 여러 명의 한정후견인이 공동으로 또는 사무를 분장하여 그 권한을 행사하도록 정할 수 있고, 그 결정을 변경 또는 취소할 수도 있다[본조에 의한 §949-2 ① 및 ②의 준용, 家訴 §2 ① ii 가. 21)-3]. 자세한 내용은 §949-2 주석 참조.

여러 명의 한정후견인이 공동으로 권한을 행사하여야 하는 경우 어느 한정후견감독인이 피한정후견인의 이익이 침해될 우려가 있음에도 필요한 권한행사에 협력하지 않는 경우 가정법원은 피한정후견인, 한정후견인, 한정후견감독인 또는 이해관계인의 청구에 의하여 그 한정후견인의 의사표시를 갈음하는 재판을 할 수 있다[본조에 의한 §949-2 ③의 준용, 家訴 §2 ① ii 가. 21)-3]. 자세한 내용은 §949-2 주석 참조.

Ⅳ. 한정후견인의 권한에 대한 제한

1. 피한정후견인의 행위를 목적으로 하는 채무부담행위

한정후견인이 피한정후견인을 대리하여 그의 행위를 목적으로 하는 채무를 부담하는 계약을 체결하는 경우에는 피한정후견인 본인의 동의를 얻어야 한다(본조에 의한 §920 단서 및 §949 ②의 준용). 자세한 내용은 §920 주석 참조.

2. 신상결정대행시 가정법원의 허가

가. 피한정후견인의 격리

한정후견인은 피한정후견인을 치료 등의 목적으로 정신병원이나 그 밖의 장소에 격리하려는 경우 가정법원의 허가를 받아야 한다(본조에 의한 §947-2 ②의 준용, 家訴 §2 ① ii 가. 21)). 자세한 내용은 §947-2 주석 참조.

나. 피한정후견인에 대한 의료행위의 동의

한정후견인은 피한정후견인의 신체를 침해하는 의료행위에 대해 피한정후견인이 동의할 수 없는 경우 그를 대신하여 동의할 수 있다(본조에 의한 §947-2 ③의 준용). 다만, 피한정후견인이 의료행위의 직접적인 결과로 사망하거나 상당한 장애를 입을 위험이 있을 때에는 가정법원의 허가를 받아야 한다[본조에 의한 §947-2 ④ 본문의 준용, 家訴 §2 ① ii 가. 21)]. 허가절차로 의료행위가 지체되어 피한정후견인의 생명에 위험을 초래하거나 심신상의 중대한 장애를 초래할 때에는 사후에 허가를 청구할 수 있다(본조에 의한 §947-2 ④ 단서의 준용). 자세한 내용은 §947-2 주석 참조.

다. 거주용 건물 등의 처분

한정후견인이 피한정후견인을 대리하여 피한정후견인이 거주하고 있는 건물 또는 그 대지에 대하여 매도, 임대, 전세권 설정, 저당권 설정, 임대차의 해지, 전세권의 소멸, 그 밖에 이에 준하는 행위를 하는 경우에는 가정법원의 허가를 받아야 한다[본조에 의한 §947-2 ⑤의 준용, 家訴 §2 ① ii 가. 21)-2]. 자세한 내용은 §947-2 주석 참조.

라. 가정법원의 허가심판

피한정후견인의 격리에 대한 허가심판(家訴 §45-3 ① viii), 의료행위 동의에 대한 허가심판을 하는 경우(家訴 §45-3 ① ix), 피한정후견인이 거주하는 건물이나 그 대지에 대한 매도 등에 대한 허가심판을 하는 경우(家訴 §45-3 ① xii)에는 피한정후견인(피한정후견인이 될 사람을 포함한다)의 진술을 들어야 한다.

그 밖에 허가시 심판의 고지 및 통지, 즉시항고, 가정법원에 의한 후견사무 등에 관한 지시 등 자세한 사항 대해서는 §947-2 주석 참조.

3. 이해상반행위

한정후견인에 대해서는 §921가 준용된다(본조 및 §959-3에 의한 §949-3의 준용). 따라서 법정대리인인 한정후견인과 피한정후견인 사이에 이해상반행위를 하는 경우 또는 한정후견인의 후견에 따르는 수인의 피한정후견인 사이에 이해상반행위를 하는 경우 한정후견인은 법원에 특별대리인의 선임을 청구하여야 한다. 다만, 한정후견감독인이 있는 경우에는 그러하지 아니하다. 한정후견감독인이 특별대리인의 지위를 대신하기 때문이다(§959-5 ② 1문에 의한 §940-6 ③의 준용). 자세한 내용은 §921 및 §949-3 주석 참조.

4. 한정후견감독인의 동의

한정후견인이 피한정후견인을 대리하여 §950 ① i 내지 vi에 해당하는 법률행위를 하는 경우 또는 피한정후견인이 위 법률행위를 하는 데 동의하고자 하는 경우에는 한정후견감독인의 동의를 받아야 한다(본조에 의한 §950 ①의 준용).[6] 한정후견감독인의 동의가 필요한 행위에 대하여 한정후견감독인이 피한정후견인의 이익이 침해될 우려가 있음에도 동의를 하지 아니하는 경우 한정후견인은 가정법원에 한정후견감독인의 동의를 갈음하는 허가를 청구할 수 있다[본조에 의한 §950 ②의 준용, 家訴 §2 ① ii 가.

6) 반면 §959-5와 달리 '대리'를 '동의'로 간주하는 문언이 없으므로 한정후견인은 후견감독인의 동의를 받지 않고 동의할 수 있다는 견해로 권재문, 261.

21)−4]. 이때 거래상대방의 보호를 위해 §15에 따른 확답을 촉구할 권리가 인정된다(본조에 의한 §952의 준용). 자세한 내용은 §950 주석 참조.

5. 피한정후견인의 재산 등 양수에 대한 취소권

한정후견인이 피한정후견인에 대한 제3자의 권리를 양수하는 경우 피한정후견인은 이를 취소할 수 있다(본조에 의한 §951 ①의 준용). 한정후견감독인이 있는 경우 그의 동의 없이 한정후견인이 피한정후견인에 대한 제3자의 권리를 양수하였다면 피한정후견인 본인 뿐만 아니라 한정후견감독인도 이를 취소할 수 있다(본조에 의한 §951 ②의 준용). 이때 거래상대방의 보호를 위해 §15에 따른 확답을 촉구할 권리가 인정된다(본조에 의한 §952의 준용). 자세한 내용은 §951 주석 참조. 한정후견인에게 포괄적인 재산관리권이나 대리권, 재산목록작성의무 및 피한정후견인과의 사이에 채권·채무관계의 제시의무가 인정되지 않는 것[7]에 비추어 볼 때 다소 의문이다.

V. 한정후견인에 대한 감독

1. 한정후견감독인

한정후견감독인은 그 일반적인 후견감독사무의 이행을 위해 언제든지 한정후견인에게 그의 임무수행에 관한 보고와 재산목록의 제출을 요구할 수 있고, 피한정후견인의 재산상황을 조사할 수 있다(본조에 의한 §953의 준용). 자세한 내용은 §953 주석 참조.

2. 가정법원에 의한 감독

가정법원은 직권으로 또는 피한정후견인, 한정후견감독인, §777에 따른 친족, 그 밖의 이해관계인, 검사, 지방자치단체의 장의 청구에 의하여 피한정후견인의 재산상황을 조사하고, 한정후견인에게 재산관리 등 후견임무 수행에 관하여 필요한 처분을 명할 수 있다[본조에 의한 §954의 준용, 家訴 §2 ① ii 가. 22)]. 자세한 내용에 대해서는 §954 주석 참조.

7) 해설, 103.

VI. 한정후견인의 보수와 비용처리

1. 한정후견인의 보수

가정법원은 한정후견인의 청구에 의하여 피한정후견인의 재산상태 기타 사정을 참작하여 피한정후견인의 재산 중에서 상당한 보수를 한정후견인에게 수여할 수 있다[본조에 의한 §955의 준용, 家訴 §2 ① ii 가. 23)]. 자세한 내용은 §955 주석 참조.

2. 사무비용의 지출

한정후견인이 한정후견사무를 수행하는데 필요한 비용은 피한정후견인의 재산 중에서 지출한다(본조에 의한 §955−2의 준용). 자세한 내용은 §955−2 주석 참조.

第959條의7 (한정후견인의 임무의 종료 등)

한정후견인의 임무가 종료한 경우에 관하여는 제691조, 제692조, 제957조 및 제958조를 준용한다.

I. 조문의 취지

한정후견사무 종료에 따른 한정후견인의 사무처리방법 및 그 임무에 관한 규정이다.

II. 한정후견인의 임무 종료

본조는 "한정후견인의 임무가 종료한 경우"에 적용된다. 한정후견인의 임무가 종료하는 경우는 크게 두 가지로 나누어 볼 수 있다.

1. 절대적 종료

한정후견은 피한정후견인이 사망하거나, §§14, 14-3 ①, 959-20 ②에 따른 한정후견종료의 심판이 있는 때에는 후견 자체가 종료한다[家訴 §2 ① ii 가. 1-3)].

2. 상대적 종료

한정후견인이 사망하거나 사임(§939)·변경(§940)된 경우 당해 한정후견인의 임무가 종료되고, 새로운 한정후견인이 선임된다. 상대적 종료에 대해 자세히는 §957 주석 참조.

III. 후견사무 종료에 따른 임무

1. 재산에 관한 계산

한정후견인의 임무가 종료된 때 한정후견인 또는 그 상속인은 1개월 내에 피한정후견인의 재산에 관한 계산을 하여야 한다(본조에 의한 §957 ① 본문의 준용). 다만, 정당한 사유가 있는 경우에는 법원의 허가를 받아 그 기간을 연장할 수 있다[본조에 의한 §957 ① 단서의 준용, 家訴 §2 ① ii 가. 24)]. 후견감독인이 있는 때에는 그가 계산에 참여하지 않으면 효력이 없다(본조에 의한 §957 ②의 준용).

그 구체적인 내용에 대해서는 §957 주석 참조.

2. 이자의 부가와 금전소비에 대한 책임

계산의 결과 한정후견인이 피한정후견인에게 지급할 금액이나 피한정후견인이 한정후견인에게 지급할 금액에는 계산종료의 날로부터 이자를 부가하여야 하며, 한정후견인이 자기를 위하여 피한정후견인의 금전을 소비한 때에는 그 소비한 날로부터 이자를 부가하고 피한정후견인에게 손해가 있으면 이를 배상하여야 한다(본조에 의한 §958의 준용). 자세한 내용은 §958 주석 참조.

3. 위임규정의 준용

한정후견사무 종료의 경우에 급박한 사정이 있는 때에는 한정후견인, 그 상속인이나 법정대리인은 위임인, 그 상속인이나 법정대리인이 위임사무를 처리할 수 있을 때까지 그 사무의 처리를 계속하여야 한다(본조에 의한 §691의 준용). 자세한 내용은 §959 주석 참조.

또한 한정후견 종료의 사유는 이를 상대방에게 통지하거나 상대방이 이를 안 때가 아니면 이로써 상대방에게 대항하지 못한다(본조에 의한 §692의 준용). 자세한 내용은 §959 주석 참조.

IV. 후견종료의 신고 또는 등기

§§14, 14−3 ①, 959−20 ②에 따른 한정후견종료의 심판, §939에 따른 한정후견인 사임허가 심판 또는 §940에 따른 한정후견인 변경심판이 있는 때에는 심판의 확정과 동시에 가정법원이 후견등기부기록을 촉탁하여야 한다(家訴 §9, 家訴規 §5−2 ①ii).

반면 피한정후견인의 사망 등 가정법원의 심판을 거치지 않고 한정후견이 종료한 때에는 한정후견인이 한정후견의 종료를 안 날로부터 3개월 내에 종료등기를 신청하여야 한다(후견등기법 §29 ①).

第 959 條의8 (특정후견에 따른 보호조치)

가정법원은 피특정후견인의 후원을 위하여 필요한 처분을 명할 수 있다.

▮참고문헌: 김나래(2019), "성년후견제도 활성화 방안에 관한 소고", 조선대학교 법학논총 26−3, 67−90; 김보람·정구태(2020), "성인발달장애인 지원을 위한 공공후견인제도의 개선방안− 프랑스의 성년보호 사법수임인제도에 대한 비교법적 고찰을 중심으로", 외법논집 44−1, 1−34; 김성우(2016), "성년후견제도의 현황과 과제", 가족법연구 30−3, 407−454; 김성우(2018), "한국 후견재판에서의 의사결정지원", 가족법연구 32−3, 305−322; 김형석(2010), "민법 개정안에 따른 성년후견법제", 가족법연구 24−2, 111−166; 김형석(2014c), "성년후견·한정후견의 개시심판과 특정후견의 심판", 서울대 법학 55−1, 443−475; 박인환(2013), "새로운 성년후견제도에 있어서 특정후견 도입의 의의와 과제", 민사법의 이론과 실무 17−1, 1−31; 박인환(2021a), "공공후견 및 의사결정지원 촉진을 위한 입법과제", 법조 70−3, 43−86; 배인구(2013), "성년후견제도에 관한 연구 −시행과 관련된 이론적·실무적 쟁점을 중심으로", 고려대학교 대학원 석사학위논문; 백승흠(2011a), "성년후견제도의 시행과 과제", 민사법이론과 실무 15−1, 3−54; 윤일구(2012), "성년후견제도 도입에 따른 문제점과 과제", 법학논총 32−2, 173−204; 윤태영(2022a), "성년후견 및 제한능력자 제도의 문제점에 대한 관견(管見)", 아주법학 15−4, 55−75; 이영규(2011), "성년후견제의 올바른 시행과 정착을 위한 과제", 법무사 2011−4, 10−13; 이지은(2020), "공공후견과 후견법인의 역할", 숭실대학교 법학논총 47, 293−326; 이진기(2012), "개정민법 규정으로 본 성년후견제도의 입법적 검토와 비판", 가족법연구 26−2, 85−120; 제철웅(2013), "성년후견법의 시행준비작업상의 몇 가지 이론적, 실천적 문제", 가족법연구 27−1, 1−40; 제철웅(2023), "성년후견제도 시행 10년과 새로운 입법적 과제", 가족법연구 37−2, 63−104; 현소혜(2013a), "제한적 행위능력 제도와 거래의 안전", 서강법률논총 2−2, 31−63

I. 조문의 취지

가정법원은 질병, 장애, 노령, 그 밖의 사유로 인한 정신적 제약으로 일시적 후원 또는 특정한 사무에 관한 후원이 필요한 사람에 대하여 본인, 배우자, 4촌 이내 친족, 미성년후견인, 미성년후견감독인, 검사 또는 지방자치단체의 장의 청구에 의하여 특정후견의 심판을 한다[§14−2 ①, 家訴 §2 ① ii 가. 1−5)]. 후견계약이 등기되어 있지만 본인의 이익을 위하여 특별히 필요한 경우에도 임의후견인 또는 임의후견감독인의 청구에 의하여 특정후견의 심판을 할 수 있다[§959−20 ①, 家訴 §2 ① ii 가. 1−5)].

특정후견은 성년후견이나 한정후견과는 달리 피특정후견인의 행위능력을 지속적으로 제한하고, 그의 의사결정을 대리 내지 보조해 줄 후견인을 선임하는 대신, 중요한 부동산의 처분이나 상속재산분할협의 등 본인과 이해관계인의 삶에 중차대한 영향을 미칠 수 있는 사안이 발생한 경우 그러한 개별적 법률행위에 한정하여 일회적·임시적으로 가정법원의 도움을 받을 수 있도록 함으로써 자기결정권의 존중 및 보충성의 원칙을 실현하기 위한 제도이다.[1] 영국 정신능력법 §16상의 특정명령 및 법정후견(deputy) 제도 및 프랑스 민법 §§437, 438상의 사법적 보호 및 특별수임인 제도를 우리 법체계에 맞게 변형하여 도입한 것이다.[2]

한정후견과 특정후견이 주로 이용될 것이라는 당초 입법시 예상과 달리 실무에서는 특정후견은 정부가 지원하는 공공후견 사업에서만 주로 활용되고 있다.[3] 보건복지부는 2013년 9월부터 발달장애인을 위한 공공후견지원사업을시행하였는데(발달장애인법 §9), 이 사업은 후견이 필요하나 자력이 없는 발달장애인에게 공공후견을 지원하는 것을 내용으로 한다. 지방자치단체의 장은 성년인 발달장애인으로서 후견이 필요하나 자력이 없는 사람에 대하여 공공후견인을 후견인으로 선임하여 줄 것을 구하고 청구비용과 선임된 후견인에게 약간의 보수(매월 15만원)를 지원하는데 이러한 지원은 특정후견에 한하고 있다.[4] 이후 공공후견 사업은 치매공공후견사업(치매관리법 §12조의3), 정신장애인 지원(정신건강복지법 §38조의3)으로 확대되었다.[5]

그런데 공공후견이용지원사업이 원칙적으로 특정후견에 대해서만 지원하기 때문에,[6] 성년후견이용지원사업에서는 지속적 후견이 필요한 경우에도 특정후견이 이용되는 문제가 발생했다. 이러한 방침에 대하여는 명백히 지속적 후견의 필요성이 있는 사안들에 대해서까지 특정후견의 이용만을 강제하여 공공후견서비스 이용의 폭을 제한한다는 비판도 있지만,[7] 애초에 공공후견이용지원사업을 특정후견 유형으로 한정

1) 윤진수·현소혜, 47−48; 박인환(2013), 18−21 참조.
2) 김형석(2010), 120; 백승흠(2011a), 30; 제철웅(2013), 17. 입법 당시 특정후견 제도의 도입을 강하게 주장하였던 견해로 제철웅(2008), 113, 138.
3) 제철웅(2023), 66.
4) 윤태영(2022a), 64.
5) 각 공공후견사업에 관해서는 박인환(2021a), 58−64; 윤태영(2022a), 65; 이지은(2020), 316−318 참조. 또한 가정법원에서는 공공후견지원사업에서 제외된 대상자에게도 공공후견서비스를 제공할 수 있는 국선후견인제도를 시범적으로 실시하였다. 김성우(2018), 318.
6) 성년후견제 이용지원에 관한 규정들은, 지방자치단체장이 가정법원에 성년후견개시, 한정후견개시 또는 특정후견의 심판을 청구할 수 있다고 규정하지만, 실제로는 특정후견을 원칙으로 한다. 이처럼 공공후견사업에서 특정후견을 원칙으로 하는 것은 법령에 명시된 것은 아니지만 공공후견사업에 있어서 협약 제12조와의 정합성을 고려하여 가능한 한 본인의 자율성을 존중하여 제도적 개입을 최소화하기 위한 사업방침(매뉴얼)에 따른 것이다. 박인환(2021a), 53.
7) 김나래(2019), 83−84; 김보람·정구태(2020), 26; 김성우(2016), 451.

한 것은 성년 및 한정후견 필요최소 개입 원칙에 반한다는 점에서 장애인권리협약과 충돌한다는 비판을 받고 있는 상황에서, 적어도 공적 지원에 의한 성년후견제도 이용에 있어서는 장애인권리협약과의 충돌을 회피하여야 한다는 요청이 있기 때문이다.[8)]

II. 특정후견에 따른 보호조치

가정법원은 피특정후견인의 후원을 위하여 필요한 처분을 명할 수 있다[본조, 家訴 §2 ① ii 가. 24)−3].

1. 보호조치의 내용

가정법원이 할 수 있는 "피특정후견인의 후원을 위하여 필요한 처분"이란 무엇인가. 가장 대표적인 것은 피특정후견인의 후원을 위해 특정후견인을 선임하는 것이겠으나, 이에 대해서는 §959−9에 특칙이 있다. 따라서 본조에서 규정하고 있는 처분은 특정후견인을 선임하지 않고도 가정법원의 명령만으로 피특정후견인의 사무처리를 후원하거나 내신할 수 있는 종류의 처분을 의미한다.[9)]

특정의 법률행위에 앞서 제3자로부터 법적 조언을 받도록 하는 것과 같이 관계인에게 필요한 특정의 행위를 명하거나 처분금지명령과 같이 부작위를 명하는 등[10)] 피특정후견인의 후원을 위해 필요한 처분이라면 무엇이든 가정법원이 적절하게 정할 수 있으나[11)], 다음과 같은 사안에 대해서는 논란의 여지가 있다.

가. 재산관리와 신상보호

"피특정후견인의 후원을 위하여 필요한 처분"은 피특정후견인의 재산관리에 관한 것일 수도 있고, 신상보호에 관한 것일 수도 있다.[12)] 그러나 신상결정이 긴급하게 필요한 경우에는 관련법 규정을 이용해 적절한 대응이 가능하고, 피특정후견인은 어느 정도 정신적 능력이 있음을 전제로 한다는 점, 신상보호는 사안의 중대성과 지속성을 특징으로 한다는 점 등을 근거로 가정법원이 신상보호에 관한 심판을 할 수 있는지에 대해 의문을 제기하는 견해[13)]도 있다.

가정법원이 피특정후견인의 신상보호를 위한 특정의 처분을 명하는 것 외에 신

8) 박인환(2021a), 52.
9) 제철웅(2013), 18 참조.
10) 김형석(2010), 148.
11) 해설, 117.
12) 김주수·김상용, 560; 신영호·김상훈·정구태, 260; 박인환(2013), 21−22.
13) 해설, 126; 배인구(2013), 67; 이진기(2012), 106.

상보호를 위한 특정후견인도 선임할 수 있는지에 대해서는 논란이 있다. 이에 대해 자세히는 §959-9 주석 참조.

나. 현상유지적 처분과 현상변경적 처분

가정법원은 피특정후견인의 후원을 위해 그의 재산에 관한 소극적인 보존·관리 행위는 물론, 적극적으로 현상을 변경하는 처분행위 등도 할 수 있다.[14] 이 점에서 §22에 따른 부재자 재산관리를 위해 필요한 처분과는 차이가 있다.

다. 특정후견인의 동의를 얻을 것을 명하는 처분

가정법원은 피특정후견인의 후원을 위하여 필요한 처분의 일환으로 피특정후견인에게 일정한 범위의 법률행위를 할 때 특정후견인의 동의를 얻을 것을 명할 수 있는가. 긍정하는 듯한 견해[15]가 있다. 그러나 이러한 유형의 처분은 허용되지 않는다고 보아야 할 것이다. 특정후견은 피특정후견인의 행위능력을 제한하기 위한 제도가 아니기 때문이다. 입법경과에 비추어 보더라도 부정설이 타당하다.[16] 특정후견인에게 피특정후견인의 법률행위 취소권을 부여할 수 없음도 마찬가지이다.

라. 피특정후견인의 의사표시를 갈음하는 심판

가정법원은 피특정후견인의 후원을 위하여 필요한 처분의 일환으로 피특정후견인의 의사표시를 갈음하는 심판을 할 수 있는가. 긍정설과 부정설이 대립한다.

부정설[17]에 따르면, 의사표시를 갈음하는 재판은 의사표시의 의무 있는 채무자에 대한 이행판결로서 인정되는 것이므로, 비송절차에서는 허용하기 어렵다는 것이다. 이러한 내용의 심판이 필요할 때에는 특정후견인을 선임하면 될 것이다.

반면 긍정설[18]을 주장하는 학자들은 신상보호가 필요할 때(가령 의료행위 동의)마다 특정후견인을 선임할 것을 강제하는 것은 과도한 자기결정권의 침해라고 반박한다. 견해[19]에 따라서는 적어도 신상보호에 있어서는 피특정후견인의 의사표시를 갈음하는 심판을 인정할 수 있다고 주장하기도 한다.

2. 절차

가. 직권에 의한 개시

가정법원은 특정후견의 심판과 동시에 직권에 의해 필요한 처분을 명한다[본조, 家

14) 윤진수·현소혜, 137; 김형석(2010), 148 각주 40).
15) 이진기(2012), 96.
16) 윤일구(2012), 190; 현소혜(2013a), 39 각주 14).
17) 윤진수·현소혜, 137; 김형석(2010), 149.
18) 김주수·김상용, 560.
19) 박인환(2013), 21-22.

訴 §2 ① ii 가. 24)−3]. 문언상으로는 처분을 명할 것인지 여부가 가정법원의 재량에 속하는 것으로 보이지만, 적어도 특정후견의 심판을 할 때에는 반드시 본조에 따른 심판을 하여야 한다.[20] §959−9에 따른 특정후견인을 선임할 때에는 그러하지 아니하다.

나. 그 밖의 사항

특정후견에 따른 보호조치 처분 사건은 피후견인 주소지 가정법원의 전속관할에 속하며, 특정후견의 심판이 확정된 이후의 후견에 관한 사건은 후견개시 등의 심판을 한 가정법원(항고법원이 후견개시 등의 심판을 한 경우에는 그 제1심 법원인 가정법원)이 관할한다(家訴 §44 ① i −2). 이러한 처분심판을 하기에 앞서 반드시 피특정후견인 등의 의견을 들어야 하는 것은 아니다. 다만, 특정후견의 심판과 동시에 위 심판이 내려질 경우에는 피특정후견인이 될 사람의 의견을 듣지 않을 수 없다(家訴 45−3 ① i). 성년 또는 한정후견 개시 심판을 할 때와 달리 특정후견 심판을 할 경우에는, 가정법원은 감정이 아니라 의사나 그 밖에 전문지식이 있는 사람의 의견을 듣도록 되어 있으며 그 의견은 말로 진술하거나 진단서 또는 이에 준하는 서면으로 제출하도록 할 수 있다(家訴 45−2 ②). 성년후견이나 한정후견과 달리, 특정후견은 피후견인의 행위능력에 영향이 없으며, 임시적이고 제한적 영역에서 후원이 이루어지기 때문에 피후견인의 정신상태에 대한 심리요건을 완화한 것이다.[21]

피특정후견인의 후원을 위하여 필요한 처분을 명하는 심판을 할 때에는 이를 당사자 및 절차에 참가한 이해관계인(家訴規 §25)에게 고지하여야 하나, 그들에게 즉시항고 권한이 인정되는 것은 아니다. 따라서 가정법원은 심판이 효력을 발생함과 동시에 지체없이 후견등기 사무를 처리하는 사람에게 후견등기부에 등기할 것을 촉탁하여야 한다(家訴 §9, 家訴規 §5−2 ① iii 라목).

필요한 경우에는 직권 또는 일정한 자의 청구에 의한 사전처분도 가능하다고 할 것이다(家訴 §62).[22]

3. 이행명령

특정후견에 실효성을 부여하기 위해 본조에 의한 처분심판에 따르지 않는 사람에게 家訴 §64상의 이행명령 제도가 적용될 수 있도록 관련 규정을 신설해야 한다는 견해[23]가 있다. 그러나 심판서상 당사자의 지위에 있지 않은 사람에게까지 이행명령을 부과할 수는 없다는 반대견해가 유력하다.[24]

---

20) 김형석(2014c), 471.
21) 김성우, 41.
22) 윤진수·현소혜, 138; 자료집, 199.
23) 한봉희·백승흠, 357; 김형석(2010), 149; 이영규(2011), 11.
24) 배인구(2013), 66−67.

第 959 條의9 (특정후견인의 선임 등)

① 가정법원은 제959조의8에 따른 처분으로 피특정후견인을 후원하거나 대리하기 위한 특정후견인을 선임할 수 있다.

② 특정후견인에 대하여는 제930조제2항·제3항, 제936조제2항부터 제4항까지, 제937조, 제939조 및 제940조를 준용한다.

▮참고문헌: 구상엽(2013), "성년후견제도 입법과정에서의 주요쟁점 및 향후과제", 민사법학 65, 671−713; 김도훈(2014), "성년후견제도 도입에 따른 민사소송법상 소송능력에 관한 소고", 법학연구 22−1, 117−137; 김형석(2010), "민법 개정안에 따른 성년후견법제", 가족법연구 24−2, 111−166; 김형석(2014a), "피후견인의 신상결정과 그 대행", 가족법연구 28−2, 245−274; 남윤봉(2011), "민법 일부개정에 관한 고찰", 재산법연구 28−1, 47−49; 박인환(2011), "새로운 성년후견제도에 있어서 신상보호 −신상결정의 대행과 그 한계−", 가족법연구 25−2, 147−198; 박인환(2013), "새로운 성년후견제도에 있어서 특정후견 도입의 의의와 과제", 민사법의 이론과 실무 17−1, 1−31; 박호균(2012), "성년후견과 의료−개정 민법 제947조의2를 중심으로−", 의료법학 13−1, 125−153; 배인구(2013), "성년후견제도에 관한 연구 −시행과 관련된 이론적·실무적 쟁점을 중심으로", 고려대학교 대학원 석사학위논문; 이영규(2014b), "특정후견", 한양대학교 법학논총 31−1, 395−419; 이진기(2012), "개정민법 규정으로 본 성년후견제도의 입법적 검토와 비판", 가족법연구 26−2, 85−120; 제철웅(2008), "성년후견제도의 개정방향", 민사법학 42, 111−149; 제철웅(2013), "성년후견법의 시행준비작업상의 몇 가지 이론적, 실천적 문제", 가족법연구 27−1, 1−40; 제철웅(2014a), "유엔 장애인권리협약의 관점에서 본 한국 성년후견제도의 현재와 미래", 가족법연구 28−2, 205−244; 현소혜(2012), "의료행위 동의권자의 결정 −성년후견제 시행에 대비하여−, 홍익법학 13−2, 177−213

I. 조문의 취지

가정법원은 특정후견의 심판을 한 때 피특정후견인의 후원을 위하여 필요한 처분을 명하여야 한다(§959−8). 이때 가정법원은 스스로 후원에 필요한 각종의 조치를 명할 수도 있지만, 특정후견인을 선임하여 그로 하여금 피특정후견인의 후원에 필요한 행위를 하도록 할 수도 있다. §959−8 주석 참조. 부재자 재산관리 제도에서와 마찬가지로 특정후견인의 선임은 피특정후견인 보호를 위한 가장 효율적이고 간이한 방법으로 널리 이용될 가능성이 높다. 이에 본조는 §959−8과 별도로 특정후견인 선임 및 특정후견인의 자격·선임기준·직무수행·사임·변경 등 그의 법적 지위 일반에 관해 상세히 규율하고 있다.

II. 특정후견인의 선임

1. 특정후견인의 자격 및 선임기준

가정법원은 §959−8에 따른 처분으로 피특정후견인을 후원하거나 대리하기 위한 특정후견인을 선임할 수 있다[본조 ①, 家訴 §2 ① ii 가. 18)]. 특정후견인을 선임할 것인지, 가정법원이 직접 필요한 처분을 할 것인지는 가정법원의 재량에 속한다. 이에 대해서는 법정대리인 없는 피특정후견인 개념을 인정하기 힘들다는 이유로 비판적인 견해가 있다.[1] 실무에서도 거의 모든 특정후견 심판에서 특정후견인을 선임하고 피특정후견인의 후원에 필요한 범위의 대리권을 수여하고 있다.[2]

일단 특정후견인을 선임하는 이상 그 자격 및 선임기준, 결격사유 등은 성년후견인에 준한다. 따라서 여러 명의 특정후견인을 둘 수도 있고, 법인을 특정후견인으로 선임할 수도 있다(본조 ②에 의한 §930 ②, ③의 준용). 가정법원이 특정후견인을 선임할 때에는 피특정후견인의 의사를 존중하여야 하며, 그 밖에 피특정후견인이 건강, 생활관계, 재산상황, 특정후견인이 될 사람의 직업과 경험, 피특정후견인과의 이해관계의 유무 등의 사정도 고려하여야 한다(본조 ②에 의한 §936 ④의 준용). §950에서 정한 후견인 결격사유에 해당해서는 안 됨은 물론이다(본조 ②에 의한 §937의 준용). 자세한 내용은 §§930, 936, 937 주석 참조.

가정법원이 선임한 특정후견인이 사망, 결격, 그 밖의 사유로 없게 된 경우 재선임, 필요한 경우 추가선임이 가능함도 성년후견인의 경우와 같다(본조 ②에 의한 §936 ② 및 ③의 준용). §936 주석 참조.

2. 절차

특정후견인 선임심판을 하고자 하는 가정법원은 피특정후견인(피특정후견인이 될

1) 남윤봉(2011), 58−59.
2) 제요[2], 1283.

사람을 포함한다)과 특정후견인이 될 사람의 진술을 들어야 하며(家訴 §45-3 ① iii), 특정후견인에게 그 후견사무에 관하여 필요하다고 인정되는 사항을 지시할 수 있다(家訴規 §38-2). 성년후견 개시 또는 한정후견 개시의 경우와 달리 의사의 감정은 요건이 아니며, 가정법원은 특정후견의 심판을 위해서 의사나 그 밖에 전문지식이 있는 사람의 의견을 들으면 충분하다. 이 경우 의견을 말로 진술하게 하거나 진단서 또는 이에 준하는 서면으로 제출하게 할 수 있다(家訴 §45-2 ②).

특정후견인 선임심판은 당사자, 절차에 참가한 이해관계인(家訴規 §25) 외에 당해 심판에 의해 특정후견인이 될 자에 대해 고지하고, 사건본인에게 그 뜻을 통지하여야 한다(家訴規 §35). 특정후견인 선임심판 자체에 대한 불복은 불가능하나, 특정후견의 심판을 다툼으로써 사실상 특정후견인 선임심판의 효력을 다툴 수 있다. 특정후견의 심판에 대해 즉시항고를 제기할 수 있는 사람은 §14-2 ①에 따른 청구권자, §959-20 ①상의 임의후견인 및 임의후견감독인이다(家訴規 §36 ① iii 가목).

특정후견인 선임심판이 확정된 때 가정법원은 지체없이 후견등기 사무를 처리하는 사람에게 후견등기부에 등기할 것을 촉탁하여야 한다(家訴 §9, 家訴規 §5-2 ① iii 나목).

3. 임시후견인

가정법원은 아직 특정후견인을 선임하기 전이라도 직권 또는 당사자의 신청에 의해 家訴 §62 ①에 따른 사전처분으로서 임시후견인을 선임할 수 있다(家訴規 §32 ④). 이때 선임된 임시후견인에 대해서는 특정후견인에 관한 규정이 준용되며(家訴規 §32 ④), 임시후견인을 선임하는 재판이 확정된 때 가정법원은 지체없이 후견등기사무를 처리하는 사람에게 후견등기부에 등기할 것을 촉탁하여야 한다(家訴 §9, 家訴規 §5-2 ① v 나목). 그 밖에 임시후견인 선임심판에 대해 자세히는 §936 주석 참조.

III. 특정후견인의 권한

1. 대리권

가. 대리권 수여심판에 따른 법정대리권

특정후견인은 §959-11에 따라 가정법원으로부터 대리권을 수여받은 한도 내에서 피특정후견인을 대리할 수 있다. 특정후견인에 대해서는 §949가 준용되지 않으므로, 포괄적 대리권을 행사할 수 없다. 특정후견인의 대리권 및 그 행사방법 등에 대해서는 §§959-11, 959-12 주석 참조.

나. 소송대리권

특정후견의 심판에도 불구하고 피특정후견인의 행위능력은 제한되지 않으므로, 피특정후견인은 스스로 소송행위를 할 수 있다. 물론 피특정후견인의 정신적 제약으로 말미암아 스스로 소송행위를 할 수 없을 때에는 가정법원이 §959-11 ①에 따라 특정후견인에게 소송대리권을 수여하는 심판을 할 수 있을 것이다.

그러나 소송대리권을 수여하는 내용의 가정법원의 심판이 없는 이상 특정후견인은 아직 소송대리권을 행사할 수 없다.[3] 이에 대해서는 특정후견의 심판 및 그에 따른 대리권 수여의 심판이 있는 이상 피특정후견인의 행위능력은 제한될 수 밖에 없다는 전제 하에 특정후견인에게 법정대리인 자격에서 소송대리권을 인정하는 반대설[4]이 있다.

2. 재산관리권

특정후견인에 대해서는 §949가 준용되지 않으므로, 피특정후견인의 재산에 관한 일반적인 재산관리권은 인정되지 않는다. 다만, 특정후견인은 가정법원이 §14-2 ③에 따라 특정후견의 심판시 정한 특정후견의 기간 또는 사무의 범위 내에서 피특정후견인을 위해 재산관리를 위한 각종의 처분, 특히 사실행위를 할 권한을 갖는다. 이때 구체적인 사무처리방법에 대해서는 §959-12 주석 참조.

3. 신상에 관한 결정할 수 있는 권한

특정후견인은 피특정후견인의 신상에 관한 결정을 대행할 권한이 있는가. 견해가 대립한다.

일부 견해[5]는 특정후견인에게 신상결정대행권한을 부여할 수 없다고 본다. 특정후견에 관한 민법의 조문들은 신상보호에 관한 §938 ③나 §947-2를 준용하고 있지 않으며, 家訴나 후견등기법 역시 특정후견인이 신상에 관한 의사결정을 대행하는 경우를 예정하고 있지 않기 때문이다. 실무에서도 특정후견인에게 신상결정대행권한을 부여하지 않으며, 다만 신상결정대행권한의 부여가 아닌 다른 방식으로 가정법원이 신상보호에 필요한 처분명령을 할 수 있다고 한다.[6]

반면 다수의 견해[7]는 가정법원이 특정후견인에게 신상결정대행권한을 부여하는

3) 이시윤, 152.
4) 호문혁, 255; 김도훈(2014), 133.
5) 김성우, 114; 자료집, 367, 489; 박인환(2011), 181; 배인구(2013), 69; 이진기(2012), 106.
6) 제요[2], 1284.
7) 신영호·김상훈·정구태, 260; 구상엽(2013), 704; 김형석(2010), 150; 김형석(2014a), 270; 박인환

심판을 할 수 있으며, 그 한도 내에서 특정후견인에게 신상보호에 관한 권한이 부여된다고 주장한다. 특정의 사안과 관련하여서만 신상보호가 필요한데 굳이 특정후견 대신 성년후견이나 한정후견을 개시하도록 하는 것은 보충성 및 필요성의 원칙에 반한다는 점, 특정후견인에 대해서는 §947가, 특정후견감독인에 대해서는 §940－6 ②이 준용되고 있으므로 명문의 근거가 있다는 점, 신상보호를 위해 특정후견의 심판을 할 필요가 적지 않을 뿐만 아니라, 특정후견은 본래 신상보호를 위해 도입된 제도라는 점, 법률행위 대리권과 신상결정권한이 엄격하게 분리되는 개념은 아니라는 점, 특정후견에 관한 사건의 임시후견인에 대해서는 특정후견인에 관한 규정을 준용한다고 규정하고(家訴規 §32 ④) 또한 이 임시후견인에게는 동조 ②와 ③을 준용하는데(동조 ⑤), ③항에서 "가정법원은 상당하다고 인정할 때에는 임시후견인에게 사건본인의 신상보호 또는 재산관리에 필요한 명령을 할 수 있고"라고 규정하고 있는 점 등을 근거로 제시한다. 입법론적으로 특정후견인에게 신상결정대행권한을 부여하는 내용의 조문을 신설해야 한다는 견해[8]도 있다.

특정후견인이 신상결정대행권한을 행사할 수 있다고 보는 견해는 다시 특정후견인에 관해 §947－2 ③ 내지 ⑤이 준용되는지 여부를 둘러싸고 두 가지로 나누어진다. 부정설은 특정후견인 또는 특정후견감독인이 피특정후견인의 신상에 관하여 필요한 행위 또는 처분을 하는 경우라도 그 사안이 중대하다고 하여 가정법원의 허가를 받아야 하는 것은 아니라고 한다.[9] 특정후견업무의 일회성, 준용규정의 부재 등을 그 근거로 들 수 있을 것이다. 이에 반해 일부 견해[10]는 §947－2 ③ 내지 ⑤가 유추적용될 수 있다고 한다. 시설입소 등을 대행할 때에는 가정법원의 허가를 받아야 한다는 것이다. 피특정후견인의 보호를 위함이다.

4. 동의권과 취소권

특정후견의 심판에도 불구하고 피특정후견인의 행위능력은 제한되지 않는다.[11] 따라서 특정후견인은 피특정후견인의 법률행위에 대해 동의하거나 이를 취소하는 방식으로 피특정후견인의 자기결정에 간섭할 수 없다.

이에 대해서는 피특정후견인의 행위능력을 제한해야 한다는 반대설이 있다.[12]

(2013), 22－24; 이영규(2014b), 411; 제철웅(2013), 18－23; 현소혜(2012), 193.

8) 제철웅(2014a), 234 및 각주 69).

9) 신영호·김상훈·정구태, 261; 박호균(2012), 130.

10) 윤진수·현소혜, 141－142.

11) 윤진수·현소혜, 51; 해설, 116; 김형석(2010), 122; 배인구(2013), 65 등.

12) 이진기(2012), 96－97.

피특정후견인의 보호를 위해 필요하다는 것이다. 이러한 견해에 따르면 특정후견인에게도 가정법원의 심판에 따른 동의권이나 취소권을 인정할 수 있을 것이다. 입법론으로서 피특정후견인의 행위를 무효로 돌릴 수 없다면 사실상 성년후견 또는 한정후견의 이용을 강제할 위험이 있으므로, 특정후견인에게 취소권을 부여할 필요가 있다는 견해[13]도 있다.

IV. 특정후견인의 사임 또는 변경

특정후견인은 정당한 사유가 있는 경우 가정법원의 허가를 받아 사임할 수 있다(본조 ②에 의한 §939의 준용, 家訴 §2 ① ii 가. 19)). 또한 가정법원은 피특정후견인의 복리를 위하여 특정후견인을 변경할 필요가 있다고 인정하면 직권으로 또는 일정한 자의 청구에 의해 특정후견인을 변경할 수 있다(본조 ②에 의한 §940의 준용, 家訴 §2 ① ii 가. 18)). 사임 또는 변경의 요건에 대해 자세히는 §§939, 940 주석 참조.

특정후견인 변경심판을 하는 경우에는 피특정후견인과 그 변경이 청구된 특정후견인 및 특정후견인이 될 사람의 진술을 들어야 하며(家訴 §45-3 ① v), 그 심판에 대해서는 변경의 대상이 되는 특정후견인만이 즉시항고를 할 수 있다(家訴規 §36 ① iii 나목). 반면 특정후견인 변경청구 기각 심판에 대해서는 §959-10 ②에 의해 준용되는 §940에서 정한 자가 즉시항고를 할 수 있다(家訴規 §36 ② v).

특정후견인 변경심판에 앞서 필요한 경우 가정법원은 직권 또는 당사자의 신청에 의해 家訴 §62 ①에 따른 사전처분으로서 직무대행자를 선임할 수 있다(家訴規 §32 ①). 이때 직무대행자에 대해서는 특정후견인에 관한 규정을 준용함이 원칙이나(家訴規 §32 ①), 가정법원은 상당하다고 인정할 때 언제든지 직무대행자에게 사건본인의 신상보호 또는 재산관리에 필요한 명령을 할 수 있고, 그 선임한 직무대행자를 해임하거나 개임할 수 있다(家訴規 §32 ③). 위와 같은 직무대행자 선임처분은 그 선임된 자 및 해당 특정후견인에게 고지하여야 하고, 사건본인에게 그 뜻을 통지하여야 한다(家訴規 §32 ②).

그 밖에 특정후견인의 사임 또는 허가심판의 절차에 관해 자세히는 §§939, 940 註釋 참조.

13) 제철웅(2008), 139.

第 959 條의10 (특정후견감독인)

① 가정법원은 필요하다고 인정하면 직권으로 또는 피특정후견인, 친족, 특정후견인, 검사, 지방자치단체의 장의 청구에 의하여 특정후견감독인을 선임할 수 있다.

② 특정후견감독인에 대하여는 제681조, 제691조, 제692조, 제930조제2항·제3항, 제936조제3항·제4항, 제937조, 제939조, 제940조, 제940조의5, 제940조의6, 제949조의2, 제955조 및 제955조의2를 준용한다.

참고문헌: 구상엽(2012), "개정민법상 성년후견제도에 대한 연구 －입법배경, 입법자의 의사 및 향후 과제를 중심으로－", 서울대학교 대학원 박사학위논문; 김형석(2010), "민법 개정안에 따른 성년후견법제", 가족법연구 24－2, 111－166

I. 조문의 취지

특정후견감독인에 관한 사항을 규율하기 위한 조문이다. 본 조문은 특정후견감독인이 임의기관임을 선언함과 동시에 가정법원이 특정후견감독인을 선임할 수 있는 사유, 특정후견감독인의 자격, 사임과 변경, 권한의 범위 및 감독, 보수 등에 관해 규정하고 있다. 후견감독인 제도 일반에 대해서는 §940－2 및 §940－4 주석 참조.

II. 특정후견감독인의 선임

1. 선임사유

가. 필요하다고 인정하는 경우

가정법원은 필요하다고 인정하는 경우 특정후견감독인을 선임할 수 있다(본조 ①). 특정후견감독인의 필요하다고 인정할 수 있는 경우에 관해서는 §940-4 주석 참조.

나. 재선임

특정후견감독인이 사망, 결격, 그 밖의 사유로 없게 된 때 가정법원은 직권으로 또는 일정한 자의 청구에 의해 새로운 특정후견감독인을 선임할 수 있는가. 본조 ②은 후견감독인의 재선임에 관한 §940-3 ② 또는 §940-4 ②을 준용하고 있지 않지만, 이를 유추적용하여 재선임을 허용해야 한다는 견해[1]가 있다. 준용규정을 신설하는 것이 가장 바람직할 것이다.[2]

다. 추가선임

가정법원은 특정후견감독인을 선임한 후에도 필요하다고 인정하면 직권으로 또는 피특정후견인, 특정후견인, 친족, 이해관계인, 검사, 지방자치단체의 장의 청구에 의해 추가로 특정후견감독인을 선임할 수 있다(본조 ②에 의한 §936 ③의 준용). 추가선임 사유에 대해 자세히는 §936 주석 참조. 추가선임 청구권자의 범위를 둘러싼 논란에 대해서는 §940-7 주석 참조.

2. 자격 및 선임기준

가. 특정후견감독인의 수와 자격

특정후견감독인에 대해서는 §930 ② 및 ③가 준용된다(본조 ②). 따라서 특정후견감독인은 피특정후견인의 신상과 재산에 관한 모든 사정을 고려하여 여러 명을 둘 수 있고, 법인도 한정후견감독인이 될 수 있다. 자세한 내용은 §930 및 §940-7 주석 참조.

여러 명의 특정후견감독인을 둔 경우 가정법원은 직권으로 여러 명의 특정후견감독인이 공동으로 또는 사무를 분장하여 그 권한을 행사하도록 정할 수 있고, 그 결정을 변경 또는 취소할 수도 있다[본조 ②에 따른 §949-2 ① 및 ②의 준용, 家訴 §2 ① ii 가. 21)-3]. 자세한 내용은 §949-2 주석 참조.

여러 명의 특정후견감독인이 공동으로 권한을 행사하여야 하는 경우 어느 특정

---

1) 김주수·김상용, 566; 윤진수·현소혜, 141.
2) 윤진수·현소혜, 141; 구상엽(2012). 136-137.

후견감독인이 피특정후견인의 이익이 침해될 우려가 있음에도 필요한 권한행사에 협력하지 않는 경우 가정법원은 피특정후견인, 특정후견인, 특정후견감독인 또는 이해관계인의 청구에 의하여 그 특정후견감독인의 의사표시를 갈음하는 재판을 할 수 있다(본조 ② 1문에 따른 §949-2 ③의 준용, 家訴 §2 ① ii 가. 21)-3). 자세한 내용은 §949-2 주석 참조.

나. 특정후견감독인의 결격사유

§937 i 내지 viii에 해당하는 사람 및 특정후견인의 가족은 특정후견감독인이 될 수 없다(본조 ②에 의한 §937 및 §940-5의 준용). 자세한 내용은 §937 및 §940-5 주석 참조.

다. 특정후견감독인의 선임기준

가정법원은 특정후견감독인을 선임할 때에는 피특정후견인의 의사를 존중하여야 하며, 그 밖에 피특정후견인의 건강, 생활관계, 재산상황, 특정후견감독인이 될 사람의 직업과 경험, 피특정후견인과의 이해관계 유무(법인이 특정후견감독인이 될 때에는 사업의 종류와 내용, 법인이나 그 대표자와 피특정후견인 사이의 이해관계의 유무를 말한다) 등의 사정도 고려하여야 한다(본조 ②에 의한 §936 ④의 준용). 자세한 내용은 §936 주석 참조.

3. 선임심판

가. 직권 또는 일정한 자에 의한 청구

가정법원은 직권으로 또는 피특정후견인, 친족, 특정후견인, 검사, 지방자치단체의 장의 청구에 의하여 특정후견감독인을 선임할 수 있다(본조 ①).

특정후견감독인의 재선임 또는 추가선임에 대해서는 1. 참조.

나. 심리

특정후견감독인의 선임 심판을 하는 경우에는 피특정후견인(피특정후견인이 될 사람을 포함한다)과 특정후견감독인이 될 사람의 진술을 들어야 한다(家訴 §45-3 ① iv). 특정후견감독인의 선임에 앞서 특정후견인의 의견을 들어야 하는 것은 아니다.

다. 선임심판

가정법원은 특정후견의 심판과 동시에 또는 심판 후에 특정후견감독인 선임심판을 할 수 있다(家訴 §2 ① ii 가. 18)-3). 이때 가정법원은 특정후견감독인에게 그 후견감독사무에 관하여 필요하다고 인정되는 사항을 지시할 수 있다(家訴規 §38-2). 특정후견의 심판이 확정된 이후 특정후견감독인 선임심판을 하는 경우에는 후견개시 등의 심판을 한 가정법원(항고법원이 후견개시 등의 심판을 한 경우에는 그 제1심 법원인 가정법원)이 관할한다(家訴 §44 ① i-2).

특정후견감독인선임심판은 당사자(家訴規 §25), 절차에 참가한 이해관계인(家訴規 §25), 특정후견인 및 특정후견감독인이 될 자(家訴規 §35 ①)에게 고지하고, 사건본인인 피특정후견인될 자에게는 그 뜻을 통지하여야 한다(家訴規 §35 ②).

라. 즉시항고

특정후견감독인 선임청구에 대한 즉시항고는 허용되지 않는다. 단, 특정후견의 심판 자체를 다툼으로써 특정후견감독인 선임청구의 효력을 다툴 수는 있다. 특정후견개시심판에 대해 즉시항고를 할 수 있는 자는 §14-2 ①에서 정한 청구권자 및 §959-20 ①상의 임의후견인, 임의후견감독인이다(家訴規 §36 ① iii 가목).

마. 후견등기의 촉탁

특정후견감독인 선임 심판이 확정된 때 가정법원은 지체없이 후견등기 사무를 처리하는 사람에게 후견등기부에 등기할 것을 촉탁하여야 한다(家訴 §9, 家訴規 §5-2 ① iii 나목).

바. 임시한정후견감독인의 선임

家訴規 §32에 규정되어 있지는 않지만, 가정법원은 사건해결에 특히 필요하다고 인정될 경우 家訴 §62에 따른 사전처분의 일환으로서 임시특정후견감독인을 선임할 수 있을 것이다.

그 밖에 특정후견감독인 선임절차와 관련하여 자세한 내용은 §940-4 주석 참조.

III. 특정후견감독인의 직무

1. 사무감독권한

특정후견감독인은 특정후견인의 사무를 감독한다(본조 ②에 의한 §940-6 ① 전단의 준용). 이를 위해 특정후견감독인은 특정후견인에게 그 임무수행에 관한 보고와 재산목록의 제출을 요구하거나 피특정후견인의 재산상황을 조사할 수 있다(§959-12에 의한 §953의 준용). 자세한 내용은 §940-6 주석 참조.

그러나 특정후견인은 본질적으로 일시적 또는 특정한 사무에 대해서만 후견업무를 수행하므로, 감독의 필요성이 크지 않다.[3] 특정 사무에 대해 특정후견의 심판을 하고 특정후견인을 선임하는 과정에서 이미 당해 사무에 관해 법원에 의한 감독이 충실히 이루어졌다고 볼 수 있기 때문이다(이설[4] 있음).

3) 윤진수·현소혜, 145; 김형석(2010), 151.

따라서 특정후견감독인에 의한 감독권한은 성년후견감독인 또는 한정후견감독인에 비해 현저히 좁다. 가령 특정후견인감독인은 특정후견인에 갈음하여 이해상반행위를 할 수도 없고, 특정후견인이 §950 ①에서 정한 행위를 대리할 때 동의권을 행사할 수도 없다. 특정후견인이 피특정후견인에 대한 제3자의 권리를 양수하는 경우 특정후견감독인의 동의를 받아야 하는 것도 아니다. 특정후견사무에 대해서는 §949−3, §950 및 §951이 준용되지 않기 때문이다. 이러한 의미에서 본조 ②이 §940−6 ③을 준용하고 있는 것은 아무런 의미가 없다.[5]

또한 특정후견감독인은 그 감독사무의 수행을 위해 특정후견인의 재산목록작성에 참여하거나, 특정후견인의 피특정후견인에 대한 채권채무관계를 제시받는 등의 권한을 행사할 수 없다. §941 내지 §944을 특정후견감독인에게 준용하는 규정이 존재하지 않을 뿐만 아니라, 특정후견인 자신이 이러한 의무를 부담하지 않기 때문이다(§959−10 및 §959−12).

2. 특정후견인선임청구의무

특정후견감독인은 특정후견인이 없는 경우 지체 없이 가정법원에 특정후견인의 선임을 청구하여야 한다(본조 ②에 의한 §940−6 ① 후단의 준용). 그러나 특정후견인은 필수기관이 아니므로, 특정후견감독인이 언제나 이를 청구할 수 있는 것은 아니고, 법원에 의해 선임된 특정후견인이 사망, 결격 그 밖의 사유로 없게 된 경우에만 그러하다.

3. 급박한 사무처리권한

특정후견감독인은 피특정후견인의 신상이나 재산에 대하여 급박한 사정이 있는 경우 그의 보호를 위하여 필요한 행위 또는 처분을 할 수 있다(본조 ②에 의한 §940−6 ②의 준용). 자세한 내용은 §940−6 註釋 참조. 특정후견감독인이 신상에 관한 급박한 처분을 하는 경우 §947−2 ③ 내지 ⑤이 적용되는지 여부에 대해서는 §959−9 주석 참조.

4. 수임인으로서의 지위

특정후견감독인은 위임계약의 수임인과 유사한 지위를 갖는다. 따라서 본조 ②은 위임에 관한 몇몇 조문을 특정후견감독인에게 준용하고 있다.

첫째, 특정후견감독인은 그 감독업무의 본지에 따라 선량한 관리자의 주의로써

4) 구상엽(2012), 136 각주 293).
5) 윤진수·현소혜, 141.

후견감독업무를 처리하여야 한다(§681 준용).

둘째, 후견감독이 종료된 경우라도 급박한 사정이 있는 때에는 피특정후견인, 그 상속인이나 법정대리인이 위임사무를 처리할 수 있을 때까지 그 사무의 처리를 계속하여야 한다(§691 준용). 그 의미에 대해 자세히는 §940−7 주석 참조.

셋째, 후견감독이 종료되었다는 사유는 이를 상대방에게 통지하거나 상대방이 이를 안 때가 아니면 이로써 상대방에게 대항하지 못한다(§692 준용).

Ⅳ. 특정후견감독인의 사임 및 변경

1. 특정후견감독인의 사임

특정후견감독인은 정당한 사유가 있는 경우 가정법원의 허가를 받아 사임할 수 있다[본조 ②에 의한 §939의 준용, 家訴 §2 ① ii 가. 19)].

그 밖에 특정후견감독인 사임에 관해 자세히는 §939 및 §940−7 주석 참조.

2. 특정후견감독인의 변경

가정법원은 피특정후견인의 복리를 위하여 특정후견감독인을 변경할 필요가 있다고 인정하면 직권으로 또는 피특정후견인, 친족, 특정후견감독인, 검사, 지방자치단체의 장의 청구에 의하여 특정후견감독인을 변경할 수 있다[본조 ② 1문에 의한 §940의 준용, 家訴 §2 ① ii 가. 18)−3]. 특히 공공후견 지원사업의 경우 피특정후견인에 대한 공공후견 지원사업의 관할 지방자치단체가 특정후견감독인으로 선임되었으나, 피특정후견인의 주거지가 이전되어 기존 특정후견감독인인 지방자치단체의 관리·감독이 소홀해지는 경우, 후견감독 단계에서 보정명령 등을 통해 특정후견감독인 변경심판을 청구하도록 명하기도 한다.[6]

이때 가정법원은 피특정후견인과 그 변경이 청구된 특정후견감독인 및 특정후견감독인이 될 사람의 진술을 들어야 한다(家訴 §45−3 ① vi). 특정후견감독인 변경심판에 대해서는 변경의 대상이 되는 특정후견감독인이, 기각심판에 대해서는 §959−10 ②에 의해 준용되는 §940에서 정한 자, 즉 특정후견감독인 변경청구권자가 즉시항고할 수 있다(家訴規 §36 ① iii 나목 및 ② v).

그 밖에 특정후견감독인 변경사유 및 절차, 직무대행자 선임 등에 관해 자세히는 §940 및 §940−7 주석 참조.

6) 제요[2], 1292.

V. 특정후견감독인의 보수와 비용

1. 특정후견감독인의 보수

가정법원은 특정후견감독인의 청구에 의하여 피특정후견인의 재산상태 기타 사정을 참작하여 피특정후견인의 재산 중에서 상당한 보수를 특정후견감독인에게 수여할 수 있다(본조 ②에 의한 §955의 준용, 家訴 §2 ① ii 가. 23)). 자세한 내용은 §955 주석 참조.

2. 사무비용의 지출

특정후견감독인이 특정후견사무를 수행하는데 필요한 비용은 피특정후견인의 재산 중에서 지출한다(본조 ②에 의한 §955-2의 준용). 자세한 내용은 §955-2 주석 참조.

第 959 條의11 (특정후견인의 대리권)

① 피특정후견인의 후원을 위하여 필요하다고 인정하면 가정법원은 기간이나 범위를 정하여 특정후견인에게 대리권을 수여하는 심판을 할 수 있다.

② 제1항의 경우 가정법원은 특정후견인의 대리권 행사에 가정법원이나 특정후견감독인의 동의를 받도록 명할 수 있다.

참고문헌: 김형석(2010), "민법 개정안에 따른 성년후견법제", 가족법연구 24-2, 111-166

I. 조문의 취지

특정후견의 심판에도 불구하고 피특정후견인의 행위능력은 제한되지 않는다. 이에 대해 자세히는 §959-9 주석 참조. 따라서 특정후견인은 피특정후견인의 법률행위를 마음대로 대리, 동의하거나 취소할 수 없다. 그럼에도 불구하고 특정후견인이 그 후견사무를 처리하기 위해 대리권을 필요로 하는 경우가 있다. 가령 피특정후견인이 질병, 장애, 노령, 그 밖의 사유로 인한 정신적 제약으로 스스로 자신의 의사를 표시할 수 없는 상태에 있는 경우 등이 그러하다. 피특정후견인이 스스로 특정후견인에게 대리권을 수여한다면 가장 자기결정권 존중의 정신에 부합하는 결과가 도출되겠으나, 위와 같은 사안에서는 피특정후견인이 임의대리권을 수여할 수 없으므로 부득이 법원이 개입하는 수밖에 없다. 본조는 이러한 개입을 위해 가정법원에게 특정후견인에 대한 대리권 수여 심판 권한을 부여하는 한편, 특정후견인의 권한남용 방지를 위한 감독장치를 마련하였다.

II. 대리권을 수여하는 심판

1. 대리권의 수여

가정법원은 피특정후견인의 후원을 위하여 필요하다고 인정하면 특정후견인에게 대리권을 수여하는 심판을 할 수 있다[본조 ①, 家訴 §2 ① ii 가. 24)−4].

수여되는 대리권의 내용은 재산법상 법률행위와 관련된 것이라면 무엇이든 가능하다. 반면 가정법원이 특정후견인에게 신상결정을 대행하는 권한을 수여할 수 있는지 여부에 대해서는 §959−9 주석 참조. 특정후견인의 대리권 범위로 주로 언급되는 것은, 은행업무, 금전 관리, 일상생활용품 및 서비스 구매, 권리피해가 발생하였을 때 민·형사절차 진행, 의료서비스에 신청 및 이용, 사회복지급여 및 사회복지서비스 이용, 각종 증명서 발급 등 공법상 신청행위 등이다.[1)]

다만, 특정후견은 당해 피특정후견인의 후원을 위해 필요한 일시적 또는 특정한 사무가 완료됨과 동시에 당연히 종료되는 것이며, 별도로 종료의 심판을 거치지 않음이 원칙이다. §959−13 주석 참조. 그 결과 사실상 특정후견이 종료되었음에도 가정법원의 특정후견심판 및 대리권수여심판 있음을 기화로 특정후견인이 그 권한을 남용할 위험이 있다. 이에 본조는 대리권 수여의 심판시 가정법원은 그 기간이나 범위를 정할 것을 요구하고 있다(본조 ①).

2. 대리권 행사의 제한

가정법원은 대리권 수여심판시 특정후견인의 대리권 행사에 가정법원이나 특정후견감독인의 동의를 받도록 명할 수도 있다(본조 ②). 미성년후견인·성년후견인이나 한정후견인의 경우와 달리 후견인의 권한행사를 제한하는 내용의 §§949−3, 950, 951 등은 특정후견인에게 직접 준용되지 않는다. 대리권의 기간과 범위가 제한되어 있기 때문이다.[2)] 본조는 이러한 사정에 대응하여 개별 사안에 따라 특정후견인의 권한행사에 관한 가정법원의 감독 기능을 강화할 수 있도록 하였다.

가정법원이나 특정후견감독인의 동의를 받을 것을 명하는 심판이 있었음에도 불구하고 특정후견인이 동의 없이 피특정후견인을 대리하여 행위한 경우 그 행위의 효과는 어떠한가. 유효하다는 견해[3)]가 있으나, §950 ③을 유추적용하여 피후견인, 후견감독인 또는 가정법원이 이를 취소할 수 있다고 봄이 타당하다.

---

1) 김성우, 78.
2) 김형석(2010), 151.
3) 김주수·김상용, 562. 다만 후견인 변경 사유가 된다고 한다.

3. 대리권 수여의 효과

가정법원이 특정후견인에게 기간 또는 범위를 정하여 대리권을 수여한 경우, 특정후견인은 피특정후견인의 법정대리인으로서의 지위를 갖는다. 그렇다고 하여 피특정후견인의 행위능력이 제한되는 것은 아니다. §959-9 주석 참조. 특정후견인의 피특정후견인의 법률행위를 취소할 권한을 갖지 않으므로, 피특정후견인은 여전히 자신의 의사에 따라 각종의 법률행위를 할 수 있다. 그 결과 피특정후견인 자신의 의사표시와 특정후견인의 의사표시가 서로 충돌한다면, 일반 민법의 원리에 따라 법률관계가 결정될 수밖에 없다.[4)]

III. 절차

피특정후견인의 주소지를 관할하는 가정법원은 특정후견의 심판과 동시에 특정후견인될 자에게 대리권을 수여하는 심판을 할 수 있다[본조 ①, 家訴 §2 ① ii 가. 24)-4].

가정법원이 특정후견인에게 대리권을 수여하는 심판을 하는 경우에는 피특정후견인(피특정후견인이 될 사람을 포함한다)의 진술을 들어야 한다(家訴 §45-3 ① xiii).

대리권 수여의 심판은 당사자 및 절차에 참가한 이해관계인(家訴規 §25), 특정후견인 및 특정후견인이 될 자(家訴規 §35)에게 고지하는 한편, 사건본인에게 그 뜻을 통지하여야 한다.

그러나 대리권 수여의 심판에 대해서는 즉시항고가 허용되지 않으며, 특정후견의 심판 자체를 다툼으로써 이에 불복할 수 있을 뿐이다. 특정후견인에 대한 대리권 수여의 심판(대리권 행사에 가정법원이나 특정후견감독인의 동의를 받도록 명한 부분 포함)이 확정된 때 가정법원은 지체없이 후견등기 사무를 처리하는 사람에게 후견등기부에 등기할 것을 촉탁하여야 한다(家訴 §9, 家訴規 §5-2 ① iii 마목).

---

4) 김주수·김상용, 559; 박동섭·양경승, 473; 윤진수·현소혜, 51; 김형석(2010), 122.

第959條의12 (특정후견사무)

특정후견의 사무에 관하여는 제681조, 제920조 단서, 제947조, 제949조의2, 제953조부터 제955조까지 및 제955조의2를 준용한다.

참고문헌: 박인환(2014a), "새로운 성년후견제도에 있어서 특정후견 도입의 의의와 과제", 민사법의 이론과 실무, 1-31

I. 조문의 취지

특정후견 사무를 처리함에 있어 준수해야 할 각종의 의무와 제한, 감독 및 보수 등에 관해 미성년후견인 및 성년후견인의 관련 조문을 준용하는 일반조항이다.

II. 특정후견 사무처리의 기준

1. 선량한 관리자로서의 지위

특정후견인 그 밖에 특정후견의 사무를 처리하는 자는 후견의 본지에 따라 선량한 관리자의 주의로써 위임사무를 처리하여야 한다(본조에 의한 §681의 준용).

2. 복리배려 및 의사존중의무

특정후견인은 피특정후견인의 재산관리와 신상보호를 할 때 여러 사정을 고려하여 그의 복리에 부합하는 방법으로 사무를 처리하여야 한다. 이 경우 특정후견인은 피특정후견인의 복리에 반하지 아니하면 피특정후견인의 의사를 존중하여야 한다(본조에 의한 §947의 준용).

그렇지만 한정후견(§959-4 ② 및 §959-6)에서와 달리 §938 ③과 §947-2가 준용되어 있지 않아, 특정후견인이 신상보호사무를 처리함에 있어 그 권한을 통제할 민법상 근거가 부존재한다는 문제가 있다. 입법자가 신상결정에 관한 권한을 특정후견인에게도 부여하기로 한 이상 이들 규정을 준용하지 않은 것은 입법적 불비로서, 해석에 의해 유추적용할 필요가 있다.[1]

III. 권한의 제한

1. 피특정후견인의 행위를 목적으로 하는 채무의 부담

특정후견인이 피특정후견인을 대리하여 그의 행위를 목적으로 하는 채무를 부담할 경우에는 본인의 동의를 얻어야 한다(본조에 의한 §920 단서의 준용).

2. 특정후견인이 여러 명인 경우

여러 명의 특정후견인이 있는 경우 가정법원은 직권으로 여러 명의 특정후견인이 공동으로 또는 사무를 분장하여 그 권한을 행사하도록 정할 수 있다(본조에 의한 §949-2 ①의 준용, 家訴 §2 ① ii 가. 21)-3). 이때 공동으로 권한을 행사해야 하는 여러 명의 특정후견인 중 어느 특정후견인이 피특정후견인의 이익이 침해될 우려가 있음에도 법률행위의 대리 등 필요한 권한행사에 협력하지 아니할 때에는 가정법원이 그 특정후견인의 의사표시를 갈음하는 재판을 할 수 있다[본조에 의한 §949-2 ③의 준용, 家訴 §2 ① ii 가. 21)-3]. 구체적인 심판 절차 등에 대해서는 §949-2 주석 참조.

3. 그 밖의 제한

일시적 후원 또는 특정한 후원을 목적으로 하는 특정후견의 특성상 그 밖의 일반적인 제한 규정은 특정후견 사무에 준용되지 않는다. 따라서 이해상반행위(§949-3), 후견감독인의 동의를 필요로 하는 행위(§950 및 §951), 가정법원의 허가를 요하는 행위(§947-2) 등은 모두 개별 사안에 따라 가정법원이 직접 처분을 명하는 심판을 하거나, 후견감독인의 동의 또는 가정법원의 허가를 받을 것을 명하는 심판을 하는 것으로 갈음한다. 자세한 내용은 §959-11 주석 참조.

---

1) 박인환(2014a), 24.

IV. 특정후견인에 대한 감독

1. 특정후견감독인

특정후견감독인은 그 일반적인 후견감독사무의 이행을 위해 언제든지 특정후견인에게 그의 임무수행에 관한 보고와 재산목록의 제출을 요구할 수 있고, 피특정후견인의 재산상황을 조사할 수 있다(본조에 의한 §953의 준용). 자세한 내용은 §953 주석 참조.

2. 가정법원에 의한 감독

가정법원은 직권으로 또는 피특정후견인, 특정후견감독인, §777에 따른 친족, 그 밖의 이해관계인, 검사, 지방자치단체의 장의 청구에 의하여 피특정후견인의 재산상황을 조사하고, 특정후견인에게 재산관리 등 후견임무 수행에 관하여 필요한 처분을 명할 수 있다[본조에 의한 §954의 준용, 家訴 §2 ① ii 가. 22)]. 자세한 내용에 대해서는 §954 주석 참조.

VI. 특정후견인의 보수와 비용처리

1. 특정후견인의 보수

가정법원은 특정후견인의 청구에 의하여 피특정후견인의 재산상태 기타 사정을 참작하여 피특정후견인의 재산 중에서 상당한 보수를 특정후견인에게 수여할 수 있다[본조에 의한 §955의 준용, 家訴 §2 ① ii 가. 23)]. 자세한 내용은 §955 주석 참조.

2. 사무비용의 지출

특정후견인이 특정후견사무를 수행하는 데 필요한 비용은 피특정후견인의 재산 중에서 지출한다(본조에 의한 §955-2의 준용). 자세한 내용은 §955-2 주석 참조.

第 959 條의13 (특정후견인의 임무의 종료 등)

특정후견인의 임무가 종료한 경우에 관하여는 제691조, 제692조, 제957조 및 제958조를 준용한다.

참고문헌: 구상엽(2012), "개정민법상 성년후견제도에 대한 연구 —입법배경, 입법자의 의사 및 향후 과제를 중심으로—", 서울대학교 대학원 박사학위논문; 김형석(2014c), "성년후견·한정후견의 개시심판과 특정후견의 심판", 서울대 법학 55—1, 443—475; 박인환(2013), "새로운 성년후견제도에 있어서 특정후견 도입의 의의와 과제", 민사법의 이론과 실무 17—1, 1—31; 배인구(2013), "성년후견제도에 관한 연구 -시행과 관련된 이론적·실무적 쟁점을 중심으로", 고려대학교 대학원 석사학위논문

I. 조문의 취지

특정후견사무 종료에 따른 특정후견인의 사무처리방법 및 그 임무에 관한 규정이다.

II. 특정후견인의 임무 종료

본조는 "특정후견인의 임무가 종료한 경우"에 적용된다. 특정후견인의 임무가 종료하는 경우는 크게 두 가지로 나누어 볼 수 있다.

1. 절대적 종료

특정후견은 특정후견의 심판을 통해 후원하고자 했던 피특정후견인의 사무처리 종결 또는 특정후견의 심판에서 미리 정한 기간의 도과에 의해 종료함이 원칙이며, 별도로 특정후견의 종료심판을 요하지 않는다.[1)]

단, 아직 특정후견의 기간이 도과하지 않았거나 사무처리 중이더라도, 가정법원이 피특정후견인에 대하여 성년후견이나 한정후견개시심판을 한 때에는 특정후견을 인위적으로 종료시킬 수 있다. 이때에는 가정법원으로부터 특정후견의 종료심판을 받아야 하며, 특정후견종료심판에 의해 특정후견이 종료된다[§14-3 ①, 家訴 §2 ① ii 가. 1)-5].

후견계약에 따른 임의후견이 발효된 경우, 즉 임의후견감독인이 선임된 때에도 특정후견을 종료시킬 수 있다. 이 경우에도 가정법원은 임의후견감독인선임심판과 동시에 종래의 특정후견 종료심판을 하여야 한다[§959-20 ②, 家訴 §2 ① ii 가. 1)-5]. 그러나 이에 대해서는 임의후견과 특정후견이 병존할 수 있음을 주장하면서 임의후견의 개시에도 불구하고 특정후견을 종료할 필요가 없다는 반대설[2]이 있다.

다른 종류의 법정후견 또는 임의후견의 개시 외에 다른 사유로 특정후견 종료심판을 하는 것은 허용되지 않는다.[3] 그러나 견해에 따라서는 사정변경이 있어 애초에 정한 기간 만료 전에 특정후견을 종료시킬 필요도 있으므로, 이때에는 §954에 따른 후견사무에 관한 처분 또는 §959-8에 따른 피특정후견인의 후원을 위하여 필요한 처분의 일환으로서 특정후견을 종료한다는 취지의 처분을 명할 수 있다고 한다.[4]

2. 상대적 종료

특정후견인이 사망하거나 사임(§939)·변경(§940)된 경우 당해 특정후견인의 임무가 종료되고, 새로운 특정후견인이 선임된다. 상대적 종료에 대해 자세히는 §957 주석 참조.

III. 후견사무 종료에 따른 임무

1. 재산에 관한 계산

특정후견인의 임무가 종료된 때 특정후견인 또는 그 상속인은 1개월 내에 특정후견인의 재산에 관한 계산을 하여야 한다(본조에 의한 §957 ① 본문의 준용). 다만, 정당한 사유가 있는 경우에는 법원의 허가를 받아 그 기간을 연장할 수 있다[본조에 의한 §957 ① 단서의 준용, 家訴 §2 ① ii 가. 24)]. 특정후견감독인이 있는 때에는 그가 계산에 참여하지 않으면 효력이 없다(본조에 의한 §957 ②의 준용).

1) 제요[2]. 1290; 김주수·김상용, 559; 신영호·김상훈·정구태, 261; 이경희·윤부찬, 312; 김형석(2010), 148; 김형석(2014c), 472; 배인구(2013), 70.
2) 구상엽(2012), 162; 박인환(2013), 24-25.
3) 김형석(2014c), 472 각주 46).
4) 해설, 129; 배인구(2013), 71.

그 구체적인 내용에 대해서는 §957 주석 참조.

2. 이자의 부가와 금전소비에 대한 책임

계산의 결과 특정후견인이 피특정후견인에게 지급할 금액이나 피특정후견인이 특정후견인에게 지급할 금액에는 계산종료의 날로부터 이자를 부가하여야 하며, 특정후견인이 자기를 위하여 피특정후견인의 금전을 소비한 때에는 그 소비한 날로부터 이자를 부가하고 피특정후견인에게 손해가 있으면 이를 배상하여야 한다(본조에 의한 §958의 준용). 자세한 내용은 §958 주석 참조.

3. 위임규정의 준용

특정후견사무 종료의 경우에 급박한 사정이 있는 때에는 특정후견인, 그 상속인이나 법정대리인은 위임인, 그 상속인이나 법정대리인이 위임사무를 처리할 수 있을 때까지 그 사무의 처리를 계속하여야 한다(본조에 의한 §691의 준용). 자세한 내용은 §959 주석 참조.

또한 특정후견 종료의 사유는 이를 상대방에게 통지하거나 상대방이 이를 안 때가 아니면 이로써 상대방에게 대항하지 못한다(본조에 의한 §692의 준용). 자세한 내용은 §959 주석 참조.

IV. 후견종료의 신고 또는 등기

§§14－3 ①, 959－20 ②에 따른 특정후견종료의 심판, §939에 따른 특정후견인 사임허가 심판 또는 §940에 따른 특정후견인 변경심판이 있는 때에는 심판의 확정과 동시에 가정법원이 후견등기부기록을 촉탁하여야 한다(家訴 §9, 家訴規 §5－2 ① iii).

반면 피특정후견인의 사망 등 가정법원의 심판을 거치지 않고 특정후견이 종료한 때에는 특정후견인이 특정후견의 종료를 안 날로부터 3개월 내에 종료등기를 신청하여야 한다(후견등기법 §29 ①).

第 3 節 後見契約

第 959 條의14 (후견계약의 의의와 체결방법 등)

① 후견계약은 질병, 장애, 노령, 그 밖의 사유로 인한 정신적 제약으로 사무를 처리할 능력이 부족한 상황에 있거나 부족하게 될 상황에 대비하여 자신의 재산관리 및 신상보호에 관한 사무의 전부 또는 일부를 다른 자에게 위탁하고 그 위탁사무에 관하여 대리권을 수여하는 것을 내용으로 한다.

② 후견계약은 공정증서로 체결하여야 한다.

③ 후견계약은 가정법원이 임의후견감독인을 선임한 때부터 효력이 발생한다.

④ 가정법원, 임의후견인, 임의후견감독인 등은 후견계약을 이행·운영할 때 본인의 의사를 최대한 존중하여야 한다.

▮ 참고문헌: 구상엽(2012), "개정민법상 성년후견제도에 대한 연구 −입법배경, 입법자의 의사 및 향후 과제를 중심으로−", 서울대학교 대학원 박사학위논문; 김나래(2019), "성년후견제도 활성화 방안에 관한 소고", 조선대학교 법학논총 26−3, 67−90; 김민중(2008), "임의후견제도의 개혁", 전북대학교 법학연구 27, 147−173; 김상묵·조경신(2009), "성년후견제도의 도입 방안에 관한 고찰", 지역발전연구 8−2, 101−124; 김수정(2017), "임의후견에서 본인의 자기결정권과 법원의 감독", 가족법연구 31−2, 199−242; 김윤정(2020), "임의후견제도의 활성화를 위한 제언", 민사법연구 28, 47−67; 김원태(2011a), "성년후견 등 심판절차에 관한 가사소송법 정비 방안에 대한 관견", 재산법연구 28−2, 265−301; 김천수(2007), "성년후견과 의료행위의 결정", 가족법연구 21−1, 1−30; 김현진(2012), "프랑스의 성년후견제도 −장래보호위임계약을 중심으로−, 가족법연구 26−1, 71−126; 김현진(2015), "고령화 사회의 대비책: 후견계약"", 한국가족법학회, 가족법연구 29−1, 129−176; 김형석(2010), "민법 개정안에 따른 성년후견법제", 가족법연구 24−2, 111−166; 김형석(2014a), "피후견인의 신상결정과 그 대행", 가족법연구 28−2, 245−274; 박득배(2014), "후견계약의 체계와 과제", 법과 정책연구 14−4, 1581−1604; 박인환(2010), "새로운 성년후견제 도입을 위한 민법개정안의 검토", 가족법연구 24−1, 31−74; 박인환

(2011), "새로운 성년후견제도에 있어서 신상보호 −신상결정의 대행과 그 한계−", 가족법연구 25−2, 147−198; 박인환(2012), "개정민법상 임의후견제도의 쟁점과 과제", 가족법연구 26−2, 191−228; 박인환(2015), "실질적 자기결정존중의 관점에서의 후견계약의 평가", 가족법연구 29−2, 105−144; 박인환(2021a), "공공후견 및 의사결정지원 촉진을 위한 입법과제", 법조 70−3, 43−86; 박인환(2023a), "고령자 장애인의 의사결정지원을 위한 후견계약의 활용가능성과 과제", 민사법학 103, 233−280; 박호균(2012), "성년후견과 의료−개정 민법 제947조의2를 중심으로−", 의료법학 13−1, 125−153; 배인구(2013), "성년후견제도에 관한 연구 −시행과 관련된 이론적·실무적 쟁점을 중심으로", 고려대학교 대학원 석사학위논문; 백승흠(2002), "일본의 성년후견제도의 개관", 가족법연구 16−1, 341−359; 백승흠(2010b), "민법 개정안의 후견계약제도", 대한공증협회지 3, 101−120; 백승흠(2010c), "한국 법무부의 성년후견제도에 관한 민법개정안", 재산법연구 26−3, 201−235; 백승흠(2011a), "성년후견제도의 시행과 과제", 민사법이론과 실무 15−1, 3−54; 송호열(2002), "임의성년후견제도", 동아법학 31, 271−293; 송호열(2004), "일본의 성년후견법제", 민사법이론과 실무 8−1, 139−178; 신은주(2009), "우리나라에서 성년후견제도의 도입", 한국의료법학지 17−6, 29−59; 엄덕수(2010), "성년후견 법안, 그 쟁점과 입법방향", 법무사 516, 18−25; 윤태영(2014), "임의후견제도에 관한 개정민법의 평가", 민사법의 이론과 실무 17−1, 63−91; 윤태영(2022a), "성년후견 및 제한능력자 제도의 문제점에 대한 관견(管見)", 아주법학 15−4, 55−75; 오호철(2007), "일본의 성년후견제도의 고찰", 법학연구 27, 563−593; 오호철(2008), "일본의 성년후견제도와 우리나라의 성년후견법안의 비교", 비교사법 15−2, 295−335; 이동진·김수정(2017), "임의후견제도 발전방안에 관한 연구", 법원행정처;이영규(2010), "성년후견법안의 검토 및 향후과제", 경남법학 26, 209−247; 이은영(2003), "성년후견제도의 개선방향", 외법논집 15, 51−80; 이지은(2013), "임의후견제도와 타인을 위한 후견계약", 가족법연구 27−2, 71−112; 이지은(2017), "후견계약 공정증서양식에 관한 고찰", 가족법연구 31−3, 37−68; 이진기(2012), "개정민법 규정으로 본 성년후견제도의 입법적 검토와 비판", 가족법연구 26−2, 85−120; 이진기(2017), "가족법의 개정과 입법", 가족법연구 31−2, 99−130; 장창민(2016), "후견계약에 관한 일고", 연세대학교 법학연구 26−4, 213−238; 장현옥(2000), "우리나라 후견제도의 문제점과 개선방안", 아세아여성법학 3, 149−171; 제철웅(2008), "성년후견제도의 개정방향", 민사법학 42, 111−149; 제철웅(2014b), "개정 민법상의 후견계약의 특징, 문제점 그리고 개선방향 :후견대체제도의 관점을 중심으로", 민사법학 66, 99−134; 제철웅(2023), "성년후견제도 시행 10년과 새로운 입법적 과제", 가족법연구 37−2, 63−104; 제철웅·박주영(2007), "성년후견제도의 도입논의와 영국의 정신능력법의 시사점", 가족법연구 21−3, 275−310; 조성혜(2014), "발달장애인을 위한 후견계약과 개선과제", 노동법논총 32, 269−306; 현소혜(2012), "의료행위 동의권자의 결정 −성년후견제 시행에 대비하여−, 홍익법학 13−2, 177−213; 황영두(2011), "민법상 성년후견제도에 관한 고찰", 경성법학 20−2, 161−185

I. 조문의 취지

2011. 3. 7.자 개정에 의해 새롭게 도입된 성년후견제도는 자기결정권의 존중을 주된 이념으로 삼고 있다. 성년후견, 한정후견, 특정후견과 같은 법정후견을 개시하고, 각 후견인을 선임할 때 본인의 의사를 존중 내지 고려할 것을 명문화하였을 뿐만 아니라, 법정후견을 개시한 후에라도 필요한 최소한도 내에서만 후견인이 간섭하고,

나머지 부분에 대해서는 피후견인이 스스로 결정할 수 있도록 한 것이다. 그럼에도 불구하고 법정후견 제도는 후견에 관한 사항을 법률이나 가정법원의 심판에 의해 정한다는 근본적인 한계를 가지고 있다.

이에 본조는 임의후견제도를 도입하여 후견에 관한 사항을 각 개인이 스스로 결정할 수 있도록 함으로써 피후견인의 자기결정권을 최대화하고, 법정후견의 한계를 극복하였다. 질병, 장애, 노령, 그 밖의 사유로 인한 정신적 제약으로 사무를 처리할 능력이 부족한 상황에 있는 사람 또는 부족하게 될 사람이 그 상황에 대비하여 자신의 재산관리 및 신상보호에 관한 사무의 전부 또는 일부를 다른 자에게 위탁하고 그 위탁사무에 관하여 대리권을 수여하는 것을 내용으로 하는 후견계약을 체결할 수 있도록 한 것이다.[1)]

위와 같은 목적은 본래 임의대리 또는 위임계약에 의해서도 다소간 달성할 수 있다.[2)] 그럼에도 불구하고 2011. 3. 7.자 개정민법이 후견계약 제도를 새롭게 창설한 것은 기존의 임의대리 제도 등에 의할 경우 대리인에 의한 권한남용 등을 사전에 방지할 방법이 없다는 데 기인한다.[3)] 사무처리능력이 부족해진 본인에 의해서는 더 이상 대리인 또는 수임인에 대한 감독이 불가능하기 때문이다. 일부 견해는 본인의 의사능력 상실과 동시에 기존의 수권행위 자체가 효력을 잃는다고 해석하는 전제 하에 후견계약 제도의 도입을 주장하기도 한다.[4)] 근래에는 오히려 후견계약 제도로 인해 임의후견의 효력이 법원에 의한 임의후견감독인 선임에 연계되어 있는 점을 비판하면서, 민법 규정에서 임의후견을 삭제하는 것이 바람직하다는 주장도 제기되고 있다.[5)]

어떠한 입장을 취하건 후견계약을 체결한 경우에는 법정후견을 개시하는 대신 본인의 의사에 따른 임의후견을 우선적으로 개시하도록 하되, 임의후견의 개시와 임의후견감독인의 선임을 연동시킴으로써 임의후견인에 의한 권한남용을 최소화한다는 데 임의후견 제도의 의의가 있다.

다만 이러한 취지에도 불구하고 국내의 후견계약 이용실태는 매우 저조한 수준이다. 법정후견의 경우에는 매년 꾸준한 증가세를 보여 왔으나 후견계약의 등기 건수는 2021년 말 기준 8년간 158건에 지나지 않고 그 중에서 다시 임의후견감독인이 선

1) 임의후견제도의 도입에 찬성하는 견해로 장현옥(2000), 167; 이은영(2003), 77－78; 송호열(2002), 273－275; 오호철(2007), 588; 신은주(2009), 28; 김상묵·조경신(2009), 115－120; 엄덕수(2010), 23; 이영규(2010), 224; 제철웅(2008), 138 등.
2) 현행 민법에 따른 후견위임계약의 내용과 효력에 대해 김민중(2008), 150－154 참조.
3) 김민중(2008), 150－155; 박인환(2012), 194－195; 송호열(2002), 273; 윤태영(2022a), 62 등.
4) 송호열(2002), 276－277. 이러한 해석론에 반대하는 견해로 김민중(2008), 152－153.
5) 제철웅(2023), 87－88.

임되어 후견계약 발효에 따라 임의후견인이 활동 개시한 것은 매년 1건에서 5건 사이로 2021년 말 기준 20건에 지나지 않는다.[6] 이렇게 임의후견이 활성화되지 않는 이유는 여러 가지로 분석되고 있다. 현행법상 임의후견은 사실상 누가 후견인인지를 정하는 것에 그치는 규정 체계를 취하고 있는데 실제로 치매 등으로 인해 의사결정능력에 장애가 발생한 때에 가장 필요한 요양과는 별개라는 점, 임의후견계약을 공정증서로 체결하는 것을 본인이 별 이익이 없고 번거롭게 느낀다는 점을 지적하는 견해도 있고,[7] 유언의 경우와 마찬가지로 미리 자신의 장래에 대하여 정해두거나 이를 권하는 것을 금기시하는 사회적·문화적 환경 및 이용의 편의성과 접근성 부족을 드는 견해도 있다.[8] 또한 우리 임의후견 제도는 가정법원이 임의후견감독인을 선임한 때로부터 효력이 발생하도록 정하고 있는데 임의후견이 체결된 정황이 의심스러우면 가정법원이 임의후견감독인을 선임하지 않음으로써 임의후견의 개시 단계에서 법원에 의한 통제가 상당히 강한 편이라는 점도, 임의후견 활성화를 저해하고 있다는 비판도 있다. 그렇지만 임의후견 개시단계에서 법원의 개입이 약한 다른 법제들도 임의후견 개시 후에는 후견인의 권한 남용을 감독하기 위한 다양한 장치들이 마련되어 있다. 만일 사전 통제의 공백을 극복할 수 있도록 가능한 한 세밀하게 작동하는 감독 시스템을 단기간 내에 구축하는 것이 우리나라 실정에 맞지 않다면, 법원에 의한 임의후견 개입 단계에서의 개입도 어느 정도 유지될 필요가 있을 것이다.[9]

II. 후견계약의 종류

법률상 분류는 아니지만, 학자들은 후견계약을 크게 세 가지 유형으로 분류한다. '즉효형' 후견계약, '장래형' 후견계약 및 '이행형' 후견계약이 그것이다.[10]

가. 즉효형 후견계약

즉효형 후견계약은 후견계약의 체결과 동시에 그 효력이 발생하는 유형의 후견계약이다. 이미 질병, 장애, 노령, 그 밖의 사유로 인한 정신적 제약으로 사무처리능력이 부족한 사람이 체결하는 경우가 이에 해당한다. "임의후견계약 단독이용 즉효형"이라고도 부른다.[11] 이러한 체결 유형에 있어서는 임의후견계약을 체결할 당시

6) 박인환(2023a), 242.
7) 박인환(2021a), 55-56; 윤태영(2022a), 63.
8) 김성우, 174.
9) 김수정(2017), 237.
10) 해설, 137-138; 박인환(2010), 63-65; 박인환(2012), 220-222 등.
11) 송호열(2002), 281.

본인이 그에 필요한 의사능력을 갖추고 있었는지 여부가 사후에 다투어질 가능성이 많다. 이 문제에 관해서는 공정증서 작성과정에서 공증인의 적극적 개입과 역할을 통하여 본인의 의사능력의 존부에 관한 체크를 수행함으로써 예방하여야 할 것이다. 그에 따라 이미 후견계약 체결에 필요한의사능력이 결여되는 경우에는 법정후견에 의한 보호를 구할 수밖에 없을 것이다.[12)]

나. 장래형 후견계약

온전한 의사능력을 갖추고 있는 사람이 질병, 장애, 노령, 그 밖의 사유로 인한 정신적 제약으로 장래 사무처리능력이 부족하게 될 가능성에 대비하여 미리 후견계약을 체결해 놓는 경우가 있다. 이와 같이 장래 효력을 발생시킬 계획으로 체결하는 후견계약을 장래형 후견계약이라고 한다. "임의후견계약 단독이용 장래형"이라고 지칭하는 경우도 있다.[13)] 후견계약에 있어서 가장 통상적인 이용형태이다.[14)] 이 유형에서 임의후견계약의 수임인이 동거 친족이 아닌 제3의 전문직의 수임인이라면, 본인이 언제 후견계약에서 예정하고 있는 정신 상태에 이르게 되었는지를 파악하는 것이 쉽지 않다. 따라서 임의후견계약 수임인이 가능한 한 신속히 본인의 상태를 파악하여 적시에 임의후견감독인의 선임청구가 가능하도록, 정기적으로 접촉하여 본인의 상태를 체크할 필요가 있으므로, 후견계약 체결과 동시에 그에 부수하여 후견계약의 수임인으로 하여금 정기적으로 본인과 접촉하여 그 상태를 관찰 체크하고 필요한 경우에는 상담에 응하는 것을 내용으로 하는 부수적 계약을 체결할 필요가 있다.[15)]

다. 이행형 후견계약

이행형 후견계약이란 아직 사무처리능력이 부족하지 않지만, 일단 사무처리의 편의를 위해 임의대리 또는 위임계약의 형태로써 특정인에게 사무를 위탁하는 한편, 본인이 질병, 장애, 노령, 그 밖의 사유로 인한 정신적 제약으로 장래 사무처리능력이 부족하게 될 때 기존의 수임인이 임의후견인으로서 그 역할을 계속할 수 있도록 하는 유형의 후견계약을 말한다. "위임계약·임의후견계약병존이행형"이라고 부르기도 한다.[16)]

---

12) 박인환(2012), 221; 장창민(2016), 223.
13) 송호열(2002), 281.
14) 김윤정(2020), 50.
15) 박인환(2012), 220.
16) 송호열(2002), 281. 일본의 경우 이행형 후견계약의 이용이 점차 많아지고 있는 추세인데, 임의후견감독인이 선임되지 않은 단계에서 임의후견계약을 악용하여 부당하게 재산을 처분하는 경우가 보도되고 있는 등, 그 위험성을 지적하는 견해도 있다. 김윤정(2020), 50 참조.

III. 후견계약의 당사자

1. 위임인과 수임인

타인에게 자신의 사무 처리를 위탁하고 그에 필요한 권한을 부여하는 것은 민법상 위임계약에 해당하므로, 후견계약은 위임계약으로서의 성격을 가지며, 다만 그 성립의 요건과 효력 발생에 있어서 몇 가지 요건을 추가함으로써 통상의 위임계약과는 구별되는 제도적 특징을 가지게 된 것이다.[17] 후견계약도 기본적으로 위임계약이라는 점에서, 위임인과 수임인 쌍방 간에 사무처리를 위탁하는 것에 대한 의사의 합치가 있어야 한다.

이때 위임인은 질병, 장애, 노령, 그 밖의 사유로 인한 정신적 제약으로 사무를 처리할 능력이 부족한 상황에 있거나 부족하게 될 가능성이 있는 사람으로서 장래 피후견인의 지위에 놓이게 될 사람이다. 2011. 3. 7.자 개정민법 및 후견등기법은 후견계약의 위임인에 해당하는 사람을 특히 "본인" 또는 "후견계약의 본인"이라고 지칭하고 있다. 반면 家訴는 그를 "피임의후견인" 또는 "피임의후견인이 될 자"라고 지칭한다.

한편 수임인은 후견계약의 발효 전후를 불문하고 "임의후견인"이라고 부른다. 학자에 따라서는 후견계약 발효 전에는 "임의후견수임인", 발효 후에는 "임의후견인"이라고 불러야 한다고 주장하기도 한다.[18]

결국 위임계약의 당사자는 임의후견을 받게 될 본인(위임인)과 임의후견인이 될 상대방(수임인)이라고 할 것이다.[19]

2. 후견계약의 본인

후견계약을 체결하는 본인은 질병, 장애, 노령, 그 밖의 사유로 인한 정신적 제약으로 사무를 처리할 능력이 부족한 상황에 있는 사람 또는 부족하게 될 가능성이 있는 사람이다. 따라서 완전한 행위능력과 의사능력을 모두 갖추고 있는 사람이라면 누구든지 후견계약을 체결할 수 있다. 완전한 행위능력자라도 의사능력이 없는 경우에는 그 계약이 무효라고 보아야 할 것이다. 문제는 의사능력이 다소간 부족한 사람이나 피성년후견인·피한정후견인과 같이 행위능력이 제한된 사람이 체결한 후견계약의 효력이다.

---

17) 한봉희·백승흠, 359; 김형석(2010), 151; 박인환(2023a), 243; 조성혜(2014), 278; 황영두(2011), 13.
18) 구상엽(2012), 141.
19) 신영호·김상훈·정구태, 262; 한봉희·백승흠, 359; 김형석(2010), 152.

가. 의사능력이 부족한 사람

의사능력과 관련하여서는 의사능력을 갖추고 있어야 한다는 견해[20]와 당해 후견계약의 의미와 내용을 이해할 수 있는 정도의 능력을 갖춘 것으로 충분하다는 견해[21]가 대립한다. 후자의 견해는 특히 후견계약 역시 신상에 관한 사항이므로, 의사능력은 다소 부족하더라도 의사결정능력 정도를 가지고 있다면 단독으로 결정할 수 있도록 해야 한다고 주장한다. 입법론으로서 본인이 후견계약 체결에 필요한 의사능력을 갖추었는지 여부를 확인하기 위한 절차규정을 마련해야 한다거나,[22] 본인의 구체적 상황에 맞는 후견계약 체결을 위해 적극적인 의사결정지원이 필요하다는 주장[23]도 제기되고 있다.

나. 제한적 행위능력자

의사능력 내지 의사결정능력을 갖추고 있는 피성년후견인 또는 피한정후견인이 스스로 후견계약을 체결할 수 있는지에 대해서도 논란이 있다. 만약 이를 허용한다면, 이미 법정후견이 개시된 후에도 후견계약의 체결에 의해 법정후견을 종료하고, 임의후견으로 이행하는 것이 가능하기 때문이다.

이에 관해 다수 견해[24]는 피성년후견인의 경우에는 후견계약을 체결할 수 없으나, 피한정후견인은 의사능력이 있는 한 후견계약을 체결할 수 있다고 본다. 피성년후견인의 경우 후견계약을 체결하더라도 성년후견인이 이를 취소할 수 있다는 것이나. 한편 피한정후견인에 대해서는 가정법원이 후견계약의 체결에 대해 동의유보심판을 내린 경우 한정후견인의 동의가 없는 한 후견계약을 체결할 수 없다고 본다. 후견계약을 재산법상 법률행위와 유사하게 취급하는 견해이다.

반면 일부 견해[25]는 피성년후견인, 피한정후견인을 불문하고 의사결정능력이 있다면 언제든지 후견계약을 체결할 수 있다고 본다. 후견에 관한 자기결정권을 최대한 존중할 필요가 있을 뿐만 아니라, 후견과 같은 신상에 관한 사항은 피후견인이더라도 스스로 결정함이 원칙이기 때문이다. 이 견해에 따르면 가정법원은 피한정후견인의 후견계약 체결에 관해 동의유보심판을 내릴 수도 없다.

---

20) 신영호·김상훈·정구태, 262; 김형석(2010), 152; 배인구(2013), 74.

21) 김주수·김상용, 573; 윤진수·현소혜, 149; 해설, 134; 구상엽(2013), 139; 박인환(2012), 199; 박인환(2023a), 254; 송호열(2002), 287－289.

22) 박인환(2012), 200－201; 이지은(2013), 77.

23) 김나래(2019), 85. 박인환(2015), 125는 그 의사결정지원이 주변인의 이해관계를 관철하는 수단으로 악용되는 것을 막기 위해 공증인의 역할도 강조한다.

24) 신영호·김상훈·정구태, 263; 김형석(2010), 153; 박인환(2012), 204; 배인구(2013), 74; 백승흠(2010b), 114; 백승흠(2011a), 35.

25) 윤진수·현소혜, 149.

미성년자에 대해서는, 미성년자의 부모가 자녀가 성년이 되는 경우를 대비해 후견계약을 체결할 실익이 있으므로, 법정대리인의 동의를 얻어 스스로 후견계약을 체결할 수 있다는 견해와[26] 미성년자는 성년에 이르기 전에는 친권자나 미성년후견인의 포괄적인 대리권 하에 있으며, 이는 미성년자 본인이나 부모, 미성년후견인이 달리 정할 수 없는 것이어서 미성년후견의 범위와 방법을 사전에 제약하는 후견계약은 허용될 수 없다[27]는 견해가 대립하고 있다.

3. 임의후견인

가. 임의후견인의 자격

임의후견인은 후견계약의 내용에 따라 본인을 위해 재산관리 및 신상보호에 관한 사무의 전부 또는 일부를 위탁받아 처리하고, 그에 관해 대리권을 행사하는 자이다. 따라서 임의후견인이 후견계약의 상대방으로써 의사능력과 행위능력을 갖추고 있어야 함은 물론이다.

그 밖에 임의후견인의 자격에 대해서는 전혀 명문의 규정이 없다. 후견인의 수와 자격에 관한 §930은 임의후견인에 대해서는 준용되지 않는다. 특별한 제약이 없으므로, 임의후견인은 여러 명일 수도 있고, 법인일 수도 있다.[28] 여러 명의 임의후견인을 선임한 경우 각자대리가 원칙이나, 공동으로 대리할 것을 미리 정할 수도 있다. 즉 여러 명의 임의후견인 간의 권한행사방법에 대해서는 후견계약에서 정한다.[29]

여러 명의 임의후견인 간에 순위를 정하는 이른바 '예비임의후견인'을 선임하는 것이 일정한 조건 하에 가능하다고 보는 견해[30]도 있다.

나. 결격사유

후견인 결격사유에 관한 §937 역시 임의후견인에 대해 준용되지 않는다.[31] 따라서 피성년후견인·피한정후견인과 같이 후견인 결격사유에 해당하는 사람이라도 일응 후견계약의 상대방이 될 수 있다. 다만, §959-15에 따른 임의후견감독인 선임 당시 임의후견인이 §937 각호에서 정한 후견인 결격사유 중 하나에 해당하는 경우에는 가정법원이 임의후견감독인을 선임하지 않는다(§959-17). 후견계약 체결시에는 아무

26) 신영호·김상훈·정구태, 262; 윤진수, 308.

27) 이동진·김수정(2017), 151-152; 김성우, 177.

28) 김주수·김상용, 573; 백정기·김연, 313; 윤진수·현소혜, 150; 해설, 135; 구상엽(2012), 141-142; 배인구(2013), 82; 송호열(2004), 160.

29) 김형석(2010), 151; 박인환(2012), 208-210.

30) 김현진(2015), 157; 박인환(2012), 210-212; 윤태영(2014), 84.

31) 이를 비판하는 견해로 이진기(2017), 120.

런 제약이 없으나, 발효시에는 사실상 §937가 후견계약에 준용되는 셈이다.

4. 후견계약의 대리

가. 임의대리

본인으로부터 후견계약 체결에 관한 대리권을 수여받은 임의대리인은 본인을 대리하여 후견계약을 체결할 수 있는가. 부정하는 견해[32]가 있다. 후견계약의 체결은 일신전속적 성격을 가지고 있으므로, 대리에 친하지 않기 때문이다.

나. 법정대리

본인의 법정대리인은 본인을 대리하여 후견계약을 체결할 수 있는가.

(1) 미성년자

미성년자의 법정대리인인 친권자 또는 후견인은 미성년자의 재산관리와 신상보호에 관해 포괄적인 권한을 가지고 있으므로, 미성년자를 대리하여 후견계약을 체결할 수 있다는 견해가 통설[33]이다. 후견계약은 일신전속적 성격을 갖지 않는다는 점, 특히 발달장애를 가지고 있는 미성년자의 부모는 자신의 사후에 대비하여 자녀를 위해 후견계약을 체결해 놓을 필요성이 있어 대리를 인정하지 않을 수 없다는 점, 친권자는 재산관리와 신상보호 전반에 대해 포괄적인 권한을 가지고 있을 뿐만 아니라, 미성년후견인 및 미성년후견감독인을 지정할 권한도 가지고 있다는 점 등을 근거로 세시한다.

다만, 미성년자에 대한 즉효형 후견계약의 체결은 허용될 수 없다. 즉효형 후견계약의 발효에 의해 기존의 친권 또는 미성년후견이 종료되는 결과가 발생하기 때문이다.[34] 이는 결국 친권자 또는 미성년후견인의 자유로운 사퇴를 가능하게 하고, 미성년자의 보호에 흠결을 가져온다. 따라서 미성년자에 대해서는 장래 미성년자가 성년자가 되는 경우 또는 미성년자의 친권자가 사망하는 경우에 대비하여 체결하는 장래형 후견계약만이 허용될 수 있다.[35] 이에 대해서는 미성년자가 성년이 된 후에는 친권의 효력이 미칠 수 없으므로, 결국 친권자에 의한 후견계약의 대리는 허용될 수 없다는 반대설[36]이 있다.

---

32) 윤진수·현소혜, 150.
33) 윤진수·현소혜, 150-151; 한봉희·백승흠, 359; 구상엽(2012), 143-145; 김형석(2010), 152-153; 백승흠(2010b), 114.
34) 윤진수·현소혜, 151.
35) 장래형 후견계약의 체결이 가능한 근거에 대해 자세히는 윤진수·현소혜, 151-152 참조.
36) 김현진(2012), 123.

(2) 피성년후견인·피한정후견인

성년후견인이나 한정후견인은 피성년후견인·피한정후견인의 후견계약 체결을 대리할 수 있다는 견해가 다수설[37]이다. 후견계약은 일신전속적 성격을 갖지 않는다는 점, 대리에 의해 후견계약을 체결해야 할 필요성이 있다는 점 등을 근거로 제시한다. 동 견해[38]는 특정후견인 역시 가정법원으로부터 대리권을 부여받은 이상 후견계약 체결을 대리할 수 있다고 본다.

이에 대해서는 후견계약이 신상에 관한 결정이라는 것을 전제로 후견인이 이를 대리할 수 없다는 반대설[39]이 있다. 후견인은 §938 ③ 또는 이를 준용하고 있는 §959-4 ②에 따라 가정법원으로부터 피성년후견인을 위해 후견계약을 체결할 수 있는 권한을 부여받은 경우에만 이를 대행할 수 있을 뿐이다.

본인의 진정한 의사를 확인하기 어렵다는 이유로 어떠한 경우에도 성년후견인이 후견계약을 대신 체결할 수 없다는 견해[40]도 있다.

다. 성년자의 부모

미성년자가 성년에 달함과 동시에 친권은 종료된다. 따라서 미성년자의 친권자였던 부모는 더 이상 법정대리권을 행사할 수 없다. 성년인 자녀를 대리하여 후견계약을 체결할 수 없음은 물론이다.

이와 관련하여 성년자를 직접 돌보는 부모에게 후견계약의 체결을 대리할 권한을 부여해야 한다는 입법론적 견해[41]가 있다. 가령 프랑스 민법 §477 소정의 장래보호위임계약은 물질적·정서적 부양을 맡고 있었던 부모에게 자녀를 위해 장래보호위임계약을 체결할 수 있는 권한을 부여하고 있는데, 이러한 제도를 우리나라에도 도입하여야 한다는 것이다.[42]

IV. 후견계약의 내용

1. 사무의 위탁

후견계약은 자신의 재산관리 및 신상보호에 관한 사무의 전부 또는 일부를 다른

37) 한봉희·백승흠, 359; 구상엽(2012), 144-145; 김형석(2010), 152-153.
38) 백승흠(2010b), 114.
39) 윤진수·현소혜, 152.
40) 배인구(2013), 74-75; 박인환(2012), 203.
41) 김현진(2012), 123; 박인환(2012), 203-204; 이지은(2013), 94-95; 제철웅·박주영(2007), 280; 제철웅(2008), 114.
42) 프랑스 민법상 장래보호위임계약 제도를 상세히 소개하고 있는 문헌으로 김현진(2012), 96-119; 이지은(2013), 82-90, 98-104.

자에게 위탁하는 것을 내용으로 한다(본조 ①). 이때 후견계약에 반드시 재산관리 및 신상보호에 관한 사항이 모두 포함되어야 하는 것은 아니며, 필요에 따라 재산관리사무 또는 신상보호사무만을 위탁하는 것도 가능하다. 재산관리나 신상보호사무 중 일부만 위탁할 수 있음은 물론이다.

개호행위 등 사실행위를 위탁하는 것은 후견계약의 본지에 포함되지 않지만,[43] 이를 포함시켰다고 하여 후견계약이 무효로 되는 것은 아니다. 일반적인 위임계약으로서 여전히 효력을 가질 수 있기 때문이다.[44]

가. 재산관리

부동산 · 동산 · 유가증권 · 각종의 회원권 · 지적재산권 등 소유재산의 관리 · 운용 · 처분에 관한 사항, 임대부동산의 임료 수령 · 지급, 입금, 출금, 구좌의 변경 · 해약, 채권매매, 증권거래 등 금융기관과의 거래에 관한 사항, 연금 또는 사회보장급부의 수령, 보험료 납입, 대출금 변제 등 정기적인 수입 · 지출의 수령 및 지급에 관한 사항, 일용품의 구입 · 공공요금의 지불 등 일상생활거래에 관한 사항, 상속재산분할, 상속의 승인 또는 포기 등 상속에 관한 사항과 같은 각종의 재산법상 법률행위에 관한 사무처리가 이에 포함된다.

등기의 신청대행, 주민등록 등 · 초본 등 발급신청 대행, 공탁신청 등 각종 공법상 행위에 관한 사항[45] 뿐만 아니라, 소의 제기, 보전처분의 신청, 재판상 화해 등 위 각 사무와 관련된 각종 분쟁의 처리에 관한 사항 등이 이에 포함된다.[46]

나. 신상보호

후견계약에 의해 신상보호에 관한 사무를 위탁하는 것도 가능하다.[47] 가령 본인은 후견계약의 상대방에게 의료행위 동의에 관한 권한[48] 등에 관한 의사결정 대행권한을 수여할 수 있다. "신상보호"에 대해 자세히는 §947-2 주석을 참조.

다만, 임의후견인이 후견계약의 본인을 치료 등의 목적으로 정신병원이나 그 밖의 다른 장소에 격리하고자 하는 경우, 후견계약의 본인이 의료행위의 직접적인 결과로 사망하거나 상당한 장애를 입을 위험이 있는 경우 및 임의후견인이 본인을 대리하여 본인이 거주하고 있는 건물 또는 그 대지에 대하여 매도, 임대, 전세권 설정, 저당

43) 백승흠(2002), 351; 송호열(2004), 163. 단, 송호열(2004), 159-160은 부모가 자신을 본인으로 하는 임의후견계약을 체결하면서 부모 사후에 자의 개호 등 사실행위를 제3자에게 위탁하는 내용을 포함시키는 것은 가능하다고 하여 모순된다.

44) 신영호 · 김상훈 · 정구태, 263.

45) 박정기 · 김연, 356; 송호열(2002), 283-284.

46) 송호열(2002), 283-284, 287.

47) 김형석(2014a), 271; 박인환(2011), 181-182.

48) 김주수 · 김상용, 574; 신영호 · 김상훈 · 정구태, 268; 김천수(2007), 14; 현소혜(2012), 192, 203-209.

권 설정, 임대차의 해지, 전세권의 소멸, 그 밖에 이에 준하는 행위를 하는 경우에는 가정법원의 허가를 받아야 한다는 견해[49]가 있다. §947-2 ② 내지 ⑤을 임의후견인에 대해서도 준용 내지 유추적용해야 한다는 것이다. 입법론으로서 준용규정을 마련해야 한다는 견해[50]도 있다.

신상보호에 관한 임의후견인의 권한남용은 본인이 후견계약 내에 임의후견감독인의 동의를 얻도록 하는 내용의 특약을 마련함으로써 방지할 수 있다는 견해[51]도 있다. 가정법원의 허가는 일차적으로 본인의 추정적 의사를 실현하기 위함인데, 임의후견인은 본인에 의해 직접 신상에 관한 권한을 부여받은 사람이므로 굳이 가정법원이 개입할 필요가 없다는 점, 공적 개입에 따른 절차적 번잡과 비용 문제를 회피할 수 있다는 점 등을 근거로 제시한다.

다. 수임인으로서의 지위

재산관리 또는 신상보호에 관한 사무를 위탁받은 임의후견인은 위임계약상 수임인으로서의 지위를 갖는다. 따라서 임의후견인은 후견의 본지에 따라 선량한 관리자의 주의로써 그 사무를 처리하여야 하며(§681), 본인의 승낙이나 부득이한 사유없이 제3자로 하여금 자신의 사무를 처리하게 할 수 없다(§682). 또한 임의후견인은 본인의 복리에 부합하는 방법으로 사무를 처리하여야 하며(§947의 유추적용), 본인의 의사를 최대한 존중하여야 할 것이다(본조 ④).[52]

2. 대리권의 수여

가. 대리권 수여의 범위

후견계약의 본인은 임의후견인될 자에게 재산관리 또는 신상보호 등 위탁사무에 관하여 대리권을 수여할 수 있다(본조 ①). 사무위탁의 범위와 대리권 수여의 범위가 반드시 일치해야 하는 것은 아니다.

임의후견인 될 자가 변호사인 경우에는 소송대리권의 수여도 가능하다.[53] 이에 대하여는 임의후견인에게 수여된 대리권의 범위 내에서 그에게 당연히 소송대리권이 인정되어야 한다는 입법론적 견해[54]도 있다.

---

49) 신영호·김상훈·정구태, 268; 김형석(2010), 157-158; 김형석(2014a), 271; 배인구(2013), 82; 이지은(2013), 78; 현소혜(2012), 203.

50) 김현진(2012), 121; 박호균(2012), 130, 각주 9); 송호열(2002), 283-286.

51) 박인환(2012), 212-215. 박인환(2023a), 260은 우리 의료계의 현실에 비추어 정신병원이나 중대한 의료행위에 대한 후견인의 동의에 대하여 가정법원의 허가절차가 제대로 실행될 수 있는 가정법원의 인적·물적 준비가 먼저 갖추어질 필요가 있다고 지적한다.

52) 김형석(2010), 158.

53) 백승흠(2002), "일본의 성년후견제도의 개관", 가족법연구 16-1, 351.

나. 대리권 수여의 효과

학자에 따라서는 임의후견인에게 대리권을 수여하는 이상 본인의 행위능력이 제한된다고 보는 견해[55]가 있다. 그러나 통설은 대리권 수여로 인해 본인의 행위능력이 제한되는 것은 아니라는 입장[56]이다. 후견계약의 발효에도 불구하고, 본인은 여전히 스스로 법률행위를 할 수 있는 것이다. 그 결과 본인의 행위와 임의후견인의 대리행위가 충돌할 가능성이 발생한다. 이때 처리방법에 대해서는 §959-9 주석 참조.

다. 임의대리인으로서의 지위

대리권을 수여받은 임의후견인은 본인의 임의대리인으로서의 지위를 갖는다. 따라서 임의대리에 관한 규정이 널리 준용된다. 특히 임의후견인은 본인의 승낙이 있거나 부득이한 사유 있는 때가 아니면 복대리인을 선임하지 못한다(§§120, 682).[57]

이에 대해서는 가정법원에 의한 후견감독인의 선임이 없는 한 후견계약도 효력을 발생할 수 없음을 근거로 임의후견인의 대리권을 법정대리권으로 보는 반대설[58]이 있다.

라. 동의권 또는 취소권의 부여

후견계약의 내용으로 임의후견인에게 본인의 법률행위에 관한 동의권 또는 취소권을 부여하는 것은 허용될 수 없다.[59] 후견계약은 개인의 행위능력을 제한하기 위한 제도가 아니기 때문이다. 이러한 내용의 계약을 체결하더라도 거래 상대방을 구속할 수는 없다. 다만, 입법론적으로는 임의후견을 유지하면서 가정법원이 심판에 의해 임의후견인에게 일정한 범위 내의 동의권 또는 취소권을 수여하는 방안을 고려해 볼 필요가 있다는 견해[60]가 있다.

3. 보수

후견계약의 당사자는 후견계약 체결시 임의후견인의 보수에 관한 사항을 정할 수 있다.[61] 본래 후견계약은 위임계약으로서의 성격을 가지므로, 당사자 사이에 별다른 합의가 없으면 무상·편무계약으로 간주된다(§686 ①). 성년후견인의 보수청구권에 관한 §955 역시 임의후견에는 준용되지 않는다. 따라서 임의후견인에게 보수를 지급하고자 하는 사람은 미리 후견계약에 그 약정을 포함시키는 수밖에 없다.

---

54) 제철웅(2014b), 119 각주 55).
55) 이진기(2012), 101.
56) 구상엽(2012), 152; 김원태(2011a), 276-277; 김형석(2010), 123.
57) 해설, 139; 김형석(2010), 157; 배인구(2013), 83.
58) 이진기(2012), 101.
59) 해설, 135; 박인환(2010), 66; 배인구(2013), 76.
60) 박인환(2012), 223-224.
61) 한봉희·백승흠, 359; 김형석(2010), 151; 신은주(2009), 30.

4. 시기

후견계약의 당사자는 후견계약의 발효시기를 미리 정할 수 있는가. 가령 특정한 연령에 이르렀을 때 또는 질병, 장애, 노령 그 밖의 사유로 인해 정신적 제약이 발생하였음을 보여 주는 일정한 표징이 나타났을 때 후견계약이 자동적으로 효력을 발생하도록 하는 약정 등이 그러하다.

이러한 약정은 무효라는 견해가 다수설[62]이다. 후견계약은 본인의 의사와 무관하게 언제나 가정법원이 임의후견감독인을 선임한 때 비로소 효력이 발생한다고 보아야 한다는 것이다(본조 ③).

이에 대해서는 이를 굳이 무효로 볼 필요가 없다는 반대설[63]이 있다. 사무처리능력이 부족한 상태에 이르러 §959－15 ①에 따라 임의후견감독인을 선임해야 하는 경우라도 아직 본인이 정한 조건이 성취 또는 기한이 도래하지 않았다면, 그 발효가 본인의 의사에 반하는 것이 되어 §959－15 ②에 따라 임의후견감독인을 선임할 수 없고, 본인이 정한 조건이 성취 또는 기한이 도래하였으나 아직 사무처리능력이 부족하지 않은 상태라면, 약정을 유효라고 보더라도 어차피 §959－15 ①에 따라 임의후견감독인을 선임할 수 없기 때문이다. 자기결정권 존중의 측면에서 보더라도 이러한 약정의 효력을 인정할 필요가 있다.

설령 이와 같은 약정이 무효라고 하더라도 계약에서 정한 기한이 도래 또는 조건이 성취되었을 때 임의후견인에게 §959－15 ①에 따른 임의후견감독인의 선임을 청구할 의무를 부여한다는 내용의 약정으로 전환하여 그 효력을 인정할 수는 있을 것이다.

V. 후견계약의 방식

후견계약은 공정증서로 체결하여야 한다(본조 ②). 후견계약은 요식행위이므로, 공정증서 방식에 의하지 않은 후견계약은 무효이다. 이렇게 요식행위로 정한 이유는 계약의 변조 또는 파손을 방지하는 한편, 계약체결의 신중한 결정과 진실성을 담보하기 위한 것이다. 특히 후자와 관련해서 후견계약을 체결하기 위해 필요한 성년자 본인의 의사능력이 후견계약의 체결 과정에서 공증인의 적절한 확인이 가능할 것으로 기대되고 있기는 하지만,[64] 후견계약이 체결된 이후 임의후견감독인 선임청구 과정

---

62) 제요[2], 1298; 신영호·김상훈·정구태, 263; 한봉희·백승흠, 360; 김민중(2008), 162; 김형석(2010), 154－155; 배인구(2013), 77; 이지은(2013), 80.

63) 윤진수·현소혜, 158－159; 구상엽(2012), 153－155; 박인환(2012), 205－208. 제철웅(2014b), 121－122의 주된 취지도 이와 같다.

에서 후견계약이 피후견인의 자유롭고 진정한 의사에 기한 것이 아님이 판명된 사건들도 다수 존재하는 만큼 공증실무에서 후견계약의 남용 가능성이 적절히 통제되고 있지 않을 가능성도 있다.[65]

공증인은 촉탁인으로부터 촉탁받은 사항에 관하여 증서번호, 촉탁인의 주소·직업·성명·나이, 공증인이 촉탁인의 성명과 얼굴을 안다는 사실 또는 알지 못하는 경우 촉탁인이 맞음을 증명할 수 있는 방법, 작성 연월일과 장소 등을 기재하여 공정증서를 작성하고(「공증인법」 §35), 이를 촉탁인에게 읽어주거나 열람하게 하여 그의 이의 없음을 확인한 후 촉탁인과 함께 증서에 서명날인하여야 한다(「공증인법」 §38). 작성된 공정증서의 원본은 공증인 사무소 내에 보관하여야 한다(「공증인법」 §24).

단, 공증인은 법령을 위반한 사항, 무효인 법률행위 및 무능력으로 인하여 취소할 수 있는 법률행위에 관하여는 증서를 작성할 수 없다(「공증인법」 §25). 따라서 공증인은 후견계약에 관한 공정증서 작성시 촉탁인에게 의사능력 내지 의사결정능력이 있는지 여부 또는 촉탁인의 대리인에게 이를 대리 내지 대행할 권한이 있는지 여부를 신중하게 검토하고, 후견계약에 의하여 처리할 사무의 내용과 그 처리를 위한 권한의 범위 등을 명확히 함으로써 장래의 분쟁발생 가능성에 대비하여야 한다.[66]

공정증서방식은 이와 같이 절차가 복잡하고 비용이 많이 소요되므로, 이를 더욱 간이화할 필요가 있다는 입법론적 비판이 있다.[67] 대통령령으로 정하는 양식에 의해 계약을 체결하고, 등기소 등에서 확정일자를 받도록 하는 것으로 족하다는 것이다.

후견계약에 포함될 수 있는 내용은 매우 범위가 넓으므로, 이용자의 편의, 공정증서 작성에 소요되는 비용과 시간의 절감, 후견계약의 명확성 확보, 후견등기의 효율성 확보 등을 위해 통일된 후견계약 공정증서 양식을 마련할 필요가 있다는 견해도 있다.[68]

공정증서 방식을 갖추지 않은 후견계약을 일반적인 위임계약 또는 대리권 수여행위로 전환하여 그 효력을 인정할 수 있는가. 긍정하는 견해[69]와 부정하는 견해[70]

---

64) 박득배(2014), 1592. 김형석(2010), 152. 김현진(2015), 151은 적극적으로 공증인에게 의사능력 여부에 대한 판단권한을 인정한 것이라기보다는 일반적으로 법령을 위반한 행위, 무효인 법률행위, 내지 무능력으로 인하여 취소할 수 있는 행위는 공증인이 증서를 작성할 수 없는 사유라는 점에서(공증인법 제52조) 간접적으로 그런 부수적인 효과도 있다고 이해한다.

65) 이지은(2017), 44. 그렇지만 같은 논문, 57은 공증에 후견인의 권한 남용을 어느 정도 차단하는 기능 자체는 인정하며, 이를 더 촉진하기 위해서 공증절차에서 사용하는 표준계약서에 작성자의 의사능력 수준을 가늠할 수 있는 질문지를 삽입하는 방식을 제안한다.

66) 박인환(2023a), 244.

67) 김나래(2019), 85; 엄덕수(2010), 23-24; 제철웅(2014b), 120-121.

68) 표준화된 후견계약 공정증서 양식이 필요하다는 견해로 박동섭·양경승, 474; 오호철(2008), 321. 김민중(2008), 156-157; 김형석(2010), 152; 박인환(2012), 198-199 등.

가 대립한다. 부정설은 후견사무의 감독으로부터 도피하는 수단으로 악용될 우려가 있다고 주장하나, 긍정설은 이를 부정할만한 명문의 근거가 없다는 점, 감독의 문제가 제기될 때에는 법정후견을 개시하면 된다는 점 등을 근거로 이에 반박한다. 다만, 의료행위 동의와 관련하여서는 환자 본인으로부터 수권받은 임의대리인도 얼마든지 동의권을 행사할 수 있다는 견해[71]가 있다.

VI. 등기

후견계약은 후견등기부에 등기하여야 한다. 후견계약을 등기하는 것은 본인이 판단능력이 떨어졌을 때 법정후견의 개시시에 후견계약의 존부를 확인함으로써 임의후견우선의 원칙을 보장할 수 있다는 점, 임의후견인의 권한을 대외적으로 공시하여 권한의 내용과 범위를 명확히 한다는 점에서 그 필요성이 인정되었다.[72]

VII. 효력발생시기

후견계약은 가정법원이 임의후견감독인을 선임한 때로부터 효력이 발생한다(본조 ③). 후견계약의 발효시 본인에게 임의후견인을 감독할만한 능력이 없음을 고려하여, 임의후견사무의 적법성과 적절성을 담보하기 위해 임의후견감독인의 선임을 필수적으로 한 것이다. 결국 현행법 하에서는 결국 후견계약은 임의후견감독인의 선임을 법정 정지조건으로 하는 위임계약이라 할 것이다.[73] 이처럼 법원이 임의후견의 개시에 개입하는 것은 성년자 본인의 자기결정권을 부당하게 제한한다는 비판이 있다.[74] 반면 §940-5에서 후견인의 가족에 의한 후견감독을 금지하는 취지는 후견감독의 실효성을 확보하기 위한 제도적 안전장치라는 점에서 그 자체가 부당하다고 할 수는 없지만, 후견계약을 체결하는 사람 입장에서는 후견계약 이용을 위하여 임의후견 수임인뿐만 아니라 임의후견감독인을 준비해야 하고, 양자가 동시에 가족이 될 수

---

69) 박인환(2012), 197-198. 일본의 태도도 같다. 床谷文雄(2007), "고령자법제의 일소묘 -일본의 성년후견법의 현상과 과제", 한림법학 FORUM 18, 14 참조.
70) 윤진수·현소혜, 153.
71) 김천수(2007), 14. 이에 정면으로 반대하는 견해로 현소혜(2012), 192.
72) 박인환(2023a), 249.
73) 박동섭·양경승, 474; 박정기·김연, 355; 신영호·김상훈·정구태, 262. 반대 견해로 박득배(2014), 1585.
74) 제철웅(2014b), 119; 김현진(2015), 153.

는 없다는 점에서 제도 이용에 따른 부담이 무거우므로, 이러한 이용자의 부담을 경감시키기 위해서 임의후견감독인으로서의 기능을 사회서비스의 일환으로 공공후견서비스 전달체계로 제공하는 방안을 검토할 필요가 있다는 견해도 주장되고 있다.[75)]

그 밖에 임의후견감독인에 관해 자세히는 §§959－15, 959－16 주석 참조.

임의후견감독인 선임심판이 확정될 때까지 후견계약은 아직 효력이 없으므로, 임의후견인은 그의 직무를 수행할 수 없다. 이로 인해 본인의 보호에 흠결이 발생할 우려가 있을 때에는 家訴 §62에 따른 사전처분의 일환으로써 임시임의후견감독인을 선임할 수 있을 것이다.

임의후견감독인 선임심판이 확정된 후라도 후견계약이 당연히 효력을 갖는 것은 아니다. 후견계약 자체에 의사무능력, 양속위반, 통정허위표시 등의 사유가 있는 경우 당해 계약은 아무런 효력이 없다.[76)]

후견계약에 착오 · 사기 · 강박 등과 같은 취소사유가 있는 경우에는 어떠한가. 취소사유로 보는 것은 부당하다는 견해[77)]가 있다. 가족법상 법률행위와 같이 당사자의 진의가 중요한 법률행위일 뿐만 아니라, 본인이나 임의후견인이 취소권을 행사할 것으로 기대하기 어렵다는 것이다. 반면 가정법원이 임의후견감독인을 선임하였다고 하더라도 그것만으로 후견계약의 하자나 흠결이 치유되지는 않는다는 것을 전제로, 절대적 무효사유(의사무능력, 공서양속 위반 등)가 있는 경우 후견계약은 무효로 해석하면서, 착오·사기·강박의 경우 법률행위 일반 이론에 따르면 제3자가 사기 · 강박을 한 경우에는 취소할 수 없다고 해석될 것이지만 이러한 결론은 본인 보호의 관점에서 용납하기 어려우므로 추가적인 연구가 필요하다고 보는 견해도 존재한다.[78)]

VIII. 본인의 의사존중

가정법원, 임의후견인, 임의후견감독인은 후견계약을 이행 · 운영할 때 본인의 의사를 최대한 존중하여야 한다(본조 ④). 2011. 3. 7.자 개정에 의해 도입된 성년후견 제도의 이념, 즉 자기결정권 존중의 정신을 임의후견에서도 실현하고자 한 것이다. 이때 본인의 의사를 존중한다는 것의 의미에 대해서는 §947 주석 참조.

75) 박인환(2023a), 248－249.
76) 배인구(2013), 76; 백승흠(2010c), 224－225.
77) 윤진수 · 현소혜, 155－156; 김형석(2010), 156; 백승흠(2010c), 224－225.
78) 김형석(2010), 156

第 959 條의15 (임의후견감독인의 선임)

① 가정법원은 후견계약이 등기되어 있고, 본인이 사무를 처리할 능력이 부족한 상황에 있다고 인정할 때에는 본인, 배우자, 4촌 이내의 친족, 임의후견인, 검사 또는 지방자치단체의 장의 청구에 의하여 임의후견감독인을 선임한다.

② 제1항의 경우 본인이 아닌 자의 청구에 의하여 가정법원이 임의후견감독인을 선임할 때에는 미리 본인의 동의를 받아야 한다. 다만, 본인이 의사를 표시할 수 없는 때에는 그러하지 아니하다.

③ 가정법원은 임의후견감독인이 없게 된 경우에는 직권으로 또는 본인, 친족, 임의후견인, 검사 또는 지방자치단체의 장의 청구에 의하여 임의후견감독인을 선임한다.

④ 가정법원은 임의후견임감독인이 선임된 경우에도 필요하다고 인정하면 직권으로 또는 제3항의 청구권자의 청구에 의하여 임의후견감독인을 추가로 선임할 수 있다.

⑤ 임의후견감독인에 대하여는 제940조의5를 준용한다.

▌참고문헌: 공형진·김원숙(2004), "성년후견공시제도", 동의법정 20, 219－238; 구상엽(2012), "개정민법상 성년후견제도에 대한 연구 －입법배경, 입법자의 의사 및 향후 과제를 중심으로－", 서울대학교 대학원 박사학위논문; 김대경(2010), "성년후견제의 입법을 위한 비교법적 고찰", 경희법학 45－1, 113－142; 김민중(2008), "임의후견제도의 개혁", 전북대학교 법학연구 27, 147－173; 김상묵·조경신(2009), "성년후견제도의 도입 방안에 관한 고찰", 지역발전연구 8－2, 101－124; 김형석(2010), "민법 개정안에 따른 성년후견법제", 가족법연구 24－2, 111－166; 박인환(2012), "개정민법상 임의후견제도의 쟁점과 과제", 가족법연구 26－2, 191－228; 박인환(2021a), "공공후견 및 의사결정지원 촉진을 위한 입법과제", 법조 70－3, 43－86; 배인구(2013), "성년후견제도에 관한 연구 -시행과 관련된 이론적·실무적 쟁점을 중심으로", 고려대학교 대학원 석사학위논문; 백승흠(2008a). "성년후견제도와 그 입법에 관한 몇 가지 고찰", 법학논집 30－1, 69－95; 송호열(2002), "임의성년후견제도", 동아법학 31, 271－293; 송

호열(2006), “고령화사회에 비추어 본 행위무능력제도의 문제점과 후견제도의 확장”, 재산법연구 23-2, 37-75; 신영호·권은경(2012), “일본의 성년후견등기제도에 관한 연구”, 안암법학 37, 395-426; 신은주(2009), “우리나라에서 성년후견제도의 도입”, 한국의료법학지 17-6, 29-59; 엄덕수(2010), “성년후견법안, 그 쟁점과 입법방향”, 법무사 516, 18-25; 윤태영(2014), “임의후견제도에 관한 개정민법의 평가”, 민사법의 이론과 실무 17-1, 63-91; 오호철(2008), “일본의 성년후견제도와 우리나라의 성년후견법안의 비교”, 비교사법 15-2, 295-335; 이정래(2010), “성년후견등록제도에 관한 소고”, 법학연구 30, 375-406; 장현옥(2000), “우리나라 후견제도의 문제점과 개선방안”, 아세아여성법학 3, 149-171; 정조근·송호열(2006), “후견인등록제도에 관한 고찰”, 가족법연구 20-3, 131-150; 제철웅(2013), “성년후견법의 시행준비작업상의 몇 가지 이론적, 실천적 문제”, 가족법연구 27-1, 1-40; 제철웅(2014a), “유엔장애인권리협약의 관점에서 본 한국 성년후견제도의 현재와 미래”, 가족법연구 28-2, 205-244; 제철웅(2014b), “개정 민법상의 후견계약의 특징, 문제점 그리고 개선방향 :후견대체제도의 관점을 중심으로”, 민사법학 66, 99-134; 조성혜(2014), “발달장애인을 위한 후견계약과 개선과제”, 노동법논총 32, 269-306; 최현태(2010), “자기결정능력장애자 보호를 위한 성년후견제도에 대한 입법론적 고찰”, 법학연구 39, 135-155; 황영두(2011), “민법상 성년후견제도에 관한 고찰”, 경성법학 20-2, 161-185

I. 조문의 취지

후견계약은 가정법원이 임의후견감독인을 선임한 때부터 효력이 발생한다(§959-14 ③). 임의후견감독인은 임의후견의 필수기관인 것이다. 본조는 이와 같은 임의후견감독인을 선임하기 위한 요건과 절차, 재선임과 추가선임 등을 규정하고 있다.

II. 임의후견감독인 선임 요건

1. 후견계약의 등기

가. 공시의 필요성

임의후견감독인을 선임하기 위해서는 후견계약이 등기되어 있어야 한다(본조 ①). 후견계약을 통해 구현되고 있는 본인의 의사를 충실하게 실현하기 위해서는 공시가 필연적으로 요구되기 때문이다. 법정후견과 달리 후견계약은 양 당사자 사이의 합의에 의해 이루어지며, 가정법원 기타 국가기관이 그 성립에 관여하지 않는다. 물론 후견계약은 공정증서에 의해 작성되므로, 공증인 사무소에 그 원본이 보관되어 있다. 그러나 법원이나 제3자의 입장에서는 그 존재 자체를 인식하기 어렵기 때문에, 후견계약에도 불구하고 법정후견이 개시될 가능성이 매우 높다. 이와 같은 사태를 방지하기 위해 본조 ①은 등기를 통해 후견계약이 공시된 경우에만 임의후견감독인을 선임할 수 있도록 하였다. 등기하지 않은 후견계약은 발효될 수 없으므로, 사실상 등기는 후견계약의 효력발생요건으로 기능한다.[1)]

나. 공시의 방법

후견계약을 어떠한 방법에 의해 공시할 것인지에 대해서는 입법 당시부터 논란이 있었다. 일부 견해[2)]는 후견계약 역시 그 본질은 후견에 관한 사항이라는 점, 舊민법(2011. 3. 7. 개정 전)상으로도 가족관계등록부에 기재되어 왔으므로 이를 유지하는 것이 효율적이라는 점, 미성년후견 역시 여전히 가족관계등록부에 기재된다는 점, 가족관계등록부는 과거 호적과는 달리 개인별로 편제될 뿐만 아니라, 증명서의 종류를 구분하고 발급권자를 제한하는 등 사생활 침해의 우려가 적다는 점 등을 근거로 기존과 동일하게 가족관계등록부에 이를 공시해야 한다고 주장하였다. 개정 당시 국회에 제출된 정부안의 태도도 이와 같았다.

새로운 성년후견 제도는 기존의 후견제도와 달리 공시해야 할 사항이 많고 그 내용이 복잡하므로, 가족관계등록과는 별개의 후견등록이라는 새로운 공시제도를 신설해야 한다는 견해[3)]나, 가족관계등록부에 후견에 관한 사항 전부를 기록하되, 심리적 저항을 최소화하기 위해 유효사항에 한하여 신분등록증명서에 기재될 수 있도록 해야 한다는 견해[4)]도 있었다.

그러나 2011. 3. 7.자 개정민법[5)]은 후견계약 사항과 대리권 범위 등 복잡한 내용을 기재해야 하므로 사법부의 누적된 공시전문능력을 활용할 필요가 있다는 점, 신분관계가 아닌 법률행위의 능력을 공시하는 것이므로 사법부가 관리하는 것이 바람직하다는 점 등을 이유로 새로운 후견등기제도를 도입하였다.[6)]

다. 법정후견의 공시

임의후견이 후견등기부를 통해 공시되어야 한다는 점은 법문상 의문의 여지가 없으나, 성년후견·한정후견·특정후견 역시 후견등기부 또는 가족관계등록부를 통해 공시할 것인지에 대해서는 명문의 규정이 없다.

1) 해설, 136.
2) 김형석(2010), 163; 황영두(2011), 18
3) 공형진·김원숙(2004), 234－237; 김상묵·조경신(2009), 119－120; 송호열(2006), 71; 신은주(2009), 29; 이정래(2010), 397－400; 정조근·송호열(2006), 131－150.
4) 김민중(2008), 169－170.
5) 공시의 방법으로 가족관계등록을 택하였던 정부안의 태도가 등기로 전환된 경위에 대해 자세히는 현소혜(2013a), 47－48 참조.
6) 후견등기 제도의 도입을 주장하였던 견해로 김명엽(2010), 37－38; 엄덕수(2010), 24; 장현옥(2000), 169. 후견등기 제도를 도입한 개정 민법의 태도에 찬성하는 견해로 신영호·권은경(2012), "일본의 성년후견등기제도에 관한 연구", 안암법학 37, 401－402.

일부 견해는 이를 굳이 공시할 필요가 없다고 주장한다.[7] 성년후견은 피후견인의 보호와 지원을 위한 제도이지 거래의 안전을 위한 제도가 아닐 뿐만 아니라, 이를 공시하더라도 선의의 제3자 보호 규정이 없다는 점, 그 결과 공시는 결국 피후견인의 낙인과 배제로 귀결된다는 점 등을 근거로 제시한다.

이에 반해 거래의 안전을 중시하여 거래의 상대방이 후견 개시 여부 등을 명확히 알 수 있도록 공시제도를 완비해야 한다는 견해[8]도 적지 않다. 이러한 견해는 임의후견과 법정후견을 불문하고 통일된 공시제도를 둘 것을 제안하였다. 공시제도의 필요성을 인정하면서도 임의후견은 후견등록부에, 법정후견은 가족관계등록부에 기재하되, 가족관계등록부 내에 별도로 성년후견인에 대한 란을 신설하고, 성년후견인 증명서의 발급대상으로 삼자는 견해[9]도 있다.

2013. 4. 5. 제정된 후견등기법은 법정후견·임의후견을 모두 후견등기부를 통해 공시하면서도, 그 증명서의 종류 및 발급권자를 엄격하게 제한하여 최대한 피후견인이 거래로부터 배제되지 않을 수 있도록 하였다.

라. 공시사항

(1) 법정후견

성년후견·한정후견·특정후견과 관련하여 후견등기관은 가정법원의 촉탁에 의해 다음과 같은 사항을 기록하여야 한다.

① 후견의 종류, 심판을 한 가정법원, 사건의 표시 및 재판확정일(후견등기법 §25 ① i)

② 피성년후견인·피한정후견인·피특정후견인의 성명, 성별, 출생연월일, 주민등록번호 및 등록기준지 등 인적 사항(후견등기법 §25 ① ii)

③ 성년후견인·한정후견인·특정후견인의 성명, 주민등록번호 또는 법인등록번호, 주소 또는 사무소 등 인적사항(후견등기법 §25 ① iii)

④ 성년후견감독인·한정후견감독인·특정후견감독인의 성명, 주민등록번호 또는 법인등록번호, 주소 또는 사무소(후견등기법 §25 ① iv)

⑤ 취소할 수 없는 피성년후견인의 법률행위의 범위, 성년후견인의 법정대리권의 범위, 성년후견인이 피성년후견인의 신상에 관하여 결정할 수 있는 권한의 범위 및 각 그 변경된 범위(후견등기법 §25 ① v)

⑥ 한정후견인의 동의를 받아야 하는 행위의 범위, 한정후견인의 대리권의 범위,

---

7) 이에 반해 공시의 필요성을 부정하는 견해로 백승흠(2008a), 82−83; 제철웅(2013), 23−24; 최현태(2010), 150.
8) 김대경(2010), 136; 김상묵·조경신(2009), 120.
9) 이정래(2010), 400.

한정후견인이 피한정후견인의 신상에 관하여 결정할 수 있는 권한의 범위 및 각 그 변경된 범위(후견등기법 §25 ① vi)

⑦ 특정후견인의 기간 또는 사무, 피특정후견인의 후원을 위하여 필요한 처분의 내용, 특정후견인 대리권의 기간이나 범위, 특정후견인의 대리권 행사에 가정법원이나 특정후견감독인의 동의를 받도록 명한 사실(후견등기법 §25 ① vii)

⑧ 가정법원이 여러 명의 후견인 또는 후견감독인에게 공동으로 또는 사무를 분장하여 그 권한을 행사하도록 한 경우 그 내용(후견등기법 §25 ① viii)

⑨ 성년후견·한정후견·특정후견이 종료한 경우 그 사유 및 연월일(후견등기법 §25 ① ix)

⑩ 家訴 §62에 따른 사전처분(후견등기법 §27)

촉탁에 의해 등기가 이루어지는 경우가 아닌 한 피후견인, 그의 배우자 또는 4촌 이내 친족, 후견인 및 후견감독인은 각종의 변경등기 및 종료등기를 신청할 수 있다(후견등기법 §§28, 29).

(2) 후견계약

후견계약에 관하여 후견등기관은 임의후견인의 신청에 의해 다음과 같은 사항을 기록하여야 한다.

① 후견계약과 관련된 공정증서를 작성한 공증인의 성명, 소속, 그 증서의 번호 및 작성연월일(후견등기법 §26 ① i)

② 후견계약의 본인의 성명, 성별, 생년월일, 주민등록번호 및 등록기준지(후견등기법 §26 ① ii)

③ 임의후견인의 성명, 주민등록번호 또는 법인등록번호, 주소 또는 사무소(후견등기법 §26 ① iii)

④ 후견계약의 본인의 재산관리 및 신상보호에 관한 임의후견인의 권한의 범위(후견등기법 §26 ① iv)

⑤ 수인의 임의후견인이 공동으로 또는 사무를 분장하여 권한을 행사하도록 정한 경우 그 취지(후견등기법 §26 ① vi)

⑥ 후견계약이 종료한 경우 그 사유 및 연월일(후견등기법 §26 ① vii)

⑦ 家訴 §62에 따른 사전처분(후견등기법 §27)

또한 후견계약에 관하여 후견등기관은 가정법원의 촉탁에 의해 다음과 같은 사항을 기록하여야 한다.

① 임의후견감독인이 선임된 경우 그 성명, 주민등록번호 또는 법인등록번호, 주

소 또는 사무소 및 심판을 한 가정법원, 사건의 표시, 재판확정일(후견등기법 §26 ① v)

② 수인의 임의후견감독인이 공동으로 또는 사무를 분장하여 권한을 행사하도록 정한 경우 그 취지(후견등기법 §26 ① vi)

촉탁에 의해 등기가 이루어지는 경우가 아닌 한 후견계약의 본인, 그의 배우자 또는 4촌 이내 친족, 임의후견인 및 임의후견감독인은 각종의 변경등기 및 종료등기를 신청할 수 있다(후견등기법 §§28, 29).

마. 등기사항증명서의 발급

① 피성년후견인·피한정후견인·피특정후견인 또는 후견계약의 본인, ②피후견인 및 후견계약의 본인의 배우자 또는 4촌 이내의 친족, ③ 성년후견인, 한정후견인 또는 특정후견인, ④ 성년후견감독인, 한정후견감독인 또는 특정후견감독인, ⑤ 임의후견인, 임의후견감독인, 미성년후견인 또는 미성년후견감독인, ⑥ 각 후견인 또는 후견감독인의 직에서 퇴임한 자, ⑦ 유언집행자, 상속재산관리인 등 피후견인 도는 후견계약의 본인의 민법상 법정대리인, ⑧ 국가 또는 지방자치단체, ⑨ 소송·비송·민사집행의 각 절차에서 등기사항증명서를 제출할 필요가 있는 자 등은 후견등기관에게 사용목적으로 지정하여 후견등기부에 기록되어 있는 사항의 전부 또는 일부를 증명하는 서면의 발급을 청구할 수 있다(후견등기법 §15 ①).

이때 발급을 청구할 수 있는 등기사항증명서의 종류에는 ① 등기사항증명서(말소 및 폐쇄사항 포함), ② 등기사항증명서(말소사항 포함), ③ 등기사항증명서(현재 유효사항), ④ 등기사항증명서(후견별), ⑤ 등기사항증명서(사전처분), ⑥ 등기사항증명서(퇴임전 사항), ⑦ 등기사항부존재증명서가 있다(후견등기규칙 §33).

피후견인과 법률행위를 하고자 하는 거래상대방에 불과한 자는 등기사항증명서의 발급을 청구할 수 없다.[10] 피후견인 또는 후견인에게 등기사항부존재증명서를 발급받아 올 것을 사실상 요구할 수 있는 것에 그친다.

2. 사무처리능력의 부족

가정법원은 본인이 사무를 처리할 능력이 부족한 상황에 있다고 인정할 때 임의후견감독인을 선임한다(본조 ①). 이때 사무처리능력이 부족한지 여부는 정신능력이나 의사능력과 같은 의학적 관점이 아닌 기능적 관점에서 판단하여야 한다.[11] 따라서 임의후견

10) 이에 찬성하는 견해로 구상엽(2012), 189-190.

11) 윤진수·현소혜, 25-26.

감독인 선임 여부를 결정함에 있어 반드시 의사의 감정을 받아야 하는 것은 아니다.

사무처리능력이 부족하게 된 원인에 대해서는 아무런 제약이 없다. 즉 성년후견·한정후견·특정후견에서와 달리 반드시 "질병, 장애, 노령, 그 밖의 사유로 인한 정신적 제약"으로 사무처리능력이 부족해야 하는 것은 아니다. 신체적 장애로 인한 사무처리능력의 부족을 이유로 임의후견계약을 체결하는 것도 가능하다. 그가 스스로 수임인을 감독할 수 있는 상황이라면 굳이 임의후견계약을 이용하지 않고, 일반적인 위임계약으로서 사태에 대처할 수 있을 것이나, 신체장애의 정도에 따라서는 스스로 수임인을 감독하기 힘든 경우도 있어 임의후견감독인의 도움이 필요할 수 있기 때문이다.

정신적 제약의 상태가 지속적이어야 하는 것도 아니다. 일시적 제약에 불과한 경우에도 필요하다면 후견계약을 이용할 수 있다.12)

그러나 본인이 미성년자여서 사무처리능력이 부족한 때에는 임의후견감독인을 선임할 수 없다. 미성년자에 대해서는 아직 임의후견이 개시되어서는 안 되기 때문이다. §959−14 주석 참조.

본인이 피성년후견인·피한정후견인 또는 피특정후견인인 경우이더라도 사무처리능력이 부족하다면, 임의후견감독인을 선임할 수 있다. 다만, 이때에는 종전의 성년후견, 한정후견 또는 특정후견의 종료심판을 하여야 한다(§959−20 ②).

3. 본인의 동의

가정법원은 후견계약을 이행·운영할 때 본인의 의사를 최대한 존중하여야 한다(§959−14 ④). 특히 후견계약은 본인의 설계에 따라 후견이 개시 및 작동되도록 한 것이기 때문에, 본인이 원하지 않을 경우에는 그것이 함부로 개시되어서는 안 된다. 본인에게 철회의 자유를 인정할 필요가 있는 것이다.13) 이에 2011. 3. 7.자 개정민법은 후견계약 의사표시의 철회에 관한 규정(§959−18 ①)을 마련하는 외에, 미처 이를 철회하지 못한 경우라도 본인이 반대하는 경우에는 가정법원이 임의후견감독인을 선임하지 못하도록 하였다. 즉, 가정법원이 임의후견감독인을 선임할 때에는 미리 본인의 동의를 받아야 한다(본조 ② 본문).

본인의 동의를 받아야 하는 경우는 배우자, 4촌 이내의 친족, 임의후견인, 검사 또는 지방자치단체의 장이 임의후견감독인 선임청구를 한 경우로 한정된다. 본인이

12) 윤진수·현소혜, 158; 해설, 134; 구상엽(2012), 139; 배인구(2013), 73.

13) 박인환(2012), 208; 윤태영(2014), 81. 이 견해들은 반대로 당초 후견계약에 합의한 효력발생시기가 도래하지 않았더라도 본인이 임의후견감독인의 선임 청구를 하거나 타인의 임의후견감독인 선임 청구에 대하여 본인이 동의하고 있다면 가정법원이 임의후견감독인의 선임을 거부할 필요가 없다고 서술한다.

스스로 임의후견감독인의 선임을 청구한 때에는 본인의 동의가 있는 것으로 간주할 수 있기 때문이다.

이때 본인의 동의가 반드시 명시적이어야 하는 것은 아니지만, 단순히 본인의 의사에 반하지 않는다는 정도로는 아직 본인의 동의가 있다고 할 수 없다. §14-2가 특정후견에 관하여 본인의 의사에 반하여는 그 심판을 할 수 없다고 규정하고 있는 것과 달리, 본조는 적극적인 동의를 요구하기 때문이다. 다만, 식물인간 상태와 같이 본인에게 의사능력이 결여되어 스스로 그 의사를 표시할 수 없는 때에는 그의 동의 없이도 임의후견감독인을 선임할 수 있다(본조 ② 단서).

동의 여부를 표시하는 본인이 완전한 의사능력 내지 행위능력을 가지고 있어야 하는 것도 아니다.[14] 신상에 관하여 스스로 결정할 수 있는 능력, 즉 의사결정능력 정도를 갖춘 것으로 충분한다. 본인이 동의하지 않아 그의 보호에 흠결이 생길 우려가 있는 때에는 법정후견을 개시하는 수밖에 없을 것이다.

4. 임의후견감독인이 결격사유에 해당하지 않을 것

가정법원은 본인의 의사, 건강, 생활관계, 재산상황, 임의후견감독인이 될 사람과의 이해관계, 임의후견감독인이 될 사람의 직업과 경험 등을 종합적으로 고려하여 재량에 따라 임의후견감독인을 선임할 수 있다(§959-16 ③에 의해 준용되는 §940-7이 준용하는 §936 ④). 그러나 §779에 따른 임의후견인의 가족은 임의후견감독인이 될 수 없다(본조 ⑤에 의한 §940-5의 준용).[15] 자세한 내용은 §940-5 주석 참조. 일부 견해는 비용 문제를 들어 임의후견인의 가족도 임의후견감독인이 될 수 있도록 해야 한다고 비판한다.[16]

그 밖에 임의후견감독인의 자격 및 결격사유에 대해 자세히는 §959-16 주석 참조.

III. 재선임 및 추가선임

1. 재선임

가정법원은 임의후견감독인이 없게 된 경우 직권으로 또는 본인, 친족, 임의후견인, 검사 또는 지방자치단체의 장의 청구에 의하여 임의후견감독인을 선임한다(본조

14) 송호열(2002), 289.

15) 임의후견인의 배우자, 직계혈족 및 형제자매를 후견감독인 결격사유로 구성해야 한다고 주장했던 견해로 오호철(2008), 329.

16) 제철웅(2014b), 122-123.

③). 임의후견감독인이 사망, 결격 등의 사유로 없게 된 경우 가정법원은 반드시 임의후견감독인을 재선임하여야 한다. 후견계약에 따른 임의후견인의 임무수행에 대한 공적 감독 체계를 확보하기 위해 2011. 3. 7.자 개정민법은 임의후견감독인을 필수기관으로 규정하였기 때문이다. 이때 임의후견감독인이 없게 된 경우의 의미에 대해서는 §932 주석 참조.

2. 추가선임

가정법원은 임의후견감독인이 선임된 경우에도 필요하다고 인정하면 직권으로 또는 본인, 친족, 임의후견인, 검사 또는 지방자치단체의 장의 청구에 의하여 임의후견감독인을 추가로 선임할 수 있다(본조 ④). 추가선임을 할 것인지는 가정법원의 재량이다. 추가선임이 필요한 경우에 대해서는 §936 주석 참조.

본조에 대해서는 §959−16 ③에 의해 준용되는 §940−7이 준용하고 있는 §936 ③과 내용이 중복되므로 삭제할 필요가 있다는 입법론적 비판[17]이 있다. 자세한 내용은 §959−16 주석 참조.

IV. 임의후견감독인의 선임절차

1. 직권 또는 일정한 자의 청구

가정법원은 본인, 배우자, 4촌 이내의 친족, 임의후견인, 검사 또는 지방자치단체의 장의 청구에 의하여 임의후견감독인 선임심판을 할 수 있다(본조 ①). 가정법원이 직권으로 임의후견감독인 선임심판을 하는 것은 허용되지 않는다. 특히 임의후견인에 대해서는 고의로 임의후견감독인 선임 청구를 지연시키는 일을 막기 위해 정기적으로 본인의 상태를 확인하고, 적기에 임의후견감독인 선임청구를 할 의무를 부과해야 한다는 견해가 있다.[18]

반면 본조 ③에 따른 재선임 또는 ④에 따른 추가선임은 본인, 친족, 임의후견인, 검사 또는 지방자치단체의 장의 청구에 의해 할 수 있을 뿐만 아니라, 가정법원이 직권으로도 할 수 있어 그 범위가 매우 넓다(본조 ③, ④).

17) 윤진수·현소혜, 163; 구상엽(2012), 150−151.
18) 구상엽(2012), 147−148.

2. 심리

가정법원은 임의후견감독인을 선임할 때 피임의후견인이 될 사람의 정신상태에 관하여 의사나 그 밖에 전문지식이 있는 사람의 의견을 들어야 한다. 이 경우 의견을 말로 진술하게 하거나 진단서 또는 이에 준하는 서면으로 제출하게 할 수 있다(家訴 §45-5). 의사의 감정은 필수적이지 않다.[19]

또한 가정법원은 임의후견감독인의 선임심판을 하는 경우 피임의후견이 될 사람, 임의후견감독인이 될 사람 및 임의후견인이 될 사람의 진술을 들어야 한다. 다만, 피임의후견인(피임의후견인이 될 사람을 포함한다)이 의식불명, 그 밖의 사유로 그 의사를 표명할 수 없는 경우에는 그러하지 아니하다(家訴 §45-6 ① i). 이때 피임의후견인의 진술청취절차는 심문의 방식을 취해야 함이 원칙이나, 그 사람이 자신의 의사를 밝힐 수 없거나 출석을 거부하는 등 심문할 수 없는 특별한 사정이 있는 때에는 그러하지 아니하다(家訴 §45-6 ②).

3. 심판

가정법원은 본조의 요건이 갖추어진 경우 임의후견감독인 선임심판을 할 수 있다[家訴 §2 ① ii 가. 24)-5]. 이때 가정법원은 임의후견감독인에게 그 후견감독사무에 관하여 필요하다고 인정되는 사항을 지시할 수 있다(家訴規 §38-2). 임의후견감독인 선임심판사건은 피임의후견인이 될 사람의 주소지 가정법원이 관할한다(家訴 §44 ① i-2). 위 관할은 청구 당시를 기준으로 판단하므로, 그 전에 이루어진 후견계약의 등기 관할법원과 반드시 일치하는 것은 아니다.[20]

임의후견감독인선임심판은 당사자(家訴規 §25), 절차에 참가한 이해관계인(家訴規 §25), 임의후견인 및 임의후견감독인이 될 자(家訴規 §35 ①)에게 고지하고, 사건본인인 피임의후견인될 자에게는 그 뜻을 통지하여야 한다(家訴規 §35 ②).

4. 즉시항고

임의후견감독인의 선임심판에 대해서는 즉시항고가 허용되지 않는다. 따라서 가정법원은 지체없이 후견등기 사무를 처리하는 사람에게 후견등기부에 등기할 것을 촉탁하여야 한다(家訴 §9, 家訴規 §5-2 ① iv 가목).

---

19) 조성혜(2014), 284는 사무처리 능력의 부족에 관한 증명에 관한 규정이 필요하다고 한다.
20) 제요[2], 1303.

5. 사전처분

家訴規 §32에 규정되어 있지는 않지만, 가정법원은 사건해결에 특히 필요하다고 인정될 경우 家訴 §62에 따른 사전처분의 일환으로서 임시임의후견감독인을 선임할 수 있을 것이다.

그 밖에 임의후견감독인 선임절차와 관련하여 자세한 내용은 §940-4 주석 참조. 현행민법은 임의후견감독인은 오로지 가정법원의 심판에 의해서만 선임될 수 있도록 규정하고 있으나, 이에 대해서는 본인이 직접 임의후견감독인을 선임할 수 있도록 해야 한다는 비판[21]이나 임의후견계약 체결에 있어서 의사결정지원과 임의후견감독인을 공적 후견서비스의 일환으로 제공하는 방안 등을 검토해야 한다는 제안[22]이 있다.

21) 제철웅(2014a), 234; 제철웅(2014b), 122.
22) 박인환(2021a), 57.

第 959 條의16 (임의후견감독인의 직무 등)

① 임의후견감독인은 임의후견인의 사무를 감독하며 그 사무에 관하여 가정법원에 정기적으로 보고하여야 한다.

② 가정법원은 필요하다고 인정하면 임의후견감독인에게 감독사무에 관한 보고를 요구할 수 있고 임의후견인의 사무 또는 본인의 재산상황에 대한 조사를 명하거나 그 밖에 임의후견감독인의 직무에 관하여 필요한 처분을 명할 수 있다.

③ 임의후견감독인에 대하여는 제940조의6제2항·제3항, 제940조의7 및 제953조를 준용한다.

참고문헌: 김원태(2011a), "성년후견 등 심판절차에 관한 가사소송법 정비 방안에 대한 관견", 재산법연구 28－2, 265－301; 백승흠(2006), "성년후견의 감독에 관한 고찰 －독일과 일본의 제도를 비교하여－", 가족법연구 20－2, 65－90; 신은주(2009), "우리나라에서 성년후견제도의 도입", 한국의료법학지 17－6, 29－59; 오호철(2008), "일본의 성년후견제도와 우리나라의 성년후견법안의 비교", 비교사법 15－2, 295－335; 제철웅(2011), "요보호성인의 인권존중의 관점에서 본 새로운 성년후견제도", 민사법학 56, 277－331

I. 조문의 취지

임의후견감독인의 감독사무 및 권한과 그 제한, 자격, 결격사유, 사임 및 변경, 보수 및 비용처리 등 임의후견감독인의 법적 지위와 관련된 제반사항을 정하기 위한 조문이다.

다만, 본조 ③은 성년후견인의 추가선임에 관한 §936 ③도 준용하고 있으나, 임의후견감독인의 추가선임에 관하여는 §959－15 ④이 이미 규정하고 있으므로, 중복

규정에 해당한다. §959－15 ④에서 정한 자 외에 §936 ③에 따라 “이해관계인”도 임의후견감독인의 추가선임을 청구할 수 있다는 정도의 의미를 가질 뿐이다. 이때 이해관계인에는 기존의 임의후견감독인도 포함될 수 있다. 이에 대해서는 임의후견감독인에 의한 임의후견감독인의 추가선임청구는 인정되지 않는다는 반대설이 있다.[1]

II. 임의후견감독인의 자격

1. 자격

본조 ③에 의해 준용되는 §940－7는 §930 ② 및 ③을 준용한다. 따라서 임의후견감독인은 후견계약의 본인의 신상과 재산에 관한 모든 사정을 고려하여 여러 명을 둘 수 있으며[2], 법인도 임의후견감독인이 될 수 있다. §930 주석 참조.

2. 결격사유

본조 ③에 의해 준용되는 §940－7는 후견인의 결격사유에 관한 §937를 준용한다. 따라서 ① 미성년자, ② 피성년후견인, 피한정후견인, 피특정후견인, 피임의후견인, ③ 회생절차개시결정 또는 파산선고를 받은 자, ④ 자격정지 이상의 형의 선고를 받고 그 형기 중에 있는 사람, ⑤ 법원에서 해임된 법정대리인, ⑥ 법원에서 해임된 성년후견인, 한정후견인, 특정후견인, 임의후견인과 그 감독인, ⑦ 행방이 불분명한 사람 및 ⑧ 후견계약의 본인을 상대로 소송을 하였거나 하고 있는 자 또는 그 배우자와 직계혈족은 임의후견감독인이 될 수 없다. 자세한 의미는 §937 주석 참조.

그 밖에 임의후견인의 가족 역시 임의후견감독인이 될 수 없다(§959－15 ⑤에 의한 §940－5의 준용). §959－15 및 §940－5 주석 참조.

III. 임의후견감독인의 선임기준

가정법원은 임의후견감독인을 선임할 때 후견계약의 본인의 의사를 존중하여야 하며, 그 밖에 본인의 건강, 생활관계, 재산상황, 임의후견감독인이 될 사람의 직업과 경험, 본인과의 이해관계의 유무(법인이 임의후견감독인이 될 때에는 사업의 종류와 내용, 법인이나 그 대표자와 본인 사이의 이해관계의 유무를 말한다) 등의 사정도 고려하여야 한다(본

1) 해설, 144.
2) 복수의 임의후견감독인을 두는데 찬성하는 견해로 신은주(2009), 37.

조 ③에 의해 준용되는 §940-7이 준용하는 §936 ④). 자세한 내용은 §936 주석 참조. 선임절차에 대해서는 §959-15 주석 참조.

Ⅳ. 임의후견감독인의 권한과 직무

1. 임의후견감독인의 권한

가. 사무감독권한

임의후견감독인은 임의후견인의 사무를 감독한다(본조 ①). 사무감독의 방법에 대해 자세히는 §940-6 주석 참조.

이러한 사무감독권한의 행사를 위해 임의후견감독인은 임의후견인에게 언제든지 그의 임무수행에 관한 보고와 재산목록의 제출을 요구할 수 있고 본인의 재산상황을 조사할 수 있다(본조 ③에 의한 §953의 준용). 자세한 내용은 §953 주석 참조.

이와 관련하여 임의후견인에게는 재산목록작성의무가 없으므로, 임의후견감독인 역시 임의후견인에게 재산목록의 제출을 요구할 수 없다는 견해[3)]가 있으나, 임의후견인이라도 후견계약에 따라 재산목록 작성의무를 부담하고 있을 수 있으며,[4)] 후견계약에 아무런 규정이 없는 경우라도 임의후견감독인이 이를 요구한 때에는 새롭게 재산목록을 작성하여 제출할 의무가 창설된다고 볼 것이다.

사무감독의 결과 임의후견인이 현저한 비행을 하거나 후견계약에서 정한 임무에 적합하지 않은 사유가 있게 되었음을 발견한 때에는 가정법원에 임의후견인의 해임을 청구하여야 한다(§959-17 ②).

나. 급박한 사무처리권한

임의후견감독인은 본인의 신상이나 재산에 대하여 급박한 사정이 있는 경우 그의 보호를 위하여 필요한 행위 또는 처분을 할 수 있다(본조 ③에 의한 §940-6 ②의 준용). 급박한 사무처리권한의 내용에 대해 자세히는 §940-6 주석 참조.

임의후견감독인이 본인의 신상에 관하여 급박한 사무를 처리하는 경우에는 일정한 제한이 가해진다(본조 ③에 의해 준용되는 §940-7이 준용하는 §947-2 ③ 내지 ⑤). 즉 임의후견감독인은 본인의 신체를 침해하는 의료행위에 대해 그를 대신하여 동의할 수 있으나, 본인이 의료행위의 직접적인 결과로 사망하거나 상당한 장애를 입을 위험이 있을 때에는 가정법원의 허가를 받아야 한다. 또한 임의후견감독인이 본인을 대리하여 그가

3) 김주수·김상용, 576.
4) 백승흠(2006), 83-84.

거주하고 있는 건물 또는 그 대지에 대하여 매도, 임대, 전세권 설정, 저당권 설정, 임대차의 해지, 전세권의 소멸 그 밖에 이에 준하는 행위를 하는 경우에는 가정법원의 허가를 받아야 한다. 그러나 임의후견감독인은 본인의 치료 등의 목적으로 정신병원이나 그 밖의 다른 장소에 격리할 수는 없다. 자세한 내용은 §940-7 및 §947-2 주석 참조.

다. 이해상반행위

임의후견인과 본인 사이에 이해가 상반되는 행위에 관하여는 임의후견감독인이 본인을 대리한다(본조 ③에 의한 §940-6 ③의 준용). 임의후견감독인은 필수기관이므로, 임의후견인이 이해상반행위를 할 때에는 특별대리인을 선임하지 않고 바로 임의후견감독인이 이를 대리할 수 있도록 한 것이다. 이해상반행위를 금지하고 있는 §921 또는 §949-3이 임의후견인에 대해 준용되지는 않지만[5], 임의후견감독인에게 이해상반행위에 관한 대리권이 부여되어 있는 한, 임의후견인이 스스로 한 이해상반행위는 무권대리로 무효라고 할 것이다.

라. 임의후견감독인이 여러 명인 경우

여러 명의 임의후견감독인을 선임한 경우 가정법원은 직권으로 여러 명의 임의후견감독인이 공동으로 또는 사무를 분장하여 그 권한을 행사하도록 정할 수 있으며, 여러 명의 임의후견감독인이 공동으로 권한을 행사하여야 하는 경우 어느 임의후견감독인이 본인의 이익이 침해될 우려가 있음에도 법률행위의 대리 등 필요한 권한행사에 협력하지 아니할 때에는 가정법원은 본인, 임의후견인, 임의후견감독인 또는 이해관계인의 청구에 의하여 그 임의후견감독인의 의사표시를 갈음하는 재판을 할 수 있다[본조 ③에 의해 준용되는 §940-7이 준용하는 §949-2, 家訴 §2 ① ii 가. 21)-3]. 자세한 내용은 §949-2 주석 참조.

2. 임의후견감독인의 직무

가. 정기적 보고의무

임의후견감독인은 그 사무에 관하여 가정법원에 정기적으로 보고하여야 한다(본조 ①). 임의후견감독인은 성년후견감독인 등 법정후견의 감독인과 달리 그 사무에 관하여 가정법원에 정기적으로 보고할 의무가 있다. 본인에게 임의후견사무를 감독할 능력이 없는 경우가 많기 때문에, 임의후견인의 적절한 임무수행을 담보하기 위해 임의후견감독인을 필수기관으로 규정하는 한편, 가정법원의 감독기능을 강화한 것이다. 후견감독인의 보고의 시기나 횟수, 간격 등이 정해져 있는 것은 아니다. 따라서 이때

5) §921 또는 §949-3을 임의후견에 준용하지 않은 것에 대해 비판적인 견해로 윤진수·현소혜, 162-163.

보고기간은 가정법원이 §959-16 ②에 따라 재량으로 정하는 수밖에 없다.

나. 선관주의의무

임의후견감독인은 후견의 본지에 따라 선량한 관리자의 주의로써 후견감독사무를 처리하여야 한다(본조 ③에 의해 준용되는 §940-7이 준용하는 §681).

다. 긴급처리의무

임의후견감독사무가 종료되더라도 급박한 사정이 있는 경우 임의후견감독인, 그 상속인이나 법정대리인은 본인, 그 상속인이나 법정대리인이 후견감독사무를 처리할 수 있을 때까지 그 사무의 처리를 계속하여야 한다(본조 ③에 의해 준용되는 §940-7이 준용하는 §691).

후견감독사무가 종료하였다는 사정은 이를 상대방에게 통지하거나 상대방이 이를 안 때가 아니면 이로써 상대방에게 대항하지 못한다(본조 ③에 의해 준용되는 §940-7이 준용하는 §692).

자세한 내용은 §940-7 주석 참조.

3. 보수와 비용처리

가. 보수

가정법원은 임의후견감독인의 청구에 의하여 본인의 재산상태 기타 사정을 참작하여 본인의 재산 중에서 상당한 보수를 임의후견감독인에게 수여할 수 있다[본조 ③에 의해 준용되는 §940-7이 준용하는 §955, 家訴 §2 ① ii 가. 23)].[6] 자세한 내용은 §955 주석 참조.

나. 비용처리

임의후견감독인이 후견감독사무를 수행하는데 필요한 비용은 본인의 재산 중에서 지출한다(본조 ③에 의해 준용되는 §940-7이 준용하는 §955-2). 자세한 내용은 §955-2 주석 참조.

V. 임의후견감독인의 사임과 변경

1. 사임

임의후견감독인은 정당한 사유가 있는 경우 가정법원의 허가를 받아 사임할 수 있다(본조 ③에 의해 준용되는 §940-7이 준용하는 §939, 家訴 §2 ① ii 가. 19). 사임사유와 허가절차 등에 대해 자세히는 §939 주석 참조.

6) 임의후견감독인에게 보수를 지급할 필요가 있다는 견해로 오호철(2008), 328-329.

2. 변경

가정법원은 본인의 복리를 위하여 임의후견감독인을 변경할 필요가 있다고 인정하면 직권으로 또는 본인, 친족, 검사, 지방자치단체의 장의 청구에 의하여 임의후견감독인을 변경할 수 있다(본조 ③에 의해 준용되는 §940-7이 준용하는 §940, 家訴 §2 ① ii 가. 24)-5). 그 밖에 임의후견인 또는 임의후견감독인도 임의후견감독인의 변경을 청구할 수 있는지 여부에 대해서는 §940-7 주석 참조. 변경사유에 대해 자세히는 §940 註釋 참조.

특히 가정법원이 임의후견감독인의 변경심판을 하는 경우에는 피임의후견인이 될 사람, 임의후견인, 그 변경이 청구된 임의후견감독인 및 임의후견감독인이 될 사람의 진술을 들어야 한다.[7] 다만, 피임의후견인(피임의후견인이 될 사람을 포함한다)이 의식불명, 그 밖의 사유로 그 의사를 표명할 수 없는 경우에는 그러하지 아니하다(家訴 §45-6 ① ii). 이때 피임의후견인의 진술청취절차는 심문의 방식을 취해야 함이 원칙이나, 그 사람이 자신의 의사를 밝힐 수 없거나 출석을 거부하는 등 심문할 수 없는 특별한 사정이 있는 때에는 그러하지 아니하다(家訴 §45-6 ②).

임의후견감독인 변경심판에 대해서는 변경의 대상이 되는 임의후견감독인이(家訴規 §36 ① iv 가목), 임의후견감독인 변경청구 기각 심판에 대해서는 임의후견감독인 변경청구권자가 즉시항고를 할 수 있다(家訴規 §36 ② vi).

임의후견감독인 변경심판에 앞서 필요한 경우 가정법원은 직권 또는 당사자의 신청에 의해 가소 §62 ①에 따른 사전처분으로서 직무대행자를 선임할 수도 있다(家訴規 §32 ①).

그 밖에 가정법원의 임의후견감독인 변경심판 및 직무대행자 선임심판에 대해 자세히는 §940 및 §940-7 주석 참조.

VI. 가정법원의 감독

가정법원은 필요하다고 인정하면 임의후견감독인에게 감독사무에 관한 보고를 요구할 수 있고 임의후견인의 사무 또는 본인의 재산상황에 대한 조사를 명하거나 그 밖에 임의후견감독인의 직무에 관하여 필요한 처분을 명할 수 있다[본조 ②, 家訴 §2 ① ii 가. 24)-6]. 가정법원이 후견인에 대해 직접 피후견인의 재산상황을 조사하거나 후

7) 이와 같은 의견청취 조항을 마련할 것을 주장했던 견해로 김원태(2011a), 288.

견임무 수행에 관하여 필요한 처분을 명할 수 있는 법정후견의 경우와 달리(§954 참조), 임의후견인은 본인의 임의대리인으로서의 법적 지위를 가지므로 가정법원이 임의후견인의 사무에 직접 개입할 수 없다. 따라서 부득이 가정법원에 의해 선임된 임의후견감독인에게 그 감독사무를 명할 수 있도록 한 것이다.[8]

이에 대해서는 가정법원이 직접 본인을 위해 필요한 처분을 할 수 있도록 후견계약에 대해서도 §954를 준용해야 한다는 입법론적 비판[9]이 있다. 家訴 §45-7은 "가정법원은 법원사무관 등이나 가사조사관에게 임의후견감독사무의 실태를 조사하게 할 수 있다"고 규정하여 사실상 이러한 비판을 절차법적으로 수용하였다.

8) 윤진수·현소혜, 162.
9) 제철웅(2011), 320-321.

第959條의17 (임의후견개시의 제한 등)

① 임의후견인이 제937조 각 호에 해당하는 자 또는 그 밖에 현저한 비행을 하거나 후견계약에서 정한 임무에 적합하지 아니한 사유가 있는 자인 경우에는 가정법원은 임의후견감독인을 선임하지 아니한다.

② 임의후견감독인을 선임한 이후 임의후견인이 현저한 비행을 하거나 그 밖에 그 임무에 적합하지 아니한 사유가 있게 된 경우에는 가정법원은 임의후견감독인, 본인, 친족, 검사 또는 지방자치단체의 장의 청구에 의하여 임의후견인을 해임할 수 있다.

참고문헌: 구상엽(2012), "개정민법상 성년후견제도에 대한 연구 －입법배경, 입법자의 의사 및 향후 과제를 중심으로－", 서울대학교 대학원 박사학위논문; 김원태(2011a), "성년후견 등 심판절차에 관한 가사소송법 정비 방안에 대한 관견", 재산법연구 28－2, 265－301; 김형석(2010), "민법 개정안에 따른 성년후견법제", 가족법연구 24－2, 111－166; 배인구(2013), "성년후견제도에 관한 연구 -시행과 관련된 이론적·실무적 쟁점을 중심으로", 고려대학교 대학원 석사학위논문; 백승흠(2010b), "민법 개정안의 후견계약제도", 대한공증협회지 3, 101－120; 백승흠(2010c), "한국 법무부의 성년후견제도에 관한 민법개정안", 재산법연구 26－3, 201－235

I. 조문의 취지

임의후견은 본인의 자기결정권을 최대한 존중하기 위한 것이므로, 그 내용에 다소간 불합리하거나 부적절한 사항이 있더라도 그 구속력을 함부로 부정하여서는 안 된다. 그러나 본인이 스스로 후견계약을 체결하여 둔 경우라도 후견계약 체결 후 사정 변경으로 인해 그 계약의 내용에 따른 임의후견을 개시하는 것이 오히려 본인의 복리나 가정적 의사에 반하는 결과를 가져올 우려가 있다. 본인이 후견계약 체결 당시 일정한 사정이 있었음을 알지 못한 경우도 같다. 본조는 이러한 경우에 대비하여 가정법원이 후견계약의 구속력으로부터 벗어나 임의후견을 개시하지 않거나, 이미 개시된 임의후견이라도 이를 종료시킬 수 있도록 하였다.

II. 임의후견개시의 제한

1. 사유

가. 후견인 결격사유가 있는 경우

후견계약의 본인이 미리 선임해 놓은 임의후견인이 §937 각호에 해당하는 자인 경우 가정법원은 임의후견감독인을 선임하지 아니한다(본조 ①). 그 결과 §937 각 호에 해당하는 자, 즉 후견인 결격사유 있는 자는 어떠한 경우라도 임의후견인으로서의 직무를 수행하지 못한다. 사실상 임의후견인에 관하여 §937를 준용하는 결과를 수반한다.

§937 각호에 해당하는 자란 ① 미성년자, ② 피성년후견인, 피한정후견인, 피특정후견인, 피임의후견인, ③ 회생절차개시결정 또는 파산선고를 받은 자, ④ 자격정지 이상의 형의 선고를 받고 그 형기 중에 있는 사람, ⑤ 법원에서 해임된 법정대리인, ⑥ 법원에서 해임된 성년후견인, 한정후견인, 특정후견인, 임의후견인과 그 감독인, ⑦ 행방이 불분명한 사람 및 ⑧ 후견계약의 본인을 상대로 소송을 하였거나 하고 있는 자 또는 그 배우자와 직계혈족을 말한다. 자세한 의미는 §937 주석 참조.

§937 각호에 해당하는지 여부는 임의후견감독인 선임심판 당시를 기준으로 판단한다. 따라서 후견계약 체결 당시 §937 각호에 해당하였던 자라도 선임심판 당시 이에 해당하지 않는다면 임의후견이 개시될 수 있으며, 계약 체결 당시에는 §937 각호에 해당하지 않았으나, 임의후견감독인 선임심판 당시 이에 해당한다면 임의후견이 개시될 수 없다.

나. 현저한 비행 그 밖에 후견계약에서 정한 임무에 적합하지 아니한 사유가 있는 자

임의후견인이 현저한 비행을 하거나 후견계약에서 정한 임무에 적합하지 않은 사유가 있는 경우 가정법원은 임의후견감독인을 선임하지 않는다(본조 ①).

이때 "현저한 비행"이란 임의후견인이 본인의 재산을 횡령하거나 본인을 학대한 경우와 같이 본인의 재산관리와 신상보호에 악영향을 미치는 행위를 한 경우를 의미한다.[1] 방탕, 상습도박, 범법행위의 반복과 같이 임의후견인의 행위가 후견제도의 취지에 정면으로 반할 정도로 윤리적 비난의 대상이 되는 경우를 의미한다고 보는 견해[2]도 있다.

"후견계약에서 정한 임무에 적합하지 아니한 사유"가 있는 때라 함은 비행이라고까지는 할 수 없더라도 본인의 재산상태를 악화시키거나 그 이익을 침해하는 행위

---

1) 김형석(2010), 160.
2) 배인구(2013), 83.

를 한 경우 또는 본인의 의사를 존중하지 않는 일이 반복되는 경우 등을 의미한다.

단순히 전문적 지식의 결여나 업무태만으로 인해 본인의 이익을 위태롭게 할 우려가 있다거나, 임의후견인이 질병, 노령, 정신적 장애, 장기간의 해외거주 등으로 인해 그 임무를 충실히 수행하기 어렵다는 것 정도로는 이에 해당한다고 볼 수 없을 것이다.[3] 특히 본인이 이러한 사실을 알면서 의도적으로 그를 임의후견인으로 선임한 경우에는 더욱 그러하다. 본인의 결정을 존중할 필요가 있기 때문이다. 그러나 본인이 후견계약 체결 당시 이러한 사정을 알지 못했다면 본조를 적용할 여지가 있다.

다. 후견계약의 하자

임의후견인의 자격이나 자질에는 아무런 문제가 없으나 후견계약에 어떠한 하자가 있는 경우 가정법원은 이를 이유로 임의후견감독인을 선임하지 않을 수 있는가. 긍정하는 견해[4]가 있다(본조 ①의 유추적용). 가령 후견계약이 의사무능력, 양속위반 등으로 인해 무효인 경우 가정법원은 명시적으로 효력발생의 외관을 부여하지 않음으로써 그것이 무효임을 명확하게 할 필요가 있다는 것이다.

후견계약에 착오·사기·강박과 같은 취소사유가 있는 것에 불과한 경우에도 임의후견감독인을 선임하지 않을 수 있는가. 의문의 여지가 있기는 하지만, 역시 긍정하는 견해[5]가 있다.

2. 효과

임의후견인이 §937 각 호에 해당하는 자 또는 그 밖에 현저한 비행을 하거나 후견계약에서 정한 임무에 적합하지 아니한 사유가 있는 자인 경우 가정법원은 임의후견감독인을 선임하지 않는다. §959-15 ①에 따른 임의후견감독인의 선임청구가 있는 경우라도 이를 기각하여야 하는 것이다. 이로써 당해 후견계약은 더 이상 효력을 발생할 수 없다.

이때 본인은 새로운 후견계약을 체결할 수 있으며, 성년후견의 개시·한정후견의 개시 또는 특정후견의 심판을 청구하여 보호를 받을 수도 있다.[6]

3) 윤진수·현소혜, 165.
4) 해설, 136-137; 윤진수, 309; 김형석(2010), 156; 배인구(2013), 81; 백승흠(2010b), 115.
5) 백승흠(2010b), 115. 유보적인 입장으로 해설, 137.
6) 김형석(2010), 155.

III. 임의후견인의 해임

1. 요건

가. 현저한 비행 그 밖에 후견계약에서 정한 임무에 적합하지 아니한 사유가 있을 것

임의후견감독인을 선임한 후 임의후견인이 현저한 비행을 하거나 그 밖에 그 임무에 적합하지 아니한 사유가 있게 된 경우 가정법원은 임의후견인을 해임할 수 있다(본조 ②). 후견계약 체결 당시 존재하였던 본인과 임의후견인 사이의 신뢰관계가 파괴되었으므로, 그 계약의 구속력으로부터 벗어날 수 있도록 한 것이다. "현저한 비행을 하거나 그 밖에 후견계약에서 정한 임무에 적합하지 아니한 사유"의 의미는 II. 1.과 동일하다.

나. 사유의 발생시기

현저한 비행 그 밖에 그 임무에 적합하지 않은 사유는 임의후견감독인을 선임한 후에 비로소 발생한 것이어야 한다. 임의후견감독인 선임 전에 이러한 사유가 있었던 것만으로는 임의후견인을 해임할 수 없다.

다. 임의후견인에게 결격사유가 발생한 경우

임의후견감독인 선임 후 §937 각호에 해당하는 사유가 발생한 경우에 관해서는 본조 ②에 규정이 없지만, "그 밖에 그 임무에 적합하지 아니한 사유"에 해당하는 것으로 해석하여야 할 것이다. 임의후견에 관해 §937이 준용되고 있지 않으므로, 임의후견감독인 선임 후 임의후견인에게 결격사유가 발생하였다는 것만으로는 임의후견이 당연히 종료된다고 볼 수 없다. 그렇다고 하여 임의후견이 계속 효력을 발생하도록 하는 것은 본인의 복리와 의사에 반할 우려가 있다. 본인은 임의후견감독인 선임 후 이러한 결격사유가 발생할 것을 예측하지 못한 채 그를 임의후견인으로 선임하였을 가능성이 높기 때문이다. 게다가 임의후견감독인 선임 당시에 결격사유가 있을 때에는 본조 ①에 따라 임의후견인이 될 수 없었던 자가 임의후견감독인 선임 후에는 임의후견인의 지위를 유지할 수 있다는 것도 균형에 맞지 않는다.

2. 효과

가. 임의후견인의 해임

임의후견감독인을 선임한 후 임의후견인이 현저한 비행을 하거나 그 밖에 그 임무에 적합하지 아니한 사유가 있게 된 경우 가정법원은 임의후견인을 해임할 수 있다(본조 ②). 성년후견과 같은 법정후견에서는 이와 같은 사유가 있는 경우 후견인을 변경한다. 그러나 임의후견의 경우에는 본인이 선임한 임의후견인을 법원이 자의로 변경하는 것이 허용되지 않으므로, 해임하는 것으로 규정하였다.[7] 따라서 해임된 임의후견인이 갈음하여 새로운 임의후견인을 선임하는 것은 허용되지 않는다.

나. 해임절차

(1) 일정한 자의 청구

가정법원은 본조 ②에서 정한 사유가 있는 경우 임의후견감독인, 본인, 친족, 검사 또는 지방자치단체의 장의 청구에 의하여 임의후견인을 해임할 수 있다. 견해에 따라서는 §940에 따른 후견인변경의 경우에 준하여 가정법원이 직권으로 임의후견인을 해임할 수 있도록 해야 한다고 주장하기도 한다.[8]

(2) 심리

가정법원은 임의후견인의 해임심판을 하는 경우 피임의후견인 및 그 해임이 청구된 임의후견인의 진술을 들어야 한다.[9] 다만, 피임의후견인이 의식불명, 그 밖의 사유로 그 의사를 표명할 수 없는 경우에는 그러하지 아니하다(家訴 §45-6 ① iii). 이때 피임의후견인의 진술청취절차는 심문의 방식을 취해야 함이 원칙이나, 그 사람이 자신의 의사를 밝힐 수 없거나 출석을 거부하는 등 심문할 수 없는 특별한 사정이 있는 때에는 그러하지 아니하다(家訴 §45-6 ②).

다만, 家訴 개정 당시 피임의후견인 본인에 관해서는 그 진술청취절차를 임의규정으로 구성해야 한다는 견해[10]가 있었다. 본인이 원하는 경우라도 임의후견인을 해임해야 할 필요가 있는 경우도 있는데, 이러한 경우에까지 본인의 의견을 듣도록 하는 것은 신속한 대응을 해친다는 것이다.

(3) 해임심판

가정법원은 임의후견인의 해임심판을 할 수 있다[본조 ②, 家訴 §2 ① ii 가. 24)-7]. 이때 해임심판은 당사자와 절차에 참가한 이해관계인(家訴規 §25), 임의후견인 및 임의후견감독인에게 고지하고, 사건 본인에게 통지하여야 한다(家訴規 §35).

(4) 즉시항고

임의후견인 해임심판에 대해서는 본인 또는 임의후견인이(家訴規 §36 ① iv 나목), 임의후견인 해임청구 기각 심판에 대해서는 본조 ②에서 정한 자, 즉 임의후견감독인, 본인, 친족, 검사 또는 지방자치단체의 장이 즉시항고를 할 수 있다(家訴規 §36 ② vii).

7) 윤진수·현소혜, 165; 한봉희·백승흠, 362; 송덕수, 279; 김형석(2010), 160; 백승흠(2010b), 117.
8) 구상엽(2012), 152.
9) 해임이 청구된 임의후견인의 진술청취 규정을 마련할 것을 주장했던 견해로 김원태(2011a), 288.
10) 김원태(2011a), 288.

임의후견인의 해임심판이 확정된 때 가정법원은 지체없이 후견등기 사무를 처리하는 사람에게 후견등기부에 등기할 것을 촉탁하여야 한다(家訴 §9, 家訴規 §5-2 ① iv 라목).

(5) 직무대행자

임의후견인 해임심판에 앞서 필요한 경우 가정법원은 직권 또는 당사자의 신청에 의해 가소 §62 ①에 따른 사전처분으로서 직무대행자를 선임할 수 있다(家訴規 §32 ①). 이때 직무대행자에 대해서는 임의후견인에 관한 규정을 준용함이 원칙이나(家訴規 §32 ①), 가정법원은 상당하다고 인정할 때 언제든지 직무대행자에게 사건본인의 신상보호 또는 재산관리에 필요한 명령을 할 수 있고, 그 선임한 직무대행자를 해임하거나 개임할 수 있다(家訴規 §32 ③). 위와 같은 직무대행자 선임처분은 그 선임된 자 및 해당 임의후견인에게 고지하여야 하고, 사건본인에게 그 뜻을 통지하여야 한다(家訴規 §32 ②).

다. 해임의 효과

해임심판의 확정에 의해 후견계약은 종료한다.[11] 따라서 본인은 새로운 후견계약을 체결할 수 있으며, 성년후견의 개시·한정후견의 개시 또는 특정후견의 심판을 청구하여 보호를 받을 수도 있다.[12] 그 밖에 후견계약 종료에 따른 효과에 대해서는 §959-18 주석 참조.

11) 박동섭·양경승, 475; 김형석(2010), 160; 백승흠(2010c), 227.
12) 김형석(2010), 155.

第959條의18 (후견계약의 종료)

① 임의후견감독인의 선임 전에는 본인 또는 임의후견인은 언제든지 공증인의 인증을 받은 서면으로 후견계약의 의사표시를 철회할 수 있다.

② 임의후견감독인의 선임 이후에는 본인 또는 임의후견인은 정당한 사유가 있는 때에만 가정법원의 허가를 받아 후견계약을 종료할 수 있다.

▮참고문헌: 구상엽(2012), "개정민법상 성년후견제도에 대한 연구 －입법배경, 입법자의 의사 및 향후 과제를 중심으로－", 서울대학교 대학원 박사학위논문; 김원태(2011a), "성년후견 등 심판절차에 관한 가사소송법 정비 방안에 대한 관견", 재산법연구 28－2, 265－301; 김판기(2011), "2011년 민법개정과 향후 과제－제한능력제제도로의 전환을 중심으로－",법학연구 19－2, 43－66; 김형석(2010), "민법 개정안에 따른 성년후견법제", 가족법연구 24－2, 111－166; 김형석(2014c), "성년후견·한정후견의 개시심판과 특정후견의 심판", 서울대 법학 55－1, 443－475; 박인환(2010), "새로운 성년후견제 도입을 위한 민법개정안의 검토", 가족법연구 24－1, 31－74; 박인환(2012), "개정민법상 임의후견제도의 쟁점과 과제", 가족법연구 26－2, 191－228; 배인구(2013), "성년후견제도에 관한 연구 -시행과 관련된 이론적·실무적 쟁점을 중심으로", 고려대학교 대학원 석사학위논문; 백승흠(2010b), "민법 개정안의 후견계약제도", 대한공증협회지 3, 101－120; 이진기(2017), "가족법의 개정과 입법", 가족법연구 31－2, 99－130

I. 조문의 취지

후견계약은 위임계약으로서의 성격을 갖는다. 그리고 위임계약은 각 당사자가 언제든지 해지할 수 있다(§689 ①). 후견계약은 본인과 임의후견인 모두의 신상에 계속적으로 지대한 영향을 미치는 유형의 계약이므로, 그 철회 내지 해지의 자유를 더욱 강력하게 보장할 필요가 있다.[1)] 당사자의 의사가 가장 중요한 의미를 갖기 때문이다.

따라서 본조는 본인 또는 임의후견인이 후견계약의 구속력으로부터 벗어날 수

1) 김형석(2010), 156.

있는 가능성을 보장함과 동시에 이를 요식행위로 구성하여 당사자의 진의를 확보하도록 하였다. 다만, 후견계약이 발효된 후 후견계약을 임의로 종료시킬 경우 본인의 보호에 공백이 발생할 우려가 있을 뿐만 아니라 이해관계인들의 신뢰를 해칠 우려도 있으므로, 이때에는 가정법원으로부터 허가를 받은 때에만 후견계약을 종료할 수 있도록 하였다.[2)]

II. 임의후견감독인 선임 전 후견계약의 철회

1. 철회사유

본인 또는 임의후견인은 임의후견감독인 선임 전이라면 언제든지 자유롭게 후견계약의 의사표시를 철회할 수 있다(본조 ①). 이를 철회하기 위해 어떠한 정당한 이유가 필요한 것은 아니다.

이에 대해 본인에게 사무처리능력이 부족한 상태라면 임의후견인은 정당한 사유가 있을 때에만 이를 철회할 수 있도록 해야 한다는 입법론적 비판을 하는 견해[3)]가 있다. 그러나 이러한 경우라도 §691에 따라 수임인이 일시적으로 본인을 위한 사무처리계속 의무를 부담하므로, 본인의 보호에 특별한 해악이 발생하는 것은 아니라는 견해[4)]도 있다.

2. 철회의 방식

본인 또는 임의후견인이 후견계약의 의사표시를 일방적으로 철회할 경우 후견관계의 존부가 외관상 불명확하여 법률관계의 불안정이 발생할 수 있고, 철회의 의사표시가 있었는지 여부를 둘러싸고 분쟁이 발생할 가능성도 적지 않으므로, 본조는 이를 요식행위로 규정하였다.[5)]

따라서 후견계약 의사표시의 철회는 반드시 공증인의 인증을 받은 서면에 의해 이루어져야 한다(본조 ①). 사서증서의 인증은 「공증인법」 §57에서 정한 방법에 따른다. 즉, 후견계약의 의사표시를 철회하고자 하는 자는 공증인 앞에서 사서증서에 서명 또는 날인하거나, 본인 또는 그 대리인이 사서증서의 서명 또는 날인을 확인한 후 공증인이 그 사실을 증서에 적는 방법에 의하여야 한다.

2) 김형석(2010), 159; 윤진수·현소혜, 167.
3) 구상엽(2012), 158.
4) 윤진수·현소혜, 232.
5) 윤진수·현소혜, 166−167; 김형석(2010), 157.

3. 철회의 효과

후견계약의 의사표시를 철회한 서면이 상대방에게 도달한 경우 당해 후견계약은 효력을 잃는다. 따라서 당해 후견계약에 따른 임의후견감독인 선임청구가 있는 경우 가정법원은 이를 기각하여야 한다.

견해에 따라서는 임의후견감독인 선임 전에 후견계약의 구속력으로부터 벗어나고자 하는 당사자의 의사를 '철회'가 아니라 '해지'로 보아야 한다고 주장하기도 한다.[6] 임의후견감독인 선임 전이라도 본인과 임의후견인 사이에 일정한 권리의무관계가 형성되어 있을 수 있으므로, 그것이 발효되기 전이라도 해지할 필요가 있다는 것이다.

III. 후견계약의 종료

1. 종료사유

임의후견감독인이 선임된 후 본인 또는 임의후견인은 정당한 사유가 있는 때 후견계약을 종료할 수 있다(본조 ②). 후견계약은 본인의 재산관리·신상보호를 목적으로 하므로, 임의의 해지는 본인의 복리에 반할 우려가 있다는 점을 고려한 것이다.[7]

이때 "정당한 사유"란 후견계약의 존속과 그에 따른 후견사무의 계속을 더 이상 곤란하게 하는 중대한 사정의 변경이 있는 경우를 말한다.[8] 임의후견인의 연령, 건강상태, 해외이주, 직업 활동 등으로 인해 그가 임의후견인으로서의 직무를 적절하게 수행할 것으로 기대할 수 없는 경우 또는 본인과 임의후견인 사이의 신뢰관계가 파괴된 경우 등이 이에 포함될 수 있을 것이다. 정당한 사유는 주관적 사정만으로 충분하며, 엄격하게 해석할 것은 아니다.[9]

§959-17 ②에서 정한 임의후견인의 현저한 비행 그 밖에 그 임무에 적합하지 아니한 사유가 있게 된 경우에도 임의후견인을 해임하는 대신 본조 ②에 따라 후견계약을 종료할 수 있다.[10] 임의후견감독인 선임 후 임의후견인에게 §937 각호에서 정한 결격사유가 발생한 경우에도 같다.

---

6) 박인환(2010), 67. 반면 이진기(2017), 121은 임의후견감독인이 선임되기 전에는 후견계약의 효력이 발생하지 않으므로 제1항의 철회는 진정한 의미에서 후견계약의 종료사유가 될 수 없다고 비판한다.

7) 김형석(2010), 159.

8) 박동섭·양경승, 475; 한봉희·백승흠, 362; 최문기, 367; 해설, 146; 김형석(2010), 159-160; 배인구(2013), 78 각주 189), 84; 백승흠(2010b), 116-117.

9) 김형석(2010), 159 각주 44); 박인환(2010), 67.

10) 신영호·김상훈·정구태, 268; 김형석(2010), 160.

2. 가정법원의 허가

임의후견감독인이 선임된 후 본인 또는 임의후견인이 후견계약을 종료하기 위해서는 가정법원의 허가를 받아야 한다[본조 ②, 家訴 §2 ① ii 가. 24)−8]. 후견계약의 양 당사자가 후견계약의 종료에 합의한 때에도 가정법원의 허가가 필요한가. 긍정하는 견해[11]가 있다.

후견계약의 종료에 관한 허가심판을 하고자 하는 경우 가정법원은 피임의후견인 및 임의후견인의 진술을 들어야 한다.[12] 다만, 피임의후견인(피임의후견인이 될 사람을 포함한다)이 의식불명, 그 밖의 사유로 그 의사를 표명할 수 없는 경우에는 그러하지 아니하다(家訴 §45−6 ① iv). 이때 피임의후견인의 진술청취절차는 심문의 방식을 취해야 함이 원칙이나, 그 사람이 자신의 의사를 밝힐 수 없거나 출석을 거부하는 등 심문할 수 없는 특별한 사정이 있는 때에는 그러하지 아니하다(家訴 §45−6 ②).

후견계약 종료의 허가심판에 대해서는 본인 또는 임의후견인이 즉시항고를 할 수 있다(家訴規 §36 ① iv 다목).

일부 견해[13]는 가정법원의 허가심판이 있더라도 후견계약이 당연히 종료하는 것은 아니며, 상대방에게 종료의 의사표시를 하여야 한다고 주장하나, 가정법원은 후견계약 종료의 허가 심판이 확정된 때 지체없이 후견등기 사무를 처리하는 사람에게 후견등기부에 등기할 것을 촉탁하고 있다(家訴 §9, 家訴規 §5−2 ① iv 마목).

3. 종료의 효과

후견계약이 종료된 경우 후견계약은 장래를 향하여 효력을 잃는다.[14] 해지와 동일한 효력이 인정되는 것이다. 따라서 임의후견인은 더 이상 후견계약에 기초한 권리의무를 부담하지 않으나, 기왕에 임의후견인이 했던 법률행위는 유효하다. 이때 임의후견인은 후견사무 종료에 따른 관리의 계산을 하여야 한다(§957 유추적용).[15] 후견계약을 종료하더라도 가정법원이 새로운 임의후견인을 선임할 수 있는 것은 아니다. §959−17 주석 참조.

11) 신영호·김상훈·정구태, 265. 다만 합의사실의 존재는 가정법원이 정당한 사유의 유무를 판단할 때 고려될 것이라고 한다.
12) 후견계약 종료허가 심판시 임의후견인의 진술청취 규정을 마련할 것을 주장했던 견해로 김원태(2011a), 288.
13) 신영호·김상훈·정구태, 265.
14) 윤진수·현소혜, 167; 한봉희·백승흠, 362; 김형석(2010), 160; 백승흠(2011a), 38.
15) 윤진수·현소혜, 167; 한봉희·백승흠, 362; 김형석(2010), 160; 백승흠(2010b), 117; 백승흠(2011a), 38.

4. 그 밖의 사유로 인한 종료

위임계약은 당사자 한 쪽의 사망이나 파산으로 종료된다(§690 전단). 수임인이 성년후견개시의 심판을 받은 경우에도 이와 같다(§690 후단). 후견계약 역시 위임계약으로서의 성격을 가지므로, 특칙이 없는 한 §690이 적용된다. 따라서 본인이 사망하거나 파산한 경우, 임의후견인이 사망하거나 파산하거나 성년후견개시심판을 받은 경우 후견계약은 종료한다.[16] 이때에는 가정법원의 허가를 받을 필요가 없다. 이에 대해서는 본인이 파산한 경우에까지 후견계약이 종료되도록 보는 것은 본인의 보호에 공백을 가져올 우려가 있다는 지적[17]이 있다.

후견계약은 §959-20 ①에 따른 성년후견 또는 한정후견 개시심판이 있는 때에도 종료한다(§959-20 ①). 별도로 후견계약 종료의 허가심판을 받아야 하는 것은 아니다.

종료의 효과는 본조의 경우와 동일하다.

IV. 후견계약의 변경

본인과 임의후견인은 후견계약을 변경할 수 있는가.

후견계약이 효력을 발생하기 전에는 공증인의 인증을 받은 서면에 의해 대리권의 범위를 축소 또는 확대할 수 있다는 견해[18]와 공정증서에 의해 후견계약을 변경할 수 있다는 견해[19]가 대립한다.

반면 임의후견감독인이 선임된 후에는 후견계약의 변경이 허용되지 않는다는 견해[20]와 가정법원이 허가를 받아 간이하게 후견계약을 변경할 수 있다는 견해[21]가 대립한다. 앞의 견해에 따를 경우 본조 ②에 따라 가정법원의 허가를받아 후견계약을 종료한 후 새롭게 후견계약에 관한 공정증서를 작성하고 임의후견감독인을 선임하여야 하는데, 이는 지나치게 번잡하다는 것이 후설의 근거이다.

입법론으로서 후견계약 변경에 관한 규정을 마련할 것을 주장하는 견해[22]도 있다.

---

16) 신영호·김상훈·정구태, 268; 해설, 148; 배인구(2013), 84-85. 이러한 보호의 공백상태를 막기 위해서는 입법론적으로 임의후견인이 사망하는 경우 임의후견감독인에게 성년후견이나 한정후견개시심판 청구권을 부여하는 것을 긍정적으로 검토할 필요가 있다는 지적으로 이영규(2019), 412.
17) 구상엽(2012), 158 각주 340).
18) 신영호·김상훈·정구태, 264.
19) 해설, 139; 배인구(2013), 78; 박인환(2010), 68; 박인환(2012), 217.
20) 김형석(2014c), 468; 배인구(2013), 78-79.
21) 박인환(2010), 68-69; 박인환(2012), 217.
22) 김판기(2011), 61.

第 959 條의19 (임의후견인의 대리권 소멸과 제3자와의 관계)

임의후견인의 대리권 소멸은 등기하지 아니하면 선의의 제3자에게 대항할 수 없다.

▮참고문헌: 구상엽(2012), "개정민법상 성년후견제도에 대한 연구 −입법배경, 입법자의 의사 및 향후 과제를 중심으로−", 서울대학교 대학원 박사학위논문; 김형석(2010), "민법 개정안에 따른 성년후견법제", 가족법연구 24−2, 111−166; 백승흠(2010b), "민법 개정안의 후견계약제도", 대한공증협회지 3, 101−120; 윤태영(2014), "임의후견제도에 관한 개정민법의 평가", 민사법의 이론과 실무 17−1, 63−91; 현소혜(2013a), "제한적 행위능력 제도와 거래의 안전", 서강법률논총 2−2, 31−63

I. 조문의 취지

임의후견인의 대리권이 소멸한 경우 임의후견인은 더 이상 본인을 대리하여 행위할 수 없다. 따라서 대리권 소멸 후 대리행위는 무권대리로 무효이다. 그러나 거래의 상대방으로서는 임의후견인의 대리권이 소멸하였는지 여부를 쉽게 확인할 수 없으므로, 임의후견인을 신뢰하였던 거래 상대방을 보호할 필요가 있다. 본인의 입장에서도 임의후견인이었던 자와 거래한 상대방이 §129에 따른 표현대리의 성립을 주장할 경우 불측의 손해를 입을 수 있다.

따라서 본조는 대리권의 소멸을 등기한 경우 표현대리의 성립을 저지할 수 있도록 함으로써 본인을 보호하는 한편,[1] 본인이 대리권의 소멸을 등기하지 않은 경우에는 이를 알지 못했던 거래의 상대방에게 대항할 수 없도록 함으로써 거래의 안전도 도모하고 있다.[2] 대리권 소멸 후 무권대리의 문제에 대해 법정후견과 임의후견의 경우를 달리 취급하는 본조의 태도에 대해서는 비판적인 견해[3]도 없지 않다.

1) 김형석(2010), 161.
2) 윤태영(2014), 84; 현소혜(2013a), 53.
3) 구상엽(2012), 158−159.

II. 요건

1. 대리권의 소멸

본조는 임의후견인의 대리권이 소멸한 경우에 관한 규정이다.

임의후견인의 대리권은 원인된 법률관계, 즉 후견계약이 종료하는 경우에 절대적으로 소멸한다(§128). §959−18 ② 또는 §959−20 ①에 의해 후견계약이 종료된 경우가 이에 해당한다. 후견계약의 본인이 사망하거나 파산한 경우에도 후견계약이 종료된다(§690). 자세한 내용은 §§959−18, 959−20 주석 참조.

임의후견인의 대리권이 상대적으로 소멸하는 경우도 있다. 임의후견인이 사망하거나, §959−17 ②에 따라 가정법원에 의해 해임된 경우가 그러하다. §127에 따르면 임의후견인에게 성년후견개시심판이 있었던 경우 또는 임의후견인이 파산한 경우에도 임의후견인의 대리권이 자동적으로 소멸하는 것처럼 보이지만, 이때에는 §937 소정의 결격사유가 발생한 것으로 보아 §959−17 ②에 따른 해임심판을 거친 후에야 비로소 대리권이 소멸한다고 볼 것이다. 본인의 보호에 공백이 생길 우려가 있기 때문이다. §959−17 註釋 참조.

2. 등기

임의후견인의 대리권이 소멸하였음이 후견등기부에 등기되어야 한다(본조). §959−17 ② 및 §959−18 ②에 따른 대리권 소멸의 경우에는 가정법원의 확정심판에 기해 그 등기가 촉탁되는 반면(家訴 §9, 家訴規 §5−2 ① iv 마목), 본인의 사망 또는 파산 등의 경우에는 임의후견인이 종료등기를 신청하여야 한다(후견등기법 §29 ①).

III. 효과

임의후견인의 대리권 소멸을 등기한 경우에는 선의의 제3자에게도 대항할 수 있다(본조의 반대해석). 따라서 본인은 언제나 임의후견인의 대리권 소멸 후 무권대리 행위에 대한 책임을 면한다. 선의의 제3자는 §129에 따른 표현대리의 성립도 주장할 수 없다. 본조가 §129에 대한 특칙을 이루기 때문이다.[4)]

반면 임의후견인이 대리권 소멸을 등기하지 않은 경우 본인은 선의의 제3자에게 대항할 수 없다(본조). 선의의 제3자에게 알지 못한데 과실이 있더라도 본인은 당해

---

4) 김주수·김상용, 579; 윤진수·현소혜, 168; 송덕수, 279; 김형석(2010), 161; 백승흠(2010b), 117.

무권대리행위에 대해 책임을 면할 수 없다.[5] 이때 제3자가 선의인지 여부에 대해서는 제3자가 스스로 선의임을 입증해야 한다는 견해[6]와 본인이 제3자의 악의를 입증해야 한다는 견해[7]가 대립한다. 뒤의 견해는 특히 제3자에게 후견등기사항증명서의 발급청구권이 인정되지 않으므로, 증거와의 거리상 본인이 이를 입증하는 것이 타당하다고 주장한다.

5) 윤진수·현소혜, 168; 백승흠(2010b), 117.
6) 김형석(2010), 161.
7) 현소혜(2013a), 53.

第959條의20 (후견계약과 성년후견·한정후견·특정후견의 관계)

① 후견계약이 등기되어 있는 경우에는 가정법원은 본인의 이익을 위하여 특별히 필요할 때에만 임의후견인 또는 임의후견감독인의 청구에 의하여 성년후견, 한정후견 또는 특정후견의 심판을 할 수 있다. 이 경우 후견계약은 본인이 성년후견 또는 한정후견 개시의 심판을 받은 때 종료된다.

② 본인이 피성년후견인, 피한정후견인 또는 피특정후견인인 경우에 가정법원은 임의후견감독인을 선임함에 있어서 종전의 성년후견, 한정후견 또는 특정후견의 종료 심판을 하여야 한다. 다만, 성년후견 또는 한정후견 조치의 계속이 본인의 이익을 위하여 특별히 필요하다고 인정하면 가정법원은 임의후견감독인을 선임하지 아니한다.

▌참고문헌: 구상엽(2012), "개정민법상 성년후견제도에 대한 연구 —입법배경, 입법자의 의사 및 향후 과제를 중심으로—", 서울대학교 대학원 박사학위논문; 권영준(2018), "2017년 민법 판례 동향", 서울대학교 법학 59—1, 421—550; 김미경(2018a), "임의후견 우선의 원칙에 대한 고찰— 프랑스 파기원 Cass. 1re civ., 4 janv. 2017, no 28669를 중심으로", 충북대학교 법학연구 29—2, 221—244; 김미경(2018b), "임의후견과 법정후견의 연관성", 경북대학교 법학논고 63, 263—286; 김윤정(2020), "임의후견제도의 활성화를 위한 제언", 민사법연구 28, 47—67; 김현진(2012), "프랑스의 성년후견제도 —장래보호위임계약을 중심으로—, 가족법연구 26—1, 71—126; 김현진(2015), "고령화 사회의 대비책: 후견계약"", 한국가족법학회, 가족법연구 29—1, 129—176; 김형석(2010), "민법 개정안에 따른 성년후견법제", 가족법연구 24—2, 111—166; 김형석(2014c), "성년후견·한정후견의 개시심판과 특정후견의 심판", 서울대 법학 55—1, 443—475; 박인환(2010), "새로운 성년후견제 도입을 위한 민법개정안의 검토", 가족법연구 24—1, 31—74; 박인환(2012), "개정민법상 임의후견제도의 쟁점과 과제", 가족법연구 26—2, 191—228; 박인환(2014a), "새로운 성년후견제도에 있어서 특정후견 도입의 의의와 과제", 민사법의 이론과 실무, 1—31; 박인환(2019), "성년후견에 있어서 본인 의사 존중과 임의후견우선의 원칙", 전북대학교 법학연구 60, 105—131; 박인환(2021a), "공공후견 및 의사결정지원 촉진을 위한 입법과제", 법조 70—3, 43—86; 박인환(2023a), "고령자·장애인의 의사결정지원을 위한 후견계약의 활용가능성과 과제", 민사법학 103, 233—280; 배인구(2013), "성년후견제도에 관한 연구 —시행과 관련된 이론적·실무적 쟁점을 중심으로", 고려대학교 대학원 석사학위논문; 송호열(2002), "임의성년후견제도", 동아법학 31, 271—293; 윤태영(2022b), "임의후견보다 법정후견을 우선할만한 '본인의 이익을 위하여 특별히 필요할 때'의 의미", 민사법학 98, 119—147; 윤태영·강주영(2023), "성년후견과 후견신탁의 조화 및 신탁의 활성화를 위한 법적 과제", 법조 72—1, 58—80; 오호철(2008), "일본의 성년후견제도와 우리나라의 성년

후견법안의 비교", 비교사법 15−2, 295−335; 이동진(2018), "한국 성년후견제도의 현황과 전망, 과제", 가족법연구 32−1, 183−228; 이영규(2014a), "임의후견제도의 활성화방안", 한양법학 25−3, 77−102; 제철웅(2008), "성년후견제도의 개정방향", 민사법학 42, 111−149; 제철웅(2011), "요보호성인의 인권존중의 관점에서 본 새로운 성년후견제도", 민사법학 56, 277−331; 제철웅(2014b), "개정 민법상의 후견계약의 특징, 문제점 그리고 개선방향 :후견대체제도의 관점을 중심으로", 민사법학 66, 99−134; 제철웅·박주영(2007), "성년후견제도의 도입논의와 영국의 정신능력법의 시사점", 가족법연구 21−3, 275−310; 현소혜(2021), "2010년대 가족법 판례의 경향과 흐름", 안암법학 63, 235−412

I. 조문의 취지

본조는 성년후견·한정후견·특정후견과 같은 법정후견과 임의후견 간의 관계를 정하기 위한 조문이다. 원칙적으로는 후견계약에 있는 경우에는 법정후견이 개시되지 않는다. 이를 '보충성의 원칙'이라고 한다. 자기결정권을 최대한 존중하기 위함이다. 본조는 이와 같은 보충성의 원칙을 선언하는 것을 주된 목적으로 하고 있다.[1] 따라서 본조는 법정후견이 개시된 경우 임의후견의 효력과 임의후견이 개시된 경우 법정후견의 효력에 관해 규정한다.

그러나 사안에 따라서는 법정후견을 개시하는 것이 피후견인의 복리를 위해 더욱 바람직한 경우도 없지 않다. 본조는 이러한 경우에 대비하여 보충성의 원칙을 일부 포기하고, 임의후견과 법정후견 간의 우선순위가 조정될 수 있도록 하였다.[2]

II. 법정후견이 아직 개시되지 않은 경우

1. 요건

가. 후견계약이 등기되어 있는 경우

후견계약이 등기되어 있는 경우 가정법원은 본인의 이익을 위하여 특별히 필요한 때에만 성년후견, 한정후견 또는 특정후견의 심판을 할 수 있다(본조 ①). 조문의 해석상 후견계약이 체결되었더라도 등기되어 있지 않았다면, 가정법원은 '본인의 이익을 위하여 특별히 필요한 때'의 제한을 받지 않고 법정후견의 개시 여부를 결정할

1) 김주수·김상용, 579; 신영호·김상훈·정구태, 269. 이러한 원칙의 명문화를 주장했던 견해로 송호열(2002), 275−276; 오호철(2008), 329−330. 반면 입법론적으로는 임의후견과 법정후견의 양립 병행을 금지할 필요가 없다는 견해로 박인환(2023a), 251.

2) 김주수·김상용, 580; 김형석(2010), 162.

수 있다.[3]

후견계약의 등기가 법정후견의 심판청구 전에 마쳐져 있어야 하는지도 문제된다. 법정후견에 대한 임의후견 우선 원칙을 남용하는 사례에 대비해, 동조는 법정후견 심판청구 이후 후견계약이 체결되어 등기된 경우에는 원칙적으로 동조가 적용되지 않는다고 해석하는 견해도 있다.[4] 그렇지만 대법원은, 민법 제959조의20 제1항에서 후견계약의 등기 시점에 특별한 제한을 두지 않고 있고, 같은 조 제2항 본문이 본인에 대해 이미 한정후견이 개시된 경우에는 임의후견감독인을 선임하면서 종전 법정후견의 종료 심판을 하도록 한 점 등에 비추어 보면, 위 제1항은 본인에 대해 후견개시심판 청구가 제기된 후 심판이 확정되기 전에 후견계약이 등기된 경우에도 적용이 있다고 보아야 한다고 판단하고, 나아가 본인의 이익을 위하여 특별히 필요하다고 인정할 때에만 한정후견개시심판을 할 수 있다고 판단하였다.[5] 다만 이하에서 서술하는 바와 같이, 대법원은 법정후견 개시심판이 청구된 후 심판이 확정되기 전에 후견계약이 등기된 경우에는, 등기된 후견계약에도 불구하고 사건본인의 이익을 위하여 한정후견 심판을 할 특별한 필요성을 쉽게 인정하는 경향이 있다.

나. 본인의 이익을 위하여 특별히 필요한 때

"본인의 이익을 위하여 특별히 필요한 때"란 후견계약의 존재에도 불구하고 본인에게 필요한 보호를 제공할 수 없는 경우를 말한다.[6] 본인이 선임해 놓은 임의후견인에게 결격사유가 발생하여 임의후견감독인의 선임이 불가해지거나 실질적인 직무수행이 불가능한 경우, 임의후견인이 현저한 비행이나 후견계약에서 정한 임무에 적합하지 아니한 사유가 있는 경우, 후견계약이 있기는 하지만 당해 계약에서 위탁하고 있는 사무의 범위가 지나치게 한정되어 있어 본인을 위해 필요한 포괄적인 보호의 제공이 불가능한 경우, 본인의 보호를 위해 그의 행위능력을 제한할 필요가 있는 경우, 임의후견인에게 본인을 학대한 사정이 있는 경우 등이 이에 해당할 수 있을 것이다.[7]

대법원은 '본인의 이익을 위하여 특별히 필요할 때'에 관해, "후견계약의 내용, 후견계약에서 정한 임의후견인이 임무에 적합하지 않은 사유가 있는지, 본인의 정신적 제약 정도, 그 밖에 후견계약과 본인을 둘러싼 여러 사정을 종합하여, 후견계약에

3) 김윤정(2020), 54. 다만 김미경(2018a), 234는 등기는 하지 않았으나 공정증서에 의하여 후견계약을 체결한 후에 법정후견을 청구하는 경우, 법원이 법령상 제한 없이 법정후견 개시 여부를 결정할 수 있기는 하지만, 본인의사가 이미 표출된 경우이므로 본인의사 존중의 이념과 임의후견우선의 우선의 원칙의 취지상 법정후견을 선고할 때 후견계약의 내용을 고려할 필요가 있다고 한다.

4) 이영규(2014a), 91.

5) 대법원 2017. 6. 1.자 2017스515 결정; 대법원 2021. 7. 15.자 2020으547 결정.

6) 구상엽(2012), 159－160.

7) 신영호·김상훈·정구태, 270; 윤진수·현소혜, 170; 해설, 150; 김윤정(2020), 55; 배인구(2013), 85.

따른 후견이 본인의 보호에 충분하지 않아 법정후견에 의한 보호가 필요하다고 인정되는 경우"라는 일반적인 기준을 제시한 바 있다.[8] 그런데 이 판시가 이루어진 두 개의 별개 사건에서는 법정후견 개시심판이 청구된 이후 후견계약이 등기되었고 그 이후 법정후견 심판이 확정되었는데, 대법원은 사건본인의 이익을 위하여 법정후견 심판을 할 특별한 필요성을 인정하였다.

이로 미루어 판례는 법정후견 개시청구 이후 임의후견감독인 선임청구를 한 경우, 가족 간 본인의 재산관리를 둘러싼 분쟁에서 우월한 지위를 차지하려는 사람에 의하여 임의후견이 남용될 위험을 우려해 '본인의 이익을 위하여 특별히 필요한 때'에 해당한다고 이해하는 것 같다.[9] 그렇지만 이는 본인의 보호에 초점을 둔 것이라기보다는 장차 상속재산을 둘러싼 다툼이 발생할 여지가 큰 점 등을 이유로 한정후견이 보다 적절하다고 판단한 것으로 해석되는데,[10] 가족 간 재산관리를 둘러싼 다툼 그 자체를 본인의 이익 보호와 직접 관련이 있는 것으로 판단하기에는 무리가 있으며, 후견계약 체결의 진정성 판단의 곤란을 본인 이익을 빙자하여 회피하는 것으로 보인다는 비판도 제기되고 있다.[11] 또한 후견계약이 공정증서로 작성되었음에도 불구하고 법원의 가부장적 관점에서 후견계약 우선의 원칙을 배척하는 경향으로 인해 후견계약의 이용이 저조한 상태로 머무르게 되는 것을 우려하는 목소리도 있다.[12] 이 규정의 취지를 존중하려면, 후견계약이 악용될 구체적 타당성, 예컨대 임의후견 개시 후 본인의 정신적 능력이 더욱 쇠퇴하여 더욱 강력한 형태의 후견이 필요하게 되었거나, 후견계약의 내용이 부당하거나, 후견계약에 따른 임의후견인의 권한이 본인을 충실히 보호하는데 미흡하거나, 임의후견인이 본인의 이익 보호에 적합하지 않거나 적합하지 않게 되었는지[13]에 관해 적극적으로 심사할 필요가 있을 것이다.[14]

2. 절차

위와 같은 요건이 갖추어진 경우 가정법원은 임의후견인 또는 임의후견감독인의 청구에 의해 성년후견, 한정후견 또는 특정후견의 심판을 할 수 있다. 법정후견 청구

8) 대법원 2017. 6. 1.자 2017스515 결정; 대법원 2021. 7. 15.자 2020으547 결정.
9) 우리 민법 규정상 후견계약은 법정후견에 비해 비용 면에서 크게 이익이 없고 번거로운 면이 있음에도 불구하고 굳이 후견계약을 체결했다면, 이는 임의후견수임인이 법정후견을 회피해 후견인 지위를 확보하기 위한 것일 가능성이 있어 그만큼 의심스러운 것으로 취급될 가능성이 높다는 서술로 이동진(2018), 202.
10) 윤태영·강주영(2023), 74.
11) 윤태영(2022b), 140.
12) 박인환(2019), 126; 박인환(2021a), 57.
13) 권영준(2018), 537.
14) 김미경(2018b), 281; 현소혜(2021), 323.

권자로 '임의후견인 또는 임의후견감독인'을 정한 것은 임의후견에서 법정후견으로 원활하게 이행할 수 있도록 한 것이다.[15] 임의후견인이나 임의후견감독인 이외에 본인, 배우자, 4촌 이내의 친족, 검사 또는 지방자치단체의 장 등도 법정후견의 심판을 청구할 수 있는가. §§9, 12, 14-2 등의 규정을 들어 긍정하는 견해[16]와, 본조가 위 각 조문에 대한 특칙임을 이유로 부정하는 견해[17]가 대립한다.

3. 효과

가. 성년후견 또는 한정후견 개시심판

후견계약이 등기되어 있음에도 불구하고 가정법원이 본조 ①에 따라 성년후견 또는 한정후견의 개시심판을 한 경우 후견계약은 그 때로부터 종료한다(본조 ① 2문). 즉 임의후견과 성년후견·한정후견은 병존할 수 없다.

이에 대해서는 임의후견과 법정후견간의 병존을 널리 인정해야 한다는 입법론적 비판[18]이 있다. 자기결정권을 최대한 존중하기 위해 임의후견에 의해 보호받을 수 있는 부분에 대해서는 임의후견의 효력을 인정하고, 보호에 공백이 생기는 부분에 한해 성년후견이나 한정후견을 개시할 필요가 있다는 것이다.

나. 특정후견의 심판

가정법원이 본조 ①에 따라 특정후견의 심판을 한 경우라도 후견계약은 종료하지 않는다(본조 ① 2문). 즉 임의후견과 특정후견은 병존할 수 있다. 이에 대해서는 특정후견은 일시적·특정적 보호제도이므로, 임의후견과 충돌하지 않는다는 점,[19] 임의후견인의 권한은 후견계약에 의해 확정되어 변경이 불가능하므로 임의후견인의 권한이 미치지 아니하는 영역에 대해 특정후견을 사용할 실익이 있다는 점(후견계약의 변경가능성에 대해서는 §959-18 註釋 참조)[20] 등을 근거로 찬성하는 견해와 임의후견과 특정후견의 충돌가능성을 이유로 특정후견의 심판이 있을 때 일시적으로 후견계약의 효력을 정지시킬 필요가 있다는 견해[21]가 대립한다.

---

15) 대법원 2021. 7. 15.자 2020으547 결정.
16) 윤진수·현소혜, 170; 윤진수, 309; 구상엽(2012), 160; 배인구(2013), 85; 윤태영(2022b), 130.
17) 박인환(2010), 64.
18) 제철웅·박주영(2007), 280; 구상엽(2012), 160-161; 김현진(2012), 122; 김현진(2015), 158; 박인환(2010), 69-70; 박인환(2012), 222-223; 제철웅(2008), 114-115; 제철웅(2011), 319; 제철웅(2014b), 123 등.
19) 김주수·김상용, 581 각주 25).
20) 김형석(2014c), 468; 박인환(2014a), 24.
21) 김현진(2012), 121-122.

다. 종료의 의미

본인이 성년후견 또는 한정후견 개시의 심판을 받은 때 후견계약이 종료된다는 것은 이미 임의후견감독인이 선임되어 효력이 발생한 후견계약이 종료된다는 것을 의미하는지에 대해서는 대립하는 두 견해가 있다. 우선 종료되는 후견계약은 임의후견감독인까지 선임되어 발효된 후견계약을 의미한다는 견해는, 아직 임의후견감독인이 선임되기 전에 성년후견이나 한정후견개시심판을 받은 경우에는 임의후견인은 후견인으로서의 권한을 행사할 수 없고 따라서 성년후견인이나 한정후견인의 권한과 충돌될 여지가 없으므로 구태여 후견계약을 종료시킬 필요가 없으며, 아직 임의후견감독인이 선임되지 않았음에도 불구하고 법정후견개시결정으로써 후견계약이 종료된다고 본다면 사건본인은 다시 후견계약을 체결하고 임의후견감독인 선임을 신청해 법정후견을 종료시킬 수 있게 되지만, 그렇게 하는 것은 당사자로 하여금 불필요한 노력을 더 하도록 하는 것이 될 뿐이라는 점을 근거로 한다.[22] 이에 반대하는 견해는, 본조 ① 전문의 '후견계약'과 후문의 '후견계약'을 달리 해석해야 할 합리적인 근거가 없으며, ① 후문의 '이 경우'는 동항 전문에 따라서 등기된 후견계약에도 불구하고 법정후견에 의한 보호가 특별히 필요한 경우를 의미할 것인데, 그럼에도 불구하고 종료되지 않은 후견계약이 존재한다면 다시 동조 ② 단서에서의 '특별한 필요'에 대해 이중으로 판단하게 됨으로써 소송경제에 반하거나 판단의 모순 저촉이 일어날 가능성이 있다고 한다.[23] 대법원 2021. 7. 15.자 2020으547 결정은, 법정후견 심판을 한 경우 후견계약은 임의후견감독인의 선임과 관계없이 본인이 성년후견 또는 한정후견 개시의 심판을 받은 때 종료한다고 판단하였다.

III. 법정후견이 개시된 경우

1. 보충성의 원칙

가. 임의후견의 개시

이미 성년후견 또는 한정후견이 개시되거나 특정후견의 심판이 있는 경우라도 후견계약에 따른 임의후견감독인의 선임 청구가 있는 경우 가정법원은 임의후견을 개시할 수 있다. 임의후견이 법정후견에 앞서기 때문이다. 후견계약이 법정후견보다 먼저 등기되어 있었어야 하는 것도 아니다.

---

22) 김미경(2018a), 236; 윤진수·현소혜, 172; 윤진수, 310.
23) 김성우, 200.

나. 법정후견의 종료

이때 가정법원은 임의후견감독인 선임과 동시에 종전의 성년후견, 한정후견 또는 특정후견의 종료심판을 하여야 한다(본조 ② 본문). 이에 대해서는 임의후견과 특정후견의 병존을 긍정하는 전제 하에 특정후견의 종료심판을 강제할 필요가 없다는 지적이 있다.[24)]

2. 예외 : 법정후견의 유지

피성년후견인, 피한정후견인 또는 피특정후견인에 대하여 §959-15에 따른 임의후견감독인 선임청구가 있는 경우라도 성년후견 또는 한정후견 조치의 계속이 본인의 이익을 위하여 특별히 필요하다고 인정하면 가정법원은 임의후견감독인을 선임하지 않을 수 있다(본조 ② 단서).

이때 "본인의 이익을 위하여 특별히 필요하다고 인정"되는 경우의 의미에 대해서는 위 II. 1. 참조.

특정후견의 심판이 계속될 필요가 있다는 이유만으로 임의후견감독인 선임청구를 기각할 수는 없다. 이때에는 일단 임의후견을 개시한 후 동일한 내용의 새로운 특정후견의 심판을 하는 것이 가능하기 때문이다(본조 ①).

24) 김주수·김상용, 581; 구상엽(2012), 162; 배인구(2013), 86.

第 6 章

第 960 條 ~ 第 973 條

削除 〈2011. 3. 7.〉

第 7 章　扶養

[前註]

▌**참고문헌**: 강현중, "미성숙 자녀의 양육과 부양", 司集 12(1981); 고영아, "생명침해로 인한 손해배상청구권의 구성에 관한 재고찰", 민사법학 49−1(2010); 곽동헌, "기여분제도에 관련된 몇 가지 문제", 家研 4(1990); 권덕진, "양육비와 소멸시효", 가사재판연구2(2011); 권재문, 민법상 부모부양의무의 한계, 서울대석사논문(2001); 김형석, "양육비청구권을 자동채권으로 하는 상계", 家研 21−3(2007); 박근웅, "상속에 의한 기업승계의 몇 가지 문제", 비교사법 27−3(2020); 박병호·김유미, "과거의 양육비 구상", 서울대법학 35−3, 4(1994); 박삼봉, "부모의 자녀 양육의무와 과거의 양육비 상환청구", 김용준화갑기념(1998); 박우동, "생명 신체의 침해로 인한 손해배상액의 산정(속)", 司集 5(1974); 박우동, "인신사고에 의한 손해배상청구권의 상속성", 인신사고소송(1981); 변진장, "이혼 후의 미성년인 자에 관련된 법률문제", 司集 16(1985); 서인겸, "부양의무 이행의 순위 및 체당부양료의 구상에 관한 고찰", 경희법학 49−3(2014); 서종희, "부양의무불이행으로 발생한 정신적 손해", 家研 25−2(2011); 신영호, "피상속인에 대한 상속인의 부양과 상속과의 관계", 재판자료 102(2003); 신영호 "고령사회의 도래와 친족법상의 과제", 안암법학20(2005); 신동훈, "가사소송에서의 특별대리인", 재판자료 102(2003); 안경희·남윤삼, "민법상 부모부양과 자녀부양", 법학연구 55−1(2014); 양창수, "혼인외 자의 인지와 부의 사망으로 인한 손해배상", 민법산책(2006); 엄경천, "부양법, 가족법상 독자성을 찾아서", 家研 29−3(2015); 오종근, "부부간 부양청구권과 양육비청구권", 민판연 41(2019); 옥도진, "민법상 부양의 체계", 민법논고(2020); 유진식, "부양청구의 심판상 제문제", 司集 17(1986); 윤여헌·김용찬, "부부의 생활비용분담", 재판자료 62(1993); 윤진수, "사실혼배우자 일방이 사망한 경우의 재산문제", 저스티스100(2007); 이경희, "자에 대한 부모의 부양의무의 법적 근거", 법학연구 24−1(2014); 이동철, "친권행사자 및 양육자 지정, 양육

비 청구에 관한 몇 가지 문제", 실무연구 X(2005); 이순동, "가족법상 부양의무와 세법", 조세법연구 10−2(2004); 이승우, "노친부양소고", 家研 14(2000); 이승우, "특별한 부양과 기여분", 성균관법학 13−2(2001); 이은영, "부양청구권", 고시계 37−11(1992); 이재찬, "부양의무의 순위 및 그에 기초한 구상관계에 관한 연구", 민판연 38(2016); 이충은·김상찬, "일본의 부모 부양제도에 관한 연구", 강원법학 46(2015); 임종효, "양육비청구권에 관한 기초 이론 및 실무상 쟁점", 司集 51(2011); 정귀호, 부양에 관한 연구, 서울대박사논문(1987); 제철웅, "부양청구권 및 부양비용 상환청구권에 관한 몇 가지 해석론적 제안", 법학논총 31−1(2014); 조일환, "손해배상청구권의 상속", 家研 13(1999); 조해섭, "특별한 부양과 기여분, 특별수익", 판례해설 31(1999); 진성규, "일실이익의 배상액산정에 있어서의 손익상계", 사법연구자료7(1980); 최상열, "특별한 부양과 기여분", 실무연구Ⅵ(2000); 최행식, "기여분의 주체와 요건에 관한 제문제", 家究 7(1993); 최행식, "자의 양육 및 부양과 과거의 부양료", 家研 8(1994); 2023년도 국민기초생활보장사업 안내, 보건복지부(2023) → "2023년도 안내"; 中川善之助, "扶養義務の二つの原型について", 家族法研究の諸問題(1969); 野田愛子, "逸失利益と扶養請求權", 家族法実務研究(1988); 鈴木禄弥, 親族法·相続法の研究(1989); 中川淳 "私的扶養の地位", 家族法の現代的課題(1991); 鍛冶良堅, "扶養の理論と婚姻費用の論理", 続 民法論集(1997); 中山直子, 判例先例 親族法—扶養, (2012).

Ⅰ. 서론

부양은 자신의 자산 또는 근로만으로는 생활을 유지할 수 없는 사람의 생활을 돌보는 것을 뜻한다. 친족관계의 중요한 효과의 하나로서, 친족 사이의 부양의무를 들 수 있다. §974 내지 §979는 서로 부양의무가 있는 친족의 범위, 부양의무의 발생요건, 부양의 정도와 방법 등에 관하여 규정하고 있다. 민법상 부양에 관한 규정들은 1958. 2. 22. 민법이 제정된 이래, 호주와 가족 사이의 부양의무 규정(§974 ⅱ)이 1990. 1. 13. 민법개정으로 삭제된 것을 제외하고는, 그대로 유지되고 있다.[1]

Ⅱ. 친족부양의무의 성질

1. 학설

민법상 부양의무의 성질에 관하여 다음과 같은 학설이 대립한다.

가. 민법상 부양을 "生活維持(保持)의무"와 "生活扶助의무"로 나누는 견해이다. 이와 같은 분류는 일본의 中川善之助 교수가 제창한 것인데,[2] 판례[3]와 대체적 학설[4]

1) 제정민법 부칙 §24는, "구법에 의하여 부양의무가 개시된 경우에도 그 순위, 선임 및 방법에 관한 사항에는 본법 시행일로부터 본법의 규정을 적용한다"고 규정하였다. 또한 1990. 1. 13. 법률 4199호로 §777 등 친족의 범위 관련규정을 개정하고, 호주와 가족 사이의 부양의무를 규정한 §974 ⅱ를 삭제하면서, 부칙 §11로 "구법에 의하여 부양의무가 개시된 경우에도 이 법 시행일부터 이 법의 규정을 적용한다"고 정하였다.

은 이러한 입장을 취하고 있다. 전자는 부양자의 생활정도와 같은 정도로 부양하는 것으로서, 한 조각의 빵이라도 갈라 먹어야 한다는 취지이고, 후자는 부양자의 생활을 희생함이 없이 요부양자의 생활의 필요를 충족시킬 정도로 부양하는 것이다. 부부 사이의 부양(§826 ① 본문), 부모와 미성숙(미성년) 자녀[5)6)] 사이의 부양이 전자에 해당하고, 그 이외의 친족 사이의 부양이 후자에 해당한다. 그리고 생활유지의무에 의한 부양청구권에는 §974 이하의 부양에 관한 규정이 적용되지 않는다고 한다. 이 견해에 따르면, 우리 민법은 부모의 미성년 자녀에 대한 부양의무에 대하여 구체적인 규정을 하지 않고 있으며, 이는 입법의 미비이다.[7)] 미성년 자녀가 부모에 대하여 부양청구를 하는 경우, §974를 근거로 한 家訴 마류 8호 사건으로 처리할 수밖에 없지만, 이는 입법이 미비한 상태에서의 부득이한 결과이다. 이 견해에 따르면, 성년자녀의 부모부양의무는 생활부조의무에 속한다.

나. 부양의 유형을 "동일체적 부양(부부간 부양, 부모와 자녀간 부양)", "생계공동적 부양(생계를 같이하는 동거가족간 부양)", "보충적 부양(경제적 대가, 고도의 도덕적 은혜와 같은 특별사정에 기인한 기타 친족간 부양)"으로 나누고, 부양의 효과를 "1차적 부양"과 "2차적 부양"으로 나누는 견해이다.[8)] 여기서 1차적 부양은, 부양의무자가 자신의 사회적 지위에 상응하는 생활수준을 떨어뜨리는 한이 있더라도 부양권리자가 자신과 동일한 수준에 이르기까지 부양하는 것을 상한으로 하고, 문화적 최저생활수준을 유지하는

---

2) 1928년 "親族的扶養義務の本質(法学新報 38-6, 7)"이라는 논문에서 처음 주창하였다. 생활유지의무와 생활부조의무의 구체적 내용에 관해서는 中川善之助(1969), 228 이하 참조.

3) 대법원 2012. 12. 27. 선고 2011다96932 판결; 대법원 2019. 11. 21.자 2014스44 전원합의체 결정.

4) 우선 송덕수, 281.

5) 제요[2], 1560은 미성년 자녀에 대한 부모의 부양의무뿐만 아니라 성년에 달하였으나 부양을 요하는 미성숙 자녀에 대한 부모의 부양의무도 생활유지의무라고 한다. 한편 박동섭·양경승, 485는 부모와 성년의 자녀(미혼·기혼 불문), 조부모와 손자·손녀 등 직계혈족 간의 부양의무는 제1차적 부양의무(생활유지의무)라 한다.

6) '미성숙 자녀'라는 용어는 中川善之助가 부양의무의 두 유형을 설명하면서 고안한 것인데, 그는 부모의 보호없이 생존할 수 없는 乳兒, 幼兒, 少年을 포함하는 의미라고 설명한다. 中川善之助(1969), 238-239. 그런데 미성숙 자녀가 미성년 자녀보다 좁은 개념인지, 성년 자녀도 포함할 수 있는지에 대하여 반드시 견해가 일치하지 않는다. 가령, 강현중(1981), 36은 "미성년자 중 행위능력뿐만 아니라 의사능력이 극히 결여되어 있어 일체의 보호와 교양을 부모에게 의존하지 아니하면 안되는 나이어린 자녀"라고 설명한다. 반면, 일본 판례 중에는 독립해서 생계를 유지하는 미성년자는 포함되지 않고, 성년자라도 학생이거나 병약해서 부모로부터 독립해서 생계를 유지하는 것이 불가능한 자는 포함된다고 본 것이 있다{日大阪高決 1990(平2). 8. 7. 家月 43·1·119}. 일본의 학설 중에는, 미성숙자는 일응 미성년자를 말하나 미성년자 중 경제활동을 하여 경제적으로 자립해 있거나 자립이 기대되는 자를 제외한 개념이라는 견해가 있다. 中山直子(2012), 23. 필자의 견해로는, 의미가 불명확하고 법률상 개념도 아닌 '미성숙 자녀'란 용어를 굳이 사용할 이유는 없다고 사료된다. 同旨 박병호·김유미(1994), 208; 임종효(2011), 249.

7) 그러나 박동섭·양경승 485는 생활유지의무와 생활부조의무의 구분을 인정하면서도, §974 i가 부모와 미성숙 자녀 사이의 부양의 근거규정이 될 수 있다고 한다.

8) 이희배, 부양, 215-313.

범위 내에서 부양권리자가 자신과 동일한 수준에 이르기까지 부양하는 것을 하한으로 한다. 또한 2차적 부양은, 부양의무자가 문화적 최저생활수준을 유지하고 자신의 사회적 지위에 상응하는 생활을 유지하며 아직 여력이 있는 경우, 여력의 범위 내에서 부양권리자가 문화적 최저생활수준에 이르기까지 부양하는 것을 뜻한다.[9] 이 견해는, 동일체적 부양은 원칙적으로 1차적 부양이지만, 자기의 자력과 근로에 의하여 생활을 유지할 수 있는 노부모에 대한 성숙 자녀의 부양, 성숙 자녀에 대한 부모의 부양은, 이들이 생계를 공동으로 하지 않고 따로 사는 경우, 2차적 부양관계로 전환된다고 한다. 또한, 생계공동적 부양은 생계공동의 동거사실관계가 존속하는 한 1차적 부양이고 동거사실관계가 해소되면 2차적 부양으로 전환될 수 있으며, 보충적 부양은 2차적 부양이라고 한다. 이 견해는 노부모 부양을 1차적 부양으로 파악하는 점, 친족간 부양의 근거를 모두 §974에서 찾는 점에서, 첫 번째 견해와 다르다.

다. 생활유지의무와 생활부조의무 사이에 질적인 차이가 있는 것이 아니라 양적, 정도의 차이가 있는 것에 불과함을 강조하면서, 부양당사자에 따라 개별적, 구체적으로 그 내용을 확정하는 것이 바람직하다는 견해이다.[10] 이 견해는 우리 민법이 부모의 미성숙 자녀에 대한 부양에 관하여 명문으로 규정하지 않았지만, 명문상의 근거를 §974에서 구하지 못할 바도 아니라고 한다. 또한 성숙 자녀의 노부모 부양은 §974에서 근거를 찾을 수 있으며, 노부모에 대한 부양내용은 생활유지적인 것까지 포함한다고 한다.[11] 자녀의 노부모 부양방법으로서 동거부양은 정서적인 것을 포함하고,[12] 다만 동거부양과 정서적부양은 간접강제의 방법에 의해서도 강제할 수 없다고 한다.[13] 이 견해는 §974 이하의 규정이 생활부조의무에 국한된다고 보지 않는 점, 자녀의 노부모 부양의무는 일반 친족보다는 그 정도가 훨씬 높아야 한다[14]고 보는 점에서, 첫 번째 견해와 다르다.

라. 생활부조의무만이 고유한 민법상 부양의무에 해당되고, 종래 학설들이 부부 사이나 부모와 자녀 사이의 생활유지적 부양관계라고 불러 온 것은, 가중된 경제적 급여를 내용으로 하는 생활유지관계와 비경제적 부양인 보살핌을 내용으로 하는 협조관계 또는 보호·교양관계라는 가족법상 법률관계들이 결합된 것이라는 견해이다.[15] 이 견해는, §974 이하의 부양의무는 시장에서 거래될 수 있는 재화나 용역을

9) 1차적 부양과 2차적 부양의 차이는 질적 차이가 아닌 양적 정도의 차이라고 한다. 이희배, 부양, 278.
10) 정귀호(1987), 21-22.
11) 정귀호(1987), 22-27, 189.
12) 정귀호(1987), 60.
13) 정귀호(1987), 70.
14) 정귀호(1987), 54.

제공하는 "경제적 부양"에 한정되고, 자녀의 부모부양의무는 §974에서 근거를 찾을 수 있으며, 그 내용은 생활부조의무에 그친다고 한다.[16] 이 견해는 부부간 부양의무나 부모와 자녀간 부양의무를 민법상 부양의무에 포섭시키지 않는다는 점에서, 첫 번째 견해와 다르다.

마. 생활유지의무와 생활부조의무를 준별하지 않고, 친족간 부양의 경우 974조가 전면적으로 적용된다고 보면서, 부양당사자의 신분관계, 부양의 필요정도, 부양권리자와 부양의무자의 자력에 따른 탄력적 해석을 통해 구체적 타당성을 도모하자는 견해이다.[17] 이 견해는 사안별 구체적 해결을 강조하는 점에서 세 번째 견해와 유사한 측면이 있다.

2. 검토

가. 생활유지의무와 생활부조의무의 구별

생활유지의무와 생활부조의무라는 개념이 우리법상 명문으로 채택된 것은 아니다. 다만, 부부간 부양이 §974에 규정되어 있지 않고,[18] §826 ①에 별도로 규정되어 있는 것은 위 두 의무를 구별하겠다는 취지로 볼 여지가 있다.[19] 평상시 부부관계에서는, 부부 일방이 자기의 자력(資力) 또는 근로에 의하여 생활을 유지할 수 있는 경우에도 부부간 부양이 이루어지므로, §975가 적용되기 어려운 측면이 있다.[20] 판례도, 부부간 상호부양의무는 부양받을 자의 생활을 부양의무자의 생활과 같은 정도로 보

15) 권재문(2001), 29−30; 유사한 취지의 일본 학설로는 鍛冶良堅(1997), 3 이하 참조. 이 글은 ① 부부는 동거하고 서로 협력, 부조해야 한다는 일본 민법 §752(동거, 협력 및 부조의 의무)에서 협력과 부조는 경제적 원조의 관념에서 분리된 부부공동생활에 있어 협력을 뜻하고, 동거의무와 마찬가지로 강제집행에 친하지 않은 의무이며, ② 부부는 그 자산, 수입 그 밖의 일체의 사정을 고려하여 혼인으로부터 발생하는 비용을 분담한다는 일본 민법 §760(혼인비용의 분담)에서 말하는 혼인비용은 공동체의 유지비로서 이를 통해 남편이나 아내가 곤궁에서 구제되더라도 이는 혼인비용의 본래적 목적이 아니고 혼인공동체가 유지된 결과에 지나지 않는다고 설명한다.

16) 권재문(2001), 28, 36.

17) 임종효(2011), 230−234; 이경희(2014), 208−209(한 조각의 빵이라도 나누어 먹고 '자기가 사는 권리가 다른 사람의 부양에 우선한다'는 원칙의 적용을 배제하는 것은 도덕적·윤리적 요구일 수는 있어도 법적 의무로 구성하기는 어렵다고 한다).

18) 대법원 1976. 6. 22. 선고 75므17 판결은 "일반적으로 부부는 서로 부양의무가 있음은 민법 제974조에 명시되어 있고"라고 판시하고 있으나, 잘못된 설시이다.

19) 이승우(2000), 188 참조. 권재문(2001), 29는 민법제정당시 법제사법위원회 민법개정소위원회의 심의요강 제33항(974조의 원형이다)이 부양권리의무자에 관해 규정하면서 "[본항에서는] 부양권리의무자에 관한 범위와 윤곽을 정하기로 하고 부부간의 부양의무에 관하여서는 본 요강 제17항[제826조의 원형]과 초안 제819조에 규정"하기로 한 것에서도, 생활유지의무와 생활부조의무를 준별하려는 입법자의 의사가 드러난다고 한다. 그러나 옥도진(2020), 524−528은 입법자료에 비추어 보면, 입법자는 생활유지적 부양과 생활부조적 부양을 구별하는 견해에 구속되지 않았음이 분명하다고 한다. 제철웅(2014), 473도 부양의무를 1차적 부양의무와 2차적 부양의무로 구분 짓는 것은 실체법상 근거가 없다고 한다.

20) 엄경천(2015), 484는 §833가 §975의 특별규정이라고 본다.

장하여 부부공동생활의 유지를 가능하게 하는 것을 내용으로 하는 1차 부양의무라고 보고, 부모의 성년 자녀에 대한 부양의무는 부양의무자의 생활에 여유가 있음을 전제로 부양받을 자가 자력 또는 근로에 의하여 생활을 유지할 수 없는 경우에 한하여 그의 생활을 지원하는 2차 부양의무라고 본다.[21] 또한 §974가 "서로 부양의무가 있다"고 규정하고 있음을 고려할 때, 부모의 미성년 자녀에 대한 부양의무가 이 조항에 포함된다고 보기 주저되는 점이 없지 않다.

그러나 부부간 부양이 언제나 생활유지의무이고, §975의 기준이 적용될 수 없는 것은 아니다. 가령, 부부관계가 파탄되어 별거 상태에 있는 경우로서 ① 부양료 지급을 청구하는 자에게 충분한 자력이 있는 경우, ② 별거의 원인을 제공한 자가 부양료 지급을 청구하는 경우에는, 부부간 부양의무가 생활유지의무라고 단정하기 어렵다.[22] 이 경우 부양료 산정에 있어 요부양자와 부양의무자의 자력, 별거의 원인 등을 종합적으로 고려할 필요가 있다.[23] 부모의 미성년 자녀에 대한 부양도 마찬가지이다. 자녀에게 상당한 자력이 있지만, 부모에게 별다른 자력이 없고 부모가 근로도 할 수 없는 경우 부모의 부양료 지급의무를 인정할 것인지 의문이다.[24] 친권자인 부모는 자녀 재산으로부터 발생한 과실로 자녀 부양비용을 충당할 수 있다(§923 ② 본문)는 점도 고려해야 한다.[25] 반대로, 성년 자녀라도 신체적·정신적 장애가 심한 경우, 성년에 도

---

21) 대법원 2012. 12. 27. 선고 2011다96932 판결.

22) 二原型論을 주창한 中川善之助는, 생활유지의무는 일체적 생활공동에서 유래하므로 동거관계가 없으면 생활부조의무가 되고, 별거에 일방의 과실이 있거나 생활유지의무의 합의가 있는 경우에는 생활유지의무가 존속하며, 이 경우 부부간 부양의무가 문제되는 경우라면 타방 배우자는 생활부조의무만 부담한다고 설명한다. 中川善之助(1969), 242.

23) 판례는, 부부의 일방이 정당한 이유 없이 동거를 거부함으로써 자신의 협력의무를 스스로 저버리고 있다면, 상대방의 동거청구가 권리의 남용에 해당하는 등의 특별한 사정이 없는 한, 상대방에게 부양료의 지급을 청구할 수 없다고 본다. 대법원 1991. 12. 10. 선고 91므245 판결.

24) 참고로 독일민법 §1603 ①, ②은, 부모가 자신을 적절히 부양하는데 위험을 초래하지 않고 자녀를 부양할 수 없는 경우, 부양의무가 있는 다른 친족(부모 일방도 포함)이 있거나 자녀가 자기 재산의 원본으로 스스로 부양할 수 있다면, 부모는 부양의무를 부담하지 않는다는 취지로 규정하고 있다. 中川善之助는 부모가 자산도 없고 근로도 할 수 없는 경우, 미성숙 자녀의 재산의 원본을 갖고 자녀의 생활비에 충당할 수 있을 뿐만 아니라, 부모의 생활비에도 충당할 수 있다고 설명한다. 中川善之助(1969), 250−251.

대법원 2022. 11. 17. 선고 2018다294179 판결은 "부모는 자녀를 공동으로 양육할 책임이 있고 양육에 소요되는 비용도 원칙적으로 공동으로 부담하여야 하는 점을 고려할 때, 친권자는 자녀의 특유재산을 자신의 이익을 위하여 임의로 사용할 수 없음은 물론 자녀의 통상적인 양육비용으로도 사용할 수도 없는 것이 원칙이나, 친권자가 자신의 자력으로는 자녀를 부양하거나 생활을 영위하기 곤란한 경우, 친권자의 자산, 수입, 생활수준, 가정상황 등에 비추어 볼 때 통상적인 범위를 넘는 현저한 양육비용이 필요한 경우 등과 같이 정당한 사유가 있는 경우에는 자녀의 특유재산을 그와 같은 목적으로 사용할 수 있다"고 한다. 그러나 친권자가 자력이 없다고 해서 막바로 자녀의 특유재산을 자녀의 양육비 용도로 소비하는 것이 정당화될 수는 없다. 친권자는 자녀에 대해 무거운 부양의무를 부담하기 때문이다. 친권자는 당장 수중에 돈이 없더라도 원칙적으로 일을 하거나 빚을 내어 자녀를 양육해야지, 자녀의 특유재산에 손을 대어서는 안 된다.

25) 친권자가 아닌 부모는 이러한 충당이 불가능하다. 친권자인 부모는 실질적으로 부양료 부담을 지지

달한지 얼마 되지 않았고 아직 학업을 마치지 못한 경우에는, 부모에게 생활부조의무만 부담시키는 것이 부당할 수 있다.

부부간 부양이나 부모의 미성년 자녀에 대한 부양을 특별히 취급할 필요가 있는 경우가 많은 것은 사실이다. 그러나 그것이 §975 내지 §979의 적용을 배제하는 방법으로 이루어져야 할 논리필연적 이유는 없다. §975의 요건을 유연하게 해석하는 방법으로도 위와 같은 부양을 일반 친족간 부양과 달리 취급할 수 있기 때문이다.[26] 생활유지의무와 생활부조의무 사이에는 다양한 강도의 부양의무가 존재할 수 있다.[27] 부양의 요부 및 정도는 당사자들의 친족관계뿐만 아니라, 요부양자와 피부양자의 자력 및 생활상태, 부양의 필요성 등 구체적 사정을 종합적으로 고려하여 결정함이 타당하다. 생활유지의무와 생활부조의무는 부양의무의 내용, 정도, 순위를 결정하는 중요한 기준이 될 수 있지만, 절대적 기준은 아니다.[28]

나. 부모의 미성년 자녀 부양에 관한 근거조문

학설은 대체로, 부모는 친권이나 양육권의 유무, 자녀와의 공동생활 유무에 상관없이, 혈연을 기초로 하는 친자관계의 본질에 따라 미성년 자녀의 양육비를 부담한다고 본다.[29] 판례도 "부모는 그 소생의 자녀를 공동으로 양육할 책임이 있고, 그 양육에 소요되는 비용도 원칙적으로 부모가 공동으로 부담하여야 하는 것이며, 이는 부모 중 누가 친권을 행사하는 자인지 또 누가 양육권자이고 현실로 양육하고 있는 자인지를 물을 것 없이 친자관계의 본질로부터 발생하는 의무"라고 판시하고 있다.[30] §974 이하의 부양의무가 반드시 생활부조의무에 국한된다고 보지 않는다면, §974 ⅰ를 부모의 미성년 자녀 부양의 근거조문으로 삼을 수도 있다.[31][32] 우리나라가 비준한 아동

않고, 친권자가 아닌 부모만 부양료 부담을 진다면 이는 불공평하다. 이러한 불공평한 결과의 발생을 막으려면, 미성년 자녀의 고유재산이 다액인 경우, 부모가 친권자이든 아니든 불문하고 미성년 자녀에 대한 부양료 지급의무를 공평하게 감면할 수 있어야 한다. 이 점을 지적하는 문헌으로는 이경희(2014), 217-220.

26) 임종효(2011), 232-233.

27) 생활유지의무는 하나의 극단의 부양의무이고 생활부조의무는 또 다른 극단의 부양의무로서 양자 사이에 무한의 뉘앙스를 갖는 다양한 부양의무가 존재한다는 견해로는 鈴木禄弥(1989), 169-170.

28) 생활유지의무와 생활부조의무를 구별하는 것 자체에는 찬성하면서도, 자신의 자력이나 근로에 의하여 생활을 유지할 수 없는 자에게 부부 또는 부모라는 신분관계가 존재한다는 것만으로 부양의무를 부과하는 것은 가혹하며, 사실상 부양의무의 이행을 기대할 수도 없다는 지적으로는 오종근(2019), 737.

29) 윤진수, 260; 박병호·김유미(1994), 209; 강현중(1981), 40; 변진장(1985), 314 ; 이재찬(2016), 722-723. 이렇게 보더라도 §976 내지 §979는 유추될 수 있다.

30) 대법원 1994. 5. 13.자 92스21 전원합의체 결정.

31) 이경희(2014), 208; 엄경천(2015), 485. 안경희·남윤삼(2014), 16-17은 "입법자는 부모와 자녀간 부양은 -자녀가 미성년자인지의 여부를 불문하고- 직계혈족간 부양에 당연히 포섭되는 것으로 보았던 것으로 판단"되므로, §974 ⅰ를 근거로 부모와 자녀간 부양의무를 인정하는 것이 입법자의 의사에 부합하는 해석이라고 한다. 옥도진(2020), 525도 비슷한 취지이다.

32) 서인겸(2014), 139-140은 부모의 미성년 자녀에 대한 부양의무는 §974 ⅰ에 포함되기는 하지만,

의 권리에 관한 협약 §18 ①도 부모나 후견인의 아동(18세 미만의 자)에 대한 부양의무의 근거가 될 수 있다. 또한, 친권자의 부양의무는 §913를 근거로 삼을 수 있다.[33][34]

다. 부양의무라는 개념에 생활유지의무도 포함되는지 여부

부양의무가 생활부조의무에 국한된다는 견해는, 사적부조와 공적부조는 비록 이행주체가 서로 다르더라도, 모두 국민의 인간다운 생활을 보장할 국가의 의무를 이행하는 방법이기 때문에, 부양의 방법과 정도는 본질적으로 동일하다는 점을 이유로 든다.[35] 이 견해에 따르면, 부모의 미성년 자녀에 대한 부양의무나 부부간 부양의무는, §974 이하의 부양의무가 아닐 뿐만 아니라 그 '본질상' 부양의무와 법적 성질이 다른 별개의 가족법상 의무가 된다. 그러나 법률(§826 ①)에 '부양'해야 한다고 규정되어 있음에도 불구하고, 그것이 '본질상' 부양의무가 아니라고 보는 것이 타당한지, 그렇게 볼 실익이 있는지 의문이다.

라. 부양의무에 비경제적·정서적 부양도 포함되는지 여부

이 부분은 학설대립이 반드시 명백하지는 않다. 학설 중에는, 자녀의 노부모 부양의무에 비경제적·정서적 부양도 포함된다는 견해,[36] 부양은 반드시 경제적 부조만이 아니며 필요에 따라 동거, 양육, 간호, 장례에 이르기까지 포괄적인 부조행위를 의미한다는 견해[37]가 있다. 반면, §975가 부양의무는 부양을 받을 자가 자기의 資力 또는 근로에 의하여 생활을 유지할 수 없는 경우에 발생한다고 함으로써 부양을 경제적 급부로 한정시켜 놓은 점, 부양의 내용에 비경제적 부양도 포함된다고 보면 §826 ①이 동거, 협조와 부양을 나란히 열거하고 있는 것을 설명하기 어려운 점을 이유로, 민법상 부양의무는 경제적 부양만을 내용으로 한다는 견해가 있다.[38]

어느 견해에 의하든 정서적 보살핌을 법으로 강제이행할 수는 없다는 점에서는 이론이 없다. 다만, 정서적 보살핌도 법률상 의무에 해당한다고 보면, 의무위반을 이

---

§913, §824−2, §837, §843, §864−2가 특별규정으로 우선 적용되고, 다만 특별규정에서 정하지 않은 사항은 §975 이하의 규정이 적용된다고 한다.

33) §837는 공동 양육비지급의무자인 부모 사이에 양육비 분담을 정하는 절차에 관한 규정일 뿐이지, 양육비청구권의 청구권근거규범이라 할 수 없고, 따라서 §837는 가사소송법 적용의 준거점으로서만 의미가 있는 규정이라는 주장으로는 임종효(2011), 244; 박삼봉(1998), 466−467도 §837 ①, ②은 부양의무를 전제로 하여 부모간 부양의무의 분담 등을 결정하기 위한 방법 내지 절차에 관한 규정일 뿐이라고 한다.

34) 미성년자녀에 대한 부모의 부양의무는 자녀가 출생한 때로부터 §913에 따라 성립하며, 그 후 부모가 이혼하거나 혼인이 취소되는 등의 사정에 의해 영향을 받지 않으므로, §913가 부양의무의 근거규정이라는 견해로는 오종근(2019), 750−751.

35) 권재문(2001), 21−22.

36) 정귀호(1987), 57.

37) 이은영(1992), 95; 신영호(2005), 148−149는 부양의무발생의 요건인 요부양자의 요부양상태란 최저한의 건강하고 문화적인 생활을 유지할 수 없는 경우를 포함하는 것으로 해석한다면 비경제적 급부도 부양의무의 내용에 포함되어야 한다고 해석할 필요가 있다고 한다.

38) 이승우(2000), 192; 권재문(2001), 28.

유로 비재산적 손해배상을 청구하는 것이 가능할 수 있다.[39] 또한 전자와 같이 보면, 자력이 충분하지만 개호가 필요한 노부모에 대하여 자녀는 민법상 부양의무를 부담한다고 봄이 수미일관할 수 있다. 그러나 이러한 결론은 §975의 문언에 반하므로 허용될 수 없고, 따라서 민법상 부양의무는 경제적 부양에 한정된다고 봄이 타당하다. 다만, 경제적 부양이 금전이나 현물급여만을 뜻하는 것은 아니고, 동거부양도 그것을 경제적 가치로 환산할 수 있다면 경제적 부양의 성격을 가질 수 있다. 부양의무가 경제적 부양에 한정된다고 보면, §974를 근거로 한 미성년 자녀에 대한 부모의 부양의무와 §913[40] 내지 §915 또는 §837를 근거로 한 미성년 자녀에 대한 양육의무의 내용이 반드시 동일하다고 할 수 없다. 전자는 경제적 부양에 한정되지만, 후자는 경제적 가치로 환산할 수 없는 정서적 보살핌도 포함하기 때문이다.[41]

마. 성년자녀의 부모부양의무의 법적 성격은 §977 주석 Ⅲ. 4. 참조.

Ⅲ. 부양청구권과 양육비청구권의 관계

'양육비청구권'은 양육친이 비양육친을 상대로 미성년 자녀의 양육에 필요한 비용을 청구할 수 있는 권리[42]로서, 그 실질은 양육친이 자신의 이름으로 자녀의 부양청구권을 대신 행사하는 것이라 할 수 있다.[43][44][45] 따라서 양육비청구권과 부양청구권은 대체로 그 법적 성질이 동일하다.[46] 그러므로 양육비청구권에도 §979의 처분금

39) 대법원 2009. 7. 23. 선고 2009다32454 판결(부부간 동거의무 불이행으로 이유로 비재산적 손해배상을 인정한 사례) 참조.

40) §913는 "친권자는 자를 보호하고 교양할 권리의무가 있다"고 규정하고 있다. 양육권은 이러한 친권에 포함되는 구성요소이다. 다만, 양육에 관한 가정법원의 처분에 의하여 친권자와 양육권자가 분리될 수 있다. 양육에는, 자녀에 대한 사실상의 양육(음식을 제공하거나 목욕을 시키는 것 등), 교육, 양육과 교육을 위한 거소지정, 징계, 자녀를 억류하는 자에 대한 인도청구 또는 방해배제청구 등이 포함될 수 있다.

41) 부모의 자녀 부양의무는 순경제적 급여의무로서 신분상의 보호, 교양과 성질이 다르다는 견해로는 박삼봉(1998), 466; 부모가 자녀를 부양할 자력이 없을 때 부모는 부양의무를 부담하지 않지만, 자녀를 보호, 교양할 의무를 면할 수 없다는 견해로는 유진식(1986), 371 참조. 그러나 양육과 미성년 자녀의 인수부양이 동일하다고 보는 견해로는 임종효(2011), 223−229.

42) 따라서 법원에 의해 양육자로 지정되었어도 실제로 양육을 하지 않는 한 양육비청구를 할 수는 없다(대법원 2012. 1. 27. 선고 2011므1482 판결).

43) 김형석(2007), 262−263. 다만, 과거의 양육비 청구는 구상청구의 실질을 가질 수도 있다. 구상청구의 실질을 갖는 경우 양육비청구권에 인정되는 특유한 법리(예를 들어, 처분금지, 압류금지)가 적용되지 않을 여지도 있다.

44) 양육비청구권은 양육친의 고유권리라는 견해로는 오종근(2019), 754−755(장래의 양육비 청구권은 일종의 사전구상권으로서 §687에 따른 수임인의 비용선급청구권이 법적 근거가 될 수 있다고 한다). 그러나 私見으로는 양육친과 비양육친 사이에 위임관계를 인정하거나 위임법리를 유추할 수 있을지 의문이다.

45) '친권자'가 §913의 양육의무를 이행하기 위해 지출한 비용만을 '양육비'라고 부르는 견해도 있다. 이경희(2014), 211. 친권자가 아닌 부모는 양육의무를 부담하지 않기 때문에 그가 지출하는 비용은 부양료이지 양육비가 아니라는 것이다. 그러나 위와 같이 엄밀하게 개념 구분을 할 필요가 있는지 의문이다. '친권자가 아닌 부모'가 미성년 자녀의 부양을 위해 지출한 비용도 '양육비'라고 부를 수 있다고 사료된다.

지가 적용되고, §163 i 에 따라 1년 이내의 정기에 지급되는 양육비에 대해서는 3년의 단기소멸시효가 적용됨[47]이 타당하다. 또한, 民執 §246 ① i 에 따라 압류가 금지되는 채권에는 양육비채권도 포함된다고 볼 것이다.

학설 및 실무는 대체로, 양육비청구권은 양육친이 비양육친을 상대로 청구할 수 있는 권리로 한정하여 사용하고, 부양청구권은 성년 또는 미성년 자녀가 부모에게 청구할 수 있는 권리로 한정하여 사용한다.[48] 이에 대하여, ① §923 ② 본문은 친권자와 자녀 사이에도 양육비 지급의무라는 개념이 사용될 수 있음을 분명히 하고 있는 점, ② §837는 공동 양육비지급의무자인 부모 사이에 양육비의 부담에 대한 협의와 심판을 할 수 있다는 정도의 의미로 이해하면 충분한 점 등을 이유로, 부양청구권을 양육비청구권까지 포함하는 개념으로 보아야 한다는 견해가 있다.[49]

두 견해대립의 실익은, 미성년 자녀가 부모를 상대로 부양료 지급을 구하는 경우 양육비 직접지급명령(家訴 §63-2)이나 담보제공명령 및 일시금 지급명령(家訴 §63-3)을 이용할 수 있는지 여부에 있다. 가사소송법이 자녀의 '양육'에 관한 처분과 '부양'에 관한 처분을 분리하여 규정하고 있고(家訴 §2 ① ii 나), 家訴 §48-2, §48-3은 '부양료 청구사건'과 '미성년자인 자녀의 양육비 청구사건'을 구분하고 있는 점을 고려할 때, 마류 8호 사건인 부양료 청구사건에는 양육비 직접지급명령 등을 허용할 수 없는 것 아닌지 의문이 있을 수 있다. 그러나 ① 양육비와 부양료는 본질적으로 동일한 성격을 갖는 점, ② 입법자는 양육자가 권리를 행사하는 경우를 주로 예정한 것으로 보이지만 양육자 이외의 자의 권리행사를 완전히 부정하려는 취지였는지도 의문인 점[50] 등을 고려할 때, (유추)해석을 통해 미성년자가 부양료 지급을 구하여 심판을 받는 경우에도 양육비 직접지급명령 등을 이용할 수 있다고 봄이 타당하지 않을까 사료된다.

---

46) 엄경천(2015), 494는 두 채권은 연대채권 관계에 있고, 다만 양육친이 비양육친으로부터 받은 양육비를 미성년 자녀 부양에 사용하지 않고 임의 소비한 경우, 미성년 자녀는 비양육친에게 부양료를 청구할 수 있다고 한다.

47) 권덕진(2011), 196. 부양청구권과 소멸시효에 관해서는 §977 주석 Ⅴ. 4. 참조.

48) 박병호·김유미(1994), 208-210; 이동철(2005), 207-208; 권덕진(2011), 179.

49) 임종효(2011), 222-223.

50) 참고로 2009. 4. 16. 국회법제사법위원장이 제출한 "가사소송법 일부개정법률안(대안)"은 대안의 주요 내용으로, "양육비직접지급명령을 신설하여 양육자 등의 신청에 의하여 양육비채무자의 사용자인 소득세원천징수의무자로 하여금 일정기간 계속하여 급여에서 양육비를 공제하여 양육비채권자에게 직접 지급하도록 함(안 제63조의2 신설)"이라고 설명하고 있다(위 대안은 2009. 4. 17. 본회의에서 가결되었다).

Ⅳ. 부양청구사건의 가사소송법상 분류

자녀에 관한 양육비를 청구하는 경우 어떤 심판사건으로 처리할 것인지에 관하여 실무는 청구인을 기준으로, ① 양육친이 비양육친을 상대로 청구하는 경우에는 마류 1호의 부부의 부양·협조 또는 생활비용의 부담에 관한 처분[51](부부관계가 유지되고 있는 경우) 또는 마류 3호의 자녀의 양육에 관한 처분(이혼 당사자 사이의 경우) 사건으로 취급하고, ② 자녀가 비양육친을 상대로 청구하는 경우에는 마류 8호의 친족 간 부양사건으로 취급한다.[52]

미성년 자녀가 마류 8호 사건으로 부양료를 청구하려면, 법정대리인이 미성년 자녀를 대리할 필요가 있다. 이 경우, 부모가 공동친권자라면 원칙적으로, 친권자인 비양육친을 대신하여 특별대리인을 선임하여 다른 친권자와 공동으로 미성년자를 대리함이 타당하다.[53]

아래에서는 마류 1호나 3호 사건으로 취급하는 실무의 입장과 관련된 문제들을 살펴본다.

1. 부부관계가 유지되고 있는 경우

이 경우 마류 1호 사건으로 취급하는 실무의 입장과 달리, 마류 8호 사건으로 보자는 견해가 있다.[54] 이 견해는 자녀의 부모에 대한 부양청구권을 부부 사이의 부양청구권의 일부로 보면, ① 부부의 한쪽이 정당한 이유 없이 동거를 거부하면서 자녀를 양육할 경우, 부부 사이의 부양의무는 인정되지 않으므로[55] 그에 따라 자녀의 부양료지급도 구할 수 없다는 결과에 이르게 되어 부당하고,[56] ② 부부 사이의 과거 부양료 청구는 청구 이후의 것으로 제한하는 대법원 판례와, 부모 사이의 과거 양육비 청구에 관하여는 아무런 제한을 두지 않는 대법원 판례가 서로 충돌하게 된다고 한다. 그러나 §974가 양육친이 대리방식이 아닌 자기 이름으로 자녀의 권리를 행사하는 근거규정이 될 수는 없는 점, §833를 청구의 근거로 삼으면서 부부간 부양료와 자녀

51) 판례는 §833에 의한 생활비용청구가 §826와 무관한 별개의 청구원인에 기한 청구는 아니라고 한다. 대법원 2017. 8. 25.자 2014스26 결정.
52) 제요[2], 1424, 1559.
53) 신동훈(2003), 421－422; 我妻栄 編/判例コメンタールⅦ 親族法(1970), 542; 日福岡高決 1964(昭39). 8. 4. 家月17·4·49.
54) 임종효(2011), 242－243.
55) 대법원 1991. 12. 10. 선고 91므245 판결; 대법원 1976. 6. 22. 선고 75므17 판결.
56) 배우자를 악의로 유기하고 가출한 양육친이 양육비를 혼인생활비용으로 청구할 수는 없고, 자녀를 대리하여 부양청구를 하는 것은 가능하다는 견해로는 최행식(1994), 401－402; 강현중(1981), 48, 53.

양육비를 다른 기준에 따라 판단하는 것이 모순이라 할 수 없는 점,[57] §826에 따른 부부간 부양·협조 의무에 자녀의 양육에 관한 사항도 포함됨은 부정할 수 없는 점을 고려할 때, 위 주장은 받아들이기 어렵다.

성년자녀의 교육비용도 마류 1호 사건으로 청구할 수 있는가? 부모가 성년자녀에 대하여 부양의무를 부담하는 상황이라면, 부정할 이유는 없다고 사료된다.[58] 부(夫)와 전처 사이에서 태어난 자가 후처와 동거하고 있고 후처가 생활비용분담심판을 청구한 경우, 그 자를 부양하는데 드는 비용도 생활비용에 포함된다.[59] 다만, 처가 전부(前夫)와 사이에서 낳은 자를 데리고 와 현재의 부(夫)와 혼인한 경우 그 자에 대한 양육비를 생활비용에 포함시켜 청구할 수 있는지에 대해서는 의문이 있다. 현재의 부(夫)는 계자녀에 대하여 §974에 따른 부양의무를 부담하지만 친권자로서 양육의무를 부담하지는 않기 때문이다.

2. 이혼, 인지, 혼인취소, 혼인무효의 경우

이혼시 양육친이 자녀의 양육비를 청구하는 경우 §837에 따른 마류 3호 사건이 된다. 인지(§864-2)나 혼인취소(§824-2)시 자의 양육책임이 문제되는 경우도 마찬가지이다. 혼인무효의 경우 민법이나 가사소송법상 별다른 규정이 없지만, 무효인 혼인관계에서 태어난 자녀는 혼인외 출생자로 보므로(§855조 ① 후문), 인지관련 규정을 통해 양육비용 문제가 처리될 수 있다.[60]

판례[61]는 §837 ② ii의 "양육비용"에 이혼 전 양육비도 포함될 수 있다고 본다. 실무상 일정 시점 이후의 과거의 양육비를 장래의 양육비와 함께 청구하는 경우가 대부분이고, 이 경우 심판청구일 또는 심판일 등을 기준으로 과거 양육비와 장래 양육

57) 배우자에게 자신의 부양료를 청구하지 못하는 양육친이라 하더라도 양육비는 마류 1호 사건으로 청구할 수 있다고 봄이 타당하다. 제요[2], 1425도 참조.

58) 성년자녀의 생활비나 학비를 혼인비용에 포함시킨 일본 판례로는 日大阪家審 1966(昭41). 12. 13. (家月 19·7·73); 日広島高決 1975(昭50). 7. 17. (家月 28·4·92) 참조. 그러나 자녀가 성년이 된 이후에는 직접 부양료를 청구할 수 있다는 이유로, 자녀가 성년이 된 이후 기간의 혼인비용을 감액한 판례로는 서울가정법원 2008. 7. 25.자 2008브23 결정.

59) 윤여헌·김용찬(1993), 296; 日東京家審 1960(昭35). 1. 18. 家月12·5·153.

60) 임종효(2011), 247; 제요[2], 1469는 家訴 §25 ②, ①(가정법원이 혼인무효의 청구를 심리하여 청구가 인용되는 경우에 남편과 부자관계가 존속되는 미성년자녀가 있는 경우,가정법원은 부모에게 혼인무효 청구가 인용될 것을 대비하여 친권자 및 양육사항과 면접교섭권에 관하여 협의하도록 권고하여야 한다는 취지로 규정하고 있다)을 근거로, 혼인이 무효로 되었거나 혼인무효 청구가 인용되는 경우에 남편과 부자관계가 존속되는 미성년자 자녀가 있는 경우에도 자녀의 양육에 관한 처분을 할 수 있다고 한다.

61) 대법원 1994. 5. 13.자 92스21 전원합의체 결정("민법이 이혼한 부부의 일방만이 자를 양육하여 온 경우에 다른 일방과 사이에 과거의 양육비를 분담하는 비율을 정하는 데 관하여 달리 규정하고 있지도 아니하므로, 이혼한 부부 각자가 분담하여야 할 과거의 양육비의 비율이나 금액을 장래에 대한 것과 함께 정하는 것도 민법 제837조 제2항에 규정된 자의 양육에 관한 처분에 해당한다.").

비를 구분하여 그 지급을 명하고 있다.[62] §837는 이혼으로 자녀의 공동양육이 어려워지는 상황에서 자녀의 양육문제를 해결하기 위한 규정인 점에 비추어, 이혼 후 양육비용만 포함된다고 봄이 자연스러운 측면이 있는 것은 사실이다.[63] 이러한 논리를 일관하면 이혼 전 양육비 청구는 마류 1호 사건으로, 이혼 후 양육비 청구는 마류 3호 사건으로 처리함이 타당할 수 있다. 그러나 현재 실무는 일괄하여 마류 3호 사건으로 취급하고 있고, 이에 따라 이혼 청구에 양육비가 병합된 사건에서 이혼 청구를 기각할 경우 (과거 및 장래의) 양육비 청구도 이혼을 전제로 한 것이라는 이유에서 기각하고 있다.[64] 별거 후 이혼 전까지의 과거 양육비는 §833에 따른 생활비용의 일부이고 미지급된 생활비용은 재산분할시 고려될 수도 있다.[65] 재산분할시 위와 같은 사정이 고려되었다면, 양육비는 이혼 후 분에 한하여 지급을 명함이 타당할 것이다.[66]

장래의 양육비 지급을 명한 확정판결이나 이와 동일한 효력이 있는 조정조서나 화해권고결정 등에서 사건본인이 성년에 이르는 전날까지 양육비 지급을 명한 경우 재판의 확정 후 사건본인이 성년에 도달하기 전에 법률의 개정으로 성년에 이르는 연령이 변경되었다면 변경된 성년 연령이 양육비를 지급하는 종료 기준시점이 된다. 따라서 2011. 3. 7. 법률 제10429호로 개정되어 2013. 7. 1.부터 시행된 §4에 의하여 성년에 이르는 연령이 종전 20세에서 19세로 변경되었으므로 법 시행 이전에 장래의 양육비 지급을 명하는 재판이 확정되었더라도 법 시행 당시 사건본인이 아직 성년에 도달하지 아니한 이상 양육비 종료 시점은 개정된 민법 규정에 따라 사건본인이 19세에 이르기 전날까지가 된다.[67]

혼인외 출생자에 대한 부양의무는 아버지의 인지 전에는 생모에게, 인지 후에는 아버지와 생모 모두에게 있다. 따라서 제3자가 혼인외의 자를 양육하면서 지출한 양육비에 관해서는 생부가 인지하거나 생부모의 결혼으로 그 자녀가 혼인중의 출생자로 간주되기 이전에는, 생부를 상대로 양육비청구를 할 수 없고, 생모만을 상대로 양육비청구를 할 수 있다.[68] 혼인외의 자를 생모가 양육해 온 경우, 그 자녀가 인지되지 않은 이상 그 생부라 할지라도 법률상 부양의무가 있다고 할 수 없지만, 인지되기 전이

---

62) 제요[2], 1484.

63) 등록예규 341호 §9 ③은 "담당 판사가 미성년인 자녀에 관한 양육비부담의 협의를 확인한 후 이혼의사확인서를 작성하면 법원사무관 등은 그에 따라 협의이혼신고 다음날부터 미성년인 자녀가 각 성년에 이르기 전날까지의 기간에 해당하는 양육비에 한하여 양육비부담조서(별지 제19호 서식]를 작성하여야 한다"라고 규정하고 있다.

64) 임종효(2011), 245−246.

65) 日最判 1978(昭53). 11. 14. 民集32·8·1529.

66) 東京家庭裁判所における人事訴訟の審理の実情(2012), 29.

67) 대법원 2016. 4. 22.자 2016으2 결정.

68) 대법원 1981. 5. 26. 선고 90다2515 판결.

라도 생부가 생모에게 양육비를 지급하기로 하였다면 그 약정은 유효하고, 그 약정범위 내에서 지출된 양육비라면 과거의 양육비라도 생부를 상대로 청구할 수 있다.69)

가정법원이 §924-2에 따라 부모의 친권 주 양육권만을 제한하여 미성년후견인으로 하여금 자녀에 대한 양육권을 행사하도록 결정한 경우 §837조를 유추하여 미성년후견인은 비양육친을 상대로 양육비심판을 청구할 수 있다.70)

V. 부양과 기여분

§1008-2는 공동상속인 중에 상당한 기간 동거·간호 그 밖의 방법으로 피상속인을 특별히 부양하거나 피상속인의 재산의 유지 또는 증가에 특별히 기여한 경우, 그 상속인에게 법정상속분 이외에 기여분을 인정한다. 판례는 "성년인 자(子)가 부양의무의 존부나 그 순위에 구애됨이 없이 스스로 장기간 그 부모와 동거하면서 생계유지의 수준을 넘는 부양자 자신과 같은 생활수준을 유지하는 부양을 한 경우" §1008-2에서 말하는 특별한 부양에 해당된다고 한다.71) 하급심 판례 중에는, 피상속인의 장녀인 청구인이 출가 후 부모가 이혼을 하자 남편과 함께 친정에 들어와 살면서 망인으로부터 생활비를 받아 이혼한 모를 대신하여 13년 동안 살림을 전담하면서 망인을 봉양하고 동생들인 상대방을 뒷바라지 하였고, 망인이 1990.부터 1996. 7. 30.까지 지병으로 여섯차례나 병원에 입원하여 투병생활을 하는 동안에도 별도의 간병인을 두지 않고 남편과 함께 망인의 사망시까지 병원수속과 간병을 도맡아 한 사안에서, 통상 기대되는 수준 이상의 특별한 부양, 간호를 하였다고 판단한 것이 있다.72)

그러나 판례는 부부 사이에서는 기여분을 보다 엄격하게 인정하고 있다. 가령 판례는 후처(後妻)인 정이 피상속인 갑이 사망할 때까지 장기간 갑과 동거하면서 그를 간호하였다며 병 등을 상대로 기여분결정을 청구한 사안에서, 갑이 병환에 있을 때 정이 갑을 간호한 사실은 인정할 수 있으나, 기여분을 인정할 정도로 통상의 부양을 넘어서는 수준의 간호를 할 수 있는 건강 상태가 아니었고, 통상 부부로서 부양의무를 이행한 정도에 불과하다고 보아, 기여분을 인정하지 않았다.73)

69) 대법원 1987. 12. 22. 선고 87므59 판결(판례는 이를 가사사건으로 보았다).

70) 대법원 2021. 5. 27.자 2019스621 결정. 유추를 허용하지 않더라도 구상청구는 민사소송으로 가능할 수 있다. 그러나 장래의 양육비 청구는 법상 근거가 없게 된다. 이 사건의 경우 미성년후견인이 피후견인을 대리하여 (장래의) 부양료 청구를 하는 것도 가능하지 않다. 미성년후견인에게 대리권이 없기 때문이다. 따라서 유추의 필요성이 절실하다.

71) 대법원 1998. 12. 8. 선고 97므513, 97므520, 97스12 판결

72) 서울가정법원 1998. 9. 24.자 97느8349, 8350 심판(상속재산은 12억 5천만 원 정도였고, 인정된 기여분은 1억 5천만 원임)

법률상 부양의무의 내용은 부양 당사자의 신분관계에 따라 달라질 수 있다. 따라서 동일한 내용과 정도의 부양이 이루어졌더라도, 그것이 특별한 부양에 해당하여 기여분이 인정될지 여부는 부양 당사자의 신분관계에 따라 달라질 수 있다. 가령, 같은 정도의 간호, 가사노동, 가업에 대한 조력이 이루어졌더라도 배우자의 경우에는 기여분의 대상이 될 수 없지만, 성년 자녀에 대하여는 기여분이 인정될 수 있는 것이다.[74]

다만, §1008-2에서 말하는 '부양'이 민법상 부양의무와 동일한 개념인지에 대해서는 의문이 없지 않다. 자력이 충분하여 자녀 또는 배우자에 대하여 '부양료청구권'을 주장할 수 없는 자를 보살핀 경우에도 '특별한 부양'이 인정되어 기여분을 허용할 수 있기 때문이다. 민법상 부양의무를 '고려'하여 부부 사이에서는 특별한 부양을 더 엄격히 인정해야 하는 것은 맞지만, 민법상 부양과 기여분 성립요건으로서의 '특별한 부양'을 동일한 개념으로 볼 이유는 없다고 사료된다.[75]

비슷한 맥락에서 §974 이하의 요건을 갖추지 않은 부양, 가령 성년인 자녀가 요부양상태에 있지 않은 노부모를 보살핀 경우에도 §1008-2에서 말하는 '특별한 부양'에 해당되는지에 대하여 긍정하는 견해[76]와 이는 '특별한 기여'로 취급할 수 있을 뿐이라는 견해[77]가 대립한다. 어느 견해에 따르더라도 결론에 큰 차이를 가져오지 않을 것으로 보이나, 전자의 견해에 찬성한다.[78]

성년 자녀 중 1인만 부모를 부양한 경우 다른 자녀들에게 구상청구를 하지 않고, 그 대신 기여분을 주장할 수 있는지 문제되는데, '특별한 부양' 또는 '특별한 기여'라는 요건에 해당하는 이상 부정할 이유는 없다.[79] 기여분 주장이 받아들여지지 않았더라도, 구상청구가 인용될 수 있음은 물론이고,[80] 상속재산가액이 소액이라면 기여분 주장이

73) 대법원 2019. 11. 21.자 2014스44, 45 전원합의체 결정. 피상속인은 2003. 3.부터 2008. 3. 사망할 때까지 여러 병원에서 통원치료를 받아 왔고 10여 회에 걸쳐 입원치료도 받았는데, 그 대부분 기간 동안 배우자가 피상속인을 간호한 사안이다. 판례는 ① 배우자가 피상속인을 간호하는 기간 별다른 직업이 없었고, 대체로 피상속인의 수입에 의존해서 생활을 영위해 왔으며, 피상속인을 간호할 때 소요된 비용의 상당 부분도 실질적으로 피상속인의 수입이나 재산에서 충당했을 것으로 보이는 점, ② 배우자의 특별수익이 상당한 점 등을 고려하고 있다.

74) 이승우(2001), 184; 조해섭(1999), 188-189는 성년 자녀가 노부모와 동거하면서 부양하는 경우 다른 사정이 없다면 특별한 부양으로 보아야 한다고 하고, 최상열(2000), 288은 성년 자녀가 노부모를 상당기간 동거부양한 경우 특별한 부양으로 볼 수 있다고 한다.

75) 옥도진(2020), 510-513; 박근웅(2020), 94-95도 같은 취지이다.

76) 최상열(2000), 288-289; 조해섭(1999), 188.

77) 신영호(2003), 201; 이승우(2001), 181-182.

78) 1판에서 밝힌 견해를 변경한다.

79) 同旨 최상열(2000), 289-291; 최행식(1993), 171-172; 이승우(2001), 182; 反對 곽동헌(1990), 206-209.

80) 日大阪高決 2003(平15). 5. 22. 家月 56·1·112(기여분 심리절차에서 동순위 부양의무자의 자력이 심리되지 않으므로, 기여분 심판이 과거의 부양료 구상에 관한 적절한 분쟁해결을 반드시 보장하는 것이 아님을 지적한다) 참조.

인정되더라도 추가로 부양구상 청구가 가능할 수 있다.[81] 노부모에게 부동산 등의 자산이 있어도 그것을 처분하는 것이 적절하지 않고 곤란한 경우 노부모가 요부양상태에 있다고 볼 여지가 있고,[82] 따라서 자녀의 보살핌을 부양의무의 이행으로 평가할 수 있다. 이 경우 보살핌의 정도에 따라 자녀는 기여분을 주장해 볼 수 있고, 다른 자녀에게 구상청구를 할 수도 있다. 반면, 노부모에게 부동산 등의 자산이 있고 그것을 처분하는 것이 적절하고 곤란하지 않은 경우에는, 자녀로부터 생활비 등을 받았더라도 이를 부양의무의 이행으로 보기 어렵다. 따라서 생활비를 지출한 자녀가 다른 형제자매에게 부양료의 구상을 청구하긴 어렵고, 기여분을 주장할 여지가 있을 뿐이다.

Ⅵ. 민법상 부양제도와 공적부조제도의 관계 및 국민기초생활 보장법의 개요

1. 사적부양 우선의 원칙과 동 원칙의 후퇴

국민기초생활 보장법(이하 '보장법'이라 한다) §3 ②은 "부양의무자의 부양과 다른 법령에 따른 보호는 이 법에 따른 급여에 우선하여 행하여지는 것으로 한다. 다만, 다른 법령에 따른 보호의 수준이 이 법에서 정하는 수준에 이르지 아니하는 경우에는 나머지 부분에 관하여 이 법에 따른 급여를 받을 권리를 잃지 아니한다"고 규정한다. §8 ②는 "생계급여 수급권자는 부양의무자가 없거나, 부양의무자가 있어도 부양능력이 없거나 부양을 받을 수 없는 사람으로서" 그 소득인정액이 일정 기준 이하인 사람으로 한다고 규정하고 있다. 이는 원칙적으로 사적부양이 공적부양보다 우선하여 이루어져야 한다는 취지이다.[83][84] 사적부양 우선원칙을 관철한다면, 부양권리자가 공

81) 新注民(改訂版)(25), 753(床谷文雄).

82) 이승우(2000), 191.

83) 한편, 배경숙·최금숙, 410은 국가 또는 지방자치단체가 먼저 부양료를 지급하고 나중에 친족 등에게 구상하는 등 사적부양과 공적부양의 동등한 역할이 필요하다고 한다. 생활유지의무에 한해서 사적부양 우선원칙을 관철해야 한다는 일본 학설로는 新注民(改訂版)(25), 759(床谷文雄) 참조. 민법상 부양 규정을 사회보장제도가 완비되기까지의 잠정적 규정으로 이해하는 견해로는 이경희, 334－335 참조.

84) 참고로 일본의 구 생활보호법[1946년(昭21) 제정]은 부양의무자가 부양능력이 있는 경우 급박한 사정이 있는 경우를 제외하고 보호를 하지 않는다고 규정하고 있었으나(수급요건설), 현행 생활보호법{1950년(昭25) 제정}은 "민법에서 정하고 있는 부양의무자의 부양 및 타 법률에서 정하는 부조는 이 법률에 의한 보호에 우선해야 한다"는 규정(§4 ②)을 두고 있을 뿐, 부양의무자 요건을 수급자 선정요건으로 내세우지 않고 있다. 입법자의 의사도 부양의무자로부터 실제 부양을 받고 있는 한도에서 수급필요성이 줄어들 뿐이고, 부양의무자가 있다고 하여 공적부조를 불허하는 취지는 아니라고 한다(사실상 순위설). 中山直子(2012), 2; 그러나 일본 실무는 수급요건설을 취하고 있다는 지적으로는 內田貴, 民法 Ⅳ(2004), 291－292; 中川淳(1991), 337－340. 일본의 생활보호법에 관한 국내 문헌으로는 이충은·김상찬(2015), 531 이하.

적부조를 받고 있는 상태에서 부양청구권을 행사한 경우, 부양권리자의 소득을 계산함에 있어 원칙적으로 공적부조액은 고려하지 않는 것이 타당하다.[85)]

보장법 §8 ②의 부양의무자는 수급권자의 1촌의 직계혈족 및 그 배우자로서(다만 사망한 1촌의 직계혈족의 배우자는 제외) 민법상 부양의무자보다 범위가 축소되어 있다(보장법 §2 v).[86)] 보장법 §8 ②의 '부양을 받을 수 없는 경우'는 부양의무자가 병역법에 의하여 징집 또는 소집된 경우, 해외이주법의 규정에 의한 해외이주자에 해당하는 경우, 교도소, 구치소, 치료감호시설 등에 수용 중인 경우, 보장시설에서 급여를 받고 있는 경우, 부양의무자에 대하여 실종선고의 절차가 진행 중이거나 가출 또는 행방불명의 사유로 경찰서 등에 신고되어 1월이 경과되었거나 가출 또는 행방불명의 사실을 시장·군수·구청장이 확인한 경우, 부양의무자가 부양을 기피 또는 거부하는 경우, 기타 수급권자가 부양을 받을 수 없다고 보건복지부장관이 정하는 경우(보장법 §8-2 ②)를 뜻한다. 판례는, 부양의무자가 어떠한 이유이든 실제로 명백히 부양을 기피하거나 거부하고 있는 사실이 인정되면, '부양을 받을 수 없는 경우'라는 요건을 충족한다고 본다.[87)] 부양의무자의 부양 기피 또는 거부 요건을 넓게 해석할수록(특히 문제되는 것은 부양권리자가 적극적으로 부양청구를 하지 않으려고 하는 경우이다), 사적부양 우선 원칙이 갖는 의미는 감소할 것이다.[88)] 보장법 §14-2는 수급권자에 해당하지 아니하여도 생활이 어려운 사람으로서 일정 기간 동안 이 법에서 정하는 급여의 전부 또는 일부가 필요하다고 보건복지부장관 또는 소관 중앙행정기관의 장이 정하는 사람은 수급권자로 본다고 규정하고 있기 때문에, 사적부양 우선 원칙은 상당 부분 퇴색되었

85) 中山直子(2012), 3. 그러나 과거의 부양료를 청구하는 경우 해당 기간동안 공적부조를 받았다면, 기지급한 금액과 관련하여 보장기관이 구상권을 행사할 수 있는 점에 비추어, 실제 받은 부분을 참작할 여지가 있다고 사료된다.

86) 수급권자의 배우자는 부양의무자에 포함되지 않는다. 따라서 별거 중인 경우 배우자에게 자력이 있더라도 수급권자가 될 수 있다. 수급권자의 배우자의 직계혈족도 부양의무자에 포함되지 않는다.

87) 대구고등법원 2011. 4. 29. 선고 2010누2549 판결(대법원의 상고기각 판결로 확정): 부양의무자인 두 아들 중 장남은 부양능력이 있지만, 위 장남이 조사자에게 경제적 문제로 요부양자와의 관계가 악화되어 연락 및 왕래가 끊겼고 경제적인 지원도 하지 않고 있다고 진술한 사안에서, 위 요건이 충족된다고 보았다. 반면, 부양의무자가 단순히 부양비를 지급하지 아니하는 것을 넘어서 부양의무의 임의이행을 기대할 수 없을 정도가 되어야 "부양의무자가 부양을 기피 또는 거절하는 경우"에 해당한다는 하급심 판례로는 서울고등법원 2011. 1. 11. 선고 2010누21435 판결 참조(법령에서 정한 어느 정도의 부양능력을 갖춘 부양의무자들이 단지 생활형편이 어려워 부양료를 지급하지 못하고 있다는 사정만으로는 '부양 기피나 거절' 요건에 해당하지 않는다고 봄).

88) 구청장이 보장법 §23에 따른 부양의무자 확인조사를 통해 부양의무자인 딸과 사위가 부양능력이 있는 것으로 보고 수급자에게 지급하던 생계·주거급여를 감액하는 처분을 한 사안에서, 딸이 혼인하여 남편 소득으로 월 소득이 있고 재산이 있다 하더라도 시어머니와 함께 거주하여 부양능력이 없는 경우에 해당하거나 부양을 기피하여, 갑이 부양의무자가 있어도 부양을 받을 수 없는 경우에 해당될 여지가 있는 점 등을 이유로, 위 처분은 위법하다고 한 사례로는 부산지방법원 2012. 4. 5. 선고 2011구합4436 판결(확정) 참조.

다. 바람직한 발전이라고 본다.

2. 가구단위 급여의 원칙과 그 예외

보장법상 급여는 가구단위로 행하여지는 것이 원칙이다(보장법 §4 ③ 3). 소득인정액(소득평가액 및 재산의 소득환산액)은 가구를 단위로 산정하고(보장법 §2 ix), 최저생계비는 국민의 소득·지출수준과 수급권자의 가구유형 등 생활실태, 가구규모 등을 반영하여 계측 공포되고 있다(보장법 §6). 세대별 주민등록표에 기재된 자(동거인 제외)로서 생계나 주거를 같이하는 자는 보장가구에 포함된다(보장법 시행령 §2 ① i). 다만 가구단위로 급여를 할 경우, 가구분리시 비로소 수급권자의 요건을 갖추게 되는 경우가 생길 수 있으므로 가정해체를 촉진할 위험이 있다. 따라서 ① 가구의 소득인정액은 최저생계비 이하이지만 부양능력 있는 부양의무자가 있어 수급자 선정이 어려운 가구 중, 그 부양의무자와 법률상 부양의무 관계가 성립하지 않는 가구원의 경우(가령, 조부모와 같이 사는 18세 미만 손자녀 가구로서 조부모에 대한 부양의무자가 부양능력이 있어서 가구전체가 수급자로 선정되지 못하는 경우 위 손자녀를 별도 가구로 보장[89]), ② 가구전체로는 수급자 선정기준을 초과하나 가구를 분리신청하면 기준을 충족하여 수급자로 선정될 수 있는 가구원의 경우(가령, 직장생활을 하는 성년누나와 중학교에 다니는 15세 남동생으로 구성된 가구로서 성년누나에게 자력이 있어 가구전체로는 수급자 선정기준을 초과하는 경우 남동생 개인[90])에는, 별도가구로 보아 수급권을 인정할 수 있다.[91] 또한 가구 전체가 수급자로 선정될 수 없는 저소득 가구에 대하여 의료급여, 자활급여 등 특정급여를 필요로 하는 특정 가구원에 대해 급여를 제공할 수 있다(개인단위 보장, 보장법 §4 ③ 3 단서).

3. 부양의무자로부터의 보장비용 징수

보장법 §46 ①은 "수급자에게 부양능력을 가진 부양의무자가 있음이 확인된 경우에는 보장비용을 지급한 보장기관은 제20조에 따른 생활보장위원회의 심의·의결을 거쳐 그 비용의 전부 또는 일부를 그 부양의무자로부터 부양의무의 범위에서 징수할 수 있다", ③은 "제1항 또는 제2항에 따라 징수할 금액은 각각 부양의무자 또는 부

89) 조부모와 손자녀를 동일가구로 보아 공적부조를 행하고 부양의무자(조부모의 아들)에게 구상을 한다면, 부양의무자(아들)는 자신이 법적으로 부양의무를 부담하지 않는 자(생계를 같이하지 않는 조카)까지 사실상 부양할 위험이 있다.

90) 누나는 생계를 같이하는 친족으로서 민법상 부양의무자이지만, 국민기초생활보장법상 부양의무자로 고려되지 않는다.

91) 2023년도 안내 41-45.

정수급자에게 통지하여 징수하고, 부양의무자 또는 부정수급자가 이에 응하지 아니하는 경우 국세 또는 지방세 체납처분의 예에 따라 징수한다"고 규정한다. 이는 보장기관의 권리에 대하여 조세채권에 준하는 우선권과 편의를 부여하겠다는 취지이다. 보장기관의 권리는 실질적으로 구상채권과 유사하다. 다만, 구상채권의 내용을 확정하기 위해 법원이 부양의무의 구체적 내용 및 범위를 정하는 단계를 거치지 않고 행정기관에 의해 징수범위가 결정된다[92]는 점에서 일반적 부양구상 상황과 차이가 있다. 행정기관이 징수범위를 결정하더라도, 민법상 부양의무의 범위를 결정함에 있어 고려되는 사정을 참작할 필요가 있다.[93] 또한, 공적부조가 이루어질 당시 부양의무자에게 부양능력이 없었다면 이후 자력이 회복되었더라도 징수를 할 수 없고, 그 반대의 경우라면 단순히 의무자가 무자력에 빠진 것에 불과하다고 평가함이 타당하다.

보건복지가족부 지침은, 부양능력자의 경우 부양능력이 있다고 확인되는 다음달부터 지급한 급여의 전부를, 부양능력 미약자의 경우 부양능력 미약자로 확인되는 다음달부터 지급한 급여 중 부양비에 해당하는 금액을 각 징수하도록 규정하고 있다.[94] 적극적으로 구상청구를 하는 것은, 사적부양의무를 실질화한다는 점에서 의미가 있다. 그러나 구상청구가 적극적으로 이루어진다면, 자녀가 구상청구를 당하는 것을 원치 않는 노부모들이 공적부조를 신청하는 것을 주저할 가능성도 있다.

보장법상 부양의무자의 범위가 민법보다 축소됨으로써 민법상 친족부양은 그 의미가 감수할 수 있다. 부양권리자 입장에서 공적부조를 통해 만족을 얻을 수 있다면 굳이 사적부양을 청구하지 않을 가능성이 높고, 국민기초생활보장법상 부양의무자에 포함되지 않은 민법상 부양의무자에 대해서는 보장기관이 구상청구도 할 수 없기 때문이다. 다만, 공적부양을 통해서도 충분히 해소되지 않는 부분이 있다면 사적부양제도를 활용할 수 있다. 즉, 부양권리자에게 보장법상 부양의무자는 없지만 민법상 친족부양의무를 부담하는 친족이 있는 경우, 부양권리자는 해당 친족에게 추가적으로 부양청구를 할 여지가 있다.

---

92) 부양의무자는 보장기관의 징수처분에 대하여 행정소송을 제기할 수 있지 않을까 사료된다. 참고로 일본의 생활보호법 §77는 보호를 실시한 기관과 부양의무자 사이에 협의가 이루어지지 않거나 협의할 수 없는 경우, 보호실시기관의 신청에 의해 가정법원이 징수액을 정한다고 규정하고 있다.

93) 가령, 과거 자녀를 학대하였거나 전혀 돌보지 않았던 부에 대하여 국가가 급부를 제공한 경우, 그 자녀들에게 비용을 징수하는 것은 가급적 자제함이 타당할 것이다. 2023년 안내 297-298은 보장비용 징수제외 대상의 예로, ① 부양의무자가 양자·양부모 등 비혈연관계를 이유로 부양을 거부·기피하는 경우, ② 과거 가족간의 관계해체 사유(이혼, 폭력, 유기, 가출, 학대, 약물중독 등)를 이유로 부양의무자로부터 실질적인 부양을 받을 수 없는 경우, ③ 부 또는 모가 이혼 후 재혼하여 전 배우자와의 자녀에 대해 실질적으로 부양하지 않고 있는 경우, ④ 부양의무자 가구에 천재지변 및 이에 준하는 사고 등이 발생한 경우 등을 들고 있다.

94) 2023년도 안내 299.

Ⅶ. 부양의무와 세법

1. 민법상 부양의무는 소득세법상 소득공제제도와 밀접한 관련이 있다. 소득공제는 크게 인적공제와 물적공제로 나눌 수 있다. 인적공제는 납세의무자의 최저생계비에 해당하는 금액을 공제하여 줌으로써 소득자와 그 가족의 최저생활을 보장하여 주는데 취지가 있다. 인적공제의 종류로는 기본공제(본인공제, 배우자공제, 부양가족공제), 추가공제가 있다. 2023년 현행 소득세법 §50상 기본공제는 원칙적으로 본인, 배우자(연간 소득금액이 없거나 연간 소득금액 합계액이 100만 원 이하인 사람), 생계를 같이하는 부양가족(연간 소득금액 합계액이 100만 원 이하인 사람) 모두 1인당 150만 원이다. 물적공제는 납세의무자가 지출한 보험료, 의료비, 교육비 등을 공제하여 주는 제도이다..

인적공제 대상에 관해서는 소득세법 및 동법 시행령에서 상세히 규정하고 있다. 여기서 배우자는 혼인신고를 마친 법률상 배우자만을 뜻하고 사실혼 관계에 있는 자를 포함하지 않는다.[95] 거주자 또는 배우자의 직계존비속은 생계를 같이 하는 경우 모두, 부양가족공제대상에 포함될 수 있지만 배우자가 종전 배우자와의 사실혼 중 출산한 직계비속은 제외된다(소득세법 §50 ① iii, 동법 시행령 §106 ⑥). 계부나 계모도 부양가족공제대상이 될 수 있다(소득세법 §50 ① iii). 거주자의 직계비속에는 민법 등에 의하여 입양한 양자 이외에 '사실상의 입양상태에 있는 자'로서 거주자와 생계를 같이 하는 자도 포함된다(소득세법 시행령 §106 ⑦). 혼인외 출생자의 경우 부가 인지하지 않는 한 민법상 부양의무도 생기지 않으므로, 원칙적으로 소득세법상 부양가족공제의 대상이 될 수 없다고 봄이 타당할 것으로 사료된다.[96] 직계비속의 배우자는 민법상 친족부양 관계에 있지만, 소득세법상 부양가족공제대상은 아니다(다만 직계비속과 그 배우자가 모두 장애인이면 직계비속의 배우자도 공제대상이 된다. 소득세법 §50 ① iii 나).[97] 조카와 생계를 같이하는 경우 민법상 친족부양의무를 부담하지만, 소득세법상으로는 사실상 입양상태에 있지 않는 한 부양가족공제대상이 되지 않는다. 이에 대해서는 이혼율의 증가와 함께 자녀를 형제자매에게 맡겨두는 경우가 종종 발생하므로, 실제 부양을 한 형제자매가 입은 경제적 손실을 세법적인 측면에서 배려하여 주는 것이 바람직하다는 주장이 있다.[98]

95) 이순동(2004), 430.
96) 이순동(2004), 431.
97) 이순동(2004), 431-432은 소득세법상 며느리가 납세자인 경우 시부모는 배우자의 직계존속으로서 부양가족공제대상이 되는데, 시부모는 며느리를 부양하더라도 부양가족공제의 대상이 되지 않는 것은 문제라고 비판한다.
98) 이순동(2004), 432.

2. 민법상 부양의무는 증여세와도 관련이 있다. 사회통념상 인정되는 피부양자의 생활비 또는 교육비는 증여세의 과세대상에서 제외된다(상속세 및 증여세법 §46 ⅴ).

Ⅷ. 부양청구권의 침해와 손해배상

1. 생명침해와 손해배상

불법행위로 피해자가 사망한 경우, 피해자가 사망하지 않았더라면 얻을 수 있었던 기대이익에 대한 손해배상청구권을 피해자 본인이 취득하고, 그것이 상속인에게 이전된다고 보는 것(이른바 '상속구성')이 판례의 확고한 입장이다.[99] 이에 대하여 '망인'은 권리주체가 될 수 없으므로 사망 이후의 기대이익에 대한 손해배상청구권을 망인이 취득한다는 논리는 타당하지 않고, 배우자 등이 망인에 의한 부양을 더 이상 받지 못함을 이유로 자기 고유의 손해배상청구권을 취득하는 것으로 구성(이른바 '부양구성')함이 바람직하다는 견해가 있다.[100]

판례처럼 상속구성을 취하는 경우, '상속인'의 부양청구권 침해를 이유로 한 손해배상청구를 허용할 수 있는가? 판례가 망인의 일실이익 산정시 부양가족의 생계비를 공제하지 않고 있는 점을 고려할 때,[101] 상속인이 굳이 부양청구권 침해를 주장하며 손해배상청구를 할 실익은 크지 않다.[102] 그러나 망인이 채무초과 상태라면 상속인은 상속을 포기하고 자신의 독자적 권리로서 손해배상청구권을 주장할 실익이 있다. 우리 판례와 마찬가지로 상속구성을 취하고 있는 일본 판례의 경우, 망인의 상속인들이 상속을 포기하고 부양청구권의 침해를 이유로 손해배상청구를 할 수 있다고 본 사례[103]가 존재한다.

또한, 부양구성을 인정하는 경우, '사실혼 배우자'나 '2순위 상속인인 망인의 노부모'(1순위 상속인인 망인의 아내 또는 자녀가 존재하는 경우)가 부양청구권 침해를 이유로 손해배상청구를 하는 것이 허용될 수 있다. 일본 판례의 경우 사실혼 배우자의 손해배상청구를 인정한 사례들이 존재하는데,[104] 사실혼 배우자의 보호필요성을 고려할

---

99) 양창수(2006), 222는 이러한 판례의 입장은 하나의 관습법이 되었다고 보아도 무방하고, 이에 반대하는 학설은 일종의 입법론으로 평가해야 한다고 서술한다.

100) 정귀호(1987), 138－185; 박우동(1981), 198－201; 조일환(1999), 386－395.

101) 대법원 1969. 7. 22. 선고 69다504 판결; 박우동(1974), 199; 진성규(1980), 134.

102) 이 경우 상속인에게 손해가 없다는 주장도 제기될 수 있다. 그러나 반드시 타당한 주장인지는 의문이다.

103) 日最判 2000(平12). 9. 7. 判時1728 · 29 참조.

104) 日最判 1993(平５). 4. 6. 判時1477 · 46(망인의 사실혼 배우자는 불법행위로 인해 장래의 부양이익 상실이라는 손해를 입었으므로 손해배상청구를 할 수 있고, 위 금액이 이미 사실혼 배우자에게 지급된 경우 망인의 상속인에게 지급될 일실이익 상당액으로부터 공제되어야 한다는 판례); 日札幌高判 1981(昭56). 2. 25. 判タ452·156(사실혼 배우자의 손해배상청구와 상속인들의 손해배상청구가 병합된 사안에서,

때 이러한 판례들은 그 결론에 있어 수긍이 가는 점이 없지 않다.

이처럼 상속구성과 부양구성의 병존을 인정하는 일본 판례의 경향은 우리법에서도 참고할 가치가 있다.[105] 부양은 인간으로서의 기본적 생존을 위한 최소한의 요구를 충족시키는 문제임을 고려할 때, 예외적으로 부양구성을 인정함으로써 요부양자를 다른 이해관계자보다 보호하려는 시도는 나름의 타당성을 갖고 있다.[106] 그러나 양자의 병존을 인정할 경우, 법이론의 정합성이라는 측면에서 문제가 생길 여지는 있다.[107] 가령, ① 상속인이 먼저 손해배상청구를 하는 경우, 피고가 사실혼 배우자 등에게 지급할 배상액을 공제하고 지급하겠다는 주장을 할 수 있는지 검토의 여지가 있다. 공제주장을 허용하는 것이 일견 타당해 보이나,[108] 상속인이 상속받는 권리는 피상속인의 손해배상청구권 자체이므로, 공제를 허용할 법적 근거가 마땅치 않다. 사실혼 배우자에게 먼저 배상금을 지급하였거나 사실혼 배우자가 상속인과 함께 손해배상청구를 한 경우에는 불법행위자의 이중변제를 막기 위해 공제를 인정하는 것이 타당할 수 있다. 그러나 상속인이 먼저 권리를 주장한 경우에는 일단 상속인에게 전액 배상하고, 부양과 관련된 부분은 사실혼 배우자와 상속인 사이에서 해결하도록 하자는 주장도 제기될 여지가 있다. 상속인의 손해배상청구권(사실혼 배우자의 부양료가 포함된)과 사실혼 배우자의 손해배상청구권이 부진정연대채권 관계에 있다고 보는 것이 이러한 문제들에 대한 일응의 해결책이 될 수 있지만, 그와 같이 볼 법적 근거가 마땅치 않고, 상속인이 전액 변제받은 경우 상속인과 사실혼 배우자 사이의 법률관계를 어떻게 해결할 것인가라는 문제가 여전히 남는다. 또한, ② 공동상속인 중 일부만 상속을 포기하고 상속분보다 많은 액수의 부양청구권 침해를 이유로 한 손해배상청구

망인의 일실이익에서 사실혼 배우자의 부양에 필요한 금액을 공제한 후 상속인들에게 지급될 배상액을 산정하였다). 日東京地判 1968(昭43).12.10 判タ229·102(중혼적 사실혼의 배우자도 부양청구권의 침해에 따른 손해배상청구를 할 수 있다고 보면서, 다만 이 경우 법률상 배우자 및 법률상 배우자와의 사이에서 태어난 자녀에 대한 망인의 부양의무를 참작하여, 배상액을 산정해야 한다고 판시하였다).

105) 고영아(2010), 89 이하는 양자의 병존을 긍정한다.

106) 윤진수(2007), 36은 사실혼 배우자 일방이 사망한 경우, 생존 배우자가 상속인들에 대하여 부양을 위한 청구권을 행사할 수 있도록 하는 입법이 필요하다고 주장하면서, 이러한 부양청구권을 인정한다면 상속인이나 수유자 등 상속재산에 관하여 이해관계를 가진 다른 사람들의 이익을 침해하는 면이 있으나, 이러한 정도의 사실혼 배우자에 대한 배려는 위와 같은 이해관계인도 용인하여야 할 최소한의 것으로서 사회 통념상 받아들일 수 있는 것이고 결코 무리한 요구라고는 할 수 없을 것이라고 한다.

107) 또한, 사실혼 배우자의 부양청구권 침해를 원인으로 한 손해배상청구를 인정할 경우 결과적으로 상속인에게 귀속될 배상액이 현저히 작아져 형평에 맞지 않는 결과가 나올 수 있다. 특히 상속인도 부양권리자가 될 수 있는 경우에는, 부양구성에 따른 손해배상액과 상속인에게 결과적으로 귀속되는 배상액을 조정할 필요성이 크다.

108) 공제주장을 인정하는 견해로는 野田愛子(1988), 360 참조. 이 견해는, 가해자가 상속인에게 일실이익 전액을 변제한 경우 채권의 준점유자에 대한 변제법리에 따라 변제가 유효할 수 있고, 전액변제가 유효한 경우 사실혼 배우자는 상속인에게 사무관리 내지 부당이득을 원인으로 구상을 청구할 수 있다고 주장한다.

를 하는 경우, 이를 허용한다면 결과적으로 불법행위자는 상속구성을 취할 때보다 무거운 책임을 질 수 있다. 이처럼 상속구성과 부양구성의 병존을 인정함으로써 상속구성을 인정할 때보다 불법행위자의 손해배상채무액이 증가하는 경우, 이러한 결과를 허용할 것인지도 검토를 요한다.

2. 부양청구권의 침해와 손해배상청구권의 발생 여부

부양청구권의 침해를 원인으로 한 손해배상청구권은 비단 부양의무자의 생명침해시에만 문제되는 것은 아니고, 불법행위로 인해 부양의무자의 신체 혹은 재산에 손해를 가하여 부양의무자가 부양능력을 상실한 경우에 일반적으로 문제될 수 있다. 다만, 이 경우 직접피해자 이외에 부양권리자에 대해서도 언제나 불법행위가 성립한다고 보기는 어렵고, 부양권리자에 대하여 별도로 불법행위 요건이 갖추어졌을 경우에만 예외적으로 불법행위로 인한 손해배상책임을 긍정할 수 있을 것이다.[109)]

부양청구권이 사실상 침해된 경우, 후순위 부양의무자에게 부양능력이 있다면 부양권리자에게 손해가 없다고 볼 수 있는가? 불법행위자 입장에서 볼 때, 후순위 부양의무자에게 부양능력이 있다는 우연한 사정을 이유로 불법행위로 인한 손해배상책임을 면하게 되는 것은 부당한 점을 고려할 때, 원칙적으로 손해발생은 긍정함이 타당하다고 사료된다. 그렇다고 부양권리자로 하여금 항상 비용과 시간을 들여 불법행위자에게 먼저 손해배상을 청구하고 이를 통해 부양의 수요를 충족시키지 못할 때 비로소 후순위 부양의무자에게 부양료를 청구하도록 요구하는 것은 부양제도의 취지와 맞지 않는 측면이 있다. 따라서 부양권리자는 손해배상청구와 부양료지급청구를 함께 할 수 있다고 봄이 타당할 것이다.[110)]

망인의 손해배상청구권을 상속받은 1순위 상속인(망인의 아내)이 2순위 상속인(망인의 노부모)에 대한 부양의무를 부담하는 경우, 2순위 상속인에게 부양청구권의 침해로 인한 '손해'가 발생하였다고 볼 수 있을까? 상속받은 손해배상청구권이 부양의무자의 자력으로 고려될 수 있으므로 불법행위자에게 변제자력이 있는 경우, 손해가 없다고 주장할 여지도 있다. 그러나 이에 대해서는 피해자의 사망으로 당장 생활에 어려움이 생긴 이상, 이미 손해가 발생하였다고 보는 것도 충분히 가능하다고 사료된다.

109) 이는 제3자에 의한 채권침해 또는 이른바 '간접손해'와 관련된 문제이다. 반면, 생명침해의 경우 불법행위의 성립자체는 별 의문이 없고, 손해배상청구권이 누구에게 '귀속'될 것인지가 문제된다.

110) 新注民(改訂版(25), 747(床谷文雄); 이재찬(2016), 760－761. 이 경우 부양권리자가 이중이득을 얻을 수 있는데, 이를 막기 위해 부양의무를 이행한 후순위 부양의무자가 불법행위자에게 구상청구를 할 수 있는지, 부양권리자의 손해배상청구권을 대위행사할 수 있는지 문제될 수 있다.

3. 부양의무위반과 위자료

부양권리자가 부양의무자에 대하여 부양의무위반을 원인으로 위자료 청구를 할 수 있는지에 관하여, 판례는 "부양받을 권리는 채권에 유사한 일종의 신분적 재산권이라 할 것이므로 그 권리가 충족되지 않음에 관련되는 일반적인 정신상의 고통은 그 재산권의 실현에 의하여 회복되는 것이라고 봄이 상당하고, 부양의무불이행으로 인한 회복할 수 없는 정신적 손해는 특별사정으로 인한 손해"라고 보고 있다.[111] 이에 대해서는, ① 부모의 미성년 자녀에 대한 부양의무 불이행은 자녀의 인격권 침해로 볼 수 있으므로 그로 인한 정신적 손해는 통상손해로 보아야 하고, ② 설사 특별손해로 보더라도 예견가능성을 쉽게 인정함이 타당하다는 견해가 있다.[112]

4. 부양권리자가 고의로 요부양상태를 야기한 경우

부양권리자가 고의로 요부양상태를 야기한 경우 신의칙을 이유로 부양청구를 기각할 수도 있지만, 부양의무가 성립할 여지도 있다. 그렇다면, 이후 요부양상태에서 벗어났을 때 부양의무자가 부양권리자를 상대로 불법행위를 원인으로 한 손해배상청구를 할 수 있을까? 일본의 학설 중에는 이를 긍정하는 것이 있다.[113] 그러나 부양의무자가 법률상 의무를 이행한 것을 두고 손해라 평가할 수 있는지는 검토의 여지가 있다.

111) 대법원 1983. 9. 13. 선고 81므78 판결.
112) 서종희(2011), 99 이하.
113) 新注民(改訂版)(25), 747(床谷文雄).

第 974 條 (扶養義務)

다음 各號의 親族은 서로 扶養의 義務가 있다.

1. 直系血族 및 그 配偶者間
2. 削除 〈1990.1.13〉
3. 其他 親族間(生計를 같이 하는 境遇에 限한다.)

▮참고문헌: 김성숙, "혈족과 인척규정의 문제점", 사회변동과 한국 가족법(2008); 김은아, "재혼가족의 친족법적 과제", 家研24-3(2010); 서정우, "개정민법의 몇가지 문제점", 사법행정 31-6(1990); 안경희·남윤삼, "민법상 부모부양과 자녀부양", 법학연구 55-1(2014); 이은정, "민법상 부양제도에 관한 고찰", 법학논고 59(2017); 정귀호, 부양에 관한 연구, 서울대박사논문(1987); 조인영, "고령화시대 자녀의 부모부양의무에 관한 구체적 쟁점 고찰", 법조 71-6(2022); 차성안, 국민연금법의 유족연금 수급권자, 서울대학교박사논문(2011); 松嶋道夫, "親権者と親子間の扶養", 現代家族法大系Ⅲ(1979); 中山直子, 判例先例親族法—扶養, (2012).

Ⅰ 직계혈족 및 그 배우자간

1. 현행법상 계부자, 계모자, 서모자 관계는 직계존속으로 인정되지 않지만, 직계혈족의 배우자, 배우자의 직계혈족 관계가 되므로(§769의 인척이 된다) 원칙적으로 상호 부양의무가 발생한다.[1] 다만 배우자가 사망한 경우, 타방 배우자와 사망한 배우자의 직계혈족 사이에 §974 ⅰ에 따라 부양의무가 발생하는지, ⅲ에 따라 생계를 같이 하는 경우에만 부양의무가 발생하는지에 관하여 견해대립이 있다. 하급심 판례의 대체적 경향은, 배우자 사망으로 배우자관계가 종료된 경우 타방 배우자는 '배우자였던 자'에 불과하므로 ⅰ의 "직계혈족 및 그 배우자간"에 포함되지 않고, 다만 타방 배우자가 재혼하지 않는 한 인척관계는 유지되므로 ⅲ에 따라 생계를 같이 하는 경우에만 서로 부양의무를 부담한다고 본다.[2] 2013년 대법원 판례[3]가 같은 입장을 취함으로써

1) 계부모에 대한 부양의무를 일반적으로 인정하는 것에 대한 입법론상 의문으로는 조인영(2022), 61.
2) 서울가정법원 2007. 6. 29.자 2007브28 결정(계모가 남편이 죽은 뒤 계자녀에게 부양청구를 한 경우); 대구지방법원 가정지원 2008. 7. 29.자 2008느단801 심판(사망한 남편의 아버지가 종전 며느리를 상대로

판례의 입장은 확고해진 것으로 보인다.[4] 그러나, 학설 중에는 계자녀의 부양필요성, 계부모가 계자녀를 유기할 위험 등을 들어 1호에 따른 부양의무가 발생한다는 견해가 있다.[5] 부모의 사실혼 배우자는 부모의 자녀에 대한 관계에서 부양청구권자가 아니다.[6]

2. 혼인외 자녀와 부 사이의 친자관계는 인지에 의해 자의 출생시로 소급하여 발생하므로, 인지전의 부와 자는 원칙적으로 서로 부양의무를 부담하지 않는다.[7] 인지후에는 출생시 부터의 과거 부양료도 원칙적으로 청구할 수 있다고 봄이 상당하다. 부에 대하여 인지 청구를 하면서 자녀에 대한 과거 부양료를 함께 청구한 경우 법원은 양자를 동시에 인용할 수 있다고 사료된다.[8]

3. 당사자 사이에 입양의사의 합치가 있고 실제로 양친자관계가 형성되어 있으나 입양신고가 되지 않아 법률상으로 입양이 성립하지 않은 '사실상 양친자관계'의 경우, 당사자 사이에서는 물론이고 경우에 따라서는 양친의 혈족과의 사이에도 부양의무가 생긴다는 견해가 있다.[9]

4. 부부간 부양의무는 §826에 규정되어 있다. 사실혼 부부 사이에도 §826를 유추하여 서로 부양의무를 부담한다고 봄이 타당하다.

5. 우리 법상 이혼 후 배우자의 타방 배우자에 대한 부양청구권은 인정되지 않는다. 다만, 재산분할시 부양의 측면이 고려될 수 있다.[10]

부양청구를 한 경우). 한편, ⅰ의 부양의무를 부담한다는 취지로는 수원지방법원 2011. 6. 17.자 2010느단1548 심판(사망한 남편의 어머니가 종전 며느리를 상대로 부양청구를 한 경우이다. 다만, 며느리가 남편으로부터 상속받은 토지를 임대하여 임차인으로부터 받은 소출을 시어머니에게 종전에 제공해왔던 사안이다) 이러한 논리에 동의하는 견해로는 김은아(2010), 92−93.

3) 대법원 2013. 8. 30.자 2013스96 결정.

4) 결론 자체에는 공감이 가지만, 문언해석 및 체계해석의 관점에서 판례의 논리에 문제가 없는 것은 아니다. 이은정(2017), 214−215 참조.

5) 차성안(2011), 29; 김성숙(2008), 433은 부의 사망 후 재혼하지 않은 처가 친가에 복적하거나 일가창립한 경우 망부의 부모에 대하여 §974 ⅰ에 따른 부양의무를 부담하나, 이는 현실성이 결여된 것이라고 비판한다. 서정우(1998), 21은 친부 사망시 §974 ⅰ에 따라 계모와 계자녀는 상호 부양의무를 부담하는데 이는 2차적 부양의무에 지나지 않아 문제라고 한다.

6) 대구지법 2019. 11. 20. 선고 2019가단111513(본소), 2019가단118125(반소) 판결.

7) 대법원 1981. 5. 26. 선고 80다2515 판결; 다만, 예외적으로 사정에 따라(인지청구소송 1심에서 승소하여 소송계속 중인 경우, 부일 개연성이 극히 높은 경우) 부양의무를 인정할 수 있다는 일본의 학설과 판례가 있다. 中山直子(2012), 126−127; 松嶋道夫(1979), 432. 독일민법 1615조의L을 참조하여 입법론으로 자녀의 생부임을 부인하지 않는 자는 인지 전에도 부양의무를 부담하도록 해야 한다는 견해로는 안경희·남윤삼(2014), 18.

8) 서울고등법원 2012. 10. 10. 선고 2012르1641 판결.

9) 오시영, 271; 최문기, 235; 최금숙, 101.

10) 대법원 2001. 2. 9. 선고 2000다63516 판결 등; 다만, 이혼 배우자에게 지급할 재산분할의 액수를 정함에 있어 성년에 달한 자녀들에 대한 부양의무를 참작할 수는 없다(대법원 2003. 8. 19. 선고 2003므941 판결).

Ⅱ. 생계를 같이하는 기타 친족간

'생계를 같이한다'는 것은 생활자료의 취득과 소비를 공동으로 함을 뜻한다.[11) 반드시 동거하지 않더라도 공동의 가계에 속한 때에는 이 범주에 포함될 수 있다.[12) 형제자매(부모가 모두 같은 경우, 부모 중 어느 일방이 같은 경우, 양자와 양부모의 친자, 양자들 사이)의 경우 그들이 생계를 같이 한다면 서로 부양의무를 부담한다.[13)]

"생계를 같이한다"는 요건을 둔 나라는 비교법적으로 드물다고 지적하면서, 위 요건은 실효성이 없으므로(생계를 같이 하는데 부양의무를 이행하지 않는 경우는 드물다) 삭제해야 하고, 부모와 자녀 사이(1촌 이내의 직계혈족 간) 이외의 친족관계에서는 특별한 사정이 있는 경우에 한하여 법원이 예외적으로 부양의무를 인정해야 한다는 주장이 있다.[14)]

11) 정귀호(1987), 75.

12) 자녀가 학교 기숙사에 들어가 사는 경우에도 부모로부터 학비, 용돈 등을 받아서 생활하는 경우, '생계를 같이 한다'고 볼 수 있다.

13) 형제자매의 경우 생계를 같이 하지 않더라도 서로 부양의무를 부담함이 타당하다는 입법론으로는 박동섭·양경승, 488.

14) 이은정(2017), 221 이하.

第975條 (扶養義務와 生活能力)

扶養의 義務는 扶養을 받을 者가 自己의 資力 또는 勤勞에 依하여 生活을 維持할 수 없는 境遇에 限하여 이를 履行할 責任이 있다.

▌참고문헌: 강현중, "미성숙 자녀의 양육과 부양", 司集 12(1981); 권덕진, "양육비와 소멸시효", 가사재판연구2(2011); 민유숙, "가사비송사건으로서의 재산분할", 재판자료 101(2003); 서인겸, "부양의무 이행의 순위 및 체당부양료의 구상에 관한 고찰", 경희법학 49－3(2014); 오종근, "부부간 부양청구권과 양육비청구권", 민판연 41(2019); 윤여헌·김용찬, "부부의 생활비용분담", 재판자료 62(1993); 임종효, "양육비청구권에 관한 기초 이론 및 실무상 쟁점", 司集 51(2011); 전경근, "재산분할청구권의 피보전채권성", 家研 17－1(2003); 최준규, "다수당사자 사이의 부양관계에 관한 고찰", 家研 26－3(2012); 鈴木忠一, 非訟·家事事件の研究, (1971); 野本三千雄, "事情変更による扶養料増減の時点", 家事事件の研究(2)(1973); 野田愛子, "審判による扶養料支払の始期", 家族法實務研究(1988); 中山直子, 判例先例 親族法—扶養, (2012); Dieter Martiny, [Unterhaltsrang und －rückgriff Ⅰ, Ⅱ], (2000) → "Martiny Ⅰ" 또는 "Martiny Ⅱ".

Ⅰ. 의의 및 취지

부양의무가 발생하기 위해서는 §974가 규정한 친족관계의 존재 이외에, 요부양상태 및 부양능력이라는 요건을 갖추어야 한다. 생활유지 불능 상태의 발생에 관하여 부양청구권자에게 과실이 있었는지 여부는 부양청구권 발생과 무관하다.[1] §975가 부양능력에 관하여 언급을 하고 있지는 않지만 부양의무자에게 부양능력이 있는 경우에만 부양의무가 발생한다는 점에 대해서는 이론이 없다. 종래의 통설은 원칙적으로 생활부조의무로서의 부양의무의 경우에만 이러한 법리가 적용된다고 하나,[2] 이에 대해서는 부부간 부양의무나 부모의 미성년 자녀에 대한 부양의무의 경우에도 §975가 적용된다는 견해[3]가 있다.

1) 박동섭·양경승, 483.
2) 송덕수, 283
3) 임종효(2011), 232－233; 서인겸(2014), 141－142(미성년 자녀나 부부 일방이 요부양상태에 있을 때에만 부모나 부부 일방의 1차적 부양의무가 발생한다. 1차적 부양의무의 경우 2차적 부양의무와 달리 부

Ⅱ. 부양청구권의 법적 성격 - 추상적 부양청구권과 구체적 부양청구권[4]

친족관계의 존재, 요부양상태, 부양능력이라는 요건이 갖추어지면 구체적 내용을 갖는 권리의무가 발생하는 것인지, 협의나 심판에 의해 권리의 내용이 정해져야 비로소 구체적 권리의무가 발생하는지에 관하여 논란이 있다. 전자의 입장(이하 '실체법설'이라 한다)에 따르면 부양심판은 이미 객관적으로 확정된 권리의무의 내용을 확인하는 성격을 갖고 있다고 봄이 수미일관하고, 후자(부양심판에 의해 권리의 구체적 내용이 형성된다는 점에서 이하 '내용형성설'이라 한다)의 입장에 따르면 부양심판에 의해 구체적 부양의무가 비로소 형성된다고 봄이 수미일관하다.

우리 판례는 양육비청구권에 관하여 후자의 입장에서 판시한 것이 있다.[5][6] 양육비는 부모가 미성년 자녀를 부양하는데 필요한 비용으로서 부양료의 일종인 이상,[7] 이러한 논리는 부양청구권 일반에 그대로 적용될 수 있을 것으로 사료된다. 이에 대하여, 미성년 자녀에게 부양의 필요, 부모에게 부양의 능력이 있으면 기본적 양육비청구권이 발생하고, 이에 터 잡아 매일매일 지분적 양육비청구권이 발생한다는 반론이 있다.[8]

모가 부를 상대로 양육비를 청구하는 경우에는 부양필요성과 부양능력을 고려하여 구체적 양육비를 정하는 것, 청구할 수 있는 과거 양육비를 결정하는 것 이외에 달리 법원이 재량을 행사할 여지가 없고, 이러한 법원의 판단은 불법행위로 인한 위

양의무자의 부양능력이 있어야만 발생하는 것은 아니다. 그러나 §975는 부양권리자의 요부양상태만 언급하고 있을 뿐이고, 부양의무자의 부양능력을 부양청구권 발생의 요건으로 언급하고 있지 않다. 따라서 §975를 1차적 부양의무의 근거조문으로 삼더라도 문제가 없다).

4) 최준규(2012), 2-6.

5) 대법원 2006. 7. 4. 선고 2006므751 판결("이혼한 부부 사이에서 자에 대한 양육비의 지급을 구할 권리는 당사자의 협의 또는 가정법원의 심판에 의하여 구체적인 청구권의 내용과 범위가 확정되기 전에는 '상대방에 대하여 양육비의 분담액을 구할 권리를 가진다'라는 추상적인 청구권에 불과하고 당사자의 협의나 가정법원이 당해 양육비의 범위 등을 재량적·형성적으로 정하는 심판에 의하여 비로소 구체적인 액수만큼의 지급청구권이 발생하게 된다."); 대법원 2011. 7. 29.자 2008스67 결정 등("양육자가 상대방에 대하여 자녀 양육비의 지급을 구할 권리는 당초에는 기본적으로 친족관계를 바탕으로 하여 인정되는 하나의 추상적인 법적 지위이었던 것이 당사자 사이의 협의 또는 당해 양육비의 내용 등을 재량적 · 형성적으로 정하는 가정법원의 심판에 의하여 구체적인 청구권으로 전환됨으로써 비로소 보다 뚜렷하게 독립한 재산적 권리로서의 성질을 가지게 된다.").

6) 다만 판례는 추상적 부양청구권(보다 정확히는 부양구상청구권)도 채권자취소권의 피보전채권이 될 수 있다고 한다. 대법원 2015. 1. 29. 선고 2013다79870 판결. 피보전채권이 사해행위 전에 발생하였다면, 사해행위 당시 액수나 범위가 구체적으로 확정되지 않았더라도 무방하다는 판례로는 대법원 2018. 6. 28. 선고 2016다1045 판결.

7) 임종효(2011), 220-223; 권덕진(2011), 179; 다만, 과거의 양육비를 청구하는 경우 그 실질을 자녀의 부양청구권을 대신 행사하는 것으로 볼 것인지, 구상청구를 하는 것으로 볼 것인지 논란이 있을 수 있다.

8) 임종효(2011), 269-272.

자료 청구시 위자료 액수를 심리하는 것과 실질적으로 별 차이가 없어 보인다.[9] 그러나 실체법설로 부양과 관련된 모든 상황을 아울러 설명하기에는 무리가 있다. 부양필요성과 부양능력이 갖추어진다고 늘 부양의무가 발생하는 것은 아니기 때문이다. 부양의무자가 다수일 경우 그들 사이의 순위, 부양의무간 관계(연대채무인지 분할채무인지), 부양방법 등은 부양심판을 통해 비로소 결정되고, 그 판단기준에 관하여 민법은 구체적 언급을 하고 있지 않다. 이 경우 법원은 부양필요성과 부양능력 이외에 다른 여러 사정을 종합적으로 고려하여 부양의무자 및 부양의무의 내용을 결정하게 된다.

부양에 관한 조문의 체계에도 주목할 필요가 있다. §976는 "부양의 의무있는 자가 수인인 경우에 부양을 할 자의 순위에 관하여 당사자간에 협정이 없는 때에는 법원은 당사자의 청구에 의하여 이를 정한다"고 규정하는데, 이는 §974, §975의 요건이 충족되었다는 전제하에, 누가 어떤 내용의 부양의무를 부담할 것인지를 1차적으로 당사자들의 합의에 따라 정하고, 합의가 이루어지지 않으면 법원이 정하겠다는 취지로 이해된다. 반면, 실체법상 권리(§741, §750 등)는 대체로, 법이 정한 일정 요건이 갖추어지면 법적 의무가 발생한다고 규정되어 있을 뿐이고, 권리자로 하여금 1차적으로 의무자의 동의를 얻어 권리를 행사하도록 규정하고 있지 않다. 이와 같은 사정과 부양의무의 발생요건이 법상 충분히 규정되어 있지 않은 점, 가사소송법상 부양심판을 비송사건으로 규정한 점을 보태어 보면,[10] 부양심판은 당사자의 '합의에 갈음하는 형성적 성격'을 갖는다고 새기는 것이 조문체계에 더 부합하는 해석이라 생각한다.[11]

따라서, 부양청구권은 부양필요성 및 부양가능상태가 갖추어졌을 때 일응 발생하지만, 그 구체적 내용은 협의나 심판에 의해 비로소 형성된다고 봄이 일응 타당할 것으로 사료된다.[12][13] 부양청구권의 법적 성질에 대한 관점의 차이는, 부양과 관련된

9) 2012. 5. 31. 서울가정법원은 양육비 산정기준표를 제정, 공표하였다. 2023년 현재 위 산정기준표는 자녀의 나이, 부모소득을 기준으로 표준양육비를 정하고 있고, 법원은 이 표준양육비를 기준으로 각 사건의 구체적 사정을 반영하여 자녀들에 대한 양육비 총액을 확정하게 된다. 따라서 양육비 산정시 법원의 재량의 폭은 위자료 액수를 산정할 때보다 오히려 좁다고 볼 여지도 있다.

10) 부양료나 양육비 청구를 비송사건으로 보는 것에 의문을 제기하는 견해로는 이시윤, 신민사소송법(2014), 16.

11) 이러한 논리구성은 鈴木忠一(1971), 166-167을 참고한 것이다(그러나 鈴木忠一는 미성숙자에 대한 부모의 부양의무에 한해서는 실체법설을 따르는 것으로 보인다).

12) 추상적 양육비 청구권과 구체적 양육비 청구권(채권)을 구별하는 것에 동의하는 견해로는 권덕진(2011), 182-185; 부부간 생활비용분담 청구권에 관하여 추상적 청구권과 구체적 청구권의 구별에 동의하는 견해로는 윤여헌·김용찬(1993), 313-314. 그러나 양자를 구별할 근거가 없다고 비판하는 견해로는 오종근(2019), 743-745.

13) 우리와 유사한 조문 구조를 갖고 있는 일본의 경우 학설상 실체법설, 내용형성설, 권리형성설(협의나 심판이 있기 전에는 부양청구권이 존재하지 않는다)이 대립하고 있고, 판례의 입장은 내용형성설에 가깝다{日最決 1965(昭40). 6. 30. (民集19·4·1114), 부부간 혼인비용분담에 관한 사건이다}. 中山直子(2012), 158-159; 野本三千雄(1973), 155-168. 일본 민법 §877 ①은 "직계혈족 및 형제자매는 서로 부

개별 문제들을 바라보는 각도의 차이로 연결된다. 실체법설에 따르면, 심판이나 협의가 없더라도 부양관련 구상청구를 민사소송으로 다루는 데 별 무리가 없다. 제3자가 부양의무자를 사실상 부양할 당시 부양의무자는 부양권리자에 대하여 구체적 권리로서의 부양청구권을 갖고 있었기 때문이다. 반면 내용확정설에 따르면, 구상청구가 가능하기 위해서는 부양청구권의 구체적 내용이 확정될 필요가 있다. 나아가, 구체적 내용이 확정된 부양청구권이 제3자가 부양의무자를 사실상 부양할 당시에도 이미 존재하고 있던 것으로 의제할 필요가 있다.[14)]

다만, 추상적 부양청구권과 구체적 부양청구권을 구별하는 입장을 취한다고 해서 개별 쟁점과 관련하여 특정 결론이 '논리필연적으로' 도출된다고 보기는 어렵다. 가령, 추상적 부양청구권이라고 해서 당연히 양도할 수 없고,[15)] 상속이 되지 않으며,[16)] 채권자대위권의 피보전채권이 될 수 없고,[17)] 소멸시효에 걸리지 않고,[18)] 지연손해금을 부가할 수 없다는 결론에 이르는지 의문이다. 법이 부양심판을 비송사건으로 규정한 이유는 부양과 관련한 분쟁을 공평타당하고 유연하게 해결하기 위함이지, 부양심판이 있기 전 부양청구권의 '권리'로서의 성격을 일체 부정하려는 데 있는 것은 아니기 때문이다.

양할 의무가 있다", ②은 "가정재판소는 특별한 사정이 있는 경우, 전항이 규정한 경우 이외의 3촌 이내의 친족사이에 부양의무를 부담시킬 수 있다"고 규정하고 있는데, 위와 같은 견해대립이 있는 지점은 ① 및 부부간 부양의무에 관한 부분이다. ②에 따른 부양청구권은 법원의 심판이 있기 전에는 존재하지 않는다는 점에 관해서 학설상 별다른 논란이 없는 것으로 보인다. 中山直子(2012), 157 참조. 한편, 독일{현 독일가사소송법(FamFG) §112는 부양사건을 '가사소송사건'(Familienstreitsachen)으로 규정하고 있다}이나 프랑스에서는 추상적 부양청구권과 구체적 부양청구권을 구별하지 않는다. 다만, 독일 보통법(Gemeines Recht)에서는 부양청구권은 기판력이 있는 판결이 있어야 비로소 발생하는 것으로 보았다고 한다. Martiny I (2000), 65.

14) 부양심판의 형성적 성격을 긍정하면서 형성의 효과가 소급한다고 보는 견해로는 강현중(1981), 61−64 참조. 일본의 학설로는 野田愛子(1988), 344−351; 鈴木忠一(1971), 170 참조.

15) 필자는 §979 때문에 양도할 수 없는 것이지, '추상적 부양청구권'이기 때문에 양도할 수 없는 것은 아니라고 생각한다.

16) 부양의무자나 부양권리자 중 일방이 사망하였다는 우연한 사정으로 인해 부양권리자가 과거의 부양료를 지급받지 못하거나 부양의무자가 의무를 면하는 것이 부당한 상황이라면, 추상적 부양청구권도 상속이 가능하다고 볼 여지가 있다.

17) 대법원 1999. 4. 9. 선고 98다58016 판결은, "이혼으로 인한 재산분할청구권은 <u>협의 또는 심판에 의하여 그 구체적 내용이 형성되기까지는 그 범위 및 내용이 불명확·불확정하기 때문에</u> 구체적으로 권리가 발생하였다고 할 수 없으므로 이를 보전하기 위하여 채권자대위권을 행사할 수 없다"고 한다. 아마도 이 논리는 추상적 부양청구권에도 적용될 수 있을 것으로 보인다. 그러나 이러한 논리에 대해서는 비판하는 견해도 존재한다. 전경근(2003), 101 이하; 민유숙(2003), 165 이하 참조.

18) 대법원 2011. 7. 29.자 2008스67 결정은 추상적 양육비청구권은 양육자가 그 권리를 행사할 수 있는 재산권에 해당한다고 할 수 없다고 하였다. 그러나 대법원 2024. 7. 18.자 2018스724 전원합의체 결정은 미성년자 보호를 위해 과거 양육비 청구권의 소멸시효는 "자녀가 미성년이어서 양육의무가 계속되는 동안에는 진행하지 않고 자녀가 성년이 되어 양육의무가 종료된 때부터 진행한다."고 견해를 변경하였다. 하지만 두 법리 모두 의문이다. §977 주석 V. 4. 참조.

Ⅲ. 부양청구권과 지연손해금

과거 부양료나 양육비에 관하여 일시금 지급을 명하는 경우, 지연손해금을 어느 시점부터 부가할 것인지, 소송촉진 등에 관한 특례법상 지연손해금을 부가할 수 있는지 여부가 문제된다. 하급심 판례중에는 심판 확정 다음날부터 연 5%의 지연손해금을 명한 것이 많다.[19)][20)] 이에 대해서는, 심판 확정 이전에도 양육비에 지연손해금을 부가할 수 있고, 소송촉진 등에 관한 특례법상 지연손해금을 부가할 수 있다는 견해가 있다.[21)]

부양심판을 통해 부양청구권의 내용과 범위가 '소급적'으로 형성된다고 보면, 부양권리자가 부양료를 청구한 시점 다음날부터 해당 부양료에 대한 지연손해금을 부가하는 것이 불가능하다고 볼 이유는 없다(굳이 지연손해금을 부가할 필요가 있는지, 부가하는 것이 적절한지 여부는 또 다른 문제이다).[22)] 따라서 사해행위 취소소송에서 가액배상 판결시 지연손해금을 판결확정 다음날부터 부가하는 것처럼 과거의 부양료에 대해서도 '논리필연적으로' 심판확정 다음날부터 지연손해금을 부가해야 하는 것인지 의문이다. 같은 이유에서 소송촉진 등에 관한 특례법상 지연손해금도 부가할 수 있다고 사료된다.

Ⅳ. 부양료 청구와 가집행

부양료나 양육비 지급을 명하는 심판을 할 경우, 과거분인지 장래분인지 여부와 무관하게 담보를 제공하게 하지 않고 가집행할 수 있음을 명하여야 한다(家訴 §42 ①).[23)] 가집행선고에 의하여 부양료를 지급한 경우 부양료 채권이 그 범위에서 소멸되는 것은 아니므로 항소심이 이를 참작해서는 안 됨은 물론이다.[24)] 실무상 부양심판이 형성적

19) 제요[2], 1431은 과거의 부양료에 대해서 심판 확정 다음날부터 연 5%의 지연손해금을 인정하는 경우가 실무상 많다고 한다. 또한 제요[2], 1488은 양육비의 경우 실무상 지급청구권이 구체적으로 성립, 확정되는 심판확정일 다음날부터 연 5%의 지연손해금을 붙이고 있다고 한다.

20) 서울가정법원 2010. 7. 16.자 2009느단7722 심판(청구인은 심판청구서 송달 다음날부터 다 갚는 날까지 연 20%의 지연손해금 청구); 서울가정법원 2008. 2. 19.자 2007느단2912 심판(심판청구서 송달 다음날부터 심판고지일까지 연 5%, 그 다음날부터 다 갚는 날까지 연 20%의 지연손해금 청구); 서울가정법원 2011. 8. 12.자 2011느단156 심판(청구인은 심판청구서 송달 다음날부터 다 갚는 날까지 연 20%의 지연손해금 청구) 등.

21) 임종효(2011), 296－299.

22) 가령, 혼인외의 자가 인지된 경우, 인지심판이 확정되기 전의 부양료(양육비)에 대하여 지연손해금을 가산하는 것은 부적절할 수 있다.

23) 대법원 1994. 5. 13.자 92스21 전원합의체 결정; 제요[2], 1431; 임종효(2011), 300－313.

24) 대법원 1990. 5. 22. 선고 90므26(본심), 33(반심) 판결.

효력을 갖는다는 점 등을 이유로 가집행을 명하지 않는 경우도 있으나, 타당한지 의문이다.

한편 판례 중에는, "청구인과 상대방이 이혼하면서 사건본인의 친권자 및 양육자를 상대방으로 지정하는 내용의 조정이 성립된 경우, 그 조정조항상의 양육방법이 그 후 다른 협정이나 재판에 의하여 변경되지 않는 한 청구인에게 자녀를 양육할 권리가 없고 ..(중략).. 청구인의 임의적 양육에 관하여 상대방이 청구인에게 양육비를 지급할 의무가 있다고 할 수는 없다"고 본 것이 있는데,[25] 이 경우 양육자 변경심판이 확정되기 전까지는 실체법상 양육비청구권이 존재한다고 보기 어려우므로 이러한 양육비청구에 대해서는 가집행을 붙일 수 없다는 견해가 있다.[26]

25) 대법원 2006. 4. 17.자 2005스18, 19 결정; 대법원 1992. 1. 21. 선고 91므689 판결. 물론 家訴 §62 등의 사전처분을 통해 상대방에게 양육비 지급을 요구할 수는 있다.

26) 임종효(2011), 311.

第 976 條 (扶養의 順位)

① 扶養의 義務있는 者가 數人인 境遇에 扶養을 할 者의 順位에 關하여 當事者間에 協定이 없는 때에는 法院은 當事者의 請求에 依하여 이를 定한다. 扶養을 받을 權利者가 數人인 境遇에 扶養義務者의 資力이 그 全員을 扶養할 수 없는 때에도 같다.

② 前項의 境遇에 法院은 數人의 扶養義務者 또는 權利者를 選定할 수 있다.

참고문헌: 서인겸, "부양의무 이행의 순위 및 체당부양료의 구상에 관한 고찰", 경희법학 49-3(2014); 오종근, "부부간 부양청구권과 양육비청구권", 민판연 41(2019); 유진식, "부양청구의 심판상 제문제", 司集 17(1986); 이재찬, "부양의무의 순위 및 그에 기초한 구상관계에 관한 연구", 민판연 38(2016); 최준규, "다수당사자 사이의 부양관계에 관한 고찰", 家研 26-3(2012); 加藤令造·佐久間重吉, "扶養審判の構造上の特性", 家事事件の研究(1)(1970); 鈴木忠一, 非訟·家事事件の研究, (1971); 深谷松男, "普通養子に対する実親と養親との扶養義務の先後", 家事審判事件の研究 (1)(1988); 深谷松男, "生活保持義務と生活扶助義務", 講座現代家族法Ⅳ(1992); 日野原昌, "過去の扶養料の請求", 講座現代家族法Ⅳ(1992); 中山直子, 判例先例 親族法—扶養, (2012).

Ⅰ. 의의 및 취지

부양의무자가 2명 이상인 경우 또는 부양권리자가 2명 이상으로서 부양의무자의 자력이 부족한 경우, 그들 사이의 순위는 1차적으로 당사자간 협정에 의해 정하고, 협정이 없는 때에는 법원이 당사자의 청구에 의하여 이를 정한다. 법원이 순위를 정할 때 어떠한 기준에 따라 판단할 것인지에 관해, 민법은 명시적 규정을 두고 있지 않다.[1] §976는 부양순위를 §977는 부양정도와 방법을 별도로 규정하고 있지만, 양자

1) 우리법과 달리 독일, 오스트리아, 스위스의 경우 대체로 부양의무자 사이의 순위에 관하여 민법에 규정을 두고 있다. 독일 민법 §1608조 ①은 배우자가 부양권리자의 다른 친족보다 우선하여 부양의무를

의 판단기준은 일정부분 겹치고[2] 그 판단도 사실상 동시에 이루어지는 경우가 많다.

Ⅱ. 순위결정의 기준

1. 생활유지의무 vs. 생활부조의무

부부간 부양의무나 부모의 미성년 자녀에 대한 부양의무는 대체로 다른 친족간 부양의무보다 우선하여 이행될 필요가 있다. 우리나라가 비준한 '아동의 권리에 관한 협약' §18 ①은 부모 또는 경우에 따라 후견인은 아동(18세 미만의 자를 뜻한다)의 양육과 발달에 일차적 책임을 진다고 규정한다.[3] 따라서 부모의 미성년 자녀에 대한 부양의무는 조부모나 기타 친족의 부양의무보다 우선한다고 봄이 타당하다.[4] 판례는 §826 ①에 규정된 부부간의 상호부양의무는 제1차 부양의무이고, §974 ⅰ, §975에 따라 부모가 성년의 자녀에 대하여 직계혈족으로서 부담하는 부양의무는 제2차 부양의무로서, 제1차 부양의무자는 특별한 사정이 없는 한 제2차 부양의무자에 우선하여 부양의무를 부담한다고 판시하고 있다.[5] 이는 부부간 부양의무의 경우 §976의 규정이 적용되지 않으므로 부부간 부양의무와 §974 이하의 부양의무 사이의 순위결정 문제는 §976에 따라 결정되는 것이 아니라는 취지로 이해된다. 법문언에 충실한 해석이기

부담하고, 다만 그의 다른 의무를 고려할 때 자신의 적절한 부양이 위험에 빠지지 않고서는 부양의무를 이행할 수 없는 경우에는, 친족들이 배우자보다 우선하여 부양의무를 부담한다고 규정하고 있다. 또한 직계비속은 직계존속보다 우선하여 부양의무를 부담하고(§1606 ①), 직계비속들 사이 또는 직계존속들 사이에서는 근친자가 우선하여 부양의무를 부담한다(§1606 ②). 배우자의 부양의무를 우선시하는 규정은 오스트리아 민법(§143 ② 1문)에도 존재한다. 다만, 오스트리아 민법은 독일민법과 달리 직계존속이 직계비속보다 우선하여 부양의무를 부담한다고 규정하고 있다. 스위스 민법의 경우, 배우자의 부양의무가 부모의 자녀에 대한 부양의무보다 우선한다는 규정은 존재하지 않는다. 다만, 스위스 민법상 부모의 성년 자녀에 대한 부양의무는 §328 ①(경제적 여력이 있는 사람은 그의 도움이 없으면 생활이 곤란해질 직계존비속을 도울 의무가 있다)에 따른 생활부조의무로서의 부양의무(Unterstützungspflicht)에 포함될 것으로 보이고, 이러한 부양의무는 §328 ②{부모, 배우자, 생활동반자의 부양의무(Unterhaltspflicht)는 존속한다}에 따라 배우자의 부양의무나 부모의 미성년 자녀에 대한 부양의무보다 후순위이다. 생활부조의무로서의 부양의무의 순위는 상속순위에 따라 결정되는데(§329 ①), 이에 따르면 직계비속이 근친인 순서대로 부양의무를 부담하고, 그 다음에 직계존속이 근친인 순서대로 부양의무를 부담하게 된다.

2) 가령, 당해 부양의무의 법적 성질, 부양권리자와 의무자 사이의 종래 관계, 부양권리자가 요부양상태에 빠지게 된 경위, 부양의무자가 유산을 상속받았는지 여부 등.

3) 미성년 자녀에 대한 친권의 유무에 따라 부모간 부양의무의 순위나 정도가 달라지는 것은 아니다. 新注民(改訂版)(25), 767-777(松尾知子). 참고로 일본의 경우, ① 친권자가 비친권자보다 우선적으로, 더 무거운 부양의무를 부담한다는 견해, ② 비친권자가 친권자보다 우선적으로, 더 무거운 부양의무를 부담한다는 견해도 있다. 개략적인 소개로는 大村敦志·河上正二·窪田充見·水野紀子, 比較家族法研究(2012), 294-298(①의 견해에 찬성하고 있다).

4) 다만, 미성년자가 결혼을 한 경우 배우자의 부양의무와 부모의 부양의무 사이의 관계는 문제될 수 있다.

5) 대법원 2012. 12. 27. 선고 2011다96932 판결. 같은 취지로는 오종근(2019), 740(부부간 부양의무나 부모의 미성년 자녀에 대한 부양의무가 기타 친족간 부양의무보다 우선하고, 배우자 또는 부모에게 부양능력이 없거나 기타 사유로 부양의무를 이행할 수 없는 경우에 기타 친족간 부양의무가 적용된다).

는 하나, 선험적으로 양 의무간 우선순위를 구별하는 것이 타당한지는 의문이고,[6] 배우자의 부양의무의 우선성[7]에는 예외를 인정할 여지가 없지 않다고 생각한다. 가령, 남편의 귀책사유가 일부 개입되어 별거상태가 지속되던 중 남편에게 부양필요성이 발생한 경우, 부인의 부양의무가 남편의 부모 또는 남편의 자녀가 부담하는 부양의무보다 항상 우선한다고 단정할 수 있는지 의문이다. 부인과 자녀(또는 부모)의 각 부양의무를 동순위로 보는 대신, 분담비율을 조절하여 각각 부양료 지급을 명하는 방법 등도 가능하다고 사료된다.[8]

부모에 대하여 미성년 자녀와 노부모의 각 부양청구권이 경합하는 경우 대체로 전자를 더 보호해주는 것이 타당하나,[9] 구체적 사정에 따라서는 달리 볼 여지도 없지 않다.[10] 배우자 일방에 대하여 타방 배우자와 노부모의 각 부양청구권이 경합하는 경우에도 전자를 우선적으로 보호해 줄 필요가 있으나, 부부간 공동체 관계가 파탄된 경우에는 달리 볼 여지가 있다. 가령, 별거 중인 배우자에 대하여 부양의무를 부담하는 타방 배우자가 노부모와 동거하는 경우, 노부모의 생활비도 참작하여 부양의무자의 자력을 판단하는 것을 고려해 볼 수 있다.

2. 양친자 관계(일반입양의 경우만을 뜻한다) vs. 친자관계

미성년 양자의 경우, 양자제도의 목적과 기능에 비추어 양부모가 친부모보다 우선하여 부양의무를 부담한다고 봄이 타당하다.[11] 친부모의 생활수준이 양부모보다 높더라도 양자가 친부모에 대하여 차액분의 부양료를 청구할 수는 없다고 볼 것이다.[12] 양친자관계가 사실상 파탄된 경우에도 원칙적으로 양친의 부양의무의 우선성은 인정된다고 봄이 타당하다.[13] 양육친이 이혼 후 재혼하면서 재혼상대방이 자녀의

6) 부양의무 간 순위를 매기는 것에 비판적인 견해로는 서인겸(2014), 144－145; 이재찬(2016), 740－743; 윤진수, 314.

7) 부인이 다른 여자와 사실혼 관계를 형성한 남편에 대하여 부양료를 청구한 사안에서 남편이 부양능력이 없는 경우에 비로소 자녀의 모에 대한 부양의무가 문제된다는 판례로는 日東京高決 1967(昭42). 6. 22. 家月 20·1·81; 부모는 생활유지의무를 부담하는 부양의무자가 아니므로, 자녀를 사실상 부양한 경우 며느리나 사위에 대하여 전액구상을 할 수 있다는 견해로는 日野原昌(1992), 268 참조.

8) 최준규(2012), 11; 이재찬(2016), 740－744.

9) 참고로 독일민법 §1609 ①은 부양권리자의 순위와 관련하여, 미성년의 미혼 자녀를 1순위, 장기간 혼인관계에서의 배우자 및 부양의무자의 자녀를 돌보아 줌으로써 부양청구권을 갖게 된 부모 등을 2순위로 규정한다.

10) 가령, 19세인 자녀의 부양청구권과 90세인 부모의 부양청구권이 경합하는 경우를 생각해 볼 수 있다. 新注民(改訂版)(25), 777(松尾知子).

11) 深谷松男(1988), 269－270; 中山直子(2012), 192; 양부모에 대하여 친부모가 2차적 부양의무를 진다는 판례로는 대전고등법원 2005. 7. 1.자 2004브6 결정.

12) 深谷松男(1988), 274.

13) 다만, 파탄 정도가 중대하여 양친자관계 해소의 원인이 되는 경우, 또는 사실상 파양 상태인 경우에

양친이 된 경우, 비양육친의 부양의무는 양친의 그것에 비해 후순위가 되고,[14] 양육친과 양친은 동순위의 부양의무를 부담하게 될 것이다.

그러나 양자의 양부모에 대한 부양의무와 친부모에 대한 부양의무 사이에는 전자가 항상 후자보다 우선한다고 보기 어렵고, 구체적인 사정을 고려하여 개별적으로 판단함이 타당하다.[15] 양자의 친부모에 대한 부양의무와 친부모의 다른 친자들이 친부모에 대하여 부담하는 부양의무 사이에도 후자가 항상 전자보다 우선한다고 보기는 어렵다.

3. 그 밖의 생활유지의무 상호간

① 미성년자녀에 대한 비양육친이 재혼한 경우 자녀의 부양청구권과 배우자의 부양청구권이나, ② 전혼 관계에서 태어난 미성년 자녀의 부양청구권과 재혼 관계에서 태어난 미성년 자녀의 부양청구권은, 원칙적으로 동순위로 보아야 할 것이다.

4. 생활부조의무를 부담하는 친족간 부양의 경우

정형화된 기준을 미리 정해놓긴 어렵지만, 근친자의 부양의무나 부양권리가 우선할 여지가 많을 것이다. 가령, ① 노부모에 대한 자녀의 부양의무와 다른 일반 친족의 부양의무(가령, 노부모와 동거하는 노부모의 형제자매의 부양의무)가 경합하거나, ② 부모의 부양청구권과 조부모의 부양청구권이 경합하는 경우에는, 전자를 우선하거나 좀 더 보호하는 것이 대체로 타당할 것이다. 노부모의 부양청구권과 성년 자녀의 부양청구권이 경합하는 경우, 전자를 우선하는 것이 타당하다는 견해가 있으나,[16] 그와 같이 단정하긴 어렵고 사안에 따라 판단해야 할 것으로 사료된다.

는 양친의 부양의무가 소멸하고, 파탄이 위와 같은 정도에 이르지 않은 상태에서 제3자가 부양한 경우에 제3자는 친부모와 양부모 누구에 대하여도 청구가 가능하고(미성년자 부양의 긴급성 및 제3자의 부담 경감 고려) 친부모가 구상의무를 이행한 경우 양부모에게 다시 구상을 청구할 수 있다는 견해로는 深谷松男(1988), 272－273.

14) 日神戸家姫路地審 2000(平12). 9. 4. 家月53·2·151.

15) 中山直子(2012), 138.

16) 深谷松男(1992), 200－201.

Ⅲ. 부양심판의 당사자

부양권리자뿐만 아니라 부양의무자도 심판청구를 할 수 있다.[17] 부양권리자가 여러 명이고 그 부양받을 순위에 관하여 다툼이 있는 경우, 부양권리자 중 1명이 다른 부양권리자 및 부양의무자를 상대방으로 하여 심판청구를 할 수 있다.[18] 부양의무자가 부양권리자 및 다른 부양의무자를 상대로 자신의 분담비율을 정하는 청구를 하는 것도 가능하다.[19] 부양의무자가 다른 부양의무자를 상대로 심판청구를 하는 것도 가능하다. 이 경우 이해관계인인 부양권리자를 家訴規 §106에 따라 절차에 참가하게 하여야 하지만,[20] 그 청구가 오로지 과거의 부양료의 구상을 구하는 것일 때에는 굳이 부양권리자를 참가시킬 필요는 없다.[21] 부양권리자와 수인의 부양의무자 사이의 협의 또는 심판에 의해 부양료가 정해졌는데 그 중 한 사람의 부양의무자가 사정변경을 원인으로 취소, 변경심판을 청구하는 경우, 부양권리자만을 상대로 해도 무방하다.[22] 다만, 부양권리자가 받을 수 있는 총 부양료를 조정하기 위해 다른 부양의무자들을 절차에 참가시키는 것이 바람직한 경우도 있을 것이다.

---

17) 부양의무자 자신이 부양의무를 부담하지 않음을 선언하는 심판, 자기가 부양할 순서가 아님을 정하는 심판 등 소극적 내용의 심판은 독립한 신청의 대상이 될 수 없다는 견해로는 鈴木忠一(1971), 177; 유진식(1986), 378.

18) 제요[2], 1562.

19) 鈴木忠一(1971), 180.

20) 다만, 이미 부양권리자와 사이에 부양료 지급에 관한 협의가 이루어졌으나 부양의무자들 사이의 분담비율에 관하여 협의가 이루어지지 못한 경우에는 예외적으로 부양의무자들끼리의 부양심판을 허용할 수 있다는 견해로는 加藤令造·佐久間重吉(1970), 152-155; 中山直子(2012), 185.

21) 제요[2], 1563.

22) 鈴木忠一(1971), 179; 유진식(1986), 380.

第 977 條 (扶養의 程度, 方法)

扶養의 程度 또는 方法에 關하여 當事者間에 協定이 없는 때에는 法院은 當事者의 請求에 依하여 扶養을 받을 者의 生活程度와 扶養義務者의 資力 其他 諸般事情을 參酌하여 이를 定한다.

▌참고문헌: 강해룡, "양육비청구권과 소멸시효", 新聞 3999(2012.01.12.); 권덕진, "양육비와 소멸시효", 가사재판연구2(2011); 권재문, 민법상 부모부양의무의 한계, 서울대석사논문(2001); 김나래, "노인부양을 위한 사적 부양제도의 개선방안", 家研 31−3(2017); 김봉수, "노부모부양에 대한 소고", 안암법학 33(2010); 김상수, "양육비채권의 이행확보를 위한 직접지급명령제도", 법조 58−9(2009); 김수정, "양육의무를 불이행한 부모의 부양청구권 제한", 비교사법 27−3(2020); 김시철, "부부간의 과거의 부양료 지급의무에 관하여", 사법 5(2008); 김연화, "노부모 부양에 관한 고찰", 가사재판연구 2(2011); 김윤정, "양육비 이행의 확보 방안과 관련한 논의", 가사재판연구 2(2011); 김인유, "노부모에 대한 부양의무", 법학논고 58(2017); 김형석, "제삼자의 변제·구상·부당이득", 서울대법학 46−1(2005); 마옥현, "미성숙자녀와 노부모에 대한 부양 등에 관한 고찰", 재판실무연구 3(2006); 문형식, "친자관계를 중심으로 한 부양료청구와 구상(상)", 대한변호사협회지 130(1987); 박광동·윤혜란, "고령화 사회에서 부모부양 문제의 법적 해결방안 연구", 중앙법학 17−1(2015); 박병호·김유미, "과거의 양육비 구상", 서울대법학 35−3, 4(1994); 박삼봉, "부모의 자녀 양육의무와 과거의 양육비 상환청구", 김용준화갑기념(1998); 박진웅, "가사사건과 관련된 민사사건의 처리 방법", 실무연구 X(2005); 서인겸, "부양의무 이행의 순위 및 체당부양료의 구상에 관한 고찰", 경희법학 49−3(2014); 서종희, "과거의 부양료 청구", 인권과 정의 509(2022); 손지열, "과거의 양육비 상환청구", 윤관퇴임기념(1999); 신영호, "피상속인에 대한 상속인의 부양과 상속과의 관계", 재판자료 102(2003); 안경희·남윤삼, "민법상 부모부양과 자녀부양", 법학연구 55−1(2014); 양수산, "교육비청구권에 관한 비교법적 고찰", 배경숙화갑기념(1991); 어인의, "노부모부양을 위한 법적장치의 확보책", 법학논집 5(1990); 오종근, "부부간 부양청구권과 양육비청구권", 민판

연 41(2019); 유진식, "부양청구의 심판상 제문제", 司集 17(1986); 윤여헌·김용찬, "부부의 생활비용분담", 재판자료 62(1993); 이경희, "자에 대한 부모의 부양의무의 법적 근거", 법학연구 24-1(2014); 이동진, "부모 일방의 타방에 대한 과거의 양육비 상환청구와 소멸시효", 家研 26-2(2012); 이병화, "부양의무에 관한 비교법적 고찰", 민사법연구 28(2020); 이수영, "과거 양육비 청구권의 소멸시효", 諸問題 21(2012); 이승우, "노친부양소고", 家研 14(2000); 이연주, "부부 간의 과거 부양료 및 양육비 청구에 관하여", 人權 401(2010); 이재찬, "부양의무의 순위 및 그에 기초한 구상관계에 관한 연구", 민판연 38(2016); 이정식, "고령화사회에서 자녀의 노부모부양의무법리에 관한 고찰", 중앙법학 6-3(2004); 이충은, "싱가포르의 부모부양 제도에 관한 연구", 법학논총 35-3(2015); 이충은·김상찬, "일본의 부모부양제도에 관한 연구", 강원법학 46(2015); 이희배, "미성숙자에게 대학교육을 받게 할 부모의 부양의무", 경희법학, 23-1(1988); 이희배, "노친부양의 법리", 家研 9(1995); 임종효, "양육비청구권에 관한 기초 이론 및 실무상 쟁점", 司集 51(2011); 임종효, "프랑스 부양법리와 우리나라 부양법리의 비교연구", 가사재판연구 3(2018); 전보성, "가사소송과 이행확보제도", 보전소송(2008); 정구태·배소현, "부부 간 과거의 부양료청구의 인정 여부", 인문사회 21(2016); 정귀호, 부양에 관한 연구, 서울대박사논문(1987); 정상규, "가사보전처분의 실무상 쟁점", 재판자료 102(2003); 조민영, 양육비청구권, 고려대학교 석사논문(2008); 조인영, "고령화시대 자녀의 부모 부양의무에 관한 구체적 쟁점 고찰", 법조 71-6(2022); 제철웅, "부양청구권 및 부양비용 상환청구권에 관한 몇 가지 해석론적 제안", 법학논총 31-1(2014); 차선자, "적정양육비 산정 기준을 위한 제안", 家研 20-3(2006); 최세모, "가사심판상의 부양청구권", 재판자료 18(1983); 최준규, "다수당사자 사이의 부양관계에 관한 고찰", 家研 26-3(2012); 한웅길, "한국에서의 노부모 부양과 부양료 구상", 저스티스 30-4(1997); 현소혜, "제2차 부양의무자 간의 구상관계", 비교사법 27-3(2020); Rainer Frank/홍윤선 역, "독일법상 혈족부양", 家研 27-3(2013); 鈴木忠一, 非訟·家事事件の研究, (1971); 渡辺愛一·若林昌俊, "扶養請求権の消滅時効期間", 家事事件の研究(2)(1973); 鈴木禄弥·唄孝一, "多数当事者の扶養関係", 現代家族法大系Ⅲ(1979); 早野俊明, "親の監護教育と学費負担", 現代家族法の諸相(1993); 高松靖, "重婚的内縁関係における婚姻費用分担·未成年扶養の問題点", 家族法論集 (1995); 米倉明, "老親扶養と民法", 家族法の研究(1999); 菱山泰男·太田寅彦, "婚姻費用の算定を巡る実務上の諸問題", 判例タイムズ1208 (2006); 中山直子, 判例先例親族法—扶養, (2012); Dieter Martiny, [Unterhaltsrang und -rückgriff Ⅰ, Ⅱ], (2000) → "Martiny Ⅰ" 또는 "Martiny Ⅱ".

Ⅰ. 의의 및 취지

민법은 부양의 정도와 방법에 관하여 우선 당사자가 협의로 정하고, 협의가 되지 않는 때에는 가정법원이 당사자의 청구에 의하여 부양받을 자의 생활정도와 부양의무자의 자력 기타 제반사정을 참작하여 정하도록 규정하고 있다. 법에 부양의 정도와 방법을 정하는 구체적 기준은 없기 때문에, 각 사안별로 어떠한 요소들을 참작하여 부양의 정도와 방법을 정할 것인지가 문제된다.

Ⅱ. 부양의 정도에 관한 해석기준

1. 부양받을 자의 생활정도

부양의 정도를 정함에 있어 요부양자가 적어도 자신의 지위·건강 등에 비추어 최저한도의 생활을 유지할 수 있는지 고려할 필요가 있다. 부부간 부양이나, 부모의 미성년 자녀에 대한 부양의 경우 부양권리자의 생활수준도 참작할 필요가 있다. 성년 자녀의 노부모에 대한 부양의 경우에도, 상황에 따라서는 통상의 친족부양보다 더 높은 수준의 의무이행이 바람직할 수 있다.

부양료에는 부양을 받을 자의 연령, 재능, 신분, 지위 등에 따른 교육을 받는데 필요한 비용도 포함된다. 한편, 부양받을 자 자신이 제3자에 대하여 부담하는 부양의무와 관련된 비용은 원칙적으로 부양받을 자의 생활에 필요한 비용에 포함되지 않는다.

2. 부양의무자의 자력

부양료 산정시 부양의무자의 자력, 즉 부양의무자의 수입 중에서 자신의 사회적 지위에 따른 생활비 등을 공제하고 남은 금액이 얼마인지 고려할 필요가 있다. 다만, 경제적 여력이 있는 경우에 한하여 부양의무를 인정하는 법리는, 부부간 부양의무나 부모의 미성년 자녀에 대한 부양의무의 경우에는 제한·수정될 필요가 있다. 이 경우 부양의무자는 통상의 친족부양보다 강화된 형태의 부양의무를 부담한다고 봄이 타당하기 때문이다. 가령, 부모가 제3자로부터 부양료를 받아 수입이 증가하였다면, 부모의 미성년 자녀에 대한 부양료를 산정함에 있어 위와 같은 사정을 고려할 필요가 있을 것이다.

3. 기타 제반사정

부양권리자의 직업과 사회적 지위, 부양의무자들의 상속관계, 부양권리자와 부양의무자 사이의 종래 유대관계,[1] 과거에 부양권리자(부)가 부양의무자(자녀)를 부양하였는지 여부,[2] 부양권리자가 요부양상태에 빠지게 된 원인 등이 고려될 수 있다.

---

1) 다만, 미성년 자녀와 부 사이에 불화나 감정적 대립이 있거나 미성년 자녀가 부와의 면접교섭을 거부하고 있다고 해서 부양료나 양육비를 감액하는 것은 타당하지 않은 측면이 있다. 中山直子(2012), 287.

2) 청주지방법원 제천지원 2006. 3. 31.자 2005느단140 심판(노부모가 과거 미성숙 자녀에 대한 양육의무를 다하였는지 여부에 따라 자녀의 노부모 부양의무의 존부가 달라지는 것은 아니고, 부양의 정도나 방법을 정하면서 참작하면 족하다). 자를 고의로 유기하고 학대, 방임한 부모에 대해서는 자의 부양의무가 경감되거나 면제될 수 있지만, 자력이 없기 때문에 부득이 자를 부양할 수 없었던 부모의 경우에는 그 사실만으로 자에 대한 부양청구권을 상실한다고 보기 어려울 것이다.

한편, 자녀의 부양을 해태하거나 자녀를 학대한 부모가 자녀에게 부양청구를 하는 경우, 부모를 학대하거나 살해하려고 한 자녀가 부모를 상대로 부양청구를 하는 경우, 형이 동생에게 5년분 부양료를 미리 주었는데 동생이 이를 도박으로 탕진해버린 경우, 부양료를 상당부분 감액하는 차원을 넘어 신의칙 등을 근거로 부양청구를 허용하지 않는 것이 타당할 수도 있다.[3] 이 경우 요부양자의 보호는 궁극적으로 공적부조를 통해 해결할 필요가 있다. 참고로 독일 민법 §1611 ①은 부양권리자가 자신의 윤리적 과책(sittliches Verschulden)으로 인해 요부양상태에 빠지거나, 부양의무자에 대한 자신의 부양의무를 중대하게 해태하거나, 부양의무자나 그의 근친자에게 고의로 중대한 비행을 저지른 경우 부양의무자는 형평에 부합하는 금액의 부양료만 지급하면 되고, 부양의무자에 대한 청구가 현저히 형평에 반하는 경우 부양의무는 소멸한다고 규정하고, §1611 ③은 부양권리자는 이 조항에 따라 감액된 금액을 다른 부양의무자에게 청구할 수 없다고 규정한다.[4] 다만, 위 ①은 부모의 미성년 미혼 자녀에 대한 부양의무에 관해서는 적용되지 않는다(§1611 ②).[5]

Ⅲ. 부양유형별 검토

1. 부부간 부양의무

가. 부부간 부양의무는 생활유지의무의 성격을 갖고 있다는 것이 학설의 대체적 견해이다. 그러나 부부별거시에는 별거와 관련한 유책성, 별거경위, 별거기간, 부부관계의 회복가능성, 회복을 위해 기울인 노력의 정도 등을 고려하여 부양의무를 감면할 여지가 있다. 가령, 부부 일방이 정당한 이유없이 동거를 거부하는 경우 상대방의 동거청구가 권리남용에 해당하는 등의 특별한 사정이 없는 한, 상대방에게 부양료 지급을 청구할 수 없다.[6] 다만, 별거에 관하여 부양청구인에게 유책성이 있다고 하여 언제나 부양청구를 부정하는 것은 타당하지 않고 경우에 따라서는 부양료를 감액하는

3) 서울가정법원 2012. 6. 11.자 2012브26 결정은 이혼 후 남편이 전 아내를 상대로 재산분할금채권을 기초로 아내 명의 부동산에 강제경매를 신청하자, 아내가 장래 양육비 채권과 재산분할금채권을 상계하기로 제안하였고 이에 따라 남편이 강제경매를 취하하였는데, 아내가 문제된 부동산을 처분하고 다시 남편을 상대로 양육비를 청구한 사안에서, 신의칙 등을 근거로 청구를 받아들이지 않았다.

4) 해석론으로 부양청구권의 당연상실을 인정하자는 일본 학설로는 米倉明(1999), 246.

5) 독일민법 §1611를 비롯하여 양육의무를 불이행한 부모의 부양청구권을 제한하는 외국 입법례에 관한 상세한 검토로 김수정(2020), 342 이하(친권상실 선고가 있었다면 그 선고를 한 법원이 반대 가능성을 유보하지 않는 한, 당연히 자녀의 부모에 대한 부양의무를 면제하는 입법도 제안하고 있다. 위 논문 370 참조).

6) 대법원 1991. 12. 10. 선고 91므245 판결. 혼인파탄에 주된 책임이 있는 배우자의 부양청구는 신의칙에 반하여 허용되지 않을 여지가 있다.

것이 타당할 수 있다.[7] 어느 일방의 유책성이 명백하지 않은 경우에는 쌍방의 유책정도가 동등하다고 추정하여 부양료를 산정할 필요가 있다. 부양심판은 간이하고 신속하게 진행될 필요가 있으므로 부양심판 절차에서 유책성에 관하여 상세히 심리하는 것은 바람직하지 않다. 또한, 회복가능성이 있는 별거라면 유책배우자의 부양청구라도 이를 허용할 수 있다.[8]

별거와 관련하여 부양청구인의 상대방에게 유책성이 있는 경우에는 원칙적으로 부부동거시와 동일한 정도의 부양의무를 인정하는 것이 타당하다. 이러한 별거기간이 장기화되어 부부관계의 회복이 불가능해진 경우 부양료를 감액할 수 있는지에 대해서는 논란의 여지가 있지만, 적어도 별거기간이 장기화되는 과정에 부양청구인에게도 일정부분 책임이 있다고 판단된다면, 감액이 가능하다고 사료된다.[9] 별거와 관련하여 어느 일방에게 책임이 있다고 보기 어렵거나 쌍방에게 책임이 있는 경우에도, 이미 회복이 불가능할 정도로 부부관계가 파탄된 경우에는 부양료를 감액할 여지가 있다.

부부간 부양의무가 감면되는 경우에도 자녀에 관한 양육비를 청구할 수 있음은 물론이다.

나. 중혼적 사실혼 관계를 맺고 있는 부양의무자의 자력을 산정하는 경우 부양의무자의 귀책사유없이 법률혼이 사실상 이혼상태에 빠졌다는 등의 특별한 사정[10]이 없는 한, 사실혼 상대방의 생활비를 참작해서는 안 될 것이다.[11] 다만, 중혼적 사실혼 관계에서 태어난 자녀와 법률혼 관계에서 태어난 자녀에 대한 부양의무의 순위 사이에는 원칙적으로 차이가 없다고 봄이 타당하다.

다. 부양의무자가 종전에 과도하게 부양의무를 이행하여 결국 현재의 부양의무부분에 대하여 이행지체에 빠진 경우 의무자가 과거분에 대한 청산을 요구할 수 있는지 문제되나, 의무자가 임의로 이행한 부분에 대하여 법원이 개입하여 청산을 하는

7) 윤여헌·김용찬(1993), 302 참조. 그러나 부정행위를 한 아내의 혼인비용분담청구를 신의칙을 이유로 부정한 일본판례로는 日最決 2005(平17). 6. 9. 家月58·3·104.

8) 당사자들이 별거 중이더라도 아직 부부관계의 회복가능성이 있는 경우에는, 별거의 책임이 누구에게 있는지를 묻지 않고 혼인비용분담의무자가 생활유지의무로서 부양의무를 부담한다고 봄이 일본의 통설이다. 中山直子(2012), 41.

9) 新注民(改訂版)(25), 737(床谷文雄)은 파탄책임이 부양의무자측에 있는 경우에도 파탄이 진행된 경우에는 保持義務性이 약해진다고 서술한다.

10) 高松靖(1995), 409 이하는 그 밖에, ① 중혼적 사실혼 관계가 상당기간 지속되어 공연성을 갖게 된 경우, ② 사실혼 배우자가 사실혼 관계를 형성하는 시점에서 선의였거나 악의였다 하더라도 비난가능성이 낮은 경우에는 예외적으로 중혼 관계를 고려하여 배우자에 대한 부양료를 산정할 여지가 있다고 주장한다.

11) 中山直子(2012), 100-101.

것이 바람직한지 의문이다. 따라서 과거의 사실을 이유로 현재의 부양료를 감면받는 것은 원칙적으로 허용되기 어려울 것이다.[12)]

2. 부모의 미성년 자녀에 대한 부양의무

서울가정법원은 2012. 5. 31. 양육비 산정기준표를 제정, 공표하였다. 2023년 현재는 2021. 12. 22. 개정된 양육비산정기준표가 적용되고 있다. 위 기준표는 자녀의 나이 및 부모의 합산소득에 따라 자녀 1인당 월별 표준양육비를 규정하고 있다. 위 표준양육비는 양육자녀가 2인인 4인 가구를 기준으로 한 자녀 1인당 평균양육비이다. 표준양육비를 토대로 ① 부모의 재산상황, ② 자녀의 거주지역, ③ 자녀 수, ④ 고액의 치료비, ⑤ 고액의 교육비(부모가 합의하였거나 사건본인의 복리를 위해 합리적으로 필요한 범위), ⑥ 비양육자가 개인회생절차에 들어간 경우 등을 고려하여 양육비 총액을 확정한 뒤, 양육친과 비양육친의 양육비 분담비율을 결정하여 비양육친이 지급하여야 할 양육비를 산출하게 된다. 분담비율은 양육친과 비양육친의 소득 또는 추정소득 비율을 기초로 당해 사건의 제반사정을 고려하여 결정하며,[13)] 비양육친에게 소득이 없는 경우에도 양육비 지급의무를 인정함이 원칙이다. 다만, 위 양육비 산정기준표가 법적인 구속력이 있는 것은 아니다.

3. 부모의 성년 자녀에 대한 부양의무

가. 성년 자녀에 대한 교육비용 부담의무 인정여부

부모가 신체적, 정신적 장애 등을 이유로 스스로 생활할 수 없는 성년 자녀에 대하여 부양의무를 부담할 수 있음은 물론이다. 문제는 대학교육을 받고 있는 미혼의 성년 자녀에 대하여 부양의무자로서 교육비나 생활비 등을 지원할 의무를 부담하는지, 부담한다면 그 법적 근거와 성격은 무엇인지, 부양료 산정시 고려해야 할 요소는 무엇인지 등이다.

이에 대해서는, 민법상 부양의무가 인정되기 어렵고 성년자녀에 대한 부모의 원조는 증여로 보아 상속시 특별수익으로 취급해야 한다는 견해가 가능하다.[14)] 그러나

12) 菱山泰男·太田寅彦(2006), 29.

13) 참고로 영국의 경우 비양육친의 양육비지급의무와 면접교섭문제를 연동시키고 있다고 한다. 즉 비양육친이 일년에 일정기간 이상 자녀를 자신의 주거에 데려오거나 숙박시킨 경우, 양육비지급의무를 감경한다. 영국 제도의 소개로는 이병화(2020), 100 이하.

14) 大村敦志, 家族法(2010), 253; 新注民(改訂版)(25), 741(床谷文雄); 곽윤직, 상속법 106은 상속인 중 어떤 자에게만 대학교육이나 외국유학을 시켰다고 할 때에는 특별수익이 되는 증여로 보아야 한다고 서술한다.

이 견해를 일관하면, 부모에게 자력이 있고 자녀도 대학교육을 받기 원하며 교육받을 능력이 있음에도 불구하고, 자녀는 일단 대학교육을 단념해야하는 상황이 발생할 수 있다. 또한 ① 우리나라의 경우 대학진학율이 매우 높은 점, ② 미성년 자녀가 대학교육을 받고 있는 경우 이러한 사정이 '양육비' 산정시 고려될 수 있는데 자녀가 성년이 되었다고 해서 돌연 교육비용 부담의무가 사라지는 것이 타당한지 의문인 점 등을 고려할 필요가 있다. 따라서 성년자녀의 의사와 능력, 부모의 학력과 자력 등을 종합적으로 참작하여 부양의무를 인정할 여지를 열어 둠이 타당하다고 사료된다.15) 다만 통상적인 생활필요비라고 보기 어려운 유학비용의 충당을 위해 성년의 자녀가 부모를 상대로 부양료 청구를 하는 것은 허용될 수 없다.16)

나. 교육비용 부담의무의 법적 근거

양육권은 친권의 한 내용으로 볼 수 있고 자녀가 성년이 되는 경우 친권은 소멸하므로, 양육비는 '미성년' 자녀를 양육하는 데 드는 비용으로 봄이 타당하다.17) 따라서 §837에 따른 가사소송법 마류 3호 사건으로 성년자녀의 교육비용을 청구하는 것은 원칙적으로 허용되기 어렵다.18) 성년 자녀는 자신의 교육비용을 §974를 근거로 청구할 수 있을 것이다.19) 다만, 이러한 구분이 작위적이고 양육친이나 자녀 입장에서 불편을 초래할 뿐이므로, §837를 유추하여 성년자녀의 교육비용도 양육비에 포함하여 청구할 수 있게 하자는 주장도 제기될 여지가 없지 않다.20)

다. 부양의무의 법적 성격 및 부양정도

성년 자녀에 대한 부모의 교육비용 부담의무는, 자녀의 현재 생활을 가능케 한다

---

15) 이희배(1988), 295 이하; 차선자(2006), 124; 양수산(1991), 253; 조민영(2008), 43 참조. 독일민법 §1610 ②은 직업을 위해 적정한 교육에 드는 비용이 부양의무에 포함된다고 규정하고 있고, 특별히 자녀의 나이에 제한을 두고 있지는 않다. 또한 §1603 ③은 부모 또는 부모 일방과 생계를 같이하고 통상의 교육을 받고 있는 21세 미만의 성년자녀의 부양을 미혼의 미성년 자녀부양과 동일하게 취급한다. 스위스 민법 §277는 부모는 자녀가 성년이 될 때까지 부양의무(Unterhaltspflicht)를 부담하고(1항), 자녀가 적절한 교육을 받지 못한 경우에는 성년이 된 이후에도 교육이 마무리되는 통상적인 기간까지 수인가능한 범위에서 부양의무를 부담한다는 취지로 규정한다(2항).

16) 대법원 2017. 8. 25.자 2017스5 결정.

17) 임종효(2011), 249; 마옥현(2006), 541; 차선자(2006), 115 참조.

18) 대법원 1994. 6. 2.자 93스11 결정; 서울가정법원 1988. 9. 13.자 87드7320(본심), 88드975(반심) 심판은 부모 사이의 합의가 없는 한, 양육친인 모가 부에게 자녀들이 성년이 된 이후 대학졸업시까지의 양육비를 청구할 수는 없다고 한다.

19) 자녀가 성년에 도달한 이상 친권이 종료되므로 자녀에 대한 부양료를 양육비로 볼 수는 없고, 성년자녀에 대한 부양의무는 생활부조의무로 관념하는 것이 타당하다는 견해로는 基本法コンメンタール 親族(第5版)(2008)/山脇貞司 291.

20) 일본의 실무에서는 양육비 지급의 종기를 대학졸업예정시로 정하는 경우가 있다고 한다. 이 경우 자녀를 절차에 참가시켜 자녀의 의향을 청취할 필요가 있을 것이다. 中山直子(2012), 28 우리의 경우, 부모 일방이 타방을 상대로 자의 양육에 관한 심판을 청구한 경우 자가 13세 이상인 때에는 심판에 앞서 자의 의견을 들어야 한다(家訴規 §100).

는 데에 초점이 있지 않고, 자녀의 재능이나 의향에 부합하는 교육을 가능케 하여 장래 경제적 자립의 기반을 마련해 주는 데에 초점이 있다. 따라서 이러한 부모의 부양의무는 일반 친족부양과는 다소 성격이 다르고 미성년 자녀에 대한 양육의무와 비슷한 측면이 있다.[21] 다만, 자녀 자신도 경제적 활동을 할 능력이 있는 점을 고려할 때 부모가 과중한 경제적 부담을 지는 것은 바람직하지 않다. 따라서 학비나 생활비가 부족하게 된 경위, 받을 수 있는 장학금, 아르바이트에 의한 수입의 유무 및 가능성, 학비대여 가능성 등을 고려하여 부양료를 산정할 필요가 있다. 성년자녀에 대한 부양의무가 인정되더라도 미성년 자녀에 대한 부양의무보다 후순위에 놓일 수 있음은 물론이다.

라. 부양료 산정시 고려해야 할 사정

부와 자녀 사이에 왕래가 없었다거나, 자녀의 교육에 관하여 부에게 발언권이 전혀 없었던 점을 이유로 부양료를 감액할 수 있는가? 부모가 이혼하고 모가 미성년 자녀를 양육하게 된 경우 비양육친인 부와 자녀 사이의 관계가 소원해지는 것은 어찌보면 자연스러운 현상일 수 있고, 부부간의 문제로 자녀에 불이익을 주는 것은 타당하지 않은 점을 고려할 때, 원칙적으로 미성년 자녀의 경우 위와 같은 사정을 이유로 비양육친의 부양의무를 감면해서는 안 될 것이다.[22] 그러나 성년 자녀라면 달리 볼 여지가 있다. 성년 자녀에게는 자신의 행동에 대하여 책임을 지는 것이 기대되고, 요구되기 때문이다. 외국의 학설과 판례 중에는, 성년 자녀가 일방적으로 관계를 단절시키고 더 이상 친자관계를 계속할 의사가 없음을 표시한 경우나 대학교육과 관련하여 부모의 충고나 조언을 무시한 경우처럼, 부모와의 관계가 소원해진 것에 성년 자녀의 일방적 유책사유가 있음이 명백하고 그 유책성이 장래 친자관계를 파괴할 정도로 고도의 것인 경우에는 이러한 사정을 들어 부양의무를 감면할 수 있다는 견해가 있다.[23][24] 물론 이에 대해서는 젊은 성인은 자유롭게 인생계획을 세우거나 진로를

21) 이경희(2014), 223은 "성년인 자라 하더라도 혼인하지 않고, 또한 사회에서 통상적으로 요구되거나 기대되는 학업과정에 있다면, 그 자녀에 대한 부양필요성이 일반적인 친족부양보다 우선한다"고 본다. 그러나 다른 한편으로 "미성년의 자와 통상 행위능력자인 성년의 자의 경우를 전적으로 동일하게 생각할 수는 없다"고 한다. 안경희·남윤삼(2014), 15는 "청소년기본법 제3조 제1호에서 9세 이상 24세 이하의 자를 청소년으로 규정하고 있는 점에 비추어 24세까지는 부모가 자녀의 교육비용을 부담한다고 규정함이 바람직"하다고 한다.

22) 그러나 교육비용 관련 부양료 산정시 부양의무자의 의사나 교육방침을 전혀 고려하지 않아도 무방하다는 것은 아니다. 가령, 비양육친인 부의 의견을 무시하고 양육친이 일방적으로 미성년 자녀를 사립학교에 보내거나 유학을 보낸 경우, – 그러한 교육수준이 부의 사회적 지위나 학력, 자력에 상응한다고 판단되지 않는 한 – 위와 같은 사정은 부양료 산정시 참작될 수 있다.

23) 早野俊明(1993), 297이하 참조. 미국 펜실베니아 주법원 판례인 Milne v. Milne 383 Pa.Super. 177, 556 A.2d 854는 대학재학 중인 성년의 자가 과거 동거하였지만 현재는 별거하고 있는 모에 대하여 교육비 등을 부양료로 청구한 사건(동거당시 자는 모의 얼굴에 침을 뱉고 모를 구타하기도 하였으며, 이후 모

모색할 수 있으므로 부양청구권자가 가족간 연대를 위하여 노력을 기울였는지 여부는 부양청구권 발생요건이 될 수 없다는 반론도 가능하다.[25] 일도양단식으로 판단하기 어려운 문제이나, 기본적으로 성년 자녀에 대한 교육부양의무 성립을 감면할 여지는 남겨두는 것이 타당하다고 사료된다.

성년 자녀가 부모와의 동거를 선택하지 않아 결과적으로 더 많은 생활비가 필요하게 되었다면, 이러한 사정을 이유로 부양료를 증액할 수 있는지 문제된다. 동거하지 않는데 객관적으로 합당한 이유가 없다면 증액을 허용하지 않는 것이 타당하다.[26] 그러나 부모에게 부담이 되지 않는 한도에서는 합당한 이유를 폭넓게 인정하는 것이, 자녀의 인격과 권리를 존중하는 것일 뿐만 아니라 궁극적으로 독립성을 키우는 데 도움이 된다는 주장도 가능하다.[27]

4. 자녀의 노부모에 대한 부양의무

고령화 사회가 급속하게 도래하면서 노부모에 대한 부양의무에 대한 논의도 늘어나고 있다.[28] 자녀의 노부모 부양의무의 법적 성격과 관련하여, ① 생활유지의무 또는 그와 비슷한 수준의 부양의무로 보는 견해[29]와 ② 생활부조의무로 보는 견해[30]

는 자와의 관계회복을 위해 노력했지만 자에게는 그런 의지가 없었다)에서, 모와 자 사이의 소원한 관계(estrangement)는 부양료 산정시 고려해야 할 사유라고 판단하였는데, 그 이유는 다음과 같다. ① 법원이 이혼한 부모의 성년자녀에 대해서도 보호를 확대하려는 이유는, 부모가 이혼하지 않았을 경우 자녀가 누렸을 기회를 부당하게 박탈당하지 않게 하려는데 있다. 그런데 대부분의 가정에서는, 자녀가 부모를 학대하거나 거부하고 집을 떠났다는 사정은 부모가 자녀의 대학교육비용을 지원할지 여부를 결정함에 있어 고려된다. ② 성년의 자녀는 현실의 가족상황을 이해할 수 있는 위치에 있고, 자신의 태도나 행동에 대하여 스스로 책임을 져야한다는 사실을 인식해야 한다. ③ 대학교육을 통해 부모에 대한 자녀의 태도를 교정시키는 것을 기대하기도 어렵다. ④ 가족의 존엄성(sanctity)을 고려해야 한다. 다만, 현재 펜실베니아 주법원 판례는 원칙적으로 부모의 성년 자녀에 대한 대학교육비용 부담의무를 인정하지 않는다. Blue v. Blue 532 Pa. 521, 616 A.2d 628 참조.

24) 성년 자녀가 정당한 이유없이 비양육친을 거부하는 경우, 부양의무가 발생하지 않는다는 취지의 스위스 판례로는 BGE 113 II 374.

25) Rainer Frank/홍윤선 역(2013), 292(아들이 아버지를 무시하였다거나 딸이 아버지에게 손자녀와의 만남을 허용하지 않았다고 해서 아버지에 대한 부양청구권의 성립을 부정할 수 없고, 현재까지 알고 있는 바로는 가족관계가 파탄이 난 경우 독일민법 §1611 ①을 근거로 부모와 절연을 한 자녀의 부양청구권이 상실되었다고 본 독일판례는 없다고 한다)

26) 참고로 독일민법 §1612 ② 1문은, 부모가 미혼의 자녀(성년 자녀도 포함)에 대하여 부양의무를 부담하는 경우 자녀의 이익에 대한 고려가 이루어진 한에서는 부모가 '부양방법'을 지정할 수 있다고 규정한다.

27) Basler Kommentar zum ZGB/Breitschmid Art. 277 N16; Berner Kommentar zum ZGB/Hegnauer Art. 277 N132 참조.

28) 해외 입법례로는 이충은(2015); 이충은·김상찬(2015); 김나래(2017), 153-155; 박광동·윤혜란(2015), 159-162; 김인유(2017) 등 참조.

29) 한웅길(1997), 56-57; 정귀호(1987), 25-26; 어인의(1990), 16; 마옥현(2006), 551-552; 김연화(2011), 735; 이희배(1995), 314-316; 김봉수(2010), 193-195.

30) 이승우(2000), 189-190; 신영호(2003), 204; 권재문(2001), 36; 이정식(2004), 230-231; 현소혜(2020), 379-380.

가 대립한다. 대법원 판례 중에는, 자녀는 부모가 자기의 자력 또는 근로에 의하여 생활을 유지할 수 없는 경우에 한하여 부양의무를 부담함을 지적하면서, 성년인 자가 스스로 장기간 부모와 동거하면서 생계유지의 수준을 넘는 부양자 자신과 같은 생활수준을 유지하는 부양을 한 경우 특별한 부양이 된다고 보아 그 부모의 상속재산에 대하여 기여분을 인정한 것이 있다.[31] 대법원 판례는 성년자녀의 노부모에 대한 부양의무를 2차적 부양의무라고 명시하고 있다.[32] 한편 하급심 판례 중에는 자녀의 부모 부양의무를 2차적 부양의무라고 본 것[33]이 많지만, 생활유지의 부양에 가깝게 해석하는 것이 바람직하다고 판시한 경우[34]도 있다.

노부모와 성년 자녀는 법률상 동거를 요구할 수 없는 관계인 점, 부모는 자녀의 의사에 따라 성립된 혈족이 아닌 점 등을 고려할 때, 노부모에 대한 부양의무를 생활유지의무로 보긴 어려운 측면이 있다. 다만, 사안의 구체적 특성을 고려하여 자녀에게 강화된 부양의무를 부담시키거나 자녀의 노부모 부양의무가 다른 친족간 부양의무(노부모와 동거하는 형제자매의 노부모에 대한 부양의무)보다 앞선다고 보는 것, 부양의무 성립요건을 완화하는 것은 가능하다. 가령, 요부양자인 부모가 토지나 건물 등 상당한 자산을 가지고 있어도 그것을 처분하기 부적절·곤란하고 생활비에 필요한 정기적 수입이 없는 경우에는 요부양상태에 있다고 판단할 여지가 있다.[35]

딸이 전업주부인 경우에도 남편에게 수입이 있다면 그 중 아내에게 권한이 있는 부분만큼은 자력이 있다고 판단할 수 있다.[36] 자녀에게 부양의무를 명한다면 자녀의 배우자에 대하여 별도로 부양의무를 명할 필요는 없는 경우가 많을 것이다. 조부모가 손자녀를 자신의 자녀처럼 양육하였다면, 조부모에 대한 부양의무를 부모에 대한 부양의무와 같은 정도로 취급하는 것이 타당할 수 있다.

다만 자녀의 노부모에 대한 부양의무를 강화한다고 해서 실제로 노부모가 더 부양을 잘 받는 결과로 반드시 연결되는 것은 아님에 유의할 필요가 있다. 노부모가 이행청구를 하지 않거나, 자녀에 대한 확정판결이 잘 집행되지 않는다면, 자녀의 의무를 강화하는 것이 별 의미가 없게 된다. 자녀의 노부모 부양의무를 강화하는 방법('채찍')과 함

31) 대법원 1998. 12. 8. 선고 97므513, 97므520, 97스12 판결.
32) 대법원 2019. 11. 21.자 2014스44, 45 전원합의체 결정.
33) 서울가정법원 2001. 11. 15.자 2000느단6731 심판; 수원지방법원 성남지원 2011. 7. 28.자 2010느단1215 심판; 대구지방법원 가정지원 2011. 6. 27.자 2010느단2256 심판; 청주지방법원 2012. 9. 27.자 2012느단299 심판 등.
34) 서울가정법원 2010. 7. 12.자 2009느단11376 심판.
35) 이승우(2000), 191; 안경희·남윤삼(2014), 11("부모 명의의 재산이 있다 하더라도 환가할 수 없을 때에는 부양필요성을 인정해야 할 것이다.").
36) 제요[2], 1568; 조인영(2022), 64도 비슷한 취지.

께 노부모를 잘 부양한 자녀에게 혜택을 주는 방법('당근')을 모색함이 바람직하다.[37]

Ⅳ. 부양의 방법

부양방법으로는 금전부양, 현물부양, 동거부양, 보살핌부양,[38] 시설부양(부양권리자를 시설에 입소시키고 그 비용을 부양의무자가 부담하는 것) 등을 생각할 수 있다. 동거부양이나 보살핌부양은 부양권리자와 부양의무자 사이의 합의가 없는 한, 심판으로 명하지 않는 것이 바람직하다. 이러한 형태의 부양은 부양의무자의 인격적 자유와 관련이 있으므로 부양의무자가 심판내용을 위반하였더라도 법으로 강제이행을 명하기 어렵고,[39] 부양의무자의 자발적 의사가 없는 상태에서의 동거부양이나 보살핌부양이 부양권리자에게 도움이 된다고 보기도 어렵기 때문이다. 현물부양 중에서도 부양의무자가 살고 있는 주거를 제공하는 형태의 부양은 동거부양이나 보살핌부양과 같은 맥락에서 생각할 필요가 있다.

1. 일시금 vs. 정기금

부양의 성질 및 목적에 비추어, 부양료는 정기금의 형태로 지급이 이루어지는 것이 바람직하다. 장래의 양육비(또는 부양료)는 매월 또는 매년 일정액을 일정한 일자에 정기적으로 지급할 것을 명하는 것이 일반적이라고 한다.[40] 부양료를 정기금으로 지급하는 내용의 협의 또는 심판이 이루어진 이후 부양의무자가 일방적으로 기한의 이익을 포기하여 일시금으로 지급하였다면, 이러한 변제는 원칙적으로 그 효력을 인정하기 어렵다.[41]

그러나 부양료를 일시금의 형태로 지급하는 내용의 협의나 심판이 불가능한 것은 아니다. 당사자의 의사나 사안의 특성을 고려하여 부양심판에서 일시불을 명하는 것은 가능하다. 부양의무자가 일시금으로 지급받은 부양료를 용도외 목적으로 사용

37) 김인유(2017), 376 이하(효행 장려 및 지원에 관한 법률을 소개하고 개선방안을 제시하고 있다); 박광동·윤혜란(2015), 162 이하도 이른바 '효도법'의 내용을 소개하고 법제 개선방안을 제시하고 있다.

38) 부양의무자와 동거하면서 부양의무자를 부양하는 것이 아니라, 따로 살면서 부양의무자의 거소를 방문하여 부양의무자를 보살피는 것을 뜻한다.

39) 부부간 동거를 명하는 심판에 대해서는 직접강제나 간접강제 모두 허용되지 않는다. 다만, 배우자 일방의 거부로 동거에 이르지 못한 경우 상대방은 동거의무 또는 그를 위한 협력의무의 불이행으로 말미암아 발생한 정신적 손해에 대한 배상을 청구할 수 있다(대법원 2009. 7. 23. 선고 2009다32454 판결).

40) 제요[2], 1483(다만 실무적으로 양육자가 양육비의 지급과 관련된 분쟁의 재연을 피하기 위해 일시불로 지급할 것을 청구하는 경우도 있다). 반년급이나 1년급의 형식도 가능하나 부양제도의 목적에 비추어 바람직하지 않다고 사료된다.

41) 新注民(改訂版)(25), 794(松尾知子).

하거나 낭비하여 다시 요부양상태에 빠진다면, 부양의무자가 §978에 따라 종전 협정이나 심판의 취소·변경을 통해 다시 부양료를 청구할 수 있는지 문제된다. 이 경우 '사정변경' 요건에 해당하지 않는다고 보아 당연히 그 청구를 불허할 것은 아니고,[42] 부양료가 일시금으로 지급된 이유, 부양의무자의 현재 부양능력, 다른 부양의무자의 유무, 부양료를 용도 외 목적으로 사용하거나 낭비하게 된 이유 등을 종합적으로 고려하여 사안별로 판단할 필요가 있다.[43] 다만, 부양청구를 허용하더라도 위와 같은 사정을 참작하여 부양료를 상당부분 감액할 여지는 있다.

2. 부양료 지급의 시기 및 종기

부양료 지급의 시기는 과거의 부양료 청구 문제와 관련된다. 판례는 부부간 부양료의 경우 이행청구시부터,[44] 자녀 양육비의 경우 출생시부터[45] 원칙적으로 부양료 청구가 가능하다고 한다. 그 밖의 민법상 친족부양에 관해서는, 가정법원이 일체의 사정을 고려하여 '청구 시점 이후의 적절한 시점'을 선택할 수 있다는 견해가 있다.[46] 그러나 이에 대해서는 반론이 있을 수 있다.[47]

부양료 지급의 종기는 반드시 특정할 필요가 있는 것은 아니나, 일반적으로 부양권리자의 사망시까지 등으로 특정하고 있다.[48] 가사소송법 마류 1호 사건의 경우 혼인관계 해소시 또는 별거상태 해소시를 종기로 삼을 수 있고,[49] 가사소송법 마류 3호 사건의 경우 자녀가 성년이 되는 시점을 종기로 삼을 수 있다.[50]

3. 부양료·양육비 채권의 이행확보 방법

가. 민사집행법에 따른 강제집행 및 가사소송법상 이행명령

부양의무자가 의무를 이행하지 않는 경우, 부양료 지급을 명하는 심판은 집행권원이 되므로(家訴 §41) 부양권리자는 이를 기초로 민사집행법상의 강제집행절차에 따라 집행할 수 있다. 또한 부양의무자가 정당한 이유 없이 부양료를 지급하지 않는 경

42) 이에 반대하는 견해로는 中山直子(2012), 234.
43) 新注民(改訂版)(25), 794(松尾知子).
44) 대법원 2008. 6. 12.자 2005스50 결정 등.
45) 대법원 1994. 5. 13.자 92스21 전원합의체 결정.
46) 제요[2], 1567.
47) Ⅳ. 참조.
48) 제요[2], 1567.
49) 제요[2], 1425-1426; 서울가정법원 2000. 12. 5. 선고 99드단38784, 76311 판결.
50) 최근 일본의 실무에서는 미성년 자녀에 대한 부양료 지급의 종기를 "20세가 되는 날이 속한 달까지"로 정하는 경우가 많은데, ① 향후 민법상 성년 연령이 낮아지는 상황에 대비하고 ② 부양료를 일할계산하는 수고를 덜기 위함이라고 한다. 中山直子(2012), 240.

우, 부양권리자는 가정법원에 家訴 §64에 의한 이행명령을 신청할 수 있다. 가정법원이 이행명령을 하였음에도[51] 부양의무자가 이를 위반한 경우, 가정법원은 직권 또는 권리자의 신청으로 1,000만 원 이하의 과태료를 부과할 수 있다(家訴 §67 ①). 또한, 이행명령에서 부양료의 정기적인 지급을 명하는 것인데 부양의무자가 정당한 이유 없이 3기 이상 그 의무를 이행하지 않는 경우, 가정법원은 권리자의 신청에 의하여 의무자에 대하여 30일의 범위에서 감치를 명할 수 있다(家訴 §68 ①). 양육비나 부양료 채권의 확보를 위해 임금채권에 강제집행을 할 경우, 채무자가 직장에서 근무하기 어려운 상황에 놓일 수도 있고 퇴직할 위험도 있으므로, 경우에 따라서는 간접강제가 더 효과적일 수 있다.

나. 양육비직접지급명령

양육비를 정기적으로 지급할 의무가 있는 사람이 정당한 사유없이 2회 이상 양육비를 지급하지 아니한 경우에는, 정기금 양육비 채권에 관한 집행권원을 가진 채권자의 신청에 따라 양육비채무자에 대하여 정기적 급여채무[52]를 부담하는 소득세원천징수의무자에게 양육비채무자의 급여에서 정기적으로 양육비를 공제하여 양육비채권자에게 직접 지급하도록 명할 수 있다(家訴 §63-2 ①). 이러한 지급명령은 민사집행법상 압류명령과 전부명령을 동시에 명한 것과 같은 효력이 있다. 민사집행법상 강제집행이 개시되기 위해서는 집행채권의 이행기가 도래해야 하는데(民執 §40 ①), 양육비직접지급명령은 아직 이행기가 도래하지 않은 장래의 정기금 양육비 채권을 집행권원으로 하여 발령될 수 있다는 데에 특색이 있다. 이는 비교적 소액의 정기금채권인 양육비 채권을 실효적으로 확보할 수 있게 한 것이다.[53]

양육비 직접지급명령 신청 당시 이미 기한이 도래한 2회 이상의 정기금 양육비 채권도 양육비 직접지급명령의 집행채권이 되는지 문제된다. 실무의 다수적 견해는 위 부분은 일반 강제집행 방법을 이용할 수 있으므로 포함되지 않는다고 보나, 家訴 §63-2 ② 단서의 반대해석상 포함된다고 봄이 타당하다는 견해도 있다.[54]

양육비 직접지급명령은 소득세원천징수의무자와 양육비채무자에게 송달하여야

51) 이행명령은 당시 남아있는 잔존의무의 범위 내에서 하여야 하나, 반드시 그 의무 전부에 대하여 이행을 명해야 하는 것은 아니고 일부에 대해서만 이행을 명할 수도 있다(家訴規 §123). 일부에 대해서만 이행을 명하였더라도 잔여 부분에 대한 면제를 의미하는 것은 아니다. 또한, 이행명령에는 의무이행의 기간을 정해야 하는데 그 기한은 실체법적으로 의무이행기간을 유예하는 것은 아니다. 제요[1], 371.

52) 따라서 급여채권이 아닌 연금채권은 양육비직접지급명령의 대상이 아니다. 제요[1], 334. 퇴직위로금, 명예퇴직수당을 포함한 퇴직금은 '정기적 급여'가 아니므로 대상이 아니라고 보는 것이 실무상 다수의 견해이나, 반대하는 견해도 있다. 제요[1], 331.294

53) 제요[1], 328; 김상수(2009), 11-12.

54) 제요[1], 331-332; 과거의 양육비채권도 집행채권에 포함된다는 견해로는 김윤정(2011), 464.

한다(家訴 §63－2 ④). 양육비 직접지급명령을 인용하는 결정에 대하여 양육비채무자나 소득세원천징수자 등은 양육비 직접지급명령을 고지받은 날부터 1주일 이내에 즉시항고를 할 수 있다(家訴規 §120－6). 즉시항고 사유는 양육비 직접지급명령을 발령함에 있어 가정법원이 스스로 조사하여 준수할 사항의 흠에 관한 것이다(압류의 경합, 급여채권이 압류금지채권이라는 점 등). 양육비채권이나 급여채권의 부존재나 소멸과 같은 실체상 사유는 즉시항고 사유가 될 수 없다. 이는 양육비채무자가 청구이의의 소를 통해 주장하거나, 소득세원천징수의무자가 전부금청구소송에서 주장해야 한다.[55)]

즉시항고가 제기되지 않은 경우에는 1주일의 즉시항고기간이 경과한 때, 즉시항고가 제기된 경우에는 그 기각 또는 각하결정이 확정된 때에 양육비 직접지급명령은 확정되고 그 효력은 양육비 직접지급명령이 소득세원천징수의무자에게 송달된 때로 소급하여 발생한다(家訴 §63－2 ②, 民執 §229 ⑦). 정기적 급여채권은 위 송달시에 소급하여 정기금 양육비채권의 범위 안에서 그 동일성을 유지하면서 양육비채권자에게 이전되고, 그로 인해 양육비채권은 소멸한다. 소득세원천징수의무자는 '집행채권인 양육비채권의 이행기가 도래한 이후에 지급기(급여지급일)가 도래하는' 급여채권에서 양육비 상당액을 지급하여야 한다.[56)]

가정법원은 양육비 직접지급명령의 목적을 달성하지 못할 우려가 있다고 인정할 만한 사정이 있는 경우, 양육비채권자의 신청에 의해 양육비 직접지급명령을 취소할 수 있다. 이러한 취소의 효력은 장래를 향하여만 미친다(家訴 § 63－2 ③). 소득세원천징수의무자의 자력이 나빠졌다는 점을 이유로 취소를 구하는 경우, 그 때까지 미지급된 급여채권에 관한 위험은 양육비채권자가 부담한다. 부양의무자에 대한 해당 부양료채권은 이미 소멸하였기 때문이다. 한편, 집행권원의 효력이 상실되거나 양육대상인 미성년 자녀가 사망하였음을 이유로 양육비 직접지급명령이 취소된 경우에는, 그 사유발생시부터 취소시점까지 양육비채권자가 지급받은 금원에 대해서는 양육비채무자에게 부당이득반환의무를 부담한다.[57)] 양육비 직접지급명령의 토대가 된 집행권원의 효력이 상실되거나 변경된 경우, 실무상 양육비채무자도 양육비채권자의 취소신청권을 대위행사할 수 있다고 본다.[58)]

미성년 자녀의 부양청구권을 대리행사하는 경우에도 양육비지급명령이 가능한지에 관해서는 [前註] Ⅲ. 참조.

55) 제요[1], 337.
56) 제요[1], 339－340; 김윤정(2011), 462.
57) 제요[1], 346; 김윤정(2011), 466.
58) 제요[1], 345.

다. 담보제공명령, 일시금지급명령

가정법원은 양육비를 정기금으로 지급하게 하는 경우, 그 이행을 확보하기 위하여 양육비채무자에게 상당한 담보의 제공을 명할 수 있고(家訴 §63-3 ①), 양육비채무자가 정당한 사유 없이 그 이행을 하지 아니하는 경우, 양육비채권자의 신청에 의하여 양육비채무자에게 상당한 담보의 제공을 명할 수 있다(家訴 §63-3 ②). 이 제도는 특히 양육비채무자가 근로자가 아닌 자영업자 등이어서 양육비 직접지급명령제도를 이용할 수 없는 경우에 대한 대안으로 마련된 것이다.59) 양육비채무자가 위 각 명령에 따라 담보를 제공하여야 할 기간 이내에 담보를 제공하지 아니하는 경우, 가정법원은 양육비채권자의 신청에 의하여 양육비의 전부 또는 일부를 일시금으로 지급하도록 명할 수 있다(家訴 §63-3 ④). 일시금 지급명령은 집행권원이 될 수 없다. 다만, 양육비 일시금 지급명령을 받은 사람이 30일 이내에 정당한 사유없이 그 의무를 이행하지 않는 경우 가정법원은 권리자의 신청에 의하여 30일의 범위에서 그 의무를 이행할 때까지 의무자에 대한 감치를 명할 수 있다(家訴 §68 ① iii).

미성년 자녀의 부양청구권을 대리행사하는 경우에도 담보제공명령, 일시금지급명령이 가능한지에 관해서는 [前註] Ⅲ. 참조.

라. 양육비 또는 부양료 청구권을 본안으로 하는 보전처분 및 사전처분

채권자는 家訴 §63 ①에 따라 양육비나 부양료 청구권을 피보전권리로 하여 가압류를 신청할 수 있다. 장래의 양육비를 피보전권리로 한 가압류의 경우, 수로 분할급부로 이루어지는 점, 장래의 처분변경가능성, 피신청인이 임의로 이행할 가능성 등을 고려하여 3년치 또는 1년치에 한하여 가압류를 신청하도록 보정을 명하는 것이 서울가정법원의 실무라고 한다.60) 또한 家訴 §63 ①에 따라 양육비나 부양료 지급의 단행가처분을 신청할 수도 있다.61)

家訴 §62상 사전처분의 일종으로서 상대방으로 하여금 일정기간 동안 정기적으

---

59) 제요[1], 347.

60) 정상규(2003), 324; 전보성(2008), 472.

61) 그러나 서울가정법원은 실무상 임시의 지위를 정하는 가처분을 신청하는 사건에 관하여, 다음과 같은 이유로 채권자에게 본안제기와 동시에 본안법원에 같은 내용으로 사전처분을 신청하도록 권고하고 있다고 한다. ① 임시의 지위를 정하는 가처분의 경우 원칙적으로 심문기일을 열어야 하는데, 사전처분 재판에서는 반드시 심문기일을 열 필요는 없다. ② 본안재판과 사전처분재판에서는 가사소송법이 적용됨에 반하여 임시의 지위를 정하는 가처분에서는 민사집행법과 민사소송법이 적용되고 가사사건의 특유한 심리절차의 적용을 받지 않는 것은 부당하다. ③ 사전처분과 달리 임시의 지위를 정하는 가처분 사건의 심리내용은 본안재판과 연결되지 않으므로 당사자들은 동일한 사항에 관하여 중복하여 재판을 받을 수 있다. ④ 사전처분에는 집행력이 인정되지 않지만, 당사자로서는 본안에 대한 판단에서 불이익을 받지 않기 위하여 본안재판부가 발한 사전처분의 명령내용을 준수하는 경향이 있고, 본안재판부가 사전처분의 사후 준수여부에 대하여 지속적으로 감독할 수 있는데, 신청재판부로서는 당사자가 명령을 불이행하는지 여부에 대하여 감독이 곤란하다. 정상규(2003), 339-340.

로 양육비나 부양료를 지급하도록 하는 것도 가능하다. 다만, 이러한 사전처분에는 집행력이 없고(家訴 §62 ⑤) 이를 위반할 경우 과태료를 부과할 수 있다(家訴 §67 ①).

부양의무자가 보전처분에 따라 부양료를 임시로 지급한 경우, 본안심판에서 이를 고려해야 하는지 문제된다. ① '보전처분의 잠정성'을 고려할 때 본안심판에서 이를 고려해서는 안되고 중복집행 문제는 청구이의의 소를 통해 해결해야 한다는 견해, ② '부양심판의 형성적 성격'을 고려할 때 심판시까지 부양료로 지급된 금원을 참작하여 부양료를 정해야 한다는 견해가 일응 가능하다. 일본의 하급심 판례 중에는 전자의 입장을 취한 것이 있다.[62)]

마. 배상명령

법원은 제1심의 가정보호사건(가정폭력범죄로 인하여 보호처분의 대상이 되는 사건) 심리절차에서 보호처분을 선고할 경우 직권으로 또는 피해자의 신청에 의하여 피해자 또는 가정구성원의 부양에 필요한 금전의 지급을 명할 수 있다(가정폭력범죄의 처벌 등에 관한 특례법 §57 ① i).

바. 양육비 이행확보 및 지원에 관한 법률

미성년 자녀를 직접 양육하는 부모가 미성년 자녀를 양육하지 않는 부모로부터 양육비를 원할히 받을 수 있도록 양육비 이행확보를 지원하기 위해 양육비이행관리원이 설치되어 운영되고 있다(양육비 이행확보 및 지원에 관한 법률 §1, §7). 양육비채권자가 협의 또는 판결에 의해 확정된 양육비를 양육비채무자[63)]로부터 지급받지 못하는 경우, 양육비이행관리원에 ① 재산명시 또는 재산조회, ② 양육비직접지급명령신청, ③ 양육비 담보제공명령 신청, ④ 양육비 이행명령 신청, ⑤ 압류명령 신청 및 추심 또는 전부명령 신청, ⑥감치명령 신청과 같은 법률지원을 받을 수 있고(양육비 이행확보 및 지원에 관한 법률 §11, §18), 한시적 양육비 긴급지원을 받을 수 있다(양육비 이행확보 및 지원에 관한 법률 §14). 또한 양육비이행관리원은 양육비채무자가 채무불이행으로 감치명령을 받았음에도 불구하고 양육비 채무를 이행하지 않는 경우 일정한 요건에 따라 운전면허 정지처분, 출국금지 요청을 해당기관에 할 수 있고, 명단을 공개할 수 있다(양육비 이행확보 및 지원에 관한 법률 §21-3, §21-4, §21-5).

62) 日福岡高決 1984(昭59). 1. 6. (家月 36·12·67); 이에 관한 일본의 학설 소개로는 中山直子(2012), 354-355.

63) 비양육부모가 부양능력이 없는 미성년자인 경우에는 그 비양육부모의 부모가 양육비채무자가 된다. 양육비 이행확보 및 지원에 관한 법률 §2 vi, §3 ②.

V. 부양의무자가 다수인 경우의 법률관계[64]

1. 분할채무 vs. 연대채무

가. 여러 명의 부양의무자에게 분담하여 부양료 지급을 명할 것인가, 연대하여[65] 부양료 지급을 명할 것인가는 부양방법의 결정 문제로서 가정법원의 재량에 속한다.[66][67] 분할채무로 본다면 부양의무자들 사이의 구상문제가 추가로 발생하지 않아 분쟁의 일회적 해결이 가능한 반면, 강제집행의 어려움 등으로 인해 부양권리자의 보호가 충분히 이루어지지 못하거나 부양의무자가 자신의 분담액이 결정될 때까지 부양의무 이행을 미룰 위험이 있다. 또한, 동순위 부양의무자가 많을수록 심리부담이 가중될 수 있다. 이에 반해 연대채무로 구성하면 부양권리자를 두텁게 보호할 수 있고 법원의 심리부담은 줄어들지만, 부양의무자들 사이의 구상이 문제될 수 있고 그들 사이의 내부적 부담부분을 정하는 문제가 남는다. 법원이 어떤 책임구성을 선택하든, 부양권리자가 동순위 부양의무자 중 일부에 대해서만 부양료 지급청구를 한 경우, 가정법원은 家訴規 §106에 따라 다른 동순위 부양의무자를 절차에 참가시킬 필요가 있는지 검토할 수 있다. 분할책임으로 구성한다면 다른 부양의무자에 관한 정보가 필요할 수 있고, 연대책임으로 구성한다면 다른 부양의무자에 대한 구상문제도 함께 해결하는 것이 타당할 수 있기 때문이다. 다른 부양의무자는 이미 자신의 부양능력에 따른 부양의무를 이행하였기 때문에 부양권리자가 그를 청구의 상대방으로 삼지 않은 경우에는, 굳이 다른 부양의무자를 절차에 참여시킬 필요는 없다.[68]

나. 부양의무 없는 제3자가 부양권리자를 부양하고 복수의 부양의무자들을 상대로 부당이득 또는 사무관리를 원인으로 민사소송절차에서[69] 구상청구를 하는 경우에

64) 최준규(2012), 10－26.

65) 법원의 재량에 따라 부진정연대채무로 구성하는 것도 가능하다고 사료된다.

66) 제요[2], 1567; 다만, 家訴規 §93 ② “금전의 지급이나 물건의 인도, 기타 재산상의 의무이행을 구하는 청구에 대하여는 그 청구의 취지를 초과하여 의무의 이행을 명할 수 없다. 다만, 가정법원이 자의 복리를 위하여 양육에 관한 사항을 정하는 경우에는 그러하지 아니하다”고 규정하고 있으므로, 이에 따른 제한은 있다.

67) 그러나 원칙적으로 분할채무로 봄이 타당하다는 견해로는 조인영(2022), 45. 부진정연대채무로 봄이 타당하다는 견해로는 서인겸(2014), 147－148(부양의무자들은 각자의 자력에 따라 다른 액수의 부양료 지급의무를 부담할 수 있고, 이 경우 겹치는 부분에 한해 부진정연대채무가 성립한다). 현소혜(2020), 437－438도 부진정연대채무설을 취하는 것으로 보인다. 연대채무라는 견해로는 박동섭·양경승, 489.

68) 鈴木忠一(1971), 178은 이 경우에도 다른 부양의무자를 절차에 참가시켜 전체 의무자들의 분담비율을 정해주는 것이 타당하고, 다른 부양의무자가 이미 이행한 액수와 법원이 생각하기에 적정한 액수 사이에 차이가 있는 경우 그에게도 변경심판의 형식으로 부양료 지급을 명해야 한다고 주장한다. 그러나 우리의 경우 家訴規 §93 ②에 비추어 부양권리자가 청구하지 않은 상대방에 대하여 부양료 지급을 명할 수는 없다.

69) 심판사항으로 보는 견해도 있으나, 제3자가 부양심판의 당사자가 될 법적 근거가 없으므로 소송사항

도, 법원은 연대책임과 분할책임 중 적절하다고 판단되는 구성을 선택할 수 있다고 사료된다.[70] 연대채무로 구성할 경우, 구상의무를 전부 이행한 부양의무자 중 1인이 다른 부양의무자에게 다시 구상을 청구하는 것은 심판사항으로 봄이 타당할 것이다.[71]

다. 선순위 부양의무자에게 자력은 있지만 그에게 부양청구권을 행사하여 부양을 받는 것이 현실적으로 어려운 상황인 경우(가령 부양의무자가 외국에 거주하는 경우), 선순위 의무자와 후순위 의무자로 하여금 연대하여 부양료를 지급하도록 명하는 것도 일응 가능하다고 사료된다.[72] 이 경우 부양의무자들은 연대채무자로서 대외적으로는 동순위이지만 대내적으로는 어느 한 채무자의 부담부분이 0이 될 것이다. 참고로 독일 민법은, 선순위 의무자에 대한 국내에서의 권리행사가 불가능하거나 현저히 어려운 경우[73] 후순위 부양의무자가 부양의무를 부담하고 대신 후순위 부양의무자가 의무를 이행하는 한도에서 선순위 부양의무자에 대한 부양권리자의 권리가 후순위 부양의무자에게 이전된다고 규정하고 있다(§1607 ②, §1608 ①). 독일 민법상 요부양자의 부양필요성과 부양의무자의 부양능력이라는 요건이 갖춰지면, 실체법상 부양청구권이 발생한다고 해석되므로,[74] 선순위 부양의무자에게 자력은 있지만 그에게 부양청구권을 행사하여 부양을 받는 것이 현실적으로 어려운 경우, 이미 선순위 부양의무자에 대한 부양청구권이 존재한다. 따라서 이 경우 후순위 부양의무자에게 부양의무를 부과할 법적 근거가 마땅치 않다.[75] 만약 이 경우도 선순위 부양의무자에게 부양능력이 없는 경우에 포함된다고 해석한다면, 부양권리자는 후순위 부양의무자에게 부양청구를 할 수 있다. 그러나 후순위 부양의무자는 선순위 부양의무자에 대하여 구상을 할 수 없게 되는데,[76] 이러한 결론은 후순위 의무자에게 가혹하고 선순위 의무자를 합리적 이유없이 우대하는 것으로서 타당하지 않다. 이러한 상황을 고려할 때 §1607 ②의 정당성은 충분히 인정된다. 이 경우 선순위 의무자의 부양의무와 후순위 의무자

으로 볼 수밖에 없다.

70) 최준규(2012), 16; 이 경우 연대채무로 보는 일본판례로는 日神戸地判 1981(昭56). 4. 28. 家月 34·9·93 참조. 그러나 연대채무 구성이 언제나 관철되어야 할 법원칙인지에 대해 의문을 표하는 견해로는 中山直子(2012), 208-209.

71) 中山直子(2012), 208.

72) 鈴木禄弥·唄孝一(1979), 470-471.

73) 권리행사가 불가능하다고 인정된 사례로는 의무자가 외국에 거주하는 경우, 소재지가 알려지지 않은 경우가 있고, 현저히 어렵다고 인정된 사례로는 의무자가 주거를 자주 이전하는 경우, 경제활동을 하지 않는 의무자에 대하여 가상의 수입을 기초로 집행권원을 획득하였는데 이 집행권원을 통해 부양청구권의 만족을 얻을 수 없는 경우 등이 있다. Münchener 6Aufl./Born §1607 Rn. 8-9 참조.

74) Martiny I (2000), 63-65.

75) 독일민법 §1607 ①은 부양의무자가 급부능력이 없는 경우, 후순위 의무자가 부양의무를 부담한다고 규정하고 있을 뿐이다.

76) 선순위 부양의무자에게 부양능력이 없다고 보았으므로, 그에 대한 실체법상 부양청구권이 발생하지 않았다.

의 부양의무는 대외적으로는 연대채무와 유사한 관계에 놓이게 된다.[77]

2. 부양의무자들 사이의 구상

가. 구상권의 법적 성격

자신이 부담하는 부양의무의 범위를 넘어 부양을 한 친족, 부양의무가 없거나 후순위임에도 불구하고 부양을 한 친족은, 다른 (선순위) 부양의무자를 상대로 사무관리나 부당이득을 원인으로 구상청구를 할 수 있다.[78] 구상권자가 타인의 채무를 변제할 의도로 출연한 것인지 의문이 있을 수 있지만, 증여의 의사로 출연하였다고 볼 특별한 사정이 없는 한 구상청구를 허용함이 타당하다.[79][80] 타인의 채무를 변제할 의사가 있었는지 여부를 엄격히 심사한다면, 자신의 의무를 이행하지 않은 부양의무자를 합리적 이유없이 우대하는 결과에 이를 수 있기 때문이다.[81] 구상청구로 인용되는 액수는 구상청구를 부당이득반환청구로 구성한다면, 타인의 의무를 대신 이행하기 위하여 출재하였다고 인정되는 액수와 법원에 의해 사후적으로 확정되는 부양의무자의 채무액 중 더 작은 부분이 될 것이다.[82] 대법원 2012. 12. 27. 선고 2011다96932 판결에 따르

---

77) Martiny I (2000), 381 참조.

78) 박동섭·양경승, 496. 동순위 부양의무자 사이의 구상문제는 연대채무자 사이의 구상에 관한 민법 규정을 유추할 여지도 있다. 그러나 제철웅(2014), 488-491은 이 경우 민법상 구상권은 인정될 수 없고, 가족법상 특수한 구상권이 판례법을 통해 형성된 것으로 이해해야 한다고 주장한다. 위와 같이 별도의 법리구성을 할 실익이 있는지는 의문이다.

79) 반대 제철웅(2014), 490(부양의무 없이 실질적 부양을 하는 것은 증여의 의사로써 이루어지는 것이 일반적이다); 현소혜(2020), 433-434(구상청구를 널리 인정하면 부양권리자로서는 이미 부양급부를 모두 제공받은 것으로 추정되어 오히려 스스로 다른 제2차 부양의무자를 상대로 부양청구권을 행사할 수 있는 가능성이 협소해지는 문제가 발생하므로, 구상청구는 신중하게 인정해야 한다). 그러나 구상청구를 널리 인정하면 부양권리자 보호가 소홀해질 수 있다는 위 지적에는 의문이 있다.

80) ① 제3자가 자신에게는 부양의무가 없고 다른 자가 부양해야 함을 알면서 다른 자의 채무이행으로 부양한 경우에는 부양의무자의 부양의무가 소멸하므로 사무관리, 부당이득 등을 근거로 부양의무자에게 구상을 청구할 수 있지만(이른바 '제3자 변제'), ② 제3자가 자신에게 부양의무가 있다고 잘못 알고 부양한 경우에는, 부양의무자의 부양의무가 소멸하지 않으므로 부양의무자에 대한 구상청구는 할 수 없고, 부양받은 자에 대한 부당이득반환만 문제되며 이 또한 도의관념에 적합한 비채변제로서 허용되지 않는다는 견해가 있다(송덕수).

친생부인 판결을 받은 법률상 부의 경우가 위 ②에 해당(이 경우 모 등에 대해 불법행위 손해배상 청구는 가능)한다. 그러나 2차 부양의무자인데 자신에게 부양의무가 있다고 믿고 자신의 의무이행 차원에서 비용을 지출했더라도 위 ②에 해당한다고 볼 수 없다. ①로 보고 1차 부양의무자에게 구상을 할 수 있어야 한다[타인채무 착오변제를 한 자는 채권자에 대한 부당이득반환청구권뿐만 아니라 원채무자에 대한 구상권도 -선택권 행사로 불이익을 받는 자가 없는 한- 선택적으로 행사할 수 있다고 봄이 타당하다. 정태윤, "프랑스에서의 3당사자 비채변제", 법학논집17-2(2012) 참조].

81) 일본 판례[日最判 1951(昭26). 2. 13. 判決(民集 5·3·47)] 중에는 오빠의 의사에 반해서 스스로 어머니를 부양한 여동생이 오빠에 대하여 구상청구를 한 경우, 그와 같은 사정만으로 오빠가 부양의무를 전면적으로 면할 수는 없다고 하면서, 원칙적으로 구상청구를 긍정한 것이 있다.

82) 그러나 사무관리를 원인으로 구상금청구를 하는 경우, (1) 구상채권자는 구상채무자의 이득 여부를 떠나서 지출한 비용의 상환을 청구할 수 있고(§739 ①, §734), (2) 사무관리자가 본인의 의사에 반하여 관리한 때에는 본인의 현존이익 한도에서 상환을 청구할 수 있다(§739 ③).

면 2차 부양의무 이행자인 부모는 1차 부양의무자인 며느리에게 구상권 행사가 가능하다; 구상가능액수=min[부모의 출재액, 며느리의 남편에 대한 부양의무액]. 이다. 이렇게 결정된 구상액수를 며느리가 1차의무자라고 해서 시어머니와 사이에 내부적으로 100:0으로 부담해야 한다고 단정할 수 있는지는 의문이다. 며느리가 경제적으로 매우 어렵고 시어머니가 여유가 있다면 가령 80:20 정도로 분담할 수도 있다.

구상권자가 변제자 법정대위 규정에 따라 부양청구권을 대신 행사할 수 있는지 문제되나,[83] 부양청구권의 처분을 금지하는 §979의 취지 및 위 조항의 적용범위에 관한 판례의 태도[84]를 고려할 때, 협의 또는 심판에 의해 내용이 확정된 부양청구권 중 이행기가 도래한 부분에 한하여 변제자 법정대위 규정이 적용될 수 있지 않을까 사료된다.[85]

나. 소송사항인가 심판사항인가

판례는 협의이혼을 한 부모의 일방이 자녀를 혼자 양육하다가 상대방에게 자녀의 양육에 소요된 비용의 상환을 청구한 경우,[86] 모가 성년 자녀[87]의 병원비를 지출한 후 이혼한 전 남편을 상대로 구상을 청구한 경우,[88] 모두 가사비송사건(전자는 마류 3호, 후자는 마류 8호)에 해당한다고 본다. 학설도 대체로 이러한 판례의 입장에 찬성하고 있다.[89] 후순위 부양의무자로 판단될 가능성이 높은 친족(가령, 조부모)이 다른 친족(가령, 부모)에게 구상청구를 하는 경우에도 심판사항으로 봄이 타당하다.

그러나 남편에 대하여 부양의무자로 판단될 가능성이 높은 아내와 시부모(또는 남편의 자녀) 사이의 구상청구를 가사비송사건으로 볼 수 있는지는, 가사소송법상 근거 조문과 관련하여 추가검토가 필요하다. 부부간 부양청구와 부모와 자녀 사이의 부양청구는 각각 마류 1호 사건과 마류 8호 사건으로 따로 규정되어 있고, 마류 8호 사건

83) 일본 학설 중 긍정하는 견해로는 鈴木忠一(1971), 185-189.

84) 대법원 2006. 7. 4. 선고 2006므751 판결.

85) 최준규(2012), 22; 다만, 이 경우 압류금지와 같은 제한은 없어지고 상계의 수동채권이 될 수도 있다고 사료된다. §979 주석 Ⅲ. 참조. 부양청구권을 대신 행사할 수 있는 지위에 놓인 자는 확정된 심판에 대하여 승계집행문을 받아 집행할 수 있다는 견해로는 鈴木忠一(1971), 189. 협의 또는 심판에 의해 내용이 확정되기 전에 변제자대위를 인정하더라도 §979에 반하지 않는다는 견해로는 이재찬(2016), 757 (다만 대위변제자가 부양권리자를 대위하여 부양료의 구체적 확정을 심판으로 청구할 수 있는지 별도로 검토할 필요가 있다고 한다); 현소혜(2020), 433.

86) 대법원 1994. 5. 13.자 92스21 전원합의체 결정(이 결정의 보충의견은, 법원이 민법 제837조에 따라 장래의 양육비의 분담비율이나 분담액을 정함에 있어서는 과거의 양육에 관하여 부모 쌍방이 기여한 정도 등의 제반사정도 참작해야 되는데, 과거의 양육비의 분담비율이나 분담액에 관하여는 별도의 민사소송절차를 취하도록 한다면, 장래의 양육비와 과거의 양육비가 서로 조화롭게 결정될 수 없게 되는 불합리한 점이 발생한다고 지적한다).

87) 1970. 4. 30.생으로서 1991년 초경 뇌종양으로 입원하여 치료를 받다가 1991. 10. 1. 사망한 사안이다.

88) 대법원 1994. 6. 2.자 93스11 결정.

89) 박동섭·양경승, 496; 박병호·김유미(1994), 219-224; 박삼봉(1998), 473-477 참조.

에서 말하는 §976부터 §978까지의 규정에 따른 부양에 관한 처분에 부부간 부양은 포함되지 않는다고 실무상 이해되고 있기 때문이다.[90] 따라서, §974에 따라 부양의무를 부담하는 친족 간의 구상청구는 마류 8호 사건으로 볼 수 있지만, §974가 규정하고 있지 않은 부부간 부양의무가 함께 문제된 구상사건은 마류 8호 사건으로 보기 어려운 것이다. 판례도 "부부간의 부양의무를 이행하지 않은 부부의 일방에 대하여 상대방의 친족이 구하는 부양료의 상환청구는 같은 법 제2조 제1항 제2호 나. 마류사건의 어디에도 해당하지 아니하여 이를 가사비송사건으로 가정법원의 전속관할에 속하는 것이라고 할 수는 없고, 이는 민사소송사건에 해당한다"고 보고 있다.[91] 다만, 남편이 아내와 부모에 대하여 연대하여 부양료 지급청구를 할 수 있고(마류 1호 및 8호 병합사건이 된다),[92] 이 경우 법원이 §976, §977를 (유추)적용하여 부모와 아내 사이의 부양의무 순위 및 부양방법을 정할 수 있는 점을 고려할 때, 아내와 시부모 사이의 구상청구도 유추를 통해 마류 8호 사건으로 볼 수 없는지 의문은 있다.[93]

다. 분할채무 vs. 연대채무 vs. 부진정연대채무

부양의무를 이행한 자가 다른 복수의 (동순위 또는 선순위) 부양의무자들을 상대로 구상청구를 하는 경우 이를 분할채무로 구성할 것인지, (부진정)연대채무로 구성할 것인지 문제된다. 이 문제는 "1명의 부양청구권자에 대해서 복수의 부양의무자들이 존재하는 경우 각 (대외적) 부양의무를 어떻게 구성할 것인가?"라는 문제[94]와 다른 측면이 있다. ① 구상권자를 부양권리자만큼 보호할 필요는 없고, ② 구상의무자 1인의 무자력 위험은 구상권자와 자력이 있는 다른 구상의무자들이 균등하게 분담하는 것이 공평할 수 있기 때문이다. 동순위 부양의무자 간 구상이 문제된 경우, 복수의 부양의무자들은 원칙적으로 자신의 부담부분만큼 분할채무를 부담한다고 봄이 타당하다. 그러나 구상권자의 내부부담부분이 0이라면 (부진정)연대채무로 구성할 여지가 있다.[95]

---

90) 제요[2], 1558-1559.

91) 대법원 2012. 12. 27. 선고 2011다96932 판결.

92) 家訴規 §20-2는 "수개의 가사비송사건의 청구가 법 제14조 제1항의 요건을 갖춘 때에는 이를 1개의 심판청구로 제기할 수 있다"고 규정한다.

93) 이재찬(2016), 752-753은 마류 8호 사건으로 보는 결론에 동의하면서 그 근거를 다음과 같이 들고 있다. ① 부부간 부양에 대해서도 §976 이하를 유추할 수 있다. ② 부양의무자 사이의 분담부분을 정하는 문제는 가정법원의 전문성이 필요하고, 법원이 후견·감독의 직무를 행사하여 합목적적으로 이를 처리할 필요가 있다. ③ 마류 가사비송사건에서는 재사명시제도 및 재산조회제도를 활용할 수 있어 당사자들의 자력 등을 손쉽게 파악할 수 있다. 서인겸(2014), 153도 마류 8호 사건으로 보자는 입장이다.

94) 본문 Ⅴ. 1. 참조.

95) 결과적으로 ① 복수의 선순위 부양의무자들에 대한 구상청구, ② 부양의무가 없는 제3자가 사실상 부양을 한 후 복수의 부양의무자들을 상대로 구상청구를 한 경우, 복수의 부양의무자들이 (부진정)연대채무를 부담한다고 구성할 여지가 있다. 이 쟁점에 관한 일본 하급심 판례와 학설의 소개로는 서종희(2022), 95-96.

3. 제3자로부터의 구상이 문제되는 경우

§974에 규정된 친족 이외의 제3자가 부양권리자를 부양한 경우, 부양의무자에 대하여 사무관리나 부당이득을 원인으로 구상을 청구할 수 있다. 이 경우에도, 협의 또는 심판에 의해 내용이 확정된 부양청구권 중 이행기가 도래한 부분에 한하여 변제자 법정대위 규정이 적용될 수 있을 것으로 사료된다. 제3자의 구상청구를 민사법원에서 처리해야 할지 가정법원의 심판사항으로 보아야 할지 문제되나, 제3자가 부양심판을 청구할 수 있는 법적 근거가 없으므로 민사법원에서 처리할 수밖에 없다.[96]

Ⅵ. 과거의 부양료 청구

1. 부양청구와 관련하여

판례는 부부간 부양의 경우, 특별한 사정이 없는 한 부양받을 자가 부양의무자에게 부양의무의 이행을 청구하였음에도 불구하고 부양의무자가 이를 이행하지 아니함으로써 이행지체에 빠진 이후의 것에 대하여만 청구할 수 있다는 입장을 취한다.[97] 여기서 특별한 사정이란 요부양 상태에 있을 당시 부양청구를 할 수 없었던 합리적 사정으로서, ① 중병에 걸리거나 교통사고 피해를 입는 등으로 인해 이례적이고 특별한 고액의 수요가 발생하여 부양권리자가 적시에 필요한 부양청구를 하기 어려운 경우, ② 부양의무자가 부양료를 계속 지불해 오다가 이를 중단하였고 부양권리자 입장에서 부양료가 지급되리라고 신뢰하여 적시에 부양료 청구를 하지 않은 경우 등을 생각해볼 수 있다.

판례에 따르면, 부모와 성년의 자녀·그 배우자 사이의 경우에도 위와 마찬가지로 과거의 부양료에 관하여는 부양의무 이행청구에도 불구하고 그 부양의무자가 부양의무를 이행하지 아니함으로써 이행지체에 빠진 후의 것이거나, 그렇지 않은 경우에는 부양의무의 성질이나 형평의 관념상 이를 허용해야 할 특별한 사정이 있는 경우에 한하여 이행청구 이전의 과거 부양료를 청구할 수 있다.[98] 하급심 판례 중에는 노부모에 대한 자녀의 부양의무와 관련하여, 이행청구 이전 시점의 과거부양료 청구를 허용하는 듯한 취지의 것이 있으나,[99] 이행청구 이전 시점의 청구를 허용하지 않은

96) 제요[2], 1561. 가정법원의 심판사항으로 보자는 견해로는 박동섭·양경승, 496.

97) 대법원 2008. 6. 12.자 2005스50 결정; 대법원 1991. 11. 26. 선고 91므375(본소), 91므382(반소) 판결; 대법원 1991. 10. 8. 선고 90므781, 798(반심) 판결.

98) 대결 2013. 8. 30.자 2013스96(부모가 자신의 사망한 아들의 배우자를 상대로 과거의 부양료를 청구하였는데 미리 부양의무 이행을 청구하였음에 대한 주장·증명이 없다고 보아 청구를 기각하였다).

99) 서울가정법원 2001. 11. 15.자 2000느단6731 심판.

것이 많다.[100)]

한편, 판례는 과거의 양육비 청구[101)]에 관해서는, "어떠한 사정으로 인하여 부모 중 어느 한쪽만이 자녀를 양육하게 된 경우에, 그와 같은 일방에 의한 양육이 그 양육자의 일방적이고 이기적인 목적이나 동기에서 비롯한 것이라거나 자녀의 이익을 위하여 도움이 되지 아니하거나 그 양육비를 상대방에게 부담시키는 것이 오히려 형평에 어긋나게 되는 등 특별한 사정이 있는 경우를 제외하고는 ...(중략)... 과거의 양육비에 대하여도 상대방이 분담함이 상당하다고 인정되는 경우에는 그 비용의 상환을 청구할 수 있다"고 한다.[102)]

과거 양육비에 관한 판례의 결론에 대하여 학설은 거의 일치하여 찬성한다.[103)] 문제는 그 밖의 과거 부양료에 관한 부분이다.[104)] 과거의 부양료에 관하여 별도의 법률규정을 두고 있지 않은 우리나라의 경우, 과거의 부양료 청구가 가능한지, 가능하다면 어느 범위까지 소급하여 이를 인정할 것인지는 법이론의 문제라기보다 정책적 판단의 문제이다. 부양의무는 절대적 정기채무이므로 시간의 경과에 따라 소멸하고 따라서 과거의 부양료는 청구할 수 없다는 논리는, 반드시 타당하다고 보기 어렵다. 민법상 부양을 '현재 또는 장래의 생활수요만'을 충족시키기 위한 제도로 보는 것은 지나치게 협소한 이해이고,[105)] 부양료를 지급받지 못한 부양의무자가 생계유지를 위해 금원을 차용하였거나 생활수준을 낮추었다면 그로 인해 부양의무자의 현재생활도 영향을 받고 있는 것이다. 판례는 부부간 부양의 경우 원칙적으로 이행지체 분에 한하여 과거의 부양료를 인정하고 있으나, 어느 채무에 관하여 이행기가 도래하였고 이행지체가 인정된다는 명제로부터 이행기 전의 채무는 소멸·부존재 한다는 결론이 자동적으로 도출될 수는 없다. 구체적 부양의무가 협의 또는 심판에 의해 비로소 형성된다고 보더라도 협의 또는 심판 전의 부양료 지급의무를 부정해야 할 논리필연적 이유는 없다.

---

100) 수원지방법원 성남지원 2009. 11. 30.자 2008느단1590 심판; 수원지방법원 성남지원 2009. 11. 2.자 2009느단612 심판; 인천지방법원 2009. 10. 26.자 2009느단1361 심판; 서울가정법원 2011. 10. 31.자 2011느단3468 심판; 수원지방법원 2009. 9. 11.자 2009느단339 심판 등.

101) 양육친이 비양육친에 대하여 행사하는 과거의 양육비 청구는 구상청구의 실질을 갖는 경우가 많을 것이다. 본문에서는 편의상 '부양청구' 항목에서 함께 검토한다. 위 판례의 취지를 고려할 때, 미성년 자녀 관련 과거의 '부양료' 청구에 대해서도 판례는 원칙적으로 허용할 것으로 예측된다.

102) 대법원 1994. 5. 13.자 92스21 전원합의체 결정; 서울가정법원 2008. 5. 16. 선고 2008르543 판결(혼인 외 자녀에 대한 양육비 지급의무).

103) 박병호·김유미(1994), 205 이하; 손지열(1999), 585−587 등.

104) 미성년 자녀의 과거 부양료를 마류 8호 사건으로 청구하는 경우, 과거의 양육비에 관한 판례법리가 적용될 수 있는지 논란이 있으나, 양자의 실질이 동일한 이상 원칙적으로 제한없이 과거 부양료 청구를 허용하는 것이 타당할 것으로 사료된다.

105) 同旨 我妻栄, 親族法(1961), 413.

과거의 부양료 청구를 제한없이 인정한다면 부양의무자에게 예측하지 못한 과도한 부담을 지울 수 있고, 부양권리자에게 필요 이상의 이득을 줄 수 있으므로, 과거의 부양료 산정시 이러한 사정을 참작할 필요가 있다. 하지만 그렇다고 해서 판례처럼 과거의 부양료를 허용하는 기준시점을 '이행청구시'로 고정할 논리필연적 이유는 없다.[106] 과거의 부양료도 원칙적으로 청구할 수 있다고 보되, 위와 같은 사정 일체를 참작하여 부양료를 정하면 족하다.[107] 부부간 부양뿐만 아니라 일반 친족간 부양의 경우에도 달리 볼 이유는 없다고 사료된다. 학설상으로는 과거의 부양료 청구에 대하여 제한을 설정하는 데 의문을 제기하는 견해가 유력하다.[108]

이혼 후, 부부일방이 타방에 대하여 과거부터 이혼시까지의 부양료 또는 혼인비용을 청구하는 것이 가능한가? 家訴規 §96가 혼인비용부담심판의 당사자를 '부부 중 일방'으로 제한하고 있는 취지에 비추어 '前부부 중 일방'이 혼인비용부담심판을 신청하는 것은 허용하기 어렵다고 사료된다.[109] 다만, 재산분할시 이러한 사정이 참작되거나 불법행위를 원인으로 한 손해배상청구를 통해 비용을 전보받을 여지는 남아있다.

---

106) 부양의무자가 요부양자에 대하여 구체적인 부양의무를 부담한다는 점을 알았거나 알 수 있었을 때를 기준으로 삼자는 주장으로는 문형식(1987), 52-53(부모의 미성숙 자녀에 대한 생활유지의무에 관하여는, 부모가 자녀의 요부양상태를 당연히 알거나 알 수 있었을 것이라고 추정하여 거의 전면적으로 과거의 부양료 청구나 구상을 인정해야 한다고 지적한다).

107) 다만 판례도 특별한 사정이 있는 경우 이행청구 이전의 부양료를 청구할 수 있다고 보므로, 어느 견해에 따르더라도 실제 사안의 결론에 큰 차이가 생길 여지는 많지 않다.

108) 송덕수, 287; 이경희, 343; 임종효(2011), 284-286; 유진식(1986), 389-390; 이연주(2010), 39 이하; 이동진(2012), 155-157(과거의 부양료 청구를 금지하는 법규정을 두고 있지 않은 오스트리아의 경우 종전 판례는 청구시부터의 과거 부양료만 인정하였는데, 과거의 부양료 청구는 금지되지 않고 오직 소멸시효의 제한을 받을 뿐이라는 취지로 판례가 변경되었다는 점을 소개한다); 제철웅(2014), 484(다만 성년자녀에 대한 부양필요성을 인정함에 있어서는 특별한 주의가 요구된다고 한다); 조인영(2022), 70-71; 이재찬(2016), 731; 오종근(2019), 748-749; 서종희(2022), 97; 정구태·배소현(2016), 11-14(부부간 과거부양료 청구에 관하여 원칙적 긍정설을 취한다. 생활부조적 2차부양의무까지도 과거부양료 청구를 원칙적으로 인정하는 취지는 아닌 것으로 보인다). 반면 판례에 찬성하는 견해로는 김시철(2008), 268 이하; 박동섭·양경승, 495(미성년 자녀의 부양을 제외한 기타 친족 간 부양의 경우에도 이행청구 이후의 부분만 가능하다고 주장한다); 박삼봉(1998), 472; 최세모(1983), 572.

109) 위와 같이 본다면, 사실혼 배우자 일방이 부양의무를 이행하지 않은 경우 타방이 가사소송법 마류 1호 사건으로 부양료를 청구하는 것이 허용된다고 하더라도, 이를 인정할 실익이 거의 없다. 왜냐하면, 이 단계에서는 사실혼 관계가 해소되어 버린 경우가 대부분일 것이기 때문이다. 제요[2], 1427 참조. 다만, 사실혼 관계의 부당파기를 원인으로 손해배상청구를 할 경우, 이러한 비용을 배상받을 가능성이 있다[最判 1958(昭33). 4. 11. 家月10·4·21].

2. 구상청구와 관련하여[110)][111)]

양육비를 제외한 그 밖의 과거 부양료 청구에 관하여 청구시 이후의 부분만 가능하다고 본다면, ① 부양의무자 아닌 친족이나 제3자가 요부양자를 사실상 부양하고 부양의무자에 대하여 구상청구를 한 경우, ② 후순위 부양의무자가 부양의무를 이행하고 선순위 부양의무자에 대하여 구상청구를 한 경우, ③ 동순위 부양의무자가 전부 부양하고 다른 동순위 부양의무자에게 구상청구를 한 경우에도 위와 같은 제한을 인정해야 하는지 문제될 수 있다. 판례 중에는 과거의 부양료 청구가 허용되는 예외적인 경우에 한하여 해당 부양료를 대신 지급한 자가 부양의무자에 대하여 구상청구를 할 수 있다고 판시한 것이 있다.[112)] 그러나 위와 같은 제한을 두지 않고 구상청구가 허용된다는 취지로 판시한 것도 있다.[113)]

구상권자의 입장에서 보면, 부양권리자가 이행청구를 하지 않았다는 이유만으로 구상청구를 할 수 없게 되는 것은 형평에 부합하지 않는다. 타인의 부양을 위해 애써 자신의 재산을 출연한 사람은 보호하지 않고, 자신의 의무이행을 소홀히 한 자를 보호하는 논리는 문제가 있다. 이러한 점에 주목한다면, – 소멸시효가 완성되지 않는 한 – 구상청구시에는 부양권리자의 이행청구가 없더라도 법원이 제반사정을 종합적으로 고려해 합리적이라고 판단되는 범위에서 과거의 부양료 청구권을 인정하고, 그에 따라 구상청구를 인용하는 방식이 타당하다.[114)]

---

110) 최준규(2012), 27–28.

111) 송덕수, 288은 ① 제3자가 자신에게는 부양의무가 없고 다른 자가 부양해야 함을 알면서 다른 자의 채무이행으로 부양한 경우에는 부양의무자의 부양의무가 소멸하므로 사무관리, 부당이득 등을 근거로 부양의무자에게 구상을 청구할 수 있지만, ② 제3자가 자신에게 부양의무가 있다고 잘못 알고 부양한 경우에는, 부양의무자의 부양의무가 소멸하지 않으므로 부양의무자에 대한 구상청구는 할 수 없고, 부양받은 자에 대한 부당이득 반환만 문제되며 이 또한 도의관념에 적합한 비채변제로서 허용되지 않는다고 설명한다.

친생부인 판결을 받은 법률상 부의 경우가 위 ②에 해당한다. 그러나 2차 부양의무자인데 자신에게 부양의무가 있다고 믿고 자신의 의무이행 차원에서 비용을 지출했더라도 위 ②에 해당한다고 볼 수는 없다. ①로 보고 1차 부양의무자에게 구상을 할 수 있어야 한다.

112) 대법원 2012. 12. 27. 선고 2011다96932 판결(2차 부양의무자인 시부모가 아들을 부양한 후 며느리에게 구상청구를 한 사안).

113) 대법원 1994. 6. 2.자 93스11 결정(성년자녀에 대해 부양의무를 부담한 부모 일방이 타방에게 구상청구를 한 사안. 다만 이 사건은 성년자녀가 뇌종양으로 인해 고액의 치료비가 필요한 경우이므로, 과거의 부양료 청구를 예외적으로만 허용하는 판례 하에서도 과거의 부양료 청구가 허용될 여지가 있다).

114) 일본의 판례도 부양권리자가 부양의무자에 대하여 청구한 경우에는 청구시 이후로 과거 부양료를 제한하는 경우가 많은 반면[日大阪高決 1962(昭37). 1. 31. (家月 14卷 5号 150頁, 자녀의 부모에 대한 부양료 청구); 日東京高決 1985(昭60). 12. 26. (判時 1180号 60頁, 부부간 혼인비용분담 청구)], 부양의무자 사이에 과거의 부양료 구상이 문제된 경우에는 청구를 요건으로 하지 않고 구상청구를 인용하고 있다{日東京高決 1986(昭61). 9. 10. (判時 1219号 56頁, 형제자매간 구상청구가 문제된 사안으로서 조정신청시부터 5년전까지 소급하여 인정함)}. 일본의 경우 부양권리자가 청구할 수 있는 과거 부양료의 범위와 관련하여 판례상 단일한 기준이 확립된 것은 아니라는 점에서, 우리와는 사정이 조금 다르다.

그렇다면 부양의무자의 입장에서, 부양권리자가 권리를 행사하였더라면 부담하지 않았을 채무를 제3자가 구상청구를 하는 경우에는 부담하는 것이 타당한가? 부양청구권과 구상권은 서로 다른 권리이지만, 구상권은 부양청구권이 존재해야 비로소 인정된다. 부양권리자가 청구하는 경우에는 인정되지 않는 부양료 채권이, 구상청구의 국면에서 돌연 존재하는 것으로 의제되어야 할 이유는 무엇인지, 부양권리자보다 구상권자를 더 보호하고 부양청구시보다 구상청구시 부양의무자에게 더 부담을 지워야 할 합리적 이유가 있는지 의문이다.[115] 이러한 딜레마는 궁극적으로 청구시점 이후 이행지체분의 과거 부양료만을 인정하는 획일적인 법리에서 벗어나 법원이 사안에 따라 유연하게 과거의 부양료 청구를 인정할 수 있다고 보면, 해결될 수 있다.[116] 과거의 부양료 청구도 원칙적으로 허용하고 그만큼 부양구상청구도 허용하는 방향으로 판례가 변경됨이 타당하다. 과거의 부양료가 문제된 경우와 부양구상을 청구하는 경우를 달리 취급할 합리적 이유가 없다. 다만 이른바 생활유지의무가 문제된 경우에는 생활부조의무가 문제된 경우보다 권리자(그가 요부양자이든 부양구상을 청구하는 자이든 불문하고)를 두텁게 보호함이 대체로 타당할 것이다.

비교법적으로 보면, 법률로 과거의 부양료 청구를 일정부분 제한하고 있는 독일에서는, 사무관리나 부당이득을 근거로 구상청구를 하는 경우에도 부양의무자 보호를 위해 동일한 제한이 적용되어야 한다는 것이 판례이자 대체적인 학설의 태도이다.[117] 소 제기시부터 1년 전까지의 부양료 청구를 법률[스위스 민법 §173 ③(부부간 부양청구), §279 ①(자녀의 부모에 대한 부양청구)]로 허용하는 스위스에서는, 표현부의 부당이득을 원인으로 한 구상청구시 위와 같은 제한은 적용되지 않는다는 것이 학설의 태도이다.[118] 한편, 이혼 후 부양의 경우를 제외하고는 과거의 부양료 청구를 금지하는

115) 新注民((改訂版)(25),802(松尾知子)는 과거의 부양료를 관념할 필요성은 요부양자의 청구시보다 부양의무자간의 구상시 더 강하게 인정된다고 하고, 中山直子(2012), 219는 부양의무자간 구상시에는 부양권리자의 생존유지의 요청이 후퇴하고 재산권의 요소가 강하므로 과거의 부양료 청구와 과거의 부양료 구상청구를 달리 취급하는 것이 정당화된다고 하나, 의문이다.

116) 과거의 부양료 청구를 (원칙적으로) 허용하자는 견해가 현재는 통설에 가까운 다수설이다. 조인영(2022), 70－71; 송덕수, 287; 서종희(2022), 97; 이재찬(2016), 731; 오종근(2019), 748. 그러나 과거의 부양료 청구를 원칙적으로 불허하되 예외적으로 ① 과거의 부양료 청구가 부양의무자에게 가혹한 결과로 이어지지 않거나, ② 부양의무자의 보호보다 부양권리자 또는 부양의무자를 대신하여 부양의무를 이행한 자의 이익보호가 더 절실한 경우, 과거의 부양료 청구를 허용하자는 견해로는 현소혜(2020), 428－431(미성년자녀의 양육비도 굳이 특별취급할 이유가 없고, 위 명제의 틀 내에서 취급하면 충분하다고 한다).

117) Münchener/Born §1613 Rn. 6; Palandt/Diederichsen §1613 Rn. 1; BGH FamRZ 1984, 775 참조.

118) Berner Kommentar Ⅱ/Hegnauer Art 277. Rn. 17－18, Art 279. Rn. 52 참조. 스위스법상 과거의 부양료 청구를 제한하는 규정에 대한 예외조항이 마련되어 있지 않다. 따라서 형평에 부합하는 결론에 이르기 위해서는 본문과 같은 논리구성이 필요하다. 그러나 독일의 경우 법률상·사실상 이유로 부양료 청구를 할 수 없었던 사정이 있는 경우에는 과거 부양료 청구의 제한규정이 적용되지 않으므로(§1613 ② ⅱ), 표현부의 구상청구시를 대비하여 별도의 예외법리를 마련할 필요가 없다.

법률규정을 두고 있지 않은 오스트리아에서는 과거의 부양료 청구는 허용되고 부양의무자의 보호는 소멸시효 제도를 통해 도모된다는 것이 판례의 입장이므로,[119] 위와 같은 쟁점이 등장할 여지는 없다.[120][121]

3. 소송사항인가 심판사항인가

판례는 이혼한 부부 각자가 분담하여야 할 과거의 양육비의 비율이나 금액을 장래에 대한 것과 함께 정하는 것도 §837 ②에 규정된 자의 양육에 관한 처분에 해당한다고 본다.[122] 과거의 양육비나 부양료의 경우 장래의 것과 함께 청구하는지 여부를 불문하고 모두 심판사항으로 봄이 타당하다고 사료된다.

4. 소멸시효 문제

가. 판례의 입장에 따를 경우

(1) 우리 판례는 협의나 심판이 있기 전의 (과거) 양육비청구권은 친족관계를 바탕으로 하여 인정되는 추상적인 법적 지위로서 소멸시효에 걸리지 않는다는 입장을 취하고 있었나.[123] 그러나 이 판례는 대법원 2024. 7. 18.자 2018스724 전원합의체 결정으로 변경되었다. 변경된 판례에 따르면 — 구체적 청구권과 추상적 청구권을 준별하는 법리 자체는 유지되나 — 자녀가 미성년이어서 양육의무가 계속되는 동안에는 과거 양육비 청구권의 소멸시효가 진행되지 않고, 자녀가 성년이 되어 양육의무가 종료한 때부터 과거 양육비 청구권의 소멸시효가 진행한다. 미성년자가 원고(친권자가 법정대리인)인 (과거) 부양료 청구에도 변경된 판례법리가 적용될지는 불확실하다. 만약 적용된다면 자녀는 성년이 된 후 10년간 과거 부양료 청구를 할 수 있고, 그전에는 부양료청구권의 소멸시효가 진행하지 않는다.

그 밖의 부양료 청구에 대해서는 추상적 부양청구권의 경우 소멸시효가 아예 진행되지 않는다는 기존 판례법리가 적용될 것인가? 만약 그렇다고 보면[124] 협의나 심

119) OGH 9. 6. 1988, SZ 61 Nr. 143 = JBl. 1988, 586 : 이는 청구시부터의 과거 부양료만 인정하던 종전 판례의 입장을 변경한 것이다.

120) 그러나 판례가 변경되기 전에도, 부당이득을 원인으로 한 구상청구시에는 과거의 부양료를 제한하는 법리가 적용되지 않는다는 것이 판례의 입장이었다고 한다. Martiny Ⅱ (2000), 832.

121) 독일과 오스트리아의 과거의 부양료 청구 및 부양구상청구에 관한 상세한 검토로는 현소혜(2020).

122) 대법원 1994. 5. 13.자 92스21 전원합의체 결정.

123) 대법원 2011. 7. 29.자 2008스67 결정; 대법원 2011. 8. 16.자 2010스85 결정; 제철웅(2014), 487은 위 판례들을 부양비용 상환청구에 국한된 판시이고 부양청구에 관해서는 적용될 수 없는 것처럼 이해하고 있으나, 의문이다. 한편 양육비청구권은 협의·심판 여부를 불문하고 원칙적으로 소멸시효에 걸리지 않는다는 해석론으로는 임종효(2018), 390.

124) 일본의 실무도 대체로, 협의나 심판에 의해 구체적 내용이 형성되기 전의 추상적 부양청구권은 친족

판에 의해 구체적 내용이 확정된 부양료 채권만 소멸시효가 문제되고, 그 중 1년 이내의 정기에 지급되는 채권의 경우 3년의 소멸시효에,[125] 그렇지 않은 채권(일시금, 1년을 초과하는 정기에 지급되는 채권)의 경우 10년의 소멸시효에 걸린다.[126] 대법원 2024. 7. 18.자 2018스724 전원합의체 결정의 취지는 추상적 양육비 청구권이더라도 원칙적으로 소멸시효에 걸리고, 다만 미성년자 보호를 위해 미성년자인 동안에는 과거의 양육비 청구권의 소멸시효가 진행하지 않는다는 것이므로, 추상적 부양청구권도 – 적어도 부양구상 청구권이 문제된다면 – 원칙적으로 소멸시효에 걸린다고 볼 가능성이 있지만 불확실하다.[127]

비송사건이라 할지라도 법원이 직권으로 소멸시효 완성을 인정하는 것은 삼갈 필요가 있다.[128]

(2) 부양료 지급을 명하는 심판이 확정된 경우 심판확정 전 변제기가 도래한 부분에 대하여 §165가 적용되어 소멸시효 기간이 '10년이 되는지' 문제된다. 이에 대해서는 부양심판에는 기판력이 인정되지 않는 점, 위 조항은 이미 시효진행이 개시된 채권을 대상으로 하는 점 등을 들어 부정하는 견해[129]가 있고 지급명령에 의해 확정된 채권도 소멸시효가 10년으로 연장되는 점[130]에 비추어 부양심판의 경우에도 위 민법조항이 적용되어야 한다는 견해(단, 이 견해는 추상적 부양청구권도 소멸시효 대상이 된다고 본다)[131]가 대립한다. 추상적 부양청구권의 소멸시효 대상성을 부정한다면 전자의 견해가 논리적인 측면이 있으나, 부양심판의 '실질'을 고려할 때 후자의 견해가 타당하지 않을까 사료된다. 이미 협의나 심판에 의해 구체적 내용이 확정된 부양료 채권에 대하여 시효중단 등의 목적으로 다시 심판청구를 한 경우, 심판청구로 소멸시효가 중단되고 §165, §178 ②에 따라 심판확정시부터 10년의 소멸시효가 다시 진행한다

관계에서 파생한 기대권으로서 시효에 걸리지 않는다는 입장이다. 다만, 부양청구권의 소멸시효에 관한 일본 판례는 아직 보이지 않는다. 中山直子(2012), 351; 渡辺愛一·若林昌俊(1973), 138.

125) 권덕진(2011), 195–196; 조민영(2008), 34는 양육비 채권에 3년의 단기 시효를 적용하는 것은 양육친에게 불리하므로 입법적 개선이 필요하다고 주장한다.

126) 이행기가 도래한 이후의 양육비채권이 손해배상청구권의 성격을 갖고 있다고 하여 §766에 따라 3년의 소멸시효에 걸리는 것은 아니다. 권덕진(2011), 197–198.

127) ① 판례는 양육비 청구권을 양육친이 비양육친에게 행사하는 구상권의 일종으로 보고 있다. 그렇다면 '제3자'가 미성년자를 부양하고 비양육친에게 구상권을 행사하는 때도 변경된 판례법리가 적용될 수 있을 것으로 보인다.

② 제3자가 성년의 요부양자를 부양하고 부양의무자에게 구상권을 행사하는 경우(요부양자는 부양의무자에 대해 추상적 부양청구권만 갖는 상황), 판례가 이러한 구상권이 소멸시효에 걸린다고 볼 것인지는 불확실하다.

128) 권덕진(2011), 201; 임종효(2011), 295.

129) 권덕진(2011), 195–196; 渡辺愛一·若林昌俊(1973), 147–148.

130) 대법원 2009. 9. 24. 선고 2009다39530 판결.

131) 임종효(2011), 290–291; 서울가정법원 2009. 11. 6.자 2009브15 결정.

고 봄이 타당하다.[132)]

(3) 구체적 부양청구권의 소멸시효 기산점은 원칙적으로 협의나 심판에서 정해진 변제기가 될 것이다. 다만, 부양심판에서 과거부양료에 관하여 일시금 지급을 명하면서 별도로 이행기를 특정하지 않은 경우, 기산점을 언제로 볼 것인지에 대해서는 논란의 여지가 있다.[133)] 부부간 구체적 부양청구권의 경우, §180 ②에 따라 혼인관계가 종료한 때로부터 6월내에는 소멸시효가 완성하지 않는다고 볼 수 있다.[134)]

(4) 시효로 소멸하는 구체적 양육비청구권의 범위와 관련하여, 심판에서 정한 지급단위와는 무관하게 언제나 일별(日別)로 소멸시효가 진행하다는 견해가 있다.[135)] 즉, 양육비 1,000만 원을 2000년부터 매년 10. 15.에 지급하기로 하는 심판이 2000. 6. 15. 확정되었고 2010. 3. 15. 시효중단을 위해 다시 양육비심판이 제기되었다면, 2006. 10. 15.이 변제기인 채권(2006. 10. 15.부터 2007. 10. 14.까지의 양육비)이 모두 시효로 소멸하는 것이 아니라 2006. 10. 15.부터 2007. 3. 15.까지의 부분만 시효로 소멸한다는 것이다. 이 견해는 양육비청구권은 미성년 자녀가 생활을 영위하는 한 매일매일 지분적 청구권이 발생해서 소멸시효가 진행하고(실체법설), 협의 또는 심판으로 지급단위와 변제기를 정하더라도 그 성질이 변하지 않음을 근거로 든다. 그러나 이러한 주장의 타당성에 대해서는 검토의 여지가 있다.[136)]

(5) 양육친이 양육비청구권에 관한 소멸시효를 중단시킨 경우, 양육친은 관리권한에 터잡아 미성년 자녀의 부양청구권을 자신의 이름으로 행사하는 것이므로, 미성년 자녀의 부양청구권도 시효가 중단된다는 견해가 있다.[137)]

나. 과거 판례 및 변경된 판례의 결론에 대한 의문[138)]

추상적 양육비 청구권은 소멸시효에 걸리지 않는다는 과거 판례에 대해 찬성하는 견해[139)]가 있었고, 그 근거로는 ① 통상 이혼청구를 하기 전에는 혼인관계의 파탄을 막기 위해 양육비청구를 따로 하기 쉽지 않으므로 과거 양육비가 소멸시효에 걸린다고 보면 부당한 결과에 이를 수 있는 점, ② 소멸시효 대상성을 긍정할 경우 직권탐지주의를 채택하고 있는 가사비송 사건에서 소멸시효 주장이 없는 경우 이를 어떻게

132) 渡辺愛一·若林昌俊(1973), 148.

133) 이행청구시, 심판청구서 송달시, 심판확정시 등의 주장이 가능할 것으로 보인다. §165가 적용됨을 전제로 심판확정시부터 10년의 소멸시효기간이 진행한다고 봄이 타당하지 않을까 사료된다.

134) 渡辺愛一·若林昌俊(1973), 149.

135) 임종효(2011), 292−293.

136) 부양청구권의 상속시 상속되는 범위에 관해서는 §979 주석 Ⅳ. 3. 참조. 추상적 부양청구권과 구체적 부양청구권을 준별할 것인지에 대한 학설대립에 관해서는 §975 주석 Ⅱ. 참조.

137) 임종효(2011), 293.

138) 최준규(2012), 29−32.

139) 권덕진(2011), 194−200; 이수영(2012), 529−542.

심리할지 문제가 발생할 수 있는 점 등을 들고 있었다.[140] 그러나 이러한 판례의 결론에 대해서는 의문을 표하는 견해도 많았다.[141]

추상적 양육비 청구권은 소멸시효에 걸린다고 보아야 한다. 한편, 변경된 판례처럼 자녀가 미성년인 동안에는 추상적 양육비 청구권의 소멸시효가 진행하지 않는다고 볼 근거가 있는지 의문이다. 그 기간 동안에도 양육비 청구권자는 권리를 행사할 수 있으므로 소멸시효가 진행하는 데 아무런 문제가 없고, 판례처럼 본다고 해서 미성년자 보호에 특별히 도움이 되는 것도 아니다. 자녀가 미성년인 동안에도 추상적 (과거) 양육비 청구권의 소멸시효는 진행한다고 보아야 한다.[142]

과거 부양료의 구상채권은 소멸시효에 걸리는가? 구상권은 구상권자의 출재를 전제로 하는 것이고 부양청구권과는 별도의 권리이다. 부양청구권의 구체적 액수가 확정되어야 구상액이 확정될 수 있다는 사정만으로, 부양청구권의 구체적 내용이 확정되기 전에는 구상권도 추상적 권리에 불과하고 따라서 소멸시효에 걸리지 않는다고 보기는 어렵다. 따라서 구상권은 원칙적으로 출재시부터 10년의 소멸시효에 걸린다고 봄이 타당하다.[143]

부양권리자가 제기하는 과거 부양료 청구권도 소멸시효에 걸린다고 보아야 한다.[144] 소멸시효 대상성을 인정하더라도 법원은 부양료를 산정하면서 재량을 행사할 여지가 있고, 미성년 자녀의 부양료나 양육비가 문제된 경우에는 §180①,[145] ②을 적용하여 미성년자를 보호할 여지가 있다.[146]

---

140) 이수영(2012), 540－541.

141) 박동섭·양경승, 497; 이동진(2012), 143－151; 강해룡(2012); 임종효(2011), 283－295.

142) 대법원 2024. 7. 18.자 2018스724 전원합의체 결정의 대법관 권영준의 별개의견 참조.

143) 송덕수, 290; 박동섭·양경승, 497; 오시영, 454; 오종근(2019), 766; 조인영(2022), 71. 강해룡(2012)은 "구상권은 당사자간의 협의 또는 법원의 결정이 있어야 비로소 행사할 수 있는 권리인 것은 아니기 때문에 그 전에는 소멸시효가 진행되지 않는다는 논리가 성립될 수는 없다"고 한다. 그러나 제철웅(2014), 490－491은 이 경우 민법상 구상권이 인정될 수 없고 가족법상 특별한 구상권이 인정될 수 있을 뿐이며, 이러한 특별한 구상권의 구체적 범위를 정하는 것은 부양청구권의 내용을 정하는 것보다 추상성의 정도가 훨씬 높을 수밖에 없다는 이유에서, 소멸시효 대상성을 부정한다. 하지만 부양비용 상환청구권이 부양청구권보다 추상성이 높은 권리라고 일률적으로 말할 수 있는지는 의문이다.

144) 부양권리자는 언제라도 심판청구를 할 수 있으므로, 아직 구체적인 청구권의 내용과 범위가 확정되지 않았다는 이유만으로 소멸시효에 걸리지 않는다고 단정할 수는 없다. 부양권리자 입장에서는 그 날의 생활을 위해 필요한 금원은 '늦어도' 그 날부터는 청구할 수 있는 것이다. 특정 지출항목(가령, 1학기 등록금)을 기준으로 과거의 부양료를 산정한다면, 부양청구권을 행사할 수 있는 시점은 더 앞당겨질 수 있다.

145) 모가 전적으로 미성년 자녀를 부양한 경우, §180 ①을 근거로 미성년 자녀의 부에 대한 추상적 부양청구권은 자녀가 성년이 되고 6월 내에는 소멸시효가 완성하지 않는다고 볼 여지는 없을까? §180 ①의 주된 규정취지는, 무능력자의 법정대리인에 대한 권리를 법정대리인이 스스로 행사하는 것을 기대하기 어렵다는 점에서 찾을 수 있으므로[注解Ⅲ, 546(윤진수)], 다른 법정대리인인 모가 권리를 행사할 수 있었던 이상, §180 ①이 적용되기는 어렵다고 생각한다[임종효(2011), 284 참조].

146) 추상적 부양청구권이나 추상적 양육비청구권의 소멸시효 대상성을 긍정하더라도, 혼인외 자녀가 인지되기 전에는 부에 대한 부양(양육비)청구권의 소멸시효기간은 진행될 수 없다. 이동진(2012), 150; 권

비교법적으로 보면, 추상적 부양청구권과 구체적 부양청구권을 구별하고 있지 않은 독일, 오스트리아, 프랑스의 경우, 협의 또는 심판 전의 지분적 부양청구권도 소멸시효에 걸린다는 점에 관하여 이론이 없고, 시효기간도 짧게 보고 있다[독일(독일민법 §195), 오스트리아(오스트리아 민법 §1480) : 각 3년, 프랑스(프랑스 민법 §2277) : 5년].[147] 추상적 부양청구권의 소멸시효를 인정한다면, 부양청구권과 구상권이 별개의 권리라는 이유로 양자의 소멸시효를 별도로 취급하는 것이 합리적인가라는 문제를 추가로 검토할 필요가 있다. 구상권에 대하여 출재시부터 10년의 시효기간이 적용된다고 보면, 부양의무자는 제3자가 자기 채무를 변제하였다는 이유만으로 원래 부담하고 있던 의무보다 더 무거운 의무를 부담할 수 있기 때문이다. 이는 구상청구시 과거의 부양료 청구를 제한하는 법리가 적용될 수 있는가라는 문제와 유사한 문제이다. 참고로 오스트리아의 경우 부양청구권의 시효기간은 3년인 반면, 일반채권의 시효기간은 30년(오스트리아 민법 §1478)이기 때문에 부양청구권과 구상권의 시효기간을 별도로 취급할 경우 그 불합리성이 단적으로 나타날 수 있는데, 판례와 학설은 일치하여 구상권에도 단기 소멸시효가 적용된다고 본다.[148] 우리 학설 중에는 제3자의 변제가 문제되는 일반적인 상황을 전제로, 구상청구권은 변제된 채권과 동일한 소멸시효 기간에 한하며, 이미 도과한 시효기간은 구상청구권의 시효기간에 대하여도 그대로 산입된다는 견해가 있다.[149] 검토의 여지가 없는 것은 아니나, 이러한 주장은 경청할 필요가 있다.[150] 다만, 추상적 부양청구권의 시효기간을 10년으로 본다면,[151] 구상권이 출재시부터 10

덕진(2011), 175－176.

147) Martiny Ⅱ(2000), 900 참조.

148) Kurzkommentar zum ABGB(2010)/Koziol §1042 Rn. 6; 오스트리아 민법 §1042에 따른 부양료의 구상청구시에도 변제된 부양청구권의 소멸시효 기간(3년)이 적용된다는 판례로는 OGH 05. 04. 2005 8Ob68/06t = EF－Z 2006/50; OGH 19. 1. 2010 Ob198/09k 참조.

149) 김형석(2005), 350－351, 358－360.

150) 이동진(2012), 153은 "적어도 부양구상에 관하여는 부양료채권의 시효기간을 적용할 필요가 있다"고 한다. 반대 조인영(2022), 71; 오종근(2019), 766. 한편 피해자의 공동불법행위자 중 1인에 대한 손해배상청구권이 시효소멸하였더라도 자기 부담 부분 이상을 변제한 다른 공동불법행위자는 그에 대한 구상권을 행사할 수 있다는 판례로는 대판 1997. 12. 12. 96다50896(다만 공동불법행위자들 사이의 구상과 부양구상을 동일한 평면에서 볼 수 있는지는 약간의 의문이 있다).

151) 임종효(2011), 286－289는 부양권리자가 생활을 영위하는 한 매일매일 지분적 부양청구권이 발생하기 때문에 §163 ①에 정한 '1년 이내의 정기에 지급되는 것'에 해당하고, 따라서 3년의 소멸시효 기간이 적용된다고 한다. 제철웅(2014), 482－484 및 박동섭·양경승, 497도 같은 취지. 위 민법 조항과 유사한 내용의 조항을 민법(§1480)에 두고 있는 오스트리아에서도, 법률에 의해 발생한 과거의 부양청구권은 1년 이내의 기간에 정한 채권에 해당한다고 보아 3년의 소멸시효 기간에 걸린다고 판례상 인정되고 있다(Kurzkommentar zum ABGB(2010)/Dehn §1480 Rn. 5 참조). 부양제도의 목적에 비추어 부양료는 정기적으로 선급되는 것이 바람직하고, 이는 굳이 법에 명시하지 않더라도(독일 민법 §1612 ③은 부양료는 매달 선급되어야 한다고 규정한다) 누구나 수긍할 수 있는 부분이다. 그러나 부양청구권의 구체적 내용은 심판을 통해 비로소 확정된다고 보면, 부양료가 '어느 정도의 간격을 두고' 정기적으로 선급되어야 하는지는 협의나 심판이 없는 한 미리 정할 수 없다고 보는 것이 수미일관하다. 따라서 추상적 부양청구권은 '1년 이내의 기간으로 정한 채권'에 해당하지 않고, 10년의 소멸시효에 걸린다고 봄이 타당하지

년의 소멸시효에 걸린다고 보더라도 부양의무자 입장에서 불합리한 상황이 발생할 가능성은 많지 않다. 추상적 부양청구권의 소멸시효 기산점보다 훨씬 뒤에 제3자의 변제가 이루어지는 상황은 드물 것으로 보이기 때문이다.

Ⅶ. 약정 부양료나 양육비의 지급을 구하는 경우 관할문제

판례 중에는 자녀에 대한 양육비나 부양료 협정의 이행청구를 가정법원에서 심리한 것이 있고,[152] 민사법원에서 심리한 것이 있다.[153][154]

이에 대하여, ① 법조문상 협의가 되지 아니하거나 협의할 수 없는 때에 가정법원의 심판이 가능하도록 규정하고 있는 점, 민사법원에서 처리하는 것이 소송기간을 단축할 수 있어 신속한 권리구제에 도움이 되는 점 등을 이유로, 협의된 과거 양육비의 이행만을 구하는 경우에는 민사법원에, 협의된 과거 양육비의 이행을 구하면서 장래 양육비의 변경을 구하는 경우는 가정법원에 심판을 청구하는 것이 타당하다는 견해[155], ② 양육에 관한 사항에 대하여 협의가 이루어진 이후에도 법원은 후견적 입장에서 다시 양육에 관한 사항에 대하여 변경할 수 있으므로, 협의된 과거 양육비의 이행청구도 마류 가사비송사건에 해당한다는 견해[156]가 있다.

청구원인이 약정에 따른 의무이행을 구하는 것인 이상 민사소송으로 보지 않을 이유는 없다.[157] 그러나 청구의 상대방이 협정의 부당성을 다투는 경우 궁극적으로 §977에 따른 변경·취소 심판절차에서 부양료를 심리하는 것이 타당해 보이는 점, 양육비의 경우 가정법원이 직권으로 협의 내용을 변경할 수 있는 점을 고려할 때, 심판사항으로 보는 것이 좀 더 바람직하지 않을까 사료된다.[158] 다만, 당사자가 양육협의에 관한 주장이나 자료제출 없이 약정금청구 형식으로 소송을 제기하여 민사사건으

않을까 사료된다. 같은 취지 조인영(2022), 67.

152) 대법원 1992. 3. 31. 선고 90므651, 668(병합) 판결.

153) 서울지방법원 1993. 2. 4. 선고 92가합44812 판결.

154) 일본 하급심 판례 중에는 ① 자의 법정대리인인 모와 부양의무자인 부 사이에 양육비 지급에 관한 합의가 이루어진 경우, 민사소송절차에서 이행기도래분에 관해서는 급부판결, 미도래분에 관해서는 부양의무확인판결을 한 사례[日東京地判 1989(平成 元). 3. 7. (判例タイムズ 762·166)], ② 당사자간에 합의의 성립여부에 관하여 다툼이 있는 경우에도 민사소송으로 약정 양육비의 지급을 청구하는 것이 가능하다고 본 사례[日名古屋高判 1998(平10). 7. 17. 判例タイムズ 1030·259)]가 있다.

155) 조민영(2008), 13-15.

156) 박진웅(2005), 494-496[실무상 서울(중앙)지방법원은 양육비지급약정이행청구 사건을 가정법원에 이송하여 처리한다고 서술한다].

157) 同旨 中山直子(2012), 179.

158) 한편, 협정의 존부나 효력이 다투어지는 경우 '협정이 없는 경우'에 준하여 가사비송 사건으로 처리함이 바람직하다는 견해로는 鈴木忠一(1971), 207 참조(나아가, 부양의무자가 협정이 존재하지 않는다고 주장하며 민사소송으로 채무부존재확인의 소를 제기한 경우, 확인의 이익이 있는지 의문이라고 한다).

로 다루어지게 된 경우, ① 액수 산정과 관련하여 별도 심리가 필요 없고 약정의 존부만이 쟁점으로 다루어지거나, ② 약정금 내용이 불분명하거나, ③ 양육비 이외에 다른 성질의 금원에 관한 약정도 포함된 상황이라면, 그대로 민사사건으로 처리하는 것이 바람직하다.

第 978 條 (扶養關係의 變更 또는 取消)

扶養을 할 者 또는 扶養을 받을 者의 順位, 扶養의 程度 또는 方法에 關한 當事者의 協定이나 法院의 判決이 있은 後 이에 關한 事情變更이 있는 때에는 法院은 當事者의 請求에 依하여 그 協定이나 判決을 取消 또는 變更할 수 있다.

참고문헌: 유진식, "부양청구의 심판상 제문제", 司集 17(1986); 鈴木忠一, 非訟·家事事件の研究, (1971); 野本三千雄, "事情変更による扶養料増減の時点", 家事事件の研究(2)(1973); 若林昌俊, "金銭扶養をめぐる実務上の問題点", 講座 実務家事審判法(1988); 中山直子, 判例先例 親族法—扶養, (2012).

Ⅰ. 의의 및 취지

1. 당사자의 협정이나 법원의 조정·심판에 의해 부양의 권리의무관계가 정해진 이후, 부양순위, 정도, 방법과 관련한 사정이 변경된 경우 종전에 정해진 권리의무 내용은 더 이상 타당하지 않을 수 있다. §978는 이 경우 부양권리자 또는 부양의무자의 청구에 의하여 법원이 기존 협정이나 조정·심판을 취소 또는 변경할 수 있다고 규정한다. 부양관계에 관한 당사자의 협정이 있음에도 부양의 순위, 정도, 방법에 관한 심판을 청구한 경우 그 협정의 변경 또는 취소를 구하는 취지로 보아 처리하는 것이 타당하고, 기존 협정을 이유로 바로 그 청구를 요건불비로 볼 것은 아니다.[1]

2. §826 및 §833(마류 1호 사건)를 근거로 부양료에 관한 심판이 이루어진 경우, 위 심판에 대하여는 즉시항고를 할 수 있으므로(家訴 §43 ①, 家訴規 §94 ①), 非訟 §19 ①에 따른 취소·변경 재판은 할 수 없다. 그러나 심판이 있은 후 이를 그대로 유지할 수 없는 중대한 사정변경이 있는 때에는 §978를 유추적용하여 당사자의 청구에 따라 심판을 취소 또는 변경할 수 있다고 봄이 타당하다.[2] 부부간 부양료 협정(자녀의 부양료

1) 제요[2], 1570.

에 관한 협의가 이루어진 경우도 포함한다)이 있고 나서 사정변경이 발생한 경우 §978를 유추적용할 수 있는지 문제되는데, 가능하다고 봄이 타당할 것으로 사료된다.

§837 등을 근거로 양육비에 관한 협정[3)][4)] 또는 심판이 이루어진 경우(마류 3호 사건), 가정법원은 자녀의 복리를 위하여 필요하다고 인정하는 경우 부·모·자 및 검사의 청구 또는 직권으로 이를 변경할 수 있다(§837 ⑤). 심판의 변경은 특별한 사정변경이 있는 경우뿐만 아니라 §837 ③에서 정한 여러 사정에 비추어 당초의 심판이 부당하게 되었다고 인정되는 경우에도 할 수 있다.[5)] 부모 사이에 자녀의 양육에 관한 협의나 양육비부담조서가 있었음에도 가정법원에 양육에 관한 처분을 청구한 때에는 그 협의의 변경을 구하는 취지로 해석하여 처리해야 한다.[6)]

3. 심리결과 청구인의 주장과 달리 오히려 상대방에게 유리한 내용으로 협의나 심판이 변경되어야 하는 경우, 상대방의 청구가 없는 경우에도 청구인에게 불이익하게 변경심판이 이루어질 수 있는가? 논란의 여지가 있을 수 있지만 일응 부정해야 하지 않을까 사료된다.[7)] 다만 §837 ③은 법원이 직권으로 변경심판을 할 수 있다고 규정한 점에 비추어, 양육비의 내용을 변경하는 경우에는 청구인에게 불이익한 변경심판도 가능하다고 사료된다.

4. 법원의 조정이나 심판에 의해 부양의 권리의무관계가 정해진 이후, 당사자의 '합의'에 의해 위 조정이나 심판을 변경·취소할 수 있는가? 아니면 이러한 변경·취소는 §978에 의해 오로지 법원의 새로운 소송이나 심판에 의해서만 가능한가? 이 또한 논란이 있을 수 있지만 당사자간 '합의'에 의한 변경·취소를 굳이 부정할 이유는 없다고 사료된다.[8)] 새로운 합의가 있었음에도 종전 심판에 기초하여 강제집행이 이

---

2) 제요[2], 1432.

3) '별거하고 있는' 부부 사이에 자녀의 양육과 관련된 협의가 이루어진 경우 구 민법(2005. 3. 31. 법률 제7427호로 개정되기 전의 것) §837 ②(자의 양육에 관한 사항의 협의가 되지 아니하거나 협의할 수 없는 때에는 가정법원은 당사자의 청구에 의하여 그 자의 연령, 부모의 재산상황 기타 사정을 참작하여 양육에 필요한 사항을 정하며 언제든지 그 사항을 변경 또는 다른 적당한 처분을 할 수 있다)을 준용하여 당사자가 그 변경을 법원에 구할 수 있다는 판례로는 서울가정법원 1997. 11. 12.자 97느307 심판 참조.

4) 이혼 당사자가 자의 양육에 관한 사항을 협의에 의하여 정한 경우(재판상 화해에 의한 경우도 포함) 가정법원이 이를 변경할 수 있다는 판례로 대법원 1992. 12. 30.자 92스17, 18 결정.

5) 대법원 1991. 6. 25. 선고 90므699 판결(부가 친권을 포기하는 대신 양육비를 지급하지 않고 모가 전적으로 양육비를 부담하기로 하는 합의가 이루어진 경우, 부의 재력이 모보다 우월할 뿐만 아니라 부가 공무원으로서 자녀 양육의 명목으로 국가로부터 재정적 지원을 받고 세제상의 혜택을 받고 있는 점 등을 근거로 위와 같은 합의가 부당할 수 있다고 지적한다); 대법원 2006. 4. 17.자 2005스18, 19 결정; 위 두 판례는 개정 전 민법 §837 ②의 해석에 관한 판시이나, 현행 민법 §837 ⑤의 해석에 있어서도 참고가 될 수 있다고 사료된다.

6) 대법원 1991. 6. 25. 선고 90므699 판결; 대법원 1998. 7. 10.자 98스17, 18 결정.

7) 鈴木忠一(1971), 204; 유진식(1986), 399.

8) 新注民(改訂版)(25), 805(松尾知子); 中山直子(2012), 296. 반대 권재문, 288(§978의 문언해석을 강조한다).

루어진 경우 부양의무자는 청구이의의 소를 제기할 수 있을 것이다. 대법원 1992. 3. 31. 선고 90므651, 668(병합) 판결은 "부양권리자와 부양의무자 사이에 부양의 방법과 정도에 관하여 협정이 이루어지면 당사자 사이에 다시 협의에 의하여 이를 변경하거나, 법원의 심판에 의하여 위 협정이 변경, 취소되지 않는 한 부양의무자는 그 협정에 따른 의무를 이행하여야 하는 것이고, 법원이 그 협정을 변경, 취소하려면 그럴 만한 사정의 변경이 있어야 하는 것이므로, 부양권리자들이 위 협정의 이행을 구하는 사건에서 법원이 임의로 협정의 내용을 가감하여 부양의무자의 부양의무를 조절할 수는 없다"고 한다.

Ⅱ. 사정변경의 의미

1. §978에서 말하는 '사정'은 종전 협정이나 심판에서 부양의 권리의무관계를 정할 당시 판단의 기초가 되었던 요소들로서, 당사자의 신분, 직업, 사회적 지위, 자력, 건강 등의 사정과, 물가, 화폐가치 등을 들 수 있다. 부양당사자들의 현저한 수입 증감, 신분관계의 변동으로 부양을 해야 할 친족이나 부양을 받을 수 있는 친족이 나타난 경우,[9] 부양의무자의 실직이나 장기간 입원, 부양권리자의 취직이나 상속에 의한 재산취득, 급격한 물가상승 등의 상황이 발생한 경우, 당사자 간의 인간관계에 심각한 변동이 있는 경우 사정변경이 있다고 평가할 여지가 있다.

종전 협정이나 심판 당시 예상할 수 있었던 상황이 발생한 경우, 부양의무가 구체적으로 확정된 이후 짧은 기간 내에 생긴 가벼운 사정변경의 경우에는 가급적 변경·취소의 대상이 되지 않는다고 봄이 타당할 것이다.

2. '사정변경'이라는 단어는 통상 '객관적 사실'이 사후적으로 변경된 경우를 지칭하는 의미로 사용된다. 그러나 종전 협정이나 심판 당시 이미 존재하였지만 당사자들이 알 수 없었던 사실이 사후적으로 밝혀진 경우를, '사정변경'에 포섭시키는 것이 문언상 불가능하다고 보이지는 않는다. 위와 같이 해석하여 법원이 부양료를 형평에 맞게 조정할 가능성을 열어두는 것이 타당하지 않을까 사료된다.[10] 한편, 부양심판 당시 존재하였지만 부양료 산정당시 고려되지 않은 사정으로서 현재까지 그러한 사정이 계속되고 있는 경우, 변경·취소심판이 가능하다는 견해도 있다.[11]

---

9) 가령 부양의무자가 재혼하여 더 많은 생활비가 필요한 경우, 모가 재혼하여 재혼상대방이 모의 자녀(부양권리자)와 양친자관계를 맺은 경우 등.

10) 新注民(改訂版)(25), 806(松尾知子).

11) 鈴木忠一(1971), 198; 유진식(1986), 394-395.

협정 당시부터 이미 협정이 불공정하여 무효라고 평가할 수 있는 경우를 '사정변경'에 포섭시키기는 어렵다. 이 경우 협정이 무효임을 전제로 가정법원에 부양의 순위, 정도, 방법에 관한 심판을 청구할 수 있을 것이다. 다만 애초부터 협정이 부당한 경우와 사후적으로 부당하게 된 경우를 엄밀히 구분할 실익이 있는지 의문이므로, 이 경우도 너그럽게 §978의 적용범위로 포섭하여 문제를 해결하는 것도 가능하다고 사료된다.[12)]

3. 사정변경과 관련하여 당사자의 귀책사유가 없는 경우에만 §978가 적용된다고 볼 이유는 없다. 그러한 귀책사유는 변경·취소의 여부 내지 정도를 결정함에 있어 참작사유로 삼으면 족하다고 본다.[13)] 또한, 변경심판 당시를 기준으로 아직 사정변경이 발생하지는 않았지만, 장차 발생할 것이 예상되는 경우 그러한 점만을 이유로 부양료를 변경하는 것은 원칙적으로 허용되지 않는다고 봄이 타당하다.[14)]

4. 부양권리자나 부양의무자가 사망한 경우, 친족관계가 종료한 경우 등 부양관계 발생의 전제가 되는 사실이 사라진 경우, 종전 심판[15)]을 변경·취소하는 내용의 협의나 심판이 없더라도 부양관계는 위 시점부터 당연히 소멸하는가? 아니면 종전 심판은 여전히 유효하고 §978에 따라 변경·취소의 대상이 될 뿐인가? 필자의 견해로는, 부양 권리의무관계 발생의 기초가 되는 친족관계에 변동이 생긴 경우에는 — 요부양자의 부양필요성이나 부양의무자의 부양능력과 관련하여 변동이 있는 경우와 달리[16)] — 부양관계는 변동시점부터 당연히 소멸한다고 봄이 타당하다고 사료된다.[17)] 이 경우 부양의무자는 청구이의의 소를 제기할 수 있을 것이다.[18)]

---

12) 일본 판례 중에는, 협의이혼 당시 공정증서에 의해 양육비 지급을 합의하였는데 그 액수가 표준적 산정표에 의한 양육비의 2배 이상인 사안에서, ① 부의 수입에 비추어 위 금액을 계속 지급하기 곤란한 점, ② 부의 부모로부터 도움을 얻는 것이 불가능해졌고 양육비 지급을 위해 차용금 채무를 부담하게 된 점, ③ 부는 공정증서 작성 당시 이혼 후에도 당분간 동거생활을 계속할 수 있을 것으로 생각한 점 등을 이유로, 양육비를 감액한 것이 있다. 日東京家審 2006(平成18). 6. 29. (家月 59卷 1号 103頁).

13) 中山直子(2012), 297.

14) 中山直子(2012), 326.

15) 협의의 경우 협의의 해석을 통해, 위와 같은 경우 부양 권리의무 관계는 자동적으로 소멸한다는 결론을 도출할 여지가 있으므로 심판에 한정하여 살펴본다.

16) 아래 본문 Ⅳ.의 논의 참조.

17) 中山直子(2012), 296; 內田貴, 民法 Ⅳ(2004), 293; 新注民(改訂版)(25), 808(松尾知子); 若林昌俊(1988), 288 참조. 그러나 부양료 지급을 명하는 심판이 확정된 이후 친자관계부존재확인 판결이 확정된 경우(이는 친족관계에 변동이 생긴 경우가 아니라 처음부터 친족관계가 없었던 경우이다), 종전 심판이 당연 무효가 되는 것은 아니고 심판이 취소되어야 비로소 소급적으로 그 효력을 상실한다는 주장(여기서 취소는 재심절차의 실질을 갖는다고 한다)으로는 鈴木忠一(1971), 172-175; 유진식(1986), 374 참조. 한편, 제요[2], 1564는 가사소송 등에서 신분관계가 부정되면 심판은 그에 배치되는 범위에서는 효력을 상실한다고 하여, 당연상실설을 따르는 것으로 보인다.

18) 다만, 이와 같이 보더라도 굳이 §978에 따른 취소·변경의 대상이 아니라고 볼 것인지에 대해서는 검토의 여지가 있다.

Ⅲ. 사정변경의 효과

우리 학설은 취소 또는 변경의 심판은 장래에 향하여 효력을 가지고 다만, 사정변경이 현저한 경우에는 조정, 심판이 있기 전에도 부양의무자는 이행을 거부할 수 있다고 한다.[19] 그러나 필자의 견해로는 부양심판을 통해 과거의 부양관계를 규율하는 것이 가능한 점을 고려할 때, 변경·취소의 기준시점을 사정변경 발생시점, 변경·취소 청구시점, 상대방이 사정변경 사실을 알았거나 알 수 있었던 시점 등으로 잡는 것도 가능하다고 사료된다.[20] 아래에서는 경우를 나누어 살펴본다.

1. 증액변경의 경우

어느 시점부터 증액을 인정할 것인지는 과거의 부양료 청구 인정여부 문제와 동일한 실질을 갖는다. 판례상 과거의 부양료/양육비 청구가 일정 부분 허용되는 점[21]을 고려할 때, 증액청구시 또는 사정변경 원인발생시를 기준으로 증액변경 심판을 하는 것도 가능할 것이다. 또한, 종전 심판에서 부양의무자의 부양능력이 요부양자의 부양필요를 충족시키기에 충분하지 않다고 판단되어 필요한 부양료 중 일부의 지급만을 명하였는데 이후 부양의무자의 부양능력이 상승한 경우, 청구시점이 아니라 회복시점부터 소급해서 증액을 인정하는 것이 타당할 여지가 있다.[22]

2. 감액변경의 경우

부양권리자의 자력이 회복된 경우라면, 감액청구시 또는 사정변경 원인발생시로 소급하여 감액을 명하는 것이 크게 부당하지 않을 수 있다. 그러나 부양의무자의 자력이 감소한 경우에는, 요부양자의 보호필요성이라는 관점에서 소급하여 감액변경을 인정할 것인지, 인정한다면 과거 어느 시점을 기준으로 할 것인지를 결정함에 있어 좀 더 신중할 필요가 있다. 소급하여 감액변경을 인정할 경우, 이미 지급한 부양료 중 초과분의 반환청구를 인정할 것인지 인정한다면 이를 가사심판에서 다룰 것인지 민

---

19) 同旨 我妻栄, 親族法(1961), 411(나아가 종전대로의 지급은 비채변제가 된다고 한다)

20) 同旨 유진식(1986), 398(만약 심판의 주문이나 이유에서 시점을 특정하지 않은 경우, 변경·취소의 효과는 심판의 확정시에 생긴다고 본다).

21) 부부간 부양료의 경우 특별한 사정이 없는 한, 청구하였음에도 이행하지 않아 이행지체에 빠진 이후의 것에 대하여 과거분 청구가 허용된다[대법원 1991. 10. 8. 선고 90므781, 798(반심) 판결]. 부모 중 일방이 자녀를 양육하게 된 경우 과거의 양육비에 대해서는, 위와 같은 기간제한 없이 상당하다고 인정되는 범위에서 과거분의 청구가 허용된다[대법원 1994. 5. 13.자 92스21 전원합의체 결정].

22) 부양의무자는 자신의 부양능력이 증가하였다는 것을 잘 알고 있으므로 이러한 증액이 특별히 가혹하지 않은 반면, 부양의무자의 부양능력을 알 수 없었던 부양권리자 입장에서는 청구시점부터의 증액만을 인정하는 것이 부당할 수 있기 때문이다. 野本三千雄(1973), 179.

사소송으로 다룰 것인지가 문제된다. 일견 초과분의 반환은 가능하고[23] 절차의 편의상 가사심판에서 함께 다루는 것이 타당하다고 생각되나,[24] 검토의 여지가 있다. 부양의무자가 자력이 부족해졌음에도 불구하고 스스로 종전 부양료를 지급한 경우 소급해서 감액을 명할 여지도 있을 것이나, 이 경우 이미 지급한 부양료 중 초과분의 반환은 악의의 비채변제 또는 도의관념에 적합한 비채변제로서 허용되기 어렵다고 사료된다.[25]

감액변경 청구시 기존 심판에 의한 강제집행의 정지를 청구할 수 있는지 문제되는데 이에 관해서는 다음 항에서 살펴본다.

Ⅳ. 집행정지의 가부 및 청구이의의 소와의 관계

종전 심판의 감액변경 또는 취소를 청구하면서 기존 심판에 의한 강제집행의 정지를 청구할 수 있는가? 이에 관한 명문의 규정은 없으나, 家訴 §62[26]의 사전처분[27] 또는 §63의 가처분의 일종으로서 집행정지를 명하는 것이 가능한지 적극적으로 검토해 볼 필요가 있다.

요부양자의 부양필요성이나 부양의무자의 부양능력에 변동이 생긴 경우, 부양의무자가 청구이의의 소를 제기할 수 있을까? 실체법상 구체적 부양권리의무 관계가 부양필요성과 부양능력이라는 요건이 갖추어짐으로 인해 바로 발생·소멸한다고 보는 입장(이른바 '실체법설')에서는, 청구이의의 소 제기가 가능하다고 봄이 수미일관하다. 그러나 구체적 부양청구권의 내용은 협의나 심판에 의해 비로소 형성된다는 견해(이른바 '내용형성설')를 따른다면,[28] 원칙적으로 변경·취소 심판을 통해 문제를 해결하는 것이 타당하지 않을까 사료된다.[29] 내용형성설을 일관한다면, 양육비 심판이 있은 이후

23) 그러나 이러한 반환청구를 인정함에는 신중을 기해야 할 것으로 사료된다. 또한 초과분이 현재 부양권리자에게 그대로 남아있다면, 향후 지급해야 할 부양료를 미리 지급한 것으로 취급할 여지도 있을 것이다.

24) 유진식(1986), 398-399는 변경·취소 심판시 초과분의 반환도 함께 명해야 하고, 이를 하지 않은 경우 재판의 탈루가 되어 법원은 당사자의 청구 또는 직권에 의해 추가로 심판을 해야 한다고 한다.

25) 野本三千雄(1973), 183.

26) 제62조(사전처분)
① 가사사건의 소의 제기, 심판청구 또는 조정의 신청이 있는 경우에 가정법원, 조정위원회 또는 조정담당판사는 사건을 해결하기 위하여 특히 필요하다고 인정하면 직권으로 또는 당사자의 신청에 의하여 상대방이나 그 밖의 관계인에게 현상(현상)을 변경하거나 물건을 처분하는 행위의 금지를 명할 수 있고, 사건에 관련된 재산의 보존을 위한 처분, 관계인의 감호(감호)와 양육을 위한 처분 등 적당하다고 인정되는 처분을 할 수 있다.

27) 다만, 사전처분은 집행력이 없다는 점(家訴 §62 ⑤)이 문제될 수 있다.

28) 양육비청구권과 관련하여 판례는 내용형성설의 입장을 따르는 것으로 보인다. 대법원 2006. 7. 4. 선고 2006므761 판결; 대법원 2011. 7. 29.자 2008스67 결정 등 참조.

사정이 변경되어 금전 지급의무를 부담하는 비양육친이 양육까지 부담하게 되더라도, 종전 심판에 따른 양육비 지급의무가 당연히 소멸한다고 보긴 어려울 것이다.[30]

Ⅴ. 즉시항고기간 내의 사정변경

§826 및 §833(마류 1호 사건), §837(마류 3호 사건), §967부터 §978(마류 8호 사건)을 근거로 부양료에 관한 심판이 이루어진 경우, 위 심판에 대하여는 즉시항고를 할 수 있고, 즉시항고 기간은 즉시항고를 할 수 있는 자가 심판을 고지받는 경우에는 그 고지를 받은 날부터, 심판을 고지받지 아니하는 경우에는 당사자에게 심판이 최후로 고지된 날부터 14일이다(家訴 §43 ①, ⑤, 家訴規 §94 ①, ③). 마류 1호, 3호 사건의 경우 청구인과 상대방이 즉시항고를 할 수 있고(家訴規 §94 ①), 마류 8호 사건의 경우 당사자 이외에 이해관계인도 즉시항고를 할 수 있다(家訴規 §94 ②, §109). 즉시항고 기간 내에 사정변경이 생긴 경우 즉시항고 사유가 될 수 있는지, §978에 따른 변경·취소 심판 청구를 할 수 있는지 문제된다. §978가 종전 심판이 확정되었을 것을 전제로 하지는 않으므로 즉시항고 기간 내에도 변경·취소 심판을 청구할 수 있고,[31] 즉시항고에 따른 항고심은 속심적 성격을 갖고 있으므로 즉시항고도 할 수 있다고 사료된다.[32]

Ⅵ. 부양료를 청구하지 않겠다는 취지의 합의와 사정변경

부양권리자와 부양의무자 사이에 향후 부양료를 청구하지 않겠다는 합의가 이루어졌다 하더라도, §979가 부양청구권의 처분을 금지하고 있는 이상, 이러한 합의는 원칙적으로 효력이 없다. 한편, 자녀에 대하여 부양의무를 부담하고 있는 부모 사이에 일방이 타방에 대하여 양육비를 청구하지 않겠다고 합의한 경우, 이러한 합의가

29) 한편 일본의 학설 중에는, 봉급이 유일한 수입원인 부양의무자가 실직한 경우와 같이 사정변경이 '현저한' 경우에는 청구이의의 소를 제기할 수 있다는 견해가 있다. 基本法コンメンタール 親族(第5版)(2008)/山脇貞司, 293. 사정변경이 현저한 경우에는 협정·조정 또는 심판이 있기 전에도 실체법상 부양권리의무관계가 소멸한다고 보면, 협정·조정 또는 심판이 있기 전에도 채무자는 정해진 내용에 따른 이행을 거부할 여지가 있다.

30) 자녀를 실제로 양육한 부가 종전 심판상 양육비 지급청구권을 갖고 있던 모를 상대로 구상청구를 할 수 있는가? 판례는, 자녀를 양육할 권리가 없는 자가 家訴 §62 소정의 사전처분 등을 받지 아니한 채 임의로 자녀를 양육한 경우, 이는 양육자로 지정된 상대방에 대한 관계에서는 상대적으로 위법한 양육이므로 상대방은 양육비 지급의무를 부담하지 않는다고 한다(대법원 2006. 4. 17.자 2005스18, 19 결정).

31) 유진식(1986), 395(그러나 전판결이 확정되기 전에는 사정변경으로 인한 청구를 할 수 없다는 반대설도 있다고 한다).

32) 新注民(改訂版)(25), 808(松尾知子); 中山直子(2012), 326; 我妻栄 編/判例コメンタールⅦ 親族法(1970), 569.

현재 존재하거나 장차 발생할 구상권을 포기하는 취지라면, – §103, §104에 따라 무효가 되지 않는 한 – 합의의 당사자인 부양의무자들 사이에서 채권적 효력을 갖는다. 양육비를 청구하지 않겠다는 부모간 합의가 유효라 하더라도 §837 ⑤에 따라 변경·취소의 대상이 될 수 있음은 물론이다.

부모 사이의 합의가 유효하더라도, 그 효력이 자녀에게 미칠 근거는 없다. 따라서 이러한 합의가 있다고 하여 자녀가 스스로, 또는 부모 중 일방이 친권자로서 미성년 자녀를 대리하여 부양청구권을 행사하는 것이 당연히 금지되는 것은 아니다. 다만, 이 경우 종전 합의내용과 경위 등을 참작하여 부양청구권의 성립 여부 및 그 액수를 결정할 필요가 있을 것이다.[33]

33) §979 주석 Ⅵ. 참조.

第979條 (扶養請求權處分의 禁止)

扶養을 받을 權利는 이를 處分하지 못한다.

참고문헌: 김형석, "양육비청구권을 자동채권으로 하는 상계", 家研 21-3(2007); 김형석, "주택임대차보호법상 보증금반환채권의 분리양도와 양수인의 우선변제", 법조 656(2011); 민유숙, "재산분할의 구체적 인정범위", 재판자료 62(1993); 박동섭, "가사소송의 종료사유와 종료선언", 판례연구 32-1(2018); 박순성, "채무의 상속", 민판연 25(2003); 임종효, "양육비청구권에 관한 기초 이론 및 실무상 쟁점", 司集 51(2011); 정구태, "유류분반환청구권이 채권자대위권의 목적이 되는지 여부", 家研 22-1(2008); 정구태, "유류분반환청구권의 일신전속성", 홍익법학 14-2(2013); 정구태·배소현, "부부 간 과거의 부양료청구의 인정 여부", 인문사회 21(2016); 제철웅, "부양청구권 및 부양비용 상환청구권에 관한 몇 가지 해석론적 제안", 법학논총 31-1(2014); 황경웅, "재산분할청구권의 상속성", 중앙법학 9-2(2007); 石川恒夫, "養育費支払義務をめぐる諸問題", 北大法学論集 12-1(1961); 加藤令造, "扶養料債権·債務の一身全属性", 家事事件の研究(2)(1973); 日野原昌, "父母間に養育費不請求の合意がある場合又は養育費分担についての確定審判がある場合の子からの扶養請求の可否", 家事審判事件の研究(1)(1988), 石村太郎, "父母による子の養育料の合意", 講座現代家族法Ⅳ(1992),

Ⅰ. 의의 및 취지

부양받을 권리는 신분관계를 기초로 하여 발생하는 재산권으로서 행사상·귀속상 일신전속성[1]을 갖기 때문에, 처분이 금지된다고 통상 설명된다.[2] 한편, 부양청구

1) 행사상 일신전속성은 권리행사 여부가 권리자의 의사에 전적으로 맡겨진 것을 뜻하고, 귀속상 일신전속성은 권리가 권리자 이외의 다른 사람에게 귀속될 수 없음을 뜻한다. 행사상 일신전속성이 있는 권리는 채권자대위권의 목적이 될 수 없고, 귀속상 일신전속성이 있는 권리는 대체로 양도나 상속의 대상이 될 수 없다. 양 개념 간에 논리적 연관관계가 있는 것은 아니다. 즉, 행사상 일신전속성과 귀속상 일신전속성을 모두 갖춘 권리가 있을 수 있고, 둘 중 어느 하나만 갖춘 권리도 있을 수 있다.

2) 박동섭·양경승, 484.

권의 처분금지조항은 부양권리자가 궁박한 상태를 회피하기 위하여 경솔하게 부양청구권을 처분함으로써 오히려 자신의 생존의 기초를 상실하는 상황을 막고, 부양청구권의 양도·포기 등으로 인하여 발생할 수 있는 사회보장 제도의 부담을 줄이는 목적을 갖고 있다는 견해가 있다.[3] 전자는 부양청구권이 통상의 재산권과 대비되는 친족법상 권리임을 강조하는 반면, 후자는 처분금지조항이 현실적으로 도모하는 기능에 초점을 두고 있다. 두 견해가 서로 대립되거나 모순되는 것은 아니고 각기 나름의 타당성을 갖고 있으므로, 양자를 종합적으로 고려하여 §979를 이해하는 것이 바람직하다고 사료된다. 다만, 친족법상 권리와 통상의 재산권 사이의 경계가 반드시 명확한 것은 아닌 점, 권리의 개별적 특성을 고려한 구체적 근거를 모색하지 않은 채 '신분'과 관련된 권리라는 점만 강조한다면 결국 입법취지가 법률조항과 동어반복적인 내용이 될 수 있는 점, 일신전속성을 갖는 권리라고 하여 포기할 수 없는 권리라는 결론이 논리필연적으로 도출되는 것은 아니므로 일신전속성만으로 부양청구권의 포기금지를 정당화하기는 부족한 점[4] 등에 비추어, 후자의 견해와 같이 실질적 정당화 근거를 모색하는 작업이 방법론적으로 바람직한 측면이 있다.

Ⅱ. 본조의 적용범위

1. 처분할 수 없다는 문언으로부터 양도할 수 없고(§449 ① 단서), 질권을 설정할 수 없으며(§355, §331), 상계의 자동채권으로 삼을 수 없고(§492 ① 단서),[5] 포기할 수 없다는 결론을 도출할 수 있다.[6] 부양당사자 이외의 제3자나 부양의무자에 대한 양도뿐만 아니라, 다른 부양권리자에 대한 양도도 허용되지 않는다.[7] 다만, 부양권리자들 사이의 부양받을 순위는 당사자간 협의나 법원의 심판에 의해 정할 수 있다(§976 ①).

3) 김형석(2007), 254-255; 임종효(2011), 273-274.

4) 新注民(改訂版)(25), 812-813(床谷文雄); 상속회복청구권의 상속성을 부정하는 견해가 있지만(곽윤직, 상속법 165), 상속개시 후 상속회복청구권을 포기할 수 있다는 점에 관해서는 학설상 별다른 이견이 없다(곽윤직, 상속법 167). 유류분반환청구권은 그 행사 여부가 유류분권리자의 인격적 이익을 위하여 그의 자유로운 의사결정에 전적으로 맡겨진 권리로서 행사상의 일신전속성을 가진다고 보아야 하므로, 유류분권리자에게 그 권리행사의 확정적 의사가 있다고 인정되는 경우가 아니라면 채권자대위권의 목적이 될 수 없지만(대법원 2010. 5. 27. 선고 2009다93992 판결), 상속개시 후 유류분반환청구권의 포기가 가능하다는 점에 관해서는 학설상 별다른 이견이 보이지 않는다(곽윤직, 상속법 282).

5) 채권자가 자동채권을 자유로이 처분할 수 없다면, 상계를 할 수 없다. 注解XI, 377(尹容燮).

6) 처분행위란 현존하는 권리의 변동을 직접 일으키는 법률행위를 말한다. 처분행위의 개념에 관해서는 제4판 註釋民總(2)(4판), 365-369(池元林).

7) 新注民(改訂版)(25), 815(床谷文雄).

2. §979의 문언에도 불구하고 부양청구권의 처분이 허용되는 경우는 없는지, 있다면 그 범위는 어디까지인지에 관하여 견해가 대립한다.

가. 학설 및 판례

학설 중에는, ① 협의 또는 심판에 의하여 구체적으로 내용이 확정된 부양청구권 중 이행기가 도래한 지분적 부양청구권은 유효하게 포기·양도할 수 있고 자동채권으로서 상계할 수 있다는 견해,[8] ② 위 ①의 경우뿐만 아니라 기본적 부양청구권이나 이행기가 도래하지 않은 지분적 부양청구권(협의 또는 심판에 의하여 구체적으로 내용이 확정되었음을 전제로 하는 것으로 보인다)도 이에 상응하거나 이를 상회하는 대가를 현실적으로 수령하였다면 양도할 수 있다는 견해,[9] ③ 협의 또는 심판이 있거나 이행기가 도래하였는지 여부와 무관하게 상당한 대가의 반대급부를 현실적으로 취득하였다면 양도나 질권설정이 가능하고, 협의나 심판이 없어도 상계의 자동채권으로 삼을 수 있으나, 포기나 무상양도는 어느 경우든 허용되지 않는다는 견해,[10] ④ §806 ③[11]을 유추하여 부양당사자 간에 부양료 지급에 관한 계약이 성립하거나 심판 청구 등이 이루어진 후에는 부양료 채권의 양도 또는 승계가 가능하다는 견해[12]가 있다.

판례는 이혼한 부부 사이에 자의 양육자인 일방이 상대방에 대하여 가지는 양육비채권과 관련하여, "가정법원의 심판에 의하여 구체적인 청구권의 내용과 범위가 확정된 후의 양육비채권 중 이미 이행기에 도달한 후의 양육비채권은 완전한 재산권(손해배상청구권)으로서 친족법상의 신분으로부터 독립하여 처분이 가능하고, 권리자의 의사에 따라 포기, 양도 또는 상계의 자동채권으로 하는 것도 가능하다"고 판시하였

8) 박동섭·양경승, 484.

9) 김형석(2007), 256-257.

10) 임종효(2011), 276-279.

11) 정구태(2008), 222는 이러한 위자료청구권의 '귀속상 일신전속성'이 필연적으로 인정될 이유는 없다면서 입법론의 관점에서 §806 ③의 타당성에 의문을 표시하고 있다. 한편, 판례(대법원 1966. 10. 18. 선고 66다1335 판결 등)는 생명이나 신체의 침해로 인하여 생긴 위자료청구권에 관하여, 피해자가 이를 포기하거나 면제했다고 볼 수 있는 특별한 사정이 없는 한 생전에 청구의 의사를 표시할 필요없이 원칙적으로 상속된다고 보고 있다. 참고로 위자료청구권의 '행사상 일신전속성'에 관해서는, ① 인격권침해에 의한 위자료 청구권은 행사상 일신전속권에 해당하지만, 합의 또는 판결 등에 의하여 그 내용이 구체적으로 확정된 때 또는 그 행사 이전에 피해자가 사망한 때에는, 행사상 일신전속성을 상실한다는 견해[注解IX, 766(金能煥)], ② 이혼으로 인한 위자료청구권의 경우 권리자가 위자료 청구권을 행사할 의사를 확정적으로 표시하였다면 행사상 일신전속성이 상실된다는 견해[정구태(2008), 222-223]가 있다. 일본 판례 중에는, 명예훼손을 이유로 한 위자료 청구권에 관하여, 위자료를 지급하는 내용의 합의 또는 지급을 명하는 집행권원이 성립하여 구체적 금액이 당사자 사이에 객관적으로 확정되거나 피해자가 사망한 경우, 채권자대위나 압류의 대상이 된다는 판례[日最判 1983(昭 58). 10. 6. 昭54(オ)719]와 생명침해로 인한 근친자의 위자료 청구권의 경우에도 동일한 법리를 적용한 하급심 판례[日名古屋高判 1989(平成 1). 2. 21. 昭63(ネ)286]가 존재한다. 독일의 경우 비재산적 손해는 법률로 정하여진 경우에만 금전에 의한 배상을 청구할 수 있는데(독일민법 §253 ①), 비재산적 손해배상청구권에 대한 압류 및 질권설정은 별다른 제한없이 가능하다(Münchener 6.Aufl./Oetker §253 Rn. 66).

12) 배경숙·최금숙, 411.

다.[13] 한편, 하급심 판례 중에는 재산분할금 채권자가 양육권자의 부동산에 대하여 강제집행을 개시하자, 양육권자가 판결로 내용이 확정된 장래의 양육비 채권을 자동채권으로 한 상계의 의사표시를 하였고 위 채권자가 이에 따라 강제경매를 취하하였는데 이후 양육권자가 위 부동산을 처분하고 다시 양육비 채권을 주장한 사안에서, 내용이 확정된 장래의 양육비 채권을 자동채권으로 한 재산분할금 채권과의 상계[14]를 인정한 것이 있다.[15]

나. 검토

(1) 협의 또는 심판에 의해 내용과 범위가 확정되지 않은 부양청구권

이 경우에는 과거의 부양청구권인지 장래의 부양청구권인지, 기본적 부양청구권인지 지분적 부양청구권인지 여부와 관계없이 §979의 문언에 충실하게 어떠한 형태의 처분도 금지된다고 해석함이 타당하다. 구체적 범위가 정해지지 않은 권리이므로, 부양권리자가 궁핍한 상태에서 경솔하게 처분을 할 위험이 크기 때문이다.[16]

이에 대해서는 부양권리자가 충분한 반대급부를 현실적으로 수령하였다면, 굳이 처분을 금지할 이유가 없다는 반론이 가능하다.[17] 그러나, ① 어느 정도의 반대급부가 제공되어야 처분이 유효한지는 사후적으로 판단할 수밖에 없는데, 불명확한 법률관계가 계속되는 것 자체가 부양권리자에게 바람직하지 않은 상황인 점, ② 협의나 심판에 의해 부양청구권의 구체적 내용이 확정된다고 보면, 제3자에게 양도된 부양청구권도 그 구체적 내용이 확정되기 위해 동일한 절차를 거칠 필요가 있는데 현행법상 제3자가 '부양청구권자로서' 부양심판을 청구할 수 있는 절차가 마련되어 있지 않은 점, ③ §979의 입법취지는 부양권리자의 보호뿐만 아니라, 부양 관련 문제는 가급적 권리자와 의무자 사이에서 해결하려는 데에서도 찾을 수 있는 점[18] 등을 고려할 때, 위 반론에는 선뜻 동의하기 어렵다.

---

13) 대법원 2006. 7. 4. 선고 2006므751 판결

14) 자동채권의 변제기가 도래하지 않았으므로 엄밀히 말하여 상계합의로 봄이 타당하지 않을까 생각한다.

15) 서울가정법원 2012. 6. 11.자 2012브26 결정. 위 결정은 신의성실의 원칙에 비추어 채권자의 양육비청구권 행사가 허용될 수 없다는 점도 지적하고 있다.

16) 김형석(2007), 255.

17) 임종효(2011), 277; 독일법상 부양청구권은 원칙적으로 압류할 수 없고 따라서 양도할 수 없지만(독일민법 §400), 독일 판례는 현실적으로 수령한 반대급부만큼의 부양청구권(이행기가 도래한 경우나 아직 도래하지 않은 경우 모두 가능하다)을 양도하는 것을 허용한다. BGHZ 4, 153; BGHZ 127, 354.

18) 별거중인 부부사이의 부양청구권의 액수를 확정하기 위해서는 별거의 원인이 심리되어야 하는데, 이러한 문제를 제3자에게 공개하는 것은 바람직하지 않으므로, 위 부양청구권의 양도는 허용될 수 없다는 독일 판례로는 LG München Ⅱ Urt. vom 1. 10. 1975, NJW 1976, 1796 참조.

(2) 부양료 지급을 구하는 심판이 청구된 경우

신분관계를 기초로 하여 발생한 재산적 권리라는 점에서 부양청구권과 약혼해제로 인한 위자료청구권은 공통점을 갖는다. 그러나 부양청구권은 미래 생활수요의 만족을 중요한 목적으로 삼는다는 점에서, 과거의 행위로 인해 발생한 손해의 전보만이 문제되는 위자료청구권과 성격이 다르다. 부양심판을 청구하였더라도, 부양권리자가 장래의 권리를 경솔하게 처분하여 스스로의 생계를 곤란에 빠트릴 위험은 여전히 존속한다. 또한, 양수인이 양수받은 권리를 구체적으로 어떻게 행사할 것인지, 그러한 절차를 허용할 경우 친족 간의 내밀한 문제가 제3자에게 공개될 위험은 없는지 등에 관하여, (1)에서 언급하였던 것과 동일한 비판을 할 수 있다. 따라서 §806 ③을 유추하여 심판이 청구된 부양청구권의 처분을 허용하는 것은 타당하지 않다고 사료된다.

(3) 협의 또는 심판에 의해 내용과 범위가 확정되었으나 이행기가 도래하지 않은 부양청구권

이 경우, 양도대상의 구체적 가액이 특정된 상황이므로 부양권리자의 경솔한 처분의 위험이 줄어든다. 따라서 양도대상 권리의 구체적 액수 이상의 대가를 현실적으로 수령하였다면, 처분을 허용하는 것이 타당하다는 견해가 제기될 수 있다. 그러나 ① 장래에 필요한 돈을 미리 사용하려는 행위를 법이 장려할 이유는 없는 점, ② 부양권리자는 미래의 생존에 필요한 돈을 잃어버릴 위험을 무릅쓰고 현재의 이익추구에 몰두할 수 있는 점,[19] ③ 부양권리자가 장래의 부양청구권을 양도하는 대가로 그에 상응하는 돈을 제3자로부터 미리 받았지만 이를 이미 소비하여 향후 생활유지가 문제된 경우에도, 부양권리자를 보호할 필요가 있을 수 있는 점,[20] ④ 뒤에서 보는 것처럼 변제기가 경과한 부양청구권의 양도를 허용하는 이상 부양권리자의 재산권에 대한 제약의 정도는 크지 않은 점 등을 고려할 때, 굳이 이러한 처분을 허용할 이유가 있을지 의문이다. 참고로 일본의 학설 중에는, 부양청구권은 그 권리행사를 의무로 볼 정도로 공공성을 강하게 갖고 있지는 않기 때문에 특별히 공적부조제도와 관련된 경우가 아니라면, 장래의 지분적 부양청구권의 포기도 허용함이 타당하다는 견해가 있다.[21] 그러나, 부양권리자의 경솔한 처분의 위험은 상존하는 점, 상당한 대가를 받고 양도하는 것은 허용하지 않으면서 포기만 허용할 합리적 이유가 없는 점을 고려할 때, 위와 같은 제한해석도 타당하지 않다고 사료된다.

---

19) 김형석(2007), 256은 이는 부양권리자에 대한 후견 내지 성년부조의 문제이고 §979의 처분금지로 해결할 문제가 아니라고 하나, §979의 규범목적을 그와 같이 제한하는 것이 타당한지 의문이다.

20) 법원이 제반 사정을 고려하여 종전 협정 또는 심판상 부양료 액수를 감액하는 것도 가능할 것이다.

21) 新注民改訂版(25), 815(床谷文雄).

(4) 협의 또는 심판에 의해 내용과 범위가 확정되고 이행기가 도래한 부양청구권

이 경우 부양청구권은 손해배상청구권의 성격'도' 갖고 있어[22] '재산권'으로서의 성격이 강하고, 부양권리자의 보호필요성도 더욱 줄어든다. 따라서 판례와 같이 구체적 부양청구권으로서 이행기가 도래하였는지 여부를 기준으로 권리자의 처분의 자유와 국가의 후견적 개입필요성 사이의 조화를 꾀하는 것이 타당하지 않을까 생각한다.[23] 구체적 내용과 범위가 특정된 부양의무가 불이행된 경우 요부양자의 보호는, 부양청구권의 압류금지 등을 통해 달성하면 충분하고, 굳이 §979까지 적용할 필요는 없다.[24]

이러한 결론에 따르면, 포기나 무상양도 또는 저가양도도 원칙적으로 허용되어 부양권리자의 보호라는 §979의 입법취지에 반하는 것이 아닌지 의문이 있을 수 있다.[25] 그러나 이러한 상황에서 부양권리자의 처분은 합리적 선택일 가능성이 높으므로 부양권리자의 의사를 존중할 필요성이 증가한다.[26] 또한 판례와 같이 보더라도 처분의 원인이 된 법률행위에 불공정성이 있다면 이에 대한 내용통제가 가능하므로, 부양권리자의 보호가 무시된다고 볼 수는 없다. §979를 적용하지 않더라도, 부양권리자의 현재 또는 장래의 생계유지에 불리한 영향을 미치는 처분이라면 그 효력을 쉽사리 인정해서는 안 될 것이다.

3. 판례는 이행기가 도래한 구체적 양육비 채권을 자동채권, 위자료 및 재산분할청구권을 수동채권으로 한 상계를 허용한다.[27] 이에 관하여 양육비 채권은 양육친 자신의 고유한 권리가 아니고 미성년 자녀의 부양청구권을 대신 행사하는 것에 불과하

---

22) 이행기가 도래한 구체적 부양청구권도 여전히 부양청구권의 성격을 갖기 때문에, 압류가 금지된다는 점에 관해서는 별 다른 의문이 없다.

23) 임종효(2011), 276은 부양청구권이 완전한 재산권이 되어 §979가 적용될 수 없다면, 민사집행법상 부양청구권에 대한 압류금지 규정도 더 이상 적용될 수 없다고 보는 것이 논리적으로 수미일관하므로, 위 대법원 판결의 이론구성에는 심각한 난점이 있다고 주장하다. 그러나 부양청구권이 손해배상청구권의 성격을 갖게 되었더라도, 어떤 법률을 적용함에 있어서는 부양청구권으로서의 성격을 계속 갖고 있다고 보고, 다른 법률을 적용함에 있어서는 그렇지 않다고 보는 것이, 반드시 논리적 모순은 아니라고 사료된다.

24) 권리자가 권리를 자유롭게 처분할 수 있도록 하는 것이 자유민주주의 법제의 기본원칙이고, 구체적 부양청구권 중 이행기가 도래한 부분의 처분을 허용하는 것이 요부양자에게 편리하며, 그의 생활을 어렵게 만드는 것도 아니라고 지적하는 문헌으로는 加藤令造(1973), 133 참조.

25) 임종효(2011), 278−279는 부양청구권은 장래를 향하여 포기할 수 없다는 명문의 규정을 둔 독일(독일민법 §1614 ①)과 달리 명문의 규정이 없는 우리 민법에서는 위와 같은 해석론적 예외는 허용될 수 없고, 따라서 이행기가 도래한 구체적 부양청구권도 포기할 수 없다고 주장한다.

26) 김형석(2007), 256−257은 이행기가 도래한 지분적 부양청구권을 유효하게 포기하고 양도할 수 있는 근거로, "부양권리자는 현재의 필요를 충족할 수 있게 하는 현재 관철가능한 부양청구권을 가지고 있다. 그러므로 그가 이를 처분한다면 이는 궁핍한 상황에서 경솔하게 처분하는 것이 아니라, 자신의 부양을 위해 현실적으로 사용할 수 있는 권리를 다른 고려에 기하여 처분하는 것"이라는 점을 들고 있다.

27) 대법원 2006. 7. 4. 선고 2006므751 판결.

므로, 비양육친의 양육친에 대한 권리와 사이에 상계적상이 인정되지 않는다고 하면서, 판례를 비판하는 견해가 있다.[28] 과거의 양육비 채권이 구상의 실질을 갖는 경우 상계를 허용하고, 미성년 자녀의 부양청구권을 대신 행사하는 실질을 갖는 경우 상계를 허용하지 않는 것이 이론적으로는 타당한 측면이 있다. 다만, 양자를 구분하는 것이 현실적으로 쉽지 않은 점[29]을 고려할 때, 양육비 채권의 성질을 어느 한 쪽 방향으로 '의제'하여 판례법리를 형성하는 것이 실용적일 수 있다. 위 판례의 결론은 이러한 측면에서 일응 수긍할 수 있다고 보인다.[30] 다만, 양육비 채권이 구상의 실질을 갖지 않는 것이 명백한 경우(가령, 양육친이 양육의무를 전혀 이행하지 않은 경우)에도, 양육친의 상계를 허용할 것인지는 의문이다. 설령 이 경우 상계적상을 인정하더라도, 친권남용이나 이해상반행위로서 상계의 효력을 부정함이 타당하다고 사료된다.[31]

Ⅲ. 부양청구권의 압류금지

1. 부양청구권은 압류할 수 없고(民執 §246 ① ⅰ), 따라서 상계의 수동채권이 될 수 없으며(§497), 파산자가 가지고 있는 부양청구권은 파산재단에 속하지 않는다(債務回生 §383 ①). 이러한 조항들은 모두 부양청구권자의 채권자들이 부양청구권자의 '의사와 무관하게' 부양청구권을 통해 자신의 채권의 만족을 얻는 것을 제한하는 취지이다. 이러한 취지에 비추어 부양청구권은 채권자대위권의 피대위권리가 될 수 없다는 결론이 도출될 수 있다(§404 ① 단서). 채권자대위권은 채무자의 책임재산을 보전하기 위한 제도인데, 부양청구권은 원칙적으로 채무자의 책임재산이 될 수 없기 때문이다.[32] 이러한 제한은 양육비청구권에 대해서도 그대로 적용될 수 있을 것으로 사료된다. 다만 과거의 양육비청구권이 '구상'의 실질을 갖는 경우에도 위 규정이 적용될 수

28) 임종효(2011), 261; 제철웅(2014), 478; 정구태·배소현(2016), 17.

29) 자녀를 일방적으로 양육한 부모는 통상 자신의 생활수준에 맞게 양육하였다고 봄이 상당하고, 자녀를 돌보는 것 자체만으로는 다른 특별한 사정이 없는 한 비양육친의 양육의무를 대신 이행한 것이 아니라는 입론이 있을 수 있다. 그러나 특별히 비양육친의 양육의무를 대신 이행하였다고 인정되는 경우에만 구상청구를 허용하는 것은 양육친의 입장에서 형평에 반할 수 있으므로, 양육친이 일정수준의 금전급부를 대신 지출하였다고 의제하여 구상청구를 인정해야 한다는 반론도 가능하다. 임종효(2011), 260은 양육비심판에서 양육친의 실제 양육비 지출액에 대해 심리되는 경우가 극히 적은 점 등을 이유로, 과거의 양육비 청구도 양육친이 미성년 자녀의 양육비청구권을 자신의 이름으로 대신행사하는 것이라고 본다.

30) 김형석(2007), 266-267은 이행기가 도래한 구체적 양육비 채권의 양도, 포기가 원칙적으로 허용되는 점, 이러한 상계를 금지한다고 해서 특별히 미성년 자녀의 복리가 도모되는 것도 아닌 점 등을 이유로 판례의 결론에 찬성한다.

31) 김형석(2007), 267.

32) 김형석(2007), 258-259; 임종효(2011), 274는 채권자대위권 행사는 채무자에게 처분금지효를 발생시키며(§405 ②) 피대위채권이 압류된 것과 유사한 상태를 발생시킨다는 점을 근거로 든다.

있을지는 논란의 여지가 있다. 아래 2.와 마찬가지로 보아야 하지 않을까?

2. 부양청구권이 유효하게 양도된 경우, 압류금지와 같은 제한이 여전히 존속하는가? 이 경우 부양청구권은 양도인의 생계유지를 위해 기능한다고 보기 어려우므로, 압류가 가능하고 상계의 수동채권이 될 수 있다고 사료된다.[33)]

Ⅳ. 부양청구권의 상속성

1. 상속성이 인정되는 경우

양도가 가능한 권리라면 대체로 상속성도 인정될 여지가 많지만, 양도가 불가능한 권리라고 하여 반드시 상속도 불가능하다고 단정하긴 어렵다.[34)] 어떠한 권리나 의무가 상속대상인지 여부는, 법이론적 측면뿐만 아니라 정책적 측면도 고려하여 결정할 문제이다. 부양청구권은 요부양자에게 부양의 필요성이 있는 경우에 발생하는 권리이므로, 요부양자가 사망하면 부양청구권은 더 이상 존속할 여지가 없다. 부양의무자가 사망한 경우, 사망이후 부양의 문제는 부양권리자와 다른 부양의무자 사이에 새롭게 결정되어야 할 문제이다.[35)] 문제는 일방 당사자가 사망하기 전 기간과 관련하여 요부양자가 갖고 있던 부양청구권의 상속여부이다.[36)] 아래에서는 부양청구권의 상속

33) 독일의 경우, 법정양도된 부양청구권은 종전 부양청구권과 동일성을 유지하지만, 양도금지나 압류금지와 같은 제한은 없어지고 상계의 수동채권이 될 수도 있다. Palandt/Diederichsen §1607 Rn. 14 참조. 물론, 부양의무자가 부양권리자에 대하여 갖고 있던 채권을 자동채권, 부양청구권을 수동채권으로 한 상계로 양수인에게 대항하는 것은 허용될 수 없을 것이다. 애초부터 이러한 상계는 금지되었던 것이므로, 상계의 담보적 기능에 대한 부양의무자의 합리적 기대가 있었다고 볼 수 없기 때문이다. 대법원 2009. 12. 10. 선고 2007다30171 판결 참조.

34) 가령, 당사자 사이의 특별한 신뢰관계를 바탕으로 하는 채권{임차권(§629), 양도금지 특약이 있는 채권(§449 ②)}은 상대적으로 양도성이 제한되지만, 상속성은 원칙적으로 인정된다.

35) 그러나 부양의무자 사망시 달리 규정하고 있는 입법례도 발견된다. 가령, 오스트리아 민법 §142는 자녀를 부양할 부모의 채무는 상속재산의 한도에서 상속된다고 규정하고 있다. 상속재산의 가치평가시 상속채무(Nachlassverbindlichkeit)는 공제되는데, 이러한 상속인의 의무는 상속채무가 아니라 '상속으로 인해 상속인에게 새로이 발생한 채무'(Erbgangsschuld; 가령 상속재산 관리비용 관련 채무나 장례비 채무 등이 여기에 포함된다)라고 한다. Schwimann/Schwimann, ABGB2 Ⅰ §142 Rz. 3－4; 유사한 취지에서, 오스트리아 민법 §796는 일방 배우자 사망시 타방 배우자가 재혼하지 않는 한 상속재산의 한도에서 부양의무가 상속된다고 규정한다. 한편, 오스트리아 혼인법 §78 ①은 이혼배우자를 부양할 의무는 의무자가 사망한 경우, '상속채무'로서 상속된다고 규정하고 있다. 그러나 부양권리자는 상속인의 사정(Verhältnisse)과 상속재산의 수익가능성을 고려할 때 형평에 맞는 금액으로 부양료가 줄어드는 것을 감수해야 한다(§78 ②). 한편, 프랑스 민법 §207－1 ①은 "부부 중 먼저 사망한 자의 상속재산으로 잔존배우자가 부양을 요하는 상태에 있는 경우 그를 부양해야 한다. 부양청구기간은 사망한 날로부터 1년으로 하며, 상속재산의 분할을 요하는 때에는 분할이 끝나는 때까지 연장된다"고 규정한다.

36) 독일 민법은 권리자 또는 의무자의 사망으로 부양청구권은 소멸하고, 다만 과거의 부양청구권[독일 민법은 원칙적으로, 부양청구권을 행사할 목적으로 부양의무자가 자신의 수입 및 재산에 관한 정보를 제공할 것을 요구받은 시점, 부양의무자가 이행지체에 빠졌거나 소송계속 중인 시점부터의 과거의 부양료 청구만을 허용한다(§1613 ①)] 및 사망 당시 이미 이행기가 도래한 미리 이루어져야 할 급부[부양료는 월단위로 선급하는 것이 원칙이고 부양권리자가 도중에 사망하더라도 부양의무자는 1달분 부양료

과 부양채무의 상속을 함께 살펴본다.

가. 학설과 판례

학설은 구체적 내용이 확정된 부양의무 중에서 이미 이행기가 도래한 부분은 상속된다는 견해,[37] 권리자가 부양청구의 소를 제기한 후 소송계속 중 사망한 경우의 연체된 부양료청구권이나 부양의무는 상속된다는 견해[38]가 있다. 하급심 판례 중에는 아버지가 아들을 상대로 부양료 지급심판을 청구한 이후 아들이 사망한 경우, 아들이 부양의무를 이행하지 않은 시점부터 아들의 사망시까지의 부양료 지급채무가 상속된다고 본 것이 있다.[39] 위 판례에서 아들이 부양의무를 이행하지 않기 시작한 시점은 심판청구 이전이고, 재판서상 심판청구 전에 부양권리자의 이행청구의 의사표시가 있었다는 점도 드러나지 않는다. 따라서 위 판례는 이행청구 이전의 과거 부양료 채무를 인정하고 그 채무의 상속성을 긍정한 것으로 보인다. 그러나 과거의 양육비 청구가 문제된 사건에서 최근 하급심 판례는 과거의 양육비 청구권은 당사자의 협의 또는 가정법원의 심판에 의하여 구체적 지급청구권으로 성립한 후에만 완전한 재산권으로 전환되어 채권 또는 채무로서 상속된다고 보면서, 아직 구체적인 재산상의 채무로 전환되지 않은 추상적인 법적 지위 또는 의무는 상속의 대상이 될 수 없다고 보았다.[40]

전체를 지급할 의무가 있다(§1612 ③)]는 소멸하지 않는다고 규정하고 있다(§1615 ①). 따라서 소멸하지 않는 부양청구권은 적극재산 또는 소극재산으로서 상속의 대상이 된다. 오스트리아 혼인법 §77 ①도 이혼 후 부양과 관련하여, 부양권리자 사망의 경우 과거의 부양료(§72는 부양의무자가 이행지체에 빠졌거나 소송계속 중인 시점부터의 과거의 부양료 청구만 허용한다)나 이미 이행기가 도래한 부양료는 상속된다고 규정한다. 오스트리아 판례 중에는 부양의무자 생존 중 개별의무가 발생하고 청구되어 부양의무자의 재산에 경제적 부담이 발생한 경우 상속성이 인정된다고 본 판례(OGH 1. 10. 1954 10b617/54, SZ 27/247)가 있고, 학설은 대체로 이행기가 도래한 부양청구권의 상속성을 인정한다(Kurzkommentar zum ABGB3 Koziol/Apathy §531 Rz. 1).

37) 박순성(2003), 674; 김형석(2007), 260.

38) 박동섭·양경승, 497(그러나 과거의 양육비 청구의 경우 협의나 법원의 심판으로 그 내용이 확정되기 전에 당사자가 사망하면 소송이 종료되고 상속이 문제되지 않는다고 한다)

39) 서울가정법원 2001. 11. 15.자 2000느단6731(확정) 심판; 제요[2], 1428, 1568－1569는 심판계속 중 당사자 일방이 사망하면, 사망 이전에 이미 발생된 부분은 상속되므로, 그 상속인이 절차를 수계한다고 설명한다. 일본 판례 중에는, ① 부양권리자가 부양료지급심판을 청구하고 이에 대한 심판이 있은 후(심판청구시를 시기로 하고 종기를 정하지 않은 채 매월 말일까지 5만엔을 지급하는 내용) 부양의무자가 즉시항고하여 항고사건 계속 중 부양권리자가 사망한 사안에서, 청구에 의해 범위가 구체화되고 심판 등에 의해 금액이 형성된 경우에는 심판에 의해 인정된 부양청구권의 시기부터 사망일까지의 부분에 관해서는 상속의 대상이 된다고 보아, 상속인에 의한 승계참가를 인정한 사례[日東京高決 1977(昭52). 10. 25. 昭49(ラ)331号], ② 불법행위로 인한 피해자의 유족이 부양청구권의 침해를 이유로 손해배상을 청구한 사안에서, 부양청구권의 일신전속성을 강조하여 유족 일부가 사망하면 그 한도에서 채무자는 손해배상책임을 면한다고 판시한 사례[日大審院判 1916(大5). 9. 16. 大5(オ)302号]가 존재한다.

40) 서울가정법원 2018. 1. 22.자 2016브30088 결정; 혼인외의 자녀를 출산한 여성이 친부를 상대로 하여 자녀의 과거양육비를 청구하였는데, 친부가 1심 심판 계속 중 사망한 사건이다. 판례는 친부 사망시점에 과거의 양육비에 관하여 협의 또는 심판이 없었다는 점을 들어 양육비지급채무의 상속이 문제될 수 없다고 보았고, 청구상대방이 사망하였으므로 심판종료선언을 하였다. 하지만 위 사안에서 부양청구권

나. 검토

(1) 협의 또는 심판에 의해 내용과 범위가 확정되고 이행기가 도래한 부양청구권

부양청구권이 친족이라는 신분관계에서 발생하는 권리라는 점을 강조한다면, 당사자의 사망으로 종전의 부양청구권이 일률적으로 소멸한다고 주장할 여지가 전혀 없는 것은 아니다.[41] 그러나 일방 당사자의 사망이라는 우연한 사정으로 상대방이 의무이행을 면하거나 부양청구권 행사를 할 수 없게 되는 것은 부당한 점을 고려할 때, 이 경우 상속성은 긍정함이 타당하다.

(2) 심판청구 이후 일방 당사자가 사망한 경우

(1)에서 언급한 이유와 더불어 심판절차가 장기간 계속되는 도중 일방 당사자가 사망할 수도 있는데 그로 인해 권리의 존속여부가 달라지는 것은 부당한 점을 고려할 때,[42] 부양청구권의 상속성을 인정함이 타당하다.[43] 이 경우 상속되는 부양청구권의 범위는 과거의 부양료가 어느 범위까지 인정될 수 있는지에 따라 결정될 것이다.

심판 계속 중 의무자가 사망한 경우에도 원칙적으로 채무의 상속을 인정해야 할 것이다.[44]

(3) 협의가 성립되지 않았고 심판청구도 하지 않았지만 부양권리자가 부양의무자에게 이행청구를 한 경우

§806 ③을 유추하여 상속성을 부정하는 견해, 일방당사자의 사망을 이유로 의무자가 의무를 면하거나 권리자가 보호를 받지 못하는 것은 부당하므로 상속성을 긍정하는 견해가 모두 가능할 것으로 보인다. 후자의 입장에서는, ① 부양권리자는 법원에 심판을 청구하기보다 당사자들 간의 협의를 통해 문제를 해결하려고 생각했을 수

의 상속성을 인정함이 타당하고, 소멸시효 문제로 처리해야 한다는 반론으로는 박동섭·양경승, 370−371; 윤진수, 264.

41) 일본 학설 중에는 권리자의 사망으로 인해 상속인에게 이득을 주는 것이 부당하다는 견해 등이 있다. 新注民(25), 560(明山和夫); 民法講座7, 上野雅和, 328 참조. 일본 판례 중에는 생활보호법상 생활보호수급권의 경우 피보호자의 생존 중 부조에 지체가 있었어도 당해 피보호자의 사망에 의해 당연소멸하고 상속의 대상이 되지 않는다고 본 것이 있다[日最判 1967(昭42). 5. 24. 民集 21·5·1043; 日最判 1988(昭63). 4. 19. 判タ669·119].

42) 加藤令造(1973), 132 참조.

43) 我妻栄, 親族法(1961), 413은 부양의무 내용의 확정은 당사자 사이의 인적 사정에 강하게 영향을 받는 것이므로, 부양의무발생 요건은 충족되었으나 아직 그 내용이 확정되기 전의 상태는 상속되지 않는다고 한다. 그러나 '금전'형태로 부양을 청구하는 경우 부양의무의 '내용'이 인적 사정에 강하게 영향을 받는다고 보기 어렵다. 부양의무의 '범위'또한 일방의 사망당시까지 부양당사자들의 재산상태 등을 고려하여 결정하므로, 상속성을 인정하는 것이 부양청구권이 갖는 친족권적 특성과 배치된다고 보기 어렵다. 石川恒夫(1961), 105−106은 협의 또는 심판 전 부양청구권의 상속을 인정하면 사실상 민법상 부양의무를 부담하는 친족의 범위를 확장하게 되므로 부당하다고 비판한다. 그러나 상속인은 피상속인의 채무를 상속하는 것에 불과하므로 이 또한 타당한 비판은 아니라고 사료된다.

44) 윤진수, 264 참조.

있는데, 그러한 자를 자신의 권리구제를 위해 우선적으로 법원을 이용해야겠다고 생각한 사람보다 불리하게 대우하는 것은 부당한 점(부양의무자 사망의 경우), ② '심판청구'가 '이행청구'보다 제3자의 입장에서 그 시점 및 내용을 확정하기 쉽고 의무자 입장에서 의무를 이행할 것을 보다 강력히 요구받는 상황이긴 하나, 그러한 차이가 이행청구에 응하지 않은 부양의무자의 채무를 '면해 주는 것'까지 정당화하기 어려운 점(부양권리자 사망의 경우), ③ 사망한 부양권리자를 상속인이 부양해 오고 있었다면 자신의 권리로서 구상권을 행사하면 족하고 굳이 부양청구권의 상속을 인정할 필요가 없을 수 있지만, 피상속인인 부양권리자는 다른 이로부터 도움을 받지 않고 자신의 생계유지를 위해 자기명의로 채무를 부담하였을 수 있고, 이 경우 부양권리자의 채무를 상속한 상속인 입장에서는 부양청구권을 상속받아 부양의무자로부터 금원을 지급받을 현실적 필요가 있는 점[45] 등을 근거로 제시할 수 있다. 그러나 상속인이 가사소송법 마류 8호 사건의 당사자가 될 수 있는가라는 문제가 제기될 여지도 있다.[46]

(4) 부양권리자가 이행청구의 의사표시를 하지 않았지만, 부양권리자의 요부양상태와 부양의무자의 부양가능상태라는 요건이 충족된 경우

부양청구권의 상속을 부정하는 견해에서는 ① 부양권리자가 자신의 권리를 행사할 것인지 여부를 결정하지 않은 상태에서 부양권리자의 상속인이 비로소 그 권리를 행사하는 것은, 부양청구권이 갖는 친족권적 성격에 비추어 허용하기 어려운 점, ② 부양의무자는 자신이 부양의무를 부담한다는 사실을 알지 못할 수 있으므로 상속을 허용할 경우 부양의무자에게 예측하지 못한 부담을 지울 수 있는 점, ③ 부양의무자가 부양의무를 인식한 시점을 기준으로 상속을 인정하면 이러한 문제는 발생하지 않을 것이나, 인식시점은 객관적으로 입증하기 어려울 수 있으므로 이를 기초로 한 판례법리는 분쟁을 조장할 위험이 있다는 점 등을 근거로 들 수 있을 것이다.

이에 대해서는 부양의무자가 부양의무를 인식한 시점부터는 상속성을 긍정함이 타당하고, 부양권리자의 권리행사 여부에 따라 상속성을 달리 볼 논리필연적 이유가 없다는 반론도 생각해 볼 수 있다.

굳이 이러한 경우까지 상속성을 인정할 필요성이 크지 않고 오히려 친족간의 분쟁만 조장할 수 있다는 점에서, 후자의 견해는 난점이 있다고 사료된다. 채권의 상속성뿐만 아니라 채무의 상속성도 부정함이 타당하다고 사료된다.

45) 이러한 주장에 대해서는, 상속인은 상속을 포기하거나 한정승인을 할 수 있으므로, 굳이 부양청구권의 상속을 인정할 필요가 없다는 반론이 있을 수 있다. 그러나 부양청구권의 상속을 부정함으로써 상속과 관련한 상속인의 의사결정의 자유를 사실상 제한하는 것은 바람직하지 않다는 재반론도 가능하다.

46) 그러나 부양심판 절차 내에서 소송수계를 할 수 있는 자들인 이상(제요[2], 1568-1569), 심판청구의 당사자가 되지 못할 논리필연적 이유는 없다.

2. 상속가능한 부양청구권의 종류

가사소송법 마류 8호 사건뿐만 아니라, 마류 1호 사건(부부의 생활비용의 부담에 관한 처분)이나 마류 3호 사건(자녀의 양육에 관한 처분)으로 자녀의 양육비를 청구하는 경우에도, 원칙적으로 부양청구권의 상속성에 관한 논의가 그대로 적용될 수 있다.

다만, 家訴規 §96는 §826, §833의 규정에 의한 부부의 동거·부양·협조 또는 생활비용의 부담에 관한 심판은, 부부 중 일방이 다른 일방을 상대방으로 하여 청구하여야 한다고 규정하고 있고, 家訴規 §99 ①은, 자의 양육에 관한 처분과 변경에 관한 심판은 부모 중 일방이 다른 일방을 상대방으로 하여 청구하여야 한다고 규정하고 있어,[47] 과연 상속인이 해당 비송사건의 당사자가 될 수 있는지 문제된다. 이 경우 위 조항들을 근거로, 심판청구 후 상속인에 의한 절차수계나 상속인에 의한 심판청구는 허용될 수 없다는 주장도 제기될 수 있다.[48] 그런데 가사소송법 마류 1호 사건 중 과거의 부양료나 과거의 생활비용분담을 청구하는 경우, 당사자의 한쪽이 사망하더라도 절차를 종료하지 않고 상속인이 수계하도록 하는 실무례도 있다.[49]

3. 상속되는 부양청구권의 범위

부양료를 정기에 지급하기로 합의 또는 심판에 의해 정해진 경우 부양권리자가 그 기간 도중에 사망하였다면(가령 매월 1일 100만 원 지급하기로 하였는데 1월 15일 사망한 경우), 상속되는 부양료는 사망시점까지 일할로 계산할 것인지, 이미 전체의 이행기가 도래한 것이므로 해당기간 부양료 전부가 상속되는 것으로 볼 것인지 문제된다. 일본의 학설 중에는 기간 내 당사자의 사망은 당해기간분의 채권채무관계에 영향을 미치지 않는다고 보아 해당 기간 부양료 전체가 상속되는 것으로 보는 견해가 있다.[50] 독일 민법은 명문 규정을 두어 한 달 분 부양료 전체가 상속되는 것으로 규정하고 있다(§1612 ③, §1615 ①).[51] 이행기가 도래한 부분은 부양료 전체이므로 원칙적으로 전체가 상속대상이 되고, 부양의무자(또는 부양의무자의 상속인)는 §978를 근거로 이미 이행기가 도래한 부양의무의 변경청구를 할 수 있다고 봄이 타당하다고 사료된다.

---

47) 다만, 양육자가 제3자로 지정된 때에는 부모 양쪽에 대하여 양육비 청구를 할 수 있다. 제요[2], 1485.

48) 민유숙(1993), 450은 家訴規 §96가 재산분할청구의 경우 부부 일방이 다른 일방을 상대방으로 청구하여야 한다고 규정하고 있는 점 등을 들어, 절차상으로 상속인은 재산분할사건의 당사자에서 배제하는 취지라고 설명한다. 그런데 학설상으로는 적어도 청산적 성격을 갖는 재산분할청구권에 관하여는 상속성을 인정하는 견해가 많다. 상속성을 긍정하는 견해 중에는 피상속인의 청구의 의사표시가 없더라도 상속이 가능하다는 견해도 있다[황경웅(2007), 507; 박순성(2003), 675; 정구태(2013), 693-694].

49) 제요[2], 1428.

50) 加藤令造(1973), 134-135(장기간으로 정한 정기급부의 경우에는 사정변경을 이유로 그 내용을 변경하는 것이 가능할 수 있다고 한다)

51) 독일의 경우, 부양료는 한달 단위로 선급함이 원칙이다(§1612 ③).

V. 부양청구권의 보호

파산자로부터 부양을 받는 자의 부양청구권은 재단채권으로서(債務回生 §473 ix) 파산절차에 의하지 않고 수시로(債務回生 §475), 파산채권보다 먼저 변제된다(債務回生 §476).[52] 이는 부양의무자 파산시 부양권리자를 다른 일반채권자보다 두텁게 보호하겠다는 취지이다. 부양청구권이 유효하게 양도된 경우, 이러한 성격이 계속 유지되는가? 이에 대해서는 논란의 여지가 있을 수 있다. 법 문언상 '부양을 받는 자'가 갖고 있는 채권만 지칭하고 있는 점, '부양을 받는 자'의 '직접적 보호'가 위 법률 조항의 주된 목적인 점에 주목한다면 양수인이 취득한 부양청구권에 대해서는 해당 법률이 적용될 수 없다는 결론에 이를 것이다. 한편, 양수인이 취득한 권리에 대해서 동일한 보호를 해 줌으로써 '궁극적으로' 요부양자를 보호할 수 있는 점에 주목한다면 그와 반대되는 결론에 이를 수 있다. 참고로, 판례는 주택임대차보호법상 우선변제권을 가진 임차인으로부터 임차권과 분리하여 임차보증금반환채권만을 양수한 채권양수인은, 주택임대차보호법상의 우선변제권을 행사할 수 있는 임차인이 아니라고 한다.[53] 이러한 판례의 입장을 고려할 때, 부양청구권의 양수인에게 부양청구권자와 동일한 보호가 적용되기는 어려울 것으로 사료된다.[54][55] 그러나 위 판례에 대해서는 비판도 유력하다.[56] 참고로 2013. 8. 13. 법률 제12043호로 개정된 주택임대차보호법 §3-2 ⑦은 특정 금융기관이 임차인의 보증금반환채권을 양수한 경우 양수금액 범위에서 우선변제권을 승계한다고 규정하고 있다. 또한 일본 판례 중에는 도산절차상 재단채권이나 공익채권으로 취급되는 채무를 대위변제한 경우, 대위변제자의 구상권이 파산채권(재생채권)이더라도 대위변제자는 변제자 대위에 의해 취득한 원채권을 행사할 수 있다고 본 것이 있는데,[57] 이 또한 주목할 필요가 있다.

---

52) 또한 파산절차나 개인회생절차에서, 채무자가 양육자 또는 부양의무자로서 부담하여야 하는 비용은 면책이 되지 않는다(債務回生 §566조 viii, §625 ② viii).

53) 대법원 2010. 5. 27. 선고 2010다10276 판결.

54) 참고로 독일 민사집행법 §850d는 부양청구권의 만족을 위해 채무자의 근로소득에 대하여 보다 넓은 범위에서 강제집행이 가능하다는 취지로 규정하고 있는데, 부양청구권이 법정양도된 경우에도 이러한 우선권(Vorrecht)이 존속하는지에 관하여 견해가 대립하나, 친족간 법정양도의 경우(독일 민법 §1607 ② 등)에는 긍정하는 견해가 다수인 것으로 보인다. Martiny Ⅱ (2000), 767; Münchener Kommentar zur ZPO/Smid §850d Rn. 6 참조{보증인의 변제로 인한 법정양도시(독일민법 §774)에는 우선권이 존속하지 않는다고 한다}.

55) 미국 연방도산법 §101 14A는 정부기구가 청구권자인 경우뿐만 아니라, 비정부기구에 양도된 경우에도 부양료 채권 회수를 위해 자발적으로 양도된 경우에는 도산법상 보호범위에 포함시키고 있다.

56) 김형석(2011), 214 이하.

57) 日最判 2011(平23). 11. 22. 判タ1361 · 131(임금채권의 경우); 日最判 2011(平23). 11. 24. 判タ1361 · 136(미이행쌍무계약의 해제로 인해 발생한 원상회복청구권의 경우).

Ⅵ. 부양청구권을 행사하지 않기로 하는 합의와 관련된 문제

1. §979와의 충돌 여부

가. 부양권리자와 부양의무자 사이의 합의의 경우

부양권리자와 부양의무자 사이에 향후 부양료를 청구하지 않겠다는 합의가 이루어진 경우, 이러한 합의는 §979에 정면으로 반하는 것으로서 효력이 없다. 일정한 대가를 받고 향후 부양청구권을 행사하지 않기로 합의한 경우, 향후 상당한 부양료를 정기적으로 지급받을 예정이거나 가까운 미래의 부양료에 상응하는 금액을 일시금으로 받았더라도, 적어도 부양청구권을 행사하지 않기로 한 부분은 §979에 반하여 효력이 없다고 볼 것이다. 이 경우 부양권리자가 §978에 따라 약정 후 사정변경을 이유로 법원에 약정의 취소 또는 변경을 청구하는 것에 아무런 지장이 없음은 물론이다. 부양료를 한꺼번에 지급하는 부양의무자로서는 부양권리자가 해당 금원을 낭비하여 다시 청구하는 일이 발생하는 것을 막기 위해, 신탁제도 등을 활용할 필요가 있을 수 있다.[58]

나. 부양의무자인 부모 사이의 양육비 관련 합의의 경우

자녀에 대하여 부양의무를 부담하고 있는 부모 사이에 일방이 타방에 대하여 양육비를 청구하지 않겠다고 합의한 경우, 문제된 양육비채권이 자녀의 부양청구권을 대신 행사하는 실질을 갖고 있다면, ― 합의의 대상이 된 양육비채권이 협의나 심판에 의해 구체적 범위와 내용이 확정된 것으로서 이행기가 도래한 것이 아니라면 ― 이러한 합의도 §979에 정면으로 반하는 것이므로 그 효력을 인정할 수 없다. 그러나 부모 사이에 일방이 타방에 대하여 양육비를 청구하지 않겠다는 취지의 합의는 현재 존재하거나 장차 발생할 구상권을 포기하는 취지로 해석될 수도 있는데, 이 경우에는 §979를 들어 합의의 효력을 부정하기 어렵다. 물론 §979가 적용되지 않는 경우에도 합의 내용이 불공정하다면 §103, §104 등을 이유로 합의가 무효가 될 여지는 남아있고 합의가 유효하더라도 §837, §978에 따라 변경·취소심판의 대상이 될 수 있음은 물론이다.[59]

부모 사이에 이행기가 도래한 구체적 양육비 채권을 포기하기로 하는 합의가 이

58) 이 경우 수익자인 요부양자가 갖는 수익권은 부양청구권의 일종이므로 처분을 할 수 없고, 수익자의 채권자는 위 신탁재산을 압류하는 것이 불가능하다고 봄이 타당할 것이다.

59) 부모 사이에서 '양육자인 청구인이 그 양육비를 전적으로 부담하고 상대방에 대한 양육비청구를 포기한다'는 취지의 협의를 하였음에도 불구하고 그 청구인이 다시 가정법원에 양육비 분담에 관한 처분을 구하는 경우, 이는 협의에 의해 정해진 자녀의 양육에 관한 사항 중 양육비 부담 부분의 변경을 구하는 취지로 보아야 할 것이다(대법원 1991. 6. 25. 선고 90므699 판결).

루어진 경우, 이러한 양육비청구권의 처분에 대해서는 §979가 적용되지 않으므로 §103, §104에 반하거나 친권남용 등의 문제가 없는 한, 위 합의는 유효하다. 이 경우 미성년 자녀의 부양청구권은 어떻게 되는가? 부의 양육의무에 상응하는 부분까지 모가 대신 이행하였다면, 미성년 자녀의 부에 대한 부양청구권은 소멸하고[60] 모의 양육비 채권은 구상권의 실질을 갖는다. 따라서 이미 부양청구권이 소멸한 이상, – 적어도 이론적으로는 – 위와 같은 문제가 제기될 여지는 없다. 그러나 양육비 채권이 자녀의 부양청구권을 대신 행사하는 실질을 갖는 경우에는, 양육비 채권과 부양청구권의 관계가 문제된다. 비록 모의 양육비 채권과 자녀의 부양청구권의 실질이 동일하더라도 일응 권리주체가 다르므로, 양육비 채권이 유효하게 포기되었다고 해서 당연히 부양청구권도 포기되었다고 보기는 어렵다고 사료된다. 가령, 모가 이행기가 도래한 구체적 양육비 채권을 유효하게 포기하였더라도, 자녀 스스로 또는 모가 사망한 이후 미성년 자녀의 특별대리인이 자녀를 대리하여 부에게 부양청구를 하는 것이 당연히 금지된다고 보기는 어렵다.[61]

2. 부모 사이에 양육비 관련 합의가 이루어진 이후 자녀의 부양청구권 행사 문제

부모 일방이 타방에 대하여 양육비를 청구하지 않기로 하는 합의가 유효하더라도, 그 합의의 효력이 자녀에게 미칠 근거는 없다. 따라서 이러한 합의가 있다고 하여 자녀 스스로 또는 부모 중 일방이 친권자로서 미성년 자녀를 대리하여 부양청구권을 행사하는 것이 당연히 금지되는 것은 아니다. 다만, 이 경우 부양청구권 인정여부 및 부양료 액수를 판단함에 있어 종전 합의내용과 경위, 합의당시부터 부양청구까지의 기간, 위 기간 동안 사정변경이 발생하였는지 여부 등을 고려할 필요가 있다. 이하 문제될 수 있는 상황을 유형화하여 살펴본다.[62]

모가 부에 대하여 양육비를 청구하지 않기로 합의하였는데 이후 자녀 자신이 또는 모 등이 자녀를 대리하여 부양청구권을 행사하는 경우로는, ① 모가 이혼을 강력히 원하여 자의 양육비에 관해 깊이 생각하지 않고 또는 부가 혼인외 자녀를 인지해 주는 대가로 위와 같이 합의한 경우, ② 이혼당시 모의 경제적 상황이 좋아 위와 같이 합의하였는데 이후 경제상황이 나빠지거나 자녀의 성장에 따라 양육비가 필요해진 경우, ③ 이혼 당시 부가 이혼과 관련된 급부 명목으로 향후 양육비에 상응하는 금원

60) 논의의 편의상 변제자 대위 문제는 고려하지 않는다.

61) 다만, 제반 사정을 참작하여 부양료를 감액할 여지는 있을 것이다. 제요[2], 1491-1492는 부모 한쪽의 양육비청구권 포기나 부모사이의 양육비 관련 합의는 자녀에 대한 관계에 까지 효력이 미칠 수 없으므로, 자녀 스스로 부양청구를 하는 것을 방해하지 않는다고 한다.

62) 이하의 유형화는 石村太郎(1992), 275 이하를 참고한 것이다.

을 주었기 때문에 위와 같이 합의한 경우 등을 생각해 볼 수 있다.[63)]

이 중 ①의 경우 부모간 합의자체가 부당하다고 볼 여지가 많고, 자녀의 부양청구권 (대리)행사를 허용할 필요성이 크다. ②의 경우는 합의 자체가 부당하다고 볼 여지는 많지 않지만 사정변경이 인정되어 양육친인 모의 자력이 부족해진 이상, 자녀의 부양청구권 (대리)행사를 허용함이 타당할 것이다. ③의 경우에도 합의 자체는 부당하지 않지만, 현재 자녀의 부양필요성이 인정되는 이상 부양청구권 (대리)행사를 부정할 이유는 없다. 다만, ③의 경우 합의 이후 얼마 지나지 않아 모가 대리청구를 하는 상황이라면 자녀의 요부양상태를 판단함에 있어 신중을 기할 필요가 있다. 또한, 모의 자력만으로도 자녀를 부양하기 충분한 상황이라면 모의 대리청구는 신의칙이나 권리남용금지 원칙에 반한다고 판단될 여지가 있다.[64)]

양육비를 청구하지 않기로 합의하였음에도 불구하고, 자녀를 대리한 모의 부양청구가 인정되는 경우 부는 해당 부양료를 지급하고 모에게 구상청구를 할 수 있을까? 일본 학설 중에는 부가 자신의 부양의무를 이행한 것에 불과하다면 구상청구는 인정되기 어렵다는 견해가 있으나,[65)] 부부간 합의내용의 취지에 따라 구상청구가 인정될 여지도 있다고 사료된다. 다만, 이를 허용함으로써 궁극적으로 모와 생활을 같이 하는 자녀에게 실질적으로 불이익이 될 수 있으므로, 법원은 §837 ⑤에 따라 직권으로 부모간 합의를 취소·변경할 수 있다.

Ⅶ. 국민기초생활보장법상 수급권의 경우

국민기초생활보장법 §36는 수급자는 급여를 받을 권리를 타인에게 양도할 수 없다고 규정하고 있다. 위 양도금지 조항은 수급권자의 보호를 도모하기 위한 취지로서, 요부양자의 보호뿐만 아니라 부양청구권의 친족권으로서의 성격, 요부양자의 경솔한 처분으로 인해 발생할 수 있는 공적부담의 완화도 함께 고려된 §979와는 다소 차이가 있다. 위 수급권의 경우에도, 구체적 내용이 확정된 수급권을 충분한 대가를 받고 양도하는 것이 가능한지 의문이 있을 수 있다. 논란의 여지가 있을 수 있지만, ① 생활이 어려운 사람의 최저생활을 보장할 최후수단으로 마련된 공적부조 제도의 경우, 당사자 사이에 내용 형성의 자유가 일정부분 보장된 친족부양의 경우보다 관련

63) 부가 모에게 일정 금액의 양육비를 지급하기로 합의하였는데, 이후 자녀가 추가로 부양료를 청구하는 경우에도, 본문과 동일한 유형화가 가능할 것이다.

64) 石村太郎(1992), 287; 新版注民(改訂版)(25), 824(床谷文雄) 참조.

65) 日野原昌(1988), 327.

된 권리의 처분을 엄격히 제한할 필요가 있는 점, ② 수급권의 양도가 허용됨으로 인해 행정비용이 증가할 수 있는 점, ③ 수급의무자의 자력에 문제가 생길 가능성은 현저히 낮으므로 굳이 수급권자에게 채권양도를 통해 자신의 권리를 보장받을 기회를 부여할 필요는 없는 점 등을 고려할 때, 법문언에 충실하게 위와 같은 양도는 허용하지 않는 것이 타당할 것으로 사료된다.

第 8 章

第 980 條 ~ 第 996 條

削除

第9章　國際親族法*) **)

[前註]

▌**참고문헌:** 김형석(2014), "성년후견·한정후견의 개시심판과 특정후견의 심판", 서울대 법학 170; 석동현(2011), 국적법; 석광현(2016), "국제가사사건을 다루는 법률가들께 드리는 고언(苦言)", 가족법연구 30-1; 석광현(2024), "국제가사사건을 다루는 법률가들께 드리는 고언(苦言) Ⅱ", 국제사법연구 30-1; 이인재(1986), "외국법의 적용과 조사", 재판자료 34, 섭외사건의 제문제(하); 이종혁(2021), "국제가사사건 재판례의 회고와 과제", 국제사법연구 27-2; 이종혁(2022a), "국제혼인과 국제이혼의 준거법에 관한 입법론", 가족법연구 36-1; 이종혁(2022c), "친생자관계의 성립 및 효력의 준거법에 관한 입법론", 가족법연구 36-3; 장문철(1996), 국제사법총론; 최흥섭(2014), "한국 국제사법에서 총괄준거법과 개별준거법의 관계", 비교사법 21-2; 장준혁(2021), "국제상속법의 입법론", 국제사법연구 27-1; 최흥섭(2020), 유럽연합(EU)의 국제사법; 최흥섭(2022), 국제사법에 관한 글모음집 2022년; Marianne Andrae (2019), Interantionales Familienrecht, 4. Auflage; Jürgen Basedow et al. (eds.) (2017), Encyclopedia of Private International Law, Volumes 1 & 2 (Encyclopedia/집필자, Vol.*로 인용한다); Cheshire, North & Fawcett, Paul Torremans (ed.) (2017), Cheshire, North & Fawcett: Private International Law, 15th edition; Christian von Bar/Peter Mankowski (2003), Internationales Privatrecht, Band 1, 2. Auflage; Erik Jayme (1988), Methoden der Konkretisierung des ordre public im Internationalen Privatrecht; Abbo Junker (2022), Internationales Privatrecht, 5. Auflage; Kegel/Schurig (2004), Internationales Privatrecht, 9. Auflage; Jan Kropholler (2006), Internationales Privatrecht, 6. Auflage; Thomas Rauscher (2017), Internationales Privatrecht, 5. Auflage; J. H. A. van Loon (1993), International Co-operation and Protection of Children with regard to Intercountry Adoption, Recueil des cours, Vol. 244; 松岡 博(編)(2012), 国際関係私法入門, 제3판; 横山 潤(1997), 国際家族法の研究.

*) 이 장에서는 이 책의 앞 부분에서 민법을 생략하여 표기한 것과 마찬가지로 國際私法 조문을 법명을 생략하고 표기하였음.

**) 이 장에서 인용하는 석광현(2013), 국제사법 해설의 제2판인 '국제사법 준거법편'이 2025년 2월 말 간행되었으나 이 책의 개정작업과 병행하였기에 인용하지 못하였다.

Ⅰ. 국제친족법의 구성

국제사법의 일부인 국제친족법은 친족에 관한 제7장(§§56~75)에 규정되어 있다. 국제친족법은 국제혼인법(§§63~66), 국제친자법(§§67~72), 국제부양법(§73)과 국제후견법(§75)으로 구성된다. 국제친족법을 광의로 이해하면 국제상속법도 그에 포함시킬 수 있으나 여기에서는 별도로 다룬다. 여기에서 다루는 국제친족법은 준거법결정원칙을 내용으로 하는 좁은 의미의 국제친족법을 말한다. 국제친족법을, 좁은 의미의 국제친족법에 추가하여 국제재판관할 나아가 외국판결의 승인 및 집행을 포함하는 넓은 의미로 사용할 수도 있으나 여기에서는 우리 실정법인 국제사법 조문의 해설을 위주로 하므로 국제친족법을 좁게 이해하고 이를 중심으로 논의한다. 과거 우리나라에서 국제친족법은 실무상 별로 문제되지 않았으나 근자에 국제혼인이 증가함에 따라[1] 국제친족법, 그중에서도 우선적으로 국제혼인법의 실무적 중요성이 커지게 되었다. 또한 국제혼인을 한 부부가 아이를 출산함에 따라 실무상 그 중요성이 국제친족법의 다른 부분, 즉 국제친자법, 국제부양법과 국제후견법으로 점차 확산되고 있다.

이하에서 국제친족법의 기본이념과 특징(Ⅱ), 국제친족법의 총론상의 논점(Ⅲ)과 국제가사소송법의 논점(Ⅳ)을 살펴본 뒤 §63 이하의 조문을 차례대로 해설한다.[2] 다만 2022년 개정됨으로써 정치한 국제재판관할규칙을 정한 조문이 국제사법에 대폭 도입되어 국제사법이 재판관할규칙과 준거법지정규칙(또는 준거법규칙. 이하 양자를 호환적으로 사용한다)이라는 양 날개(兩翼)를 구비하게 되었으므로 이를 다루어야 하나 위에서 언급한 것처럼 이 책은 좁은 의미의 국제친족법을 다루므로 국제재판관할은 제9장 말미에서 後註로 취급하고, 외국판결의 승인 및 집행은 관련되는 곳에서 간단히만 언급한다.

---

1) 통계청 자료에 따르면 2021년 외국인과의 혼인은 총 13,102건으로 2020년(15,341건)보다 14.6%(−2,239건) 감소하였다. 그 중 한국 남성과 외국 여성의 혼인은 8,985건이고, 한국 여성과 외국 남성의 혼인은 4,117건이다. 전체 혼인 중 외국인과의 혼인 비중은 6.8%로 2021년보다 0.4%p 감소하였다. 외국인 아내의 국적은 중국(27.0%), 태국(17.7%), 베트남(14.7%) 순이고, 외국인 남편의 국적은 미국(31.0%), 중국(18.9%), 베트남(10.7%) 순이다. 통계청 'e−나라지표' 홈페이지(https://www.index.go.kr/potal/main/EachDtlPageDetail.do?idx_cd=2430) 참조. 2023년 국제결혼 건수는 19,717건이다. 국가통계포털 참조.

2) 여기의 논의는 당초 석광현, 해설, 441 이하를 기초로 한 제1판을 수정·보완하면서 2022년 국제사법의 개정 내용을 반영한 것이다. 위 책(441)에서는 '국제가족법'과 '국제친족법'을 호환적으로 사용함을 밝히면서도 국제가족법이라는 용어를 주로 사용하였으나, 여기에서는 민법에 대한 주석과의 용어 통일을 위해 '국제친족법'이라는 용어를 사용한다.

Ⅱ. 국제친족법의 기본이념과 특징

국제친족법의 기본이념과 특징에 관하여 정립된 견해는 없는 것으로 보이나, 준거법 결정원칙인 국제친족법의 기본이념과 특징으로 아래를 들 수 있다.

첫째, 저촉법상의 양성평등. 섭외사법은 국제친족법의 분야, 즉 혼인의 효력(§16), 부부재산제(§17), 이혼(§18) 및 친생자(§19)에 관하여 부(夫)의 본국법을 준거법으로 하고, 친자간의 법률관계(§22)에 관하여 부(父)의 본국법을 준거법으로 함으로써 헌법이 보장하는 양성평등의 원칙에 반한다는 비판을 받았다. 舊 국제사법과 국제사법은 양성평등의 원칙에 부합하도록 1차적으로 부부의 동일한 본국법, 2차적으로 부부의 동일한 일상거소지법(舊 국제사법은 '상거소'를 사용하였으나 여기에서는 양자를 호환적으로 사용한다)[3]을 준거법으로 지정하거나, 남녀차별적인 요소를 배제함으로써 위헌의 소지를 불식하였다(舊國私 §§37~39, 國私 §§64~66).

둘째, 당사자이익의 중요성과 속인법의 우위. 국제사법에서 고려되는 이익에는 당사자이익, 거래이익과 질서이익을 들 수 있고 그 밖에도 국가이익을 들 수 있으나,[4] 국제친족법에서는 당사자이익이 결정적인 의미를 가진다.[5] 그 결과 국제친족법의 영역에서는 본국법, 주소지법 또는 상거소지법 등 속인법이 우위를 가지는데, 그 중 어느 것이 연결점으로 채택되는지는 국가에 따라 상이하다. 한국의 예를 보면 섭외사법은 속인법의 연결점으로 국적을 선호하였으나 舊 국제사법과 국적에 이어서 상거소를 연결점으로 채택하였고 이런 태도는 국제사법에서도 유지되고 있다.[6]

셋째, 사회·경제적 약자인 자와 부양권리자의 보호라는 실질법적 가치의 고려. 과거 국제사법은 실질법적 가치를 별로 고려하지 않았다. 그러나 현대 국제사법은 실질법적 가치를 제한적으로 고려하고 있는데, 가족법의 영역에서는 특히 자의 복지(또

3) §3 ①은 舊國私 §3 ②의 '상거소(常居所)' 대신 '일상거소(habitual residence)'라는 용어를 사용하는데 이런 뜬금없는 수정과 영어의 병기는 바람직하지 않다. 즉 국제사법에서 舊 국제사법과 개정안의 '상거소(常居所)'가 '일상거소(habitual residence)'로 수정되었는데, 국제사법처럼 기본적인 법률에서 영문병기를 하는 것은 이해할 수 없다. 사실 섭외사법 개정작업을 하던 2000년에도 일상거소라는 용어를 사용하자는 제안이 있었으나 '상거소(常居所)'가 채택되었다. 그때 만일 '일상거소(日常居所)'를 채택했었더라면 이를 비판할 생각은 없으나 20년이 지나 상거소가 상당히 정착된 뒤에 굳이 '상거소(常居所)'를 '일상거소(habitual residence)'로 수정하는 행태는 입법의 일관성도 없고 이해할 수도 없다.

4) 이호정, 국제사법, 19 이하 참조. 근자에는 Junker, §5 Rn. 23ff. 참조.

5) MünchKomm/Sonnenberger, Band 10, 3. Aufl., 1998, EGBGB §4 Rn. 53, Ein IPR, Rn. 83, 635.

6) 이는 일본의 법적용에 관한 통칙법도 마찬가지이다. 이와 달리 2011년 4월 1일 발효된 중국의 섭외민사관계법률적용법은 사람의 신분, 가족법과 상속법의 연결점으로서 상거소를 채택한다(§11－§12, §23, §31 등). 이는 우리 國私(예컨대 §26, §28, §64 등)이 위 사항에 관하여 국적만을 연결점으로 하거나, 상거소를 연결점으로 채택하는 경우에도 국적보다 후순위의 연결점으로 삼는 것과 대비된다. 위에서 소개한 일본 학설이 본국법주의원칙의 완화를 일본 국제친족법의 특색으로 들고 있는 것은 틀린 것은 아니나 필자가 다소 달리 설명하는 것은 국가에 따라 차이가 있음을 명확히 하려는 것이다.

는 복리. 이하 양자를 호환적으로 사용한다)의 보호와 부양권리자의 보호라는 모습으로 나타나고 있고[7] 특히 자의 보호는 인권법과의 접점에 있게 된다.[8] 다만 이는 주로 국제친자법과 국제부양법의 특징이지 국제친족법 전체의 특징은 아니라는 반론도 가능하다.

넷째, 신분관계의 특성과 그로부터 발생하는 법률관계의 장기성에 비추어 법적 안전성과 안정성이라는 이익이 중요한 의미를 가진다.[9]

다섯째, 국제가사소송의 중요성. 국제친족법의 영역에서는 준거법의 결정이 중요함은 물론이지만, 그에 추가하여 가족관계를 형성하는 형성판결이 중요한 역할을 한다. 즉 준거법의 결정은 우리 법원이 재판할 것을 전제로 재판의 기준이 되는 준거법을 결정하는 역할을 한다. 그런데 재판에 의한 이혼, 인지 또는 입양 등에서 보는 바와 같이 외국법원이 가족관계에 관한 재판을 하고 그에 의하여 형성된 가족관계가 우리나라에서 승인되는 경우도 흔한데, 그 경우 우리는 준거법에 대한 통제를 하지 않는다는 점이다. 더욱이 예컨대 신분관계에 관한 사건에서 준거법과 관계없이 국제재판관할을 정한다거나, 외국판결의 승인에서 준거법 통제를 포기함으로써 외국법원이 적용한 준거법에 관계없이 외국판결을 승인하는 현상을 보면 국제민사소송법(또는 국제민사절차법. 이하 양자를 호환적으로 사용한다)에 의해 협의의 국제사법이 배제되는 결과가 된다. 이를 가리켜 "국제사법에 대한 국제민사소송법의 우위(Vorrang IZPRs vor IPR)"라고 부르기도 한다.[10] 그 결과 국제민사소송법의 독자성이 강화되고 협의의 국제사법의 중요성이 약화되는 측면이 있다. 외국판결을 승인함으로써 외국의 협의의 국제사법규칙을 승인하는 결과가 되기 때문이다. 이처럼 가족법의 영역에서는 국제재판관할과 외국판결의 승인 및 집행이라는 국제사법 내지 국제가사소송의 쟁점이 매우 중요하다. 더 나아가 근자에 유럽연합에서는 이런 현상이 외국에서 외국법에 따라 성립한 혼인과 입양과 같은 사적 행위와 성씨(또는 성명)의 선택에까지 확산되고 있고 이를 "국제사법에 갈음하는 승인(Anerkennung statt IPR)"이라고 부르기도 하나,[11] 이는 그 대상과 요건이 엄격히 규제되는 조약에 따른 경우 또는 제한된 영역에서만 타

---

7) 재산법 영역에서는 國私(§§47-48)에서 보듯이 소비자와 근로자의 보호로 나타나고 있다.

8) van Loon(1993), para. 185도 국제사법과 인권의 접점이 확대되고 있음을 지적한다.

9) Gunther Kühne (2012), Methodeneinheit und Methodenvielfalt im Internationalen Privatrecht - eine Generation nach Kollisionsnorm und Sachrecht, *Liber Amicorum* Klaus Schurig zum 70. Geburtstag, 130.

10) 이는 석광현, 국제민소, 4 참조.

11) 근자에 유럽연합에서는 외국에서 형성된 법상태를 승인하는 현상이 외국에서 외국법에 따라 성립한 혼인과 입양과 같은 사적 행위와 회사의 설립 및 성명의 선택에까지 확산되고 있으나 아직은 일반적으로 통용되는 것은 아니다. 이를 '저촉법적 승인'이라고 부르기도 한다. 상세는 석광현, 정년기념, 663 이하 참조.

당한 것이지 일반적으로 통용되는 것이라고 하기는 어렵고 유럽연합조약과 같은 국내법의 상위법이 없는 우리로서는 법률 또는 조약상의 근거가 없는 경우 수용할 수 없다.

여섯째, 국제공조의 중요성. 전통적으로 국제사법은 그 주제로서 국제재판관할, 준거법과 외국판결의 승인 및 집행을 다루어 왔으나 국제친족법 분야에서는 국가 간의 공조가 점차 중요해지고 있다.12) 예컨대 헤이그국제사법회의의 1980년 "국제적 아동탈취의 민사적 측면에 관한 협약"(탈취협약)에서 보는 바와 같이, 전통적으로 민사비송적인 성질을 가지는 분야에서 체약국의 후견적 감독기능을 국제적으로 충실하게 하기 위하여 국가 간 협력을 강화하고 있다. 이는 1993년 "국제입양에서 아동의 보호 및 협력에 관한 협약"(입양협약)과 1996년 "부모의 책임 및 아동의 보호조치에 관한 관할권, 준거법, 승인, 집행 및 협력에 관한 협약"(아동보호협약) 등에서도 채택되었다. 이런 공조체제가 점차 확산되어 가고 있다.13) 이러한 공조는 법원만이 아니라 행정당국이 하는 보호조치를 포함하므로 우리 법상 민사사건의 범위를 넘는다.14) 과거와 달리 외국인 근로자들이 한국에 들어와 한국인 배우자와 혼인하거나 처음부터 혼인을 목적으로 한국으로 이주하는 결혼이주여성이 상당한 수준에 이르렀다. 또한 한국인들의 생활공간이 전 세계적으로 확대됨에 따라 외국에 거주하는 한국인들도 늘어나고 있다. 이러한 외국인의 국내이주와 한국인의 국외이주의 결과 자연스럽게 국제혼인 또는 다문화혼인(bi-cultural marriages)과 국제이혼이 늘고 있고, 아동과 성년자의 국제적 보호의 필요성도 점차 커지고 있으며 국제적 아동탈취의 문제도 그에 포함된다. 이러한 상황의 변화에 따라 국제친족법의 역할도 더욱 커지고 있다. 다문화가족 구성원의 안정적 가족생활을 가능하게 함으로써 이들의 삶의 질 향상과 사회통합에 이바지하고자 국회는 2008년 3월 다문화가족지원법을 제정하였으나 이는 국제친족법의 문제를 다루지는 않는다. 그러나 우리나라에서는 개인과 가족의 삶이 전과 비교할 수 없을 정도로 국제화된 현실에서 발생하는 다양한 국제친족법적 논점에 대한 관심은 아직도 별로 크지 않다. 그 이유는 다양하지만 국제사법, 특히 국제친족법에 대한 이해의 부족에 기인하는 것이기도 하다. 앞으로 우리 법률가들도 국제친족법을 포함한

12) van Loon (1993), para. 185도 과거 논문(The Increasing Significance of International Co-operation for the Clarification of Private International Law, in Forty Years On: The Evolution of Postwar Private International Law in Europe, 1990, 101ff. 이하)을 인용하면서 이 점을 분명히 지적한다.

13) 이 점은 헤이그국제사법회의의 2000년 "성년자의 국제적 보호에 관한 협약"도 같다.

14) 유럽연합의 브뤼셀Ⅱbis 제1조 제1항은 브뤼셀Ⅱbis가 민사사건에 적용됨을 규정하면서 법원 또는 재판소의 성질에 관계없이라고 규정함으로써 행정당국이 하는 공법상의 보호조치도 민사사건에 포함됨을 명시한다. 브뤼셀Ⅱbis 전문 제7항도 같다. 다만 브뤼셀Ⅱter는 이 점을 명시하지는 않는다.

국제사법은 물론 인접한 국제사회보장법[15]과 국제가사소송법 분야에 대하여 더 많은 관심을 가져야 한다.

Ⅲ. 국제친족법의 총론상의 논점

국제친족법에서 제기되는 국제사법의 총론적 논점으로는 성질결정, 선결문제, 법률의 회피, 적응, 반정(§22)과 공서(§23)를 들 수 있다. 만일 이 책자가 주석 국제사법이라면 이러한 쟁점의 해설을 총론에 맡길 수 있으나 이 책자에서는 총칙 조문들을 별도로 다루지 않으므로 여기에서 간단히 개관하고 구체적 문제는 각 조문의 주석에서 다룬다.

1. 성질결정

가. 성질결정의 개념

대부분의 국제사법 조문은 연결대상과 연결점이라고 하는 두 개의 요소로 구성된다. 예컨대 §77 ①은 "상속은 사망 당시 피상속인의 본국법에 따른다"고 규정하는데, 이 경우 "상속"은 연결대상이고 "사망 당시 피상속인의 본국"은 연결점이다. 국제사법학에서 '성질결정(characterization, classification, Qualifikation)'이라 함은 어떤 사안을 적절한 저촉규정에 포섭할 목적으로 독립한 저촉규정의 체계개념을 해석하는 것 또는 그의 사항적 적용범위를 획정하는 것을 말한다.[16] 또는 판단의 대상이 되는 어떤 생활사실(사안), 법률관계, 법적 문제 또는 쟁점을 국제사법의 구성요건에 포함된 어떤 연결대상에 포섭하는 것이라고 설명하기도 한다. 협의의 국제사법은 다양한 법률관계 또는 연결대상에 대하여 적절한 연결점을 규정함으로써 준거법을 결정하는 구성을 취하고 있다. 따라서 법률관계 또는 연결대상의 성질결정의 문제는 실무적으로는 국제사법의 어느 조문을 적용해야 하는가라는 형태로 제기된다.

나. 성질결정에 논란이 있는 사례

(1) 실체와 절차(substance and procedure)의 구별

절차와 실체는 성질결정에 속하는 한 가지 사례이다. 우리의 잣대에 따라 절차로 성질결정되면 그것으로서 족하고 구체적으로 그것이 어떤 성질을 가지는지는 문제되지 않는다. 왜냐하면 절차의 문제는 국제적으로 널리 인정되는 '절차는 법정지법에

15) 이에 관하여는 우선 석광현(2021), "외국인에 대한 한국 사회보장법의 적용: 외인법에서 저촉법인 국제사회보장법으로", 국제사법연구 27-2, 647 이하.

16) 이호정, 국제사법, 102-103.

따른다'는 법정지법원칙(*lex fori* principle)에 따라 법정지법에 의하기 때문이다. 위 원칙은 가장 오래되고 다툼이 가장 적은 국제사법규칙의 하나라는 평가를 받는데, 절차(procedure)와 실체(substance)를 구별하는 실익은 바로 여기에 있다. 즉 어떤 쟁점이 절차로 성질결정되면 법정지법을 적용하면 되는 데 반하여 실체로 성질결정되면 더 나아가 그것이 계약인지, 불법행위인지라는 식으로 구체적으로 성질을 결정할 필요가 있게 된다. 과거에는 법정지법원칙의 이론적인 근거를 절차법의 속지주의, 공법적 성격 또는 추상성, 장소는 행위를 지배한다는 국제사법원칙 등에서 구하였으나, 근자에는 외국절차법 적용의 실제상의 어려움을 피하기 위한 현실적 필요성과 법적 안정성의 요청 등을 고려한 합목적성을 드는데, 그와 함께 절차법의 중립성을 드는 견해도 있다.[17] 대법원 1988. 12. 13. 선고 87다카1112 판결도 재판의 소송절차에 관하여는 국내의 재판절차법규가 적용된다고 판시하였다. 다만 독일에서는 법정지법원칙은 영광스런 보편타당성을 이미 상실하였다는 견해가 유력하다.

(2) 가족법 영역에서의 성질결정의 사례

가족법 영역에서 성질결정이 문제되는 사례는 많이 있고 이는 차차 각조의 주석에서 논의할 것이나 간단히 언급하면 예컨대 ⓐ 배우자, 특히 부(婦)와 자녀의 성(姓氏)의 준거법 문제와 ⓑ 이혼의 부수적 결과의 준거법의 문제가 있다. 즉, 전자의 경우 부(婦)의 성(姓氏)이 혼인의 일반적 효력에 해당하는 문제인지 아니면 국제사법이 준거법을 두고 있지 않은 개인의 인격권에 관한 문제인지이다. 후자의 경우 첫째, 이혼배우자의 성씨는 이혼의 문제인지 아니면 인격권의 문제인지, 둘째, 이혼시 이혼배우자간의 급부가 이혼의 문제인지 아니면 부부재산제의 문제인지 아니면 부부재산의 청산과 위자료를 나누어 보아야 하는지, 셋째, 이혼에 따른 자녀의 친권자, 양육권자의 지정과 면접교섭권은 이혼의 문제인지 아니면 친자(국제사법은 '부모·자녀'라고 하나 이하 양자를 호환적으로 사용한다)관계의 문제인지가 논란이 있다. 예컨대 셋째의 점에 관하여 이를 이혼의 문제로 성질결정하면 §66에 따를 사항이나, 이를 친자 간의 법률관계의 문제로 성질결정하면 §72에 따를 사항이다.[18]

---

17) 법정지법원칙의 타당근거와 우리 법상의 근거는 석광현(2017), "가집행선고의 실효로 인한 가지급물 반환의무의 준거법: 성질결정, 법정지법 원칙, 국제사법의 법원(法源)에 관한 논점을 포함하여", 전북대 법학연구 51, 241 이하; 장준혁(2006), "法律行爲의 方式과 節次 문제의 구별", 국제사법연구 12, 249 이하 참조.

18) 흥미로운 것은 쟁점에 따라서는 이중으로 성질결정되기도 한다(Doppelqualifikation)는 점이다. 이는 특히 배우자 일방의 사망시 잉여의 조정을 정한 독일 민법 §1371 ①을 둘러싸고 논의된다. 이를 이중으로 성질결정하는 견해는 ①은 부부재산제의 준거법과 상속의 준거법의 모두 독일 법인 경우에만 적용된다고 본다. 반면에 통설은 이를 부부재산제의 문제로 성질결정하여 그의 준거법에 따를 사항이라고 본다. 우선 Günther Schotten/Cornelia Schmellenkamp (2007), Das Internationale Privatrecht in der notariellen Praxis, 2. Auflage Rn. 288ff. 참조.

다. 성질결정의 기준이 되는 준거법

(1) 법정지법설*(lex fori)*

이는 법정지 실질법설로서 법정지 실질법이 성질결정의 기준이 된다는 견해이다. 어느 법의 적용범위는 그 제정국의 법체계에 의해 결정된다는 점에서 이는 논리적이다. 우리 국제사법이 사용하는 체계개념은 대부분 우리 실질법의 그것과 일치하므로 법정지의 실질법에 따른 성질결정은 대체로 만족스러운 결과를 가져온다. 이는 또한 내적 판단의 일치를 실현할 수 있다는 장점이 있다. 다만 이는 예외를 인정하는데, 우리 법이 모르는 외국법제도(예컨대 이슬람 국가에서 혼인 시 신랑이 신부에게 주는 선물(mahr, Morgengabe),[19] 조약과 외국 저촉규범의 경우가 그러한 예이다.

(2) 준거법설*(lex causae)*

이는 준거법 실질법설로서, 법정지 국제사법에 의하여 준거법으로 지정된 국가의 실질법상의 체계개념이 성질결정의 기준이 된다고 본다. 이에 따르면 법정지인 한국 국제사법 규범의 적용범위가 준거법인 외국법에 의해 결정된다. 이는 외적(국제적) 판단의 일치를 실현할 수 있다는 장점이 있다. 그러나 이는 '선결문제 요구의 오류'를 범하고 있다는 비판을 받고 있다. 즉 성질결정을 해야 비로소 국제사법의 어느 조문을 적용하여 준거법을 결정할 수 있는데 준거법에 따라 성질결정을 하라는 것은 논리적으로 모순이라는 것이다. 또한 이를 따르면 외국법이 어떤 사안을 규율하고자 하는 때에만 준거법으로서 지정되므로 일방적 저촉규범을 전제로 한다는 비판이 있다.

(3) 비교법설

이는 독일의 Rabel이 주장한 견해로, 성질결정은 어느 나라의 실질법(법정지법 또는 준거법)의 체계개념에서 벗어나 국제사법 자체의 입장에서 이루어져야 하며, 국제사법, 즉 저촉규범상의 체계개념의 내용은 비교법적 방법을 통하여 결정되어야 한다는 견해이다. 이에 따르면 어떤 법제도가 국가에 따라 상이하게 형성되더라도 비교법적으로 유사한 법정책적인 목적에 봉사하는 때에는 동일한 체계개념에 포함된다고 본다. 이 설은 국제사법의 체계개념의 독자성을 강조한 점에서 의의가 있다.

(4) 국제사법 자체설: 이익분석

이는 독일의 Kegel이 주장한 것으로, 성질결정은 어느 한 나라의 실질법 개념에 구애됨이 없이 법정지 국제사법 자체의 입장에서 행해져야 한다는 Rabel의 견해를 유지하면서 이를 발전시켜 저촉규범의 체계개념은 국제사법이 봉사하는 이익분석을 통

19) Mahr (Morgengabe)라 함은 이슬람법상 혼인 전에 남편이 될 자가 부인이 될 자에게 지급할 것을 약속하는 금원으로, 실제로는 혼인 시(특히 혼인 익일)에 일부만 지급하고 나머지는 이혼 또는 사망으로 인한 혼인 해소시에 지급한다. 이는 아래 國私 §66의 해설에서 논의한다.

해 밝혀지는 저촉규범의 목적에 따라 해석해야 한다는 견해이다.[20] Kegel은 이를 '국제사법적 목적론적 성질결정'이라 한다.

(5) 기능적(또는 목적론적) 성질결정론

이는 법정지법설과 비교법설을 결합한 것이라고 평가된다. 법률관계의 성질결정은 우선 법정지법, 즉 법정지의 실질법으로부터 출발하되, 연결대상인 법률관계를 법정지법상의 체계개념이 아니라 비교법적으로 획득된 기능개념으로 이해하면서 실질규범의 목적과 함께 당해 저촉규범의 기능과 법정책적 목적을 고려해야[21] 한다고 본다. 이것이 독일의 다수설인 기능적 또는 목적론적 성질결정이론 또는 '넓은 의미의 법정지법설'이다.[22] 따라서, 국제사법의 체계개념은 실질법상의 개념을 기초로 형성되지만 그보다 넓은 개념이다. 성질결정문제의 일반적 해결방안은 존재하지 않으며 개개의 저촉규정의 목적을 고려하여 결정해야 한다는 것이다. 이 견해가 설득력이 있다.[23] 실제로는 비교법설이나 국제사법 자체설과 큰 차이를 가져오지 않는 것으로 생각된다.

(6) 단계적 성질결정(Stufenqualifikation)론

이를 취하는 논자는 법정지법에 따라 1차적 성질결정을 하고 그에 의하여 지정된 외국법에 따라 독립한 2차적 성질결정이 필요하다고 본다. 그러나 이에 따르면 양자의 성질결정이 상이한 경우 준거법의 흠결이 발생하게 된다. 기능적 성질결정이론에 따르면 2차적 성질결정은 새로운 성질결정의 문제가 아니라, 비교법적으로 획득된 기능개념으로서 이해된 법정지의 국제사법에 따라 결정될 문제로서 기능적 성질결정의 실현과정에서 해결할 문제이다.[24] 그렇더라도 우리 국제사법에 의하여 준거법으로 지정된 외국의 국제사법이 우리 국제사법과 달리 성질결정을 하고 그에 대해 우리 법을 준거법으로 지정하는 경우 우리 법으로의 반정이 행해진다.[25]

라. 국제재판관할의 맥락에서의 성질결정

위에서 본 것처럼 준거법지정규칙의 맥락에서는 '기능적(또는 목적론적) 성질결정론'이 유력하다. 국제재판관할의 맥락에서도 성질결정의 문제가 있는데 여기에서도

20) 그런 의미에서 이를 '이익분석설'이라고도 한다.

21) 이는 법정지법설과 비교법설을 결합한 것이라고 평가되기도 한다.

22) Kropholler, 126ff. 중국 섭외민사관계법률적용법(§8)은 "섭외민사관계의 성질결정은 법정지법에 의한다"고 규정하는데 그것이 위 5와 1 중 어느 것인지는 문면상 불분명하다.

23) 최흥섭, 91 이하; 안춘수, 98도 동지.

24) 신창선·윤남순, 87; 윤종진, 90; 신창섭, 108; 최흥섭, 93, 註 28; 溜池良夫, 143; 山田鐐一, 56. 사례는 안춘수, 99 참조.

25) 김용한 외, 116; 윤종진, 91. 우리나라에서는 이 점이 분명히 논의되고 있지 않으나 독일에서는 이는 당연한 것으로 받아들여지고 있다.

원칙적으로 준거법지정규칙에서의 성질결정이론을 따를 것이나 그 이동(異同)을 더 깊이 검토할 필요가 있다.

2. 연결점

가. 연결점의 개념

연결점(Anknüpfungspunkt, connecting factor, point of contact)이라 함은 실질법적인 법률관계를 일정한 국가 또는 법질서와 연결시켜 주는 독립적 저촉규정의 일부분이다. '연결소' 또는 '연결개념'이라고도 한다.[26] 예컨대 §77 ①은 상속은 사망 당시 피상속인의 본국법에 따른다고 규정하는데, 이는 상속이라는 연결대상을 사망 당시 "피상속인의 국적"이라는 연결점을 이용하여 피상속인의 본국법에 연결함으로써 상속의 준거법을 지정한다. 여기에서 '피상속인의 국적'이라는 연결점은 연결대상과 준거법을 연결하는 기능을 한다. 어느 국가의 국제사법이 연결대상을 어떻게 구성할지(즉 연결대상의 범주를 어떻게 설정할지), 그에 대해 무엇을 연결점으로 사용할지, 나아가 어떤 연결방법을 선택할지는 모두 입법자가 결정하는 연결정책에 따를 사항이다.

연결점은 시간의 경과에 따라 변경될 수 있으므로 국제사법은 연결점을 지정함에 있어 기준시점을 고정함으로써 고정주의(또는 불변경주의)를 취하거나 변경주의를 취한다. "사망 당시" 피상속인의 국적이라고 기준시점을 명시하는 §77 ①은 고정주의를 취하는 대표적 사례이다.

나. 국제사법상의 연결점

우리 국제사법상 다양한 연결점이 사용되고 있는데, 이는 국적(§26, §28, §63, §64 i, §65 ①, §66, §67, §70, §§74~80), 상거소(§47 ②, §49 ②, §52 ②, §64i, §65 ② ii, §66 단서, §68 ① 단서, §69 ①, §72, §77 ②), 소재지(§33, §35), 행위지(§31 ②, §78 ③ iii, §82 ①), 지적재산권의 침해지(§40), 혼인거행지(§63 ②), 불법행위지(§52 ①), 부당이득지(§51 본문), 당사자의 의사(§45 ①), 선적(§94), 가장 밀접한 관련이 있는 국가(§46 ①, §64 iii, §21 ①) 등이다.

다. 속인법(*lex personalis*, personal law, Personalstatut)

국제사법이 어떤 당사자에게 인적으로 밀접하게 관계되는 사항을 국적, 주소, 상거소 또는 단순거소에 연결시키는 경우 이 법을 '속인법'이라 한다. 우리 국제사법으로는 권리능력, 행위능력, 혼인, 상속 등이 이에 속한다. 법인의 경우에도 속인법이라는 용어를 사용한다. 자연인의 속인법을 결정함에 있어서는 전통적으로 대륙법계의 국적주의와 영미법계의 주소지주의가 대립하였다. 이를 해결하기 위하여 헤이그국제

26) 이호정, 국제사법, 173.

사법회의는 1955년 6월 15일 “본국법과 주소지법의 저촉을 규율하기 위한 협약”을 성안하였으나 이는 발효되지 않았다. 국제사법은 섭외사법[27]과 달리 주소를 연결점으로 사용하지 않으므로 주소에 관한 *涉私* §3도 삭제되었다.

라. 연결점의 해석 및 확정

국적, 주소와 상거소 및 영업소의 개념을 정의하는 스위스 국제사법과 달리 우리 국제사법은 이러한 개념을 정의하지 않고, 단지 본국법[28]과 일상거소에 관하여 발생할 수 있는 일부 문제를 해결하기 위한 규정을 두고 있다(§16~§17). 우리 국제사법이 사용하는 연결점, 즉 국적이나 상거소의 의미는 국제사법 해석의 문제이므로 이는 우리 법에 의하여 결정할 사항이다. 문제는 우리 실질법과 국제사법 중 어느 것에 따를지이나 동일한 개념도 사용되는 곳에 따라 다른 의미를 가질 수 있으므로 국제사법 자체의 입장에 따른다. 즉, 연결점은 그것을 이용하는 국제사법의 개개의 저촉규정의 목적 또는 국제사법적 정의(正義)에 따라, 즉 개개의 저촉규정들이 봉사하고 있는 국제사법적 이익에 따라 그 의미를 합리적으로 결정해야 한다. 예컨대 유력설은 일상거소를 '생활의 중심지'로 이해하고 우리 민법의 주소개념과 원칙적으로 동일하다고 한다.[29] 그러나, 국적의 경우 그 국적이 문제되는 국가의 법이 어떤 사람이 그 국가의 국적을 가지는지를 결정한다. 어떤 사람이 독일 사람인지는 독일법이 정할 사항이지 한국법이 정할 사항이 아니라는 것인데, 이는 국제적으로 널리 인정되고 있다.[30]

법원이 외국적 요소가 있는 사안에서 준거법을 결정하기 위하여 국제사법이 사용하는 국적, 상거소, 소재지, 불법행위지 또는 당사자의 의사와 같은 연결점의 의미를 해석한 뒤에는 그러한 해석에 따른 연결점을 확정하여야 한다. 이는 연결점의 해석에 이은 연결점의 확정의 문제이다. 연결점은 물건 소재지와 같은 사실일 수도 있고 국적과 같은 법률효과일 수도 있다. 국제사법이 명시하는 바와 같이 법원은 준거법인 외국법을 직권으로 탐지해야 하는데,[31] 문제는 법원이 연결점(정확히는 연결점을

27) *涉私*(§14)은 채권양도의 연결점으로 주소를 사용하였다.

28) 어떤 사람의 국적 소속국 법을 그의 본국법(Heimatrecht, *lex patriae*)이라고 한다.

29) 일상거소의 개념은 아래 §64의 해설 참조.

30) 이철우 외(2024), 이민법 제3판 279(이철우 집필부분). 1930. 4. 12. 국제연맹에 의하여 성안된 국적법의 충돌에 관한 협약(Convention On Certain Questions Relating To The Conflict Of Nationality Laws)(국적법협약) §1 참조. 위 협약은 1937년 발효되었는데 비회원국들에게도 국제관습법으로서의 효력을 가지는 것으로 받아들여진다고 한다. 종래 우리나라에서는 국적은 국제법과 공법(특히 헌법)의 일부 또는 인접분야로 취급되고 있고 다른 분야에서는 소홀히 취급되고 있는데 근자에는 국적에 대한 관심이 확산되고 있다. 예컨대 명순구 외(2009), 국적과 법; 차용호(2015), 한국 이민법, 709 이하 참조. 이러한 국적개념의 특수성은 선결문제의 해결에서도 드러나는데 이는 아래 선결문제에서 논의한다.

31) §18는 법원이 외국법을 직권으로 조사하여야 한다고 하나 이는 직권탐지의 의미로 해석된다. 석광현, 해설, 124 이하. 외국법이 준거법으로 지정되면 이는 법률로서의 성질을 가지는 것이지 내국법으로 변질되는 것은 아니다.

구성하는 사실)을 확정함에 있어서 직권탐지주의가 타당한지 아니면 변론주의가 타당한지라는 점이다.

이에 관한 논의는 많지 않지만 우리나라에서는 ⓐ 연결점을 구성하는 사실은 법률효과 판단에 직접 필요한 일반적인 요건사실과는 구별되지만, 일반적으로 재산관계소송에서는 원칙으로 당사자가 주장 입증하는 사실범위에 의할 것이나 법원은 석명권을 충분히 행사하여 연결점을 구성하는 사실인 국적, 주소, 물건소재지, 당사자 의사 등을 명백히 하여 국제사법이 지정하는 준거법을 결정할 것이라는 견해[32)]와 ⓑ 연결점을 이루는 사실은 직권탐지주의의 대상은 아니지만 직권조사의 대상으로 취급하여야 한다는 견해[33)]가 유력하다. 후자는 연결점을 이루는 사실은 당사자의 자백의 대상이 되지 않으나 국제계약의 연결점인 '당사자의 의사'에 관하여는 예외적으로 자백을 허용한다.

독일의 유력설은 그 절차에 직권주의가 타당한지 아니면 변론주의가 타당한지에 따라 구분한다. 즉 혼인사건과 같이 직권주의가 타당한 절차에서는[34)] 법원은 연결점을 구성하는 사실을 직권으로 탐지해야 하나 변론주의가 타당한 절차에서는 연결점의 확정도 변론주의의 대상이라고 한다[35)](다만 이도 국적에 대해서는 달리 설명한다).[36)] 그 밖에도 외국에는 직권탐지주의가 타당하다는 견해, 변론주의가 타당하다는 견해와 절충설로서 연결점의 성질에 따라 구별하는 견해가 있다.[37)] 나아가 연결점이 증명되지 않는 경우에는 국제사법이 규정한 지정이 행해지지 않는다. 이 경우, 국제사법이 별도의 규정을 두지 않는 한[38)] 최대개연성의 원칙에 따라 처리해야 할 것이다.

32) 최공웅(1984), 국제소송, 228−229.

33) 이인재(1986), 531.

34) 독일 가사 및 비송사건절차법(FamFG) §26(직권조사), §113 ③, §127(직권조사의 제한) 참조. 우리 家訴(§17)은 "직권조사"라는 표제 하에 "가정법원이 가류 또는 나류 가사소송사건을 심리할 때에는 직권으로 사실조사 및 필요한 증거조사를 하여야 하며, 언제든지 당사자 또는 법정대리인을 신문할 수 있다."고 규정한다. 반면에 非訟(§11)은 "직권에 의한 탐지와 증거조사"라는 표제 하에 "법원은 직권으로 사실의 탐지와 필요하다고 인정하는 증거의 조사를 하여야 한다."고 직권탐지주의를 명시한다.

35) Schack, IZPR, Rn. 701; MünchKomm/Sonenberger, Einl., Rn. 621. 일본에도 변론주의설과 직권탐지설이 있다. 注国私(2), 368과 369 주 7(山本和彦) 참조.

36) 즉 국적이 사실에 달려 있는 때에는 당사자의 지배가 제한되거나 직권조사주의에 의하여 대체된 절차가 문제되는 경우가 아니라면, 법원은 당사자의 주장(Parteivortrag)에 구속되나, 문제된 국가의 국적법의 적용에 달려 있는 때에는 법원은 그 법을 직권으로 확정하여야 한다고 한다. MünchKomm/Sonenberger, Einl., Rn. 702.

37) 이인재(1986), 526 이하 참조. 절충설에 따르면 고도의 공익적 성질을 가지는 국적은 직권탐지주의의 대상이나 당사자의 의사와 행위지 등은 변론주의의 대상이라고 본다.

38) §16와 §17는 국적과 상거소를 알 수 없는 경우에 대비한 규정을 두고 있다.

마. 다양한 연결방법

(1) 통상의 경우

통상의 경우 하나의 연결대상에 대하여 하나의 연결점이 존재한다. 위에서 본 상속의 준거법에 관한 §77 ①이 상속은 사망 당시 피상속인의 본국법에 의한다고 규정할 때에서 보는 바와 같다.

(2) 연결점의 결합

그러나 다음의 경우 다양한 연결점의 결합이 이용된다. 이에는 선택적 연결, 단계적 연결(보충적 연결), 종속적 연결, 누적적 연결, 배분적 연결과 보정적 연결 등이 있다. 각각의 사례는 아래와 같다.

- 선택적 연결: 법률행위의 방식에 관한 §31, 유언의 방식에 관한 §78 ③
- 단계적 연결(보충적 연결): 혼인의 일반적 효력에 관한 §64, 부부재산제에 관한 §65 ①, 이혼에 관한 §66
- 종속적 연결: 불법행위에 관하여 계약 등 당사자 간의 기존 법률관계의 준거법에 따르도록 종속적 연결을 규정한 §52 ③, 부당이득의 종속적 연결을 규정한 §51 단서
- 누적적 연결: 涉私(§13)은 '원인사실 발생지법 원칙', 즉 행위지원칙을 취하는 한편(§13 ①), 법정지법을 누적적으로 적용함으로써(§13 ②, ③) 절충주의를 취하였다. 그러나 舊國私(§32 ①)은 절충주의를 폐지하고 행위지원칙으로 일원화하였고 國私(§52 ①)도 같다.
- 배분적 연결: 혼인의 성립에 관한 §63 ①
- 보정적 연결: 부양의무에 관한 §73 ①. 국제사법은 부양의 준거법을 원칙적으로 부양권리자의 상거소지법으로 하고, 다만 그에 의하면 부양청구권이 부정되는 경우 예비적으로 부양권리자와 부양의무자의 '공통의 본국법'에 의하도록 한다. 이는 가급적 부양권리자가 부양을 받을 수 있도록 함으로써 부양권리자를 보호하기 위한 것인데, 이처럼 원칙적인 준거법에 의한 실질법적 결과가 그와 다른 연결점에 의하여 변경되는 것을 '보정적 연결(korrigierende Anknüpfung, Korrektivanknüpfung)'이라고 한다.[39]

바. 본국법에 관한 國私 §30

국적은 국가와 그의 구성원 간의 법적 유대이고 보호와 복종관계를 뜻한다.[40]

---

39) Kropholler, 140; 신창선·윤남순, 100; 이는 국제사법에 의해 처음 도입되었다. 최흥섭, 115은 이를 '교정적 연결'이라고 부른다.

40) 헌법재판소 2000. 8. 31. 선고 97헌가12 결정.

국제사법은 '국적의 적극적 저촉'(§16 ①), '국적의 소극적 저촉'(§16 ②)과, 불통일법국가의 법이 지정되는 경우의 처리를 규정한다(§16 ③).

(1) 국적의 적극적 저촉

국제사법은 속인법에 관하여 본국법주의를 취하므로 국제사법상 국적은 신분,[41] 가족 및 상속에 관한 법률관계에서 연결점으로서 여전히 중요하다. 그런데 출생, 혼인, 이민 등으로 복수국적이 성립하는 경우 본국법의 결정이 문제되는데 이것이 '국적의 적극적 저촉'의 문제이다. 과거 섭외사법은 신 국적을 우선시켰으나, 국제사법은 무조건 최후의 국적을 우선하지 않고 당사자와 연결점 간의 관계를 고려하여 '당사자와 가장 밀접한 관련'이 있는 국가의 법을 우선시키도록 함으로써(① 본문) 구체적 사건에 타당한 연결을 가능하게 한다. 이는 독일, 스위스, 일본 등의 입법례가 취하고 있는 입장이다. 다만 복수국적 중 하나가 한국인 때에는 섭외사법과 마찬가지로 한국법에 의하도록 하여 내국국적 우선의 원칙을 고수한다(① 후문). 이는 실무상 법적용상의 확실성을 위한 것이다.

그런데 2011년 1월 1일부터 시행된 국적법에 따르면 복수국적의 취득이 용이하게 되었으므로 §16 ① 단서가 적용될 사안이 증가하게 되었다. 그렇다면 이 원칙의 합리성을 재검토할 필요가 있었다.[42]

근자에는 위 ①을 개정하자는 견해가 있는데 이는 두 가지 점을 지적한다. 첫째, ① 후문의 내국국적 우선의 원칙을 폐기하자는 것이고, 둘째, '당사자와 가장 밀접한 관련'이 있는 국가의 법이라고만 규정하는 대신 우선 상거소지법이라고 명시하여 명확한 판단기준을 제시하고 나아가 상거소지국이 없는 경우에 비로소 당사자와 가장 밀접한 관련이 있는 국가의 법을 적용하자는 것이다.[43] 첫째의 점에 관하여는, 적어도 가장 밀접한 관련이 있는 법을 적용한다는 국제사법의 이념에 비추어보면 위 제안

41) '신분'이라 함은 권리능력, 행위능력과 가족법상의 지위와 같이 자연인의 신분 또는 지위(personal status)에 관계되는 사항을 가리키나 구체적 범위는 논자에 따라 다르다. 우리나라에서는 잘 사용되지 않는다. 이에 관한 국제사법을 '國際人法'(이호정, 국제사법, 423) 또는 '國際人事法'[木棚照一(1995), 國際相續法の研究, 63]이라고 부른다.

42) 흥미로운 것은 國籍(§11-2. 복수국적자의 법적 지위 등)이다. "출생이나 그 밖에 이 법에 따라 대한민국 국적과 외국 국적을 함께 가지게 된 사람으로서 대통령령으로 정하는 사람[이하 "복수국적자"(複數國籍者)라 한다]은 대한민국의 법령 적용에서 대한민국 국민으로만 처우한다."고 규정하는데 이 조항과 國私 §16 ① 단서의 관계가 문제된다. 동 항은 예컨대 병역의무가 있는지를 판단함에 있어서 복수국적자는 한국인으로 취급된다는 점을 포함하여 광범위하게 적용되는 조항이고, 國私 §16 ① 단서는 국제사법상 국적이 연결점이 되는 사건에만 적용되는 조항이다. 국적법에서 말하는 "대한민국의 법령"에 국제사법도 포함될 것이므로 국적법 §11-2의 결과 복수국적자는 한국민으로 취급될 것이고, 이는 §16 ① 단서보다도 더 강력하다. 그러나 위 國籍 §11-2의 기초자들이 그 국제사법적 함의를 고려한 것 같지는 않다.

43) 이종혁(2022a), 15 이하.

이 논리적으로 타당하나, 현행 조문이 법적 확실성에 기여하는 면이 있음을 부정하기는 어렵다. 둘째의 점에 관하여는 보면, 상거소지국을 인정할 수 있는 사안이라면 그런 문언이 없더라도 쉽게 동일한 결론에 이를 것이므로 굳이 명시하지 않아도 좋을 것이다.

(2) 국적의 소극적 저촉

당사자가 국적을 가지지 아니하거나 국적을 알 수 없는 경우에는 — '국적의 소극적 저촉'의 경우 — 국적을 대신하는 다른 연결점을 찾아야 한다. 이 경우 섭외사법은 당사자의 주소지법과 거소지법의 순서로 적용하도록 규정하였으나, 국제사법은 일상거소를 주소에 갈음한 연결점으로 도입하여 일상거소지국법, 그것이 없는 경우에는 거소지국법에 의하도록 규정한다(§16 ②).

(3) 불통일법국법의 지정

한 국가 내에서 지역에 따라 법률이 다른 불통일법국가(미국, 영국, 스위스, 캐나다 등 연방국가)의 법이 준거법으로 지정된 경우에는 본국법을 정하는 것만으로는 부족하고, 그 국가의 여러 법역 중 어느 지역의 법이 준거법이 되는가를 결정할 필요가 있다. 이 점은 주소 또는 일상거소와 비교할 때 국적이 연결점으로서 가지는 단점으로 지적된다. 신분, 가족 및 상속관계에서 미국법이 준거법으로 지정되는 경우가 빈번하므로 이는 실무상 중요하다. 이에 대하여 섭외사법은 단순히 "그 자가 속하는 지방의 법"에 의한다고 규정하였으나, 그 해석을 놓고 학설의 대립이 있었다.

국제사법은 통설인 간접지정설[44]을 따라 우선 그 국가의 법역간 충돌문제를 해결하는 법선택규정(準國際私法)에 따라 지정되는 법에 의하도록 하고, 다만 그 국가에 준국제사법이 없는 때에는 당사자와 가장 밀접한 관련이 있는 지역의 법에 의하도록 한다(§16 ③). 왜냐하면 그 경우 어느 법역의 법을 적용할지는 일차적으로 당해 국가가 결정할 사항이기 때문이다.

주의할 것은, 여기에서 "그 국가의 법 선택규정"이라 함은 그 국가의 통일적인 준국제사법을 말하는 것이라는 점이다.[45] 예컨대 스페인의 경우 民(Código civil. §§13~16)은 이러한 규정을 두고 있다. 그러나 미국의 경우에는 통일적인 준국제사법이 없고 각 주별로 준국제사법을 가지고 있으므로, 예컨대 우리 국제사법에 의해 미국인의 본국법인 미국법이 준거법으로 지정된 경우에는 그 국가의 법 선택규정이 없는 때에 해당하므로 위 ③에 따라 "당사자와 가장 밀접한 관련이 있는 지역의 법"이 준거

44) 이는 '간접지정주의'라고도 하는데, 우리 국제사법이 준거법을 지정한 법이 소속한 국가의 판단에 맡기는 방법이다.

45) Kropholler, 201－202.

법이 되므로 예컨대 당사자가 주소를 가지고 있거나 있었던 주의 법이 적용된다. 따라서 예컨대 미국인 부부의 혼인의 일반적 효력의 준거법이 문제되는 경우 일방이 뉴욕주에 주소를 가지고 다른 일방이 캘리포니아주에 주소를 가지고 있어서 각 당사자와 가장 밀접한 관련이 있는 지역이 상이한 주라면 國私 §64 i가 말하는 부부의 동일한 본국법은 없다. 이 경우 본국법은 미국법이 아니라 國私 §16 ③에 의하여 걸러진 본국법, 즉 미국의 어느 주법을 의미하기 때문이다.

(4) 국제재판관할의 맥락에서 國私 §16의 의미

종래 우리 판례는 가사사건에서 국적관할(또는 본국관할. 이하 양자를 호환적으로 사용한다)을 인정하는 데 인색하였다. 그러나 국제사법은 친족법 분야에서 국적관할을 도입하였다. 예컨대 혼인관계사건의 경우 부부 모두가 한국인인 경우에 국적관할을 인정한다(§56 ① iii). 이처럼 국적관할을 인정할 경우 국제재판관할의 맥락에서 國私 §16(舊國私 §3)가 적용 내지 유추적용되는지가 문제이다. 더 검토할 필요가 있으나, 위 조문을 그대로 적용할 수는 없고 오히려 이중국적의 경우 어느 국적이나 국적관할의 근거가 될 수 있다고 볼 수 있을 것이다.

사. 국적과 국제사법

종래 우리나라에서 국적은 국제법과 공법 특히 헌법학의 일부 또는 인접분야로 취급되고 그 국제사법적 함의(含意)는 경시되고 있다.[46] 그러나 국제사법이 연결점으로서 국적을 이용하므로 국제사법의 맥락에서 국적을 연구할 필요가 있다. 기본적으로 국적을 연결점으로 취급하는 근거,[47] 주소지주의 및 상거소지주의와의 우열에 대한 검토는 물론, 국적이 신분관계에 미치는 영향은 물론이고, 반대로 신분관계가 국적의 득실에 미치는 영향을 검토할 필요가 있으며, 세계화 및 우리 사회의 다문화가

46) 다만 근자에는 국적에 대한 관심이 확산되고 있다. 예컨대 명순구 외(2009), 국적과 법 참조. 프랑스 국제사법 교과서들은 국적법에 대한 설명에 상당한 비중을 두고 있다.

47) von Hoffmann/Thorn (2007), IPR, 9. Aufl., §5 Rn. 10ff.는 국적을 연결점으로 삼는 근거로 아래를 든다. ⓐ 국적은 어떤 자연인과 국가와의 결합의 전형적 표현이다. ⓑ 당사자의 입장에서 볼 때도 동일한 법질서에 따른다고 하는 연속성의 이익을 가진다. ⓒ 국적의 취득과 상실은 엄격한 요건을 요구하므로 조작가능성이 작다. ⓓ 여권 또는 신분증명서에 의하여 쉽게 확인할 수 있다. ⓔ 많은 국가들이 본국법주의를 따르므로 국제적 판단일치를 촉진한다. ⓕ 본국법주의를 따르는 것은 상대적으로 거래이익을 보호하는 데 취약하나, 재산법적 쟁점이 아닌 인적 쟁점에 관하여 거래이익은 별로 문제되지 않으므로 본국법주의는 본질적 거래이익을 침해하지 않는다. 다만 무국적자, 이중국적자 또는 불통일법국을 지정하는 경우에는 국적의 단점이 드러난다. 한편 주소지주의를 선호하는 영국의 법률가들은 본국법주의에 대해 아래와 같이 비판한다(예컨대 J.H.C. Morris/David McClean (1993), The Conflict of Law, pp. 32－33).

첫째, 본국법주의는 법적 안정성을 보호하는 데 유리하다고 하나 이는 그가 선택하는 법체계를 적용할 수 있는 개인의 자유의 희생이라는 댓가를 요구한다. 본국법주의에 대한 근본적 반대는, 그가 목숨을 걸고 그로부터 도피한 국가의 법을 그의 소망에 반하여 적용하도록 요구하는 데 있다. 또한 용이하게 확인할 수 있다는 장점이 있기는 하지만, 복수국적자 또는 무국적자의 경우 그렇지 않으며, 가장 쉽게 확인할 수 있다고 해서 그것이 가장 적절한 법이라는 보장도 없다. 셋째, 미국이나 영국 같은 불통일법국가의 경우 본국법주의만으로는 문제를 해결할 수 없다.

정의 확대를 고려할 때 첫째, 혈통주의(*ius sanguinis* principle)에 근거한 국적 개념을 유지해도 좋은지 아니면 출생지주의(*ius soli* principle)를 부분적으로 도입할지와,[48] 둘째, 지금처럼 국적을 연결점으로 유지하는 것이 국제사법상 정당화될 수 있는지 등에 대한 연구가 필요하다.[49] 특히 후자는 국적 자체에 대한 연구만으로 달성될 수는 없고 개별적 법률관계의 연결정책과 함께 연구해야 한다.

그 밖에도 북한주민의 국적의 문제도 논의할 필요가 있는데, 종래 국제법학자와 공법학자들의 연구성과가 있으나[50] 국제사법의 맥락에서도 검토할 필요가 있다. 즉 북한주민을 둘러싼 법률관계의 준거법을 결정함에 있어서 북한주민이 한국 국적을 가지는지,[51] 만일 그렇다면 국적이 연결점인 경우 국적을 대신하는 연결점으로서 북한적의 개념을 인정할 수 있는지 등을 판단할 필요가 있다.

나아가 국적은 성(姓)의 준거법과 관련하여 의미가 있고 사회보장법의 국제적 적

48) 출생에 의한 국적 취득을 규정한 우리 國籍(§2)은 부모 양계혈통주의를 원칙으로 하고, 부모가 모두 분명하지 않거나 국적이 없는데 자녀가 한국에서 출생한 경우와, 한국에서 발견된 기아(棄兒)에 대해 예외적으로 출생지주의에 따라 한국 국적을 부여한다. 그러나 전통적으로 혈통주의를 취하였던 독일은 2000년 1월 1일자로 출생지주의를 도입하였다. 즉 독일 國籍(§5 ③)에 따르면, 외국인 부모 중 일방이 정주허가를 받아 독일에서 8년간 상거소를 가지고 있는데 자녀가 독일에서 출생한 때에는 그 자녀는 독일 국적을 취득한다. 상세는 Hailbronner/Renner (2005), Staatsangehörigkeitsrecht, §4 참조. 우리도 장차 그와 유사한 형태의 출생지주의를 자연스럽게 받아들이게 될 것이다.

49) 혈통주의를 취하는 경우 한 가지 의문은 부와 혼인외의 자녀 사이에서는 인지 없이도 법률상 친자관계가 발생하는가이다. 대법원 2018. 11. 6.자 2018스32 결정 등 종래의 대법원판례에 따르면 國籍(§2 ① I)에 따라 부가 한국의 국민임을 이유로 자녀가 출생과 동시에 한국 국적을 취득하기 위해서는, 부와 자녀 사이에 법률상 친자관계가 인정되어야 한다. 그런데 부와 혼인외의 자녀 사이에서는 인지 없이는 법률상 친자관계가 발생하지 않는다. 따라서 한국의 국민인 부와 외국인인 모 사이에 태어난 혼인외의 출생자에 대하여는 부의 출생신고만으로 가족관계등록부를 작성할 수 없고, 그 자녀가 미성년인 경우 한국의 국민인 부가 외국인에 대한 인지절차에 따라 인지신고를 한 다음, 자녀가 國籍(§3)에 따라 법무부장관에게 신고함으로써 한국 국적을 취득한 후 그 통보가 된 때 가족관계등록부를 작성할 수 있다[국적법 시행령 §2, 가족관계등록법 §93, 한국인과 외국인 사이에서 출생한 자녀에 대한 출생신고 처리방법(가족관계등록예규 제429호) 참조]. 근자에 위 밑줄 친 부분에 대하여는 법률상 근거가 없다는 비판이 보인다. 이종혁(2021), 491 이하. 그러나 사실상의 부자관계를 결정하는 것은 어려울 수 있고, 조작될 위험성이 있으므로 법률상 친자관계를 요구하는 견해가 설득력이 있다. 國籍 §2와 유사한 일본 國籍 §2의 해석상 木棚照一(2003), 逐條註解 國籍法, 116도 동지. 더욱이 민법상 인지는 원칙적으로 소급효가 있으나(民 §860), 인지에 의한 국적취득은 법무부장관에게 신고한 때에 비로소 효력을 발생한다는(즉 소급효가 없다는) 國籍(§3)을 고려할 때에도 그렇게 보는 것이 타당하다. 신고한 때는 신고서를 수리한 때를 말한다. 석동현(2011), 국적법, 120. 다만 이는 준거법이 한국법인 경우에 그렇다는 것이고 혼인외의 친자관계의 성립의 준거법이 중국처럼 혈통주의를 따르는 국가라면 인지 없이 일정한 서류를 제출하여 출생신고를 할 수 있으므로 그런 취지에서 비판하는 것이라면 위 비판은 정당하다. 가족관계등록선례 제201202-2호(한국인 부와 중국인 모 사이에 출생한 혼인외의 친자관계의 성립에 대하여 모의 본국법(또는 자의 상거소지법)인 중국법을 준거법으로 하는 경우, 가족관계등록법 제57조의 친생자출생신고시 첨부하여야 할 서면)(2012. 2. 15. 제정·시행) 참조. 나아가 이종혁(2022c), 126은 위 대법원 판결에 대하여 중국은 혼인외의 친자관계에 관하여 인지주의가 아니라 혈통주의를 채택하고 있으므로 한국법상 인지가 있어야 함을 전제로 판시한 것은 부당하다고 비판한다. 그러나 한국 국적에 관련된 선결문제의 경우 우리 국제사법에 따라 판단하여야 하므로(석광현, 해설, 42) 위 비판은 근거가 없다고 본다.

50) 예컨대 이효원(2006), 남북교류협력의 규범체계, 165 이하 및 인용된 문헌 참조.

51) 이에 관하여는 석동현(2011), 293 이하 참조. 보다 근본적으로는 최초의 대한민국 국민은 누구인가라는 문제가 제기된다. 이는 석동현(2011), 308 이하 참조.

용범위, 즉 국제사회보장법과 관련해서도 의미를 가진다. 다만 국제사회보장법의 경우, 국적보다는 점차 고용지, 주소, 상거소 또는 거소와 사업장의 소재지 또는 다른 연결점이 더 중요한 기능을 하고 있다.[52)]

아. 국제재판관할의 맥락에서 연결점

국적, 일상거소지, 소재지, 행위지 등은 관할규칙과 준거법지정규칙에서 모두 연결점으로 사용되나, 부당이득지, 혼인거행지와 가장 밀접한 관련(최밀접관련) 등은 준거법지정규칙에서만 사용되고 영업활동지와 경영중심지는 재판관할규칙에서만 사용된다. 위에서 보았듯이 연결점은 국제사법 해석의 문제이므로 우리 법에 따라 결정할 사항인데, 주의할 것은 관할규칙과 준거법지정규칙이 동일한 연결점을 사용하더라도 그것이 반드시 동일한 의미는 아니라는 점이다.

국제재판관할규칙을 국제사법에 둠으로써 성질결정과 연결점에 대한 문제의식이 더욱 선명하게 되었다. 이런 문제의식을 가진다면 준거법지정규칙과 관할규칙의 구조적 유사성에 착안하여 준거법지정규칙을 '법의 저촉(*conflit de lois*)'으로, 국제재판관할규칙을 '관할의 저촉(*conflit de juridictions*)'으로 파악하면서 양자를 국제사법의 문제로 이해하는 프랑스 법계의 국제사법 체제를 이해할 수 있다. 국제사법의 시행을 계기로 우리도 이런 접근방법에 더 관심을 가져야 한다.

3. 선결문제

가. 선결문제의 개념

선결문제(Vorfrage, prelimiary question, incidental question)라 함은 대체로 국제사법상 어떤 본문제(예컨대 상속권의 유무)를 해결하는 과정에서 제기되는 부수적 문제로서, 논리적으로 본문제에 앞서 해결하여야 하는 문제를 말한다. 엄밀하게 말하면 선결문제에는 두 가지 유형이 있다. 첫째는 실질규정의 법률요건 안에 포함된 법률효과가 문제되는 경우이다. 이는 국제사법에 의하여 지정된 실질법을 적용한 결과 비로소 발생하는 문제이다. 예컨대 "상속은 피상속인의 본국법에 따른다"(§49)라고 할 경우 그에 따라 준거법인 본국법을 적용한 결과 그 과정에서 혼인관계 또는 친자관계의 존부가

52) 상세는 전광석(2006), "국제사회보장법의 기본문제", 국제사법연구 12, 535 이하; 전광석(2002), 국제사회보장법론 참조. 실정법으로는 국민건강보험법(§93), 의료급여법(§3), 한부모가족지원법(§5−2), 국민기초생활보장법(§5−2) 등은 외국인에 대한 특례를 규정한다. 소라미(2010), "젠더와 인권의 관점에서 바라본 다문화가족지원법제 검토", 젠더법학 2−1, 69 이하 참조. 석광현(2021), "외국인에 대한 사회보장법의 적용: 외인법에서 저촉법인 국제사회보장법으로", 국제사법연구 27−2, 647 이하에서 필자는 해석론으로 개별 사회보장법상 국적과 거주지가 연결점이라고 볼 것이 아니라 개별 사회보장법별로 고용지(고용 전제 시), 주소·상거소를(고용 비전제 시) 연결점으로 파악하고, 입법론으로 그런 연결원칙을 일면적 저촉규정으로 명시하자고 제안한 바 있다.

문제되는 경우이다.

둘째는 저촉규정의 법률요건 안의 법률효과가 문제되는 경우이다. 이는 "계쟁 법률관계의 관념상 필연적 구성부분"인 경우를 말한다. 예컨대 國私 §39에 의하면 이혼에 관하여는 §37의 규정이 준용되는데 그에 의하면 일차적으로 부부의 공통의 본국법이 준거법이 되므로 이혼의 전제로서 혼인관계의 존부가 문제된다. 따라서 이혼의 준거법을 정하기 위하여는 혼인의 존부의 준거법을 정할 필요가 있다. 선결문제인 혼인관계의 존부는 국제사법상 별도의 연결대상이 될 수 있는 문제이다.[53]

나. 선결문제에 관한 논의가 실익을 가지기 위한 요건

선결문제의 논의는 다음 3가지 요건이 구비되어야 실익이 있다. ⓐ 본문제의 준거법이 외국법일 것, ⓑ 본문제의 준거법 소속국의 국제사법 규정이 선결문제에 관하여 법정지 국제사법 규정과 다른 준거법을 지정할 것, ⓒ 선결문제의 준거법으로 지정된 두 개의 실질법의 내용이 다를 것이 그것이다.

다. 선결문제의 해결방안

선결문제의 준거법을 결정함에 있어서, 종래 우리나라에는 법정지법설(독립적 연결설), 본문제 준거법설(종속적 연결설. 또는 준거법설), 절충설과 실질법설 등이 주장되고 있다.

(1) 법정지법설(독립적 연결설)

이는 원칙적으로 본문제의 준거법 소속국에 관계없이 법정지의 국제사법에 따라 선결문제를 해결하는 견해이다.[54] 이 견해는 본문제가 무엇인가에 따라, 즉 그 맥락에 관계없이 선결문제의 준거법이 달라지지 않는다는 장점이 있다. 만일 준거법설을 취하면, 예컨대 동일한 부부 간의 혼인관계의 존부라는 선결문제가 본문제가 무엇인가에 따라 상이하게 판단될 수 있다. 이는 국제사법의 이상의 하나인 '내적 판결의 일치'에 반하고 국제사법상 이익의 하나인 질서이익에 배치된다.[55] 이것이 전통적 견해이고 종래 독일의 다수설이고 주류적 판례로 보인다.

(2) 준거법설(종속적 연결설)

이는 원칙적으로 본문제의 준거법 소속국의 국제사법에 따라 선결문제의 준거법

53) 독일의 일부 견해는 양자를 구별하여 첫째 유형을 선결문제(Vorfrage) 또는 실질법적(또는 협의의) 선결문제, 둘째 유형을 선행문제(Erstfrage) 또는 저촉법적 선결문제라고 한다. 이런 견해는 선행문제는 법정지 국제사법에 의하여 연결하나, 만일 國私 §77가 "배우자 기타 친족에 의한 상속은 피상속인의 본국법에 의한다"고 규정한다면 혼인관계의 존부는 선결문제가 아니라 선행문제가 될 것이므로 문언의 차이가 의미가 있는지에 대해 의문이 있을 수 있다.

54) 이호정, 국제사법, 135; 신창선·윤남순, 131; 최흥섭, 95.

55) 이호정, 국제사법, 134.

을 결정하는 견해이다. 선결문제는 본문제의 준거법 적용의 결과로서 발생하는 문제인데 본문제의 해결은 본문제의 준거법 소속국의 법질서가 행하는 선결문제의 판단을 전제로 해서만 이루어질 수 있으므로, 선결문제가 외국적 요소를 포함하는 경우 본문제의 준거법 소속국의 국제사법에 따를 것이라고 본다. 그럼으로써 법정지법원과 외국법원의 판결의 국제적 일치를 달성할 수 있다고 본다.[56] 또한 선결문제는 법정지의 국제사법보다 준거법 소속국의 국제사법과 더 밀접한 관련이 있다는 것이다. 그러나 이에 따르면, 동일한 선결문제의 준거법이 본문제가 무엇인가에 따라 달라지는 폐단이 있다.

(3) **절충설**

이는 일률적으로 법정지법설 또는 준거법설에 따르는 대신 구체적 상황에 따라 국제사법적 이익을 고려하여 결정하는 견해[57]인데 독일과 일본에서 유력하다. 법정지법설은 내적 판결의 일치(실질적인 조화)에 적절하고 준거법설은 외적(또는 국제적) 판결의 일치에 적합하다. 따라서 원칙적으로 전자(특히 사안이 내국관련이 큰 경우)에 따르되 예외적으로 사안의 외국관련이 큰 경우에는 국제적 판결의 일치를 존중하여 후자에 따른다. 우리나라에도 원칙적으로 법정지법설을 취하면서 선결문제와 법정지의 관련이 별로 없는 경우 예외적으로 본문제의 준거법 소속국의 국제사법을 적용하는 절충설이 있다.[58] 선결문제 해결은 어떤 국제사법적 이익을 존중할 것인가라는 가치판단을 요구하는 어려운 문제이나, 구체적 사안에 따라 법정지법설을 원칙으로 하면서 사안에 따라 준거법설을 가미하는 절충설이 설득력이 있다.

(4) **실질법설**

이는 선결문제는 본문제와 관련하여 발생하는 문제이므로 본문제의 준거법 소속국의 실질법에 의해 해결해야 한다는 견해이다. 법정지법설이나 준거법설을 따를 경우 복수의 준거법을 조사하여 정확한 내용을 파악하는 것은 법원에게 지나치게 부담이 되고, 또한 법정지 법원이 국제사법을 적용하여 본문제의 준거법인 외국법을 확정하였다면, 이제 더 이상 선결문제를 준거법 소속국의 내국사안과 구별할 이유는 없으므로 그와 동일하게 준거법 소속국의 실질법을 적용할 것이라고 한다.[59] 그러나 이는 선결문제가 본문제 준거법 소속국의 입장에서 순수한 국내적 문제일 때는 타당하지만 그것이 섭외적 법률관계인 때에는 부당하다. 그 경우 본문제 준거법 소속국도 자

56) 김용한 외, 159.
57) 서희원, 117.
58) 서희원, 117; 윤종진, 168.
59) 신창섭, 131-132.

신의 국제사법을 적용하여 선결문제의 준거법을 결정할 것이기 때문이다.[60)]

실질법설은 종래 영미의 일부 판례의 태도이나,[61)] 영미에서는 각 사안마다 가장 좋은 결론에 도달하는 해결방법을 개별적으로 탐구하는 견해(이를 이익형량설이라고 부르기도 한다)도 유력하다.

필자는 법정지법설을 원칙으로 하면서 사안에 따라 준거법설을 가미하는 절충설을 지지한다. 그러나 이도 예외를 인정하는데, 널리 인정되는 예외는 국적에 관련된 선결문제의 경우이다. 즉 국적의 득실이 어떤 사법적(私法的) 법률관계(예컨대 유효한 혼인, 친자관계 등)에 좌우되는 경우에는 이러한 선결문제는 문제된 그 국가의 국제사법에 따른다. 즉 이 경우 선결문제는 본문제에 종속적으로 연결된다는 것이다.[62)63)]

4. 법률의 회피

가. 법률의 회피의 개념

국제사법상 법률의 회피(또는 법의 회피. 이하 '법률회피'라고 한다)는 '법률사기(*fraude à la loi*, Gesetzesumgehung, evasion of laws)' 또는 '연결점의 사기적 창설'이라고 하는데,[64)] 이는 당사자가 회피가 없었더라면 적용되었을 준거법의 적용을 피하기 위한 의도를 가지고 연결점을 창설함으로써 다른 법이 준거법이 되게 하는 것이다. 특히 혼인[65)]과

---

60) 신창선·윤남순, 129.

61) 시희원, 114.

62) 안춘수, 105 이하는 견해를 밝히지는 않고 다양한 견해를 소개하고 문제점을 지적한다. 최흥섭, 94는 양자의 해결방법이 다르다고 보아 구분하여 논의한다. Erstfrage를 '1차적 문제'(안춘수, 101) 또는 '일차문제'라고 번역하기도 한다(최흥섭, 94). 최흥섭, 94는 선행문제는 법정지 국제사법에서 제기되는 문제이므로 '내국선결문제'라고 하고, 선결문제는 준거법인 외국법에서 제기되는 문제이므로 '외국선결문제'라고 구별하여 부른다. 안춘수, 101 이하는 선결문제를 '협의의 선결문제', 선행문제와 선결문제를 '광의의 선결문제'라고 부른다.

63) 주목할 것은 근자에 선결문제의 준거법을 직접 언급한 고등법원 판결이 있다는 점이다. 즉 상속권의 유무를 결정하는 과정에서 혼인관계의 준거법이 선결문제로 제기된 상속회복청구사건에서 수원고등법원 2023. 1. 19 선고 2022나11421 판결은 상속의 준거법은 망인의 본국법인 한국법인데, 원고가 민법상 상속회복청구권을 행사하기 위해서는 상속권자(피상속인의 배우자)여야 하므로, 혼인관계의 존부가 문제됨을 확인하고, "이는 상속권 결정의 선결문제인데, 본문제인 상속관계의 준거법이 법정지법인 한국법이므로 혼인관계도 한국 국제사법에 따른다"는 취지로 판시하였다. 그러나 위에서 보았듯이 선결문제의 준거법 지정에서 가장 큰 견해의 대립은 독립적 연결설과 종속적 연결설의 대립인데 위 사건에서는 본문제인 상속의 준거법이 한국법이므로 양자의 대립은 없던 사건이다. 물론 위 판결이 실질법설이나 기타 학설을 따르지 않은 점에서는 의미가 있다.

64) 이호정, 국제사법, 197. 그러나 아래에서 보듯이 통설처럼 법률회피에 대하여 관대한 태도를 취하여 그 결과를 유효한 것으로 본다면 '사기(적)'라는 표현은 지나치게 부정적인 인상을 준다.

65) 대표적인 것이 보통법혼인(Common－Law marriage)이다. 보통법혼인이라 함은 미국의 일부 주에서처럼 별도 방식 없이 당사자 간의 합의만으로 성립하는 혼인을 말한다. 최흥섭, 343. 혼인의 방식은 혼인거행지법에도 선택적으로 연결되므로 한국인도 그러한 미국 주에서 보통법혼인을 할 수 있고 그 경우 법률회피나 공서위반이 되지는 않는다. 최흥섭, 343. 다만 현지에 거주하는 한국인들이 보통법혼인을 할 수 있음은 별 의문이 없으나, 한국에 일상거소가 있는 한국인들이 일부러 그런 주에 가서 혼인하는 경우에는 문제된다. 이는 진정법률회피에 해당하는데 그 경우 관용한계를 넘는다고 주장할 여지도 없지

이혼 등의 경우 문제된다. 국제사법은 이에 관한 조문을 두지 않으나[66] 이는 강학상 국제사법 총론에서 다루어진다. 법률회피의 주요 쟁점은 첫째, 법률회피의 요건과 둘째, 법률회피에 대해 어떻게 대처할 것인가라는 효력의 문제이다.[67]

나. 유사한 개념과의 구별

법률회피와 유사하나 구별해야 개념이 있다.

첫째는 가장행위(Simulation)이다. 이는 다른 법분야에서도 널리 인정되는데, 국제사법에서 말하는 가장행위는 법률요건이 실제로 실현되지 않았는데 마치 실현된 것처럼 가장하는 경우를 말한다. 예컨대 외국에 실제로 일상거소가 형성되지 않았는데 외관상의 일상거소만을 작출하는 경우이다. 외관상의 가장적인 연결점은 연결점으로 존중되지 않음은 당연하다.[68]

둘째는 부진정법률회피(unechte Gesetzesumgehung)이다. 이는 우리 국제사법이 정한 연결점이 아니라 다른 어떤 외국의 국제사법이 정한 연결점을 성립시킨 경우이다.[69] 이는 진정법률회피처럼 우리 국제사법이 정한 연결점을 작출한 것이 아니라 국제사법 쇼핑이다. 국제적으로 유명한 사례가 'Gretna Green 혼인'이다.[70] 예컨대 우리 국제사법에 따라 지정된 준거법상 혼인장애사유가 있는 경우 이를 피하고자 외국에서 당해 외국의 국제사법이 지정하는 준거법(물론 그 준거법이 그러한 혼인장애사유를 모르는 경우)에 따라 혼인을 하는 경우이다. 그 경우 비록 외국법에 따라 유효한 혼인이 성립하더라도 그것은 우리 국제사법이 지정하는 준거법에 따른 것이 아니므로 유효한 혼인의 성립이라는 법률효과가 부정된다. 이는 부진정법률회피를 부정하기 때문이라기

는 않으나 방식은 외형적 형식에 불과하다고 보아 이를 관용하는 것이 타당하다. 즉 회피는 성공적이다. 이호정, 국제사법, 199. 이런 맥락에서 흥미로운 것은 스위스 국제사법의 태도이다. 아래에서 보듯이 스위스 國私(§45)은 외국에서 유효하게 체결된 혼인을 승인하면서도, 당사자 일방이 스위스 시민(Bürger)이거나 쌍방이 스위스에 주소를 가지고 있는 때에는 당사자들이 스위스법상의 무효원인을 피할 명백한 의도로 외국에서 혼인을 체결한 경우에는 승인하지 않는다는 회피유보를 규정하기 때문이다.

66) 흔한 예는 아니지만 2004년 벨기에 국제사법(§18)은 조문을 둔다.

67) 법률의 회피에 관한 상세는 장준혁, 온주 국제사법 [후주] 제23조: 법률회피 [1] 이하 참조.

68) 이호정, 국제사법, 203; 최흥섭, 126; 안춘수, 129.

69) 이호정, 국제사법, 203–204; 최흥섭, 127 이하; 안춘수, 129. 이하. Kegel/Schurig, 492; von Bar/Mankowski (2003), IPR Band 1, 2. Auflage, §7 Rn. 136. 부진정법률회피는 아래 언급하는 "그릇된 (준거)법에 따른 행위(Handeln unter falschem Recht)"에 해당하는 사례로 파행적 법률관계를 발생시킨다. 반면에 신창선·윤남순, 118; 신창섭, 189은 법정지쇼핑을 '부진정 법률회피'라고 부른다.

70) 'Gretna Green 혼인'은 과거 19세기 전반에 영국(England)법상의 부모의 동의요건과 혼인방식을 피하고자 부모의 동의를 받지 못한 미성년자들이 스코틀랜드의 Gretna Green의 대장간에서 하는 혼인을 말한다(예컨대 그곳에서 거주하지 않고 부모의 동의 없이 혼인). 영국에서 스코틀랜드로 들어가는 입구에 있는 마을 이름인 Gretna Green에서 유래한다. 그러나 1977년 스코틀랜드법의 개정으로 이는 더 이상 가능하지 않다. 부모의 동의는 혼인의 방식이 아니라 실질적 성립요건인 탓에 위 혼인은 효력이 없었다. 그런 이유로 이를 '부진정법률회피'라고 하였다. 그럼에도 불구하고 위 혼인이 행해졌던 이유는 부모의 동의 흠결은 혼인의 취소사유이므로 부모가 실제로 혼인을 취소하지 않는 한 여전히 유효하였기 때문이라고 한다. 소개는 김연 외, 187; 최흥섭, 127.

보다 우리 법질서는 어떤 외국에서 형성된 법상태를 당연히 승인하는 대신 우리 국제사법에 따라 지정된 준거법에 따른 경우에만 승인하기 때문이다. 이것이 '저촉법적 통제' 또는 '준거법 통제'이다.[71] 이를 부진정법률회피라고 설명하나 이는 (진정)법률회피가 문제되는 사안이 아니다.

국제사법의 해석론상 법률회피를 인정하는 견해는 가장행위와 부진정법률회피에 대한 거부감에서 비롯된 것일 수도 있다. 따라서 이 두 개의 개념을 이해하고 그 경우 법률효과를 부정한다면 가사 법률회피를 인정하지 않더라도 폐해가 상당히 축소될 것이다.[72]

다. 법률회피의 요건

일반적으로 첫째, 회피된 법규, 둘째, 이용된 법규, 셋째, 회피행위와 넷째, 회피의도(또는 회피의사)를 법률회피의 요건으로 든다.[73] 근자에는 그에 더하여 구체적인 사안에서 결과의 부적절성(Unangemessenheit) 또는 권리남용을 요구하거나[74] 관용한계를 넘을 것을 요구하기도 한다.[75]

문제는 법률회피가 성립하자면 연결점을 <u>비정상적인 방법으로</u> 설정할 것과 원래 준거법이 되었을 법을 피할 <u>목적만으로</u> 다른 연결점을 설정할 것이라는 요건이 필요하다는 점이다.[76] 그러나 위 요건들은 이론적으로나 실제적으로 충족하기 어렵고 증명도 쉽지 않다. 외국 국적을 취득하기 위하여는 외국법이 정한 요건을 구비해야 하는데 국적을 적법하게 취득하였음에도 불구하고 그것이 비정상적인 방법이라고 비난할 수 있을까. 또한 국적취득에 수반되는 다양한 사법적 및 공법적 효과를 고려한다면 어떤 경우에 원래의 준거법을 피할 목적만으로 외국 국적을 취득하였다고 할 수

---

71) 석광현, 정년기념, 666 이하 참조. 따라서 이러한 준거법 통제 없이 승인하는 것은 원칙적으로 허용되지 않는다.

72) 법률회피론은 국제재판관할의 맥락에서 논의되기도 한다. 예컨대 이혼사건의 관할의 연결점이 주소인 경우 재판상 이혼을 할 목적만으로 외국에 주소를 두었다면 법률회피가 되어 관할권의 근거가 될 수 없다는 견해가 있다. 이호정, 국제사법, 202. Encyclopedia/Kurt Siehr, Evasion of Law (*Fraus legis*), Vol. 1, 703도 참조. 그러나 우리 국제사법상 근거가 없다.

73) 이호정, 국제사법, 197; 김연 외, 188 이하; 안춘수, 126. 여기의 회피의사가 법률의 회피만을 위하여 연결점을 작출한다는 데 대한 의사로서 다른 목적과 함께 법률의 회피도 위한 것은 배제된다는 취지인지 불분명하고, 내심의 의사인 회피의사를 정확히 파악하기는 어렵다.

74) Gierl/Köhler/Kroiß/Wilsch (2017), Internationales Erbrecht, 2. Auflage, Teil 1 EuErbVO, §4 Rn. 182 (Andreas Köhler 집필부분). EU상속규정도 프랑스의 요구를 받아들여 상속규정은 법원이 국제사법에서 법률회피에 대처하기 위한 기제(*fraude à la loi* 등)를 적용하는 것을 금지하지 않음을 명시하고(전문 제26항), 법원은 방식규칙을 회피하기 위한 국제적 요소의 사기적 창설을 무시할 것을 규정한다(전문 제52항 2문). 윤진수·장준혁, 주해상속 2, 1306 이하 참조. 상속 맥락의 논의는 Dorota Miller (2020), Evasion of the Law Resulting from a Choice of Law under the Succession Regulation, Rabels Zeitschrift, 84, 615ff. 참조.

75) Kegel/Schurig, 480.

76) 이호정, 198; 윤진수·장준혁, 주해상속법 2, 1307.

있을까. 비록 원래의 준거법을 피할 의도에서 비롯되었더라도 그것이 주된 목적이라고 하는 것은 몰라도 그 목적만을 가졌다고 할 수 있을까. 요컨대 위 요건들을 따르더라도 그 경계를 긋기가 매우 어려울 수밖에 없다. 법률회피의 실질은 '법질서의 위신을 훼손한 데 대한 국제사법적 제재'이고 이는 질서이익에 봉사한다고 할 수 있는데, 가사 이를 인정하더라도 국제사법에서 당사자자치의 원칙 그리고 동 원칙과 유사한 연결원칙(예컨대 법인에서 설립준거법설의 채택과 편의치적의 허용)의 영역이 확장되면서 그 입지가 크게 약화되었다.[77)]

라. 법률회피의 효과

근자에는 독일 학설을 따라 아래와 같이 설명하는 견해가 있다.[78)]

첫째, 법률회피의 요건을 규정하고 그 요건이 충족되면 법률회피가 있는 것으로 보아 회피에 따른 효과를 부정하고 회피된 연결점에 따라 지정된 준거법을 적용하는 견해(특별구성요건설).[79)] 종래 프랑스와 벨기에에서는 법률회피를 독립적인 제도로 보면서 이를 제재하여 그에 따른 국제사법적 효력을 부인함으로써 법률회피를 좌절시키고 법질서의 위신을 지키는 견해(무효설)가 유력하다.[80)] 둘째, 법률회피를 공서에 의하여 해결하는 견해와 셋째, 법률회피에 대하여는 법률회피를 특별하게 취급하지 않고 일반적인 국제사법해석의 문제로 해결하는 견해(목적론적 법해석론)가 있다. 즉 독일, 일본과 한국에서는 이를 저촉규범의 합목적적 해석의 문제로 보면서 비교적 관대한 태도를 취하므로 많은 경우 법률회피에 의해 당사자가 의도한 목적이 달성된다(유효설).[81)] 셋째의 견해가 설득력이 있다.[82)]

법률회피라는 개념을 인정하는 견해(무효설)는 회피 정도가 심한(또는 중대한) 경우, 법질서의 위신이 심각하게 침해된 경우 또는 '관용한계(Toleranzschwelle)'를 넘은 경우에는 국제사법적 효력을 부인하나,[83)] 회피의 정도가 심한지의 구별기준이 불분

---

77) 장준혁, 온주 국제사법 [후주] 제23조: 법률회피 [16][17]은 설립준거법과 편의치적을 이용하는 경우에도 법률회피로 보아 제재할 수 있다고 하나 필자는 동의하지 않는다. 더욱이 예외조항을 규정한 조문(제21조)이 있는 국제사법하에서는 편의치적의 경우 대법원 2014. 7. 24. 선고 2013다34839 판결처럼 동조를 활용하는 편이 더 설득력이 있다.

78) 최흥섭, 131 이하 참조.

79) 윤진수/장준혁, 주해상속 2, 1306 이하는 이를 지지하는 것으로 보인다.

80) 2022년 성안된 프랑스 국제사법전 제정안(제12조)도 "일반적으로 적용될 준거법을 오로지 회피할 목적으로 만들어진 상황은 프랑스 법질서하에서 이로 대항할 수 없고 문제된 법적관계에서 대한 결과의 판단은 법관에게 맡겨져 있다"고 규정하여 이를 명시한다. 고유강(2024), "프랑스 국제사법전 제정안 소개－친자관계(*filiation*) 결정의 준거법을 중심으로－", 2024. 5. 30. 개최된 한국국제사법학회 제165회 정기연구회 발표문, 16 참조.

81) 김연 외, 189. 영국과 미국의 태도도 같다고 한다. Kegel/Schurig, 483.

82) 최흥섭, 133도 동지. 독일 연방대법원의 판결(BGHZ 78, 318 = IPRax 1981, 130)은 이를 따른 것이라고 한다.

83) 이호정, 국제사법, 197 이하; 윤진수/장준혁, 주해상속 2, 1308. 이 견해는 구별기준을 제시하지는 않

명하다는 문제가 있다. 이를 권리의 남용으로 보면 양자의 관계도 문제된다. 특히 법률회피를 '연결점의 사기적 창설"이라고 하거나 비정상적인 방법으로 법률요건을 실현하는 경우라고 하는데, 가장행위와 달리 법률회피의 경우 법률요건이 실제로 실현되므로 여기에서 "사기적" 또는 "비정상적인지" 또는 관용한계를 넘었는지의 판단이 쉽지 않다. 예컨대 외국에 거주하는 한국인 남녀가 현지의 법에 따라 혼인을 하는 것은 무방하지만 평소 한국에 거주하는 한국인 남녀가 외국의 혼인방식요건을 이용하기 위하여 일부러 그 외국으로 가서 혼인하는 것은 비정상적이라는 것인데 그 기준을 어떻게 설정할지는 쉽지 않다.

마. 우리 국제사법상 법률회피를 인정함에 있어서의 난점

법률회피의 규제 여부는 국제사법적 정의의 문제이고, 법질서의 위신에 대한 질서이익이 개입하여 규제하는 것이라고 한다.[84] 그러나 국제경쟁력의 강화 등을 위하여 일정한 경우 법률회피를 허용하는데[85] 그로 인하여 법률회피의 관용한계가 모호하게 된다. 우리 법상 문제되는 사안은 아래와 같다.

첫째, 국제계약 기타 당사자자치의 원칙이 허용되는 범위 내에서는 법률회피이론은 사실상 의미를 상실하였다. 당사자자치의 원칙 남용에 대한 통제가 필요하고 가능하다고 보더라도 그 원칙의 한계로 설명할 것이지 굳이 법률회피이론으로 설명할 필요는 없다.[86]

둘째, 법인의 준거법에 관하여 §21가 원칙으로 채택한 설립준거법주의를 따르면 법률회피이론은 사실상 의미를 상실하였다.[87]

셋째, 편의치적의 경우이다. 종래 우리 유력설은 편의치적의 경우 선적국법주의에 대한 예외를 인정하는데 그 근거로 법률회피를 들기도 하고,[88] 편의치적의 경우에도 선적국법을 적용하는 것이 원칙이나, 당사자에 의한 악의의 준거법 회피가 있는 경우 법정지법인 한국법을 적용할 것이라는 견해[89]도 있다. 그러나 편의치적의 문제

는다. Kegel/Schurig, 480ff.는 관용한계를 넘는 경우 회피된 규범을 유추적용하고, 나아가 이를 국제사법에서의 질서이익과 그의 기초를 이루는 국제사법적 정의라고 하는 더 일반적인 이론의 틀 내에서 논의한다. 안춘수, 130은 법률회피의 처리는 탈법행위의 처리에 관한 일반원칙을 따를 것이라면서 사안별로 유효설과 무효설을 취한다.

84) 이호정, 국제사법, 198.

85) 이러한 사례를 "국가적으로 허용된 법률회피의 형태"라고도 설명한다. von Hoffmann/Thorn (2007), IPR, 9. Aufl., §5 Rn. 134f. 참조.

86) 다만 순수한 국내계약에서 당사자들이 외국법을 선택한 경우 그 효력은 제한된다(國私 §45 ④).

87) 유럽사법재판소의 1999. 3. 9. Centros 사건 판결(C-212/97) 참조. 이호정, 국제사법, 200은 법인의 본거지 이동을 언급하나 설립 자체부터 문제된다. 다만 의사외국회사의 경우 국제사법상 한국 회사로 취급된다(§30 ④).

88) 이태종(2004), "선박우선특권의 준거법 결정에 관한 국제사법 제60조 제1, 2호에 대한 비판적 검토", 사법논집 38, 164.

를 법률회피로 해결하는 견해는 별로 지지를 받지 못하고 있고, 특히 §21(舊國私 §8에 상응)를 도입하였으므로 그에 의하여 해결해야 한다.[90)]

넷째, 원정출산의 경우 어느 범위 내에서 법률회피를 인정할 수 있는가. 출산이 임박한 한국 임신부가 원정출산에 의하여 미국에서 출산하고 그 아이가 한국 국적과 미국 국적을 동시에 취득한 경우 법률회피 이론에 따르면 미국 국적은 부정되어야 한다. 그러나 미국 국적의 취득 여부는 미국법이 결정할 사항이고, 준거법을 정하는 국제사법상 원정출산의 범위 획정도 쉽지 않다. 물론 복수국적의 경우 國私(§3 ①)에 따라 결정되는 본국법은 한국법이나 이는 미국 국적의 취득 자체를 부정하지는 않는다.

요컨대 목적론적 법해석론이 설득력이 있다. 법률회피로 해결할 사안이 있을 수 있음을 전면 부정하지는 않지만 실제로 그 법리에 따라 연결점을 무시할 수 있는 사안은 매우 드물 것이다. 우리 통설도 법률회피에 대하여 관대한 태도를 취하여 그 결과를 유효한 것으로 보는데(유효설)[91)] 국제사법의 일반법리로서 법률회피를 인정할 것은 아니고, 법률회피가 심각한 사안 중 일부는 공서를 통하여 규제할 수 있을 것이다.[92)] 정책적으로 당사자가 변경하기 어려운 연결점을 사용하거나 연결시점을 고정하는 불변경주의를 채택함으로써 법률회피를 어렵게 만드는 방법 등이 바람직한 해결방안이다.

5. 적응(조정)

가. 적응의 개념

국제사법에서 적응(조정)이라 함은, 국제사법이 적용되는 개별사건에서 규범의 모순 또는 저촉을 해결하거나 법질서 간의 부조화를 제거하기 위하여 법질서를 수정

89) 윤윤수(1996), "便宜置籍船(Ship under Flags of Convenience)", 외국사법연수논집[13] 재판자료 73, 528.

90) 신창섭, 192도 동지로 보인다. 대법원 2014. 7. 24. 선고 2013다34839 판결도 舊國私 §8 ①을 적용하여 선적국법의 적용을 배척하였다. 평석은 석광현, 제6권, 44 이하 참조.

91) 신창섭, 190; 최흥섭, 131. 이 견해는 독일의 유력설을 따라 성질결정을 이용하여 준거법을 변경하는 경우 법률회피를 인정할 수 있다면서 프랑스에 있는 부동산을 생전에 미국 법인에 귀속시켜 상속의 문제를 상속 준거법이 아니라 법인의 준거법에 의하도록 한 사안(정확히는 자녀의 유류분을 회피할 목적으로)에서 이를 법률회피로 보아 상속준거법을 적용한 프랑스 판결(Leslie Caron 사건)을 소개한다. von Hoffmann/Thorn (2007), IPR, 9. Aufl., §5 Rn. 130도 참조. 1990. 1. 23. 파리항소심 판결 참조. 개관은 Kegel/Schurig, 480; Gierl/Köhler/Kroiß/Wilsch (2020), Internationales Erbrecht, 3. Auflage, Teil 1 EuErbVO, §4 Rn. 182 (Andreas Köhler 집필부분). 이는 독일법상은 공서로 해결할 사항이라고 한다. 그렇더라도 이는 하나의 예시이지 성질결정이 달라지도록 하는 경우에 항상 법률회피로서 무효라는 취지는 아니다. 우리나라에서 법률회피론에 대하여 긍정적 태도는 장준혁, 온주 국제사법 [후주] 제23조 : 법률회피, 2023. 7. 5. 참조. 장준혁 교수가 한국에서는 법률회피론에 가장 호의적인 견해로 보인다.

92) Junker, 3. Auflage, §6 Rn, 65(5판에서는 삭제된 것으로 보인다). Encyclopedia/Kurt Siehr, Evasion of Law, Vol. 1, 708은 기존 수단으로 대처하면 되고 유럽국제사법 총칙에 법률회피를 입법할 필요는 없다고 한다.

하여(또는 법적용의 조율을 통하여) 적용하는 법리를 말한다.[93] 일국의 법질서는 상호 동조되어 있어서 규범의 모순 또는 저촉이 발생할 여지가 작지만, 하나의 사안 또는 법률관계에 외국법이 한국법 또는 다른 외국법과 함께 적용되는 경우 규범충돌 또는 평가모순의 형태로 부조화(더 심하게는 체계파괴)가 발생할 수 있다. 적응이 문제되는 전형적인 상황은 규범의 흠결, 중첩 또는 불일치(부정합)[94]이나 그 밖에도 준거법 적용 시 그와 유사하게 규범 간의 부조화를 제거해야 하는 사안이 있는데 이에는 대용과 치환(또는 轉置)이 있다.[95] 이를 차례대로 설명한다.

나. 규범의 흠결, 중첩 또는 불일치

(1) 일방배우자의 사망시 잔존배우자의 재산 취득

전형적 사례는 혼인관계 존속 중 일방배우자의 사망시 잔존배우자의 재산 취득이 문제되는 스웨덴 과부사건이다.[96] 예컨대 부부가 혼인 당시 스웨덴 국적을 가지고 있었는데 남편이 영국 국적을 취득한 뒤 사망한 경우 부인이 재산을 취득하는지가 문제된다. 이는 스웨덴 실질법상 부부재산제에 따라 처는 부부공유인 재산의 일부를 분배받으나 유산 상속은 허용되지 않는 데 반하여, 영국 실질법상 부부재산제에 따라 부인은 부부공유인 재산의 일부를 분배받지 못하나, 유산 상속은 가능하기 때문에 발생한다. 즉 남편의 국적이 스웨덴으로부터 영국으로 변경된 경우 부인은 부부재산제에 의하여 일부 취득하고, 상속에 의하여 추가 취득하는 데 반하여(규범의 중첩), 부부가 혼인 당시 영국 국적을 가지고 있었으나 남편이 스웨덴 국적을 취득한 뒤 사망하였다면 반대로 부인은 영국 부부재산제법에 따라 재산을 분배받을 수 없고, 상속에 의하여도 취득할 수 없다(규범의 흠결). 이 경우 국제사법적 해결방안에 따라 영국 상속법에 따라 해결하거나(전자의 경우), 스웨덴 부부재산제법에 따라 부부재산의 절반을 취득하게 하자는 것이다(후자의 경우).[97]

---

93) 이호정, 국제사법, 123면; Junker, §11 Rn, 26. 적응의 법리는 대륙법계에서는 널리 인정되고 있으나 영미법계는 이를 거의 알지 못한다고 한다. Gerhard Dannemann (2016), Stefan Leible (ed.), General Principles of European Private International Law, 331.

94) 규범 불일치(부정합)는 규범의 중첩 또는 흠결과 달리 준거법인 외국법의 어떤 법형상이 독일법에 영향을 주나 독일법에는 그에 상응하는 것이 없어 공허하게 될 위험이 있는 상황을 가리킨다. Junker, §11 Rn, 30. Kropholler, 237은 이를 '질적인 규범 불일치(qualitative Normendiskrepanz)'라고 부르면서, 예컨대 상속인이 상속준거법인 피상속인의 본국법에 의하여 권리를 취득하였으나 그것이 상속재산인 부동산 또는 동산 소재지의 법상 양립하지 않는 경우를 예시하고(이는 포괄준거법과 개별준거법의 저촉 사안처럼 보이기도 한다) 나아가 스페인 부동산에 대한 영국 신탁법의 적용을 예로 든다. Rauscher (2017), Internationales Privatrecht, Rn. 568는 규범 부정합(Normenunverträglichkeit)이라 한다. 최흥섭, 187 이하는 규범의 흠결·중첩은 설명하나 규범의 불일치는 언급하지 않는다.

95) 독일에는 대용과 치환을 적응(조정)의 하위유형으로 보는 견해(Junker, §11 Rn. 36ff.)도 있고 이를 별도로 취급하는 견해(Kropholler, 231ff.)도 있다.

96) 최흥섭, 187 이하도 위와 유사하게 규범의 흠결과 중첩이 부부 중 일방배우자가 사망한 경우 잔존배우자의 재산분배 문제에서 발생한다면서 사례를 들어 설명한다.

(2) 친자관계의 준거법과 후견의 준거법의 저촉

친권의 소멸은 후견개시의 선결문제인데 친권과 후견의 준거법이 상이한 경우 충돌이 발생할 수 있다.[98] 예컨대 §75에 따른 친권의 준거법상 친권이 상실되어 후견이 개시되어야 하나, §78에 따른 후견의 준거법에 따르면 친권이 상실되지 않아 후견개시사유가 존재하지 않는 경우(소극적 저촉)와, 반대로 친권의 준거법상 부모가 친권을 가지는 데 반하여 후견의 준거법상 후견개시사유가 존재하는 경우(적극적 저촉)가 발생할 수 있다. 이는 적응(조정)의 법리에 의하여 해결할 문제인데 해결방안은 후견(§75)에 관한 해설에서 논의한다.

(3) 적응의 해결방안

적응을 해결함에 있어서 구체적 사건에서 이익형량을 통하여 법질서에 최소로 손을 대는 방안을 선택해야 한다. 이것이 "최소 무리(또는 저항)의 법칙(Gesetz des geringsten Widerstands 또는 Eingriffs)"이다.[99] 적응의 해결방안으로는 국제사법적 해결방안과 실질사법적 해결방안이 있다.[100] 국제사법적 해결방안은 두 개의 저촉규정의 경계를 수정하거나 새로운 저촉규정을 형성함으로써 저촉규정들이 상호 충돌하는 두 개의 상이한 실질사법을 지정하는 결과(즉 규정의 모순)를 미리 막는 예방적 해결방법이다. 한편 실질사법적 해결방안이라 함은 규정의 모순을 초래하는 저촉규범이 아니라, 준거법으로 지정된 실질사법들의 내용이 서로 모순되지 않도록 실질사법을 수정 내지 조정하는 치료적 해결방안이다.[101] 다만 실질사법적 해결방안을 따른다면 어느 법제에도 없는 결과가 발생하고, 예컨대 전적으로 한국법 또는 영국법에 의하여 규율되는 순수한 국내사건과 사이에 정당화하기 어려운, 의도하지 않은 차별이 발생하는 것이라는 의문이 있다.[102] 그러나 위 두 가지 해결방안으로써 모든 사안을 해결할 수는

---

97) 이호정, 국제사법, 125. 그 밖에도 상속재산의 관리 또는 청산도 상속의 준거법이 규율하는 사항이라고 보는 통설에 따르면 실체와 절차 간 또한 우리 법에 생소한 외국 제도를 적용하는 데 따르는 적응의 문제가 발생한다. 윤진수·장준혁, 주해상속 2, 1252 참조. 아래에서 논의하는 총괄준거법과 개별준거법의 문제도 상속의 맥락에서 발생한다.

98) 국제사법상 후견의 준거법을 정한 §75는 미성년자에 대한 후견에도 적용된다. 따라서 미성년자의 후견은 원칙적으로 피후견인인 미성년자의 본국법에 의하고(§75), 부모·자녀 관계의 준거법은 자녀의 일상거소지법에 의하므로(§72) 양자의 준거법이 다를 수 있다.

99) 상세는 이호정, 국제사법, 123 이하, 224; 신창선·윤남순, 120 이하; Kegel/Schurig, SS. 361−362 참조.

100) 그 밖에 양자의 해결방안이 모두 만족스럽지 못한 경우 국제사법 안에서의 실질사법적 해결방안도 고려할 수 있다. 이호정, 국제사법, 127 이하.

101) 이호정, 국제사법, 124; 신창선·윤남순, 122.

102) Gerhard Dannemann (2004), Die ungewollte Diskriminierung in der internationalen Rechtsanwendung: Zur Anwendung, Berücksichtigung und Anpassung von Normen aus unterschiedlichen Rechtsordnungen은 그런 의도하지 않은 차별이 발생하는 사안들을 총괄하여 'Anpassungslage(적응을 요하는 상황)'라면서 발생원인, 해결방안과 헌법적 논점 등을 체계적으로 논의한다. Encyclopedia/Gerhard Dannemann, Adjustment/adaptation (Anpassung), Vol. 1, 8 이하도 참조.

없고 개별사안에서 적절한 해결방안을 모색할 필요가 있을 것이다.[103][104] 나아가 적응에 의하여 해결할 필요가 있는 사안이 발생하지 않도록 입법단계에서 연결원칙을 구성할 필요도 있다.[105]

다. 대용

대용(代用. Substitution, Ersetzung)이라 함은 실질법이 일정한 구성요건의 구비를 요구하는데, 그 구성요건의 일부 내용이 외국에서 외국법의 제도로 행해진 경우에 과연 내국 실질법의 구성요건이 구비된 것으로 볼 수 있는가의 문제이다.[106] 이는 주로 법정지 국내법이 준거법인 경우에 제기된다. 독일에서 대용이 문제되는 전형적 사례는 독일 소재 부동산에 관한 물권행위 또는 독일 유한회사의 지분 양도처럼 독일 공증인의 공증이 필요한 경우 외국 공증인의 공증이 이를 대신할 수 있는가이다.[107]

대용을 인정하기 위하여는 두 가지 요건이 필요하다. 첫째는 내국 실질규범의 구성요건이 외국에서 행해진 법현상에 의한 대체를 허용하여야 한다(즉 내국 실질규범이 동법에 따른 실현만을 고집한다면 대용은 불가능하다). 둘째는 외국법의 현상이 내국 실질규범이 요구하는 구성요건과 등가성(특히 기능적 등가성)(funktionale Gleichwertigkeit)을 가져야 하는데, 문제는 기능적 등가성을 인정하기 위한 본질적 표지의 동일성 판단의 기준과 요건이다.[108] 위 두 가지 요건이 충족된다면 내국 실질규범의 구성요건이 구비된 것으로 보아 그에 따른 법률효과를 인정할 수 있다.[109]

103) 우리 판례에서 제대로 적응을 다룬 사안은 잘 보이지 않는다. 다만 준거법이 영국법인 보통법상 상계에서 성질결정의 상위(相違)로 인하여 적응이 필요한 사건과 유사하기에 동 법리를 원용하자는 주장을 한 바 있다. 석광현(2016), "영국법이 준거법인 채권 간의 소송상 상계에 관한 국제사법의 제문제", 서울대학교 법학 57−1, 201 이하 참조.

104) 참고로 민사소송법에서도 적응의 문제가 발생한다. 미국의 부양재판은 미국에서는 집행할 수 없고 법정모욕만으로 담보되는데, 이 경우에도 독일에서는 강제집행을 허용하자고 한다. 이를 '협력적 적응(kooperative Anpassung)'이라고 부르기도 하나 Geimer는 이에 대하여 부정적인 견해를 피력한다. Geimer, IZPR, Rz. 3106, Rz. 1031.

105) 예컨대 불법행위의 준거법을 정함에 있어서 불법행위가 가해자와 피해자 간에 존재하는 법률관계를 침해하는 경우 종속적 연결(國私 §52 ③)을 하는 것이 그러한 예이다.

106) Kropholler, 231; 최흥섭, 193 이하(Kropholler를 따라 설명하면서 이를 '대체'라고 한다. 신창섭, 195은 대체 또는 대용이라 한다. 그러나 우리는 민법에서도 '대용권'이라는 용어를 사용하므로 대용이라 한다). 신창선·윤남순, 122은 대용을 조정의 한 유형으로 설명하면서도, 본문제의 준거법과 선결문제의 준거법의 관계에서 발생하는 모순과 부조화를 조정하는 문제라는 식으로 좁게 파악한다. 이 점은 신창섭, 170도 같다. 상속 준거법은 한국법인데 선결문제인 입양의 준거법이 양자의 상속권을 인정하지 않는 구 스페인법인 경우 상속 준거법과 입양 준거법 간의 모순이 발생하는 사례를 예시한다.

107) Rauscher (2017), Internationales Privatrecht, Rn. 543f. 참조. 사례 소개를 포함한 개관은 Encyclopedia/Jan D. Lüttringhaus (2017), Substitution, Vol. 2, 1675 이하 참조.

108) 대용은 주로 독일어권에서 발전된 법리인데, 국제법협회(*Institut de Droit International*)도 2007. 10. 27. '국제사법에서의 대용과 등가성(Substitution and Equivalence in Private International Law)'에 관한 결의를 채택한 바 있다. 결의(제3조)는 "대용은 고려 중인 법이 동일할 것을 요구하지 않으며, 그러한 법들이 각각 추구하는 목적과 이익 사이의 유사성으로 충분하다"고 한다. 결의는 IPRax (2008), 297. 소개는 Jayme (2008), IPRax, 298 참조.

또한 한국인들이 재판상이혼을 하는 경우 반드시 한국 법원이 재판을 하여야 하는 것은 아니고 외국 법원이 재판을 할 수도 있다. 외국 법원의 이혼재판이 한국 법원의 재판을 갈음할 수 있다면 이것도 대용의 사례와 유사하나 통상 대용의 법리로 설명하지는 않는다. 그 경우 이혼재판이 승인요건을 구비하여야 하나 위의 대용은 준거법 심사의 논점인 데 반하여 이는 외국재판의 승인의 문제라는 점에서 차이가 있다.

라. 치환

치환은 준거법의 변경이 있는 경우 발생하는데 ① 물건의 소재지가 변경된 경우 기존 물권의 취급과, ② 그릇된 법에 따른 행위의 효력이 대표적 사례로 소개된다.[110]

(1) 물건의 소재지가 변경된 경우 기존 물권의 취급

외국에서 성립한 물권이 한국의 물권의 성립요건을 구비한다면 외국법에 따른 물권의 효력을 부인하는 것이 아니라 가능한 한 한국법상의 물권 중에서 유사한 내용의 물권의 효력을 인정하거나, 외국에서 인정하는 효력의 일부만을 제외함으로써 외국법상의 물권의 효력을 존중하는 것이 이른바 '치환(置換)' 또는 '전치(轉置)(Transposition 또는 Umsetzung)'의 법리이다. 국제사법에 규정은 없으나 치환의 법리가 인정된다. 그러나 치환의 결과 물권이 신소재지에서 소멸하거나 변경되는 것은 아니므로 후에 물건이 다시 구소재지로 복귀한 때에는 본래의 물권이 회복된다. 국제사법상 치환의 법리가 필요한 이유는 우리 民(§185)이 물권법정주의를 취하고 있기 때문이다.

(2) 그릇된 법에 따른 행위

우리 국제사법이 지정하는 준거법이 아닌 다른 법에 따른 행위는 "그릇된 (준거)법에 따른 행위(Handeln unter falschem Recht)"[111]의 문제로서 치환의 한 유형으로 논의된다.[112] 그릇된 법에 따른 행위가 원칙적으로 효력을 가질 수 없음은 국제사법상 준거법 통제가 이루어지기 때문이다. 그러나 그릇된 준거법에 따른 행위라고 해서 법률효과를 전면 부정할 것은 아니고 그것이 올바른 준거법의 요건을 구비하는 때에는 법률효과를 인정할 수 있다. 民(§138)의 무효행위의 전환(Umdeutung)에서처럼 가급적 그렇게 처리하는 것이 타당하다.[113]

---

109) 최흥섭, 193 이하; Kropholler, 231ff. Kropholler, 233은 Schröder를 따라 대용의 형태를 내외국 법현상(Rechtserscheinung)이 완전히 일치하는 경우(통상(reguläre)의 대용), 중요한 점에서 일치하는 경우(조정적(überbrückend) 대용)와 외국의 현상이 부분적으로 이용되는 경우[전환적(umdeutend) 대용]의 3가지로 분류한다. 논의는 Heinz-Peter Mansel (1991), Substitution im deutschen Zwangsvollstreckungsrecht, Festschrift für Werner Lorenz zum siebzigsten Geburtsgtag , 700f.

110) Junker, §11 Rn. 42; 석광현(2021), "선박보험계약의 준거법이 규율하는 사항(변제공탁과 비현명대리의 포함 여부)과 선체용선계약 및 부당이득의 준거법", 경희법학 56-1, 156, 註 19 참조.

111) 최흥섭, 2022년 글 모음집, 90, 註 325는 "잘못된 법에 따른 행위"라고 번역한다.

112) von Bar/Mankowski(2003), IPR Band 1, 2. Auflage, §7 Rn. 247f.

113) Junker, §11 Rn. 44.

마. 총괄준거법과 개별준거법의 관계

(1) 논점의 소개

상속, 부부재산제와 회사 합병에서와 같이 권리의무의 포괄승계가 있거나 기타 재산의 총체(Vermögensgesamtheit)가 문제되는 경우 그의 준거법을 '총괄준거법'이라고 부르고, 그에 포함되는 개개의 재산권의 준거법을 '개별준거법'이라고 부른다. 총괄준거법이 개별준거법이 충돌할 때에는 "개별준거법은 총괄준거법을 깨뜨린다(Einzelstatut bricht Gesamtstatut)"는 원칙[114]이 타당한 것으로 이해되고 있다. 예컨대 상속준거법은 상속재산을 상속인들의 합유에 속한다고 규정하는데, 개별준거법인 물건 소재지법이 합유제도를 모르고 공유만을 아는 경우 합유는 성립할 수 없으며 적응의 문제가 발생한다는 것이다.[115] 또한 예컨대 부부재산제의 준거법이 배우자의 일방에게 다른 배우자 소유의 부동산 위에 법정저당권을 인정하더라도 당해 부동산 소재지법이 그러한 물권을 허용하지 않는다면 이는 성립할 수 없다.

(2) 독일 민법시행법의 규정과 해석론

1986년 당시 독일 舊 민법시행법(§3 ③)은 "개별준거법은 총괄준거법을 깨뜨린다"는 원칙을 명시하는 것으로 이해되었다.[116] 위 조문은 그 후 §3a(실질규범지정; 개별준거법)가 되면서 일부 개정되었는데[117] §3a ①은 §4 ②이 되어 존속하나 §3a ②은 2019년 1월 삭제되었다(결국 §3a는 삭제되었다). 이는 독일 내에서 위 원칙에 대한 비판을 고려하고,[118] 위 원칙이 적용되는 주요 영역에서 유럽연합규정들이 위 원칙을 명시한 결

114) 이호정, 국제사법, 351; 윤종진, 332 이하; 신창선·윤남순, 352; 木棚照一(1995), 國際相續法の研究, 302 이하 참조. 독일 舊 민법시행법(§3a ②)은 위 원칙을 명시하였다. 그러나 일본과 한국에서 학설상 인정되는 위 원칙은 독일법의 그것처럼 넓은 것은 아니다. 위 원칙의 상세와 비판은 최흥섭(2014), 597 이하 참조. 이 점은 일본에서도 마찬가지다. 일본 문헌은 위 木棚照一, 328면 이하 참조. 근자에 일본에서는 상속재산의 구성에 관하여 문제되는 사항마다 상속준거법과 개별준거법을 배분적으로 연결하는 것이 다수설이나 그 구체적 내용에 관하여는 견해가 나뉘고 있다고 한다. 김문숙(2022), "국제상속사건에서 상속재산분할전의 상속재산의 소유형태", 국제사법연구 28-1, 646, 註 43. 이는 상속에 따른 재산의 이전과 상속재산의 처분의 준거법이 문제되는 최고재판소 판결을 다룬다.

115) 이호정, 국제사법, 272.

116) 조문은 아래와 같았다.

"제3절과 제4절의 지정들이 어떤 사람의 재산을 어떤 국가의 법에 따르게 하고 있는 경우에, 이 지정들은 (대상물이) 이 국가에 있지 아니하고 또한 (그 대상물이) 소재하는 국가의 법이 특별한 규정에 따르게 하고 있는 대상물에 대해서는 적용되지 아니한다."

117) §3a는 아래와 같았다.

"(1) 실질규정(Sachvorschriften)에로의 지정이 있는 경우에는 준거가 되는 법질서 중에서 국제사법규범을 제외한 법규범이 적용된다.

(2) 제3절의 지정들이 어떤 사람의 재산을 어떤 국가의 법에 따르게 하고 있는 경우에, 이 지정들이 (대상물이) 이 국가에 있지 아니하고 또한 (그 대상물이) 소재하는 국가의 법이 특별한 규정에 따르게 하고 있는 대상물에 대해서는 적용되지 아니한다."

2015년 8월 EU상속규정이 시행됨에 따라 ②에서 제4절에 대한 언급이 삭제되었다. 그 결과 舊 민법시행법 §3a ②은 친족사건에만 적용될 뿐 상속사건에 대하여는 적용되지 않았고 상속사건에는 EU상속규정 §30가 적용되었다.

과라고 한다.[119]

(3) 우리 국제사법의 해석론

섭외사법은 위 원칙을 명시하지 않았으나 우리 통설[120]은 이를 해석론으로 받아들였고 별 이견이 없었다. 근자에는 위 법리를 명시적으로 적용한 하급심 판결[121]도 있다. 다만 근자에는 한국에서도 위 원칙에 대한 비판론[122]이 있으나 통설을 지지하는 견해[123]도 있다. 위 원칙은 상속에서만이 아니라 부부재산제,[124] 합병과 신탁 등의 경우에도 적용될 수 있으므로 더 깊이 검토할 필요가 있다. 위 법리의 적용범위(즉 개별준거법의 범위)와 해결방안을 명확히 해야 하나 이는 기본적으로 국제사법에 의하

118) 소개는 최흥섭(2014), 614 이하.

119) Junker, §9 Rn. 13f,; 김문숙(2017), "상속준거법에서의 당사자자치", 국제사법연구 23－1, 294. 과거 제3조 제3항에 관한 논의는 von Bar/Mankowski (2003), §7 Rn. 43ff. 참조.

120) 이호정, 국제사법, 351.

121) 채권자취소권의 준거법이 문제된 사건에서 제1심인 부산가정법원 2012. 12. 21. 선고 2011드단14172 판결. 위 원칙의 적용을 지지하는 견해(정구태(2017), "이혼시 재산분할청구권 및 위자료청구권 보전을 위한 채권자취소권의 준거법 — 대법원 2016. 12. 29. 선고 2013므4133 판결", 인문사회 21, 8－2, 1112)도 있으나 그 사안은 위 원칙이 적용되는 사안이 아니다. 윤진수·장준혁, 주해상속 2, 1293, 註 615이 지적하듯이 위 판결은 잘못이다. 유정화. "외국법에 의한 부부재산제와 "개별준거법은 총괄준거법을 깨뜨린다"는 법리－부산가정법원 2012. 12. 21. 선고 2011드단14172 판결(대상판결)과 서울고등법원 2020. 10. 16. 선고 2020누43458 판결(참고판결)－", 한국국제사법학회 국제사법판례연구회 제8회 정기연구회 발표문, 10 이하도 같다. 이종혁(2021), "국제가사사건 재판례의 회고와 과제", 국제사법연구 27－2, 468－469는 이 사건에서 총괄준거법인 러시아법에 의한 부부재산제를 國私 §65 ③, ④(舊法 §38 ③, ④)에 따라 외국인인 제3자에게 대항할 수 있는지를 검토하였어야 한다고 지적한다. 또한 서울고등법원 2020. 10. 16. 선고 2020누43458 판결은 당해 사건에서 위 원칙이 적용되는 사건은 아니라고 보았으나 추상적 법률론으로 "국제사법 제65조 제1항(구법 제38조 제1항)의 부부재산제에 관한 규정은 총괄규정이므로 개별준거법은 총괄준거법을 깨트린다는 원칙이 적용될 수 있다."고 판시한 바 있다.

122) 최흥섭(2014), 597 이하는 명문규정이 없는 우리 국제사법의 해석론으로는 위 원칙을 인정할 수 없고 이는 일차적으로 성질결정에 의하여, 이차적으로 적응(조정)에 의해 해결하자고 하면서 그 경우 개별준거법이 총괄준거법을 깨뜨린다는 "원칙"은 존재하지 않으며 오히려 "총괄준거법이 개별준거법에 대해 우선하는 것이 원칙"이라고 할 수 있다고 지적한다. 또한 독일 舊 민법시행법 §3 ③(현행 §3a ②)의 의미에 관하여는 다양한 견해가 있으나 판례와 통설은 이를 넓게 해석하여 여기서의 "특별규정"에는 실질규범상의 특별규정만이 아니라 저촉규범상의 특별규정까지 포함하는 넓은 것으로 보면서 국제친족법과 국제상속법의 분야에서, 준거법으로 지정된 국가 이외의 국가에 소재하는 재산(주로 부동산)에 대하여 그 소재지국에 그 재산에 적용되는 특별한 실질법 규정(예컨대 농장 상속의 규정) 또는 특별한 국제사법 규정(예컨대 부동산에 대한 상속분할주의 규정)이 있다면 그러한 재산에 대하여만은 상속준거법과 별도로 소재지법을 적용한다는 취지라고 설명한다. 그러나 우리 법상은 후자와 같이 해석할 근거는 없으므로 그런 사안은 일차적으로 성질결정에 의하여, 이차적으로 적응(조정)에 의해 해결하자는 최흥섭(2014), 620의 제안은 설득력이 있다. 통상 우리나라에서 개별준거법이 총괄준거법을 깨뜨린다고 할 때에는 그런 사안이 아니라 위에서 언급한 것처럼 총괄준거법과 개별준거법 또는 그의 실질법이 충돌하는 사례를 염두에 둔 것이다. 단순히 준거법이 충돌하는 사안에서 그런 법리를 적용할 수 있는지 기타 정확한 적용범위는 더 검토할 필요가 있다. 다만 최흥섭, 609은 "독일 국제사법에서는 독일의 상속준거법(또는 부부재산준거법)과 다른 국가의 상속준거법(또는 부부재산준거법) 사이의 충돌문제를 다루는 데 반하여, 우리 교과서는 상속준거법(또는 부부재산준거법)과 물권준거법 간의 충돌문제를 다루고 있다"면서 전혀 다른 논점을 다루고 있다고 지적하나 Kegel/Schurig, 853(부부재산제와 관련하여)과 이호정, 272, 351, 427은 우리 교과서가 다루는 사안을 소개하고 있어 다소 의아하다. 아래(Ⅲ.) §65 해설 참조.

123) 윤진수·장준혁, 주해상속 2, 1299.

124) 이 맥락은 주해친족(초판, 2권), 1630 참조.

여 지정되는 총괄준거법과 개별준거법의 충돌, 즉 저촉규범의 충돌로부터 발생하는 문제이므로 적응(조정)의 법리가 적용되는 사례이다. 개별준거법이 항상 국제적 강행규정은 아니므로 이를 국제적 강행규정의 법리로 해결하기는 어려울 수 있다. 총괄준거법과 개별준거법의 충돌에서 발생하는 문제를 해결하고자 EU상속규정 §30은 유사한 취지를 규정한다.125) 그렇다면 위 법리의 필요성을 부정하기보다는 적절히 수정하여 정치하게 다듬는 편이 바람직하다고 본다.126)

6. 반정

§22는 "외국법에 따른 대한민국 법의 적용"이라는 제목하에 ①에서 원칙적으로 직접반정을 허용하면서(국제사법지정), ②에서는 예외적으로 직접반정이 허용되지 않는 경우(실질법지정)를 명시한다. 즉 국제사법의 준거법지정은 원칙적으로 직접반정을 포함하는 국제사법지정이고, §22 ②에서 열거하는 경우는 예외적으로 실질법지정이다. 舊國私 §9는 "준거법 지정시의 반정(反定)"이라는 제목하에 같은 취지를 더 명확히 규정하였으나 2022년 개정시 '반정(反定)'이라는 용어가 삭제되었다. 국제사법과 국제사법학의 핵심적 용어가 법조문에서 사라진 것은 매우 유감스러운 일이다.127)

가. 반정에 대한 입법례

반정을 전면 불허하는 국가(중국, 브라질, 페루, 퀘벡주 등)와 제한적으로 허용하는 국가가 있는데, 후사는 다시 직접반정만을 허용하는 국가(한국, 일본 법적용통칙법 §41, 헝가리 國私 §4, 스페인 民 §12 ②)와 직접반정 외에 전정(轉定)도 허용하는 국가(프랑스와 영국 판례, 독일 민법시행법 §4 ①, 스위스 國私 §14 ①) 등으로 나뉜다.128) 또한 반정을 허용하는

---

125) 독일법의 위 원칙은 그에 우선하는 EU상속규정 §30(일정한 자산에 관한 상속에 관련되거나 영향을 미치는 제한을 부과하는 특별한 규칙)에 의하여 배제된다. §30에 관하여는 윤진수·장준혁, 주해상속 2, 1295, 註 617 참조.

126) 다만 EU부부재산제규정에는 EU상속규정(§30)에 직접 상응하는 규정은 없고, 부부재산제에 대하여는 소재지에 관계없이 부부재산제규정에 의하여 지정되는 준거법이 적용되므로(Junker, §9 Rn. 8) 위 원칙의 효용성에 대한 철저한 검토가 필요하다. 다만 EU부부재산제규정 §29는 물권의 적응에 관한 규정을 두고 있다[따라서 석광현(2021), 독일 개정 국제사법에 관한 고찰 再論, 국제사법연구 27-1, 634, 註 16은 다소 부정확하다].

127) 국민이 이해하기 쉬운 용어를 사용한다는 명분을 내세웠겠지만 실은 국제사법에 익숙하지 않은 법제처 담당자들에게 반정이 낯설었기 때문일 것이다. 일본에서는 '반치(反致)'라는 용어를 사용하나 우리는 섭외사법에서부터 '반정'을 사용해 왔는데, 이는 독일어의 Rückverweisung에 상응하는 '반대지정(또는 역지정)'의 줄임말로 국제사법에 따라 준거법을 결정하는 과정에서 등장하는 국제사법학의 핵심적 개념이다. 법제처 담당자들이 무슨 생각으로 개정안에 포함되어 있던 반정을 삭제하였는지 모르겠으나 그 무모함에 놀라지 않을 수 없다. '반정'을 '반정'이라고 법조문에 적지 못하는 것은 매우 부끄러운 일이다. 우리는 2001년 섭외사법 개정 시 국제사법학상 중요한 개념인 '실질법'을 명시하려 하였으나 법제처에 의하여 무산되었는데, 2022년에는 급기야 섭외사법에 있던 기존의 반정마저 삭제되는 험한 꼴을 보면서 점차 우리 국제사법의 개념과 용어의 폭이 좁아지고 있음을 느낀다.

128) 입법례의 소개는 注国私(2), 313 이하(北澤安紀); Staudinger/Hausmann (2013), EGBGB/IPR, Art 3-6.

사항의 범위도 국가에 따라 다르다.

나. 반정의 의의와 발생원인

넓은 의미의 반정이라 함은 외국적 요소가 있는 법률관계에 대하여 법정지의 국제사법이 어느 외국법을 적용할 것을 지정하는데 그 외국의 국제사법이 법정지법 또는 제3국법을 적용할 것을 규정하고 있는 경우에 그에 따라 법정지법 또는 제3국법을 적용하는 것을 말한다. 반정이 발생하는 이유는 국가에 따라 연결점이 상이하거나[129] 법률관계의 성질결정을 달리하기 때문이다.

반정의 허용 여부는 국제사법이 준거법으로 지정하는 외국법이 어떤 의미를 가지는가, 즉 '준거법 지정의 의미 내지는 범위의 문제'이다. 그 경우 '외국법'의 의미는 ⓐ 외국법에서 저촉법을 제외한 것(즉 실질법), ⓑ 실질법 + 저촉법(단 반정을 허용하는 저촉법 제외)[single or partial *renvoi*. 1875년 프랑스 파기원의 Forgo 사건(무유언상속이 다투어진 사건)[130]]과 ⓒ 실질법 + 저촉법(반정을 허용하는 저촉법 포함)[double, total, English *renvoi* (foreign court doctrine)]으로 구분할 수 있다.[131]

다. 반정의 유형

일반적으로 반정의 유형은 아래와 같이 4가지로 분류한다.[132]

(1) 직접반정(협의의 반정; 단순반정)(remission, Rückverweisung, *renvoi au premier degré*)

A ⟶ B ⟶ A

이는 A국 국제사법은 일정한 법률관계 또는 쟁점(issue)에 관하여 B국의 법을 지정하나, 같은 법률관계 또는 쟁점에 대하여 B국의 국제사법은 A국의 법을 지정하는 경우에 A국 법원이 A국의 실질법을 적용하는 것을 말한다.

(2) 전정(transmission, Weiterverweisung, *renvoi au second degré*)

A ⟶ B ⟶ C

전정은 A국 국제사법은 B국의 법을 지정하나, B국 국제사법은 제3국인 C국의 법을 지정하는 경우에 A국 법원이 C국의 실질법을 적용하는 것을 말한다.

Neubearbeitung, Anhang zu Art. 4, EGBGB, Rn. 1ff.(한국법은 Rn. 895ff에서 소개); Encyclopedia/Michael Sonnentag, Renvoi, Vol. 2, 1540–1541은 입법례를 ① 반정 배제, ② 반정 허용, ③ 실질법지정으로 보면서 제한된 예외 인정과 ④ 특정한 기준에 따라 반정의 허용과 배제를 결정하는 유형으로 구분한다. 반정을 인정한 유명한 영국 판결은 1841년 Collier v Rivaz, 2 Curt 855 사건 판결이다.

129) 대표적 사례가 자연인의 신분, 가족법과 상속법의 영역에서 속인법을 결정함에 있어서 연결점으로 국적을 채택한 대륙법계와 주소를 채택한 영미법계의 대립이다. 이를 해결하고자 헤이그국제사법회의는 1955년 6월 15일 "본국법과 주소지법의 저촉을 규율하기 위한 협약"을 채택하였으나 이는 발효되지 않았다.

130) 소개는 석광현, 해설, 160; 이호정, 국제사법, 138; 장문철(1996), 129 참조.

131) 독일에서는 준거법 지정이 실질법지정(사항규정지정)인지 국제사법지정인지를 구분하는데 후자를 '총괄지정(Gesamtverweisung)'이라고도 한다.

132) 신창선·윤남순, 155 이하 참조.

(3) **간접반정**

A ⟶ B ⟶ C ⟶ A

예컨대 미국에 주소를 둔 아르헨티나인이 한국에 부동산을 남기고 사망하여 상속문제가 우리 법원에서 문제된 경우, 우리 國私(§77)에 의하면 아르헨티나법이 준거법이 되나 아르헨티나 국제사법에 의하면 피상속인의 최후의 주소지법인 미국법이 준거법이 되고 다시 미국 국제사법에 의하면 부동산소재지법인 우리법이 준거법이 된다.

(4) **이중반정**(double *renvoi* **또는** English *renvoi*)

A ⟶ B ⟶ A ⟶ B

한국에 주소를 둔 영국인이 영국에 동산을 남기고 사망하여 상속문제가 영국 법원에서 다루어지는 경우, 영국 국제사법에 의하면 피상속인의 주소지법인 한국법에 의하나, 國私(§77)에 의하면 동산상속은 피상속인의 본국법인 영국법에 의한다. 이 경우 영국 법원은 직접반정을 인정하여 영국법을 적용하는 대신 우리 법원이 재판을 하면 한국법을 적용할 것이라는 점을 고려하여 한국법(정확히는 영국 법원에서 볼 때 외국법인 한국의 실질법)을 준거법으로 적용한다. 이를 'foreign court doctrine[외국법원(추종)이론]'이라고도 하는데, 1926년 영국의 Anneseley 사건 판결(유언의 효력이 다투어진 사건) 이래 영국 법원이 취하는 태도이다.[133)]

라. 반정을 인정하는 근거

반정을 인정하는 논거에 관하여는 나양한 견해, 예컨대 국제사법지정설(또는 총괄지정설), 외국의사존중설(기권설), 내국법적용 확대설, 국제적 판결조화설 등이 있으나[134)] 어느 견해도 논리적으로는 설득력이 약하다. 국제사법은 반정을 허용함으로써 국제사법의 이상인 국제적 판결의 일치를 도모할 수 있고, 제한된 범위 내에서나마 경직된 법 선택의 원칙을 완화하여 구체적 사건에서 더욱 타당한 법을 적용할 수 있으며, 법정지법을 적용함으로써 외국법의 적용에 따른 어려움을 완화할 수 있는 등의 실제적 효용을 고려한 것이다.[135)]

---

133) 사안은 석광현, 해설, 162 주 7 참조. 이중반정을 '이타적 반정', 그와 대비되는 우리 국제사법의 태도를 '이기적 반정'이라고 부르기도 한다. von Bar/Mankowski, §7 Rn. 216. 과거 독일국제사법회의는 이중반정의 채택을 제안하였으나 채택되지 않았다. 이호정, 국제사법, 159−160은 Kegel(독일의 소수설)을 따라 섭외사법의 해석론으로 이중반정을 허용하였는데, 근자에 국제사법의 해석론과 입법론으로 이를 지지하는 견해가 있다. 장준혁(2021), 379 이하. 이중반정의 약점은 양국이 모두 이를 따를 경우에 발생하는데 그 경우 반정을 깨뜨리거나 삼중반정(triple *renvoi*)으로 나가게 된다. Kegel/Schurig, 394ff. 참조. 우리 법상 이중반정을 인정하는 것은 國私 §22에 반한다.

134) 학설은 신창선·윤남순, 152 이하 참조.

135) 법무부, 해설, 46.

마. 국제사법상 반정이 허용되는 경우: §22의 해석론

섭외사법상 반정은 본국법이 적용되는 경우에 한하여 허용되었으나, 국제사법은 이러한 제한을 없애 반정이 허용되는 범위를 확대하였다.[136] 이는 반정을 허용함으로써 국제사법의 이상인 국제적 판결의 일치를 도모할 수 있고, 경직된 법 선택의 원칙을 완화하여 구체적 타당성이 있는 법을 적용할 수 있으며, 법정지법을 적용함으로써 외국법의 적용에 따른 어려움을 완화할 수 있는 등의 실제적 효용을 고려한 것이다. 다만 반정을 허용하는 것이 적절하지 아니한 경우를 예시하여 그 경우에는 반정이 불허됨을 명확히 하였다(§9 ②). 국제사법에 따르면 섭외사법에서처럼 친족법·상속법 분야뿐만 아니라 물권법, 지식재산권과 법정채권 분야에서도 반정이 허용될 것이나,[137] 후 3자의 경우 국제적으로 연결원칙이 상당히 통일되어 있으므로 실무상으로는 반정은 친족법·상속법 분야에서 중요한 역할을 할 것이다.[138] 다만 國私 §22 ① vi는 반정을 허용하는 것이 국제사법이 외국법을 준거법으로 지정한 취지에 반하는 경우에는 반정을 허용하지 않는다는 취지의 개방적인 규정인 탓에 구체화가 쉽지 않은데 이 점은 아래에서 논의한다.

§22 ①은 직접반정만을 허용하므로 간접반정, 전정과 이중반정은 모두 허용되지 아니한다. 왜냐하면 국제사법이 달리 허용하지 않는 한 법원은 국제사법에 따라 지정된 준거법을 적용해야 하기 때문이다. 물론 §80처럼 국제사법이 명시적 규정을 두어 전정을 허용하는 경우는 예외이다.[139]

섭외사법 개정시안은 '실질법'이라는 용어를 사용하고 조문의 취지를 보다 명확히 표현하였으나[140] 법제처의 심의과정에서 우회적 표현으로 변경되었다.[141] 실질법이라 함은 법적용규범(또는 간접규범)인 저촉법(또는 국제사법)에 대비되는 개념으로, 우리 민·상법과 같이 저촉법(또는 국제사법)에 의하여 준거법으로 지정되어 특정 법률관

136) 2001년 섭외사법 개정과정에서 반정의 허용 여부에 관하여 다양한 견해가 제시되었다. 석광현(2003), 해설, 제2판, 109 이하 참조.

137) 이 점은 독일에서도 같다. 최흥섭(2000), "비계약적 채무관계 및 물건에 대한 새로운 독일국제사법규정의 성립과정과 그 내용", 국제사법연구 5, 178 이하 참조[이는 최흥섭(2005), 현대적 흐름, 89 이하에도 수록되었다].

138) 직접반정이 이루어지는 전형적인 사례는 상속의 경우이다. 상속에서 예컨대 부동산상속에만 한국법으로의 직접반정이 이루어지는 경우처럼 문제된 하나의 법률관계 중 일부만이 반정되는 경우를 '부분반정(Teilrückverweisung)'이라고 부른다. Junker, §8 Rn. 48; 최흥섭, 147면.

139) 다만 근자에는 전정을 허용하자는 입법론도 있다. 장준혁(2021), 375 이하, 문안은 385 참조.

140) 개정시안 §9 ① 본문은 "이 법에 의하여 외국법이 준거법으로 지정된 경우에 그 국가의 국제사법에 의하면 대한민국 법이 적용되어야 하는 때에는 대한민국의 실질법에 의한다"고 규정하였다. 법무부, 개정시안해설, 25.

141) 참고로 중재법(§29 ①)은 '실질법'이라는 용어를 사용하는 대신 "그 국가의 섭외사법이 아닌 분쟁의 실체에 적용될 법"이라고 에둘러 표현한다.

계 또는 쟁점을 직접 규율하는 규범을 말한다. 우리나라에서 실질법이라는 용어는 강학상 이미 확립되었고[142] 대법원 1991. 12. 10. 선고 90다9728 판결도 실질법이라는 용어를 사용한 바 있다.

바. 반정이 허용되지 않는 경우

국제사법은 일정한 경우 반정이 허용되지 않음을 명시한다(§9 ②). ②의 결과 직접 반정이 허용되지 않는 경우에는 우리 국제사법은 실질법지정을 한 것이 된다. 요컨대 우리 국제사법의 준거법 지정은 아래와 같다.

첫째, §22 ①이 적용되는 경우에는 우리 국제사법은 외국의 국제사법을 지정한다(국제사법지정). 정확히는 이에는 두 가지 유형이 있다. ①−1, 즉 외국 국제사법이 한국법으로 직접반정을 하는 경우 그 조항을 지정한다(다만 반정을 허용하는 외국 국제사법의 조항은 제외). ①−2 그 밖의 경우. 우리는 외국 국제사법의 지정을 무시하므로 결국 실질법 지정과 같은 결과가 된다. 둘째, §22 ②이 열거하는 경우에는 우리 국제사법은 외국의 실질법을 지정한다(실질법지정).

아래에서는 국제친족법과 관련이 있는 것만을 언급한다.

(1) 당사자가 합의로 준거법을 선택하는 경우(§22 ② i): 당사자가 합의에 의하여 준거법을 선택한 경우 반정을 인정하는 것은 당사자의 의사에 반한다. 조문은 당사자가 "합의에 의하여"라고 하나 이는 당사자자치가 적용되는 경우를 가리킨다. 따라서 §77 ②에 따라 피상속인이 상속의 준거법을 선택한 경우에도 반정은 허용되지 않는다.

(2) 이 법에 따라 계약의 준거법이 지정되는 경우(§22 ② ii): 국제사법에 의해 계약의 준거법이 지정된 경우에는, 로마협약 등 조약의 취지를 고려하여 반정을 허용하지 않기로 하였다.

(3) §73에 따라 부양의 준거법이 지정되는 경우(§22 ② iii): 부양에 관한 §73의 규정은 대체로 1973년 "부양의무의 준거법에 관한 헤이그협약"을 수용한 것이므로 동 협약에 따라 반정을 배제하기로 하였다.

(4) 그 밖에 ①을 적용하는 것이 국제사법의 지정 취지에 반하는 경우(§22 ② vi): 지정 취지라 함은, 가장 밀접한 관련이 있는 법을 적용한다는 취지가 아니라 그 밖의 준거법 지정의 취지를 말한다.[143] 그렇지 않다면 반정을 인정하는 것은 가장 밀접한 관련이 있는 법을 적용한다는 국제사법의 지정의 취지에 항상 위반되어 반정은 전혀 허용

142) 실질법을 '사항규정' 또는 '사항규범'이라고도 한다. 이호정, 국제사법, 11−12. 실체법은 절차법에 대비되는 데 반하여, 실질법은 국제사법(또는 저촉법)에 대비된다. 독일 민법시행법(§4 ①)은 '사항규정(Sachvorschrift)'이라는 표현을 사용한다.

143) 이는 독일 민법시행법(§4 ①)을 따른 것이나 지정의 '의미(Sinn)'를 '취지'로 변경하였다.

될 여지가 없기 때문이다.

국제사법상 반정의 허용 여부가 문제되는 사안은 다음과 같다.[144]

첫째, 선택적 연결의 경우 반정이 제한될 수 있다. 즉 유언의 방식에 관하여 국제사법은 다양한 선택적 연결을 인정함으로써 이른바 "*favor negotii*"(법률행위에 유리하게) 원칙을 따른다(§78). 이는 가능한 한 유언의 방식 또는 형식상 유효성을 쉽게 인정하려는 것인데, 반정에 의해 선택적 연결이 부정된다면 위 취지에 반하기 때문이다.

둘째, 종속적 연결의 경우, 예컨대 불법행위를 계약의 준거법에 종속적으로 연결하는 경우처럼(§52 ③) 그 취지가, 복잡한 법률관계를 하나의 법질서에 연결하려는 경우에는 반정이 제한될 수 있다. 그렇지 않으면 양자를 동일한 준거법에 연결하고자 한 취지가 몰각되기 때문이다.[145] 그러나 §65가 부부재산제의 준거법을 혼인의 일반적 효력의 준거법에 의하도록 준용한 것은 입법기술의 문제이므로 그 경우에는 반정이 허용된다.

셋째, 일본 법적용통칙법(§41)은 부부 공통의 속인법 — 엄격하게는 동일한 본국법이다 — 이 준거법이 되는 경우에는 반정을 적용하지 않는다. 그러나 국제사법에 따르면 그 경우에도 반정을 허용할 수 있다.

넷째, 문제되는 것은 예컨대 §64(혼인의 일반적 효력) iii와 같이 국제사법이 단계적 연결의 최후 단계로 가장 밀접한 관련이 있는 곳의 법(최밀접관련지법)을 준거법으로 명시한 경우에 반정이 허용되는가의 여부이다. 이에 관하여 논란의 여지가 없지 않으나 이를 허용해야 한다. 왜냐하면 그 경우만이 아니라 국제사법의 모든 연결규정은 가장 밀접한 관련이 있는 법을 지정하는 것인데, 유독 단계적 연결의 최후단계로서 가장 밀접한 관련이 있는 법을 명시한 경우에만 반정을 배제할 이유는 없다.[146]

사. 예외조항(§21)과 반정조항(§22)의 관계

국제사법의 모든 준거법 연결원칙은 당해 사안과 가장 밀접한 관련을 가지는 법을 지정하는 것이라고 할 수 있다. 그러나 국제사법의 조항을 적용한 결과가 구체적인 사건에서 그러한 원칙에 부합하지 않는 경우가 발생할 가능성이 있다. 이 경우에 대비하여 구체적인 사안에서 국제사법이 지향하는 올바른 연결원칙을 실현하기 위하여 국제사법에 준거법 지정의 예외를 규정한 예외조항을 두었다(제1항). 예외조항을 둘 경우 법적 안정성을 해한다거나 법관에게 과도한 부담을 준다는 비판이 있으나, 예외조항을 둠으로써 국제사법이 규정하는 연결원칙의 경직화를 막을 수 있다는 장

144) 상세는 석광현, 해설, 165 이하 참조.
145) Kropholler, 172.
146) Kropholler, 170 참조.

점이 있다. 예외조항은, 미국법과 같은 유연한 접근방법을 취하는 대신 법적 안정성을 중시하여 유형화된 법률관계별로 연결원칙을 규칙(rules)의 형식으로 규정하는 대륙법계의 전통을 따르면서도 개별 사건에서 연결원칙의 경직성을 완화하여 보다 정치한 연결원칙을 반영한 결론을 도출하기 위해서는 불가피한 규정이다. 즉, 개별사건에서 구체적 타당성과 유연성을 확보하기 위한 대가로서 법적 안정성을 부분적으로 희생하는 것이다.[147] 예외조항이 적용될 여지가 있는 것은 불법행위의 경우와 편의치적의 경우인데 실제로 후자의 경우 예외조항을 적용한 대법원 판결이 있다. 그러나 비교적 상세한 준거법지정규칙을 두고 있는 친족법의 경우 예외조항이 실제로 적용될 가능성은 크지 않을 것이다.[148]

어쨌든 예외조항과 반정의 관계가 문제될 수 있는데 이에 관하여는 별 논의가 없다. 필자는 전에 견해를 피력한 바 있으나, 양자의 관계는 일단 아래와 같이 정리할 수 있을 것이다.

§22 ①에 따라 우리 국제사법이 외국(A국) 국제사법을 지정하는 경우 외국(A국) 국제사법이 한국법으로 직접반정을 하는 때에 문제가 된다. 이 경우 반정조항을 중시하면 한국법을 적용하면 되고 예외조항을 적용할 것은 아니나, 예외조항을 중시하면 예외조항에 의하여 A국법이 아니라 B국법이 적용되고(최밀접관련국법이 B국법이라고 가정하면) 직접반정에 의하여 한국법이 적용될 가능성이 있다.[149] 전자를 따르면 §22와 §21가 하나의 사안에 적용되지는 않으나, 후자를 따르면 양자가 하나의 사안에 적용될 수 있다.

한편 §22 ②에 따라 우리 국제사법이 외국(B국) 실질법을 지정하는 경우에는 예외조항을 적용할 수 있는데 예외조항에 따라 가장 밀접한 국가(C국)(최밀접관련국법이 C국법이라고 가정하면)의 적용하는 때에는 여전히 실질법을 지정하는 것이므로 한국법으로의 직접반정은 허용되지 않는다. 이 경우 §22와 §21가 하나의 사안에 모두 적용되지는 않는다.

아. 숨은 반정(hidden *renvoi*)

외국의 국제사법 이외의 법규, 예컨대 국제재판관할규정 속에 숨겨져 있는 저촉법규정에 의하여 우리나라로 반정하는 경우를 '명시적 반정'과 구별하여 '숨은 반정'(또는 숨겨진 반정)(hidden *renvoi*, versteckte Rückverweisung)이라 한다. 예컨대 영미의 국제

147) 예외조항이 적용되기 위한 요건은 석광현(2015), "편의치적에서 선박우선특권의 준거법 결정과 예외조항의 적용", 국제거래법연구 24-1, 139 이하; 석광현, 제6권, 44 이하 참조.
148) 예외조항의 개관은 석광현, 해설, 152 이하 참조.
149) 석광현, 해설, 157 이하는 후자를 따른 것이나 전자도 가능할 것이다.

재판관할규칙은 어떤 경우에 내국 법원이 국제재판관할을 가지는가만을 규정하고, 관할을 가지는 경우 법정지법(보다 정확히는 법정지의 실질법)을 준거법으로 적용하는데, 이러한 국제재판관할규칙에는 법원은 법정지법을 적용한다는 저촉규칙, 즉 법정지법이 준거법이라는 저촉규칙이 숨겨져 있다고 볼 수 있다. 숨은 반정에 관하여는 문제되는 법률관계, 즉 혼인과 입양에 관한 부분에서 논의한다.[150)]

자. 외국 국제사법의 적용

반정이 허용되는 범위 내에서는 우리 국제사법은 외국의 국제사법을 지정한다. 이 경우 우리 법원은 외국의 국제사법을 적용하게 되므로 성질결정과 연결점을 외국 국제사법의 입장에서 판단하여야 한다. 즉 법정지 법원은 자국 국제사법만을 적용하는 것이 원칙이나 반정이 허용되는 경우에는 예외적으로 우리 법원이 외국 국제사법도 적용하게 된다.

7. 공서

§23(舊國私 §10)는 "사회질서에 반하는 외국법의 규정"이라는 제목하에 "외국법에 따라야 하는 경우에 그 규정의 적용이 대한민국의 선량한 풍속이나 그 밖의 사회질서에 명백히 위반될 때에는 그 규정을 적용하지 아니한다"고 규정하는데 이를 '공서조항'이라 한다.

가. 공서조항의 취지

국제사법은 외국적 요소가 있는 모든 사안에 대해 항상 우리 법을 적용하는 것이 아니라 다양한 연결정책을 고려하여 법률관계, 보다 정확히는 연결대상별로 적절한 연결점을 정하여 외국법을 준거법으로 지정한다. 이는 외국법도 문명국가의 법으로서 타당한 내용을 담고 있을 것이라는 전제하에 사안에 따라 밀접한 관련이 있는 외국법을 적용하겠다고 하는 입법자의 외국법에 대한 존중과 개방적 자세를 보여주는 것이다. 그러나 외국법을 적용한 결과가 우리나라의 본질적 법원칙, 즉 기본적인 도덕적 신념 또는 근본적인 가치관념과 정의관념에 반하여 우리가 수인(受忍)할 수 있는 범위를 넘

---

150) 여기에서 상세히 논의할 것은 아니나, 상속의 경우 상속재산의 관리·청산과 관련하여서도 숨은 반정이 문제될 수 있다. 즉 우리는 상속재산의 관리에 대하여도 상속준거법을 적용하는데 영미법계에서는 상속 전부가 아니라 ① 인격대표자에 의한 상속재산의 관리·청산과 ② 잔여재산의 분배·이전을 구분하여 전자에 대하여는 법정지법(인격대표자에게 권한을 부여한 국가)을 적용하고, 후자만을 상속준거법에 따르는 것으로 보면서 상속분열(할)주의를 적용하므로, 만일 한국에 상속재산을 남긴 영국인·미국인의 상속이 우리 법원에서 문제되는 경우 한국에 국제재판관할이 있다면 상속재산의 관리·청산에 대하여 한국법으로의 숨은 반정이 발생할 수 있다. 논의는 木棚照一 (1995), 國際相續法の硏究, 276 이하 참조. 윤진수·장준혁, 주해상속 2, 1248 이하는 상속재산의 관리·청산(상속의 실행 또는 진행이라 한다)의 준거법을 논의하나 반정은 언급하지 않는 것 같다.

는 때에는 외국법의 적용을 배제할 수 있도록 한다. 이것이 공서조항의 기능이다.

나. 공서조항이 적용되기 위한 요건

(1) 준거법이 외국법으로 지정될 것

§23로부터 알 수 있듯이 공서조항이 적용되는 것은 국제사법에 의하여 준거법이 외국법으로 지정된 경우여야 한다. 이 점을 고려하고 §20 내지 §22의 문언과의 균형을 고려한다면, §23와 같이 "외국법에 의하여야 하는 경우에"라는 것보다는 "이 법에 따라 외국법이 준거법으로 지정된 경우에"라고 하는 편이 나을 것이다.

(2) 외국법을 적용한 결과가 우리의 공서에 명백히 반할 것

공서조항이 적용되기 위하여는 준거법인 외국법을 적용한 결과가 우리의 공서에 반하여야 한다. 섭외사법은 "외국법에 의하여야 할 경우에 있어서 그 규정이 선양한 풍속 기타 사회질서에 위반하는 사항을 내용으로 하는 것인 때에는 이를 적용하지 아니한다"고 규정하여 '외국법의 규정'이 선량한 풍속 및 사회질서에 반하는 내용일 때 항상 그 적용을 배제하는 것과 같은 취지로 규정하고 있었으나, 국제사법에서 공서의 원칙은 추상적인 외국법 자체를 비난하는 것이 아니라 외국법을 적용한 결과로 인해 자국의 기본적인 사회질서가 파괴될 우려가 있는 경우 이를 막기 위한 것이므로 외국법 자체의 내용이 아니라 외국법을 적용한 결과가 문제됨을 명확히 하였다.[151] 예컨대 사우디아라비아인 또는 요르단인이 한국에서 중혼을 하는 것을 허용할 수는 없지만, 그가 본국법에 따라 이미 중혼을 하였다면 제2부인의 부양청구권과 같이 그에 따른 개별적 효력을 주장하는 것은 공서위반이 되지 아니하고 또한 그들의 자녀에게 혼인중의 출생자로서 부에 대한 법정상속권을 인정하여야 한다.[152]

섭외사법하에서 이혼의 준거법에 관한 서울가정법원 1981. 3. 11. 선고 79드2574 심판은 涉私 §18에 의하여 이혼의 준거법인 필리핀의 법은 처의 간통이나 부의 축첩 등의 사유가 있는 경우에 법정 별거소송을 인정하고 있을 뿐, 이혼제도 자체를 인정하지 않고 있다고 해석되며, 반정이 적용될 여지도 없으므로 준거법의 적용을 고집한다면 청구인은 어떠한 경우에도 이혼할 수 없다는 부당한 결과가 되는데 이는 협의이혼은 물론 재판상 이혼도 비교적 넓게 인정하는 우리 법제도에 비추어 공서양속에 반

151) 법제처의 심의 과정을 거치면서 "적용한 결과가"라는 표현이 단순히 "적용이"로 수정되었으나 본문과 같이 해석해야 할 것이다.

152) Jayme (1988), 34. 이호정, 국제사법, 220. 후자는 이를 외국법은 사건의 기본문제에 관련되어야 한다는 관점에서 논의한다. 후자는 이를 공서위반이 되려면 외국법은 사건의 보조논점(Nebenpunkt)이 아니라 기본논점(Hauptpunkt)에 관련되어야 한다고 설명하고 Kegel/Schurig, 527도 동지이지만 그 취지가 다소 불분명하고, 특히 기본논점이 본문제와 어떻게 다른지 궁금한데, 선결문제(Vorfrage)라고 하여 공서위반이 아니라는 취지는 아니고 개별적으로 검토해야 한다는 취지로 보이기도 한다. 독일에서는 이를 '상대성(Relativität)'의 문제로 논의하기도 한다.

하므로 涉私 §5에 의하여 필리핀공화국의 법률을 적용하지 아니하고 우리 민법을 적용하였다.[153)]

또한 공서조항이 적용되기 위하여는 외국법을 적용한 결과가 우리의 공서에 '명백히' 위반되어야 한다. 따라서 외국법을 적용한 결과가 우리의 공서에 위반되는지 여부가 불분명한 경우에는 공서조항을 적용할 수 없다. 이는 공서조항의 남용을 막기 위한 것으로, 독일 민법시행법(§6)과 로마협약(§16) 등 조약의 흐름과도 일치한다.

(3) 국제적 공서

국제사법이 말하는 "선량한 풍속 그 밖의 사회질서"란 民 §103가 규정하는 '국내적 공서(internal 또는 domestic public policy)'와는 구별되는 '국제적 공서(international public policy)'를 의미한다.[154)] 이는 공서위반의 여부를 판단함에 있어 국내적인 기준에만 따를 것이 아니라 외국의 관념도 참작할 것을 요구하는 것을 지적하는 점에서는 적절하나, 국제적으로 타당한 공서의 개념이 있는 것처럼 오해를 줄 여지가 있다. 그러나 공서위반은 결국 각 국가가 판단할 사항이고, §23에서 문제가 되는 것은 한국의 관념에 따라 판단된 공서위반임을 주의해야 한다. 이를 '공서개념의 국가성'이라고 한다.[155)] 만일 이를 민법상의 공서로 보아 외국법 적용의 결과가 우리 민법상의 공서에 반한다는 이유로 외국법의 적용을 배제한다면 국제사법 규정의 대부분은 무의미하게 될 것이다.[156)] 만일 국제사법의 공서를 민법상의 공서와 동일시하면 예컨대 이혼의 준거법인 외국법이 파탄주의를 따르는 경우 우리 법원으로서는 이를 적용할 수 없게 될 것이나, 파탄주의를 취한 외국 이혼법의 적용이 국제사법상의 공서위반은 아니다.[157)]

공서위반을 근거로 준거법으로 지정된 외국법의 적용을 배제하려면, 외국법을 적용한 결과가 ⓐ 한국의 법원칙에 반할 것, ⓑ 그 법원칙이 본질적인 것, 즉 기본적인 도덕적 신념 또는 근본적인 가치관념과 정의관념에 속할 것과 ⓒ 그 상위가 중대하여 우리가 수인할 수 있는 범위를 넘을 것이라는 요건이 구비되어야 한다.[158)] 무엇

153) 서울가정법원 1984. 2. 10.자 83드209 심판도 같은 취지이다. 이종혁(2021), 481 참조.

154) 다만 '국제적 공서'라는 개념은 다양한 의미로 사용되고 '국가적 공서(national public policy)'에 대응하는 개념, 즉 다수 국가의 법에 의하여 공통적으로 인정되는 공서를 의미하는 것으로 사용되기도 한다. 이를 'transnational public policy'라고 부르기도 한다.

155) 이호정, 국제사법, 219.

156) 이호정, 국제사법, 219.

157) 이종혁, 온주 국제사법 제66조, 2023. 7. 5., [5]도 동지. 외국판결 승인의 맥락에서 Dieter Martiny (1984), Handbuch des Internationalen Zivilverfahrensrecht; Band Ⅲ/1 Kap. Ⅰ, Rn. 1057ff. 참조. 동경가정재판소 2007. 9. 11. 판결은 호주인 남편이 일본인 부인을 상대로 제기한 이혼소송에서 호주법이 정한 파탄주의에 따라 청구를 인용한 호주연방법원 판결의 승인은 유책주의를 취하는 일본의 신분법질서, 나아가 일본의 공서에 반한다고 보아 승인을 거부하였다. 増田 晋(編), 環太平洋諸國(日·韓·中·米·豪)における外國判決の承認·執行の現狀(2013), 210 참조(増田 晋).

158) Jayme(1988), 33 참조.

이 우리의 공서 그 중에서도 국제적 공서에 해당하여 준거법이 외국법인 때에도 포기할 수 없는 가치인지의 판단은 매우 어렵다. 결국 공서위반 여부의 판단은 구체적 사안에서 개별적으로 이루어져야 한다. 예컨대 외국법을 적용한 결과 우리 헌법이 보장하는 인간의 기본권이 침해되는 때에는 여기의 공서위반이 될 수 있는데,[159] 이는 헌법은 우리의 근본규범으로서 우리나라의 기본적인 도덕적 신념 또는 근본적인 가치관념과 정의관념을 반영하는 것이기 때문이다.[160] 다만 기본권이 외국법의 적용을 배제하는지 여부와 그 범위는 구체적 사안별로 검토해야 한다.[161]

따라서 國私 §23의 공서를 국제적으로 통용되는 공서로 보는 것은 옳지 않으나, 그것을 民(§103) 등 실질법상의 공서와 동일시할 것도 아니므로 민법상의 공서와 구별하기 위하여 국제적 공서라고 부르는 것이다.

외국중재판정의 승인 및 집행에 관하여 대법원 1990. 4. 10. 선고 89다카20252 판결은 "… 공공의 질서에 반하는지 여부의 판단에 있어서는 국내적인 사정뿐만 아니라 국제적 거래질서의 안정이라는 측면도 함께 고려하여 제한적으로 해석하여야 할 것"이라는 취지로 판시하였는데, 이는 외국중재판정의 승인거부사유인 공서가 국내적 공서와 구별되는 국제적 공서임을 판시한 것으로 §23의 공서의 취지에 관하여도 타당하다고 할 수 있다.

(4) 사안의 내국관련성

공서위반의 정도는 사안의 내국관련성과의 관계에서 상대적으로 이해해야 한다.[162] 즉 내국관련성이 크면 외국법 적용의 결과가 우리나라의 선량한 풍속 및 사회질서 위반의 정도가 약하더라도 공서위반이 될 수 있으나, 반대로 내국관련성이 작으면 외국법 적용의 결과가 선량한 풍속 및 사회질서 위반의 정도가 큰 경우에만 공서위반이 될 수 있다.[163] 여기에서 사안이라 함은 당사자를 포함하는 넓은 개념으로 보

159) 스페인인 사건에서 독일 연방헌법재판소 1971년 5월 4일 결정(BVerfGE 31, 58)은, 구체적 사건에서 독일 저촉법에 따라 지정된 외국법을 적용한 결과가 독일 기본법이 정한 당사자의 기본권을 침해할 수는 없다고 선언한 결과 저촉법규범도 기본권에 의한 통제 하에 놓이게 되었다. 상세는 아래 §63의 註釋과 석광현(2019), "국제사법에 대한 헌법의 영향", 저스티스 통권 170-3, 514 이하 참조.

160) 외국판결의 승인의 맥락에서 내려진 것이나 대법원 2012. 5. 24. 선고 2009다22549 판결(미쓰비시 사건 판결)은, 일본판결 이유는 일제강점기의 강제동원 자체를 불법이라고 보는 한국 헌법의 핵심적 가치와 정면으로 충돌하는 것이어서 이런 판결 이유가 담긴 일본판결을 그대로 승인하는 결과는 그 자체로 한국의 공서에 어긋나므로 한국에서 일본판결을 승인할 수 없다는 취지로 판시하였다. 위 판결은 실체적 공서위반 여부의 판단에서 헌법적 가치를 도입한 것은 커다란 의의가 있다. 평석은 석광현(2013), "강제징용배상 및 임금 청구의 준거법", 서울대학교 법학 54-3, 283 이하 참조.

161) 이호정, 국제사법, 222.

162) Kropholler, 246.

163) 외국판결의 승인에 관한 대법원 2012. 5. 24. 선고 2009다22549 판결은 외국판결을 승인한 결과가 한국의 공서에 어긋나는지는 외국판결이 다룬 사안과 한국과의 관련성의 정도에 비추어 판단하여야 한다고 함으로써 '사안의 내국관련성'이라는 개념을 도입하였다.

아야 한다.

(5) 사안의 현재관련성

현재의 근본적인 가치관념과 정의관념이 관철되기 위하여는 사안이 현재와의 관련성(Gegenwartsberührung)을 가져야 한다.[164] 따라서 현재 우리나라의 근본적인 가치관념과 정의관념에 미달하는 저질의 외국법이 적용될 사안이 현재로부터 멀어질수록 공서의 개입 여지는 더 작아진다.[165]

(6) 가족법 분야에서 공서가 문제되는 경우의 사례

예컨대 과도한 혼인장애사유를 정한 외국법, 이혼을 전면 금지하거나 매우 제한하는 외국법과 파양을 전면 금지하는 외국법의 적용은 우리의 공서에 반하는 것으로서 그 적용이 배제될 수 있다. 상세는 해당되는 곳에서 논의한다.

다. 기준시점

외국법을 적용한 결과가 우리나라의 공서위반이 되는지를 판단하는 기준시기는 판결시이다.[166] 우리 사법질서의 불가침적 핵심은 시대에 따라 가변적이기 때문인데, 그런 의미에서 공서는 현재의 공서를 의미한다.[167]

라. 공서에 의한 외국법 배제의 효과

국제사법은 외국법의 적용이 한국의 공서에 명백히 반하는 경우 외국법을 적용하지 않는다는 점만을 명시한다. 그러나 공서위반의 경우 반대되는 우리 법이 적용된다고 본다. 예컨대 위에서 소개한 하급심 재판에서 본 바와 같이 이혼을 금지하는 필리핀법은 이를 허용하는 우리 법에 의하여 대체된다. 반면에 우리 법상 그러한 공백을 보충할 규정이 없는 경우에는 규정의 흠결이 발생하는데 이 경우 가능한 한 적게 외국법에 간섭할 것이라는 견해가 유력하다.[168] 예컨대 외국법이 소멸시효를 인정하지 않는 경우 우리 법에 의하여 소멸시효를 인정하고 나아가 그 기간, 정지와 중단 등의 문제를 해결해야 하는데, 이때 적응(adaptation)의 문제가 발생한다.[169]

마. 적극적 공서

공서는 국제사법에 의해 준거법으로 지정된 외국법의 적용을 배제한다. 이를 '공서의 소극적 기능(negative Funktion)'이라 한다. 이와 대비되는 것으로 과거 독일에서는 준거법이 외국법임에도 불구하고 사회·경제정책적인 목적을 추구하는 법정지의 강

164) Jayme (1988), 34.
165) 이호정, 국제사법, 220.
166) 이호정, 국제사법, 220.
167) 이호정, 국제사법, 221.
168) 이호정, 국제사법, 223.
169) 적응에 관하여는 前註 Ⅲ.5. 참조.

행법규가 적용되는 현상을 '공서의 적극적 기능(positive Funktion)'이라고 설명하기도 하였다. 그러나 국제사법은 법정지의 국제적 강행법규에 관하여 §7를 별도로 두므로 국제적 강행법규의 적용근거를 적극적 공서(또는 공서의 적극적 기능)로 설명하는 것은 부적절하다. 공서의 원칙은 외국법의 적용을 배제하는 것이기 때문에, 우선 국제사법에 의하여 외국법이 준거법으로 결정되고 그를 적용한 결과가 내국의 공서에 반하는 경우 적용되므로 외국법의 내용이 문제되나, 법정지의 국제적 강행법규는 외국법이 준거법으로 되는 과정을 거치지 않고 외국법의 내용에 관계없이 적용되는 점에서 공서의 원칙과 다르다. 즉 전자는 거절의 과정임에 반하여 후자는 선택의 과정이라고 할 수 있다.

Ⅳ. 국제가사소송법의 논점

위에서 언급한 바와 같이 국제친족법의 영역에서는 국제재판관할과 외국판결의 승인 및 집행이라는 국제사법 내지 국제가사소송의 쟁점이 매우 중요한 의미를 가진다. 여기에서는 국제친족법에 중점을 두고 국제가사소송법은 비교적 간단히 다룬다. 국제사법이 2022년에 도입한 국제재판관할규칙은 제9장 말미의 後註에서 논의하고, 외국재판의 승인 및 집행에 관하여는 각 해당되는 곳, 특히 국제이혼과 국제입양 등 해당부분에서 논의하고 여기에서는 국제가사소송법의 특징만을 간단히 언급한다.

일부 논자는 재산법상의 국제민사소송법과 대비하여 국제가사소송법의 특징으로 아래 세 가지를 드는데[170] 이는 대체로 설득력이 있다.

첫째, 가사사건은 사람의 신분과 생활 전반에 중대한 영향을 미치므로 재산관계 사건과 비교하여 원고의 구제에도 더 유념해야 한다. 따라서 이혼 등 쟁송성이 강한 소송에서도 그 국제재판관할의 결정에서는 피고주소지원칙만이 아니라 원고 측의 사정이 고려된다.[171] 또한 대등하지 않은 당사자 간의 다툼에서는 약자보호의 요청이 강하게 작용한다. 예컨대 친자관계사건의 국제재판관할의 결정에서 자의 복지가 중시된다. 이러한 고려는 부양료청구 사건에서도 나타난다. 즉 브뤼셀 I 규정(§5 ii)에 따르면 부양권리자는 부양권리자의 주소지나 상거소 소재지 법원에 소를 제기할 수 있는데 이는 부양권리자를 보호하기 위한 것이다.[172] 家訟(§2 ① ii 나., §46)에 따르면 부

170) 松岡 博(編)(2012), 317 참조. 이 점은 석광현(2012), "한국의 국제재판관할규칙의 입법에 관하여", 국제거래법연구 21-2, 174에 소개하였다.

171) 그러나 브뤼셀Ⅱbis에서 보는 유럽연합의 경향은 과거 원고의 국적소속국에 관할을 인정했던 회원국법보다 상대적으로 피고에 더 비중을 두고 있다. Thomas Rauscher (2010), Europäisches Zivilprozess- und Kollisionsrecht: EuZPR/EuIPR Kommentar, Art. 3 Brüssel Ⅱa-VO, Rn. 3 (Rauscher 집필부분).

양에 관한 사건은 가사비송사건(마류사건)이고 이는 상대방의 보통재판적 소재지의 가정법원의 관할에 속하는데, 과거 우리 법상 부양권리자의 보호를 위한 국제재판관할 규칙을 해석론상 도입할 수 있는지 논란이 있었으나 국제사법은 이를 입법적으로 해결하였다.

둘째, 가사사건은 재산관계사건과 비교하여 공익성이 강하므로 당사자의 임의처분이 제한되는 경향이 있다. 예컨대 이혼 등 대등한 당사자 간의 쟁송성이 강한 소송사건에서 합의관할을 인정하지 않는 견해가 유력하다. 또한 국가는 자국민의 신분관계 및 신분등록에 관하여 당연히 이해관계를 가지므로 당사자의 국적에 기한 국제재판관할을 인정할 필요성이 있다.

셋째, 가사사건에서는 재산관계사건에서보다 파행적인 또는 불균형한 법률관계의 발생을 방지할 요청이 강하다. 예컨대 외국이혼판결의 승인에 관하여 외국에서 행해진 이혼이 한국에서 인정되지 않는 파행적 신분관계의 발생을 방지하려는 관점에서 民訴 §217가 그대로 적용되는가가 논의되고 있다. 구체적으로 재산법상의 사건에서는 상호보증을 요구하지만, 신분관련 사건의 경우는 파행적 신분관계의 창설에 의하여 거래이익과 국가이익[173]도 침해되기 때문에 상호보증을 요구하는 것은 문제가 있다는 것이다.

172) 이를 대체한 유럽연합의 부양규정은 피고의 상거소지와 원고의 상거소지등의 재판관할을 인정한다(부양규정 §3).

173) 국제재판관할의 맥락에서의 당사자이익, 거래이익과 국가이익의 개념은 석광현, 관할, 52 이하 참조. 이는 준거법 결정의 맥락에서의 이익과 다소 다르다.

[前註] 국제혼인법의 구성

▌**참고문헌:** 석동현(2011), 국적법; 이동희(2018), “국제이혼 관련 재산분할의 실무와 과제”, 국제사법연구 24-2; 이선미(2022), “국제혼인에서 혼인의사의 부존재와 준거법”, 인권과정의 509; 이인재(1986), “외국법의 적용과 조사”, 재판자료 34; 이종혁(2021), “국제가사사건 재판례의 회고와 과제”, 국제사법연구 27-2; 이종혁(2022a), “국제혼인과 국제이혼의 준거법에 관한 입법론”, 가족법연구 36-1; 이종혁(2022b), “이혼의 준거법의 결정방법 및 규율범위와 숨은 반정의 법리의 재고찰-대법원 2021. 2. 4. 선고 2017므12552 판결을 계기로 삼아-”, 국제사법연구 28-1(참고로 이는 민사판례연구[XLV](2023)에도 수록됨); 이종혁(2022c), “친생자관계의 성립 및 효력의 준거법에 관한 입법론”, 가족법연구 36-3; 정구태(2022), “혼인합의의 부존재를 이유로 한 혼인무효의 소의 준거법 결정-대법원 2022. 1. 27. 선고 2017므1224 판결에 대판 비판적 管見-”, 국제사법연구 28-1; 조은희(2024), “국제사법상 혼인성립과 그 흠결에 관한 준거법의 문제”, 제주대학교 국제법무 16-1); 최미영(2023), “국제결혼과 혼인무효의 소 하급심 판례 동향”, 가족법연구 37-3; 최흥섭(1999), “국제친족법과 국제상속법”, 국제사법연구 4; 최흥섭(2000), “섭외사법개정법률안의 검토-제2장(자연인), 제4장(친족), 제5장(상속)”, 국제사법학회 8차 연차학술대회 발표자료(2000. 11. 25.); 최흥섭(2001), “개정법률과 國際親族·相續法의 諸問題”, 법조 536; 최흥섭(2020), 유럽연합(EU)의 국제사법; 최흥섭(2022), 국제사법에 관한 글모음집 2022년; 현소혜(2013), “국제혼인의 이론과 실무”, 민사판례연구 35; MünchKomm/Coester (2020), Band 12, 8. Aufl., EGBGB; Staudinger/Mankowski (2011), Art 13-17b, Neubearbeitung, Anhang zu Art 13 EGBGB.

우리 국제친족법의 일부를 구성하는 국제혼인법은 4개의 조문, 즉 혼인의 성립의 준거법을 정한 §63, 혼인의 일반적 효력을 정한 §64, 부부재산제의 준거법을 정한 §65와 이혼의 준거법을 정한 §66으로 구성된다. 보다 정확히 말하자면 §63은 혼인의 실질적 성립요건과 형식적 성립요건을 각각 ①과 ②에서 규정하고 있다. 여기에서 다루는 국제혼인법은 준거법결정원칙을 내용으로 하는 좁은 의미의 국제혼인법을 말한다. 국제혼인법을, 좁은 의미의 국제혼인법에 추가하여 국제재판관할 나아가 외국판결의 승인 및 집행을 포함하는 넓은 의미로 사용할 수도 있으나 이 책에서는 우리 국제사법 조문 중 준거법의 해설을 위주로 하므로 국제혼인법을 좁게 이해하고, 국제재판관할과 외국판결의 승인 및 집행은 제한적으로만 논의할 것이나, 2022년 개정에 의하여 국제재판관할이 국제사법에 정식으로 도입되었으므로 국제재판관할은 제9장 말미의 後註에서 조금 더 논의한다. 국제혼인법은 출입국관리법(§10)이 정한 체류자격은 물론이고 국제사회보장법[1]과도 밀접한 관련을 가진다.

1) 국제사회보장법에 관하여는 우선 석광현(2021), “외국인에 대한 한국 사회보장법의 적용: 외인법에서 저촉법인 국제사회보장법으로”, 국제사법연구 27-2, 647 이하 참조.

第 63 條 (혼인의 성립)

① 혼인의 성립요건은 각 당사자에 관하여 그 본국법에 따른다.

② 혼인의 방식은 혼인을 한 곳의 법 또는 당사자 중 한쪽의 본국법에 따른다. 다만, 대한민국에서 혼인을 하는 경우에 당사자 중 한쪽이 대한민국 국민인 때에는 대한민국 법에 따른다.

*舊國私 제36조의 표현이 수정되었는데 특히 '혼인거행지법'과 '혼인을 거행하는'이 '혼인을 한 곳의 법'과 '혼인을 하는'으로 각각 수정되었다.

涉私 제 15 조 (혼인의 성립요건)

① 혼인의 성립요건은 각 당사자에 관하여 그 本國法에 의하여 이를 정한다. 그러나 그 방식은 혼인거행지의 법에 의한다.

② 전항의 규정은 민법 제814조의 적용에 영향을 미치지 아니한다.

Ⅰ. 서 론[1)]

國私(§63)은 涉私(§15)과 마찬가지로 단순히 "혼인의 성립요건"이라고 하나 이는 '혼인의 실질적 성립요건(또는 '실질')'을 의미하고 실질적 유효성을 포함한다. 이와 대비되는 것은 혼인의 방식(form, Form)인데 이를 혼인의 '형식적 성립요건' 또는 '형식상의 유효성(formal validity)'이라고 한다. 실질적 성립요건과 형식적 성립요건의 구별은 '성질결정'의 문제이다.

1) 이하 국제친족법 각 조문의 해설은 석광현, 개정 국제사법 해설(2013), 441 이하를 수정·보완하고 2022년 개정 국제사법을 반영한 것이다. 이 과정에서 법무부, 해설, 129-175과 최흥섭(2000), 최흥섭(2001)을 많이 참고하였다.

Ⅱ. 혼인의 실질적 성립요건

1. 의의 및 연혁

가. 의의

혼인이 유효하게 성립하기 위하여는 실질적 성립요건과 형식적 성립요건이 모두 구비되어야 한다. 우리 국제사법은 혼인의 실질적 성립요건과 혼인의 형식상의 유효성, 즉 방식에 관하여 각각 상이한 연결원칙을 규정하고 있다.

나. 연혁

혼인의 실질적 성립요건에 관하여 국제사법의 태도는 섭외사법과 마찬가지로 각 당사자의 본국법에 의하도록 하는 배분적 연결을 취한다(본조 ①). 한편 혼인의 형식상의 유효성, 즉 방식에 관하여는 국제사법은 섭외사법이 규정하던 혼인거행지법 외에 당사자 일방의 본국법에 의하여도 가능하도록 하되, 다만 혼인거행지가 한국이고 일방 당사자가 한국인인 경우에는 한국법에 의하도록 하였다(본조 ②). 舊 국제사법은 '혼인거행지'라는 용어를 사용하였으나 국제사법은 이를 '혼인을 한 곳'이라고 수정하였다.

2. 입법례

유럽대륙에서는 과거 종교혼만이 인정되었으나 근세에 이르러 혼인법의 세속화를 기치면서 혼인이 종교로부터 분리되어 국가법에 의한 민사혼(Zivilehe. 이는 종교혼과 대비되는 것으로 예컨대 신분공무원 앞에서 행해지는 혼인이다)이 도입되기에 이르렀고 오늘날에는 민사혼이 지배적이다.[2] 혼인의 성립요건의 준거법에 관하여는 속인법주의와 혼인거행지법주의가 있다.

가. 속인법주의

혼인의 성립요건은 사람의 신분과 관련되기 때문에 그에 대하여 일반적으로 적용되는 속인법(*lex personalis*, personal law, Personalstatut)에 따라야 한다는 것이다. 그런데 속인법을 판단함에 있어서 본국법주의를 취하는 대륙법계 국가와 주소지법주의를 취하는 영미법계 국가 간에 대립이 있음은 널리 알려진 바와 같다. 혼인의 성립요건에 관하여 본국법주의를 취하는 국가로는 한국, 독일, 프랑스, 이탈리아 등 다수의 유럽 국가가 있고, 주소지법주의를 취하는 국가로는 영국과 노르웨이 등이 있다.[3] 그러나 근자에 독일에서는 혼인, 혼인과 유사한 동반자관계 기타 가족법적으로 승인된 생활

2) 김연 외, 398. 신창섭, 325 이하.

3) 신창선·윤남순, 339; 윤종진, 431.

및 위험공동체를 통일적으로 거행지법에 연결하자는 견해가 유력하게 주장되고 있고, 독일 국제사법회의는 그런 취지의 입법제안을 한 바 있다.[4)]

나. 혼인거행지법주의

혼인의 실질적 성립요건은 혼인거행지법에 의한다고 보는 것이 혼인거행지법주의이다. 이는 현재 미국과 브라질, 아르헨티나 등 중남미국가들이 취하는 원칙이다.[5)] 그 근거는 첫째, 혼인의 성립에 관하여 공적 기관으로 하여금 당사자의 속인법을 조사하게 하는 것은 부담스럽고, 둘째, 공적 기관이 잘 알지 못하는 속인법에 의하여 혼인의 성립 여부를 결정하도록 하는 것은 바람직하지 않으며, 셋째, 미국과 중남미국가들에서는 이민자들이 많은데 이들에게 본국법을 적용하는 것은 불합리하다는 점을 든다.[6)] 또한 혼인의 성립을 용이하게 할 수 있다는 점도 그 근거로 거론된다.[7)]

그러나 이에 대하여는 혼인거행지라는 것은 우연히 결정되는 경우가 많으므로 혼인거행지법주의는 사람의 혼인 여부에 의한 신분관계와 법적 지위를 불안정하게 만든다는 점과 혼인과 같은 중대한 신분의 변경은 전통, 풍습과 윤리관념 등의 점에서 당사자와 밀접한 관련이 있는 법을 적용하는 것이 타당하다는 비판이 있다.[8)]

흥미로운 것은 스위스 국제사법의 태도이다. 즉 스위스 國私 §45 ①은 "외국에서 유효하게 체결된 혼인은 스위스에서 승인된다."고 규정함으로써 우리 國私(§63 ①)처럼 혼인의 성립의 준거법을 지정하는 대신 외국에서 형성된 법상태(혼인관계)가 준거법 지정에 관계없이 스위스에서 승인된다는 승인원칙을 도입하고 있다. 이것이 국제사법에서 '준거법의 지정에 갈음하는 승인'이다.[9)]

3. 준거법의 결정

조문에서 보듯이 혼인의 성립요건은 각 당사자에 관하여 그 본국법에 의한다. 혼

4) 우선 Heinz-Peter Mansel (2022), Zur Liberalisierung des international Ehe- und Lebenspamerschaftsrecht des EGBGB: Bemerkungen zum Ort der Eheschließung und Registerort als Anknüpfungspunkte, IPRax, 561ff. 의 소개 및 IPRax 2021, 29ff.에 수록된 Dagmar Coester-Waltjen과 Urs Peter Gruber의 논문 참조.

5) 신창선·윤남순, 339 이하; 윤종진, 431. 미국의 전통적인 태도는 혼인의 실질적 성립요건과 방식요건을 구별하지 않고 혼인거행지법을 적용하는 것이다. Peter Hay, Patrick J. Borchers and Symeon C. Symeonides, Conflict of Laws, 5th ed., 2010, §13.4.

6) 신창선·윤남순, 340; 윤종진, 431.

7) 윤종진, 431.

8) 신창선·윤남순, 340; 윤종진, 431. 구체적인 입법례는 아래와 같다. "혼인의 거행 및 유효성의 승인에 관한 1978년 헤이그협약"(§§1-6), 독일 민법시행법 §13(혼인체결), 스위스 국제사법 §44(혼인체결의 준거법), 오스트리아 국제사법 §17(혼인체결의 요건), 이탈리아 국제사법 §27(혼인체결의 요건), 일본 법적용통칙법 §24, 중국 섭외민사관계법률적용법 §21.

9) 이를 '복수의 법에 대한 선택적 지정'이나 '블록지정'으로 설명하기도 하나 기교적이고 부자연스럽다. 상세는 석광현, [정년기념], 703 참조.

인의 실질적 성립요건은 혼인 당시, 엄밀하게는 혼인 성립 직전의 본국법에 따라 결정된다.[10] 즉, 성립요건의 준거법은 불변경주의를 따른다. 가사 혼인에 의하여 처의 속인법이 변경되더라도 이러한 사실은 고려되지 않으며, 나아가 부부가 혼인 후 국적을 변경하더라도 이는 혼인의 실질적 성립요건에 영향을 미치지 않는다. 어떤 요건이 혼인의 실질적 성립요건인지 형식적 성립요건인지는 성질결정의 문제이다.

어떤 사람이 한국인인가는 우리 국적법이 결정할 사항이고, 마찬가지로 어떤 사람이 어떤 국가의 국민인가는 문제된 그 국가의 국적법이 결정할 사항이다. 국제사법은 이처럼 혼인의 실질적 성립요건에 관하여 이른바 배분적 연결원칙을 채택하고 있다. 배분적 연결에 대해서는 종래 혼인장애사유(의미는 아래에서 언급)가 일면적인지, 아니면 쌍면적인지의 판단이 어려운 경우가 있고, 특히 쌍면적 장애사유(예컨대 근친혼의 금지, 중혼금지)를 인정하는 경우 당사자들의 본국법이 중첩적으로 적용되는 결과 혼인의 성립을 어렵게 하므로 결국 '혼인의 자유'라고 하는 실질법상의 입법정책에 반한다는 비판이 있었지만, 국제사법에서는 동 원칙은 국제사법차원에서 양성평등의 원칙에 부합하고, 양 당사자의 본국법을 누적적으로 적용할 경우 혼인의 성립이 어렵게 됨으로써 파행혼이 발생하는 것을 예방하며, 다수의 국가들이 본국법주의를 취하므로 국제적 판결의 일치를 도모할 수 있다는 장점을 고려하여 이를 유지하였다.[11]

다만 이런 배분적 연결주의를 따를 경우 신분관계를 등록하는 공무원은 외국법에 따른 성립요건을 확인하는 것이 어렵기 때문에[12] 독일 民(§1309 ①)은 원칙적으로 외국법이 적용되는(즉 외국인) 배우자로 하여금 본국에서 혼인장애가 존재하지 않는다는 혼인능력증명서(Ehefähigkeitszeugnis)를 발급받아 제출하도록 규정한다. 우리 법에는 명문 규정이 없으나 종래 예규로써 외국인이 본국의 권한 있는 기관이 발행한 당해 신분행위의 실질적 성립요건을 구비하고 있다는 증명서를 제출할 것을 요구한다.[13]

---

10) Andrae, §1 Rn. 18, Rn. 108; Kropholler, 328.; Staudinger/Mankowski (2011), Art. 13 Rn. 79f.; 이호정, 국제사법, 333.

11) 최흥섭(2001), 152 이하; 비판은 南 敏文(1992), 改正法例の解說, 53 이하 참조.

12) 따라서 예컨대 베트남처럼 한국인과 빈번히 국제혼인을 하는 외국의 혼인법을 이해할 필요가 있다. 세계법제정보센터는 2014.6.19. 제정되고 2015. 1. 1. 시행된 베트남 "혼인 및 가족법" 원문본, 요약본, 번역본, 영문본을 제공하고 있다. 과거의 자료는 예컨대 베트남 혼인법은 트란 티 흐엉, "한국남성과 베트남여성 사이의 결혼 형식과 베트남 혼인법에 관한 총괄", 가족법연구 22-1(2008), 49 이하 참조. 2013. 8. 28. 대한변호사협회는 IOM 이민정책연구원과 "아시아 내 국제결혼에 관한 법과 제도의 이해"라는 주제로 국제심포지엄을 주최하였는데 그 자료집에는 베트남, 필리핀과 캄보디아 등의 국제혼인법이 소개되어 있다.

13) 2008. 1. 1.부터 시행된 "신분관계를 형성하는 국제신분행위를 함에 있어 신분행위의 성립요건구비여부의 증명절차에 관한 사무처리지침"(등록예규 제33호), 등록실무[Ⅱ], 530, 584 이하; 법원공무원교육원(2005), 친족법·국제호적, 235; 안구환(2006), "국제호적의 몇 가지 문제점", 국제사법연구 12, 118.

4. 준거법이 규율하는 사항의 범위

가. 혼인의 실질적 성립요건

혼인의 준거법은 혼인의 실질적 성립요건을 규율한다. 조문은 명시하지 않지만 혼인의 성립요건의 준거법은 혼인의 실질적 유효성의 문제도 함께 규율한다. 실질적 성립요건에는 일방 당사자에게만 관련되는 일면적(또는 일방적) 요건과, 일방 당사자의 상대방 당사자와의 관계에서 문제되는 쌍면적(또는 쌍방적) 요건이 있다.

일면적 요건의 예는 대체로 당사자의 합의(정확히는 혼인의사),[14] 혼인적령(연령)[15]과 보호자 등 제3자의 동의를 들 수 있다. 한편 쌍면적 요건의 예는 대체로 동성혼의 금지, 중혼금지, 근친혼금지, 우성적 또는 육체적, 정신적 이유에 의한 혼인금지, 일정기간 동안의 재혼금지와 같은 사회정책적인 혼인금지, 종교상의 혼인장애와 상간자의 혼인금지를 들 수 있다.

문제는 위에서 혼인의사는 일면적 요건이라고 하였는데, 양 당사자의 본국법이 요구하는 혼인의사의 내용이 상이하고 양 당사자에게 각각 그에 부합하는 혼인의사가 있으나 우리 민법상 요구되는 바와 같은 진정한 혼인의사의 합치가 없는 경우이다. 왜냐하면 국내혼인의 경우 양 당사자에게 단순히 혼인신고를 할 의사를 넘어 부부로서 정신적·육체적으로 결합을 생기게 할 의사(즉 실질적 혼인의사)가 있고 그것이 합치되어야 비로소 혼인합의가 있으므로(대법원 2020. 6. 10. 선고 2010므574 판결 등) '일방의 혼인의사'와 '상대방의 혼인신고의사'만으로는 이를 인정할 수 없기 때문이다. 즉 국제혼인의 경우에도 그러한 혼인합의가 필요한가, 아니면 한국인인 남편은 한국법상 요구되는 혼인의사(실질적 혼인의사)가 있고, 외국인인 부인에게는 혼인신고의사(형식적 혼인의사)가 있고 만일 그것이 부인의 본국법상 요구되는 혼인의사의 요건을 충족한다면 혼인의 성립요건이 구비되는가이다.

배분적 연결원칙에 충실하게 양 당사자의 혼인의사를 배분적으로 연결하여 각자의 본국법에 따른 혼인의사로 족하다면 혼인의 성립을 인정할 수 있으나, 우리 민법에서와 같은 혼인합의, 즉 실질적 혼인의사의 합치의 존재를 요구한다면 혼인의 성립을 인정할 수 없을 것이나, 이는 배분적 연결원칙에 충실한 것은 아니고 그에 대한 예외를 인정하는 것으로서 우리 민법상 요구되는 혼인합의의 존재를 요구할 근거가 없다는 문제가 있다.

---

14) 혼인의사가 없는 경우의 사례로는 아래에서 언급하는 가장혼인(위장혼인)을 들 수 있다.

15) 혼인적령에 이르러야 혼인능력(Ehemündigkeit)이 있는데, 이를 國私 §28가 규율하는 일반적 행위능력과 구별하여 '개별적 권리능력'(신창선·윤남순, 231) 또는 '특별행위능력'(이호정, 국제사법, 238)이라고 부르기도 한다.

종래 하급심 판결들은 혼인합의의 존재를 요구하면서 혼인 당사자들의 본국법이 상이한 경우 혼인의 실질적 성립요건의 준거법으로 혼인의 유효성을 보다 엄격하게 보는 법을 적용한다고 보는 경향이 있다.[16] 그러나 이에 대하여는 혼인의사는 일면적 요건이므로 각 당사자의 본국법을 적용하면 족하므로 위 사안의 경우 우리 법원이 한국법상 필요한 혼인합의의 부존재를 문제삼을 수 없다는 비판이 있는데 이런 비판은 배분적 연결원칙에 충실한 견해이다.[17]

흥미로운 것은 이 쟁점을 다룬 대법원 2022. 1. 27. 선고 2017므1224 판결이다.[18] 위 판결에서 대법원은 舊國私 §36 ①을 인용하고 따라서 "한국 국민과 베트남 국민 사이에 혼인의 성립요건을 갖추었는지를 판단하는 준거법은 한국 국민에 관해서는 한국 민법, 베트남 국민에 관해서는 베트남 혼인·가족법이다"는 취지로 판시하여 국제사법이 혼인의 성립요건에 관하여 배분적 연결원칙을 취하고 있음을 확인하였다. 나아가 대법원은 "民 §815 i는 당사자 사이에 혼인의 합의가 없는 때에는 그 혼인을 무효로 한다고 정하고 있고, 베트남 혼인·가족법 §8 ①은 남녀의 자유의사에 따라 혼인을 결정하도록 정하고 있으므로, 한국인 남편인 원고에게만 혼인의사가 있고 상대방인 피고와 혼인의 합의가 없는 때에는 한국 민법과 베트남 혼인·가족법 어느 법에 따르더라도 혼인의 성립요건을 갖추었다고 볼 수 없다"는 취지로 판시하였다.[19] 배분적 연결원칙에 충실하자면 베트남 여성의 혼인의사가 없는 것은 베트남 혼인·가족법의 문제이므로 한국 민법을 언급할 필요가 없다. 그럼에도 불구하고 대법원이 이를 언급한 점에서 혼인합의를 쌍방의 '실질적 혼인의사'의 합치라고 본 듯한데[20] 그 근거는 불분명하다. 더욱이, 배분적 연결원칙에 충실할 경우, 예컨대 베트남법상 형식적 혼인의사만으로 족하다면,[21] 일방의 실질적 혼인의사와 타방의 형식적 혼인의사가 있는 경우 혼인합의를 긍정할 수 있는지이다. 혼인의사를 일면적 요건으로 보면

16) 예컨대 인천가정법원 2020. 12. 4. 선고 2020르10778 판결(혼인의 무효)(상고기각 확정) 외. 기타는 이종혁(2021), 458, 註 21 참조.

17) 이종혁(2021), 458; 이종혁, 온주 국제사법 제63조, 2023. 7. 5., [4]. 분석적 접근방법은 정구태(2022), 1059도 같다.

18) 이는 당초 원고인 한국 남성이 주위적으로 혼인무효, 예비적으로 이혼의 소를 제기한 사건인데, 제1심과 원심에서 주위적 청구가 인용되었으나, 대법원의 원심판결 파기 환송 후 원고가 주위적 청구를 취하하였다고 한다. 과거 한국인 남성과 필리핀 여성 간의 혼인이 문제된 사건(대법원 2010. 6. 10. 선고 2010므574 판결의 사건)에서 유사한 쟁점이 있었으나 원심은 필리핀법에 관한 자료가 법원에 제출되지 않았음을 근거로 우리 법을 적용하여 결론을 내렸고 대법원도 준거법을 판단함이 없이 그를 수용하였다. 비판은 석광현(2024), 5 이하 참조.

19) 대법원 2022. 2. 10. 선고 2019므12044(본소), 2019므12051(반소) 판결도 위 판결을 인용하면서 같은 취지로 판시하였다.

20) 이종혁(2022a), 27과 이선미(2022), 25은 위 대법원 판결을 그렇게 평가한다. 조은희(2024), 102-103도 대법원 판결이 쌍면적 요건으로 보았다고 평가한다.

21) 필자는 이 점에 관한 베트남법의 태도를 확실히 알지 못한다.

이를 긍정할 수 있다. 대법원으로서는 베트남법상 필요한 혼인의사가 실질적 혼인의사라면 혼인합의의 존재를 부정하였어야 하고, 형식적 혼인의사라면 이를 긍정할 여지가 있었으나 위 판결의 취지는 불분명하다. 이는 혼인의사가 일면적 요건인지 아니면 쌍면적 요건인지의 문제이다.

나. 혼인장애사유

혼인의 실질적 성립요건은 혼인이 성립하기 위하여 그것이 존재해야 하는 적극적 요건과, 존재해서는 아니 되는 소극적 요건으로 분류할 수도 있다. 소극적 요건의 존재를 혼인장애사유라고 부르는데,[22] 이에는 중혼의 금지,[23] 근친혼의 금지, 여자의 경우 재혼금지기간의 미경과 등이 있다. 따라서 일면적 요건과 쌍면적 요건의 구분에 대응하여 혼인장애사유에도 일면적 장애사유와 쌍면적 장애사유가 있는데, 위에서 언급한 바와 같이 부모의 동의 결여는 전자의 예이고, 근친혼은 후자의 예이다.[24] 일방 당사자의 본국법상 쌍면적 장애사유가 존재하는 경우에는 상대방 당사자의 본국법상 그것이 쌍면적 장애사유가 아니더라도 혼인을 할 수 없게 된다.

다. 요건의 일면성과 쌍면성의 결정

실질적 성립요건 또는 혼인장애사유의 일면성과 쌍면성을 구별함에 있어서 법정지 국제사법의 해석으로부터 도출할지 아니면 준거법인 실질법으로 도출할지에 관하여는 견해가 나뉜다. 우리의 다수설은 혼인장애의 일면성·쌍면성의 구별은 국제사법 해석의 문제라고 보는 경향이 있으나,[25] 독일에서는 이는 실질법의 해석의 문제라고 본다.[26] 혼인의 성립을 위하여 어떤 요건이 필요한지 그리고 그것이 일면적인지 쌍면

---

22) 필자는 종래 이런 취지로 설명하였으나 소극적 요건의 존재와 적극적 요건의 부존재를 모두 혼인장애사유라고 부르기도 한다. 김연 외, 398. 만일 후자를 따른다면 적극적 요건의 결여와 별개로 혼인장애사유라는 개념을 사용할 실익이 없다.

23) 중혼의 준거법을 다룬 서울가정법원 2014. 6. 27. 선고 2013드단91378 판결(확정)이 있다. 이는 한국인으로 보이는 원고가 피고1과 피고2를 상대로 그들 사이의 혼인무효 확인을 구한 사건이다. 피고1은 미국 네바다주의 이혼판결(이는 편취된 것으로 판명되었다)에 따라 이혼한 원고의 배우자였고 피고2는 그 후 피고1과 혼인하고 네바다주 혼인등록관으로부터 혼인증서를 발급받아 한국에서 혼인신고를 한 사람들이다. 서울가정법원은 혼인의 실질적 성립요건에 대하여 배분적 연결원칙에 따라 피고1에 대하여는 한국법, 피고2에 대하여는 네바다주법을 적용하고, 중혼을 혼인취소사유로 규정하는 한국법보다 이를 혼인무효사유로 규정함으로써 더 강하게 부정하는 네바다주법을 적용하여 혼인이 무효라고 판시하였다. 이는 적절하다. 상세한 소개는 이종혁(2021), 460 이하 참조. 과거 서울가정법원 1971. 12. 3. 선고 70드637 판결도 중혼을 인정하고 혼인의 유효성을 보다 부정하는 필리핀법을 적용하여 혼인무효라고 판단한 바 있다. 이호정, 국제사법, 338 참조.

24) 신창선·윤남순, 342. 국제혼인이 제기하는 실질법상의 제논점은 현소혜, "국제혼인의 이론과 실무", 民判 35(2013), 1178 이하 참조. 그 밖에도 당사자의 본국이 당사자가 외국에서 한 이혼을 승인하지 않는 경우 재혼능력이 있는가도 문제되는데 이는 쌍면적 장애사유라고 본다. 신창선·윤남순, 345.

25) 예컨대 신창선·윤남순, 342; 신창섭, 329−330; 윤종진, 433−434.

26) 이호정, 국제사법, 322; 横山 潤, 國際家族法, 52; Andrae, §1 Rn. 38; Kropholler, 331; Staudinger/Mankowski (2011), Art. 13 Rn. 226f.; MünchKomm/Coester, Art. 13 Rn. 49f.는 혼인장애사유에 관한 상세한 검토를 담고 있다. 위 MünchKomm/Coester, Art. 13 Rn. 50은 동성혼금지, 근친혼금지 등은 성질상

적인지는 각국의 혼인법이 결정할 사항이지 우리 국제사법이 결정할 사항은 아니기 때문이다. 더욱이 우리 국제사법으로부터는 정확한 원칙을 도출할 수도 없다. 예컨대 당사자의 혼인연령을 각자에게 요구되는 요건이라고 생각하므로 일면적 요건이라고 생각하나, 만일 어느 특정국가의 법이 남자는 18세, 여자는 16세라고 규정하면서 18세에 달한 남자도 16세에 달하지 못한 여자와는 혼인할 수 없는 것으로 규정한다면 이는 쌍면적 요건이 될 것이기 때문이다. 따라서 위에서 일면적 장애사유와 쌍면적 장애사유를 열거하면서 "대체로"라고 한 것은 준거법에 의하여 달리 결정될 수 있음을 반영하기 위한 것이다. 요컨대 최종적으로는 이는 각국 혼인법이 장애사유를 설정한 목적을 고려하여 결정할 사항이다.

라. 혼인의 효력과의 구별

여기에서 말하는 혼인의 성립요건과 혼인의 유효성은 혼인의 효력과는 구별하여야 한다. 즉 혼인의 유효성의 문제는 혼인이 유효하게 성립하였는가(또는 효력의 유무)의 문제이므로 혼인이 성립된 경우 발생하는 부부관계, 즉 효력의 문제와는 구별해야 한다는 것이다. 그러나 과거 혼인의 성립의 문제를 혼인의 효력의 문제와 혼동한 판결들이 있다. 예컨대 대법원 1996. 11. 22. 선고 96도2049 판결은, 혼인의사 없이 혼인한 한국남자와 중국여자 사이의 혼인의 효력에 관하여 涉私 §15 ①(혼인의 성립)에 따라 준거법을 지정하지 않고 涉私 §16(혼인의 효력)의 규정에 따라 남자의 본국법인 한국 민법을 준거법으로 잘못 적용한 바 있다.[27] 근사에도 하급심 판결들이 이를 인용하고 있음은 유감이다.[28] 이는 기본적으로 효력이라는 표현이 효력의 유무를 말하는 것인지(이는 유효성의 문제이다) 아니면 효력의 내용을 말하는 것인지가 불분명하기 때문에 초래되는 문제이나 양자를 구별할 필요가 있다.

마. 혼인의 요건 흠결의 효과

혼인의 실질적 성립요건이 결여된 경우 그 효과는 침해된 법이 결정한다.[29] 예컨대 일방 당사자가 상대방의 사기에 의하여 의사표시를 한 경우처럼 일면적 장애사유가 있는 경우 그 효과는 그 요건에 의하여 보호되는 당사자(또는 문제되는 당사자)의 본국법을 적용하면 된다.[30] 일부 논자는 일방 당사자가 사기 또는 강박에 의하여 혼인

필연적으로 쌍면적 장애사유이고 모든 나라에서 그렇게 취급되나 그 밖의 사유는 실질법의 해석의 문제라고 본다.

27) 유승룡(2003), "섭외 혼인사건에서의 준거법의 지정", 재판자료 101, 550 주 78도 동지.

28) 예컨대 춘천지방법원 2009. 7. 9. 선고 2009르114 판결은 한국인인 원고가 중국인인 피고를 상대로 혼인무효를 주장한 사건인데, 법원은 원·피고의 동일한 상거소지가 한국인 점 등을 고려하여 원·피고 사이의 혼인이 실질적 성립요건을 구비한 것으로서 유효한지 여부는 원고의 본국법인 한국법에 의하는 것이 타당하다(대법원 1996. 11. 22. 선고 96도2049 판결 참조)고 판시하였다.

29) 이호정, 국제사법, 338.

의 의사표시를 한 경우 그의 본국법상 그것이 혼인의 취소사유라면 그는 취소를 주장할 수 있을 뿐이고 가사 상대방의 본국법상 무효사유이더라도 무효를 주장할 수 없다고 하나,[31] 이는 논란이 있고 무엇보다도 종래의 정당한 실무를 설명하기 어렵다.[32]

이런 관점에서 주목할 것은 우리 사회의 이목을 끌었던 사건이다. 이는 베트남 여성의 혼인 전 출산경력의 불고지가 혼인취소사유인 사기에 해당되는지를 다룬 대법원 2016. 2. 18. 선고 2015므654, 661 판결이다. 대법원은 출산경력의 불고지가 우리 民(§816 iii)상 혼인취소사유인 사기에 해당한다고 볼 수는 없고 이는 국제결혼의 경우에도 마찬가지라고 판시하였다. 대법원은 위 법리가 국제결혼의 경우에도 마찬가지인 근거를 제시하지 않았으나 그 근거는 혼인의 실질적 성립요건의 준거법이 국제사법이 정한 배분적 연결원칙에 따라 남편의 본국법인 한국법이기 때문이다. 이런 이유로 위 판결은 국제사법적 사고의 빈곤을 보여준다는 비판[33]이 있다.

실무상 한국인과 중국인 간의 혼인시 중국인 여자, 특히 조선족 여자가 한국에 입국하기 위한 방편으로 혼인할 의사(즉 혼인의사)가 없음에도 불구하고 가장혼인(또는 위장혼인)을 하여 혼인신고를 하고 나서 한국에 입국한 뒤 가출한 경우 한국인 남편이 혼인의사의 흠결을 이유로 중국인 부인을 상대로 혼인무효소송을 제기하는 사례가 많이 있었다. 여기에서 중국법에 따른 가장혼인의 유효성이 문제되는데, 우리 법원은 한국법은 물론 중국법에 따르더라도 혼인의사의 흠결은 혼인무효사유라고 판시하고 있다.[34] 다만 혼인의사의 부존재를 확정하기는 어려우므로 대부분 간접사실에 의하여 추정할 수밖에 없는데, 실무상으로는 외국인이 상당한 금원을 송금받은 뒤 한국에 입국하지 않은 채 행방을 감추거나 입국을 거부하는 경우, 입국하여 바로 자취를 감추거나 외국인등록증을 받자마자 별다른 사유 없이 가출한 경우와 가장혼인이 의심된다는 이유로 비자가 기각된 경우 등에 있어서는 혼인의사의 결여를 추정하여 혼인

30) 신창선·윤남순, 347; 김연 외, 398.

31) 이종혁(2021), 458; 신창섭, 330. 반면에 이호정, 국제사법, 337; Kegel/Schurig, 812는 상대방 당사자의 준거법에 따른 흠결 효과의 주장을 허용하고 동지의 판결로 독일 제국재판소 판결(RGZ 136, 142, 143f.)을 소개한다.

32) 혼인무효의 소는 한국 남성이 국내에 입국하지 아니하거나 입국했다가 단기간에 가출한 외국 여성을 피고로 제기하는 경우가 대다수이다. 최미영(2023), "국제결혼과 혼인무효의 소 하급심 판례 동향—한국남성과 외국여성의 중개업체를 통한 국제결혼 중심으로—", 가족법연구 37-3, 427. 법원이 이를 허용하는 것은, 한국법상 실질적 의사의 합치가 필요하다면서(즉 혼인합의를 쌍면적 요건으로 보면서) 한국 남성이 합치의 결여를 주장할 수 있다고 보는 것이다. 반면에 만일 이를 일면적 요건으로 본다면 종래의 실무는 한국 남성이 외국법에 따른 흠결 효과를 주장할 수 있다고 보는 것이다. 만일 한국 남성은 한국법에 따른 흠결 효과만 주장할 수 있다면 가사 외국법상 실질적 의사가 필요하더라고 한국 남성은 외국법 위반을 주장할 수 없어 실무를 정당화하기 어렵다.

33) 이종혁(2021), 460.

34) 예컨대 서울가정법원 2010. 1. 28. 선고 2009드단66283 판결과 춘천지방법원 2009. 7. 9. 선고 2009르114 판결 등 참조.

무효청구를 받아들이고 그 외의 경우에는 청구취지를 이혼으로 변경하도록 한 뒤 이혼청구를 받아들이고 있다고 한다.[35] 그러나 대법원 2022. 1. 27. 선고 2017므1224 판결은 당사자들이 처음부터 혼인의 합의 없이 혼인신고를 통하여 외관만을 만들어 낸 것인지, 아니면 혼인 이후에 혼인을 유지할 의사가 없어지거나 혼인관계의 지속을 포기하게 된 것인지를 세심하게 판단해야 한다고 판시하였음을 주목할 필요가 있다.

혼인이 양 당사자의 법을 모두 위반한 경우 그 위반의 효과에 대하여는 보다 엄격한 효과를 규정한 법이 적용된다는 견해가 유력하다.[36] 즉 중혼에 대하여 일방당사자의 속인법에 따르면 혼인이 취소할 수 있고 다른 당사자의 속인법에 따르면 무효인 때에는 혼인은 무효라는 것이다.[37] 마찬가지로 쌍면적 요건에 관하여 각 당사자의 본국법이 상이한 효과를 규정한 경우에는 결국 보다 엄격한 효과를 규정한 법이 적용되는 결과가 된다.[38]

위에서 언급한 대법원 2022. 1. 27. 선고 2017므1224 판결은 "[구] 국제사법 제36조 제1항은 실체법적인 혼인의 성립요건을 판단하기 위한 준거법을 정한 것이고, [1] 성립요건을 갖추지 못한 혼인의 해소에 관한 쟁송 방법이나 쟁송 이후의 신분법적 효과까지 규율하고 있는 것은 아니다. 따라서 한국 국민이 당사자 사이에 혼인의 합의가 없어 혼인이 성립되지 않았음을 이유로 혼인의 해소를 구하는 소송에 관하여 [2] 법원은 한국 민법에 따라 혼인무효 여부를 판단할 수 있다."(밑줄과 번호는 필자가 추가함)고 판시하였다.

우선 [1] 부분의 취지와 근거는 불분명하다. 혼인의 성립요건이 미비한 경우 그

35) 전연숙(2006), "국제가사소송사건의 실태분석 및 개성방안 – 서울가정법원 가사5단독(국제가사소송사건 전담재판부) 실무례를 중심으로 –", 국제사법연구 12, 79. 공정증서원본불실기재 및 동 행사 등의 형사유죄판결이 확정된 경우에는 사실인정이 용이하다. 최봉경(2010), "국제이주여성의 법적 문제에 관한 소고", 서울대학교 법학 51 – 2, 147도 참조.

36) 이호정, 국제사법, 338; 안춘수, 299; 櫻田嘉章, 272; Andrae, Rn. §1 165. 다만 위와 같은 결론을 인정하면서도 그런 법리를 (법률효과의 관점에서) "보다 약한 법의 원칙"이라고 설명하기도 하고(위 이호정; Kegel/Schurig, 812) (흠결에 대한 제재의 관점에서) '엄격법의 원칙'이라고 설명하기도 하여(신창선·윤남순, 347; 최흥섭, 343) 혼란스러우나 관점의 차이다(안춘수, 299는 양자를 충돌되는 것으로 본다). 여기에서는 그런 표현을 피하고 결론만 적는다. 정구태(2022), 1059는 위반의 효과에 관하여도 배분적 연결을 관철하나 예컨대 혼인의사 부존재가 남편의 본국법상 무효사유이고 부인의 본국법상 취소사유라면 이 경우 배분적 연결을 관철하는 것은 불가능하므로 동의할 수 없다.

37) 서울가정법원 1971. 12. 3. 선고 70드637 판결은 중혼이 문제된 사건에서 우리 법에 따르면 중혼은 혼인의 취소사유이고 필리핀법에 따르면 혼인의 무효사유인데, 그 경우 혼인의 유효성을 보다 부정하는 나라의 법률에 의하여 정하여야 한다면서 필리핀법을 적용하여 혼인을 무효라고 판시하였다. 이호정, 국제사법, 338 참조. 마찬가지로 서울가정법원 2014. 6. 27. 선고 2013드단91378 판결은 중혼이 문제된 사건에서 우리 법에 따르면 중혼은 혼인의 취소사유이고 네바다주법에 따르면 혼인의 무효사유인데, 그 경우 혼인의 유효성을 보다 부정하는 나라의 법률에 의하여 정하여야 한다면서 네바다주법을 적용하여 혼인을 무효라고 판시하였다. 이종혁(2021), 460 이하 참조.

38) 櫻田嘉章, 272.

의 신분법적 효과(혼인이 무효인지 취소인지 등)는 배분적 연결원칙에 따라 지정된 법 중에서 위반된 법(양 준거법이 모두 위반된 경우에는 더 엄격한 제재를 규정한 법)이 결정할 사항이고, 구체적 쟁송 방법(혼인무효/취소의 소를 제기해야 하는지, 기타 방법으로 다툴 수 있는지 등)도 지정된 준거법에 따를 사항이며,39) 가사재판 등 실체법적 형성의 소에서 형성력은 실체법적 효력이라고 보므로 형성력의 실체법적 내용도 그 준거법에 따를 사항이다. 다만 소를 제기하는 경우 절차적 문제(소의 제기방법과 재판의 효력 등)는 법정지법원칙(*lex fori* principle)에 따라 법정지법에 따를 사항이다.

한편 위 대법원 판결의 [2] 부분의 취지와 근거도 불분명하다.40) 하급심 판결들 중에는 혼인합의가 없는 경우가 한국법상의 무효사유이고 베트남법상은 취소사유이므로 그 경우 혼인의 효력은 더 엄격한 법을 적용하여야 한다면서 한국법에 따라 무효라고 판단한 판결들이 있다.41) 대법원 판결은 <u>한국 민법에 따라 혼인무효 여부를 판단할 수 있다</u>고 하는데, 그에 앞서 베트남법상 필요한 것이 실질적 혼인의사인지 아니면 형식적 혼인의사인지와, 혼인의사의 흠결이 취소사유인지(일부 하급심 판결들의 설시처럼) 아니면 무효사유인지를 먼저 밝히고 한국 민법을 적용하는 근거를 밝혔어야 한다.42)

위 대법원 판결의 사안에서는 한국인 남편에게는 실질적 혼인의사가 있었으므로, 만일 베트남인인 부인의 혼인의사의 결여가 베트남법상 취소사유라면 침해(위반)된 베트남법에 따라 혼인 취소사유라고 판단하여야 한다. 배분적 연결원칙에 충실하자면, 대법원으로서는 베트남법상 실질적 혼인의사가 필요한지를 먼저 판단한 뒤, 그의 흠결이 베트남법상 취소사유인지 무효사유인지를 판단하고, 만일 취소사유라면 취소할 수 있고, 만일 무효사유라면 베트남법에 따라 무효라고 판단하였어야 한다.

혼인요건이 흠결된 경우 혼인당사자들 사이의 혼인유대만이 아니라 성명(혼인의 효력의 준거법에 따른다고 보는 경우) 부양 및 기타 재산관계와 자녀들에 대한 다양한 부수적 효과도 침해된 법에 의하여 결정된다고 보는 견해가 유력하다.43)

---

39) 정구태(2022), 1058도 동지. 이선미(2022), 25도 쟁송 방법에 관하여 우리 민법을 적용하여야 할 명확한 근거가 없다고 지적하고 이는 준거법에 따를 사항이라고 비판한다.

40) 이종혁, 온주 국제사법 제63조, 2023. 7. 5., [4], 주 20은 위 부분은 근거가 없다고 한다.

41) 전주지방법원 2019. 5. 27. 선고 2018르1279 판결(확정)과 대구가정법원 2019. 7. 25. 선고 2018르312 판결(확정). 국제사법연구 제25권 제2호(2019. 12.), 728−729면 참조.

42) 이선미(2022), 25면도 동지.

43) 이호정, 국제사법, 338−339. 반면에 신창섭, 331−332은 혼인의 무효 또는 취소의 경우 자녀가 친생추정을 받는지는 혼인중의 부모·자녀관계를 정한 §67에 따라, 혼인당사자들 간의 재산반환의 문제는 부당이득으로서 §51에 따라 결정되는 준거법에 의한다고 본다.

바. 입법론

개정된 독일 민법시행법(§13 ③)에 따르면 외국법이 혼인당사자 일방의 혼인적령의 준거법으로 지정되더라도 혼인 체결 시 일방이 16세 미만인 경우는 무효이고 혼인 체결 시 일방이 16세 이상 18세 미만인 경우는 취소할 수 있다. 이는 유럽으로의 난민이 급증하는 상황에서 2017. 7. 17. 아동혼인(또는 조혼)방지법(Gesetz zur Bekämpfung von Kinderehen)의 제정에 따라 신설된 것으로 준거법이 외국법인 경우에도 관철되는 국제적 강행규정이다.[44] 근자에는 한국에서도 독일 등 외국의 입법례를 참고하여 國私 §63 ①에 "다만, 대한민국에서 혼인을 하는 경우에는 民 §815(혼인의 무효), §816(혼인취소의 사유)의 적용에 영향을 미치지 아니한다"는 취지의 단서를 추가하자는 입법론이 있다.[45] 그러나 아래 이유로 이에 동의하기는 어렵다.

독일이 민법시행법을 개정한 것은 독일인 남성이 아랍계 국가의 여성들과 혼인 시 혼인적령에 대한 준거법상의 공서 통제가 제대로 작동하지 않은 탓인데 우선 한국에서는 그런 문제가 실제로 빈번하게 발생한다는 말을 듣지 못하였고, 필요한 경우 법원이 공서에 의하여 해결할 수 있기 때문이다. 더욱이 지나치게 낮은 혼인적령에 한정하는 독일과 달리 우리 민법의 혼인장애사유 전부를 외국인에게 강요하는 것은 합리적 근거가 없고 혼인의 성립요건에 대하여 국제사법의 출발점인 배분적 연결원칙에 심하게 위반되기 때문이다.[46]

44) 이는 혼인적령에 대한 공서통제가 제대로 작동하지 않은 탓에 또는 그것이 바람직하지 않다고 보아 신설된 것이나, 그에 대하여는 혼인이 다른 회원국에서 유효하게 성립한 경우 EU기능조약(§21)이 보장하는 EU 시민의 회원국 내 거주이전(또는 이주)의 자유에 반하는 것이라는 강력한 비판이 있다. Junker, §18 Rn. 22f. 소개는 석광현, 정년기념, 562 참조. 다른 유럽연합 국가들도 외국에서 행해진 조혼에 대처하기 위한 엄격한 입법을 한 바 있다. 독일 민법시행법 §13 ③ i에 대하여는 위헌이라는 주장이 있었는데 독일 연방대법원은 2018년 11월 위헌법률심판제청을 하였다. 독일 헌법재판소는 2023. 2. 1. 결정에 의하여 다른 적절한 수단이 없으므로 혼인적령 제한이 적절하고 필요하다고 판단하면서도, 동 조항이 준거법상 유효하게 성립하였으나 독일법상은 무효인 혼인의 효과(예컨대 부양청구권과 같은)를 규정하지 않고, 또한 문제된 당사자가 성년에 이른 뒤에 유효한 혼인으로의 전환(또는 승인)을 규정하지 않는 점에서 독일 기본법(§6 ①)이 보호하는 혼인의 자유를 제한함에 있어서 비례의 원칙에 반한다고 하고, 늦어도 2024. 6. 30까지는 개정되어야 한다고 판시함으로써 헌법불합치결정과 입법촉구결정을 하였다. 평석은 Coester-Waltjen (2023), Das Unwirksamkeitsverdikt für Kinderehen auf dem Prüfstand der Verfassung, IPRax, 350ff. 참조. 결정문은 IPRax, 380ff. 참조. 이 문제에 관하여는 독일 헌법재판소 결정에 비추어본 기본권과 국제사법이라는 주제로 2023. 5. 8. 개최된 세미나에서 발표된 Michaels, Radtke, Gössl, Viellechner와 Coester-Waltjen이 각 집필한 논문들이 Rabels Zeitschrift 87 (2023), 707-805에 수록되어 있다. 조혼에 관한 비교법, 실질법과 국제사법 논의는 Max-Planck-Institut (2020), Die frühehe im Rechtsvergleich: Praxis, Sachrecht, Kollisionsrecht, Rabels Zeitschrift, 84, 705. 단행본은 Nadjma Yassari und Ralf Michaels (2021), Die Frühehe im Recht: Praxis, Rechtsvergleich, Kollisionsrecht, höherrangiges Recht 참조. 이를 소개한 우리 문헌은 "외국에서 성립한 미성년자의 혼인을 무효로 하는 법률조항의 위헌성", 세계헌법재판 조사연구 제62호(2023. 8.) 참조. https://snu.gov-dooray.com/mail/systems/inbox/3616642976659507404.

45) 이종혁(2022a), 26 이하.

46) 위 견해도 우리 민법상의 모든 혼인장애사유를 관철하는 것이 부당하다면 범위를 조정할 수 있다고 한다. 이종혁(2022a), 28.

5. 반정과 공서

가. 반정

혼인의 성립요건에 관하여 국제사법이 지정한 준거법은 당사자의 본국법이다. §22 ②은 §63를 열거하지 않으므로 §63의 지정은 국제사법지정이고, 만일 준거법인 외국법이 한국법으로 반정을 하는 경우에는 우리 실질법을 적용해야 한다. 문제는 반정을 허용하는 것이 국제사법의 지정 취지에 반하는가인데(國私 §22 ① vi) 통상은 이를 인정할 근거가 없다. 따라서 국제사법에 의하여 혼인의 실질적 성립요건으로 A국법이 지정된 경우 그 국가가 혼인거행지법주의를 취하고 나아가 혼인거행지가 한국이라면 직접반정이 있게 되므로 우리 법원은 우리 법을 적용해야 한다.

나. 공서

혼인의 실질적 성립요건의 준거법을 적용한 결과가 한국의 선량한 풍속 그 밖의 사회질서에 명백히 위반되는 때에는 그 적용이 배제될 수 있다. 예컨대 위에서 본 것처럼 당사자의 본국법이 정한 혼인연령이 너무 어리거나 혼인연령을 제한하지 않는 경우 우리 공서가 개입할 수 있다.[47] 또한 당사자의 종교 또는 인종의 상이를 혼인장애사유로 삼는 것도 우리의 공서에 반한다.[48]

독일에서는 특히 독일인과 외국인 간의 혼인에 있어 외국의 혼인장애사유가 독일 헌법이 정한 혼인자유의 기본권에 반하는가라는 관점에서 논의되고 있다. 과거 스페인인 사건에서 독일 연방헌법재판소의 1971. 5. 4. 결정은, 구체적 사건에서 독일의 저촉법에 따라 지정된 외국법을 적용한 결과가 독일 기본법이 정한 당사자의 기본권을 침해할 수는 없다고 선언하였다.[49] 그 결과 국제사법규범도 기본권에 의한 통제하에 놓이게 되었고 저촉법규범의 적용 결과 당사자의 기본권이 침해되는 때에는 독일

47) 신창선·윤남순, 343; 윤종진, 434; 櫻田嘉章, 272.

48) 윤종진, 434; MünchKomm/Coester, Art. 13 Rn. 86f. (독일 기본법에 반하는 것으로서); 櫻田嘉章, 272.

49) 사건의 개요는 아래와 같다. 독일에서 혼인하였다가 이혼재판에 의하여 이혼한 독일 여자가 독신인 스페인 남자와 혼인하고자 하였다. 스페인 당국이 독일에서의 혼인에 필요한 스페인 남자의 혼인자격증명서를 발급하지 않자 독일 여자는 독일 법원에 증명서의 면제를 신청하였으나 거절되었다. 독일 당국(Hahm 고등법원장)이 이를 거절한 이유는, 스페인법은 민사이혼을 허용하지 않으므로 독일 여자의 이혼은 스페인의 공서에 반하는 것으로서 승인되지 않는 결과 위 혼인에는 양면적 혼인장애사유가 존재하기 때문이었다. 이에 독일 여자는 헌법소원을 제기하였다. 독일 연방헌법재판소 1971년 5월 4일 결정(BVerfGE 31, 58)은 구체적 사건에서 독일의 저촉법에 따라 지정된 외국법(스페인 남자의 혼인의 성립요건에 관한 스페인법)을 적용한 결과가 독일 기본법이 정한 당사자의 기본권(위 사건에서 혼인체결의 자유)을 침해할 수 없다고 선언하였고, 국제사법 규정도 국내법으로서 전면적으로 기본권에 의하여 평가되어야 한다는 취지로 판시하였다. 그 후 1986년 개정된 독일 민법시행법(§6 2문)은 외국 법규범의 적용이 기본권과 相容되지 않는 경우에는 특히 적용되지 아니한다고 명시하게 되었다. 소개는 석광현, 정년기념, 260 이하; 안춘수(2004), "헌법, 국제사법 그리고 가족법－독일 학설, 판례 및 입법의 변화와 우리 국제사법의 현 위치－", 가족법연구 18－2, 365; Andrae, §1 Rn. 69ff. 평석은 Andrae (2014), §1, 3. Auflage, 74, Fn. 184에 인용된 문헌 참조.

의 공서조항이 적용될 수 있다고 본다.[50] §23는 공서의 맥락에서 기본권을 언급하지 않지만 이러한 해석론은 우리나라에서도 타당하다.

공서와 관련하여 주목할 것은, 대법원 2012. 5. 24. 선고 2009다22549 판결(미쓰비시 사건 판결)과 대법원 2012. 5. 24. 선고 2009다68620 판결(신일본제철 사건 판결)이다.[51] 위 판결들은 외국판결의 승인의 맥락에서 공서위반 여부를 판단하면서, 일본의 한반도와 한국인에 대한 식민지배가 합법적이라는 규범적 인식을 전제로 국가총동원법과 징용령을 한반도와 원고등에게 적용하는 것이 유효하다는 평가를 포함하는 일본판결 이유는 일제강점기의 강제동원 자체를 불법이라고 보는 한국 헌법의 핵심적 가치와 정면으로 충돌하는 것이어서 이런 판결 이유가 담긴 일본판결을 그대로 승인하는 결과는 그 자체로 한국의 공서에 어긋난다고 판시하였는데, 같은 법리가 준거법 적용상의 공서에서도 타당하다. 따라서 우리도 앞으로는 헌법적 가치에 관심을 기울여야 한다. 예컨대 외국법을 적용한 결과 우리 헌법이 보장하는 인간의 기본권이 침해되는 때에는 공서위반이 될 수 있는데, 헌법은 근본규범으로서 한국의 기본적인 도덕적 신념 또는 근본적인 가치관념과 정의관념을 반영하기 때문이다. 단, 우리 헌법의 원칙에 반하는 외국법의 적용이 당연히 국제사법상으로도 준거법공서위반이 되는 것은 아니므로 우리 법질서가 지키고자 하는 가치가 무엇인지를 성찰하여 그 경계를 획정하기 위해 노력해야 한다.[52] 즉, 기본권이 외국법의 적용을 배제하는지 여부와 그 범위는 구체적 사안별로 검토해야 한다.[53]

Ⅲ. 혼인의 형식적 성립요건 (혼인의 방식)

1. 의의 및 연혁

가. 의의

국제사법상 혼인의 형식적 성립요건[54] 또는 방식이라 함은 일반적으로 신분공무원 또는 성직자 앞에서의 혼인의 합의의 선언과 같이 법률상 유효한 혼인을 성립시키

50) Andrae, §1 Rn. 75.

51) 위 판결들이 제기하는 준거법상의 논점은 석광현(2013. 9.), "강제징용배상 및 임금 청구의 준거법", 서울대 법학 54-3, 283 이하 참조. 외국판결 승인의 논점은 석광현(2013. 6.), "강제징용배상에 관한 일본판결의 승인 가부", 국제사법연구 19-1, 103 이하 참조.

52) 예컨대 신창선·윤남순, 186은, 외국법이 혼인에 의하여 처가 남편의 성을 따르도록 규정함으로써 우리 헌법이 정한 양성평등의 원칙에 반하더라도 그것이 국제사법상 당연히 준거법공서위반이 되는 것은 아니라고 한다. 그러나 이에 대해서는 반론이 가능하다.

53) 이호정, 국제사법, 222.

54) 우리 민법상 혼인신고는 혼인의 성립요건으로 이해한다. 그러나 이를 효력발생요건으로 보는 견해도 있다. 김주수·김상용, 106.

기 위하여 당사자 또는 제3자에 대하여 요구되는 외면적 행위 또는 혼인의 외부적 형식으로서의 혼인의사의 표현방법을 말한다.[55] 국가기관 기타 혼인 주재자의 협력도 방식의 문제라고 본다.[56] 혼인의 유효한 성립을 위하여 아무런 방식을 요구하지 않는 입법례도 있으나 혼인의 신분관계의 기초로서 중요성에 비추어 많은 입법례는 엄격한 방식을 요구한다. 따라서 준거법을 결정할 필요가 있다.

혼인의 실질과 방식의 구별은 성질결정의 문제이므로 기능적 또는 목적론적 성질결정에 따라 결정할 사항이다. 혼인에 대한 부모의 동의를 혼인의 방식으로 보는 국가도 있으나 이는 실질적 성립요건으로 본다.[57] 교회에서의 예식을 실질적 성립요건으로 보는 국가도 있으나 우리나라에서는 이는 혼인의 방식으로 본다.[58] 일반적으로 혼인의 형식적 성립요건이라는 표현을 많이 사용하나, 혼인의 형식적 유효성의 문제라고 부를 수도 있다. 오히려 법률행위 또는 계약에 관한 논의를 고려하면 후자의 용어가 보다 일반적이라고 할 수 있다.

나. 연혁

涉私 §15 ①은 혼인의 방식은 혼인거행지의 법에 의한다고 하여 '절대적 거행지법주의'를 취하였다. 그러면서 ②에서는 이는 民 §814[59]의 적용에 영향을 미치지 아니한다고 규정함으로써 영사혼 또는 외교혼(이하 "영사혼"이라 한다)을 명시적으로 규정하였다. 영사혼은 외국에 거주하는 자국민이 외교관(영사관) 앞에서 혼인을 할 수 있도록 하기 위한 것이다. 그러나 국제사법은 절대적 거행지법주의를 버리고 혼인거행지법과 당사자 일방의 본국법에 연결하는 선택적 거행지법주의를 채택하되(國私 §63 ② 본문), 혼인당사자 중 일방이 한국인이고 또한 당사자들이 한국에서 혼인하는 경우에는 '내국인조항'을 두어 한국의 혼인 방식에 따르도록 하였다(國私 §63 ② 단서).

2. 입법례

혼인의 형식적 성립요건에 관한 입법례에는 혼인거행지법주의와 본국법주의가 있다. 전자에는 다시 절대적 혼인거행지법주의와 선택적 혼인거행지법주의가 있다. 본국법주의의 예로는 그리스정교의 의식을 필요로 하는 그리스와 이슬람교의 의식에 의할 것을 요구하는 이란이 있다.[60] 흥미로운 것은 중국 섭외민사관계법률적용법이

---

55) Kropholler, 335; 注国私(2), 10(横溝 大); 신창선·윤남순, 345.

56) MünchKomm/Coester, Art. 13 Rn. 124.

57) 신창선·윤남순, 345. 위 前註 Ⅲ.4.에서 언급한 Gretna Green 혼인 참조.

58) 신창선·윤남순, 346(다만 이는 실질적 성립요건이라고 볼 여지를 인정한다).

59) 民 §814 ①은 "외국에 있는 본국민사이의 혼인은 그 외국에 주재하는 대사, 공사 또는 영사에게 신고할 수 있다"고 규정한다.

다. 동법(§22)은 결혼의 방식[61]은 혼인체결지 법률, 일방 당사자의 상거소지 법률 또는 국적 소속국 법률에 부합하는 경우 모두 유효하다고 규정하여 가급적 쉽게 혼인의 방식요건을 구비할 수 있도록 한다.

3. 준거법의 결정(§63 ② 본문)

가. 선택적 연결

혼인의 방식은 혼인이 법적으로 유효하게 성립하기 위하여 필요한 당사자 또는 제3자의 외부적 표현방법을 말하는데[62] 주로 종교혼, 민사혼, 영사혼 및 보통법혼인(Common-Law marriage)과의 관계에서 논의된다.[63]

혼인의 방식에 대하여 예외 없이 혼인거행지법(*lex loci celebrationis*)에 의하도록 함으로써 절대적 거행지법주의를 채택한 섭외사법에 대하여는 많은 비판이 있었다.[64] 절대적 거행지법주의는 혼인의 방식은 혼인거행지의 공서에 속하는 사항이라거나, 혼인거행지의 선량한 풍속 내지는 거래이익과 밀접한 관련이 있기 때문이라고 설명한다.[65] 그러나 이는 당사자에게 많은 불편을 주는데, 당사자에게 이런 불편을 강요하면서까지 혼인의 방식의 공서성(公序性)을 엄격히 고려할 필요는 없으며, 혼인의 자유가 인정되고 있는 오늘날 단순히 거행지법에 따른 혼인의 방식을 갖추지 않았다는 이유만으로 혼인의 유효한 성립을 부정하는 것은 부당하다. 따라서 국제사법은 혼인의 보호를 위하여 혼인의 방식의 준거법을 보다 넓게 선택적으로 인정한다. 즉 혼인거행지법 외에 당사자 일방의 본국법에 의한 혼인의 방식도 유효한 것으로 하였다(§63 ② 본문). 이는 일본 법적용통칙법(§24 ②, ③)[66]과 내용상 동일하며 규정방식이 다

60) 신창선·윤남순, 346은 그리스와 이란을 절대적 본국법주의를 취하는 국가의 예로 소개한다. 구체적인 입법례는 아래와 같다. 1978년 "혼인의 거행 및 유효성의 승인에 관한 헤이그협약"(§§1~6), 독일 민법시행법 §13 ③(혼인체결), §11(법률행위의 방식), 스위스 國私 §44 ③(혼인체결의 준거법), 오스트리아 國私 §16(혼인체결의 방식), 이탈리아 國私 §28(혼인체결의 방식), 일본 법적용통칙법 §24, 중국 섭외민사관계법률적용법 §21.

61) 동조는 "婚手续"라고 규정하나 이는 결혼의 방식으로 보인다.

62) 櫻田嘉章, 274.

63) 보통법혼인이라 함은 미국의 일부 주에서 보는 바와 같이 별도의 방식을 요구하지 않고 당사자 간의 합의만으로 성립하는 혼인을 말한다. 최흥섭, 343; Hay/Borchers/Symeonides (2010), Conflict of Laws, 5th ed., §13.1. 아래에서 보듯이 혼인의 방식은 혼인거행지법에도 선택적으로 연결되므로 한국인도 그러한 미국 주에서 보통법혼인을 할 수 있고 그 경우 법률회피로 인하여 효력이 부정되거나 공서위반이 되지는 않는다. 최흥섭, 343. 그러나 독일 민법시행법(§13 ④)은 혼인은 독일 내에서는 독일법에 따라 행해져야 한다고 하므로 일방이 독일에 있는 경우 보통법혼인은 허용되지 않는다고 한다. Münch-Komm/Coester, Art. 13 Rn. 133 참조.

64) 김용한 외, 315. 상세는 최흥섭(2001), 153 이하 참조.

65) 이호정, 국제사법, 334 참조.

66) 이는 법례(§13 ②, ③)와 같은 취지이다.

를 뿐이다. 따라서 예컨대 한국 남자가 베트남 여자와 베트남에서 결혼식을 올리고 베트남법에 따라 혼인신고를 하였다면 한국법에 따른 혼인신고를 하기 전이라도 혼인의 방식요건이 구비된다.[67] 혼인의 방식의 준거법에 대하여는 불변경주의가 타당하므로 혼인의 방식요건이 구비되면 그 후 준거법의 변경은 영향이 없다.[68]

여기에서 '혼인을 한 곳'은 정확히는 '혼인거행지'를 말하는데 이는 당사자의 합의만으로 성립하는 경우는 합의 당시 당사자가 소재하는 곳이고, 혼인식이 필요한 경우 권한이 있는 혼인주재자(성직자, 신분공무원 또는 시장)의 입회하에 공식적 혼인식이 거행되는 장소를 말한다.[69] 후자의 경우 혼인주재자의 입회가 없는 단순한 결혼식을 행한 장소가 아니다.[70] 문제는 우리 민법에서 보듯이 관공서에의 창설적 신고와 수리[71]가 필요한 경우 — 이를 '국가기관 관여형의 혼인'이라고도 한다[72] — 혼인거행지가 어디인가인데 이에 관하여는 견해가 나뉜다. 즉 이 경우 혼인거행지는 그 신고를 받는 등록관청 소재지이며, 보다 엄밀하게는 기관소속국이 혼인거행지라는 견해(독일의 유력설)[73][74]와, 혼인의사를 외부적으로 표시한 혼인신고서를 작성하여 발송한 곳이라는 견해(일본의 유력설)가 있다.[75]

혼인거행지의 결정은 예컨대 한국에서 한국인이 외국인(예컨대 일본인)과 혼인식

67) 따라서 그 경우 출입국관리법에 따른 한국으로의 출입국과 비자문제를 다룸에 있어서도 혼인이 성립되었음을 전제로 해야 한다.

68) Andreae, §1 Rn. 148 이하.

69) Staudinger/Mankowski (2011), Art. 13 Rn. 478; Andrae, §1 Rn. 78, Rn. 147. 일본에서는 혼인거행지는 법적으로 혼인을 성립하게 하는 방식이 履踐된 곳이라고 한다. 神前 禎/早川吉尙/元永和彦(2006), 國際私法(제2판), 169.

70) 이런 의미에서 이호정, 국제사법, 334이 혼인식이 올려지고 있는 장소를 혼인거행지라고 설명하는 것은 혼인주재자의 입회를 전제로 하는 것이다.

71) 혼인신고의 수리라 함은 혼인신고의 접수와 구별되는 개념으로, 접수는 혼인신고의 수령 사실이나, 수리는 혼인신고가 요건을 갖춘 경우에 가족관계등록공무원이 그 수령을 인용하는 처분을 말한다. 김주수·김상용, 108－109.

72) 橫山 潤, 國際家族法, 74.

73) Staudinger/Mankowski (2011), Art. 13 Rn. 479; MünchKomm/Coester, Art. 13 Rn. 133, Rn. 136f. 일본에도 이런 견해가 있다. 橫山 潤, 國際家族法, 74; 注国私(2), 19(横溝 大) 등 참조. 위에서 소개한 바와 같이 근자에 독일에서는 혼인, 혼인과 유사한 동반자관계 기타 가족법적으로 승인된 생활 및 위험공동체를 통일적으로 거행지법에 연결하자는 견해가 유력하게 주장되고 있는데 그 경우 당국의 등록이 필요하다면 등록국이 거행지라고 본다. 등록 없이 사인(私人)들만의 행위로 족한 경우에는 표시를 한 곳(Abgabeort der Erklärungen)이라고 본다. Heinz－Peter Mansel(註 4), 566f.

74) Staudinger/Mankowski (2011), Art. 13 Rn. 480은 한국과 일본의 혼인신고제도는 당사자 간의 합의만으로 성립하는 혼인과 혼인주재자의 관여 하에 이루어지는 혼인의 중간유형이므로 특히 주의해야 한다고 하면서, 독일에서 두 한국인이 한국으로 우편에 의한 혼인신고를 했다면 혼인거행지는 한국이라고 본다. 한일의 혼인신고제도는 독일인들에게는 익숙하지 않은 혼인의 방식이다. 독일 주재 한국 영사에게 혼인신고를 하는 경우 혼인거행지는 독일이라고 볼 수 있다.

75) 학설은 注国私(2), 19(横溝 大) 이하 참조. 이종혁(2021), 461은 혼인거행지는 혼인의사의 표명 당시 쌍방 당사자의 소재지라고 하면서 혼인의 성립을 위하여 행정기관에의 창설적 신고와 수리를 요구하는 우리나라와 일본에서도 마찬가지라고 하여 일본의 다수설을 지지한다. 이종혁, 온주 국제사법 제63조, 2023. 7. 5., [8]도 같다.

을 올리고 직접 외국(일본)의 국가기관에 우편으로 혼인신고를 제출하는 경우에도 문제된다. 독일의 유력설에 따르면 신고를 수리하는 행정기관 소재지인 외국을 혼인거행지라고 볼 것이나, 일본의 유력설은 혼인신고를 발송한 곳이라고 본다.[76] 이의 연장선상에서 내국인조항의 적용 여부를 판단함에 있어서도 혼인거행지의 결정이 문제되는데 이는 아래(다.)에서 논의한다.

혼인의사의 방식을 혼인의사의 외부적 표시로 이해한다면 발송만으로는 아직 표시하였다고 보기 어려운 점, 또한 한국이나 일본에서 혼인신고만으로 족한 것이 아니라 신고의 수리를 요한다는 점을 고려하면 행정기관 소재지가 혼인거행지라고 보는 견해가 설득력이 있다.

舊國私(§36 ②)은 "혼인거행지"라는 표현을 사용하였으나 國私(§63 ②)은 "혼인을 한 곳"이라는 표현을 사용한다. 이는 의미의 변화를 의도한 것은 아니고 표현을 순화하려는 의도의 결과라고 본다.[77] 그러나 혼인의 방식의 문제는 종교혼의 예에서 보듯이 일종의 의식(儀式)과 관련되는 점에서 혼인거행지라는 표현이 더 적절하다. 따라서 그런 의미를 담은 혼인거행지를 굳이 혼인을 한 곳이라고 변경함으로써 의식(儀式)이라는 요소를 희석하고 오해 가능성을 확대할 것은 아니다.

선박상에서 혼인을 거행할 경우 선박이 영해상에 있으면 영해소속국이 혼인거행지이나 공해상에 있는 경우에는 기국(선적국)이 혼인거행지이다.[78]

나. 법률행위의 방식을 정한 §31과의 관계

법률행위의 방식에 관한 일반원칙(§31)에 따르면 혼인의 방식은 혼인거행지법 또는 혼인의 준거법에 의할 것인데, 이 경우 혼인의 준거법은 혼인의 성립의 준거법이 된다. 그런데 혼인의 성립에 관하여 국제사법은 배분적 연결을 취하므로 일반원칙에 따르면 양 당사자의 본국법의 방식을 누적적으로 충족해야 할 것이나,[79] §63 ②은 누적적이 아니라 선택적 충족을 요구하므로 §31보다도 방식요건을 더욱 완화한 것이다.

다. 내국인조항(§63 ② 단서)

국제사법은 혼인당사자 중 일방이 한국인이고 또한 그들이 한국에서 혼인하는 경우에 대하여는 '내국인조항'을 두어 한국의 혼인 방식에 따르도록 한다(② 단서). 이

76) 소개는 注国私(2), 18-19(横溝 大) 참조.

77) 일부 논자는 만일 행정기관 소재지를 혼인거행지라고 보는 견해를 따른다면 순환논법에 빠진다고 하나 그렇게 볼 것은 아니다. 이는 국제사법상 국가기관 관여형에서 혼인거행지의 개념을 일반적으로 결정하는 문제이고 그에 따라 준거법이 결정된 뒤 실제로 혼인거행지의 요건을 구비하는지는 실질법을 적용하여 판단할 문제이다.

78) 신창선·윤남순, 347; 溜池良夫, 434. 이호정, 국제사법, 335도 동지로 보인다.

79) 독일 민법시행법상으로는 이렇게 본다. Kropholler, 313.

는 위와 같은 경우에 한국법이 아닌 타방 당사자의 본국법에 의한 방식만으로 혼인이 성립되는 것을 인정한다면 그 혼인관계가 우리 가족관계등록부에 전혀 명시되지 않은 채 유효하게 성립되어 신분관계에 혼란을 가져올 수 있으며, 그 혼인관계에서 출생한 자녀의 국적이나 지위가 불안정해지는 문제점을 고려한 것이다. 또한 위와 같은 경우 당사자에게 거행지법인 한국법의 방식에 따라 혼인신고를 요구하더라도, 한국인이 외국법의 방식에 의하여 혼인을 할 때 보고적 신고를 하게 되어 있는 것(家登 §35 ①, §36 ①)과 비교하면, 그것이 창설적 신고라는 것일 뿐 실제 내용상의 차이는 없어 특별한 불편을 강요하는 것도 아니다.[80]

내국인조항을 두어 혼인의 방식에 관한 한국법의 적용을 강제할 경우 이른바 '파행혼(limping marriage, hinkende Ehe)'을 초래할 가능성이 커진다는 비판이 있을 수 있으나, 2001년 섭외사법 개정시 위원회에서는 당시 위와 같은 호적 실무상의 문제점을 해소하고, 신분관계에서의 법적 안정성이라는 공적인 이익을 위해 이것이 필요하다고 판단하였다. 참고로 스위스, 오스트리아 등은 자국에서 거행된 혼인의 방식에 대하여 자국인이든 외국인이든 구별 없이 절대적으로 거행지법주의를 취하고 있어 국제사법보다 더욱 엄격하다. 다만 독일 민법시행법(§13 ④)은 독일에서의 혼인은 독일법이 규정하는 방식으로만 체결할 수 있다고 하면서 외국인들 간의 혼인의 경우 예외를 인정할 뿐이다. 혼인의 방식을 혼인거행지가 외국인 경우와 내국인 경우로 구분하여 후자의 경우 내국법에 의한 방식을 강제하는 국가에서는 내국인조항의 법정책적 정당성에 관한 논의가 활발하다.[81]

내국인조항의 적용범위와 관련하여, 한국에서 한국인이 외국인과 혼인식을 올리고 직접 외국의 국가기관에 우편으로 혼인신고를 제출하는 경우 혼인거행지의 결정이 문제된다. 이 경우 만일 혼인거행지가 외국이면 내국인조항이 적용되지 않지만 한국이라면 내국인조항이 적용된다. 위에 소개한 유력설에 따르면 신고를 수리하는 행정기관 소재지를 혼인거행지라고 보므로 내국인조항이 적용되지 않으나, 혼인신고를 발송한 곳인 한국을 혼인거행지라고 보는 견해[82]에 따르면 내국인조항이 적용된다. 전자에 따르면 내국인조항이 적용되지 않으므로 외국법에 따른 혼인신고로서 방식요건이 구비될 것이나, 혼인거행지를 한국이라고 보는 후자에 따르면 한국에서 혼인신고가 없으므로 혼인의 방식요건을 구비하지 못한 것이 된다(후자의 경우 외국법이 이를

80) 최흥섭(2000), 7; 법무부, 해설, 130 주 81. 그러나 보고적 신고와 창설적 신고 간에 단순한 차이만이 있다고 보기는 어렵지 않은가 생각된다.

81) 독일의 논의는 우선 Kropholler, 336 참조.

82) 일본에서는 견해가 나뉜다. 소개는 注国私(2), 18－19(横溝 大) 참조.

유효한 혼인신고로 인정한다면 결국 파행혼이 발생한다). 위 부부가 한국 소재 일본 영사에게 혼인신고를 제출하고 한국법에 따른 혼인신고를 하지 않는다면 역시 혼인의 방식요건을 구비하지 못한 것이 된다. 실무적으로는 양국에 혼인신고를 하는 것이 가장 확실한 방법이 될 것이다.

라. 영사혼 또는 외교혼

위에서 언급한 바와 같이 涉私 §15 ②은, 영사혼규정을 두어 혼인거행지법의 예외로서[83] 외국에 있는 한국인 간에 혼인거행지법이 아니라 본국법인 한국법이 정한 방식에 따라 혼인할 수 있도록 명시하였다고 설명한다. 그러나 國私 §63 ② 본문이 절대적 혼인거행지법주의를 버리고 당사자 일방의 본국법에 선택적 연결을 하므로 외국에 있는 한국인은 당연히 한국법에 따라 혼인할 수 있게 되었으므로 영사혼규정은 불필요하게 되었다. 따라서 국제사법에서는 영사혼규정이 삭제되었다. 주의할 것은, 그렇다고 하여 외국에 있는 한국인 간에 영사혼이 불가능한 것이 아니라는 점이다. 섭외사법하에서와 마찬가지로 영사혼이 허용됨은 물론이고,[84] 그들은 혼인거행지법에 따라 혼인을 거행할 수도 있다. 한국인이 외국에서 외국법의 방식에 의하여 혼인한 때에는 그 국가의 방식에 의하여 작성된 혼인증서의 등본을 3개월 이내에 그 지역을 관할하는 대한민국재외공관(재외공관)의 장에게 제출하여야 하고(家登 §35 ①), 이를 수리한 재외공관장은 1개월 이내에 외교부장관을 경유하여 이를 재외국민 가족관계등록사무소의 가족관계등록관에게 송부하여야 하며(家登 §36 ①) 이를 받은 가족관계등록공무원은 그에 기초하여 등록부에 등록한다. 이러한 절차는 혼인의 방식은 혼인거행지법에 따른다는 취지에 따른 것이므로 그 방식에 따른 혼인절차를 마친 경우에는 혼인이 유효하게 성립하는 것이고 별도로 우리 법에 따른 혼인신고를 하지 않더라도 혼인의 성립에 영향이 없으며, 당사자의 혼인신고는 보고적 신고에 불과하다.[85]

2001년 섭외사법의 개정과정에서 영사혼과 관련하여 의문이 제기되었다. 즉 과

83) 과거 대체로 이렇게 설명하였는데(김용한 외, 314-315), 이는 영사소재지가 혼인거행지라고 보기 때문이었다. 신창선·윤남순, 346은 舊 국제사법하에서도 그렇게 설명한다. 그러나 영사혼이 혼인거행지법의 예외인가는 영사혼의 혼인거행지가 어디인가에 따라 결정된다고 볼 수도 있다. 예컨대 독일에 있는 한국인들이 혼인하면서 독일 주재 우리 영사에게 혼인신고를 하는 경우 혼인거행지를 독일이라고 보면 이는 혼인거행지법의 예외이나, 등록기관의 소재지인 한국을 혼인거행지라고 보면 영사혼은 혼인거행지법의 예외가 아니다. 그러나 통상은 영사혼의 경우 혼인거행지가 어디인가를 문제 삼지 않으면서, 영사혼의 경우 혼인거행지에 관계없이 본국법에 따른 혼인방식을 구비하는 것으로 이해하는 것으로 보인다.

84) 民 §814 ①은 "외국에 있는 본국민 사이의 혼인은 그 외국에 주재하는 대사, 공사 또는 영사에게 신고할 수 있다"고 규정한다. 따라서 외국에 있는 한국인들이 혼인하는 경우 방식요건을 구비하자면 첫째, 그 외국에 주재하는 한국의 대사·공사 또는 영사에게 신고하거나, 둘째, 등록기준지 시·읍·면의 장에게 직접 신고를 할 수 있고, 셋째, 국제사법에 따라 혼인거행지법이 정한 방식을 따를 수도 있다.

85) 섭외사법하에서 대법원 1994. 6. 28. 선고 94므413 판결은 같은 취지로 판시하였다.

거 섭외사법하에서는 한국인과 미국인이 주한 미국 대사관에서 혼인을 거행하고 미국 대사관 측에 신고를 한 경우 혼인이 성립한 것으로 보아 왔음에도 불구하고, 국제사법에 의하면 이러한 혼인은 더 이상 방식 요건을 구비하지 못한 것이 되므로 문제가 있다는 지적이었다. 그러나 이 경우 미국 대사관 내에서 혼인을 거행하더라도 국제사법적으로는 혼인거행지는 여전히 한국이다.[86] 따라서 일방이 한국인이라면 혼인의 방식은 舊國私 §36(國私 §63) ② 단서에 따라 한국법에 의하고 따라서 가족관계등록법에 따른 창설적 혼인신고를 하지 않으면 아니 된다. 이런 결론은 절대적 거행지법주의를 취한 섭외사법하에서와 같다. 따라서 舊 국제사법에 의해 부당하게 변경되었다는 지적은 적절하지 않았다. 다만 이 경우 우리 법에 따른 혼인신고를 하지 않더라도 미국의 어느 주법에 따라 동법상 유효한 혼인의 방식요건을 구비하여 유효한 혼인이 될 수는 있는데, 이처럼 파행적인 혼인관계가 발생하는 것은 바람직하지 않으므로 일방이 한국인인 경우 적용되는 내국인조항을 완화하여 영사혼의 경우 그것이 외국법상 혼인의 방식요건을 구비한다면 국내법상으로도 유효한 것으로 취급해야 한다는 점은 입법론으로서 고려할 만하다.[87] 또한 외국에서 외국인과 혼인한 한국인의 혼인관계가 가족관계등록부에 기재되지 않은 채 혼인이 성립할 수 있어 바람직하지 않으므로 民 §814 ①을 개정하여 외국에 있는 한국인 사이의 혼인만이 아니라 한국인과 외국인 사이의 혼인도 외국주재 대사, 영사 등에게 신고할 수 있도록 하는 것이 바람직하다는 견해도 있는데[88] 이는 설득력이 있다고 본다.

여기에서 더 나아가 우리나라에서도 내국거래의 보호를 위하여 §63 ②의 내국인조항을 개정하여 외국인들 간의 혼인에 대하여도 한국에서 혼인을 하는 경우에는 가족관계등록법에 따른 혼인신고를 요하도록 하자는 입법론이 있다.[89] 그러나 그 견해도 인정하듯이 가족관계등록법상 외국인의 혼인은 등록의 대상이 아니므로 이는 현재로서는 의미가 없다. 즉 가족관계등록법 제1조는 국민의 출생·혼인·사망 등 가족관계의 발생 및 변동사항에 관한 등록과 그 증명에 관한 사항을 규정함을 목적으로 하기 때문이다. 참고로 근자에 법무부와 학계는 보편적 출생등록제와 출생통보제를 검토하였던바, 출생통보제를 담은 '가족관계의 등록 등에 관한 법률' 개정안[가등법 §44-3(출생사실의 통보)]이 2023년 6월 30일 국회 본회의를 통과하였고 이는 2024. 7. 19. 시행되

86) Staudinger/Mankowski (2011), Art. 13 Rn. 487; Andrae, §1 Rn. 78도 동지.

87) 注國私(2), 21(橫溝 大)도 동지. 이는 영사혼의 개념/혼인신고를 요하는 법제하에서 영사를 통하여 혼인신고를 하는 경우 혼인거행지가 어디인지와 관련되는 문제이다.

88) 최흥섭(2000), 7. 이종혁(2022a), 33도 동지. 그러나 조수정, 한국국제사법학회 제8차 연차학술대회 <제6분과 토론자료>(2000), 2은 이에 반대하였다.

89) 이종혁(2022a), 26 이하.

었다.[90] 참고로 우리나라에서도 발효한 아동권리협약(CRC) 제7조 제1항은 "아동은 출생 후 즉시 등록되어야 하며, 출생 시부터 성명권과 국적취득권을 가지며, 가능한 한 자신의 부모를 알고 부모에 의하여 양육받을 권리를 가진다."라고 규정한다.[91] 만일 장래 한국에 거주하는 외국인의 신분관계가 우리나라에서도 등록된다면 그때는 위 제안이 의미가 있을 것이다.

마. 대리혼 또는 장갑혼인

대부분 국가들의 법은 혼인당사자들이 직접 출석하여 혼인을 할 것을 요구한다. 그러나 "사자를 통한 혼인(Heirat durch Boten)" 또는 "대리인을 통한 혼인(Heirat durch Stellvertreter)"이라고 하는 '장갑혼인(Handschuhehe)'을 인정하는 국가들도 있다.[92] 우리 민법상 혼인은 당사자의 실질적인 의사합치를 요구하는 점에서 대리인에 의하여 혼인신고를 할 수는 없으나(家登 §31 ③, §71), 혼인당사자 쌍방이 혼인신고서를 작성하여 우편으로 발송하거나 사자를 시켜 제출할 수는 있다.[93] 사자를 통한 혼인의 경우 혼

90) 허민숙(2023. 07. 06.), "보호출산제 논쟁의 지점과 숙고할 사안: 출생통보제 도입에 따른 보완 병행입법 논의에 부쳐", 국회입법조사처 제1호, 1. 상세는 현소혜(2020. 7.), "외국인 아동을 위한 보편적 출생등록제의 도입필요성과 도입방안", 가족법연구 34-2, 141 이하 참조. 비교법적 검토는 이소은(2023. 12.), "국내에서 출생한 이주 아동의 출생등록 문제", 가족법연구 37-3, 215 이하 참조. 또한 위기 임산부를 지원하고 보호출산을 제도화하기 위한 '위기 임신 및 보호출산 지원과 아동 보호에 대한 특별법' 제정안이 2023년 10월 국회 본회의를 통과하였고 2024. 7. 19. 시행되었다.

91) 근자에는 우리나라에서도 아동의 '출생 등록될 권리'는 인간의 기본권으로 인정되고 있다. 대법원 2020. 6. 8.자 2020스575 결정(가족관계등록법 §57 관련)과 헌법재판소 2023. 3. 23. 2021헌마975 전원재판부 결정(가족관계등록법 제46조 제2항 관련된 헌법불합치 결정) 참조. UN아동권리협약 §7 ① 참조. 위 헌재 결정은 "태어난 즉시 '출생등록될 권리'는 '출생 후 아동이 보호를 받을 수 있을 최대한 빠른 시점'에 아동의 출생과 관련된 기본적인 정보를 국가가 관리할 수 있도록 등록할 권리로서, 아동이 사람으로서 인격을 자유로이 발현하고, 부모와 가족 등의 보호하에 건강한 성장과 발달을 할 수 있도록 최소한의 보호장치를 마련하도록 요구할 수 있는 권리이다. 이는 헌법에 명시되지 아니한 독자적 기본권으로서, 자유로운 인격실현을 보장하는 자유권적 성격과 아동의 건강한 성장과 발달을 보장하는 사회적 기본권의 성격을 함께 지닌다."라고 판시하였다. 근자에는 한국에서 출생하였으나 출생등록되지 않은 아동의 보호를 위하여 그들을 등록하기 위한 노력이 경주되고 있는데, 외국인 아동의 출생등록등에 관한 법률 제정안(제8조 제3항)은 "외국인 아동의 출생 등록 시 자녀의 성명은 부 또는 모의 국적 국가의 문자나 발음으로 표기하고 한글을 병기한다"라고 규정한다. 2024. 9. 27. 국회에서 개최된 외국인 아동의 출생등록 등에 관한 법률(안) 심포지엄 발표자료, 76면 참조. 이는 표기만을 다룬 것이나 자녀의 성씨의 준거법(본국법에 따를지 친자관계의 준거법에 따를지)을 정할 필요가 있다. 2025. 1. 9.에도 국회에서 공청회가 있었는데 당시 소개된 "외국인아동 출생등록 등에 관한 법률(안)" 제7조 제3항도 위와 동일하다. 준거법 지정 원칙이 없다면 성씨의 등록은 일관성이 없게 될 것이다.

92) 이호정, 국제사법, 334. 그 경우 이중적(또는 쌍방) 장갑혼과 온라인 혼인에서 혼인 거행지의 결정은 논란이 있다. 근자의 논의는 Claudia Mayer (2022), Relevanz des Orts der Eheschließung für die Bestimmung des Formstatuts bei der doppelten Handschuehe und Online-Ehe, IPRax, 593. 대리혼을 허용하는 멕시코법에 따라 쌍방 대리인에 의하여 행해진 혼인이 독일법상으로도 방식상 유효하다고 판시한 독일 연방대법원의 2021. 9. 29. 판결(XII ZB 309/21)도 있다. 독일에 상거소가 있는 나이지리아인들이 비디오를 통하여 미국 유타주 당국 앞에서 한 혼인(온라인 혼인)에 대하여 2024. 9. 25. 독일 연방대법원 결정(XII ZB 244/22)은 혼인 체결의 의사표시를 한 곳이 중요하므로 혼인거행지는 독일인데 위 혼인은 독일법이 정한 방식을 따른 것이 아니라는 이유로 효력이 없다고 판시하였다.

93) 등록실무[Ⅰ], 677.

인의사는 본인이 결정하고 단지 그 표시(또는 전달)만을 사자가 하므로 이는 혼인의 방식의 문제이다.[94] 따라서 혼인방식의 준거법이 그 허용 여부를 결정한다. 반면에 대리인을 통한 혼인의 경우 본인 대신 대리인이 혼인의사를 결정하므로(또는 결정한다면) 혼인방식뿐만 아니라 혼인의 실질적 요건과도 관련되므로, 혼인방식의 준거법과 혼인의 실질적 성립요건의 준거법이 모두 이를 허용하는 경우에 한하여 가능하다.[95] 문제는 준거법인 외국법에 따라 외국에서 사자 또는 대리인을 통한 장갑혼인이 유효하다면 그의 적용이 우리의 공서위인가인데 이를 부정해야 할 것이다.[96]

4. 준거법이 규율하는 사항의 범위

혼인의 방식요건이 흠결된 경우의 법률효과, 예컨대 혼인이 무효인지 아니면 취소가능한지는 침해된 그 방식요건의 준거법이 규율한다.[97] 다만 이 경우에는 선택적 연결원칙이 적용되므로 어느 준거법에 따라 취소사유이고 다른 준거법에 따라 무효사유이면 결국 취소사유에 그친다.[98]

5. 반정

혼인의 방식에 관하여는 혼인거행지법이 널리 인정되고 있으므로 반정은 별로 문제되지 않는다. 그러나 이론적으로는 내국인조항이 적용되는 경우가 아니라면 혼인의 형식적 성립요건에 관하여 국제사법이 지정한 준거법은 혼인거행지법 또는 당사자 일방의 본국법이다. 그런데 여기에서 혼인거행지법과 당사자 일방의 본국법이 당해 국가의 실질법이 아니라 국제사법을 포함한 전체 법질서를 가리키는 것이라면 반정의 가능성이 있다. 특히 §22 ②은 §63 ②을 열거하지 않으므로 §63 ②의 지정은 국제사법지정이고, 만일 준거법인 외국법이 한국법으로 반정을 하는 경우에는 우리 실질법을 적용해야 한다. 문제는 반정을 허용하는 것이 국제사법의 지정 취지에 반하는가이다(國私 §22 ① vi). 만일 반정을 허용하면 선택적 연결을 함으로써 혼인의 방식요건이 쉽게 구비될 수 있도록 한 국제사법의 취지가 몰각되는 경우에는 반정을 허용하는 것이 국제사법의 지정 취지에 반하므로 허용되지 않는다.[99]

---

94) 이호정, 국제사법, 334; 최흥섭, 343.
95) 이호정, 국제사법, 335.
96) 이호정, 국제사법, 335도 동지.
97) 이호정, 국제사법, 338; 신창선·윤남순, 347; Andrae, §1 Rn. 155.
98) 최흥섭, 346.
99) Staudinger/Mankowski (2011), Art. 13 Rn. 492도 독일법의 해석에 관하여 동지.

Ⅳ. 외국에서 체결된 혼인의 승인

위에서 논의한 것처럼 우리 국제사법은 혼인의 성립과 방식의 준거법을 지정한다. 따라서 지정된 준거법의 요건이 구비되지 않으면 그 혼인의 유효하게 성립한 것으로 인정되지 않는다.[100] 그러나 일부 국가들의 국제사법은 외국에서 성립한 혼인을 승인한다. 1989년 1월 발효된 스위스 國私(§45)이 대표적인 예이다.[101] 스위스 국제사법에 따르면 스위스에서의 혼인체결의 실질적 요건과 방식은 스위스법에 의하지만, 스위스법에 의한 요건이 충족되지 않더라도, 외국인 간의 혼인은 그것이 혼인당사자 중 일방의 본국법의 요건에 합치하는 경우에는 체결될 수 있다(§44). 또한 외국에서 유효하게 체결된 혼인은 스위스에서 승인되나(§45 ①), 당사자 일방이 스위스 시민(Bürger)이거나 쌍방이 스위스에 주소를 가지고 있는 때에는 당사자들이 스위스법상의 무효원인을 피할 명백한 의도로 외국에서 혼인을 체결한 경우가 아니어야 한다(§45 ②).[102] 즉 §45 ①은 혼인의 유효한 성립과 방식의 준거법을 지정하는 대신 외국에서 유효하게 성립한 혼인은 스위스에서 승인된다고 규정함으로써 외국에서 형성된 법상태(혼인관계)가 준거법의 지정에 관계없이 스위스에서 승인된다는 승인원칙을 도입한 것이다.[103] 이것이 '법상태 또는 법적 상태의 승인(Anerkennung einer Rechtslage)', 또는 '저촉법적 승인(kollisionsrechtliche Anerkennung)'의 사례이다.[104] 중요한 것은 외국의 법질서가 유효한 혼인의 존재를 인정하는가인데 다만 스위스 국제사법 제1장의 공서조항은 적용된다.[105]

하지만 우리 국제사법은 스위스 國私(§45)와 같은 접근방법을 따르지 않고 있고, 나아가 유럽연합에서 준거법 통제를 포기하는 것은 EU 통합에 의하여 회원국들의 법이 동질화 내지 접근하는 것을 전제로 하는데 그런 전제가 없는 우리로서는 이런 경우 국제사법이 지정한 준거법에 반하는 법적 효과는 인정되지 않는 것이 원칙이다.[106] 즉 우리 국제사법처럼 혼인의 성립과 방식의 준거법을 지정하는 법제에서는

---

100) 이 점은 부진정법률회피가 목적을 달성할 수 없는 데서 본 바와 같다.

101) 혼인에 관한 것은 아니나 2011년 개정되어 2012년 1월 발효된 네덜란드 국제사법(민법전 제10편)에 따르면 성명의 준거법은 본국법이나(§10:19), 네덜란드 國私(§10:24)은 외국에서 등록된 성명은 네덜란드에서 승인됨을 명시한다. 이 조문은 Grunkin and Paul 사건 판결의 영향을 받은 것인데, 독일 민법시행법 §48가 실질법규칙인 것과 달리 법상태의 승인을 명시한다. 석광현, 정년기념, 704−705 참조.

102) ②이 회피유보(Umgehungsvorbehalt)이다. 그 범위를 어떻게 정할지는 논란이 있었다.

103) Markus Müller−Chen *et al.* (2018), Zürcher Kommentar zum IPRG, 3. Auflage, Art. 45 Rn. 2 (Corinne Widmer Lüchinger 집필부분)는 혼인의 방식과 성립요건의 준거법을 지정하는 독일과 달리 스위스 국제사법은 승인개념을 사용함을 분명히 밝힌다.

104) 상세는 석광현, 정년기념, 663 이하 참조.

105) 다만 그 근거가 준거법 지정 맥락의 공서조항인 제17조인지 아니면 외국재판 승인 맥락의 공서조항인 제27조인지는 논란의 여지가 있을 것이다.

지정된 준거법에 따른 혼인만이 유효한 혼인으로서 효력을 발생하고 그 효력은 당연히 한국에서 인정되는데 이는 준거법 지정의 결과이므로 그와 별개로 혼인의 승인을 운운하지는 않는다.[107] 이는 이혼의 경우에도 마찬가지인데 특히 협의이혼과 같은 사적이혼이 문제된다.

V. 파행혼

혼인이 어느 국가에서 성립 또는 해소되었으나 다른 국가에서는 성립되지 않거나 해소되지 않은 경우 동일한 당사자가 A국에서는 부부이지만 B국에서는 부부가 아닌 경우가 발생할 수 있다. 이는 이혼판결이 다른 국가에서 승인되지 않은 경우에도 발생할 수 있다. 예컨대 한국인 부부에 대하여 미국 법원의 이혼판결이 있었으나 그 판결이 승인요건을 결여한 탓에 한국에서 승인될 수 없다면 그들은 미국에서는 남남이지만 한국에서는 여전히 부부이기 때문이다. 대세적 효력이 있어야 할 신분관계가 법역에 따라 달라지는 것은 상식적으로 수긍하기 어렵고 바람직하지 않지만 국제사법의 현재 발전단계에서는 부득이하다. 이것이 '파행적 법률관계' 또는 '파행혼'의 문제이다.

---

106) 그러나 국제인권법의 관점에서 새로운 접근을 요구하는 견해도 주장될 여지가 있다.

107) 하지만 "동성혼의 승인"이라는 표현에서 보듯이 일상적으로 혼인의 승인이라는 표현이 사용되기도 한다. 독일에서는 법상태의 승인을 국제사법의 학설 시장에 가장 최근에 등장한 大理論(Grosstheorie)이라고 평가하기도 한다. Peter Mankowski (2012), Das Bündelungsmodell im Internationalen Privatrecht, Ralf Michaels *et al.* (Hrsg.), *Liber Amicorum* Klaus Schurig zum 70. Geburtstag, 175f.

第 64 條 (혼인의 일반적 효력)

혼인의 일반적 효력은 다음 각 호의 법의 순위에 따른다.

1. 부부의 동일한 본국법
2. 부부의 동일한 일상거소지법
3. 부부와 가장 밀접한 관련이 있는 곳의 법

*舊國私 제37조의 표현이 조금 수정되었다.

涉私 제 16 조 (혼인의 효력)

① 혼인의 효력은 夫의 本國法에 의한다.

② 외국인이 대한민국 국민의 서양자가 된 때의 혼인의 효력은 대한민국의 법률에 의한다.

참고문헌: 이종혁(2022a), "국제혼인과 국제이혼의 준거법에 관한 입법론", 가족법연구 36-1; 이종혁(2022c), "친생자관계의 성립 및 효력의 준거법에 관한 입법론", 가족법연구 36-3; 장준혁(2014), "준거법에 관한 국제사법의 2001년 개정과 후속 판례의 회고", 국제사법연구 20-1; 최흥섭(1998), "國際私法에서 日常居所의 의미와 내용", 국제사법연구 3;[1] 최흥섭(2002), "국제사법에서 성명준거법 — 독일법을 중심으로", 국제사법연구 7;[2] Dietmar Baetge (1994), Der gewöhnliche Aufenthalt im Internationalen Privatrecht; Paul R. Beaumont/Peter E. McEleavy (1999), The Hague Convention on International Child Abduction; MünchKomm/집필자 (2020), Band 12, 8. Aufl., EGBGB.

1) 이는 최흥섭, "국제사법에서 일상거소의 의미와 내용", 현대적 흐름(2005), 9 이하에도 수록되었으나 별 차이가 없는 것으로 보이므로 이하 전자를 인용한다.

2) 이는 최흥섭, "국제사법에서 성명준거법", 현대적 흐름(2005), 141 이하에도 수록되었으나 별 차이가 없는 것으로 보이므로 이하 전자를 인용한다.

Ⅰ. 서론

1. 의의 및 연혁

가. 의의

유효하게 성립한 혼인은 다양한 법률효과를 발생한다. 국제사법은 혼인의 일반적 효력(또는 신분적 효력)과 재산적 효력으로 구분하여 전자에 관하여는 §64에서, 후자에 관하여는 §65에서 각각 연결원칙을 두고 있다.[3] 혼인의 일반적 효력에 적용되는 §64의 연결원칙은 혼인의 재산적 효력에 준용될 뿐만 아니라(§65 ①), 이혼에도 준용되므로(§66) 혼인관계의 기본적 연결원칙(Grundkollisionsnorm)으로서 매우 중요한 의미를 가진다. 과거 독일에서는 이런 의미에서 이를 '가족준거법(Famileinstatut)'이라는 표현을 사용하였다.[4]

나. 연혁

섭외사법은 혼인의 효력을 부(夫)의 본국법에 의하도록 하여 헌법상 양성평등의 원칙에 위배된다는 비판을 받아왔다. 따라서 국제사법은 효력의 준거법을 정함에 있어 헌법상의 양성평등의 원칙이 관철되도록 하고 단계적 연결을 도입하였다. 섭외사법의 연결원칙이 양성평등의 원칙에 반한다는 학계의 비판은 있었지만 실제로 여성계 등 사회의 비판이 있기 전에 국제사법학계의 주도로 섭외사법을 개정하여 선제적으로 문제에 대처한 것은 큰 의미가 있다.

2. 입법례

혼인의 효력의 준거법에 관하여는 법정지법주의와 속인법주의가 있으나 후자가 지배적인 입법례이다.[5] 문제는 부부의 속인법이 상이한 경우의 처리인데, 이 경우 섭외사법에서 보듯이 부(夫)의 본국법에 의하는 입법례가 있었으나, 이는 양성평등의 원칙에 반한다는 비판을 면할 수 없기에 양성평등의 원칙에 반하지 않는 연결원칙으로 전환하였다. 대표적 사례가 독일, 일본이고 우리도 이를 따랐다. 흥미롭게도 중국 섭외민사관계법률적용법 §23는 부부의 공동의 상거소지 법률을 일차적 연결점으로 삼

---

3) 민법상으로는 혼인의 효과(효력)를 '혼인의 일반적 효과(효력)'와 '재산적 효과(효력)'로 구분한다. 김주수·김상용, 127 이하 참조. 그러나 종래 섭외사법에서부터 '효력'이라는 표현을 사용하였으므로 국제사법에서도 이를 유지하였다.

4) 과거 독일 민법시행법은 그 밖에 출생자의 지위(또는 혈연관계)에 관한 §19 ①과 부부의 일방 또는 쌍방에 의한 입양에 관하여 §22 ①도 입양의 일반적 효력에 관한 §14를 준용하였으므로 우리보다 더 강력한 지위를 부여하였기 때문이다. 그러나 2022년 현재는 혼인의 일반적 효력의 준거법을 정한 §14의 연결원칙은 출생자의 지위에 관한 §19 ①에서만 의미가 있다(그것도 §14 ②).

5) 櫻田嘉章, 276; 신창선·윤남순, 348.

고 공동의 국적소속국법을 이차적 연결점으로 삼는다.[6] 그러나 아래(Ⅳ.)에서 보듯이 舊 국제사법의 모델이었던 독일 민법시행법의 혼인의 일반적 효력의 준거법을 정한 §14는 2018년 개정되었다.[7]

Ⅱ. 준거법의 결정

1. 단계적 연결의 채택

가. 3단계 연결

국제사법은 혼인의 효력, 보다 정확하게는 일반적 효력의 준거법을 결정함에 있어 단계적 연결방법을 채택하였다.

1단계로서 신분문제에 있어 기본원칙인 본국법주의에 따라 부부의 동일한 본국법에 의하도록 하고(§64 i), 동일한 본국법이 없는 이국적 부부의 경우에는 2단계로서 부부의 동일한 일상거소지법을 준거법으로 삼는다(§64 ii). 만일 부부의 동일한 일상거소지법도 없는 경우에는 최종 3단계로서 부부와 가장 밀접한 관련이 있는 곳의 법(최밀접관련지법)을 준거법으로 한다(§64 iii).

"다음 각호의 법의 순위에 따른다"는 문언의 취지는 우선 1단계에 의하고, 그에 해당하는 법이 없는 경우 2단계에 의하고, 그에 해당하는 법도 없는 경우 3단계에 의한다는 단계적 연결—폭포연결(Kaskadenanknüpfung)—을 정한 것이다. 국제사법의 법문이 이를 명시하지 않는 점에서 다소 불친절하다고 할 수 있으나 그렇게 이해하는 데는 무리가 없다.

혼인의 일반적 효력을 단계적으로 연결하는 방법에는 독일 구 민법시행법(§14)과 오스트리아 國私(§18)처럼 5단계를 두는 입법과, 독일 Max-Planck 외국사법 및 국제사법 연구소의 개정안[8]이나 일본의 법적용통칙법(§25)처럼 3단계를 두는 방법이 있다. 5단계설은 이른바 "Kegel의 사다리(Kegel'sche Leiter)"라고 부르기도 한다.[9] 3단계는 우리 국제사법의 태도를 말하고,[10] 5단계는 ⓐ 부부의 동일한 본국법, ⓑ 과거의 동

6) 구체적 입법례는 아래와 같다. 독일 민법시행법 §14(일반적인 혼인효력), 스위스 國私 §48(혼인의 일반적 효력의 준거법), 오스트리아 國私 §18(혼인의 신분적 효력), 이탈리아 國私 §29(부부 간의 인적 관계), 일본 법적용통칙법 §25/법례 §14(국제사법과 내용은 동일하고, 규정방식에 다소 차이 있음), 중국 섭외민사관계법률적용법 §23.

7) 개정된 §14는 제한된 범위 내에서 당사자자치를 허용하고, 과거 5단계를 4단계로 수정하였으며 속인법의 결정에 있어 과거와 달리 상거소지법이 본국법에 우선시킨다.

8) Rabels Zeitschrift 47 (1983), 69ff. 참조.

9) Kegel이 이런 제안을 하였으나 Kegel은 그에 따른 독일 민법시행법에 찬성하지 않았기 때문에 이렇게 부르는 것은 과거처럼 적절하지는 않다는 비판도 있다. Kropholler, 347 Fn. 8.

10) 이를 '변형된 케겔의 사다리(modifizierte Kegel'sche Leiter)'라 부른다.

일한 본국법(현재 일방이 그 본국법을 유지할 경우), ⓒ 동일한 상거소지법, ⓓ 과거의 동일한 상거소지법(현재 일방이 그 상거소지법을 유지할 경우)과 ⓔ 가장 밀접한 관련이 있는 곳의 법 순으로 연결하는 방법이다. 부부가 과거의 시점에 함께 가지고 있었던 관련성, 즉 최후의 동일한 국적 또는 최후의 동일한 상거소를 연결기준으로 하는 점에서 이를 '관성의 법칙'이라고 부르기도 한다.[11] 2001년 섭외사법 개정 당시 위원회의 심의과정에서 양자를 검토한 결과 5단계 연결보다 3단계 연결이 단순하고 명확하며, 과거의 동일한 속인법과 현재의 상거소지법 간에 반드시 전자가 우선한다고 볼 근거가 없다는 이유로 3단계설을 선택하였다.[12]

단계적 연결원칙은 한국인 남성이 이주여성과 혼인하는 경우는 물론이고, 이주노동자, 특히 외국의 남성근로자들이 일자리를 찾아 우리나라에 들어온 뒤 한국 여성과 혼인하여 한국에 정착하는 사례가 빈번한 근자의 상황에서 그러한 부부 간에 형성된 혼인의 일반적 효력의 준거법에 관한 합리적 기준을 제시한 점에서, 또한 그러한 부부가 한국에 정착하는 경우 결과적으로 한국법이 준거법이 되도록 함으로써 법의 적용을 용이하게 하였다는 점에서 커다란 의의를 가지는 규정이다. 특히 위 조항은 국제혼인이 비약적으로 증가하고[13] 위와 같은 현상이 발생하기 전에 섭외사법을 개정하여 선제적으로 문제에 대처하였다는 점에서 중요한 의미를 가진다.

과거 국제혼인이 증가하였던 이유는, 대부분 농촌총각 등 국내에서 짝을 찾기 어려운 남성들이 중국이나 동남아시아 등에서 신부를 '긴급수혈'하는 방식으로 결혼하고 있고, 그 과정에서 상업성을 노리고 시장에 진입하는 무허가 결혼중개업체들이 무분별하고 비정상적인 방법으로 혼인을 중개하고 있는데 정부가 이를 제대로 통제하지 못하였기 때문이었다.[14] 그 과정에서 각종 비극적인 사건이 발생하였음은 대단히 유감스러운 일이다. 그나마 근자에는 다소 개선된 것으로 보인다. 2000년대 후반 지방자치단체들은 관내에 거주하는 미혼남성이 외국인 여성과 결혼하는 경우 국제결혼

11) 橫山 潤, 國際家族法, 89.

12) 우리나라에서도 과거에는 5단계설을 도입하자는 제안도 있었다. 장준혁(2014), 166−167. 독일이 2018년 개정된 민법시행법(§14)에서 4단계로 이행하였음은 위에서 언급하였다.

13) 위에 언급한 통계청 자료에 따르면 2021년 외국인과의 혼인은 총 13,102건으로 2020년(15,341건)보다 14.6%(−2,239건) 감소하였다. 통계청 'e−나라지표' 홈페이지(https://www.index.go.kr/potal/main/EachDtlPageDetail.do?idx_cd=2430) 참조.

14) 2012. 2. 1. 자로 개정된 '결혼중개업의 관리에 관한 법률' §10−2는 국제결혼중개업자로 하여금, §10 ①에 따라 계약을 체결한 이용자와 결혼중개의 상대방으로부터 일정한 신상정보를 받아 각각 해당 국가 공증인의 인증을 받은 동항에 열거한 신상정보를 상대방과 이용자에게 서면으로 제공할 의무를 부과하였다. 다만, 이용자 또는 상대방이 외국에서 공증인의 인증을 받은 경우 재외공관 공증법 §30 ①에 따라 공증담당영사로부터 확인을 받거나 외국공문서에 대한 인증의 요구를 폐지하는 협약에서 정하는 바에 따른 확인을 받아야 한다. 중개업체를 통한 결혼의 문제점과 특징은 최미영(2023), 409 이하 참조.

에 든 비용을 일부 지원하는 내용을 담은 국제결혼 지원 조례를 제정하였으나 매매혼 조장과 성차별 문제 기타 인권 문제 등이 지적됨에 따라 점차 폐지되고 있다.[15)]

나. 동일한 본국법의 의미

주목할 것은 국제사법이 부부의 '공통 본국법'이라고 하는 대신에 부부의 '동일한 본국법'이라는 표현을 사용한 점이다. 즉 국제사법은 공통 본국법(國私 §73 참조)과 동일한 본국법을 구분하여 사용하는데, 양자는 당사자 중 복수국적자가 있는 경우에 실제적인 차이가 있다. 즉 복수국적자의 경우 '동일한 본국법'이 있기 위해서는 國私 §16 ①에 따라 결정된 본국법과 상대방의 본국법이 일치해야 하나, '공통 본국법'이란 여러 국적 중 상대방과 공통되는 국적이 있을 경우 그 본국법을 의미하기 때문이다.[16)] 일본 법적용통칙법(§25)[17)]도 國私(§63)과 동일한 문언을 사용한다.

즉 혼인의 효력에서는 형식적으로 국적이 공통된다는 이유만으로 그 법을 준거법으로 하는 것이 아니라 당사자 간에 가장 밀접한 준거법을 정할 필요가 있으므로 당사자의 본국법 간에 완전한 동일성을 요구하는 것이다. 국제사법이 동일한 본국법을 요구하는 것은 당사자 간에 가장 밀접한 법을 정하는 경우이고, 공통의 본국법은 준거법 설정을 더 널리 인정할 필요가 있을 때 요구된다. 부양의 경우에는 혼인의 효력과 달리 부양당사자가 국적을 가지는 법 중 어느 한 법에서 부양이 인정되면 그 법에 의하는 것이 부양권리자의 보호를 도모하는 것이므로 공통의 본국법으로 정한 것이다(國私 §73 참고).[18)]

당초 위와 같은 취지에서 국제사법의 표현을 사용한 것이라는 점은 수긍이 가나 그 표현은 미흡하다. '공통 본국법'과 '동일한 본국법'은 같은 의미라고 보이기 때문이다. 중요한 것은 '공통'이냐 '동일한'이냐가 아니라, '본국법'인지 아니면 '국적소속국'인지이다. 즉 '공통 본국법' 또는 '동일한 본국법'이라고 할 때에는 '동일한 국적소속국법'이 아니라 國私 §16에 의해 걸러진 본국법이 기준이 되기 때문이다. 따라서 '공통의 본국법' 또는 '동일한 본국법'이라고 할 때에는 §16에 의해 걸러진 본국법을 기준으로 판단해야 한다. 예컨대 법무부, 해설[19)]은 부가 한국과 미국 국적을 가지고, 처가 미국 국적을 가진 경우 "이중국적자인 부의 본국법은 舊國私 §3(國私 §16에 상응) ①에 의하여 한국법이 되고, 부부 간에 '동일한 본국법'은 존재하지 않지만, 부부 간에 미국 국적이 공통되므로 미국법이 '공통 본국법'이 된다"는 취지로 설명한다. 그러

15) 2023. 5. 27－28. 중앙일보 기사, 12(https://www.joongang.co.kr/article/25165638#home) 참조.
16) 법무부, 해설, 133.
17) 이는 일본 법례(§14)와 같은 취지이다.
18) 법무부, 해설, 133 주 83.
19) 법무부, 해설, 133 주 83.

나 이 경우 미국법은 동일한 국적소속국법이지만 §16의 의미에서의 공통의 본국법은 아니다. 왜냐하면 본국법은 §16에 의해 걸러진 본국법을 의미하기 때문이다.

또한 주의할 것은, §16 ③에 관하여 설명한 바와 같이, 부부가 모두 미국 국적을 가지고 있으나 일방이 뉴욕주에 주소를 가지고 다른 일방이 캘리포니아주에 주소를 가지고 있는 때에는 동일한 본국법은 없다는 점이다. 왜냐하면 미국과 같이 불통일법국의 경우 본국법은 §16 ③에 따라 당사자와 가장 밀접한 관련이 있는 지역의 법이 되기 때문이다. 따라서 위의 경우 혼인의 일반적 효력의 준거법은 §64 ii에 따라 부부의 동일한 일상거소지법이 된다.

다. 실효적 본국법

외국인 근로자가 한국에 와서 한국 여자와 결혼하여 한국에 상거소를 가지게 된 경우, 섭외사법에 의하면 남편의 본국법인 외국법이 혼인의 효력의 준거법이 되었으나,[20] 국제사법하에서는 혼인의 효력의 준거법은 일상거소지법인 한국법이 된다. 근자에 외국인 근로자들이 한국 여자들과 혼인하고 우리나라에 정착함으로써 다문화가정을 형성하는 사례가 증가하고 있으므로 §64는 실무적으로 중요한 의미를 가진다.

문제는 위의 사례에서 만일 한국 여자가 혼인에 의해 외국 국적을 혼인 즉시 취득하고 한국 국적을 상실한다면[21] 당해 외국법이 '동일한 본국법'으로서 혼인의 효력의 준거법이 되고, 만일 외국 국적을 취득하지 않는 경우에는 한국법이 '동일한 일상거소지법'으로서 준거법이 되는가의 여부이다.

생각건대 문면상으로는 이를 인정해야 할 것이고 그런 결론이 법적 안정성의 요청에 부합한다고 볼 수 있으나, 개인적으로는 이를 인정하는 데 다소 거부감이 있다. 그 경우 만일 한국 여자가 한국 국적을 유지하여 복수국적자가 되면[22] 부부의 공통의 국적소속국법이 존재하지만 그럼에도 불구하고 한국 여자의 본국법은 §16에 의해

20) 물론 이는 문면상 그렇다는 말이다. 섭외사법이 헌법에 위반된다고 보는 필자의 입장에서는 섭외사법상으로도 이러한 결론을 수용할 수는 없다.

21) 國籍(§6 ②)에 따르면 외국인이 한국인과 혼인하였다고 하여 곧바로 한국 국적을 취득하는 것은 아니고(과거에는 그런 시절이 있었다) 혼인한 상태로 한국에 2년 이상 계속하여 주소가 있거나, 혼인한 후 3년이 경과하고 혼인한 상태로 한국에 1년 이상 계속하여 주소가 있거나, 제1호와 제2호의 기간을 채우지 못하였으나, 혼인한 상태로 한국에 주소를 두고 있던 중 배우자의 사망이나 실종 또는 그 밖에 자신에게 책임이 없는 사유로 정상적인 혼인 생활을 할 수 없었던 사람으로서 제1호나 제2호의 잔여기간을 채웠고 법무부장관이 상당(相當)하다고 인정하는 경우, 그리고 제1호나 제2호의 요건을 충족하지 못하였으나, 배우자와의 혼인에 따라 출생한 미성년의 자(子)를 양육하고 있거나 양육하여야 할 사람으로서 제1호나 제2호의 기간을 채웠고 법무부장관이 상당하다고 인정하는 경우라는 요건을 구비하여야 하고, 또한 법무부장관의 귀화허가를 받아야 한다. 이것이 '간이귀화'이다.

22) 國籍(§15)에 의하면 외국인과 혼인하여 외국 국적을 취득하게 된 자는 외국 국적을 취득한 때부터 6개월 이내에 대한민국 국적을 보유할 의사가 있다는 뜻을 신고하지 아니하면 그 외국 국적을 취득한 때로 소급(遡及)하여 한국 국적을 상실한 것으로 본다. 그 경우 그는 복수국적자가 되므로 일정한 기간 내에 하나의 국적을 선택하여야 한다(§12).

한국법이 되므로 동일한 본국법은 없는 것이 되고 따라서 한국법이 동일한 일상거소지법으로서 혼인의 효력의 준거법이 되는 데 반하여, 외국 국적을 취득한 한국 여자가 한국 국적을 상실하거나 포기하였다고 하여 외국법을 준거법으로 하는 것은 지나치게 기계적이고 형식적이다. 따라서 그 경우에는 동일한 일상거소지법으로서 한국법이 혼인의 효력의 준거법이 된다고 본다. 즉 §64의 해석상 본국법이 되기 위해서는 혼인 전의 본국법과 같이 '실효적 본국법'이어야 하고, 혼인에 의해 즉시 취득하는 국적에 기한 본국법은 §64 i의 본국법이 될 수 없다는 견해도 주장될 여지가 있다.[23] 반면에, 만일 이 경우 한국 여자가 혼인에 의해 취득한 외국 국적을 일정기간(예컨대 6개월 또는 1년) 동안 유지하는 때에는 그 국적에 기한 본국법이 실효적 본국법이 될 수 있을 것이다. 국제사법은 혼인의 효력의 준거법에 관하여 변경주의를 취하므로 그때에는 당해 외국법이 준거법이 된다.

라. 동일한 일상거소

동일한 본국법이 없는 때에는 동일한 일상거소지법이 혼인의 일반적 효력의 준거법이 된다.

(1) 새로운 연결점인 일상거소의 도입

일상거소(habitual residence, gewöhnlicher Aufenthalt) 개념은 헤이그국제사법회의에서 채택한 협약들[24]을 비롯한 다수의 조약 및 입법례에서 연결점으로 사용되고 있다. 이는 주소(domicile, Wohnsitz)의 개념이 국가에 따라 상이하여 조약상 주소를 연결점으로 하더라도 국제적인 통일을 기할 수 없기 때문에 주소에 대신하는 통일적인 연결점으로서 등장한 것이다.

2001년 시행된 舊 국제사법은 사람, 친족·상속 분야의 준거법을 결정함에 있어 원칙적으로 종래의 본국법주의를 유지하였으나, 국내거주 외국인의 증가와 국제적인 조류에 부응하기 위하여 혼인의 일반적 효력(§37)(國私 §64에 상응), 부부재산제(§38)(國私 §65에 상응), 이혼(§39)(國私 §66에 상응) 등의 경우 부부의 동일한 상거소지법을 국적에 이은 보충적 연결점으로 도입하고, 유언의 방식(§50 ③)(國私 §78에 상응)의 경우 유언자의 상거소지법을 선택적인 연결점으로 도입함으로써 상거소를 국제사법상의 연결점

23) Kropholler, 347은 복수국적자의 사례를 들어 '실효적 국적(effektive Staatsangehörigkeit)'개념을 논의하나 본문의 논의는 이를 단일국적의 경우에도 확대적용할지의 문제이다. 국제사법의 해석론으로는 그 경우 §8(준거법 지정의 예외)를 원용할 여지도 있다. 국제사법학에서 실효적 국적이라는 개념을 사용하자면 그것이 국제사법상 본국법을 결정하는 국적과 동일한 의미인지 그 개념을 명확히 할 필요가 있다. 윤진수/장준혁, 주해상속 2, 1207도 참조.

24) Beaumont/McEleavy, 88 이하 참조. 이를 최초로 채택한 것은 1896년 민사소송협약(§15 ①의 *résidence habituelle*)이다. Kropholler, 281.

으로 처음으로 도입하였다. 따라서 총칙인 舊國私 §4(國私 §17에 상응)에 상거소가 불명인 때에는 그에 대신하여 거소지법을 적용하라는 취지의 규정을 두었다. 뜻밖에도 2022년 국제사법에서 '상거소(常居所)'가 '일상거소(habitual residence)'가 되었다.

독일과 일본에서도 사람의 신분, 가족법과 상속법의 연결점으로서 국적이 중요한 역할을 한다. 즉 국적만을 연결점으로 하거나 상거소를 연결점으로 채택하더라도 국적보다 후순위의 연결점으로 삼는다. 반면에 중국 섭외민사관계법률적용법이 §11(자연인의 권리능력), §12(자연인의 행위능력), §23(혼인의 신분적 효력)와 §31(동산의 상속) 등에서 상거소를 국적에 우선시키는 점은 흥미롭다. 국적과 일상거소의 순위가 실제적인 차이를 가져오는 것은 예컨대 '한국에 거주하는 동일 본국법을 가지는 외국인 부부'와 '외국에 거주하는 한국인 부부'의 경우이다.

이와 관련하여 근자에는 한국에서도 혼인의 일반적 효력의 연결점으로서 일상거소를 국적에 우선시키는 방향으로 국제사법을 개정하자는 견해가 있는데 그 근거는 아래와 같다.[25] 첫째, 혼인의 일반적 효력의 준거법이 규율하는 사항은 동거·협조·정조의무와 일상가사대리권과 같은 일상적인 혼인생활에 관한 사항인데 외국인 부부가 한국에 1년 정도 거주하였다면 한국과 유대관계가 충분히 형성되었다고 볼 수 있으므로 당사자이익과 거래이익을 고려할 때 우리 민법이 그 부부의 일상적인 혼인생활을 규율하더라도 충분하다는 점, 둘째, 난민의 경우 한국도 가입한 난민의 지위에 관한 협약(§12 ①)에 따라 주소지법이 혼인의 효력을 포함한 인적 지위를 규율하므로 본국법이 적용되는 정주외국인과 달리 취급하게 되어 헌법상 평등의 원칙에 반할 여지가 있다는 점과, 셋째, 외국인 부부에 대하여 동일한 본국법의 존재 여부에 따라 준거법을 달리 정하는 것은 헌법상 평등원칙에 반할 여지가 있다는 점을 지적한다.

필자도 장래 어느 시점에서인가는 일상거소를 국적보다 우위의 연결점으로 삼아야 할 것으로 생각하나 지금이 적시인지는 의문이라 그렇게 개정하는 것은 다소 주저된다.[26] 그 이유는 아래와 같다. 위 견해가 드는 논거 중 가장 중요한 것은 첫째의 것이다. 외국인 부부가 한국에 1년 정도 거주하였다면 한국과 유대관계가 충분히 형성되었다고 볼 수 있다고 하는데, 이는 1년 정도 거주하였다면 한국에 일상거소가 있다고 전제하는 것으로 짐작되나 항상 그런 것은 아니므로 일상거소의 개념과 그 판단기

25) 이종혁(2022a), 44 이하.

26) 다만 이종혁(2022a), 47이 이 논점이 연결정책의 문제임을 지적하고, 나아가 이 논점이 실천적 의미를 가지는 사안 중 첫째, '한국에 거주하는 동일 본국법을 가지는 외국인 부부'의 혼인의 일반적 효력의 준거법 문제는 외인법의 문제이자 이민자 내지 정주외국인 정책의 문제라고 보는 점과 둘째, '외국에 거주하는 한국인 부부'의 혼인의 일반적 효력의 준거법 문제는 재외국민정책의 문제라고 지적한 점은 적절하다고 본다.

준을 조금 더 명확히 제시할 필요가 있다. 둘째, 난민의 경우 혼인을 포함한 인적 지위에 관하여 연결점이 주소라는 점을 들어 정주외국인에게도 일상거소지를 연결점으로 삼자는 것은 예외로써 원칙을 흔드는 것이 된다. 난민은 외국 국적을 가질 수도 있고 무국적자일 수도 있는데 이는 예외적 사안이므로 통상의 외국인의 경우 국적을 연결점으로 삼으면서 난민에게는 스위스 國私(§24 ③)[27]에서 보듯이 별도 조항을 두어 입법적으로 해결하거나 國私(§16 ②)을 유추적용하는 편이 바람직하다. 셋째, 개정 시기가 되었다고 하자면 어느 정도 실증적 자료가 필요하다. 예컨대 국적을 연결점으로 삼아 한국에 거주하는 외국인에 대하여 외국법을 적용하는 사례가 많아져(한국법으로의 직접 반정을 감안하여) 법원이 상당한 부담을 느낀다거나, 외국인 이민의 대량유입이 통계자료 등에 의하여 뒷받침되어야 한다는 것이다. 또한 셋째의 논거, 즉 외국인 부부에 대하여 동일한 본국법의 존재 여부에 따라 준거법을 달리 정하는 것은 헌법상 평등원칙에 반할 여지가 있다는 점은 더 근본적인 검토가 필요하다. 만일 그런 주장을 수긍한다면 국적을 연결점으로 사용하는 것 자체에 문제가 있을 수 있기 때문이다.[28]

(2) 일상거소의 개념

일상거소는 헤이그국제사법회의의 다양한 협약의 연결점으로서 도입된 것이므로 국제적으로 통일된 개념을 사용되는 것이 바람직하다.[29] 따라서 우리 국제사법에서는 일상거소 개념의 고착화를 우려하여 정의규정을 두지 않았다.[30] 따라서 일상거소의 개념은 앞으로 학설·판례에 의해 정립되어야 할 것이나, 우리나라에서는 일상거소라 함은 "사람이 그의 생활의 중심(Lebensmittelpunkt)을 가지는 장소"를 말하는 것으로 이해된다.[31] 통상 일정한 장소에서 상당한 기간 동안 정주(定住)한 사실이 인정되면 그곳이 일상거소로 인정될 것이고,[32] 일상거소가 존재하기 위해 반드시 정주의

27) 조문은 "이 법률이 무국적자와 난민에게 적용되어야 하는 때에는 주소가 국적에 갈음한다."고 규정한다.

28) 유럽연합의 혼인과 친권(부모책임)에 관한 규정(브뤼셀Ⅱbis. No 2201/2003) §3 ①은 원고가 법정지국의 국적을 가지는지에 따라 관할을 가지기 위하여 필요한 상거소의 보유기간을 달리하는데(6개월과 12개월) 이것이 국적에 기한 차별금지를 정한 유럽연합기능조약(§18)에 반하는지가 문제되었다. 이에 대하여 유럽사법재판소 2022. 2. 10. 판결(OE./.VY. C−522/20)은 이는 금지에 저촉되지 않는다고 판단하였다. 소개는 Wolfgang Hau (2022), IPRax, 342ff.

29) 예컨대 §73(부양)와 같이 국제사법이 조약을 수용한 경우에는 그러하다. 상거소를 최초로 채택한 헤이그협약은 1896년 민사소송협약(§15 ①의 *résidence habituelle*)이다. Kropholler, 281; Dietmar Baetge (1994), Der gewöhnliche Aufenthalt im Internationalen Privatrecht, 5. 속인법의 맥락에서는 1902년 미성년자의 후견에 관한 협약에서 처음 채택하였다.

30) 스위스 國私(§20 ①)은 "자연인은 그가 계속적인 체재의 의사를 가지고 거주하는 국가에 주소를 가지고, 그가 상당히 장기간 동안 살고 있는 국가에 비록 이 기간이 원래부터 한정되어 있더라도 그의 상거소를 가진다"고 규정한다.

31) 이호정, 국제사법, 193. 독일 연방대법원의 1975. 2. 5. 판결(NJW 1975, 1068)도 상거소를 '생활의 중심지(Daseinsmittelpunkt)'라고 보았다.

32) 다만 종래 우리 민법상 '거소'라 함은 사람이 상당한 기간 계속하여 거주하는 장소라고 이해하고 있

사(*animus manendi*)는 필요하지 않으며, 법적 개념인 주소에 반하여 상거소는 상대적으로 사실상의 개념, 더 정확히는 사실적 요소가 강한 개념이라고 할 수 있다.[33] 논란이 있으나 독일에서는 이런 견해를 '사회적 통합론'이라 한다.[34] 그에 따르면 상거소의 존재 여부는 구체적인 상황에 따라 당사자의 체류기간, 체류의사와 목적, 가족관계와 근무관계 등 관련요소를 종합적으로 고찰하여 그가 그 사회에 통합되었다고 볼 수 있는지 여부에 따라 판단하게 될 것이다.[35] 따라서 그러한 사실적 요소가 없으면 당사자의 의사만으로는 상거소가 인정될 수는 없다.[36]

한편 우리 민법은 "생활의 근거되는 곳을 주소로 한다"고 규정하는데(§18 ①), 이는 정주의사를 필요로 하지 않는 객관주의를 취하는 것으로 이해되므로[37] 그러한 일상거소 개념과 민법의 주소 개념은 별 차이가 없는 것으로 보인다.[38] 다만 당사자가 복수의 일상거소를 가질 수 있는가에 대해 논란이 있으므로[39] 일상거소의 적극적 저촉에 관한 규정은 두지 않았다.[40]

국제사법이 일상거소를 연결점으로 도입한 것은 일본의 법적용통칙법[41]과 같으나, 국제사법은 소비자와 근로자의 상거소지를, 준거법 결정을 위한 연결점은 물론 국제재판관할에 관한 연결점으로서도 사용하는 점에서[42] 일본법과는 다르다. 특히 일본은 2012년 4월 1일 발효된 개정 民訴(§3-2 내지 §3-12)에서 국제재판관할규칙을 상세히 규정하면서도 소비자계약의 경우 여전히 소비자의 주소에 착안한다.

일반관할의 연결점인 일상거소와 국제사법의 연결점인 일상거소의 개념은 반드시 동일한 것은 아니고, 후자도 관련 분야 내지 맥락에 따라 다를 수 있다는 점을 지

으므로 이는 위에 언급한 상거소의 개념에 접근한다. 그러나 상거소는 거소보다 장소적 밀접도가 높다고 설명한다. 법무부, 해설, 31 주 11.

33) 그러나 민법의 주소는 '법률개념'으로서 국내법상 일원적이고 고정적인 데 반하여, 상거소는 '사실개념'('법적 개념'인지는 논란이 있으나)으로서 다원적이고 고정적일 수 없다는 차이를 지적하면서 깊이 있는 검토가 필요하다는 지적이 있다. 최흥섭(2022), 국제사법에 관한 글모음집 2022년, 10 이하 참조.

34) 최흥섭(2002), 527-528; Baetge (1994), 81-85.

35) 상거소의 구성요소와 판단기준에 관하여는 최흥섭(2002), 525-532 참조.

36) Beaumont/McEleavy (1999), 90도 동지.

37) 한상호, 民法注解[Ⅰ](1997), 332-333.

38) 이호정, 국제사법, 194; 최흥섭(2002), 535.

39) 논리적으로 불가능하지는 않지만 실제로는 이는 매우 이례적이다. Beaumont/McEleavy (1999), 110은 예컨대 이혼한 부모의 아이들이 국경부근에 거주하면서 주중에서는 A국에 사는 모와 생활하고, 주말에는 B국에 가서 부와 함께 시간을 보내는 생활방식을 유지한다면 양국이 모두 상거소지가 될 수 있다고 한다.

40) 민법은 동시에 복수의 주소가 존재할 수 있음을 인정하는데(民 §18 ②), 복수의 상거소가 존재할 수 있는지에 대해서는 논란이 있고 특히 주소의 개념에 관하여 우리처럼 객관주의를 취하는 일본에서 부정설이 유력한 것을 볼 때[최흥섭(2002), 537], 상거소가 주소보다 통합의 정도가 상대적으로 강한 것이 아닌가 생각된다.

41) §11 및 §12(이는 일본 법례 §14 및 §15와 같다).

42) §27 ④, ⑤과 §28 ④.

적하는 견해가 유력하나 그 차이의 구체적인 내용은 논란이 있다.[43]

국제사법에 따르면 신분관계에 관하여 일상거소가 연결점이 되므로 경우에 따라서는 법원은 물론이고, 가족관계등록 공무원이 당사자의 일상거소를 판단할 필요가 있게 된다. 이 경우 가족관계등록 공무원의 판단을 용이하게 하기 위하여 당사자가 일정기간(예컨대 1년) 한국에 거주한 경우 한국에 일상거소가 있는 것으로 추정하는 취지의 규정을 두는 방안을 고려할 수 있다. 당초 이러한 취지의 조항을 국제사법에 두자는 견해도 있었으나 채택되지 않았다.

舊 국제사법의 시행에 따라 대법원은 원활한 호적사무처리를 위하여 예규를 제정하여 일상거소의 판단기준을 제시하였다. 즉 "신분관계를 형성하는 국제신분행위를 함에 있어 신분행위의 성립요건구비여부의 증명절차에 관한 사무처리지침"[44]은 상거소를 "사실상 생활의 중심지로 일정기간 지속된 장소"라고 정의하고, 한국인이 국외로 전출하여 그 주민등록이 말소된 경우에도 출국일로부터 1년 이내라면 한국에 상거소가 있는 것으로 보고, 외국에서 적법하게 5년 이상 계속하여 체류하고 있는 경우에는 그 국가에 상거소가 있는 것으로 보나, 출국일로부터 1년 이상 5년 이내라면 체류국인 외국에 상거소가 인정되는 경우[45]를 제외하고는 한국에 상거소가 있다.

한편 외국인의 경우 외국인등록증 및 여권 등을 자료로 판단하는 체류기간과 체류자격에 따라 결정하는데, 체류자격이 출입국관리법시행령상의 "거주"인 외국인이 1년 이상 계속하여 체류하는 경우 그리고 출입국관리법 §31의 외국인등록을 한 외국인(장기체류자), 그 배우자 및 미성년인 자녀로서 5년 이상 계속하여 체류하고 있는 사람(단, ②의 요건 해당자는 제외한다)은 한국에 상거소를 가진 것으로 처리하지만, 불법입국자 및 불법체류자에 대하여는 한국의 상거소를 인정하지 않는다. 이러한 기준은 가족관계등록을 위한 사무처리상의 기준에 불과하므로, 법원은 그에 구속되지 않고 독

43) 최흥섭(2002), 533 이하 참조. 예컨대 관할권의 영역에서는 법원에의 접근이 용이해야 하므로 비교적 쉽게 상거소를 인정할 수 있으나, 가족법 기타 속인법의 영역에서는 비교적 높은 수준의 통합이 요구되고, 부양법이나 아동의 보호를 위한 영역에서는 보호를 실현하기 위하여 속인법보다는 상대적으로 낮은 수준의 통합을 요구한다. 나아가 Baetge (1994), 86f.는 성년자와 미성년자의 경우를 구분하여 미성년자의 경우 상대적으로 쉽게 상거소를 인정하고, 상거소가 1차적 연결점인지 2차적 연결점인지에 따라 통합의 정도를 달리할 것이라고 하나, 최흥섭(2002), 534 주 26은 의문을 표시한다.

44) 등록예규 제33호. 대법원은 과거 "신분관계를 형성하는 섭외신분행위를 함에 있어 신분행위의 성립요건구비 여부의 증명절차에 관한 사무처리지침"(호적예규 제472호)을 2001. 9. 5. 개정하여 상거소의 인정에 관한 규정을 신설하였다. 대법원 호적예규 제596호(법원공보 2001. 10. 15.(제1146호), 792 이하. 위 예규는 2007. 12. 10. 제정되고 2008. 1. 1.부터 시행된 본문의 사무처리지침(제33호)으로 대체되었다. 이는 그 후 개정되어 근자의 것은 2015. 1. 8. [가족관계등록예규 제427호, 시행 2015. 2. 1.]으로 보인다.

45) 즉 한국인이 ⓐ 복수국적자인 경우에 한국 이외의 국적국, ⓑ 영주자격을 가지는 국가, ⓒ 배우자 또는 미성년인 양자로서 체류하고 있는 경우에는 그 외국인 배우자 또는 양친의 국적국에서 1년 이상 계속하여 체류하면 그 체류국가에 상거소가 있다.

자적 판단에 따라 상거소의 인정 여부를 결정할 수 있다.46) 위 예규는 일응 1년을 삼는 것으로 보이기는 하나 외국에 거주하는 한국인의 경우에도 한정된 경우에만 외국의 일상거소를 인정하고 그렇지 않은 경우 5년까지는 한국에 여전히 일상거소를 가지고 있는 것으로 상정하는 점에서 너무 장기를 설정하는 문제가 있다.47) 참고로 독일에는 '대강의 규칙(Faustregel)'으로서 6개월이 기준이 된다는 견해48)와, 사실관계에 따라 다르지만 6개월 내지 1년의 기간이면 일응 일상거소를 인정할 수 있다는 견해49) 등이 있다.

2001년 섭외사법 개정을 위한 위원회의 논의과정에서 '상거소' 대신 '일상거소'라는 표현을 사용하자는 견해가 있었으나50) 그간 학계에서 상거소라는 용어를 널리 사용하여 왔고, '일상'이라는 용어는 매일(daily)이라는 의미가 강할 뿐만 아니라 일상가사채무, 일상가사대리권에서의 '일상'과 같은 의미로 혼동될 우려가 있다는 이유로 채택되지 않았다. 그러나 국제사법은 舊 국제사법의 '상거소(常居所)'를 '일상거소(habitual residence)'로 대체하였다. 이는 이해할 수 없는 유감스러운 일이다. 다만 실정법이라는 점을 존중하여 이하 양자를 호환적으로 사용한다.

---

46) 참고로 유류분반환청구사건인 서울고등법원 2023. 10. 19. 선고 2022나2040001 판결은 아래와 같이 판시하였다. "원고는 이 사건 사무처리지침에 따라 망인의 상거소가 판단되어야 하므로, 망인의 주관적인 의사는 배제한 채 위 사무처리지침에서 정한 체류기간에 따라 상거소가 판단되어야 한다고 주장한다. 그러나 이 사건 사무처리지침은 신분관계를 형성하는 국제신분행위를 함에 있어 신분행위의 성립요건 구비여부의 '증명절차'를 처리하기 위하여 제정되었고, 주로 주소와 거주기간을 토대로 상거소를 판단한다는 취지로 정하고 있으면서도, "상거소지법을 국제신분행위의 준거법으로 하고자 하는 경우에는 다음의 기준에 의하여 상거소인지를 판단할 수 있다."라고 규정하는 등 주소와 거주기간을 상거소 판단의 절대적 기준으로 규정하고 있지는 않다[더욱이 이 사건 사무처리지침은 '가족관계등록예규'로서 제정된 것이므로 이에 관하여 법규적 효력을 인정하기는 어렵다(대법원 2007. 9. 28. 선고 2005두12572 전원합의체 판결 등 참조)]." 일본의 경우에도 법적용통칙법은 상거소의 개념을 정의하고 있지 않고 호적사무처리 지침으로 제정된 법무성의 기본통달(1988. 10. 2.)이 상거소의 인정에 관한 개략적인 기준을 제시하고 있다. 이는 우리의 사무처리지침과 유사하다. 텍스트는 山田鐐一, 634 이하 참조.

47) 위 예규는 예외적인 경우 1년으로 단축하기는 하지만, 한국인이 외국에서 상거소를 취득하기 위한 전제로 5년 이상의 적법한 계속적 체류를 요구한 탓에 우선 기간이 너무 길고, 외국인의 한국 내 일상거소 취득을 위하여 필요한 기간(적법한 체류 시 1년)과도 균형이 맞지 않는다.

48) 국제재판관할 맥락에서는 Richard Zöller/Reinhold Geimer (2012), ZPO－Kommentar, 29. Aufl., §98 FamFG Rn. 91; Heinrich Nagel/Peter Gottwald (2020), Internationales Zivilprozeßrecht, 8. Aufl., §4 Rn. 4.7. 준거법 맥락에서는 Christian von Bar/Peter Mankowski (2003), Internationales Privatrecht, Band I, Allgemeine Lehren, 2. Aufl., §7 Rn. 23. 참고로 미국의 2013년 UCCJEA (Uniform Child Custody Jurisdiction and Enforcement Act. UCCJEA)는 관할의 근거로 6개월을 요구한다. 제201조 (a)항.

49) Horndasch/Viefhues (Hrsg.), Kommntar zum Familienvefahrensrecht, §98 Rn. 46 (Hohloch). Hahne/Munzig (Hrsg.), BeckOK FamFG, §98 Rn. 16 (Sieghörtner)은 최소기간을 일반적으로 요구할 수는 없지만 거소가 상거소가 되기 위하여는 대략 6~12개월은 필요하다고 한다. 이종혁(2022a), 12－13은 상거소로 추정하기 위한 일응의 거주기간으로 1년 정도를 규정하는 것이 적당하다고 한다. 필자도 이런 견해를 피력하였다. 석광현, 해설, 122, 註 12.

50) 연구반초안은 '일상거소'라는 표현을 사용하였다. 예컨대 연구반초안 §4 참조. 연구반초안해설, 21.

마. 부부와 가장 밀접한 관련이 있는 곳의 법

국제사법은 가장 밀접한 관련이 있는 곳을 판단하는 기준을 제시하지 않으나 제반사정을 고려해야 함은 물론이다. 독일의 입법이유서는 사회적 결합, 공통의 단순거소, 최후의 공통의 상거소, 당사자가 설정하려는 공통의 국적, 당사자가 의도하는 공통의 상거소, 혼인체결지 등을 고려요소로 제시한다.[51)]

그런데 §21에 의하면 국제사법에 정한 모든 연결원칙에 대해 예외를 인정할 수 있으므로 §21와 §64 iii의 관계가 문제된다.

논리적으로는 iii는 준거법을 찾아가는 통상적인 과정에서의 밀접한 관련이 있는 곳을 찾는 것으로서 i와 ii의 적용이 없는 경우에 보충적으로 적용되는 데 반하여, §21는 §64에 의해 일단 준거법을 찾은 뒤에 예외적으로 그 준거법을 배제하고 다른 준거법을 적용하는 원리로서 기능하는 것으로서 i와 ii에도 불구하고 적용되는 점에 차이가 있다. 그러나 일단 §64 i 또는 ii에 의하여 결정된 준거법에도 불구하고 §21에 따라 부부와 가장 밀접한 관련이 있는 곳의 법이 혼인의 일반적 효력의 준거법이 될 수 있다. 이는 논리적으로는 iii의 보충적 성격과는 어긋나는 면이 있는데,[52)] 이는 우리 국제사법이 §64 iii에서 3단계의 연결원칙으로서 부부와 가장 밀접한 관련이 있는 곳의 법을 규정하면서 §21에서는 일반적인 예외조항을 두기 때문에 발생하는 문제이다. 다만 실제로는 그런 경우는 매우 이례적일 것이다.

국제사법은 혼인의 일반적 효력의 준거법에 관하여 기준시기를 명시하지 않는다. 혼인관계는 계속적 법률관계이므로 기준시기가 변경될 수 있다.[53)]

2. 서양자(婿養子) 조항의 삭제

1989년의 민법 개정으로 서양자 제도가 폐지되었으므로 涉私 §16 ②의 서양자 조항을 삭제하였다.

3. 반정

§64의 i 또는 ii에 의하여 공통의 본국법 또는 공통의 일상거소지법이 혼인의 일반적 효력의 준거법이 된 경우에도 반정이 허용된다. §22 ②은 §64를 열거하지 않으므로 §64의 지정은 국제사법지정이고, 만일 준거법인 외국법이 한국법으로 반정을 하

51) BT-Drucks. 10/5632, 41(Kropholler, 348, Fn. 11에서 재인용).

52) 과거 개정연구반에서 이 점에 관한 논의가 있었으나 국제사법과 같이 두기로 하였다. 이는 舊國私 §28와 로마협약 §6 ②과의 관계에서도 논의되었다.

53) 독일 민법시행법의 해석에 관하여 MünchKomm/Looschelders, Art. 14 Rn. 4.

는 경우에는 우리 실질법을 적용해야 한다. 문제는 반정을 허용하는 것이 국제사법의 지정 취지에 반하는가인데(§22 ① vi) 통상은 이를 인정할 근거가 없다.

참고로 일본 법적용통칙법(§41)[54]은 공통의 속인법이 준거법이 되는 경우에는 반정을 허용하지 않는다. 이는 단계적 연결을 하는 경우의 첫단계로서 지정된 공통의 속인법은 양성평등의 원칙을 관철하기 위해 법례가 준거법으로 엄선한 것인데 만일 반정을 인정한다면 본국법의 국제사법의 내용 여하에 따라 공통의 요소를 결한 법률(예컨대 부의 주소지법)로서 일본법이 적용될 수 있기 때문이라고 한다.[55] 그러나 우리 국제사법상으로는 그와 같이 볼 근거가 없다. 더욱이 우리 국제사법은 직접반정, 즉 우리 실질법으로의 반정만 허용하므로 양성평등의 원칙에 반하는 결과가 발생하지는 않는다. 나아가 §64(혼인의 일반적 효력) iii는 단계적 연결의 최후 단계로 가장 밀접한 관련이 있는 곳의 법(최밀접관련지법)을 준거법으로 명시하는데, 이 경우에도 반정을 허용해야 할 것이다. 왜냐하면 그 경우만이 아니라 국제사법의 모든 연결규정은 가장 밀접한 관련이 있는 법을 지정하는 것인데, 유독 단계적 연결의 최후 단계로서 가장 밀접한 관련이 있는 법을 명시한 경우에만 반정을 배제할 이유가 없기 때문이다.[56]

Ⅲ. 준거법이 규율하는 사항

§64는 부부재산제(§65)와 부부 간의 부양(§73)을 제외한 모든 혼인의 효력을 규율대상으로 하며 부부 간의 인적 권리와 의무(즉 동거의무, 정조의무 등), 부부 간의 계약의 효력(예컨대 民 §828처럼 일방이 취소할 수 있는지)도 그에 따른다.[57] 부부의 성(姓)이 혼인의 일반적 효력에 속하는 사항인지는 아래에서 보듯이 논란이 있다.

1. 혼인의 효력과 유효성의 구별

혼인의 효력이라 함은 혼인의 성립 그리고 혼인의 유효성과는 구별하여야 한다. 즉 혼인의 효력은 유효하게 성립한 혼인의 결과 어떤 법적 효력 내지 효과가 발생하는가의 문제이다. 따라서 위에 지적한 바와 같이, 대법원 1996. 11. 22. 선고 96도2049

54) 즉 동 조는 "당사자의 본국법에 의하여야 하는 경우에 있어서, 그 국가의 법에 따르면 일본법에 의하여야 하는 때는 일본법에 의한다. 다만, 제25조(제26조 제1항과 제27조에서 준용하는 경우를 포함한다) 또는 제32조의 규정에 의해 당사자의 본국법에 의하여야 하는 경우에는 그러하지 않다"고 규정하는데 이는 법례(§32)와 같은 취지이다.

55) 木棚照一·松岡 博(編)(1994), 基本法コンメンタール國際私法, 160(多喜 寬).

56) Kropholler, 154 참조.

57) 신창선·윤남순, 349. 상세는 注國私(2), 28(横溝 大) 이하.

판결이 "섭외사법 §15 ① 단서에 의하면 혼인의 방식은 혼인거행지의 법에 의하도록 되어 있기는 하나, 같은 법 §15 ① 본문은 혼인의 성립요건은 각 당사자에 관하여 그 본국법에 의하여 정한다고 규정하고, 같은 법 §16조 ①은 "혼인의 효력은 부(夫)의 본국법에 의한다"고 규정하므로, 한국 남자와 중국 여자 사이의 혼인이 중국에서 중국의 방식에 의하여 성립되었다 하더라도 혼인의 실질적 성립요건을 구비한 것으로서 유효한지 여부는 부(夫)의 본국법인 우리 법에 의하여 정하여져야 한다"는 취지로 판시한 것은 혼인의 효력을 혼인의 유효성과 혼동한 것으로 잘못이다.

2. 부부의 성(姓): 국제성명법

국제사법상 성씨의 준거법이 문제되는 것은 ⓐ 배우자의 성 — 이에는 혼인에 의한 배우자의 성과 이혼시의 배우자의 성의 문제 등이 있고, ⓑ 자녀의 성의 문제가 있는데, 후자에는 입양시의 자의 성의 문제도 포함된다. 독일 민법시행법(§10)은 성의 문제를 독립한 연결대상으로 다루어 별도의 조문을 두고 있으나[58)59)] 이런 입법례는 오히려 소수에 속한다. 우리나라는 그런 규정을 두고 있지 않으므로 배우자의 성의 문제는 여기에서 논의하고, 자의 성의 문제는 친자간의 법률관계의 준거법을 정한 §45의 해설에서 논의한다.

가. 의의

일반적으로 성명은 다음과 같은 네 가지 목적에 봉사한다.[60)]

---

58) 또한 독일은 Grunkin and Paul 사건 판결을 고려하여 최소한의 개정으로 2013년 독일 민법시행법 §48를 신설하였다. 제1문은 "성명의 준거법이 독일법인 경우, 그것이 독일법의 본질적인 근본원칙에 반하지 않는 한, 그는 신분공무원에 대한 의사표시를 함으로써, 그가 다른 회원국에 상거소를 가지고 있는 동안에 획득하고 그곳 신분등록부에 등록한 성명을 선택할 수 있다."고 규정한다. 이를 법상태의 승인원칙을 수용한 것이라고 평가하기도 하나, 성명의 준거법이 독일법인 경우에 성명 선택을 허용하는 실질법규칙이다. 그런 이유로 §48는 국제사법에 관한 제2장이 아니라 제3장(적용. 유럽연합의 다른 회원국에서 취득한 성명의 선택)에 포함되어 있다. Junker, §13 Rn. 35. 그 맥락은 석광현, 정년기념, 675, 註 44 참조. 다만 §48의 문언은 2025. 5. 1.부터 시행되는 개정법에 의하여 다소 수정되었다.

59) 참고로 개인의 민사신분 문제에 대한 국제적 협력을 촉진하고 국제적으로 호적부서의 운영을 촉진하기 위해 설립된 정부간 기구인 국제민사신분위원회(International Commission on Civil Status: ICCS)(프랑스어로는 '*Commission Internationale de l'Etat Civil*', CIEC)가 채택한 협약들이 있다. 즉 1958년 성명의 변경에 관한 협약(협약 번호 4. 이스탄불협약)(제3조), 1973년 민사신분등록부에의 등록에 관한 협약(협약 번호 14. 베른협약), 1980년 "성명의 준거법에 관한 협약"(협약 번호 19. 뮌헨협약)과 2005년 성명의 승인에 관한 협약(협약 번호 31. 안탈리아협약) 등이 있다. 석광현, 정년기념, 676, 註 46 참조. ICCS는 1948년 9월 29일 네덜란드 암스테르담에서 설립되었고, 1950년 9월 25일에는 국제민사 신분위원회에 관한 의정서(Protocol on the International Commission on Civil Status)를 채택하였다. 과거 유럽 국가가 아닌 멕시코도 회원국이었다. 소개는 Encyclopedia/Walter Pintens, CIEC/ICCS (International Commission on Civil Status), Vol. 1, 330 이하 참조(이는 10개 회원국이 있다고 소개하나 2022년에는 5개 회원국으로 줄어들었다). 이스탄불협약은 공법적인 성명변경에만 관계되고 혼인, 이혼, 인지 또는 입양 등 사법적인 성명변경에는 관련이 없다(동 협약 제1조). Junker, §13 Rn. 21.

60) Bureau D. Muir Watt H. (2007), Droit international privé, vol. 2, 26 (Matthias Lehmann (2008), What's in a Name? Grunkin-Paul and Beyond, Yearbook of Private International Law, Vol. 10, 136에서

첫째, 사람의 정체성의 기초가 되고(즉 사람의 인격의 일부를 이룬다), 둘째, 성명 중에서 성씨는 특정한 가족에의 귀속을 나타내며, 셋째, 사람을 특정(식별)하는 기능을 하고(국가는 성의 이러한 특정기능에 관심을 가진다),[61] 넷째, 사회에의 통합을 보여주는 가시적인 기호이다. 둘째 기능을 강조하면 아래에서 보듯이 가족법상의 사건(혼인 또는 입양)에 의한 성명의 취득과 변경의 준거법 결정 시 당해 사건의 준거법에 따르도록 하는 경향이 있다.[62] 그러나 국제사법은 성명의 준거법에 관하여 규정을 두고 있지 않다.

나. 2001년 섭외사법 개정과정에서의 논의

연구반초안(§17)은 성명에 관한 연결원칙에 관하여 제1안으로서 "사람의 성명은 그의 본국법에 의한다"는 취지의 규정을 두었다. 이는 성명은 당사자의 인격권에 관한 문제라는 측면을 강조하고, 성명에 대한 사법적 측면과 공법적 측면을 일치시킬 수 있는 장점이 있으며 국제적으로 성명의 동일성이 유지되기 때문이었다.[63] 그러나 종래와 같이 부부 간의 성, 자의 성에 대해서는 혼인의 효력의 준거법과 친자관계(즉 문제된 법률관계)의 효력의 준거법에 의한다는 견해도 유력하였고, 성명과 관련된 문제에 대해서는 더 검토가 필요하다는 이유로 결국 규정을 두지 않기로 하였다.[64] 따라서 이 문제는 해석론에 맡겨지게 되었다.

다. 배우자의 성(성씨)

우리 민법은 부부의 성에 관하여 규정하지 않으므로 혼인 후에도 부부는 각자 본래의 성을 유지한다.[65] 전통적인 유교의 관념에 따르면 성은 부계혈통의 표지로서

재인용). 첫째~셋째 기능을 언급하는 것이 더 일반적이다. 예컨대 Kropholler, 325.

61) 이런 맥락에서 성명은 공적 이익과 관련되는데 이 점은 무엇보다도 여러 국가에서 성명의 획득 및 변경을 공부에 기재하고, 성명의 사용 및 변경을 공법적으로 규율한다는 사실에서 잘 드러난다. 논자에 따라서는 국제성명공법(das internationale öffentliche Namensrecht)과 국제성명사법을 구별하여 논의한다. Junker, §13 Rn. 20f. 전자는 주로 국제행정법의 문제이고 후자는 주로 국제사법의 문제라고 할 수 있다. 佐藤文彦(2003), ドイツ國際氏名法の研究, 48 이하 참조.

62) Kropholler, 325.

63) 최흥섭(2002), 74 이하 참조. 그러나 복수국적자의 경우 국제적인 성명의 동일성 유지는 한계가 있다. 예컨대 널리 알려진 가수 전소미의 경우 부가 네덜란드와 캐나다의 이중국적자이고 모가 한국인인 탓에 3개국의 국적을 가지고 있으며 한국에서는 민법 제781조 제2항에 근거하여 모의 성을 따른 것이라고 한다.

64) 연구반초안은 다음과 같다. 연구반초안해설, 42.

"제17조 (성명)

[제1안] 사람의 성명은 그의 본국법에 의한다.

[제2안] 삭제

■ 개정취지: 부부간의 姓, 子의 姓에 대해서는 종래 혼인의 효력의 준거법과 친자관계의 준거법에 의한다는 것이 일반적 견해였으나, 오늘날에는 당사자의 인격권 문제로 보아 그의 속인법(본국법)에 의하는 추세가 강하다. 따라서 이 규정을 통해 姓의 성질결정에 대한 논란을 종식시키고 성명의 문제가 당사자의 개인적 이익에 관계된 것임을 분명히 하고자 했다. 더구나 이러한 준거법을 통해 성명에 대한 私法的 측면을 公法的 측면과 일치시킬 수 있는 장점도 있다. 그러나 종래의 통설을 부정하고 새로운 경향에 따라 명시적 규정을 두는 것에 대한 강한 반대의견이 제시되어 이 규정을 두지 않는 것을 제2안으로 만들었다." 입법례는 생략.

변할 수 없는 것으로 관념되었고, 성을 바꾼다는 것은 '천지 음양이 전도'되는 것으로 생각되었는데 이것이 '성불변의 원칙'이다.[66)]

국제사법에는 성씨의 준거법에 관한 규정이 없는데 해석론은 나뉘고 있다.[67)] 성은 당사자의 인격권에 관한 문제라는 측면과 성에 대한 사법적(私法的) 측면과 공법적 측면[68)]을 일치시킬 수 있는 장점을 고려하여 국적을 연결점으로 하는 견해(인격권설)[69)]와 이는 혼인의 일반적 효력의 문제로서 그의 준거법에 의한다는 견해(신분관계효력준거법설)[70)]가 주장될 수 있다.[71)] 이혼의 경우에도 배우자의 성 변경의 문제가 있는데 이는 혼인의 경우와 동일한 원칙에 따라야 한다.

한편 자녀의 성에 관하여 부부 간의 성에 관한 태도와 일관성이 있자면 §45에 의하여 결정되는 친자관계의 준거법에 따라야 할 것이나 종래의 실무는 그렇지 않은 것으로 보이는데 실무의 근거는 불분명하다.[72)] 이는 아래 §72의 해설에서 논의한다.

주목할 것은, 가족관계등록의 실무는 혼인의 효력의 준거법에 따르고 있다는 점이다. 즉 호적선례(200308-1)는, 한국인 남자와 일본인 여자가 일본국 방식에 의하여 혼인을 하여 그 혼인계와 일본법[73)]에 따라 일본인 여자의 성이 한국인 남자의 성으

---

65) 김주수·김상용, 129.

66) 김주수·김상용(2013), 323. 그러나 미국, 유럽과 일본 등에서는 여성이 혼인하면 부(夫)의 성(姓)을 따르는 경우가 많다. 다만 이는 법률에 규정된 것은 아니고 당사자가 원하는 경우 부부의 성을 통일하여 혼인성을 쓸 수 있을 뿐이라고 한다. 김주수·김상용, 129. 이 책 제3장 제4절 혼인의 효력 [前註] 참조. 독일 민법 §1355 ①과 일본 민법 §750는 부부동성제를 명시한다.

67) 석광현(2013), 218 이하 참조. 한국에서도 일본처럼 氏名公法理論이 주장될 여지도 있다.

68) 성씨는 공법적 측면이 있으므로 국제성명공법의 저촉규정과 실질규정이 국제사법을 보충한다. 이에는 아래 소개하는 CIEC 협약들이 있다. Junker, §13 Rn. 19 Rn. 21.

69) 윤종진, 442; 최흥섭, 350; 안춘수, 300. 국제사법의 맥락은 아니지만, 대법원 2005. 11. 16. 자 2005스26 결정은 이름(성명)은 특정한 개인을 다른 사람으로부터 식별하는 표지가 됨과 동시에 이를 기초로 사회적 관계와 신뢰가 형성되는 등 고도의 사회성을 가지는 일방, 다른 한편 인격의 주체인 개인의 입장에서는 자기 스스로를 표시하는 인격의 상징으로서의 의미를 가지는 것이고, 나아가 이름(성명)에서 연유되는 이익들을 침해받지 아니하고 자신의 관리와 처분 아래 둘 수 있는 권리인 성명권의 기초가 되는 것이며, 이러한 성명권은 헌법상의 행복추구권과 인격권의 한 내용을 이루는 것이어서 자기결정권의 대상이 되는 것이므로 본인의 주관적인 의사가 중시되어야 하는 것이라고 판시한 바 있다.

70) 김연 외, 408. 신창선·윤남순, 349은 이 견해를 취하나 358에서는 성은 독립한 인격권의 문제이므로 혼인에 의한 성의 변경과 이혼이 성에 미치는 영향은 부부 각자의 속인법에 의해야만 한다고 한다.

71) 일본에서는 '氏名'이라는 용어를 사용하는데, 혼인의 효력의 준거법에 따르는 것이 종래 다수설이나 이를 독립적 인격권인 성명권으로 보아 본국법에 연결하는 견해도 있고 판례도 나뉘고 있다. 松岡 博, 190. 그 밖에도 성명의 문제를 전적으로 공법의 문제로 보는 氏名公法理論도 있다. 注國私(2), 138(河野俊行) 이하 참조. 氏名公法理論은 씨명은 개인의 특정 수단으로서 공법적 요청이 강하고, 여권제도를 통하여 본국에 의하여 규율되는 것이 기대되므로 전적으로 국적에 의한다고 본다. 木棚照一(編著)(2016), 國際私法, 240 이하(林貴美 집필부분) 참조. 본국법에 의하는 점에서는 인격권설과 동일하나 성명의 문제를 국제사법이 아니라 공법(또는 국제행정법)의 문제로 파악하는 점에서 차이가 있다. 우리의 실무가 이에 부합하는지는 검토할 필요가 있다.

72) 가족관계등록예규 제394호(§13)와 가족관계등록예규 제327호 참조. 상세는 법원행정처, 가족관계등록실무[Ⅱ] (2012), 570면 이하 참조. 민법 §78가 결론에 영향을 미친 것으로 보인다.

73) 일본 民(§750)은 "부부는 혼인의 때에 정하는 바에 따라 부 또는 처의 성을 칭한다"고 규정하므로 부

로 변경되었다는 내용의 수리증명서를 첨부하여 혼인신고를 하였을 경우 이를 수리하여 호적기재를 하여야 하는지를 판단한 사안에서, "혼인을 하면 성이 변경되는가"의 문제는 혼인의 신분적 효력에 관한 것인바, 舊國私 §37에 의하면 혼인의 일반적 효력은 부부의 동일한 본국법, 부부의 동일한 상거소지법, 부부와 가장 밀접한 관련이 있는 곳의 법의 순위에 의하게 되어 있고 이 사안의 경우는 부부의 동일한 상거소지법을 따라야 할 것이므로 일본법에 의하여 외국인 배우자의 성은 혼인과 더불어 변경된 성을 기재하여야 할 것이라고 하였다. 또한 혼인으로 인하여 성이 변경되는 것은 일본방식의 혼인에 따르는 '부속문제'에 불과하기 때문에 공서에 관한 舊國私 §10에 의하여 배척될 것도 아니라고 설명한다. 이러한 태도는 그 후 2005년 4월 22일 호적선례(200504-2)[74]와 가족관계등록선례(200910-2)[75] 등에서도 유지되고 있다. 만일 국제사법의 해석상 부부의 성의 문제를 혼인의 효력의 문제로 성질결정한다면 호적선례로써 동 원칙을 구체화할 수 있다. 반면에 국제사법의 해석상 그런 견해가 타당하지 않다면 이를 호적선례로써 변경할 수는 없다.

그러나 혼인의 일반적 효력의 준거법에 따를 경우 동일한 본국법과 일상거소지법이 없는 때에는 부부와 가장 밀접한 관련이 있는 법을 판단하는 것이 쉽지 않고, 또한 이를 인격권의 문제로 보아 속인법에 따르도록 하는 것이 공법상의 성씨와 일치시킬 수 있다는 장점이 있으며, 나아가 독일 민법시행법(§10 ①)은 부부의 성의 문제를 인격권의 문제로서 본국법에 따를 사항이라고 명시하고 있음을 고려한다면 부부의 성의 문제를 그의 속인법에 따를 사항이라고 볼 여지도 있다.[76] 이 문제는 입법적으로 해결하는 것이 바람직하다고 본다. 다만 만일 국제사법에 조문을 두어 이를 속인법에 의할 사항으로 명시한다면 충분한 경과규정을 두거나 기존의 법상태를 유지할 수 있도록 함으로써 혼란이 야기되지 않도록 해야 할 것이다. 다만 그렇게 하더라도

부는 동성(同姓)을 사용해야 한다.

74) 이는 한국인 갑남과 일본인 을녀가 미국 방식에 의하여 혼인을 하고 그 증서등본에 의한 혼인신고를 하여 갑남의 한국 호적에 일본인 을녀와의 혼인사유가 기재된 뒤, 일본법에 따라 일본인 을녀의 성이 한국인 갑남의 성으로 변경된 취지가 기재된 을녀의 일본 호적등본을 제출한 경우, 갑남의 본적지 호적공무원이 감독법원의 허가를 얻어 직권정정의 방식에 의하여 갑남의 신분사항란에 기재된 혼인사유 중 일본인 을녀의 혼인 전의 성을 남편인 갑남의 성으로 정정할 수 있는지 여부를 판단한 것이다.

75) 이는 태국인 갑녀가 한국인 을남과 태국에서 태국방식으로 혼인을 하고 자녀를 출산한 후에 태국에서 태국법령의 절차에 따라 개명을 한 상태에서 을남이 혼인증서등본에 의한 혼인신고와 자녀에 대한 출생신고를 한 경우, 혼인신고서 및 출생신고서에 기재된 갑녀의 성명(성은 을남의 성을 따르고 이름은 개명한 이름)과 혼인증서등본에 기재된 갑녀의 성명(혼인 및 개명 전의 성과 이름)이 서로 다를 때 가족관계등록부에 기록할 갑녀의 성명에 관하여 판단한 것이다.

76) 속인법에 따른다는 말은 남편의 성은 남편의 속인법에 따르고 부인의 성은 부인의 속인법에 따른다는 취지로 보이나, 부부 중 일방의 속인법은 부부의 성이 동일할 것을 요구하고 상대방의 다를 것을 요구한다면 이런 충돌을 어떻게 처리할지 의문이다.

어느 정도의 혼란은 불가피하므로 이를 피하기 위하여 장래 입법론으로서 당사자의 준거법 선택권을 도입하는 방안을 고려할 필요가 있으나, 이에 대해서는 파행적 성명관계를 초래한다는 이유로 부정적인 견해가 있었다.[77)]

근자에는 독일 민법시행법(§10)을 참고하여 우리 국제사법에도 성명의 준거법 일반에 대하여 본국법주의를 명시하자는 견해가 있다.[78)] 그러나 2001년 섭외사법 개정 시에도 그런 취지의 제안이 채택되지 않았는데, 그 후 충분한 연구가 축적되지 않은 상황에서 과거와 동일한 제안을 하는 것이 타당한지는 의문이다. 특히 본국법주의를 채택하자면 독일처럼 제한적으로 준거법의 선택을 허용할지,[79)] 복수국적자의 취급(다른 규정이 없으면 §16 ①이 적용된다)과 경과조치 등을 고려하고, 아래 언급하는 ICCS 협약 나아가 국제성명공법과 국제성명사법의 관계 등도 더 검토하여 신중하게 접근할 필요가 있다.[80)] 더욱이 아래에서 보듯이 독일에서는 민법시행법(§10)의 개정안이 나와

77) 최흥섭(2002), 74. 이는 과거 우리 실질성명법이 성씨 선택을 허용하지 않는 점도 고려한 것이었으나 최흥섭, 233은 그 사이 민법 개정으로 부모가 자녀의 성으로 모의 성을 선택할 수 있고 자녀의 복리를 위하여 성씨의 변경도 가능하게 된 점을 고려하여 이제는 국제성명법에서 준거법 선택을 긍정적으로 볼 여지가 있다고 평가한다.

78) 이종혁(2022c), 139 이하는 제29조의2(성명)를 신설할 것을 제안하나 준거법의 선택은 규정하지 않는다. 그러나 이는 경과규정에 관하여는 별다른 제안을 하지는 않는다. 본국법주의의 도입으로 인하여 준거법의 변경이 발생한다면 구 성씨를 유지할 수 있는지가 문제된다. 이는 기본적으로 신 준거법이 규율할 사항이나 구 성씨를 계속 사용할 수 있도록 허용하는 것이 바람직하다. 성씨는 인간의 정체성의 문제로서 인권법 차원에서도 보호되어야 하기 때문이다. MünchKomm/Lipp (2020), Band 12, 8. Aufl., EGBGB. Art. 10 Rn. 174, 나아가 성씨의 특성을 고려하고 '파행적 성명관계(hinkende Namensverhältnisse)'를 피하자면 네덜란드 國私(§10:24 또는 제10편의 §24 ①)처럼 법상태의 승인근거를 명시하는 방안도 검토할 필요가 있다. 주목할 것은 독일 민법시행법(§10)은 성명에 대하여 본국법을 준거법으로 지정하나 2025. 3. 1.부터는 상거소지법이 준거법이 된다는 점이다. Silvia Deuring (2024), Die Geschlechtszugehörigkeit im Internationalen Privatrecht: Bemerkungen zum neuen Art. 7a EGBGB, IPRax, S. 435. 또한 근자에 신설되어 2024. 11. 1. 시행된 독일 민법시행법 §7a는 성별 귀속(Geschlechtszugehörigkeit)도 본국법(상거소지법에 의할지는 논란이 있었으나 국적이 선택되었다)에 따르도록 하면서, 독일에 상거소를 가지는 사람은 성별 변경을 위하여 독일법을 선택할 수 있도록 규정하고 나아가 성별 변경 하에 또는 그와 관련하여 성명을 변경하는 경우에도 독일법의 선택을 허용한다. 성별의 최초 결정과 그 후의 변경에 관하여 국적을 연결점으로 선택한 것은 인법과 친족·상속법 영역에서 근자에 상거소가 연결점으로서 점차 득세하고 있음에 비추어 이례적이나, 성별은 사람에 부수하는 속성이라는 점과 흔히 본국법의 증명서에 의하여 증명된다는 점을 고려한 결과이다. 소개는 위 Deuring, S. 433ff.; Alix Schulz (2024), Geschlechtliche Selbstbestimmung im IPR – Auf dem Weg zu einem neuen Art. 7a EGBGB, IPRax, S. 28ff., 상세는 Alix Schulz (2024), Geschlechtliche Selbstbestimmung im Internationalen Privatrecht 참조. 참고로 독일 민법은 혼인성(姓)(Ehename)과 자(子)의 출생성(姓)(Geburtsname)이라는 개념을 사용한다. 관련된 실질법상의 논의는 이동수(2024), "독일의 성별기록자기결정법의 기본 내용과 가족법 관련 문제에 대한 소고", 가족법연구 38-3, 151 이하 참조.

79) 위에서 언급하였듯이 최흥섭, 233은 과거와 달리 민법이 개정되어 부모가 자녀의 성으로 모의 성을 선택할 수 있고, 성씨의 변경도 가능하게 된 점을 고려하여 준거법 선택을 긍정적으로 볼 여지가 있다고 평가한다. 그러나 우리로서는 종래 국제성명법에 대한 문제의식과 논의가 부족한 점을 고려할 때 준거법의 선택을 인정하기는 어렵다고 본다.

80) 위에서 보았듯이 독일은 §10을 개정하여 연결점을 국적에서 상거소로 변경하였고 이를 2025. 5. 1.부터 시행한다. 나아가 우리는 종래 성씨를 한글·한자로 표기하므로 한자문화권이 아닌 외국의 철자 및 표기와 충돌이 발생하지 않을 것이다. 다만 장래 외국인의 등록범위가 확대되면 문제가 발생할 가능성이 있다. 외국인의 성명의 철자 및 표기에 관하여는 "외국의 국호, 지명 및 인명의 표기에 관한 사무처리지침"(가족관

있음도 주목할 필요가 있다. 특히 종래 우리 실무가 법적 근거가 있는지와 그의 문제점이 무엇인지를 정확히 파악하여야 한다. 입법론적 제안은 이런 선행작업이 충실히 이루어진 상태에서 하는 것이 적절하다고 본다.

주의할 것은 이는 성씨의 준거법의 문제이고 성씨의 보호 문제는 인격권침해와 관련된 불법행위의 준거법에 따를 사항이다.[81)]

라. 독일 민법시행법과 유럽의 협약

독일은 1986년 민법시행법 §10를 도입함으로써 국제성명법의 문제를 입법적으로 해결하였고 이는 1993년 가족성명법의 신규율에 관한 법률(Gesetz zur Neuordnung des Familiennamensrecht: FamNamRG)에 의하여 개정되었고, 다시 1997년 친자개혁법(Kind-schasftsreformgesetz. KindRG)에 의하여 개정되었다.[82)] 나아가 2007년 인사신분법개정법률(Personenstandsrechtsreformgesetz. PStRG)에 의하여 §10 ②의 신분공무원(Standesbeamten)이 신분등록소(Standesamt)로 대체되었고 그와 함께 독일법으로 준거법이 변경된 경우 성명의 조정을 가능케 하는 §47가 민법시행법에 추가되었는데[83)] 이는 실질법의 성질을 가지므로 §10에 포함되지 않았다.

독일 민법시행법(§10)은 성명의 객관적 준거법을 지정하면서 국적을 연결점으로 삼고, 배우자의 성과 자녀의 성으로 구분하여 당사자자치를 허용하는데 각각 준거법이 될 수 있는 법을 제한한다. 즉 독일 국제성명법은 배우자의 성에 관하여 가족관계로부터 독립한 연결원칙, 즉 원칙적으로 각자의 본국법주의를 택하면서도(§10 ①),[84)] 예외적으로 부부가 공동으로 혼인 체결 시 또는 그 후에 성의 준거법을 선택할 수 있도록 허용하는데, 준거법이 될 수 있는 법은, 부부 중 일방이 속한 국가의 법 또는 부

계등록예규 제451호. 개정 2015.01.08) 제621호가 있으나 충분하지는 않다. 성명을 다른 문자로 표기할 경우 유럽연합의 Konstantinidis 사건(C-168/91)에서처럼 철자 및 표기의 문제가 발생할 수 있다.

81) Junker, §13 Rn. 19.

82) 과거 독일 국제사법에는 국제성명법에 관한 규정이 없었고 판례와 학설은 신분관계의 변동으로 인한 성의 변경은 신분관계의 준거법에 의한다고 보았다. 그러던 중 독일인 남자와 혼인하여 독일에 거주하던 스페인 여자가 혼인등록부에 독일법에 따라 남편의 성으로 기재된 자신의 성을 혼인 전의 성으로 정정해달라는 사건이 발생하였다. 이에 대해 독일 연방대법원 1971. 5. 12. 판결(BGHZ 56, 193)은 성씨 결정의 문제를 신분관계의 문제와 성명법적 문제가 내포되어 있는 문제라고 이중적으로 성질결정하고 스페인 여자의 청구를 인용하였는데, 그 근거는 기존의 신분관계 준거법에 따르는 것보다는 본국법에 따르는 것이 개인의 인격권을 존중하고 남녀평등의 원칙에 부합하며, 본국이 발행한 공적증명서에 기재된 성과 다른 성을 사용하게 되는 문제를 회피할 수 있다는 측면에서 바람직하다고 판시하였다. 상세는 최흥섭(2002), 49 이하.

83) 독일 민법시행법 §47는 "외국법에 따라 성명을 취득한 사람의 성명의 준거법이 독일법이 된 경우 그 성명을 독일법에 따라 조정할 수 있다"는 취지로 규정함으로써 적응의 법리를 명문화하고 있다. Junker, §13 Rn. 31. 장래에는 우리도 국제성명법의 준거법 결정원칙의 도입과, 이런 식의 성명에 관한 실질법규칙과 표기에 관한 정치한 규칙의 도입을 검토할 필요가 있다.

84) 양 배우자의 본국법이 충돌되는 경우 적응의 문제가 발생할 수 있다.

부 중 일방이 독일에 상거소를 가지고 있는 경우에는 독일법이다.[85] 이는 개인적 이해관계를 존중하면서도 복수국적자의 실효적 국적을 결정하는 데 따르는 어려움을 피할 수 있다는 장점이 있다.[86] 그러나 부부의 선택의 자유를 다소 넓게 인정함으로써 본국법주의를 원칙으로 정하는 취지를 몰각시킬 정도로 파행적 성명관계가 발생할 수 있다는 약점이 있다는 비판[87]이 있다.

그러던 중 독일은 유럽사법재판소의 2008년 Grunkin and Paul 사건 판결[88]을 고려하여 최소한의 개정으로 2013년 독일 민법시행법 §48를 신설하였다. 제1문은 "성명의 준거법이 독일법인 경우, 그것이 독일법의 본질적인 근본원칙에 반하지 않는 한, 그는 신분공무원에 대하여 의사표시를 함으로써, 그가 다른 회원국에 상거소를 가지고 있는 동안에 획득하고 그곳 신분등록부에 등록한 성명을 선택할 수 있다"고 규정한다. §48는 성명의 준거법이 독일법인 경우 성명 선택을 허용하는 실질법규칙이므로 제2장(국제사법)이 아니라 제3장(적응. 유럽연합의 다른 회원국에서 취득한 성명의 선택)에 규정되어 있다.[89][90]

85) 독일 민법시행법(§10 ②)에 따르면, 부부는 혼인 체결시 또는 그 후에라도 신분공무원에 대하여 공동으로 선언함으로써 앞으로 사용할 성을 선택할 수 있다. 이는 부부가 특정한 성을 선택할 수 있다는 것이 아니라 ③이 규정한 법(즉 민법시행법 §5 ①에 의하여 걸러진 본국법이 아니라 부부 중 일방이 속하고 있는 국가의 법) 또는 부부 중 일방이 독일에 상거소를 가지고 있는 경우에는 독일법)을 준거법으로 선택할 수 있다는 취지이다. Kropholler, 324. 위 선언은 공적으로 증명되어야 한다. 상세는 Münch-Komm/Lipp (2020), Art. 10 Rn. 1ff. 참조. 독일 성명법을 소개한 일본 문헌으로는 佐藤文彦(2003), ドイツ國際氏名法の硏究 참조.

86) 최흥섭(2002), 74.

87) 최흥섭(2002), 74.

88) 덴마크에 거주하던 독일인 부부는 덴마크에서 출생한 아이의 성을 덴마크법에 따라 부모의 결합성인 'Grunkin-Paul'로 등록하였고 그 후 독일로 이주하여 이를 등록하고자 하였다. 그러나 독일 당국은 독일의 국제사법인 민법시행법(§10)에 따른 성의 준거법인 독일법(民 §1617)상 결합성은 허용되지 않음을 이유로 등록을 거부하였다. 부부는 독일의 신분등록관청을 상대로 제소하였고 소송과정에서 독일 법원은 유럽사법재판소의 선결적 판단을 구하였다. 유럽사법재판소는 어떤 사람이 출생국과 주소지국에서 성명을 유효하게 획득하였다면 다른 회원국은 자신의 국제사법과 실질법에 관계없이 이를 승인해야 한다는 취지로 판시하였다. 이를 부정하는 것은 유럽연합의 일차적 법(구 유럽공동체설립조약 제18조/EU 기능조약 제21조)이 보장하는 EU 시민의 회원국 내 거주·이전(또는 이동)의 자유에 반한다는 것이다. 석광현, 정년기념, 674 이하 참조.

89) 조문의 국문번역은 석광현, 정년기념, 586 참조. 유럽연합에는 ① 본국법, ② 일상거소를 연결점으로 사용하는 국가들, ③ 규정을 두지 않는 국가들(보통법계)과 ④ 가족법에 종속적으로 연결하는 국가들이 있다고 한다. Encyclopedia/Kathrin Kroll-Ludwigs, Vol. 2, 1283.

90) 2011년 개정되어 2012년 1월 발효된 네덜란드 國私(민법전 제10편)에 따르면 성명의 준거법은 국적소속국법이다(§10:19 또는 제10편의 §19). 그러나 네덜란드 國私(§10:24 또는 제10편의 §24 ①)은 "네덜란드 외에서 출생할 때 등록된 사람의 성이나 이름 또는 네덜란드 외에서 행해진 개인 신분의 변경으로 인한 성이나 이름의 변경이 현지 규정에 따라 권한 있는 당국이 작성한 문서에 기록된 경우, 그렇게 기록되거나 변경된 성이나 이름은 네덜란드에서 승인된다. 승인은, 이 법률의 규정에 따른 법이 아닌 다른 법이 적용되었다는 근거만으로 네덜란드 공서와 양립할 수 없다는 이유로 거부될 수 없다"고 규정함으로써 외국에서 등록된 성명을 네덜란드에서 승인한다. 이 조문은 Grunkin and Paul 사건 판결의 영향을 받은 것인데 위에 언급한 독일 민법시행법 §48가 실질법규칙인 것과 달리 법상태의 승인을 명시한다.

주목할 것은, 근자에 독일에는 국제성명법을 개정하자는 논의가 있고(독일 법무부와 내무부의 주요쟁점 문서 참조), 유럽연합 차원에서 국제성명법에 관한 규정을 만들자는 제안과 그에 따른 초안이 있는 점인데, 그 맥락에서 첫째, 성씨의 객관적 준거법 결정 시 국적 대신 일상거소를 연결점으로 삼고, 둘째, 당사자자치를 확대하는(부부 성씨의 경우 부모 일방의 국적만이 아니라 일상거소지법의 선택도 허용하는) 견해가 유력하게 주장되었다. 이런 견해는 독일 국제사법회의가 2022년 11월 제안한 독일 민법시행법 §10의 개정안과 독일 법무부가 2023년 4월 11일 제출한 개정안에도 반영되어 있다.[91)]

참고로 위에서 언급한 바와 같이 유럽의 일부 국가 등은 국제민사신분위원회(ICCS)를 통하여 각 국가의 성명을 규율하는 법에 조화와 통일을 기하고자 1980년 "성명의 준거법에 관한 협약(Convention on the law applicable to surnames and given names)"을 채택하였다. 각국의 성명에 대한 국제사법규칙이 통일되지 않고 모호한 점이 많아 등기공무원이 개인의 성명을 기재하는 데 어려움을 겪는 현실적 문제가 있었기에 ICCS는 협약을 체결함으로써 ⓐ 각국의 국제사법과 별개로 협약에서 독자적인 저촉법규칙을 두고, ⓑ 성과 이름은 그 개인의 본국법을 따르며, ⓒ 선결문제는 그 국가의 국제사법을 따르고, ⓓ 국적이 변경되는 경우 새로운 국적 소속국법의 규칙에 따른다는 네 개의 지침을 채택하였다.[92)] 이탈리아, 네덜란드, 스페인과 포르투갈이 비준함으로써 그 국가들에서 위 협약은 1990년 1월 1일 발효하였는데 독일은 서명하였으나 비준하지는 않았다.

3. 성년의제

우리 民 §826-2가 규정하는 바와 같이 미성년자이더라도 혼인함으로써 성년을 의제하는 실질법을 둔 국가들이 있다. 그 취지는 혼인생활을 영위하는 남녀는 자연적 연령으로는 아직 성년에 달라지 않았더라도 정신적으로는 성인과 같이 성숙한 것으로 본다는 것이다. 그런데 이처럼 원활한 혼인생활의 실현을 목적으로 하는 성년의제가 혼인의 효력에 속하는 문제인가 아니면 행위능력의 문제인가라는 성질결정의 문

---

91) 독일 국제사법회의의 결의는 Heinz-Peter Mansel (2023), IPRax, 326f.; Anatol Dutta (2023), Überlegungen zu einer Reform des (deutschen) internationalen Namensrechts, IPRax, 227ff. 참조. Robert Freitag (2023), Für mehr Rechtswahlfreiheit im Internationalen Namensrecht!, IPRax, 347ff. 참조. 법무부 초안은 https://www.bmj.de/SharedDocs/Gesetzgebungs-verfahen/Dokumente/RefE_Namens recht.pdf. 참조.

92) 협약 보고서인 ICCS Convention No. 19 Explanatory Report, para. 3 참조. 이와 별개로 유럽연합 규정을 제정하자는 제안도 있다. 이를 위한 작업과 초안의 소개는 Working Group of the Federal Association of German Civil Status Registrars(독일 연방민사신분등록관협회 작업반)(2014), One Name Throughout Europe-Draft for a European Regulation on the Law Applicable to Names, Yearbook of Private International Law, Vol. 15, 2013/2014, 31 이하 참조.

제가 섭외사법상 논란이 되었다. 성년의제는 부부 간의 이해조정의 문제가 아니라 행위능력의 문제로 보는 것이 타당하다고 할 수 있다. 이런 이유로 §13 ① 2문은 성년의제를 혼인에 의한 미성년자의 일반적인 민사행위능력의 취득의 문제라고 보고 이를 본국법에 의할 사항이라고 규정함으로써 입법적으로 문제를 해결하였다.

4. 부부 간의 일상가사대리권과 연대채무

한편 부부 간에 일상가사대리권이 있는지와 나아가 배우자 일방의 일상가사행위로부터 발생한 채무에 대하여 타방 배우자가 어떤 책임(예컨대 연대책임)을 지는지의 준거법에 관하여는 논란이 있다. 즉 이를 혼인의 재산적 효력의 문제로 보아 §65에 의할 사항이라고 보는 견해도 있으나,[93] 이는 부부생활 내지 혼인공동체의 원활한 운영을 위하여 인정되는 제도이므로 혼인의 일반적 효력의 문제로 보아 §64를 적용하여야 한다는 견해가 설득력이 있다.[94] §64의 표제가 '혼인의 신분적 효력'이 아니라 혼인의 일반적 효력'으로 된 이유는 여기에 있다.[95]

5. 부양의무

부부 간의 부양의무에 대하여는 섭외사법하에서는 혼인의 효력의 문제로서 涉私 §16 ①에 의하여 규율되는 것으로 이해되었다. 그러나 舊 국제사법은 부양에 관한 조항을 개정하면서 헤이그국제사법회의의 1973년 "부양의무의 준거법에 관한 협약(Convention on the Law Applicable to Maintenance Obligations)(이하 "부양협약"이라 한다)"[96]을 따라 부양을 독립한 연결대상으로 취급하여 모든 부양의무의 준거법을 §46에 의하여 통일적으로 규율하였고 이는 §73가 되었다. 그 결과 국제사법하에서는 부부 간의 부양의무는 §64가 아니라 §73에 의하여 규율되는 사항이므로 원칙적으로 부양권리자의 일상거소지법에 의한다. 다만 한국에서 이혼이 이루어지거나 승인된 경우에 이혼한 당사자 간의 부양의무는 그 이혼에 관하여 적용된 법에 의한다(§73 ②). 그에 따르면 부부 간의 부양의무의 준거법은 혼인 계속 중(부양권리자의 상거소지법)인가 이혼시(이혼

93) 일본 법적용통칙법 §25와 §26의 해석상 注國私(2), 39(青木 清) 이하(내국거래보호를 달성하기 쉽다는 점을 근거로 든다); 櫻田嘉章, 280. 또한 일정한 부부재산제를 전제로 부부의 일상가사대리권과 연대채무를 인정하는 법제도 있고 부부재산계약에 의하여 이의 배제를 허용하는 법제도 있다는 점을 고려하여 부부 간의 이해관계 내지 제3자의 이익의 쌍방을 고려하는 일본 법적용통칙법 §26를 적용할 것라고 한다. 注國私(2), 29(植松眞生).

94) 신창선·윤남순, 350−351; 신창섭, 336; 윤종진, 441.

95) 위에서 보았듯이 민법상으로는 혼인의 효과를 '혼인의 일반적 효과'와 '재산적 효과'로 구분하나, 섭외사법에서부터 '효력'이라는 표현을 사용하였으므로 국제사법도 이를 유지한다.

96) 헤이그부양협약의 국문번역은 법무부, 국제사법에 관한 헤이그회의 제협약, 법무자료 213(1997), 191 이하 참조.

의 준거법)인가에 따라 다르다.[97)]

Ⅳ. 혼인의 효력에 관한 당사자자치

흥미로운 것은 독일 민법시행법(§14)의 태도이다. 혼인의 일반적 효력의 준거법을 정한 개정된 독일 민법시행법 §14는, ①에서 당사자가 일정한 후보[부부 쌍방의 일상거소지국법, 부부 쌍방의 최후 상거소지국법(일방이 이를 유지하는 경우)과 부부 일방의 본국법] 중에서 준거법을 선택할 수 있도록 당사자자치를 허용하고, ②에서는 당사자가 준거법을 선택하지 않은 경우 부부 쌍방의 일상거소지국법, 부부 쌍방의 최후 상거소지국법, 부부 쌍방의 본국법과 부부와 가장 밀접한 관련을 가지고 있는 국가의 법의 순으로 단계적 연결규칙을 두고 있다.[98)] 독일은 과거 5단계를 규정하였으나 2018년 개정 시 4단계로 수정하였고 속인법의 결정에 있어 과거와 달리 일상거소지법을 본국법에 우선시킨다.[99)]

즉 독일 민법시행법은 혼인의 일반적 효력과 부부재산제에 대하여 모두 제한적인 당사자자치를 허용하는 데 반하여(당사자자치의 내용은 양자 간에 차이가 있다) 우리 국제사법은 후자의 경우에만 당사자자치를 허용한다.

97) 입법론으로 이혼의 경우도 부양권리자의 일상거소지법에 의할 것이라는 견해도 있다. Kropholler, 381.

98) 조문은 석광현, 정년기념, 578. 상세는 오석웅(2020), "혼인의 효력에 관한 유럽국제사법의 동향－EU 부부재산제 규칙과 개정 독일국제사법(EGBGB)의 내용－", 국제사법연구 26－1, 247 이하 참조.

99) 과거 §14는 ①에서 단계적 연결원칙(우리와 달리 5단계인데 본국법이 상거소지법에 우선한다)을 규정하고, ②과 ③에서 당사자의 선택을 인정한 뒤 ④에서는 법선택합의의 방식요건을 명시하였다. 구 법의 소개는 주해친족(초판, 2권), 1623 참조.

第 65 條 (부부재산제)

① 부부재산제에 관하여는 제64조를 준용한다.

② 부부가 합의에 의하여 다음 각 호의 어느 하나에 해당하는 법을 선택한 경우 부부재산제는 제1항에도 불구하고 그 법에 따른다. 다만, 그 합의는 날짜와 부부의 기명날인 또는 서명이 있는 서면으로 작성된 경우에만 그 효력이 있다.

1. 부부 중 한쪽이 국적을 가지는 법
2. 부부 중 한쪽의 일상거소지법
3. 부동산에 관한 부부재산제에 대해서는 그 부동산의 소재지법

③ 대한민국에서 행한 법률행위 및 대한민국에 있는 재산에 관하여는 외국법에 따른 부부재산제로써 선의의 제3자에게 대항할 수 없다. 이 경우 외국법에 따를 수 없을 때에 제3자와의 관계에서 부부재산제는 대한민국 법에 따른다.

④ 제3항에도 불구하고 외국법에 따라 체결된 부부재산계약을 대한민국에서 등기한 경우에는 제3자에게 대항할 수 있다.

*舊國私 제17조의 표현이 수정되었고 '상거소'가 '일상거소'로 수정되었다.

涉私 제 17 조 (부부재산제)

① 부부재산제는 혼인 당시의 夫의 本國法에 의한다.

② 외국인이 대한민국 국민의 婿養子가 된 때의 부부재산제는 대한민국의 법률에 의한다.

▌**참고문헌**: 곽민희(2017), “국제가족법에 있어서의 당사자자치 원칙의 수용”, 국제사법연구 23－2; 오석웅(2020), “혼인의 효력에 관한 유럽국제사법의 동향－EU부부재산제 규칙과 개정 독일국제사법(EGBGB)의 내용－”, 국제사법연구 26－1; 이화숙(2000), 비교부부재산관계법; 최흥섭(2000), “부부재산제의 준거법에 관한 1978년의 헤이그협약”, 아세아 3;[1] 최흥섭(2022), 국제사법에 관한 글모음집 2022년; Tobias Bosch (2002), Die Durchbrechungen des Gesamtstatuts im internationalen Ehegüterrecht, Unter besonderer Berücksichtigung deutsch－französischer Rechtsfälle; MünchKomm/Siehr (2010), Band 10, 5. Aufl., EGBGB; Encyclopedia/Walter Pintens/Jens M Scherpe, Matrimonial property, Vol. 2.

Ⅰ. 서론

1. 의의 및 연혁

가. 의의

혼인의 재산적 효력(또는 효과)의 문제를 부부재산제라 한다. 실질법적으로는 많은 국가들은 부부가 합의에 의하여 그들의 재산관계를 스스로 형성하도록 하고(부부재산계약), 그러한 합의가 없는 경우에 대비해서 부부의 재산관계를 보충적으로 규율하는 부부재산제도를 두고 있다(법정부부재산제).[2] 우리 민법도 부부재산제를 우선 당사자의 부부재산계약(또는 부부재산약정)에 맡기고(民 §829) 부부재산계약이 없는 경우에 적용되는 법정부부재산제로 별산제의 원칙을 규정하고 있다(民 §830 이하).

나. 연혁

涉私(§17)은 부부재산제를 혼인 당시의 부(夫)의 본국법에 연결함으로써 불변경주의를 취하였는데 이는 부부재산제의 항구적 성질을 존중하고, 부의 자의적인 국적변경으로 준거법이 달라짐에 따라 처 및 부부와 거래한 제3자의 불이익을 피하기 위한 것이었다. 그러나 이는 무엇보다도 양성평등의 원칙에 반하는 것이라는 비판을 받았다. 따라서 舊 국제사법은 부부재산제의 준거법을 혼인의 일반적 효력의 준거법과 일치시켰고(舊國私 §38 ①), 제한적으로 당사자자치의 원칙을 도입하였으며(②), 내국거래 보호조항을 마련하였다(③, ④). 이는 국제사법에서도 유지되고 있다(§65).

2. 입법례

부부재산제는 신분관계와 재산관계가 교착하는 영역인데, 양자 중 어느 쪽을 더

---

1) 이는 최흥섭, 현대적 흐름(2005), 223 이하에도 수록되어 있으나 전자를 인용한다.

2) 김주수·김상용, 135.

중시하는가에 따라 속인법주의, 동산·부동산구별주의와 의사주의 등이 있다.[3] 속인법주의는 부부재산제의 문제를 신분관계의 문제 또는 그와 밀접하게 관련된 문제로 보아 다른 신분관계와 마찬가지로 당사자의 속인법에 따르도록 하는 주의이다. 이를 채택하는 입법례는 대체로 부부재산제의 준거법을 혼인의 효력의 준거법에 연동시킨다. 동산·부동산구별주의는 동산에 대하여는 부부의 속인법(예컨대 주소지법), 부동산에 대하여는 부동산 소재지법을 적용하는 주의인데 이는 영미의 국제사법이 취하는 태도이다.[4] 의사주의는 당사자자치의 원칙을 도입하면서 당사자가 선택하지 않은 경우에도 당사자의 묵시적 의사가 있는 것으로 보아 혼인거행지법, 혼인주소지법 또는 공통본국법을 적용하는 입법례이다. 이는 프랑스와 벨기에에서 비롯되어 아래에서 보는 1978년 부부재산제협약에서 채택되었으며 그 후 오스트리아, 독일, 스위스, 일본과 우리나라에서 채택되었는데 당사자자치의 범위는 법제에 따라 다르다.[5][6] 그러나 부부재산제의 준거법을 정한 독일 舊 민법시행법 §15 및 그와 관련된 제3자의 보호를 정한 §16는 EU부부재산제규정에 따라 삭제되었다.[7] 따라서 아래 소개하는 독일 민법시행법은 舊 민법시행법의 조문이다.

---

3) 이하 입법례는 이호정, 국제사법, 350 이하; 신창선·윤남순, 351 이하; 신창섭, 338; 김연 외, 409; 윤종진, 442–443; 김용한 외, 319; 櫻田嘉章, 280 참조. 외국문헌은 Pintens and Scherpe (2017), p. 1239 이하.

4) 영국법은 동산에 관하여는 원칙적으로 혼인 성립 시의 공통의 주소지법을 적용하고, 부동산에 관하여는 소재지법을 적용한다. 반면에 미국의 개별 주는 동산의 경우 대부분 대상 재산의 취득 시의 주소지에 착안한다고 한다. Reithmann/Martiny/Hausmann (2015), Internationles Vertragsrecht, 8. Auflage. Rn. 7.788.

5) 구체적 입법례는 아래와 같다. 독일 민법시행법 §15(부부재산제), §16(제3자의 보호), 스위스 國私 §§52~57(부부재산제의 준거법), 오스트리아 국제사법 §19(부부재산제), 이탈리아 國私 §30(부부 간의 재산법적 관계), 일본 법적용통칙법 §26/법례 §15(부부재산제)(우리 국제사법과 거의 동일), 부부재산제 협약 §§3~14, 이에 관하여는 최흥섭, 273 이하 참조.

6) 위에서 언급한 바와 같이 유럽연합에서는 2016. 6. 24. EU부부재산제규정이 채택되어 그에 따라 규율된다. EU부부재산제규정의 주요 준거법지정규칙은 아래와 같다. 배우자는 부부재산제의 준거법을 선택할 수 있는데, 다만 선택할 수 있는 후보가 되는 법은 합의 당시 부부 일방의 상거소지법 또는 본국법이어야 하고, 여기에는 법정지법은 포함되지 않는다(§22). 당사자가 준거법을 선택하지 않은 경우에는 혼인 체결 후 최초의 공통 상거소지법, 혼인 체결 시의 공통 본국법과, 혼인 체결 시의 모든 사정을 고려하여 부부와 가장 밀접한 관련을 가지는 국가의 법의 순서로 단계적으로 준거법이 된다(§26). 이처럼 불변경주의를 취하는 점에서 우리 국제사법과 다르고 독일 舊 민법시행법과 같다. 나아가 총괄준거법과 개별준거법의 충돌에서 발생하는 문제를 해결하고자 부부재산제규정은 물권의 적응에 관한 조문(§29)을 두는데 이는 EU상속규정 §30와 유사한 취지이다. 오석웅(2020), 238은 부부재산제규정에 따른 준거법지정규칙의 특징을 "i) 1차적으로 당사자에 의해 선택된 법이 적용되도록 한 점(양적 제한 하에), ii) 회원국 이외의 제3국의 법의 적용(보편적 적용)을 인정하는 점, iii) 부동산에 관한 부부재산제에 대해 소재지국법의 선택을 허용하지 않는 점, iv) 상거소를 객관적 연결을 위한 원칙적 연결점으로 삼는 점, v) 합의에 서면을 요구하는 점"이라고 소개한다.

7) 독일법의 소개는 석광현, 정년기념, 559 이하.

Ⅱ. 준거법의 결정

1. 혼인의 일반적 효력의 준거법과의 일치(§65 ①)

부부재산제(matrimonial property regime, Güterstand)의 원칙적 준거법에 관하여는 헌법상의 양성평등의 원칙을 관철하고, 혼인의 재산적 효력을 혼인의 일반적 효력과 동일한 준거법에 의하도록 하는 것이 타당하다는 이유에서 후자에 관한 규정을 준용하도록 하였다(§65 ①).

이에 따르면 부부재산제는 동산인가 부동산인가, 나아가 재산의 소재지에 관계없이 단일한 준거법에 따른다. 이를 '부부재산제 준거법 단일의 원칙(또는 통일주의)(Grundsatz der Einheit des Güterstatuts)'이라고 부른다.8) 그렇더라도 개별준기법에 의한 제한이 있음은 아래에서 지적하는 바와 같다.

이 경우 그 연결시점을 독일 舊 민법시행법(§15)처럼 '혼인 당시'로 고정할지(불변경주의), 아니면 '현재'로 할지(변경주의)를 선택해야 하는데 국제사법에서는 섭외사법과는 달리 변경주의를 채택하였다. 섭외사법이 불변경주의를 취했던 이유는 부부재산제의 항구적 성질을 존중하고, 부의 자의적인 국적변경으로 준거법이 달라짐에 따라 처 및 부부와 거래한 제3자의 불이익을 피하기 위한 것이었다.9)

국제사법이 변경주의를 취한 것은 부부재산제가 현재의 혼인생활과 밀접한 관련을 갖고 있고, 국제사법에서 부부재산제의 준거법을 혼인의 일반적 효력에 일치시키므로 그 연결시점도 일치시키는 것이 타당하기 때문이다.10) 또한 혼인의 일반적 효력을 정한 §64가 부부의 동일한 속인법을 준거법으로 규정하므로 변경주의에 따르더라도 부부 중 일방이 자의적으로 국적을 변경함으로써 유리한 법률관계를 형성할 가능성은 희박하기 때문이다.

변경주의를 취하므로 혼인의 존속 중에 준거법이 변경될 수 있는데 이 경우 종

---

8) Kropholler, 352.

9) 그러나 연구반초안에서는 준거법 선택이 없는 경우에는 혼인의 재산적 효력의 문제를 신분적 효력의 문제와 일치시키는 것이 타당하다고 보아 변경주의, 즉 '현재'의 법으로 하였다(제1안). 그러나 변경주의에서 나올 수 있는 예측불가능성을 이유로 불변경주의를 택하자는 반대의견이 있어서 이를 제2안으로 제시하였다. 연구반초안해설, 52.
연구반초안 ②은 다음과 같다.
"[제1안] 전항의 규정에 의한 선택이 없는 경우 부부재산제는 혼인의 효력의 준거법에 의한다.
[제2안] 전항의 규정에 의한 선택이 없는 경우 부부재산제는 혼인성립 당시 혼인의 효력의 준거법에 의한다."

10) 이는 부부재산제협약(§3) 및 일본 법적용통칙법(§26)의 태도와 같다. 흥미로운 점은 독일 민법시행법(§15 ①)은 '혼인 체결 시'를 기준으로 하는 불변경주의를 취하는 점인데 이는 법정책적으로 부당하다는 비판을 받고 있다. Kropholler, 196. 그러나 EU부부재산제규정(§22, §26))은 불변경주의를 취하는데 이 점은 주목할 만하다.

전부터 가지고 있는 재산에 대하여는 새로운 준거법을 적용할 수는 없을 것이다.[11] 즉, 준거법의 변경은 소급효가 없다.[12] 그러나 준거법의 변경은, 특히 준거법의 선택과 결합하는 경우 저촉법상 및 실질법상 어려운 문제를 제기한다. 왜냐하면 혼인 해소 시점에서 혼인생활의 전 기간에 있어서 거주, 재산관계를 명확히 해야 하고, 특히 일상거소를 연결점으로 하는 경우 부부의 재산관계를 복수의 준거법이 시계열적(時系列的)으로 규율할 가능성이 있기 때문이다.[13] 그러나, 유력설[14]은 이론상으로는 몰라도 실무상 큰 문제는 없을 것이라고 하는데, 이는 저가 재산의 경우 취득시점에 관한 다툼은 중요하지 않고, 고가 재산의 경우에는 취득 시점과 장소의 확정이 쉬울 것이기 때문이라고 한다. 그러나 과연 그럴지는 더 두고 볼 필요가 있다. 아래에서 보듯이 이혼시의 재산분할을 이혼의 효력의 문제로 성질결정을 하더라도 선결문제로서 분할의 대상인 재산의 귀속관계는 부부재산제에 의하여 결정될 것이므로 변경주의를 취함으로써 어려움이 발생할 가능성도 있지 않을까 생각된다.

2. 당사자자치의 원칙의 도입(§65 ②)

국제사법은 부부재산제에 당사자자치의 원칙을 도입하여 부부가 준거법을 선택하는 것을 허용하고, 준거법 선택시에는 이를 우선적으로 적용하도록 한다(② 본문).

---

11) 注國私(2), 40(青木 清)도 동지.

12) 松岡 博, 193. 최흥섭, 124도 동지. 그러나 이종혁(2022a), 49은 소급효를 인정한다. 이 점을 다룬 대법원 2023. 12. 21. 선고 2021두52143 판결(미간행)은 소급효를 부정하였다. 해설은 임현태(2024), "부부재산제에 관한 국제사법상 준거법의 판단 기준", 대법원판례해설 137, 336 이하 참조. 위 판결의 요지는 아래와 같다. 주로 한국에 체류하며 건축사무소 등에서 건축설계사로 근무하였던 갑이 2005년 미국 영주권을 취득하였고, 2014년 출국 후 한국에 입국하지 않은 채 1990년 미국 시민권을 취득한 배우자(을)과 함께 미국에서 거주하다가 사망하자, 을은 1991년부터 2005년까지 갑이 상속/매매 등을 원인으로 취득한 한국 내 부동산 전부와 갑의 사망시 한국 영업장이 있는 금융기관에 갑의 명의로 예치된 예금 대부분을 상속재산으로 하여 관할 세무서장에게 상속세를 신고하였는데, 세무서장은 위 부동산과 예금 전부를 상속재산으로 하여 상속세를 부과하였다. 대법원은 부부재산제의 준거법은 재산의 취득시점을 기준으로 정하여야 하므로 舊涉私(§17 ①, §38, §37 ① iii)에 따라 위 부동산/예금은 피상속인의 특유재산에 해당한다고 본 원심판단을 수긍하였다. 즉 원심 판결(서울고등법원 2021. 9. 16. 선고 2020누44789 판결)은, 위 부동산 일부 및 보험금의 부부재산제에 관하여는 취득 당시의 舊涉私 §17 ①에 따라 '혼인 당시의 부(夫)의 본국법'인 한국법이 적용되고, 위 부동산 나머지 및 예금의 부부재산제에 관하여는 취득 당시의 舊國私(§38①, §37 iii)에 따라 '부부와 가장 밀접한 관련이 있는 곳의 법'에 의하는데 갑의 체류양상, 소득활동에 비추어 이는 한국법이므로, 위 각 재산이 모두 갑의 특유재산에 해당한다고 판단하여 원고들의 청구를 기각하였다. 반면에 제1심(서울행정법원 2020. 5. 29. 2019구합74126 판결)은, 갑을의 부부재산제에 관하여는 舊國私(§38 ①, §37 ii)에 따라 '부부의 동일한 상거소지법'인 캘리포니아 법이 적용되고, 캘리포니아 가족법(Cal. Family Code) §760(법령에 달리 규정되어 있는 경우 외에는, 혼인한 사람이 이 주에서 거주하는 동안 혼인 중 취득한 모든 재산(동산 또는 부동산)은 소재지에 관계없이 공동재산이라는 취지)에 의하면 갑을이 혼인 중 취득한 재산은 공동재산이므로, 위 부동산 및 예금 중 각 1/2 지분만이 갑의 특유재산으로서 상속재산에 해당한다고 판단한 다음, 제출된 자료만으로는 정당세액을 계산할 수 없다는 이유로 이 사건 상속세부과처분을 전부 취소하였다.

13) 橫山 潤, 國際家族法, 103.

14) 橫山 潤, 國際家族法, 103.

다만 부부재산제의 신분적 측면도 고려하여 준거법으로 선택할 수 있는 법의 범위를 제한한다(② i–iii).[15] 또한 선택의 방식에 명확성을 기하고자 일자와 기명날인 또는 서명이 있는 서면에 의하도록 한다(② 단서). 일자가 기재되어 있으면 족하고 확정일자를 요구하는 것은 아니다.[16] 여기의 부부재산제의 준거법 선택은 부부재산계약과 별개이거나 부부재산계약의 일부로 이루어질 수도 있다. 근자에는 이를 명확히 하고자 준거법 선택의 방식을 개정하자는 제안이 있다. 즉 이 견해는 "부부가 합의에 의하여"를 "부부가 합의(부부재산계약에 의한 합의를 포함한다)에 의하여"로 수정하자고 제안한다.[17] 필자는 그에 대하여 이견은 없으나 부부재산계약에 포함된 합의가 그 계약만의 준거법이 아니라 부부재산제에 대한 준거법이라는 점이 드러나야 할 것이다.

부부재산제에 당사자자치의 원칙을 도입한 근거는 다음과 같다.[18]

첫째, 헤이그국제사법회의의 1978년 "부부재산제의 준거법에 관한 협약(Convention on the Law Applicable to Matrimonial Property Regimes)"(이하 "부부재산제협약"이라 한다)[19]과 최근 다수의 입법례가 당사자자치를 허용하므로 국제적 판결의 일치를 기할 수 있다. 둘째, 부부재산제는 재산적 측면이 강하므로 이를 부부의 의사에 맡겨 그들간에 자유로운 재산관계의 형성과 관리를 가능하게 하는 것이 타당하다. 셋째, 부부재산제의 객관적 준거법을 결정함에 있어 단계적 연결방법이 도입된 결과 '가장 밀접한 관련이 있는 국가'와 같이 준거법의 예측이 곤란한 경우가 있을 수 있으므로 예측가능성을 확보하기 위해 준거법 선택을 인정하는 것이 바람직하다. 넷째, 부부재산제의 객관적 준거법의 결정에 있어 변경주의를 취하므로 부부재산제의 명확성과 고정성을 바라는 당사자의 의사를 존중해 주는 것이 좋다.

부부가 부부재산제의 준거법을 선택하는 경우에도 부부재산제 준거법 단일의 원칙(또는 통일주의)이 적용된다. 따라서 부부의 재산이 복수국가에 소재하더라도 준거법을 분할할 수 없음이 원칙이나, 부동산에 관하여는 부동산 소재지법을 선택할 수 있으므로 그 범위 내에서는 준거법의 분할(또는 분열)이 발생한다.

혼인의 존속 중에 당사자가 준거법을 변경한 경우 이는 원칙적으로 장래에 향하여 효력이 있으므로 준거법의 변경 전부터 있는 재산의 청산은 구 준거법에 따라야

---

15) 이러한 유형의 제한을 준거법의 양적 제한이라고 부르기도 한다. 복수국적자의 경우에는 그 중 어느 국적이라도 그 국적이 있는 국가의 법을 선택할 수 있다. ② i에서 '부부 중 일방의 본국법'이라고 표현하지 아니하고 '부부 중 일방이 국적을 가지는 법'이라고 표현한 것은 이러한 이유에서이다.

16) 본문 아래에서 언급하는 헤이그부부재산제협약 §13도 동일한 취지이다.

17) 이종혁(2022a), 49 이하.

18) 법무부, 해설, 137. 가족법상의 당사자자치 원칙에 관하여는 곽민희(2017), 3 이하 참조.

19) 국문번역은 법무부(1997), 국제사법에 관한 헤이그회의 제협약, 법무자료 213, 199 이하 참조.

한다.[20] 따라서 부부재산제의 청산 또는 이혼에 따른 재산분할시에 어려움이 있을 수 있다. 당사자는 소급효를 부여할 수도 있으나 그렇더라도 제3자의 권리를 침해할 수는 없다.[21]

참고로 독일 舊 민법시행법(§15)은 ①에서 부부재산제의 효력을 원칙적으로 혼인 체결 시의 혼인의 일반적 효력의 준거법에 따르도록 규정하고 ②에서 당사자의 선택 가능성을 규정한 뒤 ③에서는 법선택합의의 방식요건에 관하여 혼인의 일반적 효력의 준거법선택에 관한 규정을 준용하였다.[22] 즉 §15 ②에 따르면 혼인의 재산법적 효력에 대하여 부부는 부부 중 일방의 국적소속국법 또는 상거소지법을 선택할 수 있고, 나아가 부동산에 대하여는 그 소재지법을 선택할 수 있었다.

3. 내국거래 보호조항의 마련(§65 ③, ④)

부부재산제의 문제는 거래상대방인 제3자의 이익에도 영향을 미치는데, 특히 준거법이 외국법인 경우 내국에서의 거래를 보호할 필요가 있다. 특히 국제사법하에서는 부부재산제에 단계적 연결을 도입하고 당사자자치도 허용하므로 거래 상대방의 입장에서는 종전에 비해 준거법이 불명확하게 되었다는 점에서 내국거래를 보호할 필요가 더욱 크다.

국제사법은 이 문제를 해결하기 위하여 일본 법적용통칙법(§26)[23]과 같이 내국거래 보호조항을 마련하였다. 즉 준거법이 외국법인 경우 그 외국법에 의해 부부재산계약(prenuptial agreement)[24]이 체결되고 그것이 한국에서 등기된 경우에는 이를 제3자에게 주장할 수 있다(§65 ④).[25] 그러나 그러한 부부재산계약이 한국에서 등기되지 않았

20) MünchKomm/Siehr, Art. 15 Rn. 55.

21) MünchKomm/Siehr, Art. 15 Rn. 56.

22) 다만 피추방자와 난민의 부부재산제에 관한 법률의 규정은 영향을 받지 아니한다.

23) 이는 법례(§15)와 같은 취지이다.

24) 흔히 '혼인전 계약' 또는 '혼인전 합의'라고 번역하는 'prenuptial agreement(또는 prenub)'는 부부재산계약을 포함하나 그에 한정되는 것은 아니고 이혼시의 재산분할과 자녀의 양육에 관한 사항도 포함하는 것이 일반적이다. 그러나 우리 민법상의 부부재산계약은 혼인기간 중 해당 재산을 어떻게 다룰 것인가, 두 사람 사이의 재산관계는 어떻게 처리할 것인가에 관한 계약을 말하며, 혼인이 종료되면 그 효력을 잃고, 혼인성립 전이나 혼인 종료 후의 재산관계를 다룰 수 없으므로 이혼을 전제로 한 재산분할계약은 효력이 없다는 견해가 유력하였으나(김주수·김상용, 138) 근자에는 이혼시 재산분할의 비율 기타 분할방법을 정할 수 있다는 견해도 있다(주해친족(초판, 1권), 256). 한국인과 미국인인 부부가 혼전에 재산분할청구권을 포기하는 내용의 약정을 한 사안에서 서울가정법원 2011. 6. 1. 선고 2010드합2138(본소), 2010드합5120(반소) 판결은, 재산분할청구권을 포기하는 내용의 부부재산계약은 상속개시 전의 유류분권 및 상속권의 포기가 인정되지 않는 점, 혼인 전에는 이혼시 양쪽의 자산, 수입을 예상하기 곤란하고 혼인중에 부부의 재산관계가 수시로 변동되는 점 등에 비추어 허용될 수 없다고 판시한 바 있다. 부부재산계약(또는 부부재산약정)의 실질법적 측면에 관한 논의는 이 책 民 §829 註釋 참조. 미국법상의 혼전계약은, 박현정, 美國 統一婚姻前契約法(2009) 참조.

25) 과거 우리나라에서는 부부재산계약을 등기한 예가 없었으나 이제는 그렇지 않다. 대법원도 2001. 5.

거나 또는 실제로 등기가 불가능한 법정재산제에 있어 외국법이 준거법으로 된 경우에는 한국에서 행하여진 법률행위 및 한국에 있는 재산에 관하여 선의의 제3자에게 대항할 수 없도록 하고, 제3자가 이를 주장할 때에는 한국법에 의한다(§65 ③). 이와 같은 조항은 준거법을 정한 것이 아니라 실질법적 효과를 규정한 것으로 이른바 '국제사법 내의 실질법적 해결'의 사례이다.[26)]

내국거래 보호조항이 적용되는 사례는 다음과 같다.[27)] 한국인 남편 갑과 A국인 처 을이 혼인한 후 한국에 거주하면서 부부재산관계는 A국법에 의한다는 합의를 하였다. 갑이 혼인 후 취득하여 자신 명의로 등기한 한국 내 토지를 무단으로 한국인 병에게 매각하고 소유권이전등기를 하였다. A국법에 의하면 혼인 후 취득한 부동산은 부부의 공동재산이 되어 각자 2분의 1지분을 갖는다. 을이 병을 상대로 한국 법원에 소유권이전등기말소청구의 소를 제기한 경우 부부재산관계의 준거법이 문제된다. 만일 병이 선의라면 을은 부부재산계약으로 병에게 대항할 수 없으므로 부부재산관계는 한국법에 따르나, 병이 악의라면 A국법에 의한다(§65 ③). 그러나 만일 부부재산계약을 한국에서 등기하였다면 병의 선의·악의를 불문하고 을은 병에 대해 A국법의 적용을 주장할 수 있다(§65 ④). 근자에 서울고등법원 2020. 10. 16. 선고 2020누43458 판결은 위 조문의 선의의 제3자란 원고 명의로 등기된 이 사건 부동산에 대하여 원고가 소유권자임을 기초로 그와 새로운 법률행위를 한 자를 말하고 여기에는 소유권이나 저당권 등 물권을 취득한 자뿐만 아니라 압류 또는 가압류권자도 포함된다고 봄이 상당하다고 판시하면서 제3자인 성북세무서장이 배우자 지분 부분에 대하여 한 압류처분은 정당하다고 판단하였다. 부부재산제의 준거법인 캘리포니아주법에 따르면 한국 부동산도 부부의 공유로 취급될 것이나 한국 소재 부동산에 대하여 부부 중 일방의 명의로 등기된 부동산을 그의 단독소유로 신뢰하고 압류처분을 한 세무서장에게 대항알 수 없다고 본 것이다.[28)]

---

30. 대법원등기예규 제1022호로 부부재산약정등기사무처리지침을 제정한 바 있다. 법원공보 2001. 7. 1.(제1139호), 28 참조. 대법원 통계에 따르면 부부재산계약은 지난 2003년 처음 등기된 후 해마다 약 20여건씩 이뤄지고 있고, 특히 2013년에는 29건이 등기됐으며, 2014년에는 3월까지 7건이 등기되는 등 최근 들어 증가하고 있다고 한다. 신문4239, 기사 참조.

26) 장준혁(2017), "부부재산제와 채권자취소권의 준거법 결정과 그 적용", 비교법실무연구회, 판례실무연구 XI, 885 참조.

27) 법무부, 해설, 138 주 87.

28) 소개는 유정화. "외국법에 의한 부부재산제와 "개별준거법은 총괄준거법을 깨뜨린다"는 법리 – 부산가정법원 2012. 12. 21. 선고 2011드단14172 판결(대상판결)과 서울고등법원 2020. 10. 16. 선고 2020누43458 판결(참고판결) –", 한국국제사법학회 국제사법판례연구회 제8회 정기연구회 발표문, 16 이하 참조.

4. 서양자(婿養子) 조항의 삭제

우리 민법상 서양자제도가 폐지되었으므로 涉私 §17 ②의 서양자 조항은 삭제되었다.

Ⅲ. 준거법이 규율하는 사항

1. 총설

부부재산제는 혼인에 기하여 부부재산의 특별규율에 봉사하므로 이를 다루는 논점들이 부부재산제법에 속한다.[29] 부부재산제는 혼인의 계속중에는 물론이고 이혼 또는 일방의 사망에 의한 해소시에도 의미를 가진다. 부부재산제의 준거법은 부부재산계약과 법정재산제에 모두 적용되나,[30] 부부의 모든 재산에 대한 부부재산제의 특별규율은 부부재산을 구성하는 개개의 재산을 지배하는 법질서에 반하는 않는 범위 내에서만 적용될 수 있다. 즉 부부재산제의 준거법은 "개별준거법은 총괄준거법을 깨뜨린다(Einzelstatut bricht Gesamtstatut)"는 원칙[31]에 의해 제한되므로 예컨대 물건의 소재지법이 공유만을 알고 있으나 부부재산제의 준거법이 합유로 규정하는 때에는 물건은 개별준거법에 따라 공유에 속한다. 또한 부부재산제의 준거법이 배우자의 일방에게 다른 배우자 소유의 부동산 위에 법정저당권을 인정하더라도 당해 부동산 소재지법이 그러한 물권을 허용하지 않는다면 이는 성립할 수 없다.[32]

---

29) 이호정, 국제사법, 351.

30) 법정재산제의 분류는 논자에 따라 다양하다. 예컨대 김주수, 친족·상속법(1999), 148 이하는 부가이익(또는 잉여)공동제(Zugewinngemeinschaft, 독일), 소득공동제(또는 법정공동재산제. 프랑스), 소득참여제(스위스), 일반공동제(네덜란드)와 별산제(우리 민법, 영미법계 국가), 관리공통제(우리 구민법) 등을 소개하였다. 미국 일부 주는 공동제를 일부 주는 별산제를 택하고 있다. 한편 이화숙, 75 이하는 공동제(community property system), 별산제(separate property system)와 절충식제도로 3분한다. 독일의 부가이익공동제도 절충식제도라고 하면서 이는 혼인중에는 별산제, 혼인 해소시에는 공동제와 같이 취급한다고 한다. 외국 입법의 소개는 민유숙(1995), "부부재산제도와 재산분할제도의 관계", 司論 26, 235 이하; 민유숙(2000), "외국의 부부재산제도와 재산분할 제도 및 부양제도-미국법을 중심으로", 司論 31, 526 이하도 참조. 부부재산제의 다양한 모습과 발전에 관하여는 이 책 民 §829 註釋 참조.

31) 상세는 이호정, 국제사법, 351; 木棚照一(1995), 國際相續法の研究, 302 이하 참조. 독일 구 민법시행법(§3a ②)은 위 원칙을 명시하였다. 근자에 위 원칙에 대한 비판론이 우리나라에서도 제기되고 있는데, 최흥섭, "한국 국제사법에서 총괄준거법과 개별준거법의 관계", 비교사법 21-2(통권 65)(2014. 5.), 597 이하는 명문규정이 없는 우리 국제사법의 해석론으로는 위 원칙을 인정할 수 없고 이를 일차적으로 성질결정에 의하여, 이차적으로 적응(조정)에 의하여 해결하자고 한다. 이는 상속의 경우 상속의 총괄준거법과 상속재산 소재지의 개별준거법과의 관계에서도 발생한다. 상세는 위 木棚照一, 328 이하 참조. 다만 일본에서 학설상 인정되는 위 원칙은 독일의 그것처럼 넓지는 않다. 예컨대 일본에서는 근자에 상속재산의 구성단계에서 상속준거법과 개별 재산의 준거법을 누적적용하는 독일식 접근방법에 반대하는 견해가 유력하다. 注國私(2), 195 이하(林 貴美) 참조. "개별준거법이 총괄준거법을 깨뜨린다"는 법리에 대한 비판론의 소개는 윤진수·장준혁, 주해상속 2, 1296 이하 참조.

32) 신창선·윤남순, 352. 신창섭, 198, 339-340; 윤종진, 446; Andrae, §3 Rn. 257. 상세는 Bosch (2002),

위 前註(Ⅲ. 5.)에서 보았듯이 독일 舊 민법시행법(§3 ③)은 "제3절과 제4절의 지정이 어느 자의 재산을 어느 국가의 법에 따르게 하는 경우에는, 그러한 지정은 그 국가 안에 소재하지 아니하고 또한 소재지국법상 특별한 규정에 따르게 하는 대상물에 대해서는 적용되지 아니한다"고 규정함으로써 이 원칙을 명시하는 것으로 이해되었다.[33] 그러나 위 조문은 그 후 §3a(실질규범지정; 개별준거법)가 되면서 일부 개정되었는데 §3a ①은 §4 ②으로 존속하나 §3a ②은 2019년 1월 삭제되었다(결국 §3a는 삭제되었다). 이는 위 원칙이 적용되는 주요 영역에서 유럽연합규정들이 위 원칙을 명시한 결과라고 한다.[34]

2. 부부재산계약

부부 간에 부부재산계약을 체결할 수 있는지, 체결 시기, 부부재산계약의 내용과 변경 가능성 등은 모두 부부재산제의 준거법에 따른다.[35] 따라서 위에서 언급한 바와 같이 준거법이 한국법인 경우 부부재산계약은 혼인종료 후의 재산관계를 정할 수는 없다는 견해가 유력하다.[36]

부부재산계약을 체결하기 위한 행위능력에 관하여는 일반적인 행위능력에 의한다는 견해[37]와 미성년자도 혼인에 의하여 능력자로 될 수 있고 혼인을 할 능력이 있는 자는 비록 미성년자라고 하더라도 부부재산계약을 체결할 수 있는 능력이 있다고 보아야 하므로 이도 부부재산제의 준거법에 의할 사항이라는 견해도 있다.[38] 부부재산계약의 방식에 관하여는 법률행위의 방식의 준거법을 정한 §31에 따를 사항이라는 견해[39]와 부부재산제의 준거법에 의할 사항이라는 견해가 나뉜다. 후자는 부부재산계약은 일종의 재산적 신분행위로서의 성질을 가진다는 점을 논거로 한다.[40]

부부재산계약의 제3자에 대한 효력을 정한 §65 ④이 부부재산계약에만 적용됨은

제3장~제4장 참조.

33) §3 ③에 관하여는 Bosch (2002), 65ff. 참조. 그러나 일본에서 학설상 인정되는 위 원칙이 독일법의 그것처럼 넓은 것은 아니라고 한다. 상세와 위 원칙의 적용이 문제되는 구체적인 사례는 木棚照一(註 31), 328 이하 참조.

34) Junker, §9 Rn. 13; 김문숙(2017), "상속준거법에서의 당사자자치", 국제사법연구 23-1, 294. 과거 제3조 §3에 관한 논의는 von Bar/Mankowski (2003), Internationales Privatrecht, Band 1, 2. Auflage, §7 Rn. 43ff. 참조.

35) 신창선·윤남순, 353; 김연 외, 411 이하; 신창섭, 340; 최흥섭, 360.

36) 김주수·김상용, 138. 그러나 근자에는 유효라다는 견해도 있다.

37) 김연 외, 412; 윤종진, 446; MünchKomm/Siehr, Art. 15 Rn. 87.

38) 신창선·윤남순, 353; 최흥섭, 360; Staudinger/Mankowski (2011), Art 15 Rn. 311.

39) 신창섭, 340; 윤종진, 446; 서희원, 275; 김용한 외, 321; MünchKomm/Siehr, Art. 15 Rn. 88; Staudinger/Mankowski (2011), Art 15 Rn. 315.

40) 신창선·윤남순, 353; 김연 외, 412. 실질법상 신분행위(또는 가족법상의 법률행위)의 특성은 우선 박동섭·양경승, 7 이하 참조.

조문상 명백하다.

3. 부부재산의 귀속과 지배관계

부부재산의 귀속관계, 유보재산과 공유재산의 관리·사용·수익·처분 등의 허용 여부, 그 범위, 정도와 요건 등 부부재산의 지배관계, 부부 일방이 혼인 전 또는 혼인 중에 부담하는 특정채무에 대한 다른 일방의 책임은 모두 부부의 재산관계에 관한 사항이므로 부부재산제의 준거법에 의한다.[41]

4. 혼인의 무효, 취소와 부부재산제

부부재산제의 준거법이 적용되는 것은 유효한 혼인관계의 존재를 전제로 한다. 따라서 혼인이 무효라면 당사자 간의 재산관계에 대해 부부재산제의 준거법을 적용할 이유가 없다. 한편 혼인의 취소에 관하여는 취소되기 전에는 당연히 부부재산제의 준거법이 적용되나, 취소된 경우의 처리에 관하여는 혼인의 성립요건의 준거법에 의하는 견해,[42] 부당이득 등 기타 법리에 의한다는 견해[43]와 그 경우에도 여전히 부부재산제의 준거법에 의할 것이라는 견해[44]가 있다. 이 경우 혼인관계의 존재는 선결문제로서 독립적으로 연결된다.

5. 혼인의 해소와 부부재산제

일방 배우자의 사망 또는 이혼에 의한 부부재산제의 해소와, 해소에 따른 부부의 재산의 귀속과 확정 등의 문제는 부부재산제의 준거법에 의할 사항이다.[45] 이렇게 이해하면 부부의 이혼시 부부재산의 청산은 부부재산제의 준거법에 따를 사항인데, 우리 민법처럼 이혼시 재산분할을 이혼의 효력의 문제라고 볼 수도 있으므로 양자의 관계가 문제된다. 이는 성질결정의 문제인데 이는 아래 이혼의 준거법을 정한 §66의 해설에서 다룬다.

마찬가지로 배우자의 일방이 혼인관계 존속 중 사망한 경우 재산의 귀속문제는 부부재산제와 상속의 접점에 있는 문제로서 까다로운 문제를 야기한다. 이 경우 부부

41) 신창선·윤남순, 353; 김연 외, 412. 신창섭, 340; 윤종진, 447.

42) 신창선·윤남순, 353.

43) 신창섭, 341. 윤종진, 446은 혼인의 무효 또는 취소가 부부재산제에 어떤 영향을 미치는가는 혼인의 성립요건의 준거법에 의하고 이미 배우자에게 이전된 재산이 부당이득을 구성하는가는 부당이득의 준거법에 의한다고 한다.

44) MünchKomm/Siehr, Art. 15 Rn. 101.

45) 신창선·윤남순, 354; 김연 외, 412; 신창섭, 340; 윤종진, 446. 과거에는 독일도 같았으나(Andrae, 3. Auflage, §4 Rn. 83) 이제는 EU부부재산제규정에 따른다(민법시행법 §17 참조).

재산제는 혼인중 부부의 재산관계를 정하는 것인 데 반하여 상속은 배우자가 사망한 경우에 재산의 분배를 받는 것이라는 실질법상의 차이에 착안하여 부부재산제가 상속에 선행한다고 보아 우선 부부재산제의 준거법에 따라 사망한 배우자의 재산, 즉 상속재산의 범위를 확정한 뒤에 상속의 준거법에 의하여 그 상속의 문제를 처리할 것이라는 견해가 통설이다.46) 그러나 부부재산제와 상속의 경계는 모든 법제에 있어서 그렇게 명확한 것이 아니므로 양자의 충돌에서 까다로운 문제가 발생할 수 있는데 이는 결국 적응(또는 조정)의 법리에 의하여 해결해야 한다.47) 적응이라 함은, 국제사법이 적용되는 사건에서 준거법의 모순 또는 저촉으로부터 발생하는 문제를 해결하기 위하여 법질서를 수정하여 적용하는 법리를 말하는데, 위(前註 Ⅲ.)에서 본 것처럼 이는 사안에 따라 예방적인 국제사법적 방법, 치료적인 실질사법적 방법 또는 국제사법안에서의 사항규정의 형성에 의하여 해결할 것이라고 한다.48)

6. 이슬람법의 Morgengabe의 처리

Morgengabe (mahr)라 함은 이슬람법상 혼인 전에 남편이 될 자가 부인이 될 자에게 지급할 것을 약속하는 금원(신부에게 주는 선물)49)으로, 실제로는 혼인시(특히 혼인 익일 아침)에 일부만 지급하고 나머지는 이혼 또는 사망으로 인한 혼인 해소시에 지급한다. 국제사법상 이슬람식 신부선물(또는 신랑지참금)의 성질결정에 관하여는 일원적 성질결정을 하는 견해와 다원적 성질결정을 하는 견해가 있는데, 후자는 예컨대 유효한 혼인의 성립에 관한 한 혼인의 성립의 문제이고, 선물의 지급청구에 관한 한 그것이 혼인의 존속 중의 것인 때에는 혼인의 일반적 효력 또는 부부재산제의 문제이나, 이혼 또는 이슬람법의 'talaq(남편에 의한 추방이혼)'50)에 의한 혼인 해소시의 청구인 때에는 이

46) 신창선·윤남순, 354; 김연 외, 412; 신창섭, 341; 윤종진, 447. Andrae, §3 Rn. 368은 배우자 일방의 사망에 의하여 어떤 재산이 유산이 되는가는 부부재산제의 청산의 문제이므로 부부재산제의 준거법에 의하고(생존배우자의 청산청구권도 이에 따른다), 생존배우자의 유산분할에 대한 참여를 규율하는 법은 상속법으로 성질결정한다.

47) Kropholler, 353. 독일에서는 특히 배우자 일방의 사망시 잉여의 조정을 정한 독일 민법 §1371 ①과 배우자의 법정상속권을 정한 §1931를 둘러싸고 논란이 많다.

48) 이호정, 국제사법, 123, 124. 이는 적응에 관한 위(前註 Ⅲ.)에서도 배우자의 일방이 혼인관계 존속 중 사망한 경우 재산의 귀속문제가 적응 문제가 발생하는 전형적 사례임을 보았다.

49) 이는 영어로는 'dower'(이를 과부(재)산이라고 번역하기도 한다)라고 번역하는 것으로 보이는데 확립된 우리 번역어는 없다. 필자는 전에 이를 '지참금'이라고 번역하였으나 최흥섭(2022), 76 이하는 지참금은 신부측이 가져가는 것이라는 이유로 이를 '신부선물'이라고 번역한다. 지참금은 통상 신부측이 가져가나 문화권에 따라서는 신랑측이 가져가기도 하는데 오해를 막자면 지참 주체를 표시하여 '신랑지참금'이라고 할 수 있고, 선물이라면 친지들이 결혼을 계기로 신부에게 주는 선물로 오해될 우려도 있다. 이하에서는 '신부선물' 또는 '신랑지참금'이라고 한다. Mahr의 상세는 Nadjma Yassari (2014), Die Brautgabe im Familienvermögensrecht: Innerislamischer Rechtsvergleich und Integration in das deutsche Recht 참조.

혼 배우자 간의 부양의무와 마찬가지로 이혼의 문제이며[51] 남편 사망시에는 유증과 유사한 기능을 하므로 상속의 문제라는 식으로 성질결정을 하는 견해도 있다.[52] 주목할 것은 독일 연방대법원의 2009. 12. 9. 판결[53]인데 여기에서 독일 연방대법원은 이를 일원적으로 성질결정하여 혼인의 효력의 문제로 파악하고, 독일 실질법상 이슬람의 신부선물은 혼인 성립 시에 여자에게 제공하기로 하는 혼인계약상의 남자의 약속이라고 보았다. 나아가 2020. 3. 18. 결정[54]에서 독일 연방대법원은 신부선물약정을 부부재산계약이 아니라 가족법상의 독자적인 계약(familienrechtlicher Vertrag *sui generis*)이라고 보면서도 증여계약의 방식규정인 독일 民 §518를 유추적용하여 공증인의 공정증서 방식이 필요하다고 판시하였다.

다만 EU부부재산규정이 시행됨으로써 신부선물약정은 부부재산계약의 일종으로서 위 규정에 의하여 규율된다는 것이 독일의 통설이다.[55] 우리 국제사법의 해석상 유력설은 이를 부부재산제의 문제로 성질결정하고, 신부선물약정을 일종의 부부재산계약으로 파악한다.[56] 다만 그러한 독일의 성질결정은 우리 국제사법상 이혼시 재산분할을 부부재산제의 문제로 성질결정한다면 자연스럽게 수긍할 수 있으나 재산분할을 이혼의 문제로 성질결정한다면 그것과 균형이 맞지 않는 면이 있다고 본다.

Ⅳ. 반정과 공서

1. 반정

부부재산제에서 연결점의 상위로 인하여 반정이 일어날 수 있다. 위에서 본 것처럼 영국 또는 미국 각주의 준거법은 동산에 관하여는 원칙적으로 부부의 공통의 주소지법을 적용하고, 부동산에 관하여는 소재지법을 적용하는데, 예컨대 부부재산제의 준거법이 영국법인데 부동산 소재지가 한국이라면 상속의 경우처럼 §22에 따라 우리

50) Talaq은 '추방이혼'이라고 번역한다. 이호정, 국제사법, 329; 위 최흥섭(2022), 96(최흥섭, 362는 '일방적인 부인추방'이라 한다). 이슬람법의 talaq(추방이혼)이 제기하는 문제는 Andrae, §3 Rn. 136ff. 유대법의 Get(이혼장)가 제기하는 문제는 Andrae, §3 Rn. 140ff. 참조.

51) von Hoffmann/Thorn (2007), IPR, 9. Aufl., §6 Rn. 9. 이 점은 안춘수(2004), "國際私法에 있어서의 性質決定 문제", 비교사법 11-2, 345도 동지.

52) von Hoffmann/Thorn (註 51), §6 Rn. 9 참조. 최흥섭(2022), 80 이하.

53) NJW 2010, 1528 = IPRax 2011, 85, m. Anm. Prof. Dr. Christine Budzikiewicz. 소개는 최흥섭(2022), 80 이하.

54) NJW 2020, 2024 = IPRax 2022, 68, m. Anm. Dr. Nadjma. Yassari. 소개는 최흥섭(2022). 88 이하.

55) 최흥섭(2022), 87.

56) 최흥섭(2022). 91. 이를 둘러싼 문제를 해결함에 있어서도 신부선물약정은 우리 법이 알지 못하는 제도이므로 이를 우리 법상 독자적인 성질의 계약으로 파악할 수 있다. 여기에서도 적응 또는 치환의 법리가 이용된다. Junker, §11 Rn. 44.

법으로의 반정이 일어날 수 있다. 이는 §22 ②이 §65를 열거하지 않으므로 §65의 지정은 국제사법지정이기 때문이다. 문제는 반정을 허용하는 것이 국제사법의 지정 취지에 반하는가인데(§22 ① vi) 통상은 이를 인정할 근거가 없다.

또한 성질결정의 상위로 인하여 반정이 일어날 수도 있다. 독일 舊 민법시행법(§15 ①)은 부부재산제를 혼인체결 시의 혼인의 일반적 효력의 준거법에 따르도록 규정함으로써 불변경주의를 취하였는데, 예컨대 만일 독일인 남편과 한국인 부인이 혼인체결 시 한국에서 살다가 독일로 이주하여 독일에 정착한 뒤 이혼하게 되어 한국인 부인이 재산분할청구의 소를 한국에서 제기하였다면 우리 법원은 이를 이혼의 효력 문제로 성질결정하여 준거법인 독일법을 적용할 것이다(다수설에 의할 경우). 그런데 독일 구 민법시행법은 이혼시 재산분할을 부부재산제의 청산의 문제로 성질결정하므로 한국법을 부부재산제의 준거법으로 지정하게 된다. 이 경우 성질결정의 상위로 인한 반정이 일어날 수 있다.57)

2. 공서

부부재산제의 준거법인 외국법의 적용이 공서에 반하는 때에는 그 적용이 배제된다. 예컨대 준거법이 외국법이 이혼시의 재산분할청구를 전혀 인정하지 않거나 현저히 적은 금액만을 인정하는 경우에는 공서위반을 이유로 배제될 수 있다.58)

57) 김용한 외, 116; 윤종진, 91. 이것이 독일에서 통용되는 견해로 보인다. Andrae, §4 Rn. 241; Reithmann/Martiny/Hausmann(註 4), Rn. 7.796 참조. 독일에서는 이혼시 부부재산법적인 분쟁의 성질결정이 상이할 수 있음을 분명히 지적한다.

58) 과거 우리 민법은 이혼시 부인의 재산분할청구권을 인정하지 않고 유책배우자의 위자료지급의무만을 인정하였는데, 재일동포인 부인이 재일동포인 남편을 상대로 일본 법원에서 재산분할을 청구한 사건에서 준거법인 한국법의 적용이 일본의 공서에 반하는지가 다투어졌고 이에 관하여 일본 하급심판결이 나뉘었다. 이에 대해 일본 최고재판소 1984. 7. 20. 판결은 한국법에 따라 유책배우자가 이혼시 지급할 위자료의 금액이 일본의 사회통념에 비추어 현저히 적은 금액이 아니라면 한국 민법을 적용하는 것이 일본의 공서에 반하는 것은 아니라는 취지로 판시하였다.

第 66 條 (이혼)

이혼에 관하여는 제64조를 준용한다. 다만, 부부 중 한쪽이 대한민국에 일상거소가 있는 대한민국 국민인 경우 이혼은 대한민국 법에 따른다.

*舊國私 제39조의 표현이 수정되었고 '상거소'가 '일상거소'로 수정되었다.

涉私 제 18 조 (이혼)

이혼은 그 원인된 사실이 발생한 당시의 夫의 本國法에 의한다. 그러나 법원은 그 원인된 사실이 대한민국의 법률에 의하여 이혼의 원인이 되지 아니할 때에는 이혼의 선고를 하지 못한다.

참고문헌: 곽민희(2017), "국제가족법에 있어서의 당사자자치 원칙의 수용", 국제사법연구 23-2; 김시철(2007), "주한 미국인 부부의 이혼 및 미성년자녀에 관한 양육처분 등에 관하여", 저스티스 96; 김원태(2006), "국제이혼의 법적 문제", 가족법연구 20-1; 석광현(2021), "국제사법에서 준거법의 지정에 갈음하는 승인: 유럽연합에서의 논의와 우리 법에의 시사점", 동아대 국제거래와 법 35; 석광현·이병화(2010), 헤이그국제아동입양협약에 관한 연구; 오석웅(2020), "로마Ⅲ규칙에 있어서 이혼 및 법적 별거의 준거법", 가족법연구 34-2; 이동희(2018), "국제이혼 관련 재산분할의 실무와 과제", 국제사법연구 24-2; 이병화(2013), "국제이혼에 관한 국제사법적 고찰", 저스티스 137; 이종혁(2022a), "국제혼인과 국제이혼의 준거법에 관한 입법론", 가족법연구 36-1; 이화숙(2000), 비교부부재산관계법; 장준혁(2022), "외래적 재판외 이혼의 실행과 수용", 가족법연구 36-1; 최봉경(2010), "국제이주여성의 법적 문제에 관한 소고", 서울대 법학 51-2; 최흥섭(2001), "개정법률과 國際親族·相續法의 諸問題", 법조 536; 최흥섭(2000), "섭외사법개정법률안의 검토-제2장(자연인), 제4장(친족), 제5장(상속)", 국제사법학회 8차 연차학술대회 발표자료(2000. 11. 25.); 최흥섭(2022). 국제사법에 관한 글모음집 2022년.

Ⅰ. 서론

1. 의의 및 연혁

가. 의의

혼인은 배우자의 사망에 의하여 또는 이혼에 의하여 해소되기도 하는데, 여기에서 혼인의 해소라 함은 일단 완전히 유효하게 성립한 혼인이 종료되는 것을 말한다. 이혼이라 함은 부부쌍방의 생존중에 혼인을 해소하는 제도이다. 이혼사유와 이혼방법 등에 관하여는 국가에 따라 편차가 있으나 오늘날 이혼제도는 대부분의 법제에서 널리 인정되고 있다.

나. 연혁

섭외사법은 부의 본국법을 준거법으로 함으로써 헌법상의 양성평등의 원칙에 반하고, 이혼원인에 관하여 유책주의(Verschuldensprinzip, fault-based divorce)를 전제로 하고 있었기 때문에 현대이혼법의 파탄주의(Zerrüttungsprinzip, no-fault divorce)에로의 전환을 반영하고 있지 못하였으며,[1] 준거법의 누적적 적용으로 이혼가능성을 제한시키고 있어 이혼의 자유라는 각국 실질법의 경향에 역행하고 있는 점 등에서 문제가 있다고 지적되어 왔다. 舊 국제사법은 이러한 문제점을 제거하고 또한 이혼은 혼인관계의 해소이므로 혼인의 일반적 효력의 준거법에 관한 §37를 준용하도록 하여 혼인의 일반적 효력의 준거법과 일치시켰고(본문) 내국인조항을 별도로 규정하였다(단서). §66도 이를 유지한다.

2. 입법례

이혼의 준거법에 관하여는 법정지법주의와 속인법주의가 있다.[2] 전자는 이혼을 이혼지(법정지)의 공서 문제로 보아 전적으로 이혼지법에 의하는 것으로 영미에서 채

1) 현대이혼법의 동향은 김주수·김상용, 158 이하 참조. 실질법상 파탄주의와 유책주의에 관한 상세는 이 책 제5절 이혼 [前註] 혼인의 해소 註釋 참조. 영국, 미국, 독일과 프랑스 이혼법의 비교법적 검토는 홍승희(2023. 11.), "이혼에서 파탄주의로의 전환 필요성과 법률개정 방안", 가족법연구 37-3, 261 이하 참조. 국제이혼에 관한 일본 판례는 김문숙(2001), "국제사법상의 이혼에 관하여-일본 법례 및 재판례를 중심으로-", 아세아 4, 239 이하 참조. 파탄주의를 적극적 파탄주의와 소극적 파탄주의로 구분하기도 하는데, 후자는 부부관계의 파탄을 추상적으로 이혼사유로 규정함으로써 이혼원인을 구체적으로 한정하지는 않는 점에서는 파탄주의이나 유책배우자의 이혼청구는 허용하지 않는다. 김나래(2022. 8.), "유책주의와 파탄주의에 관한 최근의 동향", 한국법학원 현안보고서 2022-05호, 3. 이런 분류를 전제로 우리 대법원 판례는 유책주의에 가까운 소극적 파탄주의를 취한다는 견해도 있다.

2) 유럽연합국들의 다양한 연결원칙은 Commission Staff Working Paper, Annex to the Green Paper on applicable law and jurisdiction in divorce matters (COM (2005) 82 final, para. 3.4; N. A. Baarsma (2011), The Europeanisation of International Family Law, 145 이하 참조.

택하는 주의이다.[3] 속인법주의는 이혼의 문제도 다른 신분에 관한 다른 문제와 같이 속인법에 의하는 것으로 독일, 일본과 우리나라 등 많은 대륙법계국가가 채택하는 주의이다.[4] 물론 무엇을 속인법으로 보는가에 따라 부부의 공통 본국법을 취하는 국가와 공통의 상거소지법을 취하는 국가가 있다.[5] 일부 국가는 당사자자치를 허용하는데 로마Ⅲ[6]도 같다(§5 이하). 그러나 독일의 경우 로마Ⅲ이 시행되면서 특별한 이혼의 효과와 이혼재판에 관하여 규정하였던 독일 舊 민법시행법 §17가 2018년 12월 21일 대폭 개정된 그 결과 독일에서는 원칙적으로 로마Ⅲ가 적용되나 독일 민법시행법 §17②에 의하여 변경된 형태로 적용된다.[7]

Ⅱ. 준거법의 결정

1. 혼인의 일반적 효력의 준거법 준용(§66 본문)

국제사법은 위에서 지적한 바와 같은 섭외사법의 문제점을 제거하기 위하여 이혼의 준거법을 정함에 있어 혼인의 일반적 효력의 준거법에 관한 §64를 준용하도록 한다(§66 본문).

이혼의 준거법을 혼인의 일반적 효력의 준거법에 의하도록 하는 근거에 관하여는, 혼인중의 당사자 간의 의무와 그의 침해의 결과는 밀접하게 관련되므로 양자를 동일한 준거법에 의하도록 하기 위한 것이라는 견해도 있다. 그러나 유책주의하에서는 이런 견해가 설득력이 있을지 몰라도 파탄주의하에서는 그 설득력은 의문이다.[8]

연결의 기준시기에 관하여 불변경주의를 취할 것인지, 아니면 변경주의를 취할 것인지가 문제되었는데, 국제사법에서는 섭외사법과 달리 변경주의를 채택한다. 왜냐

---

3) 영국, 아일랜드, 스웨덴 등이 이를 취한다. 미국도 같다. 신창선·윤남순, 355. 예컨대 영국에서 이혼은 영국의 근본적인 도덕관념, 종교와 공서에 관계되는 문제이므로 전적으로 영국법에 따라 판단할 사항이라고 한다. Paul Torremans (ed.)(2017), Cheshire, North & Fawcett, 980.

4) 독일, 오스트리아, 이탈리아, 스페인 등이 이에 속한다. 프랑스는 프랑스법이 적용되는 경우만을 정한 일방적 저촉규칙을 두고 있다. 부부가 프랑스 국적을 가지거나 프랑스에 주소가 있거나 프랑스 법원이 관할이 있는데 외국법이 관할을 주장하지 않는 때에는 프랑스법이 적용된다고 한다. 위 Working Paper 참조. 후자는 혼인의 효력의 준거법과 동일한 준거법을 채택하는 경향이 있다. 그러나 유럽연합의 경우 로마Ⅲ이 2012년 6월 21일 시행됨으로써 달라졌다.

5) 구체적 입법례는 아래와 같다. 독일 구 민법시행법 §17(이혼), 스위스 國私 §61(이혼과 별거의 준거법), 오스트리아 國私 §20(이혼), 이탈리아 國私 §31(별거와 이혼), 일본 법적용통칙법 §27/법례 §16(이혼)(우리 국제사법과 거의 동일하다(독일과 달리 당사자자치를 불허한다). 중국 섭외민사관계법률적용법 §26, §27: 전자는 협의이혼, 후자는 재판상 이혼의 준거법을 정한다.

6) EU규정(로마Ⅲ)의 소개는 오석웅(2020), 279 이하; 곽민희(2017), 17 이하; 석광현, 정년기념, 554 이하; 최흥섭(2021), EU국제사법, 102 이하 참조.

7) 최흥섭(2022), 100 이하 참조.

8) Kropholler, 363.

하면 섭외사법이 연결의 기준시기를 이혼 원인의 발생 시로 고정한 것은 유책주의를 전제로 한 것이며, 또한 이혼 원인이 발생한 후에 부가 자기의 국적을 자의적으로 변경하여 이혼을 어렵게 하거나 또는 쉽게 함으로써 처가 예기하지 못한 결과가 발생하는 것을 방지하기 위한 것이었으나,[9] 최근 각국의 실질법인 이혼법은 유책주의가 아닌 파탄주의를 취하고 있거나 파탄주의로 이행하고 있으며, 파탄주의에 의할 경우 국제이혼법에서 중요한 문제는 '현재' 이혼을 인정할 것인지 여부라고 할 수 있기 때문이다. 또한 변경주의를 채택하더라도 혼인의 일반적 효력을 정한 §64에서 부부의 동일한 속인법을 준거법으로 하고 있으므로 부부 일방이 유리한 법률관계를 형성하기 위하여 자의적으로 국적 등을 변경하는 것은 의미가 없게 되었다.

이와 관련하여 연구반초안의 제1안은 연결의 기준시기를 절차개시 시점으로 고정시켰다. 그 이유는 현재의 시점으로 하게 되면 이혼소송 제기 후와 사실심 변론종결 시 사이에 국적이나 상거소가 바뀔 수 있어 문제가 복잡하게 되므로 이를 막기 위한 것이었다. 그럼에도 불구하고 이 연결시점은 변경주의의 장점을 모두 갖는다고 할 수 있다. 또한 '소송제기 당시' 등으로 용어를 사용하지 않고 '절차개시 당시'라고 한 것은 특히 우리의 협의상 이혼, 더 나아가 외국의 재판이혼 이외의 이혼방법까지 포함시키기 위한 것이었다. 그러나 이에 대한 의미와 확정의 필요성에 대한 논란이 많아서 연결시점을 삭제하는 내용을 제2안으로 두었다.[10] 당초 독일과 같이 연결의 기준시기를 '소의 제기시'로 규정하는 방안도 고려하였으나, 우리 민법은 재판상 이혼 외에 협의상 이혼도 인정하고 있는데, 이와 같이 외국에서 협의상 이혼을 하는 경우에는 소의 제기 시가 있을 수 없고 또한 그에 상응하는 시기를 언제로 볼 것인가에 관하여 논란이 있다는 이유로 채택되지 아니하였다.

결국 국제사법에서는 연구반초안 중 제2안이 채택된 것이다.

이처럼 국제사법은 변경주의를 취하므로 이혼시점을 기준으로 준거법을 결정해야 할 것이다. 실무적으로는 재판상 이혼과 협의상 이혼을 구분할 필요가 있다. 재판상 이혼의 경우 사실심 변론종결 시를 기준으로 할 것이나, 사적 이혼(Privatscheidung)의 경우는 이혼을 하려는 당사자의 의사가 외부에 표출된 때라고 볼 수 있을 것이다.[11]

9) 최흥섭(2001), 157; 김용한 외, 325.

10) 연구반초안해설, 54. 연구반초안은 다음과 같다.

"제24조(이혼) [제1안] 이혼은 그 절차개시 당시 혼인의 효력의 준거법에 의한다. 그러나 부부 중 일방이 대한민국에 일상거소지를 가지는 대한민국 국민인 경우에는 이혼은 대한민국 법에 의한다.

[제2안] 이혼은 혼인의 효력의 준거법에 의한다. 그러나 부부 중 일방이 대한민국에 일상거소지를 가지는 대한민국 국민인 경우에는 이혼은 대한민국법에 의한다."

11) 재판상 이혼의 경우 필자는 과거 소 제기 시라고 하였으나 고정주의를 명시하지 않은 이상 그렇게 보기는 어려워 견해를 변경하였다. 석광현, 해설, 468. 조수정, 한국국제사법학회 제8차 연차학술대회

2. 내국인조항(§66 단서)

부부 중 일방이 한국에 상거소가 있는 한국인인 경우 한국법에 의하도록 하였다(§66 단서). 이는 일본 舊 법례(§16)[12]의 예를 따른 것인데, 일본처럼 우리나라에서도 협의상 이혼제도가 인정되고 있고, 협의상 이혼 신고서를 가족관계등록 공무원이 수리하는 데서 발생하는 문제를 해결하기 위한 것이다.

부부 중 일방이 한국에 상거소를 둔 한국인인 경우 그가 협의상 이혼 신고서를 한국에서 가족관계등록 공무원에게 제출하면 가족관계등록 공무원은 이혼의 성립 여부를 검토하기 위해 준거법을 판단해야 한다. 공무원의 입장에서는 부부의 동일한 본국 또는 일상거소지국이 한국이면 한국법의 요건을 검토하여 수리하면 되지만, 그러한 연결점이 없으면 가장 밀접한 관련이 있는 곳의 법(최밀접관련지법)을 적용해야 하는데 이는 확정하기가 매우 곤란하다. 혼인의 효력과 달리 이혼의 경우에는 동일한 상거소지국도 없는 경우가 빈번하므로 이러한 문제는 발생가능성이 현실적으로 매우 크다. 이러한 실무상의 난점을 피하기 위해 단서 규정을 두었다. 내국인조항에 대해 국제사법의 이념에 비추어 바람직하지 않다는 비판이 가능하나, 유력설은 내국인조항은 가족관계등록실무상 불가피하고, 내국인조항의 결과 자유가 보장되는 측면이 있으며, 내국인조항이 적용되는 경우 실제적으로 한국법이 밀접한 관련이 있는 법인 때가 대부분이므로 정당화될 수 있다고 설명한다.[13] 2000년대에 들어 국제결혼이 증가하면서 그들의 이혼이 대폭 증가하였던 시기가 있었다.[14] 일방이 외국 국적을 유지하는 다문화부부 이혼시 내국인조항이 적용된다.

이런 설명은 설득력이 있는데, 단서가 일방 당사자가 한국인이고 한국에 일상거소를 가질 것을 요구하는 것은 바로 이러한 이유 때문이다.[15] 다만 이에 대해서는 한

<제6분과 토론자료>(2000), 7은 협의상 이혼의 경우 협의상 이혼 신청서 제출시라고 본다. 과거 독일에서는 이혼선언(Scheidungserklärung)시를 기준으로 하는 견해가 유력하였으나(Münchkomm/von Mehrenfels, Art. 17 Rn. 39) 정확한 시점은 애매하였다. 이종혁, 온주 국제사법 제66조, 2023. 7. 5., [3]도 재판상 이혼의 경우 사실심 변론종결 시라고 보고, 협의상 이혼의 경우 당사자들의 이혼의사의 명시적·외부적 표출시(협의이혼의사확인신청서 제출 시)라고 본다.

12) 이는 법적용통칙법 §27와 같다.

13) 최흥섭(2000), 11; 법무부, 해설, 142 주 90.

14) 실제로 2005년 4,151건이던 다문화부부 이혼건수는 2012년 10,887건으로 증가하였다고 하였다. 중앙일보 2014. 3. 15., 10. 다문화부부의 경우 상대방을 잘 알지 못하는 상태에서 혼인하고 문화적 차이로 인해 쉽게 이혼하는 경향이 있는데, 한국인간 이혼에 비해 양육권을 원하지 않는 경우가 많아 아이들이 보육시설로 가는 경우가 많다고 한다.

15) 그러나 독일 舊 민법시행법(§17 ① 2문)은 "혼인이 이 준거법에 의하면 이혼될 수 없는 때에는 이혼은 그것을 청구하는 배우자가 이 시점에서 독일인이거나 또는 혼인체결 당시에 독일인이었던 경우에는 독일법에 따른다"고 규정하여 국제사법과는 다르다. 원래의 목적은 외국인과 결혼한 독일 여자들에게 독일에서 이혼을 가능하게 하기 위한 것이라고 한다. 다만 이는 로마Ⅲ이 채택됨에 따라 "이 장의 다른 조항에 의하여 규율되지 않는 이혼의 재산법적 효과는 EU규정 번호 1259/2010에 의하여 이혼에 적용되는

국에서는 협의이혼시 법관의 확인이 있어서[16] 법관이 이혼의 준거법을 판단할 수 있으므로 준거법 판단을 돕기 위한 단서를 굳이 둘 필요는 없다는 반론이 있을 수 있다.

내국인조항이 적용되지 않는 사안에서 이혼의 준거법이 외국법이고 그 외국법에 따르면 협의이혼이 허용되는 경우에는 우리나라에서도 사적 이혼(Privatscheidung)이 가능하다. 독일 민법시행법(§17 ③)은 법적 명확성과 자녀의 보호를 위하여 독일 내에서는 사적 이혼을 허용하지 않고[17] 이혼에 관한 법원의 독점권(Scheidungsmonopol der Gerichte)을 규정하는데(법원에 의한 재판이혼주의)[18] 국제사법은 이러한 원칙을 채택하지 않았다.

3. 특별유보조항의 삭제

涉私 §18 단서는 공서의 관점에서 당사자의 본국법 외에 법정지인 한국법에 의하여도 이혼의 원인이 있어야만 이혼이 가능하도록 하였다. 그러나 한국법상 이혼의 원인이 없더라도 외국법의 원인에 의하여 이혼을 인정하는 것이 반드시 공서에 반한다고 할 수 없을 뿐만 아니라, 위 조항이 없더라도 우리 법의 근본원칙에 명백히 반하는 경우에는 공서조항(§23)에 의해 외국법의 적용을 배제할 수 있으며, 오히려 涉私 §18 단서에 의하면 준거법이 누적적으로 적용되어 이혼가능성이 부당하게 제한된다는 이유로 결국 이를 삭제하였다.

Ⅲ. 준거법이 규율하는 사항

1. 총설

§66는 이혼의 성립 및 효력(또는 효과)을 규율한다. 이혼의 가장 중요한 효과(주된 효과)는 혼인의 해소이므로 그것이 이혼의 준거법에 따른다.

2. 이혼의 방법

우리나라에서는 이혼의 방법에는 재판상 이혼과 협의상 이혼이 있다.

법에 따른다"는 취지로 개정되었다.

16) 일본에서는 법관의 확인이 불필요하다.

17) 따라서 독일에서는 이혼의 장소결정이 중요한데 남편의 일방적 행위인 'talaq'에 의한 사적 이혼의 장소결정에 있어 수령을 요하지 않는 이슬람법상의 talaq와 수령을 요하는 유대법의 talaq을 구분하여 전자의 경우 의사표시를 한 곳이, 후자의 경우 이혼장(Scheidebrief)을 수령한 곳이 준거가 된다는 견해가 유력하다. Kropholler, 369–370. 최흥섭(2022), 99도 유사하나 Andrae, §3 Rn. 124ff.를 인용하면서 유대법의 경우 이혼장이 랍비위원회의 중개를 거쳐 증인 앞에서 처에게 전달되어야 하는데 이혼장의 수령은 처의 임의에 맡겨져 있다고 소개한다.

18) Kropholler, 371.

한국에서 재판상 이혼을 할 경우 그 절차는 법정지법인 한국법에 따르며 이혼의 방법은 별 문제될 것이 없다. 물론 이혼의 준거법은 §66에 의하여 결정된다.

우리 민법에 의하면 협의상 이혼은 혼인과 마찬가지로 신고에 의해 성립하지만(民 §836), 그와 별도로 가정법원의 이혼의사의 확인을 받아야 한다(民 §836-2).[19] 또한 "가족관계의 등록 등에 관한 규칙"(§75 ①)에 따르면, 부부 양쪽이 재외국민인 경우에는 두 사람이 함께 그 거주지를 관할하는 재외공관의 장에게 이혼의사확인신청을 할 수 있고, 관할 재외공관이 없는 때에는 인접 지역을 관할하는 재외공관의 장에게 이를 할 수 있다.[20]

문제는 이혼의 행위지가 외국인 경우(예컨대 일본에서와 같이) 만일 외국법에 따르면 법원의 확인 없이 당사자의 의사만에 의하여 협의상 이혼이 성립된다면 재외한국인들이 외국에서 외국법이 정한 방식에 따라 법원의 이혼의사의 확인 없이 이혼할 수 있는지의 여부이다. 만일 협의상 이혼의 가부를 이혼의 방식의 문제라고 본다면, 이는 법률행위의 방식에 관한 일반원칙을 정한 §31에 따라 선택적으로 이혼의 준거법 또는 행위지법에 의하게 되므로 이것이 허용된다고 보겠지만, 법원의 이혼의사의 확인, 협의상 이혼 또는 재판상 이혼은 모두 단순한 방식의 문제가 아니라 이혼의 방법의 문제로서 이혼의 실질적 성립요건에 해당한다고 보아야 한다.[21] 그렇다면 이는 행위지법에 의할 수는 없고 이혼의 준거법에 따를 사항이므로 법원 또는 재외공관장의 이혼의사의 확인이 필요하다.[22] 이혼의 방법을 방식의 문제로 보아 선택적 연결을 허용함으로써 방식요건의 구비를 용이하게 하는 것은 정책적으로도 바람직하지 않다.

다만 이혼의 준거법이 외국법인 경우 당해 외국법상 협의이혼 등 사적이혼이 허용되고 그에 따라 사적이혼이 이루어졌다면 이는 유효한 이혼이고 한국에서도 이혼

19) 보다 정확히는, 협의이혼을 신청한 부부는 가정법원이 제공하는 이혼에 관한 안내를 받아야 하고, 이혼의사의 확인을 받아야 하며, 자녀의 양육사항 및 친권자 결정에 관한 협의서 등을 제출해야 하고, 그를 기초로 가정법원이 양육비부담조서를 작성해야 한다(§836-2). 이는 모두 협의이혼의 실질적 요건으로 다루어지고 있다. 김주수·김상용, 166 이하.

20) 부부 중 한쪽이 재외국민인 경우에 재외국민인 당사자는 그 거주지를 관할하는 재외공관의 장에게 협의이혼의사확인신청을 할 수 있고, 관할 재외공관이 없는 경우에는 인접 지역을 관할하는 재외공관의 장에게 이를 할 수 있다(②). 법원행정처는 2015년 법원행정처 내에 재외국민 가족관계등록사무소를 설치하여 법원공무원이 직접 재외국민 신고에 의한 가족관계등록사건을 통합하여 처리하고 있다. 이는 재외국민 가족관계등록 업무의 창구를 일원화되고 역량 있고 전문화된 법원공무원이 업무를 처리하여 신속성과 편의성을 향상시킬 목적으로 설치한 것이다. 정보는 http://kfamily.scourt.go.kr/new/office/office01.jsp 참조. 이와 관련하여 재외국민의 가족관계등록 창설, 가족관계등록부 정정 및 가족관계등록부 정리에 관한 특례법(재외국민가족관계법)도 있다.

21) 신창섭, 345도 동지. 가정법원이 제공하는 이혼에 관한 안내, 이혼의사의 확인 등이 모두 실질법인 민법상 협의이혼의 실질적 요건으로 다루어지고 있음은 위에서 언급하였다. 일본의 논의는 注國私(2), 54(青木 清) 이하 참조.

22) 신창선·윤남순, 357; 윤종진, 453; 김원태(2006), 360; 안춘수, 305. 김연 외, 417은 두 가지 견해를 소개만 한다.

에 따른 효력(효과)이 인정된다(이는 준거법 지정의 효과인데 이를 편의상 이혼의 승인이라고 부를 수 있다). 이처럼 우리 국제사법상으로는 사적이혼의 경우 준거법 통제가 이루어지는 것이고 외국에서 이루어진 사적이혼이라고 하여 준거법에 대한 통제 없이 외국에서 형성된 법상태가 한국에서 자동적으로 승인될 수는 없다.[23] 즉 준거법 지정에 갈음하는 협의이혼의 저촉법적 승인은 우리 국제사법상 허용되지 않는다. 만일 그 경우에도 외국에서의 이혼의 효력을 인정한다면 부진정법률회피가 목적을 달성하는 결과가 되어 부당하다.

이혼의 준거법인 외국법이 일정한 기관에 의한 이혼을 명하더라도 이혼지인 한국에서 그런 방법이 허용되지 않으면 이혼할 수 없을 것이나, 이처럼 이혼의 준거법상 이혼방법을 고집하면 외국인이 한국에서 이혼할 수 없게 된다는 이유로 이혼방법을 넓게 해석하는 견해가 있다. 통설은, 외국법상 종교기관이나 행정기관에 의한 이혼이 허용되는 경우 그 이혼원인이 한국법상 이혼원인에 준한다면 외국인의 이혼시 우리나라에서 재판상이혼의 방법에 의하여 그에 갈음할 수 있다고 본다.[24] 이혼을 신청하는 당사자의 이익의 보호라는 관점에서 수긍이 가나 종교법원 기타 종교기관에 의한 이혼을 절차의 문제로 이해하고 우리 법원에서 재판하는 경우에는 우리 법원이 그 역할을 대신할 수 있다고 설명하는 편이 이해하기 쉬울 것이다.[25][26] 이 경우 이혼의 준거법인 외국법상의 이혼원인이 한국법상 이혼원인에 준할 필요가 있는지는 의문이다.

3. 이혼의 효과

이혼의 직접적 효과, 즉 혼인관계의 해소는 이혼의 준거법에 따른다. 그러나 이혼의 결과 발생하는 다양한 신분적 및 재산적 효과, 즉 이혼의 부수적 결과가 모두

---

23) 최흥섭(2022), 110도 동지. 다만 이슬람법상 남자에 의한 일반적인 추방이혼의 경우 구체적 상황에 따라 공서위반이 될 수 있다는 점을 지적한다. 최흥섭(2022), 101. 장준혁(2022), 142도 한국 국제사법상의 실체준거법에 따른 법률관계만 승인된다고 함으로써 같은 태도로 보인다. 반면에 장준혁(2022), 110의 주장("이혼준거법의 지정은 준거법소속국의 법률저촉법, 외국판결 승인법, 법률관계 승인법까지 포함하여 지정하는 취지로 해석해야 한다. 그래서 전정(轉定)도 허용해야 한다")은 법적 근거 없이 너무 나간 것이다.

24) 신창선·윤남순, 357; 김연 외, 417; 신창섭, 345, 註 279; 윤종진, 453. 일본도 같다. 櫻田嘉章, 292; 溜池良夫, 462.

25) Andrae, §3 Rn. 57은 이런 취지이다.

26) 그 밖에도 이슬람법에서는 남편이 부인에 대하여 일방적으로 이혼을 선언함으로써 이혼하는 이른바 talaq이 가능하다. 이혼의 준거법이 talaq을 인정하는 국가의 법인 경우 우리 법원이 당사자의 talaq을 기초로 이혼판결을 할 수 있는가라는 의문이 제기된다. 독일에서는 그 경우 첫째, 외국이혼법의 적용이 공서에 반하는지와, 둘째, 그런 식의 활동은 본질상 법원의 권한에 속하지 않기 때문에 불허되는가를 논의한다. 이에 관하여는 Andrae, §3 Rn. 136ff.; Lena−Maria Möller (2014), No Fear of Ṭalaq: A Reconsideration of Muslim Divorce Laws in Light of the Rome III Regulatioln, Journal of Private International Law, 10−3, 461 이하 참조.

이혼의 준거법에 따르는 것은 아니고 다른 법률관계로 성질결정되어야 하는 쟁점들이 있으므로 아래에서는 이를 개별적으로 검토한다.

가. 이혼과 이혼배우자의 성(姓)

이혼배우자의 성씨가 이혼의 준거법에 의할 사항인지 아니면 각자의 속인법에 의할 사항인지는 논란이 있다. 배우자 간의 성씨, 즉 혼인에 의한 성의 변경을 혼인의 효력의 문제로 본다면 이혼의 경우에도 자연스럽게 이혼의 준거법에 의할 사항이라고 볼 것이나, 반면에 배우자 간의 성씨의 문제를 인격권의 문제로 파악한다면 이혼의 경우에도 여전히 인격권의 문제로서 속인법에 의한다고 보아야 하기 때문이다. 후자를 따른다면 예컨대 혼인함으로써 남편의 성 또는 결합성으로 변경한 처가 이혼 후에도 그 성을 계속하여 사용할 수 있는가는 이혼의 준거법이 아니라 처의 본국법에 의한다고 본다.[27] 성씨의 문제를 공법상의 문제로 파악하는 경우에도 마찬가지일 것이다.

나. 이혼과 부부재산제

일반적으로 이혼의 결과 부부재산제는 종료되고 청산관계가 개시하게 된다. 이처럼 이혼이 부부재산제에 미치는 효과는 이혼의 부수적 결과로서 이혼의 준거법에 따르는 것이 아니라, 독립적인 연결대상인 부부재산제의 문제로서 부부재산제의 준거법(§65 ①)에 의한다는 것이 우리의 통설이다.[28] 그러나 부부재산제의 청산과 이혼시 재산분할청구[29]의 관계는 어려운 문제를 제기한다. 우리 민법은 부부재산제도에 관하여 별산제를 채택하고 있으므로 이혼시에도 각자 특유재산을 가지면 되고 그들이 부부였음을 고려하여 이를 조정할 필요는 없다고 주장할지 모르겠으나 그런 것은 아니다. 즉 우리 민법상 부부 중 일방의 특유재산은 원칙적으로 재산분할의 대상이 되지 않으나 타방이 적극적으로 그 특유재산의 유지에 협력하여 그 감소를 방지하였거나 그 증식에 협력하였다고 인정되는 경우에는 분할의 대상이 된다고 본다(대법원 1993. 5. 25. 선고 92므501 판결 등). 그런데 우리 民(§839-2, §843)은 일본 민법과 마찬가지로 부부재산제가 아니라 이혼의 절에서 이혼시에 혼인중 취득된 공동재산에 대한 재산분할청구권을 규정하므로 이혼시의 재산분할이 부부재산제의 준거법에 따를 사항인지 이혼의 준거법에 따를 사항인지가 문제된다. 국제사법상 양자의 준거법이 동일하지 않으므로 이 문제는 실익이 있다.

우리나라에서는 이혼시 재산분할청구권은 청산적 요소와 부양적 요소를 포함하

---

27) 신창선·윤남순, 358. 독일 민법시행법 §10는 이런 태도를 취한다.

28) 신창선·윤남순, 359; 김연 외, 419; 신창섭, 347; 윤종진, 455; 서희원, 289-290.

29) 이에 관하여는 우선 민유숙, "이혼시 부부간의 재산분할제도에 관한 연구", 서울대학교 대학원 법학박사학위논문(1992) 참조.

고, 견해에 따라서는 위자료의 성질을 가지는 것으로 보는데,[30] 별산제를 취하는 법제에서 재산분할청구권, 특히 청산적 재산분할을 인정하는 근거에 관하여 다양한 견해[31]가 있으나 별산제의 결함을 보완하는 기능을 하는 점은 의문이 없다.[32] 국제사법적으로도 이혼시의 재산분할을 부부재산의 청산과 이혼 후의 부양으로 구분하여 부부재산제의 준거법과 이혼시 부양의무의 준거법에 각각 연결할 여지도 있지만,[33] 이는 당사자의 기대에도 반하고 나아가 불합리한 결과를 초래할 가능성이 있으므로 이혼에 수반하는 재산적 급부로서 상호보완 관계에 있는 양자(위자료를 포함한다면 3자)를 동일한 이혼의 준거법에 통일적으로 연결하는 견해가 한국과 일본의 다수설이다.[34] §73 ②상 이혼 배우자 간의 부양은 이혼의 준거법에 의하므로, 다수설에 따르면 다수설에 따르면 이혼, 재산분할과 이혼 배후자 간의 부양의 준거법은 동일하게 되고, 법원에서도 3자를 모두 이혼의 준거법에 의하여 통일적으로 규율할 수 있다는 장점이 있다. 다만 부부재산제의 준거법과 재산분할청구권의 준거법의 경계획정이라는 어려운 문제를 제기한다.

한편 이혼 또는 사망에 의한 부부재산제의 청산은 부부재산제의 준거법에 따를 사항이라고 할 수 있으므로 이혼시의 재산분할을 부부재산제로 성질결정하는 견해도 가능한데[35] 실질법상 잉여공동제를 취하는 독일에서는 부부재산제의 준거법에 따라

30) 재산분할의 본질에 관하여는 청산설, 부양설, 청산 및 부양설 등이 있다. 대법원은 재산분할 제도가 "부부가 혼인중에 취득한 실질적인 공동재산을 청산 분배하는 것을 주된 목적으로 하는 것"이라고 판시하여 청산이 재산분할의 본질이라고 파악하면서도 "혼인중 쌍방의 협력으로 형성된 공동재산의 청산이라는 성격에 상대방에 대한 부양적 성격이 가미된 제도"라고 하여 보충적으로 부양적 성격도 인정하여 청산 및 부양설의 입장으로 평가된다. 권영준(2019), "2018년 민법 판례 동향", 서울대학교 법학 60−1, 368 이하. 그러나 재산분할이 위자료를 포함하는 것으로 보는 학설과 대법원 판결도 있다. 예컨대 대법원 2001. 5. 8. 선고 2000다58804 판결은 이혼시 재산분할은 부부가 혼인중에 가지고 있던 공동재산을 청산하여 분배함과 동시에 이혼 후 상대방의 생활유지에 이바지하는 데 있지만, 분할자의 유책행위로 인하여 이혼하게 됨으로써 입게 되는 정신적 손해를 배상하기 위한 급부로서의 성질도 가지고 있다고 판시하였다. 그 후 대법원 2013. 6. 20. 선고 2010므4071, 4088 전원합의체 판결의 다수의견에 대한 보충의견과 김용덕 대법관의 별개의견도 "재산분할을 함에 있어 정신적 손해(위자료)를 배상하기 위한 급부로서의 성질까지 포함하여 분할할 수 있다"고 판시한 바 있다. 그러나 이에 대하여는 양자는 성질과 제도목적이 다르다는 이유로 신랄하게 비판하는 견해가 있다. 정구태, "이혼시 재산분할청구권의 행사상 일신전속성−대법원 2022. 7. 28.자 2022스613 결정−", 조선대학교 법학논총 제30권 제1호(2023. 4.), 126−127면과 註 31 참조(청산설을 지지하면서). 민법상의 재산분할청구권에 관하여는 이 책 民 §839−2 註釋 참조.

31) 이에는 부부재산제도와 재산분할제도를 서로 별개의 것으로 보는 견해(별산제설 또는 무관계설), 양자를 통합하여 하나의 공동제로서 파악하면서 재산분할은 그의 논리적 귀결로서 공동재산의 청산절차로 보는 견해(공동제설, 공유설)와 양자의 절충설(내부적 공유설)이 있다. 상세는 민유숙, "부부재산제도와 재산분할제도의 관계", 司論 26(1995), 240~241 참조.

32) 이화숙, 347.

33) 재산분할이 위자료를 포함하는 것으로 본다면 위자료를 별도로 분리하여 이혼의 준거법에 의하는 것으로 볼 것이다.

34) 김원태(2006), 362; 이종혁, 온주 국제사법 제63조, 2023. 7. 5., [12]; 山田鐐一, 451; 松岡 博, 207~208; 注国私(2), 61(青木 清); 일본 최고재판소 1984. 7. 20. 판결도 이런 취지로 이해되고 있다.

그 청산이 이루어지므로 이런 견해가 자연스럽다.[36)37)] 이에 따르면 이혼의 준거법에 의하는 이혼 후 부양의무 및 위자료와, 부부재산제의 준거법에 의하는 재산분할의 준거법이 다르게 된다. 우리나라에서는 이혼시 재산분할이 부부재산제의 준거법에 따를 것이라는 견해는 잘 보이지 않으나 이는 당사자자치를 허용하는 장점이 있다. 필자는 다수설을 따라 이혼시 재산분할청구권은 이혼의 준거법에, 부부재산제의 청산(또는 이혼이 부부재산제에 미치는 효과)은 부부재산제의 준거법에 의한다는 견해를 피력한 바 있으나[38)] 그 경우 양자의 경계획정이 문제되므로 이 점은 더 고민할 필요가 있다.[39)]

이혼의 준거법이 한국법처럼 이혼시 재산분할청구권을 인정하고, 부부재산제의 준거법이 독일법처럼 이혼시 재산분할을 부부재산제의 청산의 문제로 보는 국가의 법인 경우 준거법 간의 모순이 있을 수 있는데 이는 결국 적응의 법리에 의하여 해결하여야 한다.[40)] 위 다수설이 다수 판례의 태도이지만,[41)] 대법원 2021. 2. 4. 선고

35) 일본에는 이혼준거법설과 부부재산제의 준거법설이 있는데 전자가 다수설이다. 笠原俊宏, "離婚に伴う慰藉料·財産分与", 国際私法判例百選[제2판](2012), 126 이하; 注国私(2), 61(青木 清) 참조. 부부재산제의 청산과 재산분할의 준거법을 각각 결정하는 견해도 있다.

36) MünchKomm/Siehr (2015), 6. Auflage, Art. 15 Rn. 93; Andrae, §3 Rn. 58; MünchKomm/von Mohrenfels (2015), 6. Auflage, Art. 17 Rn. 27: 실질법상 독일에서는 이혼과 배우자 사망 시에 모두 부부재산제에 의하여 잉여청산이 이루어지나, 오스트리아에서는 이혼시에는 잉여청산이 이루어지나 배우자의 사망 시에는 아니라고 한다. 그러나 EU에서는 이혼이 부부재산제에 미치는 효과, 정확히는 부부재산제의 해소와 재산의 분할, 분배와 청산(the dissolution of the matrimonial property regime and the partition, distribution or liquidation of the property)은 EU규정 번호 1259/2010(로마Ⅲ)에 따라 결정되는 이혼의 준거법이 아니라 "부부재산제사건에서의 관할, 준거법, 재판의 승인과 집행 영역에서의 제고된 협력의 실행을 위한 2016. 6. 24. 이사회규정 번호 2016/1103"(EU부부재산제규정)에 의하여 결정되는 부부재산제의 준거법이 규율한다. 로마Ⅲ(§1 ② e, 전문 ⑩)와 EU부부재산제규정(§27 e) 참조.

37) 그러나 이혼의 효력의 준거법을 정한 과거 독일 舊 민법시행법(§17 ③)이 연금청산(Versorgungsausgleich)(윤진수(2009), 민법논고Ⅳ, 211은 이를 '사회보장급여의 분할'이라고 번역한다)의 준거법에 관한 특칙을 두어 이를 부부재산제의 청산과는 별개로 이혼의 준거법에 따르도록 한 점을 보면 이혼에 따른 재산분할이 논리필연적으로 부부재산제의 준거법에 의해야 하는 것은 아니다. 독일법이 그와 같이 규정하는 이유는 연금청산은 이혼을 전제로 하며 이혼의 경우에만 인정되기 때문인데, 이러한 성질결정은 과거 독일 연방대법원 판결(1979. 11. 7. 판결, BGHZ 75, 241)의 성질결정을 따른 것이라고 한다. Kropholler, 367. 현행 민법시행법(§17 ④)은 연금청산을 EU규정 번호 1259/2010(로마Ⅲ)에 의하여 결정되는 준거법에 따르도록 한다. 우리 대법원 2014. 7. 16. 선고 2013므2250 전원합의체 판결과 대법원 2014. 7. 16. 선고 2012므2888 전원합의체 판결이 퇴직급여채권과 퇴직연금도 이혼시 재산분할의 대상이라고 판시하였으므로 국제이혼시 그 준거법의 결정이 문제될 것이다. 위 전원합의체 판결들에 대한 평석은 이진기(2014), "재산분할의 대상으로서 장래의 퇴직급여채권-대판 2014. 7. 16, 2013므2250 전원합의체 판결과 대판 2014. 7. 16, 2012므2888 전원합의체 판결을 중심으로-", 가족법연구 28-3, 383 이하; 현소혜(2014), "공적 연금과 재산분할", 판례실무연구[XI](하), 384 이하 참조.

38) 석광현, 해설, 470. 예컨대 재산분할청구권이 아닌 기타 별산제에 따르는 특유재산의 처리 등은 부부재산제의 준거법에 따를 사항이다. 이종혁(2022a), 62은 일본 문헌을 인용하면서 이혼시 재산분할은 이혼의 준거법에 의할 것이라고 하는데, 가장 중요한 논거는 재산분할이 부부재산의 청산에 해당하거나, 부양적 요소 및/또는 위자료적 요소가 포함되어 있다고 하더라도, 이들은 모두 이혼에 따른 재산적 급부의 일환이어서 상호보완적 성격이 있으므로 서로 다른 준거법에 의하는 것이 부적절하다고 한다.

39) 즉 성질결정의 문제로 일부 해결할 수 있으나 부부재산제의 준거법과 이혼의 준거법 간에 규범의 모순·저촉으로부터 발생하는 문제는 적응의 법리에 의하여 해결해야 할 것이다.

40) 반대로 이혼의 준거법이 독일법처럼 부부재산의 청산 이외의 재산분할청구권을 인정하지 않는 법이

2017므12552 판결의 원심인 서울고등법원 2017. 7. 11. 선고 2016르22226 판결은 그와 달리 이혼에 따른 재산분할에 대해 부부재산제의 준거법을 적용하였다.[42] 다만 어디로 가든 당사자의 준거법 지정이 없어서 아마도 결과의 차이는 없었을 것이다.

다. 이혼시의 위자료

이혼시 일방당사자가 혼인의 파탄에 대하여 책임이 있는 상대방에 대하여 이혼으로 인하여 입게 되는 정신적 손해에 대한 위자료(즉, 이혼위자료) 청구에 관하여는 이를 불법행위로 인한 손해배상청구로 볼지, 아니면 이를 이혼시에 있어서 재산적 급부의 일환으로 보아 이혼의 효력(효과) 내지 이혼에 따른 부수적 결과에 속하는 문제로서 이혼의 준거법에 의하는 것으로 볼지가 문제된다. 우리나라에서는 후자가 유력하다.[43] 다만 위자료의 지급과 이혼 후 부양의무[44]의 존재 등이 부부재산제의 청산에 어떤 영향을 미치는가는 부부재산제의 준거법에 따를 사항이라는 견해가 유력하다.[45]

반면에 이혼으로 인한 위자료가 아니라 이혼에 이르게 된 원인행위(예컨대 일방의

고, 동시에 부부재산제의 준거법이 한국법처럼 재산분할청구권을 인정하지 않는 법인 경우도 발생할 수 있다. 이 경우에도 어느 하나의 법에 의한 재산분할을 인정해야 하나 그 구체적 내용의 결정은 어려운 문제이다.

41) 예컨대 이혼으로 인한 재산분할청구는 부부재산 약정과 달리 舊國私 §39가 정한 이혼의 준거법에 따를 사항이라고 판시한 원심(서울고등법원 2015. 5. 26. 2014르710(본소), 2014르727(반소) 판결)을 수긍한 대법원 2018. 9. 13. 선고 2015므2124, 2131 판결도 있다. 이동희(2018), 44, 註 23은 다수의 사건에서 재산분할을 이혼의 효과로 보아 舊國私 §39, §37를 적용하여 재산분할사건의 준거법을 결정하였으나 舊國私 §38 ①, §37 iii)를 적용한 소수의 판례가 있다고 소개한다.

42) 위 판결의 소개는 이동희(2018), 46 이하 참조. 섭외사법하에서 서울가정법원 1996. 11. 1. 선고 95드27138, 63979 판결은, 재산분할은 이혼에 부수하여 부부 간의 재산관계를 조정하는 것이므로 혼인의 효력에 관한 涉私 §16 및 §17와 이혼에 관한 §18를 유추적용하여 부(夫)의 본국법에 의할 것이라고 판시한 바 있다. 한편 이동희(2018), 55은 국제이혼사건의 재산분할을 함에 있어서 결정된 준거법 규정을 검토할 때에는 재산분할에 관한 규정뿐만 아니라 부부재산제와 부양료에 대한 규정도 함께 확인하여야 한다고 지적한다. 그러나 이런 태도가 이혼 후 전 배우자간의 부양에 어떤 영향을 미치는지는 논의하지 않는다. 위 사건에서 당사자간의 준거법 지정이 없다면 어느 조문을 적용하든 간에 결론은 동일하지만, 법원으로서는 성질결정의 문제를 더 고민할 필요가 있었는데 원심과 대법원이 이 점을 전혀 문제시하지 않은 점은 유감이다.

43) 신창선·윤남순, 358; 서희원, 288. 일본의 지배적인 학설, 판례라고 한다. 松岡 博, 207도 동지. 서울고등법원 2015. 5. 26. 2014르710(본소), 2014르727(반소) 판결은 이혼으로 위자료 청구는 이혼의 준거법에 따를 사항이라고 판시하였다. 이혼으로 인한 위자료 청구권에 관하여 대법원 1993. 5. 27. 선고 92므143 판결은 "이혼위자료청구권은 상대방인 배우자의 유책불법한 행위에 의하여 그 혼인관계가 파탄상태에 이르러 부득이 이혼을 하게 된 경우에 그로 인하여 입게 된 정신적 고통을 위자하기 위한 손해배상청구권으로서, 이는 이혼의 시점에서 확정, 평가되는 것이며 이혼에 의하여 비로소 창설되는 것은 아니라"고 판시한 바 있다. 이는 성질결정에 영향을 미치는 것은 아니라고 본다.

44) 민법은 이혼 후 부양에 관한 명문의 규정을 두지 않는다. 그러나 유력설은 혼인중 부부의 일방이 가족을 위하여 가사노동에 전념한 결과 경제적 자립능력을 상실하게 되었다면, 경제적 여유가 있는 다른 일방은 적어도 전배우자가 경제적으로 자립할 수 있을 때까지 금전적으로 지원함으로써 혼인중의 가사와 육아로 인한 희생(경제적 자립능력 상실)에 대하여 보상하는 것이 타당하다고 한다. 김주수·김상용, 240. 미국의 제도는 우선 민유숙(2000), "미국법에 있어서 이혼 후의 부양(ALIMONY)제도", 재판자료: 외국사법연수논집 19, 179 이하 참조.

45) 신창선·윤남순, 359.

폭행)에 기한 손해배상청구는 그 자체로서 별도의 불법행위를 구성하므로 그의 준거법에 따른다.[46] 이 경우 불법행위의 준거법은 §52에 의하여 결정되는데 당해 불법행위는 가해자와 피해자인 부부 간에 존재하는 혼인관계를 침해하는 것으로서 종속적 연결원칙에 따라 혼인의 일반적 효력의 준거법, 즉 이혼의 준거법 소속국의 불법행위법에 연결될 가능성이 크다. 그러나 이와 달리 부부라고 하는 특별한 신분관계가 있는 자 간의 불법행위로서 별도로 취급하여야 한다는 이유로 이혼의 준거법에 의한다는 견해도 있다.[47]

라. 이혼과 부양의무

이혼 당사자 간의 부양의무에 관하여는 국제사법은 별도의 조항(§73 ②)을 두어 이혼의 준거법에 의할 것임을 명시한다.[48] 자녀의 양육비는 부양의무의 문제로서 §73에 따른다.

마. 자녀에 대한 친권·양육권

이혼에 따른 미성년 자녀의 양육문제, 특히 양육권자의 지정과 면접교섭권(right of access 또는 right of visitation)이 이혼의 효력의 문제인지 아니면 친자 간의 법률관계의 문제인지는 논란이 있으나 친자관계의 준거법(§72)에 의한다는 견해가 유력하다. 이는 다른 친자 간의 법률문제와 통일적으로 연결함과 동시에 자에게 유리할 수 있다는 데서 그 근거를 찾고 있다.[49] 우리 판례의 태도는 나뉘어 있는데, 친권자·양육자지정과 면접교섭권과 양육비 등이 모두 이혼의 준거법에 의한다는 재판례가 다수라는 지적이 있는데 이 점은 아래(아.)에서 논의한다.

이와 관련하여 서울가정법원 2014. 4. 3. 선고 2012드합3937 판결(항소기각)은 이해할 수 없는 판시를 하였다. 위 사건에서 외국 법원에서 이혼판결을 받은 한국 여성인 원고는 한국 법원에서 외국인인 전남편을 상대로 이혼 청구, 위자료 청구, 사건본인들(아이들)에 대한 친권자와 양육자 지정 청구, 양육비 청구와 혼인중 전 남편과 동

---

46) 서희원, 28 註 50. 일본의 다수설이다. 松岡 博, 207.

47) 신창선·윤남순, 359. 그러나 이 견해도 이혼의 준거법 소속국의 불법행위법에 의한다고 보는 것이 아닐까 생각된다.

48) 준거법에 따라서는 이혼 후에 전 배우자 간 부양청구권을 인정하기도 한다. 그 경우 이혼 당사자 간 부양의 문제가 있다. 즉 이혼 후에 전 배우자 간 부양청구권을 인정하는 법이 준거법인 경우 부인이 원고이면 단순히 이혼과 재산분할만을 청구할 것이 아니라 준거법에 따른 부양청구를 할 필요가 있으나 우리 변호사들이 이에 무관심한 것 같다. 국제이혼사건을 다루는 우리 변호사들로서는 이혼 후에 전 배우자 간 부양청구권을 인정하는 법이 준거법인 때에는 부인이 원고라면 이혼청구와 재산분할청구만을 할 것이 아니라 부양청구를 추가해야 할 것이다. 논의는 석광현(2021), "외국인 부부의 이혼사건에서 이혼·재산분할의 국제재판관할과 준거법", 안암법학 61, 689 이하 참조.

49) 신창선·윤남순, 359; 서희원, 289. 일본 최고재판소 1977. 3. 31. 판결도 법례의 해석상 이를 지지하였다고 한다. 서희원, 289 註 51. Andrae §9 Rn. 108.

거하면서 부정행위를 저지른 외국인 여성을 상대로 위자료 청구 등을 하였다. 위 사건에서는 외국적 요소가 있으므로 법원으로서는 국제사법을 적용하되, 친권자와 양육자 지정에 대하여는 舊國私 §45를, 양육비 청구에 대하여는 舊國私 §46를 각각 적용하여 준거법을 결정하고, 남편에 대한 위자료 청구에 관하여는 불법행위로 성질결정하여 舊國私 §32를 적용하되 혼인관계를 침해하므로 혼인의 효력의 준거법에 종속적 연결을 할지를 판단하고, 부정행위를 저지른 외국인 여성에 대하여는 舊國私 §32를 적용하여 준거법을 판단해야 했다. 그러나 위 판결은 외국의 이혼판결이 우리나라에서 승인된다는 점은 판단하면서도 준거법에 관하여는 아무런 판단을 하지 않고 위 사건이 마치 국내사건인 것처럼 취급하면서 원고의 청구를 일부 인용하고 직권으로 일부 사건본인과의 면접교섭도 허용하였다. 이는 대단히 실망스러운 판결이다. 당사자가 주장을 하지 않더라도 외국적 요소가 있는 사안이라면 법원으로서는 마땅히 직권으로 국제사법을 적용해야 한다.[50] 또한 국가에 따라서는 위에서 본 것처럼 이혼배우자 간의 부양의무를 인정하는데 위 사건에서도 그럴 가능성이 있었다.[51]

반면에 자녀의 양육비는 부양의무의 문제로서 §73에 따른다.

바. 이혼자의 행위능력

혼인에 의한 성년의제가 혼인의 효력의 문제인지 아니면 행위능력의 문제인지는 종래 논란이 있었는데 국제사법은 이를 행위능력의 문제로 성질결정하는 후자를 채택하였다(§28 ① 후문). 이의 연장선상에서 혼인에 의하여 성년에 달한 것으로 의제된 미성년자가 이혼한 경우 다시 미성년자의 지위로 돌아가는지가 혼인의 효력의 문제인지 아니면 행위능력의 문제인지라는 의문이 제기된다. §28 ① 후문의 취지에 비추어 이를 행위능력의 문제로 보아야 한다는 것이 다수설이다.[52]

사. 재혼의 금지

이혼 후 일정한 재혼금지기간, 이혼자의 재혼능력이 이혼의 준거법에 따를 사항인가라는 의문이 있으나, 이는 문제된 재혼, 즉 혼인의 실질적 성립요건의 문제로서 §63 ①에 따라 각 당사자의 본국법에 의할 사항이라고 본다.[53]

아. 이혼의 준거법에 관한 입법론

근자에는 이혼의 준거법을 정한 §66를 개정하자는 입법론이 있다.[54] 이 견해는

---

50) 석광현, 해설(2013), 128. 대법원 판결(예컨대 대법원 1982. 8. 24. 선고 81다684 판결 등)도 그런 태도를 이미 밝힌 바 있다.

51) 원고가 이를 청구하지 않았으므로 이 점에서는 법원을 나무랄 수는 없을 것이다.

52) 신창선·윤남순, 360.

53) 신창선·윤남순, 360.

54) 이종혁(2022a), 58 이하.

세 가지 점에서 개정을 제안한다. 첫째, 내국인 조항을 삭제하자는 것이고, 둘째, 이혼의 준거법에 따라 이혼이 이루어지지 않는 경우 법정지법인 우리 법을 적용할 수 있도록 보정적 연결원칙을 도입하며, 셋째, 현재 법원의 실무가 이혼의 준거법이 규율하는 사항에 대하여 혼란스럽고 제자리를 찾지 못하고 있으므로 이혼의 준거법이 규율하는 부수적 효과를 명시하자는 것이다.

우선 첫째의 점을 보면, 내국인 조항을 삭제하자는 의견을 수긍할 수 있다. 내국인 조항은 일본 법례를 수용한 것인데, 한국의 경우 협의이혼시 가정법원의 이혼의사 확인제도가 있으므로 그 절차에서 법관이 준거법을 판단할 수 있으므로 그런 절차가 없는 과거 일본 법제와는 다르다.[55)]

한편 둘째의 점을 보면, 위 견해는 우리 법이 협의이혼제도를 두고 있으므로 보정적 연결을 도입하는 편이 이혼의 자유의 보장에 기여할 수 있을 것이라면서 이를 허용하는 이탈리아(國私 §31 ②)와 프랑스(民 §309)을 원용한다.[56)] 그러나 이는 준거법 통제에 대한 예외를 인정하는 것이라 주저된다.

마지막으로 셋째의 점을 보면, 국제사법의 해석론으로서는 이혼하는 부부 사이의 상호관계와 그들과 자녀 사이의 관계는 구별되므로 후자에 속하는 친권자 및 양육자지정과 면접교섭권은 §72에 따른 부모·자녀 간 법률관계의 준거법에 의하여야 한다.[57)] 양육비에 관하여도 §73는 부양권리자와 부양의무자를 유형화하여 부양의 준거법을 구별하지 않고 모든 부양의무에 적용하므로, 양육비를 포함한 미성년자녀에 대한 부양의무도 그에 따라야 한다.[58)] 그러나 친권자·양육자지정과 면접교섭권과 양육비 등이 모두 이혼의 준거법에 의한다는 재판례가 다수라는 지적이 있다.[59)] 위 견해는 혼란을 조기에 불식하기 위하여 셋째의 점을 개정하여 법조문에 명시하자고 제안한다.[60)] 그러나 판례가 차차 올바른 길을 찾아갈 것으로 기대할 수 있으므로 굳이 개정할 필요는 없다. 다만 국제가사사건을 다루는 법관에 대한 교육 내지 연수를 강화할 필요가 있다.

한편 이혼의 준거법에 관하여 로마Ⅲ와 일부 입법례가 도입한 당사자자치를 도입할지에 관하여는 이를 불허하는 국제사법의 태도를 유지하자는 견해[61)]와 당사자자

---

55) 이종혁(2022a), 60도 동지. 필자는 이 점을 지적한 바 있다. 석광현, 해설, 470.

56) 이종혁(2022a), 60.

57) 이것이 종래의 통설이다. 이호정, 국제사법, 407 등.

58) 이런 취지의 재판례로는 예컨대 서울가정법원 2009. 3. 20. 2008르2020, 3283 판결(확정) 등이 있다.

59) 재판례의 소개와 비판은 이종혁(2021), 485 이하.

60) 이종혁(2022a), 61 이하.

61) 이종혁(2022a), 59. 이는 만일 당사자자치를 인정한다면 파탄주의를 취하는 국가로의 준거법 쇼핑이 발생할 우려가 있고 당사자 일방이 교섭과정에서 대등한 지위를 보장 받지 못할 우려가 있음을 지적한다.

치 도입에 대하여 호의적인 견해[62]가 보인다.

Ⅳ. 반정과 공서

1. 반정

이혼의 준거법이 외국법인데 그 국가의 국제사법이 우리 법에 의할 것을 지시하는 때에는 §22에 따라 반정이 일어날 수 있다. 이는 §22 ②이 §66를 열거하지 않으므로 §66의 지정은 국제사법지정이기 때문이다. 문제는 반정을 허용하는 것이 국제사법의 지정 취지에 반하는가인데(§22 ① vi) 통상은 이를 인정할 근거가 없다. §66는 §64를 이혼의 준거법에 관하여 준용하지만 그를 이유로 반정을 배제할 것은 아니다. 반면에 전정은 허용되지 않는다. 이 점은 §22의 해석상 명백하다.[63]

중국과의 사이에서도 이런 반정이 발생할 수 있다. 왜냐하면 중국 섭외민사관계법률적용법(§27)은 재판상 이혼에 대해 법정지법을 적용할 것을 규정하고 있기 때문이다.[64]

특히 영미법계처럼 이혼의 준거법에 관하여 속지법주의 또는 법정지법주의를 취하는 국가의 법이 준거법으로 지정되는 경우 국제재판관할규칙에 숨은 저촉규범에 의하여 우리 법으로의 반정, 즉 숨은 반정이 일어날 수 있다. 실제로 대법원은 숨은 반정을 명시적으로 허용하였다. 즉 대법원 2006. 5. 26. 선고 2005므884 판결은 미국 국적을 보유하고 한국에 거주하는 부부 쌍방이 모두 선택에 의한 주소(domicile of choice)를 한국에 형성한 상태에서 남편(원고)이 처(피고)를 상대로 한국 법원에 이혼, 친권자 및 양육자지정 청구의 소를 제기한 사안에서, 舊國私 §39, §37 i에 의하면 이혼에 관하여는 부부의 동일한 본국법이 제1차적으로 적용되는데, 미국은 지역에 따라 법을 달리하므로 舊國私 §3 ③에 따라서 미국 국적을 보유한 원·피고 간의 이혼청구사건 등의 준거법을 결정함에 있어서는 종전 주소지를 관할하는 미주리 주의 법규정 등을 검토

62) 곽민희(2017), 27. 이는 이혼의 경우에도 가장 밀접한 관련이 있는 법을 찾는 데 수반되는 어려움이 있고 국적이 밀접한 관련을 표명하지 못한다는 소극적 근거와, 준거법에 관한 당사자의 예측가능성과 법적 안정성을 확보할 수 있다는 적극적 근거를 제시한다.

63) 그러나 장준혁(2022), 111은 이혼준거법의 지정은 준거법 소속국의 법률저촉법뿐만 아니라 외국판결 승인법과 법률관계 승인법까지 포함하여 지정하는 것이라고 하면서 전정도 허용된다는 견해를 피력하는 것으로 보인다.

64) 필자는 초판에서는 이를 아래 숨은 반정의 맥락에서 논의하였다. 그러나 법정지법을 적용할 것을 규정하는 위 섭외민사관계법률적용법(§27)이 양면적 저촉규정이라면 이는 명시적 반정이라고 할 수 있기에 여기로 올렸다. 이종혁(2022b), 512, 주 47은 명시적 반정으로 본다. 다만 위 섭외민사관계법률적용법(§27)이 일면적 저촉규정이라면 숨은 반정이라고 볼 여지가 있을 것이다. 분명하지는 않으나 중국에서는 문언을 따라 양면적 저촉규정이라고 보는 것 같다.

해야 하는데, 미주리 주의 법과 미국의 국제사법에 관한 일반원칙 등에 의하면 한국 법원에 제기된 이혼, 친권자 및 양육자지정청구에 관해서는 원·피고의 현재 주소가 소속된 법정지의 법률이 준거법이 되어야 할 것이므로, 舊國私 §9 ①을 유추적용한 '숨은 반정'의 법리에 따라 법정지법인 한국 민법을 적용해야 한다고 판시하였다.[65)66)]

이처럼 외국의 법규(예컨대 국제재판관할규정) 속에 숨겨져 있는 저촉법규정에 의하여 우리나라로 반정하는 경우를 '명시적 반정'과 구별하여 '숨은 반정'이라 한다.[67)] 영미의 국제재판관할규칙은 어떤 경우에 내국 법원이 국제재판관할을 가지는가만을 규정하고, 관할이 있으면 법정지법(정확히는 법정지의 실질법)을 준거법으로 적용하는데, 이런 국제재판관할규칙에는 법원은 법정지법(또는 관할의 근거가 주소라면 주소지법)을 적용한다는 저촉규칙이 숨겨져 있다는 것이다. 국제사법상 숨은 반정이 허용되려면 다음 요건이 구비되어야 한다.[68)]

첫째, 우리 국제사법에 의하여 연결대상의 준거법으로 외국법이 지정될 것. 둘째, 당해 외국에 연결대상에 대한 독립적인 저촉법규칙이 없을 것. 셋째, 당해 외국의 국제재판관할규칙에 따르면 우리나라에 국제재판관할이 있을 것.[69)70)] 문제는 우리나라가 전속관할을 가져야 하는가이다.[71)] 필자는 비전속관할의 경우 외국법이 선택적

65) 그전에도 우리나라에서 숨은 반정의 법리를 인정한 하급심 재판례가 있다. 서울가정법원 1972. 10. 31. 선고 71드2122 판결, 춘천지방법원 1975. 11. 11. 선고 7드16 판결, 서울가정법원 1977. 2. 2. 선고 76드2064 판결이 있었다고 한다. 최공웅(1988), 국제소송 개정판, 698-699, 註 109. 그 후에도 서울가정법원 2014. 9. 2. 선고 2013르2901 판결도 이혼사건에서 뉴욕주법을 적용할 사안이나 숨은 반정을 인정하여 한국법을 적용한 바 있다고 한다. 이동희(2018), 46 참조. 반면에 캐나다인 부부 간의 이혼이 문제된 사건에서 원심인 서울고등법원 2017. 7. 11. 선고 2016르22226 판결은 당해 사건 이혼청구에 관하여는 舊國私 §39에 의하여 준용되는 같은 법 §37에 따라 원고와 피고의 동일한 본국법인 캐나다 이혼법을 적용하였다. 이다. 그러나 원심은 숨은 반정을 고려하지 않았고 대법원 2021. 2. 4. 선고 2017므12552 판결도 같다. 필자도 결론적으로는 이 사건에서 숨은 반정을 부정하지만 법원으로서는 숨은 반정을 검토했어야 한다. 대법원 판결에 대한 비판은 석광현(2021), "외국인 부부의 이혼사건에서 이혼·재산분할의 국제재판관할과 준거법", 안암법학 61, 643 이하 참조. 그 밖에 서울가정법원 1991. 5. 9. 선고 90드75828 판결(확정)도 숨은 반정을 인정하였는데 이는 유추적용이 아니라 직접 적용하였다는 점에서 2006년 대법원 판결과 다르다고 한다. 이종혁(2021), 483 참조.

66) 일본에서는 숨은 반정을 허용한 하급심 판결들이 있으나 학설의 태도는 나뉜다. 注國私(2), 330(北澤安紀) 330 이하. 이종혁(2022b), 513, 註 51은 일본의 일부 학설은 숨은 반정의 법리가 판례법으로 이미 확립되어 있다고 하나, 다른 학설은 단정할 수는 없다고 소개한다.

67) 상세는 前註(Ⅲ. 6.) 참조.

68) 상세는 석광현·이병화(2010), 359 이하 참조.

69) 우리나라에서 재판하기 위한 요건으로서의 국제재판관할, 즉 직접관할이 있는가는 우리의 국제재판관할규칙에 따른다. 그런데 위 대법원 판결의 사안에서 원고와 피고가 모두 한국에 주소를 두고 있었으므로 직접관할은 별로 문제되지 않았고 미주리주의 국제재판관할규칙에 따라 우리나라에 국제재판관할이 있는가는 숨은 반정을 인정하기 위한 요건으로서 의미가 있다. 그러나 대법원 판결은 전자의 맥락에서 이를 검토하였다.

70) 외국의 국제재판관할규칙에 따르면 다른 외국에 국제재판관할이 있는 경우 독일에서는 숨은 전정을 허용하는 견해가 유력하나(Kegel/Schurig, 413) 한국에서는 이는 인정할 근거가 없다.

71) 위 판결의 평석은 석광현(2006), "2006년 국제사법 분야 대법원판례: 정리 및 해설", 국제사법연구 12, 594 이하; 김시철(2007), 237 이하 참조.

연결을 하는 경우와 유사하므로 숨은 반정을 인정할 수 있다는 견해를 피력하였으나 논란의 여지가 있다.[72] 위 대법원 판결(2005므884)로부터 이에 관한 대법원의 태도를 알 수는 없다. 넷째, 당해 국가가 자국에서 재판할 경우 법정지법, 즉 법정지의 실질법을 적용할 것. 미국법상 미국의 어느 주에 관할권이 있는 경우에는 자국법인 당해 주법을 적용하므로 만일 우리나라에 관할권이 인정된다면 미국으로서는 한국법으로 반정을 한다는 것이다. 다섯째, 반정을 허용하는 것이 우리 국제사법의 지정 취지에 반하지 아니할 것. 國私 §22 ② vi에 따르면 반정을 허용하는 것이 국제사법의 지정 취지에 반하는 경우 반정은 허용되지 않는데 §22를 숨은 반정에도 유추적용한다면 이 점은 숨은 반정의 경우에도 같다.[73] 이혼에서 숨은 반정을 허용하는 것이 우리 국제사법의 지정 취지에 반하는 것으로 보이지는 않는다.

숨은 반정은 국제적으로 독일 특유의 법리라고 평가되는데, 필자는 이를 인정하는 데 대하여 강한 거부감은 없지만, 대법원이 숨은 반정의 허용 여부와 요건 등에 대한 충분한 검토 없이 다소 성급하게 수용하였다고 생각한다.[74] 대법원은 舊國私 §9를 유추적용하였으나 동조를 적용하는 적절한지도 논란의 여지가 있다.[75] 종래 우리 학설은 대체로 숨은 반정을 지지하나 비판적인 견해도 있다.[76]

숨은 반정의 법리는 연결대상인 법률관계를 세분하여 정치한 준거법지정규칙을 두고 반정에 대하여 비교적 호의적인 태도를 취하는 독일이, 준거법 결정에 대한 무관심 하에 많은 경우 법정지법을 적용하는 영미의 태도에 대한 거부감에서 비롯되어 저촉법적 무관심을 숨은 반정으로 정교하게 재해석한 결과라고 생각된다. 하지만 우리는 독일과 같은 정도로 반정에 호의적이지 않고 정치한 준거법지정규칙을 선호하는 나라는 아니다. 흥미로운 것은, 근자에는 우리 국제사법의 해석론으로 숨은 반정을 부정하는 견해가 제시된 점인데 이는 아래와 같은 다양한 근거를 제시한다.[77] 첫째, 숨

72) Staudinger/Hausmann (2013), EGBGB/IPR, Art 3−6. Neubearbeitung, Art 4 Rn. 80ff.

73) 그러나 최흥섭, 148, 註 81은 이에 반대한다.

74) 김시철(2007), 273은 숨은 반정의 요건을 언급하지 않는데 이 점은 의외이다.

75) 김시철(2007), 270, 註 91은 위 사건의 경우 "국제사법(舊國際私法을 의미) 제9조 제1항이 바로 적용되는 것이 아니라 이를 유추한 "숨은 반정의 법리"가 적용된다는 취지를 적시하는 것이 바람직하다고 한다. 그러나 법관의 법획득에는 두 가지 방법, 즉 법발견과 법형성이 있는데, 전자는 법문언(또는 법문)의 '가능한 의미' 안에서 법률로부터 해당 사안에 적용할 법을 찾아내는 해석인 데 반하여, 후자는 법률의 흠결을 보충하는 것이므로[김영환(2009), "법학방법론의 관점에서 본 유추와 목적론적 축소", 법철학연구 12−2, 9 참조], 우리 법원이 외국의 국제재판관할규칙에 숨어 있는 저촉법규칙을 찾아내어 반정을 허용한다면 굳이 유추라고 할 필요는 없다. 필자가 철저히 조사한 것은 아니지만, 독일에서도 숨은 반정을 반정의 특별한 사례라고 설명하면서도 반정을 규정한 독일 민법시행법 §4를 유추적용하는 것 같지는 않다.

76) 최흥섭, 148; 안춘수(2017), 145; 김연 외, 223. 섭외사법하에서 이호정, 국제사법, 162 이하; 최공웅, 698은 이를 지지하였다. 신창선·윤남순, 164은 독일 학설을 소개만 하고 견해를 밝히지는 않는다. 반면에 신창섭, 168은 숨은 반정의 타당성에 대하여 의문을 표시한다.

77) 이종혁(2022b), 522 이하 참조. 독일의 비판론은 MünchKomm/von Hein, Art. 4 Rn. 74ff. 참조.

은 반정을 허용할 경우 한국과 외국 모두 자국법을 적용하는 결과 국제적 판결의 일치가 달성되지 않고, 둘째, 숨은 반정은 준거법으로 지정된 외국법의 해석은 해당 외국법의 관점에서 행하여져야 한다는 국제사법 원칙에 반하며, 셋째, 숨은 반정은 국제민사소송법과 국제사법의 경계를 애매하게 만들고(더욱이 한국과 준거법 소속국이 모두 관할을 가지는 경우 준거법의 지정이 불분명하다), 넷째, 숨은 반정은 외국법 대신에 법정지법을 적용하기 위하여 동원하는 국제사법적 가장(假裝)에 불과하며, 다섯째, 외국 국제사법에 따라 한국 법원에 국제재판관할이 인정되는 경우 한국 법원의 판결은 준거법에 관계없이 승인되므로 해당 외국은 한국 법원이 한국법을 적용한 판결만 승인하겠다는 입장을 취한 것이 아니고, 여섯째, 숨은 반정은 독일에 특유한 법리이고, 일본과 한국이 수용하였을 뿐 다른 국가에서는 반향이 없으며 준거법지정규칙의 국제적 통일화 경향에도 부합하지 않는다는 것이다. 숨은 반정의 타당성에 대하여 깊이 있는 논의를 한 바 없는 우리 국제사법학계로서는 이런 견해의 출현 자체가 환영할 만한 일이다. 다만 논거의 일부는 숨은 반정이 아니라 반정 자체에 대한 비판도 포함되어 있고 그 밖에도 반론이 가능하다. 특히 셋째의 논거의 일부는 한국이 전속관할을 가지는 경우로 한정하면 의미를 상실한다. 또한 위에서 보았듯이 중국 섭외민사관계법률적용법(제27조)처럼 재판상 이혼에 대하여 법정지법을 준거법으로 지정하는 것과 그 점을 명시하지는 않지만 국제재판관할과 준거법의 병행을 당연시하는 영미법계의 경우 실질은 다를 바 없는데, 중국의 경우 명시적 반정을 받아들이면서 영미의 경우 (숨은) 반정을 부정하는 것이 타당한지는 의문이 있다. 숨은 반정을 포함한 반정 법리에 대하여 더 깊이 있는 논의를 하고 필요하다면 국제사법의 개정을 검토할 수 있다.

2. 공서

이혼의 준거법인 외국법을 적용한 결과가 우리의 공서에 반할 수 있다. 예컨대 종교적 이유로 이혼 자체를 전혀 허용하지 않거나 매우 제한적으로만 허용하는 외국법이 이혼의 준거법이 되는 경우 그 외국법의 적용은 공서에 반하는 것이 될 수 있다. 실제로 과거 우리 하급심판결들은 그와 같이 판시한 바 있다. 즉, 섭외사법하에서 이혼의 준거법에 관한 서울가정법원 1981. 3. 11. 선고 79드2574 심판은 涉私 §18에 따라 이혼의 준거법으로 지정된 필리핀법의 적용을 거부하고 우리 민법을 적용한 바 있다. 그 근거는 민법에 해당하는 필리핀 법률(§97)에 따르면 처의 간통이나 부의 축첩 등의 사유가 있는 경우에 법정 별거소송을 인정하고 있을 뿐, 이혼에 관하여는 전혀 규정이 없어 이혼제도 자체를 인정하지 않고 있다고 해석되고, 그에 따르면 청구인은 어떠한 경우에도 피청구인과 이혼할 수 없다는 부당한 결과가 되는데 이는 협의이혼은 물론 재판상 이혼도 비교적 넓게 인정하고 있는 우리나라 법제도에 비추어 공서양속에 반한다는 것이었다.

또한 이혼시 배우자의 재산분할청구를 인정하지 않는 외국법의 적용은 우리의 공서에 반하는 것이 될 수 있다. 우리 민법이 1990년 개정되어 재산분할청구권이 도입되기 전에 일본에서 재일동포 간의 이혼사건에서 재산분할을 전혀 인정하지 않는 한국 민법의 적용은 일본의 공서에 반한다고 판단한 사례들이 다수 있었다.[78)]

Ⅴ. 이혼의 준거법에 관한 유럽연합의 새로운 경향

유럽연합은 근자에 로마Ⅲ(규정)을 채택하였는데 이는 2012년 6월 21일 발효되었다. 이는 "이혼 및 법적 별거의 준거법 영역에서 제고된 협력을 시행하기 위한 2010년 12월 20일 이사회규정"[79)]을 말한다. 로마Ⅲ은 당사자의 이혼과 별거의 준거법 선택을 허용하고(§5),[80)] 선택이 없는 경우 단계적 연결원칙에 따르도록 한다. 이 경우 ⓐ 소송계속 시 공통의 상거소지법, ⓑ 최후의 공통의 상거소지법(다만 소송 계속시로부터 1년 이내이고 일방이 여전히 상거소지를 유지하여야 함), ⓒ 소송 계속시 공통의 본국법과 ⓓ 법정지법의 순서로 준거법이 된다(§8). 이처럼 로마Ⅲ은 국적을 우선시키는 우리 國私(§66, §64), 舊 독일 민법시행법(§17 ①) 및 일본 법적용통칙법(§27, §25)과 달리 상거소를 우선시킨다. 이 점은 협의이혼에 관한 중국 섭외민사관계법률적용법(§26)과 같다.

로마Ⅲ은 정치적으로 민감한 문제, 즉 동성혼에도 적용되는데, 다만 동성혼을 허용하지 않는 회원국들은 동성혼의 이혼을 선언할 의무를 지지 않도록 타협을 하고 있다(§13). 나아가 §5 또는 §8에 따른 준거법이 이혼을 허용하지 않거나 그들의 성별을 이유로 이혼 또는 별거에 대한 동일한 접근을 허용하지 않는 경우에는 법정지법을 적용한다(§10). 그 결과 양성을 차별하는 이슬람법의 적용은 배제된다.[81)] 이로 인해 독

78) 大阪地判 1984. 3. 29. 판결 등(松岡 博, 209에서 재인용).

79) 영문명칭은 "Council Regulation (EU) No 1259/2010 of 20 December 2010 implementing enhanced co-operation in the area of the law applicable to divorce and legal separation"이다. 소개는 오석웅(2020), 279.

80) 나아가 §6에서는 준거법 합의, §7에서는 방식을 규율한다. 다만 당사자들이 선택할 수 있는 법은 합의 시 당사자의 공통의 상거소지법, 최후의 공통의 상거소지법(일방이 상거소를 유지해야 함), 합의시 일방의 본국법 또는 법정지법 중의 하나여야 한다. 우리 국제사법과 일본 법적용통칙법은 당사자자치를 허용하지 않으나 중국의 섭외민사관계법률적용법(§26)은 협의이혼의 경우 당사자들이 일방 당사자의 본국법 또는 상거소지법을 선택하는 것을 허용한다.

81) 소개는 Urs Peter Gruber (2012), Scheidung auf Europäisch-die Rom Ⅲ-Verordnung, IPRax, 381.f.; Juliana Mörsdorf-Schulte (2013), Europäisches Internationales Scheidungsrecht (Rom Ⅲ), Rabels Zeitschrift, 77, 786ff. 참조. 우리 문헌은 오석웅(2020), 247.

일도 민법시행법 §17를 개정하고[82] §17b ① 4문을 수정하였다.[83]

Ⅵ. 이혼관계사건의 국제재판관할

과거 초판에서는 여기에서 이혼사건의 국제재판관할을 논의하였으나, 2판에서는 가사사건의 국제재판관할 전반에 대하여 제9장 말미의 後註에서 논의한다.

Ⅶ. 외국 법원의 이혼재판에 의한 이혼의 승인

외국에서 재판상 이혼이 행해진 경우에는 과연 우리나라에서 그러한 외국재판에 따른 이혼이 효력이 있는가라는 문제가 제기되는데, 승인요건 중 실무상 간접관할요건과 상호보증의 존재가 가장 문제된다. 이 경우 법률행위의 방식에 관한 §31는 적용되지 않는다.[84]

1. 民訴 §217의 적용 여부

舊民訴 §203(民訴 §217에 상응)가 가사사건의 외국판결에도 적용되는지에 관하여 직접 적용된다는 견해와, 이를 부정하고 유추적용 또는 조리에 의하여 유사한 요건을 요구하되 상호보증 요건은 제외하는 견해 등이 있었으나,[85] 판례[86]와 호적실무[87]는 §203가 가사사건의 외국판결에도 적용되는 것을 전제로 상호보증이 필요하다고 보았다. 대법원 2009. 6. 25. 선고 2009다22952 판결도 이를 전제로 한국과 캐나다 온타리오(Ontario)주 사이에 상호보증이 있다고 판단하였다.[88] 또한 그 후 오레곤주의 이혼 및 친권자, 양육자 지정에 관한 판결(본소)과 양육자 지정에 기한 판결(반소)의 승인 및 집행이 문제된 대법원 2012. 2. 15. 선고 2012므66 판결도 상호보증이 당연히 필요함

---

82) 조문은 아래와 같다.
"제17조(특별한 이혼의 효과; 법원의 이혼재판)
(1) 이 절의 다른 조항에 의하여 규율되지 않는 이혼의 재산법적 효과는 이혼의 준거법에 관한 EU규정(번호 1259/2010)에 따른다. (2) 내국에서는 혼인은 법원에 의하여만 해소될 수 있다." ③은 위에서 언급하였다.

83) IPRax (2012), Heft 4, Ⅱ와 Ⅲ 참조.

84) 이호정, 국제사법, 368 참조.

85) 학설은 강봉수(1986), 320-321 참조.

86) 예컨대 대법원 1971. 10. 22. 선고 71다1393 판결.

87) 이에 관하여는 박동섭(1998), 주석가사소송법, 863-864 참조.

88) 이는 이혼 및 가사비송사건인 양육자지정, 면접교섭권, 재산분할 및 부양료·양육비지급을 명한 캐나다 온타리오주 법원판결에 기한 집행판결을 청구한 사건인데, 위 판결이 동종판결 간에 상호보증의 존재를 제대로 심리한 것인지는 의문이다.

을 전제로 판단하였다. 그러나 가사사건의 외국판결에도 상호보증을 요구하면 파행적 법률관계가 발생할 가능성이 커진다는 문제가 있다. 일반적으로 상호보증을 요구함으로써 당사자이익이 침해되는데, 가사사건의 경우는 그 성격상 당사자이익뿐만 아니라 파행적인 신분관계의 창설에 의하여 거래이익과 국가이익도 침해되기 때문에 상호보증을 요구하는 것은 문제가 있으므로 이를 완화할 필요가 있으며 다만 그 범위와 요건을 더 검토할 필요가 있다.89)

보다 구체적으로 가사사건의 외국판결의 승인에서도 상호보증을 요구할지와, 가사사건의 외국판결의 승인 및 집행에 관하여 가사소송법 또는 국제사법에 명문의 규정을 둘지를 검토할 필요가 있다. 2014. 5. 20. 民訴 §217, 民執 §26와 §27가 개정되었고 民訴 §217-2가 신설되었으나 여기에서 논의하는 외국판결의 승인요건이 크게 달라진 것은 아니다.

2. 양육권자 지정 판결의 승인과 부분적 상호보증

위에 언급한 오레곤주의 이혼 및 친권자, 양육자 지정에 관한 판결(본소)과 양육자 지정에 기한 판결(반소)의 승인 및 집행이 문제된 대법원 2012. 2. 15. 선고 2012므66 판결의 하급심 판결을 보면, 유아인도청구인 반소청구에 대하여 원심 법원은 피고에게 양육권이 있음을 선언한 미국 오레곤주 법원의 판결을 승인하고 그를 기초로 아동인도를 명한 제1심판결의 결론을 지지하였다. 원심은 본소청구인 이혼판결에 관한 오레곤주법의 승인요건을 검토한 뒤 상호보증의 존재를 긍정하였고 대법원도 이런 결론을 지지하였다.

그러나 위 사건에서 오레곤주 법원의 이혼 및 친권자, 양육자 지정 모두에 관한 판결의 승인이 문제되었는데,90) 특히 문제된 것은 피고가 피고를 양육자로 지정한 오레곤주 법원 판결에 기하여 우리 법원에서 반소청구로서 제기한 유아인도청구이므로 우리 법원으로서는 동종의 판결, 즉 양육권자 지정 판결에 관하여 오레곤주와 한국 사이에 상호보증이 있는지를 검토하였어야 한다. 왜냐하면 상호보증의 요건에 관한 지도적 판결인 대법원 2004. 10. 28. 선고 2002다74213 판결이 판시한 바와 같이, 상

89) 김원태(2006), "국제이혼의 법적 문제", 가족법연구 20-1, 381도 동지. 반면에 이병화(2013), 416은 상호보증은 불요라고 한다. 독일 民訴(§328 ②)은 비재산권상의 청구에 관한 사건에서 독일에 재판적이 없으면 상호보증을 요구하지 않고 舊 비송사건절차법(§16a)도 같았다. 2009. 9. 1. 발효한 독일 가사 및 비송사건절차법(FamFG) §109 ④은 상호보증이 필요한 사건을 망라적으로 열거하는데 이혼사건은 그에 포함되지 않으므로 이혼사건의 경우 상호보증은 요구되지 않는다. Andrae §3 Rn. 112; Hahne/Munzig (Hrsg.), BeckOK FamFG, §109 Rn. 47 (Sieghörtner).

90) 오레곤주 법원의 판결문은 ⓐ 이혼, ⓑ 배우자 부양비, ⓒ 친권 및 양육권, 면접교섭권과 ⓓ 양육비에 관한 주문을 담고 있다.

호보증의 존재를 판단함에 있어서 기준이 되는 것은 한국과 외국 사이에 동종 판결의 승인요건이 중요한 점에서 실질적으로 거의 차이가 없을 것이라는 점이기 때문이다.[91] 그러나 오레곤주 판결을 승인한 위 대법원 판결은, 양육권자 지정 판결이 아니라 이혼판결의 승인에 관한 한국법과 오레곤주법을 비교하고 결론을 내렸다.[92] 이는 대법원이 설시한 부분적 상호보증의 법리에 반하는 것으로서 잘못이다. 양육권자 지정에 관하여 오레곤주를 포함하여 미국의 대부분 주는 "통일 아동양육권의 관할 및 집행법(Uniform Child Custody Jurisdiction and Enforcement Act)"을 채택하였으므로 오레곤주가 채택한 위 통일법상의 외국판결 승인요건을 검토하고 상호보증의 유무를 판단했어야 한다. 다만 양육자지정이 이혼을 전제로 하는 것이므로 이혼판결의 승인요건이 구비되어야 한다면 이혼판결의 승인요건도 함께 검토해야 할 것이다.[93]

3. 외국 법원의 이혼재판에 대한 집행판결의 요부

과거 우리의 유력설과 판례는 법률관계를 명확히 하는 실익이 있을 때에는 이행판결이 아니더라도 집행판결을 구할 수 있다고 보고, 특히 형성판결인 이혼판결에 기한 가족관계등록부 기재를 '광의의 집행'으로 보아 집행판결을 받으라는 식의 이론구성을 하였다.[94] 그러나 미국 법원의 이혼판결을 받은 재미교포들의 경우 상호보증의 결여를 이유로 미국 판결에 기하여 호적기재를 하지 못하고 다시 한국에서 이혼소송을 제기해야 하는 불편이 있게 되자 대법원은 이혼판결에 대하여는 대법원예규[95]

91) 필자는 이를 부분적 상호보증이론을 채택한 것으로 이해하고 위 판결을 지지하는 평석을 쓴 바 있다. 석광현(2007), "詐欺에 의한 外國判決承認의 公序違反與否와 相互保證", 국제사법과 국제소송 4, 263 이하 참조.

92) 원심법원은, 오레곤주법이 이혼에 관한 외국판결의 승인에 관하여 특별한 규정을 두지 않으나, 오레곤주 법원은 예양(comity)에 의하여 외국판결의 경우에도 ⓐ 외국법원이 실제적 관할을 가지고, ⓑ 재판결과가 기망에 의하여 부정하게 취득되지 않았으며, ⓒ 적정한 송달과 심문 등 적법절차에 따라 공정하게 이루어졌고, ⓓ 오레곤주의 공공질서(public policy)에 어긋나지 않는 경우에는 이를 승인해 왔다는 취지로 판시하였다. 민유숙(2014), "2013년 친족·상속법 중요 판례", 人權 440, 54은 동종 판결의 개념에 관한 문제의식 없이 위 대법원 판결이 기존판결을 따른 것이라는 점만 언급한다.

93) 이 점은 석광현(2016), 132에서 비판한 바 있다.

94) 대법원 1971. 10. 22. 선고 71다1393 판결은 이혼판결에 대한 집행판결을 허용하였다.

95) 이는 2007. 12. 10. 가족관계등록예규 제173호(외국법원의 이혼판결에 의한 가족관계등록 사무처리지침)와 제175호(외국법원의 이혼판결에 의한 이혼신고)에 따른 것이다. 다만, 외국판결상 피고인 우리 국민이 해당 외국판결에 의한 이혼신고에 동의하거나 스스로 이혼신고를 한 경우 또는 민사집행법에 따라 집행판결을 받은 경우에는 감독법원에 질의할 필요가 없다. 과거 1981. 10. 14. 호적예규 제371호는 외국에서의 이혼판결은 집행판결을 거치지 아니하고 이혼신고를 할 수 있다는 획기적 조치를 취하였다. 법원행정처, 국제가족관계등록 사례집(2009), 104도 참조. 다만 2015년 1월 개정된 가족관계등록예규 제419호(외국법원의 이혼판결에 의한 가족관계등록사무 처리지침 일부개정예규)는 질의하여야 하는 경우를 더 구체적으로 규정하면서(외국판결의 확정여부가 불분명한 경우, 송달의 적법여부가 불분명한 경우, 외국법원의 판결절차가 진행될 당시 피고가 해당 외국에 거주하지 않은 경우와 그 밖에 외국판결의 효력이 의심스러운 경우), 나아가 그에 대한 예외(외국판결상의 피고인 한국 국민이 해당 외국판결에 의한 이혼신고에 동의하거나 스스로 이혼신고를 한 경우와 외국법원의 이혼판결에 대하여 民執 §26 및

에 의하여 집행판결을 요구하지 않는 것으로 방침을 정하였다.[96] 물론 위 예규에 따르면 담당 공무원으로서는 승인요건의 구비 여부가 명백하지 않은 경우 감독법원에 질의하여 승인요건의 구비 여부에 관한 회답을 얻어 처리해야 함에도 불구하고, 실무적으로는 이를 생략한 탓에 승인요건을 구비하지 못한 이혼판결에 따라 가족관계등록부에 이혼을 기재하는 사례도 발생하고 있다. 따라서 뜻하지 않게 이혼을 당한 당사자는 우리 법원에 이혼무효확인의 소를 제기하여 당해 이혼판결이 한국에서 효력이 없음을 주장·입증해야 하는 불합리한 사례가 발생하였다.[97] 이러한 불합리는 외국판결에 기한 신분관계 변동의 기재를 위하여 집행판결을 요구한다면 피할 수 있지만, 가족관계등록부의 기재는 본래의 집행이 아니므로 외국판결에 따른 신분관계의 변동을 기재하기 위해 집행판결을 요구하는 것은 부적절하다.[98]

또한 이혼판결을 제외한 다른 가사사건 판결에 대하여는 집행판결을 요구하면서 이혼판결에 대해서만 예외를 인정할 근거도 없다. 예컨대 외국 입양판결에 따른 가족관계등록의 경우에도 집행판결은 불필요한데, 다만 이에 대하여는 별도의 예규는 없고 1996. 10. 24. 호적선례(제4−25호)와 위에 언급한 가족관계등록예규 제419호에 근거한 실무로 보인다. 전자는 그 근거로 입양결정(판결)은 국가가 후견적 사무로서 행하는 행정작용에 불과한 것으로 당사자 간의 분쟁을 전제로 하는 소송에 대한 종국적 재판과는 그 성질이 다르기 때문이라고 하나 이는 설득력이 없다. 집행판결이 불필요하다는 결론은 타당하다고 볼 여지가 있으나 그 논리적 근거는 비송사건에 대하여도 제217조가 적용되는 것을 전제로 하는 대법원 판결과는 일관성이 없다. 민사소송법의 해석론을 불합리한 예규로써 바꿀 수는 없다. 더욱이 가사사건의 외국판결의 경우 승인요건의 구비 여부에 관한 판단을 가족관계등록 공무원에게 맡기는 것은 무리이므

§27에 따른 집행판결을 받은 경우)를 규정한다.

96) 과거 호적실무는 여러 번 변경되었다. 최공웅(1999), "韓國家族法과 國際私法問題", 가사조정 2, 28 참조. 집행판결의 면제는 이혼판결에만 적용되고 외국법원의 혼인 취소, 혼인무효와 이혼무효판결에는 적용되지 않으므로 그 경우 집행판결이 필요하다. 이처럼 외국법원의 이혼판결에 기하여 집행판결 없이 가족관계등록부에 기재할 수 있으므로 당사자가 외국 이혼판결에 기한 집행판결청구의 소를 제기할 경우 소의 이익이 없어 각하된다. 법원행정처(2006), 국제거래재판실무편람, 102. 그러나 국제거래재판실무편람(2015), 118에서는 집행판결이 필요한지에 관해 긍정설과 부정설이 있다고 소개하고 민사집행실무 1권, 211을 인용한다. 우리 법상 재판상이혼은 나류 가사소송사건이다.

97) 이러한 문제점이 노정된 사건으로는 예컨대 대법원 2002. 11. 26. 선고 2002므1312 판결이 있다. 만일 집행판결이 필요하다는 입장을 취하였다면 미국에서 이혼판결을 받은 남편이 한국에서 부인을 상대로 소를 제기하여 집행판결을 받았어야 했으나, 집행판결 없이 호적기재가 이루어진 결과 부인이 남편을 상대로 이혼무효확인의 소를 제기해야 했다. 신분관계의 변동이라는 매우 중대한 사항이 제대로 걸러지지 못한 채 호적에 기재되었다는 점에서 이는 매우 유감인데 법원이 이런 현상을 방치하는 것은 바람직하지 않다.

98) 일본에서는 집행판결을 요구하지 않는 것으로 보인다. 佐藤やよひ·道垣内正人(2007), 渉外戸籍法リステイトメント, 248.

로 입법론으로는 법원이나 적절한 기관이 승인요건의 구비 여부를 유권적으로 판단하도록 수정할 필요가 있다. 참고로 독일에서는 외국 법원의 혼인관계사건 재판(외국에서 혼인의 무효를 선언하거나 혼인을 취소하거나 이혼에 의해 혼인관계를 종료시키거나 혼인계속 중에 별거를 명하거나 또는 관계인 간의 혼인의 존재 혹은 부존재를 확인하는 재판)은 자동적으로 승인되는 것이 아니라 '가사사건과 비송사건의 절차에 관한 법률(FamFG)(가사·비송법)' §107에 따라 주법무행정청(Landesjustizverwaltung) 내지 고등법원(OLG)의 장이 승인요건의 구비 여부를 확정한다.[99] 독일에서는 외국 입양재판의 경우 입양협약 제23조가 적용되는 사건이 아니면 독일 가정법원의 승인확정이 필요하다.

Ⅷ. 외국에서 이루어진 협의이혼의 승인

이혼의 준거법이 외국법인 경우 협의이혼 등 사적이혼을 허용하는 당해 외국법에 따라 사적이혼이 이루어졌다면 이는 유효한 이혼이고 한국에서도 이혼에 따른 효력(효과)이 인정된다(이는 준거법 지정의 효과인데 이를 편의상 '이혼의 승인'이라고 부르기도 한다). 이는 위에서 설명한 바와 같다.

99) 다만 사법권에 속하는 이런 사항을 행정절차로 처리하는 것은 독일 기본법이 정한 권력분립의 원칙에 반한다는 비판도 있다. Geimer, Rz. 264. 장준혁(2016), "다문화가족의 국제사법적 쟁점－양자적 이혼승인조약의 체결방안－", 가족법연구 30－3, 392도 참조.

[後註] 남북한 주민 간의 이혼에 관한 특례와 국제사법적 고려

▌**참고문헌**[1]: 사단법인 한중법학회(2023), 남북한주민 간 민사법률분쟁에 대한 재판관할권 등에 관한 연구－중국·대만·홍콩·마카오의 실무 사례를 중심으로－법원행정처 제출 연구용역 연구결과 보고서; 석광현(2015), "남북한 주민 간 법률관계의 올바른 규율: 광의의 준국제사법규칙과 실질법의 특례를 중심으로", 국제사법연구 21－2; 오수근(1991), "동·서독일간의 준국제사법적 문제의 해결방법에 관한 연구", 한국민사법학의 현대적 전개; 연람배경숙교수화갑기념논문집; 오수근(1998), "남북한간의 국제사법적 문제", 국제사법연구 3; 이종혁(2021), "남북교역 활성화와 단계적 통일과정에 따르는 준국제사법 제정방향－남북한 국제사법의 비교를 포함하여－", 통일과 법률 48; 임성권(2007), 남북한 사이의 사법적 법률관계; 임성권(2004), "탈북자의 이혼 청구에 있어서의 국제사법적 문제 — 서울가정법원 2004년 2월 6일 선고 2003드단58877 판결을 계기로 —", 국제사법연구 10; 임성권(1999), "남북한 사이의 국제사법적 문제", 국제사법연구 4 최공웅선생 화갑기념논문집; 임성권(2001), "남북한 주민 사이의 가족법적 문제", 비교사법 8－2; 임성권(2020), "남한주민과 북한주민 사이의 가족관계와 상속 관련 국제사법적 문제의 해결". 비교사법 27－1.

1. 남북한 주민 또는 기업 간의 법률관계를 바라보는 관점

근자에 남북한 주민 또는 기업 간의 교류가 활발해짐에 따라 어려운 준거법 결정의 문제가 발생하고 있다. 이러한 문제 특히 민사문제를 처리하는 접근방법으로는 몇 가지를 생각할 수 있다. 첫째, 憲 §3(영토조항)의 논리에 충실하게 북한이 한국의 일부라고 본다면 그 경우 한국법을 적용하여 처리하면 될 것이나, 이를 관철할 수는 없다. 만일 이를 관철하자면 예컨대 북한에서 북한 주민들 간에 이루어진 혼인은 우리

1) 남북한 주민 간의 관계를 다룬 문헌은 상당히 많이 있으나 국제사법 및 준국제사법의 관점을 주로 다룬 문헌을 소개한다. 친족법만이 아니라 다양한 법률관계의 준거법을 다룬 포괄적인 준국제사법체계는 석광현(2015); 한중법학회(2023) 참조.

민법이 정한 혼인신고가 없었기 때문에 모두 무효일 것이나, 그러한 결론을 수긍할 수는 없다.[2] 둘째, 憲 §4(통일정책조항) 우위설을 취하면서 국제적으로 남북한이 별개의 국가처럼 취급되는 점을 중시하면 그 경우 전적으로 국제사법에 따라 처리해야겠지만, 이는 헌법의 논리에 충실하지 못하고 정서적으로도 거부감이 있다. 셋째, 준국제사법적 또는 그에 준하는 접근방법을 취하는 것인데, 이는 일단 국제사법을 유추적용하는 형태로 나타나나 그 내용은 더 구체화할 필요가 있다.[3] 다만 이에 따를 경우 국제사법이 당사자이익을 위하여 국적을 연결점으로 삼는 것과 달리 준국제사법의 개념상 이 원칙을 준국제사법에 유추적용할 수는 없다고 본다.[4] 물론 준국제사법적 접근방법을 취하더라도 필요한 경우 특수성을 실질법에 반영하여 올바른 방향으로 문제를 해결해야 한다.[5]

넷째, 남북한 간의 특수한 관계로 보아 남북한특수관계론을 전개하는 견해가 있는데 이는 개별사건에 따라 국내법 또는 국제법 원칙을 적용할 수 있다고 하나,[6] 아직 그 내용은 분명하지 않으며 앞으로 이를 구체화해야 한다. 그 구체화의 방향에 따라 다르겠지만 이 견해를 따르더라도 필요한 경우 특수성을 실질법에 반영하여 올바

2) 하지만 이런 법리에 따라 북한 주민에게 우리 법을 적용하여 저작권을 인정한 사례가 있다. 예컨대 대법원 1990. 9. 28. 선고 89누6396 판결. 반면에 대법원 2024. 6. 13. 자 2024스536 결정은 북한이탈주민법과 남북가족특례법은 북한에서 성립한 혼인관계의 효력이 인정될 수 있고 그 혼인관계 중 출생한 자녀도 혼인중의 자녀가 될 수 있다는 입장에 서서 그에 따른 법률관계를 규율하고 있다고 판시하고, 이는 남북관계 및 이로 인하여 발생하는 남북 주민의 신분관계의 여러 문제점이 가지는 특수성을 고려하여, 가족관계등록법에 따른 기록이 없다는 이유만을 들어 북한에서 이미 유효하게 이루어진 신분관계의 효력을 부정하지 않겠다는 취지라고 판시한 바 있다. 이는 결국 북한에서의 혼인관계와 친자관계에는 북한법을 적용한다는 것을 의미하나 그 법적 근거를 더 명확히 하지 않은 점은 아쉽다.

3) 윤진수·장준혁, 주해상속 2, 1339 이하는 준국제사법적 접근방법의 근거로 국제사법 유추적용설과 舊國私 §3 ③의 유추적용설을 분류하면서 필자를 후자의 지지자로 적고 있으나 이는 의외다. 필자는 준국제사법적 접근방법을 취하면서 그의 실정법적 근거를 국제사법 제3조 제3항으로부터 도출할 여지가 있음을 지적한 것이지 준국제사법적 접근방법과 별도의 다른 접근방법으로 舊國私 §3 ③을 유추적용하자고 주장한 것이 아니기 때문이다. 근자에는 입법론으로서 준국제사법을 제정하자는 제안도 있다. 이종혁(2021), 129 이하(구체적 입법 제안은 135 이하) 참조. 상세는 한양대학교 산학협력단(2020), "남북한 사인간 상거래분쟁의 준국제사법적 해결방안, 2020년 통일부 최종보고서"(이종혁 집필); 한중법학회(2023), 남북한주민 간 민사법률분쟁에 대한 재판관할권 등에 관한 연구－중국·대만·홍콩·마카오의 실무 사례를 중심으로－, 법원행정처 제출 연구보고서 참조. 준국제사법에 관하여는 이종혁, "준국제사법의 일반이론과 동서독의 준국제사법 문제 해결방법 개관", 한양대학교 국제소송법무 제23호(2021), 89면 이하 참조.

4) 필자는 그러면서도 한 국가의 이법지역이 자신의 국적을 가진다면 그를 따를 수도 있고 그렇다면 '남한적'과 '북한적'을 국적에 갈음하는 연결점으로 사용할 여지도 있다는 견해를 피력하였다. 윤진수·장준혁, 주해상속 2, 1336, 주 759는 그런 취지를 지지하는 것으로 보인다. 그러나 새로운 남한적과 북한적을 고안하지 않고, 북한 주민 모두에 대하여 남한 국적을 인정하면서 대한민국 국적을 남한적으로 이해한다면 모든 북한 주민의 본국법이 남한법이 되는 결과 북한적은 무의미하게 될 것이다. 이런 이유로 남북한 관계에서 국적을 연결점으로 삼지 말자는 것이다. 석광현(2015), 354 참조.

5) 예컨대 "남북 주민 사이의 가족관계와 상속 등에 관한 특례법(남북주민법)"의 중혼의 특례(§6)가 그러한 예이다.

6) 이효원, 남북교류협력의 규범체계(2006), 7.

른 방향으로 문제를 해결해야 하는 점은 위의 준국제사법적 접근방법을 취하는 경우와 다를 바 없을 것이다.

종래 북한주민과의 관계에 적용할 법을 논의하는 경우 이처럼 憲 §3와 §4를 중심으로 삼는 경향이 있으나 평등의 원칙을 규정한 §11를 함께 고려하여야 한다. 국제사법의 적용근거는 헌법상의 평등의 원칙에서 찾을 수 있기 때문이다. 평등의 원칙으로부터 구체적인 규칙이 도출되지는 않더라도 단적으로 북한주민 간의 법률관계에 대해 남한법을 적용하는 것과, 사망한 북한주민의 상속문제를 남한 민법에 의하여 규율하는 것은 평등의 원칙에 반한다는 점은 별 의문이 없고 이는 당사자의 이익에도 반한다.[7)]

아래에서는 위와 같은 접근방법을 기초로 남북한 주민 간의 친족법상의 법률관계에 대한 특례를 정한 "북한이탈주민의 보호 및 정착지원에 관한 법률(북한이탈주민법)"과 "남북 주민 사이의 가족관계와 상속 등에 관한 특례법(남북가족특례법)"을 간단히 소개한다. 위 양 법률의 저촉법적 측면을 다루고[8)] 실질법적 측면은 제외한다.[9)]

2. 남북한 주민 간의 이혼에 관한 특례

근자에는 다소 줄었지만 2000년대 한동안 많은 탈북자가 발생함에 따라 그들이 북한에 남아 있는 배우자와 이혼하고자 법원에 제소하는 사안이 발생하였다. 이 경우 첫째, 홀로 탈북한 배우자가 북한에 있는 배우자를 상대로 이혼청구를 할 수 있는지, 둘째, 한국 법원에 재판관할권이 있는지, 셋째, 이혼의 전제로서 북한에서의 혼인은 유효하게 성립하였는지, 넷째, 북한주민에게 송달을 어떻게 할 것인지, 다섯째, 이혼의 준거법은 무엇인지 등의 의문이 제기되었다. 이러한 문제를 입법적으로 해결하기 위하여 국회는 2007년 1월 북한이탈주민법을 개정하여 §19−2를 신설하였고 이는 다시 개정되어 현재의 조문은 아래와 같다.

7) 이 점은 석광현(2015), 346 참조.
8) 준국제사법적 쟁점에 대하여는 윤진수·장준혁, 주해상속 2, 1316이 상세히 논의한다.
9) 남북가족특례법에 대한 축조해설은 윤진수·이동진, 주해상속 2, 1455 이하 참조.

> 제19조의2(이혼의 특례) ① 제19조에 따라 가족관계 등록을 창설한 사람 중 북한에 배우자를 둔 사람은 그 배우자가 남한에 거주하는지 불명확한 경우 이혼을 청구할 수 있다.
> ② 제19조에 따라 가족관계 등록을 창설한 사람의 가족관계등록부에 배우자로 기록된 사람은 재판상 이혼의 당사자가 될 수 있다.
> ③ 제1항에 따라 이혼을 청구하려는 사람은 배우자가 보호대상자에 해당하지 아니함을 증명하는 통일부장관의 서면을 첨부하여 서울가정법원에 재판상 이혼청구를 하여야 한다.
> ④ 서울가정법원이 제2항에 따른 재판상 이혼의 당사자에게 송달을 할 때에는 「민사소송법」 제195조에 따른 공시송달(公示送達)로 할 수 있다. 이 경우 첫 공시송달은 실시한 날부터 2개월이 지나야 효력이 생긴다. 다만, 같은 당사자에게 첫 공시송달 후에 하는 공시송달은 실시한 다음 날부터 효력이 생긴다.
> ⑤ 제4항의 기간은 줄일 수 없다.

위 조문에 의하여, 탈북자가 배우자를 상대로 한국(남한) 법원에 제소할 수 있고, 한국 법원이 국제재판관할권을 가지는 점과 공시송달에 의하여 송달을 할 수 있다는 점이 명확히 되었다

한국 법원이 재판하는 경우 절차에 관하여는 '법정지법원칙'에 따라 법정지인 한국의 절차이 규율한다. 따라서 한국 법원의 국제재판관할과 송달 등은 절차적 문제로서 우리가 북한이탈주민법에 적절한 내용을 규정할 수 있다.

한편 실체에 관하여는 북한이탈주민법은 그 법이 정한 요건이 구비되는 한 우리 법원이 적용하여야 하는 법률인데 위 §19-2가 저촉법적 측면에서 준국제사법규칙을 담은 조문인가가 문제된다. 즉 위에서 본 준국제사법적 접근방법에 따르면 남한 주민과 북한 주민 간의 이혼에 대하여는 §66를 유추적용해야 하는데 §19-2가 그에 대한 특칙으로서 이혼의 준거법이 한국법이라는 취지를 정한 것인지가 문제된다.

한편 실질법 측면에서는 §19-2가 이혼원인을 추가한 것인가라는 의문이 있다. 즉 위 조문은 탈북자에 대하여 사실상 파탄주의를 적용할 것을 요구하는가라는 의문이다. 만일 그렇다면 탈북과 그에 이은 별거라는 이유만으로 이혼을 허용하는 것이 된다.[10)]

10) 특례조항에 관하여는 우선 신영호(2007), "새터민의 이혼소송", 人權 통권 368, 114 이하 참조.

3. 남북 주민 사이의 가족관계와 상속 등에 관한 특례법

과거 한동안 북한 주민들이 6·25 때 월남한 아버지의 유가족을 상대로 낸 소송에서 조정이 성립해[11] 유산의 일부를 물려받게 되는 등 소송이 현실화되고 있는 상황을 고려하여 정부는 2011년 초 '남북주민 사이의 가족관계와 상속 등에 관한 특례법안'을 입법예고하였다. 위 법률안은 동법이 적용되는 법률관계에 한정하여 북한 법률과 판결에 대하여 준거법의 결정에 관한 국제사법과 외국판결의 승인에 관한 민사소송법 규정을 준용하는 취지의 조문을 담고 있었으나,[12] 입법예고 이후 북한의 법률과 판결 효력을 인정하는 것은 북한을 국가로 인정하는 것이라는 비판을 이유로 정부는 위 조문들을 삭제한 수정안을 8월 18일 재공고하였다.[13] 결국 위 수정안에 따른 법률, 즉 남북가족특례법은 제11299호로 2012. 2. 10. 제정되었고 2012. 5. 11. 발효되었다.

---

11) 대법원 2013. 7. 25. 선고 2011므3105 판결에 의하여 친생자관계존재는 확정되었다. 유산분할에 관하여는 당사자들 간에 조정이 성립하였다고 한다. 동서독 사례의 소개는 홍창우(2014), "남북한 주민의 친족관계 사례에 관한 비교법적 고찰−동·서독 사례를 중심으로−", 판례실무연구 [XI](하), 291 이하 참조.

12) 당초 법률안 초안에서는 아래와 같이 재판관할(§4), 준거법(§5), 사법공조(§6)와 북한판결의 효력(§7)에 관한 규정을 두었으나 재판관할에 관한 조항만이 남았다. 조문의 소개와 해석은 석광현(2019), 제6권, 709 이하 참조.

> 제4조 (재판관할) ① 이 법이 적용되거나 그와 관련된 사건에서 법원은 당사자 또는 분쟁이 된 사안이 남한과 실질적 관련이 있는 경우에 재판관할권을 가진다. 이 경우 법원은 실질적 관련의 유무를 판단함에 있어 재판관할 배분의 이념에 부합하는 합리적인 원칙에 따라야 한다.
> ② 법원은 국내법의 관할 규정을 참작하여 재판관할권의 유무를 판단하되, 제1항의 규정의 취지 및 제2조의 기본원칙을 고려하여야 한다.
> ③ 남한 주민이 북한 주민을 상대로 제1항과 관련된 소를 제기하고자 하는 경우, 사실상의 장애로 인하여 전 2항에 따라 재판관할을 가지는 북한법원에 제소할 수 없는 때에는 대법원이 있는 곳의 관할법원에 소를 제기할 수 있다.
> 제5조 (준거법) ① 이 법이 적용되거나 그와 관련된 법률관계에 대하여는 제2조의 기본원칙을 고려하여 이 법과 국제사법의 목적 및 취지에 반하지 않는 범위 내에서 국제사법을 준용한다. 다만 국적이 연결점인 경우 상거소지를 국적으로 본다.
> ② 이 법에 따라 북한법을 적용해야 하는 경우에 당해 법률관계에 적용할 북한법의 내용을 알 수 없거나 또는 북한법에 따르면 남한법이 적용되어야 하는 때에는 남한법(준거법의 지정에 관한 법규를 제외한다)에 의한다.
> ③ 이 법에 따라 북한법을 적용해야 하는 경우 그 규정의 적용이 남한의 선량한 풍속 기타 사회질서에 명백히 위반되는 때에는 이를 적용하지 아니한다.
> 제6조 (남북한 사법공조)
> 남북한 사이의 사법공조의 내용과 절차에 관하여는 제2조의 기본원칙을 고려하여 이 법과 「민사소송법」, 「국제민사사법공조법」의 목적과 취지에 반하지 않는 범위 내에서 해당하는 법률을 준용한다.
> 제7조 (북한판결의 효력)
> 북한주민 사이의 가족관계에 관한 북한법원의 확정판결의 남한에서의 효력에 대하여는 제2조의 기본원칙을 고려하여 그 목적과 취지에 반하지 않는 범위 내에서 민사소송법 제217조의 규정을 준용한다. 다만 민사소송법 제217조 제4호는 제외한다.

13) 이러한 태도는 국가의 승인과, 외국법의 적용 내지 외국판결의 승인과의 관계를 오해한 것으로 국제사법적 사고의 빈곤을 보여주는 사례이다.

남북가족특례법은 그 법이 정한 요건이 구비되는 한 우리 법원이 적용하여야 하는 법률인데 조문에 따라서는 저촉법적 측면에서는 준국제사법규칙을 담은 법률로서 그리고 실질법 측면에서는 민법 등 실질법에 대한 특칙으로서도 의미가 있다. 예컨대 중혼에 관한 특례를 정한 §6는 아래와 같다.[14)]

> 제6조(중혼에 관한 특례) ① 1953년 7월 27일 한국 군사정전에 관한 협정(이하 "정전협정"이라 한다)이 체결되기 전에 혼인하여 북한에 배우자를 둔 사람이 그 혼인이 해소되지 아니한 상태에서 남한에서 다시 혼인을 한 경우에는 중혼이 성립한다.
> ② 제1항의 사유로 중혼이 성립한 경우에는 「민법」 제816조제1호와 제818조에도 불구하고 중혼을 사유로 혼인의 취소를 청구할 수 없다. 다만, 후혼(後婚) 배우자 쌍방 사이에 중혼취소에 대한 합의가 이루어진 경우에는 그러하지 아니하다.
> ③ 제1항의 사유로 중혼이 성립한 경우로서 북한에 거주하는 전혼(前婚)의 배우자도 다시 혼인을 한 경우에는 부부 쌍방에 대하여 중혼이 성립한 때에 전혼은 소멸한 것으로 본다.
> ④ 정전협정이 체결되기 전에 혼인하여 남한에 배우자를 둔 사람이 그 혼인이 해소되지 아니한 상태에서 북한에서 다시 혼인을 한 경우에도 제1항부터 제3항까지의 규정을 준용한다.

혼인의 성립의 준거법을 정한 §63의 해설에서 본 것처럼 실질적 성립요건은 배분적 연결원칙을 따르고 중혼과 같은 혼인장애사유는 대표적인 쌍면적 장애사유인데 1953. 7. 27. 한국 군사정전에 관한 협정 체결 전에 혼인하여 북한에 배우자를 둔 사람이 월남하여 혼인이 해소되지 아니한 상태에서 남한에서 다시 혼인을 한 경우도 있는데 그 경우 중혼이 성립한다. 후혼은 통상 남한주민 간의 혼인일 텐데 民 §816 i 와 §818에 따르면 중혼은 혼인의 취소사유이므로[15)] 그 경우 후혼을 취소할 수 있게 된다. 이는 준국제사법적 접근의 논리적 귀결이다. 그러나 南北特 §6 ②은 그 경우 중혼을 사유로 혼인의 취소를 청구할 수 없다고 규정한다. 이는 준거법에 관계없이 남북가족특례법이 규정한 실질법적 효과를 규정한 것이 아닐까 생각된다.

한편 남북한에도 모두 중혼이 성립한 경우 준국제사법적 접근방법에 따르면 혼인이 양 당사자의 법을 모두 위반한 경우 그 위반의 효과에 대하여는 보다 엄격한 효과를 규정한 법이 적용된다는 견해가 유력하다. 즉 중혼에 대하여 일방당사자의 속인법에 따르면 혼인이 취소할 수 있고 다른 당사자의 속인법에 따르면 무효인 때에는

14) 기타 연결대상에 관한 구체적 논의는 석광현(2015), 360 이하 참조.

15) 중혼을 취소사유로 규정하는 우리 민법과 달리 북한에서는 중혼은 혼인무효사유이다. 박복순(2015), "통일대비 남북한 가족 관련 법제 비교 및 통합의 기본 방향", 통일과 법률 21, 97.

중혼은 무효라는 것이다. 그러나 南北特 §6 ③은 그 경우 부부 쌍방에 대하여 중혼이 성립한 때에 전혼은 소멸한 것으로 본다고 규정함으로써 특례를 인정한다.

어쨌든 앞으로 남북한 주민 및 기업 간의 법률관계를 다루는 데 있어서 국제사법적 관점이 유용함을 지적해 둔다. 이는 위에서 본 둘째의 방안, 즉 국제사법으로 해결하여야 한다는 것을 강조하기 위한 것이 아니라, 셋째의 방안(준국제사법적 접근방법) 또는 넷째의 방안을 따를 경우 그 출발점이 되는 점에서 물론이고, 가사 다른 접근방법을 취하더라도 국제사법적 시각은 균형잡힌 관점을 제공함으로써 문제를 올바로 해결하는 데 크게 도움을 주기 때문이다.[16)]

다만 준국제사법적 접근방법이 모든 문제를 해결할 수는 없으므로 필요한 경우 문제된 남북한 법률관계의 특수성을 충분히 고려하여 적절한 실질법규칙을 도입함으로써 올바른 방향으로 문제를 해결할 필요가 있다.[17)] 위에서 본 南北特 §6는 특례를 두어 민법에도 불구하고 중혼을 취소할 수 없는 것으로 하고 일정한 경우 오히려 전혼이 소멸한 것으로 보는데, 이는 정의로운 실질법규칙을 도입함으로써 문제를 해결한 것이다. 만일 장래 이러한 실질법규칙이 많아진다면 그때에는 가칭 'inter-Korean private law 내지는 한반도사법(私法)이라는 독특한 규범체계가 성립될 가능성도 있다.

---

16) 그 과정에서 북한 주민의 국적문제도 검토할 필요가 있다. 이에 관하여는 우선 석동현, 국적법(2011), 293 이하 참조.

17) 실질법을 정립함에 있어서는 가급적 남북한이 합의하여 제정하는 것이 바람직하다. 국내법으로 하자면 통일된 내용을 담는 것이 바람직하고, 만일 그것이 불가능하다면 일방적 규범을 제정할 수밖에 없다.

[後註] 등록된 생활동반자관계

▮**참고문헌:** 김민중(2001), "독일의 새로운 가족법상의 제도로서의 동성 사이의 생활동반자관계", 가족법연구 15-2; 이병화(2020), "등록파트너십을 포함하는 혼외동거에 관한 헤이그국제사법회의의 비교법적 동향 분석", 국제사법연구 26-2; 이보연(2019), "독일 동성혼 인정 과정을 통해서 본 의회와 연방헌법재판소의 상호작용", 서울법학 26-4; 이정훈(2016), "동성혼과 생활동반자법에 관한 연구-동성생활동반자의 혼인신고 불수리처분에 대한 불복신청 사건 (서울서부지방법원 2014호파 1842)을 중심으로-", 원광법학 32-2; Encyclopedia/Patrick Wautelet, Registered partnerships, Vol. 2; 홍윤선(2014), "독일의 「등록된 생활동반자관계에 관한 법률」의 제정과 주요 내용", 최신외국법제정보.

1. 생활동반자관계의 준거법의 논점

우리나라에서는 동성의 생활동반자관계가 허용되지 않고 등록도 할 수 없지만[1] 국가에 따라서는 이를 허용하기도 한다. 독일에서는 과거 동성 간의 법률혼(동성혼)이 허용되지 않았으므로 동성혼에 갈음하는 제도로서 2001년 동성 간의 생활동반자제도가 도입되었다.[2] 그러나 독일에서는 2017년 7. 20. 제정된 동성 간의 혼인체결에 관한 법의 도입을 위한 법률에 의하여 동성혼이 도입됨으로써 동성 생활동반자관계는 의미를 상실하였다.[3] 한편 프랑스에서는 민사(또는 시민)연대계약(*pacte civil de solidarité*. 또는 연대를 위한 민사협약)에 관한 1999. 11. 15.자 법률 제99-944호에 의하여 PACS 제

1) 우리나라에서도 2014년 "생활동반자관계에 관한 법률안"을 발의하려는 시도가 있었으나 성공하지 못하였다.

2) 독일의 생활동반자 제도는 2001년 '동성결합 차별 종식을 위한 법률: 생활동반자(Gesetz zur Beendigung der Diskriminierung gleichgeschlechtlicher Gemeinschaften: Lebenspartnerschaften)'에 의하여 도입되었다. 소개는 김민중(2001), 393 이하; 홍윤선(2014), "독일의「등록된 생활동반자관계에 관한 법률」의 제정과 주요 내용", 최신외국법제정보, 70 이하 참조. 그 후의 변화는 이보연(2019), 59 이하; 이정훈(2016), 82 이하 참조.

3) 그 결과 2017. 10. 1. 이후로 독일에서는 새로운 생활동반자등록은 허용되지 않는다. 생활동반자법률 제1조. 참고로 동성 간의 등록동반자관계는 동성혼의 대안으로 1980년대 후반에 덴마크와 독일 등 유럽 국가들에서 도입되기 시작한 데 반하여, 동성 간 및 이성 간의 등록동반자관계는 1990년대 후반에 이르러 프랑스와 벨기에 등에서 도입되었다. 김상용(2023), "등록동반자관계는 혼인제도의 대안이 될 수 있는가", 가정상담 476, 30 참조.

도가 도입되었고, 영국에서는 2004년 민사결합법(Civil Partnership Act 2004)에 의하여 2005년 민사결합(civil partnership)제도가 도입되었다.[4)]

생활동반자관계에 외국적 요소가 있는 때에는 준거법 결정 등 국제사법적 쟁점이 제기된다. 현재로서는 외국법에 따라 동성의 생활동반자관계가 등록되었더라도 그의 효력을 직접 인정하는 것은 우리의 공서에 반할 가능성이 크지만, 생활동반자 간의 재산관계처럼 외국법에 따라 성립한 생활동반자관계의 개별적 효력을 주장하는 것은 공서위반이 아닐 수 있으므로 준거법을 논의할 실익이 있다.[5)] 이에는 동반자의 국적에 따라 다양한 결합유형이 있을 수 있다.[6)] 아래에서는 참고로 독일법의 논의를 간단히 소개한다.[7)]

우리 국제사법과 달리 독일 민법시행법은 2001. 8. 1. 발효된 §17b(이는 2001년 2월 생활동반자법률(Lebenspartnerschaftsgesetz)에 의하여 신설되었다)에서 등록된 동성의 생활동반자관계 간의 가족법적 문제의 준거법을 상세히 규정하는데, 이는 2012년 5월 3일 일부 개정되었다.[8)] 그러나 독일 민법시행법은 많은 부분에서 로마Ⅲ과 아래에서 언급하는 등록동반자재산규정에 의하여 배제된다. 이성 간의 생활동반자관계 나아가 동성 간의 혼인관계의 준거법에 대하여는 §17b가 직접 적용되는 것은 아니고 그에 유추적용될 수 있는지는 논란이 있다.[9)]

우리나라에서는 결혼한 부부와 자녀 등으로 구성된 전통적 가족 형태를 당연시하는 경향이 있으나 최근에는 결혼을 하지 않고 함께 사는 비혼동거 가족 등 새로운 유형의 가족이 늘어나면서 생활동반자법을 도입할 필요성에 대한 논의가 활발해지고 있다. 특히 현행 가족 관련 법·제도들이 대부분 전통적 가족 개념 내지 형태를 전제

---

4) 프랑스 법률은 김수정(2015), "유럽에서의 동성혼 합법화 경향", 가족법연구 29-1, 228 이하; 강명원(2024), "프랑스의 등록 동거혼 관련 입법례", 최신 외국입법정보 2024-02호(240), 1 이하. 영국 법률은 위 김수정, 215 이하 참조. 이병화(2020), 537 이하도 참조. 이탈리아에 대하여 동성 커플에 대하여 혼인은 아니라도 그에 준하는 법률관계를 인정받을 수 있는 제도를 마련하여야 한다고 판시한 유럽인권재판소의 2015년 Oliari v. Italy 판결과 유럽 국가들의 법제의 소개는 윤진수(2021), "유럽에서의 동성혼인 및 동성결합에 관한 최근의 동향", 가족법연구 35-2, 1 이하 참조.

5) 물론 이 경우 생활동반자관계를 어떻게 성질결정할지가 우선 문제된다. 독일에서는 구 민법시행법 §17a가 신설되기 전 다양한 견해가 있었으나 가족법, 특히 혼인법적으로 성질결정하여 이를 유추적용하려는 견해가 통설이었다. Dominique Jakob (2002), Die eingetrgene Lebenspartnerschaft im Internationalen Privatrecht, 172. 특히 197 이하 참조.

6) 우리 법상으로는 예컨대 ① 한국에서 외국인-외국인 간 또는 ② 한국에서 한국인-외국인 간의 생활동반자관계의 성립을 인정할 수 있는지, 나아가 ③ 외국에서 성립한 외국인-외국인 간의 생활동반자관계와 ④ 한국인-외국인 간의 생활동반자관계를 승인할 수 있는지 등의 문제가 제기될 수 있다.

7) 세월이 조금 흘렀으나 소개는 Wautelet (2017), 1509 이하 참조.

8) 독일 민법시행법의 조문 번역은 석광현, 정년기념, 580 참조.

9) 과거 Andrae는 이성 간의 생활동반자관계에 §17b를 유추적용하고(§10, 3. Aulage, Rn. 61 §1 Rn. 180). 동성 간의 혼인관계에 대하여는 §17b를 적용하는 것으로 보였다(§10 Rn. 68). 그러나 개정된 §17b는 등록된 생활동반자관계만이 아니라 동성혼에도 직접 적용된다(§17b ④, ⑤). Andrae, §1 Rn. 190 이하.

로 하는 탓에 비혼동거 가족 등 새로운 유형의 가족을 보호하는 데 미흡하므로 이를 입법적으로 보완할 필요가 있기 때문이다.[10] 다만 이는 실질법의 문제이고 국제사법적 논점에 대하여는 관심이 별로 없다.[11]

2. 생활동반자관계의 준거법의 결정[12]

생활동반자관계의 준거법은 우선 EU동반자관계재산규정[13]에 의하여 결정되고 그에 의하지 않는 범위 내에서 독일 민법시행법이 규율한다(민법시행법 §3 ①, ②항). 주의할 것은 EU동반자관계재산규정은 EU부부재산규정과는 별개의 규정이지만 함께 움직이는데 이는 유럽연합 내에서는 부부든 생활동반자든 동일하게 취급하기 위한 것이라고 한다.[14]

등록된 생활동반자(eingetragene Lebenspartnerschaft)(이를 "등록된 파트너십"이라고 번역할 수도 있다)의 성립과 해소 및 EU동반자관계재산규정의 적용범위에 속하지 않는 일반적인 효력은 등록부 관리 국가(또는 등록국. *lex libri*)의 실질법에 의한다(§17b ①).[15] 당사자는 준거법을 직접 지정할 수는 없지만 등록국을 선택함으로써 간접적으로 준거법을 선택할 수 있다. 그러나 그 국가는 생활동반자관계의 등록을 허용하는 국가여야 하고, 부부 중 일방이 속하거나 그의 상거소지국이어야 한다(§17b ②, §10 ②). 당사자들이 다른 국가에서 등록하는 경우 준거법이 변경된다. 즉 동일한 사람들 간에 등록된 생활동반사관세가 복수 국가에 존재하는 경우 ①에 기술한 효력과 효과에 대하여는 최후에 성립한 생활동반자관계가 성립한 때로부터는 그것이 준거가 된다(§17b ③).[16]

10) 법률신문 기사 참조. https://m.lawtimes.co.kr/Content/Article?serial=174305.

11) 다만 이병화(2020), 537 이하는 동반자관계에 관한 실질법과 국제사법 분야의 비교법적 자료를 정리한 헤이그국제사법회의의 자료를 소개한다. 헤이그국제사법회의의 자료인 Caroline Harnois and Juliane Hirsch, Note on Developments in I 참조.

12) 우리의 경우 생활동반자관계의 성질결정이 문제된다. 과거 독일에서는 다양한 견해가 있었으나 가족법, 특히 혼인법적으로 성질결정하여 이를 유추적용하는 견해가 통설이었다.

13) 이는 "등록된 동반자관계의 재산법적 효력사건에서의 관할, 준거법과 재판의 승인 및 집행의 영역에서의 제고된 협력의 시행을 위한 2016. 6. 24. 이사회 규정 (유럽연합) 번호 2016/1104"을 말한다. 독일어는 '생활동반자관계'라는 용어를 사용하나 EU 차원에서는 '동반자관계'라고 한다. 과거에는 등록동반자관계를 규율하는 독립적 규정은 없었고 오히려 기존규정들이 등록동반자관계에 적용되는지가 문제되었으나 2016년 EU동반자관계재산규정이 채택되었다.

14) 최흥섭(2020), 유럽연합의 국제사법, 167.

15) 혼인의 성립에 관한 위의 논의에서 언급하였듯이 근자에 독일에서는 혼인, 혼인과 유사한 동반자관계 기타 가족법적으로 승인된 생활 및 위험공동체를 통일적으로 거행지법에 연결하는 견해가 점차 유력하게 주장되고 있다. 독일 국제사법회의는 그런 취지의 입법제안을 한 바 있다.

16) 제1항은 연금청산(Versorgungsausgleich)에 관하여도 위 준거법이 적용됨을 명시하면서 일정한 제한을 둔다. 조미경(1992), "독일 離婚法에 있어서의 年金清算(Versorgungsausgleich)제도", 가족법연구 6, 153 이하 참조.

3. 준거법이 규율하는 사항

등록된 생활동반자관계의 준거법은 그의 성립과 해소 및 EU등록동반자재산규정의 적용범위에 속하지 않는 일반적 효력을 규율한다(§17b ①). 즉 혼인에서처럼 그의 실질적 성립요건, 방식과 그 흠결 시의 효력 등 준거법이 규율하는 모든 사항이 생활동반자관계의 준거법에 의한다. 부부재산제는 EU등록동반자재산규정에 따른다. 생활동반자관계에 따른 부양의무와 상속은 각각 EU부양규정과 EU상속규정에 따른다.[17)]

4. 제3자의 보호와 효력의 제한

성명의 선택에 관한 독일 민법시행법 §10 ②과, 독일 소재 혼인주거와 가사용품(또는 가재도구. Haushaltsgegenstände)에 대한 사용권 등에 관하여 독일법을 적용하도록 하는 §17a[18)]는 생활동반자관계에도 준용된다(§17b ②).[19)]

5. 연금청산

Versorgungsausgleich(연금청산)[20)]은 1문에 의하여 준용되는 법에 따른다(§17b ① 2문). 다만 이는 그에 따라 독일법이 적용되는 경우 또는 생활동반자관계의 해소 신청이 계속한 시점에 생활동반자가 속하는 국가들 중 어느 하나의 법이 생활동반자 간의 연금청산을 아는 때에 한하여 행해질 수 있다. 그 밖에는 생활동반자의 일인이 동반자관계가 존속하는 동안 내국의 연금에 대한 기대권을 취득하였던 경우에는 부부의 일방이 신청에 기하여 독일법에 따라 행해질 수 있으나, 연금청산의 실행은 생활동반자 쌍방의 경제적 사정을 고려하여 또한 생활동반자관계의 전 기간을 고려하여 형평에 반하지 아니하는 한도 내에서만 행하여진다(§17b ① 4문).

---

17) 과거 생활동반자관계의 상속법적 효과는 상속의 준거법에 의하나, 그에 따르면 법정 상속권이 인정되지 않는 때에는 그 범위 내에서 등록국법에 따랐다(구 민법시행법 §17b ① 2문).

18) 독일 민법상의 가재도구의 분할에 관하여는 서종희, "이혼시 가재도구의 분할－신설된 독일민법 제1568b조를 참조하여－", 가족법연구 27－2(2013. 7.), 37 이하 참조.

19) 구 민법시행법은 생활동반자관계의 일반적 효력이 다른 국가의 법에 따르는 경우에는, 독일법의 규정이 선의의 제3자에 대하여 외국법보다 유리한 범위 내에서는, 독일 내에 소재하는 동산에는 등록된 생활동반자법 §8 ①을, 국내에서 행한 법률행위에 대하여는 §8 ②과 독일 민법 §1357를 적용하였고(§17b ②), 외국에서 등록된 생활동반자관계의 효력은 독일 민법과 생활동반자법에 정한 것을 넘을 수는 없다고 규정하였다(§17b ④). 그러나 독일 다수설은 이는 외국의 생활동반자관계를 독일법상의 생활동반자관계로 격하시키는 것으로서 부당하고 공서조항으로 족하다고 비판하였다. Andrae, §10 Rn. 25. 또한 위 조항은 EU 내에서의 이주와 거주의 자유를 보장하는 유럽연합기능조약(TFEU. 유럽공동체설립조약, 즉 로마조약의 후신이다) §21에 반한다는 비판도 있었기에 결국 삭제되었다.

20) 조미경(註 16), 153 이하 참조. 오종근 외(2023), 독일민법전 가족법, 137도 이를 '연금청산'이라고 번역한다.

[後註] 동성혼

▮**참고문헌:** 김혜원(2022), "외국법에 따른 동성혼(同性婚)을 어떻게 취급할 것인가 - 가족법/재산법 준별론에 대한 비평과 동성혼을 둘러싼 법적의사결정에 대한 서론 -", 石光現교수정년기념헌정논문집: 國際去來法과 國際私法의 現狀과 課題; 성중탁(2017), "동성(同性)혼에 관한 법적 쟁점과 전망 —미국에서의 동성혼 합법화 결정 이후의 논의를 포함하여—", 가족법연구 31-1; 신영현(2016. 9.), "미국의 동성혼 관련 판결의 분석과 함의", 가천법학 9-3; 안소영(2015), "입양법제의 개선방안 — 헤이그국제입양협약의 비준에 즈음하여 —", 이화여자대학교 대학원 박사학위논문; 장지용(2018. 6. 28.), "외국에서 성립된 동성혼의 승인", 신문4616; 채형복(2018), "프랑스 동성결혼법 - 모두를 위한 '어떤' 결혼인가", 강원법학 54; Katharina Boele-Woelki and Angelika Fuchs (eds.) (2012), Legal recognition of same-sex relationships in Europe: national, cross-border and European perspectives, 2nd Edition; Patricia Orejudo Prieto de Los Mozos (2006), Private international law Problems Relating to the Celebration of Same-Sex Marriage, Yearbook of Private International Law; Encyclopedia/Walter Pintens/Jens M Scherpe, Same-sex marriages, Vol. 2.

1. 동성혼의 준거법의 논점

우리나라에서는 동성혼(또는 동성혼인. same-sex marriage)은 허용되지 않고 등록도 할 수 없지만 국가에 따라서는 이를 허용하기도 한다. 즉 民(§826 등)은 혼인의 당사자를 부부(夫婦)라고 표현하여 당사자가 서로 성(性)이 다를 것을 당연한 전제로 하므로 민법의 해석상 동성혼인을 인정할 수는 없다.[1] 또한 憲 §36 ①은 "혼인과 가족생활은 개인의 존엄과 양성의 평등을 기초로 성립되고 유지되되어야 하며"라고 규정하여 혼인이 이성 간의 결합임을 전제하므로 동성혼을 인정하지 않는 것이 위헌이라고 평가할 수도 없다. 다만 당사자들의 행복추구권의 실현을 보장하기 위하여 입법론으로는 정면으로 동성혼을 인정하거나 그에 준하는 관계를 허용하는 것이 바람직하다는 견해가 유력하다.[2]

1) 서울서부지방법원 2016. 5. 25.자 2014호파1842 결정에서 법원은 남성으로 동성인 갑과 을의 혼인신고에 대하여 관할 구청장이 신고불수리 통지를 하자, 갑과 을이 불복신청을 한 사안에서, 현행법의 통상적인 해석으로는 동성(同性)인 신청인들의 합의를 혼인의 합의라고 할 수 없고 합의에 따른 신고를 적법한 혼인신고라고 할 수 없다고 판시하였다. 이에 대하여는 다수의 평석이 있다.

그러나 근자에는 독일,[3] 프랑스[4]와 영국[5]에서는 동성혼이 모두 허용된다. 미국[6]에서도 근자의 연방대법원 판결에 의하여 동성혼이 허용된다.

현재로서는 외국법에 따라 동성혼이 등록되었더라도 그의 효력을 직접 인정하는 것은 우리의 공서에 반한다고 볼 가능성이 클 것이나,[7] 동성혼의 당사자(또는 동성배우자 또는 동성결합 상대방) 간의 재산관계처럼 외국법에 따라 성립한 동성혼의 개별적 효력을 주장하는 것은 공서위반이 되지 아니하므로 준거법을 논의할 실익이 있다.[8][9]

2) 윤진수, 20 이하.

3) 독일의 동성혼 제도는 2017. 7. 20. 제정된 '동성 간의 혼인체결에 관한 권리의 도입을 위한 법률[혼인개방법](Gesetz zur Einführung des Rechts auf Eheschließung für Personen gleichen Geschlechts (Eheöffnungsgesetz))'에 의하여 도입되어 2017. 10. 1. 시행되었다.

4) 프랑스의 동성혼 제도는 2013. 5. 17. 제정된 '동성 커플에게 혼인을 개방하는 법률' 제2013-404호에 의하여 도입되어 2013. 5. 19. 시행되었다. 소개는 채형복(2018), 43 이하; 안소영(2015), 166 이하 참조.

5) 영국의 동성혼 제도는 2013. 7. 17. 제정된 2013년 동성 커플 혼인법(Marriage (Same Sex Couples) Act 2013)에 의하여 도입되어 2014. 3. 13. 시행되었다.

6) 미국 연방대법원은 2015. 6. 26. Obergefell v. Hodges, 576 U.S. 644 (2015) 사건 판결에서 각 주가 동성혼을 금지하는 것은 위헌이고 각 주는 동성혼을 허용할 의무가 있다고 판시하였다. 위 판결과 그 후의 논의는 성중탁(2017), 230 이하; 신영현, 168 이하 참조.

7) 다만 그것이 선결문제인 경우는 그러하지 아니하다.

8) 우리 법상 예컨대 ① 한국에서 외국인-외국인 간 또는 ② 한국에서 한국인-외국인 간의 동성혼의 관계의 성립을 인정할 수 있는지, 나아가 ③ 외국에서 성립한 외국인-외국인 간의 동성혼과 ④ 외국에서 성립한 한국인-외국인 간의 동성혼을 승인할 수 있는지 등의 문제가 제기될 수 있다. ④의 사례로는 한국인 남성과 2015년 영국에서 결혼식을 올리고 혼인증명서를 받은 영국인 남성이 한국 정부에 결혼이민비자를 신청하였으나 거부당한 사례가 보도된 바 있다. 특히 외국에서 동성혼이 성립한 경우 그의 승인이 우리의 공서위반이라고 하더라도 그 결과 모든 맥락에서 혼인의 성립을 전면적으로 부정할 것은 아니고 개별 사안에서 쟁점이 되는 혼인의 효력에 대하여 공서위반 여부를 판단할 필요가 있다. 즉 혼인의 효력을 검토함에 있어서 선결문제인 혼인의 성립 자체가 공서위반을 이유로 부정되더라도 혼인의 효력은 개별적으로 검토하여야 한다는 것이다. 김혜원(2022), 373 이하는 이 점을 적절히 지적하면서 우리 법원은 동성배우자가 국내 체류자격을 받을 수 있는지, 공무원연금법상의 유족으로 인정될 수 있는지 또한 형사법적 법률관계의 선결문제인 경우 등을 개별적으로 검토한다. 특히 준거법 결정의 맥락에서는 아래에서 보듯이 실질적 부부공동체가 형성되어 있는 사실혼의 성립과 효력의 준거법에 관하여는 혼인의 성립과 일반적 효력을 정한 §63와 §64를, 사실혼의 해소에 대하여는 이혼의 준거법을 정한 §66를 각각 유추적용하는 견해가 유력하므로 유사하게 동성혼의 성립, 효력과 해소에 대하여도 성질상 허용되는 범위 내에서 혼인의 준거법을 정한 조문을 유추적용할 필요가 있다.

9) 외국적 요소는 없으나 동성 동반자의 건강보험 피부양자 자격 유무가 다투어진 사건이 있다. 국민건강보험공단은 종래 사실혼 배우자에게도 피부양자 지위를 인정하였는데, 동성 동반자와 결혼식을 올리고 함께 살지만 동성이라 혼인신고를 하지 못한 원고(남성)도 '사실혼 배우자'로 분류되어 직장가입자인 배우자의 피부양자로 등록되었으나 언론 보도 후 지위를 취소당하고 지난 8개월의 보험료를 납부하라는 고지를 받았다. 원고는 평등원칙 위배와 절차적 문제를 주장하면서 2021년 2월 보험료 부과처분의 취소를 구하는 소를 제기하였다. 1심인 서울행정법원 2022. 1. 7. 선고 2021구합55456 판결은 법률혼뿐만 아니라 사실혼도 이성 배우자 간에만 가능하다고 보았고, 동성 간 결합과 이성 간 결합은 본질적으로 같지 않기에 동성배우자에게 피부양자 지위를 인정하지 않는 것이 평등원칙에 위배되지 않는다고 판단하였다. 항소심인 서울고등법원 2023. 2. 21. 2022누32797 판결은 1심 판결을 취소하고 원고승소 판결을 하였다. 항소심은 "사실혼 배우자와 동성결합 상대방은 모두 법률적인 의미의 가족관계나 부양의무의 대상에는 포함되지 않는 정서적·경제적 생활공동체라는 점에서 양자가 다르다고 할 수 없어 사실혼 배우자 집단에 대해서만 피부양자 자격을 인정하고, 동성결합 상대방 집단에 대해서 인정하지 않는 것은 성적 지향(性的指向, sexual orientation)을 이유로 본질적으로 동일한 집단에 대한 차별대우에 해당한다"고 하고, "자의금지원칙에 따른 심사의 경우 '차별의 합리적 이유가 존재하는지'의 여부에 따라 판단하고, 행정청의 어떤 행위가 차별대우로 인정된다면 그 차별에 합리적 이유가 있어 자의적이지 않

아래에서는 참고로 유럽연합과 독일법의 논의를 간단히 소개한다.

2. 동성혼의 준거법의 결정

독일의 경우 동성혼의 준거법은 우선 로마Ⅲ에 의하여 결정되고 그에 의하지 않는 범위 내에서 독일 민법시행법이 규율한다(§3 ①, ②). 즉 로마Ⅲ은 동성혼에도 적용되는데, 다만 동성혼을 허용하지 않는 회원국은 동성혼의 이혼을 선언할 의무를 지지 않는다(§13).

로마Ⅲ이 시행되면서 특별한 이혼의 효과와 이혼재판에 관하여 규정하였던 구 민법시행법 §17가 2018. 12. 21. 개정되었고 §17b ① 1 4문 등이 개정되었으며 그 후 §17b에는 제4항과 제5항이 신설되었다. 그에 따르면 동성혼의 준거법은 아래와 같다.

동성혼에도 생활동반자관계에 적용되는 §17b ①부터 ③이 적용된다(§17b ④). 이혼 및 혼인결합의 해소 없는 별거의 준거법(§3 ① d 참조)은 로마Ⅲ에 따른다. 부부재산법적 효력은 EU부부재산제규정에 의하여 결정되는 준거법에 따른다. 성씨의 선택을 정한 §10 ②과 혼인주거를 정한 §17a는 준용된다(§17b ④, ②). 당사자들이 다른 국가에서 등록하는 경우 준거법이 변경되는 점도 생활동반자관계와 같다(§17b ④, ③). 동성혼의 경우 §13 ③(혼인적령), §17 ①부터 ③(이혼에 대한 특별규정), §19 ① 3문(출생자의 지위), §22 ① 2문과 ③ 1문(입양)과 §46e(로마Ⅲ 법의 선택)가 준용된다(§17b ⑤). 동성혼 당사자(또는 동성배

다는 점은 행정청이 주장·입증할 책임이 있으나, 공단은 합리적 이유에 대해 구체적 주장·입증을 하지 않았기에 "공단은 합리적 이유 없이 동성결합 상대방을 사실혼 배우자와 차별해 피부양자 자격을 박탈했으므로, 평등의 원칙에 위배되어 위법하다"고 판시하였다. 위 판결은 사회보장제도에서 성적 지향에 근거한 차별을 해서는 아니 된다는 점을 확인한 최초의 판결로서 동성 동반자도 건강보험 상 피부양자 지위를 가질 수 있음을 인정한 점에서 큰 의미가 있다. 다만 항소심 법원이 동성결합을 사실혼 관계로 인정한 것은 아니고, 동성 동반자에게 건강보험상 피부양자 이외의 법적 지위를 부여한 것은 아니다. 국민건강보험공단이 2023. 3. 6. 상고하였으나 대법원 2024. 7. 18. 선고 2023두36800 전원합의체판결은 상고를 기각하였다. 대법원은 "국민건강보험법령에서 동성 동반자를 피부양자에서 배제하는 명시적 규정이 없는데도 동성이라는 이유만으로 배제하는 것은 성적 지향에 따른 차별"이고, 이는 "함께 생활하고 서로 부양하는 두 사람의 관계가 전통적인 가족법제가 아닌 기본적인 사회보장제도인 건강보험의 피부양자제도에서조차도 인정받지 못함을 의미하는 것으로서, 이는 인간의 존엄과 가치, 행복추구권, 사생활의 자유, 법 앞에 평등할 권리를 침해하는 차별행위이고, 그 침해의 정도도 중하다"고 한 뒤 "피부양자제도의 본질에 입각하면 동성 동반자를 사실상 혼인 관계에 있는 사람과 달리 취급할 이유가 없다"며 "동성 동반자도 '동반자' 관계를 형성한 직장가입자에게 주로 생계를 의존하여 스스로 보험료를 납부할 자력이 없는 경우 사실상 혼인관계에 있는 사람과 마찬가지로 피부양자로 인정받을 필요가 있고, 그 요건도 달리 보아서는 안 된다"고 판시하였다. 그러나 위 판결이 동성혼을 인정한 것은 아니다. 즉 대법원은 "이 사건은 건강보험이라는 특수한 사회보장제도와 관련한 피부양자 인정에서의 형평성 유지에 관한 것으로 건강보험제도와 피부양자제도의 취지, 목적 등을 떠나 생각할 수 없고, 다른 사회보장제도의 경우 각 제도의 취지, 목적 등에 비추어 별도로 판단할 문제이다. 또한 동성 동반자에 대해 사실상 혼인관계에 있는 사람에 준하여 건강보험의 피부양자로 인정하는 문제와 민법 내지 가족법상 '배우자'의 범위를 해석·확정하는 문제는 충분히 다른 국면에서 논의할 수 있다"고 밝혔다. 위 다수의견과 달리 '배우자'에 '동성 동반자'를 포함시키고자 한다면 입법이나 위헌법률심판제도를 활용하는 방식을 취하는 것이 옳다는 취지의 별개의견이 있다.

우자)는 혼인의 일반적 효력에 관하여 §14에 따라 준거법을 선택할 수 있다(§17b ⑤).

준거법의 맥락에서 흥미로운 것은 구 스위스 국제사법이다. 과거 스위스에서는 동성혼이 허용되지 않았는데 당시 스위스 國私(§45 ③)은 "외국에서 유효하게 체결된 동성 간의 혼인은 스위스에서 등록된 동반자관계로 승인된다"고 규정함으로써 외국 동성혼의 효력을 등록된 동반자관계로 격하시켰다(downgrade).[10] 그러나 스위스는 2022. 7. 1.부터 동성혼을 허용하므로 이제는 외국에서 유효하게 성립한 동성혼은 스위스에서도 유효한 혼인으로 승인되는 결과 위 ③은 2022. 7. 1.자로 삭제되었다. 현재 동성혼을 허용하지 않는 우리 법은 생활동반자관계라는 개념을 알지 못하므로 가사 우리 국제사법상 외국의 동성혼이 공서위반이라고 본다고 하더라도 이를 생활동반자관계로 격하시킬 근거는 없다. 다만 동성혼에 앞서 동성의 생활동반자관계만 먼저 도입된다면 그때에는 그럴 가능성도 없지 않다.

3. 준거법이 규율하는 사항

동성혼의 준거법은 그의 성립과 해소 및 일반적 및 재산적 효력을 규율한다(§17b ①, ④). 즉 혼인에서처럼 그의 실질적 성립요건, 방식과 그 흠결 시의 효력 등 준거법이 규율하는 모든 사항이 동성혼의 준거법에 의한다.

10) 참고로 유럽인권재판소와 EU사법재판소는 동성혼의 인정은 개별 회원국의 입법사항이고 아직 확립된 컨센서스가 없으므로 다른 회원국에서 성립된 동성혼을 승인할 의무가 있는 것은 아니지만, 적어도 그들의 관계를 보호할 수 있는 다른 대체 제도로서의 승인(유럽인권재판소 판결) 또는 제3국 국적의 동성배우자의 거주를 보장하기 위한 승인(EU사법재판소 판결) 등은 필요하다는 취지로 판단하였다. 장지용(2018. 6. 28.), 11에 소개된 유럽인권재판소 2017. 12. 14. Orlandi and Others v. Italy 사건 판결(no. 26431/12); EU사법재판소 2018. 6. 5. Relu Adrian Coman and Others v Inspectoratul General pentru Imigrări and Ministerul Afacerilor Interne 사건 판결(C−673/16) 등 참조.

[前註] 국제친자법의 구성

▌**참고문헌:** 곽민희(2016), "국제가족법상 아동의 복리", 조선대학교 법학논총 23-2; 석광현(2018), "2018년 국제사법 전부개정법률안[공청회안]에 따른 가사사건의 국제재판관할규칙", 국제사법연구 24-2; 양진섭(2020), 친자관계의 결정; 이종혁(2022c), "친생자관계의 성립 및 효력의 준거법에 관한 입법론", 가족법연구 36-3; 조수정(2000), 한국국제사법학회 제8차 연차학술대회<제6분과 토론자료>; 최흥섭(2000), "섭외사법개정법률안의 검토—제2장(자연인), 제4장(친족), 제5장(상속)", 국제사법학회 8차 연차학술대회 발표자료; 최흥섭(2001a), "개정법률과 國際親族·相續法의 諸問題", 법조 536; 최흥섭(2001b), "미성년자의 보호를 위한 1996년의 헤이그협약", 인하대 법학연구 4;[1] 현소혜(2013), "개정 「민법」상 입양과 「입양특례법」상 입양-체계정합성의 관점에서-", 가족법연구 27-1; 현소혜(2021), "친권 관계 사건의 국제재판관할-2019년 브뤼셀 II ter 규칙에 대한 소개를 중심으로-", 가족법연구 35-2.

국제사법의 제7장, 즉 국제친족법은 국제혼인법(§§63~66), 국제친자법(§§67~72), 국제부양법(§73)과 국제후견법(§75)으로 구성된다. 여기에서 다루는 국제친자법은 준거법결정원칙을 내용으로 하는 좁은 의미의 국제친자법을 말한다. 즉, 여기에서는 우리 실정법인 국제사법 중 준거법지정규칙의 해설을 위주로 하므로 국제친자법을 좁게 이해하되, 2022년 개성에 의하여 국제재판관할[2]이 추가되었으므로 이는 제9장 말미의 後註에서 논의하고, 외국판결의 승인 및 집행은 간단히 언급한다. 국제친자법은 §67 내지 §72로 구성되는데, 국제사법은 §67 내지 §71에서 다양한 친자관계의 성립에 관한 규정을 두고, 나아가 그렇게 하여 친자 간의 법률관계가 성립한 경우 그에 따른 친자의 권리·의무관계를 §72에서 규정하는 방식을 취하고 있다.

국제친자법의 영역에서 주목할 것은 우리나라가 탈취협약에 가입하여 동 협약이 2013년 3월 1일 한국에서 발효되었다는 점인데 이를 위하여 국회는 이행법률을 제정하였다. 탈취협약은 §72의 後註에서 소개한다. 또한 아직 비준하지는 않았으나 우리나라는 헤이그국제사법회의의 입양협약에 서명하였고 2023년 7월 18일 '국제입양에 관한 법률'을 공포하였으며 2025년 7월 19일 시행에 맞추어 현재 비준을 위한 절차를 추진 중임도 주목해야 한다. 1950년대 이래 상당한 규모의 우리 아동들이 해외입양하

1) 이는 최흥섭(2005), 현대적 흐름, 329 이하에도 수록되어 있다. 양자는 동일한 것으로 보이므로 달리 표시하지 않으면 전자를 인용한다.

2) 탈취협약으로부터 알 수 있는 바와 같이 본안인 양육권에 관하여는 아동의 상거소지국이 국제재판관할을 가지고, 입양재판에 관하여는 아동의 주소지국(또는 상거소지국)과 양부모가 될 자의 주소지국(또는 상거소지국)의 국제재판관할을 가진다고 할 수 있다.

였고 아직도 완전히 없는 것은 아니고 근자에는 외국으로부터 국내로의 입양(특히 중도입국자녀 입양)도 이루어지고 있으므로 입양협약의 중요성은 탈취협약보다 더 크다고 할 수 있다. 이는 입양 및 파양의 준거법을 정한 §70와 동의요건을 정한 §71에 이어 그의 後註에서 논의한다. 또한 근자에는 아동학대의 증가가 사회문제화됨에 따라 아동학대방지를 위한 새로운 제도의 도입에 관한 관심이 커지고 있는데[3] 그와 병행하여 아동학대의 국제화에 대비해야 한다. 헤이그국제사법회의에서 채택한 1996년 아동보호협약에의 가입도 그러한 맥락에서 검토할 필요가 있다.

3) 예컨대 김상용(2014. 1.), "아동학대방지를 위한 새로운 제도 — 피해아동보호명령을 중심으로 —," 가정상담 365, 11 이하.

第 67 條 (혼인 중의 부모·자녀관계)

① 혼인 중의 부모·자녀관계의 성립은 자녀의 출생 당시 부부 중 한쪽의 본국법에 따른다.

② 제1항의 경우에 남편이 자녀의 출생 전에 사망한 때에는 남편의 사망 당시 본국법을 그의 본국법으로 본다.

*舊國私 제40조의 표현이 한글화되었고 '친자'가 '부모자녀'로, '부(夫)'가 '남편'으로, '자(子)'가 '자녀'로 각각 수정되었다.

涉私 제 19 조 (친생자)

친생자의 추정, 승인 또는 부인은 그 출생 당시의 母의 夫의 本國法에 의한다. 夫가 子의 출생 전에 사망한 때에는 그 사망 당시의 本國法에 의하여 이를 정한다.

Ⅰ. 서론

1. 의의 및 연혁

가. 의의

자연혈족관계인 친생자관계에는 혼인 중의 친자관계(또는 부모·자녀관계)와 혼인 외의 친자관계가 있다. 섭외사법은 혼인 중의 친자관계와 혼인외의 친자관계의 성립을 구별하여 상이한 연결원칙을 규정하였는데 舊 국제사법과 국제사법은 이러한 체계를 유지하고 있다.[1)] 이는 우리 민법이 아직 혼인 중의 친자관계와 혼인외의 친자관

1) 독일은 1997. 12. 16. "친자법의 개혁에 관한 법률(Gesetz zur Reform des Kindschaftsrechts)(BGBl. 1997 Ⅰ, 2942)"에 의해 과거 민법시행법 §§19~21를 개정하여 적출자와 비적출자 간의 국제사법상의 구별을 폐지하였다. 위 법률은 1998. 7. 1. 발효되었다.

계를 구별하여 성립과 효과(효력)를 달리 규정하고 있음을 고려한 것이다.[2] 이 점에서 친자법에 관한 한 국제사법은 우리 민법과 동일한 발전단계에 있다고 평가할 수 있다.[3] 우리 민법은 과거와 달리 '적출·비적출'이라는 용어를 사용하지 않는데 이는 단순히 호칭상의 문제를 넘어 비적출자에 대한 차별을 철폐하려는 실천적 의지의 표현이라는 평가[4]도 있다. 얼핏 보면 자녀와 어머니 사이에서는 혼인 중이든 외이든 모의 본국법이 준거법이 되어 동일한 것처럼 보이나 혼인 중의 자녀의 경우에는 자녀와 어머니 사이에도 아버지의 본국법이 적용될 수 있어 차이가 있다.

나. 연혁

섭외사법은 혼인 중의 친자관계의 준거법에 관하여 '母의 夫의 본국법'을 준거법으로 지정하여 단일한 연결기준을 채택함으로써 혼인 중의 친자관계의 성립을 상대적으로 어렵게 하였고, 특히 헌법상의 양성평등의 원칙에 반한다는 비판을 받았다.

2. 입법례

혼인 중의 출생자 결정의 준거법에 관하여는 실질법상 혼인 중의 출생자와 혼인외의 출생자를 구별하는가에 따라 입법례가 나뉘고 있다. 실질법상 양자를 구별하지 않는 국가는 국제사법상으로도 양자를 구별하지 않고, 친자관계의 성립에 관하여 출생 시 자녀의 본국법주의를 취하는 것이 일반적이다.[5] 반면에 실질법상 혼인 중의 자녀와 혼인외의 자녀의 법적 지위를 구별하는 국가에서는 국제사법상으로도 대체로 이를 구별하는데, 이런 국가는 과거 아버지의 본국법주의를 취하였으나, 그 후 부 또는 모의 본국법주의를 거쳐 근자에는 혼인의 효력의 준거법을 적용하는 경향이 있다.[6] 구체적인 입법례로는 어머니의 부(夫)의 속인법주의, 자녀의 속인법주의와 부모 공통의 속인법주의 등이 있다.[7] 여기에서 속인법은 대체로 본국법이나 일상거소지법인 경우도 있다.

2) 대표적으로 혼인외의 자의 경우 부자관계가 성립하자면 혼인 중의 자녀와 달리 인지가 있어야 한다. 혼인 중 출생자와 혼인외 출생자의 차이는 박동섭·양경승, 246 이하 참조.

3) 친생자관계의 실질법에 관한 비교법적 고찰은 권재문, 親生子關係의 決定基準(2011), 43 이하 참조.

4) 신영호·김상훈·정구태, 154. 김문숙, 온주 국제사법 제67조, 2023. 7. 5., [1] 이하는 일관되게 적출·비적출이라는 표현을 사용하나 여기에서는 가급적 사용하지 않는다.

5) 신창선·윤남순, 366; 신창섭, 349.

6) 신창선·윤남순, 366; 신창섭, 350.

7) 김연 외, 424; 신창섭, 294; 윤종진, 458. 독일 민법시행법 §19(출생자의 지위): 혼인 중·혼인외 출생자의 구분 없이 동일하게 규율, 스위스 국제사법 §68, §69(혈통에 의한 친자관계의 성립의 준거법), 오스트리아 국제사법 §21(적출), 이탈리아 국제사법 §33(혈통): 자의 본국법에 의함, 일본 법적용통칙법 §28(법례 §17와 동일)(우리 국제사법과 거의 동일하나 '혼인 중의 자' 대신 '嫡出子'라 한다).

Ⅱ. 준거법의 결정

1. 선택적 연결의 인정(§67 ①)

혼인 중의 친자관계의 성립의 준거법에 관하여는 2000년 6월 연구반초안,[8] 2000년 11월 개정시안[9]과 舊 국제사법이 모두 다른 것에서 보는 바와 같이 상당한 논란이 있었다. 즉 연구반초안에는 제1안과 제2안이 있었는데, 개정시안에서는 제1안이 채택되면서 자녀의 현재의 상거소지에의 선택적 연결과 친생부인에 관한 단서가 추가되었으나, 공청회를 거친 뒤 舊 국제사법(따라서 국제사법도)에서는 다시 연구반초안의 제1안이 채택되었다.

가. 국제사법의 취지

혼인 중의 친자관계에 관한 섭외사법의 연결원칙은 '母의 夫의 본국법'을 준거법으로 지정함으로써 헌법상의 양성평등의 원칙에 반한다는 점과,[10] 단일한 연결기준을 따르는 점에 특색이 있었다. 혼인 중의 친자관계의 성립이 주로 부자관계에서 문제가 되는 것은 사실이나, 친생추정제도에서 보듯이 이는 모의 이익에 불리한 영향을 줄 수 있다. 또한 섭외사법이 채택한 단일한 연결기준도 선택적 연결과 비교할 때 자녀의 이익의 보호라는 관점에서는 문제가 있었다.

이러한 문제점을 해결하고, 혼인 중의 친자관계의 성립을 용이하게 하기 위하여(*favor legitimitatis*) 국제사법은 부부의 본국법[11] 중 어느 하나에 의해서라도 혼인 중의 친자관계가 성립하면 부부 쌍방 모두와 사이에 혼인 중의 친자관계의 성립을 인정하는 선택적 연결방법을 취하였다.[12] 다만 이에 대하여는 친자관계는 신분관계의 가장 기본적인 요소이므로 그 기준은 일의적이고 명확하지 않으면 아니 된다는 관점으로

---

8) 연구반초안(§25 ①)은 다음과 같다. 연구반초안해설, 56.
"[제1안] 혼인 중의 친자관계는 자(子)의 출생 당시 부부 중 일방의 本國法에 의하여 성립할 수 있다.
[제2안] 혼인 중의 친자관계는 자(子)의 출생 당시 부부 중 일방의 本國法 또는 자(子)의 日常居所地法 에 의하여 성립할 수 있다."

9) 개정시안 §25 ①은 다음과 같다. 개정시안해설, 50.
"혼인 중의 친자관계의 성립은 자(子)의 출생 당시 부부 중 일방의 본국법 또는 현재 자(子)의 상거소지법에 의한다. 다만 자(子)는 그의 상거소지법에 의하여 혼인 중의 친자관계를 부인할 수 있다."

10) 涉私 §19와 동일한 규정을 두었던 일본 구 법례(§17)가 양성평등에 위반되는지에 관하여 일본에서는 견해가 나뉘었다. 양성평등에 반하지 않는다는 견해는 친생부인이 일반적으로 부(父)에게만 인정되는 것과 같이 친자관계의 성립은 부자관계가 중심이 된다는 점을 지적하였다.

11) 국제사법이 '부 또는 모'가 아니라 '부부 중 한쪽(舊 국제사법상으로는 일방)'이라고 한 것은 혼인 중의 친자관계가 성립되기 전에는 법률상 '부(父)'라고 할 수 없고, 혼인 중의 친자관계가 법률상 혼인의 결과임을 나타내기 위한 것이다. 그러나 혼인외의 친자관계의 준거법을 정한 §68 ①이 "자녀의 출생 당시 아버지의 본국법"(舊國私 §41 ①은 "자(子)의 출생 당시 부의 본국법")이라는 표현을 사용하는 것을 보면 반드시 그런 것은 아니라고 할 수 있다.

12) 이는 연구반초안의 제1안이 선택된 것이다.

부터는 비판의 여지가 있다. 특히 친자관계의 성립만을 생각하면 비교적 단순하지만 상호 우열이 없는 복수의 법질서가 적용되는 결과 예컨대 상이한 사람이 아버지(또는 어머니)로 지정되는 경우(예컨대 이혼 후의 출생)의 처리가 문제된다. 한국에서는 이혼 후 출생의 문제에 대한 논의가 많지 않고 다만 아래(2.)에서 보듯이 이를 남편 사망 후 출생의 문제와 함께 다루는 경향이 있다.[13] 독일에서는 이 경우 유리의 원칙(Günstigkeitsprinzip)에 따라 자녀의 복리에 가장 적합한 법질서를 적용할 것이라는 견해가 유력한데 이를 어떻게 구체화할 것인가에 관하여는 견해가 나뉘고 있다.[14]

조문은 '친자관계'라고 하나 양친자관계의 성립은 §43가 별도로 규율하므로 여기의 친자관계는 친생자관계를 의미한다. 따라서 '친자관계'를 '친생자관계'로 수정하자는 입법론도 있다.[15]

연결시점은 신분관계의 안정을 위하여 신분관계가 성립되는 자녀의 출생 당시로 고정하였다(①).

나. 자녀의 일상거소지법에의 연결의 거부

한편 친자관계의 성립을 보다 용이하게 하고 부양 등 친자관계의 선결문제를 본문제와 함께 해결할 수 있도록 하기 위해 자녀의 일상거소지법에 선택적으로 연결하는 방안이 검토되었다.[16] 그러나 혼인 중의 친자관계는 혼인관계와 밀접한 관련이 있으므로 부부와 관계없는 자녀를 연결주체로 허용하는 것은 타당하지 않고, 자녀의 상거소지법은 신분관계의 안정성과 명확성을 해칠 수 있다는 점에서 채택되지 않았다.[17] 그러나 위에서 본 것처럼 혼인 중과 혼인외의 자녀를 통일적으로 연결하는 아래의 입법론은 출생 당시와 현재의 자녀의 일상거소를 연결점으로 규정하자고 한다.[18]

---

13) 다만 이호정, 국제사법, 379은 *涉私* §19의 해석론으로 이를 국제사법 안에서 개연성이 더 높은 쪽을 선택하는 사항규정을 개발하여 해결하자고 한다. 또한 재혼 여자가 해산한 경우 친생추정이 중복될 수 있음은 위에서 언급하였다.

14) MünchKomm/Helms, EGBGB, Art. 19 Rn. 17; BeckOK BGB/Heiderhoff, Hau/Poseck, 65. Edition, Stand: 01.08.2022, Rn. 22ff. 참조. 이들은 독일의 다양한 견해를 소개한다. 시간상 먼저 성립을 인정하는지를 중시하거나(우선주의) 친자관계의 진실성을 중시하는 견해 등이 있는데 자녀의 이익이 결정적이라는 데는 이견이 없다. 입법론으로는 자녀의 일상거소지법을 우선시키자는 견해도 있다. 개관은 Junker, §19 Rn. 32.

15) 장준혁(2014), "준거법에 관한 국제사법의 2001년 개정과 후속 판례의 회고", 국제사법연구 20-1, 168.

16) 위에 언급한 연구반초안 제2안은 이를 반영한 것이다.

17) 법무부, 해설, 145. 그러나 개정시안에 대해 최흥섭(2000), 13은 "… 그러나 적출문제는 주로 친자관계의 효력이나 부양문제의 선결문제로 제기되는 것이기 때문에 이를 위하여 자의 상거소지법에 의한 적출인정의 필요도 있다는 이유로 현재의 자의 상거소지법도 선택대상으로 추가되었"다고 설명하였다. 개정시안에 대해 조수정(2000), 9-10은 자의 상거소지에 연결하는 데 대해 반대하였고, 결국 이러한 반대의견이 수용되었다.

18) 이종혁(2022c), 141.

다. 혼인의 일반적 효력의 준거법에의 연결의 거부

1998년 7월 개정 전 독일 舊 민법시행법(§19)의 예[19]에서 보는 바와 같이 단일한 연결기준을 따를 경우, 혼인 중의 친자관계의 성립을 혼인의 일반적 효력의 준거법에 의하는 방안을 고려할 수 있다. 이는 혼인 중의 친자관계의 규율은 혼인에 의해 성립된 부부공동체의 구성원이 되는가의 문제라는 점에서 혼인과 불가분의 관계에 있음을 고려한 것이나[20] 국제사법은 이러한 입장을 따르지 않았다. 그 이유는, 첫째 친자관계는 부부관계인 혼인관계와 구별되고, 둘째 적출과 비적출은 표리관계에 있으므로 양자의 준거법은 가능한 한 유사하게 하는 것이 좋은데 적출관계의 준거법을 혼인의 효력의 준거법으로 하면 비적출관계에는 전혀 다른 준거법이 지정될 수밖에 없으며, 셋째 혼인의 효력의 준거법을 결정함에 있어서 사용되는 동일한 일상거소 또는 가장 밀접한 관련이 있는 곳과 같은 다소 불확정한 개념을 친자관계의 준거법에까지 적용하는 것은 신분관계의 안정을 위하여 적절하지 않다는 점이 고려되었기 때문이다.[21]

라. 자녀의 본국법에의 연결의 거부

이탈리아 國私(§33 ①)처럼 자녀의 본국법에의 연결도 검토되었다. 이는 양성평등의 원칙에 부합하는 장점이 있으나, 그렇게 할 경우 흔히 자녀의 출생 당시를 기준으로 하게 되는데, 자녀의 국적은 적출·비적출관계에 따라 결정되므로 순환론에 빠지게 되어 자녀의 국적을 정할 수 없는 경우가 발생하며 또한 복수국적의 문제도 발생할 가능성이 크다는 이유로 이는 채택되지 않았다.[22] 위에서 언급한 바와 같이 혼인 중과 혼인외의 자녀를 통일적으로 규율하자는 위 제안도 자녀의 본국법에의 연결을 추가하자고 제안하지는 않는다.

마. 입법론

근자에는 일단 친자관계가 성립한 경우 효력상의 차이가 없음에도 불구하고 성립단계에서만 구별을 굳이 유지할 이유가 없고, 독일, 스위스, 프랑스와 중국 등도 구별하지 않는다는 이유로 아직 민법이 양자를 구별하고 있기는 하지만 국제사법상으로는 양자의 구별을 폐지할 때가 되었다는 입법론이 있다. 문제는 그 경우 어떤 통일적 연결원칙을 도입할 것인가인데, 위 입법론은 부모·자녀관계의 성립에 관하여 (i) 자녀의 출생 당시 아버지 또는 어머니의 본국법과 (ii) 출생 당시 또는 현재 자녀의 일상거소지법에 선택적으로 연결하자고 제안하면서 인지와 준정에 관하여는 별도의

19) 개정 후의 §19 ① 3문도 참조.
20) 조수정(2000), 9은 이러한 견해를 지지한다.
21) 최흥섭(2000), 12; 横山 潤, 國際家族法, 162면 이하, 특히 171은 셋째의 점을 지적한다.
22) 최흥섭(2000), 13. 개정연구반이나 위원회에서 자의 본국법에의 연결이 논의되지는 않았다.

연결원칙을 둔다.[23] 위 제안은 국제사법과 비교하여 아래와 같은 주요 차이가 있다. 첫째, 혼인 중의 친자관계에 대하여 자녀의 출생 당시 또는 현재의 일상거소지법이 연결점으로 새롭게 추가되고, 둘째, 국제사법은 현재의 일상거소지를 아버지와의 혼인외의 친자관계에만 연결점으로 삼으나 위 제안은 어머니에 대하여도 연결점으로 삼으면서 출생 당시의 일상거소지도 포함하고, 셋째, 인지에 대하여 국제사법은 §68 ①에 정한 준거법 외에 인지 당시 인지자의 본국법에도 연결하나, 위 제안은 스위스 국제사법과 일본 법적용통칙법을 참조하여 인지 당시 자녀의 본국법을 추가한다.

필자는 우선 위 제안을 높이 평가한다. 문제는 개정의 필요성인데 제안의 기본적 방침은 2001년 섭외사법 개정 시에도 논의되었던 것이고, 舊 국제사법의 시행 후 이런 논점이 정면으로 다루어져 논란이 된 사건이나 현재의 연결원칙의 문제점을 드러낸 사건은 아직 보지 못하였으므로 현재로서는 개정 필요성을 수긍하기가 쉽지 않다. 위 제안의 타당성은 더 깊이 검토할 필요가 있다.

2. 자녀의 출생 전에 남편이 사망한 경우(§67 ②)

①의 경우 자녀의 출생 전에 남편이 사망하는 경우를 대비하여 그 사망 당시의 본국법을 남편의 본국법으로 간주하는 규정을 명시하였다(②). 자녀의 출생 전에 모가 사망한 경우는 상정하기 어렵기 때문에 그에 관한 규정은 불필요한 것으로 보았다.

한편 국제사법은 자녀의 출생 전에 모가 남편과 이혼하여 혼인이 해소된 경우에 관하여는 명문의 규정을 두지 않으므로 학설·판례에 의해 해결해야 한다. 예컨대 자녀의 출생 전 부모의 혼인이 해소되고 새로운 혼인관계가 성립된 경우, A남과 B녀가 혼인하여 B녀가 자녀 C를 포태하였는데, C의 출생 전 양인이 이혼하고 300일 이내이자 B녀가 D남과 재혼한 때부터 200일 후에 C를 출산한 경우 친자관계의 성립의 준거법이 문제된다. 우리 학설은 출생 당시가 아니라 이혼 당시 부부(즉 A와 B) 중 한 쪽의 본국법이 준거법이라고 보는 견해가 유력한데, 그 근거는 §67 ②, §68 ③을 유추적용

23) 이종혁(2022c), 121 이하. 개정안[이종혁(2022c), 141 참조]은 독일 민법시행법 §19와 유사하나 입법론은 민법시행법과 달리 출생 시와 현재(문제된 시점)의 일상거소지에 선택적으로 연결한다. 민법시행법 §19는 기준시점을 명시하지 않는데 이종혁(2022c), 122은 독일 다수설을 따라 일상거소를 현재의 일상거소라고 이해하나(Rauscher (2017), Internationales Privatrecht, Rn. 1001ff. 등) 소수설도 있다. Kegel/Schurig, 914; Andrae, §7 Rn. 13은 출생시를 기준으로 삼는다(인지의 경우 인지시가 기준). 부양의 준거법과 일치시키자면 현재의 일상거소가 되어야 한다. 다만 변경주의를 취하더라도 이를 제한하여 출생 시 친자관계가 인정되면 그 후 준거법이 변경되더라도 그 지위를 상실하지 않는다는 견해가 유력하다. BeckOK BGB/Heiderhoff, 67. Ed. 1.8.2023, EGBGB Art. 19 Rn. 13. 또한 이종혁(2022c), 121은 민법시행법의 태도는 친자관계의 효력의 준거법에 관하여 반정을 제외하고는 대체로 아동보호협약을 수용한 것이라고 하나 아동보호협약은 여기에서 논의하는 친자관계의 성립 또는 다툼에는 적용되지 않으므로(§4a) 오해의 소지가 있다.

하여 혼인 해소 당시를 연결시점으로 보는 견해[24]와 §67 ①의 '부부'에는 자녀의 출생 당시 혼인관계가 해소된 부부도 포함된다고 보는 견해[25] 등이 있다. 오스트리아 國私 §21는 "혼인이 자녀의 출생 전에 해소된 때에는 부부가 해소 당시에 가지고 있던 속인법에 따라 판단한다"고 규정하므로 그러한 경우 이혼 당시 본국법이 모의 부의 본국법이 된다. 근자에는 우리나라에서도 이를 참조하여 혼인관계가 해소된 때가 기준시기임을 명시하자는 입법론[26]이 있다.

반면에 독일 민법시행법 §19 ①에는 그에 상응하는 규정은 없는데 위에서 본 것처럼 이를 규범충돌의 한 예로서 상호 우열이 없는 복수의 법질서가 적용되는 결과 상이한 부(또는 모)[27] 지정의 문제로 파악하여 그의 해결방안을 논의한다. 그 경우 유리의 원칙에 따라 자녀의 복리에 가장 적합한 법질서를 적용할 것이라는 견해가 유력하나 그 구체적인 방법을 둘러싸고 논란이 있다. 남편의 사망과 이혼은 상황이 다르다는 점[28]과, 독일의 논의 상황을 고려하면 당장 오스트리아의 입법을 따르는 것은 주저되고 독일의 논의를 참조하여 더 깊이 검토한 뒤에 해석론으로 해결할지와 입법으로 해결할지를 먼저 정하고 후자를 선택한다면 그 방향을 논의하는 것이 바람직하다.

3. 동의요건의 구비 (§71)

§68의 규정에 따른 부모·자녀관계의 성립에 관하여 자녀의 본국법이 자녀 또는 제3자의 승낙이나 동의 등을 요건으로 할 때에는 그 요건도 갖추어야 한다. 즉 동의요건에 관하여 양법을 누적적으로 적용하는데 이 점은 §71에 대한 해설에서 논의한다.

Ⅲ. 준거법이 규율하는 사항

친자관계의 성립의 준거법에는 혼인 중의 친생추정의 규정과 친생부인의 규정, 오상혼인 등이 포함된다.[29] 나아가 근자에는 대리모 출생아의 모의 결정이 문제되므로 이를 검토한다.

---

24) 윤종진, 460.

25) 양진섭(2020), 304−305. 그러나 김문숙, 온주 국제사법 제67조, 2023. 7. 5., [14]는 이는 국제사법 자체의 입장에서 독자적으로 준거법을 결정해야 하는데 결국 법원에 의한 부의 결정에 관한 民 §845를 참조하여, 법원이 구체적 사정에 따라 결정할 것이라고 한다.

26) 이종혁(2022c), 132.

27) 소개는 Junker, §19 Rn. 32 참조. 대리모의 경우에도 모의 경합이 발생할 수도 있다.

28) 사망의 경우 자녀의 출생 당시 부의 본국법은 존재하지 않지만 이혼의 경우 존재하고 다만 부가 누구인지가 문제된다.

29) 친생자추정이 중복될 수도 있다.

1. 친생부인의 문제

혼인 중에 포태하여 출산한 자녀에 대하여 일률적으로 혼인 중의 남편을 부로 추정하는 것이 친생추정임에 반하여, 친생부인은 친생자로 추정되는 자녀에 대하여 부부의 일방(주로 남편)이 친생부인 사유를 증명하여 추정을 깨뜨리고 친생자관계를 부정할 수 있게 하는 것이다.[30] *涉私* §19는 혼인 중의 친자관계의 부인을 명시하였지만 국제사법은 단순히 혼인 중의 친자관계의 '성립'이라고만 하고 있어 혼인 중의 친자관계의 부인의 준거법이 문제될 수 있다. 법무부 해설은 친자관계의 성립은 친자관계가 부인되지 않을 것(이는 친생추정이 되는 경우 문제된다)을 전제로 하므로 이는 당연히 친자관계의 부인을 포함한다고 본다.[31]

여기에서 한 가지 의문이 제기된다. 즉 위 법무부 해설의 취지는 친생부인에 관하여도 부모 중 일방의 본국법이 선택적으로 연결된다는 것인데, 문제는 부모 쌍방의 본국법에 의하여 자녀가 친생추정을 받는 경우 어느 일방의 본국법이 친생을 부인한다면 친자관계는 부정된다는 의미인가이다.[32] 그 경우 친자관계를 부정하는 견해도 가능하나, 선택적 연결을 인정한 취지는 가능한 한 친자관계의 성립을 용이하게 하려는 것이므로, 부모 중 일방의 본국법이 친생을 부인하더라도 다른 일방의 본국법이 친자관계의 성립을 인정하는 때에는 친자관계의 성립을 인정하여야 할 것으로 본다.[33] 이는 준거법 차원에서는 친자관계의 성립과 친생부인 모두에 대하여 선택적 연결을 인정하는 것으로 어느 하나의 법에 따라 친자관계가 성립되면 친자관계의 존재를 인정함으로써 결국 실질법 차원에서 성립의 준거법을 부인의 준거법에 우선시킨다. 즉 어느 하나의 법에 의하여 친자관계가 성립하는 경우 양 법이 모두 친생부인을 하는 경우에만 친생부인이 된다고 본다. 근자에는 이런 논란을 해소하고자 국제사법처럼 '성립'만이 아니라 '성립 또는 부인'을 연결대상으로 명시하자는 제안이 있으나,[34] 위에서 제시한 필자의 견해도 양자의 선택적 연결을 전제로 하므로 위와 같은

30) 김문숙, 온주 국제사법 제67조, 2023. 7. 5., [15] 참조.

31) 법무부, 해설, 145.

32) 반면에 부모 일방의 본국법에서만 친생추정을 받는 경우에는 그 법에 의해서 부인되면 친생추정이 부정된다는 점은 별 의문이 없다.

33) 요컨대 필자는 선택적 연결의 대상인 준거법의 어느 하나에 의하여 친자관계가 성립하면 족하다는 것이다. 그러나 친생추정을 하는 근거가 되는 법이 부인하면 부인된다는 견해(최흥섭, 373)와 선택적으로 어느 하나의 법이 부인하면 부인된다는 견해도 있다. 소개는 양진섭(2020), 307 이하; 이종혁(2021), 494 참조. 김문숙, 온주 국제사법 제67조, 2023. 7. 5., [15]는 원칙적으로 필자와 동지이나 다만 부모 쌍방의 본국법에 의하여 자녀가 친생추정을 받는 경우에도 부모의 일방의 본국법에 의하여 친생부인이 인정되는 때에 이를 인정하는 것이 자녀의 이익이 된다면 친생부인의 선택적 연결을 인정해서 자녀의 적출성은 부정된다고 한다. 친자관계의 성립에서 친생추정을 용이하게 인정하는 것이 반드시 자녀의 이익이 될 수는 없고, 오히려 이를 부인하는 것이 자녀의 이익이 되는 경우도 있음을 지적한다.

34) 이종혁(2022c), 130.

개정만으로는 명확한 결론이 도출되지 않는다는 점에서 선뜻 동의하기 어렵다.

친생부인에 관한 실질법의 차이는 특히 친생부인의 소의 청구를 할 수 있는 자와 제소기간(또는 제척기간)의 면에서 나타난다.[35]

참고로 일본의 법적용통칙법(§28 ①)[36]은 "부부의 일방의 본국법으로 자녀의 출생 당시에 있어서의 것에 의하여 자(子)가 적출로 되어야 하는 때는 그 자녀는 적출자로 한다"고 규정하여 국제사법의 문언과 다소 다른데, 문언만 보면 법적용통칙법의 해석상으로는 후자가 더 설득력이 있어 보이나, 국제사법의 해석상으로는 논란의 여지가 상대적으로 커 보인다. 사견으로는 국제사법의 해석상 후자가 설득력이 있으나 이 점을 명확히 했더라면 하는 아쉬움이 있다.

당초 개정시안은 당시 독일 민법시행법 §19 ① 4문과 개정 후의 §20 2문을 참고하여, ①에 "다만 자녀는 그의 상거소지법에 의하여 혼인 중의 친자관계를 부인할 수 있다"는 단서를 두었는데, 개정시안해설[37]은 그 취지를, 친자관계의 인정이 언제나 자녀의 이익이 되는 것은 아니며, 자(子)의 보호를 위해 혼인 중 친자관계를 부인해야 할 때도 있는데, 개정안에서 혼인 중 친자관계의 성립을 용이하게 하기 위하여 선택적 연결방법을 취한 결과 원칙적으로 혼인 중 친자관계의 부인은 선택 대상인 모든 법에 의하여 인정되지 않으면 허용할 수 없게 되므로 자녀가 의도하지 않은 친자관계의 성립을 쉽게 모면할 수 있도록 자녀의 경우 자신이 상거소지를 가지는 법만에 의하여 혼인 중 친자관계를 부인할 수 있도록 한 것(① 단서)이라고 설명하였다.

그러나 개정시안의 전제가 된 논리, 즉 "선택적 연결방법을 취한 결과 원칙적으로 혼인 중 친자관계의 부인은 선택 대상인 모든 법에 의하여 인정되지 않으면 허용할 수 없게 된다"는 설명은 설득력이 약하고, 위에서 본 바와 같이 친자관계의 성립과 부인에 관하여 동일한 준거법을 적용할 것이라고 본 결과 위 단서는 삭제되었다. 따라서 친자관계존부확인의 소에서는 법원으로서는 우선 §67에 따라 혼인 중의 친자관계가 존재하는지를 판단하고, 그것이 부정되는 때에는 아래 §68에 따라 혼인외의 친자관계가 존재하는지를 판단해야 한다.[38] 독일처럼 부부 중 일방의 본국법 이외의 법률에 의하여 친생부인을 할 수는 없다.

---

35) 최흥섭, 373. 우리 법상으로는 친생부인의 소는 친생추정에 의하여 일단 성립된 부자관계를 자녀의 출생 시로 소급하여 소멸시키는 형성의 소로서 혈연진실주의를 실현하기 위한 수단이라고 본다. 박동섭·양경승, 286 이하. 우리 민법상 원고는 남편 또는 아내(생모)이고 피고는 혼인 중 출생한 자녀 또는 부부의 일방이며, 원칙적으로 원고는 친생부인 사유가 있음을 안 날부터 2년 내에 부인의 소를 제기하여야 한다.

36) 이는 일본 법례(§17 ①)도 같다.

37) 개정시안해설, 50~51; 최흥섭(2000), 13.

38) 일본 최고재판소 2000. 1. 27. 판결은 그렇게 단계적으로 판단하였다고 한다. 일본 학설은 櫻田嘉章, 308 참조.

2. 오상혼인

우리나라에서는 인정되지 않지만, 국가에 따라서는 혼인의 무효 또는 취소 등의 이유로 유효한 혼인이 존재하지 않더라도 당사자의 쌍방 또는 일방이 혼인의 존재에 관하여 선의인 경우[(이것이 '오상혼(인)'(Putativehe)이다)] 또는 선의, 악의를 묻지 아니하고 그 출생자를 친생자로 인정하기도 한다.[39] 나아가 약혼자 간에 태어난 아이의 경우에도 부가 될 사람의 사망 기타 혼인을 불가능하게 한 사유로 임신 후 혼인이 성립하지 않더라도 친생자로 취급하기도 한다. 이 경우 §67를 유추적용하는 견해[40]와 §68를 유추적용하는 견해[41]가 있다. 후자는 §67는 혼인 중의 친자관계를 전제로 하므로 오상혼인 또는 무효혼인의 경우에까지 유추적용할 수 없다고 주장한다. 즉 이는 일정한 경우 혼인외의 자에게 혼인 중의 자와 동일한 법적 지위를 인정하는 것이기 때문이다. 반면에 전자는 국제사법상의 친생자를 넓게 해석하여 §67의 '부부'라는 관념 속에 '가(假)부부'라는 관념이 포함되는 것으로 해석하거나 동조를 유추적용할 수 있다고 주장한다.[42]

3. 대리모 출생아의 모의 결정

▮**참고문헌**: 권재문(2010), "대리출산 자녀의 모자관계 결정기준", 민사법학 49−1; 석광현, [Nomos]; 윤진수(2008), "補助生殖技術의 家族法的 爭點에 대한 근래의 動向", 서울대 법학 49−2: 이동수(2019), "외국에서의 대리모출산과 친자관계 결정의 문제에 관한 소고−독일과 우리나라의 판례의 동향을 중심으로−", 가족법연구 33−2; 이병화(2016), "국제대리모계약에 관한 연구", 국제사법연구 22−1; 이병화(2017), "국제대리모계약을 둘러싼 법적 친자관계 쟁점에 관한 헤이그국제사법회의의 최근 동향 분석 및 시사점", 국제사법연구 23−2: 조은희(2023), "보조생식술에 의해 출생한 자녀의 법적 지위와 친족관계−독일의 보조생식술에 의한 친자관계의 법률문제와 시사점을 중심으로−", 일감법학 56; 최아름 외(2020), "대리모 계약출산과 관련된 국내외 입법동향 및 국내 의료계와 법조계의 시각차에 대한 검토", 과학기술과 법 11−2; Konrad Duden (2015), Leihmutterschaft im Internationalen Privat− und Verfahrensrecht; Claire Fenton−Glynn (2017), International surrogacy before the European Court of Human Rights, JPIL Volume 13; Encyclopedia/Patricia Orejudo Prieto de Los Mozos, Surrogacy, Vol. 2; Stefanie Hösel (2020), Grenzüberschreitende Leihmutterschaft als Herausforderung im Internationalen Privat− und Verfahrensrecht; Claudia Mayer Zeitschrift (2014), Ordre public und Anerkennung der rechtlichen Elternschaft in internationalen Leihmutterschaftsfällen, Rabels Zeitschrift 78; Sharon Shakargy (2020),

39) 전자는 프랑스 민법(§201), 후자는 스위스 민법의 태도라고 한다. 윤종진, 460. 후자는 스위스 민법 §133를 인용하나 이는 정확하지 않은 것 같다. 김연 외, 425 이하는 오상혼인의 경우 자의 적출성을 친자관계의 성립의 문제로 보는 견해와 문제된 권리 자체의 준거법(효과법)에 의한다는 견해가 있음을 소개한다. 이에 따르면 예컨대 약혼 중 출생한 자가 상속의 맥락에서 적출자로 취급되는지는 상속의 준거법에 다른다고 본다.

40) 그러나 이 견해도 엄밀하게는 경우를 나누어 본다. 김연 외, 425 이하 참조.

41) 신창선·윤남순, 367.

42) 윤종진, 461. 이는 약혼자(子)(Brautkind)의 경우에까지 이를 인정하지는 않고 그 경우 §41에 의할 것이라고 한다.

Choice of law for surrogacy agreements: in the in-between of status and contract, JPIL Volume 16; Chris Thomale (2017), State of play of cross-border surrogacy arrangements - is there a case for regulatory intervention by the EU?, JPIL Volume 13; Katarina Trimmings and Paul Beaumont(eds.)(2013), International Surrogacy Arrangements: Legal Regulation at the International Level.

가. 논점의 소개

근자에는 임신할 수 없는 여성이 대리모를 이용하여 출산하는 대리모의 문제가 사회의 이목을 끌고 있고 이는 외국에서도 같다. 대리모라 함은 "출생한 자녀(또는 대리모 출생아)를 타인에게 인도할 것을 내용으로 하는 당사자 간의 합의(즉 대리모계약)에 의하여 자신의 남편 이외의 자의 정자로 수정한 후 임신 및 출산한 여성"을 말한다.[1] 대리모는 난자의 제공자와 대리모의 관계에 따라 유전적 대리모(즉 난자를 제공한 여성이 실제로 대리모로서 출산하는 경우)와 출산대리모(gestational surrogacy. 즉 다른 여성의 난자로 체외수정의 방법으로 수정한 수정체를 자궁에 착상시켜 출산하는 경우)로 구분되는데 임신하고 출산한 대리모와 난자제공자 중 누구를 자녀의 어머니로 인정할지가 문제되는 것은 출산대리모의 경우이다.[2] 더욱이 근자에는 내국인이 외국인인 대리모를 이용하기도 하는데 그 경우 국제사법적 논점이 발생한다.[3] 그 중에서 준거법의 쟁점에는 첫째, 대리모계약의 준거법과 둘째, 친자관계의 성립의 준거법이 있다.

우선 대리모계약의 준거법을 본다. 흥미로운 것은 미국에는 대리모계약의 표준계약서들도 존재하는 점인데 이는 명시적으로 준거법 선택을 허용한다.[4] 국제 대리

1) 윤진수(2008), 80−81; 윤진수, 214; 김주수·김상용, 351. 우리 법상 대리모의 실질법적 측면은 이 책 제4장 父母와 子 중 [後註] '보조생식 자녀의 친자관계 결정기준' 참조. 대리모계약에 관한 비교법적 검토는 엄동섭(2005), "대리모계약에 관한 외국의 입법례", 가족법연구 19−2. 37 이하; 이병화(2016), 129 이하; 한국법학원(2023), "대리모계약에서의 모자관계 결정에 관한 비교법적 검토", 2023년도 대법원 연구보고서(김나래 집필, 정구태 감수); 김현진, "대리모 계약의 효력과 대리모출생아의 법적 지위 − 프랑스 법을 중심으로 −"와 이소은, "대리모 계약의 효력에 관한 연구−영국과 미국의 입법례를 중심으로", 대법원 비교법실무연구회 157회 연구회(2024. 6. 26.) 발표자료 참조. 독일 실질법의 논의는 조은희(2023), 487 이하 참조.

2) 윤진수, 211.

3) 국제대리모 논의가 공론화되는 계기가 된 미국의 유명한 사건으로는 Baby M 사건이 있다. 532 A.2d 1227 (NJ 1988). 우리 문헌은 전재경(1988), "프라이버시와 범죄적 대리모계약−미국 뉴저지주 대법원의 "Baby M"사건판결을 중심으로", 법조 37−5, 78 이하; 이종찬(1989. 11. 20.), "代理母契約의 效力과「아이」에 대한 親權(上); 美國 뉴−저지州 地方法院 判決소개", 신문1891, 10; 이종찬(하), 1892, 10. 근자의 문헌은 김현진(註 1), 1 註 4 참조.

4) 예컨대 https://media.npr.org/documents/2015/july/Surrogacy_contract_sample_070215.pdf참조. 미국에는 1973년 처음 채택되고 2002년과 2017년 개정된 통일친자법(Uniform Parentage Act. UPA)이 있다. 이는 동법이 정한 엄격한 요건이 구비되면 대리모계약이 유효함을 전제로 규정한다. 미국 각주의 통일법 채택 상황과 소개는 이소은(註 1), 13 이하 참조. 동법은 관할과 준거법에 관한 조문(제104조와 제105조)도 두고 있다. 뉴욕주는 통일친자법을 채택하는 대신 독자적으로 '아동 부모 안전법(Child Parent Security Act)'을 제정하였는데 일정한 요건이 구비되면 법원이 친자재판(judgment of parentage)에 의하여 의뢰인 부부를 부모로 결정한다. 소개는 이소은(註 1), 19 이하 참조.

모계약이 채권계약의 준거법지정규칙, 즉 당사자자치(party autonomy)의 원칙에 따르는지, 아니면 친족법상의 계약이라 당사자자치는 허용되지 않는지는 논란이 있다.[5] 대리모가 출산한 자녀의 지위는 대리모계약의 준거법과는 직접 관련이 없다. 가사 대리모계약의 내용 중에 대리모가 출생아의 모라는 취지의 합의가 있더라도, 대리모계약의 준거법은 대리모계약의 성립, 유효성과 그 효력 등 계약상의 쟁점을 규율할 뿐이고 대리모 출생아의 지위를 직접 규율하지는 않는다.

아래에서는 특히 문제되는 대리모 출생아의 지위, 즉 대리모 출생아의 모의 결정에 관한 실질법상의 쟁점과 국제사법상의 쟁점을 간단히 논의한다.

나. 실질법상의 쟁점

대리모계약은 民 §103의 선량한 풍속 기타 사회질서에 반하는 법률행위로서 무효라는 것이 한국의 통설이나 근자에는 유효하다는 견해도 늘고 있다.[6]

한편 대리모 출생아의 모의 결정에 관하여 민법의 해석상 다수설은 출산한 대리모를 모라고 보는데[7] 그 근거로는 모자관계는 출산이라는 사실에 기인하는 점, 자궁에서 시작하는 사회적 관계가 유전적 요소보다 존중되어야 한다는 점, 유전적 모를 법률상 모로 보면 출산모는 아이를 출산하는 도구로 사용하게 되어 출산모의 인간의 존엄성에 반하는 점, 10개월의 포태기간 중에 태교의 내용에 따라 성격형성과 지적 유전자의 결정이 가능하다는 점 등을 든다.[8] 대리모가 혼인 중이라면 그 아이는 일차적으로 대리모와 그 남편 간의 혼인 중 출생자로 추정되고[9] 남편은 친생부인권을 가진다.

---

5) 혈통 또는 입양의 준거법을 따를 것이라는 견해도 있다. 학설은 우선 BeckOGK/Stürner (1.8.2022), EGBGB Art. 6 Rn. 387 참조. 국내 대리모계약의 유효성을 인정하는 국가는 당사자자치를 인정하는 데 반하여 부정하는 국가는 이를 부정하고 당사자의 준거법 선택이 공서위반이라고 볼 가능성이 있다.

6) 윤진수(2008), 81−82.

7) 권재문(2010), 129 이하(특히 132 이하)는 출산기준설, 혈연기준설, 의사기준설과 자녀의 복리기준설을 소개하고 혈연모의 입양가능성을 전제한 출산기준설을 지지한다. 참고로 박동섭·양경승, 279은 아동을 의뢰인 부부의 친생자로 출생신고할 수 있도록 하는 방향으로 입법하는 것이 바람직하다고 한다. 필자로서는 실질법 쟁점에 관하여 견해를 피력하기는 조심스럽지만 잠정적으로는, 우리가 영미와 같은 정도는 아니더라도 어느 정도 촘촘한 규율을 입법에 의해 도입함으로써 의사기준설을 취하는 것은 입법정책적으로 가능하나, 입법이 있기 전에는 출산기준설(출산주의)을 따르는 것이 설득력이 있을 것으로 본다. 그렇더라도 국제대리모의 경우 아래에서 논의하는 국제사법적 논점은 별도로 검토하여야 한다.

8) 윤진수(2008), 84. 또는 육체적 일체성 및 감정적 유대감의 형성을 들기도 한다. 김현진(註 1), 5. 세월이 좀 흘렀으나 대리모에 관한 실질법 및 국제사법 쟁점을 둘러싼 25개국법의 소개는 Trimmings/Beaumont (eds.)(2013), 5 이하 참조. 다양한 분석은 Trimmings/Beaumont (eds.) (2013), 439 이하의 General Report on Surrogacy 참조. 우리 법상 대리모의 실질법적 측면에 관한 논의는 이 책 제4장 父母와 子 중 [後註] '보조생식 자녀의 친자관계 결정기준' 註釋 참조. 외국입법의 간략한 소개는 이동수(2019), 365 이하; 최아름 외(2020), 386 이하 참조. 대한산부인과학회의 자율적 지침은 대리출산에 개입하는 의사 등에게 구체적인 절차적·내용적 기준을 정하고 있는데, 동 학회의 대리모시술 관련 지침과 국외제도와의 비교는 최아름 외(2020), 397 이하 참조. 상세는 대한산부인과학회 보조생식술 윤리지침 참조.

9) 이렇게 본다면 의뢰인 부부의 혼인 중 출생자로 추정될 수는 없다는 것이 된다.

다. 국제사법상의 쟁점

국제사법에는 대리모 출생아의 지위에 관한 별도의 조문은 없으므로 대리모에 의한 출산에서 외국적 요소가 있는 경우 부모의 결정의 준거법이 문제된다.[10] 이 경우 대리모 출생아의 모의 결정에 있어 우선 §67에 의하여 혼인 중의 부모·자녀관계의 성립 여부를 판단하고(대리모가 혼인 중인 경우를 전제)[11] 그것이 성립하지 않는 경우에는 §68에 의하여 혼인외의 부모·자녀관계의 성립 여부를 판단해야 한다.[12]

문제는 §67를 적용함에 있어서 자녀의 출생 당시 '부부'는 과연 누구인가라는 점이다. 일본에는 분만자 부부, 난자제공자 부부의 어느 일방인지 아니면 쌍방인지가 논란이 있는데, 다수설은 쌍방을 모두 부부로 보고 §67에 의하여 결정된 혼인 중의 부모·자녀관계의 준거법에 따라 판단하는 것이라고 한다.[13] 예컨대 일본인 부부 A·B가 甲국인 부부 C·D와 대리모계약(또는 대리회태계약)을 체결하고 A·B 부부의 수정란을 D에게 이식하여 D가 E를 출산한 경우, A·B와 E 간에 혼인 중의 친자관계의 성립은 일본법, C·D와 E 간에 혼인 중의 친자관계의 성립은 甲국법에 의하는 것이 된다. 이와 달리 국제사법상 준거법 결정의 기준이 되는 모를 분만자(D)로 보아 저촉규정을 적용하는 견해도 있는데—이는 "자를 회태·분만한 자가 모이다"라는 일본법의 입장을 '일반적인 공서법'으로서 적용한 것이라고 한다—, 이에 따르면 C·D와 E 간에 혼인 중의 부모·자녀관계의 성립을 甲국법에 따라 판단하게 된다.[14]

---

10) 이는 나아가 '생식보조의료'에 의하여 출산한 아이의 경우에도 제기되는 문제이다. 일본에서는 생식보조의료의 제공 등에 관하여 '생식보조의료제공 등 친자관계에 관한 민법의 특례에 관한 법률'이 제정되어 2020년 12월 11일 공포되었는데, 여기의 생식보조의료는 인공수정, 체외수정, 체외수정배아이식을 이용한 의료에 관한 것이고 대리포태를 이용한 의료는 이 대상이 아니라고 한다. 김문숙, 온주 국제사법 제67조, 2023. 7. 5., [27] 참조.

11) 대리모가 혼인 중인 경우 이는 당연하나(우리 법에 따르면 출생아는 대리모의 배우자의 친생추정을 받는다) 대리모가 미혼인 경우 출산주의에 따라 출산한 여성이 모라는 전제에서 출발하면 대리모와 혼인 중의 친자관계의 성립은 상정할 수 없다. 그러나 그 경우에도 의뢰인 부부를 부모로 인정하는 입법을 고려하면 의뢰인 부부의 관점에서는 혼인 중의 부모·자녀관계의 성립을 검토할 필요가 있다.

12) 그것은 혼인 중의 친자관계가 혼인외의 친자관계에 비하여 자의 이익 보호에 더 적합할 것이기 때문이다. 青木 清(2007), "親子関係の成立", 国際私法判例百選 No. 185, 119 참조.

13) 注国私(2), 81(佐野寛); 竹下啓介, 生殖補助医療と親子関係, 国際私法判例百選(제2판, 2012), 140-141; 岩本 学, 生殖補助医療と親子関係, 国際私法判例百選(제3판, 2021), 116-117. 아래 일본 학설은 전자를 따른 것이다. 독일에서는 이는 대리모(Leihmutterschaft 또는 Mietmutterschaft)의 문제로 논의되는데 그 경우 친자관계는 출생자의 준거법을 정한 민법시행법 §19에 의하여 결정된다. Andrae, §7 Rn. 84ff. 참조. 자를 분만한 자가 모라고 명시하는 독일 民 §1591(1998년 신설된)는 독일 출생법의 기본원칙이므로, 준거법인 외국법이 난자를 제공한 여성을 아이의 모라고 인정하더라도 이를 적용하는 것은 독일의 공서에 반하지만, 정자를 제공한 남성을 아이의 부로 인정하는 것은 공서에 반하지 않는다는 결과는 독일 기본법상 양성평등의 원칙에 반하므로 결국 공서위반을 부정해야 한다는 견해가 주장되고 있는 것으로 보인다.

14) 전자에 따를 경우 일본법과 甲국법의 내용 여하에 따라 E의 모가 중복되거나 존재하지 않을 수 있게 되는 문제가 있다. 한편 후자에 따를 경우 甲국법에 의하여 C·D와 E 간에 혼인 중의 친자관계가 부정되면 A·B와 E 간에 친자관계가 인정될 텐데 이처럼 C·D의 본국법에 의하여 A·B와 E 간의 친자관계의

나아가 §68를 적용함에 있어서 자녀의 출생 당시 '모(어머니)'는 과연 누구인가라는 문제가 제기되는데 이는 §68의 해설에서 논의한다.

한편 일본법상으로는 일본법이 상정하지 않은 분만자 이외의 부부와 자 간에 친자관계를 인정하거나, 분만자 부부와의 친자관계를 부정하는 외국법의 적용은 공서에 반한다고 본다. 실제로 모의 결정에 관한 일본 최고재판소 2007. 3. 23. 판결[15]도 이런 태도를 따른 것으로 평가되고 있다. 위 판결은 미국의 대리모에 의하여 쌍둥이가 태어난 미국 네바다주 법원의 친자관계를 인정하는 판결의 승인을 거부하였다.[16] 이는 직접적으로는 외국판결의 승인을 다룬 것인데, 최고재판소는 친자관계는 신분관계의 가장 기본적인 요소이므로 그 기준은 일의적(一義的)이고 명확하지 않으면 아니 된다는 것을 전제로 하면서, 일본 민법의 해석상 출산한 여성(대리모)을 아이의 모라고 인정할 수밖에 없으므로 정자와 난자를 제공한 부부와 대리모가 출산한 아이 간의 친자관계를 인정할 수 없다고 보고, 일본 민법이 실친자(친생자)관계를 인정하지 않는 자 간에 그의 성립을 인정하는 내용의 "네바다주의 재판은 일본의 법질서의 기본원칙 내지 기본이념과 상용되지 않는 것으로서 공서양속에 반하므로 그 효력을 인정할 수 없다"는 취지로 판시하면서[17] 결국 난자제공자 부부와 자 간의 혼인 중의 친자관계를 부정하였다.[18][19]

프랑스에도 유사한 사건이 있었고 이는 유럽인권재판소(ECtHR)에서 다루어졌다. 프랑스인 부부는 미국의 출생증명서와 판결에 기하여 프랑스의 신분등록부에 아이를 자신들의 자녀로 등록하고자 신청하였으나 당국은 이를 거부하였다.[20] 프랑스 파기원

성립을 결정하는 것은 법적용통칙법의 기본원칙에 반한다는 비판이 있다. 注国私(2), 82(佐野寛).

15) 民集 61-2, 619, 判時 1967, 36, 判タ 1239, 120.

16) 向井亞紀(무카이 아키) 사건에서 일본인 부부는 자신들의 난자와 정자로 수정된 수정란을 미국인 여성에게 이식하였고 대리모는 미국 네바다주에서 쌍둥이를 출산하였다. 위 부부는 네바다주법원으로부터 친자관계를 인정받은 뒤(네바다주법원은 출생증명서의 발행을 명하였다고 한다) 일본의 관할당국에 출생신고를 하였으나 관할당국은 이를 수리하지 않았다. 위 부부는 동경가정재판소에 불수리처분의 취소를 구하는 심판을 제기하였으나 각하되자 동경고등재판소 즉시항고하였다. 동경고등재판소는 2006. 9. 위 부부와 아이들 간의 친자관계를 인정하는 네바다주의 판결이 공서양속에 위반되는 것도 아니고 무엇보다 아이들의 복지를 우선해야 한다는 이유로 제1심결정을 취소하고 행정당국에 출생신고의 수리를 명하였고, 행정당국은 최고재판소에 항고하였다. 최고재판소는 출생신고불수리처분은 정당하다고 판단하였다. 평석은 竹下啓介(註 55), 140 이하 참조. 이는 윤진수(2008), 86; 김문숙, 온주 국제사법 제67조, 2023. 7. 5., [26]에도 소개되어 있다.

17) 원심인 동경고등재판소는, 일본 민법의 해석상 법률상의 모자관계에 관하여는 자녀를 출산한 여성이 모라고 해석하여야 하고 위 부부를 법률상의 부모라고 할 수는 없다고 하면서도, 네바다주 법원 판결이 일본의 공서양속에 어긋난다고 할 수는 없으므로 출생신고는 수리되어야 한다고 판시하였다.

18) 다만 위 결정의 보족의견(보충의견)은, 위의 경우 대리모의 동의가 있으면 특별양자(우리 민법상 친양자)가 성립할 여지는 있다고 판시하였다.

19) 준거법의 맥락에서는 의뢰인인 부부가 모두 일본인이므로 법적용통칙법 §28(적출인 자(子)의 친자관계의 성립) ①에 의하여 일본법에 따라 적출친자관계의 성립을 판단하면서 일본 민법상 의뢰인 모와 대리모 출생아 간에 모자관계를 인정할 수 없다고 판단하였다.

은 그들의 청구를 인용할 경우 프랑스법상 형사처벌의 대상이고, 프랑스 민법상 무효인 대리모계약을 인정하고 프랑스법상의 '신분의 불가처분성 원칙(*l'indisponibilité des l'état des personnes*)'에 반하며 신분등록부의 등록(또는 출생증명서의 발급) 거부가 유럽인권협약(§8) 위반은 아니라고 판단하였다. 위 가족은 프랑스 정부를 유럽인권재판소에 제소하였고, 유럽인권재판소는 2014. 6. 26. 선고한 두 개의 판결에서, 자녀와 신분등록부의 기재를 거부함으로써 법적 부모·자녀관계를 인정하지 않는 것은 유럽인권협약(§8)이 정한 자녀의 사생활(private life)을 존중받을 권리를 침해한다고 판시하였다.[21)]

한편 독일 연방대법원 2014. 12. 10. 결정[22)]에서 연방대법원은 독일법이 비록 대리모를 금지하고 있지만, 독일법상 허용되는 생활동반자인 양인이 미혼인 미국인 대리모를 통하여 자를 출생한 경우 양인 중 일방과 자 간에 유전적 관계가 있음을 전제로, 생활동반자 양인과 친자관계의 존재를 긍정한 캘리포니아주 판결의 승인은 독일의 공서에 위반되지 않는다는 취지로 판시하였다. 학설은 나뉘는데, 일부 유력설은 출생아의 복리 그리고 출생아와 유전적 부모의 기본권을 강조하면서 유전적 부모를 부모로 인정하는 외국재판의 승인은 독일의 공서에 반하지 않는다고 보는 것이 유럽인권협약(§8)에 부합한다고 한다.[23)]

20) 2쌍의 프랑스인 부부는 남편의 정자와 익명의 제3자의 난자로 만든 수정란을 대리모계약을 체결한 다른 여성으로 하여금 출산케 하였다. 프랑스인 부부는 각각 캘리포니아주 법원과 미네소타주 법원으로부터 생물학적 부모와 자녀 사이의 친자관계를 인정하는 판결을 받았다. 미국의 출생증명서에도 그렇게 기재되었다.

21) Mennesson v. France와 Labassee v. France 사건 판결. 소개는 Family: foreign surrogacy arrange-ment-child conceived using father's sperm and donor egg, European Human Rights Law Review 2014, 5, 546-550; Rainer Frank (2014), FamRZ, 1527ff. 등 참조. 우리 문헌은 서종희(2017), "프랑스법상 대리모계약으로 출생한 자의 부모결정기준과 자녀의 복리: 유럽인권재판소 2014년 6월 26일 판결(Mennesson v. France and Labassee v. France)을 계기로", 법학논총 제24권 제1호(2017), 233면 이하; 김현진(2018), "대리모를 둘러싼 프랑스의 법적 동향", 강원법학 54, 71 이하; 김현진(註 1), 18 이하 참조. 결국 Mennesson 부부는 2015. 2. 18. 출산 후 15년이 지나서야 두 딸의 프랑스 국적증명서를 받았다고 한다. 유럽인권재판소 2014년 6월 26일 판결(Mennesson v. France and Labassee v. France)을 계기로", 법학논총 24-1, 233 이하 참조. 그 밖에도 대리모와 관련된 유럽인권재판소 판결들이 있는데 2014. 7. 8. D. and Others v. Belgium (번호 29176/13), 2017. 1. 24. Paradiso and Campanelli v. Italy (번호 no. 25358/12), 2019. 11. 19. C and E v. France (번호 1462/18 및 17348/18)과 2020. 7. 16. D v. France (번호 11288/18) 판결들이 그런 예이다. 개요는 유럽인권재판소 보도부의 출산대리모에 관한 2022년 4월 보도자료(Factsheet - Gestational surrogacy)와 유럽인권재판소 정보공유 플랫폼(ECHR Knowledge Sharing platform)의 ECHR-KS Key Theme - Article 8 Surrogacy (Last updated: 31/08/2023)도 참조.

22) BGHZ 203, 350 = IPRax 2015, 261 = NJW 2015, 479, m. Anm. Bettina Heiderhoff, 485 = FamRZ 2015, 240, m. Anm. Tobias Helms, 245. 그 후 미국 콜로라도주 판결을 승인한 독일 연방대법원의 2018. 9. 5. 결정(NJW-RR 2018, 1473; StAZ 2019, 14 m. Anm. Tobias Helms)은 위 결정에 대한 비판론을 반박하면서 기존 견해를 강화하였다. 일본 문헌은 林貴美(2017), "國境を越えた代理懷胎と公序－ドイツの議論を中心に－", 同志社法学 68-7, 627(2775) 이하 참조.

23) 상세는 Mayer(2014), 572ff.; MüKoBGB/Helms (2024), 9. Aufl., EGBGB Art. 19 Rn. 69; BeckOK BGB/Heiderhoff, 69. Ed. 1.8.2023, EGBGB Art. 19 Rn. 35, Rn. 45 참조. 위 독일 연방대법원의 2018. 9. 5. 결정과 그에 대한 평석들 참조. 대리모 사건에서 외국재판의 승인 및 집행은 우선 이동수(2019), 367 이하 참조.

라. 대리모의 문제를 해결하기 위한 국제적 노력

국제대리모 문제를 규율하는 국제규범을 정립할 시급한 필요가 있다는 점은 널리 인정되고 있다.[24] 헤이그국제사법회의도 이에 대하여 관심을 가지고 2015년부터 작업을 진행하였는데, 국제대리모계약으로부터 발생하는 쟁점에 관한 예비보고서 등을 작성하였고, 2022년 3월과 4월에 전문가 그룹 회의를 개최한 결과 최종보고서를 작성하였으며 2023년 11월에 작업반의 제1차 회의가 개최되었다.[25]

전문가 그룹은 법적 친자관계에 관한 일반적 국제사법문서와, '국제대리모약정의 결과 성립한 법적 친자관계에 관한 별도 의정서'의 성안을 목표로 한다. 이런 맥락에서 대리모 관계의 형성 전에 양 국가(의뢰인과 대리모의 국가) 중앙당국 간의 밀접한 협력을 요구하는 내용을 헤이그협약에 담아야 한다는 견해[26]가 있다. 국제대리모의 문제는 국제사법의 문제에 그치는 것이 아니라 국제인권법의 문제를 제기한다는 점을 유념해야 한다.

나아가 대리모제도의 직접적인 해결방안은 아니지만 대리모에 관한 법제의 차이와 그의 통일 내지 조화의 어려움을 고려한다면, 국제적인 대리모 출산의 경우에도 국제입양이 가능하도록 입양협약 등 국제입양법제를 개선하는 방안도 고려할 필요가 있다.[27]

마. 우리나라의 사례와 법원 결정

우리나라에서도 출산대리모를 위한 계약이 민법 제103조에 의하여 무효라고 판시하고 출산대리모를 모라고 판시한 서울가정법원 2018. 5. 9.자 2018브15 결정(재항고되어 대법원 2018스37 사건으로 계속 중이다가 재항고 취하로 종결됨)이 있다.[28] 위 결정은 우

24) Trimmings/Beaumont (eds.)(2013), 531 이하 참조.

25) Final Report of the Experts' Group on the Parentage / Surrogacy Project (Prel. Doc. No 1 of November 2022). 우리 문헌은 다소 시간이 경과하였으나 이병화(2017), 37 이하 참조.

26) Jürgen Basedow (2022. 6.), Aufgabe und Methodenvielfalt des internationalen Privatrechts im Wandel der Gesellschaft, 국제사법연구 28－1, 754(국문 번역은 771).

27) 그러나 프랑스 파기원 1991. 5. 31. 판결은 출산대리모 계약은 무효이고, 그러한 계약에 의하여 태어난 자녀를 의뢰한 부부의 양자로 하는 것도 양자제도를 왜곡하는 것이어서 허용되지 않는다고 판시하였다고 한다. 윤진수(2008), 86 註 81.

28) 즉 부부인 갑과 을이 양인의 수정란을 대리모인 병에게 착상시켜 병이 정을 낳았는데, 갑이 정의 모를 '을'로 기재하여 출생신고를 하였으나, 가족관계등록공무원이 신고서에 기재한 모의 성명(을)과 출생증명서에 기재된 모의 성명(병)이 일치하지 않는다는 이유로 불수리처분을 하자 그에 대하여 불복 신청을 하였다. 제1심 법원은 이를 각하하였고(서울가정법원 2018. 2. 14.자 2018호기13 결정), 이에 대하여 신청인이 항고를 하였다. 항소를 기각한 항소심 법원은 출생신고서에 기재된 모(을)의 인적사항과 출생증명서에 기재된 모(병)의 인적사항이 일치하지 아니하므로 갑의 출생신고를 수리하지 아니한 처분은 적법하고, 남편이 배우자 아닌 여성과의 성관계를 통하여 임신을 유발시키고 자녀를 낳게 하는 고전적인 대리모의 경우뿐만 아니라, 부부의 정자와 난자로 만든 수정체를 다른 여성의 자궁에 착상시킨 후 출산케 하는 이른바 '자궁(출산)대리모'도 우리 법령의 해석상 허용되지 아니하고, 이러한 대리모를 통한 출산을 내용으로 하는 계약은 선량한 풍속 기타 사회질서에 위반하는 것으로써 민법 제103조에 따라

리나라에서 최초로 대리모계약의 효력과 대리모 출생아의 모의 결정기준에 대해 정면으로 판단한 결정으로서 큰 의미가 있다고 평가된다.[29] 위 사건에서 준거법은 전혀 문제되지 않았으므로 여기에서 위 사건을 더 이상 논의하지는 않는다.[30]

다만 이 사건과 위에 소개한 일본인 부부의 대리모 사건을 비교하면 일본인 부부는 미국인 여성을 대리모로 선정하였고, 나아가 네바다주법원으로부터 친자관계를 인정받은 뒤(네바다주법원은 출생증명서의 발행을 명하였다고 한다) 일본에서 출생신고를 함으로써 준거법의 지정과 외국재판의 승인[31]이라는 국제사법의 두 개의 경로를 통하여 목적을 달성하기 위한 법적 장치를 확보하고, 네바다주에서 발행된 출생증명서에 의뢰인인 일본인 모를 출생아의 모로 기재되도록 한 점에서 의뢰인 부부(또는 의뢰 부부)가 대리모 출생아의 부모가 되기 위하여 주도면밀하게 준비한 데 반하여, 우리 대리모 사건에서는 대리모가 캘리포니아주에서 출산하기는 하였으나, 한국인 여성을 대리모로 선정함으로써 준거법 경로를 스스로 차단하였고, 캘리포니아주법에 따른 대리모계약을 체결하지도 않은 것으로 보이며, 캘리포니아주 법원의 재판도 받지 않았고, 출생자의 부만을 담당한 캘리포니아주 소재 병원이 발행한 출생증명서에도 대리모가 출생아의 모로 기재된 점에서 캘리포니아주법을 적절히 활용함으로써 출산대리모를 이용하는 의뢰인 부부의 목적을 달성하기 위한 준비가 매우 엉성하였다는 점에서 큰 차이가 있다. 이런 차이가 당사자들의 인식 부족에 기인하는지 아니면 국외대리모 출산에 대하여 적절한 법적 조언을 해줄 변호사의 부재에 기인하는지는 모르겠으나 국제사법적 사고의 빈곤을 드러낸 사건인 탓에 아쉬움이 남는다. 일본 사건에서처럼 더 철저한 준비를 하였더라도 당시 우리 법원이 의뢰인 부부를 부모로 인정하였을 가능성은 별로 없었을 것이나 다양한 국제사법 쟁점을 마주하여 고민하는 기회

무효라고 판시하였다. 소개와 문제점은 석광현(2024), 21 이하 참조.

29) 김현진(2019), "대리모 출생아의 친자관계 – 2018. 5. 18. 선고 서울가정법원 2018브15 결정을 중심으로 –", 인하대학교 법학연구 22–3, 493 이하; 최성경(2020), "대리모계약의 효력과 모자관계 결정– 서울가정법원 2018. 5. 18. 자 2018브15 결정을 계기로 하여 –", 홍익법학 21–2, 341 이하 참조.

30) 의뢰인 부부와 대리모가 모두 한국인인 위 사건에서 대리모 출생아가 미국에서 출생하였으므로 한국국적과 함께 미국 국적을 취득하였을 것이고 그렇다면 외국적 요소가 전혀 없는 것은 아니지만 國私(§16)상 그 경우 한국법이 출생아의 본국법으로 취급될 것이므로 그 의미는 제한적이고 친자관계의 성립에 관한 國私 §67와 §68의 맥락에서 출생아의 국적은 별 의미가 없다.

31) 외국재판의 승인 경로에서는 주로 간접관할요건과 공서위반이 문제된다. 그러나 외국법원의 재판인지도 문제된다. 캘리포니아주 가족법(§7962(f)(2)에 따른 대리모계약에서 법원의 확인재판에 기하여 대리모가 아니라 의뢰인 모가 출생증명서에 모로 기재된다. 그러나 승인대상인 외국법원의 재판이 되려면 법원이 책임을 지는 어떤 판단이 포함되어야 하고 법원의 역할이 단순히 증서화하는 활동 또는 공증적 기능에 그치는 것으로는 부족하므로 여기의 확인재판은 외국법원의 재판이 아니라는 견해도 주장될 수 있다. 석광현(2019), "우리 대법원 판결에 비추어 본 헤이그 관할합의협약의 몇 가지 논점", 국제사법연구 25–1, 490 참조. Geimer, Rz. 2860도 동지. 이것이 재판이더라도 그 경우 國私 §57에 비추어 미국 법원의 간접관할이 인정되는지도 의문이다. 여기에서 대리모 출생아의 일상거소가 어디인지가 문제된다.

는 가질 수 있었을 것이기 때문이다.

바. 우리 국제사법상의 잠정적 결론

우리 법상 대리모계약이 무효라고 해서 대리모 출생아의 지위에 관하여 준거법인 외국법의 적용이 당연히 공서위반이 되는 것은 아니다. 왜냐하면 후자의 경우 출생자의 최선의 이익을 고려해야 하기 때문이다. 만일 부모·자녀관계의 성립의 준거법이 한국법이라면 출산주의에 따라 대리모가 출생아의 모로 취급될 것이다. 반면에 부모·자녀관계의 성립의 준거법이 대리모 출생아의 지위에 관하여 의뢰인 부부(특히 모)가 대리모 출생아의 부모라고 인정하는 캘리포니아주법이나 네바다주법이라면 그의 적용이 한국의 공서위반인지가 문제된다.[32]

공서위반 여부에 관한 잠정적 결론만 소개하면 아래와 같다. 독일의 전통적 견해에 따르면 의뢰인 모를 모라고 인정하는 외국법의 적용은 출산주의를 취하는 한국법에 반하는 것으로서 공서위반이 된다.[33] 그러나 근자의 보다 유연한 견해(독일 연방대법원과 유럽인권재판소의 견해)에 따르면 일정한 요건이 구비되는 경우 의뢰인 부부가 대리모 출생아의 부모라고 보는 대리모의 본국법의 적용이 반드시 한국의 공서에 반하는 것은 아니다. 그렇지 않으면 예컨대 출생아에게 장애가 있는 경우, 의뢰인 부부가 이혼하거나 대리모 출산을 후회하는 경우 또는 출생아의 인수와 입양을 거부하는 경우에는 가족에 편입되어 함께 살 수 있는 대리모 출생아의 기본권 내지 인권(예컨대 유럽인권협약 §8가 정한 사생활을 존중받을 권리)이 침해될 가능성이 있기 때문이다. 일단 출생아가 태어나면 대리모의 금지라고 하는 일반예방적 목적과 출생아의 복리라고 하는 대립하는 가치를 형량할 필요가 있다. 특히 의뢰인 부부가 대리모 출생아를 대리모로부터 인도받아 한국으로 입국하여 부모로서 양육을 하는 때에는, 가사 의뢰인 부부가 법을 위반하였더라도 그들에게 제재를 가하기 위한 목적으로 대리모 출생아를 고아로 만들거나 무국적자로 만들어서는 아니 된다. 그렇다고 하여 대리모가 일단 출산을 하기만 하면 항상 그렇게 처리하는 것도 올바른 해결이라고 할 수 없으므로 더욱 정교한 법리를 모색할 필요가 있다.[34] 또한 헤이그국제사법회의의 작업도 더 큰

32) 이 경우 만일 위 일본, 프랑스와 독일의 사례에서 보듯이 출생국 법원의 판결까지 받아서 한국에서 의뢰인 부부를 부모로 하여 출생신고를 한다면 준거법 공서의 문제에 더하여 민사소송법에 따른 외국재판의 승인이 우리의 승인공서에 반하는가의 문제도 제기된다. 양자의 맥락에서 유사한 법리가 전개된다.

33) Chris Thomale (2015), Mietmutterschaft, 36ff.; Benicke (2013), StAZ, 106f.

34) 영국에서는 Human Fertilisation and Embryology Act 1990에 따라 출산한 여성이 모로 간주된다고 규정하면서도 일정한 요건이 구비되는 경우 정자 또는 난자를 제공한 부부가 자녀 출생 후 6개월 내 청구하면 법원이 그 자녀를 부부의 법률상 자녀로 보도록 명할 수 있는데(parental order) 우리도 그런 제도를 도입하자는 견해도 있다. 윤진수, 214−215. 위 법률을 개정한 Human Fertilisation and Embryology Act 2008이 있고 그 밖에도 대리모 계약법(Surrogacy Arrangements Act 1985)이 있다. 영국법의 태도는 이소은(註 1), 8 이하; Cheshire, North & Fawcett, 1183 이하 참조. 네덜란드에서는 2023. 7. 4. 국제대리모에

관심을 가지고 지켜보아야 한다.

관한 법률안이 발의되었는데 그에 따르면 일정한 조건이 충족되고 수태 전에 법원의 허가가 있으면 의뢰인 부부가 출생 시부터 법률상의 부모로 인정될 수 있다. 또한 외국에서의 재판을 위한 특별한 승인제도를 도입하고 있다고 한다. 중요한 것은 대리출산의 과정이 성실할 것(diligent)이 요구된다고 한다. https://conflictoflaws.net/2023/international-high-tech-surrogacy-and-legal-developments-in-the-netherlands/ 참조. 프랑스의 2022년 국제사법 제정안(제63조)은 "대리모계약이 이를 허용하는 국가에서 체결되었을 경우, 위 계약에 기하여 출생한 자녀의 친자관계는 당사자 중 한 명이 주장하는 경우 해당 국가의 법에 따라 법관에 의하여 성립될 수 있다. 법관은 대리모계약이 해당 국가 법의 규정을 존중하여 체결되고 이행되었는지를 사전에 확인한다. 법관은 비례원칙에 합치하도록 추구된 목적, 관련된 이해관계 특히 자녀의 이익을 고려하고 위 법 의 적용이 프랑스 법질서에 미치는 영향을 고려한다"고 규정하여 법관의 재량을 허용한다. 소개는 고유강, "프랑스 국제사법전 제정안 소개 – 친자관계(*filiation*) 결정의 준거법을 중심으로–", 2024. 5. 30. 개최된 한국국제사법학회 제165회 정기연구회 발표문, 14 이하 참조. 프랑스는 민법(제16–7조와 제16–9조)에 의해 대리모 계약의 효력을 절대적으로 부인하고 형법(제227–12조)으로 중개행위와 시술행위를 전면적으로 금지하는데(김현진(註 1), 16면 이하 참조), 국제사법 제정안이 위와 같은 태도를 보이는 것은 흥미롭다.

第 68 條 (혼인 외의 부모·자녀관계)

① 혼인 외의 부모·자녀관계의 성립은 자녀의 출생 당시 어머니의 본국법에 따른다. 다만, 아버지와 자녀 간의 관계의 성립은 자녀의 출생 당시 아버지의 본국법 또는 현재 자녀의 일상거소지법에 따를 수 있다.

② 인지는 제1항에서 정하는 법 외에 인지 당시 인지자의 본국법에 따를 수 있다.

③ 제1항의 경우에 아버지가 자녀의 출생 전에 사망한 때에는 사망 당시 본국법을 그의 본국법으로 보고, 제2항의 경우에 인지자가 인지 전에 사망한 때에는 사망 당시 본국법을 그의 본국법으로 본다.

*舊國私 제41조의 표현이 한글화되었고 '친자', '자(子)', '부'와 '모'가 '부모·자녀', '자녀', '아버지'와 '어머니'로 각각 수정되었다. 부모라는 용어는 여전히 사용되므로 아래에서는 부와 아버지, 모와 어머니를 혼용한다.

涉私 제 20 조 (인지)

① 혼인 외의 출생자의 인지요건은 그 父 또는 母에 관하여는 인지할 때의 父 또는 母의 本國法에 의하여 이를 정하고 그 子에 관하여는 인지할 때의 子의 本國法에 의하여 이를 정한다.

② 인지의 효력은 父 또는 母의 本國法에 의한다.

▮**참고문헌:** 조수정(2000), 한국국제사법학회 제8차 연차학술대회 <제6분과토론자료>; 최흥섭(2000), "섭외사법개정법률안의 검토 — 제2장(자연인), 제4장(친족), 제5장(상속)", 국제사법학회 8차 연차학술대회(2000. 11. 25.) 발표자료; 최흥섭(2001), "개정법률과 國際親族·相續法의 諸問題", 법조 536.

Ⅰ. 서론

1. 의의 및 연혁

우리 민법상 인지(recognition, Anerkennung)라 함은 혼인 외의 출생자의 생부나 생모가 출생자를 자기의 자녀로 승인하고 법률상의 친자관계를 발생시키는 단독의 요식행위를 말한다.[1] 涉私(§20)은 인지만을 규정하였으나, 舊國私(§41)에서는 인지 외에 혼인 외의 친자관계 성립 일반에 관한 규정을 신설하였고(①), 인지에 관하여도 그 성립을 용이하게 하기 위하여 특칙을 추가하였으며(②), §42에서 보는 바와 같이 준정에 관한 규정을 신설하였다. 舊 국제사법의 태도가 국제사법에서도 유지되고 있다. 그러나 위에서 언급한 바와 같이 근자에는 이제는 더 이상 양자를 구별할 필요가 없으므로 구별을 폐지하여야 한다는 입법론이 제기된 바 있다.[2]

2. 입법례

실질법상 혼인 외 출생자의 친자관계의 성립에 관하여는 출생이라는 사실만으로 그것을 확정하는 혈통주의(혈연주의 또는 사실주의라고도 한다)와 아버지 또는 어머니의 인지를 필요로 하는 인지주의(또는 의사주의)가 있다.[3] 섭외사법은 인지주의를 전제로 인지에 의한 혼인 외의 친자관계의 성립의 준거법만을 규정하였으나, 국제사법은 혈통주의도 고려하여 보다 일반적인 연결원칙을 규정한다.[4]

Ⅱ. 준거법의 결정

1. 혼인 외의 친자관계 성립 일반에 관한 규정 신설(§68 ①)

섭외사법은 혼인 외의 친자관계의 성립 전반에 관한 규정을 두지 않고 단지 인

---

1) 김주수·김상용, 317. 의사주의를 '주관주의', 혈통주의를 '혈연주의' 또는 '객관주의'라고도 부른다. 이에 관한 실질법적 논의는 이 책 民 §855 註釋 참조.

2) 이종혁(2022c), 121 이하.

3) 신창선·윤남순, 367; 신창섭, 352. 혈통주의를 게르만주의, 인지주의를 로마주의라고 한다. 注国私(2), 84(佐野寛); 김연 외, 427. 김문숙, 온주 국제사법 제68조, 2023. 7. 5., [10]은 사실주의와 인지주의를 대비시킨다.

4) 혼인 외의 친자관계의 성립에 관한 구체적 입법례는 아래와 같다. 독일 舊 민법시행법 §20(혼인 외의 출생자): 1998년 개정에 의하여 폐지. 따라서 혼인 중·혼인 외의 출생자는 구분 없이 모두 §19의 적용 받음, 스위스 國私 §72(인지의 준거법), 오스트리아 國私 §25(비적출과 그 효력), 이탈리아 국제사법 §35(혼인 외의 자의 인지), 일본 법적용통칙법 §29(이는 舊 법례 §18와 같다) 우리 국제사법과 다소 차이 있음. 즉 이는 부와 자의 친자관계의 성립에 관하여 부의 본국법에 의하고(즉 부에 대한 관계에서 모의 본국법에의 선택적 연결도 규정하는 우리 국제사법과는 다르다), 인지에 관하여는 자의 본국법에의 선택적 연결 인정.

지만을 규정하고 있었다. 그러나 혼인 외의 친자관계의 성립에는 인지주의(또는 의사주의)만이 아니라, 출생의 사실만으로 이를 확정하는 혈통주의(또는 사실주의)도 있기 때문에, 종래 혼인 외의 친자관계의 성립에 어떠한 준거법 결정기준이 타당한지에 관하여 다툼이 있었다. 국제사법에서는 법률관계의 명확성을 기하고자 그에 관한 명시적인 규정을 두었다.

구체적으로 이 경우 자녀의 출생 당시 어머니의 본국법을 원칙적인 준거법으로 하였다(① 본문). 부자 간 및 모자 간의 법률관계가 서로 다른 법에 의해 규율됨으로써 모순·충돌되는 문제가 발생되지 않도록 부모 모두의 관계에 통일적으로 적용될 수 있는 준거법을 지정하는 것이 타당한데, 혼인 외의 출생자는 어머니의 국적을 따르는 것이 일반적이므로 자녀의 이익을 고려하여 어머니의 본국법을 원칙으로 한 것이다.[5)][6)]

다만 흔히 문제가 되는 부자관계의 경우 친자관계의 성립을 용이하게 하기 위하여(*favor paternitas*), 어머니의 본국법에 추가하여, 자녀의 출생 당시 아버지의 본국법과 현재 자녀의 일상거소지법의 선택적 연결을 허용하였다(① 단서). 결국 부자관계의 경우, 자녀의 출생 당시 어머니 또는 아버지의 본국법과 현재 자녀의 일상거소지법의 삼자 중 어느 하나에 의해 친자관계가 성립되면 족하다는 것이다.[7)] 혼인 중의 친자관계의 성립과 달리 혼인 외의 친자관계의 성립에 현재 자녀의 일상거소지법을 추가한 것은, 전자는 신분관계의 고정성에 중점이 있는 반면, 후자는 주로 부양이나 상속 등의 선결문제에 적용된다고 보아 그 기능성에 중점을 두었기 때문인데,[8)] 특히 부양문제의 준거

---

5) 그러나 이러한 연결정책에 대해서는 그러면 자녀의 본국법이라고 하는 것이 더 적절했을 것이라는 비판도 가능하다.

6) 그러나 위에서 본 것처럼 혼인 중과 혼인 외의 자녀를 통일적으로 연결하는 근자의 제안은 어머니에 대하여도 아버지의 본국법에의 선택적 연결을 허용하고(혼인의 존재를 전제로 하지 않는 경우 이는 근거가 약하다), 나아가 자녀의 현재와 출생 당시의 일상거소지도 연결점으로 추가한다. 이종혁(2022c), 123 이하.

7) 그러나 혼인 중인지 여부에 따라 구별하면서 모의 본국법도 혼인 외의 부자관계의 준거법으로 지정하는 우리 법의 태도는 일본 법적용통칙법은 알지 못하는 것으로 이례적이다.

8) 법무부, 해설, 148. 연구반초안(§26)에서는 세 개의 안을 규정하였는데, 국제사법은 제3안을 채택한 것이다. 연구반초안 §26 ①은 다음과 같다. 연구반초안해설, 58.

"[제1안] 혼인 외의 친자관계의 성립은 부(父)와의 사이에는 자(子)의 출생 당시 부(父)의 본국법에 의하고, 모와의 사이에는 그 당시 모의 본국법에 의한다. 그러나 부(父)와의 친자관계의 성립은 자(子)의 일상거소지법에 의하여도 가능하다. 부(父)가 자(子)의 출생 전에 사망한 때에는 사망 당시 부(父)의 본국법을 그 본국법으로 본다.

[제2안] 혼인 외의 친자관계의 성립은 부(父)와의 사이에는 자(子)의 출생 당시 부(父)의 본국법에 의하고, 모와의 사이에는 그 당시 모의 본국법에 의한다. 부(父)가 자(子)의 출생 전에 사망한 때에는 사망 당시 부(父)의 본국법을 그 본국법으로 본다.

[제3안] 혼인 외의 친자관계의 성립은 자(子)의 출생 당시 모의 본국법에 의한다. 그러나 부자 간의 친자관계의 성립은 자(子)의 출생 당시 부(父)의 본국법이나 현재 자(子)의 일상거소지법에 의하여도 가능하다."

법이 부양권리자의 일상거소지법이므로(國私 §73) 그와 일치시키기 위한 것이다.[9)][10)]

§67에서 논의한 바와 같이 대리모에 의한 출산에서 부모·자녀관계의 존부를 판단함에 있어서는 우선 §67에 의하여 혼인 중의 친자관계의 성립 여부를 판단하고 그것이 성립하지 않는 경우에는 §68에 의하여 혼인 외의 친자관계의 성립 여부를 판단하여야 한다. 따라서 §68를 적용함에 있어서 자녀의 출생 당시 '모(어머니)'는 과연 누구인가라는 문제가 제기된다. 과거에는 §68에서 말하는 모는 출산한 모를 가리키는 것이 당연하였으나 대리모의 경우에도 그러한지는 논란이 있다. 연결점의 해석은 국제사법의 해석의 문제이므로 우리 국제사법에 따를 사항인데, 여기에서 모는 법정지인 한국의 실질법에 따른 모가 아니라 성질결정의 일반론에 따라 비교법적 방법을 통하여 모라고 주장할 수 있는 사람(Elternprätendent)을 말하는 것으로 보는 견해[11)]도 있다.

후자를 따르면 복수의 연결점이 있는 결과 복수국 법이 준거법이 될 수 있는데 그 경우 유리의 원칙에 따라 아동의 복리에 더 적절한 법을 준거법으로 지정해야 한다는 견해가 유력하다. 모가 복수인 경우 누구를 우선시킬지에 관하여도 출산모인 대리모를 우선시키는 견해와 의뢰모를 우선시키는 견해가 나뉜다.[12)]

준거법이 대리모의 본국법이 되는 경우 그곳이 모의 결정에 관하여 법정지법을 적용하는 국가라면(예컨대 미국 캘리포니아주 또는 네바다주) 한국으로 반정이 될 수 있다. 한

제1안과 제2안은 섭외사법과 마찬가지로 부와 모에 대한 관계에서는 각 당사자의 본국법에 의한다고 하고, 연결시점은 자의 출생 당시로 규정하였다. 다만 가능한 한 친자관계의 성립을 용이하게 하기 위해 자의 상거소지의 법을 선택적으로 허용하는 것을 제1안으로 하였고, 이를 삭제하는 안을 제2안으로 하였다. 그 외에도 모의 본국법을 원칙으로 삼고 있긴 하지만 가장 넓게 선택적 연결을 허용하고 있는 독일 구 민법시행법(§20 ①)을 따라 제3안을 제시하였다.

조수정(2000), 11은 제2안을 지지하였다.

9) 최흥섭, 375은 이 점을 강조한다.

10) 그러나 근자의 제안은 아버지에 대한 관계에서도 현재의 일상거소만이 아니라 출생 당시의 일상거소지도 포함시킨다. 이종혁(2022c), 123 이하.

11) Mayer (2014), 579; Duden (2015), 68. 아래와 같이 논란이 있으나 독일 민법시행법 §19 ① 2문의 부 또는 모의 결정에 관하여도 같다. 즉 2문에 따르면 부 또는 모에 대한 각각의 관계에서는 그 부 또는 모의 본국법에 의할 수도 있는데, 여기에서 모는 법정지의 실질법에 따른 모가 아니라 성질결정의 일반론에 따라 본국법에 따라 모라고 주장할 수 있는 사람(Elternprätendent)을 말한다. Mayer (2014), 579; Duden(2015), 68. 이동수(2019), 396도 같다. 조문은 아래와 같이 3개의 연결점을 규정한다. 소개는 조은희(2023), 503 이하 참조.

"제19조 출생자의 지위(Abstammung. 또는 혈연관계) (1) 자(子)의 출생자의 지위는 그가 상거소를 가지고 있는 국가의 법에 의한다. 그러나 부 또는 모에 대한 각각의 관계에서는 그 부 또는 모의 본국법에 의할 수도 있다. 나아가 모가 혼인한 경우에는 제14조 제1항에 따라 출생 시 혼인의 일반적 효력의 준거법에 의할 수도 있다. 다만, 그 혼인이 이전의 사망에 의해 해소된 경우에는 그 해소의 시점이 기준이 된다."

12) MünchKomm/Helms (2020), 8. Auflage, EGBGB Art. 19 Rn. 66ff, 이동수(2019), 398도 독일 학설을 소개한 뒤 子의 복리의 실현에 가장 적합한 준거법을 지정할 것이라고 하고, 추상적 이익형량설과 子의 복리의 실질적 평가설을 소개한 뒤 구체적 타당성의 관점에 서서 子의 복리의 실질적 심사를 중시하는 입장을 기초로 준거법의 충돌의 문제에 접근해야 한다고 하여, 후자를 지지한다.

국 대법원 2006. 5. 26. 선고 2005므884 판결은 이혼사건에서 준거법이 미주리주법이 되어야 하는 사안에서 숨은 반정을 허용하고 준거법이 한국법이라고 판시한 바 있다. 숨은 반정의 법리가 적용되기 위해서는 준거법으로 지정된 외국(예컨대 대리모의 본국인 미국 캘리포니아주 또는 네바다주)의 국제재판관할규칙에 따라 한국에 국제재판관할이 있어야 하는데 캘리포니아주의 가족법[(California Family Code)(§7962(e))]에 따르면 한국은 '의뢰인 부부 거주지국'으로서 국제재판관할을 가질 수 있다. 그렇다면 대리모의 본국법인 미국법(더 정확히는 캘리포니아주법)이 친자관계의 성립의 준거법이 되어야 하는 사안에서 숨은 반정의 결과 한국법이 준거법이 될 수 있다. 다만 만일 캘리포니아주법상 한국에 전속관할이 있어야 한다는 견해를 취한다면 숨은 반정을 인정할 수 없다.

2. 인지의 선택적 연결의 인정(§68 ②)

인지(認知)라 함은 혼인 외에 출생한 자녀를 그 생부(生父) 또는 생모(生母)가 자기의 자녀로 인정하는 것이다. 우리 민법상으로는 부 또는 모가 자신의 의사에 기하여 하는 임의인지와 재판에 의하여 인지를 강제하는 강제인지(재판상인지)가 있다. 혼인 외 출생자와의 친자관계의 성립에 관하여 우리 민법은 인지주의(또는 의사주의)를 따르므로 국제사법도 인지의 준거법을 별도로 규정한다(②). 섭외사법은 인지의 요건에 관하여 부(또는 모)에 대해서는 부(또는 모)의 본국법, 자녀에 대해서는 자녀의 본국법에 의하는 배분적 연결방법을 취하였는데, 이는 인지의 요건이 당사자들의 신분에 중대한 영향을 미치고 각각 본국의 공익과도 밀접한 관련이 있기 때문임을 근거로 한 것이었으나, 그에 대해서는 인지에 의한 혼인 외의 친자관계의 성립을 어렵게 한다는 비판이 있었다.[13] 국제사법에서는 가능한 한 쉽게 인지가 성립하도록 하기 위하여 ①이 정하는 법뿐만 아니라 인지 당시 인지자의 본국법에 의하여도 인지가 가능하도록 선택적 연결방법을 채택하였다. 이는 실질법의 차원에서, 인지를 제한하는 주관주의적 인지론으로부터 인지를 널리 인정하여 사생자의 구제를 도모하려는 객관주의적 인지론으로의 추이[14]와 부합하는 것이다.

그 결과 어머니가 인지하는 때에는 자녀의 출생 당시 모의 본국법과 인지 당시 모의 본국법이 선택적으로 준거법이 되고, 아버지가 인지하는 때에는 자녀의 출생 당시 어머니의 본국법 또는 부의 본국법, 인지 당시 자녀의 일상거소지법[15]과 인지 당

13) 비판은 南 敏文, 改正法例の解説(1992), 115 참조.

14) 김주수, 친족·상속법(1999), 253.

15) 인지의 경우에 國私 §41 ①에서 말하는 '현재 자의 상거소지법'은 해석상 인지 당시의 자의 상거소지법으로 볼 것이다.

시 아버지의 본국법이 선택적으로 준거법이 될 수 있다.

근자에는 스위스 국제사법(§72 ①)과 일본 법적용통칙법(§29 ②)을 참조하여 인지자의 본국법만이 아니라 인지 당사 인지되는 자녀의 본국법도 선택적 연결점으로 추가하자는 입법론이 있다.[16)]

涉私(§20)은 인지의 요건과 효력을 구분하여 각각 상이한 연결원칙을 적용하였으나, 이는 인지의 요건이 배분적으로 연결되므로 그 준거법을 인지의 효력에 적용할 수 없기 때문이기도 하였다. 여기에서 '인지의 효력'이라 함은 인지의 직접적 효과인 친자관계의 성립, 즉 인지된 자가 어떤 신분을 취득하는가의 문제를 의미하는 것이지, 인지의 간접적 효과라고 할 수 있는 아버지 또는 어머니와 인지된 자녀와의 사이의 권리의무관계는 포함하지 않는 것으로 해석되었다. 그러나 국제사법에서는 인지에 관하여 배분적 연결이 아니라 선택적 연결을 택하였으므로 이러한 문제가 발생하지 않으며, 또한 인지의 요건과 효력을 나누어 규율할 이유도 없으므로 양자를 통합하여 규정하였다. 그 결과 표현도 '인지'로 통합되었다.[17)]

§68는 인지의 방식에 관하여 규정을 두지 않으므로 이는 §31에 의하여 인지의 준거법 또는 행위지법에 선택적으로 연결된다.[18)] 섭외사법하에서 대법원 1988. 2. 23. 선고 86다카737 판결도 인지의 방식은 법률행위 방식에 관한 같은 법 §10(國私 §31에 상응)에 따라야 하므로 외국에서 하는 한국인의 인지는 한국법이 정한 방식에 따라 외국에 주재하는 한국의 재외공관의 장에게 인지신고를 할 수도 있고 행위지인 외국법이 정하는 방식에 따라 그 나라 호적공무원에게 인지신고를 할 수도 있다는 취지로 판시하였다. 이와 관련하여 인지신고 대신 출생신고를 하는 경우 인지의 효력이 인정되기도 하는데 그 경우 신고가 인지의 방식의 문제인지 아니면 인지의 실질적 성립요건의 문제인지가 논란의 여지가 있다. 우리나라에서는 논의가 별로 보이지 않으나, 이를 후자로 성질결정하여 인지의 효력을 가지기 위하여는 인지의 준거법에 따른 요건이 구비되어야 한다는 견해가 보인다.[19)]

3. 자녀의 출생 전에 아버지가 사망한 경우(§68 ③)

국제사법은 자녀의 출생 전에 아버지가 사망한 경우 및 인지자가 인지 전에 사망한 경우를 대비하여 사망 당시 본국법을 그의 본국법으로 간주하는 규정을 둔다(③).

16) 이종혁(2022c), 131.
17) 최흥섭(2001), 162; 법무부, 해설, 149.
18) 김문숙, 김문숙, 온주 국제사법 제68조, 2023. 7. 5., [15]도 동지.
19) 양진섭(2020), 313 이하. 이는 일본 학설을 소개한다.

위에서 언급하였듯이 여기의 어머니는 출산한 어머니를 가리키므로 자녀의 출생 전에 모가 사망한 경우는 상정하기 어렵거나 매우 이례적일 것이기 때문에 그에 관한 규정은 불필요한 것으로 보았다. 매우 예외적이 경우 기술적으로 절대적으로 불가능한 것은 아니지만 그것은 해석론으로 사망 당시 본국법을 적용할 수 있다고 보았다. 다만 위에서 본 것처럼 대리모의 경우를 상정하면 자녀의 출생 전에 어머니(의뢰인 어머니)가 사망할 가능성도 있다.

4. 동의요건의 구비(§71)

§69의 규정에 따른 부모·자녀관계의 성립에 관하여 자녀의 본국법이 자녀 또는 제3자의 승낙이나 동의 등을 요건으로 할 때에는 그 요건도 갖추어야 한다. 즉 동의요건에 관하여 양법을 누적적으로 적용하는데 이 점은 §71에 대한 해설에서 논의한다.

Ⅲ. 준거법이 규율하는 사항

1. 사실주의의 준거법이 규율하는 사항

사실주의에 따른 친자관계의 성립, 즉 출생의 사실에 의한 친자관계의 성립은 ① 에 따른다.[20] 친자관계의 성립이 부양 또는 상속의 전제로서 문제되는 경우에는 선결문제의 준거법에 의한다.

2. 인지의 준거법이 규율하는 사항

가. 총설

인지의 허용 여부, 인지능력, 인지에 필요한 일정한 자의 동의 또는 승낙, 유언인지와 사후인지의 허용 여부, 사후인지의 제소기간 등은 인지의 준거법에 의한다.[21] 임의인지가 인정되는지, 강제인지(또는 재판상 인지)가 인정되는지도 인지의 준거법에 의할 사항이다.[22] 간통자, 태아 또는 사망한 자녀의 인지의 가부, 인지의 무효, 취소의 가부 및 취소와 관련된 문제(취소권자, 취소의 방법과 취소의 소급효 등), 인지의 철회, 인지의 유효성을 다투는 방법과 그 신청권자도 이 준거법에 의한다.[23]

20) 注国私(2), 90(佐野 寛).

21) 신창선·윤남순, 368−369; 櫻田嘉章, 306.

22) 우리 민법상으로는 강제인지가 허용되나 미국의 일부 주에서는 강제인지는 허용되지 않는다. 신창선·윤남순, 369; 櫻田嘉章, 306. 우리 민법상 강제인지의 경우와 유언인지(§859 ②)의 경우에는 사후인지가 가능하다. 유언인지의 경우 유언의 효력은 유언자가 사망한 때에 발생하고, 인지의 효력은 혼인 외의 출생자의 출생시에 소급한다(§860).

나. 인지의 효력

인지의 효력, 즉 인지의 직접적 효과인 친자관계의 성립은 인지의 준거법에 의한다. 인지된 자가 어떤 신분을 취득하는가, 예컨대 인지된 자가 적자인지 서자인지, 그러한 신분의 취득시기는 언제인지, 즉 출생시로 소급하는지 아니면 인지 시인지 등이 인지의 직접적 효과에 속하는 문제이다.[24] 반면에 인지의 간접적 효과라고 할 수 있는 부 또는 모와 인지된 자와의 사이의 권리의무관계는 §68가 아니라 §72에 의하여 규율된다. 國私 §68는 涉私(§20 ②)과 달리 인지의 효력을 언급하지 않지만 인지의 직접적 효과만이 인지의 준거법에 따른다는 점은 섭외사법의 해석론과 마찬가지이다.[25]

Ⅳ. 준거법의 적용과 공서위반

우리의 사례는 아니지만, 참고로 일본에서는 인지의 준거법이 한국법인 경우에, 사후인지 및 인지에 대한 이의의 소와 관련되어 제소기간을 도과한 사안에서 제소기간을 제한한 한국법의 적용이 일본의 공서 위반인지가 다루어진 재판례가 많다고 한다.[26] 인지에 대한 이의의 소의 경우 한국 민법상으로는 인지의 신고있음을 안 날로부터 1년내라는 제한(제862조)이 있고, 인지자가 사망하여 검사를 상대로 하는 때에는 그 사망을 안 날로부터 2년내(2005년까지는 1년 내)라는 제한(제864조)이 있으나 일본에서는 인지무효 및 인지취소의 소에 제소기간의 제한이 없기 때문에 이런 문제가 발생하는데 공서위반을 인정한 판례와 부정한 판례가 있다고 한다.

---

23) 신창선·윤남순, 369; 櫻田嘉章, 306.

24) 참고로 우리 민법상 인지는 원칙적으로 소급효가 있으나(§860), 인지에 의한 국적취득은 법무부장관에게 신고한 때에 비로소 효력을 발생하고 소급효가 없다(國籍 §3).

25) 섭외사법의 해석론으로 그와 같았다. 서희원, 302; 김용한 외, 337.

26) 김문숙, 온주 국제사법 제68조, 2023. 7. 5., [22], [23] 참조.

第 69 條 (혼인 외의 출생자)

① 혼인 외의 출생자가 혼인 중의 출생자로 그 지위가 변동되는 경우에 관하여는 그 요건인 사실의 완성 당시 아버지 또는 어머니의 본국법 또는 자녀의 일상거소지법에 따른다.

② 제1항의 경우에 아버지 또는 어머니가 그 요건인 사실이 완성되기 전에 사망한 때에는 아버지 또는 어머니의 사망 당시 본국법을 그의 본국법으로 본다.

* 舊國私 제42조의 표현이 한글화되었고 '부', '모' '와 '자(子)'가 '아버지', '어머니'와 '자녀'로 각각 수정되었다. '상거소'도 '일상거소'로 수정되었다. 舊국제사법의 제목은 "혼인 외 출생자에 대한 준정(準正)"이었으나 단순화되고 준정(準正)이라는 표현이 삭제되었다. 섭외사법에는 조문 없음.

Ⅰ. 서론

1. 의의 및 연혁

가. 의의

준정은 출생 당시에는 혼인 외의 출생자였던 자가 후에 부모의 혼인 등에 의하여 혼인 중의 출생자의 신분을 취득하는 제도를 말한다. 우리 민법은 '혼인에 의한 준정'만을 규정하고 있으나(民 §855 ②), 해석상 '혼인 중의 준정' 및 '혼인해소 후의 준정'도 인정된다.[1)] 혼인에 의한 준정의 경우 부모가 혼인한 때에 준정의 효과가 발생하며

1) 준정은 인지와 혼인으로 이루어지는데 우리 법상 준정의 형태는 다음과 같다. ⓐ 혼인에 의한 준정은 혼인 전에 출생하여 부에 의해 인지된 자녀가 부모의 혼인에 의하여 준정되는 것이고, ⓑ 혼인 중의 준정은 혼인 외의 자녀가 혼인 중에 비로소 아버지에 의해 인지됨으로써 준정되는 것이며, ⓒ 혼인해소 후의 준정은 혼인 외의 자녀가 부모의 혼인 중에 인지되지 않고 있다가 부모의 혼인이 취소되거나 해소된 후에 아버지에 의해 인지됨으로써 준정되는 것을 말한다. 김주수·김상용, 338; 박동섭·양경승, 338 이하; 윤진수, 207. 그 밖에 사망한 자녀도 그 직계비속이 인지되는 경우 준정이 가능하다. 준정에 관한 상세는 이 책 民 §855 註釋 참조.

(民 §855 ②), 그 밖의 준정의 경우에도 명문의 규정은 없으나 부모가 혼인한 때로부터 혼인 중의 출생자가 된다고 해석되고 있다. 국제사법은 준정에 관한 규정을 신설하였으나, 독일의 적출선고(선언)(Ehelicherklärung)에서와 같이 공적 기관의 관여 하에 자에게 혼인 중의 출생자의 지위를 부여하는 제도에 관하여는 별도로 준거법을 명시하지는 않는다. 그 이유는 혼인에 의한 준정과 그 밖의 준정을 구분하는 것은 대체로 혼인에 의한 준정에 혼인의 효력의 준거법을 적용하고자 하는 것인데[2] 국제사법은 이런 태도를 취하지 않으므로 양자를 구별할 이유가 없다는 것과, 우리 민법은 적출선고(선언)제도를 알지 못하므로 해석에 맡기는 것이 적절하기 때문이다.[3]

나. 연혁

섭외사법은 준정에 관하여 규정을 두지 않았다.[4] 준정은 주로 혼인에 의해 혼인 외의 출생자에게 혼인 중의 출생자의 지위를 부여하는 제도인데, 혼인 중의 출생자와 혼인 외의 출생자를 구별하는 이상 그 의미는 계속 존재하며, 우리 민법도 준정을 인정하므로 국제사법 차원에서도 준정에 관한 규정이 필요하다. 따라서 국제사법에서는 학설상의 논란을 종식시키고 법률관계를 명확히 하기 위하여 준정에 대한 명시적 규정을 신설하였다. 다만 위에 적은 바와 같이 舊國私(§42)의 표제는 "혼인 외 출생자에 대한 준정(準正)"이었으나 준정(準正)이라는 표현이 삭제되고 단순히 "혼인 외의 출생자"가 된 결과 표제만으로는 의미가 불분명하게 되었다. 이는 아마도 이해하기 어려운 용어를 피하기 위한 것으로 보인다. 하지만 준정을 사용하거나 아니면 "혼인 외의 출생자의 지위 변동"이 나을 것으로 본다.

2. 입법례

많은 국가의 국제사법이 준정에 관한 규정을 두고 있는데, 그에는 혼인의 효력의 준거법에 의하는 입법, 부 또는 모의 본국법에 의하는 입법, 자의 본국법에 의하는 입법 등이 있으나,[5] 근자에는 대체로 '준정에 유리하게(*favor legitimationis*)'라는 원칙을 고려하여 가급적 준정이 용이하게 성립하도록 복수의 준거법을 선택적으로 규정하는 경향이 있다.[6]

---

2) 1998년 개정 전의 독일 舊 민법시행법 §21, 오스트리아 國私 §22 및 §23.

3) 최흥섭(2000), 15. 적출선고(선언)에 관하여는 이호정, 국제사법, 386 참조.

4) 학설은 준정(또는 원인된 사실 발생) 당시 부의 본국법에 의한다는 견해가 유력하였다. 신창선, 국제사법(1999), 392; 이호정, 국제사법, 389.

5) 신창선·윤남순, 370; 신창섭, 356.

6) 구체적 입법례는 아래와 같다. 독일 구 민법시행법 §21(준정): 준정을 혼인의 일반적 효력의 준거법에 따르게 하였으나 혼인 중의 자와 혼인 외의 자의 구별이 폐지됨에 따라 1998년 개정에 의하여 폐지됨. 오스트리아 국제사법 §22, §23(준정), 이탈리아 국제사법 §34(준정), 일본 법적용통칙법 §30(법례 §19와

Ⅱ. 준거법의 결정

1. 선택적 연결의 인정(§69 ①)

준정 역시 성립의 가능성을 넓혀 주기 위해 선택적 연결방법을 취하였다. 준정은 혼인 중의 출생자로서의 신분(즉 적출성)의 문제이자 인지의 문제이기도 하므로[7] 이 두 경우에 모두 적용될 수 있는 준거법을 선택하였다. 그 결과 부 또는 모의 본국법 또는 자녀의 일상거소지법을 모두 선택적인 준거법으로 하였다. 부 또는 모의 본국법을 열거한 것은 혼인 중의 부모·자녀관계와 균형을 맞춘 것이나, 자녀의 이익을 위해 준정을 보다 쉽게 인정하기 위하여 혼인 중의 부모·자녀관계의 연결점에 자녀의 일상거소지법을 추가한 것이다.[8]

다만 연결의 기준시점은 혼인준정 외에 인지준정 및 기타의 준정도 있음을 고려하여 혼인거행 시가 아닌 요건사실 완성 시로 규정하였다.[9]

일본의 법례(§19)는 일차적으로 부의 본국법에 의하고, 그가 없는 때에는 모 또는 자의 본국법에 의하며, 자의 상거소지법 대신 자의 본국법을 규정하는 점에서 섭외사법과 차이가 있었다.[10] 그러나 법적용통칙법(§30)은 부, 모 또는 자녀의 본국법에 선택적 연결을 함으로써 舊 국제사법과 유사하게 되었다(다만 연결점으로서 舊 국제사법은 자녀의 상거소지에 착안하나 일본법은 자녀의 국적에 착안하는 점에서 차이가 있다). 일본의 유력설에 의하면 자녀의 국적을 선택적 연결점으로 추가한 이유는, 첫째, 자녀는 준정에 관하여 이해관계를 가지므로 그의 본국법을 무시할 수 없고, 둘째, 적출추정에 관한 여러 나라의 실질법과 비교하여 준정에 관한 각국의 실질법이 상이하므로 자녀의 이익이라는 관점에서 선택의 폭을 확대할 실익이 있으며, 그리고 무엇보다도 셋째, 인지의 준거법하에서는 자녀가 준정자로서의 지위를 취득할 수 있음에도 불구하고 부모의 본국법하에서는 준정이 성립하지 않는 사태를 회피할 수 있다는 데 있다고 한다.[11]

갈음): 일차적으로 부의 본국법에 의하고 그가 없는 때에는 모 또는 자의 본국법에 의함.

7) 섭외사법 하의 통설이었다. 김용한 외, 337.

8) 최흥섭(2005), 162; 법무부, 해설, 152.

9) 필자는 기술적인 사항으로서 과거 "혼인 외의 출생자가 혼인 중의 출생자로 그 지위가 변동되는 경우에 관하여는"이라는 표현은 "준정에 관하여는" 또는 "준정은"이라고 하는 편이 바람직하였을 것이라는 견해를 피력하였으나 위에 적은 바와 같이 준정이라는 표현마저 삭제되었다.

10) 그에 대해 일본에는 혼인 외의 출생자는 모의 국적을 따르는 것이 일반적이므로 자의 본국법에 선택적 연결을 인정하는 것이 얼마나 의미가 있는지는 의문이라는 비판이 있다.

11) 橫山 潤, 國際私法, 276.

2. 요건사실 완성 전에 당사자가 사망한 경우(§69 ②)

준정의 요건사실이 완성되기 전에 관련 당사자가 사망한 경우를 대비하여 사망 당시 본국법을 그의 본국법으로 간주하는 규정도 함께 두었다. 이 규정은 혼인해소 후의 준정의 경우 또는 국가기관에 의한 준정의 경우 등에서 적용될 수 있을 것이다.

Ⅲ. 준거법이 규율하는 사항

자녀가 준정의 대상이 될 수 있는가, 준정에 대한 장애 기타 준정이 성립하기 위한 요건은 준정의 준거법에 따른다.[12] 반면에 준정의 대상인 자녀가 혼인 외의 자녀인가, 혼인에 의한 준정에서 혼인의 성립 여부는 선결문제이다. 자녀의 본국법에 따라 필요한 동의요건은 별도로 구비되어야 한다(§71).

준정에 의하여 혼인 외의 자녀는 혼인 중의 자녀가 된다. 일단 혼인 중의 자녀가 되면 그의 지위, 권리와 의무는 §74에 의하여 규율된다.

12) 구 민법시행법의 상세는 MünchKomm/Klinkhardt (1990), Band 7, 2. Aufl., Art. 21 Rn. 36f. 참조.

第 70 條 (입양 및 파양)

입양 및 파양은 입양 당시 양부모의 본국법에 따른다.

*舊國私 제43조의 표현이 한글화되었고 '양친(養親)'이 '양부모'로 수정되었다.

涉私 제 21 조 (입양 및 파양)

① 입양의 요건은 각 당사자에 관하여 本國法에 의하여 이를 정한다.

② 입양의 효력 및 파양은 양친의 本國法에 의한다.

참고문헌: 김문숙(2004), "국제입양에 있어서 아동의 보호 및 협력에 관한 헤이그협약 — 한국의 가입가능성의 관점에서 —", 국제사법연구 10; 김문숙(2005), "친양자제도의 도입으로 인한 국제사법에의 영향", 국제사법연구 11; 석광현(2009), "1993년 헤이그국제입양협약(국제입양에 관한 아동보호 및 협력에 관한 헤이그협약)", 국제사법연구 15; 석광현(2017), "헤이그입양협약 비준을 위한 2016년 "국제입양에 관한 법률안"에 대한 검토", 가족법연구, 31-1; 석광현(2019), "헤이그입양협약 비준을 위한 2018년 "국제입양에 관한 법률안"에 대한 검토", 가족법연구 33-1; 석광현·이병화(2010), 헤이그국제아동입양협약에 관한 연구; 소라미(2018), "입양아동 사망 사건 진상조사 결과를 바탕으로 한 입양특례법 전부개정 제안", 家族法硏究 32-1; 신윤정(2018), "헤이그국제아동입양협약에 대응한 국내 입양 체계 개편방안", 보건복지 Issue & Focus 353; 안소영(2015), "입양법제의 개선방안 — 헤이그국제입양협약의 비준에 즈음하여 —", 이화여자대학교 대학원 법학박사학위논문; 이경은(2017), "국제입양에 있어서 아동 권리의 국제법적 보호", 서울대학교 대학원 법학박사학위논문; 윤성승·허남순(2014), "국제입양에 관한 헤이그 협약에 비추어 본 국제입양 관련법의 개선방안", 법과 기업 연구 4-2-; 장복희(2006), "국제입양에 관한 헤이그협약과 국내입양법의 개선", 저스티스 93; 최흥섭(2000), "섭외사법개정법률안의 검토 — 제2장(자연인), 제4장(친족), 제5장(상속)", 국제사법학회 8차 연차학술대회 발표자료(2000. 11. 25.); 현소혜(2013), "개정 「민법」상 입양과 「입양특례법」상 입양 — 체계정합성의 관점에서 —", 가족법연구 27-1; 현소혜(2014), "헤이그 입양협약 가입에 따른 국제입양절차 개편방안", 가족법연구 28-2; 현소혜(2018), "국제입양의 준거법 결정", 국제사법연구 24-2; 현소혜(2021), "국제입양의 보충성과 투명성

실현방안", 가족법연구 35−1; Dagmar Winkelsträter (2007), Anerkennung und Durchführung inter−nationaler Adoptionen in Deutschland; J. H. A. van Loon (1993), International Co−operation and Protection of Children with regard to Intrercountry Adoption, *Recueil des cours*, Vol. 244.

Ⅰ. 서론

1. 의의 및 연혁

가. 의의

양자제도라 함은 자연적 혈연관계 또는 생물학적 친자관계가 없는 사람들 사이에 법률상 친자관계를 창설하는 제도를 말하고, 입양이라 함은 그러한 친자관계를 형성하는 것을 말한다.[1] 입양은 여러 가지 기준에 따라 분류할 수 있으나 아래의 논의와 관련하여 의미 있는 분류를 살펴본다.

첫째, 입양에는 그의 성립방법 내지 법원의 관여 여부에 따라 '계약형입양(Vertragsystem, Vertragsadoption)'과 '선고형입양(Dekretsystem, Dekretadoption)'[2]이 있는데 이는 입양의 성립의 문제이다. 우리 민법상 일반입양(또는 보통입양. 이하 양자를 호환적으로 사용한다)은 계약형이나 친양자입양은 선고형이다.

둘째, 입양의 결과 양자와 친생부모(natural (또는 birth) parents, leibliche Eltern)(또는 생가부모) 및 그 혈족과의 법률적 관계의 단절 여부에 따라 그것이 단절되는 '완전입양(full adoption, Volladoption)'과, 단절되지 않는 '불완전입양' 또는 '단순입양(simple adop−tion, schwache Adoption)'이 있는데, 이는 입양의 효력 문제이다. 이처럼 아동과 그의 친생부모 간에 존재하는 기존의 법률관계를 종료시키는 효과(the effect of terminating a pre−existing legal parent−child relationship)를 "단절효"라 한다. 우리 민법상 일반입양은 단순입양이나 친양자입양은 완전입양이다.

입양에 관한 실질법의 입법례는 입양의 성립에 관하여는 계약형양자법에서 선고형양자법으로(또는 계약형입양이더라도 법원의 관여가 확대되는 방향으로), 입양의 효력에 관하여는 단순입양에서 완전입양으로 변화되고 있다.[3][4] 과거 민법은 계약형입양과 단

1) 박동섭·양경승, 354.
2) 이를 '허가형', '재판형' 또는 '결정형 입양'이라고도 한다.
3) van Loon (1993), para. 70. 그러나 선고형입양이 항상 완전입양인 것은 아니다. 프랑스에는 완전입양(*adoption plénière*)과 단순입양(*adoption simple*)이 공존하는데 단순입양도 법원의 판결에 의한다. 프랑스 민법(§361, §353).
4) 국제사법 맥락에서의 비교는 van Loon (1993), para. 96 이하 참조.

순입양만을 인정하였는데, 섭외사법과 국제사법은 대륙법계의 입장에 서서 입양의 준거법을 규정한다. 그러나 2005년 3월 31일 법률 제7428호에 의하여 민법이 개정됨으로써 2008년 1월 1일부터 선고형입양이자 완전입양인 친양자제도가 도입되었다. 민법상 양자제도가 친양자와 일반양자로 이원화되었다. 그러나 2013년 7월 1일자로 민법이 개정됨으로써 계약형입양의 경우에도 가정법원의 허가를 받아야 한다(民 §867).[5]

셋째, 입양은 외국적 요소의 유무에 따라 국내입양과 국제입양으로 구분할 수 있는데, 외국적 요소의 기준에 관하여는 논란이 있을 수 있다. 입양특례법(§18~§19)은 국내입양 외에 '국내에서의 국외입양'과 '외국에서의 국외입양'을 구분하므로 양친이 외국인인 경우를 국외입양이라고 부르는 것 같다. 여기에서는 국제입양과 해외입양을 호환적으로 사용하되, 입양협약에 관한 설명 부분에서는 그의 정의에 따른다.

넷째, 입양은 공개 여부에 따라 '공개입양(open adoption)', '반공개입양(semi-open adoption)'과 '비공개입양(closed adoption)'으로 구분된다. 국내에서 공개입양은 입양사실을 입양아동(아동에 한정되지 않고 정확히는 '피입양인'이나 편의상 '입양아동' 또는 '양자(養子)'라 한다), 가족과 친지 및 주위에게 알리는 형태의 입양을 말한다.[6] 과거 우리나라에서는 입양신고 대신 신생아를 자기의 친생자로서 허위로 출생신고하는 경우가 흔하였는데 이를 '비밀입양'이라고 부른다. 과거 대법원은 그 경우 입양의 효력발생을 부정하였으나 대법원 1977. 7. 26. 선고 77다492 전원합의체 판결을 계기로 판례를 변경하여 입양의 효력발생을 인정하였다.

나. 연혁

섭외사법은 입양의 성립에 관하여 배분적 연결원칙을 채택하고(§21 ①) 입양의 효력 및 파양에 대하여는 양친의 본국법에 의하도록 규정하였으나(§21 ②), 舊 국제사법은 입양의 성립을 용이하게 하기 위하여 이를 폐지하고, 입양의 성립 및 입양 자체의 효력을 한데 묶어서 양친의 본국법으로 단일화하였으며, 다만 입양의 성립과 관련한 자녀 또는 제3자의 동의에 관하여는 별도의 조항을 두어(§71) 양자의 본국법을 누적적으로 적용하도록 하였다. 국제사법은 후자의 태도를 유지하고 있다.

---

5) 당사자의 입양계약에 대해 법원의 인가(또는 확인)를 요구하는 입양이 선고형입양인가, 이를 어떻게 승인할 것인가에 관하여는 견해가 나뉜다. 예컨대 승인의 맥락에서 Dieter Henrich (1989), Internationales Familienrecht, 310은 입양요건에 대한 법원의 실질적 심사를 전제로 이를 선고형입양으로 보나, 김문숙(2005), 320은 선고형입양이라 함은 완전입양의 효력을 발생하는 입양을 의미한다고 하면서, 계약형에서는 비록 공적 기관이 관여하더라도 선고형입양과 그 취지를 달리한다며 반대한다. 위와 같은 유형을 혼합형체제라고 부르기도 한다. Andrae, §8 Rn. 57. 2013년 7월 1일 개정된 민법에 따른 일반입양이 이러한 사례인데 법원의 허가가 창설적 효력을 가지는 것은 아니므로 이는 여전히 계약형입양이라고 본다.

6) 신일현(2004), "국내입양가정의 입양태도 및 서비스 실태에 관한 연구—홀트아동복지회 중심으로", 홀트아동복지연구, 5, 14.

2. 입법례

입양의 실질적 성립요건에 관하여는 이는 신분관계, 특히 계약의 문제이므로 이를 당사자의 속인법에 의한다고 보는 속인법주의가 대륙법계에서 대체로 통용되고 있는데, 이 경우 양 당사자의 본국법에 의할지 아니면 일방 당사자인 양친의 본국법에 의할지에 관하여는 입법례가 나뉘고 있다.[7] 한편 영미법계에서는 입양을 법원 기타 공적 기관에 의한 선언에 의하여 성립하는 것으로 이해하면서 그의 관할권을 결정한 뒤 그 국가의 법(즉 법정지법)을 적용하는 태도를 취한다.[8] 전자를 '저촉법적 접근(conflicts approach)', 후자를 '관할권적 접근(jurisdictional approach)'이라고 부를 수 있다.[9]

입양의 준거법을 규정하는 독일 舊 민법시행법 §22 ①은 일부 수정되었고 ③에 생활동반자가 추가되었으나, ①은 2020년에 다시 개정되었다.[10] 개정된 §22 ①은 2020. 3. 31. 발효되었으며 그 전에 완성되지 않은 국제입양에 적용되는데, 이는 "독일에서 아동의 입양은 독일법에 따른다. 그 밖의 모든 경우 입양은 입양 시 피입양인(Anzunehmende)[11]의 일상거소국의 법에 따른다."고 규정하는데 이는 우리 국제사법의 모델이 되었던 과거의 연결원칙을 수정한 것이다. 그 결과 과거 입양의 성립과 효력의 준거법은 양친의 본국법이었는데 이제는 독일에서의 입양의 경우에는 독일법(즉 법정지법)(§22 ① 제1문)으로, 그 밖의 경우에는 입양 시 피입양인의 일상거소지법((§22 ① 제2문)으로 바뀌었다. 그와 함께 §23에 규정되었던 동의요건은 삭제되었다. 외국 법원의 입양재판이 있는 경우는 재판의 승인의 문제로 해결되고, 또한 헤이그 입양협약이 적용되는 경우는 체약국인 입양국의 권한당국이 입양이 입양협약에 따라 이루어졌다고 증명하는 경우에는 입양협약에 따라 (재판형입양이든 계약형입양이든 간에) 승인되므로 §22 ①은 외국에서 행해진 계약형입양을 염두에 둔 것이라고 할 수 있다. 부부의 일

7) 신창선·윤남순, 371; 신창섭, 357-358; 윤종진, 467-468. 구체적 입법례는 아래와 같다. 독일 민법시행법 §22(입양), 스위스 國私 §77(입양의 준거법), 오스트리아 國私 §26(입양), 이탈리아 國私 §38(입양), §39(피입양자와 입양가족 간의 관계), 일본 법례 §20(우리 국제사법과 별 차이가 없고, 규정방식에 다소 차이 있고, 입양을 '養子緣組'라 한다), 헤이그입양협약 §§3-5. 이슬람법에서는 전통적으로 입양은 허용되지 않는 것으로 이해되고 있다. 김연 외, 432; van Loon (1993), para. 9.

8) 김연 외, 435; van Loon (1993), para. 9.

9) 김연 외, 436; van Loon (1993), para. 102 이하. 입양에 관한 미국 여러 주의 실질법은 석광현·이병화 (2010), 125 이하 참조.

10) 이는 독일 헌법재판소의 2019. 3. 26. 결정에 따른 개정의 결과이다. 즉 독일 헌법재판소는 혼인하지 않은 가족의 계자입양을 전면 불허하는 것은 위헌이라고 판시하고 이를 가능하게 하는 조문의 도입을 명하였기 때문이다. 그 결과 民 §1766a가 신설되었고 민법시행법 §22 ①이 개정되었다. 배경은 BT-Drs. 19/15618, 1ff. 참조. http://dipbt.bundestag.de/doc/btd/19/156/1915618.pdf; 김문숙, 온주 국제사법 제70조, 2023. 7. 5., [7] 참조. 위 민법 조문에 따르면 부부나 등록된 생활동반자가 아니더라도, 확고한 생활공동체(verfestigte Lebensgemeinschaft)로서 공동 세대를 구성하는 두 사람은 상대방의 아동을 입양할 수 있다. Junker, §19 Rn. 36ff.는 개정된 §22의 설명이다.

11) 근자에 우리 사회에서는 이를 '입양인'이라고 부르는 경향이 있는데 이는 용어의 혼란을 초래한다.

방 또는 쌍방에 의한 입양의 경우 '혼인의 일반적 효력의 준거법'으로부터 '양자의 상거소지법'으로의 전환은 입양 시 양자(특히 아동)의 이익이 중심에 있기 때문이라고 한다.[12] 입양 시라고 시점을 명시한 점은 주목할 만하고, 연결점으로서 국적 대신 상거소를 도입한 것은 국제친족법의 영역에서의 변화를 보여준다. 그러나 입양의 준거법에 관하여 독일 민법시행법의 태도를 따랐던 우리로서는 법정지법주의를 도입한 독일법의 개정이 우리에게 시사하는 것은 무엇인지[13]를 검토하지 않으면 아니 된다. 특히 우리에게는 외국으로의 입양 시 아동을 강력하게 보호하기 위한 입양특례법이 있고 그 중의 일부는 국제적 강행규정으로서 준거법이 외국법인 경우에도 적용된다는 점을 유의해야 한다.

Ⅱ. 준거법의 결정

1. 입양의 준거법의 단일화

섭외사법은 입양의 요건을 양친과 양자인 각 당사자의 본국법에 의하도록 하는 배분적 연결방법을 취하였는데, 이는 양친과 양자를 저촉법상 대등한 지위에 두는 것이었다. 그러나 배분적 연결방법은 입양의 성립을 어렵게 할 뿐만 아니라, 입양의 성립과 효력을 분리하여 상이한 준거법에 의하게 한다는 문제점이 있었다.

舊 국제사법에서는 다음과 같은 이유로 입양의 요건, 성립 및 효력의 준거법을 양친의 본국법으로 단일화하였는데 그 결과 입양의 성립이 용이하게 되었다고 할 수 있다.[14] 이런 태도는 국제사법에서도 유지되고 있다.

12) BT-Drs. 19/15618, 16. 이런 설명은 과거와는 다르므로 선뜻 수긍하기가 쉽지 않다. 상세는 Robert Magnus (2022), Die Neuregelung des internationalen Privat- und Verfahrensrechts der Adoption, IPRax, 552ff.

13) 독일 민법시행법의 개정은 석광현, 정년기념, 564에서 소개하였다(다만 여기에는 §23의 동의요건 삭제가 반영되지 않았다). 참고로 우리나라에도 양자의 본국법을 준거법으로 지정하자는 국제사법 개정의견이 있다(현소혜(2018), 107 이하. 다만 이 견해는 우리 아동의 외국으로의 입양을 주로 염두에 둔 것이나, 연결원칙을 변경한다면 반대의 입양, 즉 외국 아동을 국내로 입양하는 경우 준거법이 아동의 본국법이 된다는 점을 유념하여야 한다. 즉 한국으로 결혼 이민을 온 여성이 전혼 자녀 또는 친인척 입양을 하는 이른바 '중도입국자녀'의 입양의 준거법은 현재 한국법이나, 만일 위 견해를 따른다면 양자의 본국법인 외국법이 될 것이다. 또한 근자의 현소혜(2021), 171 이하는 기존에 제안된 법률안에 대한 검토를 담고 있다. 개정 독일법의 태도에 대하여는 지지하는 견해도 있으나 아동의 복지를 강조하여 아동의 일상거소지를 연결점으로 삼아야 한다는 비판적인 견해도 있다. Magnus(註 12), 553, Fn. 17과 18.

14) 최홍섭(2000), 15-16; 법무부, 해설, 153-154. 이는 독일 舊 민법시행법(§22)의 태도와 같다. 프랑스民 §370-3도 입양의 요건을 원칙적으로 양친의 본국법에 따르도록 한다. 프랑스 입양법에 관하여는 이은희, "프랑스법상 행정청에 의한 입양승인", 2024. 12. 6. 한국가족법학회와 한불민사법학회 등이 개최한 공동학술대회 발표자료, 25 이하; 김은아, "프랑스법에서의 입양의 요건과 효과", 위 발표자료 45 이하와 김기환, "배우자 또는 동거인 자녀의 입양 - 프랑스에서의 논의를 중심으로", 위 발표자료, 73 이하 참조.

첫째, 입양에 의해 양자는 양친의 가족 구성원이 된다. 둘째, 입양 후 양자는 양친의 본국의 법적·사회적 환경하에서 생활하는 것이 보통이므로 그 국가가 정하는 요건을 구비할 필요가 있다. 셋째, 복수의 양자가 있는 경우에 준거법이 동일하게 된다. 넷째, 최근 양자에게 자동적으로 또는 용이하게 국적을 부여하는 나라가 많으므로 양친의 본국법이 정하는 입양에 관한 법제도를 고려할 필요가 있고, 양친의 본국법이 양자의 본국법이라고 할 수도 있다.

섭외사법은 연결시점에 대하여 침묵하고 있었으나 학설상 입양 당시로 해석되어 왔으므로 국제사법은 이 점을 명시한다.

입양의 성립은 계약형인가 선고(허가, 재판, 결정)형인가의 문제를 포함한다. 외국의 계약형입양의 그 성립과 유효성은 國私 §70의 경로를 통하여, 외국의 재판형입양은 민사소송법이 정한 외국재판의 승인의 경로를 통하여 한국에서 승인된다. 이는 외국에서 형성된 법상태의 승인에 관한 우리 법의 기본적인 접근방법이다.[15][16]

한편 입양의 효력이란 *涉私*(§21 ②)의 경우와 마찬가지로 입양의 성립에 따른 직접적인 법률효과로서의 양친자관계(이는 자연혈족관계와 대비되는 법정혈족관계이다)의 성립만을 의미하고, 양친자 간의 권리의무를 포함하지는 않는다.[17] 후자는 國私 §72에 의할 사항이다.

입양의 결과 양자와 친생부모 및 그 혈족과의 법률적 관계가 단절되는지 여부, 즉 입양이 완전입양인지, 불완전입양 또는 단순입양인지는, 논란이 있지만 입양의 효력 문제로서 양친의 본국법에 의할 것이라고 본다.[18]

참고로 입양에 관한 실질법의 입법례는 입양의 성립에 관하여는 계약형양자법에

---

15) 석광현, 정년기념, 663 참조. 다만 우리 민법상의 입양처럼 계약형입양에 법원의 허가가 요구되는 경우 그의 성질결정이 문제된다.

16) 근자에 유럽에서는 그에 추가하여 유럽연합에서는 2000년을 전후하여 어떤 외국(기원국 또는 제1국가)에서 사인(私人) 또는 관청의 행위에 의하여 형성되거나 창설된 법적 상태(또는 상황)를 내국(승인국 또는 제2국가)의 협의의 국제사법(즉 저촉법)에 의한 통제 없이 인수 또는 수용한다는 개념이 확산되었다. 이는 당초 유럽연합의 일차적 법과 이차적 법 등에 따른 공법(또는 경제행정법)상의 의무를 염두에 두고 정립된 '기원국법원칙이 국제사법에 영향을 미치면서 대두된 개념이다. 이를 '법상태 또는 법적 상태의 승인(Anerkennung einer Rechtslage)' 또는 '저촉법적 승인'이라고 부르기도 한다. 그러나 국내법인 국제사법 위에 EU기능조약과 같은 상위규범이 있는 다층적 체제인 유럽연합과 우리나라는 사정이 다르다. 우리로서는 이런 경우 국제사법이 지정한 준거법에 반하는 법적 효과는 인정되지 않는 것이 원칙이다. 다만 입양협약처럼 별도의 근거가 있는 경우에는 법상태의 승인이 가능하다. 소개는 석광현, 정년기념, 663 이하 참조.

17) 이호정, 국제사법, 400.

18) Kropholler, 421. 그러나 이는 어떤 유형의 입양이 성립한 것인가와 관련된다는 이유로 성립의 문제로 보는 견해도 있다. 橫山 潤, 國際家族法, 220 참조. 어느 것으로 보든 양친의 본국법에 의하는 점에서는 차이가 없으나, 일본 법례(§20 ② 참조)는 양자와 실제혈족과의 친족관계의 종료는 양친의 본국법에 의한다는 규정을 두어 입법적으로 해결하였다. 이에 대해서는 친생부모와의 법률관계의 준거법을 무시하는 점에서 의문이 있지만, 친생부모가 완전입양에 동의하는 때에는 단절을 부정할 이유는 없다고 한다. 橫山 潤, 國際家族法, 220.

서 선고(허가, 재판, 결정)형양자법으로, 입양의 효력에 관하여는 불완전입양(또는 단순입양)에서 완전입양으로 변화되고 있다.[19] 영미법계 국가와 같이 입양의 성립에 관하여 선고(허가, 재판, 결정)형양자법을 취하는 국가는 국제입양에 대해 어느 국가가 국제재판관할을 가지는지를 우선 문제 삼고 국제재판관할이 긍정되면 법정지법을 적용하는 데 반하여, 대륙법계 국가와 같이 계약형양자법을 취하는 국가는 입양을 하나의 법률관계로 파악하여 그의 준거법을 문제 삼는다.[20] 과거 우리 민법은 계약형입양과 불완전입양만을 인정하였으나, 2005년 3월 31일 민법이 개정됨으로써 2008년 1월 1일부터 선고형입양이자 완전입양제도인 친양자제도가 도입되었다. 따라서 입양을 원하는 사람은 계약형입양이자 단순입양제도인 일반양자제도 또는 친양자제도를 선택할 수 있다. 친양자입양의 경우 재판의 확정에 의해 입양의 효력이 발생하고, 입양신고는 보고적 신고로 이해된다.[21]

그러나 입양의 성립에 관하여 양부모의 본국법만을 적용하고 양자 측의 법이 전혀 고려되지 않는다면 자의 이익이 침해되거나 자의 보호가 소홀해질 우려가 있으므로 국제사법은 별도의 조항(§71)을 두어 자녀 또는 제3자의 동의에 관하여 자녀의 본국법을 누적적으로 적용하도록 한 것이다.

만일 입양에서 양부모의 법과 자녀의 법에 선택적 연결을 한다면 양친자관계의 성립을 용이하게 할 수 있으나 유괴나 매매 등을 목적으로 하는 국제입양으로부터 아동을 보호하기 위하여는 양친자관계의 성립을 쉽게 하는 것만이 능사는 아니므로 선택적 연결을 취할 수는 없다.[22] 다만 이러한 국제사법의 태도에 대하여는, 실질법 영역에서 입양제도의 중심이 양친이 아니라 양자로 이동하였고 무엇보다도 아동의 최선의 이익[23]이 중요한 의미를 가지게 된 오늘날 국제사법 차원에서 고려가 부족하다는 비판이 가능하다.[24] 이런 취지를 고려하여 위에서 본 것처럼 독일 민법시행법(§22 ①)은 피입양인의 일상거소지법에 의하는 것으로 개정되었다.

19) 김주수·김상용, 356; 横山 潤, 國際家族法, 205.

20) 横山 潤, 國際家族法, 204-205.

21) 김주수·김상용, 400, 410; 송덕수, [144]. 그러나 아래에서 보듯이 입양의 효력은 입양의 준거법에 의할 사항인데, §16는 양친이 외국인일 것을 전제로 하므로 입양특례법 §7 ①이 정하는 바와 같이 가족관계등록법이 정하는 바에 의하여 신고함으로써 그 효력이 생길 수는 없다.

22) 곽민희(2016), "국제가족법상 아동의 복리", 조선대학교 법학논총 23-2, 321.

23) 연혁적으로 '아동복리(welfare of children)' 또는 '자(子)의 최선의 이익(the best interest of child)'이라는 개념은 1925년 영국의 미성년 후견법(Guardianship of Infants Act)과 1938년의 독일 혼인법에서 친권 결정의 맥락에서 처음 등장하였고, 국제적 차원에서 '아동의 최선의 이익'은 아동권리협약 §3가 아동과 관련된 모든 조치는 '아동의 최선의 이익'을 충분히 고려해야 한다고 규정한 데서 비롯된다고 한다. 곽민희(註 22), 310.

24) Kropholler, 414.

2. 입양과 파양의 준거법의 일치

입양의 준거법을 양친의 본국법으로 일원화함에 따라 파양도 그에 따르도록 하였다. 다만 섭외사법상 파양의 연결시점은 파양 시[25] 또는 파양원인인 사실이 발생한 당시로[26] 해석되었으나, 입양은 성립부터 종료까지 동일한 법에 의해 규율하는 것이 타당하고, 파양은 입양의 성립을 부정하는 것이므로 파양의 준거법을 입양의 성립의 준거법과 일치시킬 필요가 있다는 점 등을 고려하여 파양의 연결시점을 입양과 동일하게 입양 당시로 고정시켰다.[27]

만일 입양 당시의 양친의 본국법이 파양제도를 인정하지 않는 경우 문제가 발생할 수 있으나, 이때에는 공서위반을 이유로 한국법을 적용함으로써 문제를 해결할 수도 있을 것이다. 과거에 실제로, 파양을 불허하는 양친의 본국법(외국법)을 파양의 준거법으로 적용하여 형식적인 양친자관계의 존속을 강요하는 것은 양자의 복지를 최우선으로 하는 양자제도의 본질에 반하고 우리의 선량한 풍속 기타 사회질서에도 반한다는 이유로 외국법의 적용을 배제하고 법정지법인 한국 민법을 적용하여 파양을 허용한 하급심판결이 있다.[28]

만일 우리 민법이 완전입양 즉 친양자입양을 도입하면서 파양을 전면적으로 불허하였다면 그에 대한 평가가 달라질 수 있을 것이지만, 완전입양을 도입하면서도 예외적인 사유가 있는 경우에 한하여 파양을 제한적으로 허용하고 있으므로(民 §908-5),[29] 만일 외국의 완전입양이 파양을 전혀 불허하는 경우에는 공서위반의 가능성은 여전히 남아 있게 될 것이다.

3. 부부에 의한 입양의 문제

2000년 위원회의 논의 과정에서 부부 중 일방 또는 쌍방이 입양하는 경우에 관하여[30] 독일 舊 민법시행법(§22)[31]과 같이 혼인의 일반적 효력의 준거법에 의하도록 하는 별도의 규정을 둘지를 검토하였다. 그러나 舊 국제사법은 친자관계에 있어 독일

25) 김용한 외, 342.

26) 이호정, 국제사법, 401.

27) 최흥섭(2000), 16; 법무부, 해설, 154~155.

28) 서울가정법원 1992. 4. 23. 선고 91드63419 판결; 서울가정법원 1990. 11. 28. 선고 89드73468 판결 등.

29) 파양사유는 양친이 친양자를 학대 또는 유기하거나 그 밖에 친양자의 복리를 현저히 해하는 때 또는 친양자의 양친에 대한 패륜행위로 인하여 친양자관계를 유지시킬 수 없게 된 때이다.

30) 우리 민법에 의하면 배우자 있는 자는 공동으로 양자를 해야 한다(§874). 이를 '부부공동입양'이라고 한다.

31) §22는 다음과 같았다.
"제22조(입양) 입양은 양친이 입양 시에 속하고 있는 국가의 법에 따른다. 부부의 일방 또는 쌍방에 의한 입양은 제14조 제1항에 따라 혼인의 일반적 효력의 준거법에 따른다."

구 민법시행법과는 달리 혼인의 일반적 효력의 준거법을 준용하지 않는 점, 부부입양의 경우도 입양의 원칙규정인 양친의 본국법에 따르더라도 부당한 것은 아니라는 점 등을 고려하여 그에 관한 규정을 두지 않았다.[32] 이는 일본의 법례(§20) 및 법적용통치법(§31)과 같은 입장이다.[33]

그러나 독일 舊 민법시행법(§22)에 따르면 부부 쌍방에 의한 입양은 1개의 입양으로서 파악되는 데 반하여, 국제사법에 따르면 이는 2개의 입양으로 평가되어 아버지의 본국법과 어머니의 본국법이 각각 준거법이 될 텐데, 양국법이 서로 다른 요건 또는 효력을 부여하는 경우 복잡한 문제를 초래한다는 비판이 가능하다. 예컨대 일방의 본국법상 입양이 성립하지 않으면 부부공동입양은 성립하지 않고, 기껏해야 상대방의 본국법에 따른 단독입양이 성립할 수 있을 뿐이다. 나아가 그 경우 부부 일방의 본국법이 공동입양이 아니면 입양을 할 수 없다고 규정하는 때에는 결국 단독입양도 불가능하게 된다.[34]

그러나 독일 민법시행법에서 혼인의 효력의 준거법에 연결하던 부부에 의한 입양에 대한 특칙(제22조 제1항 제2문)은 설득력이 없다는 이유로 2020년 개정시 삭제되었다.

4. 입양의 방식

섭외사법과 국제사법은 입양의 방식에 관해 별도의 규정을 두지 않는다. 따라서 입양의 방식은 법률행위의 방식에 관한 國私 §31에 의할 사항이고 그 결과 입양의 준거법 또는 행위지법에 선택적으로 연결된다.[35] 우리 학설은 대체로 위와 같이 설명한다. 그러나 사견으로는 이는 계약형입양의 경우에만 타당하다고 본다. 즉, 계약형입양에서 필요한 입양의 신고는 입양의 방식(즉 형식적 요건)의 문제이다.[36] 반면에 선고형입양에 의할지 아니면 계약형입양에 의할지는 입양의 방식의 문제가 아니라 입양성립의 태양 내지 방법의 문제로서 입양의 준거법에 따를 사항이다.[37] 民(§878)에 따르면 계약형입양은 혼인과 마찬가지로 당사자 쌍방이 가족관계등록법에 따라 신고하여야 한다.

---

32) 최흥섭(2000), 16; 법무부, 해설, 155.

33) 이는 입법례로서는 이례적이라고 한다. 横山 潤, 國際家族法, 219.

34) 신창선·윤남순, 373; 櫻田嘉章, 313도 동지. 상세는 横山 潤, 國際家族法, 219－220.

35) 김문숙(2005), 312; 신창선·윤남순, 373－374; 신창섭, 360; 윤종진, 470; 현소혜(2013), 95.

36) 이 점은 우리 민법에서도 같다. 김주수 · 김상용, 373.

37) Andrae, §8 Rn. 54 참조. 현소혜(2013), 95은 입양특례법에 따른 해외입양에서 가정법원의 허가를 입양의 방식의 문제로 보아 舊國私 §17에 따라 입양의 준거법 또는 행위지인 입양지법에 선택적으로 연결된다고 하나 필자는 이를 입양의 성립요건의 문제로 본다. 당사자의 합의만으로 입양이 성립하는 것이 아니라 가정법원의 허가에 의하여 창설적 효력이 발생하고 단순한 신고의 수리에 그치는 것이 아니라 법원의 결정을 수반하기 때문이다. 민법에 따른 계약형입양의 경우 법원의 허가도 입양의사의 외부적 표현의 문제는 아니므로 이를 방식으로 보기보다는 별도의 유효요건으로 본다.

5. 선고형입양의 승인

외국법원 또는 관할 당국에 의한 선고형입양에 대하여는 외국판결의 승인 및 집행에 관한 民訴 §217(舊民訴 §203에 상응)가 유추적용되며, 계약형입양을 전제로 한 §70는 적용되지 아니한다. 외국의 입양판결은 성질상 비송사건에 속하는 것이기 때문이다.

6. 동의요건의 구비(§71)

§70의 규정에 따른 부모·자녀관계의 성립에 관하여 자녀의 본국법이 자녀 또는 제3자의 승낙이나 동의 등을 요건으로 할 때에는 그 요건도 갖추어야 한다. 즉 동의요건에 관하여 양법을 누적적으로 적용하는데 이 점은 §71에 대한 해설에서 논의한다.

7. 반정의 고려

준거법의 결정 시 반정 기타 '숨은 반정'의 문제를 고려할 필요가 있는데, 이는 아래(Ⅳ.)에서 논의한다.

Ⅲ. 준거법이 규율하는 사항

국제사법에 따르면 우리 아동의 국외입양시 입양 및 파양은 입양 당시 양부모의 본국법에 의하고, 다만 자녀의 본국법인 우리 법이 자녀 또는 제3자의 승낙이나 동의 등을 요건으로 할 때에는 그 요건도 갖추어야 한다. 즉 입양의 성립, 유효성과 효력 및 파양은 모두 양부모의 본국법인 외국법이 적용되고, 아동이나 제3자의 동의를 요구하는 범위 내에서만 우리 법이 준거법으로 적용된다.[38] 요컨대 양법이 누적적으로 적용된다. 다만 입양특례법의 국제사법적 함의를 고려할 필요가 있으므로 논점별로 이를 검토한다.

---

38) 다만 법원의 허가도 동의요건에 포함되는지는 논란의 여지가 있다. 필자는 동의요건은 국제입양법 §8("입양의 동의 및 승낙에 관하여는 국내입양특별법 §15부터 §17까지의 규정을 준용한다."는 취지)에서 보듯이 국내입양특별법 §15(입양의 의사표시), §16(입양에 대한 친생부모의 동의)와 §17(입양 승낙 및 동의의 요건 등)의 동의요건과 그에 갈음하는 공적 기관의 동의(필요하다면)를 말하지 국제입양법 §12가 정하는 가정법원의 허가는 포함하지 않는다고 본다(법원의 허가는 입양의 유효한 성립을 위하여 필요한 별개의 요건이라는 것이다). 김문숙, 온주 국제사법 제71조, 2023. 7. 5. [12]는 공적 기관이 관여하는 모든 허가나 처분을 제71조의 동의요건에 포함시킨다면, 양자의 본국법과 양부모의 본국법을 전면적으로 누적적용하는 결과가 될 것이라면서도 요보호아동에 대한 가정법원의 허가를 입양의 동의나 승낙에 관한 공적 기관의 관여(즉 동의요건)라고 본다. 최흥섭, 383도 동지. 일본 법적용통칙법(제31조 제1항)은 입양에 대한 아동 기타 제3자의 동의 또는 공적 기관의 허가를 언급하는데 계약형입양 또는 재판형입양을 허가하는 법원도 포함하는지는 긍정설과 부정설이 있다. 中西 康 外(2014), 国際私法, 341 참조.

1. 양부모의 자격요건

양부모의 자격요건은 입양의 준거법에 따를 사항이다. 그런데 입양특례법은 양친이 될 자격을 아동학대·가정폭력·마약 등의 범죄나 알코올 등 약물중독의 경력이 없는 자로 강화하고, 입양 성립 전에 입양기관 등으로부터 소정 교육을 이수하도록 한다(§10). 양부모가 외국인인 국외입양에 적용되는 입양특례법의 취지를 고려하면 §10는 준거법에도 불구하고 적용된다고 보아야 한다. 입법론으로는 이 점을 명확히 하는 것이 바람직하다.

2. 양자의 자격요건

양자의 자격요건은 입양의 준거법에 따를 사항이다. 그런데 입양특례법은 양자의 자격을 규정한다(§9). 양부모가 외국인인 국외입양에 적용되는 입양특례법의 취지를 고려하면 §9는 준거법에도 불구하고 적용된다고 보아야 한다. 특히 입양특례법이 적용되는 아동은 요보호아동[39]이므로 그렇게 해석하는 것이 옳다. 입법론으로는 이를 명확히 하는 것이 바람직하다.

3. 입양의 방법과 효력

계약형입양이 가능한지 아니면 선고형입양을 해야 하는지, 입양의 효력이 입양신고에 의하여 또는 입양재판에 의하여 발생하는지, 입양에 의하여 양자와 친생부모와의 친자관계가 존속하는지(단순입양) 아니면 단절되는지(완전입양) 등은 모두 입양의 준거법에 의할 사항이다.[40]

그런데 입양특례법에 따라 입양된 아동은 민법상 친양자와 동일한 지위를 가진다(§14). 또한 입양특례법에 따른 입양은 가정법원의 인용심판 확정으로 효력이 발생하고, 양친 또는 양자는 가정법원의 허가서를 첨부하여 가족관계등록법에서 정하는 바에 따라 신고하여야 한다(§15). 여기의 신고는 보고적 신고이다. 문제는 입양특례법 §14와 §15가 국제사법이 적용되는 국제입양, 즉 국내에서의 국외입양과 외국에서의 국외입양에도 적용되는가이다. §14와 §15의 전단, 즉 인용심판 확정으로 효력이 발생한다는 부분은 우리 법원이 심판하는 국외입양에도 적용됨은 명백하고, §15의 후단, 즉 양친 또는 양자가 가족관계등록법에 따라 신고하여야 한다는 부분도 아마도 적용

---

39) 요보호아동이란 아동복지법(§3 iv)에 따른 보호대상아동이다. 입양특례법 §2 ii. 입양특례법의 실질법적 측면에 관한 논의는 이 책 제4장 父母와 子 중 입양특례법 註釋 참조.

40) 김문숙(2005), 309. 우리 국제사법은 부부공동입양의 준거법에 관한 특칙을 두지 않으나 독일 민법시행법은 혼인의 일반적 효력의 준거법에 연결한다.

되는 것으로 추측된다. 그러나 이런 태도가 國私 §70와 일관성이 있다고 보기는 어려운데 그런 태도가 정당화될 수 있는지는 논란의 여지가 있다.

한편 국외입양의 경우 양자의 성과 본에 관하여는 우리 법이 적용되는 것으로 보기는 어렵다. 왜냐하면, 입양특례법에 따라 입양된 아동은 민법상 친양자와 동일한 지위를 가지고, 친양자는 원칙적으로 양부의 성과 본을 따르고 다만 양친이 혼인신고시 양모의 성과 본을 따르기로 협의한 경우에만 양모의 성과 본을 따르게 되는데(民 §781),[41] 외국인 양친에 대해서까지 민법의 적용을 고집할 이유가 없기 때문이다. 보다 근본적으로 국제사법의 해석상 입양시 양자의 성과 본이 ⓐ 입양의 준거법에 따를 사항인지, ⓑ 친자관계의 준거법에 따를 사항인지,[42] 아니면 ⓒ 양자의 속인법에 따를 사항인지는 논란이 있다.[43] 아직 유권적 견해는 없지만 입양에 의하여 양자가 수령국의 국적을 취득하게 되므로 어느 견해를 따르든 외국에서의 국외입양 시 양자의 성과 본은 결국 수령국법에 따라 결정될 가능성이 크다. 그렇다면 입양특례법 §14는 국외입양된 양자의 성과 본에는 적용되지 않게 될 것이다. 입법론으로서는 이를 명확히 규정할 필요가 있다. 국내로의 입양의 경우에도 동일한 문제가 제기된다. 현재로서는 이 경우 양친자관계의 성립과 양자의 한국 국적 취득 간에는 시차가 있으므로 어느 견해를 취하는지에 따라 적어도 일정한 기간 동안에는 결론이 다를 수 있는데, 이도 결국 입법으로써 명확히 할 필요가 있다.

양자의 상속 문제는 원칙적으로 상속의 준거법에 의하나, 입양준거법과 상속준거법 간에는 접점이 있다. 예컨대 상속준거법에서는 입양아동의 상속권을 인정하는데 입양준거법에서는 입양의 성립은 인정하나 그 입양을 단순입양으로 보는 경우 그에게 상속권을 인정할 수 있는지가 문제된다. 상속준거법이 말하는 입양이 입양준거법이 말하는 입양과 동일하거나 유사하면 상속권을 인정하나 다르다면 상속권을 부정하는 견해가 독일에서는 유력한데 근자에 우리나라에서도 이를 지지하는 견해가 있다.[44] 입양아동이 과연 상속준거법이 전제하는 법적 지위를 가지는지는 입양준거법이 결정한다는 점에서 위 견해는 설득력이 있다.

---

41) 舊 입양특례법 §8 ①은 "이 법에 의하여 양자로 되는 자는 양친이 원하는 때에는 양친의 성과 본을 따른다"고 규정하였다.

42) 國私(§72)에 따르면, 부모·자녀 간의 법률관계는 부모와 자녀의 본국법이 모두 동일한 경우에는 그 법에 의하고 그 외의 경우에는 자녀의 일상거소지법에 의한다.

43) 김문숙(2004), 315-316.

44) 최흥섭, 421. 위는 독일의 다수설과 판례(예컨대 독일 연방대법원 1988. 12. 14. 판결(NJW 1989, 2197))이다. Junker, §19 Rn. 42.

4. 입양의 취소

입양을 취소할 수 있는지 및 그 사유와 입양취소의 방법은 모두 양친의 본국법에 의하여 규율된다. 그런데 입양특례법(§16 ①)은 "입양아동의 친생의 부 또는 모는 자신에게 책임이 없는 사유로 인하여 §12 ① ii에 따라 입양의 동의를 할 수 없었던 경우에는 입양의 사실을 안 날부터 6개월 안에 가정법원에 입양의 취소를 청구할 수 있다"고 규정한다.

§16가 국내입양에 적용됨은 명백하지만, 국내에서의 국외입양과 외국에서의 국외입양에도 적용되는지는 논란의 여지가 있다. 그러나 이는 동의요건(國私 §71)에 관련되므로 우리 아동의 국외입양에는 준거법의 일부로서 적용된다고 본다. 다만 우리 법원에 취소의 청구를 하기 위하여는 국제재판관할이 있어야 한다(國私 §58와 §57).

5. 파양

파양의 사유와 그 방법은 양부모의 본국법에 의하여 규율되는 사항이다. 그런데 입양특례법(§17 ①)은 양친이 양자를 학대 또는 유기하거나 그 밖에 양자의 복리를 현저히 해하는 경우 또는 양자의 양친에 대한 패륜행위로 인하여 양자관계를 유지시킬 수 없게 된 경우 양친, 양자, 검사가 가정법원에 파양을 청구할 수 있도록 파양사유를 과거보다 확대하였다.

§17가 국내입양에 적용됨은 명백하나 이는 외국에서의 국외입양에 적용된다고 보기는 어렵다. 왜냐하면 국제사법상 파양은 원칙적으로 양친의 본국법에 따를 사항이고, 양친과 양자가 모두 외국에 주소(또는 상거소)를 두고 외국 국적을 가진 경우 우리나라의 국제재판관할을 인정하는 것이 쉽지 않은데(國私 §58, §57) §17는 우리 법원에 파양청구를 할 것, 즉 우리 법원에 국제재판관할이 있을 것을 전제로 하고 있기 때문이다.

다만 우리나라의 국제재판관할이 인정되어 우리 법원이 양친의 본국법에 따라 파양의 가부를 판단하는 경우에도, 준거법이 파양을 전혀 허용하지 않거나 파양사유를 매우 제한적으로 규정하는 때에는 國私(§23)의 공서조항을 근거로 외국법의 적용을 배제하고 우리 법을 적용하여 파양을 허용할 여지가 있다.[45] 미국과의 관계에서는 이때에도 숨은 반정의 법리를 적용할 가능성을 고려해야 한다.

45) 아래에서 소개하는 서울가정법원 1996. 10. 31. 선고 94드89245 판결은 섭외사법하에서 그렇게 판단하였다.

Ⅳ. 반정과 공서

1. 반정, 특히 숨은 반정

반정의 허용 여부에 관하여는 다양한 입법례가 있으나 國私(§22)은 직접반정을 허용하면서 예외적으로 반정이 허용되지 않는 경우를 열거한다. 그런데, 國私 §70에도 불구하고 양친의 본국법이 미국 기타 영미법계국가인 경우 '숨은 반정'의 법리에 의하여 양친의 본국법 대신 입양재판을 하는 법정지법인 한국법이 준거법이 될 수 있음을 유념하여야 한다.[46] 즉 우리나라를 포함한 대륙법계국가는 대체로 입양을 하나의 법률관계로 파악하여 그 준거법을 규정하지만, 입양의 성립에 관하여 선고형양자법을 가지고 있는 영미법계국가는 국제입양에 대해 어느 국가가 국제재판관할을 가지는지를 문제삼고 국제재판관할이 긍정되면 법정지법을 적용하는 경향이 있는데, 그 경우 국제재판관할규칙에 저촉규칙이 숨어 있다고 보아 반정의 법리에 의하여 법정지법을 적용할 여지가 있기 때문이다. 이것이 숨은 반정의 법리인데 문제는 우리 국제사법의 해석상 위 법리가 허용되는가이다.

국제이혼에 관하여 대법원 2006. 5. 26. 선고 2005므884 판결은 반정의 법리를 정한 舊國私 §9를 유추적용하여 숨은 반정의 법리를 정면으로 인정한 바 있으므로[47] 국제입양의 경우에도 우리 법원이 숨은 반정의 법리를 적용할 가능성이 크다. 섭외사법하에서 서울고등법원 1989. 7. 24. 선고 88르1028 판결은 숨은 반정의 법리를 적용하여(유추적용이 아니라) 입양의 준거법을 양친의 본국법인 미시시피주법이 아니라 한국법으로 보았다.[48]

국제사법상 숨은 반정이 허용되기 위한 요건은 반정을 정한 제22조의 해설과 이혼의 준거법을 정한 제66조의 해설에서 논의하였다. 숨은 반정이 허용되기 위한 요건의 하나로 "당해 외국의 법상 우리나라에 국제재판관할이 있을 것"이 요구되는데 국제입양의 맥락에서 특별히 문제되는 것은 우리나라가 전속관할을 가져야 하는가이다. 필자는 비전속관할의 경우에도 외국법이 선택적 연결을 하는 경우와 유사하므로 숨은 반정을 인정할 수 있다는 견해를 피력하였으나 논란의 여지가 있다. 만일 우리

---

46) 김문숙(2005), 317 이하도 참조.

47) 위 판결은 미합중국 국적을 보유하고 한국에 거주하는 부부 쌍방이 모두 선택에 의한 주소(domicile of choice)를 한국에 형성한 상태에서 남편(원고)이 처(피고)를 상대로 한국 법원에 이혼, 친권자 및 양육자지정 청구의 소를 제기한 경우, 원·피고의 현재 주소(domicile)가 소속된 법정지의 법률이 준거법이 되어야 할 것이므로, 준거법 지정시의 반정(反定)에 관한 舊國私 §9 ①을 유추적용한 '숨은 반정'의 법리에 따라 법정지법인 한국 민법을 적용해야 한다는 취지로 판시하였다. 평석은 석광현(2006), "2006년 국제사법 분야 대법원판례: 정리 및 해설", 국제사법연구 12, 594 이하 참조.

48) 이종혁(2021), 498 참조.

나라가 전속적 국제재판관할을 가질 것을 요구한다면 국제입양의 경우 숨은 반정의 법리가 적용되지 않는다. 위에서 본 것처럼 국제입양의 성립의 경우 양자가 되려는 사람 또는 양부모가이 되려는 사람의 상거소지국이 모두 국제재판관할을 가지므로 (§58 ① 참조) 우리나라의 전속관할이 인정될 수는 없기 때문이다. 위 대법원 판결로부터 이에 관한 대법원의 태도를 알 수는 없다.

또한 숨은 반정을 인정하기 위하여는 반정을 허용하는 것이 우리 국제사법의 지정 취지에 반하지 않아야 하는데, 입양에서 숨은 반정을 허용하는 것이 우리 국제사법의 지정 취지에 반하는 것으로 보이지는 않는다.

나아가, 만일 우리 법원이 숨은 반정을 받아들여 한국법만을 적용하여(양부모의 자격요건에 관하여도) 입양재판을 할 경우 미국법상 그 재판의 승인에 문제가 없는지를 검토할 필요가 있다. 실무적으로는 그 경우 미국의 해당 주법이 정한 양부모의 자격요건과 동의요건 등을 구비하지 못한다면 당해 주의 공서위반이 될 가능성이 있으므로 관련 주법의 요건을 구비하는 것이 안전하다.[49] 양자의 자격요건에 관하여도 마찬가지이다.

2. 공서

섭외사법하에서 서울가정법원 1996. 10. 31. 선고 94드89245 판결은 "파양은 양친의 본국법에 의함이 원칙이므로 이 사건의 준거법은 양친의 본국법인 미합중국 알라바마주의 법률인데, 알라바마주의 법률이 파양에 관하여 아무런 규정을 두고 있지 아니함은 당원에 현저하고, 따라서 위 법에 따르는 한 어떠한 경우에도 원고와 피고는 파양할 수 없게 되나, 이를 관철하는 경우에는 피고가 원고를 악의로 유기한 채 장기간에 걸쳐 아무런 연락도 없고 행방조차 알 수 없는 데다가 양자인 원고가 그 관계의 청산을 간절히 바라고 있음에도 불구하고 원고로 하여금 형식적으로 양친자 관계를 유지하도록 강요하는 것은 양자의 복지를 주된 목적으로 하는 양자제도의 본질에 반하고 우리의 선량한 풍속 기타 사회질서에도 위반된다"는 이유로 알라바마주의 법률의 적용을 배척하고 우리 민법을 적용한 바 있다. 그 밖에도 유사한 취지의 판결들[50]이 있다.

49) 실무상 서울가정법원은 해외입양재판시 준거법에 크게 신경쓰지 않는다고 한다. 법원은 양부모가 입양특례법이 정한 요건을 충족하는지를 심리하는데, 양부모들은 본국의 국가기관(미국의 경우 이민국)에서 발급받은 양부모 자격증명서를 필수 서류로 제출하므로 그에 기하여 양친의 본국법상 양부모 자격요건을 충족했다고 보기 때문이라고 한다. 결과적으로 양부모의 자격요건에 관하여는 입양특례법과 양부모의 본국법이 누적적용되는 셈이다.

50) 서울가정법원 1989. 9. 22.자 89드16588 심판(확정)(루이지애나주법이 준거법인 사례); 서울가정법원 1990. 11. 28.자 89드73468 심판(확정)(테네시주법이 준거법인 사례); 서울가정법원 1992. 4. 23. 선고 91드63419 판결(확정)(오하이오주법이 준거법인 사례) 등. 소개는 이종혁(2021), 499 이하 참조. 현재 우리

V. 입양특례법에 따른 국제입양[51]과 국제사법

舊 입양특례법은 요보호아동의 입양에 관하여 민법상의 입양에 대한 특칙을 두었는데, 이는 국내에서의 국외입양과 외국에서의 국외입양에서 중요한 의미를 가졌다. 舊 입양특례법은 입양아동의 해외이주를 적절히 통제하고 국외입양에 따른 한국국적상실을 호적부(가족관계등록부)에 기재하기 위한 절차를 규정하였을 뿐이므로 우리 아동은 외국에서 입양재판을 받았고 따라서 우리 법원이 섭외사법/舊 국제사법을 적용할 여지가 없었다. 문제는 우리 법원의 관여 없이 아동이 출국하였으므로 아동의 신분이 상당기간 불확정한 상태에 놓인다는 점이었다. 이를 개선하기 위하여 국회는 2011년 5월 舊 입양특례법을 개정하여 그 명칭을 '입양특례법'으로 변경하였고 이는 2012년 8월 5일 발효되었다. 입양특례법은 舊 입양특례법과 달리 국제입양의 경우는 물론이고 입양특례법에 따른 국내입양에 대하여도 법원의 허가를 요구한다.

입양특례법에 관하여는 위에서 단편적으로 언급하였는데, 여기에서는 입양특례법에 따른 국외입양의 경우 입양특례법의 적용범위의 문제(1.), 2012년 시행된 입양특례법의 개정에 따른 우리 아동의 국외입양이 이루어지는 메커니즘의 변화와 그것이 가지는 국제사법적 의미를 살펴본다(2.). 그런데 국제입양은 입양협약의 이행법률로서 새로 제정하는 법률에 의하여 규율하고, 입양특례법의 범위를 국내에서 이루어지는 입양으로 제한하기로 한 결과 2023. 7. 18. '국제입양에 관한 법률(이하 "국제입양법" 또는 "국제입양법률"이라 한다)'과 '입양특례법 전부개정법률'이 공포되었고, 입양특례법은 '국내입양에 관한 특별법'(이하 "국내입양특별법"이라 한다)으로 개정되어 양 법률은 2025. 7. 19. 시행될 예정이다. 따라서 현재 입양특례법이 규율하는 외국으로의 국제입양은 장래에는 국제입양법에 의하여 규율될 것이다. 아래에서는 현행법인 입양특례법을 해설하고 국제입양법에 따른 변화는 §71의 뒤의 [後註] 헤이그입양협약에 이어서 해설한다.

1. 국제사법과 우리 법원의 입양재판 시 입양특례법의 적용범위

입양특례법에 따른 아동의 국외입양을 위하여는 우리 법원의 입양허가를 받아야 하므로 법원은 國私 §70에 따라 양친의 본국법을 적용하고, 동의요건에 관하여는 §71

민법은 친양자제도를 도입한 탓에 과거와는 상황이 다소 달라졌다. 하지만 우리 민법상 친양자의 경우에도 제한적으로(즉 양친이 친양자를 학대 또는 유기(遺棄)하거나 그 밖에 친양자의 복리를 현저히 해하는 때와 친양자의 양친에 대한 패륜(悖倫)행위로 인하여 친양자관계를 유지시킬 수 없게 된 때) 파양이 허용되므로(民 §908의5) 준거법인 외국법이 파양을 전면적으로 불허한다면 공서가 개입할 가능성이 있다.

51) 법원의 실무는 제요[Ⅱ], 1150 이하 참조.

에 따라 자녀의 본국법인 우리 법을 적용한다. 주목할 것은, 입양특례법의 일부 조문은 입양의 준거법에 관계없이 국외입양에 적용된다는 점이다.[52] 문제는 입법자의 의도가 명확하지 않은 조문들이 있는 점인데 이 점에서 입양특례법은 국제사법적 사고의 빈곤을 드러낸다.[53] 입양특례법의 조항이 국외입양에도 적용되는가는 §70의 해설에서 언급하였으나 여기에서 간단히 정리한다(이는 국제사법의 논점이다).

첫째, 양친과 양자의 자격요건과 입양의 효력. 입양특례법 §9는 양자의 자격을, §10는 양친의 자격을 각각 규정한다. 이들 조문이 입양의 준거법이 외국법이더라도 적용된다는 점은 위에서 언급하였다.[54] 입양의 효력 또는 효과를 정한 입양특례법 §14도 위에서 논의하였다.

둘째, 신생아 입양 시 입양숙려제 도입. 입양특례법은 친생부모의 입양동의는 아동의 출생일부터 1주일이 지난 후에 이루어지도록 규정한다(§13 ①). 이는 동의요건이므로 國私 §71에 따라 우리 아동의 국외입양 시 입양의 준거법이 양친의 본국법인 외국법이더라도 여전히 적용된다.

셋째, 우리 법원의 입양허가제의 도입. 구 입양특례법에서와 달리 입양특례법은 국내입양은 물론이고, 외국에서의 국외입양에 대하여도 입양허가제를 도입하여 입양을 하려는 자는 가정법원에 입양허가를 청구하도록 하고(§11, §19), 법원의 허가 없이 국내외입양을 행한 자에 대한 벌칙을 도입하였다(§44 ① i). 이는 양자의 복리를 보장하기 위하여 입양특례법에 따른 입양에 대해 선고형입양제도를 전면 도입한 것이다.[55]

§19와 §14 및 §15를 묶어 보면 국외입양의 경우 가정법원의 입양허가를 받음으로써 양자는 친양자의 지위를 가지고 그 효력은 가정법원의 인용심판 확정으로 발생한다. 과거 민법상 계약형입양제도만 있었으므로 입양의 준거법인 외국법이 법원의

52) 그런 취지의 조문을 '국제적 강행법규(또는 강행규정)'라고 부르는데 舊國私 §7(國私 §20에 상응)는 이를 정면으로 도입하였다.

53) 석광현, "2012년 개정 입양특례법과 국제사법적 사고의 빈곤", 신문4037, 11에서 이 점을 지적하였다.

54) 서울가정법원 2013. 2. 22. 2012느합356 심판은, 국제사법에 따르면 사건본인의 입양은 입양 당시 양친이 되고자 하는 소외 부부의 본국법인 미국의 입양 관련법에 의하여야 하지만, 사건본인의 본국법인 한국의 입양 관련법에 따른 절차적 요건도 갖추어야 하므로, 사건본인의 본국법인 한국의 입양 관련법에서 요구하는 요건과 절차도 모두 준수하여야 하는바, 입양특례법에서는 양자가 될 수 있는 자의 자격을 규정하므로(§4 ii), 사건본인이 입양특례법에 따라 입양이 이루어지기 위해서는 그에 해당해야 한다는 취지로 판시하였다. 아동의 요건은 절차적 요건이 아니므로 그렇게 볼 것은 아니다. 입양특례법이 정한 양자와 양친의 자격은 국제적 강행규정으로 설명하는 것이 적절하다. 다행스럽게도 서울가정법원 2018. 6. 28.자 2018브25 결정은 입양특례법의 제9조와 제10조는 舊國私 §7(國私 §20에 상응)에 의하여 적용된다고 판시한 바 있다. 제요[Ⅰ], 425도 이를 국제적 강행법규로 설명한다. 이는 이선미(2020), "국제가사사건 처리 실무", 윤진수교수정년기념논문집 간행위원회, 민법논고: 이론과 실무 — 윤진수교수 정년기념, 552에도 소개되어 있다.

55) 이에 대하여 아동에 대한 국가책임을 강화하고 입양협약에 가입하기 위한 기반을 마련하였다는 의의가 있다는 평가도 가능하나 입양협약이 아동의 출신국에서 입양재판을 할 것을 요구하지는 않으므로 입양협약에 가입하더라도 수령국인 외국에서 입양재판을 할 수도 있다.

입양허가 또는 입양재판을 요구하더라도 우리 법원이 입양허가 또는 입양재판을 하는 것을 생각하기 어려웠고,[56] 우리나라가 2008년 1월 1일 민법 개정을 통하여 친양자제도를 도입한 뒤에도 우리 아동의 외국에서의 국외입양에서는 아동이 외국에서 입양재판을 받았다. 이처럼 과거 우리 아동의 외국에서의 국외입양시 가정법원이 철저히 배제되었으나, 입양특례법하에서는 가정법원이 중요한 역할을 담당하므로 가정법원의 전문성을 제고하는 것이 중요하다. 입양허가 시 가정법원의 판단기준을 입양특례법에서 명시할 필요가 있고, 보건복지부장관의 해외이주허가와 가정법원의 입양허가의 기능배분도 신중하게 결정할 필요가 있다.[57]

그러나 입양허가제도를 도입한 결과 입양특례법에 따른 국내입양과 외국에서의 국외입양 건수가 대폭 줄었으며 미등록아동을 유기하는 사례가 늘어난 점은 우려할 일이다.[58] 이는 가정법원의 허가요건이 번거롭고 더욱이 법원의 허가과정에서 양자가 될 아동에 대한 가족관계 등록 창설(§23)에 대한 엄격한 확인이 이루어짐으로써 입양절차가 부담스럽다는 데 기인하는 것으로 보인다. 하지만 아직도 우리 아동의 국외입양은 상당한 규모로 이루어지고 있다.[59]

2. 2012년 입양특례법의 개정에 따른 우리 아동의 국제입양 메커니즘의 변화와 국제사법적 의미

가. 과거 국제입양의 메커니즘: 외국법원이 한 입양재판의 승인

舊 입양특례법하에서는 외국 법원의 입양재판만 있었으므로[60] 우리 아동의 국외입양(더 정확히는 양친자관계의 성립과 친생부모와의 친자관계의 소멸)은 외국 입양재판의 승인이라는 메커니즘에 의하였다. 입양재판은 비송사건에 속하므로 국제입양은 비송사건인 외국 입양재판의 승인의 법리에 의한다.[61] 그런데 민사소송법은 외국판결의 승인을 규

56) 법적으로 불가능한 것은 아니었다. 왜냐하면 입양의 준거법인 외국법이 선고형입양을 규정한다면 이는 가능하였기 때문이다.

57) 입양협약에 가입함으로써 보건복지부가 중앙당국이 될 경우 그들 간의 역할배분도 신중히 설계하여야 한다.

58) 예컨대 <http://www.asiatoday.co.kr/news/view.asp?seq=707489> 보도 참조.

59) 언론보도에 따르면 2020년 기준으로 국제입양 규모 1위는 콜롬비아(387명), 2위 우크라이나(277명)에 이어 3위 한국(266명), 4위 인도(263명), 5위 중국(250명), 6위 아이티(209명) 라고 한다. 세계일보 기사. https://www.segye.com/newsView/20220122506653 참조.

60) 과거 고아입양특례법(1961년 법률 제731호) §4는 외국인이 고아를 양자로 하고자 할 때에는 우리 법원의 인가를 받도록 요구하였음은 주목할 만하다. 그 후 어느 시점에서 법원의 인가제도가 폐지된 듯하다. 고아입양특례법은 김진(1962), 신국제사법, 348 이하에도 수록되었다. 소개와 비판은 김진(1962), "고아입양특례법", 서울대학교 법학 4-1/2, 124 이하 참조.

61) 외국 입양재판의 승인에 관한 비교법적 논의는 van Loon (1993), para. 108 이하 참조. 나아가 우리나라에서 가족관계등록부에 등록을 하기 위하여 집행판결이 필요한지도 문제이다. 위(§66의 해설)에서 언

정하나, 가사소송법과 비송사건절차법은 외국 입양재판의 승인에 대하여 규정하지 않고 民訴 §217를 준용하지도 않는다. 따라서 종래 우리 법상 외국 입양재판의 승인요건이 무엇인가, 구체적으로 민사소송법의 요건이 적용 또는 유추적용될 수 있는가라는 쟁점이 정리되지 않은 상태이다. 학설로는 民訴 §217를 사실상 유추적용하여 그 요건의 일부를 요구하는 견해가 유력하다.62) 즉 외국법원의 입양재판이 우리나라에서 승인되려면 民訴 §217 ①에 준하는 요건을 구비해야 한다.63) 다만 승인요건에 관하여, 대심적 소송이 아닌 비송사건의 경우 송달요건은 문제되지 않는다는 견해가 유력하고, 상호보증의 요건이 필요한가에 관하여는 견해가 나뉜다. 부정설도 있지만64) 명문의 근거가 없으므로 필요하다는 긍정설도 있는데 판례는 후자를 취할 가능성이 크다. 대법원 1971. 10. 22. 선고 71다1393 판결은, 상호보증의 결여를 이유로 미국 네바다주 법원이 선고한 이혼판결의 승인을 거부하였으며, 근자에 대법원 2009. 6. 25. 선고 2009다22952 판결도, 이혼 및 양육자지정, 면접교섭권, 재산분할 및 부양료·양육비지급을 명한 캐나다 온타리오주 법원판결에 기한 집행판결을 청구한 사건에서 상호보증이 필요함을 당연한 전제로 상호보증의 존재를 긍정한 바 있기 때문이다.

미국의 많은 주에서는 외국 입양재판의 승인요건으로서 상호보증을 요구하지 않으나,65) 국가에 따라서는 조약이 없으면 외국판결을 전혀 승인하지 않으므로 그런 국가들과는 상호주의가 없다.66) 따라서 만일 우리가 입양재판의 승인에 대해서도 상호주의를 고집한다면 그런 외국의 입양재판은 한국에서는 효력이 없어 파행적 법률관계가 발생한다. 따라서 국제사법 또는 가사소송법에 규정을 두어 비송사건 재판의 승인 시 상호주의요건을 제외하는 것이 바람직하다. 우리나라와 중국 간에 재산법상의

급한 바와 같이 1996. 10. 24. 호적선례(제4-25호)에 따르면 외국 법원의 입양판결에 대하여는 집행판결을 받지 않아도 된다. 그러나 그 근거를 입양결정(또는 판결)은 국가가 후견적 사무로서 행하는 행정작용에 불과한 것으로 당사자 간의 분쟁을 전제로 하는 소송에 대한 종국적 재판과는 그 성질이 다르다는 데서 구하는 것은 설득력이 없다.

62) 김문숙(2005), 320; 김원태, "외국가사재판의 승인·집행에 관한 문제의 검토", 국제사법연구 6(2001), 66; 석광현, 국제민소, 428 이하 참조.

63) 가족관계등록부에의 기재를 광의의 집행으로 보면 집행에 관한 민사집행법도 유추적용되므로 집행판결이 필요한지는 논란이 있다. 정주수, 국제호적절차(2004), 223은 불필요하다고 한다. 종래 입양특례법은 아동이 외국의 국적을 취득한 경우 국적, 즉 가족관계부의 기재를 말소하도록 규정하므로 집행판결 없이 가족관계부의 기재 변경을 허용하는 것이다.

64) 김문숙(2005), 321.

65) 우선 Malinda L. Seymore, International Adoption & International Comity: When Is Adoption 'Repugnant'?, 10 Tex. Wesleyan L. Rev. 381 (2004) 참조.

66) 입양재판을 포함한 가족법사건의 경우는 조약이 없어도 외국재판을 승인하고 상호보증의 존재를 요구하지 않는다. 스웨덴의 "입양에 관한 국제적 법률관계에 관한 법률"을 보면 승인의 요건에 대해서는 동법은 공서의 요건(§6)만을 규정하고 있고 그 밖의 요건은 불필요한 것으로 보인다. 석광현 외(2012. 12.), 헤이그국제아동입양협약 가입 추진방안 연구, 2012년 보건복지부 연구용역 보고서, 130 참조(장준혁 집필부분).

사건에서는 과거 상호보증의 유무가 논란이 있었다가 이제는 상호보증이 존재하는 것으로 정리되었으나, 중국은 외국이혼판결을 승인함에 있어서는 상호주의를 요구하지 않는다.[67)]

외국 입양재판의 승인과 관련하여 한 가지 주목할 만한 사건이 있었다. 언론보도에 따르면, 1984년 미국에 입양된 한국인 여성이 세월이 흐른 뒤에 DNA 검사를 통하여 친부를 상대로 우리 법원에서 인지청구의 소를 제기한 결과 이를 인용하는 판결(서울가정법원 2020. 6. 12. 선고 2019드단101345 판결)이 선고되었다.[68)] 그러나 위 한국인이 미국에서 재판상입양을 하였다면 아마도 완전입양을 하였을 것이므로 입양아동과 친부 간에 존재하던 친자관계가 단절되었고 양부모와 양친자관계가 형성되었을 텐데 그 상태에서 과연 인지청구를 인용할 수는 있는가라는 의문이 있다. 한국 법원의 위 인지판결에 의하여 인지의 효과가 발생하므로 부에 대한 관계에서 위 한국인 여성의 출생 시에 소급하여 친생자관계가 생긴다(民 §860). 그렇다면 친생자관계가 소급적으로 발생하였더라도 그 관계는 그 후에 있었던 미국에서의 입양재판에 의하여 단절된 것인가라는 의문이 제기된다. 또한 타인의 자녀(완전입양에 의한)인 위 한국인 여성에 대하여 그 상태에서 인지청구를 인용할 수 있는지도 문제된다.[69)] 위 사건에서 인지청구를 인용한 법관도 위 여성이 미국에서 입양되었음은 알았을 텐데 그렇다면 미국에서의 입양재판에 의하여 친자관계가 단절되었다는 점을 왜 고려하지 않았는지 의문이다. 판결문에는 "미국으로 입양되었다"고만 기재되어 있고, 어느 주 법원에서 입양재판이 있었는지 그것이 완전입양인지에 관하여 아무런 판단이 없다.

나. 현행 법제에 따른 국제입양의 메커니즘

(1) 우리 법원의 입양재판의 외국에서의 승인

외국 입양재판의 승인 여부, 그 요건과 효과는 국가에 따라 다르므로 입법자들은 입양특례법 개정에 앞서 우리 법원의 입양재판이 요보호아동들의 주요 수령국인 미

---

67) 齋湘泉·劉暢, "韓國法院判決在中國獲得承認及執行的路徑－以互惠原則爲切入点"(中國에서 韓國法院判決의 承認과 執行을 얻는 방법－互惠原則의 관점에서), 국제민사소송관할권문제연구, 2012년 중한국제사법연토회논문집(2012. 11.), 192. 그 근거는 1991. 8. 13. 시행된 "最高人民法院關于中國公民申請承認外國法院離婚判決程序問題的規定"이다.

68) 이 사건은 "뿌리 찾는 입양인 첫 승소…법원서 '친부 딸' 인정받은 OO 씨..."라는 제목으로 보도된 바 있다. 기사는 https://www.yna.co.kr/view/AKR20200612049551004 참조.

69) 우리 법상 일반적으로 친양자 입양 후에는 생부는 자녀를 인지하지 못하고, 친양자도 생부를 상대로 인지청구를 할 수 없다고 보는데(제요[Ⅱ], 995; 신영호·김상훈·정구태, 203) 그에 따르면 위 판결은 잘못이다. 다만 친양자입양에 대한 동의를 할 수 없었던 경우 입양취소청구를 할 수 있다는 점 등의 실익이 있음을 이유로 이를 허용하는 소수설도 있다. 소수설은 친양자입양의 효력이 자의 출생 시로 소급하지 않는 이상 입양 전에 존재하였던 혈연관계를 확인하기 위한 인지도 허용된다고 본다. 다만 인지의 효과는 소급하므로 소수설도 인지에 의하여 형성된 친생자관계는 인지와 동시에 친양자 입양의 효력에 의하여 종료한다고 본다. 주해친족(초판, 1권), 910; 윤진수, 246.

국, 스웨덴 등지에서 승인될 수 있는지를 검토했어야 하나 그런 작업을 했다는 말은 듣지 못하였다. 미국은 입양에 관한 통일법이 없어 주에 따라 법제가 다르다. 예컨대 뉴욕주 가족관계법(Domestic Relations Law. §111-c)에 따르면 한국 법원의 입양재판은, 양부모의 일방이 뉴욕거주자이고, 한국 입양의 유효성이 미국 시민권 및 이민국(USCIS)의 IR-3 비자 발급에 의하여 확인되면 뉴욕주 입양재판과 동일한 효력을 가지는데, 양부모의 일방은 확실성을 위해 한국 입양재판의 등록 및 성명변경을 함께 신청할 수 있다. 뉴욕주의 관점에서 외국(한국) 재판의 승인이 비자 발급과 연계되는 점이 특이하다.[70)]

또한 입양재판의 승인과 관련하여, 외국입양재판을 승인하기 위한 전제로서 그 재판이 기판력이 있을 것을 요구하는 국가의 경우 문제가 있다. 만일 우리 법원의 입양재판(정확히는 입양허가)이 기판력이 없다면[71)] 외국에서 승인될 수 없게 되기 때문이다. 이처럼 아동의 출국에 앞서 우리 법원에서 입양재판을 한다면 우리 입양재판이 외국에서 승인되는 것이 중요하므로 입양협약을 비준할 필요성이 커졌다. 그렇지 않으면 우리 법원의 입양재판에 기판력을 인정해야 할 것이다.

입양의 효력이 발생하더라도 미국 시민권(우리 개념으로는 국적)[72)]을 자동으로 취득하는 것은 아니다. 우리 국적법도 한국인 부모가 입양했다고 해서 아동에게 자동으로 국적을 부여하지는 않는다.[73)] 과거 미국도 미국인 부모가 입양했다고 해서 아동에게 자동으로 시민권을 부여하지는 않았으나, 이를 개선하고자 2000년 아동 시민권법(Child Citizenship Act of 2000)을 제정하였고 이는 2001. 2. 27. 발효되었다. 이는 입양아동의 국적 취득을 쉽게 하고 추가 절차와 비용을 절감하게 할 목적으로 제정된 법률로서, 동법의 요건을 구비하는 경우 미국으로 입양된 아동들은 별도의 국적취득 절차 없이 자동적으로 시민권을 취득하지만 동법은 만 18세 이상인 피입양인들에게는 적용되지 않는다.[74)]

---

70) 이 점은 석광현(2017), 112-113에서 지적한 바 있다.

71) 가사소송법에는 가사비송심판의 기판력에 관한 규정이 없기 때문에 주류적 견해는 일반적인 비송사건의 경우와 마찬가지로 기판력을 인정하지 않는다. 이 책 입양특례법 §11 註釋도 기판력을 부정한다.

72) 다만 엄밀하게는 국적과 시민권이 완전히 일치하는 것은 아니라고 한다. 예컨대 미국령 사모아의 주민들은 미국 국민이지만 시민권은 없다고 한다.

73) 이는 석광현(2016), 116 이하 참조. 국적법에 따르면, 한국인이 입양한 외국의 미성년자는 한국에 주소가 있으면 특별귀화의 대상이고(제7조 제1항 제1호), 입양대상이 외국인인 성년자라면 한국에 3년 이상 계속하여 주소가 있는 경우 간이귀화의 대상이다(제6조 제1항 제3호).

74) 근자에는 40여년 전 호적에 기아(고아)로 편제돼 미국으로 입양됐다가 파양 후 한국으로 추방된 피입양인에게 입양알선기관(홀트)이 불법행위로 인한 손해를 배상해야 한다는 법원 판결이 선고된 바 있다(서울중앙지방법원 2023. 5. 16. 선고 2019가합502520 판결). 법원은 입양알선기관의 장은 구 입양특례법 §12와 구 보호시설에 있는 고아의 후견직무에 관한 법률에 따라 후견인으로서의 직무를 행하는데, 홀트는 후견인으로서의 보호의무와 피입양인에 대한 국적취득 확인 의무를 위반하였다며 홀트의 각 의

(2) 우리 법원의 입양재판과 외국에서의 재입양

현재 우리 법원이 입양재판을 하더라도 외국에서 다시 입양재판을 해야 하는가라는 의문이 제기된다. 과거 국제입양 시 출신국에서 입양이 행해졌더라도 수령국이 국내법에 따른 입양절차를 되풀이하는 경우도 있었다.[75] 이는 출신국에서 한 입양의 효력이 수령국에서 인정될지 확신할 수 없음에 따른 법적 불안정을 없애고, 출신국의 단순입양을 완전입양으로 전환하기 위한 것이다.[76] 국가에 따라서는 완전입양이 된 경우에만 국적을 부여하기 때문이기도 하다.[77] 근자에는 재입양을 거치는 국가는 별로 없는 듯하나, 우리 법원이 입양재판을 한다면 수령국에서 재입양이 필요한지를 미리 확인할 필요가 있다. 물론 한국이 입양협약을 비준하면 입양협약에 따라 이루어지는 우리 법원의 입양재판은 다른 체약국에서 당연히 승인되므로 재입양은 불필요하다.

무 위반 행위는 불법행위를 구성하므로 불법행위에 기한 손해배상 책임을 부담한다는 취지로 판시하였다. 그러나 법원은 한국 정부의 배상 책임은 인정하지 않았다. 이는 피입양인이 국가책임을 주장한 최초의 사건이라고 한다.

75) 과거 독일의 Nachadoption(재입양) 또는 Zweitadoption(제2의 입양). Michael Busch (2003), Adoptions－wirkungsgesetz und Haager Adoptionsübereinkommen－von der Nachadoption zur Anerkennung und Wirkungsfeststellung, IPRax, 13.

76) Winkelsträter (2007), 250.

77) 독일은 2002년 1월 1일 시행된 외국입양효력법(Adoptionswirkungsgesetz. AdWirkG)에서 임의적 중앙의 승인 및 전환절차를 도입함으로써 원칙적으로 후견법원의 재입양을 불필요한 것으로 만들었다. Winkelsträter (2007), 251f. 참조.

第 71 條 (동의)

제68조부터 제70조까지의 규정에 따른 부모·자녀관계의 성립에 관하여 자녀의 본국법이 자녀 또는 제3자의 승낙이나 동의 등을 요건으로 할 때에는 그 요건도 갖추어야 한다.

*舊國私 제44조의 표현이 한글화되었고 '친자'와 '자(子)'가 과'부모자녀'와 '자녀'로 수정되었다.

涉私에는 별도의 조문 없음.

▮**참고문헌**: Paul Lagarde (1998), Explanatory Report on the 1996 Hague Child Protection Convention; 기타 國私 §67의 [前註] 국제친자법의 참고문헌 참조.

Ⅰ. 서론

1. 의의 및 연혁

국제사법은 인지, 준정, 입양 등 친자관계의 성립의 준거법을 규정함에 있어서 자녀를 보호하기 위하여 동의요건에 관한 한 누적적 연결방법을 취한다. 다만 2000년 위원회에서 동의요건을 각 관련 조문에서 반복적으로 규정할지 아니면 별도로 둘지가 논의되었으나 후자의 방법을 취하여 일괄적인 동의규정을 마련하였다. 이러한 조항을 '세이프가드조항'이라고 부르기도 한다.

2. 입법례

§71처럼 동의조항을 별도로 묶는 것은 입법례로서는 흔하지 않으나 독일 민법시행법(§23)이 유사하다. 다만 이를 어떻게 규정할지는 실질에는 영향이 없는 기술적인 성질의 문제이다.[1)]

Ⅱ. 규정내용

1. 동의요건에 관한 자녀의 본국법의 누적적 적용

국제사법에서는 가능한 한 친자관계의 성립을 용이하게 하기 위해 선택적 연결방법을 택하였으나,[2] 그것이 반드시 자녀를 위하는 것이라고 단정할 수는 없다. 자녀가 친자 간의 법률관계의 창설을 원하지 않는 경우도 있고, 인지 등으로 창설된 부자간의 친자관계가 모(母)에게 예기치 않은 불이익을 줄 수도 있다. 특히 자녀가 성년인 경우에는 부모가 부양을 받을 목적으로 자녀의 의사에 반하여 인지를 하는 경우도 있을 수 있다.

각국의 실질법은 이에 대비하여 입양을 비롯하여 인지나 준정 시 자녀를 보호하기 위해 자녀나 모의 동의나 승낙, 공적 기관의 허락 등을 요구하는 경우가 많다. 만일 자녀의 본국법이 친자관계의 성립에 관하여 자녀 측의 동의 등을 요구한다면 그러한 동의 규정은 자녀의 보호라는 관점에서 국제사법적으로도 적용되어야 한다. 왜냐하면 이를 통해 자녀의 보호가 이루어질 뿐만 아니라, 당해 친자관계의 성립을 자녀의 본국에서도 인정받게 될 것이기 때문이다.

섭외사법은 인지와 입양의 성립요건에서 배분적 연결을 취하였기 때문에 자녀의 보호를 위해 동의를 요구하는 실질법이 적용될 수 있었다. 그러나 국제사법은 친자관계의 성립에서 배분적 연결을 버리고 선택적 연결을 채택하였으며, 그 선택대상에 있어서도 자녀의 본국법이 전적으로 배제되었으므로 국제사법상으로 동의 규정이 필요하게 되었다.

필자는 위에서 재판형입양에서 법원의 허가를 입양의 성립의 문제로 설명하였으나,[3] 그와 달리 법원 기타 공적 기관의 허가를 여기의 동의요건으로 볼 여지도 있다. 일본 법적용통칙법(§31 ①)은 '공적 기관'을 언급함으로써 그런 취지를 명시한다.[4] 입

1) 준정에 관한 §19의 경우에는 이런 조문이 없다. 구체적 입법례는 아래와 같다. 독일 민법시행법 §23(동의), 오스트리아 국제사법 §23 2문(준정), §26 ① 2문(입양), 일본 舊 법례 §18 ①·②, §20 ①: 국제사법은 동의요건을 통합하여 규정하는 데 반하여, 일본 법례는 이를 개별적으로 규정하는 점에 차이가 있다.

2) 다만 입양의 경우는 아니다.

3) 섭외사법하에서 이호정, 국제사법, 396도 법원 기타 공적 기관의 결정 내지 허가의 요부를 성립요건의 문제로 파악하였다. 그러나 근자에는 입양특례법상 가정법원의 입양허가는 입양의 성립요건이 아니라 방식인데, 입양의 방식에 대해서는 국제사법이 따로 준거법을 정하고 있지 않으므로 방식에 관한 일반규정인 舊國私 §17(§31에 상응)에 따라 준거법이 결정되어야 하고, 결국 한국이 입양지인 경우에는 舊國私 §17 ②(§31 ②에 상응)에 따라 입양지법인 입양특례법이 입양의 방식에 관한 준거법이 될 수 있다는 견해(현소혜(2013), "개정「민법」상 입양과「입양특례법」상 입양 – 체계정합성의 관점에서–", 가족법연구 27–1, 95)도 보이나 필자는 동의하지 않는다. 혼인신고에서 보듯이 법원에의 신고처럼 의사표시를 법원에 대해 하는 것이라면 법률행위인 입양의 방식일 수 있으나 법원의 허가는 그와 다르다.

4) 조문은 아래와 같다.

양의 준거법인 양친의 본국법에 따라 동의 기타 허가가 필요한 경우에는 이를 충족해야 함은 물론이고, 그에 추가하여 자녀의 본국법이 요구하는 동의요건도 충족해야 한다면 이는 누적적 연결이라는 것이다.

주의할 것은, 자녀의 본국법인 우리 법이 법원의 허가를 요구한다고 해서 반드시 한국 법원이 허가해야 하는 것은 아니다. 비록 외국법원이 허가하더라도 그것이 비송사건 기타 외국재판의 승인요건을 구비한다면 가능하다고 보아야 한다. 이런 이유에서 양친이 일본인이고 양자가 한국인인 경우 가정법원의 허가를 받아야 하는데, 그 경우 가정법원이라 함은 한국 가정법원만을 의미하고, 일본 가정재판소가 한국 가정법원의 역할을 대행할 수 없다는 2013. 10. 17. 가족관계등록선례(제201310-1호)는, 가정법원의 허가를 동의요건으로 보든 아니면 별개의 요건으로 보는가에 관계없이 지지하기 어렵다.[5] 위 선례는 양친이 한국인이고 양자가 일본인인 경우에도 마찬가지라고 하고 그 근거로 법원의 허가가 자녀의 보호를 위한 것이라는 점을 언급하나 잘 이해되지 않는다. 위 선례는 아마도 준거법 소속국 법원만이 입양허가를 할 수 있다는 취지로 보인다(물론 입법으로 그렇게 정할 수도 있으나 우리 법은 그렇게 해석할 이유가 없다). 만일 같은 논리를 따른다면 한국인 간에 외국법원에서 한 이혼재판은 허용되지 않는다는 부당한 결론에 이르게 된다.

여기에서는 두 개의 논점을 검토할 필요가 있다. 첫째, 외국 법원의 허가가 가사소송사건의 재판이라면 외국재판의 승인심사를 통할 사항이라고 볼 수 있으나, 가사비송사건인 경우 일률적으로 외국 비송재판의 승인심사(家訴 §34를 고려하여 民訴 §217 유추적용)를 통할 사항인지 아니면 준거법 심사의 문제로 볼지, 아니면 유형별로 구분하여(예컨대 대심적 구조인지 등의 기준에 의하여) 처리할지가 문제된다.[6] 이 점을 정리할 필요가 있다. 둘째, 후자처럼 계약형입양과 같은 비송재판의 경우 준거법 심사의 문제

"제31조(입양) ① 입양은 입양 당시에 있어서의 양친으로 되어야 하는 자의 본국법에 의한다. 이 경우에 있어서, 양자로 되어야 하는 자의 본국법에 의하면 그 자나 제3자의 승낙 또는 동의 또는 공적 기관의 허가 그 밖의 처분이 있는 것이 입양의 성립요건인 때는 그 요건도 갖추지 않으면 안 된다." 그러나 여기의 공적 기관에 법원은 포함되지 않는다는 견해도 있다.

5) 김문숙, 온주 국제사법 제70조, 2023. 7. 5., [20]은 선례를 소개만한다. 이 경우 한국 법원의 허가를 동의요건이라고 보면 준거법이 한국법이므로 법원의 허가가 필요함은 당연하나, 이를 별개의 성립요건이라고 보면 입양의 준거법이 외국법임에도 불구하고 우리 법원의 허가가 요구되는 것은 입법자가 법원의 허가를 준거법에 관계없이 요구하기(즉 법원의 허가를 요구하는 조문이 국제적 강행규정이기) 때문이라고 설명할 수 있다.

6) 아니면 친양자입양의 경우처럼 입양이 외국법원의 재판에 의하여 성립하는 경우는 외국 재판의 승인의 문제이나 계약형입양에 대한 허가의 경우 준거법 심사의 문제라고 구별할 여지도 있는데 그 경우 양자의 경계획정이 문제된다. 그러나 법원의 실무는 종래 외국비송재판에 대하여도 민사소송법 제217조의 승인요건이 필요함을 당연한 전제로 한다. 예컨대 양육비 지급을 다룬 울산지방법원 2012. 2. 3 선고 2011가단27188 판결 참조. 김영석, 온주 국제사법 외국재판 승인 및 집행, 2023. 7. 5., [4] 참조.

라고 보더라도 일정한 요건이 구비되면 '대용(代用)의 법리'에 의하여 외국 법원의 허가를 우리 법원의 허가와 동등하게 취급할 수 있을 것이다. 위 선례는 이러한 논점을 검토하지 않는 것으로서 부당하다.

2. 동의요건의 규정방식

국제사법은 입양을 포함하여 친자관계의 성립에 적용될 일괄적인 동의규정을 별도로 신설하였다. 동의규정을 둘 경우 입법기술적으로 이를 독일 민법시행법(§23)처럼 별도의 조항으로 묶어서 규정하는 방법과, 일본 법례나 오스트리아 국제사법처럼 인지, 입양, 준정 등 해당 법률관계에 관한 조항에서 각각 규정하는 방법이 있으나 우리 국제사법은 전자를 따른 것이다.

§71의 경우 자녀의 본국법은 누적적으로 적용되며, 연결의 기준시점은 각 친자관계의 성립 당시 즉 인지시, 준정시, 입양시가 될 것이다. 한편 동의 규정은 친자관계의 성립에만 적용되므로, 예컨대 입양의 효력이나 파양의 경우에는 자녀의 본국법이 적용되지 않는다.

3. 반정의 배제

§71는 자녀의 보호를 위해 자녀의 본국법을 누적적으로 적용하는 것이므로 그 취지에 비추어 반정(정확히는 본국의 국제사법에 의한 한국법으로의 직접반정)은 허용되지 않는다고 본다.[7]

7) Kropholler, 423. 그러나 舊 독일 민법시행법상으로는 견해가 나뉘었다.

[後註] 헤이그입양협약

▌**참고문헌:** 김나루(2020), “헤이그국제아동입양협약과 그 비준을 위한 국내 법률의 개선에 관한 소고”, 서강법률논총 9-3; 김문숙(2005), “친양자제도의 도입으로 인한 국제사법에의 영향”, 국제사법연구 11; 김문숙(2004), “국제입양에 있어서 아동의 보호 및 협력에 관한 헤이그협약-한국의 가입가능성의 관점에서-”, 국제사법연구 10; 김원태(2001), “외국가사재판의 승인·집행에 관한 문제의 검토”, 국제사법연구 6; 노충래(2012), “헤이그 입양협약과 관련된 아동복지의 과제”, 아동과 권리 16-2; 박신욱(2022), “독일 개정 입양중개법(AdVermiG)으로부터의 시사”, 가족법연구 36-2; 석광현(2009), “1993년 헤이그 국제입양협약(국제입양에 관한 아동보호 및 협력에 관한 헤이그협약)”, 국제사법연구 15; 석광현(2012), “국제입양에서 제기되는 國際私法의 제문제: 입양특례법과 헤이그입양협약을 중심으로”, 가족법연구 26-3; 석광현(2017), “헤이그입양협약 비준을 위한 2016년 “국제입양에 관한 법률안”에 대한 검토”, 가족법 연구 31-1; 석광현(2019), “헤이그입양협약 비준을 위한 2018년 “국제입양에 관한 법률안”에 대한 검토”, 가족법연구 33-1; 석광현·이병화(2010), 헤이그국제아동입양협약에 관한 연구; 신윤정 외(2017), 헤이그국제아동입양협약 비준에 따른 입양 지원 체계 개편 방안(한국보건사회연구원); 안소영(2015), “입양법제의 개선방안-헤이그국제입양협약의 비준에 즈음하여-”, 이화여자대학교 대학원 박사학위논문; 윤성승·허남순(2014), “국제입양에 관한 헤이그 협약에 비추어 본 국제입양 관련법의 개선방안”, 법과기업연구 4-2; 윤종섭(2012), “국제입양에 있어 아동의 보호 및 협력에 관한 1993년 헤이그 협약(The Hague Convention of 29 May 1993 on Protection of Children and Co-operation in Respect of Intercountry Adoption)의 내용에 관한 검토”, 국제규범의 현황과 전망-2011년 국제규범연구반 연구보고 및 국제회의 참가보고-; 이경은(2017), “국제입양에 있어서 아동 권리의 국제법적 보호”, 서울대학교 대학원 법학박사학위논문; 이병화(2006), “가족법 분야의 헤이그국제사법회의 입양협약-특히 아동보호와 관련하여-”, 국제사법연구 12; 이종혁(2024. 12.), “국제입양법에 따른 국내로의 입양의 요건과 절차”, 국제사법연구 제30권 제2호[이종혁, 국제입양]; 장복희(2006), “국제입양에 관한 헤이그협약과 국내입양법의 개선”, 저스티스 93; 정재훈·정은영·장지용(2012), “헤이그국제아동입양협약 가입검토보고서”, 국제규범의 현황과 전망-2011년 국제규범연구반 연구보고 및 국제회의 참가보고-; 최흥섭(1998), “국제입양에 관한 헤이그협약”, 국제사법연구 3; 현소혜(2014), “헤이그 입양협약 가입에 따른 국제입양절차 개편방안”, 가족법연구 28-2; 현소혜(2021), “국제입양의 보충성과 투명성 실현방안”, 가족법연구 35-1; Rainer Frank (1996), The Recognition of Intercountry Adoptions in the Light of the 1993 Hague Convention on Intercountry Adoptions in: Nigel Lowe and Gillian Douglas (eds.), Families Across Frontiers; G. Parra-Aranguren, Explanatory Report on the Convention on Protection of Children and Co-operation in Respect of Intercountry Adoption, 헤이그국제사법회의 홈페이지<https://assets.hcch.net/upload/expl33e.pdf>; J. H. A. van Loon (1993), International Co-operation and Protection of Children with regard to Intrercountry Adoption, *Recueil des cours*, Vol. 244.

Ⅰ. 서론

국제입양에 관한 중요한 조약으로 헤이그국제사법회의의 1993년 "국제입양에서 아동의 보호 및 협력에 관한 협약(Convention on Protection of Children and Co-operation in Respect of Intercountry Adoption)(이하 "입양협약"이라 한다)"이 있는데[1] 이제 우리나라도 입양협약을 비준하여야 한다. 우리 아동들의 최대 수령국인 미국에서도 입양협약이 2008년 발효된 이상 입양협약 비준을 앞두고 있다. 입양협약은 우리나라에서도 발효한 국제연합의 1989년 "아동의 권리에 관한 협약(Convention on the Rights of the Child: CRC)"에 근거한 것으로 입양협약 가입은 위 아동권리협약에 따른 의무사항이고, 국가인권위원회도 2005년 4월 11일 결정에서 입양협약 가입을 권고하였다. 우리나라가 2013년 5월 24일 입양협약에 서명하였다는 점은 입양협약의 당사국이 되겠다는 의지

1) 그 밖에도 헤이그국제사법회의의 "입양에 관한 재판관할, 준거법 및 재판의 승인에 관한 1965년 협약"이 있다. 이는 일단 발효되었으나 영국, 스위스와 오스트리아만이 가입하여 별로 실효성이 없었고 그 후 위 3국은 모두 이를 폐기하였다. 그밖에도 1984년 서명된 Inter-American Convention도 있다. van Loon (1993), para. 145 이하 참조.

를 표현한 것으로서 환영할 만한 일이지만[2] 아직까지도 이를 비준하지 않고 있음은 매우 유감스러운 일이다. 다만 위에서 본 것처럼 2023년 7월 18일 국제입양법이 공포되었고 2025년 7월 19일 시행될 예정이므로 그에 맞추어 입양협약의 비준이 이루어질 것으로 예상된다. 아래에서는 입양협약의 주요내용(Ⅱ.), 장래 우리나라의 입양협약 가입 시 필요한 조치(Ⅲ.), 우리나라의 입양협약 비준에 의하여 초래될 국제입양절차의 변화(Ⅳ.)와 국제입양법을 살펴본다(Ⅴ.).

Ⅱ. 입양협약의 주요내용

1. 입양협약의 구성과 목적

입양협약은 협약의 범위, 국제입양의 요건, 중앙당국과 인가된 단체(이하 "인가단체"라고 한다), 국제입양의 절차적 요건, 입양의 승인과 효과, 일반조항과 최종규정이라는 7개장 48개 조문으로 구성된다.

입양협약은 국제입양이 아동에게 최선의 이익이 되게 그리고 국제법에서 인정된 그의 기본적 권리가 존중되면서 이루어지도록 보호조치(즉 통일적 절차)를 확립하고, 그런 보호조치가 준수되고 그렇게 함으로써 아동의 탈취·매매 또는 거래를 방지하도록 체약국 간에 유연한 공조체제를 확립하며, 입양협약에 따라 이루어진 입양을 체약국에서 승인되도록 보장한다(§1). 입양협약은 국제재판관할과 준거법결정규범의 통일이나 입양에 관한 국내법(즉 실질법)의 통일을 목적으로 하지 않는다.[3]

2. 입양협약의 적용범위(§§1~3)

입양협약의 적용대상인 '국제입양'이 되기 위하여는 입양 대상인 아동과, 입양을 하는 부부 또는 1인이 상이한 체약국에 상거소를 가져야 한다(§2 ①). 양친이 될 자의 국적은 의미가 없다. 아동의 입양 전 상거소지 국가를 '출신국(State of origin)', 양친(또는 양부모, adoptive parents)의 상거소지 국가를 '수령국(receiving State)'이라 한다. 입양협약은 영구적 친자관계를 창설하는 입양만을 대상으로 한다(§2 ②). 입양이 계약형인지 선고형인지와 단순입양인지 완전입양인지는 불문한다. 입양협약은 18세 미만의 아동

2) 헤이그국제사법회의 홈페이지<http://www.hcch.net/index_en.php?act=conventions.status&cid=69> 참조.

3) 이런 의미에서 헤이그국제사법회의에서 다루는 국제사법의 의미는 국제재판관할, 준거법과 외국재판의 승인·집행이라는 '광의의 국제사법' 개념보다 더 넓다. 중앙당국의 관여 하에 이루어지는 국제입양은 주로 사법적(私法的) 영역에서의 국가간 공조인데 이는 탈취협약의 경우에도 같다. 이렇게 이해할 때 비로소 국제사법의 중요성을 제대로 인식할 수 있다.

에만 적용된다(§3). 헤이그국제사법회의는 입양협약의 적용범위와 일상거소의 개념을 명확히 하고 체약국들이 일상거소 결정을 할 때 일관성을 확보하도록 하고자 2018년 '일상거소 및 입양협약의 적용범위에 대한 노트'를 간행하였다.[4)]

3. 국제입양의 요건(§§4~5)

입양협약에 따른 국제입양을 하기 위하여는 출신국과 수령국의 권한 있는 당국(이하 "권한당국"이라 한다)이 일정한 조치를 취해야 한다.

가. 출신국 권한당국이 취할 조치

입양협약상 국제입양은 출신국 권한당국이 (a) 아동이 입양가능하다고 인정하고, (b) 출신국 내의 아동의 위탁 가능성을 적절히 고려한 후 국제입양이 아동에게 최선의 이익이 된다고 결정한 경우에만 가능하다(§4). (b)는 전문에 포함된 국제입양의 보충성(subsidiarity principle)을 명시한 것인데 국내입양이 가능하지 않다는 점은 출신국의 권한당국이 판단한다. 또한 권한당국이 (c) 동의요건이 충족되었음을 확보하였어야 한다. 모의 동의는 아동의 출생 후에 가능하다.

나. 수령국 권한당국이 취할 조치

입양협약에 따른 국제입양은, 수령국 권한당국이 양친이 될 자가 입양할 자격이 있고 입양에 적합하며, 필요한 상담을 받았고, 아동이 수령국에 입국해서 영주할 자격이 있거나 있을 것이라고 결정한 경우에만 이루어질 수 있다(§5). 입양협약상 양친이 될 자의 입양할 자격에 관한 통일적 개념은 존재하지 않고 이는 수령국이 결정할 사항이다.

다. 위 조치를 확보하기 위한 방안

§4와 §5 요건의 충족 여부에 관한 확인은 권한당국이 하면 되고 반드시 중앙당국이 해야 하는 것은 아니다. 위 요건이 충족될 때까지는 양친이 될 자와 아동의 부모 기타 아동을 보호하는 자 사이에 접촉을 할 수 없는 것이 원칙이나, 그 접촉이 출신국의 권한당국이 정한 조건에 따르는 경우에는 그렇지 않다(§29).[5)] 이는 아동의 거래를 금지하고, 입양이 금전 또는 기타 보상의 지급에 의하여 유인될 가능성을 차단

4) https://assets.hcch.net/docs/12255707-4d23-4f90-a819-5e759d0d7245.pdf 참조. 이 노트는 일상거소의 개념을 명확히 하고, 입양협약상 일상거소의 판단을 위한 일반적 기준을 제시하며, 협약 적용 여부 결정 시 경험한 까다로운 사례들을 소개함으로써 일상거소의 결정과 관련하여 문제가 발생한 경우 체약국들이 일관성을 가지고 해결할 수 있는 방안을 제시한다. 소개는 안소영(2023. 12.), "헤이그국제아동입양협약의 적용 범위를 결정하는 일상거소에 관한 연구", 이화젠더법학 15-3, 131 이하 참조. 구체적 논점은 장지용(2024), "국제입양에서 일상거소 판단의 기준과 사례", 국제사법연구 30-2, 3 이하 참조.

5) 또한 가족 내 입양(intrafamily adoption)의 경우 예외가 인정된다. Parra-Aranguren, para. 502 참조.

하기 위한 것이다.

4. 중앙당국과 인가단체(§§6~13, 제Ⅳ장)

입양협약에 따른 국제입양에는 다양한 기관이 관여한다.

체약국은 중앙당국을 지정해야 하는데 중앙당국의 직무는 (a) 상호 협력, 정보교환 및 장애제거조치, (b) 부당한 이득 방지 조치와 (c) 제Ⅲ장 및 제Ⅳ장에 따른 직무 등이다.[6)]

인가단체는 중앙당국 또는 공적 기관에게 부과된 직무를 수행할 수 있도록 인가를 받은 단체인데 이는 대부분 사적 단체이다. 인가단체는 거의 중앙당국에 준하는 직무를 수행하나, 입양협약(예컨대 §7 ②)이 중앙당국이 직접 해야 하는 것으로 명시한 직무는 제외된다. 입양협약은 인가단체의 최소한의 요건을 규정한다(§§10~11). 체약국은 중앙당국의 지정, 권한의 범위, 인가단체의 이름과 주소를 헤이그국제사법회의의 상설사무국에 통보해야 한다(§13).

체약국은 자국법이 허용하는 한도 내에서 일정요건을 충족하는 비인가단체 또는 개인에게도 §15~§21에서 정한 절차적 사항에 관한 중앙당국의 기능을 자국에서 수행할 수 있다고 수탁자에게 선언할 수 있다(§22 ② 2).[7)] 실제로 고아원, 산부인과 의사, 변호사, 복지활동가와 종교인 등 사적 중개자들이 활동하고 있고, 상업적인 입양알선기관들이 중요한 역할을 하는 미국은 §22 ②에 따른 선언을 하였다.[8)] 반면에 입양협약은 그러한 비인가단체 또는 개인의 입양알선에 반대하는 국가들은 자국에 상거소를 둔 아동의 입양은 중앙당국의 기능이 §22 ①에 따라 공적 기관 또는 인가단체에 의하여 행사된 경우에만 이루어질 수 있다고 선언하는 것을 허용한다. 이는 수령국의 §22 ②에 따른 선언에 대한 출신국의 대응선언이다.

5. 국제입양의 절차적 요건(§§14~22)

입양절차는 양친이 될 자가 그의 상거소 소재지국의 중앙당국에 입양을 신청함으로써 개시된다(§14). 입양협약은 수령국과 출신국의 중앙당국이 취할 조치 등 국제입양의 구체적 절차를 상세히 규정한다. 이는 다음과 같다.

---

6) 중앙당국은 입양협약이 정한 바에 따라 그 직무를 공적 기관 및/또는 인가단체에게 위임할 수 있다. 상세는 §7 내지 §9 참조.

7) §22 ②의 선언을 하는 체약국은 헤이그국제사법회의 상설사무국에 이들 단체 및 개인의 이름과 주소를 통보하여야 한다(§22 ③).

8) 헤이그국제사법회의 홈페이지 <http://www.hcch.net/index_en.php?act=convenions.status&cid=69> 참조.

> ① 양친이 될 자 자신의 상거소지국(수령국)의 중앙당국에 대한 입양신청(§14) → ② 수령국의 중앙당국의 양친이 될 자에 관한 보고서 작성 및 출신국의 중앙당국으로의 보고서 송부(§15) → ③ 출신국의 중앙당국의 아동에 관한 보고서 작성 및 수령국의 중앙당국으로의 보고서와 필요서류 송부(§16) → ④ 출신국의 아동 위탁결정(§17) → ⑤ 아동의 출신국으로부터 수령국으로의 이동 및 영주허가를 위한 양국 중앙당국의 협력(§18) → ⑥ 아동의 이동(§19) → ⑦ 입양완료까지의 경과 등에 관한 양국 중앙당국 상호간의 통지(§20)

가. 수령국 중앙당국의 보고서 작성과 송부(§15) 및 출신국 중앙당국의 보고서 작성과 송부(§16)

수령국의 중앙당국은 신청자가 입양할 자격이 있고 입양에 적합하다고 인정하면 그의 신원, 입양 자격과 그 적합성, 배경, 가족사 및 병력, 사회적 환경, 입양이유, 국제입양능력 그리고 그가 양육하기에 적합할 아동의 특징 등에 관한 보고서를 작성하여 출신국 중앙당국에게 송부한다. 한편 국제입양의 대상이 될 수 있는 아동의 등록부를 가지고 있는 출신국 중앙당국은 수령국의 보고서를 수령하면 그를 기초로 입양가능한 아동을 찾는데 이것이 'matching(결연[9])'이다. 출신국 중앙당국은 아동이 입양가능하다고 인정하면 그의 신원, 입양가능성, 아동의 병력 등에 관한 보고서를 작성하고, 아동의 성장과정과 배경을 고려하며, 필요한 동의를 받았음을 보장하고 위탁이 아동에게 최선의 이익이 되는지를 결정하고(§16 ①), 아동에 관한 보고서, 동의의 증거와 위탁결정 이유를 수령국 중앙당국에 송부한다.

나. 출신국의 아동위탁결정을 위한 요건

일단 아동이 위탁되면 아동과 장래 양친 간에 사실상 관계가 형성되므로 위탁결정 전에 중요한 입양요건들이 모두 구비되어야 한다.[10] "아동이 양친이 될 자에게 위탁되어야 한다"는 출신국의 위탁결정은 출신국 중앙당국이 양친이 될 자의 동의를 확보하고, 양국의 중앙당국이 입양의 진행에 합의하고, 양친이 될 자가 입양자격이 있고 입양에 적합하다는 것과, 아동이 수령국에 입국하여 영주할 자격이 있거나 있을 것이라고 결정한 경우에만 가능하다(§17).

다. 양국 중앙당국의 출입국 및 영주허가를 위한 협력(§18) 및 아동의 이동(§19)

양국의 중앙당국은 아동이 출신국에서 출국하고 수령국에 입국하여 영주할 수 있는 허가를 얻기 위해 필요한 모든 조치를 취한다.

---

9) 필자는 과거 '짝찾기'라고 번역하였는데 근자에는 '결연'이라고 한다. 國入養(§10)도 같다.

10) Parra-Aranguren, para. 463.

한편 §17의 요건이 충족된 경우에만 아동은 수령국으로 이동할 수 있는데, 양국 중앙당국은 이동이 안전하고 적절한 상황하에서, 가능하면 양친 또는 양친 될 자와 동반하여 이루어질 것을 확보하여 한다(§19). 통상 양친이 될 자가 출신국으로 와서 아동의 위탁(entrustment)을 받은 뒤 아동을 호송하여 수령국으로 이동하므로 아동의 물리적 인도를 의미하는 위탁은 아동의 이동(transfer) 전에 행해진다. 통상 이때 양친이 될 자와 아동의 최초 접촉이 이루어진다.

라. 입양 진행과정에 관한 통지(§20) 및 아동의 이동 후 입양의 경우 중앙당국의 조치(§21)

양국의 중앙당국은 입양과정, 그 완료를 위해 취해진 조치 등을 서로 알려주어야 한다. 아동이 수령국으로 이동한 뒤 입양이 행해지는 경우, 수령국 중앙당국은 양친이 될 자에게 아동을 계속 위탁시키는 것이 아동에게 최선의 이익이 되지 않는다고 판단할 때에는 아동 보호를 위해 필요한 조치를 취해야 한다.

6. 입양의 승인과 효과(§§23~27)

입양협약 제Ⅴ장은 입양의 승인과 그에 따른 효과를 규정한다. 이는 입양협약상 국제사법 내지 국제민사절차법적 핵심을 이루는 부분이다.

가. 입양의 자동적 승인의 원칙과 예외

입양의 효력(또는 효과)은 국가에 따라 단순입양과 완전입양으로 구분된다. 출신국과 수령국의 법제가 상이한 경우 입양국에서 행해진 국제입양의 국제적 효력이 문제되므로 입양협약은 그 해결방안을 제시한다. 즉, 입양이 입양협약에 따라 행해지고 입양국의 권한당국이 증명서에 의하여 이를 증명하는 경우에, 그 입양은 자동적으로 다른 체약국에서 승인된다(§23 ① 1문). 위 증명서는 입양이 종결된(finalized) 뒤에 발행되어야 한다. 여기에서 '입양국(state of adoption)'은 출신국일 수도 있고 수령국일 수도 있다.[11] 이를 통하여 입양협약은 출신국에서 입양이 이루어진 경우에도 수령국에서 재입양을 하는 관행을 피하고, 외국 입양의 내용이 변경되는 것을 막고자 한다.[12]

국제입양이 계약형인지 재판형인지는 불문한다.[13] 입양협약은 통일적 준거법을 지정하지 않는데, 승인된 입양이 재판형이라면 외국재판의 승인으로 파악할 수 있으나, 제23조의 취지는 재판국이 국제재판관할이 있는가에 관계없이, 또한 승인국의 외국재판 일반의 승인 및 집행에 관한 요건의 구비 여부에 관계없이 국제입양으로서 효

11) Parra-Aranguren, para. 403.
12) Parra-Aranguren, para. 402.
13) MünchKommBGB/Helms (2020), EGBGB, Band 12, 8. Auflage, AdÜb Art. 23 Rn. 1.

력이 있다는 것이고,[14] 계약형이라면 입양계약이 그 준거법에 관계없이 국제입양으로서 효력이 있다는 것이다. 계약형입양이라는 사인(私人)의 행위가 준거법 통제 없이 승인되는 것은 '법상태의 승인(Anerkennung einer Rechtslage)'인데 이는 입양협약이 법상태의 승인원칙을 도입한 결과이다.[15][16] 즉 입양협약하에서는 입양국에서 형성된 법상태가 공서에 의한 통제 하에(입양협약 §24) 다른 체약국에서 승인된다. 종래 외국에서 형성된 양친자관계가 한국에서 승인되는 경로로는 외국 입양재판의 승인과 우리 국제사법이 지정한 준거법에 따른 계약형입양이라는 두 개가 있는데, 입양협약이 발효된다면 입양협약에 따라 어느 체약국에서 입양이 이루어지고 입양국의 권한당국이 이를 증명하는 경우, 비록 민소법 §217가 정한 외국재판의 승인요건을 구비하지 못하거나(외국 입양재판의 경우) 한국 國私(§70와 §71)이 지정한 준거법 요건에 반하더라도(입양계약에 의한 경우) 한국에서 승인된다. 즉 입양협약에 의하여 준거법의 지정에 갈음하는 승인의 경로가 추가된다.

다만 입양협약은 아동의 최선의 이익을 고려하여 입양이 그 나라의 공서에 명백히 반하는 경우에 한해 입양의 승인을 거절할 수 있도록 허용한다(§24). 아동이 탈취된 경우나 동의권자의 동의가 위조되거나 강요된 경우 등이 그에 해당할 수 있다. 동성혼 부부 또는 동성커플의 입양이 공서위반이 되는지는 논란이 있을 수 있다.[17]

나. 입양의 승인의 효과

입양의 승인은 (a) 아동과 양친 사이의 법적 친자관계와 (b) 아동에 대한 양친의 부모로서의 책임의 승인을 포함하고, 또한 만일 (c) 입양국에서 입양이 아동과 그의 친생부모 간에 존재하는 기존의 법률관계를 종료시키는 효력, 즉 단절효를 갖는 경우에는 그의 승인을 포함한다(§26 ①). 이처럼 입양의 최소한의 효력은 입양의 준거법이 아니라 협약 §26 ①에 의하여 결정되므로 동 조항은 입양효력에 관한 통일적인 실질

14) 국제입양이 입양협약에 위반하여 행해졌음에도 불구하고 입양국이 입양증명서를 발행한 경우 그 입양이 승인될 수 있는지에 관하여 입양협약은 규정하지 않는다. Parra-Aranguren, para. 411은, 이는 승인국법에 따를 사항이나 승인국은 아동의 최선의 이익을 충분히 고려해야 할 것이라고 한다.

15) 석광현, 정년기념, 701. 여기에서 '법상태[Rechtslage, situations (juridiques)]'라 함은 예컨대 어느 나라에서 등록 기타 공적 행위를 통하여 '결정(結晶, crystallization)된 일정한 법적 상황(예컨대 유효한 혼인 또는 이혼의 성립)'을 가리키는 것이지, 흔히 말하는 것처럼 어느 나라의 '법제의 상황'을 가리키는 것이 아니다.

16) 한편 입양협약이 적용되지 않는 사안에서 외국법원이 당해 국가의 국제사법에 따라 법정지법이 아닌 제3국법을 적용하여 형성판결을 한 경우에는 까다로운 문제가 발생한다. 예컨대 외국 입양재판의 결과 완전입양이 성립하는지 단순입양이 성립하는지와 같은 형성력의 범위의 결정기준은 논란이 있으나 독일에서는 외국재판에 적용된 준거법에 따른다는 견해가 유력한데, 이때 준거법이 재판국이 아니어도 무방하고, 또한 준거법 소속국이 재판국 판결을 승인할 것을 전제로 하는 것도 아니라고 한다. 상세는 Geimer, Rz. 2813ff.

17) 안소영(2015), 162 이하 참조.

법규정이다.[18)]

입양이 입양국에서 단절효를 가지는 경우, 수령국과 입양이 승인된 기타 체약국에서 아동은 후자의 국가에서 단절효를 가지는 입양에서 나오는 권리와 동등한 권리를 향유한다(§26 ②). 즉, 입양국에서 인정되는 효력이 수령국과 승인국에 확장되는 것이 아니라, 수령국과 승인국에서 각각 자국법상 단절효를 가지는 입양에 상응하는 효력을 가진다. 그럼으로써 수령국에 사는 양자들의 출신국에 관계없이 입양의 효력이 동일하게 된다. 협약의 이런 태도를 영미식 승인 개념으로 '변형모델(transformation model)'이라고 설명하거나,[19)] 협약 §26 ②은 외국재판의 승인이나 저촉법 또는 실질법 규정도 아니며, 외국에서 성립한 단절효가 있는 입양을 다른 체약국의 상응하는 입양으로 취급하는 실질법 차원의 대용(代用)의 문제라고 설명하기도 한다.[20)] 이는 예컨대 외국에서 입양된 양자가 한국에서 §26 ①이 규정하는 최소한의 효력을 넘어 부양청구권과 상속권을 가지는지(사법적 측면)와 국적과 체류자격을 취득하는지(공법적 측면) 등의 맥락에서 입양의 효력이 선결문제로 제기되는 장면에서 문제된다.[21)]

다만 §26 ①과 ②은 승인국에서 효력이 있는 아동에게 보다 유리한 규정의 적용을 방해하지 않는다(§26 ③). 예컨대 출신국 또는 수령국에서 상속권이 없는 단순입양에 의하여 입양된 아동에게 승인국법이 양친의 재산에 대한 상속권을 인정하는 경우가 그에 해당한다.[22)]

다. 단순입양으로부터 완전입양으로의 전환

출신국에서 부여된 입양이 단절효를 가지지 않더라도 (a) 수령국법이 이를 인정하고, 또한 (b) 입양협약 §4에 언급한 동의권자의 동의가 있는 경우 입양을 승인하는 수령국의 전환결정에 의하여 단절효를 가지는 입양으로 전환할 수 있다(§27 ①).

라. 별도협정에 따른 입양 승인의 거부선언

체약국은 별도협정에 의하여 입양협약 §14 내지 §21(다만 위탁결정에 관한 §17는 제외)의 적용을 배제할 수 있다(§39 ②). 체약국은 별도협정에 따라 이루어진 입양에 대해서는 승인의무를 지지 않겠다고 선언할 수 있다(§25).

---

18) Stephan Lorenz, Adoptionswirkungen, Vorfragenanknüpfung und Substitution, Privatrecht in Europa: Vielfalt, Kollision, Kooperation. Michael Coester, Dieter Martiny und Karl A von Sachsen Gessaphe (Hrsg.) (2004), Festschrift für Hans Jürgen Sonnenberger zum 70. Geburtstag, 501. 그렇더라도 국내 실질법상 단절효가 있는 입양의 효력과 완전히 동일한 효력을 부여하는 것은 아니다.

19) Frank (1996), 593. 이는 '확장모델(extension model)'과 대비되는 개념으로 달리 표현하면 '동화모델(assimilation model)'이라고 부를 수도 있다.

20) MünchKomm/Helms (2020), 8. Aufl., AdÜb Art. 26 Rn. 3도 동지.

21) '동등한 권리'에 국적과 같은 공법상의 권리도 포함되는지가 논란이 있다. 최흥섭(1998), 829.

22) Parra-Aranguren, para. 471.

7. 일반조항(§§28~42)

입양협약은 자국 아동의 입양은 자국에서 행해져야 한다거나 입양에 앞서 수령국에 아동을 위탁 또는 이동하는 것을 금지하는 출신국법에 영향을 미치지 않는다(§28). 우리나라의 입양특례법도 아동의 출국에 앞서 우리 법원의 입양재판을 받을 것을 요구한다.

체약국의 권한당국은 아동의 출생에 관한 정보(특히 병력과 부모의 신원 관련 정보)를 보존해야 하고 그 국가의 법이 인정하는 경우에는 아동 또는 그 대리인의 정보접근을 허용해야 한다(§30).

한편 입양협약(§32)은 국제입양에 관한 활동으로부터 부당한 재정적 이득이나 기타 이득을 얻는 것을 금지하나, 입양 관여자의 직업상의 합리적 보수 기타 비용과 지출은 허용한다. 보수가 부당하게 높은지는 각 체약국이 결정한다.

8. 입양협약에 대한 평가

입양협약에 대하여 우리나라에서는 다음과 같은 비판이 있다.[23)]

첫째, 중앙당국 등의 당국이 개입하므로 입양절차가 복잡하게 된다. 둘째, 입양협약에는 최소한의 보호조치만을 규정하고 나머지는 체약국에 일임하므로 법률관계가 복잡하고 불분명하게 된다. 셋째, 그러한 이유로 입양의 성립을 어렵게 하며, 자동승인원칙과 단절효의 인정으로 출신국과 수령국 모두 입양 성립에 쉽게 응할 수 없다. 넷째, 입양협약에 친족 간의 입양과 동일 국적자 간의 입양을 포함시킴으로써 입양의 성립을 어렵게 할 이유는 없었다. 다섯째, 입양협약은 파양을 규율하지 않으므로 이는 파양의 준거법에 의할 수밖에 없다. 여섯째, 승인의 효과를 정한 §26 ②의 취지가 애매하고 불합리하다. 그 밖에도 각국의 기관들이 새로운 기준을 충족시키고 새로운 절차를 준수하기 위해 수반되는 비용을 흡수해야 하므로 국제입양의 비용이 증가할 것이라는 비판도 있다. 입양협약 가입 초기에 그럴 것이다.

이러한 문제점이 있더라도 우리 아동들의 수령국이 대부분 가입한 이상 이제 한국도 입양협약을 비준해야 한다. 또한 승인의 효과를 정한 §26 ②의 취지가 애매한 점이 있으나, 현재처럼 조약 외에서 입양재판의 외국에서의 승인 및 집행의 메커니즘을 통하는 것보다는 훨씬 낫다. 가사 입양협약에 미비점이 있더라도 한국의 입장에서는 입양협약을 비준해야 한다.

---

23) 최흥섭(1998), 828-829 참조.

Ⅲ. 장래 우리나라의 입양협약 비준시 필요한 조치

1. 이행법률의 제정 및/또는 특례법의 개정

과거 필자는 아래의 견해를 피력하였다(다만 우리나라는 2023년 7월 국제입양법을 제정하였으므로 아래 조치 중 일부는 이미 실현되었다). 즉 한국이 입양협약을 비준하기 위하여는 국회 동의를 받고 이행법률을 제정할 필요가 있다. 첫째, 입양특례법을 개정하여 필요한 최소한의 규정을 담는 방안(일원화 방안)과, 둘째, 입양특례법과 별도로 입양협약 비준을 위한 이행법률을 제정하는 방안(이원화 방안)이 있고[24] 어느 방안을 선택할지는 기술적 문제인데, 수범자의 편의에 따라 결정해야 할 것이다. 입법과는 별도로 국제입양의 실무담당자들과 국민들이 국외입양의 법제와 절차를 이해하기 쉽게 입양협약과 이행입법의 내용을 정리하여 실무지침서나 매뉴얼을 작성할 필요가 있음도 지적하였다.[25]

국회는 일종의 이원화방안을 선택하여 입양특례법의 범위를 국내에서 이루어지는 입양으로 제한하고 국제입양은 국제입양법에 의하여 규율하기로 하여, 국제입양법에 관한 법률을 제정하였고 이는 2025년 7월 19일 시행될 예정이다. 그에 맞추어 비준시 필요한 조치가 취해질 것이다.

2. 대외적으로 선언하거나 통지할 사항

가. 중앙당국, 공적 기관과 인가단체의 지정

우리나라는 중앙당국을 지정하고 인가단체의 이름과 주소를 헤이그국제사법회의 상설사무국에 통보해야 한다(§13). 협약 비준시 중당당국, 공적 기관과 인가단체의 지정 및 그들 간 업무분장에 관한 원칙을 확립하고 중앙당국의 위임범위를 결정할 필요가 있다. 필자는 입양업무의 주무부처인 보건복지부가 중앙당국이 되고 아동권리보장원(과거 중앙입양원)이 공적 기관의 역할을 할 수 있을 것이라는 견해를 피력하였는데 國入養(§5)은 보건복지부를 중앙당국으로 지정한다.[26]

---

24) 입양특례법의 개정방향은 석광현(2012), 365 이하 참조. 상세는 석광현 외, 헤이그국제아동입양협약 가입 추진방안 연구, 2012년 보건복지부 연구용역 보고서(2012. 12.) 참조. 입양협약의 가입과 관련한 구체적 국내 입법방안은 현소혜(2014), 107 이하 참조. 필자는 국회에 발의된 국제입양에 관한 법률안에 대하여 의견을 제시한 바 있다. 석광현(2017), 105 이하; 석광현(2019), 233 이하 참조. 석광현 외의 제안을 포함한 과거 다양한 법률안 제안에 대한 비판은 현소혜(2021), 171 이하 참조. 다만 필자의 제안은 전에 밝힌 바와 같이[석광현(2017), 118, 註 21] 입양체제의 개편을 염두에 둔 것은 아니고 입양협약 가입만을 염두에 둔 것이었다.

25) 참고로 헤이그국제사법회의가 간행한 1993년 헤이그국제아동입양협약의 이행과 운영: 모범적 이행을 위한 지침 1과 인가와 입양인가단체: : 모범적 이행을 위한 지침 2의 한글 번역본이 간행된 바 있다.

26) 입양협약의 중앙당국을 보건복지부로 하면, 탈취협약의 중앙당국은 법무부이므로 우리나라가 헤이그

나. 입양증명서를 발행할 권한 당국의 지정

우리나라는 §23 ①에 따른 입양증명서를 발행할 당국을 지정하여 그 이름과 기능을 수탁자에게 통지해야 한다(§23 ②). 업무의 집중과 전문화를 위해서는 중앙당국이 입양증명서를 발행하는 것이 바람직하다. 國入養(§30)은 보건복지부장관을 그런 증명서의 발급 당국으로 지정한다.

다. 우리나라의 비인가단체와 개인에 대한 위임 허용 선언과 외국의 비인가단체와 개인에 대한 위임 반대 선언

우리나라는 비인가단체와 개인도 중앙당국의 기능을 한국에서 수행할 수 있다고 선언할 수 있으나 위 선언을 굳이 할 필요는 없고 이는 입양특례법에도 반한다. 반면에 한국에 상거소를 둔 아동의 입양은 중앙당국의 기능이 공적 기관 또는 인가단체에 의하여 행사된 경우에만 가능하다는 선언(§22 ④)을 할지는 논란이 있다. 우리 입양기관들은 과거 미국의 비인가단체와 입양업무를 처리하였으나 근자에는 이를 그만두었다고 하므로 위 선언을 하더라도 실무상 문제될 바가 없다면 선언을 하는 편이 바람직할 것으로 보인다.[27)]

라. §25의 선언

§25에 따른 선언, 즉 체약국 간의 별도협정에 따라 이루어진 입양에 대해서는 입양협약에 기한 승인의무를 지지 않겠다고 선언할 필요가 있다.

3. 국내적으로 취할 조치

입양협약상 권한당국은 다양한 기능을 하는데, 국제입양법은 보건복지부를 중앙당국으로 지정하고 §23의 입양증명서를 중앙당국이 발행하도록 규정한다. 시험위탁(probationary placement) 기간을 두는 문제와 기타 특례법에 아동보호를 위한 조치를 도입할지를 검토할 필요가 있다.

국제사법회의의 1996년 "부모책임 및 아동의 보호조치와 관련한 관할, 준거법, 승인, 집행 및 협력에 관한 입양협약"에 가입할 경우 중앙당국의 결정이 문제된다. 아동보호에 비중을 둔다면 보건복지부가 하여야 하나, 탈취협약의 중앙당국과 다르게 되는 점은 다소 문제이다.

27) 필자는 과거 미국이 일정요건을 충족하는 단체 또는 개인도 중앙당국의 기능을 미국에서 수행할 수 있다는 선언을 한 이상 우리나라가 위 선언을 하기는 어렵다는 견해를 피력한 바 있다[석광현(2012), 406. 최흥섭(1998), 831도 동지]. 그러나 우리 입양실무상으로도 입양기관의 업무 협약 체결 제도를 통해 사실상 수령국 비인가단체 등이 한국에서 국제입양 관련 활동을 하는 것을 봉쇄하였으므로 ④의 선언을 함으로써 협약 비준 후 비인가 단체 등이 한국에 일상거소지를 둔 아동을 손쉽게 입양하는 것이 금지됨을 명백히 할 필요가 있다는 견해가 유력하다. 김문숙(2004), 399; 현소혜(2021), 186, 주 66 참조. 현소혜(2014), 95−96은 ④에 따른 선언은 불필요하다는 견해를 택하였으나 앞의 논문에서 견해를 변경하였다. 우리의 실무가 그렇다면 필자로서도 선언에 반대할 이유가 없다.

Ⅳ. 우리나라의 입양협약 비준에 의하여 초래될 국제입양절차의 변화

우리나라가 입양협약을 비준할 경우 기존 입양절차를 변경해야 한다. 아울러 수령국의 관점에서 절차가 어떻게 달라져야 하는가도 미국 등 주요 수령국별로 검토할 필요가 있다. 아래는 국제입양법의 내용을 고려하지 않은 상황을 다룬 것이고, 장래 국제입양법이 시행되면 그에 따른 절차가 이루어질 것인데 이는 아래(Ⅴ.)에서 별도로 논의한다.

1. 국제입양절차의 주도적 진행자와 입양기관의 역할의 변화

입양특례법상으로는 입양기관이 입양절차를 사실상 주도한다.[28] 즉 양친이 될 외국인은 우리 입양기관에 입양알선을 의뢰하고 입양기관 장은 보건복지부장관의 해외이주허가와 법원의 허가를 신청한다(§19 ②). 반면에 입양협약은 국제입양의 적법절차를 보장하고자 출신국과 수령국의 중앙당국이 주도적 역할을 할 것을 요구하므로 입양기관의 역할이 약화될 수밖에 없다. 다만, 입양협약상으로도 중앙당국의 기능의 일부를 인가단체에게 위임할 수 있으므로 입양기관의 역할을 적절히 규정함으로써 종래 국제입양의 체제와 마찰을 최소화하면서도 입양협약에 따른 적법절차를 보장할 필요가 있다.

2. 국제입양에 관한 중앙당국 간의 합의

입양협약에 따른 국제입양의 과정에서 출신국과 수령국의 중앙당국이 입양의 진행에 합의하지 않으면 입양이 불가능하다. 이 과정에서 출신국 중앙당국은 수령국 국내법상의 문제점, 절차적 문제점, 아동보호의 사후적 조치 등을 내걸거나 요구할 수 있다.

3. 입양절차의 구체적 진행

외국에서의 국외입양의 경우, 외국인으로부터 의뢰받은 입양기관 장이 입양알선

28) 입양의 알선을 담당하는 사적 기관인 입양기관에게 상당한 권한을 부여하는 점이 우리의 기존 국제입양의 기본적인 틀이다. 우리 입양특례법과 달리 독일에서는 '입양중개기관' 또는 '입양알선기관(종래 우리의 입양기관과는 역할이 다르다)'을 규율한다. 우리 입양특례법은 알선이라는 개념을 사용하기는 하나 중개라는 개념은 사용하지 않는다. 독일은 2021년 입양 중개의 방식과 입양중개기관의 업무범위와 역할을 규정하는 "입양의 알선과 지원 및 대리모 중개금지에 관한 법률(AdVermiG)"을 대폭 개정하여 국내외 입양의 투명성을 강화하였다. 소개는 박신욱(2022), 163 이하 참조. 이는 'Vermittlung und Begleitung'을 '중개와 알선'이라고 번역하나 여기에서는 '알선과 지원'이라고 의역한다. 독일 법무부 홈페이지에서 제공하는 영문번역은 'Placement and Support'라고 한다.

을 하려면 보건복지부장관이 발행한 해외이주허가서를 첨부하여 가정법원에 입양허가를 신청해야 한다(입양특례법 §19 ①). 입양협약상 우리 아동의 해외이주허가와 입양허가는 "④ 출신국의 아동 위탁결정 → ⑤ 아동의 출신국으로부터 수령국으로의 이동 및 영주허가를 위한 양국 중앙당국의 협력"의 일환으로 이루어지게 될 것이다. 우리나라가 입양협약을 비준하면 양친이 될 외국인이 우리 중앙당국으로부터 위임을 받은 우리 입양기관에게 입양알선을 의뢰할 수 있을 것이다. 이 경우 보건복지부장관의 해외이주허가에 이어 법원의 입양재판이 있게 되므로 그때 위탁결정이 있는 것으로 볼 수 있다.[29]

4. 입양협약 비준이 준거법에 미치는 영향: 우리 법원의 입양재판시 문제

입양협약은 다양한 논점에 관하여 통일된 실질법규칙을 두지만, 아동의 입양가능성, 동의권자와 그 범위 및 양친의 입양적합성 등의 입양요건을 규정하지 않으므로 이는 여전히 준거법에 의한다. 입양특례법은 우리 법원의 입양재판을 요구하므로, 비록 우리나라가 입양협약을 비준하더라도 법원은 국제사법이 지정하는 입양의 준거법을 적용하여 입양재판을 하게 된다.

5. 입양협약 비준이 입양재판의 승인에 미치는 영향

우리나라가 입양협약을 비준하면 외국 입양재판의 한국에서의 승인과 한국 입양재판의 외국에서의 승인은 별로 문제되지 않는다. 왜냐하면 입양협약에 따라 이루어진 입양은 다른 체약국에서 자동승인되기 때문이다(§23 ① 1문). 우리 법원이 입양특례법에 따라 입양재판을 하는 경우 이는 친양자 입양의 효력이 있는데(입양특례법 §14), 우리나라의 입양협약 비준 후 그 입양이 입양협약에 따른 것임을 지정된 당국이 증명하면 그 입양재판은 수령국 기타 다른 체약국에서 단절효를 가지는 입양으로서 승인된다.

V. 국제입양법률의 검토

1. 머리말

우리나라는 입양협약을 아직 비준하지 않았으나, 2023년 7월 18일 국제입양법과

29) 입양협약 비준 후의 구체적 입양절차에 관하여는 현소혜(2014), 103 이하 참조. 국제입양법에 따른 구체적 절차는 곽민희(2024), "국제입양법상 국외로의 입양 절차에 관한 검토", 국제사법연구 30-2, 29 이하; 이종혁, 국제입양, 75 이하 참조.

'입양특례법 전부개정법률'이 공포되어 2025년 7월 19일 국제입양법과 '국내입양에 관한 특별법("국내입양특별법")'이 시행될 예정이고30) 정부는 그의 시행에 맞추어 입양협약을 비준할 예정이다. 입양협약 가입은 아동권리협약상의 의무사항인데, 입양협약의 이행은 국제가족법과 광의의 국제사법 및 국제인권법의 문제이다. 여기에서는 그의 주요 내용을 검토한다. 이는 아직 발효되지 않았으나 2025년 7월 19일 발효된다.

2. 국제입양법의 체제, 제안이유와 과제

국제입양법은 입양협약의 이행법률로서 의미를 가진다. 또한 국제입양법은 입양협약이 적용되지 않는 입양(특히 국내로의 입양)을 적절히 규율하여야 한다.

가. 국제입양법의 체제

국제입양법은 4개장, 35개 조문과 부칙으로 구성된다. 입법자는 국제입양(입양아동의 일상거소의 국제적 이동을 수반하는)은 입양협약의 적용 여부에 관계없이 국제입양법으로 규율하고, 현재 입양특례법 §18에 따른 국내에서의 국외입양을 포함한 국내입양(입양아동의 일상거소의 국제적 이동을 수반하지 않는)은 국내입양특별법에 의한다. 국제입양법은 '국제입양대상아동(요보호아동에 상응)의 외국으로의 입양'과 일반 아동의 국내로의 입양에 적용된다. 국제입양법은(계자입양을 제외하면) 일반 아동의 외국으로의 입양은 상정하지 않는다. 국제입양법은 아동입양만을 대상으로 하므로 18세 이상인 사람의 입양에는 적용되지 않는다.

나. 국회의 대안 제안이유

국회의 대안의 제안이유는 아래 취지이다.

> "아동의 원가정 보호를 최우선시하고 국제입양의 국제표준을 제시하며, ... 입양 절차 전반에 대한 국가책임을 강화하는 내용으로 입양협약이 채택되어, 한국도 2013년 동 입양협약에 서명하고 현재 비준을 준비 중임. 이에 입양협약에서 제시하는 국제적 기준과 절차에 맞추어 국제입양 제도 전반을 새로이 규정하고, 국제입양의 절차 및 요건 등을 통일적으로 규율하는 법률을 제정하여, 입양 아동의 보호와 권익을 보다 강화하려는 것임. 또한, 배우자의 전혼자녀를 입양하는 등 그간 민법의 적용을 받던 입양 중 입양의 결과 아동의 일상거소가 국가를 이동하는 경우라면 동 법을 적용하여, ... 국제입양에서 아동 최선의 이익을 위한 입양이 이루어지도록 하려는 것임."

30) 상세는 석광현(2023. 9.), "헤이그 국제아동입양협약의 이행을 위한 '국제입양에 관한 법률'의 주요 내용과 문제점", 한양대학교 법학논총 40-3, 317 이하 참조. 국제사법학회는 2024. 9. 25. "국제입양에 따른 법률문제의 종합적 검토"라는 대주제로 연차학술대회를 개최하여 입양협약의 비준 및 적용과 관련된 논점들을 논의한 바 있는데 더 치밀한 검토가 필요하다.

다. 국제입양법의 과제

국제입양법은 아래와 같은 두 개의 과제를 가진다.

(1) 입양협약의 이행법률

국제입양법은 우선 입양협약의 이행법률이다. 이에는 첫째, 통상의 국제입양과 둘째, 배우자의 전혼자녀 입양(계자입양)이 있다. 국제입양법은 종래와 같이 입양기관이 아니라 중앙당국의 주도하에 국제입양이 아동에게 최선의 이익이 된다고 판단되는 경우에만 국제입양이 진행될 수 있도록 한다. 그런 판단은 국내입양특별법에 따라 설치되는 입양정책위원회("위원회")가 할 예정이다. 입양협약과 국제입양법이 발효되면 국제입양은 양 규범이 정한 절차에 따라 이루어진다. 따라서 입양협약의 입양절차('헤이그 프로세스')가 국제입양법하에서 어떻게 진행되는지를 이해하기 쉽게 국제입양법에 어느 정도 규정할 필요가 있다. 종래 국제적 계자입양은 국제사법(과 지정된 준거법)과 민사소송법에 의하여 규율된다. 계자 이외의 친척의 입양도 입양협약의 적용대상인데 국제입양법은 그런 친척 간 입양은 별도로 규정하지 않는 점은 다소 의아하다.

(2) 입양협약이 적용되지 않는 국제입양과 국제입양법

예컨대 러시아 아동이 한국으로 입양되는 경우라면 러시아는 비체약국이므로 입양협약은 적용되지 않지만 국제입양법은 적용된다. 이 점에서 국제입양법은 국제아동입양의 기본법의 성질을 가지나 그에 대한 고려가 부족하다.

3. 국제입양법의 시행과 입양협약의 비준에 의하여 초래될 변화

국제입양법과 입양협약이 시행되면 아래 두 가지 점에서 변화가 초래된다.

가. 국제입양절차에서 국가책임의 강화와 중앙당국의 주도

한국에서는 종래 입양기관이 국제입양절차를 주도하였으나 장래에는 중앙당국의 주도 하에 이루어지므로 중앙당국 간의 공조가 매우 중요하다. 다만 중앙당국의 역할과 법원허가의 관계는 불분명하다.

나. 입양협약에 따른 입양의 승인: 국제사법과 민사소송법에 대한 예외

입양국의 권한당국이 입양이 입양협약에 따라 이루어졌다고 증명하는 경우 그 입양은 다른 체약국에서 자동적으로 승인된다(§23① 1문). 즉 위 요건이 구비되면 재판형입양(또는 선고형입양)의 경우 민사소송법이 정한 승인요건의 구비 여부에 관계없이 한국에서 승인되고, 계약형입양의 경우 국제사법이 지정한 준거법의 준수 여부에 관계없이 한국에서 승인된다. 이는 입양협약이 '법상태의 승인'을 명시하기 때문이다.

다. 국제입양법과 입양특례법과의 주요 차이점

입양특례법과 국제입양법의 가장 큰 차이점은 입양특례법과 달리 국제입양법은 입양협약의 이행법률이라는 점이다. 따라서 입양협약의 이행을 위한 조항들의 추가되었는데, 이는 중앙당국, 출신국과 입양국(협약상 수령국)에 대한 언급, 결연, 중앙당국의 주도적 역할과 중앙당국 간의 협의 등 헤이그 프로세스를 반영한 국제입양절차의 도입 등이다. 그 밖에도 ① 국내로의 입양에 관한 조항들(제2장 제2절)의 신설, ② 계자입양 관련 조항들이 신설, ③ 입양정책위원회의 심의·의결 요건의 신설과 입양기관의 역할 축소, ④ 국내에서의 국외입양을 국내입양특별법의 규율대상으로 보낸 점, ⑤ 국제사법과 民訴 §217에 대한 언급의 추가와 ⑥ 입양알선에 대한 언급의 삭제 등에서 차이가 있다.

4. 국제입양법의 개별 조문의 검토

가. 정의(§2)

입양국. 입양협약 §23조에 따르면 입양국의 권한당국이 입양이 입양협약에 따라 이루어졌다고 증명하는 경우 그 입양은 다른 체약국에서 자동적으로 승인된다. 여기에서 '입양국(State of adoption)'은 출신국일 수도 있고 수령국일 수도 있다. 그러나 國入養(§2ⅳ)은 입양협약상 수령국을 '입양국'이라고 정의함으로써 혼란을 초래한다. 이하 receiving State를 '수령국'이라고 한다.

결연. 입양협약은 '결연(matching)'이라는 용어를 사용하지 않지만[31] 國入養(§2vii)은 결연을 "양자가 될 아동에게 적합한 양부모가 될 사람을 결정하는 것"이라고 정의하고 §10에서 결연의 절차와 과정을 규정한다. 입양협약상 결연과정은 아래와 같다. 즉 최초의 결연은 양친이 될 자에 관한 수령국 중앙당국의 보고서를 기초로 양친이 될 자의 자질 등을 고려하여 출신국 중앙당국이 하는데, 출신국 중앙당국은 입양가능한 아동을 찾으면 보고서를 작성하여 수령국의 중앙당국에게 통지하고 보고서를 송부하면서 양친이 될 자에게 아동을 추천(referral)한다. 그 다음으로 수령국 중앙당국은 결연결정을 양친이 될 자에게 통지하고, 양친이 될 자와 동의 여부에 관하여 협의한다. 양친이 될 자가 그러한 결연/추천에 동의하면 결연과정이 종료된다. 아동의 최선의 이익을 보장하기 위하여는 적절한 양친이 될 자와의 결연이 핵심적이다. 國入養(§10)에 따

31) 지침서, para. 354. '지침서'라 함은 입양협약에 따른 국제입양의 구체적 실행에 관하여 헤이그국제사법회의 상설사무국이 작성한 The Implementation and Operation of the 1993 Hague Intercountry Adoption Convention: Guide No 1 under the Hague Convention of 29 May 1993 on Protection of Children and Co-operation in Respect of Intercountry Adoption (2008)를 말한다. 한글 번역문도 있다.

르면 보건복지부장관은 위원회의 심의·의결을 거쳐 §9에 따라 양부모가 될 자격을 갖추었다고 판단한 자와 양자가 될 아동을 결연하여야 한다(계자입양의 경우 제외). 보건복지부장관은 결연을 함에 있어서는 제3조에 따른 국제입양의 원칙, 양부모가 되려는 사람의 배경과 양육상황, 양자가 될 아동의 배경과 특별한 필요 등을 종합적으로 고려하여야 한다. 국내로의 입양에서는 국제입양법은 결연을 언급하지 않는다.

나. 국제입양의 원칙

國入養 §3는 ①과 ②에서 입양협약 §1(목적)를 반영하면서, 입양협약의 전문 및 §4b가 정한 국제입양의 보충성(즉 국내입양 우선 원칙)과 입양협약 §2 ②을 묶어서 규정한다.

다. 중앙당국의 지정과 중앙당국 간의 공조

종래 한국에서는 입양특례법에 따라 입양기관이 국제입양절차를 주도한다. 반면에 입양협약은 적법절차에 따라 국제입양이 이루어지도록 출신국과 수령국 중앙당국의 주도적 역할을 요구한다. 그러나 중앙당국이 모든 기능을 직접 수행할 수는 없으므로 입양협약도 중앙당국이 그 기능의 일부를 인가된 단체에게 위임할 수 있음을 명시한다(§22 ①). 國入養 §5는 중앙당국을 보건복지부로 지정하고 §11와 §21는 중앙당국 간 협의를 명시한다. 새로운 입양법제는 국내입양특별법(§12)에서 국내입양 활성화 정책에 관한 주요 사항과 입양에 관한 사항을 심의·의결하기 위하여 보건복지부장관 소속으로 위원회를 두도록 하고 국제입양법에서도 국제입양대상아동의 결정 단계(§7②)와 양부모와 양자의 결연 단계(§10)에서 위원회의 심의·의결을 거치도록 한다. 그러나 중앙당국이 모든 기능을 직접 수행할 수는 없으므로 國入養(§32)도 보건복지부장관은 일정한 업무를 아동권리보장원, 그 밖에 위탁업무를 수행하는 데에 필요한 시설 및 종사자 등을 갖춘 사회복지법인(종래의 입양기관) 및 단체 등에 위탁할 수 있음을 명시한다.

라. 양자 또는 양부모가 될 자격과 동의요건

(1) 외국으로의 입양의 경우

양자가 될 아동은 ① 보건복지부장관이 국제입양대상아동으로 결정한 아동과 ② 부부의 일방이 배우자의 친생자를 단독으로 국제입양하려는 경우의 그 친생자(계자)이다(§7). 다만 외국으로의 입양이 위 두 가지 유형에 한정되는 것은 아닌데 계자 아닌 친척의 입양과 같은 다른 유형의 입양을 어떻게 처리하는지 궁금하다.

양부모가 되려는 사람은 본국법에 따른 양부모가 될 자격을 갖추어야 하나, 계자입양의 경우 국내입양특별법(§18)에 따른 자격도 갖추어야 한다(§9). 민법은 일반입양의 경우 배우자가 있는 사람은 부부의 공동입양을 요구하고(§874), 친양자입양을 위하여는 3년 이상 혼인 중인 부부의 공동입양을 요구하나(§908-2 ① i) 국제입양법/국내입양특별법은 공동입양을 요구하지 않는다. 국제입양법은 동성혼 또는 동성생활동반자의 양친 자격을 직접 배제하지 않지만 우리 중앙당국의 양부모 자격 심사나 중앙당국 간의 협의 과정에서 사실상 걸러질 수 있다. 체약국은 아동의 최선의 이익을 고려하여 입양이 그 나라의 공서에 명백히 반하는 경우에 한하여 입양의 승인을 거절할 수 있다(§24). 동성혼 또는 동성생활동반자의 입양이 공서위반인지는 논란의 여지가 있다.

국제사법에 따르면 입양의 준거법은 양친의 본국법임에도 불구하고 국제입양법이 양자와 양부모의 자격을 규정하는 것은 아동 보호를 위하여 준거법에 관계없이 적용하려는 의지를 반영한 것이므로 이는 국제적 강행규정이라고 볼 수 있다. 자격의 문제는 아니나 §8는 입양의 동의 및 승낙을 명시한다.

(2) 국내로의 입양의 경우

양자가 될 아동은 출신국 중앙당국으로부터 양자가 될 자격이 있다고 인정받은 아동이어야 한다(§18). 국제사법에 따르면 양자의 자격은 양부모의 본국법인 한국법이므로 일반입양과 친양자입양의 구분에 따라 민법상 양자의 요건을 구비하여야 한다. 한편 양부모가 되려는 사람은 국내입양특별법 §18에 따른 양부모가 될 자격 등을 갖추어야 한다(다만 계자입양의 경우는 제외)(§19). 국제사법에 따르면 양친의 자격은 본국법인 한국법에 따르므로 민법이 정한 일반입양과 친양자입양의 구분에 따라 요건을 구비하여야 한다. 외국으로의 입양의 경우 §8가 입양의 동의·승낙을 명시하나 국내로의 입양의 경우 양자의 본국법이 규율하는 동의요건은 언급하지 않는다.

마. 입양협약과 국제입양법에 따른 국제입양의 구체적 절차

입양협약은 제4장(§14부터 §22)에서 국제입양의 절차적 요건을 규정하는데, 국제입양법은 외국으로의 입양과 국내로의 입양을 구분하여 아래와 같이 규정한다.

(1) 입양협약에 따른 국제입양절차

입양협약(§14)에 따르면 입양절차는 양친이 될 자가 그의 일상거소 소재지국의 중앙당국에 입양을 신청함으로써 개시된다. 양친이 될 자는 출신국의 중앙당국에 직접 입양신청을 할 수는 없다. 또한 입양협약은 수령국과 출신국의 중앙당국이 취할 조치를 규정하고, 출신국의 아동위탁결정을 위한 요건, 양국 중앙당국의 출국, 입국 및 영주허가를 위한 조치, 아동의 이동, 입양 진행과정에 관한 통지 그리고 입양이 이루어지기 전에 수령국에 이동된 아동에 대한 보호조치 등을 규정한다. 위에서 보았듯이 입양협약에 따른 국제입양절차는 아래 상자 안에서 밑줄 친 부분(이는 국제입양법의 규정)을 제외한 부분이다.

1) 양친이 될 자 자신의 상거소지국(수령국)의 중앙당국에 대한 입양신청(§14) → 2) 수령국의 중앙당국의 양친이 될 자에 관한 보고서 작성 및 출신국의 중앙당국으로의 보고서 송부(§15) → 3) 출신국의 중앙당국의 아동에 관한 보고서 작성 및 수령국의 중앙당국으로의 보고서와 필요서류 송부(§16) → [위원회의 심의·의결(제9조 제2항) / 결연(제10조) / 국제입양절차 진행 협의서 송부(제11조 제3항)] → 4) 출신국의 아동 위탁결정(§17) → [가정법원의 허가(양부모가 될 사람의 신청. 제12조)와 한국 내 효력 발생과 입양신고(제14조)] → 5) 출신국으로부터 수령국으로의 아동의 이동 및 영주허가를 위한 양국 중앙당국의 협력(§18) → 6) 아동의 이동(§19)[아동의 한국 내 인도(제15조)] → 7) 입양완료까지의 경과 등에 관한 양국 중앙당국 상호간의 통지(§20) → [사후서비스로서 아동 적응보고서의 수령·확인 / 아동의 외국 국적 취득 확인 / 한국 국적 말소(제16조)

(2) 국제입양법에 따른 국제입양절차

국제입양법은 외국으로의 입양(제2장 제1절)과 국내로의 입양(제2장 제2절)을 구분하여 국제입양의 요건과 절차를 규정한다. 전자를 보면 국내절차는 위 상자 안에서 밑줄 친 부분이다. 후자에 관하여는 입양의 신청(§20), 중앙당국 간 협의(§21), 출신국에서 성립한 입양의 효과(§22)와 국내에서 성립한 입양의 효과(§23)를 규정한다.

(3) 국제입양법의 아쉬움

국제입양법에서는 입양협약상의 절차를 우리 법제에 맞추어 구체화할 필요가 있다. 세부적 절차는 하위법령이나 매뉴얼 등에서 정리할 수도 있으나, 국제입양법만 보면 입양협약에 따른 국제입양절차/입양협약이 적용되지 않는 국제입양절차를 합리적으로 이해할 수 있을 정도로 일목요연하게 드러내야 하는데 이 점에서 아쉬움이 있다.

바. 외국으로의 입양의 경우 한국 가정법원의 허가와 입양 및 동의요건의 준거법

입양협약이 국제입양에 관하여 통일적인 실질법규칙을 두는 범위 내에서는(예컨대 §26 ①이 정하는 최소한의 효력) 준거법 결정은 불필요하다. 그러나 입양협약은 §4와 §5조에서 규정하는 아동의 입양가능성과 양친의 입양적합성 외의 다른 사항을 직접 규율하지 않으므로 입양재판을 하는 우리 법원은 국제사법에 따라 준거법을 결정해야 한다.

(1) 입양의 준거법

양부모가 되려는 사람이 양자가 될 아동을 입양하려는 경우 국제입양절차 진행 협의서를 갖추어 가정법원의 친양자 입양 허가를 받아야 하나, 계자입양의 경우로서 일반입양 또는 이에 상응하는 본국법에 따른 입양을 원하는 양부모는 民 §867 또는 이에 상응하는 본국법에 따른 가정법원의 허가를 받을 수 있다(§12 ①). 가정법원은 아동의 복리를 위하여 6개월 이내에 허가 여부를 결정하여야 하고, 양부모가 될 사람의 입양 동기와 양육능력, 그 밖의 사정을 고려하여 입양 허가를 하지 않을 수 있는데 그 경우 이유를 명시하여 서면으로 신청인에게 통지하여야 한다(§12 ②, ③).

국제사법은 입양 당시 양부모의 본국법을 입양의 요건(동의요건도 포함), 성립과 효력의 준거법으로 지정하지만, 그에 더하여 자녀의 본국법이 정한 동의요건도 구비되어야 한다. 즉 동의요건에 관하여 양법을 누적적으로 적용한다. 예컨대 한국 아동이 미국(뉴욕주)으로 입양되는 경우 우리 법원은 양자 또는 양친이 될 사람의 자격과 기타 입양요건에 관하여는 뉴욕주법을, 동의요건에 관하여는 뉴욕주법과 한국법(즉 국제입양법과 민법)을 누적적으로 적용한다. 양부와 양모의 본국법이 다른 경우에는 각자의 본국법에 의한다. 입양의 효력(단순입양 또는 완전입양)은 뉴욕주법에 따른다. 이때 입양허가는 준거법인 양친의 본국법에 따르므로 동법이 완전입양만 규정하면 그에 따르고 단순입양도 규정하면 선택할 수 있다. 그러나 國入養 §13는 (계자입양이 아니면) 입양의 효과로서 아동에게 친양자의 지위를 부여하므로 §12에 따른 가정법원의 허가는 친양자입양 허가여야 하나 그런 제한이 합리적인지는 의문이다.

아동의 출국 전 우리 법원이 입양재판을 하는 경우 법원은 국제사법에 따라 입양의 준거법을 결정하고 이를 적용한다. 다만 양자 또는 양친이 될 사람의 자격을 정하는 國入養(§7와 §9)은 국제적 강행규정으로 본다. 그 밖에 어떤 조항이 국제적 강행규정인지는 개별 조문별로 검토하여야 한다.

(2) 동의요건의 준거법

동의요건의 준거법(또는 '동의준거법')은 동의의 요부와 대체방법, 동의권자와 동의결여 시의 효과 등을 규율한다. 법원(또는 행정당국)(이하 '법원'만 언급한다)의 허가가 그에 포함되는지는 논란이 있다. 독일과 일본에서는 견해가 나뉘는데 필자는 아래 이유로 법원 허가는 별개 요건으로서 입양의 준거법에 따를 사항이라고 본다.

첫째, 國入養 §8("입양의 동의 및 승낙에 관하여는 국내입양특별법 §15부터 §17까지의 규정을 준용한다")와 국내입양특별법 §15(입양의 의사표시), §16(입양에 대한 친생부모의 동의)와 §17(입양 승낙 및 동의의 요건 등)에서 보듯이 우리는 동의 및 승낙을 좁게 파악하고 國入養 §12가 정하는 가정법원의 허가는 별개로 본다. 더욱이 법원 허가 없는 계약형입양만을 규정하였던 우리 민법은 동의와 승낙을 좁은 의미로 파악하여 왔다고 할 수 있다. 둘째, 섭외사법은 입양의 요건에 관하여 배분적 연결을 하였으나 舊 국제사법은 입양의 성립을 용이하게 하고자 입양의 성립·효력의 준거법을 단일화하였으며, 동의 또는 승낙에 관하여만 양자의 본국법을 누적적용하였고 국제사법도 마찬가지인데, 만일 법원 허가를 동의와 승낙에 포함시키면 누적적용되는 양자의 본국법의 범위가 확장되고 출신국과 수령국 법원의 허가를 모두 받아야 할 수도 있어 섭외사법 개정 취지가 몰각될 수 있다. 다만 법원 허가를 동의요건으로 보지 않더라도 법원 허가를 요구하는 아동의 본국법(입양특례법 또는 국제입양법) 규정은 법정지의 국제적 강행규정으로 적용될 수 있다.

이처럼 국제사법상 입양에 대하여는 양부모의 본국법이 적용되고 자녀의 본국법이 정한 동의요건도 구비되어야 하는데, 입양협약에 따르면 입양은 양친이 될 사람의 상거소지국과 아동의 상거소지국의 중앙당국이 개입하여 절차가 진행되는 탓에 상거소지국과 본국이 다른 경우 어려움이 발생할 수 있으므로 우리도 국제사법상 연결점을 국적이 아니라 상거소지로 수정하는 방안을 진지하게 고민할 필요가 있다. 물론 입양협약에 따라 입양이 이루어지는 경우 국제입양은 자동적으로 승인되고 준거법 통제는 하지 않지만 입양재판을 하는 법원으로서는 여전히 준거법을 판단하여야 하기 때문이다.

사. 외국으로의 입양의 경우 한국 입양재판의 효력

(1) 입양협약이 적용되지 않는 현재 상황에서 한국 입양재판의 외국에서의 승인

과거 우리 아동은 수령국으로 이동하여 입양재판을 받았으나, 2012년 8월 입양특례법의 개정에 의하여 출국에 앞서 친양자 입양의 효력이 있는 우리 법원의 입양허가를 받게 되었으므로(§11, §14) 한국 입양재판이 수령국에서 승인되는지가 문제된다.

(2) 입양협약에 따른 장래 한국 입양재판의 다른 체약국에서의 승인

국제입양법과 입양협약이 발효되면 한국에서 입양이 이루어지는 경우 입양협약의 적용 여부에 따라 구분하여야 한다. 국제입양법은 체약국과의 관계를 중시하고 비체약국과의 관계는 소홀히 다룬다. 문제된 아동 수령국이 체약국이면 한국에서 이루어진 입양은 입양협약(§23)에 따라 다른 체약국에서 승인된다.

(3) 국제입양법과 입양협약의 충돌

국제입양법에 따르면 외국으로의 입양(제2장 제1절)의 경우 입양된 아동은 민법상 친양자와 동일한 지위를 가지는데(§13 본문), 동조의 입양은 가정법원의 인용심판 확정으로 효력이 발생한다(§14). 여기에는 몇 가지 문제가 있다.

첫째는 준거법의 문제이다. 즉 國私(§70)에 따르면 입양의 효력은 양부모의 본국법에 따를 사항이므로 우리 민법상 친양자를 고집할 것은 아니고 양부모의 희망에 따라 선택을 할 수 있어야 한다. 가사 친양자를 고집하더라도 '우리 법상의 친양자입양의 효력'보다는 '양부모의 본국법상 친양자입양에 상응하는 효력'이 더 정확하다. 둘째는 입양의 승인 효과를 정한 입양협약 §26와의 관계이다. 즉 §13에 따라 한국 법원이 친양자입양을 위한 재판을 하더라도 다른 체약국에서 그 입양재판의 효력은 입양협약 §26에 따를 사항이므로 각 체약국에서 완전입양의 효력이 있고 따라서 §13를 고집할 이유는 없다. 셋째, 입양의 효과도 입양협약이 적용되는 경우(§26의 문제)와 적용되지 않는 경우(수령국 법에 따른 한국의 계약형입양 또는 입양재판의 승인 문제)를 구분할 필요가 있는데 국제입양법은 이를 구분하지 않는 점에서 문제가 있다.

아. 국제입양에서 사후서비스의 제공

외국으로의 입양의 경우. 국제입양법은 국내로의 입양의 경우 입양의 취소만 규정할 뿐 파양은 규정하지 않는데, 외국으로의 입양의 경우 입양의 취소와 파양을 모두 규정하지 않는다. 국제입양의 성립과정에 하자가 있는 경우 그것이 무효(또는 취소) 사유인지는 침해된 준거법이 결정한다. 파양(재판상 파양과 협의상 파양의 허용 여부도)은 파양의 준거법에 따른다.

국내로의 입양의 경우. 국제입양법은 국내로의 입양의 경우 사후서비스를 규정하면서도(§24) 외국 아동의 한국 국적 취득은 명시하지 않는다. 그러나 조문을 둘 필요가 있고, 입양협약에 따른 입양으로서 입양협약준수입양증명서가 작성된 경우 국적을 자동으로 부여하는 방안도 전향적으로 검토하여야 한다.

자. 국내로의 입양의 경우 체약국인 출신국에서 성립한 입양의 효과

여기에서는 입양협약이 적용되는 국제입양에서 두 개의 논점을 다루고, 비체약국의 입양재판에 의한 입양의 효과(§22 ②, ③)는 아래에서 논의한다.

(1) 입양의 효과

입양협약상 입양의 효과. 입양협약에 따라 입양이 행해지고 입양국의 권한당국이 이를 증명하는 경우 그 입양은 자동적으로 다른 체약국에서 승인된다(§23 ①). 국제입양이 재판형인지 계약형인지는 불문한다. 이처럼 계약형입양이라는 사인(私人)의 행위가 준거법 통제 없이 승인되는 것은 '법상태의 승인'인데 입양협약은 이를 도입하고 있다.[32] 입양의 승인은 (a) 아동과 양친 사이의 법적 친자관계와 (b) 아동에 대한 양친의 부모로서의 책임(친권에 상응)의 승인을 포함하고, 또한 만일 (c) 입양국에서 입양이 단절효를 갖는 경우 그의 승인을 포함한다(§26①). 이처럼 입양의 최소한의 효력은 입양협약 §26①에 의하여 결정되므로 이는 입양의 효력에 관한 통일적인 실질법규정이다.

---

32) 법상태의 승인은 석광현, 정년기념, 663 이하 참조.

입양이 입양국에서 단절효를 가지는 경우(즉 완전입양의 경우), 수령국과 입양이 승인된 기타 체약국에서 아동은 "그 국가에서 단절효를 가지는 입양으로부터 나오는 것과 동등한 권리"를 가진다(§26 ②). 즉, 입양국에서 인정되는 효력이 확장되는 것이 아니라, 수령국과 승인국에서 각각 자국법상 완전입양에 상응하는 효력을 가진다. 그럼으로써 입양된 아동은, 수령국과 기타 승인국에서 단절효를 가지는 입양에 의하여 입양된 아동과 동등한 법적 지위와 보호를 받을 수 있고, 수령국에 있는 양자들이 그의 출신국에 관계없이 동일한 입양의 효력을 가진다. 이 논점은 외국에서 입양된 양자가 한국에서 §26 ①이 정한 최소한의 효력을 넘어 부양청구권과 상속권을 가지는지(사법적 측면)와 국적과 체류자격을 취득하는지(공법적 측면) 등과 같이 입양의 효력이 선결문제가 되는 경우 제기된다. 다만 §26 ①과 ②은 승인국에서 효력이 있는 아동에게 더 유리한 규정의 적용을 방해하지 않는다(§26 ③).

나아가 입양협약 §27 ①은 출신국에서 이루어진 입양이 단절효가 없더라도 (a) 수령국 법이 그것을 인정하고, 또한 (b) 입양협약 §4 (c)와 (d)에 언급한 동의권자의 동의가 그러한 목적으로 주어진 경우 입양을 승인하는 수령국의 전환재판에 의하여 단절효를 가지는 입양으로 전환할 수 있음을 명시한다. 수령국인 우리 권한당국은 전환재판이 입양협약에 따라 행해졌음을 증명하여야 한다. 전환된 입양은 다른 체약국에서 자동적으로 승인된다. 전환재판을 가능하게 하고자 국제입양법은 출신국에서 성립한 입양이 단절효를 갖지 않음에도 친생부모가 입양에 의해 기존의 친자관계를 종료시키는데 동의하면 가정법원이 출신국에서 성립한 입양을 친양자입양으로 전환하는 재판을 할 수 있음을 명시하고, 전환재판의 절차 및 심리 등에 관해서는 대법원규칙으로 정하도록 한다(§22 ① 단서, ⑤). 형성재판의 성질을 가지는 전환재판의 신청권자, 토지관할과 요건 등도 규정할 필요가 있는데 대법원규칙으로 족한지는 다소 의문이다.

국제입양법과 입양협약의 충돌. 입양협약 §25 ① (a)와 (b)는 입양의 준거법에 관계없이 입양협약이 적용되는 모든 유형의 입양에 최소한의 효력을 부여하는 데 반하여, 國入養(§22 ①)에 따르면 출신국에서 입양이 성립하면 계약형입양이든 재판형입양이든 한국에서도 출신국 법에 따른 효력이 발생한다. 그러나 밑줄 친 부분은 입양협약 §26에 정면으로 반한다. 출신국 법이 출신국의 실질법인지 국제사법인지도 불분명하다. 따라서 §22 ①을 "대한민국에서도 입양협약에 따라 승인된다."로 수정하고 구체적 효과는 해석에 맡기는 편이 좋다.

(2) 가족관계등록부의 기재

종래 외국 법원의 입양재판에 따라 가족관계등록부에 기재하는 경우 민사집행법

§26와 §27가 정한 집행판결이 필요한지는 논란이 있다. 외국판결에 기한 가족관계등록부를 광의의 집행으로 보면 집행판결이 필요할 수 있다.

1996. 10. 24. 호적선례(제4-25호)에 따르면 외국 법원의 입양판결에 대하여는 집행판결을 받지 않아도 된다. 그 근거는 입양결정(또는 판결)은 국가가 후견적 사무로서 행하는 행정작용에 불과한 것으로 당사자 간의 분쟁을 전제로 하는 소송에 대한 종국적 재판과는 그 성질이 다르기 때문이라고 한다. 하지만 그런 근거는 비송사건에 대하여도 §217가 적용되는 것을 전제로 하는 대법원 판결과는 일관성이 없다. 민사소송법의 해석론을 예규로써 바꿀 수는 없다. 더욱이 가사사건의 외국판결의 경우 승인요건의 구비 여부에 관한 판단을 가족관계등록 공무원에게 맡기는 것이 적절한지는 의문이다.[33] 외국의 가사재판에 따른 가족관계등록부에의 기재시 집행판결의 요부와 연계하여 해결하여야지 입양재판만 특별히 취급할 것은 아니다. 어쨌든 이제 외국가사재판에 따른 가족관계등록부의 기재 요부를 정리할 필요가 있다. 가족관계등록부의 기재는 집행이 아니라고 보면서 요건을 심사할 수도 있고, 입법론으로는 법원이나 적절한 기관이 승인요건의 구비 여부를 유권적으로 판단하도록 수정할 수도 있다. 생각건대 적어도 입양협약에 따라 입양국의 권한당국의 입양협약준수증명서가 발행된 때에는 집행판결을 요구할 필요가 없다고 본다. 國入養(§22 ④)은 "①부터 ③까지의 규정에 따라 입양의 효력이 발생한 경우에 양부모 또는 양자는 §30 ①에 따른 입양협약준수입양증명서, 출신국이 발급한 입양협약준수입양증명서나 입양증서 또는 가정법원의 재판서 등본을 첨부하여 '가족관계의 등록 등에 관한 법률'에서 정하는 바에 따라 신고하여야 한다"고 규정하는데 이는 그에 따라 기재하라는 취지로 보이나 단정하기는 어렵다.

차. 국내로의 입양의 경우 입양의 취소와 보호조치

國入養(§25 ①)은 국내로의 입양의 경우에만 입양의 취소를 규정하면서 국내입양특별법 §26를 준용하고, 아동이 일반양자인 경우에는 민법의 관련 규정을 준용한다. 보건복지부장관은 국내로 입양된 아동의 입양이 취소된 경우, 또는 출신국의 입양전제위탁 결정 후 입국한 아동에 대해 입양절차를 진행하지 않게 된 경우 그 사실을 출신국 중앙당국에 통보하고, 해당 중앙당국과 협력하여 아동의 보호조치를 강구하여야 한다(§26 ②). 국내입양특별법 §26(입양의 취소) ①은 "양자의 친생의 부 또는 모는 자

---

33) 과거에는 승인요건의 구비여부가 명백하지 아니한 경우 가족관계공무원은 감독법원에 질의하고 그 회답을 받아 처리하여야 한다고 규정하였으나, 2015년 1월 개정된 가족관계등록예규 제419호(외국법원의 이혼판결에 의한 가족관계등록사무 처리지침 일부개정예규)는 질의하여야 하는 경우를 더 구체적으로 규정하면서 그에 대한 예외를 규정한다.

신에게 책임이 없는 사유로 인하여 §16 ① iii(친생부모의 소재를 알 수 없는 등의 사유로 동의를 받을 수 없는 경우)에 해당하게 되어 자신의 동의 없이 입양의 효력이 발생한 경우에는 입양의 사실을 안 날부터 6개월 안에 가정법원에 입양의 취소를 청구할 수 있다"라고 규정한다. 아마도 국내로의 입양시 입양의 준거법이 한국법이므로 이런 규정을 둔 것 같다. 그러나 동의요건과 그 흠결 시 법률효과는 양자의 본국법이 결정하므로(國私 §71), 동의요건의 문제라면 국내로의 입양에서 우리 법의 취소사유를 고집할 근거도 없다. 따라서 현재 문언을 "입양 또는 동의요건의 준거법상 입양의 취소사유가 있는 경우에는 양부모 또는 양자는 입양의 사실을 안 날부터 6개월 안에 가정법원에 입양의 취소를 청구할 수 있다"는 취지로 수정하여야 한다.

타. 국제적인 계자입양의 특수성

외국으로의 입양. 입양협약·국제입양법은 이러한 가족내 입양(intra-family adoption)에도 적용되는데 계자입양은 몇 가지 점에서(§7, §9 ②, §10 ①, §11 ①, §12 ①, §13와 §15) 특수하게 취급된다. 국제입양법은 외국으로의 입양을 정한 제2장 제1절에서 계자입양에 대한 특칙을 두는 데 문제가 없지는 않다.

國入養 §13 단서에 따르면 외국으로 입양된 계자는 민법상 일반양자와 동일한 지위를 가지고, 동조의 입양은 가정법원의 인용심판 확정으로 효력이 발생하며, 양부모 또는 양자는 가정법원의 허가서를 첨부하여 양자 신고를 하여야 한다(§14). 民(§878)에 따르면 일반입양은 가족관계등록법에 따라 신고함으로써 그 효력이 생기는데 왜 여기에서는 인용심판 확정으로 효력이 발생하는지 의문이다. 더욱이 외국으로의 입양의 경우 입양의 효력과 발생시기는 준거법인 외국법에 따를 사항인데 외국이 한국법에 따른 계약형입양과 입양신고의 효력을 승인할 개연성은 크지 않다. 논리적으로는 계자입양의 경우 §13 단서가 일반입양의 효력을 부여하므로 이는 입양신고에 의하여 발생하는 것이 민법에 부합한다. 따라서 §14 ①에도 §13처럼 단서를 두어 계자입양의 경우 한국에서의 효력은 입양신고에 의하여(인용심판 확정이 아니라) 발생한다고 규정하는 것이 옳다.

국내로의 입양. 국제입양법은 국내로의 입양에서는 계자입양에 대한 특칙을 몇 개만 둔다. 종래 계자입양은 국내로의 입양, 주로 결혼 이민자 여성의 전혼 자녀 또는 친인척 입양, 즉 중도입국자녀의 입양에서 문제된다고 하는 것을 고려하면 이는 다소 의외이다.

파. 입양협약이 적용되지 않는 국제입양의 문제점

국제입양법은 입양협약이 적용되지 않는 국제입양도 함께 규율한다. 국제입양법은 별도의 장/절로 구분하지 않고 몇 개의 조문(§2ⅴ, §2ⅵ, §22와 §31 ①)에서 '협약 비체약국'을 단편적으로 언급한다. 그러나 비체약국에 관한 조항은 비체약국과의 국제입양만이 아니라, 체약국과의 국제입양이더라도 입양협약의 적용범위에 속하지 않으면 적용되므로 "협약이 적용되지 않는 국제입양"이라는 표현이 더 정확하다. 구체적 문제점은 아래와 같다.

(1) 입양협약이 적용되지 않는 경우 입양재판에 의하여 출신국에서 성립한 입양의 효과

입양협약이 적용되지 않는 경우 출신국의 입양재판에 대하여는 입양협약 §26가 적용되지 않고 우리 국제사법 내지 국제민사소송법상 외국 가사재판의 승인 및 집행의 법리가 적용된다. 이는 출신국이 비체약국인 경우만이 아니라 체약국이더라도 입양협약의 적용범위 외라면 같다. 따라서 國入養 §22 ②에서 "협약 비체약국인 출신국의 입양재판에 의해 ... 입양이 성립하면"보다는 §6 ②처럼 "협약이 적용되지 않는 국제입양에서 출신국의 입양재판에 의해 ... 입양이 성립하면"이 정확하다. §22 ③의 경우도 같다.

국제민사소송법의 법리. 國入養 §22 ②은 국내로의 입양의 경우 비체약국인 출신국의 입양재판에 의해 입양이 성립하면 民訴 §217의 요건을 갖춘 경우 한국에서도 출신국 법에 따른 효력이 발생한다고 규정한다. 이 경우 입양협약이 적용되지 않으므로 국제민사소송법의 법리가 타당하다. 우리 법상 입양재판은 가사비송사건인데 대체로 외국 비송재판은 民訴(§217)에 준하는 요건이 구비되면 그 효력[형성력과 기판력(있으면) 등]이 한국에 확장된다고 보았다. 이것이 '효력확장설'인데 누적설도 점차 유력해지고 있다. 다만 소송법적 접근이 당연한 기판력과 달리, 한국에서는 가사재판 등 실체법적 형성의 소에서 형성력은 실체법적 효력이라고 보므로 외국재판의 형성력의 승인을 어떻게 설명할지 문제된다. 실체법적으로 보면 우리 국제사법에 따른 입양의 준거법 소속국에서 당해 입양재판이 승인될 때 효력이 있으나, 절차법적으로 보면 民訴 §217에 따라 승인되면 형성력이 한국으로 확장된다. §217에 비추어 후자가 타당하다.[34] 외국 법원의 형성판결(예컨대 이혼판결)이 있으면 형성력의 대세적 효력에 의하여 한국에서도 그 효력이 발생할 것 같지만 승인되지 않으면 한국에서는 형성력이 인정되지 않는다는 것이다. 그 결과 파행적 법률관계의 발생이 불가피한데 이는 국제사법의 현재 발전단계에서는 부득이하다. 國入養 §22 ②은 가사비송사건인 외국의 입양재판에 대하여 民訴 §217가 적용됨을 전제로 하면서 외국재판의 승인효과에 관하여

34) 형성판결도 승인이 필요하다. 대법원 1971. 10. 22. 선고 71다1393 판결(상호보증의 부존재를 이유로 네바다주 법원의 이혼판결의 승인을 거부하였다) 이래 확립된 태도이다.

효력확장설을 따라 재판국법에 따른 기판력(있다면)과 형성력이 한국에도 확장된다는 취지이다. 이는 외국재판 승인의 경로를 따른 것이므로 기본적으로 타당하나 문제가 있다.

첫째, 승인요건에서는 승인대상, 송달요건과 상호보증요건이 문제된다. 우선 民訴 §217 ①은 확정판결 또는 이와 동일한 효력이 인정되는 재판을 승인대상으로 규정하는데 기판력을 전제한다면 문제가 있다. 다음으로, 비대심적 비송사건(예컨대 비대심적인 라류 비송사건)의 경우 피고 또는 피신청인의 방어권 보장을 위한 송달요건은 문제되지 않으나 그 경우에도 사건본인 기타 이해관계인에 대한 통지는 필요하므로 이를 어떻게 고려할지 문제된다. 마지막으로 종래 입양재판 등 가사비송재판의 승인에도 상호보증이 필요한지는 논란이 있다. 필자는 입양협약이 적용되지 않는 국제입양에서 상호보증요건을 제외하자는 입법론을 피력하였으나 國入養 §22 ②은 이를 요구한다. 상호주의를 요구하면 파행적 법률관계가 발생할 가능성이 크다. 문제 발생의 근본적 이유는 가사소송법이나 비송사건절차법에 외국재판의 승인 및 집행에 관한 조문이 없는 탓인데, 학설은 가사사건에서 위 논점들을 논의하나 대법원이 고심한 흔적은 보이지 않는다.

둘째, 여기에서 "<u>출신국 법에 따른 효력</u>"의 의미가 문제된다. 출신국 법이 출신국의 실질법인지 아니면 출신국의 국제사법을 포함하는지는 불분명하다. 논란의 여지가 있으나, 절차법적 효력으로서 기판력(있다면)과 그 범위 및 형성력의 존재는 출신국(즉 재판국) 법에 따르나, 형성력의 실체법적 내용(완전입양인지 단순입양인지)은 당해 사건에 적용된 입양의 준거법에 따른다고 본다. 요컨대 부정확한 현재 문언 대신 "§217 ①에 따른 요건을 갖춘 경우 대한민국에서도 효력이 발생한다"고 규정하고 구체적인 효과는 해석론에 맡기자는 것이다.

셋째, §22 ②에 따라 비체약국인 출신국 입양재판이 승인된 경우 가족관계등록부의 기재도 문제된다. ④은 집행판결이 불필요하다는 취지로 보이기도 하나, 승인요건의 구비 여부에 대판 판단을 가족관계등록 공무원에게 맡기는 것이 적절한지는 의문이다.

(2) 입양협약이 적용되지 않는 국제입양에서 입양재판 이외의 방법으로 출신국에서 성립한 입양의 효과

§22 ③은 입양협약 비체약국인 출신국에서 입양재판 외의 방법으로 입양이 성립하면 가정법원으로부터 입양 또는 친양자입양 허가를 받음과 동시에 그에 따른 효력이 발생한다고 규정한다. 논리적으로는 외국에서 준거법인 한국법에 따라 입양계약

을 체결한(외국법원 허가를 받아) 경우 그것이 계약형입양의 효력을 가지므로 한국에서 입양신고를 하면 족하다고 볼 수도 있으나 위 조항은 출신국에서 계약형입양이 이루어진 경우 수령국인 한국에서 재입양을 요구하는 것이나 이는 바람직하지 않다.

5. 맺음말: 국제입양법 중 개정할 필요가 있는 조문

국제입양법은 입양협약을 이행하고, 국가책임을 강화하는 입양체제로 개편하기 위하여 매우 중요한 법률이다. 늦었지만 입법자가 국제입양법을 제정한 것은 매우 다행스러운 일이나 미흡한 점들이 있다. 적어도 아래 점에서는 국제입양법을 개정할 필요가 있다. 첫째, 외국으로의 입양에서 계자의 일반입양을 하는 경우라면 한국에서 입양의 효력은 입양신고에 의하여 발생하므로 §14 ①에도 §13처럼 단서를 두어 계자입양의 경우 한국에서의 효력은 입양신고에 의하여 발생하도록 개정하는 것이 민법의 원칙에 부합한다. 둘째, 국내로의 입양에서 國入養(§22 ①)은 출신국에서 입양이 성립하면 "우리나라에서도 (체약국인) <u>출신국 법에 따른 효력</u>이 발생한다"고 규정하나 이는 입양협약 §26에 반한다. "대한민국에서도 입양협약에 따라 승인된다"고 개정할 필요가 있다. 셋째, 국내로의 입양에서 國入養(§22 ②)은 "§217 ①에 따른 요건을 갖춘 경우 우리나라에서도 (비체약국인) <u>출신국 법에 따른 효력</u>이 발생한다"고 규정하나 이는 民訴 §217의 해석론에 반한다. "§217 ①에 따른 요건을 갖춘 경우 대한민국에서도 효력이 발생한다."고 개정할 필요가 있다. 넷째, 國入養(§25 ①)은 국내로의 입양의 취소를 규정하면서 국내입양특별법 §26를 준용하고, 아동이 민법상 양자(일반양자)인 경우 민법의 관련 규정을 준용하나 이는 부정확하다. "입양 또는 동의요건의 준거법상 입양의 취소사유가 있는 경우에는 양부모 또는 양자는 입양의 사실을 안 날부터 6개월 안에 가정법원에 입양의 취소를 청구할 수 있다"는 취지로 개정할 필요가 있다.

第 72 條 (부모·자녀 간의 법률관계)

부모·자녀 간의 법률관계는 부모와 자녀의 본국법이 모두 동일한 경우에는 그 법에 따르고, 그 외의 경우에는 자녀의 일상거소지법에 따른다.

*舊國私 제45조의 표현이 한글화되었고 '친자'와 '자(子)'가 '부모·자녀', '자녀'와 '상거소'가 '일상거소'로 각각 수정되었다.

涉私 제 22 조 (친자간의 법률관계)

친자간의 법률관계는 부의 本國法에 의하고 부가 없는 때에는 모의 本國法에 의한다.

▌참고문헌: 곽민희(2011), "헤이그아동탈취협약과 유럽연합의 입법적 대응", 가족법연구 25－2; 김범철(2005), "子의 姓에 대한 규정의 비교법적 접근 －독일민법규정의 변천을 중심으로－", 가족법연구 19－1; 백승흠(2017), "아동의 최선의 복리와 친권의 제한에 관한 유럽인권재판소 판결의 검토－Lobben and Others v. Norway 판결을 중심으로－", 국제사법연구 23－3; 석광현(2014), "국제친권·후견법의 동향과 우리의 입법과제", 서울대 법학 55－4, 정하경(2013), "아동보호조치 및 부모책임에 대한 관할권, 준거법, 승인, 집행 및 협력에 관한 헤이그협약(The Hague Convention on Jurisdiction, Applicable Law, Recognition, Enforcement and Co－operation in Respect of Parental Responsibility and Measures for the Protection of Children)의 내용에 관한 검토", 국제규범의 현황과 전망－2012년 국제규범연구반 연구보고 및 국제회의 참가보고; 현소혜(2021), "친권 관계 사건의 국제재판관할－2019년 브뤼셀 II ter 규칙에 대한 소개를 중심으로－", 가족법연구 35－2; Urs Peter Gruber/Laura Möller (2020), Die Neufassung der EuEheVO, IPRax.

Ⅰ. 서론

1. 의의 및 연혁

가. 의의

국제사법은 친자 간의 법률관계의 성립과, 그에 따른 권리·의무관계를 구분하여 각각 연결원칙을 두고 있다. 즉 §72는 §67부터 §70에 의하여 친자관계가 성립하였음을 전제로 친자 간의 권리·의무관계를 규율하는 준거법을 정한 것이다.

나. 연혁

섭외사법은 친자간의 법률관계의 성립과 그에 따른 권리·의무관계를 구분하여 전자는 §19부터 §21에서 각각 규율하고, 후자는 §22에서 일차적으로 부의 본국법, 부가 없는 때에는 이차적으로 모의 본국법에 의하도록 하였다. 그러나 친자관계를 부의 본국법에 의하도록 하는 것은 헌법상의 양성평등의 원칙에 어긋나고, 또한 자녀의 이익이라는 측면에서도 바람직하지 않다. 따라서 국제사법은 친자 간의 법률관계의 성립과, 그에 따른 권리·의무관계를 구분하는 섭외사법의 체제는 유지하면서, 원칙적으로 자녀의 상거소지법을, 예외적으로 자녀의 본국법을 후자의 준거법으로 정하였다.[1] 國私 §72는 涉私 §22와 마찬가지로 혼인 중의 출생자인가의 여부, 또는 친생자인가 양친자인가에 관계없이 모든 친자관계에 통일적으로 적용된다.

2. 입법례

친자 간의 법률관계의 준거법에 관하여는 실친자관계(혼인 중 친자관계와 혼인 외 친자관계를 구분하지 않고)와 양친자관계로 이분하는 국가, 혼인 중 친자관계, 혼인 외 친자관계와 양친자관계로 삼분하는 국가와 전체를 일원적으로 준거법을 정하는 국가도 있다.[2][3] 실친자관계를 일원적으로 취급하는 국가는 친자관계의 성립과 마찬가지로 원칙적으로 자녀의 본국법주의를 취하는 경향이 있다.[4] 반면에 실친자관계를 이원적으로 규율하는 국가는 혼인 중 친자인가 아닌가에 따라 준거법을 달리 규정하는 국가(예컨대 독일의 舊 민법시행법 §19와 §20)와 동일하게 규정하는 국가(예컨대 과거 §19와 §20가

1) 입법기술상으로서는 "§67부터 §70에 의하여 성립한 친자 간의 법률관계는 … 의한다"고 규정하는 것이 바람직할 것으로 생각한다.

2) 독일은 과거 혼인 중의 친자관계는 원칙적으로 혼인의 효력의 준거법에 따르고, 혼인 외의 친자관계는 자의 상거소지법에 의하도록 규정하였으나 현재는 양자를 동일하게 자의 상거소지법에 의하도록 규정한다.

3) 신창선·윤남순, 374.

4) 부모의 속인법주의를 따르는 입법례도 있다. 김연 외, 442.

통합된 뒤의 독일의 구 민법시행법 §19)로 구분할 수 있다.[5] 한편 양친자관계에 관하여는 양친의 본국법에 따르도록 하는 것이 근자의 입법의 일반적 경향이다.[6] 위의 입법례는 자녀에 대한 부모의 감호, 교육 등 신분법적 측면과 자의 재산에 대한 관리 등 재산법적 측면을 통일적으로 연결한다.[7]

위에서 보았듯이 국제사법은 혼인 중의 출생자, 혼인 외의 출생자인 실친자관계와 양친자관계에 대해 일원적인 연결원칙을 적용하는 데 특색이 있다.[8]

Ⅱ. 준거법의 결정

1. 자녀의 일상거소지법과 본국법

섭외사법은 연결의 중심에 부 또는 모를 두었으나, 국제사법에서는 자녀의 이익을 보호하기 위해 연결의 중심에 자녀를 두고, 자녀의 일상거소지법을 원칙적인 준거법으로 한다. 그 이유는 첫째, 법원과 행정기관으로 하여금 익숙한 법정지의 법을 적용하게 함으로써 실무상 편리하고[자녀의 일상거소지가 한국인 경우 한국이 관할을 가지는데(國私 §59) 그를 전제로 한다], 둘째, 관련 당사자들의 환경을 이루는 법이 그들의 가족법적 관계를 규율하도록 함으로써 통상적으로 그들의 저촉법적 이익에도 부합하는 장점이 있기 때문이다.[9] 또한 국제사법에서는 친자관계의 성립에 자녀의 일상거소지법을 허용하고, 부양의무도 부양권리자인 자녀의 일상거소지법에 의하므로 모든 친자관계에 자녀의 일상거소지법을 인정하는 것이 일관되기 때문이나, 다만 부·모·자녀가 모두 동일한 본국법을 가지는 경우에는 그들의 본국법에 의하는 것이 가정 내의 보호조치가 가능한 점 등을 고려하여 이를 자녀의 일상거소지법에 우선하도록 한다.[10]

---

5) 신창선·윤남순, 374.

6) 신창선·윤남순, 374. 부부공동입양의 경우 특칙을 두어 당해 부부의 혼인의 효력의 준거법에 연결하는 원칙을 도입한 국가(예컨대 오스트리아)와 그렇지 않은 국가(예컨대 우리나라)가 있다. 위에서 언급한 바와 같이 2020년 현재 현행 민법시행법 §22 ①은 위의 연결원칙을 수정하였고, 부부의 일방 또는 쌍방에 의한 입양의 경우 '혼인의 일반적 효력의 준거법'으로부터 '양자의 일상거소지법'으로 전환하였다.

7) 그 밖에도 이론적으로는 부모의 속인법과 자의 속인법을 누적적용할 수도 있다. 注国私(2), 133(河野俊行) 이하는 Bergmann/Ferid, Internationales Ehe– und Kindschaftsrecht를 기초로 외국법을 소개한다.

8) 구체적 입법례는 아래와 같다. 독일 민법시행법 §21(친자관계의 효력), 스위스 국제사법 §82(친자관계의 효력의 준거법), 오스트리아 국제사법 §24(적출성과 준정의 효력), §25(비적출과 그 효력), 이탈리아 국제사법 §36(부모와 자의 관계), 일본 법적용통칙법 §32: 국제사법은 일본 법적용통칙법(§32)[이는 법례(§21)와 같다]과 유사하나, 일본 법적용통칙법은 '부모'가 아니라 '부 또는 모'의 본국법이 자의 본국법과 동일한 경우에 자의 본국법을 적용하는 점에 차이가 있으므로 무엇이 원칙인가에 관해 입장이 다르다고 할 수 있다.

9) von Hoffmann/Thorn (2007), IPR, 9. Aufl., §8 Rn. 140 참조.

10) 최흥섭(2000), 17; 법무부, 해설, 159. 그러나 정확히 말하자면, 예컨대 혼인 중의 친자관계와 입양의 성립의 경우는 그러하지 않다.

그러나 이는 미성년자 후견의 준거법이 피후견인인 자녀의 본국법으로 지정되어 있는 것과의 관계에서 다소 문제가 있다고 할 수 있다. 그러나 이에 대하여는 한국에 일상거소를 둔 외국인에 대해 한국법원과 한국법이 개입할 가능성이 있었고 국제사법에서 그 범위가 다소 확대되었으므로 크게 부당한 사태는 생기지 않을 것이라는 반론도 있다.[11]

독일의 현행 민법시행법 §21는 혼인 중의 자와 혼인 외의 자를 구별하지 않고 "친자 간의 법률관계는 자녀가 일상거소를 가지고 있는 국가의 법에 의한다"고 규정하는 데 반하여, 일본 법적용통칙법(§32)은 구 법례(§21)와 거의 마찬가지로 "친자 간의 법률관계는, 자(子)의 본국법이 부 또는 모의 본국법(부모의 일방이 사망하거나 알 수 없는 경우에는, 다른 일방의 본국법)과 동일한 경우에는 자(子)의 본국법에 의하며, 그 밖의 경우에는 자(子)의 상거소지법에 의한다"고 규정한다. 국제사법은 일본 법적용통칙법(§32)과 유사하나, 부 또는 모의 본국법이 아니라 부, 모 및 자녀의 본국법이 모두 동일한 경우에만 자녀의 본국법을 적용하는 점(즉 본국법 적용요건을 일본보다 더 강화한 점)에 차이가 있다. 따라서 일본 법적용통칙법(§32)에서는 자녀의 본국법이 원칙이고 일상거소지법이 예외라고 할 수 있으나[12] 국제사법에서는 자녀의 일상거소지법이 원칙이고 본국법이 예외라고 할 수 있다.[13] 국제사법은 독일 민법시행법과 일본 구 법례(따라서 현재의 법적용통칙법)의 입장을 절충한 것이라고 볼 수도 있다.

이는 법인 등의 속인법을 규정한 國私(§30)와 마찬가지로 원칙적 연결과 예외적 연결을 규정한 것이다. 반면에 우리 국제사법이 단계적 연결방법을 따른 것이라고 평가할 여지도 있다. 일본 법적용통칙법(§41)은 그 경우 반정을 명시적으로 배제한다. 국제사법의 해석론으로는 그 경우 반정이 배제되지 않으나 입법론으로는 반정을 배제하는 방안을 고려할 수 있다.[14]

11) 최흥섭(2000), 18.

12) 橫山 潤, 國際家族法, 238−239은 자녀의 본국법이 부 또는 모의 본국법과 일치하는 경우 동법은 '그 가정의 조국'이므로 그 법에 따르도록 하려는 것이 §21의 배후에 있는 연결정책이라고 한다. 또한 본국법이 일치하지 않는 경우는, 예컨대 비적출자의 모가 사망한 경우와 같이 자에 대한 보호조치가 문제되는 경우이므로 자의 복지를 위해 관할권을 가지는 국가가 그의 법을 적용하도록 하는 것이 바람직하다고 한다. 橫山 潤은 상거소의 가변성을 우려한다. 그러나 근자에 한국에서는 '가정의 조국'이라는 개념 자체의 타당성에 대하여 의문을 표시하면서 본국법주의를 정한 단서의 적용범위를 제한하는 추가적 요건이 필요하다고 지적하고, 스위스 국제사법 §82를 참조하여 부모가 모두 자녀의 일상거소지국이 아닌 국가에 상거소를 가진 경우로 한정하자는 입법론이 있다. 이는 외국에 정주하는 한국인 가정 내 질서에 대하여 한국법을 적용하는 것은 재외동포 정책의 측면에서 문제가 있고, 한국에 정주하는 외국인 가정에 대하여 한국법에 의한 규율 내지 개입을 포기하는 것도 정주외국인 정책의 측면에서도 문제가 있다고 지적한다. 이종혁(2022c), 135.

13) 근자에는 원칙과 예외의 관계를 명확히 하기 위하여 조문의 규정순서를 수정하자는 제안이 있는데 바람직하다고 본다. 이종혁(2022c), 134.

14) 근자에는 §72는 아동보호협약의 연결원칙을 참조한 것이므로 §22 ②에 추가하여 명시적으로 반정을

2. 혼인 중의 출생자와 혼인 외의 출생자의 구별

독일의 1998년 개정 전 구 민법시행법에 의하면, 양친과 혼인 중의 출생자 간의 법률관계는 §14 ①에 따라 혼인의 일반적 효력의 준거법에 따르되, 혼인이 존재하지 않는 때에는 자녀의 일상거소지법이 적용되고(§19 ②), 양친과 혼인 외 출생자 간의 법률관계는 자녀의 일상거소지법에 따랐다(§20 ②).[15]

입법례로서는 이와 같이 혼인 중의 출생자와 혼인 외의 출생자를 구별하는 국가(오스트리아)와 구별하지 않는 국가(독일, 스위스, 일본, 중국 등)가 있는데, 이는 기본적으로 실질법이 친권자를 정함에 있어 양자를 구분하는가의 여부[16] 및 혼인관계가 존재하는 경우 친자 간의 법률관계를 혼인공동체의 문제로 이해할 것인지의 문제와 관련된다.

우리 民(§909)은 혼인 중 출생자에 대하여는 친권공동행사의 원칙을 정하고 있는데 반하여, 혼인 외의 출생자에 대하여는 부가 인지한 경우 부모의 협의로 친권을 행사할 자를 정하도록 하는 점에서 양자를 구분하고 있지만(인지 전에는 자녀의 성씨에서도 차이가 있다. 民 §781 ⑤ 참조) 국제사법은 섭외사법과 마찬가지로 저촉법의 차원에서는 양자를 구별하지 않는다. 그 이유는 다음과 같다. 즉 친자관계의 효력의 준거법을 적출과 비적출로 나눈다면 결국 적출친자관계에서는 혼인의 효력의 준거법에 의할 것인데, 그 결과는 국제사법의 친자관계의 효력의 준거법과 크게 다르지 않을 것이고, 입양의 경우(동일 국적 부부와 이국적 양자의 경우)에 차이가 발생할 수 있는데, 그때에도 혼인의 효력의 준거법보다는 그들이 같이 생활하고 있을 자녀의 일상거소지법에 의하도록 하는 것이 타당하며 자녀의 보호에도 기여할 수 있다는 것이다.[17]

Ⅲ. 준거법이 규율하는 사항

1. 일반원칙

친자관계의 준거법의 범위는 친자관계 자체에 내재하는 직접적인 효력에 그치고, 친자관계에서 파생하는 간접적인 효력에까지 미치지는 않는다고 해석되므로 주로 친권과 부양의무가 문제가 될 것이나,[18] 국제사법에 따르면 미성년 자녀에 대한 부양의무(양육비 포함)에도 부양의 준거법을 정한 §73가 적용되므로 결국 §45는 친권에

배제하자는 입법론이 있다. 이종혁(2022c), 137.

15) Gesetz zur Reform des Kindschaftsrechts vom 16. 12. 1997 (BGBl. 1997 I, 2942)에 의하여 독일 민법시행법이 개정된 결과 저촉법상의 적출자와 비적출자의 구별이 폐지되었다.

16) 横山 潤, 國際家族法, 233.

17) 최흥섭(2000), 18. 상세는 横山 潤, 國際家族法, 231 이하 참조.

18) 법무부, 해설, 159 주 103.

관한 사항들을 규율한다. 보다 구체적으로 §72는 친권자의 결정(부모공동친권 또는 단독친권 등), 아동의 신상감호(자의 감호와 교육 즉, 거소지정권, 징계권, 직업허가권, 자의 인도청구권, 면접교섭권 등), 아동의 재산관리(자의 재산의 관리권과 수익권, 자의 재산행위에 대한 동의권과 법정대리권 등), 기타 친권(elterliche Sorge)[19]의 효력 및 소멸 등을 규율한다.[20] 자녀의 성명도 이에 따른다는 견해도 있다.[21] 자녀의 인도청구권에 관하여는, 우리나라는 탈취협약에 가입하였으므로 탈취협약이 적용되는 범위 내에서는 그것이 국제사법[22]에 대한 특별법으로서 우선 적용된다.

2. 친자관계의 준거법과 이혼의 준거법의 관계

부부의 이혼에 따른 자녀의 양육문제, 특히 양육권자의 지정과 면접교섭권은 이혼의 준거법에 따른다는 견해도 있으나 이도 이혼의 준거법이 아니라 §72가 정한 친자관계의 준거법에 의할 사항이다. 즉 §66에 따른 이혼의 준거법은 주로 부부 간의 이해조정의 범위에 한하고 친자 간의 그것에는 미치지 않는다는 것이다.[23] 실무상 많은 경우 하나의 소송에서 다루어지는 이혼청구와 친권자 및 양육자지정이[24] 각각 별개의 준거법에 의하는 것이 바람직한지는 논란의 여지가 있지만 우리 국제사법의 해석론으로서는 부득이하다. 아동보호협약과 달리 국제사법은 §75의 맥락에서 보호조치의 준거법과 친권의 준거법을 구별하지 않는다.[25]

3. 친자관계의 준거법과 후견의 준거법의 관계

§75가 규율하는 미성년자에 대한 후견은 친권자에 의한 보호가 행해지지 않는 경우에 문제되므로 §75가 친자관계의 준거법을 정한 §72와 직접 충돌되는 것은 아니고 친권의 소멸은 후견개시의 선결문제이다.[26] 그러나 친권의 준거법과 후견의 준거

---

19) 과거에는 'elterliche Gewalt'라는 용어를 사용하였으나 1979년 개정된 독일 민법(§1626 이하)은 'elterliche Sorge'라는 용어를 사용한다. 오종근 외(2023), 독일민법전 가족법, 181은 이를 '친권'이라 번역한다. 친권에 관한 비교법적 검토는 백승흠(2017), "아동의 최선의 복리와 친권의 제한에 관한 유럽인권재판소 판결의 검토－Lobben and Others v. Norway 판결을 중심으로－", 국제사법연구 23－3, 162 이하 참조.

20) 김연 외, 443 이하; 최흥섭(2000), 17.

21) 아동보호협약은 이를 규율하지 않는다. §4 c.

22) 양육권에 기한 아동의 인도청구는 배우자에 대한 것이든 제3자에 대한 것이든 國私 §45에 따라 결정된 준거법에 의한다. Staudinger/Henrich (2019), Art 19－24 EGBGB: ErwSÜ, Neubearbeitung, Art 21 Rn. 115 참조. 우리 민법상의 유아인도청구에 관하여는 이 책 民 §837 註釋 참조.

23) 이호정, 국제사법, 407.

24) 실무적으로는 그 밖에도 재산분할과 위자료청구도 병행한다.

25) 논의는 Staudinger/Henrich (2019), EGBGB/IPR, Art 21 Rn. 109f. 참조.

26) 신창선·윤남순, 381; 이호정, 국제사법, 414.

법이 상이한 경우 충돌이 발생할 수 있는데 이는 위(前註 Ⅲ. 5.)에서 언급한 적응(조정)의 법리에 의하여 해결할 문제이다. 상세는 아래 §75의 해설에서 논의한다.

4. 자녀의 성(성씨)

국제사법은 자녀의 성에 관하여 조문을 두고 있지 않다. 해석론으로는 부부의 성의 경우와 마찬가지로 성은 자녀의 인격권에 관한 문제라는 측면과 성에 대한 사법적(私法的) 측면과 공법적 측면을 일치시킬 수 있는 장점을 고려하여 자녀의 국적에 연결한다는 견해[27]와, §72에 의하여 지정되는 친자관계의 준거법에 따르는 견해[28]가 주장될 수 있다.[29] 위 §64의 해설에서 본 바와 같이 배우자의 姓이 혼인의 효력의 준거법에 의한다는 호적선례와 논리적인 일관성이 있자면 자녀의 성도 친자관계의 준거법에 따라야 할 것이다. 그러한 태도에 따르면, 친자관계의 법률관계는 부모와 자녀의 본국법이 모두 동일한 경우에는 그 법에 의하고, 그 외의 경우에는 자녀의 일상거소지법에 의하므로 가족이 모두 우리나라에 일상거소를 가지는 경우 우리 법이 준거법이 되므로 결국 民 §781에 의한다. 실무적으로는 그런 사안 중 대다수의 경우 본국법, 특히 國私 §16에 의하여 걸러진 본국법이 한국법인 경우가 많을 것이므로 자녀의 국적에 의하든 친자관계의 준거법에 의하든 한국법이 준거법이 되는 경우가 많을 것으로 생각된다. 반면에 국적에 연결하는 견해를 취한다면, 자녀가 복수국적을 가지는 경우 어느 국적이 연결점이 되는가가 문제되는데, 이때에도 國私 §16 ① 단서가 적용 또는 유추적용될 수 있을 것이다.[30]

종래 실무는 준거법과 관련 없이 예규에 따라 이루어지고 있는 것으로 보인다. 즉 한국인 부와 외국인 모 사이의 혼인 중의 자녀의 경우에는 한국인 간에 출생한 혼인 중의 자녀와 동일하게 처리하고(예규 제394호 §13),[31] 한국인 모와 외국인 부 사이의 혼인 중의 자녀의 경우에는 외국인 부의 성을 따르거나 한국인 모의 성과 본을 따라

27) 위에서 언급한 바와 같이 연구반초안(§17)은 사람에 관한 장에서 사람의 성명은 그의 본국법에 의한다는 조항을 두었으나 이는 삭제되었다.

28) 이호정, 국제사법, 408; 김연 외, 444.

29) 일본에는 그 밖에도 양자를 절충하여 본인의 의사에 기하여 성의 변경이 발생하는 경우에는 본인의 본국법에 의하고, 본인의 의사에 기하지 않고 신분관계의 변동에 수반하여 발생하는 경우에는 당해 신분관계의 효력의 준거법에 의한다는 견해도 있다. 山田鐐一, 559.

30) 엄밀하게는 국제사법이 규율하지 않는 쟁점인 성(姓)의 준거법이 문제되는 상황이므로 논란의 여지가 있다. 근자에는 그 밖의 친족관계의 성립과 효력의 준거법을 규정한 국제사법 §74를 적용할 가능성을 언급하는 견해가 있다. 이종혁(2021), 497. 이는 §74에 상응하는 涉私 §24를 근거로 그에 따라 지정된 자녀의 성과 본의 준거법이 한국법임을 전제로, 民 §781를 적용하여 판단한 청주지방법원 영동지원 2001. 5. 26.자 2001호파1 결정(확정)을 소개한다.

31) 등록실무[Ⅱ], 570; 법원행정처, 국제가족관계등록사례집(2009), 27.

신고할 수 있다(예규 제394호).[32] 그러나 이러한 예규가 어떤 근거에 기한 것인지는 불분명하다. 예규의 태도는 위에서 언급한 §72에 따른 결론은 물론 자녀의 국적에 따른 결론도 아니기 때문이다. 단언할 수는 없으나 부의 성을 따른다는 원칙을 유지하면서 부가 외국인인 경우 民 §781 ②을 적용한 것이 아닌가 생각되기도 한다. 즉 民 §781는 ①에서 "자는 부의 성과 본을 따른다. 다만, 부모가 혼인신고 시 모의 성과 본을 따르기로 협의한 경우에는 모의 성과 본을 따른다"고 규정하고 ②에서는 "부가 외국인인 경우에는 자는 모의 성과 본을 따를 수 있다"고 규정하기 때문이다. 부가 외국인인 경우 자는 부의 성과 본을 따르거나 아니면 한국인인 모의 성과 본을 따를 수 있다는 것이다. 그러나 民 §781는 자녀의 姓의 준거법이 한국법인 경우에 비로소 적용된다고 보아야 하고, 만일 그 준거법이 한국법이 아니라면 §781 ②을 적용할 수는 없으므로 준거법을 고려함이 없이 §781를 적용하는 것은 근거가 없다고 본다.[33] 아니면 위 조문은 준거법에 관계없이 그것이 정한 요건이 구비되면 적용된다고 주장할지 모르겠다. 근자에는 독일 민법시행법을 참고하여 성명의 준거법 일반에 대하여 본국법주의를 국제사법에 명시하자는 견해가 있음은 위에서 언급한 바와 같다.[34]

실무상 문제되는 자녀의 성과 본의 변경허가 판단의 기준도 기본적으로는 자녀의 성의 준거법에 따라야 할 것이다.[35]

Ⅳ. 아동보호협약

아동보호에 관하여는, 헤이그국제사법회의가 채택한 "미성년자의 보호에 관한 당국의 관할 및 준거법에 관한 1961년 협약[36](이하 "미성년자보호협약"이라 한다)"과 이를 개선한 1996년 "부모책임과 아동(또는 자)의 보호조치와 관련한 관할권, 준거법, 승인, 집행 및 협력에 관한 협약[37](이하 "아동보호협약"이라 한다)"이 있다. 아동보호협약이 미

32) 등록실무[Ⅱ], 571; 법원행정처, 국제가족관계등록사례집(2009), 27.

33) 青木 清/이유나(역)(2016), "한일 이중국적과 그 국민등록—姓(氏)의 문제를 중심으로", 국제사법연구 22—2, 39면은 우리 나라의 실무가 다수설과 맞지 않으며 오히려 본국법을 적용한 결과라고 이해한다.

34) 이종혁(2022c), 139 이하.

35) 이에 관하여는 서경환(2010), "자의 성과 본의 변경허가 판단기준: 2009. 12. 11. 자 2009스23 결정, 공2010상, 41", 대법원판례해설 81(2009 하반기), 631 이하 참조.

36) 국문번역은 법무부, 국제사법에 관한 헤이그회의 제협약, 법무자료 213(1997), 61 이하 참조. 미성년자보호협약은 헤이그국제사법회의의 1902년 "미성년자의 후견을 규율하기 위한 협약(Convention relating to the Settlement of Guardianship of Minors)"("후견협약")을 대체한 것이다.

37) 영문명칭은 "Convention on Jurisdiction, Applicable Law, Recognition, Enforcement and Co—operation in Respect of Parental Responsibility and Measures for the Protection of Children"이다. 위 협약에 관하여는 최흥섭(2001b), 23 이하; 석광현(2014), "국제친권·후견법의 동향과 우리의 입법과제", 서울대 법학 55—4, 494 이하; 이병화(2023). "헤이그아동보호협약의 실무적 운용에 관한 해석론적 고찰", 국제사법

성년자보호협약을 대체하였으므로 여기에서는 전자를 중심으로 논의한다. 우리나라도 전자의 가입을 검토할 필요가 있다.[38] 아동보호협약에 대하여는 Paul Lagarde의 Explanatory Report가 있다(이하 이를 "보고서"라 한다).

아동보호협약이 규율하는 사항은 보호조치에 관한 관할권, 준거법, 외국 보호조치의 승인 및 집행과 국가간 협력이다.[39] 아동보호협약의 적용대상인 아동은 18세 미만의 아동이다(§2).[40]

보호조치는 부모책임의 귀속, 행사, 종료, 제한과 그의 위임에 관한 것을 포함한다(§3 a). 주목할 것은 아동보호협약은 친권자가 없는 경우 개입하는 아동의 후견(guardianship, curatorship and analogous institutions)(§3 c)에 관한 조치도 포함하는 점이다. 그러나 아동보호협약은 친자관계의 성립 또는 다툼(contesting)에는 적용되지 않는다(§4 a).

연구 29－1, 505 이하; 김문숙, 온주 국제사법 제72조, 2023. 7. 5., [2] 이하 참조. 영문과 국문번역은 정하경(2013), "아동보호조치 및 부모책임에 대한 관할권, 준거법, 승인, 집행 및 협력에 관한 헤이그협약(The Hague Convention on Jurisdiction, Applicable Law, Recognition, Enforcement and Co－operation in Respect of Parental Responsibility and Measures for the Protection of Children)의 내용에 관한 검토", 국제규범의 현황과 전망 — 2012년 국제규범연구반 연구보고 및 국제회의 참가보고, 73 이하에도 있다.

38) 당사국 간에는 1996년 협약이 1961년 협약을 대체한다. 우리나라가 아동보호협약에 가입하면 한국에 상거소를 둔 미성년자에 대한 친권에 관한 한 아동보호협약이 우선적으로 적용되고 친자관계에 관한 國私 §72와 후견에 관한 §75는 상당부분 의미를 상실할 것이다.

39) 유럽연합에는 "혼인과 친권(부모책임)에서의 재판관할 및 재판의 승인과 집행에 관한 이사회규정", 즉 '브뤼셀Ⅱbis' 또는 '브뤼셀Ⅱa'가 있다. 이는 유럽연합 차원에서 탈취협약을 이행하고 보완하는 규범으로서 기능을 한다. 브뤼셀Ⅱbis는 Council Regulation (EC) No. 2201/2003 of 27 November 2003 con－cerning jurisdiction and the recognition and enforcement of judgments in matrimonial matters and the matters of parental responsibility, repealing Regulation (EC) No. 1347/2000)을 말한다. 브뤼셀Ⅱbis는 친권문제 전반을 규율한다. 소개는 곽민희(2011), "헤이그아동탈취협약과 유럽연합의 입법적 대응", 가족법연구 25－2, 392 이하 참조. 이는 브뤼셀 IIter에 의하여 대체되었는데, 브뤼셀 IIter를 보면 혼인 사건 관련 규정들은 브뤼셀 IIbis의 내용을 대체로 유지한 것이나, 부모책임 사건에서는 상당한 수정이 있었다. 아동의 최선의 이익을 보호하고자 국제재판관할규칙을 정비하고, 집행가능선언(exequatur)의 폐지 등 부모책임 사건 재판이 다른 회원국에서도 효율적으로 승인·집행될 수 있도록 개선하였으며, 아동의 의견청취권을 강화하였고, 아동탈취사건의 신속한 처리를 위한 조치들을 취하였다. 나아가 법적 별거와 이혼에 관한 법정외 합의의 승인에 관한 규정이 추가되었다. 브뤼셀 IIter는 2022. 8. 1. 시행된다. 특히 국제재판관할의 맥락에서 주목할 것은 즉 브뤼셀 IIter(제9조)에 따르면 탈취사건의 경우 탈취 직전 일상거소지국의 관할을 가지지만, 아동이 탈취 후 다른 회원국에 일상거소를 취득하고, 또한 ① 양육권을 가지는 개인, 시설 또는 그 밖의 기관이 아동의 이동 또는 유치에 동의하거나 또는 ② 양육권자가 아동의 소재지를 알았거나 알았어야 하는 때로부터 아동이 그 국가에서 최소 1년 거주하였고, 아동이 새로운 환경에 정착하였으며, 또한 제9조 b호에 열거한 5개 조건(예컨대 위 1년 동안 양육권자가 아동 소재지 회원국에 반환신청을 하지 않은 사실 또는 양육권자의 아동 반환신청이 탈취협약 제13조 제1항 b호 또는 제2항 이외의 사유로 기각되고 더 이상 통상의 불복을 할 수 없는 사실 등) 중 어느 하나가 충족되는 경우에는 직전 일상거소지국은 관할을 상실한다는 점이다. 즉 브뤼셀 IIter는 삭제된 개정안(제60조 단서)보다 직전 일상거소지국의 관할상실 요건을 더 엄격하게 규정한다. 나아가 브뤼셀 IIter(제10조)는 친자관계 사건에서 일정한 요건 하에(관할권 행사가 아동의 최선의 이익이 될 것이라는 요건 포함) 관할합의도 허용한다. 소개는 현소혜(2021), 246 이하; Urs Peter Gruber/Laura Möller (2020), 393ff. 참조.

40) 탈취협약의 적용대상인 아동은 16세 미만의 아동이다.

1. 국제재판관할(제Ⅱ장)

제Ⅱ장(§§5~14)은 다양한 국제재판관할규칙을 두는데, 여기의 관할은 당국이 아동의 신상 또는 재산에 대하여 보호조치를 취할 관할을 말한다. 과거 1판에서는 성년자보호협약의 제Ⅱ장을 여기에서 소개하였으나 이 책에서는 이를 제9장 말미의 後註에서 논의한다.

2. 준거법(제Ⅲ장)

아동보호협약 제Ⅲ장(§§15~22)은 준거법에 관한 규정들을 두는데, 첫째, 당국의 개입이 있는 경우의 보호조치의 준거법, 둘째, 당국의 개입이 없는 경우, 즉 법률의 작용에 의한 부모책임의 귀속(또는 발생) 및 소멸과 행사의 준거법을 구분하고, 셋째, 일반규정을 두고 있다.

가. 보호조치의 준거법: 법정지법원칙과 그 예외

체약국의 당국은 보호조치를 취하기 위하여 관할권을 행사함에 있어서 원칙적으로 법정지법을 적용한다(§15 ①). 따라서 관할과 준거법의 병행이 이루어진다. 그 근거는 첫째, 관할권을 가지는 당국으로 하여금 가장 잘 아는 자국법을 적용하게 함으로써 당국의 임무를 촉진하고, 둘째, 아동보호협약상 관할권은 아동에게 가장 밀접한 관련이 있는 국가의 당국에 부여되는데 그 보호조치의 이행도 그 국가에서 이루어질 것이기 때문이다. 다만 아동의 신상과 재산의 보호를 위하여 필요한 경우 체약국의 당국은 실질적 관련을 가지는 다른 국가의 법을 적용하거나 고려할 수 있다(§15 ②).

나. 친권(부모책임)의 준거법

(1) 부모책임의 귀속과 소멸(§16)

당국의 개입이 없는 경우, 즉 법률에 의한 부모책임의 귀속 또는 소멸은 아동의 상거소지법에 의한다. 반면에, 부모책임이 당사자의 합의 또는 일방적 행위에 의하여 발생 또는 소멸하는 경우(예컨대 이혼시 부모가 양육권의 귀속에 관하여 합의하거나, 부모가 유언으로 후견인을 지정하는 경우) 이는 그 합의 또는 행위의 발효 시 아동의 상거소지법에 따른다. 아동보호협약은 부모책임의 존재에 대한 선결문제(예컨대 인지의 유효성)인 아동의 신분(personal status)의 준거법을 정하지는 않는다. 친자관계의 성립은 아동보호협약의 규율대상이 아니다(§4 a).[41] 일상거소가 변경된 경우 기존의 준거법에 따른 부모책임은 존속한다.

41) 보고서는, 이는 각국이 결정할 사항이라고 하면서도 상거소지국의 국제사법에 의하여 결정되는 준거법을 적용하는 것이 합리적이라고 한다.

(2) 부모책임의 행사(§17)

부모책임의 행사(의 방법)는 아동의 일상거소지법에 의하고, 상거소가 변경된 경우 신 일상거소지법에 의한다. 아동의 일상거소지가 변경된 경우 부모는 구 일상거소지법에 따라 여전히 부모책임을 보유하지만, 그 행사는 신 일상거소지법이 정한 조건에 따라야 한다.

(3) 조치에 의한 부모책임의 종료와 변경(§18)

§16에 언급된 부모책임 또는 그 행사의 조건은 아동보호협약에 따른 권한당국의 보호조치에 의하여 종료되거나 변경될 수 있다. 따라서 권한당국들이 판단하기에 신·구 일상거소지법을 중첩적용함으로써 아동의 보호를 마비시키게 되는 때에는 새로운 보호조치를 취함으로써 문제를 해결할 수 있다.[42)]

다. 일반규정

§19는 아동을 대리하여 행위할 수 있는 것으로 믿은 자와 거래를 한 선의의 제3자를 보호하고자 한다. 이런 위험은 특히 아동의 일상거소지가 변경된 경우에 더욱 크다. 거래 상대방이 신 일상거소지법에 따라 A가 아동을 대리할 권한이 있는 것으로 믿었으나 실제로는 舊 일상거소지법에 따라 B가 권한을 가진 경우 문제된다. 다만 이는 동일 국가에 소재하는 사람들 간에 체결된 거래에만 적용된다(§19 ②).

아동보호협약상 반정은 배제된다(§21). 아동보호협약에 의하여 지정된 준거법의 지정은 그의 적용이 아동의 최대복리(최선의 이익)를 고려하여 공서에 명백히 반하는 경우에는 거부될 수 있다(§22).

3. 외국 보호조치의 승인 및 집행(제Ⅳ장)

아동보호협약 제Ⅳ장은 외국 보호조치의 승인, 집행가능선언 및 집행등록과 구체적인 집행을 구분하여 규정한다. 과거 미성년자보호협약은 승인요건을 명확히 하지 않았고 다른 체약국의 보호조치를 집행할 의무에 관하여 규정하지 않고 집행국 국내법에 일임하였으나 아동보호협약은 이를 개선하였다.

가. 승인(§§23~25)

체약국의 당국이 취한 보호조치는 다른 체약국에서 법률상 당연히 승인되고(§23 ①) 실질재심사는 금지된다(§27). 요청된 국가의 당국은 관할권의 기초가 된 사실인정에 구속된다(§25). §23 ②은 승인거부사유를 규정하는데 이는 ⓐ 관할의 결여, ⓑ 아동의 청문기회 미부여, ⓒ 부모책임이 침해되었다고 주장하는 자의 청문기회 미부여,

42) 보고서, No. 110.

ⓓ 공서위반, ⓔ 보호조치가 아동의 일상거소지인 비체약국의 것으로서 요청된 국가의 승인요건을 구비하는 이후의 보호조치와 양립되지 않는 경우, ⓕ 아동의 위탁가정, 수탁기관 등에의 위탁 시에 필요한 양국 당국 간의 협의절차의 미이행이다. 승인거부사유가 있더라도 체약국은 다른 체약국의 보호조치를 승인할 수 있다.

이해관계인은 사전에 체약국의 권한당국에 대하여 다른 체약국에서 취한 보호조치의 승인 또는 불승인에 관하여 결정하여 줄 것을 요청할 수 있다(§24). 이는 정당한 이해관계인에게 법적 불확실성을 제거할 수 있도록 하기 위한 '예방적 소송(preventive action)'이다.[43]

나. 집행가능선언, 집행등록과 집행(§§26~28)

어느 체약국에서 취해진 보호조치를 다른 체약국에서 집행할 필요가 있는 경우 후자의 법률이 정한 절차에 따라 집행가능하다고 선언되거나 집행을 위하여 등록되어야 한다. 각 체약국은 집행가능선언 등에 대해 단순하고 신속한 절차를 적용해야 하나, 구체적 방법은 각 체약국이 결정한다. 집행가능선언 또는 등록은 위 승인거부사유만을 이유로 거부될 수 있다. 어느 체약국에서 취해지고 다른 체약국에서 집행가능하다고 선언되거나 집행을 위한 등록이 된 보호조치는 마치 그 체약국의 보호조치처럼 집행되어야 한다.

4. 국제공조(제V장)

가. 중앙당국과 권한당국

체약국은 중앙당국을 지정해야 한다(§29). 중앙당국은 상호 협력하고 권한당국들 간의 협력을 증진해야 하며 아동보호와 관련된 자국의 법과 이용가능한 서비스에 관한 정보를 제공하여야 한다(§30). 중앙당국은 교신을 촉진하고 지원을 제공하기 위하여, 아동의 신상과 재산을 보호하기 위하여 합의된 해결을 촉진하기 위하여 보호를 요하는 아동이 자국에 있는 경우 다른 체약국의 요청에 따라 아동의 소재를 발견함에 있어 지원하여야 한다(§31). 중앙당국을 통한 국제공조의 원활화는 탈취협약에 의하여 도입된 것이다.[44]

한편 권한당국(competent authorities)은 ⓐ 아동을 다른 체약국의 보호가정이나 시설에 위탁하거나 또는 kafala[45]에 의한 보호를 제공하고자 하는 경우 다른 체약국의

43) 보고서, No. 129.

44) 우리나라의 경우 탈취협약의 중앙당국은 법무부이고, 장래 입양협약의 중앙당국은 보건복지부가 될 것이므로 누가 아동보호협약의 중앙당국이 될지는 문제이다.

45) Kafala (또는 Kafalah)라 함은 보호를 요하는 아동을 이슬람 가정에 위탁하여 그의 신상과 필요한 경우 재산을 돌보도록 하는 제도를 말한다. 그러나 그로 인하여 아동이 그 가정의 구성원이 되는 것은 아

중앙당국 등과 미리 협의해야 하고(§33), ⓑ 아동의 보호에 필요한 정보를 교환할 수 있다. 또한 체약국의 권한당국은 다른 체약국의 당국에게 아동보호협약에 따라 취해진 보호조치의 이행에 있어서 지원, 특히 아동과의 정기적 직접적 접촉을 유지하고 면접교섭권(rights of access)을 실효적으로 행사함에 있어서 지원을 요청할 수 있다.

나. 일반절차규칙

아동보호협약 제Ⅴ장은 아동에 관한 정보에 관하여 규정한다. 체약국의 중앙당국과 공공기관은 공조과정에서 발생하는 비용을 원칙적으로 각자 부담하나 달리 합의할 수 있다. 여기의 공공기관은 행정기관을 말하고 법원을 포함하지 않는다.

니므로 이는 입양은 아니다. 보고서, No. 23. 위에서 언급하였듯이 이슬람법에서는 전통적으로 입양은 허용되지 않는 것으로 이해된다. 개관은 Andrae, §9 Rn. 130f.; UNICEF (2023), An Introduction to Kafalah 참조. 위 UNICEF, p. 4는 "카팔라는 개인 또는 가족(kafil)이 가족의 보살핌을 받지 못하는 아이(makful)에 대하여 부모가 친자녀에게 하는 것과 같은 방법으로 일상적 보살핌, 교육, 안전 및 보호에 대한 책임을 자발적으로 확약하는 것"이라고 정의한다.

[後註] 헤이그아동탈취협약

▌**참고문헌:** 곽민희(2011), “헤이그아동탈취협약과 유럽연합의 입법적 대응”, 가족법연구 25－2; 곽민희(2013), “헤이그국제아동탈취협약의 국내이행법의 입법평가”, 입법평가연구 7; 곽민희(2014a), “헤이그아동탈취협약의 해석상 「중대한 위험」과 子의 利益”, 민사법학 67; 곽민희(2014b), “헤이그아동탈취협약의 국내이행입법에 관한 검토－일본의 헤이그아동탈취협약 실시법으로부터의 시사－”, 가족법연구 28－2; 곽민희(2015a), “결혼이민자의 아동탈취와 헤이그 협약의 적용”, 가천법학 8－4; 곽민희(2015b), ”헤이그 국제아동탈취협약 이행현황에 관한 연구－중앙당국의 실무상 역할과 기능을 중심으로”, 법무부 연구용역 보고서; 곽민희(2016), “헤이그 아동탈취협약 적용사건에 관한 각국의 판결 및 이행입법의 쟁점별 분석－International Child Abduction Database(INCADAT)를 대상으로－”, 경상대학교 법학연구, 24－1; 곽민희(2022), “헤이그 국제아동탈취협약 제13조(1)(b) 중대한 위험의 해석 지침－헤이그 국제아동탈취협약 제13조(1)(b)에 관한 모범실무지침으로부터의 시사”, 가족법연구 36－1; 곽민희(2023a), “헤이그 국제아동탈취협약에 근거한 아동반환재판 집행 법제의 비교법적 검토”, 민사법학 103; 곽민희(2023b), “헤이그 국제아동탈취협약상 청구요건 검토－아동의 상거소 및 양육권 침해의 불법성을 중심으로－”, 가족법연구 37－1; 권재문(2011), “협약 이행법률안 주요내용 및 제정취지”, 헤이그 국제아동탈취협약 가입안 및 협약 이행법률안에 관한 공청회 자료; 권재문(2018a), 헤이그 2018 국제아동탈취협약 사건 수행을 위한 실무가이드; 권재문(2018b), “헤이그 아동탈취협약과 가족생활에 관한 기본권－유럽인권재판소 판례를 중심으로－”, 국제사법연구 24－2; 권재문(2020), “국제적 아동탈취의 민사적 측면에 관한 협약에 근거한 반환재판의 강제집행”, 국제사법연구 26－1; 김미경(2007a), “자녀의 국제 인도의 민사적 측면에 관한 연구－ 1980년 헤이그 협약을 중심으로－”, 부산대학교대학원법학석사학위논문; 김미경(2007b), “자녀 국제인도에 관한 헤이그 협약의 내용과 이행방안”, 민사법의 이론과 실무학회 11－1; 김원태(1996), “섭외가사소송에서의 국제재판관할에 관한 연구”, 경성법학 5; 김현진(2022), “면접교섭권의 남용과 미성년자 약취죄”, 가족법연구 36－1; 배인구(2022), “2021년 분야별 중요판례 분석 ⑦가족법”, 신문4965; 석광현(2013), “국제아동탈취의 민사적 측면에 관한 헤이그협약과 한국의 가입”, 서울대 법학 54－2; 석광현·이병화(2017), 헤이그 국제아동탈취협약 상 법률지원시스템 구축에 관한 연구; 윤종섭(2011), “국제아동탈취협약 주요 내용”, 헤이그 국제아동탈취협약 가입안 및 협약 이행법률안에 관한 공청회 자료; 윤종섭(2012), “국제아동탈취협약에 관한 검토: 실무적 접근을 중심으로”, 국제규범의 현황과 전망－2011년 국제규범연구반 연구보고 및 국제회의 참가보고－; 이병화(2009), 국제아동탈취의 민사적 측면에 관한 헤이그협약 연구; 이병화(2013), “헤이그국제아동탈취협약에의 가입과 국내이행법률에 관한 소고”, 지식융합, 동덕여대 지식융합연구소, 4; 이병화(2016), “헤이그국제아동탈취협약의 이행을 위한 한국과 미국의 「HCCH Country Profiles」의 비교분석”, 국제사법연구, 22－2; 이병화(2017), “헤이그국제아동탈취협약의 이행에 있어서 친자법적 재고찰”, 국제사법연구, 23－1; 임채웅(2008), “헤이그 국제사법회의 제3차 아·태지역회의에서 소개된 각종 협약에 대한 논의와 그 의미－1980년 헤이그아동탈취협약을 중심으로－”, 국제규범의 현황과 전망; 장지용(2024), “국제입양에서 일상거소 판단의 기준과 사례”, 2024. 9. 25. 국제입양에 따른 법률문제의 종합적 검토라는 주제로 개최된 사단법인 한국국제사법학회 2024년 연차학술대회 발표자료집; 전병서(2018), “자(子)의 인도청구의 집행방법에 관한 연구”, 법조 67－3; 정도희·배진아(2017), “한국과 프랑스의 국제아동반환 사례에서의 법원의 판단과 시사점”, 다문화사회연구 제10권 제1호; 최성수(2021), “미국 판례에 나타난 헤이그아동탈취협약상 상거소와 결정기준의 설정”, 외법논집 45－4; 최흥섭(2022), “헤이그 아동탈취협약에서 「아동의 상거소」에 관한 독일법원의 판결례와 학설”, 국제사법에 관한 글모음집 2022년; 현낙희(2012), “국제아동탈취의 민사적 측면에 관한 헤이그 협약(The Hague Convention on the Civil Aspects of International Child Abduction)의 내용에 관한 검토”, 국제규범의 현황과 전망－2011년 국제규범연구반 연구보고 및 국제회의 참가보고－; 현소혜

(2021), "헤이그아동탈취협약상 아동반환재판과 본안재판의 관계", 비교사법 28-3; Albert Bach/Birgit Gildenast (1999), Internationale Kindesentführung: Das Haager Kindesentführungsübereinkommen und das Europäische Sorgerechtsübereinkommen; Paul R. Beaumont/Peter E. McEleavy (1999), The Hague Convention on International Child Abduction; Nigel Lowe (2008), Mark Everall QC and Michael Nicholls, International Movement of Children: Law Practice and Procedure; Thomas Rauscher (Hrsg.) (2010), Europäisches Zivilprozess- und Kollisionsrecht: EuZPR/EuIPR Kommentar; Elisa Pérez-Vera, Explanatory Report on the 1980 Hague Child Abduction Convention[1]; MünchKomm/Heiderhoff (2020), Band 12, 8. Aufl., HKÜ; Kwang Hyun SUK (2014), Korea's Accession to the Hague Child Abduction Convention, Family Law Quarterly, 48-2.

Ⅰ. 서론

타인이 하는 아동의 유괴, 즉 '고전적 유괴(classic kidnapping)'와 대비하여 부모의 일방, 후견인, 기타 가까운 가족이 하는 아동의 일방적 이동(removal) 또는 유치(retention)를 '아동의 탈취(child abduction)'라고 부른다.[2] 아동반환의 문제는 자의 신상(person)에 관한 사항으로서 친권·양육권(right of custody)과 밀접하게 관련되므로 친자관계의 준거법에 따를 사항이다.[3] 헤이그국제사법회의는 불법탈취된 아동의 신속한 반환을 실현하기 위하여 1980년 "국제적 아동탈취의 민사적 측면에 관한 협약(이하

1) 헤이그국제사법회의의 홈페이지 참조. https://www.hcch.net/en/publications-and-studies/details4/?pid=2779. 탈취협약의 개관은 곽민희, 온주 국제사법 [후주] 제72조 : 헤이그 아동탈취협약, 2023. 7. 5., [1] 이하; 김문숙, 온주 국제사법 제72조, 2023. 7. 5., [2] 이하 참조.

2) Beaumont/McEleavy (1999), 1.

3) Andrae, §9 Rn. 267; 신창선·윤남순, 375. right of custody는 '감호권'이라고도 번역한다. 우리 민법상 친권과 양육권의 관계에 관한 논의는 이 책 民 §837 註釋 참조.

"탈취협약"이라 한다)"을 성안하였다.[4] 아동반환은 '시간과의 싸움(Kampf gegen die Uhr)' 이므로 탈취협약은 약식의 사실확인에 기초한 신속절차를 통하여 불법 탈취된 아동의 신속한 반환과 면섭교섭권을 보장한다. 탈취협약은 1989년 UN "아동의 권리에 관한 협약(Convention on the Rights of the Child. CRC)(이하 "아동권리협약"이라 한다)"을 보완하는 기능을 한다. 탈취협약은 2013년 3월 1일 한국에서 발효되었다.[5] 국회는 2012년 12월 "헤이그 국제아동탈취협약 이행에 관한 법률(이하 "이행법률" 또는 "헤이그아동탈취법"이라 한다)"을 제정하였다.[6] 일본도 협약의 당사국이다.[7]

이하에서 조문으로 언급한 것은 탈취협약의 조문이다.

Ⅱ. 탈취협약의 주요내용

1. 탈취협약의 구성과 목적

탈취협약은 적용범위, 중앙당국, 아동의 반환, 면접교섭권, 일반규정과 최종조항을 정한 6개장 45개 조문으로 구성된다. 탈취협약의 목적은 ⓐ 불법적으로(wrongfully) 어느 체약국으로 이동되거나 어느 체약국에 유치되어 있는 아동의 신속한 반환을 확보하고, ⓑ 어느 체약국의 법에 따른 양육권 및 면접교섭권이 다른 체약국에서 효과적으로 존중되도록 보장하는 것이다(§1). 탈취협약상 양육권(rights of custody)은 아동의 신상보호에 관한 권리와 특히 아동의 거소지정권을 포함하고 면접교섭권(rights of access)은 일정 기간 동안 아동의 일상거소(탈취협약의 국문번역본은 '상거소'라고 한다) 이외의 곳으로 아동을 데려갈 권리를 포함한다(§5 a·b).

4) 영문명칭은 "Convention on the Civil Aspects of International Child Abduction"인데 이는 1996년 "부모책임 및 아동의 보호조치와 관련한 관할, 준거법, 승인, 집행 및 협력에 관한 협약"(이하 "아동보호협약"라고 한다)에 대한 특별법이다. 협약에 대하여는 Elisa Pérez−Vera의 보고서가 있다. 헤이그국제사법회의는 1999년 이래 탈취협약의 적용사례에 관한 정보를 제공하는 데이터베이스, "The International Child Abduction Database"(INCADAT)를 운영하고 있고 그 밖에도 상설사무국의 지침과 조정에 관한 지침도 있다. 참고로 유럽에는 "1980. 5. 20. 아동양육에 관한 재판의 승인 및 집행과 아동양육의 회복에 관한 유럽협약"(European Convention of 20 May 1980 on Recognition and Enforcement of Decisions concerning Custody of Children and on Restoration of Custody of Children)이라는 유럽평의회의 조약이 있다. 이를 '유럽양육협약' (European Custody Convention)이라고 부르는데 이는 독일, 프랑스, 영국 등 주요국가에서 발효되었다. 이에 관하여는 Lowe/Everall/Nicholls, para. 19.1 이하 참조. 유럽연합의 브뤼셀 Ⅱbis는 유럽양육협약에 우선한다. 브뤼셀 Ⅱbis §60 d.

5) 그러나 탈취협약은 가입국과 가입을 수락한 체약국간에서만 효력을 가진다(§38). 미국은 이를 수락하였다.

6) 법무부는 "헤이그 국제아동탈취협약 이행에 관한 법률 시행규칙"(법무부령 제784호)을 제정하였고, 대법원도 "헤이그 국제아동탈취협약 이행에 관한 대법원규칙"(대법원규칙 제2465호)을 제정하였다.

7) 일본은 국제적인 아동의 탈취의 민사상의 측면에 관한 협약의 실시에 관한 법률을 2013년 6월 19일 공표하였고 이는 2014년 4월 1일 시행되었다. 이는 153개 조문을 담은 방대한 법률로 자족적인 법률의 형식을 취하는 점에 특색이 있다. 상세는 곽민희(2014b), 3 이하 참조.

2. 적용범위

탈취협약은 아동, 보다 정확히는 16세 미만의 아동에 적용된다(§4 2문). 탈취협약이 적용되기 위하여는 양육권 또는 면접교섭권이 침해되기 직전에 아동이 체약국에 상거소를 가지고 있어야 하고, 아동의 현재 소재지가 다른 체약국에 있어야 한다(§4 1문). 탈취협약은 헤이그국제사법회의의 전통에 따라 상거소의 개념을 정의하지 않는다. 종래 우리나라에서는 상거소를 "사람이 그 생활의 중심(Lebensmittelpunkt)을 가지는 장소"로 보는데, 이러한 개념은 기본적으로는 탈취협약상으로도 타당하다고 본다. 그러나 아동(특히 유아)의 경우 특수성이 있음은 아래(4.가.)에서 보는 바와 같다.

3. 중앙당국을 통한 국제공조

탈취협약은 중앙당국 간의 국제공조제도와, 법원 또는 행정당국에 의한 아동반환의 메커니즘이라는 '혼합체계(mixed system)'를 채택하고 있다. 중앙당국은 불법적으로 이동·유치된 아동의 소재파악, 아동의 자발적 반환 확보 또는 분쟁의 우호적 해결 도모, 탈취협약 적용과 관련된 자국법에 관한 일반적 정보 제공과 기타 탈취협약의 운용에 관한 정보 교환 및 탈취협약 적용상 장애 제거 등을 위하여 모든 적절한 조치를 취하여야 한다(§7). 중앙당국은 행정당국이 될 수 있고 그의 업무도 공법적 성질을 가지는 것을 포함하므로 여기의 국제공조는 우리 법상의 국제민사사법공조의 범위를 넘는다. 이는 민사비송적 성질을 가지는 분야에서 제약국의 후견적 감독기능을 국제적으로 충실하게 하기 위하여 국가 간 협력을 강화하는 것이다.

4. 불법탈취된 아동의 반환청구

탈취협약의 핵심조항은 §3와 §12이다. 아동이 불법하게 이동되거나 유치되었다면, 아동이 소재하는 체약국의 사법당국 등은, 탈취협약이 정한 반환거부사유가 없는 한 원칙적으로 즉시 아동의 반환을 명해야 한다.

가. 요건

(1) 불법한 아동의 탈취 또는 유치로 인한 양육권의 침해

탈취협약에 따른 아동의 반환청구(또는 반환신청. 이하 양자를 호환적으로 사용한다)가 인용되기 위하여는 우선 아동의 반환청구가 있어야 하고, 아동의 이동 또는 유치가 불법한 것이어야 하는데, 그 '불법성'은 이동 또는 유치 직전 아동의 상거소 소재지국(이하 "상거소지국"이라 한다)[8]의 법률에 따라 개인, 시설 등에 부여되고 그가 사실상 행

8) 상거소에 관한 독일 판결의 소개는 최흥섭(2022), 25 이하 참조. MüKoBGB/Heiderhoff (2020), 8. Aufl.

사하던 양육권이 침해된 경우에 인정된다(§3 ①).

위에서 설명한 바와 같이 종래 우리나라에서는 상거소라 함은 "사람이 (사실상) 그의 생활의 중심을 가지는 장소"를 말하는 것으로, 통상 일정한 장소에서 상당한 기간 동안 정주(定住)한 사실이 인정되면 그곳이 상거소로 인정될 것이고, 상거소가 존재하기 위해 반드시 정주의사(*animus manendi*)는 필요하지 않으며, 주소와 달리 상거소는 사실적 요소가 강한 개념이라고 본다. 탈취협약상 문제되는 것은 아동의 상거소인데[9] 아동 특히 영유아의 경우 독립적으로 상거소를 가질 수 없으므로 특수성이 있다.[10] 참고로 미국 제2순회구 연방항소법원의 Gitter v. Gitter 판결에서 법원은 '부모의 합치된(또는 공유된) 의사(shared intent)'와 '아동의 적응(acclimatization)'을 기준으로 제시하였다.[11]

첫째, 아동의 상거소 인정의 근거가 되는 정주의사는 탈취한 또는 탈취당한 부모 일방의 의사가 아니라 공유된 의사여야 하고, 아동(특히 유아)은 일반적으로 자신이 살

HKÜ Art. 3 Rn. 14도 동지이고, 나아가 협약상 상거소의 개념은 헤이그회의의 협약과 유럽연합법에서 사용하는 상거소의 개념과 기본적으로 일치한다고 한다.

9) 탈취사건에서 서울가정법원 2018. 12. 31.자 2018브30072 결정(재항고심 심리불속행 기각)은 '상거소'(常居所, habitual residence)란 일반적으로 사람의 생활의 중심이 되는 장소로서 일정한 장소에서 상당기간 정주(定住)한 사실이 인정되면 족하고, 반드시 정주의사를 필요로 하지 않는 사실상의 개념이라는 점을 전제하면서도, 그러나 유아의 경우 부모가 유아의 거소지정권을 가지고 있는 경우가 많을 뿐만 아니라 유아가 그 새로운 환경에 적응하였는지 여부가 중요한 의미를 가질 수 있는바, 유아의 상거소를 판단하는 기준에 관하여는 아동의 거소지정권이 있는 부모의 의사에 따라 판단하여야 한다는 견해, 유아의 적응 여부에 따라 상거소지를 결정하여야 한다는 견해 등이 주장되고 있으나, 결국 유아와 관련한 위와 같은 제반 사정을 고려하여 사회적·가족적 환경에서 일정 정도의 결합이 인정된 곳을 상거소로 인정할 수밖에 없다고 판시하고, 미국에 있는 청구인(아버지)의 주거지가 사건본인(아동)의 상거소라고 봄이 상당하다고 판시하였다. Jeff Atkins (2011), The Meaning of "Habitual Residence" under the Convention on the Civil Aspects of International Child Abduction and the Hague Convention on the Protection of Children, 63 Okla. L. Rev. 647, 654－657은 상거소를 판단함에 있어서 법원이 고려해야 하는 다양한 요소들을 부모의 의사에 관한 것(부모의 고용, 주거 구입, 세간(소지품)의 이동, 은행계좌 위치, 운전면허와 전문직 면허의 취득, 혼인의 안전성과 시민권)과 아동의 적응에 관한 것(학교 등록, 사회활동 참여, 체류기간과 연령)으로 구분하여 열거한다. 상거소에 관한 체약국의 실무 경향은 곽민희(2023b), 42 이하 참조.

10) 양육권자의 의사가 처음에 무기한으로 영아가 그곳에서 살기를 원하는 경우 영아는 출생지가 소재한 국가에 상거소를 가진다고 볼 수 있다. MüKoBGB/Heiderhoff (2020), 8. Aufl. HKÜ Art. 3 Rn. 14. 유럽사법재판소는 영아의 상거소는 실제로 그가 있지 않은 곳에는 결코 있을 수 없다고 보았다. 영아의 상거소는 예컨대 독일 민법시행법(§19)처럼 출생자의 지위(또는 혈연관계)에 관하여 아동의 상거소를 연결점으로 삼는 입법에서 대리모 출생아의 모의 결정 시 문제된다.

11) 396 F.3d 124, 134 (2nd Cir. 2005). 개요는 https://www.incadat.com/en/case/776? summlanguage＝en #summary－part 참조. 소개는 권재문(2018a), 20－21; 최성수(2021), 161 이하 참조. 위 미국 판례가 말하는 적응과 협약((§12 ②))의 거부사유인 적응(settled)의 관계가 궁금하다. 참고로 탈취협약상 아동의 상거소 결정에 관하여 캐나다 대법원(Supreme Court of Canada)은 부모의사 기준 접근방법(parental intention approach, 캐나다 하급심 법원의 지배적 견해), 아동 중심 접근방법(child－centered approach)과 혼합적 접근방법(hybrid approach)이라는 세 개의 방법을 고려한 뒤 결국 관련된 모든 실제적 연결과 사정을 고려하는 혼합적 접근방법을 채택하였다고 한다. 장지용(2018. 5.), "캐나다 대법원 아동의 상거소(Habitual Residence) 판단기준: 2018. 4. 20. Office of the Children's Lawyer v. Balev 사건", 신문 참조(https://m.lawtimes.co.kr/Content/Info?serial＝143009). 2018 SCC 16. https: //www.incadat.com/en/case/1389로 소개되어 있다). 체약국 실무의 소개는 곽민희(2023b), 42 이하 참조. 우리 가정법원의 심판례의 소개는 장지용(2024), 107－108 참조.

곳을 정할 만한 정신적, 물질적 능력이 없기 때문에 아동의 상거소는 거소지정권을 가진 사람들의 의사가 일치하는 한 이에 따라 정해지는 것으로 추정된다고 판단하였다. 둘째, 그럼에도 불구하고 아동이 새로운 국가의 환경에 적응함으로써 새로운 상거소를 획득한 사실이 인정된다면 부모의 최근의 합의와 무관하게 그곳을 상거소라고 보아야 한다는 것이다.[12] 위 두 가지 기준 중 어느 것이 더 중요한지는 획일적으로 정할 수 없고 개별사안의 특수성에 따라 결정할 사항이나, 아동의 연령과 성숙도에 따라 둘째 기준의 비중이 커진다.[13] 둘째의 기준을 판단함에 있어 거주기간만이 아니라 인간관계(사회활동과 스포츠활동 등)와 학교 생활 등을 근거로 판단할 수 있는 아동의 애착이 중요한 역할을 하는데 아직 이러한 정서를 발달시킬 수 없는 연령대의 아동에게는 이를 적용할 수 없고 첫째 기준만이 의미가 있다.[14]

미국 연방대법원은 2020. 2. 25. Monasky v. Taglieri 사건 판결[15]에서 아동의 일상거소가 '개별 사건의 특유한 모든 사정'(totality－of－the－circumstances standard)에 따라 정해진다고 판시하였다. 이러한 사정에는 양육부모의 의사와 환경, 아동이 가족과 함께 기한을 정함이 없이 거주하였는지, 양육부모가 한곳에 머물도록 강제되었는지, 부모가 특정 장소를 집으로 정하였는지가 포함되며, 지리적 이동과 시간의 경과, 아동의 나이, 사회적 참여, 의미 있는 인적 및 장소적 유대, 언어 능력, 아동과 부모의 이민 자격, 학교에서의 학업활동과 성취, 부모의 학위, 부모의 고용 안정성, 재산이나 가구의 위치, 부모의 의도, 아동이 물리적으로 위치한 기간, 전에 다른 국가에서의 거주 등 사정도 고려될 수 있다는 취지로 판시하였다.[16]

여기의 양육권은 법률상 당연히 발생하든, 사법적·행정적 결정에 의하든, 또는 그 국가의 법에 따라 법적 효력을 가지는 합의에 의하든 상관없다(§3 ③). 탈취협약의 목적은 준거법상 양육권자가 누구인지를 판단하는 것이 아니라 아동이 탈취되기 전 사실상의 양육을 보호하는 것이다. 그렇게 함으로써 상거소지국에서 양육권에 관한 소송을 하라는 것이다.

(2) 불법성 판단의 준거법

양육권의 침해에 관하여 아동의 탈취 직전 상거소지국법이 탈취의 불법성 판단의 준거법이 된다. 이런 결론은 탈취협약 §3로부터 도출된다. 이는 상거소지국의 국

12) 당해 사건에서 부모의 합치된 정주의사가 없었고 자녀가 이스라엘에서 적응했다고 인정하기 어렵다는 이유로 이스라엘에서의 거주 기간이 압도적으로 길었음에도 이스라엘을 상거소로 인정하지 않았다.

13) 권재문(2018a), 22; Atkins(註 9), 661 (2011) 참조.

14) Ahmed v. Ahmed, 867 F. 3d 682, 689－690 (6th Cir. 2017).

15) 140 S. Ct. 719 (2020). https://www.incadat.com/en/case/1450에는 요약본은 없으나 전문을 볼 수 있다.

16) 상세는 최성수(2021), 153 이하 참조. 간단한 소개는 장지용(2024), 110－111 참조.

제사법을 포함하는 국제사법지정이다.[17] 양육권의 근거는 법령, 법원 또는 행정당국의 결정이나 당사자의 합의일 수도 있다.

다만 부(또는 모)가 단독양육권을 가지는데 양육권이 없는 모(또는 부)가 아동을 탈취하는 경우와, 부모가 공동양육권을 가지는데 일방이 아동을 무단으로 외국으로 데리고 간 경우 양육권의 침해가 되며, 또한 양육권을 가지는 부모의 일방이 아동을 탈취함으로써 상대방이 가지는 거소지정권을 침해하는 경우에도 양육권의 침해가 된다는 결론은 준거법에 관계없이 아마 대체로 인정될 것이다.[18] 한편 단독양육권을 가지는 부(또는 모)가 일방적으로 아동의 거소를 변경할 수 있는지는 양육권의 준거법에 따라 다른 것으로 보인다.[19] 탈취협약(§5 a)은 아동의 양육권에 거소지정권이 포함됨을 명시하므로 아동의 국외이동에 대해 동의권을 가지는 자의 동의권이 침해된 때에는 양육권이 침해된다.[20] 마찬가지로 부모의 일방이 법적으로는 단독양육권이 있지만 상대방 또는 법원의 동의 없이 아동을 외국으로 데리고 가지 말라는 법원의 명령, 즉 '출국금지(*ne exeat*)'[21] 명령이 있음에도 불구하고 이를 위반한 경우 양육권의 불법한 침해가 되는지는 논란이 있는데, 과거 미국 연방항소법원의 판결이 나뉘었으나 미국 연방대법원의 2010. 5. 15. Abbott v. Abbott 사건 판결[22]의 다수의견은 이를 긍정하였다.

(3) 불법성 판단을 돕기 위한 장치

아동의 반환 여부를 판단하는 법원은 스스로 불법성을 판단하거나(§14) 불법성에 관한 증명을 요구할 수 있다(§15). 아동 탈취의 불법성을 확인함에 있어서 수탁국(아동 소재지국)의 사법당국 또는 행정당국은 아동의 상거소지국의 법률 및 사법상 또는 행정상 결정을, 그것이 당해 국가에서 정식으로 인정되는지에 관계없이 고려할 수 있다. 이 경우 ⓐ 외국법의 증명 또는 ⓑ 그 밖에 적용될 외국재판의 승인을 위한 특별절차를 거칠 필요가 없다(§14).

17) MünchKomm/Heiderhoff (2020), HKÜ, Art. 3 Rn. 4; 이병화(2009), 26. 한편 곽민희(2023b), 53은 실무상 양육권과 불법성의 개념에 관하여는 체약국의 자율적 해석이 인정되고 있다고 지적하면서 특히 영국 법원이 그렇다고 한다.

18) 이는 다른 공동친권자의 유아에 대한 보호·양육권을 침해하는 것이기 때문인데, 다만 그것이 형사범죄를 구성하는지는 별도로 검토할 필요가 있다. 아래 형사사건 소개 참조.

19) Martina Erb-Klünemann, Report on the 1980 Hague Convention and the German Experiences, 4. 이는 당시 Hamm 지방법원 판사이던 위 저자가 2012. 4. 7. 大阪辯護士會/立命館大學이 마련한 자리에서 한 발표자료이다.

20) 이병화(2009), 33.

21) 전에는 '거주지제한명령'이라고 번역하였으나 여기에서는 직역을 하였다. 곽민희, 온주 국제사법 [후주] 제72조 : 헤이그 아동탈취협약, 2023. 7. 5., [16]은 "아동 이동 금지조항"이라고 번역한다.

22) 130 S. Ct. 1983 (2010).

나. 국제재판관할

탈취와 관련된 재판관할에서는 ⓐ 탈취협약에 따른 아동반환신청사건과 ⓑ 본안인 양육권에 관한 사건을 구별해야 한다. 탈취협약은 ⓐ 즉 아동의 즉각적 반환에 관하여는 아동 소재지국의 반환의무를 부과함으로써 간접적으로 국제재판관할을 규율하나(§12), ⓑ 본안인 양육권에 관하여는 관할규칙을 명시하지 않지만[23] 탈취 직전 상거소지국이 관할을 가진다는 견해가 유력하다.

다. 절차와 집행

(1) 반환신청(§8)

양육권이 침해되어 아동이 이동되거나 유치되었다고 주장하는 개인, 시설 등은 아동의 상거소지의 중앙당국 또는 기타 모든 체약국의 중앙당국에 대하여 아동의 반환을 확보하기 위한 지원을 신청할 수 있다. 탈취협약은 신청에 기재할 사항과 첨부할 서류를 규정한다.

(2) 중앙당국을 통한 조치

신청인은 직접 아동 소재지국의 중앙당국이나 법원에 신청할 수 있고, 신청인의 자국(즉 아동의 상거소지국)의 중앙당국에 신청할 수도 있다. 다만 중앙당국을 통한 조치는 당사자에 대한 설득, 알선 등에 의해 탈취자가 임의반환에 동의하는 경우에 한정된다.

(3) 사법당국 또는 행정당국을 통한 조치

탈취자가 아동을 사발적으로 반환하지 않으면 신청인으로서는 결국 아동 소재지국의 사법당국 또는 행정당국에 반환청구를 해야 한다.

(4) 반환명령과 그의 집행

탈취협약에 따른 아동의 반환에 관한 결정은 양육권의 본안에 관한 결정으로 간주되지 아니한다(§19). 아동은 원칙적으로 원천국(즉 구 소재지국)으로 반환되어야 하나, 반환 신청인이 더 이상 그곳에 거주하지 않는 경우에는 반환 신청인에게 반환하여야 한다.[24] 탈취협약 §2는 "체약국은 자국 영토 내에서 협약의 목적 이행을 확보하기 위한 모든 적절한 조치를 취하여야 한다. 이 목적을 위하여 체약국은 이용 가능한 한 가장 신속한 절차를 이용한다"고 규정하여 체약국의 의무를 일반적으로 규정하는데, 이 점에서 탈취협약은 다른 협약과 달리 현실적인 결과의 달성이 아니라 단지 그러한 결과에 이르도록 의도된 태도를 채택할 것을 요구할 뿐이다.[25] 아동의 반환명령을 실

23) MünchKomm/Heiderhoff (2020), HKÜ, Art. 12 Rn. 20; Andrae, §9 Rn. 261. 최흥섭, 392은 국재재판관할과 준거법은 국내법에 맡겨져 있다는 점을 강조하면서 협약으로부터 도출된다는 데 대하여 부정적이다.

24) MünchKomm/Heiderhoff (2020), HKÜ, Art. 12 Rn. 13; Art. 1 Rn. 4ff.

25) Pérez-Vera, para. 62.

현할 집행방법과 강제수단이 없음을 협약의 단점으로 지적하기도 하나,[26] 법제의 상이로 인하여 통일규범을 두기 어려운 점을 고려하여 각국의 국내법에 맡긴 것으로 본다. 현재 우리나라에서 법원의 반환명령을 실현하는 방법은 가사소송법상 마류 가사비송 사건의 규정을 준용하는 것인데 이행법률(§12 ②)은 이를 명시한다.

라. 아동의 반환거부사유[27]

아동이 불법하게 이동되거나 유치되고, 아동이 소재하는 체약국의 사법당국 또는 행정당국에서의 절차개시일에 그 불법한 이동 또는 유치일로부터 1년이 경과하지 아니한 경우, 당해 기관은 즉시 아동의 반환을 명하는 것이 원칙이다(§12 ①). 다만 탈취협약(§12, §20와 §13)은 5개의 반환거부사유를 규정하는데 이는 엄격하게 해석해야 한다. 체약국에 상거소를 가지고 있던 16세 미만 아동의 위법한 탈취가 있었음을 포함하여 아동의 반환청구를 위한 요건은 신청인이 입증해야 하나, 반환거부사유는 피신청인이 입증해야 하는 것과 법원이 직권으로 조사해야 하는 것이 있다.

(1) 아동의 새로운 환경에의 적응(§12 ②)

아동의 불법한 이동 또는 유치일부터 1년의 기간이 경과한 후에 절차가 개시된 경우라도, 사법 또는 행정당국은 아동이 현재 새로운 환경에 적응하였다고 증명되지 않는 한 반환을 명할 수 있다(§12 ②). ⓐ 아동의 불법한 이동 또는 유치일부터 1년이 지난 뒤에 반환신청이 제출되고, ⓑ 아동이 현재 새로운 환경에 적응하였다고(settled) 증명되는 경우 법원은 아동의 반환을 거부할 수 있다. 즉 1년 내에 절차가 개시되면 법원은 원칙적으로 반환을 명하여야 하나 1년 경과 후 반환신청이 있는 경우에는 아동의 적응 여부를 심사하여야 한다는 것이다. 미국에서는 1년이 경과되었더라도 반환의무자가 아동의 소재를 숨긴 경우 '형평법상의 중단(equitable tolling)'의 법리의 적용 여부가 논의된다. §12 ②의 취지는 비록 아동이 불법하게 탈취되었더라도 상당한 기간이 경과되었다면 아동의 뿌리를 다시 뽑아서는 안 된다는 데 있으므로 형평법상의 중단을 인정하기는 어렵다. 미국 연방대법원도 2014. 3. 5. Lozano v. Alvarez 사건 판결[28]에서 같은 결론을 취하였다.

(2) 양육권의 불행사, 동의 또는 추인(§13 ① a)

아동의 신상보호를 하는 개인, 시설 등이 이동 또는 유치 당시에 실제로 양육권을 행사하지 않았거나, 이동 또는 유치에 동의하거나 추인한 경우 이는 반환거부사유

26) 김미경(2007b), 170.

27) 상세는 석광현(2013), 96 이하. Lowe/Everall/ Nicholls, para. 17.1 이하는 반환거부사유를 상세히 다루고 있다.

28) No. 12-820, 2014 BL 60802.

가 된다. 이는 피신청인이 주장·입증하여야 한다.29)

(3) 아동의 중대한 위험

§13 ① b는 "아동의 반환으로 인하여 아동이 육체적 또는 정신적 위해에 노출되거나 그밖에 견디기 힘든 상황에 처하게 될 중대한 위험이 있음"을 반환거부사유로 열거한다. 이 사유는 반환을 거부하는 피신청인이 주장·입증하여야 함은 문언상 명백하다. 이는 법원의 재량을 인정하는 것으로 보인다. 반환으로 인하여 아동이 구체적 및 현실적으로 육체적 또는 정신적 위해 기타 중대한 위험에 처하게 되는 경우에 한정해야지, 이를 아동의 반환에 수반되는 경제적 또는 교육적 불이익에까지 확대해서는 아니 된다.30) 이는 아동의 반환에 필연적으로 수반되는 어려움을 넘는 아동의 복리에 대하여 비상하게 중대한 침해가 있는 경우에만 관철될 수 있다.31) 전형적인 예는 아동을 전쟁지역, 기아지역 또는 전염병 지역으로 반환함으로써 임박한 위험에 빠뜨리는 경우이다.32) 따라서 아동의 복리라는 명분 하에 반환을 거부하는 것은 허용되지 않으나 개별사안에서 그 판단이 어려울 수 있다.33)

나아가 아동의 반환을 받을 부가 과거 아동을 학대하거나 부적절하게 행동한 경우, 우울증과 알코올중독에 빠진 경우 또는 모와 아동에게 폭력을 행사한 경우 등을 든다.34) 반면에 그것만으로는 부족하고, 일상거소지국이 아동의 보호를 위하여 적절한 조치를 취할 수 없거나 취할 용의가 없는 경우에만 §13 ① b의 사유가 된다고 보는 견해도 있는데 미국 연방항소법원의 판결은 나뉜다.35) 아동학대 사실이 과거 1회

29) 동의와 추인에 관한 상세한 논의는 Lowe/Everall/Nicholls, para. 17.61 이하 참조.

30) MünchKomm/Heiderhoff (2020), HKÜ, Art. 13 Rn. 24ff.

31) Kropholler, 402; Bach/Gildenast, Rn. 124; Andrae, §9 244.

32) MünchKomm/Heiderhoff (2020), HKÜ, Art. 13 Rn. 25. 중대한 위험에 관한 상세한 논의는 Lowe/Everall/Nicholls, para. 17.95 이하 참조.

33) 일본의 실시법(§28)은 위 사유에 해당하는지를 판단하기 위한 해석규정을 두고 있다. 곽민희(2014b), 18 참조.

34) Cheshire, North & Fawcett, 1151 이하. 서울가정법원 2019. 9. 25.자 2019느단50348 심판에서 법원은 "중대한 위험에는 청구인의 아동에 대한 직접적인 폭력이나 학대 등으로 아동의 심신에 유해한 영향을 미칠 우려가 있는 경우뿐만 아니라 상대방인 일방 부모에 대한 잦은 폭력 등으로 인하여 아동에게 정신적 위해가 발생하는 경우와 상거소국에 반환될 경우 오히려 적절한 보호나 양육을 받을 수 없게 되어 극심한 고통을 받을 수 있는 경우를 포함한다."고 전제하고 청구인(부)과 사건본인의 통역 없이는 의사소통이 거의 이루어지지 않았고 사건본인이 청구인(부)에 대한 불편감과 두려움을 느낀다는 심리검사 결과를 근거로 중대한 위험이 있다고 보아 청구를 기각하였으나, 서울가정법원 2021. 4. 26.자 2020브30153 결정에서 청구인(부)이 과거 사건본인의 출생 전 알콜 중독이 있었음에도 그것만으로는 아동에 중대한 위험이 있다고 보기 어렵다고 판시하며 청구인의 아동반환청구를 인용한 바 있다. 중대한 위험에 관한 우리 문헌은 우선 곽민희(2014a), 25 이하; 곽민희(2022), 155 이하 참조. 2020년 Guide to Good Practice Child Abduction Convention: Part Ⅳ – Article 13(1)(b)(탈취협약 모범실무지침: Ⅳ부 – 제13조(1)(b))도 참조.

35) Robert G. Spector (2011), A Guide to United States Case Law under the Hague Convention on the Civil Aspects of International Child Abduction, Yearbook of Private International Law, Vol. Ⅻ, 165. 다만 이것이 언급하는 것은 아동의 심각한 학대 또는 유기(serious abuse or neglect)의 경우이다. 위

있었던 것만으로는 부족하고, 여러 번 있었을 것과 적절한 보호조치가 없으면 그것이 반복될 것이 합리적으로 기대되는 경우여야 할 것이다.[36)]

또한 논란이 있는 것은 §13는 아동의 복리만이 아니라 직전 상거소지국으로 아동을 신속하게 반환하여 그곳에서 양육권에 관한 재판을 받을 수 있도록 하는 것이므로 아동 반환이 아동의 복리에 반한다는 이유로 반환을 거부할 수 있는가라는 점이다.

유럽인권법원은 초기에는 중대한 위험의 인정에 관해 엄격하였으나(2007. 12. 6. Maumousseau 판결[37)]), 점차 子의 최선의 이익에 초점을 맞추는 태도로 전환하고 있다고 한다. 2010. 7. 6. Neulinger and Shuruk v. Switzerland 사건[38)]에서 유럽인권법원 대법정(Grand Chamber)은 중대한 위험이 쟁점이 된 사안에서, 아동의 반환명령의 집행은 탈취한 모와 자의 권리를 침해하는 것으로서 유럽인권협약 §8 위반이라고 판단하였다. 실무적으로는 아동 소재지국 법원이 아동의 반환을 명하면서, 아동의 반환으로 인하여 아동이 육체적 또는 정신적 위해 기타 중대한 위험에 처하지 않도록 반환 신청인으로 하여금 적절한 예방조치를 취하도록 할 수 있는데, 영미법계에서는 이런 목적으로 반환신청을 하는 부(또는 모)와 탈취자인 모(또는 부) 간에 '확약(undertakings)'을 사용한다.[39)] 브뤼셀Ⅱter §27 ③은 "법원이 1980년 헤이그아동탈취협약 §13 ① b만에 근거하여 아동의 반환 거부를 고려하는 경우에는, 만일 아동의 반환을 구하는 당사자가 아동의 반환 후 보호를 확보하기 위하여 적절한 조치가 취해졌음을 충분한 증거를 제공함으로써 법원이 이를 인정하거나 또는 법원이 달리 이를 인정한다면 아동의 반환을 거부할 수 없다"고 규정함으로써 그런 취지를 명시한다.

§13 ① b에 관하여는 이를 엄격하게 해석하는 국가들과 프랑스처럼 완화된 해석을 취하는 국가들이 있다.[40)] 이런 맥락에서 주목할 것은 반환거부사유를 판단한 대법원 2018. 4. 17.자 2017스630 결정이다. 일본에서 거주하던 여성이 남편의 폭력 등으로 인하여 자녀들을 데리고 한국으로 이주하자, 남편이 탈취협약에 기해 아동반환을 청구한 사건인데, 대법원은 남편의 여성에 대한 폭력을 자녀가 목격하여 그로 인한

Spector, 167.

36) Simcox v. Simcox, 511 F. 3d 594 (6h Cir. 2008) 참조.

37) https://www.incadat.com/en/case/942 참조. 소개는 곽민희(2014a), 48 이하 참조.

38) https://www.incadat.com/en/case/1323 참조. 소개는 곽민희(2014a), 50 이하; 곽민희(2022), 189 이하 참조. 곽민희(2014a), 53은 Neulinger 판결이 요구한 본안판단에 가까운 '심화된 조사'는 당해 사건의 특수성에서 인정된, 즉, 반환명령의 단계에서 집행의 지체로 인해 발생하는 상태에 한정된 적용에 관한 것이지, 그동안의 선례를 변경하는 일반원칙으로 넓게 받아들여서는 안된다고 정리하면서도 그 후의 유럽인권재판소 판결은 그러한 태도를 정면으로 반박하는 듯이 Nelinger 판결을 전면에서 지지하고 있다는 점은 유럽인권법원판결의 향후 경향을 가늠하게 하는 중요한 의미가 있는 것으로 보인다고 한다.

39) 확약의 소개는 BeckOGK/Markwardt, 1.6.2023, HKÜ Art. 13 Rn. 32ff. 참조.

40) 체약국의 견해의 소개는 곽민희(2022), 162 이하 참조.

정신적 고통을 겪었고, 자녀들만 돌아갈 경우 겪게 될 심리적 고통 등의 사정을 고려하여 자녀들에게 중대한 위험이 있다고 판단하여 반환청구를 기각한 원심을 긍정하고 재항고를 기각하였다. 대법원의 판시는 아래의 취지이다.

> "이행법률 §12 ④ iii의 반환예외사유는 아동의 신속한 반환으로 인하여 오히려 아동의 구체적이고, 개별적인 복리가 침해되어 발생할 위해를 방지하기 위한 것으로, 그 해석에 있어서는 아동의 권익이 일방 부모의 양육권이나 절차의 신속성 등보다 우선하여 고려되어야 하고, 따라서 아동의 한국으로의 불법적인 이동 또는 유치로 양육권이 침해되어 법원에 아동의 반환을 구한 경우, 반환예외사유로 정한 이행법률 §12 ④ iii의 '중대한 위험'에 상대방인 일방 부모에 대한 잦은 폭력 등으로 인하여 아동에게 정신적 위해가 발생하는 경우와 상거소국에 반환될 경우 적절한 보호나 양육을 받을 수 없게 되어 극심한 고통을 겪게 되는 경우가 포함된다고 전제하고, 반환청구를 받은 법원은 위와 같은 사정 이외에도 그 위험의 정도와 반복될 우려가 있는지 여부, 아동의 반환 전후 양육에 관한 구체적 환경, 반환이 아동에게 미칠 심리적, 육체적 영향 등 기타 일체의 사정을 종합적으로 검토하되 청구인과 상대방의 양육권 등을 고려하여 <u>아동에 대한 최선의 이익이 무엇인지와 반환이 오히려 아동의 복리에 심각한 침해가 되는지 여부</u>를 판단하여야 한다."(밑줄은 필자가 추가)

이는 아동의 중대한 위험을 다소 완화하여 해석한 것으로 보인다.[41)]

헤이그국제사법회의가 발간한 '탈취협약 모범실무지침(2020)'은 중대한 위험의 의미와 판단요소에 관하여 권고적 지침을 제시하였다. 그에 따르면 '중대한 위험'의 판단은 아동이 반환되었을 때의 상황과 그러한 상황이 아동을 중대한 위험에 노출시킬지 여부에 초점을 맞춘다는 점에서 미래 지향적 성격을 가지는데,[42)] 위 모범실무지침은 중대한 위험의 예외에 대한 심사 시 필요하고 적합하다면 일상거소국에서의 적절하고 효과적인 보호조치(protective measures)의 가능성에 대한 고려도 포함하여야 한다고 한다.[43)] 이러한 효과적인 보호조치가 중대한 위험으로부터 아동을 보호할 수 있는지를 판단함에 있어서는 과거의 행동이나 사건이 결정적인 고려 요소는 아닌데, 지

---

41) 곽민희(2022), 168 이하도 동지. 권재문(2018b), 175 이하도 참조. 간단한 평석인 권영준(2019), "2018년 민법 판례 동향", 서울대학교 법학 60-1, 376 이하는 반환에 대한 아동의 이의에 착안하는 것이 쉬웠을 것이라고 한다. 김문숙, 온주 국제사법 제72조, 2023. 7. 5., [63]은 모범실무지침에 따른 해석상, 위 사건에서는 3종류의 중대한 위험을 함께 판단한다는 점, 남편에 의한 위해는 아동이 아니라 모에 대한 것이지만 이러한 위해도 아동에 대한 중대한 위험에 포함된다는 점, 아동에게는 당해 위해를 견디기 힘든 상태라는 점, 또한 자녀들만 반환될 경우 아동이 놓일 상황을 고려할 때 장래 예측에 의한 중대한 위험이 긍정된다는 점에서 위 결정은 타당하다고 평가한다.

42) 위 지침, para. 35; 곽민희(2022), 179. 위 지침의 소개는 곽민희(2022), 173 이하 참조.

43) 위 지침, para. 36; 곽민희(2022), 179.

침의 태도는 과거 가정폭력 등의 사실이 인정되더라도 보호조치를 조건으로 반환명령이 내려질 수 있음을 시사하는 것이다.

(4) 반환에 대한 아동의 이의

의견을 고려하는 것이 적절할 정도의 연령과 성숙도에 이른 아동이 반환에 이의를 제기하는 경우 이는 반환거부사유가 될 수 있다(§13 ②). 이는 법원의 재량을 인정한다. 여기의 반환거부사유가 법원의 직권조사사항인지 아니면 반환을 거부하는 자가 입증해야 하는 것인지는 논란이 있다.[44]

(5) 인권 및 기본적 자유 위반

§20는 "인권 및 기본적 자유 보호에 관한 수탁국의 기본원칙에 의해 허용되지 않는 경우에는 §12의 규정에 의한 아동의 반환은 거부될 수 있다"고 규정한다. 아동이 반환될 경우 아동을 탈취한 부 또는 모가 탈취를 이유로 또는 다른 이유로 형사처벌을 받게 되어 아동과 함께 원천국(즉 구 소재지국)으로 갈 수 없는 경우 §20의 적용을 주장하는 사례들이 있으나 실제로 §20를 근거로 아동의 반환을 거부한 사례는 드물다.

마. 아동의 반환청구 재판의 진행과 본안 판단

아동의 불법한 이동 또는 유치의 통지를 받은 후에는 신청인이 아동 소재지국의 법원에서 양육권의 본안에 관하여 제소하더라도 그 법원은 본안에 관하여 결정할 수 없다(§16). 다만 아동 소재지국 법원은 ⓐ 탈취협약에 따른 아동의 반환청구를 기각한 경우와 ⓑ 아동의 반환청구가 그 통지를 수령한 후 상당한 기간 내에 제출되지 않은 경우에는 예외적으로 본안에 관하여 판단할 수 있다(§16). 이는 탈취자가 반환청구에 대응하여 수탁국에서 양육권에 관하여 제소함으로써 탈취협약에 따른 반환청구를 무력화하려는 시도를 막으려는 것이다.[45] 이미 수탁국 법원에 양육권의 본안에 관한 신청이 있고 수탁국이 국제재판관할을 가지더라도 반환청구에 대한 결정을 하기까지는 본안 판단을 연기하여야 한다.[46] 이처럼 본안 판단을 차단하는 효력을 독일에서는 'Sperrwirkung('차단효' 또는 '금지효)'라고 한다.[47]

---

44) Bach/Gildenast (1999), Rn. 142 참조. Andrae, §9 Rn. 248은 직권조사사항이라고 한다.

45) Staudinger/Pirrung (2018), EGBGB/IPR, HKÜ, Neubearbeitung, Rn. E 80.

46) MümchKomm/Heiderhoff (2020), 8. Aufl., HKÜ Art. 16 Rn. 1.

47) 우리나라에서는 이 경우 수탁국 법원은 국제재판관할이 없다고 설명하나(곽민희(2023b), 31) 이는 재판을 하지 말라는 것이지 국제재판관할을 부정하는 것이 아니다. 국제재판관할의 유무는 그와 별개로 판단할 사항이다. 흥미로운 것은 우리나라에서는 民(§909 ⑤)상 이혼재판에서 양육권 판단이 반드시 이루어져야 하므로 그 경우 이혼재판을 하는 법원으로서는 협약 §16에도 불구하고 아동반환에 앞서 양육권 본안에 대하여 판단하지 않을 수 없음을 지적하면서 입법론적 해결이 필요하다는 견해가 있다는 점이다. 현소혜(2021), "헤이그아동탈취법상 아동반환재판과 본안재판의 관계", 비교사법 28-3, 217; 곽민희(2023b), 35 이하. 특히 전자는 "별도의 입법을 통해 혼인 관계 사건과 친권 관계 사건 간의 관련사건 관할을 폐지하고, 아동탈취 사건의 경우 본안재판에 관한 국제재판관할을 종전 상거소국에 집중시

5. 면접교섭권

§21는 부모 일방의 면접교섭권을 확보하기 위한 규정을 두나 면접교섭권의 확보는 매우 소홀히 취급되고 있다. 면접교섭권의 효과적 행사를 추진하거나(organizing) 확보하기 위한 조치를 구하는 신청은 아동의 반환신청과 동일한 방식으로 체약국의 중앙당국에 제출할 수 있다(§21 ①). 이는 이미 전에 결정된 면접교섭권의 행사를 보호하는 것과, 처음으로 면접교섭권을 확립하는 것(the organization of access rights, i.e., their establishment, the erstmalige Begründung)을 포함한다.[48] 중앙당국은 면접교섭권의 평화로운 향유와 그 권리행사를 위한 모든 조건의 충족을 촉진하기 위하여 §7에 규정된 협력의무를 부담하고, 가능한 한 그러한 권리 행사에 대한 모든 장애를 제거하기 위한 조치를 취하여야 한다(§21 ②). 또한 중앙당국은 면접교섭권을 체계화하거나 보호하고 그 권리를 위한 조건의 준수를 확보하기 위하여 절차의 수행을 개시하거나 지원할 수 있다(§21 ③).

탈취협약상 면접교섭권의 규율은 매우 불충분한 탓에 면접교섭권에 기하여 법원에 청구하는 것은 인정되지 않는다는 견해가 유력하다. 판결례는 나뉘나 부정설을 취한 판결들이 다수로 보인다. 그에 따르면 탈취협약은 중앙당국에 면접교섭권 확보를 촉진할 행정적 의무만을 부과하는 것이 된다. 반면에 면접교섭권의 실행도 가능하다는 판결도 있는데, 미국 제2순회구 연방항소법원은 2013. 2. 11. Ozaltin v. Ozaltin 사건 판결에서 면접교섭권을 실행하기 위한 제소도 가능하다고 해석하였다.[49] 탈취협약이 이 점을 명확히 규정하지 못한 것은 유감이다.

Ⅲ. 이행법률의 주요내용

한국은 탈취협약 가입을 위하여 이행법률을 제정하였는데 이는 한국이 헤이그협약에 가입하면서 제정한 최초의 이행법률이다. 이행법률은 4개장 17개 조문으로 구성된다.

키는 취지의 조문을 국제사법 또는 이행법률에 신설하되, 아동의 최선의 이익을 위해 필요한 예외적인 경우에 한해 혼인 관계 사건에 대해 국제재판관할을 행사하는 국가가 본안재판에 대해서도 국제재판관할권을 행사할 수 있도록 제도를 개선할 필요가 있다"고 한다. 필자는 그 경우 협약을 존중하여 우리 법원이 양육권 본안에 대한 판단을 미루고 반환 여부에 대한 결정을 먼저 한 뒤에 이혼과 양육권 본안에 대한 재판을 하여야 할 것이다.

48) Pérez－Vera, para. 126.

49) 708 F.3d 355 (2d Cir. 2013).

1. 중앙당국에 대한 신청

한국의 중앙당국은 법무부장관이다(이행법률 §4). 중앙당국이 그 임무를 수행함에 있어서는 다른 기관들의 협력이 필수적이므로 이행법률 §9는 관계기관에 대한 협조요청과 요청을 받은 기관 장의 협조의무를 명시한다.

한국으로의 아동의 불법적 이동 또는 유치로 인하여 탈취협약에 따른 양육권이 침해된 자는 법무부장관에게 아동의 반환을 확보하기 위한 지원 등을 신청할 수 있다(이행법률 §5 ①). 반면에 우리 아동이 외국으로 불법적으로 이동된 경우에는, 법무부장관은 다른 체약국으로의 불법적인 이동 또는 유치로 인하여 양육권 또는 면접교섭권이 침해된 자가 아동반환 지원 신청 등을 하는 때에는 아동 소재국 중앙당국으로의 지원 신청서 전달 등 탈취협약이 정한 범위에서 필요한 지원을 할 수 있다(이행법률 §8). 상세는 법무부령이 규정한다.

외국에서 아동을 탈취당한 부모가 한국 중앙당국에 신청을 하거나 법원에 아동의 반환청구를 제기하기 위하여는 한국 변호사의 도움을 받을 필요가 있다. 법무부는 탈취협약의 효율적인 운영을 위하여 필수적으로 요구되는 전문변호사와의 연결시스템을 구축하기 위한 작업을 추진하여 아동을 탈취당한 외국의 부 또는 모의 한국 변호사에의 접근을 지원한다. 우리나라가 취할 연결시스템 유형으로 제1방안[일본처럼 중앙당국인 법무부가 변호사협회로부터 복수(예컨대 3인)의 전문변호사 후보를 추천 받아 소개하는 방안]과 제2방안[변호사협회를 거치지 않고 법무부가 직접 전문변호사명부를 작성하고 관리하면서 직접 복수(예컨대 3인)의 전문변호사 후보를 선정하여 소개하는 방안]이 제시된 바 있는데[50] 제2방안은 변호사법 위반 소지가 없지 않아 법무부는 제1방안에 따르면서도 더 소극적으로 시스템의 운용을 대한변협에 맡기고 있는 것으로 보이는데, 일부 전문성이 부족한 변호사들이 리스트에 포함되어 있는 탓에 신청인에게 실질적인 도움이 되지 못하는 것으로 보이므로 이를 개선해야 할 것이다. 근자에 탈취사건이 증가하고 있음을 고려한다면 이 문제에 더 관심을 가져야 한다.

2. 법원에 의한 아동반환[51]

가. 관할

탈취협약에 따른 아동반환사건은 서울가정법원의 전속관할에 속한다(이행법률

50) 석광현·이병화(2017), 275 이하. 이 책에서 저자들은 일본, 영국, 미국과 호주의 전문변호사 연결시스템을 소개하고, 우리나라가 취할 연결시스템 유형으로 제1방안과 제2방안을 제시한 바 있다. 나아가 이는 법률구조와도 밀접하게 관련되는 문제이다.

51) 법원의 실무는 제요[Ⅱ], 1173 이하 참조.

§11). 이는 관할을 집중함으로써 탈취사건을 다루는 법관의 전문성을 제고하고 경험을 축적하도록 하려는 것이다. 이행법률은 명시하지 않지만, 아동반환사건의 국제재판관할은 아동 소재지 국가에 있는 반면에 본안, 즉 양육권에 관한 사건의 국제재판관할은 아동의 일상거소지국이 가진다고 보았는데, 이제는 國私(§59)이, 후자의 사건, 즉 미성년인 자녀 등에 대한 친권, 양육권과 면접교섭권에 관한 사건의 경우 자녀의 일상거소가 한국에 있거나, 부모 중 한쪽과 자녀가 한국 국민인 경우 한국이 국제재판관할을 가짐을 명시한다.

나. 청구권자

아동의 한국으로의 불법적인 이동 또는 유치로 인하여 탈취협약에 따른 양육권이 침해된 자는 관할법원에 아동의 반환을 청구할 수 있다(이행법률 §12 ①).

다. 가사소송법의 준용

아동의 반환청구에 관하여는 탈취협약, 이행법률 및 대법원규칙으로 정한 바에 따르고, 대법원규칙으로 정한 사항을 제외하고는 가사소송법에 따른 마류 가사비송사건에 관한 규정을 준용한다(이행법률 §12 ②).

라. 법원의 가처분

법원은 이행법률 §12 ①의 청구 사건에 관하여 아동의 권익 보호 또는 아동의 추가적인 탈취나 은닉을 예방하기 위하여 家訴 §62에 따른 사전처분[52] 또는 §63에 따른 가처분을 할 수 있다(이행법률 §12 ③). 탈취협약은 약식의 절차를 통하여 아동의 신속한 반환을 가능하게 하는 것이므로 이를 위한 사전처분 또는 가처분이 적절한가는 의문이 있으나 현실적 필요성을 고려하여 이를 규정하였다.

마. 아동의 반환거부사유

이행법률(§12 ④)은 탈취협약을 따라 아동 반환거부사유를 아래와 같이 규정한다. 첫째, 아동의 불법적인 이동 또는 유치일부터 1년이 경과하였고, 아동이 이미 새로운 환경에 적응한 경우(i. 탈취협약 §12 ② 참조), 둘째, 아동을 보호하는 자가 아동의 이동

52) 법원은 사전처분으로서 예컨대 아동의 출국금지를 명하거나 여권을 중앙당국 등에 제출할 것을 명할 수 있을 것이다. 다만 이를 위한 법적 근거를 명시하고 그 경우 중앙당국의 처리방안에 관하여도 규정하는 편이 바람직할 것이다. 국외아동탈취를 방지하기 위하여 외교부는 공동친권자 중 일방이 타방 공동친권자의 동의 없이 자녀의 여권을 발급받아 자녀를 출국시키는 것을 여권 발급 단계에서 막기 위하여 2016년 7월 '18세 미만 자녀의 여권발급에 대한 공동친권자의 부동의 의사표시 관리 제도'를 도입하여 시행하고 있다. 그러나 위 제도는 여권이 이미 발급되어 있는 아동, 이중국적으로 인해 대한민국 여권 외 다른 여권을 소지하고 있는 아동에 대해서는 대응할 수 없다는 한계가 있다. 이행법률에 따른 아동반환심판청구 사건의 제1심 또는 그 항고심에서 사전처분의 결정 주체는 원칙적으로 사건이 계속되어 있는 가정법원, 조정위원회 또는 조정담당판사이고, 예외적으로 급박한 경우에만 재판장 또는 조정장이 단독으로 할 수 있으므로 사건이 가정법원 합의부에 계속 중인 경우 재판장은 수명법관을 지정하여 사전처분의 심문기일을 진행할 수는 있으나 수명법관이 단독으로 사전처분 결정을 할 수는 없다. 대법원 2021. 11. 25.자 2021스713 결정.

또는 유치 당시 실제로 양육권을 행사하지 아니하였다거나 이동 또는 유치에 동의하거나 추인한 경우(ii. 탈취협약 §13 ① a 참조), 셋째, 아동의 반환으로 인하여 아동이 육체적 또는 정신적 위해에 노출되거나 그 밖에 견디기 힘든 상황에 처하게 될 중대한 위험이 있는 경우(iii. 탈취협약 §13 ① b 참조),[53] 넷째, 아동이 반환에 이의하고 그의 의견을 고려하는 것이 적절할 정도의 연령과 성숙도에 이른 경우(iv. 탈취협약 §13 ② 참조), 다섯째, 아동의 반환이 한국의 인권 및 기본적 자유 보호에 관한 기본원칙에 의해 허용되지 않는 경우(v. 탈취협약 §20 참조). 아동의 반환을 구하는 소송에서 우리 법원에서도 반환거부사유의 유무가 가장 큰 쟁점이 될 텐데, 그 경우 원칙적으로 이행법률보다 탈취협약을 기초로 판단해야 한다.

바. 법원의 신속처리

법원은 아동반환에 관한 사건의 심판청구일 또는 조정신청일부터 6주 이내에 결정하지 못하면 청구인 또는 법무부장관의 신청에 따라 지연이유를 서면으로 알려야 한다(이행법률 §14). §3는 탈취협약 §11 ①을, §14는 탈취협약 §11 ②을 주의적으로 규정한 것이다. 법원은 사건의 심급별 재판 결과를 지체 없이 법무부장관에게 서면으로 알려야 한다(§12 ⑤).

사. 조정

家訴(§50)에 따르면, 마류 가사비송사건에 대하여 가정법원에 소를 제기하거나 심판을 청구하고자 하는 자는 먼저 조정을 신청하여야 한다. 이행법률의 성안과정에서 가사소송법을 준용하는 방안과, 조정절차를 배제함으로써 신속하게 처리하는 방안을 검토하였는데 조정이 신속한 처리에 도움이 될 수 있음을 고려하여 전자를 택하였다.[54] 한국도 장래 탈취협약에 따른 사건을 취급하는 과정에서 전문화된 '법정외 조정(out of court mediation)'[55]의 도입을 검토해야 한다.[56] 이는 특히 아동의 자발적 반환을 위한 수단으로 유용할 수 있다.

아. 변론

법원은 사건 접수 후 즉시 변론기일을 정하고 상대방의 출석을 명하여야 한다.

---

53) 중대한 위험과 관련하여 국제적 논란이 있다는 점과 대법원 2018. 4. 17.자 2017스630 결정이 있음은 위에서 언급하였다.

54) 헤이그국제사법회의 상설사무국은 조정(mediation)의 중요성에 주목하고 2012년 "Guide to Good Practice under the Child Abduction Convention－Mediation"을 간행하였다. 상세는 Sarah Vigers (2011), Mediating International Child Abduction Cases: The Hague Convention, 참조.

55) 이를 법원에 의한 '사법형 조정'과 구별하여 '민간형 조정'이라고 부르기도 한다. 전원열(2021), 민사소송법 강의 제2판, 1－2－2－4.

56) 곽민희(2014), 43도 통상의 가사사건 일반에 관해 적용되는 조정이 아니라 아동의 복리를 최우선으로 하고 신속한 심리를 요하는 아동반환사건의 특수성을 고려한 제도 고안의 필요성을 지적한다.

家訴 §7는 본인출석주의를 원칙으로 규정하고 §48는 마류 가사비송사건의 심판은 특별한 사정이 없는 한 사건관계인을 심문해야 한다고 규정하는데, 신청인의 출석을 명할지는 법원이 적절히 판단하여야 한다. 반환사건의 핵심은 불법탈취된 아동을 신속하게 아동의 탈취 전 상거소로 반환하는 것이므로 변론의 초점도 그에 한정해야 한다. 이행법률 §7는 "법무부장관 또는 양육권 침해를 이유로 §5 ①의 신청을 한 자는 협약 §16에 따른 본안 재판 중지를 위하여 관할법원에 아동의 불법적인 이동 또는 유치 사실을 통지할 수 있다"고 규정함으로써 법원이 재판을 중지해야 함을 명시한다.

자. 아동의 반환장소, 반환명령의 주문과 상소

협약의 전문은 아동을 상거소지국으로 반환할 것을 전제로 하나 협약 §12는 아동의 반환장소를 명시하지 않는다. 법원은 원칙적으로 상거소지국으로 아동의 반환을 명할 것이다. 그러나 신청인이 더 이상 아동의 상거소지국에 살지 않을 수도 있으므로 반드시 그래야 하는 것은 아니고, 사안에 따라서는 거소에 관계없이 신청인에게 반환할 것을 명할 수 있다.[57] 주문에는 아동의 반환을 위하여 필요한 내용, 즉 누가 언제 어떤 조치를 취해야 하는지를 모두 담아야 하고, 반환에 소요되는 비용의 지급도 명시하여야 한다. 반환명령은 심판으로써 하는데,[58] 이는 즉시 집행할 수 있는 것은 아니고 확정되어야 집행할 수 있다. 家訴 §40에 의하면 심판의 효력은 고지받음으로써 발생하지만, §43에 따라 즉시항고를 할 수 있는 심판은 확정되어야 효력이 있기 때문이다. 家訴 §42에 따르면 법원은 가집행할 수 있음을 명해야 하나 대법원규칙(§8)은 아동반환청구에 관한 심판에는 그 대상이 유아더라도 가집행 명령을 붙이지 아니할 수 있다고 규정한다. 실무에서는 1심에서 가집행을 붙이지 않는 경우가 다수이나 붙이는 경우도 있다고 한다.[59] 그에 더하여 아동인도의 특수성을 충분히 고려하면서도 반환명령의 실효적인 집행방안을 모색할 필요가 있는데 이는 협약의 이행만이 아

---

57) 윤종섭(2012), 193; 현낙희(2012), 155도 동지. Pérez-Vera 보고서, no. 110은 신청인의 소재지에 관계없이 법원은 아동을 신청인에게 반환할 것을 명할 수 있다고 한다. 우리 법원의 실무는 청구인에게 반환을 명하는 것이고, 주문도 "상대방은 청구인에게 사건본인을 반환하라"는 식으로 기재한다. 제요[Ⅱ], 1182. 권재문(2020), 299은 이것이 타당하다고 한다. 헤이그국제사법회의 홈페이지<http://www.incadat.com/index.cfm?act=analysis.show&sl=3&lng=1>는 협약의 유연한 문언을 고려하여 법원이 적절한 명령을 할 수 있음을 강조한다. "피청구인 OOO는 아동(특정) OOO를 상거소국에 반환하라"고 기재하는 것이 더 정확하고, 그런 결정이 있는 경우 피청구인이 아동과 함께 상거소국으로 귀국하는 것으로도 이행이 완료된다고 보는 견해가 유력하다는 지적도 있다. 곽민희(2014), 20. 우리 이행법률과 대법원규칙이 이에 관해 침묵하는 것은 다소 아쉽다. 일본 시행법의 집행방법은 곽민희, 온주 국제사법 [후주] 제72조: 헤이그 아동탈취협약, 2023. 7. 5., [25] 주 112 참조.

58) 家訴 §39 ①1.

59) 제요[Ⅱ], 1182. 대법원규칙이 아동반환청구의 결과 가집행에 따라 아동이 외국으로 이동하면 항고심에서 결론이 바뀌더라도 원상회복이 사실상 불가능한 점을 고려한 것이라고 이해하지만 이는 이행법률에 반하는 것이므로 시정해야 한다.

니라 국내사건에서의 아동인도 집행과 함께 개선하는 것이 바람직할 것이다. 그 경우 국제사건의 특수성을 반영할 필요가 있음은 물론이다.

차. 법원의 아동반환명령의 집행 또는 실효성 확보수단

이행법률(§13)은 법원의 아동반환명령의 실효성을 확보하기 위한 수단을 단계적으로 규정한다. 이는 가사소송법을 준용함으로써 족하고 별도로 명시해야 하는 것은 아니나 그 취지를 명확히 하기 위하여 이행법률에서 별도로 명시한다. 즉, 법원은 이행명령, 과태료 부과와 감치명령을 할 수 있다.[60] 이행법률이 당사자의 신청을 언급하지 않으므로 당사자의 신청 없이 법원이 직권으로 그런 조치를 할 수 있다는 견해도 있으나, 이행법률(§13 ④)이 준용하는 家訴(§64, §67 ①과 §68)에 따라 아동반환 재판에 대하여도 과태료 부과 외에 이행명령과 감치를 위하여는 당사자의 신청이 필요하다는 견해가 유력하다.[61]

대법원의 재판예규인 "유아인도를 명하는 재판의 집행절차"(재특 82-1)는 "집행의 방법에 관하여 유아인도는 유체동산인도청구권의 집행절차(민집 §257)에 준하여 집행관이 강제집행할 수 있다고 규정하면서 이 경우 집행관은 그 집행에 있어서 일반동산의 경우와는 달리 수취할 때에 세심한 주의를 하여 인도(人道)에 어긋남이 없도록 하여야 한다고 하고, 다만 <u>그 유아가 의사능력이 있는 경우에 그 유아 자신이 인도를 거부하는 때에는 집행을 할 수 없다</u>"고 명시하므로 그 경우 집행이 불가능하다. 위 재판예규는 탈취아동에 특유한 것은 아니지만, 실무상으로는 법원이 아동의 연령과 성숙도를 감안하여 아동의 의견을 고려한 뒤 반환거부사유가 없다고 판단하여 반환결정을 하였음에도 불구하고 집행관이 의사능력이 있는 유아가 인도를 거부한다는 이유로 집행을 포기한다고 하는데, 이처럼 집행관이 독자적 판단으로 법원의 결정을 무시하는 것은 잘못이므로 시정하여야 한다(다만 이는 법원의 반환결정과 집행관의 집행 간에 시차가 크지 않음을 전제로 한다).

위 재판예규를 대체하여 2024. 4. 1. 시행된 대법원의 헤이그 국제아동탈취협약에 따른 아동반환청구 사건의 집행에 관한 예규(재특 2024-1. 제1869호)는 탈취협약에 따른 아동의 인도 집행절차에는 위 재판예규를 적용하지 아니하고 그 대신 신예규에 따라야 함을 명시한다. 신예규는 아동의 인도를 위한 집행절차에 관하여는 民執 §257를 준용하면서, 집행관의 권한을 더 명확히 규정하고(§4), 아동 관련 전문가를 위촉하

60) 임재성(2017. 1. 19.), "'국제아동탈취협약'의 실무적 문제점", 신문4480, 13은 실무상의 문제점으로 아동소재파악에 있어서 행정당국의 조력이 절실하다는 점과 아동반환 집행의 특수성을 고려한 절차규정이 필요하다는 점을 지적한다.

61) 제요[Ⅱ], 1185.

여 집행보조자로 참여하여 필요한 조력을 하도록 규정한다(§5).[62] 문제는 종래 아동반환청구가 인용되더라도 실제 반환이 이루어지지 않는 경우가 대다수라는 점인데,[63] 신예규에서는 위 밑줄 친 부분이 삭제되었기에 집행이 이루어진 사례들이 나오고 있다.[64] 그러나 집행이 되었다고 문제가 없는 것은 아니다. 필자는 법원이 아동의 의견을 고려한 뒤 반환거부사유가 없다고 판단하여 반환결정을 하였음에도 불구하고 집행 시 의사능력이 있는 유아가 인도를 거부한다고 해서 집행관이 독자적 판단으로 집행을 포기하는 것은 잘못이라고 하였으나 이는 탈취협약의 원래의 취지, 즉 법원의 반환결정과 집행관의 집행 간에 시차가 크지 않음을 전제로 하기 때문이다. 일부 사안처럼 사실심의 심리와 실제 집행 간에 오랜 시간이 흘렀다면 집행관이 잘못한 것이라고 평가하기는 어렵다.

이와 관련하여 집행 단계까지 이르게 된 상황에서 신예규상 보장된 절차만을 통해서 집행이 순조롭게 이루어질지에 대하여 의문을 표시하면서, 집행관이 집행 과정에 적극적으로 개입할 수 있도록 그 권한을 폭넓게 인정할 필요가 있고, 필요시 경찰의 원조를 요청할 수 있는 규정이 필요하며, 채권자(탈취당한 부모)의 대부분이 외국인이므로 통역 지원 절차도 마련되어야 하고, 집행의 목적은 아동을 일상거소지국으로 반환하는 데 있으므로 아동의 국외 인도절차에 대한 고려도 필요하다는 지적[65]이 있다. 법원의 이행명령, 과태료 부과와 감치명령에도 불구하고 아동 반환명령이 실효성을 상실하게 된다면 이는 우리의 법과 사법제도에 대한 신뢰를 훼손함으로써 법치주의를 중대하게 저해하는 심각한 문제이므로 조속히 시정하여야 한다.

62) 예규안에 대한 소개와 비판은 장준혁(2024. 1. 18.), "'헤이그국제아동탈취협약에 따른 아동반환청구사건의 집행에 관한 예규' 제정안에 대한 의견", 신문5147, 12 참조. 다만 위 글은 예규 제정안에 대한 의견조회 과정에서 작성된 것으로 실제 예규와는 차이가 있다. 예컨대 위 글에서는 예규안 제4조 제4항(집행관이 아동에 대하여 강제력을 사용할 수 없다는 내용)을 언급하였는데 이는 예규에서는 삭제되었다. 김상용(2024), "자녀의 인도청구에서 직접강제의 허용 여부 - 자녀의 의사에 반하는 강제집행은 허용될 수 있는가", 가정상담 493, 7 이하는 위 예규를 비판하고 결국 직접강제가 가능한지는 자녀의 복리 실현에 기여할 수 있는가에 따라 결정하여야 한다고 한다. 독일에서도 과거 논란이 있었으나 2009년 9월 시행된 FamFG §90② 1문은 면접교섭의 실행을 목적으로 자녀에 대해 직접강제는 허용되지 않는다고 규정하나 2문은 그 이외의 경우는 자녀에 대한 직접강제가 원칙적으로(즉 자녀복리의 관점에서 정당화될 수 있고 또한 다른 수단이 없는 경우) 가능하다고 규정한다. 소개는 김상용(2024), 12 이하 참조. 김상용(2024), 7은 표준국어대사전을 인용하면서 유아인도에서 유아는 생후 1년부터 만 6세까지의 어린 아이를 말한다고 하나, 우리 법상 아직 확립된 개념은 없는 것으로 보인다.

63) 황윤정(2024. 2. 29), "헤이그 아동탈취협약과 이행법률의 실무상 쟁점", ILA Korea 2024년 춘계발표회 발표문, 60.

64) 조선일보 2024. 4. 30. 기사 참조. https://www.chosun.com/national/court_law/2024/04/30/ 6URNXXIUYJEQJMFDTHQ6DSJUA4/. 그러나 사건에 따라 집행 여부와 기간이 달라지는 등의 문제점을 지적하는 보도도 있다. 동아일보 2024. 8. 20. 의 "빼앗긴 자녀 되찾으려 하는 외국인 아빠들… '질서' 없는 아동반환청구 강제집행 현장" 참조.

65) 황윤정(註 63), 60.

신예규의 제정은 임시방편이고 근본적으로 우리도 이행법률과 민사집행법을 개정함으로써 우리나라의 탈취협약 이행의 법제와 실무를 개선할 수 있기를 기대한다. 그 과정에서 탈취협약 비준 전부터 인도명령의 강제집행 등 제문제를 주도면밀하게 검토하여 이행법률을 제정하고 이를 개선하고자 이행법률과 민사집행법을 개정한 일본의 입법이 참고가 될 것이다. 다만 필자로서는 탈취협약에 따른 아동 반환명령의 집행은 국내법상의 아동인도명령의 집행과 정합성이 있어야 하므로 우리로서는 이행법률만을 개정하기보다는 가사소송법과 민사집행법상 기본원칙을 정비하고 이행법률에서는 그를 준용하면서 국제성으로 인한 특수성을 반영하고자 필요한 범위 내에서 특칙을 둘 필요가 있다고 본다. 2012년 제정한 이행법률의 접근방법도 그런 것이었다.

3. 면접교섭권

이행법률의 성안과정에서 초기에는 면접교섭권에 관하여도 아동반환에 준하여 아동반환과 면접교섭권을 병렬적으로 규정하였으나, 탈취협약은 면접교섭권에 관하여는 법원에 청구하는 것까지 허용하지는 않는다는 견해가 유력한 점을 고려하여 결국 면접교섭권에 관한 조문을 삭제하였다.

4. 비용의 부담

각 중앙당국은 탈취협약을 적용함에 있어 자신의 비용을 부담하고, 중앙당국과 공공 기관은 어떠한 수수료도 부과하지 않지만, 아동반환을 실시하기 위하여 발생한 경비의 지급을 요구할 수 있다(§26 ①, ②). 체약국은 유보를 통하여 변호사 참가비용 또는 재판절차 비용의 지급의무를 자국의 법률구조제도에 의한 책임한도 내로 제한할 수 있는데(§42), 우리나라는 §26 ③의 유보를 선언한 결과 법률구조법 기타 법령에 따른 법률구조의 적용대상이 되는 경우가 아니면 변호사비용 등 소송비용의 지급의무를 부담하지 아니한다.

5. 탈취협약에 대한 유보(§24)

피수탁국의 중앙당국에 송부되는 모든 신청서 등은 자국 언어로 작성하고, 피수탁국의 공용어로 된 번역문을 첨부하거나, 번역이 곤란한 경우 프랑스어나 영어로 된 번역문을 첨부한다. 체약국은 유보함으로써 모든 신청서 등에 프랑스어 또는 영어 중 어느 하나를 사용하는 것을 거부할 수 있는데, 우리나라는 영어 번역문을 선택하고 프랑스어의 사용에 대해 유보선언을 하였다.

6. 종래의 실무와 장래의 개선방향[66]

이행법률은 비교적 간결한 내용을 담은 것으로 아쉬움이 없지는 않지만 큰 법리적 문제는 없다고 본다. 특히 과거 우리나라에서는 아동반환사건이 별로 없었기에 축적된 경험도 없었고 따라서 조약의 이행을 위한 최소의 규정만을 두었다. 법원의 재판을 강제하는 방법은 가사소송법상 기존의 방법을 적용하는 것에 만족하였다. 이행법률의 성안을 위한 작업에 참여하였던 필자로서는 이행법률 초안을 가급적 단순화하고 탈취협약의 해석을 법원에 맡기는 것이 옳다고 생각하였고, 작업반[67]은 아동인도의 집행을 위한 제도(이행명령, 과태료 부과 및 감치명령)는 이미 가사소송법에 구비되어 있었기에 기존의 집행절차를 이용하고자 하였다.[68] 솔직히 필자는 현재도 국제아동인도를 위한 새로운 집행절차의 도입은 이행법률의 제정을 계기로 가사소송법을 개정해서 절차를 보완하는 것이 바람직하다고 본다.[69] 그것을 기초로 '국제적' 아동인도에 특유한 사항을 이행법률에 추가적으로 규정할 수 있다. 실제로 과거 성안되었던 가사소송법 개정안(§143)은 미성년 자녀 인도청구의 집행에 관한 규정을 신설하였으므로 만일 이것이 시행된다면 집행절차가 개선될 수 있을 것으로 기대되었으나 이는 개정되지 않았다(2022년 개정안은 아래에서 언급한다).[70] 일본은 한국보다 늦게 이행법률(일본에서는 실시법률[71])을 제정하였으나 과거 탈취협약에 서명하였으므로 비준함으로써 당사국과의 사이에서 협약이 2014. 4. 1. 일률적으로 발효한 데 반하여, 협약에 가입한 한국의 경우 기존 당사국의 수락이 필요한 탓에 EU 회원국들과는 2017. 4. 1. 비로소 발효되었다. 이는 탈취협약의 당사국이 되기 위하여 일본이 치밀하게 준비하였음을 보여준다.

이행법률에 대하여는 몇 가지 비판이 제기되었다.

첫째, 이행법률만으로 재판절차의 실제 흐름을 알 수 없고 관련 법률을 고려해서 전체 절차를 파악해야 하므로 이행법률은 절차적 집중도 및 접근성이 다소 떨어지고,

---

66) 이 점은 석광현, 정년기념, 83 이하에 언급한 바 있다.

67) 법무부는 이행법률의 초안을 작성하기 위하여 정식의 위원회가 아니라 task force를 구성하였고 위원장도 없었으며 당시 국제법무과장이 회의를 주재하였다. 필자도 구성원으로 참여하였으나 여기의 논의는 필자의 개인적 생각이다.

68) 필자는 이런 배경을 Kwang Hyun Suk (2014), 282에서 설명한 바 있다.

69) 권재문(2018a), 76, 註 101도 동지.

70) 그러나 그것이 탈취협약에 따른 아동인도의 특수성을 반영했는지는 의문이다. 소개는 김원태(2024. 11.), "가사소송법 전면개정의 검토과제", 가정상담 495, 6 이하; 송효진(2017. 6.), "가사소송법 개정안에 대한 고찰이행의 확보 및 관할에 있어서 미성년 자녀의 복리 보호를 중심으로", 법조 통권 제723호, 445 이하 참조. 근자에는 이재석(2021), "유아 인도집행에 관한 규정의 신설 제안", 신문4935, 12도 있다.

71) 일본은 국제적인 아동의 탈취의 민사상의 측면에 관한 협약의 실시에 관한 법률을 2013. 6. 19. 공표하였고 이는 2014. 4. 1. 시행되었다. 이는 153개 조문을 담은 방대한 법률로 자족적인 법률의 형식을 취한다. 이는 2019년 민사집행법과 함께 개정되어 2020. 4. 1.부터 개정법률이 시행되고 있다.

일반 가사소송절차와 국제아동탈취반환 절차의 특수성에 기인한 차이나 아동의 최선의 이익이 충분히 고려되지 않았고[72] 재판관할, 양육권 침해와 면접교섭권 침해의 불법성, 아동의 소재파악을 위한 지원문제와 이행명령의 확보를 위한 문제 내지 반환청구의 실효성 확보수단이라는 관점에서 미흡하다는 등의 비판이 있다.[73] 둘째, 아동의 이익과 복지를 고려하여 강제집행 단계에서 당사자의 자발적 이행을 독려하는 매우 상세한 규정을 두는 일본은 강제집행의 대상이 아동인 점을 고려하여 세심하게 입법한 데 반하여 강제집행에 대해 별도의 조문을 두지 않은 한국의 경우 이행명령 불이행 시 과태료나 감치의 제재 외에 강제집행 방법에서는 해석에 의존할 수밖에 없다면서 입법의 불비를 비판하기도 한다.[74]

필자도 이행법률을 몇 가지 점에서 보완할 필요가 있다는 점을 인정한다. 첫째, 국제재판관할에 관한 규정을 둘 필요가 있다. 둘째, 면접교섭권에 관한 규정을 둘 필요가 있다. 셋째, 조정에 관한 규정도 보완할 필요가 있다.[75] 넷째, 심급의 축소도 고려할 필요가 있다. 다섯째, 아동의 반환거부사유는 굳이 열거하지 않더라도 무방하나 열거한 것이 잘못은 아니다. 여섯째, 일본의 이행법률(§28 ②)은 탈취협약 §13 ① b가 정한 반환거부사유를 법률에 명시하고 그런 사유의 유무를 판단함에 있어서 법원이 고려할 사정을 열거한다. 이는 조약을 국내법화 함에 있어서 조약의 내용을 구체화할지 아니면 그 판단을 법원에 맡기는 것이 바람직한지의 문제이다. 이는 탈취협약만이 아니라 조약 가입시 어떤 접근방법을 취할 것인가라는 보다 일반적인 성질의 문제와

72) 곽민희(2014b), 42 註 48.

73) 곽민희(2013), 198 이하. 법무부는 이행법률 제정 T/F를 구성하여 2010년 3월부터 2011년 4월까지 6차례 회의를 진행하여 법안을 성안하였다. 위원 등에 관하여는 석광현(2013), 107 이하 참조. 그러나 곽민희(2013), 190의 지적(즉 "법률 그 자체의 입법과정은 그야말로 입법과정이라고 할 것 없이 급조되어 만들어지고 사회의 합의나 토론 없이, 특히 이 문제를 고민하는 학자들이나 실무가들의 참여가 없이 만들어졌다"는 지적)은 대단히 부적절하다. 이미 밝힌 바와 같이(석광현(2022), "한국의 헤이그국제사법회의 가입 20주년을 기념하여: 회고, 현상과 전망", 국제사법과 국제소송 [정년기념], 84, 주 72), 우리의 논의가 부족했다는 지적에는 동의할 수 있으나, 이는 이행법률을 단기간 내에 급조했기 때문이 아니라 헤이그회의의 작업과 국제사법, 특히 국제적 아동탈취의 사례를 심각하게 고민한 적이 별로 없는 우리의 총체적 역량 부족에 기인한다.

74) 김홍엽(2015), "법률의 제·개정과 입법의 세심함", 신문4350, 14. 집행의 문제점과 개선방안에 관하여는 권재문(2020), 263 이하; 곽민희(2023a), 1 이하 참조.

75) 우리나라도 앞으로는 일본처럼 탈취협약에 따른 사건을 취급하는 과정에서 전문화된 법정외 조정(또는 민간형 조정)의 도입을 검토할 필요가 있다. 그러나 그렇게 하자면 일본처럼 법정외 민간조정에 관한 일반법률을 제정하거나, 이행법률에 근거규정을 마련해야 할 것이다. 근자에는 우리나라에서도 싱가포르조정협약의 비준 가능성을 검토하면서 법정외 민간조정에 관한 일반법률의 제정에 관하여도 논의가 있으므로 장래에는 달라질 수 있을 것으로 기대한다. 싱가포르조정협약은 2020년 9월 발효된 "조정에 의한 국제적 화해합의에 관한 국제연합협약"을 말한다. 우리나라는 서명만 하였는데 싱가포르협약은 원칙적으로 조정을 통하여 상사분쟁을 해결하는 국제화해합의에 적용되므로(제1조) 상사가 아닌 가사조정에는 적용되지 않지만 적용범위를 확대할 수도 있다. 그렇더라도 가사조정의 경우 상사조정과 다른 특수성이 있음을 유념하여야 한다.

관련된다. 우리가 별도 규정을 두지 않은 것은 개별적인 사건에서 그 판단을 법원에 맡긴 것인데, 국내법으로 그 판단기준을 제시하는 것이 국제적인 통일기준의 형성에 어떤 영향을 미치는지도 검토할 필요가 있다. 여섯째, 탈취협약에 따라 법원의 아동반환결정이 있더라도 그것이 제대로 집행되지 못하는 사례들이 발생하고 있는데, 이것이 가장 큰 문제점이므로 아동반환결정의 집행을 속히 개선할 필요가 있다. 이 점에서 탈취협약의 이행법률에서 아동인도 강제집행에 관하여 정치한 규정을 두고 이를 통하여 민사집행법의 개정을 이끌어 낸 일본의 입법은 우리에게 많은 시사점을 제공한다. 특히 탈취협약에 따른 아동반환은 국내법상의 유아인도와 비교하여 더 신속하게 집행할 필요성이 있고 유아에 한정되지 않고 16세 미만의 아동이라는 점을 고려할 필요가 있다.[76)]

이와 관련하여 주목할 것은, 법무부가 가사소송법 전부개정법률(안)을 성안하여 2022. 5. 3. 법무부공고 제2022-124호로써 입법예고를 한 바 있었는데(결국 입법이 되지는 않았다), §145가 미성년 자녀 인도청구의 집행에 관한 규정을 신설하여 인도청구의 대상을 유아에서 미성년 자녀로 확대하고, 미성년 자녀 인도청구의 집행법원을 가정법원으로 규정하는 점이다. 개정안은 일반적인 강제집행 절차와는 달리 미성년 자녀 인도청구의 집행은 집행법원의 허가를 받도록 하고, 집행법원이 자녀의 연령 및 의사능력 유무, 자녀의 의사, 건강 및 심리상태, 자녀의 양육상황과 당사자와 자녀 사이의 상황 및 집행에 따라 자녀가 영향을 받는 정도 등을 종합적으로 고려하여 인도청구 집행의 허가 여부를 결정하도록 하여 미성년 자녀의 복리를 최대한 보호하고자 한다. 또한 집행법원이 인도청구 집행의 허가 여부를 결정할 때 원칙적으로 당사자를 심문하고 의무 이행을 권고하도록 하며, 인도청구 집행의 채권자는 물론 상대방에게도 즉시항고권을 부여한다. 나아가 미성년 자녀의 인도집행은 집행관이 하도록 하면서, 집행관이 인도집행을 할 때 세심한 주의를 하여 인도(人道)에 어긋남이 없도록 하고 자녀의 자유와 안전에 유의해야 한다는 주의사항을 규정한다.[77)]

---

76) 곽민희(2023a), 17 이하 참조.

77) 법무부, 조문별 제·개정이유서[가사소송법 전부개정법률안], 144 이하 참조. 이는 상대방의 협력이 필요하므로 먼저 이행명령을 통하여 자발적인 이행을 유도하고(간접강제의 원칙) 예외적으로 이행명령 및 그 위반에 대한 제재의 실효성이 없는 경우와 이행명령의 실효성이 없을 것으로 예상되는 경우 이행명령 절차를 거치지 않고 즉시 미성년 자녀 인도청구의 집행을 실시할 수 있도록 한 것이라고 한다(직접강제의 보충성). 김원태(2024. 11.), "가사소송법 전면개정의 검토과제", 가정상담 495호, 6. 일본 최고재판소가 자녀인도청구의 실질은 친권 내지 감호권에 근거한 방해배제청구에 불과하다고 판시한 이래 학계와 실무는 인도채무의 성질을 부작위채무로 이해하고, 독일에서도 집행채권자가 채무자의 양육 보호 상황을 배제하고 아동을 인수하여 데려가는 것을 방해하지 않을 부작위채무로 이해한다고 한다. 곽민희(2023a), 29; 곽민희(2023b), 61 참조. 결국 일본에서는 헤이그조약실시법상 확정된 아동반환을 명하는 종국결정은 민사집행법상 간접강제와 대체집행 방법에 의하여 집행할 수 있는데, 대체집행은 해방실시와

참고로 탈취협약을 이행하고자 1988년 국제아동탈취구제법률(International Child Abduction Remedies Act: ICARA)을 제정한 미국은 2014년 “국제아동탈취의 방지와 반환에 관한 법률(International Child Abduction Prevention and Return Act: ICAPRA)”을 제정하여 체약국의 적극적인 협약 적용을 유도하는데, ICAPRA에 기초하여 작성한 연례보고서 내용에 따라 협약을 준수하지 않는 다른 체약국에 외교적, 경제적 조치 등을 취할 수도 있다. 주목할 것은, 2022년 5월 미국 국무부 보고서에서 한국을 ‘탈취협약 비준수 성향 국가’로 지정하였다는 점이다.78) 이는 미국 국내법(ICAPRA)에 의한 평가인데 한국이 이를 조속히 시정하지 못한 탓에 2023년과 2024년에도 연이어 지정되었다. 늦었지만 이를 계기로 우리나라의 협약 이행의 법제와 실무가 개선되기를 기대한다.

Ⅳ. 아동탈취와 관련된 형사문제

형사문제는 각국의 국내법에 따라 해결할 사항이다. 우리나라에서는 부모의 일방이 아동을 불법하게 탈취한 경우 형법상의 미성년자 약취·유인죄의 성부가 문제되는데, 실제로 아동의 국제적 탈취가 다투어진 형사사건들이 있다.

1. 다른 보호감독자의 양육권(또는 감호권) 침해와 약취·유인죄의 성부

여기에서는 우선 보호법익이 문제된다. 刑 §287는 미성년자를 약취 또는 유인한 자는 10년 이하의 징역에 처한다고 규정하고, 刑 §289 ①에 따르면 국외에 이송할 목적으로 사람을 약취, 유인 또는 매매한 자는 3년 이상의 유기징역에 처한다. 미성년

반환실시의 두 단계로 이루어지는 것으로 파악한다. 상세는 곽민희(2023a), 178 이하 참조. 민법상 통상의 대체집행과 간접강제의 관계와는 다르고, 부작위채무라는 성질과 대체집행이 상용될 수 있는지 등에 관하여 더 검토할 필요가 있다. 참고로 독일에서는 아동 인도는 국제가사소송법(Internationales Familienrechtsverfahrensgesetz. IntFamRVG) 제44조와 보충적으로 FamFG §88 이하에 의하여 이루어진다. Andrae, §9 Rn. 256. 전자에 따르면 당사자가 독일에서 집행권원의 이행을 거부하는 경우 질서수단(Ordnungsmittel. 또는 질서제재), 즉 질서금(Ordnungsgeld)과 질서구금(Ordnungshaft)에 의하여 강제집행을 한다. 즉 법원은 먼저 질서금을 명하고 그것이 이행되지 않는 경우 질서구금을 명한다. 후자는 MüKoFamFG/Zimmermann (2018), 3. Aufl., FamFG 참조.

78) 미국 국무부가 발표하는 국제아동탈취 관련 연례보고서에 처음으로 한국이 지정된 탓에 미국으로부터 외교적, 경제적 제재 등을 받을 수 있어 국내 아동반환 사건의 집행 현황을 다시 점검해야 한다는 보도가 있었다. 신문5003(2022. 7. 18.), 1 이하 기사 참조. 불이행 양상 관련 미국 국무부 보고서의 정식 명칭은 “Report on Compliance with the Hague Convention on the Civil Aspects of International Child Abduction”이다(pp. 35−36이 한국 관련 부분). 위 연례보고서가 아니더라도 필자가 알기로는 탈취협약의 이행에 여러 가지 문제점이 있는 것으로 보인다. 특히 아동을 탈취당한 부가 우리 법원으로부터 반환명령을 받았고 심지어 양육권자로 지정을 받았음에도 불구하고 탈취부모가 이행을 거절하는 사안에서 과태료 부과와 감치명령 등이 실효적이지 못하고 형사처벌을 위한 조치도 제대로 이루어지지 않은 극단적 사례가 있다고 한다. 이것이 사실이라면 이는 비단 탈취협약만의 문제가 아니라 대한민국 사법제도의 운영에 심각한 문제점이 있음을 드러내는 것이므로 속히 시정하여야 할 것이다.

자 약취·유인죄의 보호법익에 관하여 견해가 나뉘나, 통설은 제1차적 보호법익은 인취된 자의 자유, 제2차적 보호법익은 보호감독자의 감호권이라는 절충설이다. 대법원 2003. 2. 11. 선고 2002도7115 판결도 같다. 즉 미성년자의 자유 또는 보호감독자의 감호권 중 어느 하나를 침해하면 범죄가 성립하므로 보호감독자도 인취죄의 주체가 될 수 있다.

이 점이 다투어진 사건이 있는데 대법원 2013. 6. 20. 선고 2010도14328 전원합의체 판결이 그것이다. 이 사건에서 피고인은 한국인 남편과 혼인하여 한국 내 거주 중 아들(1세)을 출산한 베트남인인데, 피해자를 베트남으로 이송하였다. 검사는 국외이송약취죄 및 피약취자국외이송죄로 기소하였으나 원심 법원[79]은 무죄를 선고하였다. 그 근거는 ① 피해자 이송시 만 13개월 미만인 피해자로서는 어머니의 손길이 더 필요했던 점, ② 당시 직장에 다니던 아버지가 혼자 피해자를 양육하는 것은 사실상 어려웠던 점, ③ 피고인이 피해자를 집에 혼자 두는 것이 오히려 친권자로서 보호·양육의무를 방기하는 행위로서 비난받을 수 있는 점, ④ 베트남은 피해자의 외갓집이므로 피해자가 한국에서 어머니 없이 양육되는 것보다 불리한 상황에 처한 것이라고 단정하기 어려운 점 등을 종합하여, 피고인이 남편과 사전 협의 없이 피해자를 베트남으로 데리고 간 행위는 비록 남편의 감호권을 침해한 것이나 피해자의 이익을 침해하였다고 단정하기 어렵다는 것이었다. 위 대법원 판결과 통설에 따르면 다른 보호감독자의 감호권이 침해되면 범죄가 성립하나, 원심 판결은 피해자 본인의 이익을 침해한 것이 아니라면 미성년자 약취·유인죄는 성립하지 않는다고 보았다. 그러나 후자는 범죄의 성립 여부를 아동의 이익 침해 여부라는 상당히 애매한 판단에 의존하게 하는 문제점이 있다.

대법원 2013. 6. 20. 선고 2010도14328 전원합의체 판결은 피고인에게 무죄를 선고하였는데, 다수의견, 다수의견에 대한 보충의견과 반대의견[80]이 있다. 만일 위 사건에 대해 탈취협약이 적용된다면 베트남인인 모는 반환거부사유가 인정되지 않는 한 아동을 한국인인 부에게 반환해야 할 것이다.

---

79) 원심판결은 대전고등법원 2010. 10. 8. 선고 2010노363 판결이다.

80) 반대의견은 "공동친권자인 부모의 일방이 상대방의 동의나 가정법원의 결정이 없는 상태에서 유아를 데리고 공동양육의 장소를 이탈함으로써 상대방의 친권행사가 미칠 수 없도록 하였다면, 이는 특별한 사정이 없는 한 다른 공동친권자의 유아에 대한 보호·양육권을 침해한 것으로서 민법을 위반한 행위라고 할 것이다. 그뿐 아니라 유아로서도 다른 공동친권자로부터 보호·양육을 받거나 받을 수 있는 상태에서 배제되는 결과를 강요당하게 되어 유아의 이익을 현저히 해치게 될 것이므로 그 점에서도 위법성을 면할 수 없다."라고 설시하고, "덧붙여 국제결혼에 의한 다문화가정이 증가함에 따라 앞으로도 이 사건과 유사한 사례가 잇달아 발생할 수 있을 것으로 보이는데, 공동친권자인 부모 중 일방이 정당한 절차와 방법에 반하여 상대방 몰래 자녀를 데리고 출국해버리는 행위를 처벌할 수 없다고 한다면 형사정책적 측면에서도 중대한 문제가 발생할 수 있음을 염려하지 않을 수 없다"라고 지적하였다.

2. 부작위에 의한 미성년자약취죄의 성부

피고인이 면접교섭을 위해 이혼소송 중인 처와 함께 프랑스에서 생활하던 피해아동을 인계받아 한국으로 데려온 후 면접교섭 기간이 종료하였음에도 피해아동을 프랑스로 데려다주지 않은 채 처와 연락을 두절한 후 법원의 유아인도명령 등에도 불응한 사안에서 부작위에 의한 미성년자약취죄의 성립 여부가 논란이 있었다. 이에 대하여 대법원 2021. 9. 9. 선고 2019도16421 판결은, 부모 중 일방이 별거 또는 이혼 상황에서 면접교섭권을 행사하기 위하여 적법하게 미성년 자녀를 데리고 왔다가 기간 종료 후 상대방에게 데려다 주지 않은 부작위의 경우에도 행위자의 목적과 의도, 행위 당시 정황과 피해자의 상태 등 여러 사정을 고려할 때 적극적인 작위에 따른 약취행위와 형법적으로 같은 정도의 행위로 평가할 수 있는 경우에는 형법 §287 미성년자약취죄의 약취행위에 해당한다고 판시하였다. 이는 부작위에 의한 미성년자약취를 인정한 첫 사례라고 한다.81)

81) 배인구(2022), 13. 김현진(2022), 201 이하 참조.

[前註] 국제부양법의 구성

▌**참고문헌:** 이병화(2009), "아동양육 및 기타 가족부양의 국제적 청구에 관한 헤이그협약 연구", 저스티스 112; 이병화(2015), "헤이그국제부양청구협약에의 가입가능성 모색을 위한 해석론적 접근: 특히 중앙당국의 행정적 협력 및 기능을 중심으로", 국제사법연구 21-2; 이병화(2024), "부양의무의 준거법에 관한 헤이그의정서의 해석론적 고찰", 국제사법연구 제30권 제1호(2024. 6.); 이화숙(2000), 비교부부재산관계법; 최흥섭(2019), "「2007년 헤이그 부양준거법 의정서」에 관한 작은 연구", 국제사법연구 25-2; Philippe Lortie (2003), Parentage and International Child Support: Responses to the 2002 Questionnaire and an Analysis of the Issues, Preliminary Document No 4 of April 2003 for the attention of the Special Commission of May 2003 on the International Recovery of Child Support and other Forms of Family Maintenance.

제7장, 즉 국제친족법은 국제혼인법(§§63~66), 국제친자법(§§67~72), 국제부양법(§73)과 국제후견법(§75)으로 구성된다. 민법은 후견(제4편 제5장) 뒤에 부양(제7장)을 규정하나 국제사법은 부양을 먼저 규정한다. 이는 과거 섭외사법이 부양을 후견 앞에 둔 순서를 유지한 결과인데 섭외사법에서 그렇게 규정한 이유는 분명하지 않다. 참고로 과거 독일의 구 민법시행법은 부양에 관한 조문(§18)을 혼인에 관한 조문들 뒤에 두었다. 여기에서 다루는 국제부양법은 준거법결정원칙을 내용으로 하는 좁은 의미의 국제부양법을 말한다. 즉, 여기에서는 우리 실정법인 국제사법 조문의 해설을 위주로 하므로 국제부양법을 좁게 이해하고, 국제재판관할은 제9장 말미의 後註에서 다룬다.

第 73 條 (부양)

① 부양의 의무는 부양권리자의 일상거소지법에 따른다. 다만, 그 법에 따르면 부양권리자가 부양의무자로부터 부양을 받을 수 없을 때에는 당사자의 공통 본국법에 따른다.

② 대한민국에서 이혼이 이루어지거나 승인된 경우에 이혼한 당사자 간의 부양의무는 제1항에도 불구하고 그 이혼에 관하여 적용된 법에 따른다.

③ 방계혈족 간 또는 인척 간의 부양의무와 관련하여 부양의무자는 부양권리자의 청구에 대하여 당사자의 공통 본국법에 따라 부양의무가 없다는 주장을 할 수 있으며, 그러한 법이 없을 때에는 부양의무자의 일상거소지법에 따라 부양의무가 없다는 주장을 할 수 있다.

④ 부양권리자와 부양의무자가 모두 대한민국 국민이고, 부양의무자가 대한민국에 일상거소가 있는 경우에는 대한민국 법에 따른다.

*舊國私 제46조의 표현이 한글화되었고 '상거소'가 '일상거소'로 수정되었다.

涉私 제23조(부양의무)
부양의 의무는 부양의무자의 本國法에 의한다.

Ⅰ. 서론

1. 의의 및 연혁

가. 의의

자기의 노동 또는 재산에 의하여 독립적으로 삶을 영위할 수 없는 사람을 도와서 생존권을 보장하는 것은 개인은 물론 사회의 이익을 위하여도 필요하다. 이것이 부양의 문제인데, 대부분의 법제는 이를 일차적으로 가족 또는 친족에게 맡기고 있으나 그것이 불가능한 경우 국가가 개입하여 사회보장의 일환으로 해결하게 된다.[1)]

나. 연혁

涉私(§23)은 부양의무를 부양의무자의 본국법에 연결하였다. 문면상으로는 모든 부양의무의 준거법이 부양의무자의 본국법인 것처럼 읽히지만, 통설은 부양의무는 그의 발생원인인 법률관계와 밀접한 관련이 있다고 보아 각각의 원인된 법률관계에 의하도록 해석하였으므로 涉私(§23)의 적용범위는 제한적이었다. 國私(§73. 이는 舊國私 §46에 상응)은 부양권리자의 보호를 위하여 헤이그국제사법회의의 1973년 "부양의무의 준거법에 관한 협약(Hague Convention on the Law Applicable to Maintenance Obligations)(이하 "부양협약"이라 한다)"[2)]의 주요내용을 수용하여 부양의무를 하나의 독립적인 연결대상으로 고양하였다. 그 결과 국제사법은 헤이그부양협약을 비준하고 그 내용을 편입한 독일 舊 민법시행법(§18 ①~⑤)과 유사하게 되었다.[3)]

2. 입법례

부양의무는 신분관계의 존재에 기초하여 발생하는 것이라는 이해를 전제로 전통적으로 부양의무의 준거법은 당사자의 속인법에 의한다는 태도가 지배하였다. 그 경우 부양권리자와 부양의무자 중 누구의 속인법에 의할지에 관하여 양자의 공통 본국법주의를 취하는 국가, 부양권리자의 본국법주의를 취하는 국가와 부양의무자의 본

1) 김주수·김상용, 596. 국제사회보장법의 문제는 석광현(2021), "외국인에 대한 한국 사회보장법의 적용: 외인법에서 저촉법인 국제사회보장법으로", 국제사법연구 27-2, 647 이하 참조.

2) 이는 헤이그국제사법회의의 1956년 "子에 대한 부양의무의 준거법에 관한 협약(Hague Convention on the Law Applicable to Maintenance Obligations in Respect of Children)"을 대체한 것이다. 헤이그부양협약 §18. 헤이그부양협약의 국문번역은 법무부(1997), 국제사법에 관한 헤이그회의 제협약, 법무자료 213, 191 이하 참조.

3) 舊 독일 민법시행법 §18는 독일이 헤이그부양협약을 비준하면서 그 내용을 편입한 것이었다. 그러나 이는 2011. 5. 23. EU부양규정의 시행 및 "국제부양절차법의 영역에서의 기존 시행규정과 실시규정의 신규율을 위한 법률(Gesetz zur Durchführung der Verordnung (EG) Nr. 4/2009 und zur Neuordnung bestehender Aus- und Durchführungsbestimmungen auf dem Gebiet des internationalen Unterhaltsverfahrensrechts, EGAUG)"의 제정과 함께 2011. 6. 18. 삭제되었다.

국법주의를 취하는 국가가 있었다.[4] 그러나 근자에는 공적 부조(또는 공적 부양)가 점차 확대되고 있는데 사적 부양이 부인되는 경우 그에 대한 공적 부조는 일상거소지 국가의 부담이 된다는 점에서 친족간의 부양을 신분에 관한 문제라고 파악하는 본국법주의에 대한 비판이 고조되고 그 결과 사적 부양과 공적 부조를 동일한 법률에 의하여 규율하기 위하여 부양권리자의 일상거소지법을 적용해야 한다는 견해가 점차 확산되고 있다.[5] 부양협약은 바로 이러한 태도를 취하고 있다.[6]

Ⅱ. 준거법의 결정

1. 섭외사법의 문제점

섭외사법에 따르면 부양의무의 준거법은 부양의무자의 본국법이었다. 문면상으로는 모든 부양의무의 준거법이 부양의무자의 본국법으로 보였지만, 종래의 통설은 부양의무는 그의 발생원인인 법률관계와 밀접한 관련이 있다고 보아 각각의 원인된 법률관계에 의하도록 해석하였다.[7] 즉 부부 간의 부양은 혼인의 효력의 준거법에 의하고, 미성년인 자에 대한 친자 간의 부양은 친자 간의 법률관계의 준거법에 의하며, 이혼 후의 당사자 간의 부양은 이혼의 준거법에 의하였다. 따라서 涉私 §23는 성년인 자에 대한 부모의 부양, 부모에 대한 성년자녀의 부양, 형제자매와 협의의 친족간의 부양 등 제한된 범위 내에서만 적용되는 것으로 해석되었다.

그러나 이러한 해석에 의하면 각각의 법률관계에 따라 부양의 준거법이 달라지므로 부양의무에 타당한 준거법이 결정되었다고 보기 어렵고 부양권리자의 보호에도 충실하다고 할 수 없었다. 또한 부양은 신분적 관계라기보다는 재산적 관계라는 측면이 강하므로 부부 간의 부양문제에 혼인의 일반적 효력의 준거법이, 친자 간의 부양문제에 친자 간의 효력의 준거법이 적용되는 것은 타당하지 않다. 더구나 국제사법에 따르면 혼인의 일반적 효력의 준거법이나 친자 간의 효력의 준거법은 일차적으로 부부의 동일한 본국법이나 친자 간의 동일한 본국법이 되는데, 부양문제를 재산적 관계로 보는 한 본국법보다는 부양권리자가 현실적으로 생활하고 있는 곳, 따라서 부양의

4) 신창선·윤남순, 376－377; 김연 외, 447.
5) 신창선·윤남순, 377.
6) 구체적 입법례는 아래와 같다. 독일 舊 민법시행법 §18(부양): 헤이그부양협약을 비준하면서 그 내용을 편입, 스위스 國私 §49(부부 간의 부양의무), §83(친자간의 부양의무), 이탈리아 國私 §45(가족의 부양의무): 헤이그부양협약에 의하도록 함, 일본은 1986년 헤이그부양협약에 가입하면서 특별법으로 「부양의무의 준거법에 관한 법률」을 제정, 헤이그부양협약 §§4－11.
7) 이호정, 국제사법, 375; 신창선(1999), 국제사법, 399; 박상조·윤종진(1998), 현대국제사법, 422.

필요가 존재하고 그가 부양료를 소비하는 곳의 법을 적용하는 것이 타당하다.[8)]

또한 부양권리자의 부양청구권이 부인되는 경우 그에 대한 공적 부조는 상거소지 국가의 부담이 된다는 점에서도 부양권리자의 일상거소지법에 의하는 것이 타당하다.[9)] 부양권리자의 일상거소지법주의는 속지주의와 연결되고, 공적 부양제도가 확대되고 있는 오늘날 사적 부양과 공적 부양을 동일한 법률에 의하여 함께 규율해야 한다는 견해가 유력하다고 하고 헤이그부양협약도 이러한 입장에 선 것이라고 설명하기도 한다.[10)] 아울러 연결주체 역시 우선 부양권리자를 중심으로 하는 것이 부양의 목적에 적합하다. 따라서 국제사법에서는 부양을 하나의 독립된 연결대상으로 취급하여 원칙적으로 모든 부양의무의 준거법을 통일하고, 헤이그부양협약의 원칙을 수용하여 부양권리자를 두텁게 보호하고(*favor alimenti*), 부양의 재산적 특성을 고려하여 준거법 결정원칙을 정하였다.[11)] 다만 이혼당사자 간의 부양의무에 관하여는 이혼의 준거법에 의하도록 하였다.

이러한 국제사법의 태도는 부양권리자의 보호라고 하는 실질법적 가치를 국제사법적 차원에서 고려한 것이라고 할 수 있다. 이러한 연결의 법정책적인 정당성에 대하여 독일에서는 이를 사회적 가치를 충분히 고려한 것이라고 높이 평가하는 견해가 있으나,[12)] 국제사법이 지나치게 실질법적 가치를 보호하려는 경향에 대해 비판적인 견해도 있다.

2. 부양의무의 원칙적 연결: 부양권리자의 일상거소지법주의 채택

이러한 배경 하에 국제사법에서는 부양의 준거법을 원칙적으로 부양권리자의 일상거소지법으로 하고, 다만 그에 의하면 부양권리자에게 부양청구권이 없는 경우에는 예비적으로 부양권리자와 부양의무자의 '공통의 본국법'에 의하도록 하였다(§73 ①). 前註에서 언급한 바와 같이, 이처럼 원칙적인 준거법에 의한 실질법적 결과가 그와 다른 연결점에 의하여 변경되는 것을 '보정적 연결'이라고 한다.[13)] 이는 가능한 한

8) 법무부, 해설, 162.

9) Kropholler, 379. 우리 법상 사회보장"이란 출산, ... 질병, 빈곤 및 사망 등의 사회적 위험으로부터 모든 국민을 보호하고 국민 삶의 질을 향상시키는 데 필요한 소득·서비스를 보장하는 사회보험, 공공부조, 사회서비스를 말하는데, 공공부조(公共扶助)란 국가와 지방자치단체의 책임 하에 생활 유지 능력이 없거나 생활이 어려운 국민의 최저생활을 보장하고 자립을 지원하는 제도를 말한다(사회보장기본법 제3조 제3호). 공공부조는 최소한의 사회보장으로 '공적 부조(public assistance)' 또는 '사회부조(social assistance)'라고 부르기도 한다. 국민기초생활보장법 제5조의2(외국인에 대한 특례)는 외인법 규정을 두고 있다.

10) 신창선·윤남순, 377.

11) 독일에서는 유사한 변화가 1986년 개정에 의해 이루어졌다.

12) Kropholler, 377.

부양권리자가 부양을 받을 수 있도록 함으로써 부양권리자를 보호하기 위한 것이다. 그렇게 함으로써 부양권리자에게 실효적인 보호를 부여할 수 있고 동일국 내에 있는 부양권리자들에게 동일한 기준을 적용하며, 부양의무자가 복수인 경우에도 부양의 기준이 하나가 될 수 있다.

여기에서 '공통 본국법'은 '동일한 본국법'[14]과는 달리 '부부의 쌍방이 국적을 가지는 법(즉 부부 쌍방의 공통 국적소속국법)'을 의미한다. 즉 당사자의 일방 또는 쌍방이 복수의 국적을 가진 경우 그 국적 중 공통되는 것이 있으면 그 국가의 법이 공통 본국법이 된다. 다만 國私 §65 ② i가 '부부 중 일방이 국적을 가지는 법'이라는 표현을 사용하는 것을 고려한다면 ①에서도 '공통 본국법'이라고 하는 대신 '부부의 쌍방이 국적을 가지는 법'이라고 표현하는 것이 적절하였을 것으로 생각된다.

부양협약(§6)과 독일 舊 민법시행법(§18 ②)은 나아가 부양권리자의 일상거소지법과 공통의 본국법이 모두 부양청구권을 인정하지 않는 경우에는 법정지법에 의하도록 규정한다. 국제사법은 이 경우에까지 법정지법에 따르도록 하는 조항(보정적 연결원칙)을 두지 않았다. 그 이유는 우리의 실질법인 부양법이 부양권리자의 보호를 위하여 충분한 것인지에 관하여 의문이 있었기 때문이다.

국제사법은 부양협약(§4)과 달리 명시하지는 않지만 부양권리자의 일상거소지는 그때그때의 일상거소지를 말하므로 일상거소가 변경되면 준거법도 변경되므로 기간별로 준거법이 달라진다.[15] 만일 부양권리자인 미성년인 자녀가 부양료의 지급을 청구한다면 부양권리자인 자녀의 일상거소가 연결점이 되나, 실무적으로는 양육친(자녀의 양육을 담당하는 부 또는 모)이 비양육친에게 양육비를 청구하는 형태로 제소하므로 국제사법상 부양권리자가 양육친인가라는 의문이 제기될 수 있다. 그러나 양육친이 비양육친에 대하여 양육비의 지급을 청구하는 것은 양육친이 미성년자인 자의 법정대리인으로서 또는 양육자로서 자의 부양청구권을 대신 행사하는 것으로 보는 견해가 설득력이 있다.[16] 즉 양육비 청구권의 본질은 양육친이 비양육친에 대하여 가지는 권리가 아니라, 자의 부모에 대한 부양청구권이다.[17] 국제사법상으로도 부양권리자는 미성년인 자녀이므로 양육비 청구의 경우에도 자녀의 일상거소가 연결점이 된다고 본다.

---

13) Kropholler, 140; 신창선·윤남순, 100; 이는 국제사법에 의해 처음 도입되었다.
14) '동일한 본국법'의 의미는 위 §64 i의 주석참조.
15) 권재문, 온주 국제사법 제73조, 2023. 7. 5., [3]
16) 김주수·김상용, 211. 위 民 §833 註釋 Ⅱ. 참조.
17) 김주수·김상용, 212. 그러나 대법원 2006. 7. 4. 선고 2006므751 판결은 양육비 청구권을 양육친의 권리로 보았다.

당초 2000년 연구반초안도 부양협약을 수용한 것이었고 국제사법보다 간결한 내용을 담았으나[18] 당시 위원회의 논의과정에서 헤이그부양협약의 조항을 더 충실히 담자는 견해가 채택되어 규정이 다소 확장되었다. 부양권리자를 보호하기 위하여는 부양권리자의 일상거소지의 국제재판관할을 인정할 필요가 있는데, 국제사법(§60 ①)은 부양권리자의 일상거소지의 국제재판관할을 명시한다.

3. 이혼시의 부양

다만 이혼시의 부양은 이혼의 준거법에 따르도록 하였다(§73 ②). 이러한 특칙을 둔 이유는 이혼의 직접적 효과인 신분관계의 해소와 그 이후의 당사자 간의 부양의무가 밀접하게 관련되어 있기 때문이다. 따라서 이혼한 당사자 간의 부양의무에 관한 한 국제사법과 섭외사법의 해석론은 유사한 결과가 되나, 국제사법은 이를 명시하였다는 점에 차이가 있다. 독일에서는 그 근거로 이혼시의 부양의무는 배상으로서의 성격을 가지고, 이혼의 원인과 밀접하게 관련되어 있으므로 이혼과 이혼 당사자의 부양의무를 통일적으로 연결하는 것이 타당하기 때문이라는 견해가 있으나, 이를 비판하고 입법론으로서는 이혼의 경우도 부양권리자의 일상거소지법에 의할 것이라는 견해도 있다.[19]

우리 민법상으로는 배우자였던 자 간의 이혼 후 부양청구권이 인정되지 않으므로[20] 우리에게는 이혼시의 부양의무라는 개념이 생소하지만, 예컨대 독일 민법(§1569)에 따르면 이혼 이후 혼인당사자 각자는 자신의 부양을 스스로 돌볼 의무가 있음이 원칙이지만, §1570 이하가 정한 사유가 있는 때에는 이혼 후에도 전 배우자였던 상대방으로부터 부양을 받을 수 있다. 한편, 프랑스 민법상으로는 이혼 후 보상금을 지급받을

18) 연구반초안 §31는 다음과 같다. 연구반초안해설, 68(석광현, 해설(2003), 495에는 제2안이 누락되어 있다).

"[제1안] 부부간 및 이혼한 당사자 간의 부양의무와 부모의 미성년의 子에 대한 부양의무는 각 그 법률관계의 준거법에 의하고, 그 외의 부양의무는 부양의무자의 본국법에 의한다.

[제2안] ① 부양의 의무는 부양권리자의 일상거소지법에 의한다. 그러나 이혼한 당사자 간의 부양의무는 이혼의 준거법에 의한다.

② 부양의무자는 그의 본국법에 의하면 방계혈족 또는 인척간에 부양의무가 없는 경우 이를 주장할 수 있다."

19) Kropholler, 381.

20) 우리 민법상으로는 이혼 당사자 간의 부양의무를 인정하지 않는다. 주해친족(초판, 1권), 372, 378. 위에서 보았듯이, 김주수·김상용, 240은 혼인 중 부부의 일방이 가사노동에 전념한 결과 경제적 자립능력을 상실하게 되었다면, 경제적 여유가 있는 다른 일방은 적어도 전배우자가 경제적으로 자립할 수 있을 때까지 금전적으로 지원함으로써 그러한 희생에 대하여 보상하는 것이 타당하다고 한다. 이혼 후 부양료 청구를 재산분할청구권에서 분리 독립시켜 별도의 청구권으로 신설할 필요가 있다는 입법론도 있다. 이화숙(2000), 383; 이화숙(2010), "이혼원인의 변천과 여성(처)의 사회경제적 지위의 상관관계", 젠더법학 2−1, 36. 대법원 2009. 6. 25. 선고 2009다22952 판결은, 캐나다 온타리오주 법원판결에서 지급을 명한 배우자 부양료가 우리나라에서는 인정되지 않는다는 사정만으로는, 위 외국판결의 효력을 인정하는 것이 우리나라의 선량한 풍속이나 그 밖의 사회질서에 어긋난다고 할 수 없다고 판시하였다.

수 있는데, 이는 손해배상, 부양료나 생계비청구도 아니고 다만 전 배후자 간의 생활 수준의 균등을 목적으로 하는 것이라고 한다.[21]

주의할 것은 "이혼에 관하여 적용된 법에 의한다"는 의미는, 우리 국제사법에 따라 결정되는 이혼의 준거법이 아니라 법원에 의하여 실제로 이혼에 적용된 법률에 따름을 의미한다는 점이다. 그 결과 외국에서 재판상 이혼이 있었던 경우 상이한 결론에 이를 수 있다. 예컨대 영국 법원에서 영국법을 적용하여 이혼재판을 한 경우, 만일 한국에서 재판했더라면 독일법이 이혼의 준거법이더라도, 독일법이 아니라 영국법원이 실제로 이혼재판에 적용한 영국법이 이혼당사자 간의 부양의무의 준거법이 된다. 국제사법은 헤이그부양협약을 따라 이 점을 명시한다.[22]

②이 적용되기 위해서는 한국에서 이혼이 이루어지거나 승인되어야 한다. 만일 외국에서 행해진 재판상 이혼이 우리 법상의 승인요건을 구비하지 못하는 경우에는 외국 법원이 실제로 적용한 이혼의 준거법이 적용되지 않는다. 그 경우 당사자가 한국에서 다시 이혼재판을 청구한다면 부양의무는 우리 법원이 국제사법에 따라 지정된 이혼의 준거법에 따른다.

부양의 요건, 즉 '부양권리자의 부양 필요성'과 '부양의무자의 부양 가능성'이 충족되지 않았는데도 부양의무를 인정하는 것은 공서에 반한다고 볼 여지가 있음을 지적하는 견해[23]가 있다.

4. 방계혈족 간·인척 간 부양의무에 있어 부양의무자의 이의제기권

준거법 결정에서 부양의무자를 배제함으로써 나타날 수 있는 부당성을 제거하기 위하여 국제사법은 방계혈족 간 또는 인척 간의 부양의무의 경우 부양의무자의 이의제기권을 인정한다(§73 ③). 방계혈족과 인척 간의 부양의무를 부정하는 국가도 있고, 또한 인정하더라도 그 범위는 국가에 따라 상이하다.[24] 만일 당사자 간의 공통 본국법, 그것이 없는 경우에는 부양의무자의 일상거소지법이 부양의무를 부정함에도 불구하고 부양권리자의 일상거소지법을 적용하여 부양의무를 인정하는 것은 부양권리자를 지나치게 보호하고 부양의무자의 이익을 소홀히 하는 결과가 될 수 있으므로 §73 ③을 둔 것이다.

---

21) 이화숙(2000), 169 이하 참조.

22) 독일법은 다소 애매하나 그렇게 해석할 것이라고 한다. Kropholler, 381f.

23) 권재문, 온주 국제사법 제73조, 2023. 7. 5., [4]

24) 우리 민법의 해석상으로도 부모와 자, 특히 미성년인 자녀 및 부부 간의 제1차적 부양의무와 그 밖에 생계를 같이하는 친족 간의 제2차적 부양의무를 구분한다. 김주수·김상용, 596.

5. 내국법이 적용되는 특례

부양권리자와 부양의무자가 모두 한국인이고 부양의무자가 한국에 일상거소를 두는 경우 당사자의 신뢰와 예측가능성을 위해 한국법을 적용하도록 특별규정을 두었다(§73 ④).

위원회의 논의 시 한국인들 간의 부양은 외국적 요소가 없으므로 이는 국제사법의 적용대상이 아니므로 이러한 조항을 둘 필요가 없다는 견해도 있었으나, 부양의무는 원칙적으로 부양권리자의 일상거소지법에 의하여 연결되므로(§73 ①) 부양권리자의 일상거소지가 외국이라면 외국적 요소의 존재를 부인할 수는 없다. 더욱이 헤이그 부양협약(§15)도 이를 명시하므로 우리도 그런 태도를 수용하였다.

6. 반정의 배제

부양협약(§4)은 동 협약에 따라 결정되는 부양의무의 준거법은 실질법임을 명시한다.[25] 따라서 국제사법에서도 부양의무의 준거법에 관하여는 반정을 인정하지 않기로 하였고, §22 ② iii에서 그 취지를 명시하였다.[26]

7. 부양협약에의 가입

국제사법은 1973년 부양협약을 수용한 것이나 그와는 별도로 우리나라도 부양협약에 가입하여야 할 것이다.[27] 이상적으로는 우선 부양협약에 가입하고 또는 그와 동시에 §73를 두는 것이 바람직했을 것이나, 부양협약에의 가입이 언제 이루어질지 모르므로 §73를 먼저 규정한 것이다.[28] 부양협약과 §73의 관계는 다음과 같다.

---

25) 다만 부양협약은 실질법 대신 '내국법(internal law)'이라는 표현을 사용한다.

26) 이러한 취지를 분명히 하기 위해 당초 개정시안은 §29 ①에서 "부양의 의무는 부양을 받을 권리자가 상거소를 가지는 국가의 실질법에 의한다"고 규정했었다. 그러나 §9에 관한 논의에서 본 바와 같이 기술적인 이유로 이를 §9에 통합하였으므로 본조에서는 실질법이라는 표현을 사용하지 않았다.

27) 만일 우리나라가 협약에 가입한다면 체약국과의 관계에서는 협약이 국제사법에 우선하여 적용되고, 비체약국과의 관계에서는 국제사법이 적용될 것이다.

28) 최흥섭(2001), "개정법률과 國際親族·相續法의 諸問題", 법조 536, 166은 헤이그부양협약에의 가입이 더 좋은 방법이겠지만 우리 정부가 그런 계획을 가지고 있지 않으므로 차선책으로 그 협약의 내용을 국제사법에 담은 것이라고 한다.

[부양협약과 國私 §73의 관계]

부양협약	국제사법	부양협약	국제사법
제 4 조	① 본문	제 7 조	③
제 5 조	① 단서	제 8 조	②
제 6 조	없음	제15조	④

다만 아래에서 보듯이 그 후 헤이그국제사법회의의 아동양육협약이 채택되었으므로 부양협약에의 가입과 함께 아동양육협약에의 가입도 검토할 필요가 있다.

Ⅲ. 부양의 준거법이 규율하는 사항

부양협약(§1, §10) 및 독일 舊 민법시행법(§18 ⑥)과 달리 국제사법은 부양의 준거법이 규율하는 사항을 규정하지 않는다. 그러나 國私 §73는 부양협약을 모델로 한 것이므로 부양협약과 유사하게 해석해야 할 것이다.

§73는 성년과 미성년을 불문하고, 자녀에 대한 부모의 부양의무, 또는 자녀의 부모에 대한 부양의무, 부부 간의 부양의무, 형제자매 간의 부양의무, 부모 이외의 직계혈족 간의 부양의무 등 모든 부양의무에 적용된다.[29] 다만 이혼한 부부 간의 부양의무에는 적용되지 않음은 ②으로부터 명백하다.

부양의무의 준거법은 부양의무의 존부, 부양의무자 및 부양권리자의 범위, 부양의무자의 순위, 부양의무의 정도와 의무의 이행방법, 부양청구권의 행사기간, 부양청구권의 처분금지(民 §979 참조) 등을 규율한다.[30]

여기에서 문제되는 것은 부양의무의 선결문제로서[31] 친자관계가 다투어지는 경우 그의 준거법이다. 섭외사법의 해석상 이는 선결문제로서 섭외사법에 의하여 독립적으로 연결된다고 보았으나,[32] 부양협약과 §73의 해석상으로는 이는 부양협약이 규율하는 사항으로서 부양의 준거법에 따른다는 견해와, 부양협약은 이에 영향을 미치지 아니하므로 이는 법정지의 국제사법에 따라 독립적으로 연결할 것이라는 견해가 있는데, 1995년과 1999년에 개최된 헤이그국제사법회의의 특별위원회는 전자의 견해

29) 신창선·윤남순, 378.
30) 신창선·윤남순, 378.
31) 친자관계가 본문제로 다루어지는 경우에는 부양협약이 적용되지 않고 달리 조약이 없으므로 이는 법정지의 국제사법에 따를 사항이다.
32) 이호정, 국제사법, 411.

를 지지한 바 있다.[33]

실질법의 쟁점이기는 하나 양육비 지급의무의 이행을 확보하기 위한 다양한 방안들이 양육비 이행확보 및 지원에 관한 법률에 도입되었다. 예컨대 감치명령에도 불구하고 양육비 채무를 이행하지 않는 경우 운전면허 정지처분을 할 수 있고(§21-3), 2022년 8월 16일부터 양육비채무 불이행자에 대한 출국금지 요청 기준이 5000만 원에서 3000만 원으로 낮아졌고, 양육비 채무를 3회 이상 지급하지 않은 경우에도 출국금지 요청이 가능하다(§21-3). 또한 정당한 사유 없이 감치명령을 받은 날로부터 1년 이내에 양육비 채무를 이행하지 않으면 형사처벌(1년 이하의 징역 또는 1000만 원 이하의 벌금)을 부과할 수 있으나(§27 ②) 아직 양육비 국가 선지급제도는 도입되지 않고 있다. 문제는 양육비 채무의 준거법이 외국법인 경우에도 우리 법원이 위 제재를 부과할 수 있는가이다. 위와 같은 제재는 양육비 채무에 내재하는 것은 아니고 우리 법원의 양육비 지급명령의 실효성을 확보하기 위한 수단이라고 생각하면 불가능할 것도 없을 것 같으나 논란의 여지가 있다.

Ⅳ. 헤이그국제사법회의의 아동양육협약

헤이그국제사법회의는 부양과 관련된 네 개의 기존 헤이그협약들[34]과 "해외부양회수에 관한 1956년 6월 20일 국제연합협약(이른바 뉴욕협약)"[35]을 개선하고 행정공조 및 사법공조를 포함하는 새로운 전 세계적인 국제협약을 채택하기 위한 작업을 추진하여 아동양육협약을 채택하였다. 즉 2007년 "아동양육 및 기타 형태의 가족부양의 국제적 회수에 관한 협약(Convention on the International Recovery of Child Support and Other Forms of Family Maintenance)"(이하 "아동양육협약"이라 한다)과, 2007년 11월 23일 "부양의무의 준거법에 관한 의정서(Protocol on the Law Applicable to Maintenance Obligations)"(이하 "부양의정서"라 한다)가 채택되어 발효되었으므로[36][37] 우리도 그에 관심을 가져야 할 것이다. 의정서를

33) Lortie (2003), 12.

34) 이는 위에 언급한 준거법에 관한 두 개의 헤이그협약과 1958년의 "자녀에 대한 부양의무에 관한 재판의 승인 및 집행에 관한 협약(Convention on the Recognition and Enforcement of Decisions Relating to Maintenance Obligations in Respect of Children)" 및 1973년의 "부양의무에 관한 재판의 승인 및 집행에 관한 협약(Convention on the Recognition and Enforcement of Decisions Relating to Maintenance Obligations)"을 말한다.

35) 이는 "United Nations Convention of 20 June 1956 on the Recovery Abroad of Maintenance"이다. 이는 부양권리자의 다른 체약국의 부양의무자에 대한 부양회수를 촉진하고자 발송기관과 수령기관 간의 공조체제를 확립하기 위한 조약이다. 2013년 2월 현재 65개국이 가입하였으나 우리나라는 가입하지 않았다.

36) 아동양육협약에 관하여는 Alegría Borrás & Jennifer Degeling의 보고서와 William Duncan (2008), The Hague Convention of 23 November 2007 on the International Recovery of Child Support and Other

별도로 채택한 것은, 부양의무의 준거법에 관하여 대체로 법정지법을 적용하는 영미법계국가들이 준거법에 관한 통일규칙을 아동양육협약에 포함시키는 것을 원하지 않았기 때문이다.

아동양육협약의 목적은 효율적인 아동양육비와 기타 형태의 가족부양의 국제적 회수를 보장하기 위한 것이다. 동 협약은 국제적 신청을 처리하는 과정에서 체약국 간의 실효적 공조체제를 확립하고, 체약국에게 부양재판의 취득과 변경 및 그의 승인과 집행을 위한 신청을 가능하게 하도록 하며, 초국경적 부양절차에의 실효적 접근을 보장하도록 하고, 체약국에서 행해진 부양재판의 승인과 집행을 위한 광범위한 체제를 확립하며, 신속하고도 단순화된 승인 및 집행절차와, 신속하고 실효적인 집행요건을 체약국에게 부과하는 등의 다양한 수단을 통하여 그 목적을 달성하고자 한다. 그러나 아동양육협약은 직접적 국제재판관할에 관하여는 규정을 두지 않는다.[38]

한편 준거법에 관한 부양의정서는 이전의 헤이그협약과 비교할 때 세 가지 주요 혁신을 도입하였다. 첫째, 부양의정서는 부양권리자의 상거소지법을 주된 연결점으로 유지하고(§3), 이를 배우자 및 전 배우자(ex-spouses) 간의 부양의무에까지 확대하면서, 일정한 우선권이 있는 부양채권자들의 조("privileged" classes of creditors)의 권리에 대하여 보정적 연결원칙을 도입하여 부양권리자의 지위를 강화하고 있다(§4).[39] 둘째, 부양의정서는 배우자 및 전 배우자 간의 부양의무에 대하여 밀접한 관련에 기한 회피조항을 도입하였다(§5). 그 결과 그 중 일방이 부양권리자의 상거소지법에 대해 반대하고 그들의 최후의 공통 상거소지법이 더 밀접한 관련이 있는 경우 그 법을 적용한다. 셋째, 부양의정서는 두 가지 유형의 당사자자치를 도입하였는데, 하나는 특정한 소송

Forms of Family Maintenance Comments on its Objectives and Some of its Special Features, Yearbook of Private International Law, Vol. X, 313 이하를, 의정서에 관하여는 Andrea Bonomi의 보고서와 Andrea Bonomi (2008), The Hague Protocol of 23 November 2007 on the Law Applicable to Maintenance Obligations, Yearbook of Private International Law, Vol. X, 333 이하, Mirela Župan (2014), Innovations of the 2007 Hague Maintenance Protocol, in Paul Beaumont, Burkhard Hess, Lara Walker and Stefanie Spancken (Eds.), The Recovery of Maintenance in the EU and Worldwide, 311 이하 등 참조. 우리 문헌은 이병화(2009), 354 이하; 이병화(2015), 213 이하; 이병화(2024), 153 이하; 최흥섭(2019), 645 이하 참조. 그 밖에도 헤이그국제사법회의의 Practical Handbook for Caseworkers under the 2007 Child Support Convention과 Practical Handbook for Competent Authorities: The 2007 Hague Child Support Convention, the 2007 Hague Protocol on Applicable Law (Maintenance) and the 2009 European Union Maintenance Regulation이 있다.

37) 아동양육협약은 2013년 1월 1일 발효되었고 부양의정서는 2013년 8월 1일 발효되었다. 부양의정서는 EU 부양규정(§15)을 통하여 덴마크와 영국을 제외한 유럽연합에서 그 전에 발효되었다.

38) 국제재판관할규칙의 포함 여부는 논란이 있었으나 합의 도출에 소요되는 대가가 통일규칙을 통한 실제적 효용보다 크다는 이유로 포기되었다. 논의는 "Report on the First Meeting of the Special Commission on the International Recovery of Child Support and other Forms of Family Maintenance(5~16 May 2003)" 참조. 그러나 간접관할에 관한 규정은 포함되어 있다(§20 ①).

39) 상세는 Andrea Bonomi의 보고서, para. 59 이하 참조.

절차를 위하여 당사자들이 법정지법을 선택할 수 있는 절차적 합의이고(§7), 다른 하나는 일정한 조건이 충족되는 경우 §8에 열거된 법[40] 중에서 언제든지 준거법을 선택할 수 있는 권리이다(§8).

장기적으로는 베트남의 라이따이한이나 필리핀 등지의 한국인 자녀들이나 그의 모가 한국인 부를 상대로 친자확인의 소를 제기하고 나아가 양육비를 구하는 소를 제기할 경우 아동양육협약이 문제될 수 있다. 물론 이는 한국과 관련 국가들이 아동양육협약에 가입하는 것을 전제로 한다.

실제로 필리핀 아동인 이른바 코피노의 아빠찾기 노력이 진행되어 실제로 한국인 부를 상대로 친자확인의 소를 제기하여 승소판결을 받은 사례가 있다. 예컨대 수원지방법원 성남지원 2015. 5. 28. 선고 2014드단203298, 2015드단200197 판결은 필리핀 여성과 동거하며 두 아들을 낳은 한국인 남성에게 아동이 성년이 될 때까지 매달 양육비를 50만 원씩 지급하고 한 아동의 과거 양육비로 20,000,000원을 지급하라는 명하였고, 서울가정법원 2015. 6. 5. 선고 2014드단311253(본소), 2014드단316302(반소) 판결은 한국인 남성에게 매달 양육비로 30만원씩 지급하라고 명하였다. 그러나 위 판결들에서 법원은 통상의 국내사건에서 보는 것처럼 사실관계를 설시하고 민법을 적용하여 결론을 내리고 있어 담당 법관들과 변호사의 국제사법적 사고의 결여를 여실히 보여 준다.[41] 다행스러운 것은 대법원이 이런 잘못을 바로 잡은 점이다. 즉 코피노 사건을 다룬 대법원 2023. 10. 31.자 2023스643 결정은 우리 민법이 적용되는 것을 당연한 전제로 상대방의 부양의무에 관해서 판단하였을 뿐, 그에 앞서 준거법을 심리하거나 조사하지 않은 원심의 판단에는 직권조사사항인 준거법에 관한 국제사법을 위반하여 재판에 영향을 미친 잘못이 있다고 지적하면서 원심결정을 파기하고 사건을 원심법원에 환송하였다.

V. 부양료 청구의 국제재판관할

과거 초판에서는 여기에서 부양료 청구의 국제재판관할을 다루었으나 이 책에서는 이는 제9장 말미의 後註에서 논의한다.

---

40) 이는 일방의 본국법, 상거소지국법, 부부재산제의 준거법과 이혼(또는 별거)의 준거법이다.

41) 위 사건의 판결문 중에 '국제사법'과 '준거법'이라는 단어가 등장하지도 않는 것을 보면 담당 법관들의 머릿속에 위 사건에서 국제사법을 적용해야 한다는 인식이 없었던 것 같다. 소개와 비판은 석광현(2016), 97 이하 참조. 이종혁(2021), 504도 동지. 참고로 필리핀은 한국과 달리 아동양육협약에 가입하여 2022. 10. 1. 발효되었다.

第 74 條 (그 밖의 친족관계)

친족관계의 성립 및 친족관계에서 발생하는 권리의무에 관하여 이 법에 특별한 규정이 없는 경우에는 각 당사자의 본국법에 따른다.

*舊 국제사법과 동일하다.

涉私 제 24 조 (친족관계)

친족관계 및 친족관계에서 발생한 권리의무에 관하여 본법에 특별한 규정이 없는 경우에는 각 당사자의 本國法에 의하여 이를 정한다.

Ⅰ. 서론

1. 의의 및 연혁

가. 의의

국제사법은 다양한 친족관계를 연결대상으로 설정하고 각각 연결점을 규정하고 있으나 이것이 망라적인 것일 수는 없다. 따라서 국제사법이 규정하지 않은 연결대상(예컨대 다른 나라에 고유한 친족관계)에 대처하기 위한 장치로서 본국법을 준거법으로 지정한 §74를 둔 것이다.

§74를 적용한 사례는 잘 보이지 않으나 자녀의 성과 본의 준거법 결정에 있어 §74에 상응하는 涉私 §24를 근거로 준거법이 한국법임을 전제로 民 §781를 적용한 청주지방법원 영동지원 2001. 5. 26.자 2001호파1 결정(확정)이 알려져 있다.[1] 이를 참조하여 성(姓)의 준거법에 관하여 國私 §74를 적용하여 국적을 연결점으로 볼 가능성을 언급하는 견해가 있다.[2] 그러나 성씨의 준거법에 대하여는 위에서 본 것처럼 자녀의 국적을 연결점으로 삼을지 친자관계의 준거법을 적용할지 등을 더 검토하여야지 기계적으로 §74를 적용함으로써 해결할 것은 아니다.[3] 더욱이 자녀의 성과 본의 문제

1) 이는 근자에 이종혁(2021), 495 이하가 소개한 것이다. 일본에는 1990년 개정 전 우리 민법상의 적모·서자 관계가 문제 된 판결들이 있다. 권재문, 온주 국제사법 제74조, 2023. 7. 5., 각주 1. 계모자 관계도 문제될 수 있다.

2) 이종혁(2021), 497.

가 친족관계의 성립 및 친족관계에서 발생하는 권리의무의 문제인지도 더 검토할 필요가 있다.

나. 연혁

§74는 내용은 涉私 §24와 동일하나 표제를 명확히 하고, 본문 중 “친족관계”를 “친족관계의 성립”으로 그 취지를 명확히 하였을 뿐이다. 涉私 §24는 일본 법례 §23와 유사한 내용이다.

2. 입법례

일본 법례 §23는 법적용통칙법 §33가 되었는데 이는 涉私 §24 및 國私 §74와 유사하다. 다른 입법례에서는 이런 조문은 잘 보이지 않는다. 결국 國私 §74는 일본의 법례에서 유래한 것으로 보인다.

Ⅱ. 준거법의 결정

국제사법에 규정된 연결원칙이 적용되지 않는 친족관계의 성립 및 친족관계에서 발생하는 권리의무는 각 당사자의 본국법에 의한다. 결국 그러한 친족관계의 성립은 물론 그렇게 성립한 친족관계에서 발생한 권리의무는 준거법의 누적적용에 의하여 해결된다.

Ⅲ. 준거법이 규율하는 사항

국제사법에 규정이 있는 부부 또는 친자관계의 성립과 효력의 준거법은 각각 관련 조문에 의하여 결정되나, 국제사법에 특별한 규정이 없는 친족관계의 성립과 그러한 친족관계로부터 발생하는 권리의무는 §74에 의하여 각 당사자의 본국법에 의한다. 흥미로운 것은 일본에서 1988년 법례개정시 법례 §23의 존치 여부가 논의되었다는 점인데 이를 간단히 소개한다.

§74의 적용대상이 되는 친족관계는 국제사법에 특별한 규정이 없는 친족관계인데, 그러한 친족관계의 성립의 예로는 형제관계의 성립과 친족의 범위 등을 생각할 수 있고, 그러한 관계로부터 발생하는 권리의무는 부양의무를 생각할 수 있으나 후자는 부양의무의 준거법에 관한 법률(우리나라에서는 §73)에 의하여[4] 해결할 수 있으므로

---

3) 권재문, 온주 국제사법 제74조, 2023. 7. 5., [1]도 §74의 적용에 반대한다.

§74를 둘 이유는 별로 없는 셈이다.[5] 그 밖에 별거, 약혼과 내연 등에 대하여는 각각 이혼과 혼인에 관한 규정을 유추적용할 수 있으므로 굳이 §74를 적용할 필요도 없다.

반면에 사법(私法)적 법률관계는 아니지만 기타 법령에 있어서 친족관계의 유무와 범위 등을 정할 필요가 있다는 견해[6]가 있는데, 이는 일본 刑(§244, §257) 친족상도례의 적용 시 친족의 범위를 정할 필요가 있고, 나아가 일본 외국인등록법(§15 ② iv)상 외국인을 대신하여 등록신청, 등록증명서의 수령 또는 제출 등을 할 수 있는 친족의 범위를 정할 필요가 있음을 지적한다. 이러한 논의는 우리나라에서도 마찬가지이다. 즉 우리 刑(§328, §344)도 친족상도례를 규정하고 출입국관리법(§31)도 가족이라는 개념을 사용하고 있기 때문이다. 즉 친족상도례가 적용되는 친족의 범위를 결정함에 있어서 외국적 요소가 있는 경우 국제사법을 통하여 이를 결정할지, 아니면 강행성이 매우 강한 법률인 형법이나 출입국관리법의 관점에서 결정해야 할지는 논란의 여지가 있으나, 만일 국제사법의 매개를 부정한다면 §74를 존치할 적극적 이유가 없으므로 이를 삭제할 것이라는 견해가 있다.[7]

4) 일본은 헤이그부양협약에 가입하면서 위 법률을 제정하였기 때문이다.
5) 注国私(2), 143(河野俊行).
6) 注国私(2), 143(河野俊行) 註 3에 소개된 견해.
7) 注国私(2), 148(河野俊行).

[前註] 국제후견법의 구성

▌**참고문헌:** 김문숙(2009), "성년후견제도에 관한 국제사법상 쟁점에 관하여－한국민법개정후의 대응", 국제사법연구 15; 김문숙(2013), "부양사건과 성년후견사건의 국제재판관할에 관한 입법론", 국제사법연구 19－2; 김형석(2000), "민법 개정안에 따른 성년후견법제", 가족법연구 24－2; 백승흠(2005), 성년후견제도론; 송호열(2004), "독일의 성년후견법제", 민사법이론과 실무 8－2; 이병화(2006), "성년후견제도의 도입에 따른 국제후견법의 재고찰", 비교사법 13－3; 이병화(2013), "민법상 성년후견제도 도입에 따른 국제사법상 한정치산·금치산선고 및 후견제도에 관한 개정방향", 국제사법연구 19－1; 이병화(2022), "성년자보호협약에의 가입가능성 모색을 위한 해석론적 고찰", 국제사법연구 28－1; 제철웅(2023), "성년후견제도 시행 10년과 새로운 입법적 과제", 가족법연구 37－2; 최흥섭(2000), "섭외사법개정법률안의 검토－ 제2장(자연인), 제4장(친족), 제5장(상속)", 국제사법학회 8차 연차학술대회 발표자료; 최흥섭(2001a), "개정법률과 國際親族·相續法의 諸問題", 법조 536; 최흥섭(2001b), "성년자의 국제적 보호를 위한 2000년의 헤이그협약", 인하대 법학연구 4;[1] 최흥섭(2013), "새로운 성년후견제의 도입에 따른 국제사법 규정의 개정 문제와 적용 문제", 인하대학교 법학연구 16－3); Christoph Benicke (2013), Haager Kinderschutzübereinkommen, IPRax; Paul Lagarde, Explanatory Report on the 2000 Hague Protection of Adults Convention;[2] MünchKomm/Lipp (2020), Band 12, 8. Aufl., EGBGB.

제7장, 즉 국제친족법은 국제혼인법(§§63~66), 국제친자법(§§67~72), 국제부양법(§73)과 국제후견법(§75)으로 구성된다. 국제후견법에 관하여 국제사법은 §75 한 개의 조문만을 두고 있다. 여기에서 다루는 국제후견법은 준거법결정원칙을 내용으로 하는 좁은 의미의 국제후견법을 말한다. 즉, 여기에서는 우리 실정법인 국제사법 조문의 해설을 위주로 하므로 국제후견법을 좁게 이해하고, 국제재판관할은 제9장 말미의 後註에서 논의하며, 외국재판의 승인 및 집행은 간단히 언급한다.

입법례에 따라서는 성년자후견과 미성년자후견을 구분하여 다른 연결원칙을 두기도 하고 헤이그국제사법회의의 아동후견에 관한 협약도 그러한 태도를 취하고 있으나 國私 §75는 양자를 통합적으로 규율한다. 근자에 민법이 개정되어 성년후견제도가 도입됨으로써 성년후견제도에 대한 사회적 관심이 커졌는데 성년피후견인의 재산관리와 신상보호의 문제가 점차 국제화되면서 앞으로는 국제후견법의 중요성이 점차 커질 것으로 예상된다.

---

1) 이는 최흥섭(2005), 현대적 흐름, 395 이하에도 수록되어 있는데 후자를 인용한다.
2) 헤이그국제사법회의 <http://www.hcch.net/index_en.php?act=publications.details&pid=2951&dtid=3> 참조.

第 75 條 (후견)

① 후견은 피후견인의 본국법에 따른다.

② 법원이 제61조에 따라 성년 또는 미성년자인 외국인의 후견사건에 관한 재판을 하는 때에는 제1항에도 불구하고 다음 각 호의 어느 하나에 해당하는 경우 대한민국 법에 따른다.

1. 피후견인의 본국법에 따른 후견개시의 원인이 있더라도 그 후견사무를 수행할 사람이 없거나, 후견사무를 수행할 사람이 있더라도 후견사무를 수행할 수 없는 경우
2. 대한민국에서 후견개시의 심판(임의후견감독인선임 심판을 포함한다)을 하였거나 하는 경우
3. 피후견인의 재산이 대한민국에 있고 피후견인을 보호하여야 할 필요가 있는 경우

舊國私 第 48 條 (후견)[1)]

① 후견은 피후견인의 본국법에 의한다.

② 대한민국에 상거소 또는 거소가 있는 외국인에 대한 후견은 다음 각호 중 어느 하나에 해당하는 경우에 한하여 대한민국 법에 의한다.

1. 그의 본국법에 의하면 후견개시의 원인이 있더라도 그 후견사무를 행할 자가 없거나 후견사무를 행할 자가 있더라도 후견사무를 행할 수 없는 경우
2. 대한민국에서 한정치산 또는 금치산을 선고한 경우[2)]
3. 그 밖에 피후견인을 보호하여야 할 긴급한 필요가 있는 경우

涉私 第 25 條 (후견)

① 후견은 피후견인의 本國法에 의한다.

② 대한민국에 주소 또는 거소가 있는 외국인의 후견은 그 本國法에 의하면 후견개시의 원인이 있을지라도 그 후견사무를 행할 자가 없는 경우 및 대한민국에서 한정치산 또는 금치산을 선고한 때에 한하여 대한민국의 법률에 의한다.

1) 준거법지정규칙을 정한 국제사법의 다른 조문과 달리 2022년 개정에 의하여 내용이 변경되었기에 조문을 여기에도 둔다.

2) 우리나라에 성년후견제도가 도입되는 과도기에 과거 민법 부칙 §3(다른 법령과의 관계)는 "이 법 시행 당시 다른 법령에서 "금치산" 또는 "한정치산"을 인용한 경우에는 성년후견 또는 한정후견을 받는 사람에 대하여 부칙 제2조 제2항에 따른 5년의 기간에 한정하여 "성년후견" 또는 "한정후견"을 인용한 것으로 본다"고 규정한 바 있었다.

Ⅰ. 서론

1. 의의 및 연혁

가. 의의

후견제도는 제한능력자 기타 보호가 필요한 사람을 보호·감독함으로써 그의 재산을 관리하고 그의 법률행위를 대리하거나 필요한 동의를 하도록 하는 제도이다. 제한능력자에는 성년자와 미성년자가 있으므로 후견은 성년자에 대한 후견과 미성년자에 대한 후견으로 나누어진다. 미성년자에 대한 후견은 친권의 연장선상에 있으나 성년자에 대한 후견은 친권과는 별개의 독립된 제도이다.[3)]

인구의 고령화가 빠르게 진행됨에 따라 노인을 보호할 필요성이 커지고 장애인 복지의 중요성에 대한 인식 제고에 따라 의사결정이 어려운 성년자와 장애인의 보호가 중요한 사회문제가 되었다.[4)] 이에 대처하고자 각국은 성년자보호법제를 도입하였는데, 성년자의 국제적 이동이 빈번하고 성년자가 여러 국가에 재산을 보유하는 현상이 늘어남에 따라 이 분야에서도 국제사법이 중요한 의미를 가진다.[5)] 한국도 2013년

3) 실질법상 성년후견법제는 요보호자의 상태에 따라 유형을 달리하는 다원론적 구성[예컨대 후견(*tutelle*), 保佐(*curatelle*)와 일시적·잠정적 보호제도인 사법(司法)적 보호(*sauvegarde de justice*)를 두는 프랑스)]과 일원론적 구성방법[(예컨대 법적 부조(rechtliche Betreuung)라는 단일한 유형을 두는 독일)]이 있다. 김형석(2000), "민법 개정안에 따른 성년후견법제", 가족법연구 24-2, 113. 외국 입법례를 소개한 우리 문헌은 백승흠(2005), 65 이하 참조.

4) UN장애인권리협약 §12는 "당사국은 장애인들이 삶의 모든 영역에서 다른 사람들과 동등한 조건으로 법적 능력을 누려야 함을 인정하여야 한다"고 규정하고(②), "당사국은 장애인들이 그들의 법적 능력을 행사하는 데 필요한 지원을 받을 기회를 제공받을 수 있도록 적절한 입법 및 기타 조치를 취하여야 한다"고 규정한다(③). 동조의 취지는 박인환(2023), "유엔장애인권리협약 제12조와 성년후견제도의 개혁과제", 정태윤·지원림 교수 논문집: 새봄을 여는 민법학, 251 이하 참조.

7월 시행된 개정 민법을 통하여 성년후견제(또는 성년자 후견제도)를 도입하였다. 과거 민법은 금치산·한정치산제도를 두었으나 이는 개인의 행위능력을 일률적으로 박탈하거나 제한하는 점에서 낙인(烙印)을 찍는 효과가 있을 뿐만 아니라 보호가 필요한 사람들에게 효율적인 조력을 제공한다는 측면에서도 미흡하다는 문제가 있었기에[6] 금치산과 한정치산을 협의의 성년후견과 한정후견제도로 대체하였고 그 밖에도 특정후견과 임의후견(또는 후견계약)을 새로 도입하였다. 그리고 성년자 후견제도에 대한 공시절차를 마련하고자 '후견등기에 관한 법률'을 제정하였다. 후견인의 선임은 후견등기부에 기록되어야 한다.

國私(§75)은 준거법의 맥락에서 성년자에 대한 후견과 미성년자에 대한 후견을 통일적으로 규율한다. 전자는 피성년후견인의 보호수단이고 후자는 친권 이외의 보호수단이다. 반면에 국제재판관할의 맥락에서는 성년자에 대한 후견과 미성년자에 대한 후견 간에 차이를 두므로 준거법지정규칙과 국제재판관할규칙 간에 일관성이 부족하다고 할 수 있다(이 점은 아래 V.에서 논의한다).

나. 연혁

국제사법은 후견의 준거법에 관하여 피후견인의 본국법주의라는 섭외사법의 기본원칙을 유지하되(§75 ①), 법원이 §61에 따라 국제재판관할을 가지고 성년 또는 미성년자인 외국인의 후견사건에 관한 재판을 하는 때에는 위 기본원칙에도 불구하고 일정한 경우 한국법을 적용한다(§75 ②).

舊 국제사법은 사람에 관한 제2장에서 행위능력에 이어 행위능력을 박탈하거나 제한하는 제도인 한정치산 및 금치산선고에 관한 규정(§14)을 두었으나, 이제는 실질법에서 성년자 후견제도를 도입하면서 기존의 행위무능력제도와는 이념적 기초를 달리하는 제도와 규율을 도입하였음(행위능력을 박탈 또는 제한하는 것보다는 보호가 필요한 사람에게 효율적인 조력을 제공하는 측면을 강조함)을 고려하여 국제사법상으로도 §14(이는 특별관할과 그 경우의 준거법을 지정하였다)를 삭제하고 후견에 관한 사건의 특별관할을 §61에서 규정하면서 후견개시심판을 포함한 후견의 준거법을 §75에서 규정한다. 다만 체계적인 측면에서 민법이 능력에 관한 제2장 제1절에서 성년후견개시의 심판(§9), 한정

5) 성년후견에 관한 국제적 배경은 김문숙(2013), 181 이하 참조. 근자에 우리나라에서도 신격호 롯데그룹 회장의 성년후견과 영화배우 윤정희씨의 성년후견이 사회적 관심사가 된 바 있다. 전자는 일본에서도 활동하였고 재산을 가지고 있으며, 후자는 오랜 기간 프랑스에 거주하고 있고 프랑스 법원의 후견개시 재판이 있었다고 하므로 국제재판관할과 외국재판의 승인이라는 국제적 성년후견의 문제를 제기한다. 전자에 관한 사건은 알지 못하나, 후자에 관한 사건에서 서울가정법원 2022. 3. 24.자 2020후개10406 심판은 마치 순수한 국내사건인 것처럼 국제재판관할과 준거법에 관하여 아무런 언급을 하지 않는다.

6) 윤진수, 287.

후견개시의 심판(§12)과 특정후견의 심판(§14-2) 등에 관한 조문을 두고 있음을 보면 국제사법에서 그에 상응하는 조문을 능력에 관한 제2장에서 삭제한 것이 적절한지는 논란의 여지가 있다.[7)]

2. 입법례

후견의 입법례를 보면 대륙법계에서는 전통적으로 이는 사람의 신분 및 능력에 관한 문제이므로 속인법 중 본국법주의가 타당한 것으로 생각되었는데, 이 경우 후견제도는 피후견인의 보호를 위한 제도이므로 피후견인을 중심으로 그의 본국법을 적용하는 것이 타당하다고 생각되었다.[8)] 반면에 영미법계 국가들은 후견제도를 재산법적 성질을 갖는 제도로 보아 상속의 준거법결정에 있어서와 같이 부동산에 관해서는 목적물 소재지법에 의하고, 동산 및 피후견인의 신분에 관해서는 피후견인의 주소지법에 의하도록 한다.[9)] 이처럼 후견제도는 신분법적인 색채를 띠기도 하지만 피후견인의 재산관리를 주된 내용으로 하고 재산소재지의 일반적 공익과도 밀접한 관계를 가지므로 피후견인의 일상거소지법 내지는 재산소재지법에 의해야 한다는 견해에도 충분한 근거가 있다. 더욱이 오늘날에는 피후견인의 복지를 위하여 각국의 법제는 후견에 대한 공권적 감독을 절실히 필요로 하게 되었고, 법원 기타 국가기관을 통해 이러한 임무를 담당하도록 함으로써 후견제도는 현저히 공적인 성질을 띠게 되었다.[10)] 미성년자에 관하여도 미성년자의 복지를 위하여 행정기관의 관여가 점차 확대되었고 행정기관은 소속국의 법률을 적용하여 권한을 행사하는 것이 일반화된 결과 1960년 채택된 헤이그국제사법회의의 미성년자보호협약은 일상거소지법주의를 원칙으로 채택하기에 이르렀다.[11)]

7) 참고로 우리보다 앞서 성년후견제도를 도입한 일본의 법적용통칙법(§5)은 기존의 체제를 유지하면서 한정치산과 금치산에 관한 조문을 후견개시의 심판에 관한 조문으로 대체하였다. 반면에 독일은 과거 행위능력의 박탈·제한(Entmündigung)을 정한 구 민법시행법 §8를 삭제하고(최흥섭(2022), 91은 'aufheben'을 보관이라고 번역한다) 후견·부조와 보호(Vormundschaft, Betreuung und Pflegschaft)에 관한 §24만을 둔다. 실질법의 간단한 비교법적 논의는 제철웅(2017), "성년후견과 신탁: 새로운 관계설정의 모색", 가족법연구 31-2, 1 이하 참조.

8) 신창선·윤남순, 379; 김연 외, 450.

9) Restatement Second Conflict Laws §149 참조. 이병화(2013), 605과 주 37에 소개된 문헌 참조.

10) 예컨대 독일이나 오스트리아는 후견의 개시나 종료에 대해서만 피후견인의 본국법주의를 취하고, 후견의 내용이나 집행 등에 관해서는 개시명령을 한 국가 또는 관청 소재지국의 법에 따르도록 한다(독일 민법시행법 §24 ③). 비교법적 논의는 笠原俊宏(2003), 國際家族法要說, 108; 山田鐐一, 543 참조.

11) 신창선·윤남순, 380. 구체적 입법례는 아래와 같다. 독일 민법시행법 §24(후견·부조와 보호), 스위스 국제사법 §85(후견, 성년자보호와 기타의 보호조치), 오스트리아 국제사법 §27(후견 및 보호법), 이탈리아 국제사법 §42(미성년자의 보호에 관한 준거법), §43(성년자의 보호)(독일, 스위스, 오스트리아 및 이탈리아는 미성년자보호협약을 비준하였다), 법적용통칙법 §35(후견 등), 중국 섭외민사관계법률적용법 §30, 2000년 헤이그성년자보호협약.

Ⅱ. 준거법의 결정: 피후견인의 본국법주의 유지(§75 ①)

후견은 성년자 후견과 미성년자 후견으로 구분되는데, 통상 성년자 후견은 과거의 금치산·한정치산 선고(민법 개정으로 이제는 후견개시의 심판으로 사실상 대체되었다)[12]와 연결되고, 미성년자 후견은 친자관계의 효력, 즉 친권 문제와 연결되는 것으로서 친권의 연장선상에 있다. 그런데 國私(§72)에서는 친자관계를 원칙적으로 자녀의 일상거소지법에 의하고 예외적으로 자녀의 본국법에 의하도록 하였으므로, 미성년자의 후견 문제에 대하여 피후견인인 자녀의 일상거소지법에 연결하는 방안이 설득력이 있다고 볼 수 있다. 특히 후견 문제는 신분적 측면보다 재산관리라는 재산적 색채가 강하고, 피후견인의 보호를 위한 조치가 실효적으로 행해질 수 있는 곳은 생활의 중심지라는 점에서 볼 때 이러한 방안은 설득력이 있다. 미성년자보호협약(§§1~2)과 아동보호협약(§§15~16)은 일상거소지법주의를 기본으로 하고 있다.[13]

그러나 한국법은 신분문제에 있어 본국법주의를 기본으로 하고 있고, 후견과 밀접하게 관련된 금치산·한정치산에서도 종래 본국법주의를 취하였다. 또한 성년자와 미성년자의 후견을 나누어 규율하는 데 대한 타당성에 의문이 있다는 이유로 舊 국제사법은 결국 성년자와 미성년자의 후견 모두에 관하여 통일적으로 본국법주의를 고수하였다(§48 ①).[14] 실질법상 우리 민법도 미성년후견과 성년후견에 대하여 공통적으로 적용되는 규정을 두고 이러한 규정들을 한정후견, 특정후견과 임의후견에 준용하고 있다. 그런데 국제사법이 후견의 관할규칙을 신설하여 피후견인 일상거소지의 관

12) 독일은 과거 행위능력박탈·제한의 선고(Entmündigung), 후견(Vormundschaft), 장애보호(Gebrechlichkeitspflegschaft)라는 3가지 제도를 가지고 있었으나 1992년 1월부터 "성년자를 위한 후견 및 감호법의 개정에 관한 법률"을 통하여 특별후견인제도를 도입하였고 1999년 1월 성년후견법개정법(Betreuungsrechtsänderungsgesetz, BTAdG)을 통하여 이를 다시 개정하였다. 일본은 2000년 민법을 일부개정하고, 후견을 사전에 확보할 수 있도록 "임의후견계약에 관한 법률"을 제정하였으며, 임의성년후견과 법정성년후견의 공시수단으로 "후견등기등에 관한 법률"을 제정하였다. 한국도 2011년 3월 민법을 개정하여 금치산·한정치산제도를 폐지하고 성년후견제도를 도입하였다. 외국법의 소개는 송호열(2004), 29 이하 참조. 독일법의 상세는 폴커 립/위성훈(번역)(2022), 후견법원론 참조. 참고로 독일은 성년후견제도가 당사자의 의사결정을 대체하는 것을 막고 UN장애인권리협약 제12조 제3항이 정한 바에 다라 '장애인이 법적 능력을 행사하기 위하여 필요한 지원'을 하도록 민법의 성년후견 관련 조문(§1814 이하)을 전부개정하여 2023년 1월 1일 시행하고 있다. 이는 피후견인의 자기결정권(사적 자치)을 강화하고 법적 후견의 품질을 향상하기 위한 것이라고 한다. 소개는 박인환(註 4), 267 이하 참조. 상세는 안경희(2021), "2021년 개정 독일 성년후견법의 주요 내용—제1814조 내지 제1834조를 중심으로—", 중앙법학 23—2, 105 이하 참조. 기타 외국 동향은 박인환(註 4), 266, 주 49 참조.

13) 미성년자보호협약은 1902년의 "미성년자의 후견을 규율하기 위한 헤이그협약"(이른바 "후견협약")을 대체한다. 동 협약 §18. 반면에 후견협약은 본국법주의를 취하고 있었다. 본국법주의와 상거소지법주의의 소개는 신창선·윤남순, 379 이하 참조.

14) 법무부, 해설, 168. 이처럼 친자관계의 준거법에 대해 미성년자의 상거소지법에 의하면서도 미성년자의 후견에 관하여는 그의 본국법에 따르는 것은 1998년 개정되기 이전의 독일의 구 민법시행법과 동일하다. 다만 독일의 경우 미성년자에 관한 후견은 상당부분 미성년자보호협약에 의해 규율된다.

할을 인정함에 따라, 종래 국제재판관할을 함께 규정하는 것으로 이해되었던(다수설에 따를 경우) 후견의 준거법에 관한 舊國私(§48)을 개정하게 되었다. 연결점을 국적이 아니라 아예 일상거소지로 대체하는 방안도 고려하였으나 법무부는 금번에는 준거법지정규칙은 개정하지 않는다는 원칙과, 후견의 준거법으로서 아직은 본국법주의를 지지하는 견해가 유력한 점[15]을 고려하여 원칙적으로 피후견인의 본국법주의를 유지하면서 예외적인 경우 외국인에 대하여 한국법을 적용하는 舊 국제사법의 태도를 가급적 유지하기로 하였다. 따라서 큰 원칙을 수정한 것은 아니지만 재판관할에 관한 國私(§62)이 신설됨으로써 舊國私 §48의 수정이 불가피하였다.

결국 國私(§75)은 후견의 준거법에 관하여 피후견인의 본국법주의를 원칙으로 하면서, §61에 따라 한국법원이 후견에 관한 사건의 특별관할을 가지고 재판을 하는 때에는 첫째, 그의 본국법에 따른 후견개시의 원인이 있더라도 그 후견사무를 수행할 사람이 없거나 후견사무를 수행할 사람이 있더라도 후견사무를 수행할 수 없는 경우, 둘째, 한국에서 후견개시의 심판(임의후견감독인선임 심판을 포함)을 하였거나 하는 경우 또는 셋째, 피후견인의 재산이 한국에 있고 피후견인을 보호하여야 할 필요가 있는 경우에는 예외적으로 법정지법인 한국법을 준거법으로 삼는다.[16]

舊 국제사법과 대비한 國私 §75의 특색은 아래와 같다.[17]

첫째, ②에서는 과거처럼 한국이 예외적으로 관할을 가지는 경우를 명시하는 대신 國私(§61)에 따라 한국이 국제재판관할을 가지는 것을 전제로 한다. 둘째, 성년자 후견과 미성년자 후견을 묶어서 규율하는 舊 국제사법의 체제를 유지한다. 셋째, i와 iii는 舊國私 §48 i와 iii를 가급적 유지하면서 조금 수정한다. 넷째, 舊國私 §48 ii는 "대한민국에서 한정후견개시, 성년후견개시, 특정후견개시 및 임의후견감독인선임의 심판을 한 경우"인 데 반하여, 國私 §75 ② ii는 이를 "대한민국에서 후견개시의 심판(임의후견감독인선임 심판을 포함한다)을 하였거나 하는 경우"라고 규정한다. 이는 우리 법원이 후견과 관련한 심판을 하는 경우 한국법을 적용하라는 것이다. 다만 그렇게 하면 ①에서 정한 본국법에의 연결이 상당부분 무의미하게 된다는 문제가 있다.

---

15) 예컨대 최흥섭(2013), 1 이하 참조.

16) 참고로 舊國私 §48 iii를 적용한 서울가정법원 2018. 2. 17.자 2017브30016 결정이 있다. 이 사건에서 법원은 한국 국적 상실 후에도 장기간 국내에 거주한 경우 최소한 한국에 거소가 있는 외국인에 해당한다고 판단한 뒤 한국 내 재산을 소유하고 있을 뿐 아니라 그에 관한 임대차계약을 체결하거나 금융기관으로부터 금원을 차용하는 등의 법률행위를 하고 있고, 현재 한국 내에서 배우자인 소외 2와 사이에 이혼소송을 진행하고 있으며 부친인 망 소외 1의 사망으로 인하여 그 상속과 관련한 법률적 분쟁의 당사자가 될 가능성이 높은 것으로 보이므로 이는 피후견인을 보호하여야 할 긴급한 필요가 있는 경우에 해당한다고 판시하였다고 소개하고 타당한 판결이라고 평가한다. 이종혁(2021), 506. 권재문, 온주 국제사법 제75조, 2023. 7. 5., [6]도 이를 소개한다.

17) §76는 결국 일본 법적용통칙법 §35와 유사하나 개정법에는 일본 법적용통칙법 §5와 같은 조문이 없다.

물론 우리 법원의 관여 없이 준거법만을 판단하는 상황에서는 ①이 여전히 의미가 있다. 그러나 ⅱ가 "대한민국에서 후견개시의 심판을 하는 경우"도 포함하므로 외국인에 대해 후견개시의 원인이 있는지, 또한 그 경우 우리 법원이 후견개시의 재판을 해야 하는지의 준거법도 한국법이 된다. 결국 한국법원이 개입하는 경우에는 사실상 법정지법원칙이 적용되는 결과가 되므로 그 범위 내에서는 일상거소지법이 적용되고 관할과 준거법의 병행이 이루어지는 셈이다.

참고로 우리 국제사법은 후견의 존속(즉 개시·종료)과 후견의 내용의 준거법을 통일적으로 규율하는 데 반하여, 독일 민법시행법(§24)은 후견의 개시·종료와 법정후견의 (집행과) 내용에 대해서는 피후견인의 본국법에 의하고,[18] 잠정적 조치와 개시명령에 따른 후견의 내용에 대해서는 후견을 명하는 법정지법에 의하도록 이원화하여 규정하는 점에 특색이 있다.[19] 여기에서 '후견의 내용'이라 함은 '후견사무의 처리(또는 집행)(Durchführung)'를 말하는데 그 내용은 대체로 아래(Ⅲ.)에서 보는 바와 같다. 이러한 사항들은 우리 법상 후견의 준거법에 의할 사항이다.

Ⅲ. 준거법이 규율하는 사항

후견의 준거법이 규율하는 사항은 후견에 관한 제문제, 즉 후견의 종류, 후견의 개시와 그 원인, 피후견인과 후견인 간의 권리의무관계, 후견인의 지명, 선임과 직무 및 후견의 내용 등이다.[20] 후견의 내용은 ⓐ 후견인의 선임, 감독·해임, ⓑ 피후견인과 후견인 간의 권리의무관계(후견인의 보수와 후견인의 재산에 대한 피후견인의 법정담보권, 피후견인의 신상에 대한 후견인의 보호·교양권과 피후견인인도청구권, 후견인의 피후견인의 재산관리권), ⓒ 후견인의 법정대리권과 그에 대한 제한, 즉 후견인의 후견사무집행에 대한 법원이나 친족회(한국에서는 2013년 폐지됨) 등에 의한 승인의 요부·내용·방법, ⓓ 기타 후견인의 권리의무 등을 말한다.[21]

---

18) 다만 예외적으로 독일에 일상거소(일상거소가 없으면 거소)가 있는 외국인에 대하여는 독일법에 따라 부조자(Betreuer)가 선임될 수 있다. 독일 민법시행법 §24 ① 2문.

19) 즉 후견의 개시·변경·종료에 대하여는 피후견인의 본국법에 통일적으로 연결하나, 후견의 내용, 즉 집행에 대해서는 법정후견의 경우 피후견인의 본국법, 법원이 개시하는 후견의 경우 법정지법에 의하도록 이원화한다(법정후견에 관한 한 실무적으로 독일 민법 §1791와 §1717가 §24에 우선하므로 법정후견에 관하여 ①은 별 의미가 없다고 한다). 아동보호협약은 독일에서 2011년 1월 1일 발효되어 동 협약이 민법시행법에 우선한다. Christoph Benicke (2013), Haager Kinderschutzübereinkommen, IPRax, 44.

20) 신창선·윤남순, 381; 김연 외, 452; 신창섭(2020), 372; 윤종진, 482.

21) 이호정, 국제사법, 414; MünchKomm/Lipp, Art. 24 Rn. 20ff.

우리 민법은 후견제도만을 인정하고 舊 민법이나 일본 舊 민법과 달리 한정치산자를 위한 보호기관으로서 보좌인제도를 두고 있지 않다. 그에 상응하여 섭외사법에서도 후견에 관한 규정을 보좌에도 준용한다는 취지의 법례 §24에 상응하는 규정을 두지 않았다. 그러나 만일 우리나라에 있는 외국인에 대해서 구 민법상의 보좌인 또는 독일의 과거 'Pfleger'에 상응하는 문제가 제기된다면, 보좌는 '부분적 또는 작은 후견(Teil- oder kleine Vormundschaft)'에 해당한다고 볼 수 있으므로 그에 대하여는 결국 후견에 관한 규정을 유추적용하는 것이 타당하다.[22)]

Ⅳ. 임의후견의 준거법

성년후견과 관련하여 우리 民(§959-14~§959-20)처럼 다수 국가는 임의후견제도(또는 후견계약제도)를 도입하고 있는데[23)24)] 民 §959 ①은, 후견계약은 질병, 장애, 노령, 그 밖의 사유로 인한 정신적 제약으로 사무를 처리할 능력이 부족한 상황에 있거나 부족하게 될 상황에 대비하여 자신의 재산관리 및 신상보호에 관한 사무의 전부 또는 일부를 다른 자에게 위탁하고 그 위탁사무에 관하여 대리권을 수여하는 것을 내용으로 한다"고 규정한다.

임의후견제도를 인정하지 않는 국가도 있으나 아래(Ⅷ.) 소개하는 성년자보호협약(§15, §16)은 이를 인정하는 것을 전제로 임의후견(더 정확히는 임의후견인의 대리)의 준거법을 규정한다.[25)] 우리 민법상 임의후견은 공증인의 공정증서로 체결된 후견계약에 의하여야 하고, 후견계약은 가정법원이 임의후견감독인을 선임한 때에 효력이 발생하도록 규정하는 탓에(民 §959의14 ②, ③) 실제로는 후견계약이 별로 이용되지 않고 있는데, 이런 엄격한 규제는 임의후견의 남용에 대한 우려가 있었기 때문이라고 한다.[26)] 그러나 성년자보호협약은 단독행위에 의하여 임의후견인에게 대리권을 수여할

22) 이호정, 국제사법, 418.

23) 예컨대 영국의 1985년 지속적 대리권법(Enduring Powers of Attorney Act 1985), 일본의 "임의후견계약에 관한 법률"과 독일의 "성년자의 후견 및 감호에 관한 법의 개혁법률(Gesetz zur Reform des Rechts der Vormundschaft und Pflegschaft für Volljährige, Betreuungsgesetz, BtG)"과 民(§1897 ④)도 이를 허용한다. 독일법의 소개는 송호열(2004), 29 이하 참조. 프랑스 민법도 司法的 보호(*la sauvegarde de justice*)를 두는데, 과거에는 §491~§491-6에 있었으나 근자에는 §414~§495-9가 규율하는데 임의후견(*mandat de protection future*)에 관하여는 §477~488가 규율하고, 2015년에는 가족수권(*habilitation familiale*)에 관한 §494-1 이하가 추가되었다. 입법례는 Staudinger/von Hein (2019), Art. 15 ErwSÜ, Rn. 1ff. 참조.

24) 민법(§959-15)상 임의후견은 임의후견감독인 선임이라는 법원의 관여를 요구하는 점에 특색이 있다.

25) 협약 성안 당시로서는 이는 선진적 업적이었다고 한다. Staudinger/von Hein(2019), Art. 15 ErwSÜ, Rn. 6. 아동의 경우 이는 친권 내지 부모책임의 문제로서 해결된다.

26) 윤진수, 308.

수 있음을 당연시한다. 그에 따르면 당사자가 지정한 법,[27] 그것이 없으면 피후견인의 상거소지법이 대리권의 존재, 범위, 변경과 소멸의 준거법이 되나, 대리권 행사의 준거법은 그 행사지 국가의 법이다.

국제사법은 임의후견의 준거법에 관하여 별도의 규정을 두지 않으므로 견해가 나뉠 수 있다. 참고로 후견계약의 성립 및 효력의 준거법에 관하여 일본에는 과거 법례의 해석상 계약의 준거법에 관한 원칙에 의하는 견해[28]와 임의후견의 신분법적 성격을 중시하여 후견의 준거법에 의하는 견해[29]가 있었는데 법적용통칙법으로 개정하면서도 별도의 조문을 두지 않았기에 여전히 견해가 나뉜다. 생각건대 임의후견과 법정후견은 상호보완관계에 있고, 후견계약은 순수한 재산계약이 아니라 일종의 신분법상의 계약이라고 할 것이므로 임의후견감독인의 선임 등 법원의 감독 등을 고려하면 임의후견도 후견의 준거법에 따른다는 견해가 설득력이 있고 다만 당사자 간의 내부적 관계는 통상의 계약의 준거법에 따른다고 볼 수 있을 것이다.[30] 그러나 아래에서 보듯이 성년자보호협약은 임의후견대리의 준거법을 정하고 있고 이는 동 협약의 맥락에서 피후견인과 임의후견인의 내부적 관계(위임계약 또는 근로계약 등)에는 적용되지 않는데, 그런 계약은 계약의 준거법에 따른다는 것이 독일의 통설이다.[31]

한편 후견계약의 방식에 관하여 民 §959-14 ②은 후견계약은 공정증서로 체결하여야 함을 명시하는데 그 준거법에 관하여는 견해가 나뉠 수 있다. 일본에는 후견계약의 방식의 엄격한 요건을 고려하여 이는 임의후견의 실질의 준거법에 의해야 하고 행위지법에 의한 방식은 인정되지 않는다는 견해[32]와 양자의 선택적 연결을 인정하는 견해도 있다.[33] 그러나 만일 후견의 준거법이 한국법이라면 행위지에 관계없이 공정증서일 것을 요구하는 民 §959-14 ②은 여전히 적용되어야 한다는 견해가 유력할 것이다.

여기에서는 임의후견의 준거법이라는 제목 하에 성년자보호협약에 따른 임의대

27) 다만 선택될 수 있는 준거법은 성년자의 본국법, 이전의 상거소지국법과 재산에 관한 소재지국법에 한정된다.

28) 다만 이에 따르더라도 본인의 보호를 위해 공적 기관의 감독에 따라야 하므로 성년자보호협약 §15처럼 선택할 수 있는 준거법의 범위를 제한하는 견해가 있다. 山田鐐一, 553 참조. 國私 §45에 상응하는 구 법례 §7를 적용한다.

29) 溜池良夫, 531; 山田鐐一, 554. 舊國私 §48에 상응하는 구 법례 §22를 적용한다.

30) 中西 康 外(2014), 国際私法, 371. 과거 溜池良夫, 531; 山田鐐一, 554도 같다. 김연 외, 451, 註 71도 동지. 예컨대 부부재산계약에 관하여도 국제사법 §45가 적용되지 않는 것과 유사하다. 이병화(2013), 635.

31) Staudinger/von Hein (2019), Art. 15 ErwSÜ, Rn. 11; MünchKomm/Lipp (2020), Art. 15 ErwSÜ, Rn. 12. 후자는 그 경우 로마 I 에 따라 준거법을 정한다.

32) 山田鐐一, 554.

33) 中西 康 外(2014), 国際私法, 371. 이는 일본의 후견등기 등에 관한 법률이 임의후견을 포함한 후견의 방식을 정하고 있고 성년피후견인이 외국 국적인 경우를 예정한 규정을 두므로(§4 ① ii), 일본에서 성년피후견인의 본국법에 따라 체결된 임의후견계약도 이 법률에 의해 등기할 수 있다는 점에 그 근거를 구하나(溜池良夫, 531) 의문이다.

리의 준거법과 후견계약의 준거법을 언급하였다. 예컨대 우리 民(§959-14 ③)에서 보듯이 임의후견감독인의 선임은 후견계약의 효력발생요건이므로 항상 후견감독인이 선임되어야 하는데, 그 경우 후견계약의 준거법, 임의대리의 준거법과 후견감독인의 선임과 같은 후견의 준거법이 문제된다.

후견계약에 의하여 발생하는 대리에 관하여는 통상의 임의대리에 관한 법리가 타당하다는 것이 일본의 다수설로 보인다.[34] 반면에 성년자보호협약의 당사국인 독일의 경우 동 협약의 적용범위 내에서는 통상의 임의대리의 준거법(독일 민법시행법 §8)이 아니라 협약(§15 이하)이 정한 임의대리의 준거법이 규율한다고 구별하는데[35] 양자의 연결원칙은 여러 모로 차이가 있다.[36] 우리 국제사법은 별도의 규정을 두지 않으므로 기본적으로는 임의대리의 법리가 적용된다고 볼 것이나 법원의 허가 등은 대리권한이 행사되는 국가의 법에 따른다고 볼 수 있을 것이다.

V. 친권의 준거법과 후견의 준거법의 관계

후견의 준거법을 정한 §75는 미성년자의 후견에도 적용되나, 미성년자에 대한 후견은 친권자에 의한 보호가 행해지지 않는 경우에 문제되므로 미성년자에 대한 보호는 많은 경우 §72에 따라 정해지는 친자관계에 관한 법률관계의 준거법에 따를 사항이나. 따라서 §75의 수안점은 성년자에 있다. 다만 논리적으로는 §75가 미성년자의 후견에도 적용되는 결과 미성년자에 대한 친권은 원칙적으로 친자관계의 준거법에 의하고(§72), 미성년자의 후견은 후견의 준거법(§75)에 의하므로 미성년자 후견의 준거법은 피후견인인 자녀의 본국법이고, 친자관계의 준거법은 자의 일상거소지법이 되는 탓에 후견과 친권의 준거법이 다를 수 있고[37] 그 경우 양자 간에 충돌이 발생할 수 있다.[38]

34) 山田鐐一, 554. 그러나 溜池良夫, 531은 의문을 표시한다.

35) 독일에서는 성년자보호협약 §15 이하에 따른 임의대리를 'Vorsorgevollmacht'라고 부르는데, 독일 민법 §1899 ② 2문과 §1901c 2문이 이에 관한 규정을 둔다. 이를 '장래임의대리권'(오종근 외(2023), 독일 민법전 가족법, 297), '예방적 대리권'(송호열(2004), 30) 또는 '지속적 대리권'(제철웅(2023), 83)이라고 번역한다. 과거 독일 민법시행법에는 통상의 임의대리의 준거법지정규칙이 없었으나 2017년 6월 17일 §7가 신설되었다. 통상의 임의대리에 대하여는 헤이그국제사법회의의 "대리의 준거법에 관한 1978년 협약"이 있다. Vorsorgevollmacht의 준거법에 관하여는 Andreas Spickhoff (2015), Vorsorgeverfügungen im Internationalen Privatrecht, Festschrift für Dagmar Coester-Waltjen zum 70. Geburtstag, 825ff: Renate Schaub (2016), Kollisionsrechtliche Probleme bei Vorsorgevollmachten, IPRax, 207ff. 등 참조.

36) 우리도 성년후견에서 후견계약의 준거법에 대하여 관심을 가져야 하고, 임의후견인의 대리와 통상의 임의대리(國私 §32)의 준거법의 관계 그리고 후견계약의 준거법과 후견의 준거법의 관계를 명확히 정리할 필요가 있다.

37) 최흥섭(2000), 18은 한국에 상거소를 둔 외국인에 대해 한국법원과 한국법이 개입할 가능성이 있었고 국제사법에서 그 범위가 다소 확대되었으므로 크게 부당한 사태는 생기지 않을 것이라고 한다.

38) 이처럼 친자관계의 준거법에 대해 자녀의 일상거소지법에 의하면서도 후견에 관하여는 피후견인의

반면에 아래에서 보듯이 아동보호협약은 양자의 준거법을 통일적으로 규율한다.

§75가 규율하는 미성년자에 대한 후견은 친권자에 의한 보호가 행해지지 않는 경우에 문제되므로 양 조문이 직접 충돌되는 것은 아니고, 친권의 소멸은 후견개시의 선결문제이다. 그렇지만 친권의 준거법과 후견의 준거법이 다른 경우 충돌이 발생할 수 있는데 이는 적응(조정)의 법리에 의하여 해결할 문제이다. 예컨대 친권의 준거법에 따르면 친권이 상실되어 후견이 개시되어야 하지만 후견의 준거법에 따르면 친권이 상실되지 않아 후견개시사유가 존재하지 않는 경우(소극적 저촉)와 반대의 경우, 즉 친권의 준거법에 따르면 부모가 친권을 가지는 데 반하여 후견의 준거법에 후견개시사유가 존재하는 경우(적극적 저촉)가 있다. 소극적 저촉의 경우 아동의 보호를 위하여 후견개시사유가 존재하는 것으로 취급하고, 적극적 저촉의 경우 보호의 중복을 피하기 위해 친권을 우선시켜 친권의 준거법에 따라 부모의 친권을 인정하는 견해가 유력하다.[39] 이는 미성년자의 후견을 친권의 연장으로 보면서 후견의 보충성과 친권법의 우위를 인정하는 셈이다. 이런 견해는 국제사법적 해결방안으로 대체로 타당하나, 國私(§75 ② iii)을 고려해야 한다. 즉 동호는 피후견인을 보호하여야 할 긴급한 필요가 있는 경우 우리 법원이 한국법을 적용하여 후견사무를 처리할 수 있음을 명시하는데, 예컨대 피후견인의 본국법에 의하면 후견개시의 원인이 없어, 한국에 있는 피후견인이 보호받을 수 없는 경우 피후견인을 보호하기 위한 것이다. 즉 위에서 본 적극적 저촉의 경우 긴급한 필요가 있으면 친권자가 있더라도 후견을 개시할 수 있음이 이미 법조문에 반영되어 있다는 것이다.

이와 달리 국제사법의 해석론으로서 미성년자의 친권과 후견을 통일적으로 연결하는 견해도 주장될 여지가 있다. 즉 친권을 보완하거나 지지하거나 대체하는 것은 친자관계의 부속물(Annex)로 간주되고 따라서 상이한 법이 적용됨으로써 규범의 저촉이 발생하는 것을 피하기 위해 미성년자에 대한 후견은 §75가 아니라 §72에 따라야 한다는 것이다.[40] 이에 따르면 §75는 성년후견에 대해서만 적용된다고 본다. 이런 견해가 장점이 없지는 않으나 조문의 문언상 해석론으로서는 지지하기 어렵다.

그러나 이처럼 후견의 준거법과 친권의 준거법을 달리 규정하는 국제사법의 태

본국법에 따르는 것은 독일 민법시행법과 동일하다. 다만 독일의 경우 미성년자에 관한 후견에 대하여는 아동보호협약이 우선적으로 적용된다. 반면에 대만의 경우 친자관계의 준거법은 자의 본국법에 의하고(§55), 후견은 피후견인의 본국법에 의하므로 양자가 일치하게 된다.

39) 김문숙, "涉外後見に關する硏究", 아세아 3(2000. 6.), 235; 신창선·윤남순, 381; 法国私(2), 142(河野俊行).

40) Andrae, 2. Auflage §6 Rn. 109f. 참조. 이는 독일 舊 민법시행법의 해석론인데 구 독일 민법시행법 §24(후견)는 우리 國私 §76에 상응하고, §35(친자관계)는 우리 國私 §72에 상응하는 것이었다. 2024년 현재는 독일 민법시행법 §24가 규율하나 성년자보호협약과 아동보호협약이 우선한다. Junker, §19 Rn. 58.

도가 입법론적으로 바람직한지는 다소 의문이다.[41] 즉 국제사법은 후견에 대해, 그것이 성년후견인지 미성년(또는 아동) 후견인지를 구분하지 않고 통일적인 연결원칙을 두고 있다. 하지만 미성년후견에 관하여 보면 국제규범의 동향은 친권과 후견을 통일적으로 연결하는 것으로 보이는데, 양자의 기능적 유사성과 양자가 단절 없이 유기적으로 연결될 필요성을 고려하면 후자가 설득력이 있다. 입법론으로도 성년과 미성년자(아동)를 구별하여 국제적 동향을 따르는 것이 좋을 것이라는 생각이 든다. 그러나 한국에 일상거소를 둔 외국인에 대해 한국법원과 한국법이 개입할 가능성이 있었고 국제사법에서 그 범위가 다소 확대되었으므로 크게 부당한 사태는 생기지 않을 것이라는 견해도 있다.[42]

Ⅵ. 후견의 관할권: 한국 법원의 국제재판관할(§61)

과거 초판에서는 여기에서 후견의 국제재판관할을 다루었으나 이 책에서는 이를 제9장 말미의 後註에서 논의한다.

Ⅶ. 외국법원의 후견인선임재판 기타 보호조치의 승인 및 집행

외국법원의 후견인선임재판이 있는 경우 한국에서의 그의 승인 및 집행이 문제된다. 비단 후견인선임재판만이 아니라 외국법원이 취한 보호조치의 승인 및 집행도 문제된다.

후견인선임은 비송사건인데,[43] 학설로는 종래 民訴 §217를 비송사건에도 사실상 유추적용하여 그 요건의 일부를 요구하는 견해가 유력하다.[44] 다만 승인요건에 관하여, 대심적 소송이 아닌 비송사건의 경우 송달요건은 별로 문제되지 않는다는 견해가 유력하고, 문제는 상호보증의 요건이 필요한가인데 견해가 나뉜다. 부정설도 있지

41) 아래 §72 註釋 참조.

42) 최흥섭(2000), 18.

43) 우리 법상 이는 라류 가사비송사건이다[家訴 §2 ① ii 가. 18)].

44) 김문숙(2013), 209; 이종혁(2023), "국제후견의 국제사법 문제", 박세영 외, 위험사회와 의사결정능력 장애인의 자기결정권 행사의 지원, 257; 김원태(2001), "외국가사재판의 승인·집행에 관한 문제의 검토", 국제사법연구 6, 67. 다만 김원태, 68은 민사소송법을 유추적용한 것은 아니라고 한다. 2014년 5월 20일 개정된 民訴 §217 ① 본문은 승인대상으로서 외국법원의 확정판결만을 규정하던 舊 ①을 개정하여 "외국법원의 확정판결 또는 이와 동일한 효력이 인정되는 재판"으로 확장하였는데 그것이 가사사건과 비송사건에 미치는 영향을 고려해야 한다. i 가 확정재판이라고 하므로 이제는 비송사건에도 §217의 모든 요건이 적용된다는 견해도 주장될 수 있으나, 위 개정이 특히 가사사건과 비송사건을 염두에 둔 것은 아니므로 필자는 비송사건에 관한 종래의 학설대립은 여전히 가능하다고 본다. §217를 개정하는 과정에서 가사사건과 비송사건도 고려하여 그 취지를 명시했더라면 하는 아쉬움이 있다.

만[45] 명문의 근거가 없으므로 필요하다는 긍정설도 있는데 판례도 후자로 보인다. 과거 서울고등법원 1985. 8. 20. 선고 84나3733 판결은 독일인과 혼인하여 독일 국적을 취득한 한국인 모에 대하여 독일인 부가 청구한 자의 인도청구사건에서 독일과 한국 간에는 상호보증이 있다고 판시하였고, 이혼 및 양육자지정, 면접교섭권, 재산분할 및 부양료·양육비지급을 명한 캐나다 온타리오주 법원판결에 기한 집행판결을 청구한 사건에서, 대법원 2009. 6. 25. 선고 2009다22952 판결도 상호보증이 필요함을 전제로 상호보증의 존재를 긍정한 바 있다.

흥미로운 것은 일본 법원의 후견인선임재판을 승인한 하급심 법원 판결이다. 서울고등법원 2012. 11. 16. 선고 2010나21209, 51224 판결은 일본에 거주하는 한국인에 대하여 일본 법원에서 일본법에 의하여 이루어진 후견에 관한 심판은 한국에서도 유효하다고 판단하면서 다만 거소국법에 의한 후견은 본국법에 의한 후견에 대해서 보충적으로 인정되는 것이므로 본국법에 의하여 후견이 설정되면 위와 같은 예외적인 거소국법에 의한 후견은 종료된다고 판시하였다.[46] 위 판결은, 民訴 §217 ①의 승인요건이 모두 구비된 것으로 판단하고 나아가 한국법상 후견의 원인이 없음이 명백하다는 등의 특별한 사정이 없다면 일본에 거주하는 한국인에 대해서도 일본법에 의하여 이루어진 후견에 관한 재판(심판)은 한국에서도 유효하다고 판단한 것이다. 위 판결에서는 첫째, 일본 법원의 후견인선임재판이 승인대상인지(판결은 긍정),[47] 둘째, 일본 후견인의 권한이 한국 내 재산 및 후견사무에도 미치는지(판결은 긍정), 셋째, 일본 법원의 후견인선임재판이 승인되더라도 우리 법원이 한정치산선고를 할 수 있는지(판결은 긍정), 넷째, 우리 법원의 한정치산선고가 있으면 일본의 후견이 자동 종료되는지 아니면 한국 소재 재산 및 후견사무에 관한 한 한국 법원의 조치가 우선하는지(판결은 전자로 봄) 등의 의문을 체계적으로 검토할 필요가 있다. 필자로서는 위 2010년의 판결에도 불구하고 비대심적 재판에 대하여도 §217를 유추적용할 수 있다고 보므로[48] 위

45) 김문숙(2013), 209.

46) 소개는 노태악(2012), "2012년 국제사법 주요 판례 소개", 국제사법연구 18, 533 이하 참조.

47) 종래 외국 성년후견개시 심판의 승인을 부정하는 견해도 있다. 그에 따르면 외국에서 성년후견개시 심판을 받았더라도 그는 우리나라에서 완전한 행위능력자로 취급되는데, 이 견해는 성년후견제도의 속지적 성격과 능력제한이 공시되지 않는다는 점을 근거로 제시한다. 김연 외, 279 참조. 그러나 아래 헤이그국제사법회의의 성년자보호협약이 외국보호조치의 승인 및 집행에 관하여 규정하는 데서 보듯이 성년후견제도의 속지적 성격이 당연한 것은 아니므로 승인될 수 있다. 공시제도의 불완전성은 국제사법 제29조 또는 그의 유추적용에 의한 거래안전 보호 장치에 의하여 해결해야 할 것이다. 외국에서 후견심판이 있는 경우 피후견인인 제한능력자가 한 행위의 효력은 외국재판의 승인과 준거법 지정이 교착하는 영역인데 문제는 그가 제3국에서 행위한 경우 그를 제한능력자로 취급할 수 있는가이다. 그 경우 후견심판이 한국의 승인요건을 구비한다면 제3국이 후견심판을 승인하는지에 관계없이 우리로서는 그를 제한능력자로 취급하여야 한다. 우선 이종혁(2023), "국제후견의 국제사법 문제", 박세영 외, 위험사회와 의사결정능력 장애인의 자기결정권 행사의 지원, 258−259 참조.

서울고등법원 판결은 일응 설득력이 있으나 승인요건에 대한 충분한 설시가 없음은 아쉽고, 한국 법원의 후견 개시로 인해 일본 법원의 후견이 자동으로 종료되는지는 의문이다.[49)50)]

또한 외국법원의 비송재판이 승인되기 위하여는 그것이 기판력이 있어야 하는가라는 의문이 있다. 즉 2014년 5월 20일 개정된 民訴 §217 ①은 승인대상을 "외국법원의 확정판결 또는 이와 동일한 효력이 인정되는 재판(이하 "확정재판등"이라 한다)"이라고 명시하는데, 유력설은 그 취지를 승인의 대상이 비송재판에 확장되는 것을 막기 위해 확정판결과 동일한 효력, 즉 기판력이 인정되는 재판으로 제한한 것이라고 설명한다.[51)] 그러나 이는 다소 의문이다. 가사소송법에는 가사비송심판의 기판력에 관한 규정이 없기 때문에 다수설은 일반적인 비송사건과 마찬가지로 기판력을 부인하는데,[52)] 만일 어느 외국이 한국법과 같은 태도를 취한다면 형성력은 있지만 기판력이 없는 외국법원의 가사비송재판은 한국에서 승인될 수 없다는 것이 되기 때문이다. 이 점을 고려한다면 외국법원의 재판, 특히 비송사건의 재판에 기판력이 없다는 이유만으로 승인대상으로서의 적격을 부정할 것은 아니다.[53)] 한편으로는 일정한 비송사건의 재판에 기판력을 부여하는 방안도 고려할 필요가 있다.

만일 가사사건의 외국판결에도 상호보증을 요구하면 파행적 법률관계가 발생할 가능성이 커진다는 문제가 있다. 일반적으로 상호보증을 요구함으로써 당사자이익이 침해되는데, 가사사건의 경우는 그 성격상 당사자이익뿐만 아니라 파행적인 신분관계의 창설에 의하여 거래이익과 국가이익[54)]도 침해되기 때문에 상호보증을 요구하는 것은 문제가 있으므로 해석상 이를 완화할 필요가 있는데 다만 그 범위와 요건을 더 검토할 필요가 있다.

입법론으로서는 가사사건의 경우 그것이 소송사건이든 비송사건이든 원칙적으로 상호보증의 요건을 요구하지 않는 것이 적절하다.

48) 김원태(2000), "외국가사재판의 승인·집행에 관한 문제의 재검토", 국제사법연구 6, 82은 이의 유추적용을 긍정한다. 비송재판이 외국법원의 판결에 포함된다는 견해도 있다.

49) 위 판결에 대한 비판은 석광현(2024), 38 이하 참조.

50) 또한 근자에 배우 윤정희씨 사건이 여러 차례 보도된 바 있다. 보도에 따르면 윤정희씨의 딸의 청구로 서울가정법원에서 2022년 3월 윤정희씨에 대한 성년후견개시와 성년후견인 선임 심판이 있었다. 보도에 따르면 그 전에 프랑스 법원에서 윤정희씨의 딸을 후견인으로 선임하는 재판이 있었다고 하는데 서울가정법원에서 프랑스 비송재판의 승인이 어떻게 다루어졌는지 궁금하다. 그러나 서울가정법원 2022. 3. 24.자 2020후개10406 심판은 마치 순수한 국내사건인 것처럼 국제재판관할과 준거법에 관하여 아무런 언급을 하지 않는다. 위 판결에 대한 비판은 석광현(2024), 42 이하 참조.

51) 이규호(2014. 9. 4.), "외국재판의 승인 등에 관한 개정 민소법·민사집행법에 대한 평가", 신문4252, 11.

52) 제요[1], 278; 이 책 입양특례법 §11 註釋도 입양재판의 기판력을 부정한다.

53) 석광현, 국제민소, 350 참조.

54) 당사자이익, 거래이익과 국가이익의 개념은 석광현, 재판관할, 52 이하 참조.

비송사건의 경우 외국법원의 재판 또는 보호조치의 승인 및 집행을 규율하는 규정을 두는 것이 바람직하고, 그런 입법이 늦어진다면 우선 아래 성년자보호협약에 가입함으로써 문제를 해결하는 방안도 고려할 필요가 있다.

Ⅷ. 성년자보호에 관한 헤이그협약

성년자보호에 관하여는 헤이그국제사법회의가 2000년 채택한 "성년자의 국제적 보호에 관한 협약[55](이하 "성년자보호협약"이라 한다)"이 있다. 성년자보호협약은 우리나라에서도 2009. 1. 10. 발효한 UN 장애인권리협약을 강화하는 기능을 하므로[56] 우리나라도 성년자보호협약 가입을 검토할 필요가 있다.[57] 성년자보호협약이 규율하는 사항은, 아동보호협약처럼 보호조치에 관한 관할권, 준거법, 외국 보호조치의 승인 및 집행과 국가간 협력이다. 여기에서 성년자라 함은 18세에 달한 자를 말한다.

1. 국제재판관할(제Ⅱ장)

과거 초판에서는 성년자보호협약의 제Ⅱ장을 여기에서 소개하였으나 2판에서는 이를 제9장 말미의 後註에서 논의한다.

2. 준거법(제Ⅲ장)

성년자보호협약 제Ⅲ장(§§13~21)은 준거법에 관한 규정들을 두는데, 첫째, 당국의 개입이 있는 경우의 보호조치의 준거법, 둘째 임의후견의 준거법을 규정하고, 셋째, 일반규정을 두고 있다.

가. 보호조치의 준거법: 법정지법원칙과 그 예외

체약국의 당국은 보호조치를 취하기 위하여 관할권을 행사함에 있어서 원칙적으로 자국법을 적용한다(§13 ①).[58] 따라서 관할과 준거법의 병행이 이루어진다. 그 근거

55) 성년자보호협약은 헤이그국제사법회의의 1905년 "금치산 기타 유사한 보호조치에 관한 협약(*Convention du 17 Juillet 1905 Concernant l'interdiction et les Mesures de Protection Analogues*)"을 대체한 것이다. 위 협약에 관하여는 최흥섭(2001b), 69 이하 참조. Kurt Siehr (2000), Das Haager Übereinkommen über den internationalen Schutz von Erwachsener, Rabels Zeitschrift, 64, 715f.도 참조.

56) UN장애인권리협약 §12는 "당사국은 장애인들이 삶의 모든 영역에서 다른 사람들과 동등한 조건으로 법적 능력을 누려야 함을 인정하여야 한다"고 규정하고(②), "당사국은 장애인들이 그들의 법적 능력을 행사하는 데 필요한 지원을 받을 기회를 제공받을 수 있도록 적절한 입법 및 기타 조치를 취하여야 한다"고 규정한다(③).

57) 이병화(2022), 615도 동지. 위 협약에 대하여는 Paul Lagarde의 Explanatory Report가 있다.

58) 그러나 이에 대하여는 예외가 인정된다. 보호조치의 주체는 법원만이 아니라 행정당국이 될 수도 있으므로 여기에서 법정지법이라고 한 것은 편의상의 표현이다.

는 관할권을 가지는 당국으로 하여금 가장 잘 아는 자국법을 적용하게 함으로써 당국의 임무를 촉진하고, 둘째, 성년자보호협약상 관할권은 성년자에게 가장 밀접한 관련이 있는 국가의 당국에 부여되는데 그 보호조치의 이행도 그 국가에서 이루어질 것이기 때문이다. 다만 성년자의 신상과 재산의 보호를 위하여 필요한 경우 체약국의 당국은 실질적 관련을 가지는 다른 국가의 법을 적용하거나 고려할 수 있다(§13 ②). 어느 체약국에서 행해진 보호조치가 다른 체약국에서 이행되는 경우 그 이행의 조건은 다른 체약국의 법에 의한다(§14).

나. 임의후견(임의후견대리)의 준거법(§15)

위에서 본 것처럼 성년자가 장래 자신의 신상이나 재산에 관한 이익을 보호할 수 없는 상황이 발생할 것에 대비하여 미리 타인에게 대리권한을 부여하는 임의후견제도를 두는 국가들이 있다. 이 점을 고려하여 성년자보호협약은 임의후견 대리인의 대리에 적용될 준거법결정원칙을 두고 있다. 즉 당사자는 서면에 의하여 명시적으로 준거법을 선택할 수 있으나, 선택될 수 있는 준거법은 성년자의 본국법, 이전의 상거소지국법과 재산에 관한 소재지국법에 한정된다. 한편 당사자가 준거법을 선택하지 않은 경우에는 그 합의나 일방적 행위(대리권 수여)시의 성년자의 상거소지법이 준거법이 된다. 준거법은 대리권한의 존재, 범위, 변경과 소멸을 규율하나 대리권한의 행사방법은 그 권한이 행사되는 국가의 법에 따른다. 위에서 본 것처럼 §15는 임의후견대리의 준거법을 정한 것이고 후견계약의 준거법을 정한 것은 아니다. 이는 마치 우리 國私(§32)이 본인과 대리인의 관계를 그 법률관계의 준거법에 맡기고, 임의대리의 준거법을 별도로 지정하는 것과 유사하다.

다. 일반규정

§17는 성년자를 대리하여 행위할 수 있는 것으로 믿은 자와 거래를 한 선의의 제3자를 보호한다. 이런 위험은 특히 성년자의 상거소지가 변경된 경우에 더욱 크다. 다만 이는 동일 국가에 소재하는 사람들 간에 체결된 거래에만 적용된다(§17 ②). 성년자보호협약상 반정은 배제된다(§19). 성년자가 보호되어야 하는 국가의 국제적 강행규정은 준거법에 관계없이 적용된다(§20). 이는 협약이 대리의 준거법을 선택할 수 있는 가능성을 인정하는 데 대한 평형추(counterweight)로서 특히 의료 분야를 염두에 둔 것이다.[59] 성년자보호협약에 의하여 지정된 준거법의 지정은 그의 적용이 성년자의 이익을 고려하여 공서에 명백히 반하는 경우에는 거부될 수 있다(§21).

59) Lagarde, No. 113.

3. 외국 보호조치의 승인 및 집행(제Ⅳ장)

성년자보호협약 제Ⅳ장(§§22~27)은 아동보호협약과 같이 외국 보호조치의 승인, 집행가능선언 및 집행등록과 구체적인 집행을 구분하여 규정한다.

가. 승인

체약국의 당국이 취한 보호조치는 다른 체약국에서 법률상 당연히 승인되고 실질재심사는 금지된다. 요청된 국가의 당국은 관할권의 기초가 된 사실인정에 구속된다. §22 ②은 승인거부사유를 규정하는데 이는 ⓐ 관할의 결여, ⓑ 성년자의 청문기회 미부여, ⓒ 공서위반, ⓓ 보호조치가 성년자보호협약(§5부터 §9)에 따르면 관할을 가졌을 비체약국의 그 후의 보호조치로서 요청된 국가의 승인요건을 구비하는 것과 양립되지 않는 경우와 ⓔ 성년자의 수탁기관 등에의 위탁시에 필요한 양국 당국 간의 협의절차의 미이행이다. 승인거부사유가 있더라도 체약국은 다른 체약국의 보호조치를 승인할 수 있다.

이해관계인은 사전에 체약국의 권한당국에 대하여 다른 체약국에서 취한 보호조치의 승인 또는 불승인에 관하여 결정하여 줄 것을 요청할 수 있다(§23). 이는 법적 불확실성을 제거할 수 있도록 하는 예방적 소송이다.[60]

나. 집행가능선언, 집행등록과 집행

어느 체약국에서 취해진 보호조치를 다른 체약국에서 집행할 필요가 있는 경우 후자의 법률이 정한 절차에 따른 집행가능선언 또는 등록이 필요한데, 각 체약국은 이를 위해 단순하고 신속한 절차를 적용해야 하나, 구체적 방법은 각 체약국이 결정하고, 집행가능선언 또는 등록은 위 승인거부사유만을 이유로 거부될 수 있다. 어느 체약국에서 취해지고 다른 체약국에서 집행가능하다고 선언되거나 집행을 위한 등록이 된 보호조치는 마치 그 체약국의 보호조치처럼 집행되어야 한다.

4. 국제공조[61] (제Ⅴ장)

가. 중앙당국과 권한당국

체약국은 중앙당국을 지정해야 한다(§28). 중앙당국은 상호 협력하고 권한당국들 간의 협력을 증진해야 하며 성년자보호와 관련된 자국의 법과 이용가능한 서비스에 관한 정보를 제공해야 한다(§29). 중앙당국은 교신을 촉진하고 지원을 제공하기 위하여, 성년자의 신상과 재산을 보호하기 위하여 보호를 요하는 성년자가 자국에 있는 경

60) Lagarde, No. 124.

61) 여기에서는 사법공조를 고려하여 공조라고 번역하나, 이병화(2022), 594 이하는 '협력'이라 한다.

우 다른 체약국의 요청에 따라 성년자의 소재를 발견함에 있어 지원하여야 한다(§30).

나. 일반절차규칙

아동보호협약 제V장은 아동에 관한 정보에 관하여 규정한다. 체약국의 중앙당국과 공공기관은 공조과정에서 발생하는 비용을 원칙적으로 각자 부담하나 달리 합의할 수 있다(§36). 여기의 공공기관은 행정기관을 말하고 법원을 포함하지 않는다.

Ⅸ. 아동의 후견에 관한 헤이그협약: 아동보호협약

아동보호협약에 관하여는 위 친자에 관한 부분에서 논의하였다.

Ⅹ. 후견의 준거법에 관한 입법론

舊國私(§48)은 후견의 준거법에 관하여 피후견인이 성년인지 미성년인지에 관계없이 피후견인의 본국법주의를 유지하면서, 한국에 상거소 또는 거소가 있는 외국인에 대해 예외적으로 한국 법원이 한국법에 따라 후견사무를 행할 수 있는 가능성을 확대하였다. 國私(§75)은 이를 다소 수정하여 후견의 준거법에 관하여 피후견인의 본국법주의를 원칙으로 하면서, §61에 따라 한국법원이 후견에 관한 사건의 특별관할을 가지고 재판을 하는 때에는 한국에서 후견개시의 심판을 하였거나 하는 경우 등 일정한 경우에는 예외적으로 법정지법인 한국법을 준거법으로 삼는데, 성년인지 미성년인지를 구별하지 않는 것은 마찬가지다.

그러나 아동보호협약은 국제친권과 국제후견을 구분하지 않고 통일적으로 연결한다. 국제후견법 분야에서의 우리의 입법과제로는 다음을 고려할 필요가 있다.[62)]

첫째, 아동후견의 맥락에서 국제후견의 준거법을 국제친권의 준거법과 통일적으로 규정하는 방안. 국제사법에 따르면 친권은 원칙적으로 친자관계의 준거법에 의하고(§72), 미성년자의 후견은 후견의 준거법(§75)에 의하므로 양자가 다를 수 있다. 나아가 우리 국제사법은 후견이라는 법률관계에 착안하여 아동후견을 친권이 아니라 성년후견과 함께 통일적으로 연결하나,[63)] 아동보호협약은 친권과 후견을 통일적으로

62) 입법론으로서 이병화(2013), 628 이하는 제1안으로 일본 법적용통칙법과 유사하게 후견개시의 심판과 준거법을 별도로 규정하는 舊國私 §14(國私에서는 삭제됨)와 §48(國私 §75에 상응)를 유지하는 방안과 제2안으로 §14를 삭제하고 양자를 통합하여 §48에 규정하는 안을 제안하였다. 國私 §75는 제2안과 유사하다.

63) 보호를 필요로 하는 성년자와 미성년자의 상황은 여러 가지 차이가 있다. 櫻田嘉章, "2000年ハーグ「成年者の國際的保護に關する條約」について", ケース研究 264, 7[최흥섭(2005), 현대적 흐름, 397에서

연결하고 성년자후견은 성년자보호협약에 의하여 별도로 규율한다. 미성숙한 아동의 보호라는 실질에 착안하면 아동보호협약의 태도가 설득력이 있다.[64] 유럽연합도 이런 태도를 취한다. 양쪽 모두 나름의 근거가 있다면 국제적 동향을 받아들이는 것이 바람직할 것이다. 국제사법은 이 점을 고려하여, 국제재판관할의 맥락에서 성년자 후견과 미성년자 후견을 묶어 제61조에서 규정하되 항을 구분하고 내용상 차이를 둠으로써 그런 체제를 다소 완화한다. 그 결과 개정법은 국제재판관할의 맥락에서는 "[친권] v. [미성년자 후견(양자의 중간)] v. [성년자 후견]"이라는 체제를 따른다. 체제의 문제는 말미의 국제재판관할에 관한 논의에서 더 상세히 언급한다. 그러나 아동보호협약의 체계를 따른 것은 아닌데 이는 장래 준거법 관련 조문 개정시 반영할 수 있을 것이다.

둘째, 국제후견법에 대해 별도의 연결원칙을 둔다면, 아동보호협약처럼 보호조치와 부모책임의 준거법을 이원화할지, 아니면 현재와 같이 원칙적으로 피후견인의 본국법을 적용할지도 검토할 필요가 있다.

셋째, 거래의 안전을 보호하기 위한 규정은 국제사법에도 두는 것이 바람직할 것이다. §29는 법률행위와 관련하여 유사한 취지의 규정을 두고 있다. §29의 문언은 능력이 제한된 당사자 본인이 법률행위를 하는 것을 전제로 하는데 권한이 있는 법정대리인(친권자 또는 후견인)이 행위하는 경우 적용할 필요가 없다. 그러나 비록 준거법상 법정대리인이 무권한이더라도 법률행위 당시 당사자들이 동일한 국가에 있고 그 국가의 법에 따르면 법정대리인이 권한이 있는 경우에는 §29 ①에 준하여 법정대리인의 무권한을 주장할 수 없도록 하여 거래의 안전을 보호할 필요가 있다(다만 상대방이 법률행위 당시 법정대리인이 준거법상 무권한임을 알았거나 알 수 있었을 경우에는 그러하지 아니하다).[65]

재인용]. 첫째, 성년자는 미성년자와 달리 독자적 상거소를 가질 수 있고, 둘째, 성년자는 미성년자와 달리 능력이 있을 수도 있으며, 셋째, 성년자는 오래전부터 생활을 영위하고 있으므로 외국에 상거소가 있더라도 가족적 유대관계에서는 본국과의 밀접한 관련을 가지고, 넷째, 성년자는 재산을 소유하는 것이 보통이므로 미성년자의 경우와 달리 재산법적 측면도 중요한 의미를 가지고, 다섯째, 미성년자의 경우에는 그를 보호하려는 부모 간에 다툼이 발생하지만 성년자의 경우에는 그를 보호하려는 자의 선의가 존중되어야 한다. 셋째와 넷째는 Siehr(註 55), 728~729도 국제재판관할의 맥락에서 지적하는데, 다섯째 점은 조금 달리 미성년자의 경우에는 그를 보호하려는 부모 간에 다툼이 발생하지만 성년자의 경우에는 가족집단(Familienverband) 안에 있는 외국에 거주하는 성년자의 운명을 둘러싼 타인들 간에 분쟁이 발생한다고 한다. 이 점을 고려하면 성년후견과 미성년후견의 통일적 연결이 바람직한지는 재고할 필요가 있다.

64) 상세는 석광현(2014), 513 참조. 일본에서는 실질법상 '친권후견통일론'이라는 견해가 주장되고 있음은 흥미롭다. 논자에 따라 차이가 있으나 그 핵심은 친권을 폐지하여 후견으로 통합하자는 취지로 보인다.

65) 근자에는 §29 ②은 법정대리인이 행한 거래행위는 신분행위와 거래행위로서의 성질을 겸유하므로 그것이 친족법 또는 상속법의 규정에 따른 법률행위이더라도 거래보호조항(즉 §29 ①)이 적용되도록 §29 ②의 문언을 수정하자는(즉 §29 ②의 친족법 또는 상속법의 규정에 따른 법률행위 뒤에 "(법정대리인이 그 권한에 따라 행한 거래행위는 제외한다)"을 추가하자는) 입법론이 있는데, 이 견해는 아동보호협약에도 유사한 취지의 조항이 있음을 지적한다. 이종혁(2022c), 138. 그러나 이 점은 이해하기 어렵다. 아

넷째, 더 면밀한 검토를 해야 함은 물론이지만, 아동보호협약과 성년자보호협약에 가입하는 방안을 더 전향적으로 고려할 필요가 있다.66)

동보호협약 제19조(성년자보호협약 제17조도 유사하다)가 규정하는 것은 논자의 주장처럼 §29 ②의 적용범위를 제한하는 것이 아니라 본문에서 필자가 제안한 것처럼 §29 ①의 적용범위를 확대하는 것이다. 또한 아동보호협약(성년자보호협약도)에 따라 법정대리인이 아동(또는 피후견인인 성년자)을 위하여 하는 거래행위에는 신분행위와 재산법상의 행위 양자가 포함되는 것이지 어느 하나만은 아니다. 따라서 위 입법론에는 동의하기 어렵다. 우리 법상 신분행위(또는 가족법상의 법률행위)의 특성 및 가족법과 민법총칙의 관계는 우선 박동섭·양경승, 7 이하 참조.

66) 성년자보호협약에 관한 구체적인 검토는 이병화(2022), 545 이하 참조. 이는 협약에의 가입 가능성을 적극적으로 모색할 필요성을 강조한다.

[後註] 그 밖의 논점들

舊 국제사법은 섭외사법과 마찬가지로 약혼과 별거에 관한 규정을 두지 않았고 이 점은 국제사법도 마찬가지다. 따라서 이는 판례와 학설에 맡겨진 사항이다. 법무부 자료[1]는 그 이유를 그에 관한 외국 입법례가 많지 않고, 그 제도 자체가 일반적이지 않거나 각국마다 정형화된 모습이 보이지 않아 구체적인 결정기준을 제시하기도 쉽지 않으며, 규정을 둘 경우 준거법 고정으로 인해 부당한 결과가 생길 수 있기 때문이고, 또한, 약혼은 혼인과, 별거는 이혼과 유사성을 지니므로 별도의 규정이 없더라도 혼인과 이혼의 규정을 유추적용할 수도 있기 때문이라고 설명한다. 법률상의 혼인으로 인정되지 않는 사실상의 부부관계를 의미하는 사실혼의 경우도 마찬가지이다.

Ⅰ. 약혼

약혼이라 함은 장래에 혼인을 성립시키겠다고 하는 당사자 사이의 계약을 말한다.[2] 이처럼 약혼은 장래의 혼인을 예약하는 것이므로 약혼을 하더라도 당사자 사이에 실질적인 부부공동체가 형성되는 것은 아니고 따라서 그러한 실질적 부부공동체가 형성되어 있는 사실혼과는 다르다.[3] 우리 민법상으로는 약혼의 성립, 효과와 약혼의 해제 등이 문제되는데, 民(§800 이하)에서 약혼에 관한 규정을 두고 있다. 그러나 국제사법은 약혼의 준거법에 관한 규정을 두고 있지 않다.

1. 약혼의 성립

약혼의 실질적 성립요건에 관하여는 혼인의 실질적 성립요건에 관한 國私 §63

1) 법무부, 해설, 129, 주 80.
2) 김주수·김상용, 75.
3) 김주수·김상용, 75.

① 본문을 유추적용하여 각 당사자에 관하여 그 본국법을 적용할 것이라는 견해가 유력하다.[4] 이는 독일에서도 마찬가지이다.[5] 따라서 약혼능력, 부모의 동의 요부, 약혼장애 등에 관하여는 혼인에 관한 법리를 유추적용해야 할 것이다. 반정도 마찬가지로 허용된다.

2. 약혼의 방식

약혼의 방식에 관하여는 혼인의 방식에 관한 §63 ②을 유추적용하여 약혼거행지법을 적용할 것이라는 견해도 가능하나, 혼인과 달리 약혼지의 공익과 중대한 관계가 없으므로 당사자의 편의를 고려하여 법률행위의 방식에 관한 §31를 유추적용하는 견해[6]가 설득력이 있다. 다만 약혼에는 신고가 요구되지 않으므로 내국인조항이 유추적용될 여지는 없다.

3. 약혼의 효력

약혼의 효력에 관하여 과거 혼인의 효력에 관한 舊國私 §37를 적용할 것이 아니라 친족관계 일반의 준거법을 정한 §47를 유추적용하는 견해가 유력하였다.[7] 이는 涉私(§16 ①)이 혼인의 효력에 관하여 부(夫)의 본국법을 준거법으로 지정하고 있었기에 양성평등의 원칙에 반하는 그의 적용을 피하기 위한 것이기도 한데 섭외사법 하의 통설이었다.[8] 舊國私(§37)과 國私(§64)은 혼인의 효력에 관하여 양성평등의 원칙에 부합하는 연결원칙을 도입하였므로 과거 통설은 일부 근거를 상실하였고 그 결과 §64를 유추적용하는 견해가 유력하다.[9] 다만 약혼의 강제이행이 불가능하므로(民 §803) 약혼의 주된 효력은 별 의미가 없고 약혼의 부당파기가 주로 문제된다.[10]

약혼의 부당파기로 인한 손해배상책임에 관하여는 불법행위의 준거법을 적용할

4) 신창선·윤남순, 338; 김연 외, 394; 신창섭, 324; 윤종진, 429; 서희원, 257; 김용한 외, 306. 우리 민법상으로는 약혼은 당사자의 실질적인 의사합치를 요구하는 점에서 제3자에 의한 대리는 허용되지 않는다. 김주수·김상용, 75. 다만 최흥섭, 347은 혼인에 관한 국제사법 조문을 준용할 것이라고 한다. 그러나 섭외사법하에서 이호정, 국제사법, 325 이하는 두 법의 요건이 모두 갖추어져야 유효하게 성립한다고 하였다.

5) Kropholler, 341; Andrae, §6 Rn. 15; Junker, §18 Rn. 4.

6) 신창선·윤남순, 338; 김연 외, 394; 신창섭, 324; 윤종진, 429; 서희원, 257; 김용한 외, 306. 독일의 통설도 같다. Andrae, §6 Rn. 15.

7) 신창선·윤남순, 339.

8) 김연 외, 395; 서희원, 258; 김용한 외, 307.

9) 신창섭, 324; 김연 외, 395; 최흥섭, 348. 이와 달리 그 밖의 친족관계의 준거법을 정한 國私 §74를 유추적용하면 각 당사자의 본국법이 적용되는데 이 경우에는 '보다 약한 법의 원칙(Grundsatz des schwächeren Rechts)'이 적용된다. 이는 두 법의 요건이 모두 갖추어져야 유효하게 성립한다고 한다. 이호정, 국제사법, 326. 김용한 외, 307은 양 당사자의 본국법을 누적적용한다.

10) 최흥섭, 348. 이는 여기에서도 국제사법 조문을 준용한다.

것이라는 견해[11]와, 약혼의 효력의 문제이므로 약혼의 효력의 준거법에 의할 것이라는 견해[12]가 나뉘고 있다. 독일 연방대법원의 1996. 2. 28. 판결[13]은 약혼의 부당파기로 인한 불법행위청구에 대하여 약혼의 준거법에 대한 종속적 연결을 거부하고 불법행위의 준거법을 적용하였는데 그 근거는 첫째, 약혼은 외부적 지표에 의하여 특징지울 수 있는 안정된 법률관계가 아니고, 둘째, 불법행위는 고유한 '무가치(또는 부당) 내용(Unwertgehalt)'을 가지는 것으로서 약혼의 해소와는 상이하므로 약혼의 준거법에 종속적으로 연결할 것은 아니라는 것이다. 학설은 지지하는 견해와 비판하는 견해[14]가 나뉜다. 그러나 우리 국제사법은 종속적 연결원칙을 도입하였으므로 불법행위의 준거법을 적용하더라도 약혼의 효력의 준거법에 종속적으로 연결될 것이다.[15] 그렇게 함으로써 동일한 사실관계가 통일적으로 하나의 법질서에 따르게 된다.[16]

우리 민법상 약혼예물의 법적 성질은 혼인의 불성립을 해제조건으로 하는 증여라고 본다.[17] 국제사법상 약혼이 해제됨으로써 발생하는 예물의 반환문제는 증여의 효력이 상실된 결과이므로 증여계약의 준거법에 따를 사항이다.[18] 증여계약의 준거법은 國私 §45 이하에 따라 결정된다.

Ⅱ. 사실혼

우리나라에서 사실혼이라 함은 다른 혼인요건은 구비하였으나 형식적 요건인 혼인신고가 되지 않았기 때문에 법률상 혼인으로 인정되지 아니하는 관계라고 파악한다.[19] 과거에는 사실혼을 '혼인예약'이라고도 불렀으나 근래에는 법률혼에 준한다는 의미에서 '준혼(準婚)'으로 보는 것이 일반적이다.

한국에서는 실질적 부부공동체가 형성되어 있는 사실혼의 성립과 효력의 준거법

---

11) 참고로 Andrae, §6 Rn. 24ff.는 약혼의 파기로 불법행위가 성립하는지를 논의하는데 이는 로마Ⅱ §4에 따른다.

12) 신창선·윤남순, 339; 김연 외, 395.

13) BGHZ 132, 105, 117 = BGH JZ, 1997, 88, 91.

14) 학설은 Kropholler, 342; Staudinger/Mankowski (2011), Anh. zu Art. 13 Rn. 40f.; Andrae, §6 Rn. 26, Fn. 36 참조.

15) 최흥섭, 348도 동지.

16) Andrae, 3. Auflage, §9 Rn. 33. 다만 원칙적으로 종속적 연결을 부정하는 견해도 독일 민법상으로도 불법행위가 성립하는 극단적 사안에서는 예외적으로 허용한다. Andrae, §6 Rn. 26.

17) 김주수·김상용, 82. 대법원 1976. 12. 28. 선고 76므41, 42 등.

18) Andrae, §6 Rn. 21 참조.

19) 윤진수, 157. 대법원 1979. 5. 8. 선고 79므3 판결 등도 "사실혼관계에 있다고 하려면, 주관적으로 당사자 사이에 혼인의 의사가 있고, 객관적으로 사회 관념상이나 가족질서면에서 부부공동생활을 인정할만한 혼인생활의 실체가 있어야 한다"는 취지로 판시하였다. 그러나 이에 대하여는 주관적인 의사의 면은 제외하고 객관적, 외형적으로 보아 법률혼과 마찬가지의 공동생활을 영위하는 것으로 족하다는 비판이 있다. 윤진수, 158; 주해친족(초판, 1권), 530-531.

에 관하여는 혼인의 성립과 일반적 효력을 정한 §63와 §64를, 사실혼의 해소에 대하여는 이혼의 준거법을 정한 §66를 각각 유추적용하는 견해가 유력하다.[20] 독일에서도 사실혼의 성립에 혼인에 관한 조문을 유추적용하는 견해도 있으나 이는 양육권, 부양 또는 상속과 같은 본문제의 선결문제로 제기되는 경우가 많으므로 독립적으로 연결할 것이 아니라 본문제의 준거법에 종속적으로(본문제의 준거법 소속국의 실질법) 연결하는 견해도 있다.[21]

사실혼 관계 부당파기로 인한 정신적 손해의 배상 청구에 대하여는 불법행위책임을 인정한 대법원 1994. 11. 4. 선고 94므1133 판결도 있다.[22] 그와 같이 불법행위로 성질결정한다면, 舊國私(§32)이 불법행위의 종속적 연결원칙을 도입하였고 國私(§52)도 이를 유지하고 있으므로 이제는 사실혼 관계에는 혼인의 일반적 효력의 준거법을 정한 國私(§52)를 유추적용하여야 하는 탓에 그 준거법에 종속적으로 연결된다고 할 수 있다.[23]

Ⅲ. 별거

국제사법은 별거(Trennung von Tisch und Bett, separation from bed and board)에 관한 규정을 두지 않는데, 이는 우리 민법의 태도와 같다.[24] 많은 국가들에서는 별거는 이혼의 대체물이고, 다른 국가들에서는 별거는 이혼에 도달하기 위한 전 단계이다.[25] 학자에 따라서는 이혼을 절대이혼, 별거를 제한이혼이라고 하여 양자를 넓은 의미의 이혼에 포함시키기도 한다.[26]

별거의 준거법에 관하여는 이혼에 관한 규정을 유추적용하거나[27] 적용하는 견해[28]가 유력한데 전자가 더 설득력이 있다.

---

20) 신창선·윤남순, 364; 김연 외, 413; 최봉경(2010), "국제이주여성의 법적 문제에 관한 소고", 서울대 법학 51-2, 154도 동지. 사실혼 파기 시에는 파탄의 책임이 있는 배우자에 대한 손해배상책임 및 재산분할이 인정되는 등 그 성질 및 효과에 있어 이혼과 유사하므로 사실혼 관계의 해소에 관하여는 이혼에 관한 준거법인 舊 국제사법 제39조 단서를 유추적용함이 상당하다고 판시한 하급심 판결이 있다. 서울고등법원 2016. 5. 18. 선고 2015르21561 판결(확정).

21) Andrae, §6 Rn. 32.

22) 섭외사법하에서 서울가정법원 1970. 12. 4. 선고 69드1030 심판은 사실혼의 부당파기로 인한 위자료 청구를 불법행위로 성질결정한 바 있다(327에서 재인용).

23) 이종혁(2001), 466도 동지.

24) 신창선·윤남순, 364-365.

25) 이호정, 국제사법, 358.

26) 신창선·윤남순, 365; 김연 외, 421. 최흥섭, 363은 이혼에 준한다고 한다

27) 김연 외, 421; 신창선·윤남순, 365; 신창섭, 348; 김원태(2006), "국제이혼의 법적 문제", 가족법연구 20-1, 361. 신창선·윤남순, 349은 국제재판관할권과 외국법원의 별거판결의 승인에 관하여는 이혼에 관한 설명이 타당하다고 본다.

28) 이호정, 국제사법, 358.

다만 준거법인 외국법이 별거를 인정하는 경우 우리 법원이 별거의 재판을 할 수 있는지는 논란이 있으나, 우리 법상의 이혼절차에 관한 규정을 별거절차에 적용하여 별거재판을 할 수 있다고 본다.[29] 이는 민법상 계약형 입양만 허용되던 과거 우리 법원이 준거법인 외국법에 따라 입양재판을 할 수 있는가라는 것과 유사한 문제이나 이를 긍정한다는 것이다. 독일에서는 이처럼 준거법에 따른 외국의 법제도가 독일법이 알지 못하는 성질의 것인(wesensfremde. 또는 본질상 인정되지 않는) 경우 당해 외국의 법원만이 그런 행위를 할 수 있고 독일 법원은 이를 할 수 없다거나 관할이 없다는 견해가 있는데 이를 "wesenseigene Unzuständigkeit(제도고유의 무관할 또는 본질상 인정되는 무관할)"이라고 부르기도 한다.[30] 과거 다양한 분야에서 위 이론이 주장되었으나 점차 그 범위가 축소되어 근자에는 외국의 법제도가 독일법이 전혀 알지 못하는 것이어서 독일 법체계를 파괴할 정도에 이르는 경우 또는 법제의 상위가 매우 커서 외국법이 부여하는 임무를 수인할 수 없는 경우에 한하여 인정하고 그 정도에 이르지 않는 대부분의 경우에는 독일의 민사절차법을 유추적용하거나 독일의 판결절차를 외국의 절차에 적응시키는 경향이 있다.[31]

이혼에 관한 위 §66의 해설에서 본 바와 같이, 유럽연합은 이혼 및 법적 별거의 준거법 영역에서 제고된 협력을 시행하기 위하여 로마Ⅲ을 채택하였고 이는 2012년 6월 21일 발효되었다. 로마Ⅲ(§5)은 별거의 준거법에 관하여 이혼과 동일한 원칙에 따르도록 한다.

---

29) 신창선·윤남순, 365; 김연 외, 421도 동지. 반면에 신창섭, 349; 윤종진, 456은 부정설을 취한다. 일본의 다수설은 전자이다. 이병화(2013), "국제이혼에 관한 국제사법적 고찰", 저스티스 통권 137, 399 註 62 참조.

30) Geimer, IZPR, Rz. 994ff. 참조. 前註(Ⅲ. 5.)에서 언급한 바와 같이 이러한 문제를 국제사법의 적응과 유사하게 국제민사소송법상의 적응의 문제로 논의하기도 한다.

31) 이에 관하여는 우선 Geimer, IZPR, Rz. 1189ff. 참조. 위 이론에 대한 비판은 Schack, IZVR, Rn. 570ff. 참조. 우리 법원이 준거법인 외국법을 적용하여 재판하는 경우 그 주문은, 우리 민사소송법상 수용할 수 없는 것이 아닌 한, 원칙적으로 그 준거법 소속국 법원이 주문에서 선고하는 것처럼 그 준거법에 따라 구성하는 것이 옳다. 우리 법원이 친권자 및 양육자지정을 하면서 준거법인 베트남 혼인·가족법 제81조 제2항에 따라 '직접 양육하는 사람'을 결정하는 경우 준거법에 따르는 대신 우리 법상의 주문처럼 "사건본인의 친권자 및 양육자로 피고를 지정한다"는 식으로 선고한 판결(서울가정법원 2023드단123540)이 있다고 하나 이는 위 원칙에 반하는 것이다.

[後註] 가사사건의 국제재판관할

▌**참고문헌**: 강은현(2022a) "가사사건의 국제재판관할에 관한 개정 국제사법의 검토", 민사소송 26-3; 권재문(2015), "친자관계의 성립과 효력, 성년후견, 부재와 실종에 관한 국제재판관할", 국제사법연구 21-1; 김문숙(2009), "성년후견제도에 관한 국제사법상 쟁점에 관하여-한국민법개정후의 대응-", 국제사법연구 15; 김문숙(2013), "부양사건과 성년후견사건의 국제재판관할에 관한 입법론", 국제사법연구 19-2; 김원태(2009), "가사소송의 국제적 경합", 비교사법 16-3; 김원태(2018a), "가사사건의 국제재판관할", 가족법연구 제32권 제1호(2018. 3.); 김원태(2018b), "국제사법 전부개정법률안의 검토 - 가사사건의 국제재판관할을 중심으로 -", 민사소송 22-2; 노태악(2004), "인터넷명예훼손행위와 국제재판관할", 민사재판의 제문제 13; 노태악(2018), "2018년 국제사법 전부개정법률안의 주요 내용", 민사소송 22-2; 서영수(2024), "국제부양사건의 합의관할·변론관할·관련관할-국제사법의 보호적 관할규정의 비판적 검토를 중심으로-", 서울대학교 법학전문대학원 법학전문석사 학위논문; 석광현(2001), 國際裁判管轄에 관한 硏究 — 민사 및 상사사건에서의 국제재판관할의 기초이론과 일반관할을 중심으로; 석광현(2010), "중간시안을 중심으로 본 국제재판관할에 관한 일본의 입법 현황과 한국의 입법 방향", 한양대학교 국제소송법무 1; 석광현(2012), "한국의 國際裁判管轄規則의 입법에 관하여", 국제거래법연구 21-2; 석광현(2013), "이혼 기타 혼인관계사건의 국제재판관할에 관한 입법론", 국제사법연구 19-2; 석광현(2014a), "국제재판관할과 외국판결의 승인 및 집행-입법과 판례", 국제사법 20-1; 석광현(2014b), "국제친권·후견법의 동향과 우리의 입법과제", 서울대학교 법학 55-4; 석광현(2017), "헤이그입양협약 비준을 위한 2016년 "국제입양에 관한 법률안"에 대한 검토", 가족법연구 31-1; 석광현(2018a), "헤이그입양협약 비준을 위한 2018년 "국제입양에 관한 법률안"에 대한 검토", 가족법연구 33-1; 석광현(2018b), "2018년 국제사법 전부개정법률안에 따른 국제재판관할규칙: 총칙을 중심으로", 동아대학교 국제거래와 법 21; 석광현(2019), "헤이그입양협약 비준을 위한 2018년 "국제입양에 관한 법률안"에 대한 검토", 가족법연구 33-1; 석광현(2022a), 국제재판관할법; 석광현(2022b), "국제재판관할에 관한 국제사법 개정 - 전체 개관", 민사소송 26-3; 석광현 외(2012), 헤이그국제아동입양협약 가입 추진방안 연구, 2012년 보건복지부 연구용역 보고서; 이인재(1989), "국제적 관할합의", 사법논집 20; 이종혁(2021), "국제가사사건 재판례의 회고와 과제", 국제사법연구 27-2; 장준혁(2013), "국제이혼관할에 관한 전통적 판례와 하급심에서의 수정시도-대법원 1975년 판례의 등장과 국제사법 제2조 신설 전까지의 판례와 전개-", 국제사법연구 19-2; 장준혁(2017), "부양사건의 국제재판관할", 가족법연구 31-1; 장준혁(2022a), "외래적 재판외 이혼의 실행과 수용", 가족법연구 36-1; 장준혁 외(2017), 일본과 중국의 국제재판관할 규정에 관한 연구; 장준혁(2022b), "국제재판관할법 전면 개정의 의의와 과제", 국제사법연구 29-2; 최흥섭(2001), "성년자의 국제적 보호를 위한 2000년의 헤이그협약", 인하대학교 법학연구 4; 최흥섭(2013), "새로운 성년후견제의 도입에 따른 국제사법 규정의 개정 문제와 적용 문제", 인하대학교 법학연구 16-3; 최흥섭(2020), 유럽연합(EU)의 국제사법; 한숙희(2006), "국제가사사건의 국제재판관할과 외국판결의 승인 및 집행-이혼을 중심으로-", 국제사법연구 12; 한충수(1997), "국제재판관할합의에 관한 연구", 연세대학교 대학원 박사학위논문; 현소혜(2021a), "친권 관계 사건의 국제재판관할-2019년 브뤼셀 II ter 규칙에 대한 소개를 중심으로-", 가족법연구 35-2; 현소혜(2021b), "헤이그아동탈취법상 아동반환재판과 본안재판의 관계", 비교사법 28-3; 현소혜(2021c), "혼인 관계 사건에서의 국제재판관할", 남효순 교수 정년기념논문집 간행위원회, 한국민법과 프랑스민법 연구 남효순 교수 정년기념논문집.

Ⅰ. 머리말

국제재판관할(권)이라 함은 국제민사사건에서 제기되는 법적 쟁송에 대하여 어느 국가의 법원이 재판할 권한을 가지는가, 또는 재판임무를 어느 국가(또는 주)에 배당할 것인가의 문제이다. 아래 언급하는 국제사법 전부개정법률에 의하여 개정된 국제사법과 舊國私 §2가 규율하는 국제재판관할(권)은 국제법에서 말하는 국가관할권 중 재판관할권의 문제이므로 '국제재판관할' 또는 '재판관할'이라 한다.

舊 국제사법을 개정하여 정치한 국제재판관할규칙을 두고자 법무부는 2014년 6월 1년 예정으로 국제사법개정위원회("위원회")를 구성하였고, 위원회는 2015. 12. 31.까지 국제사법의 개정초안을 성안하기 위한 작업을 진행하였으나 개정안을 채택하지 못하였다. 2017년에 이르러 법무부는 일부 위원들의 도움으로 정치한 국제재판관할규칙을 담은 '국제사법 전부개정법률안'을 성안하여 2018. 1. 19. 입법예고를 하였고 2018. 2. 27. 공청회를 개최하였다("개정안"). 개정안은 법제처의 심사를 거쳐 일부 수정된 뒤 2018년 11월 국회에 제출되었으나 폐기되었다. 동일한 내용의 개정법률안은 2020. 8. 7. 21대 국회에 다시 제출되어 국회를 통과하였고 마침내 국제사법 전부개정법률은 2022. 1. 4. 법률 제18670호로 공포되었고 2022. 7. 5. 발효되었다. 위 법률에 의하여 개정된 국제사법이 시행됨으로써 우리 국제사법은 국제재판관할규칙과 준거법지정규칙이라는 양 날개(兩翼)를 구비하게 되었다.

이 책은 주해친족법이므로 이를 넓게 파악하면 국제재판관할규칙을 함께 다룰 수도 있으나, 실질법영역에서 실체법을 중심으로 다루므로 개별조문의 주석에서는 준거법을 중심으로 다루고, 2022년 개정된 국제사법에 도입된 국제재판관할규칙은 조문별로가 아니라 여기에서 묶어서 다룬다.[1] 여기에서 '가사사건'은 국제사법(제7장과 제8장)이 정한 친족사건과 상속사건을 포괄하는 개념이고 전자만을 가리킬 때에는 '협의의 가사사건' 또는 '친족사건'이라고 하는데 여기에서는 친족사건의 국제재판관할규칙만 다룬다.

1) 석광현(2022a)는 2022년에 국제사법에 포함된 국제재판관할규칙을 비교적 상세히 해설한 단행본이다. 가사사건은 특히 석광현(2022a), 325 이하(제2편) 참조.

Ⅱ. 국제재판관할규칙의 입법적 해결의 필요성, 정립의 지침과 편제

1. 국제사법의 체제: 과도기적 입법

섭외사법과 2002년 7월 분리되기 전의 舊 민사소송법은 국제재판관할규칙을 두지 않았기에 한국에서 국제재판관할의 법리는 주로 판례에 의해 발전되었으나, 2001년 7월 발효된 舊 국제사법이 조문을 신설함으로써 우리는 국제재판관할에 관한 입법을 가지게 되었다. 舊 국제사법은 제1장(총칙)에서 과거 대법원판례가 취해 온 입장을 개선하여 국제재판관할에 관한 일반원칙을 규정하고(§2), 각칙인 제5장(채권)에서 사회·경제적 약자인 소비자와 근로자를 보호하기 위한 특칙을 둔다(§27와 §28). 국제사법이 규율하는 모든 법률분야에 관하여 정치한 국제재판관할규칙을 두는 것이 바람직하나, 이는 매우 어렵고 2000년 섭외사법 개정 작업 당시 진행 중이던 헤이그국제사법회의의 작업을 더 지켜볼 필요가 있었기에 입법자들은 과도기적 조치로서 단편적인 규정만을 두었다. 그러나 헤이그국제사법회의는 당초 목표했던 포괄적 이중협약 내지 혼합협약을 성안하지 못하고 2005년 "관할합의에 관한 협약(Convention on Choice of Court Agreements)("관할합의협약")"을 성안하는 데 그쳤으므로 우리도 미뤘던 작업을 재개할 필요가 있었다.

2. 섭외사법 및 舊 국제사법 하의 판례의 태도와 입법적 해결의 필요성[2)]

가. 재산법상의 사건[3)]

재산법상의 사건에 관하여 과거 우리 법원은 일본 판례를 따라 '4단계 접근방법'을 취하였으나, 國私 §2의 신설 후 도메인이름에 관한 2005. 1. 17. 대법원 판결을 계기로 독자노선을 걷기 시작하였다. 그러나 대법원이 2008년 판결(냉동청어 사건), 2010년 판결(중국항공사 사건)과 2014년 대법원 판결(재일교포 대여금 사건)을 거치면서 일관성을 상실한 결과 국제재판관할의 유무는 예측하기 어려운 쟁점이 되었다. 이런 상황을 개선하고자 한국국제사법학회는 정치한 국제재판관할규칙을 국제사법에 도입할 것을 촉구하였고, 법무부는 이를 받아들여 2014년 6월 위원회를 구성함으로써 국제사법 개정작업에 착수하였다.

주목할 것은 대법원 2019. 6. 13. 선고 2016다33752 판결이다. 즉 동 판결에서 대법원은 처음으로 舊國私 §2 ②이 실질적 관련성을 판단하는 구체적 기준 또는 방법

2) 상세는 석광현(2014a), 31 이하 참조.

3) 이를 '재산권상의 사건', '재산상의 사건' 또는 '재산사건'이라고 한다.

으로 국내법의 관할 규정을 제시함을 밝히고 "민사소송법 관할 규정은 국제재판관할권을 판단하는 데 가장 중요한 판단 기준으로 작용한다"면서 다만 이러한 관할 규정은 국내적 관점에서 마련된 재판적에 관한 규정이므로 국제재판관할권을 판단할 때에는 국제재판관할의 특수성을 고려하여 국제재판관할 배분의 이념에 부합하도록 수정하여 적용해야 하는 경우도 있다"고 판시함으로써 舊國私 §2 ②의 취지를 제대로 설시하고 구체적 지침을 제시하였다. 대법원이 늦게나마 올바른 방향을 잡았으나 2022년 7월 5일 국제사법이 발효되었으므로 위 대법원 판결은 한시적인 의미만 가진다.

나. 가사사건

한편 대법원은 가사사건에서는(주로 혼인관계사건) 그와 다른 접근방법을 취하였다. 예컨대 피고주소지주의를 확립한 과거 대법원 1975. 7. 22. 선고 74므22 판결[4]과 대법원 1988. 4. 12. 선고 85므71 판결[5] 등을 보면, 대법원은 가사사건(특히 혼인관계사건)에서 피고 주소지관할을 원칙으로 하면서도 예외적인 경우에는 원고의 주소지관할을 인정할 수 있다는 취지로 판시하였다. 이런 취지도 일본 최고재판소의 판례를 따른 것이다.[6] 그러나 2001년 舊國私(§2)이 발효된 후 대법원 판례의 태도는 불분명하였다. 대법원은 가사사건의 국제재판관할에 관하여 지침을 제시하지 못한 결과 하급심 판결의 혼란을 야기하였고 상당한 법적 불안정성을 초래하였다. 이는 2022년 舊國私의 개정이라는 입법적 해결을 도모하는 계기가 되었다. 국제사법은 가사사건의 연결대상을 혼인관계에 관한 사건(§56), 친생자관계에 관한 사건(§57), 입양관계에 관한 사건(§58), 부모·자녀 간의 법률관계 등에 관한 사건(§59), 부양에 관한 사건(§60), 후견에 관한 사건(§61)과 가사조정사건(§62)으로 구분하여 각각 관할근거(연결점 또는 관할원인)를 규정한다.

주목할 것은 개정안이 국회에 계류 중 선고된 대법원 2021. 2. 선고 2017므12552

4) 과거 1950년대와 1960년대 우리 하급심판결은 부의 보통재판적을 가진 지(地)의 전속관할을 정한 당시 인사소송수속법(제1조)을 기초로 부의 본국에 원칙적인 관할을 긍정하고 예외적으로 주소지관할을 인정하였으나 위 1975년 대법원 판결이 외국인 간의 이혼심판청구사건에서 피고주소지주의라는 새로운 기준을 확립하였다. 최공웅(1994), 國際訴訟, 개정판, 676.

5) 후자는 "우리나라의 법률이나 조약 등에는 섭외 이혼사건의 국제재판관할에 관한 규정을 찾아 볼 수 없으므로 섭외이혼사건에 있어서 위 규정에 의한 외국법원의 재판관할권의 유무는 섭외이혼사건의 적정, 공평과 능률적인 해결을 위한 관점과 외국판결 승인제도의 취지등에 의하여 합리적으로 결정되어야 할 것이므로 섭외이혼사건에 있어서 이혼판결을 한 외국법원에 재판관할권이 있다고 하기 위하여는 그 이혼청구의 상대방이 행방불명 기타 이에 준하는 사정이 있거나 상대방이 적극적으로 응소하여 그 이익이 부당하게 침해될 우려가 없다고 보이는 예외적인 경우를 제외하고는 상대방의 주소가 그 나라에 있을 것을 요건으로 한다고 하는 이른바 피고주소지주의에 따름이 상당하다"고 판시하였다. 이러한 설시는 일본 최고재판소 1964. 3. 25. 판결을 따른 것이다.

6) 이처럼 과거 대법원은 재산법상의 사건과 신분사건의 국제재판관할규칙을 이원화하였다. 그러나 국제사법은 재산법상의 사건과 친족상속법 사건의 유형을 세분화하여 관할규칙을 두므로 이제는 훨씬 다원화되었다고 할 수 있다.

판결이다. 이는 캐나다인 부부 간의 이혼과 재산분할이 문제된 사건인데 여기에서 대법원은 처음으로 舊國私 §2가 가사사건에도 적용됨을 분명히 하고, 舊國私 §2 ②의 취지를 제대로 파악한 위 대법원 2019. 6. 13. 선고 2016다33752 판결을 따르면서 이혼사건에서 실질적 관련의 판단기준을 제시하였다. 이로써 우리는 1975년 대법원 판결과 완전히 결별하였다. 위 판결을 통하여 가사사건에서도 실질적 관련의 판단기준이 제시되었다. 다만 국제사법이 시행되었으므로 위 판결은 한시적 의미만 가진다. 그 후 이혼 및 양육자 지정 사건에 관한 대법원 2021. 10. 28. 선고 2019므15425 판결도 위 판결의 취지를 따랐다.

3. 정치한 국제재판관할규칙 정립의 지침과 규정방식

가. 정립의 지침

(1) 舊國私 §2와 대법원 판례의 구체화

舊國私 §2는 국제재판관할 결정의 대원칙을 선언하였다. 대법원 2005. 1. 27. 선고 2002다59788 판결은 위 대원칙을 조금 더 구체화하였다.[7] 국제사법의 국제재판관할규칙은 舊國私 §2를 구체화한 세칙(細則)이어야 한다.

(2) 국제재판관할 판단에서 법적 안정성과 유연성의 조화

舊國私 §2 ①은 개방적인 규정으로 유연성을 확보하고, 국내법의 관할규정을 참작하되 국제재판관할의 특수성을 충분히 고려하라고 하는 §2 ②은 법적 안정성을 보장함으로써 유연성과 법적 안정성의 균형을 도모한다. 그러나 대법원은 (대법원 2019. 6. 13. 선고 2016다33752 판결 선고 전까지) §2 ②을 무시한 채 §2 ①을 기초로 사안의 모든 사정을 고려하는 '사안별 분석'을 거쳐 원하는 결론을 내렸으며 그 과정에서 토지관할규정은 배제되거나 고려할 요소 중 하나로 전락하였다. 국제사법은 한편으로는 정치한 국제재판관할규칙을 도입함으로써 법적 안정성을 제고하고, 다른 한편으로는 §2의 일반원칙을 존치함과 동시에 나아가 예외적 사정에 의한 재판관할권 불행사의 법리를 도입함으로써 구체적 사건에서 유연성을 확보하고자 한다.[8]

---

7) 정확하게 인용하자면 아래와 같다.
"국제재판관할을 결정함에 있어서는 당사자 간의 공평, 재판의 적정, 신속 및 경제를 기한다는 기본이념에 따라야 할 것이고, 구체적으로는 소송당사자들의 공평, 편의 그리고 예측가능성과 같은 개인적인 이익뿐만 아니라 재판의 적정, 신속, 효율 및 판결의 실효성 등과 같은 법원 내지 국가의 이익도 함께 고려하여야 할 것이며, 이러한 다양한 이익 중 어떠한 이익을 보호할 필요가 있을지 여부는 개별 사건에서 법정지와 당사자와의 실질적 관련성 및 법정지와 분쟁이 된 사안과의 실질적 관련성을 객관적인 기준으로 삼아 합리적으로 판단하여야 할 것이다."

8) 가사사건의 국제재판관할규칙을 국제사법에 두는 것은 처음부터 당연한 것이었다. 위원회를 구성할 당시부터 가사사건 및 비송사건 관할이 필수적 개정사항 중에 포함되어 있었고 그런 고려에 따라 법무부는 한숙희 판사(당시 서울중앙지방법원 부장판사였으나 그 전에 가사전문법관으로서 서울가정법원

(3) 국제적 정합성의 고려

새로 도입하는 정치한 국제재판관할규칙은 국제적 정합성이 있어야 한다. 가사사건에서는 유럽연합의 브뤼셀Ⅱbis(브뤼셀Ⅱter로 대체됨), 2008년 "부양사건의 재판관할, 준거법과 재판의 승인 및 집행과, 공조에 관한 이사회규정"(EU부양규정), 2012년 "상속사건에 관한 재판관할, 준거법, 재판의 승인 및 집행과, 공정증서의 인정과 집행 그리고 유럽상속증명서의 창설에 관한 규정"(EU상속규정), 2016년 부부재산제규정과, 헤이그국제사법회의의 아동 보호를 위한 협약들과 2000년 "성년자의 국제적 보호에 관한 협약" 등의 국제재판관할규칙을 고려할 필요가 있다.

나. 국제재판관할규칙의 규정방식: 일면적 규정 v. 양면적 규정

국제사법에 정치한 국제재판관할규칙을 두는 경우 우리 법원이 국제재판관할을 가지는 경우만을 규정할지, 아니면 조약에서처럼 중립적 규정을 둘지가 문제된다. 위원회는 원칙적으로 우리 법원이 국제재판관할을 가지는 경우만을 규정하고, 예외적인 경우(예컨대 관할합의의 경우) 양면적 관할규칙을 두기로 하였다.

4. 국제재판관할규칙의 편제

2001년 섭외사법 개정에 의하여 국제재판관할규칙은 舊 국제사법에 편입되었고 국제사법은 정치한 국제재판관할규칙을 도입하였다. 국제사법은 국제재판관할규칙 중 총칙은 제1장에 두고 특별관할규칙은 각 장에 배치한다. 즉 제1장(총칙)을 3개 절로 구분하여 제1절을 '목적'을 규정하고, 제2절에 일반원칙과 일반관할 등 국제재판관할규칙을 두며, 현재의 총칙 조문들은 제3절에 준거법으로 묶는다. 나아가 제2장부터 제9장에는 제1절을 신설하여 특별관할규칙을 두고 준거법 관련 기존조문은 각장 제2절로 옮겼다(다만 제3장은 그대로 두고, 물권의 장에 편입된 §24는 독립시켜 제1절과 제2절로 구분한다). 이에 따르면 조문번호를 새로 부여해야 하는 단점이 있으나 준거법 결정과정에서 정립된 성질결정과 연결점에 관한 이론을 원용할 수 있으며, 관할규칙 상호간의 관계를 체계적으로 파악할 수 있게 하는 장점이 있다.

Ⅲ. 국제재판관할에 관한 일반원칙: §2의 존치와 수정

일반원칙을 정한 §2를 존치할지에 관하여 논란이 있었으나 결국 §2는 존치되면

부장판사였고 후에 전주가정법원장 역임)를 담당위원으로 선정하였다. [2014. 6. 30. 개최된 제1차 회의 자료집, 6면. 주 9의 본문 참조].

서 아래 조금 수정되었다. 이는 국제사법도 국제재판관할규칙을 망라적으로 도입하는 것은 아니기에(예컨대 신탁의 내부관계 등) 그 범위 내에서 여전히 일정한 기능을 할 수 있고 또한 해야 하기 때문이다.

> ① 대한민국 법원(이하 "법원"이라 한다)은 당사자 또는 분쟁이 된 사안이 ... 가진다. 이 경우 법원은 ... 당사자 간의 공평, 재판의 적정, 신속 및 경제를 꾀한다는 국제재판관할 배분의 ... 원칙에 따라야 한다.
> ② 이 법이나 그 밖의 대한민국 법령 또는 조약에 국제재판관할에 관한 규정이 없는 경우 법원은 국내법의 관할 규정을 참작하여 ... 고려하여야 한다.

Ⅳ. 가사사건의 국제재판관할에 관한 일반적 논의

여기에서는 국제사법 제7장 제1절이 정한 가사사건, 즉 가사소송사건과 가사비송사건의 관할에 관한 일반적인 논의를 한다.

1. 섭외사법 하의 대법원 판례의 태도: 혼인관계사건을 중심으로

대법원 판결은 재산법상의 사건에서는 4단계 접근을 하였으나, 가사사건에서는(주로 이혼관련사건) 다른 접근방법을 취하였다. 예컨대 피고주소지주의를 확립한 대법원 1975. 7. 22. 선고 74므22 판결과 대법원 1988. 4. 12. 선고 85므71 판결 등을 보면, 대법원은 가사사건(특히 이혼관련사건)에서 피고 주소지관할을 원칙으로 하면서도 예외적인 경우 원고 주소지관할을 인정할 수 있다고 판시하였다. 즉 법원이 家訴(§22)의 관할규정을 기초로 하면서 특별한 사정에 의하여 이를 수정하는 방식이 아니라, 예외적인 사정이 있는 경우 곧바로 원고의 주소지관할을 인정할 수 있다고 판시하였다.

2. 國私 §2의 시행과 그에 따른 판례의 태도

舊 국제사법하에서 가사사건의 국제재판관할에 관한 가장 큰 논점은 재산법상의 사건과 동일한 법리를 적용할 것인가였다. 왜냐하면 재산법상의 사건을 주로 염두에 둔 舊國私 §2가 가사사건에도 타당한지가 불분명하였기 때문이다. 더욱이 과거 판례가 재산법상의 사건과 가사사건(특히 혼인관계사건)에서 상이한 국제재판관할규칙을 정립하였기 때문이다. 그러나 대법원은 (대법원 2021. 2. 선고 2017므12552 판결 선고 전까지는) 가사사건의 국제재판관할에 관하여 지침을 제시하지 못한 결과 하급심의 혼란을 초

래하였다.

과거 우선 주목할 것은 대법원 2006. 5. 26. 선고 2005므884 판결이다. 이는 미국인인 원고(남편)와 한국인인 피고(부인) 사이의 이혼사건인데, 대법원 판결은 "원·피고는 한국에 일상거소를 가지고 있고, 혼인이 한국에서 성립되었고 혼인생활의 대부분이 한국에서 형성되었다는 점까지 고려한다면, 이 사건 이혼청구 등은 한국과 실질적 관련이 있으므로 한국 법원은 재판관할권을 가진다"고 판시하였다. 위 대법원 판결은 ①, ②단계에 대한 설시 없이 舊國私 §2에 따라 실질적 관련의 존재를 긍정한 뒤, 원·피고의 본국법인 동시에 종전 주소지인 미주리주의 법에 비추어도 이혼청구와 친권자 및 양육자지정 청구 등 모두 한국에 재판관할권이 인정되므로 '국제재판관할의 특수성'을 고려하더라도 한국에 재판관할권이 있다고 판단하였다. 이런 결론은 타당하나, 위 대법원 판결은 1975년 대법원 판결이 정립한 추상적 법률론이 舊 국제사법하에서도 유지되는지, 도메인이름에 관한 2005년 대법원 판결이 정립한 추상적 법률론이 가사사건에도 타당한지에 관하여 지침을 제공하지 못한 점에서 아쉬움을 남겼다.

한편 하급심의 심무(특히 혼인관계사건)를 보면 2006년 대법원 판결 후에도 여전히 ① 과거 대법원 판결의 설시를 따른 판결도 있으나,[9] ② 이와 달리 舊國私 §2 그리고 이를 구체화한 대법원의 추상적 법률론에 기초하여 개별적 사안 분석을 하는 판결도 있다. 예컨대 한국 국적과 스페인 영주권을 가진 원고가 스페인 국적을 가진 피고를 상대로 우리나라에서 이혼 및 위자료, 재산분할 등을 구한 사건에서, 서울고등법원 2013. 2. 8. 선고 2012르3746 판결은 舊國私 §2 ①과 도메인이름에 관한 2005년 대법원 판결의 추상적 법률론을 설시한 뒤 그를 바탕으로 다양한 논거를 들어 한국의 국제재판관할을 긍정하였다. 위 서울고등법원 판결은 도메인이름에 관한 2005년 대법원 판결의 추상적 법률론을 충실히 따른 점에서 과거 대법원 판결의 태도와 결별한 것으로 보이는데 당해 사건의 모든 사정을 분석하여 결론을 도출하는 점에서 높이 평가할 만하다. 이처럼 우리 법원은 가사사건에서도 정치한 국제재판관할규칙을 정립해 갈 것으로 예상되었다.[10] 위 스페인 사건의 상고심에서 대법원 2014. 5. 16. 선고 2013므1196 판결은 위 2005년 대법원 판결의 추상적 법률론을 설시한 뒤 원심의 판단이 정당하다고 결론을 내렸을 뿐이고 이혼사건의 국제재판관할규칙에 관하여 구체적

9) 예컨대 서울가정법원 2006. 8. 4. 선고 2006드단6945 판결 참조. 원고는 필리핀인으로 한국에 주소를 두고 있고 피고는 미국인이며 미국 내에 거주하고 있다. 원·피고는 한국에서 결혼식을 하고 혼인생활을 하던 중 피고가 원고를 유기하고 미국으로 떠났다. 서울가정법원은 원·피고가 "한국에서 결혼식을 하고 혼인생활을 하다가 피고가 미국으로 떠나 원고를 유기하였기 때문에 한국의 재판관할권을 인정"한다는 취지로 판시하였다. 한숙희(2006), 24-25, 註 27 참조.

10) 과거 하급심판결의 소개는 장준혁(2013), 31 이하 참조.

지침을 제시하지 않았다. 따라서 대법원이 위에 언급한 하급심의 실무 중 ②를 택한 것처럼 보이기는 하나[11] 단정하기는 어려웠다.

필자는 해석론으로 舊國私 §2를 기초로, 관할을 정한 家訴 §13(통칙), §22(혼인관계소송), §26(친생자관계)와 §30(입양·친양자 입양관계)를 참작하되 국제재판관할의 특수성을 충분히 고려하여 국제재판관할규칙을 도출해야 한다는 견해를 피력하였다. 결국은 국제사법에 정치한 국제재판관할규칙을 도입함으로써 입법으로 해결하는 것이 바람직한데 국제사법은 이를 실현하였다.

3. 가사사건의 국제재판관할의 특색과 국제재판관할규칙의 정립방향

필자는 가사사건의 국제재판관할과 관련한 특색을 다음과 같이 언급하였다.[12]

첫째, 가사사건은 사람의 신분과 생활 전반에 중대한 영향을 미치므로 재산관계사건에서보다는 원고의 구제에도 더 유념해야 하고, 둘째, 대등하지 않은 당사자 간의 다툼에서는 예컨대 아동 또는 부양권리자와 같은 약자를 보호해야 하며, 셋째, 가사사건은 재산관계사건보다 공익성이 강하기 때문에 당사자의 임의처분이 제한되는 경향이 있고(관할합의의 제한 등), 넷째, 국가는 자국민의 신분관계 및 신분등록에 관하여 당연히 이해관계를 가지므로 당사자의 국적에 근거한 관할(국적관할. 또는 본국관할. 이하 양자를 호환적으로 사용한다)[13]을 인정할 필요성이 있다는 점 등이 그것이다. 문제는 각 사건의 유형별로 국적관할을 어느 정도 인정할지와 그들 간에 일관성을 어떻게 유지할지이다. 나아가 원칙적으로 가사소송과 가사비송을 통합하여 규정하는 방식이 바람직하다.

나아가 가사사건에 관한 국제재판관할규칙의 입법론으로 필자는 혼인, 친자, 부양, 후견, 상속 등 가사사건의 유형별로 적절한 관할규칙을 국제사법에 두는 것이 바람직하다는 견해를 피력하였다. 유형별로 이익상황이 다르기 때문이다. 즉 소송과 비송을 기계적으로 구분하기보다 혼인, 친자, 부양과 성년자 후견 등을 유형화하고 비송사건절차법과 가사소송법(가사비송사건의 경우)의 관할규정을 참조하여 각 분야별로 적절한 정치한 관할규칙을 정립하고 가급적 그 규칙을 소송사건과 비송사건에 모두 적용하는 것이 바람직하다. 예컨대 친권에 관한 소 기타 보호조치에 대해 아래(Ⅶ.3. 나.)에서 소개하는 아동보호협약과 브뤼셀Ⅱbis[14]는 아동의 일상거소지국의 관할을

11) 이종혁(2021), 472는 그렇게 이해한다.

12) 석광현(2013), 130; 이는 松岡 博(編)(2012), 國際關係私法入門, 제3판, 317-318 이하를 참조하면서 마지막에 열거한 가사소송과 가사비송의 통합규정방식을 추가한 것이다.

13) Encyclopedia/Heinz-Peter Mansel, Nationality, Vol. 2, 1301.

14) 2022년 8월 1일 시행된 브뤼셀 IIter는 “혼인과 친권(부모책임) 사건의 재판관할, 승인 및 집행과 국제

인정하고, 아동탈취협약은 아동의 양육권 본안에 관한 소에 대해 아동의 일상거소지국의 관할을 전제로 하면서 소송과 비송사건을 도식적으로 구별하지 않는다.

독일법의 태도도 이와 같은 것으로 알고 있다. 독일은 과거 민사소송법에서 혼인사건과 친자사건에 관하여 국제재판관할규칙을 두었으나 2009. 9. 1.부터는 가사 및 비송사건의 국제재판관할은 "가사 및 비송사건절차법(FamFG. §§98-106. 이하 "FamFG"라 한다)"에서 규율한다. FamFG (§§98-104)은 가사소송만이 아니라 가사비송에도 적용되고, 기타 절차에 관한 §105도 비송사건만이 아니라 예컨대 소송사건인 부양사건에도 적용되는 것으로 보인다. 그렇다면 FamFG는 소송과 비송을 도식적으로 구분하여 상이한 국제재판관할규칙을 규정하는 것은 아니다. 우리도 FamFG와 기타 헤이그협약들도 참고할 필요가 있다. 또한 개정된 일본의 인사소송법과 가사사건수속법[15]도 참고할 필요가 있다.

위의 논의를 고려하여 국제사법은 이혼, 친자, 부양과 후견 등을 유형화하고 친자의 경우 더 세분화하여 각 분야별로 소송사건과 비송사건에 공통되는 관할규칙을 규정한다.

4. 국제사법에 따른 가사사건의 국제재판관할규칙의 개관

연결대상이 상당히 정리된 재산법과 달리 가사사건의 연결대상을 어떻게 구성할지는 중요한 논점이었다. 여기에는 우선 두 개의 논점이 있는데 첫째는 연결대상의 범주 설정이고, 둘째는 비송사건의 처리이다.

첫째에 관하여는 국제사법(준거법의 맥락), 가사소송법과 다양한 헤이그협약 및 유럽연합의 규정들을 고려하여 국제사법은 연결대상을 ① 혼인관계, ② 부모자녀관계, ③ 부양, ④ 후견에 관한 사건으로 구분하고 ⑤ 가사조정사건을 추가로 규정한다. 준거법의 맥락에서 종래 우리는 아동보호를 독립적 범주로 설정하지 않고 친권과 아동

적 아동 탈취에 관한 2019. 6. 25. 이사회규정(번호 2019/1111)"을 말하는데 그의 혼인 사건 관련 규정들은 브뤼셀 IIbis의 내용을 대체로 유지한 것이나, 부모책임 사건에서는 상당한 수정이 있었다. 아동의 최선의 이익을 보호하고자 국제재판관할규칙을 정비하고, 집행가능선언의 폐지 등 부모책임 사건 재판이 다른 회원국에서도 효율적으로 승인·집행될 수 있도록 개선하였으며, 아동의 의견청취권을 강화하였고, 아동탈취사건의 신속한 처리를 위한 조치들을 취하였다. 소개는 현소혜(2021a), 246 이하 참조. 개관은 최흥섭(2020), 87 이하 참조.

15) 일본은 가사소송절차는 인사소송법에서, 가사비송절차와 가사조정절차는 가사사건수속(또는 절차)법에서 각각 규율하므로 일본의 국제재판관할입법은 인사소송법과 가사사건수속법에 국제재판관할규칙을 각각 신설하였다. 2018. 4. 18. 공표되어 2019. 4. 1. 시행되었다. 소개는 김문숙(2019), "일본에서의 인사소송사건에 관한 국제재판관할-개정 인사소송법을 중심으로-", 국제사법연구 25-2, 403 이하; 김문숙(2020. 12.), "일본에서의 가사사건에 관한 국제재판관할-개정 가사사건절차법을 중심으로-, 국제사법연구 26-2, 435 이하 참조.

후견으로 구분하면서 후자를 성년자 후견과 묶어서 취급하나 헤이그국제사법회의는 친권과 아동후견을 아동보호라는 독립적 범주로 설정하고 성년자 후견을 별개로 취급한다.

둘째에 관하여는 국제사법은 소송사건과 비송사건을 묶어서 양자에 공통된 관할규칙을 두므로 연결대상은 소송사건과 비송사건에서 공통되고 국제사법의 국제재판관할규칙이 비송사건에도 바로 적용된다(§15 ②).

아래에서는 국제사법의 조문 체계에 따라 우선 일반관할을 논의하고 특별관할을 혼인관계사건, 친자관계사건(이는 친생자관계, 양친자관계와 친자간의 법률관계에 관한 사건으로 세분된다), 부양사건과 후견사건, 가사조정사건과 상속사건으로 구분하여 소개한다. 즉 제7장은 협의의 가사사건의 특별관할을(경우에 따라 합의관할과 변론관할도), 제8장은 상속사건의 특별관할을(경우에 따라 합의관할과 변론관할도) 규정하는데, 그에 추가하여 §3이 정한 바에 따라 한국에 일상거소를 가지는 사람에 대한 소에 관하여는 우리 법원에 일반관할이 인정된다.

주의할 것은, §2 ①이 국제사법에 특별관할규칙은 물론이고 국내법에 토지관할규칙도 없는 사안(예컨대 신탁의 내부관계)에서 법원이 실질적 관련에 근거하여 재판관할을 인정하는 근거가 될 수 있다는 점이다. 다만 국제사법이 정치한 국제재판관할규칙을 도입한 연결대상에 관하여는 이는 원칙적으로 허용하지 말아야 하고 가사 인정하더라도 매우 예외적인 경우로 한정해야 한다. 그런 경우 법원이 §2 ①을 과도하게 활용하는 것은 경계하여야 한다.

V. 일반관할(§3)

1. 일반관할과 특별관할의 구분

국제재판관할은 그 범위에 따라 구분하여, 법원이 사건의 종류나 내용에 관계없이 피고에 대한 모든 소송에 관해 재판관할을 가지는 경우 '일반관할(general jurisdiction)'을 가지고, 법원이 예컨대 계약 또는 불법행위 등과 같이 일정한 종류나 내용에 기한 소송에 관하여만 재판관할을 가지는 경우 '특별관할(special jurisdiction)'을 가진다고 한다. 일반관할의 경우 피고와 법정지 간의 결합이 매우 강력해서 피고에 대한 모든 종류의 소송에 관하여 재판관할을 인정하고, 특별관할의 경우 어떤 종류의 사안과 법정지 간에 관할의 존재를 정당화할 정도의 관련이 있어 당해 종류의 소송에 한하여 재판관할을 인정한다.

2. 일반관할규칙

民訴 §2(보통재판적)는 "소는 피고의 보통재판적이 있는 곳의 법원이 관할한다"고 규정한다. 이는 '원고는 피고의 법정지를 따른다'는 로마법 이래 대륙법의 원칙을 수용한 것이다. 대륙법계 국가에서는 국제재판관할, 특히 일반관할의 배분에 있어 위 원칙을 당사자의 공평 내지 이익형량의 출발점으로 삼는다. 보통재판적을 정한 民訴(§3와 §5 ①)의 토지관할규칙은 그대로 국제재판관할규칙으로 사용할 수 있다. 따라서 국제사법도 이를 국제재판관할규칙으로 명시하되, 준거법지정규칙에서 일상거소를 연결점으로 사용하는 점과, 국제재판관할규칙에서의 국제적 정합성을 고려하여 '주소' 대신 '일상거소'를 연결점(또는 관할근거)(양자를 호환적으로 사용한다)으로 선택하였다. 우리 민사소송법과 가사소송법은 '주소'를 연결점으로 사용하나 이는 정주의사(*animus manendei*)를 요구하지 않는 객관주의에 따른 주소개념이므로 이를 일상거소로 대체할 수 있다.

§3은 법인 또는 단체의 경우 民訴 §5 ①이 정한 주된 사무소(또는 영업소)만이 아니라 정관상의 본거지, 경영의 중심지와 법인 또는 단체의 설립준거법 소속국을 연결점으로 우리 법원의 일반관할을 규정한다. 범위가 확대되는 데 대한 우려가 없지 않았으나 예비초안(§3 ②) 등을 참조하여 그렇게 하였다. 이와 같이 일반관할이 확대됨에 따라 관할이 경합할 가능성이 커지게 되므로, 법원으로서는 재판관할권의 불행사에 관한 §12를 적절히 활용할 필요가 있다.

3. 일반관할규칙의 적용범위

§3은 총칙에서 일반관할로서 피고관할원칙을 명시하므로 이는 가사사건에도 적용된다. 따라서 가사사건이 한국에 일상거소를 가지는 사람에 대한 소의 구조를 취하는 경우에는 법원에 국제재판관할이 있다. 다만 §3는 "대한민국에 일상거소(habitural residence)가 있는 사람에 대한 소(訴)"에 관하여 우리 법원의 일반관할을 명시하므로 이는 그런 요건이 구비되는 한 국제사법이 적용되는 모든 법률관계에 대해 그것이 소송인지 비송인지에 관계없이 적용되는 것으로 보인다. 그러나 상대방이 없는 가사비송사건의 경우는 그러한 요건이 구비되지 않을 수 있다. 예컨대 입양허가는 가사비송사건으로서 '한국에 일상거소를 가지는 사람에 대한 소'라는 구조를 취하지 않으므로 §3가 준용되기 어려우나, 파양은 당사자가 대립하는 가사소송사건으로서 그런 구조를 취하므로 §3가 준용될 수 있다.[16)]

16) 서울가정법원 1992. 4. 23. 선고 91드63419 판결(확정)도 이런 취지로 판시한 바 있다.

Ⅵ. 혼인관계사건의 특별관할(§56)

혼인관계사건의 국제재판관할규칙은 현대사회에서 자연인의 이동성 증가를 고려함과 동시에 충분한 법적 안정성, 특히 피고를 위한 법적 안정성을 확보할 수 있어야 한다.[17] 이를 고려하여 §56은 혼인관계에 관한 사건에 대하여는 다음 각 호의 어느 하나에 해당하는 경우 법원의 특별관할을 인정한다.

1. 부부 중 한쪽의 일상거소가 대한민국에 있고 부부의 마지막 공동 일상거소가 대한민국에 있었던 경우
2. 원고와 미성년 자녀 전부 또는 일부의 일상거소가 대한민국에 있는 경우
3. 부부 모두가 대한민국 국민인 경우
4. 대한민국 국민으로서 대한민국에 일상거소를 둔 원고가 혼인관계 해소만을 목적으로 제기하는 사건의 경우[18]

1. 원고관할(*forum actoris*)의 허용(i, ii와 iv)

가사사건은 사람의 신분과 생활 전반에 중대한 영향을 미치므로 재산사건과 비교하여 원고의 구제에도 더 유념해야 한다. 따라서 이혼처럼 쟁송성이 강한 소송에서도 국제재판관할의 결정에서는 피고주소지원칙만이 아니라 원고 측의 사정을 고려해야 한다.

토지관할의 맥락에서 가사소송법은 원고관할은 인정하지 않으나 브뤼셀Ⅱbis(§3 ① a)와 브뤼셀Ⅱter[§3(a)(v)와 (vi)]는 일정한 요건 하에 원고관할을 인정하며, 독일 FamFG(§98 ① iv)는 국적 또는 일상거소에 근거한 원고관할을 인정한다.[19] 원고의 일상거소가 한국에 있다는 것만으로는 부족하지만, 예컨대 브뤼셀Ⅱbis와 와 브뤼셀Ⅱter처럼 일정 기간 동안의 일상거소의 유지 또는 국적과 결합한 원고관할을 인정할

17) Thomas Rauscher (Hrsg.)(2010), Europäisches Zivilprozess– und Kollisionsrecht: EuZPR/EuIPR Kommentar, Art. 3 Rn. 1 (Rauscher 집필부분). 혼인관계사건의 국제재판관할에 관한 근자의 논의는 현소혜(2021c), 484 이하 참조.

18) 國私(§56 ②)은 부부 모두를 상대로 하는 혼인관계에 관한 사건에서는 부부 중 한쪽의 일상거소가 한국에 있거나 부부 모두가 한국인인 경우 법원의 국제재판관할을 인정한다. 다만 부부 중 한쪽의 사망 시 생존 배우자의 일상거소가 한국에 있거나 부부 모두 사망 시 어느 한쪽의 마지막 일상거소가 한국에 있었던 경우 법원의 국제재판관할을 인정한다.

19) 전자의 경우 제소 직전 1년 이상 유지된 원고 일상거소지 또는 제소 직전 6월 이상 유지된 원고 일상거소지(원고가 그 국가 국민인 경우)의 관할. 다만 후자의 경우 예외가 있다.

여지가 있다.

§56 ① i, ii와 iv은 일정한 요건 하에 원고관할을 인정한다. ① i는 부부의 마지막 공동 일상거소가 한국에 있었고 원고가 일상거소를 한국에 유지하는 경우 한국의 국제재판관할을 인정한다. 그러한 요건이 구비되면 한국은 당사자와 실질적 관련이 있다고 할 수 있기 때문이다.[20]

① ii는 가사소송법 개정안(2018년 1월 법제처에서 심사 중이던 개정안 §37)을 고려하여 원고[21]와 미성년 자녀 전부 또는 일부의 일상거소가 한국에 있는 경우를 관할근거로 규정한다. 그에 대하여는 일단 혼인관계사건의 관할을 판단하고 친자관계에 관하여는 부대(附帶)사건(또는 부속사건)으로서 관할을 인정하면 족하지, 자녀의 일상거소를 혼인관계사건의 관할근거로 삼을 이유는 없다는 비판도 있었다.

나아가 ① iv는 한국 국민으로서 한국에 일상거소를 둔 원고가 혼인관계 해소만을 목적으로 제기하는 사건의 경우에도 한국의 특별관할을 인정한다. 이는 한국인이 외국인과 혼인한 뒤 배우자인 외국인의 소재불명 등으로 재판할 수 없는 사안을 고려하여 혼인관계 해소만을 위한 것이라면 한국의 관할을 인정함으로써 가족관계등록부를 정리할 수 있다는 것이다.[22] 따라서 이 경우에는 §6 ③이 정한 관련관할은 허용되지 않는다. 필자는 이를 §6 ③에 명시하기를 희망하였으나 없어도 결론은 같을 것이라는 이유로 반영되지 않았다.

제7장 제1절만 보면 마치 피고주소지관할은 인정되지 않는 것처럼 보이나 총칙에 규정된 일반관할은 혼인관계사건에서도 인정된다.

2. 국적관할의 허용(iii)

종래 우리 판례는 가사사건에서 국적관할을 인정하는 데 인색하다. 그러나 속인주의에 근거한 국가의 국민에 대한 관할권을 고려하고, 당사자가 가까운 법원에서 소송을 하는 데 대하여 가지는 당사자이익을 고려한다면 이를 인정할 수 있고, 또한 국가도 가족관계등록부를 정리함으로써 신분관계를 정확히 공시할 필요가 있으므로 이는 국가이익에도 부합한다.[23] 나아가 국제사법이 혼인의 일반적 효력(§64), 부부재산

20) 피고의 일상거소가 한국에 있으면 일반관할이 인정되므로 제1호는 별 실익이 없다.

21) 피고의 일상거소가 한국에 있으면 일반관할이 인정되므로 제2호는 별 실익이 없고 의미가 있는 것은 원고의 일상거소이다.

22) 김원태(2018b), 183은 국제사법이 혼인관계사건에 대하여 다양한 관할원인을 규정하므로 이는 불필요하다고 한다.

23) 독일에는 국적관할은 국민의 재판청구권(Justizgewährungsanspruch)에 근거한 것으로 보는 견해가 유력하다. Reinhold Geimer, Internationale Freiwillige Gerichtsbarkeit, Heinz−Peter Mansel *et al.* (Hrsg.) (2004), Festschrift für Erik Jayme, Band Ⅰ, 259.

제(§65)와 이혼(§66)에 대해 부부의 동일한 본국법을 제1차적 준거법으로 지정하므로 준거법과 국제재판관할이 병행할 수 있다. 다만 國私(iii)은 부부 모두가 한국인인 경우에만 국적관할을 인정한다.[24] 국적관할은 일부 논자가 비판하듯이[25] 구체적 사건에서 사안 및 증거와의 근접성이라는 관점에서 취약할 수 있으나 그 경우에는 §12의 국제재판관할권 불행사의 법리를 활용할 수 있을 것이다. 또한 국제사법에 규정이 없으나 성명변경을 구하는 재판에 대한 국제재판관할도 문제된다.[26]

준거법의 맥락에서 본국법의 결정은 §16 ①이 명시한다. 그런데 국적관할을 인정할 경우 국제재판관할의 맥락에서 §16가 적용 내지 유추적용되는지는 논란의 여지가 있다. 위 조문을 그대로 적용할 수는 없고 오히려 복수국적자의 경우 어느 국적이나 국적관할의 근거가 될 수 있을 것이다.[27]

3. 합의관할과 변론관할의 불허(§13)

舊 국제사법상 국제가사사건에서 합의관할과 변론관할의 허용 여부는 논란이 있으나,[28] 입법론으로는 아래 이유로 부정하는 것이 타당하다. 첫째, 가사사건은 재산사건과 비교하여 공익성이 강하므로 당사자의 임의처분이 제한되어야 한다. 둘째, 혼인관계사건에 대하여 다양한 관할근거를 인정한다면, 다른 국가에 국제재판관할을 부여하는 합의관할과 변론관할을 인정할 실제적 필요성도 별로 없다. 셋째, 브뤼셀Ⅱbis와 브뤼셀Ⅱter도 합의관할과 변론관할을 인정하지 않으므로 이를 참작할 필요가 있다.

이러한 논의를 고려하여 §13은 가사사건에서는 원칙적으로 합의관할과 변론관할은 인정하지 않으나, 예외적으로 부양사건(§60)과 상속사건(§76)에서는 이를 인정한다. 이에 대하여 한숙희 대전가정법원장은 공청회의 토론과정에서 친족·상속사건에서 토지관할의 맥락에서 변론관할은 인정되지 않고, 친족·상속사건의 특성상 당사자 사이의 실질적인 능력에 큰 차이가 있어 관할편취의 우려가 있으므로 합의관할을 인정하는 경우에도 변론관할은 인정하지 말아야 한다고 하고, 특히 실제 재판과정에서 관할에 대한 당사자의 이해가 부족하므로 법원에서 정한 일자에 출석하여 억울함을 호소하는 것 자체로 변론관할이 형성된다면 이는 정의관념에 반한다고 비판하였다. 이에

24) 김원태(2018b), 154은 국적관할에 대해 비판적인 태도를 취하면서도 가족관계등록부의 정정 필요성을 감안하여 이를 지지한다.

25) 김원태(2018b), 174.

26) 성명의 준거법에 관하여 인격권설, 신분관계의 효력준거법설이 나뉘듯이 여기에서도 견해가 나뉠 수 있다. 일본에서는 어느 견해든 본국관할을 원칙으로 인정하고 주소지관할을 예외적으로 인정하는 데 반하여, 씨명공법이론은 본국관할만을 인정하고 판례는 나뉘어 있다고 한다. 中西 康 外(2014), 国際私法, 359.

27) 이종혁, 온주 국제사법 제56조, 2023. 7. 5., [3] 註 11도 동지.

28) 家訴(§22)은 토지관할의 맥락에서 혼인관계소송의 관할을 전속관할로 규정한다.

대하여 필자는 다음의 취지로 답변하였다. 친족·상속사건에서 변론관할을 인정하지 않는 것은 토지관할의 맥락에서는 타당하나, 국제재판관할의 맥락에서 합의관할과 변론관할이 인정되는지는 견해가 나뉜다. 나아가 국제규범에서는 대체로 합의관할이 인정되는 경우 변론관할도 인정하므로,[29] 친족·상속 사건에서 제한적으로 합의관할을 인정한다면 그 범위 안에서는 변론관할도 인정하는 것이 논리적이다. 다만 변론관할을 인정할 경우 당사자들의 이해 부족으로 정의관념에 반하는 결과가 나올 가능성이 있으나 이는 법원의 석명권 행사 및 실무의 변경 등을 통하여 해결할 수 있는 부분이라는 것이다.[30] 다만 부양사건과 상속사건이 아니라고 해서 합의관할을 일률적으로 불허하는 것이 타당한지는 의문이 있으므로 장래 관할합의의 허용범위를 검토하여 더 정교하게 조정할 필요가 있다.[31]

4. 부부재산제에 관한 특별관할규칙의 미도입

위원회에서 부부재산제에 관하여 별도의 특별관할규칙을 둘지는 논란이 있었으나 두지 않았다. 별도의 관할규칙은 결국 관할합의를 허용하기 위한 것이었다. 당시 유럽연합에서는 "부부재산제의 국제재판관할, 준거법과 판결의 승인 및 집행에 관한 규정"을 성안하는 작업이 진행 중이라는 점도 고려하였다.[32] 별도 관할규칙을 두지 않는 결과 혼인관계사건의 관할규칙이 부부재산제와 관련된 사건에도 적용된다. 따라서 국제재판관할의 맥락과 준거법의 맥락에서 연결대상(즉 범주)의 설정 간에 차이가 발생한다.

29) 예컨대 EU부양규정(§4와 §5)과 EU상속규정(§5와 §9)은 합의관할과 변론관할을 함께 규정한다.

30) 한편 김원태(2018b), 166 이하는 한숙희 원장의 지적과는 다른 논거로 변론관할을 허용하지 말자고 주장한다. 즉 가사비송사건에서 법원은 특별한 사정이 없으면 변론 대신 당사자와 관계인을 심문하므로 우리 법원에 국제재판관할이 없음에도 불구하고 상대방이 관할 없음을 주장하지 아니하고 본안에 대하여 변론하거나 변론기일에 진술하는 경우를 상정할 수 없다면서 부양사건에서 변론관할을 허용하는 조문은 삭제하자고 제안하였다.

31) 2022. 5. 28. 개최된 민사소송법학회의 학술대회에서 강은현 교수의 "국제재판관할에 관한 국제사법 개정 법률의 개관 – 친족상속관계에 관한 국제재판관할을 중심으로 –"라는 제목의 발표에 대한 지정토론자인 현소혜 교수의 토론문, 4면도 "가사사건에 대해 우리 통설과 판례가 당사자의 임의처분을 일부 제한하는 것은 사실이나, 이는 친자관계 존부 확인과 같이 현행 가사소송법상 가류 가사소송사건에 해당하는 청구에 한정된 것으로서(대법원 2007. 7. 26. 선고 2006므2757 등 판결) 이혼이나 재산분할·양육 등에 대해서까지 일괄적으로 임의처분이 전면 불허되는 것은 아님을 지적하면서 부양과 상속을 제외한 모든 가사사건에 대해 일률적으로 합의관할 내지 변론관할을 부정하기보다는 사건의 유형별로 보다 세심한 접근이 필요하다"는 취지로 지적하였다.

32) 이는 그 후 2016. 6. 24. 채택되었는데 준거법과 병행하는 당사자자치를 허용하면서 방식요건을 규정한다(EU부부재산제규정, §7).

Ⅶ. 친자관계에 관한 사건의 특별관할

국제사법은 친자관계의 준거법을 정함에 있어서 친자 간의 법률관계의 성립과, 그에 따른 권리·의무관계를 구분한다. 국제사법은 친자관계에 관한 사건의 특별관할을 정함에 있어서도 이런 체제를 취하여 첫째, 친생자관계의 성립과 해소에 관한 사건의 특별관할(§57),[33] 양친자관계의 성립과, 양친자관계의 존부확인, 입양의 취소 및 파양에 관한 사건의 특별관할(§58)을 규정하고, 둘째, 그렇게 성립한 친자 간의 법률관계에 관한 사건의 특별관할을 규정한다.

1. 친생자관계의 성립과 해소에 관한 사건의 특별관할(§57)[34]

아동보호협약은 국제친권사건, 즉 친권자(또는 양육자)의 결정, 아동의 신상감호와 재산관리, 기타 친권의 효력 및 소멸 등의 국제재판관할을 규정하면서 원칙적으로 아동의 일상거소지국에 관할을 인정한다. 아래에서 보듯이, 그 이유는 당국의 신속한 개입을 가능하게 하고, 절차로 인한 아동의 부담을 줄이며, 증거 근접성과 아동 및 청년원조제도와의 근접성을 확보할 수 있기 때문이다. 이는 국제적으로 널리 인정된다. 그러나 동 협약은 친자관계의 성립 또는 다툼(contesting)에는 적용되지 않는다(§4a). 이는 아동보호의 문제라기보다 아동의 신분 내지 지위의 문제이기 때문이다. 따라서 이는 참고가 되지 않고 달리 참고가 되는 국제규범은 잘 보이지 않는다.[35]

§57은 친생자관계사건, 즉 친생자관계의 성립 및 해소에 관한 사건에 대하여 ① 자녀의 일상거소가 한국에 있는 경우 한국의 국제재판관할을 인정하고,[36] ② 국적관할로서 자녀와 피고가 되는 부모 중 한쪽이 한국인인 경우 한국의 국제재판관할을 인

---

33) 국제사법은 준거법의 맥락에서는 혼인 중의 부모·자녀관계의 성립(§67), 혼인 외의 부모·자녀관계의 성립(§68)과 혼인 외의 출생자에 대한 준정(§69)을 구분하나 특별관할의 맥락에서는 이런 구분을 하지 아니한다.

34) 친자관계사건에서 친생부인의 소, 인지청구의 소, 친생부인허가청구 및 인지허가청구, 인지에 관련된 소(인지무효 및 인지의 이의에 대한 소, 인지취소의 소), 아버지를 정하는 소, 친생자관계존부확인의 소 등 유형별 국제재판관할의 검토는 김문숙, 온주 국제사법 제57조, 2023. 7. 5., [12] 이하 참조.

35) 다만 2022. 12. 7. 유럽연합의 위원회는 부모성(父母性, parenthood, Elternschaft, filiation)에 관한 사건의 재판관할, 준거법, 재판의 승인, 공서증서의 인정과 유럽부모성증명서의 창설에 관한 이사회 규정안(Proposal for a Council Regulation on jurisdiction, applicable law, recognition of decisions and acceptance of authentic instruments in matters of parenthood and on the creation of European Certificate of Parenthood, COM/2022/695 final)을 제안하였다. 소개와 비판은 C. Budzikiewicz *et al.* (2023), The European Commission's Parenthoold Proposal: Comments of the Marburg Group, IPRax, 425ff. 참조. 상세는 www.marburg-group.de 에 있는 2023. 5. 10.자 코멘트 참조. 또한 헤이그국제사법회의는 근자에 위에 언급한 Parentage / Surrogacy Project를 진행하고 있다.

36) 스위스 국제사법(§66)은 그에 추가하여 모 또는 부의 주소지의 재판관할을 인정하나 국제사법은 이를 받아들이지 않았다. 다만 모 또는 부가 피고가 된다면 일반관할을 인정할 수 있으므로 차이는 완화된다.

정한다. 여기에서 국적관할을 당사자 역할(즉 피고일 것)과 결합한 것은 다소 이례적이다. 다만 위의 논의를 함에 있어서 근자에 문제되고 있는 대리모는 특별히 고려되지 않았다.[37] 대리모 사건의 경우 피고가 누구인지는 쉽게 알 수 있으나 의뢰인 부부와 대리모 중 누가 '피고가 되는 부모'인지는 불분명하다. 이 점은 앞으로 우선 해석론으로 해결하고, 필요하다면 입법을 할 수도 있다.

2. 입양관계에 관한 사건의 특별관할(§58)

입양재판의 경우 아동의 일상거소지국과 양친이 될 자의 일상거소지국의 국제재판관할이 큰 어려움 없이 인정될 수 있으나, 다른 유형의 입양 관련 소송사건이나 비송사건의 국제재판관할규칙은 불분명하다. 일방의 국적관할을 인정할 수 있는지는 논란의 여지가 있다.[38] 우리 법상 입양재판은 비송사건인데[39] 舊 국제사법과 기타 법률에서 비송사건의 국제재판관할에 관하여 명확한 규정을 두지 않았기 때문이다. 따라서 이를 입법적으로 정비할 필요가 있다.

종래 우리 아동 그 중에서도 요보호아동의 해외입양은 입양특례법에 따라 이루어지는데 입양특례법은 국외입양에 관하여 규정을 두면서도 국제재판관할에 관하여는 직접적인 규정을 두고 있지 않다. 따라 입양특례법이 적용되는 사건에서도 국제재판관할은 국제사법에 의하여 규율된다.

국제사법은 규정하지 않지만, 독일처럼 어느 일방의 국적관할을 인정하지는 않더라도 양친이 될 자와 양자가 될 자의 국적이 모두 한국인인 때에는 국적관할을 인정하는 것이 타당할 것이다. 주목할 것은 과거 국제입양법률안의 과도한 국적관할이다. 예컨대 김성주 의원이 2021년 대표발의한 국제입양법률안(의안번호 2112826) §6는 아래와 같이 규정하였다.

---

37) 캘리포니아주 가족법은 대리모가 출산한 아이의 친자관계를 확정하는 소에 관하여 정치한 국제재판관할을 규정한다. 즉 Family Code §7962 (e)는, 아동의 예상출생국, 의뢰인 부부 거주지국, 대리모 거주지국, 대리모계약 체결지국과 대리모계약에 따른 의료절차 이행국의 국제재판관할을 인정한다. 대리모 사건의 국제재판관할은 김문숙, 온주 국제사법 제57조, 2023. 7. 5., [29] 이하 참조.

38) 독일 FamFG §101는 양친의 1인 또는 양자인 아동이 독일인인 경우 독일법원의 국제재판관할을 인정하나, 국제입양재판에서 일방의 국적관할이 널리 인정되는 것은 아니다. 나아가 입양과 관련된 모든 사건에 대해 동일한 국제재판관할규칙을 적용하는 대신 비송사건과 소송사건을 구별하는 견해도 가능하다. 그러나 FamFG는 이런 구별을 하지 않는 것으로 보인다.

39) 입양의 무효는 가류 가사소송사건이고(§2 ① 가호 1목 5), 입양과 파양의 취소, 재판상파양, 친양자 입양의 취소와 친양자의 파양은 나류 가사소송사건이다(§2 ① 가호 2목 10−14).

§6(국제재판관할) 법원은 다음 각 호의 어느 하나에 해당하는 경우 이 법에 따른 입양, 입양의 취소 및 파양에 관한 국제재판관할권을 가진다.
1. 입양의 당사자 중 일방의 일상거소가 대한민국에 있거나 있었던 경우
2. 입양의 당사자 중 일방이 대한민국 국적을 보유하고 있거나 보유하고 있었던 경우

과거 필자는 양친자관계에 관한 사건에서 위와 유사하게 일방의 일상거소 또는 국적에 근거한 관할규칙을 제안한 적이 있다.[40] 그것은 국적관할을 인정하지 않는 §58 ①과는 다른데, 더욱이 그 경우 국적관할은 입양의 당사자 중 일방이 국적을 보유하는 경우에(제소 시를 기준으로) 인정하는 것이지 과거의 국적에 근거한 것은 아니었다. 외국으로 입양된 아동이 과거 한국 국적을 가졌다는 이유로 예컨대 30년이 지난 뒤에 파양이 문제되는 경우 한국과 아무런 관련이 없게 된 상황에서도 한국의 관할을 인정하는 것은 합리적 근거가 없다.[41] §58가 채택된 이상 국제입양법률안 §6를 §58와 일치시키는 것이 순리이다. 국회는 입양특례법의 법위를 국내입양으로 제한하고 국제입양은 국제입양에 관한 법률에 의하여 규율하기로 하여 입양특례법의 제명을 '국내입양에 관한 특별법'으로 변경하고, '국제입양에 관한 법률'을 제정하는 법률안을 성안하였던바 결국 국제입양법이 제정되었다. 국제입양법에서는 국제재판관할에 관한 규정을 두지 않음으로써 문제가 해결되었다.

가. 입양의 성립

§58 ①은 이런 전제 하에 입양의 성립에 관한 사건은 양자 또는 양친이 되려는 사람의 일상거소가 한국에 있는 경우 한국 법원이 특별관할을 가지는 것으로 규정한다. 입양의 성립에 관하여 양자 또는 양친의 일상거소지국이 모두 입양과 실질적 관련이 있고 동등한 이해관계를 가지고 있기 때문이다. 미국의 국제사법 Restatement Second §78에 따르면, 미국에서는 어느 주에 양자 또는 양친의 주소지가 있고, 또한 양친 및 양자 또는 양자에 대하여 법적 양육권을 가지는 자가 그 주의 대인관할권에 복종하는 때에 그 주가 재판형 입양의 재판관할을 가진다. 독일 FamFG §101도 양친의 1인 또는 양자인 아동이 독일에 일상거소를 가지고 있는 경우 독일 법원의 국제재판관할을 인정한다.[42][43]

40) 석광현 외(2012), 219, 237 참조.
41) 예컨대 2016년과 2018년에 발의되었던 국제입양에 관한 법률도 국제재판관할규칙을 두었으나 이는 제소 시의 국적에 근거한 것이었다. 전자는 석광현(2017), 105 이하, 후자는 석광현(2019), 233 이하 참조.
42) 스위스 國私(§75 ①)은 양친의 주소지국의 관할을 인정한다.
43) 반면에 라류 가사비송사건의 관할을 정한 家訴(§44 iv)은 입양·친양자 입양 또는 파양에 관한 사건은 양자·친양자의 주소지 또는 양자·친양자 될 사람의 주소지의 가정법원의 관할을 인정하므로 국제재판

헤이그아동입양협약("입양협약")은 국제재판관할의 문제를 직접 다루지 않으므로 한국이 입양협약을 비준하더라도 이런 특별관할규칙은 여전히 적용된다. 입양협약도 입양의 성립에 관하여 아동의 일상거소지국과 양친이 될 자의 일상거소지국의 국제재판관할을 가지는 것을 전제로 한다. 왜냐하면 입양협약은 입양이 동 협약에 따라 행해졌다는 점이 입양국(state of adoption) 권한당국의 입양증명서에 의하여 증명되는 경우 입양이 모든 당사국에서 효력을 가지도록 보장하는데 여기에서 입양국이라 함은 출신국일 수도 있고 수령국일 수도 있기 때문이다.[44] 재판형입양을 생각하면 이는 출신국 또는 수령국의 입양재판이 다른 당사국에서 승인되는 것이므로 결국 양국에 모두 국제재판관할이 있음을 전제로 한다.

나. 양친자관계의 존부확인, 입양의 취소 또는 파양

§58 ②은 양친자관계의 존부확인, 입양의 취소[45] 또는 파양에 관한 사건은 친생자관계의 성립 및 해소에 관한 사건에 준하는 것으로 보아 위에서 본 그에 대한 관할규칙을 준용한다. 스위스 국제사법[46]도 같은 태도를 취한다. 그 결과 ① 자녀의 일상거소가 한국에 있는 경우와 ② 자녀 및 피고가 되는 부모 중 한쪽이 한국인인 경우 한국의 국제재판관할이 인정된다.[47] 후자는 국적관할인데 이에 대하여는 비판이 있다.[48]

3. 부모·자녀 간의 법률관계 등에 관한 사건의 특별관할(§60)

§59의 제목은 부모·자녀 간의 법률관계에 관한 사건이므로 이는 친권과 부양의무가 규율대상이 될 것이나, 국제사법은 미성년인 자녀에 대한 부양의무(양육비 포함)에 대하여 별도로 규정하므로 결국 §59는 조문이 명시하듯이, 미성년인 자녀 등에 대한 친권, 양육권 및 면접교섭권 등을 규율한다. 국제친권사건, 즉 친권자(또는 양육자)

관할의 배분에 있어 이를 고려하면 양자(또는 양자가 될 사람)의 주소지가 관할을 가질 것이다. 미성년 입양의 경우에는 미성년자 보호의 측면을 고려하여 원칙적으로 양자의 주소지에만 국제재판관할권을 인정해야 한다는 견해도 있다. 권재문(2015), 21-22. 그러나 양친의 주소지는 국제입양의 성립에 관하여 양자의 주소지와 동등한 이해관계를 가지므로 이런 견해는 설득력이 없고, 더욱이 이런 태도를 취한다면 입양특례법 개정 전 과거 한국에서 입양재판 없이 외국으로 가서 외국에서 입양재판을 받은 수많은 사건에서 한국 아동의 해외입양은 한국에서 승인될 수 없었다는 부당한 결과가 된다. 따라서 필자는 위 견해는 과거에도 타당하지 않았고 우리의 실무에 반한다고 보며 장래를 향하여도 지지하지 않는다.

44) G. Parra-Aranguren, Explanatory Report on the Convention on Protection of Children and Co-operation in Respect of Intercountry Adoption, para. 403. https://assets.hcch.net/upload/expl33e.pdf 참조. 다만 이것이 관할을 직접 언급하지는 않는다.

45) 김원태(2018b), 183은 개정안은 입양의 무효에 관하여 규정을 두지 않는 점을 비판하나 이는 입양의 취소에 준하여 취급할 수 있을 것이다.

46) §75 ②은 "입양의 취소에 대하여는 친자관계의 확인 또는 부인에 대하여 관할을 가지는 것과 동일한 법원(§66, §67)이 관할을 가진다"고 규정한다.

47) 권재문(2015), 15은 자녀의 주소지를 원칙적인 관할근거로 하고, 이를 보충하기 위한 긴급관할로서 일정한 제한 요건 하에 부 또는 모의 본국관할을 인정하자는 견해를 취한다.

48) 김원태(2018b), 183(상거소지가 적절하다고 주장하면서).

의 결정, 아동의 신상감호와 재산관리, 기타 친권의 효력 및 소멸 등의 국제재판관할을 논의하는 이유는 예컨대 부모의 양육권 박탈 기타 아동의 최대복리(the best interests. 또는 최선의 이익)를 보호하기 위한 조치를 취할 법원 기타 당국의 소속국을 결정하는 데 있다.

가. 舊 국제사법의 해석론

舊 국제사법은 국제친권사건의 국제재판관할에 관하여는 규정하지 않았다. 해석론으로는 크게 2가지 견해를 생각할 수 있다.[49)]

첫째는 舊國私(§2)에 따라 가사소송법의 관할규정을 참조하여 분쟁의 유형별로 관할을 인정하는 견해이다. 즉 가사소송법의 관련 조문(§44 v, §46)을 참조하면, 친권에 관한 사건은 유형별로 아동의 주소지국(라류 가사비송사건) 또는 상대방의 보통재판적 소재지국(마류 가사비송사건)이 국제재판관할을 가진다.[50)] 둘째는 舊國私(§2)의 실질적 관련에 착안하고 아동보호협약의 취지를 참고하여 아동의 일상거소지국에 국제재판관할을 인정하는 견해이다. 필자는 舊 국제사법의 해석론으로 이를 지지하였다.

나. 아동보호협약의 태도(제II장)

국제친권·후견법에 관한 일반조약인 1996년 아동보호협약은 보호조치에 적용되는데, 이는 부모책임의 귀속, 행사, 종료, 제한과 그의 위임에 관한 것(§3 a), 아동의 후견, 보호 및 이와 유사한 제도(§3 c), 아동의 신상 또는 재산을 관리하거나 그를 대리 또는 보좌할 개인 또는 단체의 지정과 직무(§3 d)와 아동의 재산에 대한 관리, 보존 또는 처분(§3 g)을 포함한다. 그러나 아동보호협약은 친자관계의 성립 또는 다툼에는 적용되지 않는다(§4 a).

아동호보협약 제Ⅱ장의 국제재판관할규칙은 아래와 같다.

(1) 상거소지관할권 원칙(§5)

아동보호협약은 원칙적으로 아동의 상거소지국가에 관할을 인정한다. 그 이유는 당국의 신속한 개입을 가능하게 하고, 절차로 인한 아동의 부담을 줄이며, 증거 근접성과 아동 및 청년원조제도(Kinder- und Jugendhilfe)와의 근접성을 확보할 수 있기 때문이다.[51)] 이는 국제적으로 널리 인정되고 있다. 요컨대 아동의 일상거소지국이 아동의

49) 필자는 친권에 기한 아동의 보호조치와 아동후견의 유사성에 비추어 후견에 관한 舊國私(§48 ②)의 관할규칙을 친권사건에도 유추적용하는 견해를 제3설로 소개하였다.

50) 김원태(2018a), 231은 마류 가사비송사건의 경우는 소송사건에 준하여 관할의 존부를 판단해도 좋지만, 공익성이 강한 라류 가사비송사건에서는 심판의 대상인 사건 유형마다 그 문제를 심리함에 가장 적절한 법원이 어디인가라는 관점에서 결정한다.

51) 브뤼셀Ⅱbis에 관한 Thomas Rauscher (Hrsg.)(2010), Europäisches Zivilprozess- und Kollisionsrecht, Brüssel IIa-VO, EG-UntVO, EG-ErbVO-E, HUntStProt, Art. 8 Rn. 6 참조.

복리에 적합한 조치를 취하는 데 가장 적절한 지위에 있기 때문인데 이런 원칙은 국제적으로 널리 인정되고 있다.[52] 미성년자보호협약(§4)은 본국관할을 우선시하였으나 아동보호협약은 이를 인정하지 않는다. 다만 난민인 아동에 대하여는 소재지 관할을 인정하고(§6), 위법한 탈취의 경우에는 탈취 직전의 상거소지국이 관할을 가진다(§9).

(2) 예외적 관할

그러나 아동보호협약은 상거소지국관할에 대한 예외를 규정한다. 첫째, 상거소지국가의 관청이 특정한 사항에 대해 다른 체약국이 아동의 최대복리를 위하여 조치를 취하기에 더 적절하다고 판단하면, 다른 체약국의 당국에게 관할을 인수하도록 요청하거나, 사건의 심리를 중단하고 당사자에게 타국의 관청에 그런 요청을 하도록 권유함으로써 관할을 이전할 수 있다(§8). 둘째, 반대로 §8 ②에 열거된 체약국의 당국은 상거소지국의 당국보다 아동의 최대복리를 위하여 필요한 조치를 취하기에 더 적절하다고 판단하면 상거소지국 당국에게 관할을 자신에게 이전할 것을 요청할 수 있다(§9). 셋째, 아동의 상거소지국 이외의 체약국에서 부모의 이혼·별거 또는 혼인무효의 신청이 계속중인 경우, 양 부모가 그 체약국의 관할에 동의하고 절차 개시 당시 부모의 일방이 그곳에 상거소를 가지고 부모책임을 가진 때에는 그 체약국이 관할을 가질 수 있다(§10). 넷째, 긴급한 경우에는 아동 또는 그 재산소재지 체약국이 관할을 가진다(§11). 다섯째, 아동 또는 그 재산소재지 체약국은 아동 또는 그 재산의 보호를 위하여 당해 국가에서만 효력을 가지는 임시적 성격의 보호조치를 취할 수 있다(§12).

(3) 관할의 경합: 사건계속 시의 처리

통상의 관할을 가지는 체약국의 당국은 절차 개시 당시 사건이 다른 체약국에서 심리 대상인 때에는 관할권의 행사를 자제하여야 한다(§13).

다. 국제사법의 내용

이러한 점을 고려하여 §59은 미성년인 자녀에 대한 친권, 양육권 및 면접교섭권의 행사 또는 후견에 관한 사건에 대하여는 자녀의 일상거소가 한국에 있는 경우 법원에 국제재판관할을 인정한다. 한국이 가입한 아동탈취협약도 ① 아동의 즉각적인 반환에 관하여는 아동 소재지국의 반환의무를 부과함으로써 간접적으로 국제재판관할을 규율하는데(§12), ② 본안인 양육권에 관하여는 관할규칙을 명시하지 않지만 탈취 직전 일상거소지국이 관할을 가진다는 견해가 받아들여지고 있다.

이와 관련하여 개정안(§60 단서)은 "다만 대한민국에 일상거소가 있던 자녀가 불법적으로 외국으로 이동하거나 탈취를 당한 날부터 1년이 경과하여 새로운 환경에

52) Kropholler, 391.

적응한 경우에는 그러하지 아니하다"고 규정하였다. 다소 애매하나 그 경우 한국에 일상거소가 있더라도 위법한 행위로 인하여 작출된 것이라면 관할을 인정하지 않는다는 취지이다. 이런 문언은 아동보호협약(§7), 아동탈취협약(§12) 및 후자의 이행법률(§12 ④ i)을 참작한 것이다.[53] 만일 아동이 탈취된 국가에서 아동이 새로운 일상거소를 가지게 되었다는 이유로 탈취자가 그 국가에서 본안재판을 받을 수 있도록 한다면 친권양육권 분쟁 중인 부모는 자신에게 편리하거나 유리한 재판을 받을 수 있는 국가로 아동을 탈취해갈 위험성이 커지기 때문에, 국제적 아동탈취의 예방이라는 관점을 함께 반영하여 그러한 경우 원칙적으로 종전 일상거소국에 관할을 고정시킬 필요가 있다는 것이다.[54] 하지만 이런 사유는 탈취협약상 반환거부사유로서 의미가 있으나 일상거소 또는 그에 기초한 국제재판관할에 관한 일반적 기준으로 삼는 것은 의문이다. 결국 위 단서는 공청회 후 삭제되었다.[55]

아래(Ⅸ.)에서 보듯이, §61 ②은 미성년인 자녀의 후견에 관한 사건에 대하여 친권에서와 같이 한국이 그의 일상거소지인 경우 국제재판관할을 인정하고, 나아가 그 자녀의 재산이 한국에 있고 그 자녀를 보호하여야 할 필요가 있는 경우에 국제재판관할을 인정한다. 따라서 미성년 친권사건과 후견사건의 관할은 재산소재지 관할의 인정 여부에서 차이가 있다. 이는 미성년 친권사건과 후견사건을 동일하게 취급하는 아동보호협약과는 다르다. 미성년자의 경우 재산을 외국에 가지는 것은 이례적이므로 추가적 관할요건을 삭제하고 친권사건의 관할과 후견사건의 관할을 일치시키는 방안이 바람직할 것이다.

개정안에 대한 의견조회 과정에서 법원행정처는 "다문화가정의 혼인이주여성(특히 베트남, 필리핀 등 동남아 출신)이 배우자의 동의 없이 아이들을 데리고 본국으로 출국하여 아이들을 베트남 등 친정에 맡겨두고 본인이 다시 입국하여 취업을 한 사례가 종종 있는데, 그런 경우 한국인 남편이 아이들을 다시 데리고 오려고 하는 경우, 혼인

---

53) 권재문(2015), 31에는 위 단서의 근거를 짐작하게 하는 설명이 있다. 그러나 권재문 교수는 공청회에 참석하여 그의 삭제를 지지하였다.

54) 현소혜(2021b), 216.

55) 노태악(2018), 36 참조. 김원태(2018b), 183도 삭제를 주장한다. 다만 위에 언급한 브뤼셀 IIter의 예외를 검토할 필요가 있다. 즉 브뤼셀 IIter(§9)에 따르면 탈취사건의 경우 탈취 직전 아동의 일상거소지국의 관할을 가지지만, 아동이 탈취 후 다른 회원국에 일상거소를 취득하고, 또한 ① 양육권을 가지는 개인, 시설 또는 그 밖의 기관이 아동의 이동 또는 유치에 동의하거나 또는 ② 양육권자가 아동의 소재지를 알았거나 알았어야 하는 때로부터 아동이 그 국가에서 최소 1년 거주하였고, 아동이 새로운 환경에 정착하였으며 또한 §9 b호에 열거한 5개 조건(예컨대 위 1년 동안 양육권자가 아동 소재지 회원국에 반환신청을 하지 않은 사실 또는 양육권자의 아동 반환신청이 탈취협약 §13 ① b호 또는 ② 이외의 사유로 기각되고 더 이상 상소를 제기할 수 없는 사실 등) 중 어느 하나가 충족되는 경우에는 직전 일상거소지국은 관할을 상실한다. 즉 브뤼셀 IIter는 삭제된 개정안(§60 단서)보다 직전 일상거소지국의 관할을 상실하기 위한 요건을 더 엄격하게 규정한다.

관계가 유지될 경우에는 이혼 소송을 제기하면서 국내에서 친권·양육권 소송을 제기할 수 있으나, 혼인관계가 이미 해소된 경우에는 친권자 및 양육자 변경을 하고 싶어도 자녀의 상거소가 해외임이 밝혀진다면 국내에서는 소송이 어려울 수 있다"는 취지로 문제점을 지적하였다. 이 점을 고려하여 법무부는 공청회 후 개정안 §60(§59에 상응)를 수정하여 자녀의 일상거소 외에 "부모 중 한쪽과 자녀가 대한민국 국적을 가지는 경우"에도 법원이 국제재판관할을 가질 수 있도록 하였다. 다만 실무적으로 예컨대 한국 법원이 친권자 및 양육자 변경을 하더라도 그것이 베트남 등지에서 승인·집행될 수 있을지는 의문이다.

국제사법의 태도에 대하여는 친권 관계 사건에 관하여 아동의 일상거소국이 일차적으로 국제재판관할을 행사하도록 하되, 아동의 본국·부모의 일상거소국 등 아동과 실질적 관련이 있는 국가는 해당 국가에서 친권 관계 재판을 진행하는 것이 아동의 최선의 이익에 부합하는 것으로 판단되는 경우에 한하여 예외적으로 국제재판관할을 행사할 수 있도록 하여야 한다는 비판이 있다.[56]

Ⅷ. 부양사건의 관할(§60)

家訴(§2 ① ii 나목, §46)에 따르면 양육비 기타 부양료 청구등 부양에 관한 사건은 가사비송사건(마류사건)이고, 이는 상대방의 보통재판적이 있는 곳의 가정법원의 관할에 속한다. 이를 참작하여 국제재판관할규칙을 도출하면 상대방 일상거소지의 특별관할을 인정할 수 있다.[57] 그러나 그런 조문이 없어도 §3와 §15 ①에 의하여 일반관할을 인정할 수 있다.

문제는 舊 국제사법의 해석상 부양권리자를 보호하기 위하여 부양권리자의 일상거소지에 국제재판관할을 인정할 수 있는가이다.[58] 주지하듯이 브뤼셀 I (§5 ii)에 따르면 부양권리자는 자신의 주소지나 일상거소 소재지 법원에 소를 제기할 수 있고 이를 대체한 EU부양규정(§3)에서도 동일한데 이는 부양권리자를 두텁게 보호하기 위한 것이다. 舊 국제사법의 해석상 이런 결론을 도출할 수 있는지는 불분명하나 쉽지 않다. 필자는 우리 법상 부양권리자의 보호를 위한 국제재판관할규칙을 해석론상 도입할

56) 현소혜(2021c), 247.

57) 김문숙(2013), 180은 부양사건의 국제재판관할에 관한 개정안을 제1안과 제2안으로 구분하여 제시한다. 장준혁(2017), 218 이하에도 입법제안이 있다. 손경한 외(2014), 255 이하(장준혁 집필부분)에는 가사사건의 개정방향이 제시되어 있다.

58) 부양사건의 국제재판관할을 정함에 있어 제기되는 논점들은 장준혁(2017), 177 이하 참조. 장준혁(2017), 222은 '재산관계사건의 의무이행지관할'의 일종으로서 해석상 위 결론은 인정할 수 있다고 한다.

수 있는지, 아니면 입법론적으로 도입할지를 검토할 필요가 있음을 지적하였다.[59]

마침내 2022년 개정에 의하여 도입된 §60 ①은 부양권리자를 두텁게 보호하기 위하여 부양권리자의 일상거소지국의 특별관할을 명시한다.[60] 이는 일차적으로 부양권리자에게 익숙하고 편리한 곳의 관할을 인정하기 위한 것이고, 나아가 부양권리자의 일상거소지국은 권리자의 생활상태의 조사와 부양료액의 산정 등에 필요한 자료 수집에도 적합하다.[61] 한편 부양의무자인 피고 일상거소지국은 일반관할을 가진다고 보는데, 이를 부양사건에 전면적으로 인정하지는 않더라도 적어도 부양료청구에 관하여는 그렇게 보아야 할 것이다.[62]

나아가 §61 ②은 부양사건이 재산적 성질을 가지는 점을 고려하여 관할합의를 허용하지만, 부양권리자가 미성년자이거나 피후견인인 경우(다만 해당 합의에서 미성년자이거나 피후견인인 부양권리자에게 법원 외에 외국법원에도 소를 제기할 수 있도록 한 경우는 제외)[63]와 분쟁이 된 사안이 한국과 아무런 관련이 없거나 근소한 관련만 있는 경우는 예외적으로 관할합의를 불허한다. 관할합의를 허용하는 것은 당사자의 관할합의와 변론관할을 허용하는 EU부양규정(§§4–5)을 참조하면서 추상적으로 규정한 것이다.[64]

§60 ③은 부양에 관한 사건의 경우에도 국제재판관할합의와 변론관할이 허용됨을 명시한다. 다만 부양권리자가 미성년자이거나 피후견인인 경우와 한국이 사안과 아무런 관련이 없거나 근소한 관련만 있는 경우에는 이를 불허한다.

이처럼 부양권리자의 관할이 인정된다면, 장래에는 필리핀에 일상거소를 가진 코피노와 그의 모는 한국의 부를 상대로 필리핀에서 제소할 수 있고(이는 필리핀의 직접관할의 문제이다), 그 경우 필리핀에서 선고된 양육비지급 판결을 한국에서 승인 및 집행하는 데 필요한 간접관할 요건이 구비될 것이라는 점에서 이는 중요한 의미를 가진다.[65] 2007년 아동양육협약(§20 ①)은 간접관할의 맥락에서 양육비 기타 부양료청구사

---

59) 과거 입법론으로 이를 도입하자는 견해가 있었다. 김용진(1999), "민사소송법개정안 중 국제소송에 관한 부분에 대한 검토의견서," 국제사법연구 4, 44 이하; 김문숙(2013), 178 이하.

60) 장준혁(2017), 204은 그에 추가하여 부양채권자의 주소지국에도 관할을 인정할 실익이 크지는 않지만 없지는 않다고 한다.

61) 후단은 김원태(2018b), 164.

62) 김원태(2018b), 166은 부양에 관한 사건은 소송사건이 아니라 상대방이 있는 가사 비송사건이라는 점을 지적하므로 피고주소지의 일반관할을 부정하지 않을까 짐작된다.

63) §60 ① i의 문언은 부양권리자에게 "외국법원에도 소를 제기할 수 있도록 한 경우"로 되어 있으나 §8의 관할합의는 반드시 한국 법원을 위한 것은 아니므로 일반적으로 "관할법원에 추가하여 다른 국가의 법원에 소를 제기할 수 있도록 한 경우"로 해석하여야 한다. 서영수(2024), 137 이하는 이를 지적하면서 §60를 개정하여 그 취지를 명확히 하자고 제안한다.

64) EU부양규정은 당사자가 선택할 수 있는 법원을 ① 일방 당사자의 일상거소지, ② 일방 당사자의 본국, ③ 부부 간(또는 부부였던 자 간)의 부양의무에 관하여는, 혼인사건에 대해 관할을 가지는 법원 또는 적어도 1년간 최후의 공통 일상거소지국가에 한정한다.

65) 노태악(2018), 37도 동지. 만일 현재 필리핀법상 직접관할이 허용되지 않더라도 한국이 간접관할을

건에서 부양권리자의 일상거소지에 국제재판관할을 인정한다.[66] 물론 간접관할이 인정되더라도 필리핀의 양육비 재판을 한국에서 집행하자면 상호보증이 존재해야 한다.

부양료변경 재판의 예를 들면서 우리 법원이 부양사건에 관하여 선행재판을 한 경우 그 변경재판에 대하여 관할을 인정할 필요성을 검토해야 한다는 견해[67]가 있다.

부양사건의 보호적 관할이 부양청구권의 법정대위의 경우에도 적용되는지는 논란의 여지가 있다. 특히 국가 또는 공적 기관이 부양의무자를 대신하여 부양료를 지급하고 대위하는 경우(아직 우리 법에는 이는 도입되어 있지 않다) 보호적 관할규칙이 적용되는지가 문제된다. 유럽연합에서는 부양사건의 보호적 관할을 부양권리자의 인적 특권이라고 보아 적용되지 않는다는 견해와 부양청구권의 속성이라고 보아 적용된다는 견해가 있다.[68]

부양사건의 경우에도 부양권리자와 부양의무자가 모두 한국인일 때에는 국적관할을 인정하자는 견해도 있다.[69] EU부양규정(§6)은 회원국이 다른 조문에 따라 국제재판관할을 가지지 않는 경우 보충적 관할로서 공통의 국적에 근거한 관할을 인정한다. 국제사법은 부양사건의 경우 독일 FamFG와 마찬가지로 국적관할을 명시하지 않으므로 한국의 국적관할이 인정되는 것은 아니지만 매우 예외적인 경우 사안에 따라서는 제2조의 일반원칙을 통하여 양 당사자의 국적에 근거하여 한국의 국제재판관할을 인정할 여지가 전혀 없지는 않다. 다만 이를 인정하더라도 이는 준거법관할을 인정하는 것은 아니다. 그 경우 준거법은 원칙적으로 부양권리자의 일상거소지법이기 때문이다(§74 ①). 물론 §21(예외조항) 또는 §73 ④에 따라 한국법이 준거법이 될 가능성은 있다.

Ⅸ. 후견사건의 특별관할

인구의 고령화가 빠르게 진행됨에 따라 노인을 보호할 필요성이 커지고 장애인 복지의 중요성에 대한 인식이 커짐에 따라 의사결정이 어려운 성년자 또는 장애인의 보호가 중요한 사회문제가 되었다. 이에 대처하고자 각국은 성년자보호법제를 도입

인정한다는 점이 알려지면 필리핀도 입법이나 판례를 통하여 태도를 변경하지 않을까 짐작된다.

66) 다만 일부 국가(특히 미국)가 국내법상 부양권리자의 일상거소지만으로는 '적법절차'의 요건을 충족할 수 없다는 태도를 보임에 따라 그에 대한 유보를 허용한다(§20 ②).

67) 김원태(2018b), 184.

68) 유럽사법재판소는 브뤼셀Ⅰ의 해석상 2004. 1. 15. 선고된 Freistaat Bayern v. Jan Blijdenstein 판결(Case C-433/01)에서 부정설을 취하였으나, 부양규정의 해석상 2020. 9. 17. 선고된 판결(Case C-540/19)에서는 긍정설을 취하였다. 소개는 서영수(2024), 32 이하 참조.

69) 김문숙(2013), 180.

하였는데 성년자의 국제적 이동이 빈번하고 성년자가 여러 국가에 재산을 보유하는 현상이 늘어남에 따라 국제사법이 중요한 의미를 가진다.[70] 한국도 2013년 7월 시행된 개정 민법을 통하여 성년후견제를 도입하였다. 과거 민법은 금치산·한정치산제도를 두었으나 이는 개인의 행위능력을 일률적으로 박탈하거나 제한하는 점에서 문제가 있었기에 금치산과 한정치산을 협의의 성년후견과 한정후견제도로 대체하였고 그 밖에도 특정후견과 임의후견을 새로 도입하였다. 그리고 성년자 후견제도에 대한 공시절차로서 '후견등기에 관한 법률'을 제정하였다.

후견사건에 관하여 국제사법은 성년자 후견과 미성년자 후견을 구분한다. 주목할 것은 미성년자의 경우 친권의 소멸은 후견개시의 선결문제라는 점에서 미성년자 후견은 친권과 밀접하게 관련된다는 점인데 이 점을 중시하면 미성년자 후견을 친권과 함께 묶어서 규정할 수도 있으나 국제사법은 별도로 규정한다.

1. 성년자 후견[71]사건의 특별관할(§61 ①)

가. 舊 국제사법의 해석론

다수설에 따르면 舊國私(§48 ②)은 국제후견사건에 관하여 국제재판관할규칙을 두었다. ②과 ①을 묶어 보면 원칙적으로 피후견인의 본국이 국제재판관할을 가지고, ②이 정한 예외사유가 있는 경우에 한하여 한국이 예외적으로 국제재판관할을 가지고 한국법을 적용한다는 것이다.[72] 다수설은 후견에 관한 재판관할과 준거법의 병행을 가능케 하는 장점이 있다.

과거 涉私(§25 ②)은 비송사건인 후견사무에 관하여 예외적으로 한국법원이 국제재판관할을 가지고 한국법에 따라 처리할 수 있음을 규정하였다. 舊國私(§45 ②)은 i의 '후견사무를 행할 자가 없는 경우'의 의미를 명확히 하고, 제3의 사유를 추가하는 등 두 가지 점에서 개선하였다.[73]

70) 성년자 후견에 관한 국제적 배경은 김문숙(2013), 181 이하 참조.

71) 당초 개정안은 '성년 후견'이라는 용어를 사용하였으나 민법상 넓은 의미의 성년후견과 법정후견의 한 유형인 협의의 성년후견이 사용되므로 혼란을 피하고자 국제사법에서는 '성년인 사람의 후견'으로 수정하였다. 여기에서는 '성년자 후견'이라고 쓴다.

72) 다수설은 윤종진, 국제사법, 483; 김용한 외, 국제사법, 357; 이호정, 국제사법, 417. 섭외사법과의 비교는 윤진수/석광현, 주진Ⅱ, 1777 이하 참조.

73) §48는 실종선고(舊國私 §12)와 한정치산 및 금치산선고(舊國私 §14)의 경우와 마찬가지로, 외국인의 본국에 원칙적 관할이 있음을 전제로 하되 이를 명시하지는 않고, 다만 한국 법원이 예외적으로 관할을 가지는 경우만을 규정한다고 보는 것이 다수설이었다. 이 점에서는 국제사법은 섭외사법과 동일하나, 한국 법원의 예외적 관할의 범위를 다소 확대한 것이라고 할 수 있다. 이처럼 본국의 원칙적 관할과 한국의 예외적 관할을 인정한다면 각 관할에 근거한 법원의 조치의 관계는 분명하지 않다. 서울고등법원 2012. 11. 16. 선고 2010나21209, 51224 판결(본소: 대표자선정, 반소: 대납금반환청구)은 일본에 거주하는 한국인에 대하여 일본 법원에서 일본법에 의하여 이루어진 성년후견에 관한 재판(심판)(이는 후견개시심판과

그러나 소수설은 舊國私(§48 ②)은 국제재판관할을 정한 것은 아니라고 보면서 피후견인의 주소지관할(또는 일상거소지관할)이 원칙이라고 한다.[74] 필자는 舊國私 §48의 문언과 舊國私 §12(실종선고) 및 §14(한정치산 및 금치산선고)의 유사성에 비추어 해석론으로는 다수설에 따라 본국관할을 인정하지만 그 타당성은 의문이므로 이를 가급적 제한하고 일상거소지의 예외적 관할을 넓게 인정하자는 견해를 피력하고 입법론으로도 원칙적으로 피후견인의 일상거소지국의 관할을 명시하는 것이 바람직하다는 견해를 피력하였다.[75]

우리나라는 성년후견제를 도입하였고 이는 2013. 7. 1. 시행되었다. 이를 계기로 후견개시의 심판에 대한 관할을 규정할 필요가 있는데, 그 경우 원칙적 관할을 피성년후견인의 본국에 부여할지 아니면 일상거소지에 부여할지가 문제된다. 참고로 우리는 아직 미가입이나, 성년자보호에 관하여는 헤이그국제사법회의의 2000년 성년자보호협약[76]이 있다. 성년자보호협약이 규율하는 사항은, 아동보호협약처럼 보호조치에 관한 관할권, 준거법, 외국보호조치의 승인 및 집행과 국가 간 협력이다.

나. 성년자보호협약의 태도(제Ⅱ장)

성년자보호협약 제Ⅱ장(§5-§12)은 당국이 성년자의 신상 또는 재산에 대하여 보호조치를 취할 국제재판관할을 위한 규칙을 둔다. 당국의 신속한 개입을 가능하게 하고 절차로 인한 성년자의 부담을 줄이며 증거 근접성을 확보할 수 있으므로 원칙적으로 성년자의 일상거소지국이 관할을 가지나(§5) 예외가 인정된다. 첫째, 예외적으로 성년자의 본국이 관할권을 가진다(§7). 둘째, 일상거소지국의 관청이 특정한 사항에 대해 다른 체약국이 성년자의 이익을 위하여 조치를 취하기에 더 적절하다고 판단하는 경우 관할의 인수 요청과 이전을 허용한다(§8). 셋째, 예외적으로 재산소재지 관할을 인정한다(§9). 넷째, 긴급한 경우에는 성년자 또는 그 재산소재지 체약국이 관할을 가진다(§10).

후견인선임재판을 포괄하는 것으로 보인다)에 대하여 우리 民訴 §217의 요건이 모두 구비되었다고 판단하고 동 심판은 우리나라에서도 유효하다고 판단하면서, 다만 이와 같은 거소국법에 의한 후견은 본국법에 의한 후견에 대해서 보충적으로 인정되는 것이므로 본국법에 의하여 후견이 설정되면 종료될 것이지만, 당해 사건에서는 우리 법원의 한정치산 선고에 앞서서 일본에서 성년후견인이 선임되었고 그가 한국소재 부동산에 관한 소송위임을 한 것이므로 소송위임은 여전히 효력이 있다고 판단하였다.

74) 이는 섭외사법의 해석론으로 피후견인의 일상거소지국 관할을 인정하는데, 그 근거는 후견제도가 본래 피후견인의 보호뿐만 아니라 그와 교섭하는 일반사회의 공익과도 관계되므로 이 점을 가장 적정하게 판단할 수 있는 것은 피후견인의 일상거소지국의 법원 기타 국가기관이고 그런 기관이 취하는 조치가 가장 실효성이 있기 때문이라고 한다. 서희원(1998), 322-323. 학설은 이병화(2006), 119 이하 참조.

75) 이병화(2006), 130은 후견사건에 대한 국제재판관할권은 원칙적으로 피후견인의 일상거소지국에 있고 예외적으로 본국의 관할권을 인정할 필요가 있다고 한다. 김문숙(2013), 206도 일차적으로 피후견인의 상거소지국의 관할을 인정하고 기타 관할근거를 명시할 것을 제안한다.

76) 여기에서 성년자는 18세에 달한 자를 말한다. 성년자보호협약에 관하여는 최흥섭(2001), 69 이하; 김문숙(2013), 183 이하 참조.

다섯째, 성년자 또는 그 재산 소재지 체약국은 임시적 성격의 보호조치를 취할 수 있다(§11). 후견사건의 국제재판관할규칙을 정함에 있어서 성년자와 아동 간에 차이가 있다. 즉 성년자보호협약은 본국관할(§7)을 인정하는 점에서 아동보호협약과 다르다.

다. 국제사법의 내용

§61 ①은 ① 피후견인의 일상거소지국 관할, ② 피후견인의 국적관할과 ③ 피후견인의 재산이 한국에 있고 피후견인을 보호하여야 할 필요가 있는 경우 한국의 국제재판관할을 인정한다.77) 후견사건은 상대방 없는 가사비송사건으로 형식적 당사자는 없고 실질적 당사자에 준하는 사건본인인 피후견인이 중심에 있음을 고려하여 피후견인의 권리를 보장한다.78) 따라서 여기에서는 일반관할이 인정되기는 어렵다. 상세는 아래와 같다.

① 피후견인의 일상거소지국 관할. 위에서 본 것처럼 이를 인정하는 이유는 당국의 신속한 개입을 가능하게 하고 절차로 인한 성년자의 부담을 줄이며 증거 근접성을 확보할 수 있기 때문이다.

② 피후견인의 국적관할. 보호를 필요로 하는 성년자와 미성년자의 상황은 차이가 있는데성년자는 오래 전부터 생활을 영위하고 있으므로 외국에 일상거소가 있더라도 가족적 유대관계에서는 본국과 밀접한 관련을 가진다. 이를 반영하여 국적관할을 인정한다.79) 그러나 임의후견은 피임의후견인에 의한 대리권수여를 기초로 하므로 법정후견과 성질이 다르고, 임의후견감독인이 선임되어 후견계약의 효력이 발생하더라도 피임의후견인의 행위능력이 제한되는 것도 아니므로 피임의후견인의 국적에 기한 관할을 인정할 관련성이 있다고 보기 어렵다는 비판이 있다.80) 또한 본국관할을 인정하는 데 대하여는, 한국 법원이 외국에 거주하고 있는 한국인 성년자의 후견인선임이나 보호조치를 취하더라도 그 재판이 외국에서 승인되지 않으면 실익이 없다는 비판도 있다.81)

---

77) 피임의후견인의 일상거소가 한국에 없으나 임의후견인의 일상거소가 한국에 있음을 근거로 한국 법원의 관할을 인정할지는 논란이 있으나 이는 불필요하다. 권재문(2015), 42; 김원태(2018a), 289도 동지. 그러나 김문숙(2009), 404은 필요하다고 본다.

78) 김원태(2018b), 173은 이런 입법태도는 매우 타당하다고 평가한다. 김문숙(2013), 209은 후견사건의 국제재판관할에 관한 개정안을 제1안과 제2안으로 구분하여 제시하였다.

79) Kurt Siehr (2000), Das Haager Übereinkommen über den internationalen Schutz von Erwachsener, Rabels Zeitschrift, 64, 728－729; 櫻田嘉章, "2000年ハーグ「成年者の國際的保護に關する條約」について," ケース硏究 264, 7(최흥섭(2005), 현대적 흐름, 397에서 재인용). 김문숙(2013), 206－207(보호임무를 맡으려 하는 근친자 등이 통상 한국에 일상거소를 가질 수 있음을 근거로)과 이병화(2013), 623－624(결론만 제시하면서 성년과 미성년의 구별 불요라고 한다); 권재문(2015), 52도 이를 지지한다.

80) 권재문(2015), 43; 김원태(2018a), 290. 이 점에서 국제사법은 임의후견의 특수성을 충분히 고려하지 못하였다고 비판할 수 있다.

81) 김원태(2018a), 291; 김원태(2018b), 176도 같다.

③ 피후견인의 한국 내 재산 소재와 보호할 필요가 있는 경우. 즉 ③의 경우 재산소재만으로는 부족하고 피후견인을 보호할 필요가 있어야 한다.

舊 국제사법은 후견개시심판의 국제재판관할은 §14에서 규율하고, 보호조치 등 그렇게 개시된 후견감독사건의 국제재판관할은 §48에서 규율하는 방식을 취한다(다수설에 따를 경우). 그러나 §61은 굳이 양자를 구별할 필요가 없다고 보아 묶어서 규정하는데 그 과정에서 舊國私(§48 ii)("대한민국에서 한정후견개시, 성년후견개시, 특정후견개시 및 임의후견감독인선임의 심판을 한 경우")가 예외적 관할사유에서 삭제되었다. 이에 대하여는 우리 법원이 후견개시재판을 한 경우 보호조치와 후견종료재판 등과 같은 그 후속재판(이 경우의 관할을 '원재판국의 계속관할'이라고도 한다[82])을 인정할 필요가 있으므로 조문을 두자는 견해[83][84]가 있다. 국제사법은 원재판국의 계속관할을 규정하지 않으므로 변경재판을 하자면 그때를 기준으로 §61에 따라 후견사건의 국제재판관할이 있는지를 판단해야 한다. 따라서 §61의 요건이 구비되지 않는 한 우리 법원이 한정후견개시, 성년후견개시, 특정후견개시 및 임의후견감독인선임의 심판을 하였다는 이유만으로 계속관할을 행사할 근거는 없다. 필자는 우리 법원이 후견종료재판 기타 변경재판을 하자면 후견사건만이 아니라 '외국재판의 변경' 일반에 관하여 우리나라에 국제사법에 따른 국제재판관할이 있어야 한다고 본다.[85]

2. 미성년자 후견사건의 특별관할(§61 ②)

국제사법상 다수설에 따르면, 아동후견(이는 미성년자[86]의 후견과 다르나 편의상 양자를 호환적으로 사용한다)에 관하여도 한국에 일상거소 또는 거소가 있는 외국인 아동

---

82) 장준혁(2017), 178.

83) 김원태(2018b), 184.

84) 김문숙(2013), 179은 선행 부양결정을 한 국가에 부양권리자가 여전히 일상거소를 두고 있는 경우 관할합의를 하지 않는 한 다른 국가에서는 재판을 할 수 없도록 하자고 한다. 2007년 아동양육협약(제18조)과 2008년 EU부양규정(제8조 제1항)은 이런 태도를 취한다. 그러나 장준혁(2017), 208은 별로 실익이 없다면서 그에 반대한다.

85) 석광현, 국제민소, 433면 참조. 이와 관련하여 위에 소개한 서울고등법원 2012. 11. 16. 선고 2010나21209(본소), 2010나51224(반소) 판결이 우리 법원에서의 본국법에 의한 새로운 후견심판이 거소지국인 외국에서의 후견심판을 종료하는 것으로 보고, 후견종료심판의 국제재판관할에 관하여 후견개시를 심판한 국가의 원칙적 관할 이외에 피후견인의 본국의 예외적 관할을 인정한 것으로 볼 수 있다는 견해도 있다. 이종혁(2021), 507면. 그러나 위 사건에서 우리 법원이 후견종료심판을 한 것은 아니므로 그렇게 보기는 어렵다. 즉 위 판결의 취지는 거소국 법인 일본법에 의한 후견은 본국법인 한국법에 의한 후견에 대해서 보충적으로 인정되므로 한국법에 의하여 후견이 설정되면 예외적인 일본국법에 의한 후견은 종료된다고 전제하고, 위 사건에서 서울가정법원이 2011. 12. 14. 원고를 한정치산자로 선고하고 후견인은 별도로 선임하지 않았으므로 그 이후에는 일본법에 의한 후견은 종료되고 우리 민법상 최근친인 장녀가 법정후견인이 된다고 판시하였기 때문이다.

86) 舊 국제사법과 달리 국제사법은 성년자와 미성년자의 개념을 사용한다. 미성년자인지는 우리 법이 아니라 §28에 의하여 결정되는 본국법에 따를 것이나 통일적 기준을 적용할 수 없다는 문제가 있다.

에 대하여는 ① 아동의 본국법에 의하면 후견개시의 원인이 있더라도 그 후견사무를 행할 자가 없거나 후견사무를 행할 자가 있더라도 후견사무를 행할 수 없는 경우 또는 ② 그 밖에 피후견인을 보호하여야 할 긴급한 필요가 있는 경우 한국법에 의하는데, 그 경우 준거법과 국제재판관할의 병행을 인정하여 한국 법원이 국제재판관할을 가진다.

아동보호협약은 위에서 본 바와 같이 미성년 친권사건과 후견사건에 대하여 동일한 국제재판관할규칙을 둔다.

§61 ②은 미성년인 자녀의 후견사건의 특별관할에 관하여는 ① 미성년자의 일상거소가 한국에 있는 경우와, ② 그 자녀의 재산이 한국에 있고 그 자녀를 보호하여야 할 필요가 있는 경우(이는 §61 ① iii의 사유와 같다) 한국의 국제재판관할을 인정한다. 이를 부연하면 아래와 같다.

① 미성년자의 일상거소가 한국에 있는 경우. 즉 부모·자녀 간의 법률관계 등에 관한 사건의 특별관할을 가지는 법원이 미성년자 후견사건의 국제재판관할을 가진다. 이는 미성년자의 친권과 후견에 공통된다.

② 피후견인인 미성년자의 재산 소재와 보호할 필요가 있는 경우. 즉 이 경우 재산소재만으로는 부족하고 피후견인을 보호할 필요가 있어야 한다. 성년자는 통상 재산을 소유하므로 재산법적 측면도 중요한 의미를 가지는 데 반하여, 미성년자의 경우 통상 재산을 가지지 않으므로[87] 아동보호협약(§11)은 긴급한 경우에만 재산소재지 관할을 인정하는데, 이는 성년보호협약(§10)에 상응한다. 반면에 성년자보호협약에는 나아가 재산에 대한 보호조치에 관하여 원칙적으로 재산소재지의 관할을 인정하는 조문(§9)이 추가되어 있다. 國私(§61)은 아동의 경우에도 보호할 필요가 있는 경우에는 재산소재지의 특별관할을 인정하는 점에서 아동보호협약과는 차이가 있다. 국제사법은 §61 ② ii의 사유가 있는 경우를 규정함으로써 그 범위 내에서 §59와 차이가 있다.

③ 국적관할의 불인정. 국제사법은 성년자 후견의 경우 본국관할을 인정하나 미성년자 후견의 경우 본국관할을 인정하지 않는다. 위에서 보았듯이 성년자는 오래 전부터 생활을 영위하고 있으므로 외국에 일상거소가 있더라도 통상 가족적 유대관계에서는 본국과 밀접한 관련을 가지는 데 반하여 미성년자의 경우는 통상 그렇지 않기 때문이다.

④ 친권과 미성년자 후견의 체제. 국제사법은 준거법의 맥락에서 "[친권] v. [후견(성년자 후견+미성년자 후견)]"[1]의 체제를 취한다. 그러나 그에 대하여는 친권과 미성년자 후견의 밀접성을 고려하여 "[친권+미성년자 후견] v. [성년자 후견]"[2]의 체

87) Siehr(註 79), 728-729; 櫻田嘉章(註 79), 7[최흥섭(註 79), 397에서 재인용].

제가 바람직하다는 비판이 있다. 국제사법은 이 점을 고려하여, 기술적으로 성년자 후견과 미성년자 후견을 묶어 §62에서 함께 규정하는데, 이는 준거법의 체제를 유지하면서도 §61 ②에서(미성년자의 일상거소가 한국에 있는 경우: 이는 §59에 따라 부모·자녀 간의 관계 등에 관한 사건에서 한국이 관할을 가지는 경우이다) 한국의 관할을 인정함으로써 그런 체제를 다소 완화한다. 그 결과 국제사법은 국제재판관할의 맥락에서는 "[친권] v. [미성년자 후견] v. [성년자 후견]"[3]이라는 체제를 따른다. 그러나 헤이그국제사법회의가 준거법과 국제재판관할의 맥락에서 아동후견과 성년자 후견의 차이를 고려하여 친권과 아동후견을 아동보호협약에서 통일적으로 연결하고, 성년자 후견을 성년자보호협약에 의하여 별도로 규율하는 점을 고려한다면 국제사법이 미성년자 후견을 취급함에 있어 국제재판관할과 준거법의 맥락에서 일관성이 부족하다는 비판을 면하기 어렵다.[88] 이는 준거법 관련 조문 개정 시 시정할 수 있을 것이다.

위의 논의를 정리하면 아래와 같다.

규 범	체 제
舊 국제사법과 국제사법의 준거법지정규칙	[1] [친권] v. [후견(성년자 후견+미성년자 후견)]
아동보호협약과 성년자보호협약의 관할규칙/준거법지정규칙	[2] [친권+미성년자 후견] v. [성년자 후견]
국제사법의 관할규칙	[3] [친권] v. [미성년자 후견] v. [성년자 후견]

3. 성년자 후견사건의 준거법에 관한 조문의 수정(§76)

위원회가 후견의 관할규칙을 신설하여 피후견인 일상거소지의 관할을 인정함에 따라 국제재판관할을 함께 규정하는 것으로 이해되었던(다수설에 따를 경우) 후견의 준거법에 관한 조문(§76)을 개정할 필요가 발생하였다. 연결점을 국적이 아니라 일상거소지로 대체하는 방안을 고려하였고 위원회에서 그를 지지하는 견해도 있었다. 그러나 법무부는 금번에는 준거법지정규칙은 개정하지 않는다는 원칙과, 후견의 준거법으로서 아직은 본국법주의를 지지하는 견해가 유력한 점[89]을 고려하여 원칙적으로 피후견인의 본국법주의를 유지하면서 예외적인 경우 외국인에 대하여 한국법을 적용

88) 친권에 관해서는 아동의 일상거소 또는 국적을 연결점으로 삼아 국제재판관할을 인정하고, 미성년후견에 관해서는 아동의 일상거소 또는 재산을 연결점으로 삼아 국제재판관할을 인정하는 것(國私 §61②)은 국제사법의 '가족법적 사고의 빈곤'을 상징적으로 보여주는 장면이라는 비판이 있다. 위(註 31)에 언급한 현소혜, 토론문, 4면.

89) 예컨대 최흥섭(2013), 1 이하 참조.

하는 舊 국제사법의 태도를 가급적 유지하기로 하였다. 다만 재판관할에 관한 조문(§62)이 신설됨으로써 일부 수정이 불가피하였다.

결국 §75은 후견의 준거법에 관하여 피후견인의 본국법주의를 원칙으로 하면서, §62에 따라 법원이 특별관할을 가지는 경우 ① 그의 본국법에 의하면 후견개시의 원인이 있더라도 그 후견사무를 행할 사람이 없거나 후견사무를 행할 사람이 있더라도 후견사무를 행할 수 없는 때, ② 한국에서 후견개시의 심판(임의후견감독인선임 심판을 포함)을 하였거나 하는 때와 ③ 피후견인의 재산이 한국에 있고 피후견인을 보호하여야 할 필요가 있는 때에는 예외적으로 법정지법을 준거법으로 삼는다.

§75의 특색은 아래와 같다.[90] 첫째, ②에서는 예외적 관할근거를 명시하는 대신 §61에 따라 한국이 국제재판관할을 가지는 것을 전제로 한다. 둘째, 성년자 후견과 미성년자 후견을 묶어서 규율하는 체제를 유지한다. 셋째, ⅰ와 ⅲ는 舊國私 §48 i와 iii[91]를 가급적 유지하면서 조금 수정한다. 넷째, 舊國私 §48 ⅱ는 "대한민국에서 한정후견개시, 성년후견개시, 특정후견개시 및 임의후견감독인선임의 심판을 한 경우"이나, 국제사법은 이를 "대한민국에서 후견개시의 심판(임의후견감독인선임 심판을 포함한다)을 하였거나 하는 경우"라고 규정한다. 이는 우리 법원이 후견과 관련한 심판을 하는 경우 한국법을 적용하라는 것인데 그렇게 하면 ①에서 정한 본국법에의 연결이 상당부분 무의미하게 된다. 물론 우리 법원의 관여 없이 준거법만을 판단하는 상황에서는 ①이 여전히 의미가 있다. 특히 ii가 "대한민국에서 후견개시의 심판을 하는 경우"도 포함하므로 외국인에 대해 후견개시의 원인이 있는지, 또한 그 경우 우리 법원이 후견개시의 재판을 해야 하는지의 준거법도 한국법이 된다. 결국 한국 법원이 개입하는 경우에는 사실상 법정지법원칙이 적용되는 결과가 된다.

Ⅹ. 가사조정사건의 관할(§62)

가사조정사건의 국제재판관할을 규정할지에 관하여는 위원회에서 논의가 있었는데 적극설이 유력하여 규정하기로 결정하였다. 가사조정은 나류 및 다류 가사소송사건과 마류 가사비송사건의 제소 또는 심판청구에 앞서 거쳐야 하는 사전절차이다(家訴 §50 ①). 조정의 대상이 되는 사건에 대하여 우리 법원이 국제재판관할을 가진다

90) §75는 일본 법적용통칙법 §35와 유사하나 국제사법에는 법적용통칙법 §5와 같은 조문이 없다.

91) 舊國私 §48 ② i와 iii는 아래와 같다.

"1. 그의 본국법에 의하면 후견개시의 원인이 있더라도 그 후견사무를 행할 자가 없거나 후견사무를 행할 자가 있더라도 후견사무를 행할 수 없는 경우, 3. 그 밖에 피후견인을 보호하여야 할 긴급한 필요가 있는 경우"

면 당해 조정사건에 대해서도 법원이 관할을 가진다는 점은 이견이 없었다. 이에 따라 §62은 "§56부터 §61까지의 규정에 따라 법원에 국제재판관할이 있는 사건의 경우에는 그 조정사건에 대해서도 법원에 국제재판관할이 있다"고 규정한다. 일부 위원은 당사자가 법원에 가사조정을 신청할 수 있다는 서면합의를 한 경우 법원에 국제재판관할이 있다는 취지를 명시하자고 제안하였으나 그에 대하여는 논란이 있었다.[92] 이는 한국에 거주하는 미군 또는 미국 군무원 부부가 원하는 경우 종래 실무상 한국에서 조정에 의한 이혼을 허용해 왔는데 그 근거를 명시하려는 취지라고 한다. 만일 그런 이유라면 차라리 당사자가 서면에 의하여 공동으로 가사조정을 신청한 경우 법원에 조정에 대한 관할이 있다는 취지로 규정하는 편이 적절할 것이다. 결국 법무부는 그 범위가 너무 확대될 우려가 있어 이를 제외하기로 하였다.

당초 개정안에서는 상속사건에 관하여 가사조정사건에 관한 §63와 유사한 조문을 두지 않았으나 이를 비판하는 견해[93]가 있어 명확히 하고자 §76 ⑤에 명시적인 규정이 도입되었다.

XI. 가사사건에서 국적관할의 인정범위

위에서 본 것처럼 종래 우리 법원은 가사사건에서 국적관할을 인정하는 데 인색하였다. 위원회는 가사사건에서 국적관할을 도입할 필요성에 대해서는 대체로 인정하였고, 그 경우 다양한 가사사건의 유형에서 일관성이 있어야 한다는 점에 공감하였으나 구체적인 요건에 관하여는 충분한 논의가 이루어지지 않았다. 그 결과 국제사법은 혼인관계사건에서는 양당사자가 한국인인 경우 그리고 친생자관계사건(§57)과 양친자관계의 존부확인과 파양에 관한 사건(§58 ②)에서도 자녀 및 피고인 부모 중 한쪽의 국적이 동일한 경우 국적관할을 인정한다.[94] 반면에 국제사법은 부모·자녀 간의 법률관계 등에 관한 사건에서는 아동의 국적관할을 인정하지 않으면서(§59)[95] 성년자 후견사건에서는 피후견인의 국적관할을 인정한다(§61 ① ii).

참고로 아동보호협약은 국적관할을 인정하지 않으나 성년자보호협약은 예외적으로 국적관할을 인정한다. 국제사법은 입양의 성립과 부양사건에 대하여는 국적관

92) 일본의 '인사소송법등의 일부를 개정하는 법률안' 초안도 참고가 되었다. 동 초안(§3의13)에 따르면 일본법원은 … 당사자가 일본 법원에 가사조정의 신청을 할 수 있다는 취지의 합의를 한 때 원칙적으로 관할권을 갖는다.

93) 김원태(2018b), 183.

94) FamFG는 혼인관계사건(§98 ① i)에서 일방 당사자의 국적관할을 인정한다.

95) FamFG는 친자사건(§99 ① i)에서 아동의 국적관할을 인정한다.

할을 인정하지 않는다.[96] 재산적 성격이 강한 부양사건에서는 이는 타당하다고 볼 수 있으나 입양의 성립에 관하여는 다소 의문이다.

필자는 적절한 범위 내에서 국적관할을 도입하는 것이 바람직한데 그 경우 다양한 가사사건의 유형에서 일관성이 필요함을 강조하였고 위원회는 이 점에 주목하였으나 충분히 논의하지는 못하였다. 독일은 우리보다 국적관할을 널리 인정한다. 국제사법상 가사사건에서 국적관할의 인정 여부를 정리하면 아래와 같다.

		국제사법	독일	헤이그 협약	EU규정
혼인		양당사자 국적 관할 인정	일방당사자 국적 관할 인정	–	브뤼셀Ⅱbis/Ⅱter 양당사자 국적 관할 인정
친자	친생자	양당사자(자녀와 피고인 부(모)) 국적관할 인정	일방당사자 국적 관할 인정	–	–
	양친자관계 존부/파양	上同	아마도 上同	–	–
	입양 성립	×	일방당사자 국적 관할 인정	–	–
	친권/아동 후견	양당사자(자녀와 부모 일방) 국적관할 인정[97]	○	×	–
부양		×	×	×	○ [보충적으로 양당사자 공통국적 관할 인정. 부양규정 §6]
성년자 후견		○	○	○ (§7)	
상속		×	×	–	상속규정(§10). 유산소재와 묶어 보충적으로 인정

96) FamFG는 입양사건(§101)에서 양친이 되려는 자의 일방 또는 양자의 국적관할을 인정하나, 부양사건에서는 국적관할을 인정하지 않는다. 우리가 독일처럼 국적관할을 널리 수용하지 않더라도 양자와, 양친이 될 사람의 일방이 한국인인 경우 가사 일상거소가 모두 외국에 있더라도(이례적이나) 국적관할을 인정해야 한다는 주장도 가능하다.

97) 이는 법원행정처의 의견을 반영하여 공청회 후 수정한 결과이다. 그러나 개정안에서는 그랬지만 국제사법에서는 친권의 경우만 그렇고 아동후견의 경우는 아니다.

신분관계사건에서 준거법이 자국법임을 근거로 자국의 국제재판관할을 인정하는 견해도 있다. 이는 '준거법 관할(*forum legis*)' 또는 '병행관할(Gleichlaufszuständigkeit)'을 인정하는 것이다. 우리나라에도 신분관계 사건에서 준거법 관할이 너무나 당연하므로 국제사법이 명기하지 않는다는 견해[98]도 있으나 동의하기 어렵다. 준거법 관할을 인정한다면 관할의 결정에 앞서 준거법을 결정해야 하는 어려움이 있다. 병행을 인정하자면 준거법 (소속국) 관할을 인정할 것이 아니라 관할규칙과 준거법지정규칙에 동일한 연결점을 사용해야 한다.[99] 국제사법은 준거법 관할을 알지 못한다.

반면에 영미처럼 자국의 국제재판관할이 있으면 자국법을 적용하는 견해도 있다.

XII. 제1장(총칙)에 근거한 가사사건의 국제재판관할과 기타 관련 논점

가사사건에도 국제사법 제1장 총칙에 규정된 관할규칙이 적용됨은 물론이다. 여기에서는 제1장(총칙)에 근거한 가사사건의 국제재판관할과 관련된 논점을 살펴본다. 대체로 조문 순서에 따라 우선 소송사건을 중심으로 논의하고 이어서 비송사건을 논의한다.

1. 일반관할(§3)

일반관할로서 피고관할원칙을 명시하는 §3은 가사사건에도 적용된다. 이는 위(Ⅴ.)에서 논의하였다.

2. 재산소재지의 특별관할(§5)

가사사건 중에서도 이혼한 부부 간의 재산분할이나 부양료 청구와 같은 재산권에 관한 소에 대하여는 §5의 요건이 구비된다면 재산소재지의 특별관할도 인정할 수 있다.

3. 관련사건의 국제재판관할(§6)

특정한 청구 또는 피고에 대해 국제재판관할이 없더라도 다른 청구 또는 공동피고와의 관련성에 근거해서 관련관할이 인정되는 경우도 있다. 다만 관련사건인 다른 청구 또는 다른 공동 피고에 대한 청구가 외국의 전속관할에 속하는 경우에는 한국의

98) 장준혁(2022a), 124, 149. 이호정, 국제사법, 234는 섭외사법하에서 실종선고의 경우 준거법 관할을 인정하나 이를 일반적으로 인정한 것은 아니다.

99) Haimo Schack (2021), Internationales Zivilverfahrensrecht, 8. Auflage, Rn. 267도 동지.

관련관할은 허용되지 않는다(§10 ②).

가. 청구의 객관적 병합과 관련관할

民訴(§25 ①)은 청구의 객관적 병합의 경우 관련재판적을 규정한다. 이를 '객관적 병합에 따른 관련관할' 또는 '병합청구의 재판관할'이라고 부를 수 있다. 가사소송법도 토지관할의 맥락에서 이 점을 명시한다. 家訴 §14는 "관련사건의 병합"이라는 제목 하에, 청구원인이 동일한 사실관계에 기초하거나 1개의 청구의 당부가 다른 청구의 당부의 전제가 되는 때에는 수개의 가사소송사건 또는 가사소송사건과 가사비송사건[100]을 1개의 소로 제기할 수 있고, 그 사건의 관할법원이 다를 때에는 가사소송사건 중 1개의 청구에 대한 관할권이 있는 가정법원에 제소할 수 있음을 명시한다.

문제는 위와 같은 원칙을 국제재판관할에도 적용 내지 유추적용할 수 있는가이다.

청구의 객관적 병합의 경우 관련재판적을 근거로 국제재판관할을 인정하는 것이 전혀 근거가 없지는 않지만, 브뤼셀 I (브뤼셀협약), 그와 유사한 예비초안 및 2001년 초안의 태도를 고려할 때, 民訴(§25 ①)을 국제재판관할에도 곧바로 적용하는 것은 주저된다. 병합되는 청구에 관한 피고의 관할이익을 부당하게 침해할 우려가 있기 때문이다. 그러나 청구의 객관적 병합 일반에 대하여가 아니라, 동일한 사실관계로부터 발생하는 불법행위와 채무불이행의 청구권경합의 경우에는 관련관할을 허용할 여지가 있다. 문제는 그 요건인데 ① 청구 간에 매우 밀접한 관련이 있어서 저촉되는 판결이 선고될 중대한 위험을 피하기 위하여 함께 재판해야 할 것을 요구하는 방안도 고려할 수 있으나 이는 너무 엄격하다. 따라서 필자는 ② 소송의 목적인 권리 또는 의무가 동일한 사실상 및 법률상 원인에 기초한 때로 규정하거나, ③ (2011년 개정된 일본 民訴[101] §3-6처럼) 청구 상호 간에 밀접한 관련이 있을 것을 요구하거나, ④ 청구 간의 밀접한 관련이 있어서 법원의 국제재판관할을 인정하는 것이 §2 ①이 정한 국제재판관할 결정의 대원칙에 부합할 것을 요건으로 고려할 수 있다는 견해를 피력하였다.[102] 우리 판례의 태도는 불분명하다.

국제사법은 재산법상의 사건에 관하여 위 ③을 채택하였다. 즉 국제사법에 따르면 하나의 소로 상호 밀접한 관련이 있는 여러 개의 청구를 하는 경우 우리 법원에 그런 청구 중 하나에 대하여 국제재판관할이 있는 때에는 다른 청구에 대하여도 그 청구가 계속된 법원에 소를 제기할 수 있다(§6 ①).

---

100) 혼인관계와 관련된 마류사건, 즉 가사비송사건에는 부부의 동거·부양·협조 또는 생활비용의 부담에 관한 처분, 재산분할에 관한 처분 등이 있다(가사소송법 §2 ① 나 (2)).

101) 2011년 개정된 일본 민사소송법 중 국제재판관할규칙의 국문번역은 국제사법연구 제18호(2012), 541 이하; 석광현, 해설, 717 이하 참조. 상세는 장준혁 외(2017), 9 이하 참조.

102) 석광현(2012), 172.

반면에 가사사건의 경우 특수성이 있다. 예컨대 이혼소송에는 가사비송인 재산분할, 친권자 및 양육자 지정, 양육비, 면접교섭권청구 등과 같은 부수적 효과에 관한 청구를 병합하여 청구하는 경우가 많고 위자료 청구가 병합되기도 한다. 따라서 이혼사건에 대하여 국제재판관할을 가지는 법원에 부수적 효과에 관한 소송에 대하여도 관련관할을 인정할 필요가 있으나, 반대의 경우에는 관련관할을 인정하기 어려운데 국제사법은 총칙(§6 ③과 ④)에서[103] 이 점을 명시한다.[104]

이에 대하여는 몇 가지 의문이 있다.

첫째, 위의 예시는 이해할 수 있지만 주된 청구와 부수적 청구의 경계와 범위가 항상 분명한 것은 아니다. 둘째, 國私(§60)은 부양사건에서 부양권리자의 일상거소지 관할을 인정하는데, 그를 기초로 이혼사건 기타 관련사건을 병합하는 것을 허용하는 것은 주저된다. 셋째, 혼인관계 사건의 국제재판관할에 친권관계 사건의 국제재판관할을 종속시키는 국제사법의 태도에 대하여는 비판이 있다.[105]

주의할 것은, 문언에서 보듯이 §6 ③은 주된 청구에 대하여 법원에 국제재판관할이 있는 경우 부수적 청구에 대하여도 국제재판관할을 인정하는 것이지, 부수적 청구와 주된 청구가 실제로 병합될 것을 전제로 하지는 않는다는 점이다. 따라서 부수적 청구가 독립한 소로써 제기되는 경우에도 관련관할이 인정된다.[106][107]

103) 그러나 가사사건의 경우 예컨대 이혼에서 이혼효과사건과 같은 부수사건관할을 관련관할과 별도로 가사사건에 관한 제7장에서 규정하는 것이 더 바람직하다는 견해도 있다. 장준혁(2017), 206.

104) 참고로 위와 같이 병합하더라도 모든 청구에 대하여 이혼의 준거법이 적용되는 것은 아니고 국제사법에 따라 각각의 준거법을 결정하여야 한다. 실무상 흔히 함께 진행되는 이혼, 위자료와 재산분할청구는 동일한 준거법에 의하여 규율된다고 보는 것이 판례이나(재산분할에 관하여는 판례가 나뉜다). 친권자·양육자지정과 면접교섭권은 원칙적으로 부모·자녀 간의 법률관계의 준거법인 자녀의 일상거소지법에 따르고(예외적으로 부모와 자녀의 동일한 본국법)(國私 §72), 양육비는 부양의 준거법인 부양권리자의 일상거소지법에 따른다(國私 §73).

105) 즉 ① 아동보호협약은 아동의 일상거소국에 친권관계 사건의 국제재판관할을 우선적으로 인정하였고, ② 2004년 발효된 브뤼셀 IIbis도 그런 태도를 수용하여 혼인관계 사건과 친권관계 사건의 연결성을 약화시키고, 혼인관계 사건을 관할하는 법원은 일정 요건하에서 합의관할과 변론관할을 전제로만 친권관계 사건을 관할할 수 있도록 하였으며 ③ 2022년 8월 발효되는 브뤼셀 IIter는 더 나아가 혼인관계 사건과 친권관계 사건의 국제재판관할 결정기준을 완전히 독립시켜 혼인관계 사건에 대하여 국제재판관할을 가지는 국가이더라도, 그 국가와 실질적 관련성이 인정되는 경우에 한하여(예컨대 그 국가가 친권자 중 한 명 이상의 일상거소지국이거나, 아동의 종전 일상거소국이거나 아동의 본국법인 경우일 것) 해당 국가에 친권관계 사건에 대한 국제재판관할을 인정한다는 것이다. 이 견해는 또한 부부 사이에 미성년 자녀가 있는 경우에는 국제재판관할의 일차적 판단기준이 '혼인'이 아니라 '미성년 자녀'가 될 수 있도록 관련관할의 연결점을 역전시킬 필요가 있지 않은가 싶다는 의견을 피력한다. 위(註 31)에 언급한 현소혜, 토론문, 2.

106) 장준혁 외(2017), 130 참조.

107) 참고로 인지청구사건에 수반하여 친권자 지정이 문제되는 경우에도 관련관할이 인정될 수 있는지 문제된다. 개정안 또는 국제사법에 관한 것은 아니지만 과거 아래 이유로 관련관할을 부정하는 견해가 있음은 주목할 만하다. 권재문(2015), 33면. 인지청구사건에서는 대체로 미성년 자녀는 모의 단독친권 하에 있어 인지에 대한 재판만 진행하여도 자녀에 대한 보호의 공백이 발생할 우려가 없고, 둘째, 인지청구사건에서는 부의 주소지(또는 본국)에 관할이 인정될 수 있는데 자녀는 모와 함께 살고 있으며 부는

나. 공동소송과 관련관할

民訴(§25 ②)은 "소송목적이 되는 권리나 의무가 여러 사람에게 공통되거나 사실상 또는 법률상 같은 원인으로 말미암아 그 여러 사람이 공동소송인으로서 당사자가 되는 경우에는 제1항의 규정을 준용한다"고 하여 공동소송의 경우 관련재판적을 인정한다. 이는 1990. 1. 13. 舊 민사소송법 개정시 통상의 공동소송의 경우 중 공동소송인 사이의 관련이 상대적으로 밀접한 舊民訴 §61[108] 전문의 경우에만 관련재판적을 인정하고, §61 후문의 경우에는 이를 제외하여 구 민사소송법상 다수설이던 절충설을 입법화한 것이다. 따라서 예컨대 공동소송인 상호 간에 소송연대성이 강력한 필수적 공동소송의 경우 관련재판적이 인정된다. 이를 '주관적 병합에 따른 관련관할'이라고 부를 수 있다. 문제는 동 항의 원칙을 국제재판관할에도 적용 내지 유추적용하여 공동소송인 간의 '관련관할' 또는 '관련성에 근거한 관할'을 인정할 수 있는지이다.

독일에서는 원칙적으로 각 공동소송인에 대해 독립적으로 독일 민사소송법(§12 이하)의 규정에 따라 국제재판관할이 존재해야 한다고 함으로써 공동피고인의 이익을 보호한다. 브뤼셀 I (§6 ii)은 "청구들이 매우 밀접하게 관련되어 있어서 별개의 소송절차로부터 저촉되는 판결이 생길 위험을 피하기 위하여 그들을 함께 심리, 재판할 필요가 있는 경우여야 "공동피고에 대한 소는 공동피고들 중 1인이 주소를 가지는 법원에 제기할 수 있다"고 규정하며, 예비초안(§14)은 더욱 구체적 요건 하에 공동소송을 인정한다. 무엇보다도 민사소송법의 규정을 그대로 국제재판관할규칙화할 경우 끌려들어가는 공동피고에게 매우 불리하게 되므로 이를 전혀 인정하지 말거나, 만일 인정한다면 상당히 제한적 요건 하에 인정하는 것이 타당하다. 보다 구체적으로 필자는 ① 법정지가 어느 피고의 일상거소 소재지 국가의 법원일 것, ② 그 피고와 다른 피고들에 대한 청구가 매우 밀접하게 관련되어 있어서 모순된 재판이 선고될 [중대한] 위험을 피하기 위하여 함께 재판해야 할 것과 ③ 당해 국가에 일상거소를 가지지 않는 각 피고에 관하여 그 국가와 그 피고에 관한 분쟁 간에 어떤 관련이 있을 것이라는 요건을 요구하거나, 위 ②와 ③의 요건을 묶어 ④ 그 피고와 다른 피고들에 대한 청구가 매우 밀접하게 관련되어 있어서 다른 피고들에 대하여 법원의 국제재판관할을 인정하는 것이 제2조 제1항이 정한 국제재판관할 결정의 대원칙에 부합할 것을 요구할 수도 있다는 견해를 피력하였다.[109]

다른 나라에 살고 있는 것이 일반적이고, 혼인 외 출생자인 자녀가 부의 주소지(또는 본국)과 관련성을 가지는 경우는 거의 없으므로 부의 주소지(또는 본국)가 친권 등에 관한 사건에 대해서는 실질적 관련성이 인정되기 어렵다는 것이다. 그러나 국제사법의 해석론으로서는 §57에 따라 한국이 친생자관계에 관한 사건에 대하여 특별관할을 가지는 경우 관련관할을 인정해야 할 것이다.

108) 이는 民訴 §65에 상응한다.

§6 ②은 위 ①과 ②의 요건을 요구하나 '중대한'이라는 요건은 규정하지 않는다. 즉 공동피고 가운데 1인의 피고에 대하여 법원이 일반관할을 가지는 때에는 그 피고에 대한 청구와 다른 공동피고에 대한 청구 사이에 밀접한 관련이 있어서 모순된 재판의 위험을 피할 필요가 있는 경우에만 다른 공동피고에 대하여도 그 청구가 계속된 법원에 소를 제기할 수 있다. 이는 제7장(친족) 제1절이 적용되는 사건의 경우에도 마찬가지이다. 다만 관할을 발생시킬 목적으로 본래 피고로 제소할 의사가 없는 당사자를 공동피고로 하여 함께 제소하는 경우에는 관련재판적에 기한 국제재판관할을 인정할 수는 없다.110)

4. 반소의 국제재판관할(§7)

民訴(§269 ①)에 따르면, 피고는 소송절차를 현저히 지연시키지 아니하는 경우에 한하여 변론종결 시까지 본소가 계속된 법원에 반소를 제기할 수 있으나, 다만 소송의 목적이 된 청구가 다른 법원의 관할에 전속되지 아니하고, 본소의 청구 또는 방어의 방법과 서로 관련이 있어야 한다. 방어방법과 관련이 있기만 하면 되고 반소가 본소의 기초가 된 거래 또는 사건으로부터 발생한 것일 필요는 없다.

하지만 예비초안(§15)은 "협약의 조항에 따라 어느 소에 대하여 관할을 가지는 법원은 본소의 기초가 된 거래 또는 사건으로부터 발생하는 반소에 대하여도 재판할 관할을 가진다"고 규정하고, 브뤼셀 I (§6 iii)도 "본소와 동일한 계약 또는 사안에 기한 반소의 경우에 한하여 관할을 긍정한다. 일본 民訴(§146 ③)은 "일본 법원이 반소의 목적인 청구에 관하여 관할권을 가지지 않는 경우에는, 피고는 본소의 목적인 청구 또는 방어방법과 밀접한 관련이 있는 청구를 목적으로 하는 경우에 한하여 제1항의 규정에 의한 반소를 제기할 수 있다. 다만 일본의 법원이 관할권 전속에 관한 규정에 의하여 반소의 목적인 청구에 관하여 관할권을 가지지 않는 때에는 그러하지 아니하다"는 취지로 규정한다. 이는 반소의 토지관할에 관한 조항을 기초로 하되 더 엄격하게 '밀접한' 관련이 있을 것을 요구한다.

국제사법은 民訴(§269 ①)의 토지관할규칙을 국제재판관할규칙으로 수용하면서 단순한 관련이 아니라 '밀접한' 관련의 존재를 요구함으로써 그 요건을 다소 강화하는데 이런 태도는 결국 일본법과 유사하다. 다만 반소의 목적인 청구가 외국법원의

109) 석광현(2012), 170면 이하 참조. 일본의 民訴(§3의6) 참조.

110) 토지관할의 맥락에서 대법원 2011. 9. 29.자 2011마62 결정은 관할만을 발생시킬 목적으로 본래 제소할 의사가 없는 청구를 병합한 것이 명백한 경우 이는 관할선택권의 남용으로서 신의칙에 위반하여 허용될 수 없고 이 경우 民訴 §25는 적용이 배제된다고 판시하였다. 이런 법리는 국제재판관할에서도 타당하나 굳이 규정하지 않아도 될 것이다.

전속관할에 속하는 경우에는 반소에 대한 재판관할이 인정되지 아니한다(國私 §10 ②).

5. 전속적 국제재판관할(§10)

가. 전속관할에 관한 논의의 배경

소송의 대상인 분쟁의 성질상 특정국가에 전속적 국제재판관할을 인정하는 것이 적절한 경우가 있다. 당해 분쟁과 밀접한 관련이 있는 특정 국가의 법원에 전속관할을 인정함으로써 법률관계를 획일적으로 처리할 필요가 있기 때문이다.[111] 우리 국제사법과 민사소송법은 전속적 국제재판관할을 규정하지 않으나 브뤼셀협약(§16), 브뤼셀 I (§22), 예비초안(§12)과 2001년 초안(§12)은 대체로 다음의 경우 전속적 국제재판관할을 인정한다.[112]

① 부동산에 대한 물권 또는 임대차를 목적으로 하는 소에 대해서는 부동산 소재지
② 법인의 존부, 그 기관의 결정의 유·무효 등에 관한 소에 대해서는 법인의 설립준거법 소속국
③ 공적 장부상의 기재의 유·무효를 목적으로 하는 소에 대해서는 공부를 관리하는 국가
④ 지적재산권의 등록, 유효성에 관한 소에 대해서는 등록지
⑤ 재판의 집행에 관한 소에 대해서는 그 재판의 집행이 행해지거나 행해질 국가

우리나라에도 대체로 유사한 견해가 있으나[113] 그 정확한 범위는 논자에 따라 다르다. 주의할 것은 우리 민사소송법 등이 전속적 토지관할을 규정하더라도 그로부터 당연히 전속적 국제재판관할이 도출되지는 않는다는 점이다. 민사소송법 등 국내법의 재판적에 이중기능을 인정하지 않는 우리로서 이는 당연한데, 재판적에 이중기능을 인정하는 독일에서도 그렇게 해석한다. 즉 만일 독일에 국제재판관할이 있다면 그 경우 민사소송법 등 국내법에 정한 법원이 전속적 토지관할을 가진다는 것이다. 한국의 전속적 국제재판관할에 속하는 사건에 대해서는 당사자들이 합의에 의하여 이를 배제할 수 없다.

나. 전속관할규칙의 위치

전속관할에 관한 규정을 묶어서 총칙에 둘지 아니면 각 관련되는 장에 둘지는 논

111) Jürgen Basedow (2014), Das Prinzip der gegenseitigen Anerkennung im internationalen Wirt-schaftsverkehr, Festschrift für Dieter Martiny zum 70. Geburtstag, 246.
112) 일본 民訴 §3의5 참조. 그러나 일본 민사소송법은 부동산 물권에 관한 소이더라도 부동산 소재지의 전속관할을 인정하지 않는다(§3의3 xi 참조).
113) 이인재(1989), 641; 한충수(1997), 118−121.

란이 있었다. 위원회에서는 이를 각 장에서 개별적으로 규정하는 방안이 유력하였으나 법무부는 후속작업 과정에서 이를 총칙에 묶어서 두기로 하였다. 예컨대 §10 ① i이 정한 "한국의 공적 장부의 등기 또는 등록에 관한 소"는 물권만이 아니라 친족과 법인에도 관련되는 탓에 어느 장에 귀속시키는 것이 부적절하기 때문이다. 총칙에 규정하는 김에 어느 장에 귀속시키기가 어려웠던 집행에 관한 조문도 두게 되었다(§10 ① v).

다. 國私(§10)에 포함된 가사사건의 전속관할규칙

가사사건과 관련하여 의미가 있는 §10의 전속관할규칙은 한국의 공적 장부의 등기 또는 등록에 관한 소에 대하여는 한국의 전속관할을 규정하는 i 이다. 이는 위 ③을 반영한 것이나 그보다는 범위가 조금 넓다. 이는 공익성이 큰 공시제도와 밀접한 관련을 가지기 때문이다. 여기의 공적 장부는 부동산등기부, 법인등기부와 선박등기부를 포함하고 가사사건에서 의미가 있는 가족관계등록부도 포함한다. 따라서 가족관계등록부의 정정(성별 정정이나 생년월일 정정)을 구하는 소도 전속관할의 대상이다. 반면에 외국의 이혼판결에 대한 집행판결청구의 소는 비록 집행판결에 기하여 등록이 이루어지더라도 등기 또는 등록에 관한 소라고 보기는 어렵다.

라. 전속관할규칙의 경우 일부 조문의 적용 제외

§10 ②은, 한국의 법령 또는 조약에 따른 국제재판관할의 원칙상 외국법원의 국제재판관할에 전속하는 소에 대해서는 한국의 일반관할(§3), 사무소·영업소 소재지 등의 특별관할(§4), 재산소재지의 특별관할(§5), 관련사건의 관할(§6), 반소관할(§7)과 변론관할(§9)을 적용하지 않음을 명시한다. 이는 民訴 §31가 토지관할의 맥락에서, 전속관할이 정하여진 소에는 §2, §7부터 §25, §29 및 §30의 규정을 적용하지 않는 것과 같다.[114)]

6. 합의관할과 변론관할의 배제(§13)

民訴(§29)은 당사자들이 일정한 법률관계로 말미암은 소에 관하여 관할합의를 할 수 있음을 명시하고 서면에 의할 것을 요구하는데, 국제재판관할에 관한 합의도 허용됨은 의문이 없다.[115)] 국제재판관할의 합의는 주된 계약에 포함되거나 별도로 이루어질 수 있고, 일정한 법률관계로 말미암은 소이면 족하고 계약에 관한 사건에 한정되는 것은 아니나 가장 전형적인 것은 국제계약의 일부로 이루어지는 경우이다.

국제사법은 관할합의협약의 내용을 가급적 반영하였다. 다른 조문과 달리 이는 관할합의의 결과 한국이 국제재판관할을 가지는 경우만이 아니라 외국법원이 관할을

114) 민사소송법과 달리 국제사법은 배제되는 조문을 열거하면서 총칙만 언급하고 각 장에 규정된 특별관할 조문들은 언급하지 않는데 다른 조문들도 언급하는 편이 좋았을 것이다.

115) 대법원 1992. 1. 21. 선고 91다14994 판결; 대법원 1997. 9. 9. 선고 96다20093 판결 참조.

가지는 경우도 함께 규율하나, ⑤은 외국법원을 위한 전속적 관할합의만을 규율한다. 당사자는 일정한 법률관계로 말미암은 소에 관하여 국제재판관할합의를 할 수 있으나, 일정한 경우에는 그 합의는 효력이 없는데 이런 무효사유는 관할합의협약(§6)을 반영한 것이다.[116)]

한편 民訴(§30)는 '변론관할'이라는 제목 하에 "피고가 제1심 법원에서 관할위반이라고 항변하지 아니하고 본안에 대하여 변론하거나 변론준비기일에서 진술하면 그 법원은 관할권을 가진다"고 규정한다. 이는 피고의 복종(submission)에 기초한 관할이므로 전속관할에 반하지 않는 한 국제재판관할에서도 인정할 수 있다. §9은 변론관할을 명시한다.

총칙의 규정을 가사사건에 전면 적용하는 것은 부적절하다. 특히 합의관할과 변론관할에 관한 규정은 가사사건에는 적절하지 않다는 견해가 지배적이었다. 이에 따라 §13은 가사사건에 관하여 "적용 제외"라는 제목 하에 "§24, §56부터 §59까지(친족에 관한 제7장이다), §61, §62, §76 ④4 및 §89에 따라 국제재판관할이 정하여지는 사건에는 §8 및 §9를 적용하지 아니한다"고 규정한다. 그 밖에 관할합의가 부적절한 사건, 예컨대 실종선고 등 사건(§24)과 선박소유자등의 책임제한사건(§90)의 경우에도 §8와 §9는 배제된다.

또한 청구의 객관적 병합의 경우 관련관할을 인정함에 있어서 §6 ③은 가사사건에 관하여 특칙을 두고 있다. 이는 위에서 언급하였다.

7. 국제적 소송경합(§11)

가. 종래의 논의

국내민사소송에서 당사자는 어느 법원에 계속 중인 사건에 대하여 다시 소를 제기하지 못한다. 民訴(§259)은 중복제소금지의 원칙을 명시하여 이 문제를 해결한다. 그런데 국제적 분쟁의 증가하는 결과 동일한 소송물에 대하여 동일 당사자 간에 복수의 국가에서 소송이 제기될 가능성이 커지고 있고, 나아가 외국에서 이행소송을 제기당할 가능성이 있는 당사자가 장래 국내에서의 집행을 저지하기 위한 소송전략으로 국내에서 먼저 채무부존재확인소송을 제기함으로써 국제적 소송경합이 발생할 가능성이 점증하고 있다. 이것이 '국제적 소송경합', '국제적 중복제소' 또는 '국제적 중복소송'의 문제이다.[117)] 이는 실제로 중복소송을 수행함으로써 복수의 판결을 받겠다는

116) 상세는 석광현(2018b), 80 이하 참조.

117) 영미에서는 더 나아가 적극적인 국제소송전략으로 상대방이 외국에서 제소하거나 소송을 수행하는 것을 선제적으로 차단하기 위한 수단으로 소송유지(留止)명령(anti-suit injunction)을 활용한다. 석광현

것이라기보다는 상대방에게 부담을 주어 압력을 행사함으로써 타협을 강요하는 수단으로 활용되고 있다.

종래 한국에서는 논의가 활발하지는 않지만 ① 국제적 소송경합을 허용하는 견해(규제소극설), ② 국제재판관할이론에 의하여 해결하는 견해, ③ 승인예측설[118]이 있고, ④ 필자는 ②와 ③을 결합한 절충설을 주장하였다.[119] 정치한 토지관할규정을 두고 있는 民訴(§35)도 예외적인 경우 법원의 재량에 의한 이송을 허용하는데, 국제소송에서도 상응하는 사유가 있다면 이송을 할 필요가 있으나 국제소송에서는 이송이 불가능하므로 대신 소송중지를 허용하자는 것이다.

나. 국제사법의 내용

§11은 국제적 소송경합에 관한 규정을 둔다. §11은 기본적으로 전소를 존중하는 우선주의와 승인예측설을 결합한 것이나 부적절한 법정지의 법리를 가미하였다. 즉 §11 ①은 같은 당사자 간에 외국법원에 계속 중인 사건과 동일한 소가 법원에 다시 제기된 경우 외국 법원의 재판이 한국에서 승인될 것으로 예상되는 때에는 법원은 직권 또는 당사자의 신청에 의하여 결정으로 소송절차를 중지할 수 있도록 하는 점에서 승인예측설과 유사하나, 우리 법원에서 해당 사건을 재판하는 것이 외국법원에서 재판하는 것보다 더 적절함이 명백한 경우에는 예외를 인정하는 점에서 승인예측설과 다르다. 이는 §12이 정하는 부적절한 법정지의 법리와 궤를 같이하는 것으로 법원의 유연한 처리를 가능하게 한다. §11 ① i은 전속적 국제재판관할합의에 따라 우리 법원에 국제재판관할이 있는 경우 국제적 소송경합의 법리의 적용을 배제하나, 우리 법원에 전속적 국제재판관할이 있다면 외국 법원의 재판이 승인될 수 없으므로 ① i의 요건을 굳이 명시할 필요는 없다.

한편 여기에서 사건의 동일성, 즉 당사자와 소송물의 동일성에 관한 종래의 논의는 여전히 타당하다. 제1항은 심판형식의 동일성을 요구하지 않으므로 이행의 소와 확인의 소가 동일한 소송물인지가 문제된다. 주지하듯이 외국에서 소가 제기되었거나 제기가 임박한 경우 피고 또는 피고가 될 자가 자국법원에 채무부존재의 확인을

(2012), 국제사법과 국제소송 제5권, 650 이하 참조.

118) 대법원 판결은 보이지 않고 하급심 판결은 나뉘나 승인예측설을 취한 판결들이 많은 듯하다. 서울지방법원 2002. 12. 13. 선고 2000가합90940 판결은 원고피고공통형(또는 병행형)의 국제적 소송경합을 정면으로 다루면서 승인예측설을 취하여 동일한 사건에 관한 한국의 후소를 부적법 각하하였다. 평석은 석광현(2007), 국제사법과 국제소송 제4권, 169 이하 참조.

119) ④는 대체로 예비초안(제21조)을 따른 것으로 제한적 범위 내에서 부적절한 법정지의 법리를 도입한다. 즉 ③을 원칙으로 하되, 전소가 제기된 법원이 항상 우선하는 것이 아니라, 예컨대 한국에서 전소가 제기되고 외국에서 후소가 제기되었더라도 외국이 명백히 보다 더 적절한 법정지이고 우리 법원에서 재판하는 것이 국제재판관할 배분의 이념에 비추어 현저히 부당하다는 예외적 사정이 있는 때에는 우리 법원이 소송절차를 중지할 수 있다는 것이다. 석광현, 국제민소, 196 이하 참조.

구하는 소극적 확인의 소를 제기함으로써 외국소송의 진행 내지는 장래 외국에서 선고될 판결의 승인 및 집행을 차단하기 위한 소송전략으로 악용된다. 이것이 크게 문제된 것은 유럽연합에서 '어뢰소송(torpedo litigation)'으로 알려진 소극적 확인의 소의 폐해 때문이다.120) 즉 만일 선행하는 소극적 확인의 소와 후의 이행의 소를 동일한 청구라고 본다면, 외국에서 제소당할 가능성이 있는 채무자가 소송의 진행이 매우 느린 국가에서 채권자에 앞서 소극적 확인의 소를 제기하는 경우, 가사 몇 년 후에 국제재판관할의 결여로 인하여 소가 각하되더라도 그 때까지 우리 법원이 소송절차를 중지해야 한다면 자신의 권리를 실현하기 위해 몇 년을 기다려야 하는 채권자에게 자포자기 또는 화해를 강요할 수 있게 되어 부당하다. 예비초안은 이런 폐해를 막기 위한 장치를 두고 있고, 필자는 입법론으로서 이에 따른 조문을 국제사법에 둘 것을 제안한 바 있으나121) 채택되지는 않았다. 따라서 앞으로 이 점은 논란의 여지가 있다.

§11 ②은 우리 법원의 소송절차 중지 결정에 대하여는 즉시항고를 허용하는데, 이는 법원에 국제재판관할이 있음을 고려하고 원고의 이익을 보호하기 위한 것이다.

한편 법원은 우리 법령 또는 조약에 따른 승인 요건을 구비한 외국의 재판이 있는 경우 ①의 소를 각하하여야 한다(③). 이는 民訴(§217)이 정한 외국재판 승인의 법리가 아니라 ③이 정한 국제적 소송경합의 법리에 따라 처리하라는 취지이다. 외국재판 승인의 법리에 따르면 원고와 피고 중 누가 승소를 했는가에 따라 소를 각하하거나 청구를 기각할 것이나 여기에서는 소의 각하를 명시하기 때문이다. 물론 그 경우 외국재판이 승인됨으로써 기판력을 가지는지 그 효력의 내용과 범위는 여전히 외국재판 승인의 본질을 어떻게 파악할지에 따를 사항이다. 국제사법이 규정하는 것은 중지한 소송절차의 처리방법으로써 소를 각하하라는 것이고(국제적 소송경합을 전제로) 그로 인해서 외국재판 승인의 법리가 달라지는 것은 아니다. 다만 우리 법원이 국제적 소송경합을 이유로 실제로 소송절차를 중지한 경우에만 이런 처리를 해야 하는지, 아니면 소송경합이 있는 때에는 중지결정을 하기 전에도 이런 처리를 해야 하는지는 논란의 여지가 있으나 국제사법은 중지결정을 전제로 하지 않으므로 후자가 타당하다고 본다. 반면에 아예 국제적 소송경합이 없이 외국 전소의 확정 재판이 있은 뒤에 우리나라에서 비로소 후소가 제기된 때에는 외국재판 승인의 법리에 따라 처리하여야 하고 §11 ③을 적용할 것이 아니다.122)

120) 이규호(2010), 117 이하 참조.

121) 석광현(2001), 322 이하 참조.

122) 개정안은 "법원은 대한민국 법령 또는 조약에 따른 승인 요건을 구비한 외국의 재판이 제출된 때에는 제1항의 소를 각하하여야 한다"고 규정함으로써 이 점이 명확하였다. 그러나 國私(§11 ③)의 문언은 국제적 소송경합 없이 외국 전소의 확정 재판이 있은 뒤에 한국에서 후소가 제기된 때에도 적용되는 것처

법원이 국제적 소송경합을 이유로 국내의 소송절차를 중지하였음에도 불구하고 국제재판관할을 가지는 외국법원이 본안에 대한 재판을 하기 위하여 필요한 조치를 취하지 않거나, 합리적인 기간 내에 본안에 관하여 재판을 선고하지 않거나 선고하지 않을 것으로 예상되는 때에는 법원은 당사자의 신청에 따라 사건의 심리를 계속할 수 있다(§4).

이처럼 국제사법은 우선주의를 존중하므로 소송의 전후가 중요한 의미를 가지는데, 이를 판단함에 있어 §11 ⑤은 소를 제기한 때를 표준으로 삼는다. '소를 제기한 때'는 소송계속의 시기가 아니라 각각 소가 제기된 국가의 법에 따라 소장이 법원에 제출된 때를 기준으로 삼는 것처럼 보이나 그런 취지가 명확한지는 의문이다.[123)]

과거 민사소송법상 법원이 소송절차를 중지할 수 있는지는 논란이 있다. 부정설은 법원으로서는 소송기일을 추후지정(또는 추정)하는 방법으로 사실상 소송절차를 중지한 것과 동일한 결과를 달성할 수 있다고 보았다. §11에 따르면 법원이 소송절차를 중지할 수 있음은 명백하다.[124)]

§11의 조문은 주로 재산법상의 사건을 염두에 둔 것이므로 가사사건의 특수성을 적절히 고려한 것인지에 대하여 의문이 있을 수 있다. 그러나 예컨대 브뤼셀Ⅱbis(§19)와 브뤼셀Ⅱter(§20)가 국제적 소송경합에 관하여 브뤼셀Ⅰ Recast(§29)에 상응하는 조문을 두고 있음을 고려한다면 원칙적으로 동일한 고려를 하는 것이 기본적으로는 적절하다고 본다.

8. 예외적 사정에 의한 재판관할권의 불행사(§12)

가. 부적절한 법정지의 법리의 제한적 도입

국제사법이 아무리 정치한 국제재판관할규칙을 두더라도 완벽할 수는 없다. 따라서 개별사건에서 국제재판관할배분의 정의를 실현하기 위한 수단으로서, §12은 우리 법원에 국제재판관할이 있더라도 당해 사안에서 법원이 국제재판관할을 행사하는 것이 적절하지 않은 예외적인 사정이 있는 경우 법원이 재량으로 관할권의 행사를 거부할 수 있다는 영미의 부적절한 법정지(*forum non conveniens*)의 법리를 제한적으로 수

럼 오해를 초래한다.

123) 국제사법은 외국법원에 전소가 계속한 경우만을 상정하고 한국에 전소가 계속한 경우를 상정하지 않는다. 그러나 國私(§12)은 부적절한 법정지의 법리를 도입하였으므로 예외적 사정에 의한 재판관할권 불행사의 법리를 적용하는 과정에서 법원이 소송이 경합한 사실, 내국소송과 외국소송의 진행정도 등을 고려하여 한국에 전소가 계속한 경우에도 §12에 따라 내국 소송절차를 중지할 여지가 있을 것이다.

124) 가사소송의 경우 특히 파행적 법률관계의 방지와 가사판결의 효력 확장에 따른 제3자의 절차적 보호라는 점이 중요하며, 또한 제척기간이 정해져 있는 경우가 많으므로 내국의 후소를 각하하기보다는 소송절차를 중지하는 것이 적절하다는 의견도 있다. 김원태(2009), 624.

용하였다.

§12 ①에 따라 우리 법원이 위 법리를 적용하기 위하여는 ① 국제사법에 따라 법원에 국제재판관할이 있을 것, ② 외국에 국제재판관할이 있는 대체법정지가 있을 것, ③ 모든 사정을 고려할 때 우리 법원이 국제재판관할권을 행사하기에 부적절하고 그 외국 법원이 분쟁을 해결하기에 더 적절할 것, ④ 그런 예외적 사정이 명백히 존재할 것, ⑤ 본안에 관한 최초 변론기일 또는 변론준비기일 이전의 피고의 신청이 있을 것(법원의 결정 시기는 아래 언급한다)과 ⑥ 법원이 당사자의 합의에 의하여 관할을 가지는 경우가 아닐 것이라는 요건이 모두 구비되어야 한다.

국제사법은 위 ③의 판단 시 법원이 고려할 요소를 명시하지 않는다. 법원은 개별사안의 모든 사정을 고려해야 하는데 그 과정에서 미국 연방대법원이 Gulf Oil Corp., v. Gilbert 사건 판결[125]에서 판시한 공익적 요소와 사익적 요소를 고려해야 한다. 이 경우 준거법도 고려할 필요가 있다. 부적절한 법정지의 법리에 대한 거부감은 그로 인하여 법적 불확실성이 도입될 가능성이 커지기 때문인데 국제사법은 이를 고려하여 우리 법원이 당사자의 합의에 의하여 관할을 가지는 경우 위 법리의 적용을 제한한다. 그것이 전속관할이어야 하는 것은 아니다. 국제사법은 명시하지 않지만 변론관할을 가지는 경우에도 같다. 다만 가사사건에서 합의관할과 변론관할은 원칙적으로 인정되지 않으므로 위 ⑥의 요건이 가지는 의미는 제한적이다.

나. 법원의 소송절차 운영

위의 요건이 구비되면 법원은 결정에 의하여 소송절차를 중지하거나 소를 각하할 수 있고, 원고는 법원의 (중지)결정에 대하여 즉시항고할 수 있다(§12 ①, ③). 법원은 재량권 행사에 확신이 강한 경우에는 소를 각하하고, 확신이 약하거나 외국에 다시 제소할 경우 소멸시효가 완성된다는 등의 사정이 있는 때에는 소송절차를 중지할 수 있다. 법원은 소송절차를 중지하거나 소를 각하하는 결정에 앞서 피고의 신청을 다툴 수 있도록 원고에게 진술할 기회를 주어야 한다(§12 ②).

예외적 사정에 의한 재판관할권 불행사의 법리는 국제재판관할규칙의 경직성을 완화하여 개별사건에서 국제재판관할 배분의 정의를 보다 충실하게 구현함으로써 구체적 타당성을 달성하려는 것인데, 법원으로서는 재량을 행사함에 있어 신중해야 한다. 잘못하면 유연성 내지 구체적 타당성의 도입이라는 미명 하에 국제재판관할규칙이 추구하는 법적 안정성이 훼손될 우려가 있기 때문이다.

부적절한 법정지의 법리에 기하여 법원이 소를 각하하거나 중지하는 경우 조건을

125) 330 U.S. 501, 508 (1947). 소개는 석광현(2001), 115 참조.

붙일 필요성이 있다. 미국 법원의 경우 전형적인 조건은 ① 피고가 대체법정지의 재판관할권에 동의할 것, ② 피고가 시효 또는 제소기간이 경과되었다는 항변을 포기할 것, ③ 대체법정지의 판결을 이행하는 데 동의할 것과 ④ 대체법정지의 규칙에 따르면 입수할 수 없을지도 모르는 증거를 제공하는 데 동의할 것 등이다. 종래 우리 민사소송법상 조건의 부과가 가능한지는 논란의 여지가 있으나, §12의 취지를 충분히 살리고 법원의 유연한 처리를 위해서는 이를 전향적으로 고려함으로써 운영의 묘를 살려야 한다.

위에서는 ⑤ 본안에 관한 최초의 변론기일 또는 변론준비기일 이전의 피고의 신청이 있을 것을 언급하였는데 이는 관할권의 행사에 대하여 피고가 다투지 않는 경우 굳이 법원이 이를 판단할 필요가 없기 때문이다.[126] 다만 법원의 결정시가 문제된다. 즉 법원의 소송절차 운영이라는 관점에서 중요한 것은 법원이 "본안에 관한 최초의 변론기일 또는 변론준비기일까지" 결정을 해야 한다는 점인데 이는 절차의 안정성을 고려하여 기한을 한정하는 취지로 보이나 너무 엄격하다. 당초 저자의 의도는 예비초안(§12 ①)처럼 최초의 변론기일 또는 변론준비기일 이전에 신청(정확히는 항변)하여야 한다는 것이었으나[127] 개정안에서는 "본안에 관한 최초의 변론기일 또는 변론준비기일까지 피고의 신청에 따라 소송절차를 결정으로 중지하거나 소를 각하할 수 있다"라고 하여 "변론준비기일까지의"에서 '의'가 누락되는 바람에 그 취지가 모호하게 되었고, 급기야 국제사법에서는 문언이 변경되면서 "본안에 관한 최초의 변론기일 또는 변론준비기일까지" 법원의 결정이 있어야 한다는 취지가 되었다. 그러나 실무상 '본안'을 위한 변론 또는 변론준비절차 기일과, '본안 전 소송요건(관할) 심리'를 위한 변론 또는 변론준비절차 기일이 형식적으로 명확하게 구분되지 않고 있으므로 법원의 결정 시점을 엄격하게 제한할 필요가 있는지는 의문이다. 더욱이 관할권의 행사 여부에 대한 결정 전에는 법원이 본안에 관한 최초의 변론기일 또는 변론준비기일을 열 수 없다는 식으로 엄격하게 규제할 것은 아니다. 요컨대 §12 ①의 문언은 너무 엄격한데, 문언에도 불구하고 그 기한 내에 신청이 있으면 족하다고 유연하게 해석하거나, 만일 그것이 해석론을 넘는 것이 되어 허용되지 않는다면 법원으로서는 '본안 전 소송요건(관할) 심리'를 위한 변론 또는 변론준비절차를 별도로 열 필요가 있을 것이다.

§12의 조문은 주로 재산법상의 사건을 염두에 둔 것이므로 가사사건의 특수성을

126) 그러나 우리 법상 국제재판관할의 존재는 직권으로 판단할 사항이고, §12가 상정하는 관할권의 행사 거부는 관할권의 존재를 전제로 하는 점과 관할권의 행사 여부를 판단함에 있어 법원이 공익적 요소를 고려해야 함을 생각하면 피고의 신청이 없어도 법원이 직권으로 판단할 수 있어야 한다는 견해도 주장할 여지가 있다.

127) 그의 기초가 된 섭외사법개정연구반이 2000년 작성한 연구반초안(§2 ③)도 그런 취지였고, 위원회의 논의를 정리한 잠정안도 같다(국제사법 개정위원회 제10차 회의 자료집, 22 참조).

적절히 고려한 것인지는 의문이 없지 않다. 하지만 아동보호협약을 보면 원칙적으로 아동의 상거소지국에 관할을 인정하면서도(§5), 예외적인 경우 다른 체약국에게 또는 체약국으로부터 관할을 인수해 가거나 인수해 줄 것으로 요구할 수 있도록, 즉 아동의 복리를 고려하여 법원의 재량행사를 허용하는 점에서 영미의 부적절한 법정지의 법리를 연상시킨다(§8, §9). 그렇다면 §12는 가사사건에서도 설득력을 가질 수 있다.

9. 보전처분의 국제재판관할(§14)

종래 해석론으로는 민사집행법의 보전처분에 관한 토지관할 규정을 참조하여 국제재판관할을 도출하므로, 가압류와 가처분의 경우 모두 본안관할을 가지는 국가의 법원에 보전처분에 대한 국제재판관할을 긍정하고, 나아가 가압류의 경우 가압류 목적물 소재지에, 가처분의 경우 예외적으로 다툼의 대상이 있는 곳(계쟁물 소재지)의 국제재판관할을 긍정하는 견해가 유력하다(民執 §278와 §303 참조).[128] §14 ①은 이런 취지를 반영하여 "보전처분에 대해서는 법원에 본안에 관한 국제재판관할이 있는 경우 또는 보전처분의 대상이 되는 재산이 대한민국에 있는 경우 법원에 국제재판관할이 있다"는 취지로 명시한다. 民執 §303는 가처분의 재판은 본안의 관할법원 또는 <u>다툼의 대상이 있는 곳</u>을 관할하는 지방법원이 관할한다고 규정하는데 밑줄 친 부분이 §14 ① ii에서는 "보전처분의 대상이 되는 재산이 있는 곳"이라는 취지로 수정되었다.

위원회는 이에 추가하여 긴급히 필요한 경우에는 한국에서만 효력을 가지는 보전처분을 할 수 있는 특별관할을 명시하기로 하였다(§14 ②). 이는 예비초안(§13 ③)을 참조한 것인데 그의 적용범위는 다소 불분명하다. 그러나 가사사건에서 예컨대 헤이그국제사법회의의 아동보호협약은 신속관할(§11)과 당해 국가에서만 효력을 가지는 임시적 명령을 위한 관할(§12 ①)을 명시하고,[129] 성년자보호협약(§11 ①)도 성년자 또는 그 재산소재지 체약국에 당해 국가에서만 효력을 가지는 임시적 명령을 위한 관할을 인정하는 점을 고려하여[130] 규정을 두기로 하였다. 이는 '긴급한 경우의 신속관할'이라고 할 수 있고 아래에서 말하는 긴급관할과는 구별된다.

民執 §21는 동법에서 정한 모든 관할은 전속관할이라고 규정하나 이는 전속적

---

128) 석광현, 국제민소, 135. 民執 §278 및 §303 참조.

129) 아동보호협약은 원칙적으로 아동의 일상거소지국 관할을 규정하면서도 긴급한 경우 아동 또는 그 재산 소재지 체약국이 보호조치를 취할 수 있는 관할을 인정하고(§11)(신속관할), 아동 또는 그 재산소재지 체약국은 아동 또는 재산의 보호를 위하여 당해 국가에서만 효력을 가지는 임시적 성격의 보호조치를 취할 수 있는 관할을 인정한다. 이것이 '임시적 명령을 위한 관할'이다. 석광현(2014b), 495 이하 참조. 성년자보호협약도 유사한 규정을 둔다.

130) 석광현, 해설, 547 이하; 윤진수/석광현, 주친Ⅱ, 1782 이하 참조.

토지관할을 규정한 것이다. 따라서 당사자들이 본안에 관하여 관할합의를 하였다면 이는 보전처분을 위한 관할합의를 포함하는 것으로 볼 수도 있다. 물론 본안에 기한 관할을 근거로 보전처분에 대하여 관할을 인정할 수도 있다. 나아가 본안에 관하여 어느 국가의 법원을 위한 전속적 관할합의가 있더라도 다른 국가의 법원은 보전처분에 대해 재판관할을 가질 수 있다. 이는 중재법(§10)상 중재합의가 있어 법원의 재판관할권이 배제되더라도 법원이 보전처분을 할 수 있는 것과 마찬가지다.

국제사법은 가사소송법에 따른 사전처분에 대하여도 보전처분의 국제재판관할(§14)이 적용될 수 있는지에 대해 언급하지 않는다.

10. 가사에 관한 비송사건의 취급(§15 ②)

재산법상의 비송사건에 관하여 국제사법은 제1장 제2절은 성질에 반하지 않는 범위 내에서 준용하는 한편, 특별관할에 관하여는 국제사법에 다른 규정이 없는 경우 §2에 따르도록 규정한다(§15 ①와 ③). 반면에 가사사건에 관하여 국제사법 제7장은 소송사건과 비송사건을 통합규정함으로써 원칙적으로 양자에 공통된 관할규칙을 둔다. 즉 국제사법은 그 경우 "…에 관한 소"가 아니라 "…에 관한 사건"이라는 식으로 규정함으로써 국제사법의 국제재판관할규칙이 비송사건에도 직접 적용되도록 한다. 따라서 가사비송사건의 경우에는 관련 조문에 따르면 되는데, 國私(§15 ②)은 실종선고 등에 관한 사건(§24), 친족관계에 관한 사건(§56부터 §61까지) 등을 열거하면서 이런 취지를 명시한다.[131] 그러나 가사사건이더라도 국제사법 제1장(총칙) 제2절은 성질에 반하지 않는 범위 내에서 비송사건에 준용된다. 다만 제7장에 규정한 관할규칙이 주로 소송을 염두에 둔 영역(예컨대 혼인관계사건의 경우)에서는 그것이 다양한 비송사건을 규율하기에 충분한지 의문이 없지는 않다. 그러한 영역에서는 사안에 따라 비송사건절차법에 규정된 토지관할규칙을 참조하여 국제재판관할을 결정할(§15 ③의 접근방법) 현실적 필요가 있지 않을까 모르겠다.

131) 국제재판관할에 관한 것은 아니나 대법원은 가사비송사건의 특색을 아래와 같이 판시한 바 있다. 즉 상속재산관리인선임을 다룬 대법원 2022. 10. 14.자 2022스625 결정은 "가사비송사건은 가정법원이 후견적인 지위에서 재량에 의해 합목적적으로 법률관계를 형성하는 재판으로서(대법원 2019. 11. 21.자 2014스44, 45 전원합의체 결정 등 참조), 재판자료의 수집과 제출을 당사자에게 맡겨두지 아니하고 가정법원이 주도적으로 할 책무를 지는 직권탐지주의가 적용된다(家訴 §34, 非訟 §11, 家訴規 §23 ①). 가사비송사건에도 직권탐지주의는 공익성의 정도, 대심적 구조의 존부, 법원의 재량적 판단의 필요성 정도 등 개별 사건의 성질에 따라 다양하게 나타날 수 있는데, 라류 가사비송사건은 상대방이 없는 비대심적 구조로서 비송재판으로서의 성격이 두드러진다(대법원 2022. 3. 31.자 2021스3 결정 등 참조)."

11. 긴급관할

국제사법에 따라 한국의 국제재판관할이 인정되지 않으면 한국은 국제재판관할이 없다. 그러나 구체적 사건에서 어떤 사정으로 외국에서도 제소할 수 없어 결과적으로 '재판의 거부(denial of justice)'가 된다면 예외적으로 한국의 국제재판관할을 인정할 필요가 있다. 이런 의미의 보충적 관할을 독일에서는 '긴급관할(Notzuständigkeit)', 미국에서는 'jurisdiction by necessity'라고 하는데 우리도 이를 인정할 여지가 있으나 매우 예외적인 경우로 한정해야 한다. 위원회는 국제사법에 긴급관할을 명시할지를 검토하였으나 두지 않았다. 긴급관할의 필요성, 특히 가사사건의 경우 필요성을 인정할 수 있으나, 강력한 지지가 없었고 긴급관할의 명확한 요건을 규정하는 것이 쉽지 않았기 때문이기도 하다. 따라서 섭외이혼 사건에서 國私 §56에 의하여 한국의 관할이 없더라도, 상대방이 행방불명 기타 이에 준하는 사정이 있거나 그가 적극적으로 응소하여 그 이익이 부당하게 침해될 우려가 없다고 보이는 경우 한국의 국제재판관할을 인정할 수 있는지가 문제된다. 이 경우 과거 대법원 1988. 4. 12. 선고 85므71 판결처럼 한국의 국제재판관할이 당연히 인정될 수는 없고 그의 허용 여부는 국제사법에 따른 국제재판관할법 전체의 취지에 비추어 검토하여야 한다.132) 다만 그런 예외적 상황 중 일부는 §56에 의하여 해결할 수 있을 것이다.133)

XIII. 국제재판관할의 조사와 판단의 표준시기

국제재판관할의 존재는 소송요건의 하나이므로 수소 법원은 국제재판관할의 유무를 직권으로 조사하여야 한다. 법원이 무엇을 기초로 판단하는지에 관하여는 다양한 견해가 있다.134) 우리나라에서는 만일 원고의 일방적인 주장만을 기초로 국제재판

132) 2018년 개정 일본 인사소송법(인사소송의 총칙을 정한 §3의2 vii)은 "일본국 내에 주소가 있는 신분관계의 당사자 일방이 제기한 소송으로서 다른 당사자가 행방불명인 때, 다른 당사자의 주소가 있는 국가에서 제기된 소송과 관련된 신분관계와 동일한 신분관계에 대한 소송과 관련된 확정 판결이 일본국에서 효력이 없는 때, 그 밖의 일본 재판소가 심리 및 재판을 관할하는 것이 당사자 간의 균형을 도모하거나 적정하고 신속한 심리의 실현을 확보하게 되는 특별한 사정이 있다고 인정되는 때"에는 일본의 국제재판관할을 인정한다. 또한 2018년 개정 일본 가사사건수속법(특별입양의 파양에 관한 §3의7 v)도 파양에 관하여 유사한 취지의 규정을 둔다.

133) 국제사법에 따라 국제재판관할을 가지는 외국의 관할법이 한국의 국제재판관할을 인정하는 경우 '관할의 반정(Zuständigkeitsverweisung)'을 인정함으로써 한국의 관할을 긍정하는 견해(섭외사법하에서 이호정, 국제사법, 234; 국제사법하에서는 장준혁(2022b), 47)도 있으나 준거법의 맥락에서 반정을 명시하는 조문(§22)을 두는 것과 달라서 이를 인정할 근거가 없다. 더욱이 하나의 소에 대하여 복수국가가 경합관할을 가질 수 있는데, 관할반정을 인정하자는 취지가 우리 법상 국제재판관할을 가지는 복수의 외국 중 어느 한 국가의 관할법상 한국에 국제재판관할이 있으면 관할권의 반정을 인정하자는 것인지도 불분명하다.

134) 독일의 다수설은 ① 국적, 주소, 본거, 일상거소 등처럼 관할에만 관련된 사실은 입증을 요하나, ②

관할을 인정하면 피고에게 실질적 관련이 없는 곳에 응소를 강요할 위험이 있으므로, 불법행위의 발생 등 관할원인사실에 대하여 피고를 본안심리에 복종시켜도 좋다고 합리적으로 판단할 수 있을 정도로 원고가 일응의 증명을 하여야 한다는 견해가 유력하다.135) 위원회에서도 국제재판관할의 조사에 관한 조문을 둘지를 논의하였으나 종래처럼 판례에 맡기는 것이 좋다는 견해가 채택되었다.

한편 民訴 §33는 법원의 관할은 소를 제기한 때를 표준으로 정한다. 즉 제소 시에 관할이 인정되면 그 후 사정변경이 있어도 관할에 영향이 없다. 이것이 '관할항정(*perpetuatio fori*)'의 원칙이다.136) 이는 국제재판관할에도 타당하나 국제사법에 명문의 규정을 두지는 않았다. 다만 국제사법은 경과조치(제2조)에서 "이 법 시행 당시 법원에 계속 중인 사건의 관할에 대해서는 종전의 규정에 따른다"고 규정한다.

XIV. 국제사법의 새로운 체제(관할규칙과 준거법지정규칙이라는 양 날개 체제) 도입의 의미

섭외사법은 준거법지정규칙만을 규정하고 예외적으로 몇 개의 조문에서 비송사건의 국제재판관할규칙을 두었다. 舊 국제사법은 과도기적 입법으로 그에 더하여 국제재판관할에 관한 일반원칙(§2)과 사회·경제적 약자인 소비자와 근로자의 보호를 위한 보호적 관할규칙(§27와 §28)을 두었다. 국제사법은 민·상사는 물론 가사와 비송사건의 국제재판관할규칙을 정한 36개의 조문을 둠으로써 관할규칙과 준거법지정규칙이라는 양 날개를 가진 새로운 체제를 도입하였다. 따라서 앞으로는 양자를 포괄하는 법리에 더 관심을 가져야 하고, 양자의 관계와 상호작용을 체계적으로 검토해야 한다. 이런 맥락에서 우선 성질결정과 연결점에 대하여 더 관심을 가질 필요가 있다.

관할근거이면서 동시에 청구의 근거가 되는 사실, 즉 '이중적으로 의미 있는 사실'에 대하여는 원고의 주장을 기초로 판단할 것이라고 하는데 그 주장은 '논리적으로 일관성이 있어야' 한다. Jan Kropholler (1982), Handbuch des Internationalen Zivilverfahrensrechts, Band Ⅰ, Kap. Ⅲ, Rz. 219. 이는 법원에게 관할의 조사단계에서 본안을 심사하도록 부담을 주는 것을 피하고 실무적으로 절차의 진행을 가능하게 하기 위한 것이나 이에 의하면 원고가 관할근거를 조작할 가능성이 있어 피고의 관할이익을 해한다. 소수설은 법원은 원고가 주장하는 '사실경과'의 발생 여부 내지 '외부적 구성요건'의 존재를 직권으로 조사해야 하나 그러한 사실관계가 청구를 근거지울 수 있는지는 본안의 문제라는 식으로 구별함으로써 관할단계에서도 어느 정도 법원의 조사를 요구한다. Geimer, IZPR, Rz. 1826.

135) 이성호(2003), 257. 일본 학설의 소개는 노태악(2004), 192 이하 참조.

136) 民訴 §33의 소를 제기한 때는 소송계속 시라는 견해도 있으나 다수설은 법원에 소장을 제출한 때라고 본다. 주석민소 제7판(Ⅰ), 251(김상준). 원고로서는 그때 존재하는 사실관계에 관한 정보에 기하여 관할의 유무를 판단할 수 있으므로 관할(토지관할과 국제재판관할) 판단의 기준시점으로 소를 제기한 때가 적절하다. 원고로서는 그 후 장래 어느 시점에 소송계속의 효과가 발생함으로써 소송관계(즉 원고·피고와 법원 사이의 3면적 법률관계)가 형성될지를 정확히 알 수 없다.

1. 성질결정

준거법지정규칙의 맥락에서 성질결정을 하는 경우 연결대상을 비교법적으로 획득된 기능개념으로 이해하는데, 한국에서는 이런 취지의 '기능적 또는 목적론적 성질결정론' 내지 '신법정지법설'이 유력하다. 국제재판관할의 맥락에서도 성질결정의 문제가 있는데 여기에서도 원칙적으로 준거법지정규칙에서의 성질결정이론을 따라야 하나 더 깊이 검토할 필요가 있다.

2. 연결대상과 연결점

국제사법의 전속관할규칙에서는 관할규칙과 준거법 간의 병행이 어느 정도 확보되나 연결대상의 범주 설정에서 관할규칙과 준거법지정규칙은 차이가 있다.[137] 국제사법의 개별조문 특히 특별관할규칙에서는 양자의 이동(異同)이 보인다. 즉 ① 연결대상과 연결점이 모두 동일한 경우, ② 연결대상은 동일하나 연결점은 다른 경우와 ③ 연결대상과 연결점이 모두 다른 경우가 있다. 예컨대 관할규칙(§56)에서는 혼인관계에 관한 사건이 하나의 연결대상이나, 준거법지정규칙에서는 상응하는 연결대상이 혼인의 성립(성립요건과 방식)(§63), 혼인의 일반적 효력(§64), 부부재산제(§65)와 이혼(§66)으로 세분된다. 이처럼 연결대상의 범주 설정이 다른 것은 관할규칙과 준거법지정규칙이 추구하는 목적과 연결정책이 다른 탓이다. 이런 맥락에서 국제재판관할과 준거법의 병행에 대하여 관심을 가질 필요가 있는데 그것이 두드러진 분야는 전속관할규칙이나 그 경우에도 양자가 항상 병행하지는 않는다.[138]

준거법지정규칙에서 연결점은 연결대상을 일정한 국가(또는 법질서)와 연결하는 독립적 저촉규정의 일부분이다. 국적, 일상거소지, 소재지, 행위지 등은 관할규칙과 준거법지정규칙에서 연결점으로 사용되나, 부당이득지, 혼인거행지와 가장 밀접한 관련 등은 준거법지정규칙에서만 사용되고 영업활동지와 경영중심지는 관할규칙에서만 사용된다. 연결점은 국제사법의 해석 문제이므로 우리 법에 따라 결정할 사항인데, 관할규칙과 준거법지정규칙이 동일한 연결점을 사용하더라도 그것이 반드시 동일한 의미는 아니다.

국제재판관할규칙을 국제사법에 두는 때에 성질결정과 연결점에 대한 문제의식을 더욱 선명하게 인식할 수 있다. 이런 문제의식을 가진다면 준거법지정규칙과 관할규칙의 구조적 유사성에 착안하여 준거법지정규칙을 '법의 저촉(*conflit de lois*)'으로, 국

137) 다만 연결대상의 범주가 제한되지 않는 일반관할과 변론관할 및 합의관할은 특수하다.
138) 이에 대한 논의는 석광현(2022a), 143 이하 참조.

제재판관할규칙을 '관할의 저촉(*conflit de juridictions*)'으로 파악하면서 양자를 국제사법의 문제로 이해하는 프랑스 법계의 국제사법 체제를 이해할 수 있다. 국제사법의 시행을 계기로 우리도 이런 접근방법에 더 관심을 가져야 한다.

상세는 장차 검토해야 하나 여기에서는 한 가지 논점, 즉 연결점인 당사자의사의 역할만 언급한다. 당사자자치의 원칙은 국제재판관할의 맥락에서는 관할합의로, 준거법의 맥락에서는 준거법합의로 나타나는데 위 원칙이 국제재판관할과 준거법의 영역에서 담당하는 역할과 양자의 상호작용을 더 체계적으로 검토할 필요가 있다. 가족법 영역을 보면 국제사법은 관할합의는 부양(§8, §60 ②)과 상속(§8, §76 ②)에서 허용하나, 준거법합의는 부부재산제(§65)와 상속(§77 ②)에서만 허용하고 부양(§73)에서는 허용하지 않는 점에서 일관성이 부족한 면이 있다. 반면에 헤이그부양의정서(§7, §8)는 준거법합의를 제한적으로 허용하고 있어 주목할 만하다. 즉 부양의정서는 2가지 유형의 당사자자치를 도입하였는데, 하나는 특정한 소송절차를 위하여 당사자들이 법정지법을 선택할 수 있는 절차적 합의이고(§7), 다른 하나는 일정한 조건이 충족되는 경우 §8에 열거된 법[139] 중에서 언제든지 준거법을 선택할 수 있는 선택권이다(§8).[140]

XV. 맺음말

국제사법은 가사사건을 혼인관계사건, 친생자관계에 관한 사건, 양친자관계에 관한 사건, 부모·자녀 간의 법률관계 등에 관한 사건, 부양사건, 후견사건, 가사조정사건과 상속 및 유언사건 등으로 구분하여 정치한 국제재판관할규칙을 도입함으로써 법적 안정성을 도모하는 것으로 국제가사사건에서 법원과 당사자의 예측가능성을 크게 제고할 수 있을 것이다. 주의할 것은, 협의의 가사사건의 국제재판관할규칙을 다룰 때에는 제7장(친족)이 정한 국제재판관할규칙(주로 특별관할규칙)만이 아니라 제1장(총칙)의 국제재판관할규칙을 함께 고려해야 한다는 점이다.

139) 이는 일방의 본국법, 상거소지국법, 부부재산제의 준거법과 이혼 또는 별거의 준거법이다.

140) 석광현, 해설, 537 이하; 최흥섭, "「2007년 헤이그 부양준거법 의정서」에 관한 작은 연구－1973년 헤이그 부양준거법협약 및 한국 국제사법의 부양준거법규정의 비교와 함께－", 국제사법연구 25－2, 649 이하 참조.

판례색인

*명조체는 제1권의 색인, 고딕체는 제2권의 색인입니다.

[대법원]

[고등법원]

[지방법원]

[헌법재판소]

사항색인

[ㄹ]

[ㅁ]

[ㅂ]

[ㅅ]

[ㅇ]

[ㅈ]

[ㅋ]

[ㅌ]

[ㅍ]

공저자 약력

편집대표 윤진수

서울대학교 법과대학 졸업(1977)
서울대학교 법학박사(1993)
사법연수원 수료(1979)
육군 법무관(1979~1982)
서울민사지방법원, 서울형사지방법원, 서울가정법원, 전주지방법원 정주지원, 광주고등법원, 서울고등법원 판사(1982~1993)
헌법재판소 헌법연구관(1990~1992)
대법원 재판연구관(1992~1995)
전주지방법원 부장판사(1993~1995)
수원지방법원 부장판사(1995~1997)
서울대학교 법과대학 조교수, 부교수, 교수, 법학전문대학원 교수(1997~2020)
현 서울대학교 법학전문대학원 명예교수

김수정

서울대학교 법과대학 졸업(2000)
서울대학교 법학석사(2003)
프라이부르크 대학교 법학석사(2008)
프라이부르크 대학교 법학박사(2015)
국민대학교 법학과 조교수(2016~2019)
명지대학교 법학과 조교수, 부교수(2019~)

석광현

서울대학교 법과대학 졸업(1979)
서울대학교 법학박사(2000)
사법연수원 수료(1981)
해군 법무관(1981~1984)
김·장법률사무소 변호사(1984~1999)
한양대학교 법과대학 교수(1999~2007)
서울대학교 법과대학·법학전문대학원 교수(2007~2022)
한국국제사법학회·국제거래법학회 명예회장

이동진

서울대학교 법과대학 졸업(2000)
서울대학교 법학박사(2011)
사법연수원 수료(2003)
공군 법무관(2003~2006)
서울중앙지방법원, 서울북부지방법원 판사(2006~2009)
서울대학교 법과대학·법학전문대학원 조교수, 부교수, 교수(2009~)

이봉민

서울대학교 법과대학 졸업(2005)
서울대학교 법과대학 박사과정 수료(2014)
사법연수원 수료(2007)
육군 법무관(2007~2010)
서울동부지방법원, 서울중앙지방법원, 대전지방법원, 수원지방법원 안산지원, 수원고등법원 판사(2010~2019)
대법원 재판연구관(2020~2022)
서울고등법원 고법판사(2023~)

최준규

서울대학교 법과대학 졸업(2003)
서울대학교 대학원 법학박사(2012)
사법연수원 수료(2005)
해군 법무관(2005~2008)
서울중앙지방법원, 서울동부지방법원 판사(2008~2012)
한양대학교 법학전문대학원 조교수, 부교수(2012~2017)
서울대학교 법학전문대학원 조교수, 부교수, 교수(2017~)

현소혜

서울대학교 법과대학 졸업(1998)

서울대학교 법학박사(2009)

사법연수원 수료(2006)

헌법재판소 헌법연구관보(2006~2007)

홍익대학교 법과대학 조교수(2007~2012)

서강대학교 법학전문대학원 조교수, 부교수 (2012~2014)

성균관대학교 법학전문대학원 부교수 (2015~)

제2판
주해친족법 제 2 권

초판발행 2015년 4월 20일
제2판발행 2025년 3월 27일

편집대표 윤진수
공저자 김수정 · 석광현 · 윤진수 · 이동진 · 이봉민 · 최준규 · 현소혜
펴낸이 안종만 · 안상준

편 집 윤혜경
기획/마케팅 조성호
표지디자인 권아린
제 작 고철민 · 김원표

펴낸곳 (주) 박영사
서울특별시 금천구 가산디지털2로 53, 210호(가산동, 한라시그마밸리)
등록 1959. 3. 11. 제300-1959-1호(倫)
전 화 02)733-6771
f a x 02)736-4818
e-mail pys@pybook.co.kr
homepage www.pybook.co.kr
ISBN 979-11-303-4824-7 94360
979-11-303-4822-3 (세트)

정 가 74,000원